메소아메리카의
유산 The Legacy of Mesoamerica

THE LEGACY OF MESOAMERICA: HISTORY AND CULTURE OF A NATIVE AMERICAN CIVILIZATION
2nd Edition by Robert M. Carmack, Janine L. Gasco, and Gary H. Gossen

Authorized translation from the English language edition,

entitled LEGACY OF MESOAMERICA, THE: HISTORY AND CULTURE OF A NATIVE AMERICAN CIVILIZATION, 2nd Edition,

ISBN: 0130492922 by CARMACK, ROBERT M.; GASCO, JANINE L.; GOSSEN, GARY H.,

published by Pearson Education, Inc, Copyright © 2007, 1996 by Institute for Mesoamerican Studies, University at Albany.

KOREAN language edition published by GREENBEE PUBLISHING COMPANY, Copyright © 2014.

KOREAN translation rights arranges with PEARSON EDUCATION, INC., publishing as Pearson through

SHINWON AGENCY CO, SEOUL, KOREA.

메소아메리카의 유산: 아메리카 토착 문명의 역사와 문화

발행일 초판1쇄 2014년 5월 30일 | **엮은이** 로버트 M. 카멕, 제닌 L. 가스코, 게리 H. 고센 | **옮긴이** 강정원

펴낸곳 (주)그린비출판사 | **펴낸이** 노수준, 박순기 | **편집** 김현정 | **등록번호** 제313-1990-32호

주소 서울 마포구 동교로17길 7, 4층(서교동, 은혜빌딩) | **전화** 02-702-2717 | **이메일** editor@greenbee.co.kr

ISBN 978-89-7682-534-6 03950

이 도서의 국립중앙도서관 출판시도서목록(CIP)은 서지정보유통지원시스템 홈페이지(http://seoji.nl.go.kr)와

국가자료공동목록시스템(http://www.nl.go.kr/kolisnet)에서 이용하실 수 있습니다. (CIP제어번호: CIP2014016223)

이 책은 2008년도 정부(교육부)의 재원으로 한국연구재단의 지원을 받아 번역되었음.

(NRF-2008-362-B00015)

나를 바꾸는 책, 세상을 바꾸는 책 www.greenbee.co.kr

트랜스라틴 총서 14

메소아메리카의 유산

유산

아메리카 토착 문명의 역사와 문화

The Legacy of Mesoamerica

로버트 M. 카멕 · 제닌 L. 가스코 · 게리 H. 고센 엮음 | 강정원 옮김

그린비

서문

이 책의 2판을 발간하며 다시 한번 저자들은 우리가 느낀 절박함과 열정이 독자들에게 공유되기를 기대한다. 멕시코와 중앙아메리카의 토착민들은 학자들과 학생들을 비롯해 해당 분야에 관심을 가지고 있는 모든 이들로부터 지속적으로 주목받아 왔으며, 이 점에서 우리는 2판의 발간이 시의적절하다고 생각한다. 실제로 초판이 출판된 이래로 이 책의 주제는 여전히 많은 이들의 관심을 끌고 있다.

1. 학문적 연구에서 메소아메리카의 중요성

1492년을 기점으로 일관되게 시작되었던 구세계와 신세계의 만남은 인류 역사의 흐름에 근본적인 변화를 야기했다. 이로 인해 스페인과 포르투갈은 진정한 의미에서 최초의 강대국으로 등극할 기회를 얻게 되었다. 더 나아가 유럽의 주도권하에 인류의 근대화가 시작되는 실질적인 계기가 되었고, 이 추세는 지금도 일정 부분 지속되고 있다.

　　최초의 접촉이 이루어졌던 초기 격변의 시대는 카리브 해를 배경으로 했다. 두 세계의 만남은 수십만 명에 이르는 카리브 토착민들의 죽음으로 이어졌고, 이는 당시 1550년 무렵을 기준으로 볼 때 사실상 전체 인구의 절멸과 다를 바 없었다. 하지만 스페인의 신세계 프로젝트는 메소아메리카의 정복과 누에바 에스파냐(Nueva España, 현재의 멕시코)의 설립을 통해서, 그리고 잇따라 페루에서 전개된 유사한 정복 사업을 통해서 비로소 제도화되었다. 1600년에 접어들어 근대성, 사회적 진보, 정복된 사람들에 대한 '후견', 관료적 합리주의, 그리고 식민주의로 알려진 지구적 체제의 경제적·정치적 종속 등에 관한 서구의 근본적인 사상과 관행들이 확고하게 자리 잡기 시작했고, 이와 더불어 이 체제가 수반하는 일체의 잔혹성과 사회 불균형이 만연하게 되었다. 스페인의 '선교 국가'에서 살도록 강요당한 메소아메리카의 원주민 공동체들은 극도의 단절과 변형을 경험했다. 원주민 공동체들은 식민화된 민족들에 있어 일종의 원형이 되었고, 그들의 사회적 상황은 뒤이어 아시아, 아프리카, 북미와 남미, 태평양 연안의 상당 지역으로 확산되었다.

당시의 시대적 특수성과는 별개로, 아메리카 원주민의 '도덕적 상태'와 관련된 16세기의 신학적·철학적 논쟁들 가운데 상당 비중이 누에바 에스파냐에서 유래하는 자료에 초점을 맞추고 있다는 점을 상기할 필요가 있다. 국왕과 교회가 아메리카에서 수행하게 될 정책뿐만 아니라 인간 본성과 관련된 서구적 관념의 토대 자체에 영향을 미치게 될 이 같은 논의는 그 근저에 근대적 사회과학의 서두를 알리고 있었다. 다시 말해, 진정한 지구적 차원의 비교분석적 관점의 시작에 해당하는 방식으로 인간변이를 이해하려 했던 것이다(Klor de Alva 1988).

16세기 메소아메리카의 자료는 최초의 중요하고도 근대적인 민족지 보고서이기도 하다. 이 중 베르나르디노 데 사아군의 광대한 보고서가 가장 좋은 사례가 될 것이다. 이 보고서는 나우아 세계의 관습, 사회조직, 경제, 예술을 포괄적이고 객관적으로 묘사하고 있으며, 모든 내용이 토착어로 기술되는 동시에 스페인어 번역본이 함께 수록되어 있다. 이는 현대 민족지 연구의 목표와 크게 다를 바 없다. 이 자료는 스페인이 사실상 여러 가지 측면에서 유럽에 견줄 만한 고도의 수준에 도달한 문명을 접하고, 이를 파괴했음을 보여 준다(하지만 사아군의 보고서는 금서로 분류되어 소수에게만 열람이 허용되었다). 사아군을 비롯해 이 보고서의 저자들은 선교나 정치적 의제로부터 스스로 일정한 거리를 유지하는 데 성공했으며, 일부는 식민지 사업의 도덕적 상태를 검증하는 작업에 착수하기도 했다.

초기 접촉기에 스페인이 카리브 연안과 뒤이어 현재 멕시코 남부와 과테말라에 해당하는 지역에서 자행했던 잔혹 행위들을 직접 목격한 바르톨로메 데 라스 카사스 수사는 16세기 유럽에서 발표되었던 가장 영향력 있는 정치 논문들 가운데 하나인 「인디오 파괴에 대한 짧은 보고서」(Brevísima relación de la destrucción de las Indias, 1552)를 서술했다. 이 글은 그의 국가가 카리브와 메소아메리카의 아메리카 인디오들에게 저질렀던 체계적인 파괴와 잔인한 착취를 비판하는 역할을 했다. 당시 출판된 수많은 신학적이고 정치적인 글들과 마찬가지로 이 글은 관찰자가 자신이 속한 문화로부터 거리를 두고 문화 비평과 상대주의를 수행하는 경향을 명확하게 드러낸다.

굳이 덧붙일 필요도 없이 사아군이나 라스 카사스 등은 예외적인 인물들이었으며, 그들의 관념은 당시에는 대중적이지 못했다. 그럼에도 인간의 본성과 조건 및 변이와 관련해 일견 현대적으로 보이는 이 보고서들과 성찰이 메소아메리카를 대상으로 하는 16세기 스페인인들의 저술들로부터 비롯되었다는 사실에 주목할 필요가 있다. 따라서 아메리카는 신세계에서 구세계(당시의 유럽 ——옮긴이)로 유입되었던 광대한 부와 극도로 중요한 식량, 섬유, 의학용 재배종들뿐만 아니라 당시 구세계에게 익숙하지 않았던 무수한 사회적 유형들의 유래, 상호관계성, 변이성, 내적 일관성, 도덕적 가치 등에 대해 성찰하게 하는 자극제를 제공했음을 알 수 있다.

이처럼 근대 서구 지성사의 형성기에 메소아메리카는 중요한 의미를 지녔다. 이와 더불어 메소아메리카를 비롯해 아메리카 토착 언어들의 사전학, 전사(轉寫), 번역, 문법 분석과 관련해 식민시대 스페인 학자들이 기여했던 바를 간략하게 언급할 필요가 있다. 특히 1492년 스페인의 네브리하 신부가 최초의 스페인어 문법책을 집필했는데, 이는 대중에게 보급된 최초의 라틴어 문법서였다는 중요성을 지닌다. 스페인은 이와 같이 문헌학과 묘사 언어학 분야에서 르네상스를 맞이하고 있었으며, 이는 신세계 언어들을 대상으로 한 집필들에서 지속되었다. 대부분 메소아메리카의 자료에 기반을 두고 막대한 양의 문헌 기록물이 토착 언어들로 제작되었으며, 여기에는 정교한 스페인어 번역본이 첨부되었다.

뿐만 아니라 고대 메소아메리카인들이 적어도 서력기원 초반부터 다양한 형태의 상형문자, 표의문자, 음성학 문자 체계를 보유하고 있었다고 가정한다면, 토착적인 문헌 기록과 초기 접촉 시대의 문헌적·언어학적 자료와 관련해 메소아메리카는 신세계 그 어떤 지역과 비교해도 가장 오래되고 가장 포괄적인 문헌 기록을 보유하고 있었다고 볼 수 있다. 따라서 아메리카 토착 문명의 진화와 연속이라는 문제와 인류사의 전체적 흐름에서 아메리카가 차지하는 위치라는 문제에 관심이 있는 학자들이 메소아메리카에 극도의 관심을 가지고 주목해 왔다는 점은 놀라울 것이 없다.

이 지역이 우리의 학문적이고도 보편적인 인간적 관심을 이끌어 내는 힘은 그 문화적 형태의 거대한 다양성과 시간적 깊이에서만 비롯되는 것은 아니다. 이 힘은 메소아메리카인들 스스로가 그들의 세계를 유창하고도 빈번하게 증언해 왔다는 사실로부터도 비롯된다. 이와 같은 기록은 후기형성기(기원전 400년~서기 200년)로 거슬러 가는 상형문자 문헌과 역법 표기들로부터 시작되며, 현재까지 활기차게 지속되고 있다. 이는 2천년 이상에 걸친 문헌 기록에 해당하며, 다양하고 상이한 매체와 문헌 체계들로 제시되어 왔다.

또한 현대의 고고학자, 비명학자, 민족지학자, 언어학자, 민족역사학자들이 이 지역의 문화사 형성에 기여했던 바를 고려해 보면, 메소아메리카는 신세계에서 가장 잘 알려지고 가장 잘 기록된 문화적 전통에 해당한다는 점이 자명해진다. 이 독특하게 풍요로운 기록화 작업은 메소아메리카 지역이 일종의 '기준'이 되게 하며, 메소아메리카의 자료를 활용해 아메리카 내부뿐만 아니라 구세계와 관련해 무수한 주제와 관련된 신뢰 있는 비교 분석을 가능하게 한다.

2. 문화 연구에서 메소아메리카 연구의 기여

서구의 학문적 성찰과 낭만적 상상력과 관련해 메소아메리카가 지니는 중요성을 고려해 보면, 독자들은 이 지역이 문화 연구의 역사에서 중요한 역할을 담당해 왔다는 사실에 그다지 놀라움을 느끼지 않을 것이다. 우리는 '문화 연구'라는 용어를 광범위한 의미에서 사용하고 있으며, 시간적이고 공간적인 측면의 인간 변이에 대한 인문학적·과학적 연구를 포함한다.

앞서 우리는 체계적인 민족지 기록의 유래를 16세기 사아군의 선구적인 작업으로 거슬러 갈 수 있다고 논의했다. 그는 멕시코에 대해 포괄적으로 집필했으며, 그 의미를 논의했고, 이는 아스테카어로 기록된 증언물과 문헌의 중요성에 그가 지속적으로 기울였던 관심과 더불어 그의 작품이 시대를 앞서 가는 근대성을 갖게 했다.

이처럼 메소아메리카 민족들에 대한 연구들은 근대의 문화 연구에 많은 기여를 했으며, 여기에 다음을 추가로 언급할 필요가 있다.

(1) 문화역사의 민족학 | 고대와 최근의 과거를 재건하기 위해 당대 아스테카 화자들로부터 증언을 유도하고자 했던 사아군의 시도에서부터 비롯됨.

(2) 국가 수준의 사회들과 제국들의 진화 이론 | 장기적인 역사적 관점에서 이 체제들의 등장과 쇠퇴 및 변형을 연구.

(3) 농민 이론 | 국가의 사회적·경제적·정치적·관념적 주변부에서 살아왔고 현재도 그러한 수천만 명에 이르는 사람들에 대한 연구.

(4) 식민주의, 종족성, 제설혼합주의, 사회변화 연구 | 토착 민족들이 유럽 국가들의 식민이라는 새로운 지위를 부여받고 이에 어떻게 대응했는가의 문제.

(5) 소수 종족들과 관련해 유럽 국가들을 기준으로 설정한 공공 정책의 형성과 실행에 있어 사회과학의 활용.

(6) 언어학, 금석학, 예술사 분야 | 메소아메리카인들은 독자적인 문헌 체계를 활용해 그들 세계의 의미를 우리에게 서술함.

(7) 혁명, 종족민족주의, 초국가주의 연구 | 이 주제들은 이 책에서 충분히 논의될 것이다.

3. 메소아메리카 문명이 현대의 북아메리카에 미친 영향력

신세계의 학자이자 시민으로서 우리가 메소아메리카의 문화사와 사회사를 보편적인 지식의 일환으로 간주해야 하는 이유는 무엇인가? 이 지역이 북아메리카 사람들이 거주하는 세계에 심오한 영향을 미쳤다는 사실에 주목하기 위해서는 그 학문적인 또는 지적인 관심을 넘어서는 것이 중요하다. 실제로 북아메리카 사람들의 일상에서 빼놓을 수 없는 가장 친근한 맛이나 시각적 요소들 가운데 일부는 메소아메리카 토착민들이나 멕시코 출신의 사람들로부터 전파되었다. 예를 들어 감자튀김, 토마토케첩, 초콜릿 쉐이크 등 맥도널드의 대중적인 메뉴를 구성하는 일부 대표적인 식품들은 아메리카 토착민들에 의해 최초로 재배되었던 감자, 토마토, 카카오로 만들어졌다. 초콜릿과 토마토는 메소아메리카 고유의 재배종이었으며, 감자는 본래 남아메리카의 안데스 지역에서 재배되었다. 뿐만 아니라 햄버거에 들어가는 소고기의 원료가 되는 소는 옥수수를 사료로 하며, 옥수수는 고대부터 현대까지 메소아메리카 민족들의 주식이 되어 왔다. 메소아메리카의 토착 작물인 옥수수의 사회적·경제적 역사는 그 자체만으로도 경이롭다. 옥수수는 아프리카와 아시아의 수많은 국가들에서 주요 농작물로 자리 잡았다. 북아메리카에도 옥수수는 멕시코 요리법에서 유래하는 타코와 토르티야 칩, 북아메리카 원주민들로부터 차용한 옥수수빵, 그리고 현재 우리가 섭취하는 가공 식품 전반에 첨가되는 옥수수시럽에 이르기까지 수많은 방식으로 소비된다. 옥수수와 이를 원료로 하는 식품들은 미국의 연간 수출에 수백만 달러에 이르는 기여를 한다.

북아메리카의 가옥 역시 메소아메리카 전통의 영향을 받았다. 현대 미국 교외에서 매우 일반적으로 찾아볼 수 있는 목장식 가옥들은 멕시코 북부의 검소한 단층 농가에서 비롯된 것이며, 이는 본래 스페인의 가구 형태에서 유래해 점차 식민시대 메소아메리카의 건축자재를 활용하는 과정에서 변형된 것이다. 스페인과 고대 메소아메리카의 건축 양식은 모두 공적·사적인 야외 거주 공간을 포함한다. 북아메리카인들은 '플라자'(광장)와 '파티오'(정원)라는 용어와 개념을 차용했으며, 쇼핑 플라자와 뒤뜰 파티오 등의 형태로 자신들만의 독자적인 개성을 드러냈다.

또한 미국과 관련해 서구의 카우보이만큼 전 세계에서 일반적으로 연상되는 이미지가 또 있겠는가? 여러 차례에 걸쳐 미국 운동선수들은 카우보이모자를 쓰고 올림픽 개막식에 입장해 왔다. 그렇지만 북아메리카 사람들이 문학, 영화, 예술을 통해 그들 자신만의 것으로 칭송하는 신화적인 '카우보이 문화'가 사실은 멕시코 북부의 목축문화로부터 비롯되었음을 보여 주는 흔적이 농후하다. 카우보이들의 전통적인 의상인 테가 넓은 모자, 스카프, 가죽바지, 스퍼스(신발 뒤에 다는 박차──옮긴이), '카우보이' 부츠, '서구식' 안장 등은 멕시코에서 유래했다. 또한 카우보이의 삶과 문화와 관련된 수십 개의 용어들이 스페인어에서 차용되었는데, 예를 들어 목장을 의미하는 ranch(스페인어로 rancho), 울타리를 의미하는 corral(corral), 카우보이를 의미하는 buckaroo(vaquero), '말', '저항하는', '길들여지지 않은'이라는 의미를 담은 bronco(bronco), 야생마 다루기 대회를 의미하는 rodeo(rodeo) 등의 용어가 이에 해당한다. 그리고 여기에 '칠리'(chili)를 덧붙여야 하는데, 이는 미국 남서부에서 빼놓을 수 없는 전형적인 요리이자 카우보이들의 주식이었다. 이 요리는 스페인이 멕시코를 정복하기 훨씬 전부터 메소아메리카에 존재하던 콩, 고추, 토마토, 고기를 넣어 끓인 스튜를 약간 변형한 것에 불과하다.

남쪽의 이웃들이 미국의 음악과 예술을 비롯해 일상의 다양한 영역에 미친 영향들을 나열하자면 긴 목록을 만들어야 한다. 하지만 굳이 일일이 언급하지 않더라도 미국의 수많은 지역들이 메소아메리카의 민족들과 기나긴 상호교류의 관계에 있었다고 설명하는 정도로 충분할 것이다. 이 같은 상호관계는 메소아메리카와 북아메리카 토착 집단들 간의 고대로부터의 교역망의 형성을 통해 시작되었고, 스페인의 식민주의라는 경험을 공유하는 과정에서 지속되어 왔다(미국 남서부의 광대한 지역에 대한 스페인인들의 탐험은 1540년에서 1570년 사이에 최초로 이루어졌고, 이는 제임스타운[영국인들이 아메리카 대륙에 건설한 최초의 개척지──옮긴이]의 설립보다 수십 년이나 앞선 것이다). 이들 간의 밀접한 상호성은 수백만 명에 이르는 멕시코와 중앙아메리카 출신 이주민과 난민들의 유입을 통해 현재까지 이어지고 있다.

　미국은 멕시코와 2천 마일에 이르는 침투성이 매우 높은 국경을 공유하고 있으며, 이 국경을 거치는 사람, 물자, 사상의 이동은 사회에 강력한 영향을 미쳐 왔다. 이는 단순하지만 놀라운 인구학적 사실에서 반영된다. 로스앤젤레스 동부는 멕시코 출신의 도시 거주 인구와 관련해 멕시코시티 다음으로 높은 인구를 보유한다. 멕시코계 미국인들은 미국의 비-영어 사용자들 가운데 가장 많은 비중을 차지한다. 실제로 미국은 전 세계에서 여섯번째로 스페인어 사용 인구가 많은 나라이다. 더 나아가서 멕시코 출신 스페인어 사용자들은 미국 내의 그 어떤 소수 인종이나 이주민 집단보다도 더 급속한 성장세를 보이고 있다. 이와 같은 사실들은 고대와 현대의 메소아메리카인들이 오랜 기간에 걸쳐 미국의 문화와 사회에 중요한 비중을 차지해 왔다는 명백한 결론으로 이어진다. 메소아메리카인들은 따라서 말 그대로, 그리고 상징적으로 미국인들의 동료이다. 그러므로 우리가 그들을 제대로 알아야 할 충분한 이유가 있다.

　캐나다, 멕시코, 미국은 1994년에 북미자유무역협정(NAFTA)을 체결했고, 중앙아메리카 국가들은 중미자유무역협정(CAFTA)으로 알려진 자유무역협정을 체결하는 과정에 있다(CAFTA는 현재 DR-CAFTA로 불리며, 미국과 과테말라, 엘살바도르, 니카라과, 온두라스, 코스타리카 및 도미니카공화국의 참여로 2009년 전면 발효되었다──옮긴이). 현대의 메소아메리카인들은 경제와 무역 교류에 있어 북미, 유럽, 아시아를 세 주요 파트너로 손꼽으며, 미국과 캐나다는 여기에서 중요한 비중을 차지한다. 21세기에 미국은 이 같은 추세에 따라 그 '소원한 이웃'인 멕시코와 중앙아메리카와 일련의 경제적 관심사와 이익을 공유하게 될 것이다. 영어를 사용하는 북미인들은 고대로부터 현대에 이르는 메소아메리카 문명의 유산이 지니는 가치를 인식하고 이해하는 과정에서 분명 많은 것을 얻게 될 것이다.

4. 감사의 말

메소아메리카에 관한 학문적 연구와 메소아메리카의 문화적 전통은 그 자체로 매우 복합적인 주제이다. 이를 고려해 우리는 이 글을 공동 집필 형태로 구성하기로 결정했다. 초판의 편집자들(로버트 M. 카멕, 제닌 L. 가스코, 게리 H. 고센)은 이 책의 전반적인 통합성이 2판에서도 유지될 수 있도록 많은 노력을 기울였다. 더불어 2판의 그림, 참고문헌, 내용 입력에 많은 기여를 한 에드가 마르틴 델 캄포, 제이슨 페일링, 브래들리 러셀에게 감사의 말을 전한다.

우리는 또한 1판의 저자들, 조지 A. 브로드웰, 루이스 M. 버카트, 로버트 M. 카멕, 제닌 L. 가스코, 릴리아나 R. 골딘, 게리 H. 고센, 존 S. 저스티슨, 브렌다 로젠바움, 마이클 E. 스미스에게 감사의 말을 전한다. 그리고 2판에 새롭게 실리는 장을 집필한 크리스틴 에버, 월터 E. 리틀, 마릴린 A. 메이슨, 로버트 M. 로젠스윅에게 감사의 말을 전한다.

더불어 유익하고 통찰력 있는 조언을 준 펜실베이니아 인디애나대학의 빅토르 가르시아, 텍사스 산안토니오대학의 제임스 맥도널드, 노스텍사스대학의 라모나 페레스, 이스트캐롤라이나대학의 존 보트, 조지아주립대학의 아서 머피, 뉴욕주립대의 로널드 워터버그에게 감사한다.

마지막으로 2판을 준비하는 과정에서 많은 격려를 보내 주었던 피어슨 프랜티스홀 출판사와 그 책임 편집장 낸시 로버츠에게 감사의 말을 전한다. 그들의 후원은 우리의 작업을 현실화하는 데 결정적인 역할을 했다.

목 차

1부.   스페인 접촉 이전의 메소아메리카

2부. 식민시대의 메소아메리카

3부. 현대의 메소아메리카

4부. 메소아메리카의 문화적 특성

｜일러두기｜

1 이 책은 Robert M. Carmack, Janine L. Gasco, and Gary H. Gossen의 *The Legacy of Meso-america: History and Culture of a Native American Civilization*(Upper Saddle River: Pearson Prentice Hall, 2007)을 완역한 것이다.

2 본문 내용 중 독자들의 이해를 돕기 위해 옮긴이가 추가한 내용은 괄호로 묶어 '——옮긴이'로 표시했다. 인용문에서의 내레이는 인용한 이의 것으로 '——인용자 로 표시했다.

3 단행본·전집 등은 겹낫표(『』)로, 논문·회화 등은 낫표(「」)로 표시했다.

4 외국 인명이나 지명, 작품명 등은 2002년에 국립국어원에서 펴낸 외래어 표기법을 따랐으나, 관례적으로 쓰이는 표현의 경우 관례를 따랐다.

서론

메소아메리카 세계를 처음 접한 스페인 탐험가와 정복자들은 그 복잡함과 웅장함에 놀랐다. 그들은 이미 정복했던 카리브 섬 토착민들에게 발견했던 보다 단조로운 방식에 익숙해져 있었던 것이다. 우리가 메소아메리카 세계를 연구하는 데 있어 이들 스페인인들의 증언은 유익한 출발점이 된다. 이 책은 메소아메리카 세계의 기원, 유럽과 접촉이 이루어질 당시의 상황, 식민지화와 보다 최근의 근대화가 초래한 변화에 관한 것이다.

1. 메소아메리카가 스페인인에게 남긴 첫인상

스페인인들은 메소아메리카인들이 성취한 수준 높은 문화에 극도로 감명을 받았다. 메소아메리카가 스페인인들에게 남긴 첫인상을 살펴보고자 한다면, 메소아메리카의 복합성과 다양성에 특히 주목해야 한다. 먼저 콜럼버스와 신세계(콜럼버스의 탐험으로 소개된 아메리카 대륙을 일컫기 위해, 유럽·아시아·아프리카를 통칭하는 구세계와 대조되는 신세계[Nuevo Mundo]라는 명칭이 사용되기도 했다——옮긴이)를 향한 그의 네번째 항해부터 살펴보자.

1) 콜럼버스가 네번째 항해에서 마야인을 만나다

처음으로 메소아메리카인들을 만난 유럽인들은 크리스토퍼 콜럼버스와 신세계를 향한 그의 네번째 항해에 동반했던 일행이었다. 콜럼버스의 네번째 항해는 1502년 시작됐다. 스페인을 출발해 그는 에스파뇰라 섬(현재 아이티와 도미니카 공화국)에 잠시 정착했다가, 곧장 온두라스 해안 근방의 바히아 섬으로 항해했다. 콜럼버스 일행이 한 바히아 섬의 항구에 머물던 때, '인디오들'의 큰 카누 한 척이 도착했다. 카누는 현지에서 가져온 물품을 싣고 서쪽을 향하던 중이었다. 몇 년 후, 콜럼버스의 아들 페르난도는 다음과 같이 카누와 그 안에 탄 사람들을 묘사한다.

[카누는 ─ 인용자] 갤리선(그리스, 로마 시대부터 사용된 군용선으로 죄수를 동원해 강제로 노를 젓게 했던 배 ─ 옮긴이) 정도 길이에 8피트 폭의 나무 몸통으로 만들어졌다. …… 배의 한가운데에는 베네치아의 곤돌라(베네치아 시내 운하를 운항하던 배 ─ 옮긴이)에 있을 법한 야자수 잎 차양을 쳐서 비와 파도로부터 완벽한 보호막을 만들었다. 차양 밑에는 아이들과 여자들이 모여 있었고, 일체의 짐과 물품이 배치되었다. 25명이 노를 저었다. …… [선장은 ─ 인용자] 화물칸에 가장 값비싸고 근사한 물건을 실었다. 다양한 문양과 색상으로 그림과 수를 놓은 면 망토와 민소매 셔츠, 그라나다 무어족 여자의 숄과 유사한 카누 안 여자들이 걸친 숄과 같은 문양과 천으로 만든 브리치클로스(허리에 두른 천 ─ 옮긴이), 강철처럼 잘리는 부싯돌 칼을 노끈과 역청으로 날에 고정시킨 양면에 홈이 파인 긴 목재검, 다른 인디오들이 사용하는 돌손도끼를 연상시키지만 실제로는 양질의 구리로 만든 손도끼, 매의 다리에 묶는 구리로 만든 종과 구리를 녹이는 데 사용하는 도가니 등이 그 일부였다. 식량으로는 에스파뇰라 인디오가 먹는 것 같은 뿌리식물과 곡물, 영국 맥주 맛이 나는 옥수

수로 담근 술이 있었다. 그리고 누에바 에스파냐(현재 멕시코시티를 중심으로 형성된 스페인 부왕령을 일컫는 스페인어 —옮긴이)의 인디오가 통화로 사용하는 아몬드(카카오 콩)도 많이 있었다. …… (Keen 1959: 231-232)

콜럼버스는 카누에 탄 토착민들에게서 예전 신세계 사람들에게서는 찾아볼 수 없었던 문화적 세련미를 느끼고 감명받았다. 그는 카누의 선장을 잡아 일행에 합류시켰다. 윰베라는 이름의 이 노인은 이후 콜럼버스가 온두라스 해안을 항해하며 사람들을 만나게 될 때 통역인 역할을 하게 된다. 윰베는 유카테카 마야어로 된 이름으로, 콜럼버스가 메소아메리카 세계의 장거리 마야 상인 무리와 마주쳤음을 시사한다.

콜럼버스는 마야 상인의 중요성도, 그들이 떠나온 복잡한 세계에 대해서도 제대로 이해하지 못한 것 같다. 그 결과 동방으로 이어지는 꿈에 그리던 항로를 찾아, 중앙아메리카 남부를 향해 동쪽으로의 항해를 계속했다. 좀더 남쪽으로 향하던 와중에 그는 에스파뇰라와 카리브 다른 섬들에서 만났던 토착민들과 문화적으로 유사한 원주민 집단들을 만났다. 중앙아메리카 중남부로 탐험하겠다는 그의 결심은 일종의 전례가 되었다. 잇따라 탐험가들이 이를 답습함에 따라, 현재 파나마로 알려진 중앙아메리카 남쪽 지역에서 스페인인들의 향후 20년에 걸치는 최초의 영속적인 정착이 시작된다.

2) 스페인인들이 메소아메리카의 강력한 왕국들을 접하다

스페인인들은 1517년과 1519년 사이에 메소아메리카로의 탐험을 시작했다(상세한 내용은 4장 참조). 에르난데스 데 코르도바를 시작으로, 후안 데 그리할바, 그 뒤를 이어 에르난 코르테스는 유카탄 반도 일대와 멕시코의 걸프 해안을 따라 북쪽으로 항해했다. 1519년에 코르테스와 일행은 베라크루스의 토토나카 인디오들과 머물게 되는데, 때마침 아스테카 세금 징수원 한 무리가 도착하는 것을 목격했다. 스페인인들은 토토나카인들이 극도의 경외심을 가지고 아스테카인들을 접대하는 것을 보고 무척 놀랐고, 그들이 새로 발견한 토착민의 세계가 실상 얼마나 정치적으로 복잡하고 문화적으로 다양한가를 처음으로 이해하기 시작한 것 같다. 스페인인들은 베라크루스 해안에서 멕시코 중앙분지로의 역사적 여행을 시작하며 동일한 깨달음을 보다 절실히 느끼게 된다. 여정의 매 순간, 그들은 경제적으로 보다 풍요롭고, 문화적으로 보다 세련되며, 정치적으로 보다 강력한 사람들을 만나게 된 것이다.

토토나카 국가를 벗어나자 스페인인들은 '다른 종류의 국가'로 들어서고 있다고 느꼈고, 시가지와 요새에 늘어선 회벽칠한 번쩍이는 석재 건물들은 스페인을 연상케 했다. 틀락스칼라, 촐룰라, 우에호친코 등을 방문하며 스페인인들은 세계주의적이고 고도로 정치화된 사람들을 발견하고 놀랐다. 각 왕국마다 10만 명 이상의 주민이 거주하던 이 견고한 왕국들은 외교술, 책략, 전투 등을 정교하게 활용하며 권력 다툼을 벌이고 있었다. 영토는 높은 벽과 요새를 쌓아 방어했다. 수만 명에 달하는 전사는 다양한 계급과 중대로 조직되었고, 고유한 휘장과 군복으로 구별됐다. 스페인 도시에 버금가는 규모의 도시들은 일상적인 교역, 행정업무, 종교의식에 종사하는 사람들로 북적였다. 토착 사회는 귀족과 평민뿐만 아니라, 부자와 빈민, 자유인과 노예로 철저히 세분되어 있었다.

코르테스는 왕에게 깊은 인상을 남기려 다소 과장한 측면도 있겠지만, 어쨌든 틀락스칼라를 아래와 같이 묘사하며 그들 사회의 세계주의적 속성을 포착했다.

도시는 정말이지 너무나 위대하고 경이롭습니다. 제가 도시를 상세히 묘사하지 않고 단지 그 일부만 전해드려도 거의 믿기 힘드실 정도일 겁니다. 그곳은 그라나다보다 훨씬 규모가 크고, 훨씬 견고하게 요새화되어 있습니다. 도시의 집들은 그라나다의 집들처럼 훌륭합니다. 우리가 도시를 찾았을 때 그곳에는 그라나다보다 훨씬 많은 사람들이 거주하고 있었습니다. 식료품과 음식의 질도 매우 뛰어나서 사람들은 빵, 가금류, 사냥감, 생선, 양질의 채소와 농작물을 섭취합니다. 도시에는 시장이 있어서 매일 3만 명의 사람들이 이곳에서 물건을 사고팝니다. 그리고 시장과 유사한 상점이 도시 전체 어디에나 있습니다. 시장에는 가정용 도구, 옷, 신발 등 필요한 모든 물품이 구비되어 있습니다. 금, 은, 귀중석 등이 있고, 세계 어떤 시장에도 뒤지지 않는 물품을 진열한 보석상에서는 깃털로 만든 장식품을 판매합니다. 스페인 어느 지역에 비교해도 손색없을 정도로 뛰어난 품질의 도기가 여러 종류 있습니다. 나무, 목탄, 의약용 약초와 달콤한 향내의 향초도 다량으로 팔고 있습니다. 또한 머리를 감겨 주고 이발사가 면도를 해주는 곳도 있고, 대중목욕탕도 있습니다. 덧붙일 점은 이곳은 질서 정연하게 그리고 효율적인 치안 체계로 유지되고 있어서, 사람들은 분별력 있게 합리적으로 행동한다는 것입니다. 아프리카의 가장 대표적 도시도 이곳에 겨룰 수는 없습니다(Cortés 1962: 50-51).

틀락스칼라인, 촐루테카인, 그리고 지역에 거주하는 다른 종족들은 코르테스에게 아스테카의 심장부가 어떤 모습인지 묘사해 줄 수 있었다. 그럼에도 1519년 11월 스페인인들이 멕시코 분지에 도착해 아스테카의 수도 테노치티틀란에 마침내 입성했을 때, 그들은 앞으로 목격하게 될 것을 받아들일 준비가 되어 있지 않았다. 이후 코르테스는 아스테카 수도(그림 A.1)를 다음과 같이 극찬한다.

위대한 도시 테노치티틀란은 소금 호수의 한가운데에 세워졌다. 도시의 중심은 본토의 모든 지점으로부터 6마일 거리로 떨어져 있다. 네 개의 둑길이 도시로 연결되는데, 둑길은 모두 손으로 만들었고 폭은 12피트 정도이다. 도시의 길이는 세비야나 코르도바 정도이다. 주요 거리는 아주 널찍하고 일직선으로 뻗어 있고 대부분 흙을 밟아 다져서 만들었다. 하지만 일부 거리와 소규모 주요 도로들 가운데 적어도 절반은 수로로 카누로 이동한다(Cortés 1962:86).

코르테스는 떠벌리기 좋아했지만 그래도 명민한 관찰자였다. 그는 아스테카의 수도를 메소아메리카라는 맥락, 심지어 구세계라는 보다 광범위한 맥락에서 이해하려 했다. 그는 아스테카 제국의 통치자 목테수마(Motecuhzoma)를 '술탄(이슬람 제국의 최고 통치자──옮긴이)이나 동방의 다른 군주들'에 비견했고, 그와 관련된 장관과 의식을 상당히 상세하게

그림 A.1 스페인과 접할 당시 테노치티틀란의 섬도시. 멕시코시티 국립인류학박물관에 전시된 미겔 코바루비아스(Miguel Covarrubias)의 그림.

묘사했다. 코르테스는 수천 명의 하인들이 목테수마의 시중을 들며, 그의 앞에서는 샌들도 신지 못하고 얼굴도 쳐다보지 못하는 모습을 묘사했다. 아스테카의 통치자는 하루 네 번씩 의복을 갈아입었고, 같은 옷은 다시 입는 법이 없었다. 그는 어디에 가든 보석이 박힌 가마로 이동했고, 가장 서열이 높은 귀족들이 가마를 들었다. 수백 명의 젊은 남자와 여자들이 식사 시중을 들었고, 매 식사마다 300여 가지의 음식을 준비했다. 목테수마는 왕궁에서 왕실의 일을 관장했다. 그는 또한 토착 세계에 알려진 온갖 종류의 식물과 동물이 즐비하게 들어선 왕실 주변의 정원과 공원들을 산책하며 휴식을 즐겼다.

목테수마가 보유한 풍요로운 금과 그 밖의 금속품, 예를 들어 귀중석으로 만든 장신구, 깃털, 돌, 나무, 뼈로 만든 정교한 수공품, 아름다운 옷, 무수한 다른 물건은 코르테스에게 매우 인상적으로 다가왔고, 그는 "세상의 그 어떤 왕자일지라도 이 정도 재물을 소유하는 것이 가능할지 의문이 들었다". 도시 중심부 시장은 살라망카에 있는 시장의 두 배 규모라고 코르테스는 추정했다. 또한, 아스테카 옥수수는 곡물의 크기나 맛에 있어서 "본토 또는 그 어떤 섬"의 것보다 질이 좋다고 말했다. 다양한 색채의 면직물은 스페인의 것만큼 질이 좋았고 그라나다의 비단에 견줄 만했다. 코르테스는 또한 수많은 상품이 수로의 연결망을 따라 수천 대의 카누로 전 방면에서 도시로 운송되어 교환되는 모습에 경탄했다. 도시로 유입되는 모든 상품에는 세금이 부과되었다. 시장에서는 이발과 매춘에 이르기까지 상상 가능한 모든 품목과 서비스가 제공되었고, 수많은 숙련공과 미숙련 일꾼들은 "일용직 일자리를 얻기 위해" 모여들었다.

아스테카 사회를 (그리고 자신의 위업을) 보다 넓은 관점에서 해석하려는 시도에서, 코르테스는 아스테카 도시에서 관찰한 바를 다음과 같이 요약했다.

마지막으로, 이 도시의 놀라운 점을 모조리 늘어놓는 장황함을 피하기 위해, 간략하게 이 말만 하려고 합니다. 이곳 사람들의 삶의 방식은 스페인에서와 매우 유사합니다. 이곳이 진정한 신에 대한 지식에서도 계몽 국가들과의 교류에서도 단절되어 있는 야만 국가임을 감안하면, 이곳의 어디를 가든 질서 정연함과 훌륭한 통치가 유지되고 있다는 사실에 누구나 경탄할 것입니다(Cortés 1962: 93-94).

스페인인들은 아스테카 왕국이 거대하며, 전 방위에 수백 마일에 걸쳐 펼쳐져 있다고 이내 단정했다. 그리고 코르테스는 과장되게, "이 세상 그 어떤 군주보다도 목테수마는 가까이에 있든 멀리에 있든 모든 사람이 가장 두려워하는 대상이다"라고 주장했다. 하지만 스페인인들은 그들이 목격한 것이 메소아메리카 세계의 극히 일부이며, 아직 크고 작은 수많은 다른 왕국들을 탐험하고 정복해야 한다는 점을 명확히 인식하고 있었다.

1521년 스페인인들에 의해 테노치티틀란이 몰락하게 되자(4장 참조), 코르테스는 멕시코 분지에서 자신의 선장들을 군사 원정 보내기 시작했다. 목적은 메소아메리카의 다양한 사람들과 왕국들을 접촉하고, 필요하면 정복하기 위함이었다. 예를 들어, 원정대는 서쪽의 미초아칸이라는 거대한 주(州)로 보내졌고, 여기에서 북쪽의 "여자들만 거주하는 섬이 있다고 하는" 씨우아탄 주로 보내진 다음, 북동쪽에 있는 반역 기질의 왁스테카 주로 파견되었다. 또 다른 원정대는 오아하카, 치아파스, 이게라스의 "매우 풍요로운 땅"(온두라스)과 같은 메소아메리카의 남쪽 지역으로 파견됐다. 가장 중요한 원정대 가운데 하나는 코르테스의 용맹하지만 잔혹한 선장 페드로 데 알바라도에게 위임됐고, 그의 원정대는 우타틀란 왕국과 과테말라 왕국의 "새롭고 다른 인종들이 거주하는 풍요롭고 찬란한 땅"으로 파견됐다.

2. '메소아메리카'와 그 밖의 중요 용어들의 정의

우리는 코르테스와 그의 일행이 만난 세계를 '메소아메리카'라고 지칭해 왔다. 이 용어의 의미는 무엇일까? 이어지는 각 장에서 이 용어는 무엇을 지칭할까? 이 질문들에 대답하려면, 메소아메리카라는 용어의 의미가 매우 폭넓게 변화해 왔고, 학자들에게도 마찬가지였음에 먼저 주목해야 한다. 사실 메소아메리카 연구에서 메소아메리카만큼 논쟁이 되는 용어는 없을 것이다. 우리는 지금 논쟁을 해결하려고 시도하지는 않을 것이다. 다만 이 책에서 우리가 용어를 어떤 의미로 사용하고 있는지 정의를 내리고, 명확하고 일관된 방식으로 용어를 사용하려 한다. 메소아메리카 토착민들이 이들 용어가 어떻게 사용되는지에 민감하다는 점을 우리는 의식하고 있으며, 이어지는 장들에서 이 점을 항상 염두에 두려고 노력해 왔다.

문자 그대로 메소아메리카(Mesoamerica)라는 용어는 '중부아메리카' (Middle America)를 의미한다. 한때 이 용어는 스페인 도착 이전의 원시적 형태로든 동화된(acculturated) 근대적 형태로든 이 지역의 토착 문화를 배타적으로 지칭하기 위해 널리 사용됐다. 다시 말해서, 메소아메리카는 지리적 준거점을 갖는데, 스페인인들이 도착하기 이전 고대 메소아메리카인들이 번영을 누렸던 지역을 의미하는 것이다. 하지만 메스티소, 유럽인, 심지어 일부 원주민들조차 수 세기 동안 이 지역에 거주했었지만 소위 메소아메리카 세계와는 그다지 또는 전혀 관련이 없었던 점을 고려하면 앞서 언급한 방식의 용어 사용에는 문제가 있다. 따라서 우리는 이 책 전반에 걸쳐 엄밀한 의미에서 지리적인 지역이나 문화영역을 지칭하기 위해 메소아메리카라는 용어를 사용하는 것을 지양한다.

메소아메리카를 보다 유연하고 유용하게 정의 내리는 방법은 스페인 도착 이전(aboriginal) 문화의 특정한 역사적 전통으로 즉, '문명'으로 접근하는 것이다. 다시 말해, 이러한 문화적 전통은 스페인인들이 도착하기 전에도 지속적으로 변형되어 왔고, 스페인과 접촉한 후에는 보다 극단적인 변화와 적응 과정을 겪어 왔다고 이해하는 것이다. 스페인 이전 본래적 형태로 그리고 스페인 이후 수정된 형태로 존재하던 풍요로운 역사적 전통의 창조자들을 '메소아메리카인'(또는 메소아메리카 '토착민')이라고 부르는 것이 적절할 것이다.

과거나 현재의 메소아메리카를 일련의 본질적 속성이나 사상으로는 적절하게 규정할 수 없다. 그보다는 문화적 특성들이 이들을 배태시킨 사회적·물질적 과정과 시간의 경과에 따라 어떠한 관계를 맺어 왔는지를 검토할 필요가 있다. 문화적 전통과 메소아메리카의 변화 과정을 함께 살펴볼 필요가 있는데, 멕시코와 중앙아메리카에 관여된 사람들(이들이 토착민, 메스티소, 아프리카인 또는 유럽인인지에 관계없이)에게 양자 모두 심오한 영향을 미쳐 왔기 때문이다.

메소아메리카는 고정되거나 정적인 문화 전통을 의미하지 않는다는 점을 강조해야 한다. 적어도 기원전 1000년부터 메소아메리카의 문화 전통은 지역적·지방적 문화들의 복잡한 혼합체로 구성되어 왔고, 끊임없이 변화해 왔다. 메소아메리카인들에게 스페인 문화와 이후 유럽권의 다른 문화와 북미 문화가 주입되고 이들이 메소아메리카의 문화를 더욱 세분화시킴에 따라, 혼합과 변화는 더욱 심화되었다. 그럼에도 지역의 역사에서 메소아메리카 문화 전통의 유산은 충분히 응집력이 있고, 독특하며, 영향력이 있었기 때문에, 이 지역을 '메소아메리카'라는 특정 용어로 규정하는 데에는 전혀 무리가 없다.

하지만 메소아메리카 문화 전통이 지니는 총체적 통일성에도 불구하고, 메소아메리카인들은 한 번도 스스로를 공통된 문화를 소유한 단일 집단으로 생각한 적이 없었던 것 같다. 스페인과 접촉하기 전, 대부분의 메소아메리카인에게 가장 광범위한 사회적 준거집단은 제국, 왕국, 도시국가, 족장사회 등 소속된 정치조직체(polity)였다. 게다가 메소아메리카인들은 대체로 지방적 성향이 강했기 때문에 종족집단, 공동체, 혈통에 근거한 집단 정체성이 정치적 소속에 근거한 정체성보다 강했을 것이다. 오늘날에도 지역 내 수백만의 메소아메리카 토착민들에게 이러한 경향은 여전히 유효하며, 그들의 집단 정체성이 자신이 거주하는 영토의 민족국가에 근거하기보다는 소속된 마을, 촌락, 지역 또는 언어 집단에 근거하는 것을 알 수 있다. 그렇다면 일반적인 맥락에서, 그리고 대부분의 시기에 메소아메리카인들은 일차적으로 자신을 혈통관계의 구성원으로, 이차적으로 공동체의 참여자로, 그다음 단계로 공통된 언어 사용자로, 그리고 최종적인 단계에 가서야 (드물게나마) 스스로를 멕시코 사람, 중앙아메리카 사람, 또는 인디오로 간주하는 경향을 지녀 왔다고 볼 수 있다.

　　메소아메리카라는 용어와 마찬가지로, **인디오**(Indian, 스페인어로 Indio)라는 용어도 메소아메리카 연구에서 논쟁의 대상이다. 익히 알고 있듯이, 콜럼버스와 그 뒤를 이은 스페인 탐험가들은 메소아메리카를 비롯한 신세계 전반의 토착민을 인디오라고 부르는 오류를 범했다. 식민시대에도 스페인인들은 메소아메리카인들을 인디오라고 불렀고, 이 관행은 독립 이후 멕시코와 중앙아메리카의 민족국가에서도 지속되어 왔다. 오늘날 수많은 메소아메리카인은 스스로 '인디오'라고 불리는 데 반발하고 있는데, 바로 여기에서 논쟁이 비롯된다. 이들의 입장에서 보면, 인디오라는 용어는 잘못된 명칭일 뿐만 아니라 토착민을 종속적인('신식민주의적인') 사회적 위치에 묶어 두기 위한 지배 계급의 도구에 불과하다.

　　학자들과 메소아메리카인들은 '인디오'라는 용어를 대체할 다양한 대안적인 호칭을 제시해 왔다. '애버리진'(aborigine), '본토박이'(indigene), '자연인'(natural), '토착민'(native), '아메리카 토착민'(native

American) 등이 그 일부이다. 일부 메소아메리카인은 '마야', '나우아', '오토미', '피필' 등 종족집단을 지정하는 명칭으로 스스로를 규정하고, 또 일부는 지방 공동체에서 유래하는 이름, 가령 '산후아네로'(산후안 출신) 또는 '익스타와카노'(익스타와칸 출신) 등으로 스스로를 규정하려 한다. 이러한 논쟁을 고려해 볼 때, '인디오'라는 용어를 사용하는 데 있어, 메소아메리카인들과 그들의 외부 억압자들이 스스로의 정치적·경제적 이익을 강화하기 위해 '인디오'라는 용어를 어떻게 조작해 왔는가를 판단하는 데 주의와 노력을 기울여야 한다.

또 다른 논쟁적인, 특히 메소아메리카인들에게 논란이 되는 용어는 '정복'이다. 메소아메리카인들은 자신들이 스페인인들에 의해 침략당했고 이들과의 전쟁에서 패배했다는 사실을 수긍하지만, 자신들이 스페인인들에 의해 또는 그 누구에 의해서도 '정복되었던' 적은 없다고 주장한다. 이들은 외부인의 지배에 기꺼이 굴복한 적이 없으며, 지금 이 순간까지도 공격자에 대항해 투쟁해 왔다고 주장한다. 이 책은 메소아메리카인들의 주장을 뒷받침할 상당한 증거를 제시할 것이다. 그럼에도 이 책에서는 16세기 스페인인들과 메소아메리카인들 사이에 벌어졌던 유혈 충돌을 지칭하기 위해 특정 상황에서는 '정복'이라는 용어를 사용할 것이다.

우리는 용어법의 중요성을 강조하는 메소아메리카인들의 주장에 동조한다. 하지만 '인디오'와 '정복' 등의 용어는 북미 학계의 담론에서 보편적으로 사용되고 있기 때문에, 우리의 논의에서 이 용어들의 사용을 전적으로 배제하는 것은 지나치게 원칙론적인 행위일 것이다. 역설적으로 일부 메소아메리카 토착민들은 스스로 '인디오'로 불릴 것을 고집하는데, 유럽인과의 최초의 접촉이 있고 나서 그들이 줄곧 종속되어야 했던 억압의 실체를 극대화해서 표현하려는 것이다. '정복' 역시 16세기 메소아메리카에서 발발했던 불공평한 무력 충돌들을 지칭하기 위해 사회과학에서 보편적으로 사용된다. 하지만 우리는 이 책에서 '인디오'라는 용어를 사용함에 있어 어떠한 인종적·문화적 열등성도 함축하고 있지 않다는 점, 그리고 '정복'이라는 용어를 사용한다고 해서 메소아메리카 토착민들이 그들을 종속시키려는 일체의 시도에 대한 저항을 멈추었다는 의미는 아니라는 점을 분명히 하고자 한다. 이 책을 읽은 독자는 메소아메리카 인디오와 그들의 문화를 향한 저자들의 존경과 찬사가 진심 어린 것이며, 그들의 역사에 대한 명확한 이해에 근거한 것임을 분명히 느끼리라고 확신한다.

마지막으로 용어 사용과 관련해 정도는 덜하지만 여전히 논쟁적인 문제 몇 가지를 언급하려 한다. 이 중 가장 중요한 문제는 철자법, 다시 말해 토착 용어와 표현들의 표기와 재현에 관한 문제이다. 물론 언어학자들은 보편적 음성 문자를 기준으로 메소아메리카인들이 사용하는 언어와 같이 세계의 다양한 언어를 기록하고 분석한다. 하지만 민족학자, 고고학자, 지리학자, 역사학자 등 다른 학문 분과의 학자들은 독자적인 철자법을 개발해 왔고, 이들의 철자법은 언어학자의 표음 체계에 완전히 상응하지는 않는다. 결국 문제는 학자들이 그들의 모국에서 사실상 일상적으로 사용하는 문자 체계(영어, 스페인어, 프랑스어, 독일어 등)를 가지고 토착 언어를 표기할 수 있는가이다. 메소아메리카 지역의 국가들, 특히 멕시코와 과테말라는 토착 언어 표기를 위해 스페인어로 쉽게 변용할 수 있는 문자 체계를 개발하는 데 주력해 왔다. 최근 메소아메리카의 인디오들은 문화유산인 토착 언어의 독자적 표기법 개발에 다시금 관심을 보여 왔다. 다행히 언어학적 훈련을 받고 있는 토착민 학자의 수가 증가하고 있다. 그 결과, 개별 언어마다 단일한 '토착' 문자 체계를 개발하기보다는, 메소아메리카의 언어를 표기하기 위한 보편적 도형 체계(graphic system)를 개발하는데 보다 많은 관심을 보이고 있다.

이 책에서는 토착 용어와 표현을 재현하기 위해 영미 언어 형식에 맞게 변용된 언어학적 사용법을 따르려 한다. 예를 들어, 토착민들의 명칭을 복수로 표기하기 위해 단어의 끝에 s를 붙이고(Aztec-s 또는 Maya-s), 형용사의 형태로 표기하기 위해 단어의 끝에 n을 붙이는(Maya-n) 방식이다. 토착 언어로 된 용어를 사용할 때면 가급적 강세 표시의 사용을 자제했다(예를 들어, Tenochtitlán 대신 Tenochtitlan으로 표기). 대체로 나우아어(아스테카어) 단어는 끝에서 두번째 음절에 강세가 오지만, 마야어에서는 마지막 음절에 강세가 온다. 이제는 메소아메리카의 전통으로 상당 부분 수용된 대로, 용어를 처음 사용할 때는 스페인어식 용어와 표현으로 제시한 다음 영어 주해를 덧붙일 것이다. 또한 메소아메리카의 언어보다는 분명히 스페인어에 가까운 단어의 경우에는, 독자가 정확하게 발음할 수 있도록 강세 표시를 사용할 것이다.

3. 스페인 도착 이전 메소아메리카의 물리적 배경

앞에서 우리는 스페인인들이 메소아메리카인들을 어떤 관점에서 바라보았는지를 살펴보고, '메소아메리카'를 비롯한 몇 가지 용어를 정의했다. 이제 메소아메리카인들이 정교한 문화 전통을 발전시켜 왔던 물리적 배경을 살펴보자. 먼저 메소아메리카인들이 자신만의 독자적인 문명을 창조해 왔던 광범위한 지리적 조건을 간략히 검토한 다음, 일련의 특별한 '자연지역'(natural areas)을 기술할 것이다. 그다음, 메소아메리카인들의 특징을 생물학적인 측면에서 간략하게 살펴보고, 그들의 신체적 특징은 지역의 환경적 조건에의 적응을 보여 준다는 주장을 전개할 것이다.

1) 고지대와 저지대의 구분

규모 면에서 메소아메리카 지역과 유사한 세계의 그 어느 지역도 지형, 기후, 식물군, 동물상, 토양, 식생이라는 측면에서 메소아메리카보다 다양성을 지닌 곳은 없다. 메소아메리카의 지리학적 다양성은 사실상 이 지역에서 농업이 생겨난 기원과, 그리고 국가가 전개된 과정과 밀접히 관련되어 있다고 인식되어 왔다. 지역은 '자연지역'으로 또다시 세분화된다. 자연지역은 거주자들(스페인 도착 이전의 메소아메리카인이거나, 아니면 현대 멕시코와 중앙아메리카의 백인, 메스티소, 인디오 등의 혼합 인구이거나 상관없이)이 매우 이질적인 방식의 적응을 해나갈 것을 요구한다. 우리는 메소아메리카 토착민들이 시간의 경과에 따라 환경적 도전에 어떻게 대응해 왔고, 이들의 대응이 사회의 역사와 문화적 특징과 관련해 어떠한 설명을 제시하는지에 특히 관심이 있다. 또한, 지역의 지리가 지니는 보다 보편적인 특징들에 적응한다는 것은 수많은 공통된 문화적 특징들(중부아메리카 지역의 사람들에게 공통된 정체성을 제공했고, 그들이 북아메리카나 남아메리카 토착민들과 구별될 수 있게 했던)이 생겨나게 하기 위한 생태학적 기반을 제공했을 것이다.

한 가지 유용한 분석 체계는 글상자 A.1에서처럼 메소아메리카 지역을 독특한 세 유형의 지리지대(geographic zones)로 구분하는 것이다(그림 A.2 참조). 일반적으로, 메소아메리카인들은 두 가지의 주된 적응(또는 생태) 체제들을 통해 고지대와 저지대의 분리에 적응해 왔으며, 이들 적응 체제는 농업, 인구, 거주 유형에 따라 정의된다.

고지대 | 고지대의 생태계와 관련된 메소아메리카인들은 주로 멕시코의 중앙고원, 오아하카의 산악 지대, 치아파스와 과테말라의 산간분지에 집중되어 있다. 메소아메리카에서 가장 비옥한 토양은 고지대에서 발견되는데, 특히 대규모 분지, 계곡, 고원에 있다. 고지대 토양의 비옥함은 주로 고갈된 호수의 퇴적작용이나 화산 활동의 결과이다. 고지대의 수많은 거

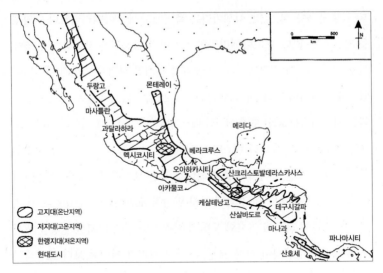

그림 A.2 메소아메리카의 세 가지 주요 지리지대를 보여 주는 지도. 출처: West 1964: 365.

대한 계곡과 분지에는 주기적인 화산폭발로 화산재와 분석(噴石)이 흘러 들어 왔다. 고지대에서는 집약농업기법을 도입해서 옥수수, 콩, 호박, 아마란스(amaranth, 비름과의 관상식물——옮긴이), 용설란(maguey) 등의 작물을 생산했다. 스페인 도착 이전 시대(aboriginal time)에 이루어졌던 기술력 강화는 계단식 기법, 관개, 단기 휴경재배 등으로 나타났다.

고지대 인구는 항상 계곡 일대와 분지에 집중되어 왔고, 1제곱킬로미터당 100명의, 스페인 이전 시대에는 그 이상의 인구밀도를 나타냈다. 이들은 도심지에 응집되는 경향을 보여 왔는데, '마을'에는 수천 명이 그리고 '도시'에는 수만 명이 거주한다. 스페인 도착 이전, 고지대 도심지의 인구밀도는 항상 1제곱킬로미터당 2천 명 이상이었다. 스페인 접촉 당시 메소아메리카의 총인구는 대체적으로 2천만 명 이상으로 추정되며 이들 대다수는 멕시코 고지대에 거주하고 있었다.

메소아메리카 토착민에게 중요한 의미를 지니는 광물은 대부분 고지대에서 자연적으로 생성된다. 고지대 광물로는 금속류(금, 은, 구리), 흑요석, 경옥(제이다이트), 사문석, 호박, 연장을 가는 데 사용하는 화산석 등이 있다. 모든 사람의 식생활에 필요한 요소인 소금의 경우, 고지대에서는 염분이 있는 일부 침전물들에서 추출되지만 대부분 저지대에서 생산된다.

저지대 | 저지대의 생태적 배경에서 살고 있는 메소아메리카인은 주로 지역의 동부(멕시코 만과 카리브)와 서부(태평양) 해안에 집중되어 있다. 해안 저지대 구역에서 토양의 비옥도는 큰 차이를 보이며 변한다. 동부 해안을 따라서, 특히 유카탄 반도에서 석회암 토양은 일반적으로 얕고, 상대적으로 양분이 부족하다. 서부 저지대, 특히 산록지역에서는 화산 퇴적의 결과 토양의 비옥도가 좀더 높다. 일반적으로 가장 비옥한 저지대 토양은 강물이 고지대 화산지역에서 저지대를 따라 두 대양으로 흐르는 과정에서 형성되는 충적토로 구성되어 있다.

저지대에 거주하는 토착 거주민은 일반적으로 화전(이동식) 원예 체계를 수용해 왔다. 화전 원예 체계는 조방 농업(extensive agriculture) 기술에 근거하는데, 자연적으로 자라는 초목을 자르고 태운 다음, 단순한 모양의 뒤지개로 땅에 구멍을 내고 여기에 옥수수, 콩, 호박의 씨를 뿌리는 것이다. 메소아메리카의 '삼부작'(옥수수, 콩, 호박)은 저지대에서는 고추, 근채 작물(유카, 카모테, 고구마), 과수(사포테, 파파야, 브레드넛, 카카오) 등으로 보충된다.

저지대 인구는 고지대에 비해 풍광(landscape) 전반에 걸쳐 보다 균일하게 분산되는 경향이 있다. 스페인 접촉 이전 시기의 대체적인 인구밀도는 보통 1제곱킬로미터당 5명에서 30명이었다. 현재까지도 저지대를 특징짓는 정착 양식은 의례기능을 갖춘 중심지를 부속된 농촌 촌락들이 에워싸고 있는 방식이다. 저지대에서도 일정 수준의 도시화는 항상 진행되어 왔지만, 도시보다는 시가지(town)의 형태로 발전해 왔다. 스페인 접촉 당시에 저지대의 인구는 600만 명 정도였고, 동일한 시기 메소아메리카 총인구의 대략 20퍼센트에 해당한다.

저지대에서는 메소아메리카인들에게 중요한 의미를 지니는 수많은 이국적 물품이 제작되었다. 예를 들어, 열대 조류의 밝은 색 깃털과 오셀롯(표범처럼 생긴 야생동물 —옮긴이)이나 다른 포유류 동물의 생가죽을 다량으로 확보할 수 있었다. 건축과 카누 제작을 위한 단단한 목재를 구할 수 있었고, 다른 나무들로부터는 고무, 코펄 향료, 염료를 추출했다. 반면 큰 무화과나무 껍질에서 종이를 제조했고, 발삼나무에서 방향성 약재를 추출했다. 이 지역에는 이외에도 인디고, 아나토, 제니팝 등의 수많은 색소 식물이 있었다. 코카인 성분의 코카나무가 저지대의 머나먼 남쪽 지역에서 재배됐지만, 담배를 재배해서 '둘둘 만 여송연'으로 만들었다.

과거에도 그리고 현재에도 메소아메리카에는 앞서 언급했던 고지대/저지대 유형보다 훨씬 다양한 생태지대가 존재한다는 점을 강조할 필요가 있다. 예를 들어, 기존의 연구에 의하면 스페인과 접촉하기 훨씬 전부터 열대 저지대 일부 구역에서는 계단식 농법과 '쌓아 올린 밭'(인공적으로 흙과 식물의 잔재를 쌓아 올려 만든 밭 —옮긴이) 원예 등 상당한 수준의 농업 집약화가 진행되었다. 게다가 고지대의 온난지대와 한랭지대 간에는 항상 중요한 생태적 차이가 존재했다. 그 예로, 고도 2천 미터 이상의 한랭 고지대에서는 풀케를 만드는 용설란이 잘 자라지만 옥수수가 자랄 수 있는 기간은 짧다. 이런 점에서, 과거에든 현재에든 이 지역의 가장 강력한 정치조직체들이 한랭 고지대에 존재해 왔다는 점은 매우 중요하다.

또 다른 중요한 생태적 차이는 습한 저지대 세부구역보다는 건조한 저지대 세부구역에서 나타난다. 건조한 저지대에서 메소아메리카 토착민들은 관개를 통해 안정된 옥수수 생산을 확보할 수 있었다. 하지만 카카오는 관개 시설을 통해서도 효과적인 재배를 기대할 수 없었다. 이와 대조적으로, 목화는 건조한 저지대에서 매우 잘 자랐다. 이와 같은 생태적 요인들은 메소아메리카에서 가장 강력한 저지대 정치조직체들 중 일부가 건조한 저지대 세부지대에 위치하게 된 부분적인 이유로 작용했다.

2) 자연지역들

고지대/저지대라는 기본적 구분을 염두에 두고 이제 메소아메리카의 '자연지역', 즉 지역 주민들에게 있어 극히 중요한 자연적 조건들을 결정짓는 세부지역적 지리 구분을 간략히 살펴보자. 이를 위해서는 북부 고지대, 남부 고지대, 걸프 해안 저지대, 태평양 연안 저지대, 멕시코 북부 건조지대(그림 A.3)로 구성된 다섯 가지 주요 자연지역을 살펴볼 필요가 있다(West 1964). 이 다섯 가지 자연지역의 지리적 조건은 서로 현저하게 구별되며, 메소아메리카인들은 근본적으로 상이한 방식으로 이러한 차이에 적응해 왔다.

북부 고지대 | 북부 고지대는 멕시코의 메세타센트랄(중앙고원), 그리고 오아하카와 게레로의 고지대로 구성된다(그림 A.4). 중앙고원은 수천 년에 걸쳐 메소아메리카에서 인간 활동의 주요 무대가 되어 왔다. 이는 현재도 마찬가지며, 멕시코시티는 멕시코에서 가장 크고 가장 중요한 도시이며, 더 나아가 도쿄에 이어 세계에서 두 번째로 큰 도시이다.

중앙고원은 화산 활동과 관련된 특성들과 독특한 수문(水文) 양식들로 특징지어진다. 일부 활화산을 포함해 일련의 높은 화산들이 남쪽 테두리를 구성하고, 동쪽 측면은 시에라마드레오리엔탈에 해당하고, 서쪽의 급경사면은 시에라마드레옥시덴탈이다.

고원은 한때 호수나 침식된 화산 봉우리를 품고 있던 크고 평평한 분

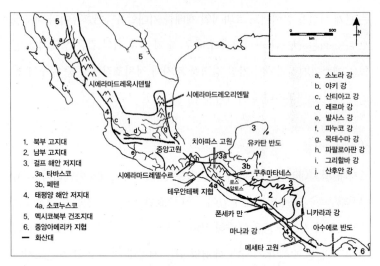

그림 A.3 메소아메리카의 자연지역. 출처: West 1964: 368.

지들로 패여 있다. 가장 큰 분지로는 멕시코, 푸에블라, 톨루카, 과달라하라 등이 있으며, 또한 과나후아토의 바히오(Bajío)를 형성하는 일련의 서로 이어진 분지가 있다. 호수들 중 다수는 더 이상 존재하지 않는데, 일부는 퇴적과 건조작용 때문이고, 멕시코 계곡의 다섯 개의 호수와 같은 경우는 인위적인 배수 작업의 결과로 사라졌다.

높은 분지와 그 주변의 산들은 한랭지대에 위치하고 있지만, 고원의 상당 부분은 온난지대에 자리 잡고 있다. 화산 봉우리들 일부, 예를 들어 오리사바, 포포카테페틀, 이스타씨와틀 등은 만년설로 덮여 있고, 수 세기에 걸쳐 이들 봉우리에은 인근 지역에 얼음을 제공하는 원천이 되어 왔다.

중앙고원은 세 개의 주요 하계(河系)에 의해 배수된다. 멕시코시티 바로 서쪽에 위치한 톨루카 분지에 상류수를 두고 있는 레르마 강은 태평양의 서쪽으로 흐르며 지역 내 가장 긴 하계를 형성한다. 발사스 강의 지류는 고원 남동부의 분지에서 흘러 태평양 연안으로 흘러들어 간다. 파누

그림 A.4 중앙멕시코의 고지대 계곡(사진 저자 제공).

코 강과 그 지류인 목테수마 강은 멕시코 대서양 분수계에서 가장 긴 배수계를 구성한다. 이들 강의 상류수는 모두 중앙고원의 북동부에 위치한다.

발사스 강에 의해 생겨난 발사스 함몰지를 향해 있고, 중앙고원의 남쪽 경계를 형성하는 화산맥은 이 지역의 두번째 고지대 구역으로, 게레로의 시에라마드레델수르와 오아하카의 메사델수르로 구성되어 있다. 중앙고원과는 대조적으로 이 구역은 소수의 크고 평평한 분지들로만 구성되어 있다. 대신 험준한 산봉우리들과 작고 깊은 계곡들로 덮여 있다. 가장 긴 분지인 오아하카 계곡은 과거 밀집되어 있던 인구에 삶의 터전을 제공해 왔고, 이는 현재에도 마찬가지이다.

중앙고원의 상당 지역에서는 인간 활동으로 인해 초목이 파괴되어 사라졌다. 한때 이 지역은 상록수와 낙엽참나무 숲으로 뒤덮여 있었다. 고도가 높은 지역에서는 혼합 소나무류-참나무 숲 대신에 소나무, 전나무, 노간주나무 임분(林分)이 서식했다. 고도가 낮은 지역은 이제는 풀, 관목 참나무, 선인장, 아카시아, 피룰나무(16세기에 페루에서 들어온)로 채워져 있다. 중앙고원과 마찬가지로, 한때 북부 고지대의 남쪽 지역은 운무림 초목이 서식하고 있었고, 낮게 펼쳐진 건조한 계곡에는 여전히 건생식물(아카시아와 선인장)이 주를 이룬다.

북부 고지대에는 오래전부터 페커리, 테이퍼(貘), 거미원숭이, 재규어, 개미핥기, 아르마딜로와 같은 소수 포유동물을 포함한 신열대구(남아메리카의) 동물상이 살고 있었다. 고지대 태생의 신북구(북아메리카의) 포유동물로는 흰꼬리사슴, 토끼, 다람쥐, 쿠거, 퓨마 등이 있다. 사슴과 페커리는 스페인 접촉 이전 북부 고지대에 살던 메소아메리카인들이 다량으로 사냥해서 섭취하던 주요 포유동물이었을 것이다. 철새(오리, 거위, 물오리), 양서류(개구리, 도룡뇽), 작은 물고기가 과거 북부 고지대의 수많은 호수에 서식했고, 메소아메리카 토착민들의 중요한 섭취원이었다.

남부 고지대 | 테우안테펙 지협 남쪽(그림 A.5)은 두 개의 산맥으로 틀이 지어진 복잡한 고지대 지역이며, 북부 산맥은 지질학적으로 더 오래됐고, 남부 산맥은 보다 신생이다. 북부 산맥은 치아파스 고원에서 시작해서 남동쪽을 따라 과테말라의 쿠추마타네스산과 알타베라파스 산으로 이어진다. 산크리스토발(치아파스), 사카풀라스(과테말라) 등과 같이 북부 산맥에 의해 형성된 산간분지와 고원은 그 수가 적고 규모도 작다(그림 A.6). 원래는 화산이었던 남부 산맥은 치아파스의 시에라마드레에서 시작해서 남동쪽으로 과테말라의 로스알토스까지 이어지고, 과테말라 동부와 온두라스와 니카라과 북부의 산들로 이어진다. 남부 산맥은 케살테낭고, 키체, 과테말라, 코마야과(앞의 세 개는 과테말라에, 마지막은 온두라스에) 등 수많은 분지, 계곡, 고원을 위한 구조적 틀이 된다. 엘살바도르와 니카라과에서 남부 화산맥은 횡-지협(transisthmian) 함몰지에 위치하고 있는데, 그 결과 그 지역의 분지와 계곡(예컨대, 사포티틀란과 엘살바도르의 산살바도

그림 A.5 테우안테펙 함몰지 지협(사진 저자 제공).

르)은 고도가 낮고, 민물호수들(니카라과의 마나과 호수나 니카라과 호수)로 채워져 있다.

　남부 고지대 일부는 치아파스와 과테말라 서부의 한랭지대에 위치한다. 하지만 대부분은 온난지대에 위치한다. 고지대 세부구역은 대개 아습(亞濕)하며, 가장자리는 습한 구획과 일부 건조한 하곡(치아파스의 그리할바, 과테말라의 모타과, 온두라스의 카타카마스)으로 채워져 있다. 남부 고지대의 서쪽에서는 건기(12월에서 4월)가 구분되지만, 동쪽에서는 연중 비가 내리는 편이다.

　남부 고지대의 자연 초목은 전형적으로 참나무와 소나무로 구성된 산악림이다. 북부 고지대에 비해 이 지역에서는 신북구 동물이 그다지 흔하지 않은 반면, 신열대구 동물(타피르, 원숭이 등)은 보다 흔하게 발견된다. 밝은 깃털의 새인 트로곤은 남부 고지대에서만 발견되는데 이 중 케찰이 대표적이다.

걸프 해안 저지대 | 이 저지대 지역은 멕시코 걸프 해안을 따라 남아메리

카까지 이어지는 해안평야의 일부이다. 넓은 중앙구역은 타바스코 평야, 페텐 저지대, 유카탄 반도로 구성되어 있다. 북쪽으로 타마울리파스와 베라크루스(멕시코)에서, 그리고 남쪽으로 과테말라와 온두라스 북부에서 좀더 협소한 해안을 발견할 수 있다. 과거 이 지역은 군데군데 사바나 초원으로 단절(타바스코 동부, 유카탄 북부, 페텐 남부와 같이)되는 밀집된 상록수 우림으로 덮여 있었다.

해안평야는 인접한 고지대에서 흘러나오는 강으로 단절되는 곳이 많이 있는데, 이 강들이 줄기를 따라 멕시코 만과 카리브 해로 흘러 들어가는 과정에서 삼각주와 자연제방이 형성된다(특히 타마울리파스, 타바스코, 벨리즈, 그리고 과테말라와 온두라스의 걸프 해안에서). 북부 해안선이 길게 뻗은 지역에서는 석호와 갯벌을 에워싸는 '제주'(提洲)가 있다. 반면, 연안 사주와 암초를 일반적으로 찾아볼 수 있고, 특히 유카탄 서쪽 해안과 벨리즈 해안 인근에 많이 있다.

걸프 해안 저지대는 고온지대의 일부를 구성한다. 연중 높은 기온과

그림 A.6 과테말라의 고지대 산과 계곡(사진 저자 제공).

많은 강우량을 보이고, 대부분의 지역이 습하며, 1년 내내 비가 내린다. 전체적으로 습한 지역이지만, 페텐 등 일부 지대에서는 연중 첫 두 달이나 세 달 가량은 다른 시기에 비해 건조하다. 유카탄 북부의 경우, 동쪽으로는 아-습윤 세부지대로, 서쪽으로는 건조 세부지대로 구성되어 있다.

걸프 해안 저지대 대부분에 걸쳐 자연 초목은 열대우림이다. 거대한 마호가니, 세이바(판야나무——옮긴이), 야생 무화과나무 등으로 임관(林冠)이 형성되는 반면, 아래로 내려갈수록 야자나무, 라몬(브레드넛), 고무나무, 마메이, 사포딜라, 로그우드 등 보다 작고 쓰임새 있는 나무들이 발견된다. 유카탄 북서부의 초목은 건생(乾生) 관목인 반면, 사바나 일대는 풀과 소나무로 덮여 있다.

걸프 해안의 동물상은 대체적으로 신열대구 동물로 구성되어 있다. 원숭이, 나무늘보, 주머니쥐, 긴코너구리 등 대부분의 포유동물과 유대목 동물은 나무 위에서 살지만, 테이퍼, 페커리, 마자마사슴(brocket deer), 파커 등 땅에서 사는 동물도 있다. 주요 포식동물로는 재규어, 오셀롯, 수달살쾡이(jaguarundis) 등이 있다. 마코앵무새, 앵무새, 투칸, 트로곤 등 수많은(약 500종의) 밝은 깃털 새들이 서식한다. 티나무, 카사로우 등의 엽조와 철새류 물새가 보편적으로 발견된다. 여러 종류의 독사가 서식하고 있지만, 그 외의 이구아나나 거북이(다섯 종류) 등의 파충류는 훌륭한 섭취원이 된다. 북부 저지대 해안 근방(특히 타바스코 해안, 유카탄 서부 해안, 벨리즈 해안 근방)의 해수에는 물고기(예컨대, 가숭어, 회색도미 등)와 게, 새우, 굴, 매너티 바다 포유동물이 풍부하다.

태평양 해안 저지대 | 북쪽으로는 시날로아에서 시작해서 남쪽으로 니코야 반도까지 뻗어 있는 태평양 해안 저지대는 메소아메리카의 두번째 저지대를 형성한다. 이 자연지역은 평야, 언덕, 화산 경사지로 구성되어

있고, 소코누스코와 과테말라 등의 일부 지대에서는 독특한 산록과 평야 지역으로 나뉜다. 일반적으로 태평양 해안 저지대에는 상대적으로 길이가 짧고 흐름이 빠른 강이 가로지르며, 이들 강은 카리브 저지대에 비교해 작은 제방과 삼각주 퇴적물을 만들어 낸다. 여기에서 가장 긴 강으로는 멕시코의 레르마-산티아고 강과 발사스 강이 있다. 해안선에는 수많은 갯벌 지대가 있고, 엘살바도르(폰세카 만, 힐퀼리스코 석호), 과테말라, 소코누스코 등에 가장 넓게 펼쳐져 있다. 일부 갯벌 지역에서는 자연 수로가 형성되는데, 스페인 이전 시대에는 수중교통로로 이용되었을 것으로 추측된다. 연안에서는 바람이 거세기 때문에 태평양 근방에서 대양을 항해하는 것은 매우 위험하다. 하지만 거센 바람은 연안수를 휘저어 해양생물의 포획을 보다 용이하게 한다.

태평양 해안 저지대는 온난지대에 속하지만, 카리브 저지대에 비교해 이 지역의 연중 강수량은 더 낮고 뚜렷한 건기를 지닌다. 산록 지대는 대체로 습하고 해안 평야는 아-습윤에서 매우 건조한 기후까지 변화가 있지만, 대부분 지역에서는 아-습윤 기후를 보인다. 강우 유형에 따른 결과로 야자나무, 활엽수, 무화과나무, 염료성 나무 등의 천연 낙엽수림 덮개가 만들어진다. 태평양 해안을 따라 형성된 사바나는 규모가 작고 분산되어 있으며, 아마도 인간 활동에 의해 생겨난 인위적인 창조물일 것이다. 산록 지대와 하천 범람원의 자연 초목은 우림의 모습을 띠고 있고, 거대한 과나카스테, 세이바, 마호가니, 백향목 등으로 구성된다. 해안 평야의 자연 초목은 낙엽수림이고, 매우 건조한 지역에서는 가시가 있는 관목이다. 갯벌 구역은 맹그로브 숲으로 뒤덮여 있다. 태평양 해안 저지대의 동물상으로는 신열대구 동물이 지배적이며, 앞서 언급한 걸프 해안 저지대의 동물상과 유사하다.

멕시코 북부 건조지대 | 이 지대는 이 지역을 통틀어 가장 큰 건조지대이며, 시에라마드레옥시덴탈의 동쪽 면과 서쪽 면에서 현재 멕시코의 북부 지역을 가로질러 뻗어 있다. 이 사막 국가를 여행하는 것은 쉽지 않았지만, 그럼에도 이 지역은 항상 메소아메리카인들과 미국 남서쪽 마을의 농민들(예를 들어, 푸에블로 사람들) 간의 통로 역할을 해왔다(그림 A.7).

시에라마드레옥시덴탈의 동쪽에 자리한 북부 건조지대는 중앙고원의 확장이며, 지형학적으로 일련의 길고 높은 사막 분지로 구성된다. 분지 중 일부는 한때 호수로 덮여 있었지만, 스페인과 접촉하던 무렵에는 대부분의 호수가 건조해졌고, 상당수는 가장 낮은 지점까지 소금으로 말라 딱딱해져 있었다. 이 지대의 기온은 전 지역을 통틀어 가장 높은 편이지만, 겨울이면 밤 기온이 결빙점 아래로 떨어지곤 한다. 극심한 일교차는 낮은 강수량과 결합되면서 극도로 혹독한 환경으로 이어진다. 시에라마드레옥시덴탈에 인접하고 있는 일대의 자연 환경은 좀더 호의적인데, 낮 기온이 좀더 낮고, 강우량이 높으며, 작은 언덕에서 흘러나오는 수많은 개울들이 분지를 따라 비옥한 충적 퇴적물을 남기기 때문이다.

오늘날 멕시코의 소노라 주와 시날로아 주에 해당하는 곳에 자리한 시에라마드레옥시덴탈의 서쪽 방면에는 멕시코 북부 건조지대의 훨씬 낮은 고도의 확장지가 펼쳐져 있다. 겨울이면 간혹 서리가 내리기도 하지만, 이 지대의 기온은 지역 전체에서 가장 높고, 산맥의 동쪽 방면에 자리하는 고지대에서보다도 이 지대의 강우량은 더욱 적다. 시에라마드레옥시덴탈에서 이들 사막 지대를 가로질러 서쪽으로 흐르는 큰 강들에 의해 척박한 환경은 다소 완화된다. 시날로아 강, 푸에르테 강, 야퀴 강, 소노라 강과 같은 주요 강들이 협소한 계곡을 형성하며, 일 년에 두번씩 비옥한 충적토가 퇴적된다.

시에라마드레옥시덴탈 동쪽 방면의 초목은 건생 식물로, 대부분 유

그림 A.7 멕시코 북부의 고원 지역(사진 저자 제공).

카, 용설란, 선인장류(식용 프리클리페어 선인장을 포함)와 같이 낮고 넓게 분산된 식물로 구성되어 있다. 메스키트(꼬투리를 먹을 수 있는) 덤불과 유카나무 숲은 충적토 지대에서 발견된다. 이 지대에서는 페요테 선인장이 자연적으로 자란다. 산에 인접한 개울에는 사이프러스, 미루나무, 메스키트, 버드나무가 늘어서 있다. 시에라마드레옥시덴탈 서쪽 방면의 낮은 사막 지대에는 풀과 나무가 좀더 무성하다. 스페인과 접하기 이전부터 이 지역의 비옥한 하천 계곡에서는 옥수수와 콩을 비롯한 작물들이 경작되어 왔다. 이곳의 보다 무성한 지대에서는 사슴과 토끼 등 신북구 동물이 한때 많이 있었고, 스페인 접촉 이전 거주자들의 식생을 위한 중요한 섭취원이었다. 재규어, 페커리, 아르마딜로 등 일부 신열대구 동물도 찾아볼 수 있었다.

메소아메리카인들이 점유했던 지역에서 대부분 벗어나 있지만 여전히 중요성을 지닌 여섯번째 자연지역은 중앙아메리카 지협이며, 그 지리적 특징은 글상자 A.2에 기술되어 있다.

3) 메소아메리카인들의 생물학적 특징

이 주제를 논하기에 앞서 먼저 언급할 점은 스페인인들과 접촉하기 전, 메소아메리카 세계에서 생물학적 차이는 사회적 구별을 위한 중요한 근거가 되지 못했다는 것이다. 일반적으로 메소아메리카인들은 피부색이나 생물학적 특징에 사회적 중요성을 그다지 부여하지 않았다. 게다가 스페인 정복자들도 다양한 메소아메리카인들에게서 어떤 주목할 만한 신체적 차이를 발견하지 못했으며, 그 어떤 차이도 구세계의 유럽인, 아프리카인, 아시아인들 간에 발견됐음직한 극적인 대조에 버금갈 정도는 분명히 아니었다.

스페인인들은 메소아메리카인들이 인종적으로 서로 비슷하다고 묘사했고, 그들을 상대적으로 작고, 갈색 피부색깔의 사람들이라고 보았다. 예를 들어 유카탄의 최초 탐험가들이 작성했던 한 보고서에 의하면, 마야인은 "중간 키에 균형이 잘 잡힌" 사람들이라고 묘사되어 있다. 반면, 코르테스의 군사 중 한 명은 목테수마 왕이 "적당한 키의 균형이 잘 잡히고, 호리호리하고 여윈 듯하며, 피부색이 매우 거무스름하지는 않고 인디오의 자연스러운 피부색을 띠고 있다"고 묘사했다. 하지만 스페인인들과 토착민들이 작성한 자료들에 의하면, 신체적인 모습의 인위적인 변형이 메소아메리카 세계에서 가장 큰 사회적 중요성을 지니고 있었음을 알 수 있다. 얼굴 분장, 신체 문신, 미용술, 코, 귀, 입술에 장식물을 다는 피어싱 등으로 사회적 지위를 표시했다.

근대의 생물학적 연구는 메소아메리카인들이 아시아인들과 중요한 유전적 특징을 공유한다는 점을 보여 준다. 그렇지만, 메소아메리카 토착민들은 아시아인들과는 유전적으로 구별되는 신체의 외적 특성들을 지니고 있었는데, 볼록한 코가 많고, 몽고주름이 없고, 파상모를 가지고 있다는 점 등이다. 유전적 연관성이 있는 혈액형 유형에 관한 연구에 따르면, 메소아메리카 토착민들에게는 아시아인들에게 발견되는 B형이 별로 없고, 아마도 이들 대부분의 혈액형이 O형이었을 것이다. 이와 같은 연구들은 메소아메리카인들이 아시아의 먼 친척들과 오래전부터 분리되어 생활했고, 생물학적으로 메소아메리카인들은 서로 매우 동질적이었음을 시사한다.

스페인 접촉 이전, 메소아메리카 지역의 인구들 간에는 상당한 유전적 접촉이 있었지만, 외부 지역과의 유전적 접촉은 매우 제한되었던 것이 분명하다. 메소아메리카 지역에 한 가지 경미한 생물학적 차이가 존재하는데, 남부 지역민에 비해 북부 지역민이 신장이 좀더 크고 체격이 다부지다는 점이다. 아마도 이 차이는 평균적으로 북부 사람들은 고지대 환경에서 거주한 반면, 남부 사람들은 저지대에 널리 분포하고 있었다는 사실과 주로 관련 있을 것이다.

16세기 스페인인들이 이곳에 도착하면서 메소아메리카 토착 인구의 생물학적·인구학적 변화의 복잡한 과정이 시작됐다. 원주민 인구는 구세계의 질병에 노출됐고, 이들은 병에 대항할 강력한 자연적 면역력을 갖지 못했다. 동시에 '인종 간 결합'(miscegenation)이 행해지기 시작했고, 혼합 유전 혈통의 새로운 생물학적 유형이 생겨났다.

메소아메리카를 포함하여 아메리카 대륙의 토착 인구에게 유럽인과 아프리카 노예들과의 접촉은 인구학적 재앙으로 이어진다. 스페인 통치가 시작되고 첫 10년 동안, 메소아메리카의 수많은 지역에서 90퍼센트 또는 그 이상의 원주민 인구가 사망했고, 살아남은 자들에게 남겨진 세계는 극도의 혼란으로 가득 찼다. 16세기 후반에 이르러 일부 지역의 토착민들은 조금씩 회복하기 시작했다. 그렇지만 여전히 다른 지역에서는 18세기까지도 회복의 기미가 보이지 않았고, 심지어 어떤 지역에서는 원주민 인구가 결국 절멸되기도 했다. 대부분 남자들로 구성되었던 스페인인들과 아프리카인들의 도착은 지역 전체에 걸쳐 메소아메리카 토착민들과의 결합으로 이어졌다. 결합의 결과로 새로운 인구가 생겨났다. 그 결과 스페인 접촉 이후의 인구는 스페인인이나 인디오의 인종 유형 그 어디에도 일치하지 않는 혼혈인('메스티소')의 무리로 구성되었다. 그리고 얼마 후, 유럽의 다른 지역, 아시아, 중동에서 새로운 이민이 도착했다. 이는 '인종 간 결합' 과정이 더욱 복잡해지는 것을 의미했다.

오늘날 메소아메리카 지역의 인구는 인구학적 역사의 반영물이다. 많은 지역의 인구는 압도적으로 인디오 인구로 유지되었고, 이 중 일부 지역에서 메소아메리카 토착민은 스페인 도착 이전 인구학적 수준을 넘어설 정도로 증가했다. 따라서 16세기 인구학적 재앙이 시작된 지 500년 정도가 지난 지금, 메소아메리카 지역의 인디오들은 마침내 스스로의 토착 인구수를 넘어선 것으로 보인다(표A.1).

이주민 인구와 혼혈 인구(메스티소), 특히 도시 중심부의 이들 인구는 메소아메리카 토착 인구보다도 훨씬 빠른 속도로 증가해 왔고, 멕시코나 중앙아메리카의 붐비는 거리를 한 번만 들여다보아도 현대 인구의 복잡한 생물학적 구성을 알 수 있다. 소위 메스티소와 백인은 이 국가들의 종족적 다수를 구성하며, 이들의 전체 인구수는 1억 명을 향해 빠르게 증가하고 있다.

4. 기존의 메소아메리카 연구

이 책에서 전개될 메소아메리카의 역사와 문화에 대한 서술은 이 책이 쓰

	1520	1800	1900	1950	2000
멕시코	21	4	2	3	30
중앙아메리카	6	1	1	4	8
합계	27	5	3	7	38

※ 표에 제시된 인구수, 특히 스페인 도착 이전 시대의 인구수는 모두 추정치이다. 2000년도의 자료는 켄 파크(Park 2005)를 참조하라.

표 A.1 메소아메리카 지역에서 토착 인구의 변화(단위: 100만 명).

이기 이전의 수많은 학자들이 수행했던 연구 성과에 근거한다. 과거 연구의 유산은 정보라는 측면 외에도 정보에 대한 특정한 해석을 의미한다. 따라서 이어지는 내용에서는 시간이 경과함에 따라 메소아메리카에의 다양한 접근이 어떻게 전개되어 왔는가를 역사적으로 살펴본다. 다만 여기에서는 지면이 한정된 이유로 메소아메리카 연구사 전반을 다루지는 못했으며, 철저하기보다는 다소 묘사적인 방식의 설명을 제시하려 했음을 밝힌다.

먼저, 일반적으로 종교적, 또는 철학적 시각에 근거하는 선입관을 통해 메소아메리카를 연구했던 '낭만주의자들'을 살펴본다. 그다음, 메소아메리카 연구에서 보다 체계적이고 객관적인 접근을 취했던 '과학적 선도자들'을 논의한다. 과학적 선도자들은 19세기 말 특히 영향력을 행사하게 되었고, 종교 사상을 과학적 이론으로 대체하기 시작했다. 20세기에는 근대적이고 과학적인 접근 방식이 점차 생겨났는데, 초기에는 '문화사학자들'에 의해, 그리고 1950년 후에는 '문화진화론자들'에 의해 수행되었다. 역사학적·진화론적 접근법은 현대의 메소아메리카 연구에서도 여전히 영향력을 지닌다. 서론의 말미에서 저자들은 이 책이 일반적인 접근법이 역사학적 접근과 진화론적 접근을 어느 정도 종합한 것으로 볼 수 있으리라는 견해를 제시한다.

1) 낭만주의자들

콜럼버스 시대에서 현재에 이르기까지, 일련의 서구 작가들은 메소아메리카 인디오들의 기원과 문화적 성취와 관련해 공상적인 설명을 끊임없이 지어내 왔다. 이들의 사상의 상당 부분이 추측에 근거하고, 이들의 사상 대부분이 세계가 실제로 어떠한가보다는 세계가 어떠했으면 좋겠다와 관련된 선재적인 종교 관념에 근거한다는 점에서 우리는 이 작가들을 낭만주의자라고 부를 것이다. 낭만주의자들의 설명은 거의 모두가 자민족 중심적이며, 문화적 세련됨은 유럽인들에 의해서만 성취될 수 있기 때문에 메소아메리카의 문화적 발전은 궁극적으로 그 지역의 외부에서 유래하는 사상들로부터 비롯된 것이 분명하다는 믿음에 근거한다. 메소아메리카에 대한 낭만주의적 설명은 시간의 시험대를 견뎌 내지 못했다. 그렇지만 낭만주의적 설명은 오늘날에도 여전히 이어지고 있고, 아직도 열정적인 옹호자들을 보유한다.

여러 사제들, 학자들, 애호가들은 구세계에서 떠올릴 수 있을 거의 모든 장소, 예를 들어 페니키아, 이집트, 이스라엘, 인도, 중국, 아프리카, 아일랜드, 독일, 심지어 로마 등을 메소아메리카의 본래 근원지로 한두 번씩은 제시해 왔다. 메소아메리카 지역을 관리하던 초기 스페인 사제 대부분이 인디오들은 성경에 등장하는 인물들에서 유래했다고 생각했다는 사실은 그다지 놀랍지 않다. 인디오는 방랑하는 히브리인, 특히 이스라엘의 사라진 10지파의 자손이라고 보는 것이 가장 공공연했다. 하지만 프란체스코회의 박식한 사제인 후안 데 토르케마다(서기 1564년~1624년)의 사례에서 볼 수 있듯이, 이들 관점이 보편적으로 수용된 것은 아니다. 수년간 멕시코에 머물며 연구를 했던 토르케마다는 인디오가 히브리인의 자손이라는 주장에 반박했고, "마일 이들 인디오가 유대인이라면, 왜 (서)인도제도(the Indies, 라틴아메리카로의 항해에 성공한 콜럼버스는 자신이 인도양의 섬에 도착했다고 믿었으며, 자신이 도착했던 곳을 인디스라고 불렀다——옮긴이)에서만 이들은 자신들의 언어, 법, 의례, 메시아, 그리고 궁극적으로 자신들의 유대교를 망각하게 되었는가?"라고 묻는다(1943: I: 25). 그럼에도, 메소아메리카인들에 대한 토르케마다의 설명 역시 성경에 근거하는 동시에 인종주의적이었다. 그는 메소아메리카인들은 어두운 피부색의 사람들로 노아의 아들인 햄의 자손이 틀림없다고 생각했던 것이다.

근래에 들어서 예수 그리스도 후기성도교회(몰몬교)는 공식 교리의 일환으로 노아, 유다, 요셉의 자손 가운데 일부가 기원전 수 세기 전부터 중동에서 신세계로 이주했다고 가르치며, 멕시코와 중앙아메리카의 고대 메소아메리카 문화에 대한 성경적 해석의 초석을 만들어 내고 있다. 이들의 교리는 인종주의적 측면을 지니는데, 도덕적인 의로움이 덜한 이주민은 번영하지 못하고 어두운 피부색을 지니게 되었고(레이맨인[the Lamanites]), 반면 의로운 이주민은 번성하며 밝은 피부색을 갖게 되었다고(니파이인[the Nephites]) 주장하기 때문이다.

메소아메리카 사제들의 통치자이자 깃털 달린 뱀의 신, 케찰코아틀(Quetzalcoatl)은 성경 전통 안에서 활동하는 낭만주의자들에게는 특히 호소력 있는 존재였다. 스페인어와 토착 언어로 작성된 초기 문헌들 일부에서 케찰코아틀은 밝은 피부색의 수염을 기른 경건한 남자로 묘사된다. 가톨릭 사제들은 그를 전통에 따라 선교를 위해 인도와 아메리카 대륙 너머까지 여행했다고 전해지는 성 토마스 또는 성 바르톨로메라고 생각하고는 했다. 몰몬교 학자들은 케찰코아틀에서 자신들의 신앙, 즉 예수 그리스도가 고대에 아메리카 대륙을 방문했다는 믿음에 대한 증거를 발견하는데, 케찰코아틀을 뱀음 상징(성경에서는 예수 그리스도와 모세기 들이 을린 뱀을 연관 짓는다)하는 신성한 남자로 보는 메소아메리카의 전통을 그 증거로 제시한다.

메소아메리카 인디오들이 오래전 심해로 가라앉은 대륙들에서 왔다는 사고는 낭만주의자들에게는 거의 성경의 전통만큼 대중적이다. 잃어버린 대륙 주창자들은 메소아메리카인들이 독자적으로 그들의 정교한 문명을 발전시켰을 리 만무하다고 믿는다는 점에서 성경적 낭만주의자들과 공통된다. 잃어버린 대륙 전통의 가장 일반적인 해석은 한때 아틀란티스로 알려진 거대한 대륙이 유럽 동쪽 대양에 존재했었고, 이곳에는 선진 문명을 창조한 활력 넘치는 사람들이 살고 있었다는 것이다(그림 A.8). 거대한 지진과 홍수로 아틀란티스는 대양의 바닥까지 가라앉았지만, 침몰 전에 거주자들은 이미 아메리카와 기타 대륙으로 피신했고 고대의 주요 문명을 발생하게 했다는 것이다. 아틀란티스 이야기는 플라톤까지 거슬러가는 오래된 것으로, 플라톤은 수년 전 이집트 사제들이 솔론에게 그 이야기를 전했다고 적고 있다. 콜럼버스의 아메리카 '발견'과 함께 아틀란티스

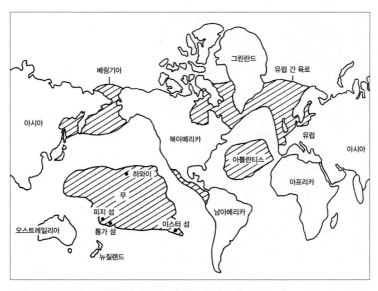

그림 A.8 고대 잃어버린 대륙들의 가상지도. 출처: Wauchope 1962: 37.

에 대한 관심이 되살아났고, 일부 스페인인들은 아메리카 대륙은 플라톤이 언급한 침몰한 대륙의 잔재라고 주장했다. 글상자 A.3에서는 메소아메리카인들의 잃어버린 대륙 기원설에 관한 보다 흥미로운 이론들 일부를 소개한다.

낭만주의적 전통은 현재까지 이어지고 있으며, 에리히 폰 대니켄의 황당무계한 저작물에서 가장 두드러진다. 폰 대니켄은 머나먼 은하계에서 온 고대의 우주비행사들이 고대 메소아메리카인들을 방문하게 됐고, 수많은 기술적·이념적 혁신을 전파했다고 주장했다. 이 주장은 그가 대규

ⓒ1976 MERLE GREENE ROBERTSON

그림 A.9 멕시코 팔렌케 고전기 마야 유적지에서 발견된 석관 뚜껑. 폰 대니켄은 여기에 새겨진 그림이 고대 우주비행사를 묘사한다고 주장한다. 출처: Robertson 1976.

모 추종자들을 거느리게 했다. 폰 대니켄이 자신의 이론을 뒷받침하기 위해 제시한 주요 증거물은 멕시코 팔렌케 마야 유적에서 발견된 무덤 뚜껑에 그려진 그림이다(그림 A.9). 폰 대니켄은 이 그림이 묘사하는 것은 다름 아닌 조종석에 앉아 이륙을 위해 대기 중인 우주비행사의 모습이라고 주장한다! 그 전에 존재했던 수많은 낭만주의자들과 마찬가지로 폰 대니켄은 마야인들을 비롯한 메소아메리카인들은 자신의 힘으로는 복잡한 문화를 창조해 낼 수 없었고, 따라서 머나먼 곳으로부터의 교화를 필요로 했다고 가정한 것으로 보인다.

고대 메소아메리카인들이 아프리카인들로부터 지대한 영향을 받았다는 오랜 낭만주의적 관념도 다소 변형된 방식으로 다시 제기되어 왔다. 이는 아프리카의 풍요로운 문화유산을 보다 잘 이해하고, 아프리카인들이 서구 문명에 공헌한 바를 인정하기 위한 노력의 일환으로 볼 수 있을 것이다. 일부 열광적인 아프리카 문화 주창자들에게 이러한 노력은 일종의 아프리카-중심주의로 전개되어 왔다. 그들은 메소아메리카의 문화는 스페인과 접촉하기 전에 아메리카 대륙으로 건너왔던 아프리카인들로부터 영향을 받았다고 주장하며, 이들 아프리카인들이 메소아메리카인들에게 아프리카 문화의 중요한 요소를 전파했다고 본다. 예를 들어, 아프리카는 올메카 시대(기원전 약 900년~400년)에 주된 영향을 끼쳤으며, 올메카 예술가들이 조각한 거석 두상들이 아프리카인의 얼굴과 유사한 특성들을 지니고 있다는 잘 알려진 사실을 그 증거로 제시하는 입장이 이에 속한다.

이 외에도 수많은 낭만주의적 관념과 마찬가지로, 메소아메리카 문명의 아프리카 기원 사상은 과학적 증거보다는 이념적 의제에서 비롯된다. 오늘날까지도 아프리카인들이 어떠한 방식으로든 올메카인들을 비롯한 스페인 접촉 이전의 메소아메리카인들에게 영향을 미쳤다는 주장을 뒷받침할 만한 신뢰할 수 있는 증거는 없다.

2) 과학적 선도자들

메소아메리카 인디오들을 기록한 초기 작가들 모두가 낭만주의자였던 것은 아니다. 예를 들어, 16세기 저명한 선교사였던 도미니크 수도회의 바르톨로메 데 라스 카사스(그림 A.10)는 메소아메리카의 언어와 문화는 고대 히브리인의 것과 유사하지 않음을 근거로 들어, 인디오가 이스라엘의 사라진 10지파의 후손이라는 낭만주의적 관념을 반박했다(Casas 1958: 105: 69-72). 대신 그는 신세계는 동방의 인도의 후방 지역이 확장된 곳이며, 원주민은 아메리카 대륙에서 '자연적'으로 거주해 왔다고 주장했다. 스페인 출신 예수회 사제였던 호세 데 아코스타(1540년~1600년) 역시 아메리카 인디오와 성경 속 인물과의 어떤 연관성도 부정했다. 라스 카사스와 마찬가지로 아코스타는 신세계는 구세계와 연결되어 있었음이 분명하다고 주장하며, 최초의 거주자들은 신세계에 "육로를 통해 이주했고, 그 과정에서 그들의 대지와 거주지를 차츰 변화시켜왔음을 인식하지 못했을 것"이라는 이성적 근거를 토대로 하는 결론을 제시했다(1987).

물론 라스 카사스와 아코스타와 같은 객관적인 사상가들은 19세기까지는 예외적인 경우였다. 하지만 19세기에 들어서며, 보다 '실증주의적' 학자들은 메소아메리카에 대한 낭만주의자들의 극히 상상적이고 종교적인 해석을 점차 배제하기 시작했다. 메소아메리카인들이 구세계나 잃어버린 대륙의 사람들과는 무관하게 스스로의 문명을 발전시켜 왔다고 주장하는 과학적 선도자들이 늘어나기 시작했다. 그럼에도, 진정한 과학적 지향성은 서서히 나타났으며, 초기에는 다소 보다 세속적이고 체계적 기법들을 적용해 메소아메리카를 연구하는 방식이 주를 이루었다.

향후 메소아메리카를 근대적으로 설명하게 되는 학자들의 선두주자 가운데 일부를 언급하자면(이들은 거의 예외 없이 모두 남자들이었다), 알렉산더 폰 훔볼트, 존 로이드 스티븐스, 샤를 에티엔 브라쇠르 드 부르부르

등이다. 비록 그들을 통해 우리가 그 이전 세기 스페인인들이 제시했던 것
보다 향상된 지식을 얻을 수 있었는지는 의구심이 들지만, 그들은 메소아
메리카의 역사와 문화 연구가 지속될 수 있게 했고, 이에 관한 새로운 관
점들을 제공했다.

　　프로이센 출신 소령의 아들로 태어난 훔볼트는 아마도 동시대 과학
자들 가운데 가장 저명한 인물이었을 것이다. 19세기에 들어 그는 초반
수년간 아메리카 대륙을 여행하며, 두 대륙들의 지질학적 현상을 비롯한
물질적 현상들을 관찰했다. 멕시코에서 그는 "역사의 파편들"이라고 스
스로 정확하게 해석했던 수많은 고고학적 유물들과 토착 코덱스들을 직

그림 A.10 인디오 옹호자였던 라스 카사스 수사. 출처: Magner 1968.

접 연구했다. 훔볼트는 멕시코에서 자신이 수행했던 연구를 기술하는 책 (Humboldt 1814)에서, 메소아메리카인들이 성경에 등장하는 인물들의 후손이라는 주장이 증거로 뒷받침되지 못한다고 결론 내린다. 신체적 외관이나 문화로 봤을 때 메소아메리카인들은 오히려 아시아인들에 가장 근접했다. 그는 고대 멕시코의 52년 주기 달력과 아시아의 60년 주기 달력의 유사성에 특히 주목한다. 게다가 멕시코 달력에서 날짜를 나타내는 상형문자 가운데 여섯 개는, 구체적으로 호랑이, 토끼, 뱀, 원숭이, 개, 새가 아시아의 12궁도(십이지)에 해당한다는 점에 주목했다. 고대 메소아메리카 연구에 있어 훔볼트의 과학적 신뢰성과 객관적 방법론은 후속 세대로 등장하는 모든 과학적 선도자들에게 영감을 주었다.

또 다른 영향력 있는 선도자는 북미 출신 변호사 존 로이드 스티븐스이다. 1839년부터 1841년까지 멕시코 남부와 중앙아메리카 전역을 여행하며, 스티븐스와 그의 동료 예술가 프레더릭 캐서우드는 메소아메리카 남부 지역에서 가장 중요한 수많은 고고학적 유적지들을 체계적으로 관찰하고 도면과 지도를 작성했다(Stephens 1841). 이들 도면과 설명은 고대 마야 건축물, 거주 양식, 종교 상징, 역법 체계, 상형문자와 관련해 새로운 정보를 제공했다. 스티븐스는 대부분의 유적지들의 기원이 스페인과 접촉하던 시기로 거슬러 올라간다고 생각하는 오류를 범했다. 그럼에도 불구하고 그는 본래의 유적지들은 당시 19세기 그 지역에 거주하고 있던 토착민들의 조상이 세운 것이라는 정확한 결론에 도달했다. 이러한 결론은 스티븐스가 토착민들의 관습 중 일부, 예를 들어 동굴에서의 의례 절차 등을 기록하게 되는 동기가 되었다. 스티븐스의 기록은 메소아메리카를 연구하는 후속 학자들이 지속적으로 전승되는 토착 관습 연구를 통해 스페인 접촉 이전의 과거를 재건하는 시도를 할 수 있도록 고무했다.

글상자 A.4는 낭만주의자들에서 선도자들로 이행하는 과정에 중요한 역할을 담당했던 인물들 가운데 한 명이었던 프랑스인 학자이자 사제, 브라쇠르 드 부르부르의 공헌을 소개한다.

19세기 후반과 20세기 초반에 걸친 수십 년은 메소아메리카 연구에서 진정으로 근대적인 접근법을 발전시키기 위한 초석이 되었다. 메소아메리카를 연구하는 학자들은 급속히 증가했고, 연구 방법은 점차 특화되었다. 특히, 고고학 유적지의 정식 발굴은 메소아메리카 '고고학'의 창시에 기여했고, 문헌 자료와 토착 문자 언어 연구에서 전문지식이 축적됨에 따라 메소아메리카 '민족사'의 등장이 가능해졌다. 최근의 토착 메소아메리카 연구 대부분은 고고학자와 민족역사학자에 의해 수행되었지만, 언어학자, 금석학자, 지리학자, 역사학자, 민속지학자 등 그 외의 전문성을 지닌 학자들도 중요한 기여를 해왔다. 앞서 언급한 대로, 이들 초기 과학적 학자들 다수는 처음에는 문화사 모델을 적용해서 고대 메소아메리카를 연구했다.

3) 문화사학자들

메소아메리카 연구에서 문화사학자들이 취한 접근 방식은 토착 문화가 다른 장소(일반적으로 아시아, 유럽, 또는 잃어버린 대륙)에서 이식(전파)된 것이라고 보는 낭만주의자들이나 과학적 선도자들에 비교해 중요한 진전을 보였다. 이와 대조적으로 문화사학자들 대부분은 메소아메리카 문화의 토착적 기원을 수용하고, 메소아메리카 지역 내에서 그 기원과 변화를 이해하는 데 집중한다. 메소아메리카는 다양한 사람들이 독특한 관습이나 문화적 특징들을 공유하는 단일한 지리적 지역으로 간주되었다. 다시말해, 이러한 특징들이 메소아메리카인과 다른 '문화영역'의 사람들을 구분 짓는다는 것이다. 문화사학자들은 문화영역들이 공통된 역사적 전통을 지니며, 이들 전통의 연구는 개별 지역을 형성하는 특징들이 어떠한 특정한 형태로 결합되어 있는가를 설명해 줄 것이라고 생각했다.

스페인 접촉 이전의 메소아메리카 토착민 연구와 관련하여 멕시코 학자 폴 키르히호프는 가장 잘 알려진 문화사적 접근법을 제시했다(Kirchhoff 1943). 키르히호프는 멕시코인과 중앙아메리카인 대부분을 '메소아메리카' 문화영역 안에 배치한 다음, 그들의 사용 언어와 긴 목록의 문화적 특성들의 존재 여부로 이 지역을 정의했다. 키르히호프에게 있어서 메소아메리카 문화영역의 본질적이거나 진단적인 특성들로는 호수 정원(치남파, 아스테카의 쌓아 올린 밭—옮긴이), 카카오, 수피종이, 흑요석 날의 검, 계단식 피라미드, 문자, 태양력, 의례화된 인신공양, 장거리 무역 등이 있다. 멕시코 북부의 토착민과 중앙아메리카 남동부의 토착민은 서로 다른 언어를 사용했고 서로 구별되는 문화적 특성들을 보여 왔다고 한다. 따라서 이들은 메소아메리카와는 분리된 문화영역을 형성해 왔으며, 북쪽으로는 소위 '남서' 문화영역을, 남쪽으로는 '치브차' 문화영역을 구성했다(그림 A.11).

문화사학자들의 메소아메리카 연구 중 상당 부분은 소위 올메카 문화에 집중되어 있는데, 올메카 문화는 멕시코 타바스코의 라벤타 고고학 유적지의 발굴을 통해 재구성되기 시작했다. 올메카 문화는 문화사학자에게 메소아메리카 문명의 기원에 관한 실마리를 제공했다. 올메카 문화는 매우 오래됐다고 알려졌지만(기원적 900년 무렵에 발생했다고 추정되고 있다), 피라미드, 기념비적인 조각물, 신성한 달력, 정교한 옥 조각, 도자기 공예품과 같은 메소아메리카 문화영역의 본질적 특성들의 대부분을 보유했다. 이런 점에 근거해서 문화사학자들은 올메카 문화가 뒤이어 전개된 모든 메소아메리카 문화의 '모태 문화'였다고 결론 내렸다.

수십 년간 메소아메리카 연구의 주안점은 시간의 흐름에 따라 지역에서 등장했던 다른 문화들과 올메카 문화의 역사적 관련성을 추적하는

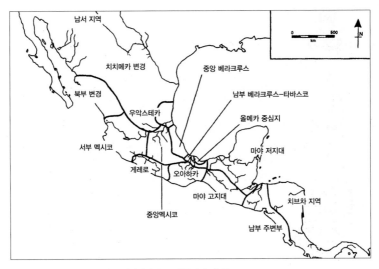

그림 A.11 메소아메리카의 문화영역과 주요 하부지역. 출처: Willey 1964: 461.

데에 있었다. 예를 들어, 멕시코인 고고학자이자 예술가인 미겔 코바루비아스는 메소아메리카에 존재하는 다양한 비의 신들이 본래는 올메카의 인간-재규어(were-jaguar, 고대 영어에서 were는 man을 의미했다. 따라서 were-jaguar는 man-jaguar로 풀이할 수 있다──옮긴이)에서 유래했다는 사실을 밝혀낼 수 있었다(Covarrubias 1957, 그림 A.12). 다른 학자들은 올메카의 달력 체계와 마야와 사포테카의 달력 체계의 역사적 관련성을 찾아냈다. 올메카의 종교적·예술적·지적인 표현에 특별한 관심이 기울여졌지만, 문화적 표현이 발달하게 된 물질적 조건은 그다지 관심을 받지 못했다. 어느 문화사학자의 표현처럼 "가장 독자적으로 독특한 메소아메리카적 특색은 물질적이기보다는 관념적이다. 바로 이러한 관념적 영역, 즉 일종의 메소아메리카적 세계관"(Willey 1966: 108)은 초기 올메카인에 의해 전개되었으며, 이후 메소아메리카에 전통적 단일성을 제공했다.

　　문화사학자들이 관심을 가졌던 또 다른 주제는 현대 멕시코와 중앙

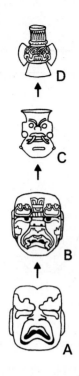

그림 A.12 올메카의 인간-재규어 모티브가 그후에 등장하는 메소아메리카의 종교적 모티브로 변형되는 단계적 과정(A에서 D로의 순서). 출처: Covarrubias 1957: 62.

아메리카의 전통적 원주민 공동체였다. 개별 원주민 공동체를 대상으로 하는 수많은 '민족지적'(ethnographic) 연구는 메소아메리카의 문화적 특성 다수가 현재까지도 지속되고 있음을 보여 주었다. 공동체 연구에 관한 중요한 기술을 통해 솔 텍스는 메소아메리카의 문화영역은 외부로부터 유입되는 근대적 세력과의 접촉으로 인한 변이의 과정에도 불구하고 대부분 온전히 남아 있다고 주장한다(Tax 1952). 1960년대와 1970년대에 총 12권으로 구성된 『중부아메리카 원주민 편람』(*Handbook of Middle American Indians*)이 발행되며 반세기 이상에 걸친 메소아메리카 문화사적 연구에 관한 보다 포괄적인 개요기 제시되었다.

돌이켜 생각해 보면, 문화사학자들은 문화를 주로 가치와 관념으로 구성된 것으로 보는 경향이 있었고, 그런 점에서 이들의 주요 관심사는 메소아메리카 문화의 물질적 결정 요인보다는 본질적 특색과 관련 있었던 것이 분명하다. 이런 이유로, 문화사학적 접근은 '관념주의적'이라는 비판을 많이 받아 왔다. 이들의 또 다른 경향은 현대 원주민 공동체를 고립되고 자족적인 단위로 보고, 그 전통적 문화 특성은 외부 사람들과의 접촉, 다시 말해 '문화접변'(acculturation)으로 알려진 과정을 통해서 단지 점진적으로 변한다고 본 것이다. 결국, 고립된 공동체에 주안점을 두게 되면서 너무나 정적이고, 역사적으로 불충분한 관점으로 이어지게 된 것이다.

4) 문화진화론자들

20세기 중반에 접어들어 메소아메리카 연구는 점차 문화사학에서 벗어나기 시작했다. 그 이유는 초기의 접근이 행동보다는 지나치게 관념에 중점을 두고 있었기 때문이고, 게다가 사람들과 지역들 간의 문화적 차이들을 설명하기보다는 단지 차이들의 기술에 그쳤기 때문이다. 사회과학에서는 관념보다는 행위, 특히 인간 집단이 그들의 물질적 환경을 착취하기 위해 취하는 행위에 주안점을 두는 강한 이론적 움직임이 나타났다. 이 관점에서 보면, 문화는 기껏해야 인간이 끊임없이 변화하는 환경적 조건에 순응하기 위해 만들어 내는 적응의 기제로 간주될 뿐이었다. 인간 집단이 관여하는 적응적 변화는 문화적 진화를 구성하고, 그 결과 문화들 간의 분화 또는 수렴이 된다. 특정한 문화적 분화에 관한 연구는 '특정 진화'라고 언급되는 반면, 세계의 상이한 적응 사례들의 비교를 통해 제시되는 문화적 수렴에 관한 연구는 '일반 진화'라고 불린다.

토착 메소아메리카에 문화진화론적 접근을 적용한 초기의 중요한 학자로는 미국 인류학자 줄리언 스튜어드를 들 수 있다(Steward 1949). 스튜어드는 메소아메리카의 진화론적 배열이 다음 단계로 구성되어 있다고 설명했다.

수렵과 채집 단순한 식량 채집 기술로 수렵채집인 무리가 생겨난다.

초기 농업 식물의 재배로 정착적 촌락 생활의 기반이 형성된다.

형성단계 농업이 점차 집약화되면서 마을이 시가지로 성장하는 토대를 제공한다.

지역 번성 복잡한 관개 시설이 인구 증가, 도시와 고도로 계층화된 사회 형성을 촉진시킨다.

주기적 정복 금속의 사용과 무역의 증가는 도시 간 고질적인 전투를 부추기는 상황을 만들어 낸다.

스튜어드는 메소아메리카의 마야와 중앙멕시코의 진화론적 배열을 고대 문명이 개화했던 세계 다른 지역에서 전개되었던 유사한 진화론적 배열들과 비교하고, 이들이 수렴적으로 진화했다고 주장한다. 진화론적 수렴을 설명하기 위해, 그는 생태적 조건이 유사하다면 서로 비슷한 형태의 관개제도와 그 외의 생계와 관련된 향상된 기술들의 발전이 나타난다는 점에 주목한다. 그는 특히 메소포타미아, 이집트, 중국, 페루, 멕시코의 반건조 하천 계곡에 자신의 이론을 적용했다. 이 경우, 메소아메리카의 문명은 공유되는 문화적 특성보다는 특정한 환경적 조건에의 적응 반응의 결과로 나타나는 일련의 진화론적 단계와 관련해서 정의된다.

스튜어드를 선두로 진화론적인 접근은 메소아메리카 문화 연구에서 널리 채택되어 왔다. 예를 들어 스페인 접촉 이전 저지대 마야 사회의 경우, 문화사학자들은 문화 양식과 역사 발전이라는 측면에서 그 사회들은 사실상 독자적인 속성을 지녔다고 정의했다. 반면, 윌리엄 샌더스와 바바라 프라이스 등의 문화진화론자들은 마야 사회의 발전이 사실상 메소아메리카 전반에 걸쳐 공통되게 나타난 생태학적 적응에 근거한다고 주장했다(Sanders and Price 1968). 특히, 중앙멕시코의 인구는 정교한 관개 시설 건축을 통해 테오티우아칸 계곡의 반건조한 생태 조건에 적응했고, 이러한 물질적 토대에 근거해 강력하고 도시적인 테오티우아칸 문명을 세웠다는 설명이다. 그다음, 진화론적으로 선진적인 테오티우아칸은 멀리 남쪽에 떨어져 있는 상호연계된 저지대 마야 사회가 향상된 문화적 특색들을 발전시킬 수 있도록 물질적 토대가 되었다는 것이다. 이런 관점에서 본다면, 중앙멕시코가 새로운 진화론적 단계로 이행하게 되었던 서기 700년경 테오티우아칸 문명의 붕괴는 200년 후 남부 저지대에서 발생한 마야의 극적인 문화적 붕괴를 설명해 준다. 샌더스와 프라이스는 테오티우아칸의 진화론적 발전이 없었다면 마야의 문화적 진화는 족장사회 단계에 머물러 있었을 것이며, 이것이 바로 메소아메리카의 지역적 범위에서 벗어난 곳에 거주하는 사람들의 상황이었다는 결론을 제시한다.

문화진화론자들은 메소아메리카인들을 세속으로 끌어내렸다. 다시 말해, 메소아메리카 지역의 문화는 물질적 요인에 뿌리내리고 있으며, 세계 전역의 문화들과 총체적으로는 유사하다는 것을 학자들이 직시하게 했다. 문화적 사상과 우주론이 행동을 결정한다기보다는, 식량 생산에 주안점을 둔 행동이 문화를 결정하거나, 아니면 적어도 그 조건을 결정짓는다는 것이다. 더 나아가서 문화진화론자들은 또한 메소아메리카 연구의 주안점을 고립된 원주민 공동체에서 거시적인 사회 단위, 즉 생태적으로 다양한 지역이나 민족국가로 향하게 했다.

5. 이 책의 이론적 접근법

이 책이 메소아메리카에 어떻게 접근하는가를 잠시 언급할 필요가 있다. 앞서 기존 연구의 검토에서 볼 수 있듯이, 메소아메리카의 발전을 설명하기 위해 사라진 지파, 잃어버린 대륙 등과 같은 낭만주의적 관념을 적용하는 것을 피해야 한다. 더불어 메소아메리카를 연구하는 근대의 대부분의 학자들과 마찬가지로 이 책의 저자들 역시 문화사학적 또는 문화진화론적 주장의 영향력에서 자유롭지 못했지만, 그럼에도 이들 주장을 엄격하게 고수하지는 않을 것이다. 대체적으로 이 책의 저자들은 사회과학 전반, 특히 메소아메리카 연구에서 등장하고 있는 보다 최근의 이론적 관점에 근거한다.

인류학자 노먼 슈워츠는 메소아메리카 연구를 통찰력 있게 되짚어 보며, 앞서 우리가 언급한 대로 문화의 본질주의적 사상에 주안점을 두는 연구와 문화의 물질주의적 결정 요인에 주목하는 연구 간의 분열에 주목한다(Schwartz 1983). 메소아메리카의 이상주의적 연구자에게 있어 문화사 모델은 문화와 관련한 보다 정교한 접근법, 예컨대 구조주의, 기호학, 현상학 그리고 보다 최근의 담론분석을 적용하는 방식으로 진화했다. 이학자들이 볼 때, 스페인 접촉 이전과 현대적 발현 모두에 있어 메소아메리카의 문화는 기저가 되는 물질적인, 또는 정치적인 조건에의 단순한 반응으로는 설명될 수 없는 개념적 체계이다. 메소아메리카 문화는 통합적 상징과 의미들의 집합체로서 '내적 논리'를 지니며, 내적 논리는 이들 상징과 의미가 어떻게 지속되고 변화하는지에 근본적 영향력을 행사한다.

문화진화론적 접근은 메소아메리카 연구에서 지속적인 영향력을 행사해 왔지만 상당한 수정과정을 겪어 왔다. 예를 들어, 신맑스주의자들은 물질적 생산의 중요성을 강조하지만 동시에 메소아메리카 문화의 '상부구조적' 성격을 강조한다. 이와 유사하게, 생물학에서 발상의 근거를 찾는 생태주의자들은 에너지 교환과 인구학적 도전에 대한 특별한 행동 반응으로 메소아메리카이 문화를 해석한다. 종속 이론은 세계체제론에 기의 자리를 내준 상황이며, 종속 이론에서 스페인 접촉 이전 메소아메리카는 강한 사회들과 약한 사회들의 상호적 네트워크로 그려지며, 그 자체로 하나의 '세계'이다(세계체제론에 대한 보다 상세한 내용은 3장을 참조하라). 정복 이후 메소아메리카 토착민들은 전 지구적 자본주의가 배출한 착취당한 농민과 프롤레타리아트라는 세계적 계급에 참여하게 된다. 이전의 문화진화론자들보다도 더 극단적으로, 최근의 유물론자들은 메소아메리카의 문화를 물질적·정치적 생존을 위한 행동들의 이차적 파생물로 보는 경향을 보여 왔다.

세계체제연구는 더 이상은 메소아메리카의 문화를 고립된 공동체로 설정할 수 없다는 것을 명확히 보여 주며, 지방의 원주민 집단에 미치는 외부적 권력의 영향을 간과할 수 없음을 시사한다. 경제적 자원의 불평등한 분배에 근거하는 사회 계급들은 고대와 현대를 통틀어 항상 메소아메리카 문화의 특징을 결정하는 중요한 역할을 담당해 왔다고 본다. 이와 관련해서 슈워츠는 다음과 같이 지적한다.

> 정체성, 전통, 문화는 변화와 연속성을 결정짓는 단순화할 수 없는 주요 요인이라기보다는 권력게임에서의 전술이 되어 버렸다. [메소아메리카의—인용자] 전통은 더 이상 특정 세계관의 발현이 아니라 오히려 종파적 이익의 표현, 환경에의 불안정한 적응 그리고 종속변수가 되었다(Schwartz 1983: 355).

그렇지만 문화는 단순히 물질적·정치적 세력에의 반응에 불과한 것이 아니며, 자신만의 내적 논리와 역사를 지닌다. 훌륭한 이론은 물질적·관념적 요인과 미시사회적·거시사회적 배경을 모두 염두에 두어야 한다. 다른 곳에서와 마찬가지로 메소아메리카에서 "행동 양식과 대안의 선택은 …… 관념, 규칙, 실리적·물질적 자원, 상황적 배경의 복잡한 상호작용의 결과이다"(Schwartz 1983: 353; Gossen 1986, 글상자 A.5는 과테말라 메소아메리카 토착민 연구에 최근 적용되고 있는 이론적 접근 방식을 소개한다).

최근의 이론적 추세에 맞춰, 우리는 이 책에서 메소아메리카의 문화를 그 문화를 구성하는 상징과 의미라는 두 가지 측면과 관련해서 제시하며, 그러한 사상들이 형성되고 변형되는 물질적이고 행동적인 맥락과 관련하여 제시한다. 우리는 메소아메리카의 문화가 어떻게 생겨났는지, 그리고 메소아메리카의 문화는 무엇인지 이 두 질문 모두에 관심이 있다. 우리는 메소아메리카인들의 창조적 독창력이 담당하는 중요한 역할을 인정하며, 연구의 대상이 되는 사회적·문화적 특색들이 어떠한 개인이나 집단에 의해 그리고 어떠한 이유로 창조되었는지를 가능하면 구체적으로 명시할 것이다. 따라서 우리의 접근법은 분명히 역사적이며, 우리는 메소아메리카의 문화를 그 시작부터 가장 최근의 발현들까지 연구한다. 마지막으로, 세계체제론적 관점을 고려하여, 메소아메리카 문화의 지방적 발전과 지역적·국가적·전 지구적 세력과의 관련성을 의식적으로 탐구할 것이다. 이들 접근방법은 최근의 이론, 다시 말해 현재 수행되고 있는 메소아메리카 연구의 가장 탁월한 전통에 속한다.

6. 이 책의 구성

앞서 언급한 대로, 이 책은 메소아메리카 토착민들과 그들이 창조하고 시간의 흐름에 따라 재구성한 문화 전통(문명)에 주안점을 두고 있다. 그렇지만 이어지는 장들에서 독자는 멕시코와 중앙아메리카 지역의 비-원주민 거주자들에 대한 정보도 접하게 될 것이다. 하지만 주안점은 메소아메리카의 토착민들, 그들의 사회제도와 문화양식, 그들 상호의 그리고 그들을 에워싸는 사람들과의 변화하는 관계에 있다.

메소아메리카 토착민들을 강조하는 것은 이 책의 구성적 측면과 관런이 있으며, 그렇다고 해서 현재 멕시코와 중앙아메리카 지역의 대다수를 차지하는 수백만의 메스티소, 흑인, 백인, 그 외의 다양한 종족집단들을 간과하는 것으로 해석되어서는 안 된다. 우리는 이 책을 통해 수많은 비-원주민 인구들이 메소아메리카 토착민들에게 거의 500년에 걸쳐 통제력을 행사해 왔다는 점을 분명하게 보여 줄 수 있으리라고 확신한다. 물론 멕시코와 중앙아메리카에 관한 기존의 출판물을 통해 이와 같은 역사적 사실은 잘 알려졌고, 지속적으로 강조되어 왔다.

이 책에서 전달하는 부가적인 시사점은 다음과 같다. 유럽인의 도착 이전부터 역동적이고 고도의 발전된 메소아메리카 문명이 존재했다; 메소아메리카인은 처음부터 정복에 저항했으며 여전히 그들의 문화가 동화되는 것에 계속해서 저항해 왔다; 메소아메리카인은 인디오든 또는 인디오가 아니든 관계없이 문명의 유산에 깊은 영향을 받아 왔다.

이 책에 새롭게 추가된 서문에서 지적했듯이, 이 개정판은 메소아메리카의 문화와 역사에 관한 새로운 정보를 추가적으로 제공하는 것을 주된 목적으로 한다. 각 장을 네 부분으로 구성했고, 1차 발행본의 모든 장을 새롭게 수정했으며, 두 장에 새로운 논문들이 추가되었다(3장과 10장). 1부에서는 스페인 접촉 이전 시대를, 2부에서는 식민시대와 신식민시대를, 3부에서는 현대를, 4부에서는 메소아메리카 문명의 기나긴 역사에서 제기되는 주요 사안들을 논의한다.

1부는 총 세 장으로 구성되어 있고, 스페인 접촉 이전의 메소아메리카 토착민을 그 시작부터 스페인이 그들의 영토를 침략하기까지에 걸쳐 살펴본다. 2부는 네 장으로 되어 있고, 식민지화와 신식민지화(우리는 19세기에서 20세기 초반 수십 년에 걸쳐 백인과 메스티소가 메소아메리카 토착민에게 행사했던 지속적인 지배를 '신식민지화'라고 일컫는다)의 영향을 기술한다. 2부의 한 장에서는 식민시대의 암흑 속에서 생겨났던 메소아메리카 문학 작품의 속성을 알아본다.

3부는 세 장으로 구성되며, 20세기와 21세기 초반(멕시코 혁명에서 시작해서)의 메소아메리카 토착민을 역사적으로 개관한다. 3부의 마지막 장에서는 멕시코 사파티스타 운동과 이 운동이 메소아메리카 지역 전반의 원주민에게 지니는 의미를 상세히 서술하고, 이러한 논의를 통해 오늘날 메소아메리카 토착민의 상황을 새로운 관점에서 살펴본다.

1부에서 3부에 걸쳐 우리는 메소아메리카의 문화적 특징을 살펴보고, 이 특징이 생겨나고 시간의 흐름에 따라 변형되게 된 역사적 과정을 논의한다.

4부의 네 장도 마찬가지로 역사적 발전을 염두에 두지만, 여기에서 주된 논점은 메소아메리카 연구에서 최근 관심을 끌게 된 그리고 특별한 중요성을 지니게 된 일련의 주제에 있다. 4부의 네 장은 앞의 장들에 비해 메소아메리카 전통의 상징적 특색에 더 많은 관심을 두고 있으며, 특히 언어, 종교, 구술 문학에 주목한다. 그럼에도 각 장은 연구 대상이 되는 문화적 특색을 조건 짓는 사회적·물질적 세력에도 관심을 기울인다.

우리는 첫 발행본에 실렸던 사파티스타 운동에 대한 에필로그를 생략했는데, 현대 메소아메리카에 관한 3부에 포함된 한 장 전체가 그 운동을 소개하는 데 할애되었기 때문이다.

이 책을 집필하며 저자들의 주된 목적 중 하나는 메소아메리카인들 자신의 역사와 세계에 관한 그들의 관점이 책 전체를 통해 전달되도록 하는 것이다. 또 다른 목적은 메소아메리카에 관해 국제 학술 공동체에서 수행해 왔던 중요한 학술적 성과를 가능한 상세하고 포괄적으로 정리하는 것이다. 저자들은 또한 메소아메리카에 대한 학술적 발견을 단일한 길고 직되고 쉽게 읽히는 유용한 책으로 통합하고자 한다.

중부아메리카의 세 유형의 지리지대
(Geographic Zones)

고도상의 광범위한 대비로 인해 중부아메리카는 세 가지 독특한 지리지대로 구분된다(Sanders and Price 1968: 101–105, 그림 A.2 참조).

　한랭지대: 고도 2000 ~ 2800미터

　온난지대: 고도 1000 ~ 2000미터

　고온지대: 고도 0 ~ 1000미터

세 유형의 지대는 땅의 고도와 상대적 강우량에 따라 지리적으로 다양한 세부지대로 다시 세분된다. 이렇게 분류된 지리지대와 세부지대는 메소아메리카에서 경작되는 주요 식물들의 생산에 막대한 영향을 미치는 조건을 형성했고, 이 점에서 지역의 역사에서 중요한 역할을 담당했다. 예를 들어, 옥수수(maize) 생산 방식은 세부지대에 따라 상당한 차이를 보이며, 건조한 세부지대에서는 관개 시설이 없이는 좀처럼 옥수수를 재배할 수 없다. 이와 유사하게, 카카오는 온난지대에서는 제대로 자랄 수 없고, 아–습윤세부지대나 건조온난세부지대에서는 카카오 재배를 위해 관개 시설이 필요하다. 목화는 건조한, 또는 아–습윤한 온난세부지대에서만 재배가 잘 된다.

일반적으로 한랭지대와 온난지대를 하나로 묶어 '고지대'로, 그리고 고온지대를 '저지대'로 구분하여 지역의 지리를 단순화한다. 고지대/저지대라는 광범위한 구분은 역사적으로 중부아메리카 지역의 가장 근본적인 지리적 구분으로 간주되어 왔다.

중앙아메리카 지협

오늘날 니카라과, 코스타리카, 파나마의 협소한 영토는 중앙아메리카와 남아메리카를 연결하는 '다리'이다. 이 자연지역은 메소아메리카인들의 역사에서 중요한 역할을 담당해 왔다. 중앙아메리카 지협은 중앙 고지대로 구성되는데, 이 지대는 남부 고지대 화산축의 연속이며, 카리브 저지대와 태평양 저지대가 측면을 이룬다. 이들 저지대는 앞에서 기술한 태평양 해안과 걸프 해안 저지대의 일부를 구성한다. 협소함이 이 지역에서 가장 두드러지는 자연적 특징이며, 수많은 장소에서 그 폭이 100킬로미터 이하이다. 코스타리카의 메세타센트랄(Meseta Central)을 제외하고, 고지대 지구는 지협 지역에서 상대적으로 작은 부분을 차지하며, 고지대 분지는 상대적으로 규모가 작고 고도가 낮다. 더 나아가서, 지협의 고지대는 여러 부분으로 나뉘어 있고, 이러한 특성은 지역 내의 해안 간 여행을 상대적으로 수월하게 한다. 지협 양 측면의 해안 저지대에는 북부에 비해 산이 많고, 여러 장소에서 산의 절벽이 바다로 깎여 있다. 이들 저지대의 해안선은 매우 불규칙하며, 수많은 반도, 만, 석호, 암초로 채워져 있다.

지협은 대부분 고온지역의 습한 세부지대이며, 고지대(코스카리카 메세타센트랄의 온난지대를 제외하고)와 두 개의 해안 저지대 모두에 해당된다. 카리브 저지대와 태평양 저지대의 일부 구역은 이 지역에서 가장 습하다. 지협 대부분은 연중 비가 내리고, 니카라과 남부, 코스타리카의 과나카스테와 메세타센트랄, 파나마 아수에로 동부의 태평양 해안에서는 건기가 뚜렷이 구분되어 아-습연 기후이다. 지협 대부분의 자연 초목이 열대우림이라는 점은 놀라울 것이 없다. 하지만 고지대 지구의 산악림은 또다시 주요한 예외가 된다. 두 개의 중요한 사바나 지대는 코스타리카 북서부의 과나카스테와 파나마의 '내륙'이며, 파나마 운하 지대와 아수에로 반도의 북쪽으로 뻗어 있다. 예상하겠지만 지협의 동물상은 신열대상 동물이 대부분이다.

중앙아메리카 지협은 오랫동안 메소아메리카인들의 관심의 대상이었던 중요한 자연 자원들을 보유하고 있다. 스페인 접촉 이전에 가장 중요했던 자원은 아마도 금이었을 것이며, 상당량의 광맥이 과나카스테 산, 오사 산, 치리키 산에 위치한 다. 지협의 다른 자원들은 저지대에서 전형적으로 찾아볼 수 있는 것들로 견목, 동물의 생가죽, 밝은 깃털, 조개껍데기(자주색 염료가 추출되는 뿔고둥 껍질을 포함), 소금, 카카오, 목화, 특별한 약재나 코카인 성분의 식물(코카나무를 포함) 등이다..

글상자 A.3
잃어버린 대륙설 낭만주의자들

메소아메리카와 그 외 선진 문명이 아틀란티스에서 유래한다는 사상은 일련의 매우 낭만주의적인 인물들에 의해 대중에게 알려졌다. 미국 연방의회의원이었던 이그네이셔스 도넬리는 그 중 한 사람인데, 그는 1880년에 쓴 책, 『아틀란티스 : 대홍수 이전의 세계』(*Atlantis: The Antediluvian World*)에서 플라톤의 아틀란티스 는 실재했을 뿐만 아니라, 본래의 에덴의 동산이었고, 이곳에서 멕시코와 모든 대륙의 인간 거주가 시작되었다고 주장한다. 1949년에 도넬리의 책은 이미 50 쇄가 발행되었다!

아틀란티스설의 주창자로 보다 주목할 만한 인물은 프랑스인 내과의사이자 탐험 가였던 아우구스투스 르 플론게온이다. 멕시코 유카탄을 방문하며 르 플론게온 은 마야 문화에 관심을 갖게 된다. 그는 마야 코덱스(Codex, 두루마리 형태의 책들) 가운데 한 부를 오독하게 되었고, 그 결과 자신이 아틀란티스의 잃어버린 역 사를 발견했다고 믿게 된다. 그의 주장에 의하면 코덱스에 기록된 역사는 아틀란 티스가 어떻게 내전으로 분열되었고, 전쟁에서 패배한 파벌이 어떻게 대륙에서 피신해서 결국 이집트와 마야의 문명을 건설하게 되었는가를 묘사한다고 한다.

다른 낭만주의자들과는 대조적으로, 르 플론게온은 이집트가 메소아메리카인들을 식민화한 것이 아니라 그 반대라고 주장했다!

스코틀랜드인 신화학자 루이스 스펜스 등 일부 아틀란티스 주창자들은 아틀란티스 이야기를 과학적 사실과 일치시키려 했다(Spence 1925). 하지만 아틀란티스 신봉자 대부분은 절망적일 정도로 추측에 근거하고 있었다. 신지학 종교의 창시자인 헤레나 블라바츠키가 이에 속하는데, 그녀는 인류의 7개 "시조 종족"(root races) 가운데 한 종족은 아틀란티스에서 유래했다고 주장했다. 그녀의 주장에 따르면, 침몰하는 대륙에서 피신한 아틀란티스 종족으로부터 다양한 민족 집단들이 생겨나게 됐고, 크로마뇽인, 셈족, "외모가 수려한 신장 8피트의" 고대 멕시코 톨테카인이 여기에 속한다!

잃어버린 대륙설 낭만주의자들 가운데 가장 터무니없는 주장을 펼친 인물은 제임스 처치워드인데 그는 태평양에서 완전히 날조된 대륙을 창조해 낸다. '대령' 처치워드의 소위 '무 대륙'은 길이는 5천 마일에 폭은 3천 마일이었다고 한다. 약 8만 년 전, 이 대륙의 거주자들은 파도를 타고 이주하기 시작했고, 세상의 가장 극한 경계지점으로 향했다. 이들 이주 집단 가운데 소위 '케찰'이라는 집단이 있었는데 그들은 "다부지고 젊은 탐험가들로 우유빛깔의 하얀 피부색과 파란 눈 그리고 금발 머리카락을 지녔다". 케찰이 유카탄에 정착해서 위대한 마야 문명을 일으켰다는 것이다.

글상자 A.4

브라쇠르 드 부르부르, 과학적 선도자

브라쇠르 드 부르부르는 19세기 중반에 수년 동안 과테말라 교구 주교로 부임했으며, 같은 기간 멕시코를 폭넓게 여행했다. 이 과정에서 그는 스페인 접촉 이전 메소아메리카의 문화 연구에 있어 중요한 수많은 토착 문헌 사본들을 수집했다.

브라쇠르는 박식했고, 동시대 그 누구보다도 많은 문헌적·고고학적 정보를 입수한 것으로 보인다. 그러나 불행히도 그의 역사 해석은 객관성이 부족하곤 했고, 심지어 순전히 추측에 근거하는 경우도 있었다. 예를 들어, 브라쇠르의 저서들 (1857~1859)에서 소규모 메소아메리카 왕국들은 강력한 제국들로, 작은 시가지들은 거대한 도시들로, 중요하지 않은 사제들은 권세 높은 예언자들로, 군주들의 반란은 부르주아 혁명으로 탈바꿈했다. 그럼에도, 정복 이전 멕시코와 중앙아메리카에서 벌어진 사건들에 대한 브라쇠르의 일반적인 개요는 그 지향점에서 극도로 세속적이었고, 당시까지 같은 주제로 작성되었던 그 어떤 글보다도 더욱 철저한 분석에 근거한 역사적 보고서로 볼 수 있을 것이다. 안타깝게도 그의 생애 마지막 몇 해 동안 브라쇠르는 메소아메리카 문명의 기원을 설명하기 위해 아틀란티스의 잃어버린 대륙설의 유혹에 굴복하고 만다. 그는 낙담한 채 죽음을 맞이했고, 그의 새로운 '이론들'은 유럽과 미국에서 새롭게 부상하던 과학 공동체에 의해 거부당했다.

글상자 A.5
과테말라 마야인 연구의 최근 접근법

인류학자 존 와타나베는 1960년대 이후 마야 공동체 연구에서 이론적 접근법이 어떻게 변화해 왔는가를 기술한다(Watanabe 2000). 그는 마야인 연구에서 최근의 학자들이 취해 온 세 가지 지배적인 '테마' 또는 방향에 대해 언급한다. 그렇지만 분명한 점은 이들 접근법은 상호 연관되며, 문화적 연속성 연구에서 문화적 재구성 연구로의 보다 일반적인 변화의 일부라는 것이다. "지속되거나 상실되는 본질적 특성들의 구성물로서 문화를 객관화하기보다는, 인류학자들은 과테말라의 마야 문화를 마야 정체성의 전략적 자기표현으로 간주하게 되었고, 스페인 접촉 이전의 원초주의(primordialism)보다는 현재 마야인의 성향과 가능성에 지극을 받아 왔다"(Watanabe 2000: 4). 그렇다면, 마야 문화와 특성을 지속적인 것이라고 보고 이들을 객관화하는 연구, 그리고 마야인들이 살고 있는 보다 광범위하고 역동적인 정치 경제 안에서 마야 정체성을 전략적으로 재구성하는 데 중점을 두는 연구 사이에 근본적인 단절점('극단적인 변화')이 있는 것이다.

1960년대 이후 마야 연구에서 중요한 방향성 혹은 접근법은 지속적인 마야 문화라는 사상에서 벗어나서, 문화가 생성되는 사회적 맥락의 변화를 연구하고, 마야인들이 변화에도 불구하고 자신들의 종족 정체성을 재구성하는 활동 과정을 연구하는 것이다. 마야 연구에서 이와 같은 테마 혹은 방향은 정치경제적 세력들의(특히 자본주의와 관련된) 변형적 능력을 강조한다. 마야의 문화와 정체성을 결정요인인 계급 관계의 표현으로 간주하는 설명들을 예로 들 수 있다. 이러한 접근 방식을 정교하게 제시하기 위해서는, 자본주의가 마야 공동체에 미치는 영향뿐만 아니라 마야인들의 반대적 대응(counterreactions) —— 외부의 지배에 반하여 작동하는 시장과 노동 체계로 나타나는 —— 도 연구해야 한다. 반대적 대응이 국가 전체의 자본주의적 속성까지 변화시키는 경우도 있었다. 마야인들에게 그 결과는 "그들이 항상 상상했던 그대로는 아니지만, 그렇다고 다른 사람들이 의도했던 그대로도 아닌 세상"이다.

마야 연구에서 또 다른 방향적 변화는 가장 전통적인 마야 문화 양식조차도(예컨대, 조상 숭배, 달력, 땅의 제왕 신화들, 밀파[옥수수밭] 관행) "종족적 연속성, 자치, 저항의 자기입증적인 이데올로기들"로 해석하려는 시도에 있다(Watanabe 2000: 8). 이와 같은 시도는 기존의 물질적 요인에 대한 강조에서 벗어나 이데올로기적 속성을 통해 마야의 문화와 정체성을 이해하는 것을 의미하며, 정복, 식민주의, 복음화, 자본주의, 인종주의, 폭력, 전쟁이라는 근대적이고 착취적인 제도들에 대항하는 정치적 저항으로 마야의 문화와 정체성을 해석하는 것이다.

마야 연구에서 주제와 이론과 관련된 이들 변화가 진행됨에 따라 방법론적으로 중요한 수정작업이 이루어졌는데, 과거의 공동체 접근법에서 벗어나 전 지구적 차원을 적용하게 된 것이다. 공동체 접근법은 일반적으로 상징주의와 '의미의 지방적 양식들의 지속성'에 중점을 두어 왔다. 대조적으로, 전 지구적 접근법은 정치경제에 중점을 두고, "마야 문화에 대한 해석들을 모조(조작된) 공식들이라고 제시하는" 경향이 있다.

역사지향성을 보이는 마지막 문장에서 와타나베는 다음과 같이 주장한다. "현대의 문화적 공식들을 이해하는 것은 …… 시간의 흐름에 따라 이들 공식이 어떻게 변화해 왔는가의 문제 외에도, 보다 정확히 말하면 연속적인 과거가 어떻게 연속적인 현재에 영향을 미쳐 왔는지, 그리고 현재진행형의 현재가 자신의 과거를 어떻게 반복적으로 도용해 왔는가의 이해를 필연적으로 수반한다."(Watanabe 2000: 27) 와타나베의 입장은 과거의 과학적인 접근법과 전(前) 과학적인 접근법에 비해, 또는 과거가 현재에 지니는 중요성을 부정하려는 듯한 현대의 '구성주의적' 학자들에 비해 보다 역동적인 접근법을 제시하는 것으로 보인다.

읽을거리

Díaz Del Castillo, Bernal 1956 *The Discovery and Conquest of Mexico, 1517-1521*. New York: Grove Press.

Goosen, Gary H. (ed.) 1986 "Symbol and Meaning beyond the Closed Community: Essays in Mesoamerican Ideas". *Studies on Culture and Society*. vol.1. Albany: Institute for Mesoamerican Studies.

Graham, John A. (ed.) 1966 *Ancient Mesoamerica: Selected Readings*. Palo Alto, California: Peek Publications.

Helms, Mary W. 1982 *Middle America: A Culture History of Heartland and Frontier*. New York: University Press of America.

HMAI 1964-1978 *Handbook of Middle American Indians*. vols.1-15. Austin: University of Texas Press.

Kendall, Carl, John Hawkins, and Laurel Bossen (eds.) 1983 *Heritage of Conquest*

Thirty Years Later. Albuquerque: University of New Mexico Press.

Sanders, William T., and Barbara J. Price 1968 *Mesoamerica: The Evolution of a Civilization*. New York: Random House.

Wauchope, Robert (ed.) 1962 *Lost Tribes & Sunken Continents: Myth and Method in the Study of American Indians*. Chicago: University of Chicago Press.

West, Robert C., and John P. Augelli 1989 *Middle America: Its Lands and People*. *Englewood Cliffs*. New Jersey: Prentice Hall.

Wolf, Eric 1959 *Sons of the Shaking Earth: The People of Mexico and Guatemala, Their Land, History, and Culture*. Chicago: University of Chicago Press.

1부

스페인 접촉 이전의 메소아메리카

1장 메소아메리카 문명의 기원과 전개

제닌 L. 가스코, 마릴린 A. 메이슨, 로버트 M. 로젠스윅, 마이클 E. 스미스

동틀 녘까지도 구름이 숲을 뒤덮고 있었다. 해가 뜨자 마침내 구름이 걷혔다. …… 나뭇가지는 물이 떨어질 것처럼 축축했고 땅은 매우 질퍽였다. 중요한 유물들이 놓인 곳을 향해 또다시 터벅터벅 발길을 내딛던 우리는 갑작스럽게 우리가 헤쳐 가야 할 일의 방대함을 깨닫고 놀랐다. …… 나무들이 너무나 무성하게 늘어서 있어서 그 틈새를 비집고 지나가야 한다는 생각 그 자체로도 거의 절망할 지경이었다. …… 이 유적지들을 탐험하기 위해 그동안 내가 얼마나 관심을 기울였는지 묘사하는 건 불가능하다. 이곳은 완전히 새로운 영역이었고, 어떤 안내책자나 안내인도 찾을 수 없었다. 이곳 전체가 처녀지였다. …… 우리는 발길을 멈추고 기념비의 정면을 가린 나뭇가지와 덩굴을 쳐냈다. 조각상의 아름다움, 원숭이들의 엄숙한 정적, 앵무새들의 재잘거림, 황량한 도시에 감도는 신비로움, 이 모두는 내가 구세계 유적지의 그 어디에서 느꼈던 것보다 더한 흥미를 자아냈다(Stephens 1841:1:117-120).

인용한 내용은 19세기 탐험가 존 로이드 스티븐스가 코판의 폐허가 된 마야 도시를 처음 접하던 당시의 느낌을 기록한 것이다. 스티븐스와 그의 동

그림 1.1 추락한 우상. 프레더릭 캐서우드의 1843년 판화에 수록된 온두라스 코판의 고전기 마야 도시 유물들. 출처: Stephens 1969: 154.

료 여행가이자 예술가인 프레더릭 캐서우드는 마야의 잃어버린 도시들을 아메리카와 유럽의 대중에게 최초로 소개한 탐험가들이었다. 1천 년 가까이 밀림에 방치되어 있던 눈부신 유적은 대중의 상상력을 자극했다(그림 1.1). 심지어는 고대 그리스인, 이집트인, 이스라엘의 사라진 지파, 신화 속 아틀란티스 대륙에서 탈출한 난민들로부터 이 도시들의 기원을 찾으려는 수많은 억지스러운 이론들이 생겨났다(서론 '4. 기존의 메소아메리카 연구'의 일부 논의를 참조). 하지만 이와 같은 대중적 관념과는 대조적으로 스티븐스는 처음부터 정확한 설명을 제시한다.

> 이 도시들의 설계자를 찾기 위해 우리가 구세계의 고대 국가로 거슬러 갈 어떤 근거도 없다. …… 이 도시들은 스페인 정복 당시 그곳에 거주하던 이들과 동일한 인종의 사람들이, 아니면 그다지 멀지 않은 그들의 조상이 창조했다고 믿을 분명한 이유가 있다(Stephens 1843: 1: 50).

메소아메리카의 고대 마야인과 그들의 후손인 현대 마야인은 스티븐스와 캐서우드가 발견한 고대 도시들을 건설했을 뿐만 아니라, 독자적인 문명을 형성했다. 그리고 문명의 유산은 현재에도 메소아메리카 전역에 살아 있다. 메소아메리카 문화의 전신은 1만 년 보다 더 이전인, 최초의 수렵채집인들이 중앙아메리카에 도착했던 홍적세(Pleistocene epoch, 빙하기로도 알려져 있음)에서 찾을 수 있다. 기원전 5000년에서 3000년 사이에 속하는 고대기(Archaic period)에 초기 거주자들의 후손은 옥수수 재배를 시작했는데, 이는 메소아메리카 역사에서 가장 중요한 혁신이었다고 평가할 수 있을 것이다. 옥수수 재배의 영향은 초기에는 미미했다. 하지만 수천 년이 지나 품종 개량이 이루어지면서 사람들은 생존에 필요한 영양분의 대부분을 옥수수, 콩, 호박으로 구성된 삼종작물에 의존해 공급받게 되었다. 메소아메리카 전반에 걸쳐 작물 재배의 과정은 서서히 그리고 불균등하게 전개되었고, 대부분 지역에서 농업에의 완전한 의존이 이루어지기 이전에 정주형 촌락이 나타났다.

형성기(Formative period, 기원전 1800년~서기 200년)에 들어서 메소아메리카의 기원이 독자적인 문화적 실체로 나타났다. 초기형성기(기원전 1800년~900년)에 다양한 언어를 사용하며 널리 분산되어 있던 사람들은 정착생활, 도자기 사용, 거대한 기념비적 시설 건축 등의 활동을 기반으로 연합했다. 중기형성기(기원전 900년~400년)에 사람들은 농업에 의존하게 되었고, 최초의 피라미드들이 세워졌다. 또한, 수많은 사회에서 복잡한 사회적·정치적 위계질서가 생겨났다. 후기형성기(기원전 400년~서기 200년)에는 신세계에 최초의 도시와 국가들이 등장했다. 그 뒤를 잇는 고전기(Classic period, 서기 200년~800년)는 도시와 국가 성장으로 특징지어진다. 메소아메리카의 사회는 더욱 복잡해졌고 정교한 문자, 달력, 도시 계획, 국가가 후원하는 제례를 비롯한 문명의 특징이 될 만한 것

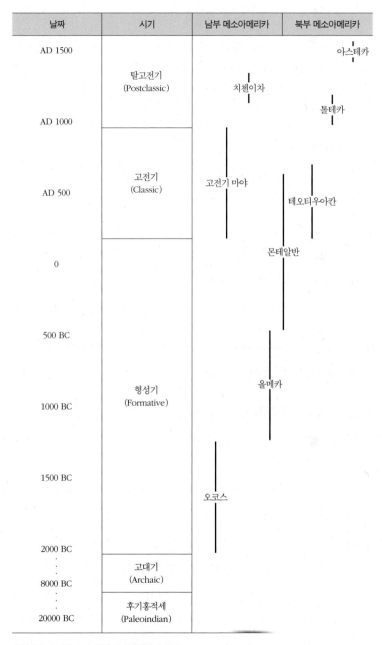

날짜	시기	남부 메소아메리카	북부 메소아메리카
AD 1500			아스테카
	탈고전기 (Postclassic)	치첸이차	
AD 1000			톨테카
AD 500	고전기 (Classic)	고전기 마야	테오티우아칸
0			몬테알반
500 BC			
1000 BC	형성기 (Formative)	올메카	
1500 BC		오코스	
2000 BC			
.	고대기 (Archaic)		
8000 BC			
.	후기홍적세 (Paleoindian)		
20000 BC			

그림 1.2 스페인 도착 이전 메소아메리카 연표

들이 발전했다. 콜럼버스 이전 시대의 마지막 단계이자 서기 800년에서 서기 1519년에 해당하는 상(上)고전기(Epiclassic period)/말(末)고전기(Terminal Classic period)와 탈(脫)고전기(Postclassic period)에는 사회적 복합성을 보여 주는 양식들이 연속적으로 나타났다. 그러나 고전기의 대규모 강력한 신정주의 국가들은 대다수를 구성하던 보다 소규모의 세속적이고 상업적인 성향의 도시국가들에게 자리를 내어 주었다(그림 1.2).

1519년 메소아메리카는 수많은 다양한 사람들이 공유하는 독특한 문화유산을 보유하고 있었다. 이 장에서는 홍적세 수렵인의 등장에서 시작해 고전기 문명들의 쇠퇴로 이어지며 끝맺는, 콜럼버스 이전 메소아메리카 역사를 검토한다. 2장은 탈고전기 후반부터 1519년 유럽인의 도착 이전에 이르는 3세기에 걸치는 시기에 주안점을 둔다. 3장은 16세기 메소아메리카가 통합된 세계체제로 어떤 방식으로 조직되었는지 살펴본다.

1. 메소아메리카의 초기 거주자

1) 홍적세 인디언기와 고대기 수렵채집인

메소아메리카의 최초 거주자들은 대략 3만 년에서 1만 년 전에 해당하는 홍적세 말에 도착했다. 최근까지 고고학자들은 시베리아와 알래스카를 잇는 대륙 간 다리 '베링기아'를 통해 이들 초기 이주민이 모두 도보로 신세계에 들어왔을 것이라고 생각했다. 베링기아는 거대한 빙하가 형성되고 해수면이 낮아지며 형성됐다. 하지만 새로운 증거가 발견되자 일부 고고학자들은 초기 이주민들이 태평양을 따라 보트를 타고 아시아에서 아메리카 대륙으로 여행했을 수도 있다는 의견을 제시했다(새로운 증거에 대한 논의는 Meltzer 2004를 참고하라). 홍적세 말 북아메리카의 상당 부분을 뒤덮고 있던 빙하가 녹으면서 해수면이 상승하고 초목, 지세, 지표수의

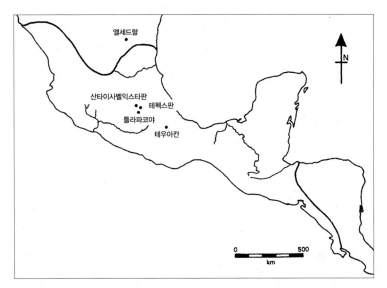

그림 1.3 후기홍적세와 고대기 유적지들의 위치.

극적인 변화가 나타났다. 수많은 홍적세 동물(매머드와 마스토돈 등)의 멸종과 수많은 서식지의 변형이 당시 변화로 인한 결과 중 하나였다. 이 변화는 새로운 정착민들에게 중대한 영향을 미쳤다.

초기 정착민은 정교한 석기 기술을 사용하며 신세계 홍적세 후반기의 다양한 환경에 적응했다. 일부 정착민은 칠레 남단에 이를 정도로 기나긴 아메리카 대륙을 여행했다. 이 시기 고고학 유적지에는 수렵, 도살, 채석 유물이나 이동성 수렵채집인의 임시 거소지(居所地) 유물 등이 포함되어 있다. 가장 폭넓게 연구된 멕시코의 유적지는 호세 루이스 로렌소와 로레나 미람벨에 의해 발굴됐다. 엘 세드랄(멕시코 산루이스포토시 주[州]에 속함)은 담수샘에 위치한 거소지로서, 화덕을 중심으로 석기와 골각기(骨角器)가 발견되었다. 멕시코 계곡의 틀라파코야는 호숫가 가장자리에 자리한 거주지로서 석기, 동물의 뼈, 화덕의 유물들이 발견되었다(그림

1.3). 칠레 몬테베르데 유적지를 토대로, 토마스 딜러헤이는 확실한 기록으로 증명될 수 있는 신세계 최초의 인간 거주는 1만 3천 년 전이라고 추정했다. 몬테베르데 유적지에서 발굴된 다양한 식물과 동물 유물은 거주자들이 그들 주변 환경에 깊은 지식을 보유했음을 보여 준다. 몬테베르데에는 아메리카 대륙 최초의 가옥이 있기도 한데, 유적지가 침수되어 가옥의 목재형틀 구획들이 보다 온전하게 보존될 수 있었기 때문이다. 몬테베르데에서 좀더 깊숙이에 자리한 거주 지대는 33000년 BP(고고학에서 사용하는 편년 기준──옮긴이)까지 거슬러 갈 것으로 추정된다. 이곳에 대해서는 여전히 조사가 진행되고 있으며, 훨씬 초기의 인간 거주 증거를 제시해 줄 수 있을 것이다.

홍적세 후반부에는 매머드를 사냥하는 클로비스 문화가 북아메리카와 중앙아메리카 북부에 걸쳐 확산되었다. 미국의 클로비스 유적지와 마찬가지로 중앙아메리카의 클로비스 유적지는 거대한 매머드를 죽이고 도살하기 위해 매끈하게 만든 석기를 사용했던 고대 수렵인의 능숙함을 담고 있다. 멕시코 계곡의 산타 이사벨 이스타판 유적지는 도살된 매머드 두 마리와 매머드의 처리를 위해 사용한 석기 유물로 구성되어 있으며, 기원은 기원전 9000년에서 7000년 사이로 추정된다. 근방의 테펙스판에서는 비슷한 시기로 추정되는 여자의 해골이 온전히 보존되어 있다(발굴 보고서는 그녀를 '테펙스판 남자'라고 불렀지만 말이다!).

기원전 9000년 이후에는 해수면 상승, 초목 변화, 매머드와 기타 동물 종의 멸종과 같은 변화가 있었다. 후기홍적세 사람들은 변화에 맞춰 음식 섭취법과 활동방식을 변화시켜야 했으며, 결과적으로 식물성 식량에 더 많이 의존하게 되었다. 이와 같은 변형 과정의 결과로 섭취 식물을 재배하게 되었으며, 궁극적으로는 중앙아메리카에서 농업이 시작되는 계기가 되었다.

종류	일반명	학명
곡물	옥수수	Zea mays
	콩	Phaseolus(네 종류)
	아마란스	Amaranthus cruentus
	해바라기	Helianthus annuus
	치아	Salvia hispanica
채소	호박	Cucurbita(네 종류)
	토마토	Lycopersicon esculetum
	수염 토마토	Physalis xiocarpa
	차요테	Sechium edule
과일	아보카도	Persia americana
	카카오(초콜릿)	Theobroma cacao
	파파야	Carica papaya
	투나 선인장	Opuntia
	마메이	Calocarpum / mammosum
	치코사포테	Achras sapote
	멕시코 체리	Prunus capuli
	호그(hog) 자두	Spondias mombin
	구아바	Psidium guajava
	바닐라	Vanilla planifolia
섬유식물	용설란(agave)	Agaves(최소 다섯 종류)
양념식물	칠리 페퍼	Capsicum(여러 종류)
염료식물	인디고	Indigofera suffruticosa
의례식물	코팔	Protium copal
괴경식물	히카마	Pachyrrhizus erosus

표 1.1 메소아메리카의 재배작물. 출처: West and Augelli 1989: 220에서 수정.

2) 식물 재배

재배는 식물을 보다 유용하게 해줄 특성들에 근거해서 인간이 특정한 야
생 식물을 개량된 작물로 진화시키는 과정이다. 개량된 작물은 야생 상태
의 식물과 비교해 유전적인 구성에서 차이를 보이며, 일반적으로 야생에
서는 자랄 수 없다. 홍적세 이후 중앙아메리카, 근동(아라비아, 북동아프리
카, 발칸을 포함하는 지역 ——옮긴이), 사하라 사막 이남 지역, 동남아시아,

중국 북부, 안데스, 아마존 분지 등 세계의 여러 지역에서 독자적이고 산발적으로 재배가 행해졌다. 중앙아메리카에서 식물 재배는 특히 중요성을 지니는데, 식물 재배를 통해 메소아메리카 문화의 발전 양식이 형성되었을 뿐만 아니라, 그 결과 생겨난 일부 작물은 오늘날 세계에서 가장 중요한 식품 작물들 중 일부를 구성하기 때문이다.

메소아메리카에서 식물의 재배는 고대기에 행해졌다. 최초의 재배작물은 호박으로 기원전 8000년 오아하카 계곡에서 행해졌다고 기록되어 있다. 호박 재배 이후, 옥수수와 콩이 재배되기까지는 수천 년의 시간이 소요됐다. 대신 칠리 페퍼, 호리병박(용기로 사용), 아마란스, 아보카도가 그 뒤를 잇는 초기의 재배작물이었다(표 1.1).

가장 초기의 옥수수 잔여물은 기원전 3400년 무렵의 것으로 추정되며 오아하카와 테우아칸에서 발견된다. 그 당시, 조상 격인 야생의 테오신테(Zea mexicanus)는 문화 선택과 유전적 변이의 과정을 거쳐 작물(Zea mays, 옥수수)로 완전히 진화했다. 영양 측면에서 옥수수의 질은 매우 우수했고, 콩과 함께 섭취할 경우 완전단백질을 공급한다. 옥수수와 콩을 결합하여 섭취하는 방식은 초기부터 현재까지 메소아메리카 식생활의 바탕이 되어 왔다(글상자 1.1). 재배작물의 다양성과는 대조적으로 중앙아메리카에서는 매우 소수의 동물종이 사육되었다. 개와 칠면조 그리고 아마도 벌만이 이 지역에서 사육되었으며, 모두 식용으로 사용되었다.

옥수수와 기타 식품 작물은 매우 초기부터 활용이 가능했다. 하지만 기원전 900년 이후의 중기형성기까지 이 지역에서는 완전한 농업 경제가 발전하지 않았다. 작물재배를 시작한 후에도 수천 년간 고대기 수렵채집인은 유목민적 삶의 방식을 유지했고, 그들에게 작물은 야생 자원 목록의 추가 항목에 불과했다. 고대 수렵채집인 집단은 토기를 갖고 있지 않았고, 땅을 개간하고 일구기 위해 석기를 사용했다(그림 1.4).

그림 1.4 벨리즈 카예코코에서 발견된 죈(constricted) 자귀. 기원전 2000년 무렵 반(半)정주 농경 인구는 이 종류의 도구들을 사용했다. 촬영: 마릴린 A. 메이슨(Marilyn A. Masson).

후기고대기(기원전 3000년~1800년)에는 해양동물상에 의존하면서 생존을 위한 안정적 자원의 확보가 가능해졌다. 이와 동시에 메소아메리카에서 가장 생산적인 해양 환경을 가진 일부 지역에서 정착생활이 나타났다. 정착생활을 하는 촌민들은 자신들의 뒤를 잇게 될 초기형성기의 후손들과 함께 옥수수로 다양한 실험을 했고, 보다 생산적인 옥수수 종자들을 개발했다. 높은 당 함유량 때문에 초기 옥수수의 용도는 맥주나 기타 알코올 성분의 음료 제조에 집중되었다. 오늘날에는 산업적으로 생산된 설탕(과당의 형태로) 대부분이 옥수수에서 만들어진다.

3) 촌락 생활의 시작

고대기의 후반 2천 년 동안, 중앙아메리카 전역의 사람들은 보다 정착형의 삶의 방식을 점진적으로 수용했다. 정착생활의 확산은 고대 인간 역사에서(중앙아메리카를 비롯한 다른 지역에서도) 가장 지대한 영향을 가져온 변화 중 하나인데, 농업에 근거하는 생활 방식과 더 나아가 도시와 국가의 전개를 위한 초석이 되었기 때문이다. 비슷한 시기에 중요한 다른 변화들이 생겨나고 있었고, 인구가 성장했으며, 사람들은 더욱더 재배작물에 의존하게 되었고, 촌민들은 음식을 저장하기 시작했다. 고고학자들은 이들 변화가 모두 연관되어 있다고 믿는다.

메소아메리카 지역에서 정착생활의 가능성을 보여 주는 가장 초기의 증거는 저지대 지역, 즉 태평양 해안, 걸프 해안, 벨리즈의 카리브 해안에서 발견된다. 기원전 3500년에서 3100년 사이로 거슬러 가는 점토로 된 가옥마루가 치아파스 틀라쿠아체로 유적지의 조개무덤에서 발견되었다. 베라크루스 해안의 팔로우에코 유적지에서 발견된 토기 사용 이전 촌락은 3천 년 전까지 거슬러 가는 것으로 보이며, 후기고대기의 거소지 유물들도 북부 벨리즈에서 발견되었다.

고지대 일부 지역에서도 초기 촌락으로 보이는 유적지들이 발견되는데, 이곳에서는 농업에 의존하기 이전에 정착생활을 가능하게 했던 환경 조건들이 존재했던 것으로 보인다. 그 중 하나는 멕시코 분지로, 석호와 호숫가를 따라 촌락이 존재했을 것으로 보인다. 그 외 고지대의 테우아칸 계곡과 오아하카에서도 후대고대기로 거슬러 가는 정착생활의 증거가 발견되었다.

우리가 이들 초기 촌락에 대해 아는 바는 매우 미미하다. 촌락 내부 가옥들 간의 차이점은 그다지 많지 않았을 것으로 보이며, 다양한 세부 지역 내부에 공동체 간 위계질서를 시사하는 증거는 없다. 고고학자들은 가장 초기의 중앙아메리카 촌락들이 평등주의적이고 자치적이었다는 점에 대체로 동의한다. 비록 초기 정착지들 중 일부는 저지대 야생 자원의 착취에 근거했지만, 고대기 말이 되며 저지대와 고지대의 인구는 더욱더 재배 식물, 특히 옥수수와 뿌리 작물에 의존하게 되었다. 기원전 1800년 무렵이 되자 지역의 수많은 곳에서 촌락 농업 전통이 확고히 자리를 잡았다.

2. 메소아메리카가 스스로를 정의하다 : 형성기

형성기 2천 년(기원전 1800년~서기 200년)은 중앙아메리카 전역에 급속하고도 전면적인 문화적 변화가 일어나는 시기였다. 고고학자들은 일반적으로 이 시기를 세 단계의 하부기간으로 구분한다. 초기형성기(기원전 1800년~900년)에는 정주형 사람들이 지역 대부분에 걸쳐 초기 정착을 시작했다. 초기 촌락들의 규모나 복합성이 증가하면서 일부 지역에서는 족장사회로 알려진 사회조직 형태가 나타났다. 초기형성기 후반에는 복잡한 정치조직체가 산로렌소의 멕시코 걸프 해안에서 나타났고, 공통된 정치적·종교적 도해법(圖解法)이 여러 지역으로 확산됐다.

뒤이은 중기형성기(기원적 900년~400년)에는 다음과 같은 세 가지 주요 역사적 발전을 주목할 수 있다. (1)복잡한 족장사회와 시작 단계의 국가들이 중부아메리카 많은 장소에서 나타났다. (2)최초의 피라미드 언덕들이 세워졌다. (3)옥수수, 콩, 호박에 근거하여 완전히 농업 의존적인 순응 과정이 메소아메리카 대부분 지역으로 확산됐다. 후기형성기(기원전 400년~서기 200년)에는 중기형성기 정치조직체들 상당수가 붕괴했고, 보다 대규모에 보다 복잡한 사회인 최초의 완전히 발전된 메소아메리카 국가들로 대체되었다. 그림 1.5는 형성기 유적지들을 보여 준다.

1) 초기형성기

고대기에서 형성기로의 이행은 불에 구운 토기의 도입과 정착형 촌락의 성장으로 특징지어진다. 고대기에도 재배와 정착생활이 모두 존재했다. 하지만 정착생활의 증가와 토기 생산의 결과로 기원전 1800년이 되어서야 보다 실질적인 유적지들이 등장하게 됐다. 정착생활의 증가와 토기 생산은 논리적으로 서로 연관되어 있다. 유목민들이 토기 단지들을 들고 이

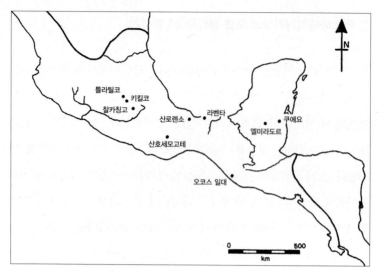

그림 1.5 형성기 주요 유적지들의 위치.

동한다는 것은 실질적으로 현실성이 없다. 반면, 정착민들은 음식을 보관
하기 위해 많은 수의 튼튼한 용기가 필요했고, 불에 구운 토기 단지들은
이 용도로 잘 활용됐다.

　구운 점토는 사람, 신, 동물들의 형상을 한 작은 조각상을 만드는 데
에도 이용됐다. 조각상은 의식에서 사용되었고, 대부분의 주거 공간에서
발굴되었다. 치아파스 연안의 소코누스코 지역에서는 얼굴에 가면을 쓴
노인들의 좌상과 나체 상태의 젊은 여자들의 입상이 발굴되었다. 초기형
성기 말이 되자 조각상의 양식이 급격히 변화했고, 나이와 성별을 구별하
기 힘든 소위 올메카의 '아기얼굴'을 한 사람들이 묘사되었다(그림 1.6).

　메소아메리카에서 가장 최초로 기록된 도자기는 두 가지 전통을 형
성하는데, 테우안테펙 지협 서쪽의 담황색에 붉은 도자기 전통과 동쪽의
로코나 전통이다. 로코나 도자기들은 치아파스와 과테말라의 태평양 해
안을 따라 발견된다. 하지만 로코나 전통과 관계된 도자기들은 베라크루

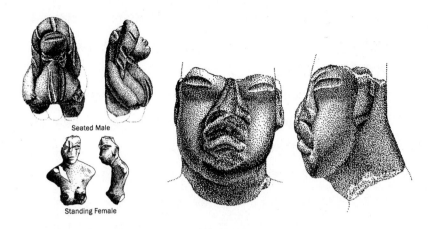

그림 1.6 치아파스 해안 소코누스코 지역의 콰우테목에서 발견된 초기형성기 조각상들. 좌측은 초기형성기의 노인 좌상과 젊은 여성 입상이며, 우측은 초기형성기 후반의 '아기얼굴' 조각상. 아약스 모레노(Ayax Moreno, 좌상 삽화)와 조셉 맥그레비(Joseph McGreavy, 여성 입상 삽화)의 그림.

스의 걸프 해안에서 엘살바도르와 온두라스까지 중앙아메리카의 광대한 지역에 걸쳐 발견된다. 이러한 도자기 분포는 지역 내 촌락들 간에 최초로 폭넓은 교류와 소통이 이루어졌음을 시사한다. 더 나아가 도자기는 초기형성기 메소아메리카가 독자적 문화로 나타났음을 보여 주는 물질적 증거이다.

형성기 초기의 촌락 대부분은 사회적 계서화나 기타 사회 복합성의 요소를 보여 줄 만한 증거가 거의 없는 소규모 정착지였다. 하지만 최근 존 클락과 마이클 블레이크가 치아파스 해안의 소코누스코 지역에서 수행한 연구에 의하면, 일찍부터 이 지역에서 단순한 형태의 족장사회들이 생겨났던 것으로 보인다. 메소아메리카의 초기형성기 집단들의 수준을 넘어서는 사회가 파소데라아마다(치아파스) 인근에서 발전했음을 보여 주는 세 가지 증거가 있는데 첫째, 다른 주거지보다 규모가 큰 정교한 중앙 거주지(족장을 위한 공간으로 추측됨)가 존재한다는 점이고 둘째, 메소아메리카에서 최초로 알려진 구기장(球技場)이 파소데라아마다에 건축되어 있다는 점을 들 수 있고 셋째, 정착 공간의 이중적 지역적 위계질서가 존재한다는 점이다.

테우안테펙 지협 서쪽의 중앙멕시코 고지대에서는 담황색에 붉은 도자기 전통이 기록된다. 멕시코 분지에는 수많은 초기형성기 유적지들이 지역의 고고학 조사 범위 내에 위치한다. 하지만 이들 유적지 중 소수만이 발굴되었다. 멕시코시티의 틀라틸코 유적지에 위치한 매장지들의 발굴(고고학자뿐만 아니라 도굴꾼에 의한 것도 포함하여)은 매장 공물로 사용되었던 정교한 도자기 용기의 전통을 보여 준다. 그렇지만 가옥이나 거주지의 발굴이 부재한 상황에서 이 지역 초기형성기 사회의 속성을 재구성하는 것은 쉽지 않다.

켄트 플래너리와 조이스 마커스의 주도로 오아하카 계곡에서 장기간에 걸쳐 행해진 고고학 학제 간 사업은 초기형성기 촌락들에 대한 포괄적인 정보를 제공했다. 오아하카 계곡의 수많은 유적지가 발굴되었고, 계곡 전체에서 농촌이 빠른 속도로 확산되었음을 보여 주었다. 초기형성기 말의 대규모 거주지, 공공 의례 건물, 공예 전문화의 시작과 같은 사회 복잡화의 증거가 오아하카에서 나타나기 시작했다.

초기형성기 후반의 수 세기와 중기형성기 전반에 걸쳐 걸프 해안을 따라 올메카 문화가 번성했다. 산로렌소 유적지에는 기원전 1500년까지 거슬러 가는 소규모 농촌이 존재했다. 초기 수년간 산로렌소의 촌락은 지역 내 다른 촌락들과 유사했고, 거주민들은 로코나 전통의 도자기를 사용했다. 하지만 기원전 1300년 무렵을 기점으로 산로렌소에서 문화적 복합성이 증가하기 시작했다는 증거가 있다. 가장 두드러진 증거료는 당시에 시작된 거대 규모의 공공 공사 작업을 들 수 있고, 산로렌소 유적지가 자리한 자연 언덕의 변형작업이 포함된다. 언덕을 평평한 고원으로 바꾸기

그림 1.7
거대한 올메카 두상. 멕시코 산로렌소 유
적지. 촬영: 로버트 M. 로젠스윅(Robert
M. Rosenwig).

위해 막대한 양의 매립물이 사용되었으며, 주요 고원에서 돌출되어 뻗어
있는 등성이들의 대칭 체계에 대한 공사가 시작됐다. 마이클 코, 리차드
딜, 앤 사이퍼스의 조사는 산로렌소 통치자들이 메소아메리카 최초의 정
치 핵심시설들을 건설하기 위해 얼마나 막대한 노동력을 동원했는지 기
록했다. 이들의 조사는 이어지는 시대의 것으로 알려진 피라미드 신전들
보다는 풍광의 변형을 강조했다.

기원전 1200년에 이르자 산로렌소는 완전히 성숙한 '올메카 문명'의
특징 대부분을 드러내게 되었다. 올메카를 특징짓는 가장 유명한 유물로
는 당시 지도자들을 묘사한 것으로 보이는 거대한 석조 두상들을 들 수 있
다(그림 1.7). 그 외에도 석조 조각상, 아기 모습의 안이 텅 빈 작은 토기 조
각상(그림 1.6), 도상학적 소재들로 장식된 토기 용기, 일련의 석재 배수로
시설 등이 있다.

열거한 특징들은 이미 기원전 1200년 무렵에 산로렌소가 이전의 수
준을 훨씬 뛰어넘는 정치사회적 복합성을 지니고 있었음을 시사한다. 주

요 공공 공사 사업 수행과 기념비적 조각상 제작에 쓰일 돌의 운반에 필요한 노동력을 동원할 수 있는 지배 집단이 나타났던 것이다. 비록 이들 가장 초기의 올메카 지도자들에 대해 우리가 많은 것을 알지는 못하지만 올메카 조각에 새겨진 도상들을 근거로 판단해 보면, 이 지도자들은 신성한 혈통의 초자연적 힘을 지닌 존재들로 간주되었음을 알 수 있다(그림 A.12 참조).

2) 중기형성기

산로렌소는 수백 년 동안 올메카의 심장부를 지배했다. 하지만 기원전 900년이 되자 그 중요성은 이미 사라져 버렸고, 대신 라벤타 유적지가 올메카의 주요 중심지로 부상했다. 라벤타와 동시대에 존재했다고 추정되는 걸프 해안의 다른 중심지들로 라구나데로스세로스와 트레스사포테스를 들 수 있다. 하지만 이들 중심지에서 행해진 작업은 라벤타와 비교해 상대적으로 미미하다. 라벤타에서는 다량의 석재 조형물, 옥(jade)으로 만든 조각상과 같이 휴대가 가능한 작은 공예품, 셀트(돌도끼의 일종—옮긴이) 등이 발견되었다(그림 14.1 참조). 기념비적 건축물, 호화로운 무덤과 제물, 매장된 커다란 모자이크 가면 등은 라벤타가 제례의 중심이었을 뿐만 아니라 지도층이 거주하던 공간이었음을 의미한다. 중기형성기 후반이 되자 라벤타는 쇠퇴하고 있었다. 이와 더불어 메소아메리카에 새롭게 등장하는 문화 전통에서 올메카가 차지하던 광범위한 영향력은 축소됐다.

언어학자인 라일 켐벨과 테런스 카우프만은 올메카인들이 믹세-소케어를 사용했다고 가정했다. 오늘날 이 두 언어는 오아하카 고지대와 테우안테펙 지협에 한정되어 있다. 하지만 올메카 시대에 믹세-소케어 사용자들은 걸프 해안을 넘어서 테우안테펙 지협을 지나 치아파스와 과테말라의 태평양 연안으로 뻗어 있는 중앙아메리카 남부의 광범위한 지역 전역에 분산되어 있었다는 설명이 가장 유력해 보인다. 후기형성기 시대에 올메카 후손들은 초창기 메소아메리카의 문자 개발에 중요한 역할을 담당했고, 마야의 표기 체계 전개 과정에 직접적인 영향력을 행사했다. 최근 발견된 라모하라 기념석주 1번(11장 참조)은 올메카 후손들의 이와 같은 공헌을 보여 주는 중요한 열쇠이다.

올메카가 중기형성기 메소아메리카에 존재했던 유일한 복잡사회는 아니었다. 족장사회는 다양한 지역에서 나타났고, 올메카인들은 오아하카, 멕시코 분지, 소코누스코의 동시대인들과 무역을 비롯한 상호교류의 연결망을 통해 서로 연계되어 있었다. 올메카 유형의 도해법은 엘살바도르와 멕시코 계곡의 유적지들에서도 나타나며, 이와 같은 분포는 수많은 해석을 자아냈다. 많은 학자들은 이 상징들의 광범위한 분포에 근거해서 올메카가 메소아메리카 다른 지역에 존재했던 동시대 문화들을 정복했거나, 아니면 어떠한 방식으로든 통제했다고 해석했다. 하지만 올메카의 '식민지' 또는 '속지'(屬地)로 간주되던 유적지들에서 최근 행해진 현지조사는 이 형성기 문화들에 대해, 그리고 그들의 상호교류 유형에 대한 상이한 관점을 제시한다.

초기형성기 후반 수 세기 동안 여러 족장사회의 지도층들은 무역 연결망과 개인적 방문을 통해 서로 접촉하고 있었다. 그리고 이와 같은 연결망에 관여하는 지도층들은 공통된 표상 체계와 종교적 상징을 사용하여 자신들의 지위와 권력을 표시했다. 걸프 해안의 올메카 사회는 당시 가장 복잡하고 강력한 정치조직체였고, 당시 메소아메리카 전역에 퍼져 있는 지도층들의 흠모의 대상이었다. 정치조직에서의 불일치는 초기형성기 후반에 가장 뚜렷이 나타났는데, 이 시기 메소아메리카의 그 어떤 정치조직체도 산로렌소가 동원했던 만큼의 노동력, 즉 유적지가 세워질 거대한 고원을 채우기 위해서, 또는 거대한 석조 기념물들을 운반하거나 새기기 위해서 필요했던 수준의 노동력을 동원할 수 없었던 것이다. 중기형성기에는 이러한 불일치가 다소 수그러들었는데, 산로렌소에 비교해 라벤타의 영향력이 더 약했기 때문이 아니라, 메소아메리카 다른 지역에서 극적인 발전들이 이루어졌기 때문이다.

멕시코 고지대에서 두 개의 족장사회가 상세히 연구되었는데, 하나는 오아하카 계곡의 산호세모고테에, 또 다른 하나는 모렐로스의 찰카칭고에 중심을 두고 있다. 이 일대에서 중요한 변화는 초기형성기의 마지막 수 세기 동안 일어나기 시작했다. 변화의 몇 가지 예를 들면, 공공 구조물의 건축, 촌락의 상대적으로 빠른 성장, 공예품 전문화의 발전, 장거리 교환의 증가, 사회계층화의 등장 등이 있다.

중기형성기 오아하카 계곡에는 정착지들 사이에 위계질서가 존재했다. 산호세모고테의 핵심 중심지가 일차적인 위치를 차지했고, 공공 건축물을 보유한 일련의 이차적 중심지들이 있었으며, 어떠한 공공 건축물도 지니지 못한 작은 촌락들이 지역 체제에서 가장 낮은 서열인 삼차적 위치를 차지했다. 지배층은 귀중한 무역상품을 접할 수 있었고, 평민보다 큰 집에서 거주했으며, 보다 정교한 무덤에 매장되었다.

찰카칭고는 오늘날 모렐로스 주(州)로 알려진 곳에 위치한 중심지로 거대한 민간제례 구역과 올메카 형식의 석재기념예술품을 눈여겨볼 수 있다. 고고학자인 데이비드 그로브의 주장에 의하면, 중기형성기 찰카칭고는 족장의 통치하에 있었고, 걸프 해안의 올메카와 고지대에 위치한 동시대의 기타 족장사회들과 밀접한 관계를 맺고 있었다. 그들의 관계는 상품의 교환, 양식의 모방경쟁 그리고 아마 혼인결연까지도 포함한다. 찰카칭고에 존재하는 상이한 매장 처리법들은 당시 상당 수준의 사회계층화와 사회적 지위의 세습화가 이루어졌음을 시사한다.

소코누스코 지역은 로코나 전통이 초기에 존재했던 걸프 해안의 외부에서 진행된 문화적 발전의 또 다른 사례를 제시한다. 이곳에서는 산로렌소 올메카와의 접촉이 심화되었고, 올메카와 접촉이 심화된 것은 파소데라아마다의 붕괴와 인근 코아탄 강 기슭에서 새로운 정치조직체가 등장했던 것과 서로 관련이 있다. 기원전 900년경 산로렌소가 붕괴하자 소코누스코의 일대 전체가 방치됐다. 이와 동시에 남동쪽으로 50킬로미터 떨어진 곳에서 라블랑카 정치조직체가 생겨났다. 중기형성기의 첫 세기(기원전 900년~800년)에 지어진 라블랑카 유적지는 높이 25미터의 언덕 주변에 솟아 있는데, 당시 메소아메리카에서 기록된 피라미드 무덤 중 가장 규모가 크다. 이 유적지는 네 단계로 계서화된 정착지이며 조직화된 영토의 수도였다.

중기형성기에 접어들어서야 마야의 저지대에서 정착형 촌락 생활을 보여 주는 최초의 유용한 증거가 발견되었다. 노만 해먼드, 파트리시아 맥아나니, 데이비드 프리델이 벨리즈의 쿠에요, 카숩, 세로스 유적지에서 각각 수행한 발굴 작업에 의하면, 초기 마야 촌락에는 옥수수 농사를 짓는 사람들이 거주했고, 그들은 석회석으로 회반죽을 만들어 바닥을 깔고 막대에 짚을 이어 만든 집에서 살았다.

중기형성기 후반이 되자 마야 저지대의 인구 성장이 빠르게 진행되었다. 또한 페텐, 유카탄 반도, 벨리즈 등의 유적지에서는 마몬 전통으로 알려진 양식에 속하는 상당한 유사성을 지닌 토기들이 발견되었다. 도자기의 획일성은 지역을 가로지르는 광범위한 교류가 있었음을 시사한다.

마야 저지대에서 대규모 공공 건축물의 존재를 보여 주는 최초의 증거는 중기형성기에 발견된다. 계단식 토대 위에 놓인 세 개의 신전들로 구성된 제례 구조물은 과테말라 페텐 북부의 나크베 유적지에 건축되어 있다. 이들 초기 마야의 유적지들에서는 사회적 계서화를 보여 주는 증거가 거의 발견되지 않았다. 마야 저지대에서는 매우 소수의 올메카 양식 공예품만이 발견되었고, 대부분의 마야 촌락들은 걸프 해안, 소코누스코, 오아하카, 중앙멕시코 등 중기형성기에 상호교류하던 사회들의 연결망에 참여하지 않았다.

3) 후기형성기의 발전

찰카칭고와 그 외의 중기형성기 중앙멕시코 족장사회들이 붕괴한 다음, 쿠이쿠일코와 테오티우아칸이 가장 막강한 정치조직체로 부상했다. 기원전 마지막 두 세기에 걸쳐 이들은 각기 거대한 신전 토대들의 건축에 착수했는데, 가히 중부 멕시코 최초의 진정한 기념비적 건축물들이라고 불릴 만했다. 거대한 원형계단형 피라미드가 있는 쿠이쿠일코는 서기 원년(0년) 무렵에 인구 2만 정도의 도시로 성장한 것으로 보인다. 그렇지만 서기 첫 세기에 인근의 시틀레 화산이 폭발하면서 정착지는 높이 20피트의 용암에 파묻혔고, 결국 피라미드의 끝부분만이 남게 되었다. 고고학자들은 쿠이쿠일코의 잔재들을 발굴하기 위해 화약을 사용해야 했고, 아직도 이 도시의 대부분은 멕시코시티 남부 지역에서 화산 돌덩이들에 덮여 있다. 후기형성기 쿠이쿠일코의 파멸로 고전기가 시작될 무렵에 테오티우아칸은 중앙멕시코의 지배적인 세력지가 된다.

후기형성기 오아하카 계곡에서는 정착지들의 조직과 관련해 주된 변화가 일어나는데, 몬테알반이라는 언덕꼭대기에 세워진 정착지가 세워졌기 때문이다. 이 도심지는 서기 700년 무렵의 고전기 후반에 이르기까지 지역 내의 수도 역할을 한다. 리처드 블랜튼에 따르면, 몬테알반은 계곡 족장사회 연합에 의해 세워졌을 가능성이 있다. 계곡의 수많은 공동체들에서 왔을 것으로 추정되는 유적지의 설립자들은 중립적 위치에 행정 중심지를 세웠다. 계곡의 중심부에 자리한 언덕꼭대기의 유적지는 가장 생산적인 농업 지대로부터 멀리 떨어져 있었다. 하지만 중앙에 위치해 모든 계곡의 전망을 관찰할 수 있는 지점에 자리하고 있다.

이 시기 오아하카 사회에는 또 다른 변화들이 일어났다. 인구는 빠른 속도로 증가했고, 시장 체제가 발전했으며, 농업의 집약화가 이루어졌고, 몬테알반은 사포테카 국가의 도심이자 수도가 되었다. 하지만 몬테알반의 정치적 지배는 부분적으로는 폭력을 통해 달성되었는데, 이 유적지의 건물 중 한 곳은 300명 이상의 죄수들이 죽임을 당하거나 수많은 이들의 주검이 훼손되는 장면을 묘사하는 그림이 새겨진 돌로 장식되어 있다. 몬테알반의 일부분은 방어벽으로 둘러싸여 있다.

치아파스와 과테말라의 태평양 연안을 따라 일련의 초기 국가들이 시에라마드레 산맥의 산록지대 일대에 나타났다. 가장 잘 알려진 초기 국가들은 이사파와 타카릭 아바흐인데, 대규모 유적지들로 수많은 언덕들이 조각된 석주(石柱)와 제단들로 줄지어 선 뜰을 이루고 있다. 이곳의 석재 조각에서 발견되는 도상은 분명히 올메카에서 유래하는데, 달력 체계(글상자 1.2와 11장 참조)와 문자를 포함해 이후 고전기 시대에 사용되는 관례들 대부분이 이처럼 초기에 확립되었음을 보여 주는 증거이다. 최근에 수행된 연구는 산록지대를 따라 형성된 우훅스테와 초콜라와 같은 대규모 후기형성기 중심지들을 추가로 기록하고 있다. 찰추아파와 산레티시아와 같은 중심지들은 엘살바도르 해안을 따라 훨씬 더 남단에 위치한다. 후기형성기 발전단계 초기부터 장기(長期) 날짜 계산법과 문자의 사용이 이루어졌음을 보여 주는 증거가 한때 올메카의 터전이었던 지협지역의 또 다른 일대에서 발견되었다(11장과 그림 13.5 참조).

마야 저지대에서 후기형성기는 빠른 인구 성장과 문화적 발전이 이루어진 시기였다. 이 시대에 고전 마야 문명을 특징짓게 될 특성들 대부분이 발전했다. 소규모의 평등주의적 촌락이었던 공동체들은 대규모 인구

그림 1.8 벨리즈 세로스의 후기형성기 마야 마을에서 발견된 스투코 가면이 장식된 신전-피라미드.
촬영: 데이비드 프레이델(David Freidel).

와 거대한 민간 제례 건축물을 보유하는 중심지로 발전했다.

마야 지역에서 발견된 후기형성기의 고고학적 증거는 이전 시대와 비교해 훨씬 완전하며, 마야 사회에서 발생하고 있었던 중요한 변화들을 이해하기 위한 실마리가 된다. 이 시대 마야인들은 보다 집약적인 형태의 농업을 시도하기 시작했고, 관개 수로를 파고, 인공적으로 밭을 쌓아 올려 습지를 매립했다. 농업 생산량의 증가는 인구 성장의 폭을 더욱 확대했다. 또한 이들 농경 사업은 노동에 대한 보다 집중화된 통제를 의미했다. 일부 중심지에서는 거대한 건축 사업이 시행됐다. 예를 들어, 마야 지역에서 가장 높은 구조물인 엘미라도르의 라단타는 높이 70미터로 후기형성기에 세워졌다(글상자 1.3).

마야 지도층의 종교적·정치적 권력의 강화를 보여 주는 또 다른 증거는 후기형성기의 수많은 신전-피라미드의 겉면을 장식한 거대한 스투코 (벽면을 장식하는 미장재료로 석회, 모래, 물을 섞어 만든다——옮긴이) 가면이다(그림 1.8). 린다 쉘레와 데이비드 프리델은 당시 마야 통치자들이 신성과 초자연적 권력 그리고 자신들과의 관련성을 가공해 내기 위해 재현하던 행위들의 형틀로서 스투코 가면의 기능을 설명한다. 이들 구조물 다수는 마야 지도자들의 장례기념비로도 활용됐다.

윌리엄 새터노는 과테말라 페텐 밀림 중앙의 산바르톨로 사원 깊숙이에 놓인 화려한 후기형성기 벽화들을 발견했다. 이 벽화들은 뒤이어 진행될 발전을 예고하는 초기 마야의 문자와 종교 신앙에 대한 새로운 증거가 된다. 벽화와 같은 특성들은 메소아메리카의 통치자들이 의례와 신앙 체계에 통제력을 갖게 되었고, 정치권력과 종교의 연관성이 증가했음을 의미하며, 이러한 경향성은 고전기에 접어들며 강력한 국가들을 통해 정점에 달하게 된다.

3. 고전기 문명들

서기 200년 무렵을 기점으로 전통적으로 고전기라고 불리는 시대가 시작됐다(그림 1.2). 이 시대는 메소아메리카의 문화적 번성기였다(그림 1.9). 형성기와 탈고전기에 등장한 국가 사회들의 문화적 복합성과 관련해 현재까지 우리에게 축적된 지식을 고려하면, '고전기'라는 용어의 사용이 그다지 적절하지는 않다는 사실을 지적할 필요가 있다. 메소아메리카 선사시대의 역사적 단계를 보다 제대로 재현할 수 있는 중립적인 용어들의 사용을 도입하려는 시도가 일부 있었다. 그럼에도 형성기(또는 전고전기), 고전기, 탈고전기 등 현재 우리가 사용하는 시대별 명칭들은 너무나 깊숙이 문헌에 자리 잡고 있고, 고고학자들이 계속해서 이들 명칭을 포괄적으로 사용하는 것이 사실이다. 이들 용어는 이제는 발전의 단계를 지칭하려는 목적보다는 시대적 구분을 위해 활용되고 있다.

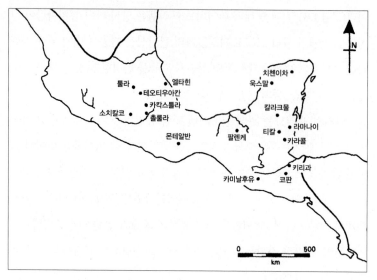

그림 1.9 고전기, 말고전기/상고전기, 초기 탈고전기 주요 유적지들의 위치.

1) 테오티우아칸

서기 첫 세기, 테오티우아칸의 주요 경쟁도시였던 쿠이쿠일코가 파멸로 치닫게 되면서 테오티우아칸은 폭발적인 도시 성장의 시대를 맞이하게 된다. 거대한 태양의 피라미드와 달의 피라미드가 세워졌고, 도시의 통치자들은 '죽은 자의 거리'의 남쪽에서 북쪽으로 이어지는 축을 중심으로 규칙적인 장방형 형태로 면적이 20제곱킬로미터에 이르는 도시 전체를 설계했다. 서기 500년이 되자 도시의 인구는 15만 명을 넘어섰고, 중국을 제외하고는 세계에서 가장 큰 도시가 되었다.

테오티우아칸의 구조물, 거리, 도시의 이름들은 아스테카 언어인 나우아어에 유래한다. 하지만 이상하게도 우리는 테오티우아칸에 살던 사람들이 어떤 사람들이었는지, 그리고 그들이 어떤 언어를 사용했는지를 확실하게 알지 못한다. 도시가 멸망하고 거의 1천 년이 지난 후, 나우아어로 '신들의 도시'를 의미하는 테오티우아칸은 아스테카인들에게 신성한 장소로 여겨지게 되었고, 아스테카 신화는 테오티우아칸을 태양이 탄생한 장소로 묘사했다.

테오티우아칸의 일부는 지하통로의 연결망 위에 놓여 있다. 가장 큰 지하통로 입구는 태양의 피라미드 중앙계단 바닥 근처에 있으며, 피라미드 꼭대기 바로 아래의 내실(內室)로 이어진다. 한때 피라미드 내부의 이 방은 설령 변형이 가해졌다고 해도 원래는 자연적으로 생겨난 동굴이었을 것이라고 믿기도 했다. 하지만 최근의 연구는 이 공간이 도시의 거대한 건설 사업들을 위한 건축재를 제공하기 위해 초기 테오티우아칸인들이 만들었던 채석장이었다고 해석한다. 이후에 태양의 피라미드 아래에 있는 동굴은 의례를 위해 사용되었다. 메소아메리카인에게 동굴은 신성한 존재였다. 그들은 동굴이 지하세계(저승)로 가는 입구라고 여겼고, 태양과 달 심지어 인간도 신화적 과거에 동굴에서 나타났다고 믿었다.

테오티우아칸의 정착지는 대체적으로 동심원 형태로 짜여졌다. 주요 신전, 지도층의 거주지, 시장을 포함하는 민간 건물들은 죽은 자의 길을 따라 배치되어 있다. 이들은 도시 인구의 대부분을 수용했던 밀집된 주거단지 지대로 둘러싸여 있으며, 이 지대는 농민들을 수용했던 분산된 오두막들 지대로 또다시 둘러싸여 있었다(그림 1.10).

고고학자들은 주거단지들에서 발견한 증거를 가지고 고대 도시 사회 조직을 재구성해 왔다. 주거단지들은 커다란 직사각형 석재 건물들로 되어 있고, 중앙의 뜰로 향하는 단일한 입구가 있다. 통로를 따라 뜰을 벗어나면 좀더 소규모의 거주지 단위나 단지들로 연결되며, 각각 여러 가족들을 수용한다. 일부 뜰에는 작은 신전-피라미드 모형들이 있어서 종교 봉헌을 위한 성지 역할을 했다. 테오티우아칸에서 공예품 제작은 상당 부분 주거단지들 내부에서 행해졌다. 고고학자들은 흑요석 도구, 도자기 용기

그림 1.10 멕시코 테오티우아칸의 고전기 거대도시 항공사진. 촬영: 멕시코항공사진사(Companía Mexicana de Aerofoto, Mexico City).

와 작은 도자기 조각상, 특화된 보석 제작이 수많은 주거단지에서 이루어 졌음을 보여 주는 증거를 발견해 왔다. 지도층은 보다 호화로운 주거단지 에 거주했고, 지도층의 주거단지는 도시의 중앙부에 주로 밀집되어 있다.

테오티우아칸에서는 약 15만 명의 인구가 2천 개 이상으로 분리된 거주용 구조물에서 거주하고 있었으며, 규칙적이고 충분한 식량 공급을 필요로 했다. 도시 거주민들 다수는 매일 도보로 밭을 오가야 했던 농민 이었다. 도시는 자연적인 샘이 있는 지역에 위치했고, 수로로 샘물을 보내 도시 가장자리에 위치한 고도로 생산적인 농업 구획의 관개에 사용했다.

고대 테오티우아칸의 삶과 사회의 수많은 측면들을 규제했던 강력한 정부의 존재를 시사하는 여러 가지 증거가 제시되었다. 도시의 규칙적인 정방형 설계는 고도의 도시 계획이 이루어졌다는 의미이며, 이는 강력한 중앙 권력에 의해서만 성취될 수 있었다. 고전기 초기에 도시의 규모가 성장하자, 농촌의 수많은 농민들은 자신의 집을 버리고 확장하는 도시 주거지로 이동해야 했다. 이러한 정책이 왜 실행됐는지 우리는 확실한 이유를 알 수 없다. 하지만 강력한 중앙집권적 정부만이 이와 같은 정책을 실천에 옮길 수 있었을 것이다.

테오티우아칸의 규모와 복합성이 증가함에 따라 메소아메리카 상당 지역에 걸쳐 그들의 경제적·정치적 영향력이 확산되었다. 테오티우아칸이 외부 지역에 행사한 영향력은 세 가지로 구분할 수 있는데 첫째, 멀리 떨어진 지역들과 중요한 정치적 교류를 했던 중앙멕시코 고지대의 정치 제국으로서의 영향력, 둘째, 메소아메리카 지역의 상당 부분에 걸친 무역 연결망을 통한 영향력, 셋째, 무역 체제보다도 더욱 광범위하게 작용한 관념적 또는 종교적 영향력을 들 수 있다.

테오티우아칸의 군대는 중앙멕시코 고지대의 대부분을 차지했던 제국을 정복했다. 정복 이후에 이들은 행정적 편의와 정복인구에 대한 효율적인 통제를 위해 예전에 이 지역에 분산되어 있었던 거주지들을 소수의 시가지들로 밀집시킨다. 수많은 새로운 시가지들이 테오테우아칸을 모방해서 지어졌고, 유사한 방위각(북동쪽으로 16도), 정방형 설계, 주요 중앙로의 활용 등의 원칙에 따라 설계되었다.

테오티우아칸의 상인들은 제국의 국경을 넘어서 메소아메리카의 수많은 지역과 적극적인 무역 활동을 했다. 테오티우아칸의 통제를 받던 파추카에서 제작된 녹색의 흑요석 공예품이 남쪽 멀리 온두라스에 위치한 고전기 유적지들에서도 발견되며, 테오티우아칸 양식의 도자기는 수많은 지역에서 다수 발견된다. 과테말라 고지대의 카미날후유와 같이 원거리에 위치한 유적지들에서는 테오티우아칸의 독자적인 양식에 따라 건축물이 지어졌고, 이 건축물들은 멕시코시티 중부에서 찾아온 상인들의 거주 시설로 활용되었을 것이다. 테오티우아칸 내부에서도 외부 상인들의 거주시설로 추정되는 장소가 적어도 한 곳 이상 발굴되었으며, 이는 이 도시가 보유한 국제 무역 연결망의 중요성을 명확히 보여 주는 증거이다. 서기 378년 테오티우아칸 관료들의 티칼 마야 중심지 방문은 티칼에서 발견된 상형문자 기록에 보고되어 있다. 이들의 방문은 새로운 중요한 왕조의 설립과 관련이 있었는데, 테오티우아칸이 멀리 떨어진 지역의 정치적 사안에까지 직접적으로 개입했음을 시사한다. 코판을 통치하던 왕조도 서기 426년 테오티우아칸과 밀접한 관계를 유지했던 인물에 의해 설립되었다.

핵심적인 종교와 정치 중심지로서 테오티우아칸은 광범위하고도 지속적인 관념적 중요성을 지녔다. 테오티우아칸의 군사적·종교적 예술품들을 모방한 도상학적 상징이 고전기 멕시코 걸프 해안, 태평양 해안의 치아파스, 유카탄 반도, 과테말라 페텐 지역, 온두라스의 코판 전역에서 발견된다. 테오티우아칸의 예술에서 보편적으로 찾아볼 수 있는 깃털 달린 뱀의 상징과 신화는 말고전기와 탈고전기 메소아메리카 신화학의 주된 주제가 되었다.

테오티우아칸의 종말은 서기 7세기에 도시가 불에 타 파괴되면서 다소 갑작스럽게 일어났다. 증거에 의하면, 화재는 매우 선별적으로 발생했고, 종교와 행정 관련 건축물들이 가장 많이 파괴된 반면, 거주지는 가장 피해가 적었다. 이는 외부 침략보다는 내부 봉기가 파멸의 원인이었음을 시사한다. 하지만 내부 봉기가 발생한 이유나 원인에 대해서는 알려진 바가 없다. 죽은 자의 거리를 따라 세워진 주요 건물들이 붕괴한 이후에도 상당수의 인구가 도시에 남아 있었고, 이들은 아스테카 시대를 거쳐 현재까지 이 지역에 거주하고 있다.

2) 고전기 마야인들

우리는 고전기 마야 문명의 전신들이 후기형성기에 나타났다는 점을 살펴보았다. 하지만 남부 저지대의 문화적 번영기는 고전기였다. 고전기에 인구 증가는 정점에 다다랐고, 대규모의 건축물이 세워졌다. 또한 마야의 독특한 특성들, 그리고 마야 지도층과 관련된 일련의 특성들이 광범위하고 정교하게 나타났다. 이 특성들로는 수준 높은 역법과 수학과 천문학 체계, 문자, 코벨 아치를 이용한 석조 건축물, 아치형 지붕과 같은 건축 혁신 등이 있다.

마야 지역에서 고전기는 전형적으로 초기(대략 서기 200년~600년)와 후기(서기 600년~900년)로 세분된다. 이와 같은 방식의 시대 구분은 고전기 '단절기'(hiatus)로 불리곤 하는 136년간의 기간(서기 557년~692년)을 반영하는데, 티칼 심장부에서 건물의 건축과 석재 기념물의 설립이 현저히 감소했던 시기이다. 단절기에 있었던 침체는 티칼의 경쟁국이었던 칼라크물과 칼라크물의 동맹국이었던 카라콜이 유발한 전투 행위와 정치적 경쟁이 그 원인이었을 것이다. 상형문자 기록에는 티칼에 대한 공격이 가해졌던 증거가 묘사되어 있으며, 티칼이 단절기를 겪는 동안 경쟁 도시들이 번영했음을 시사한다. 후기고전기(Late Classic Period)의 서두는 새로운 정치적 역학관계의 등장과 토기 도자기 양식의 변화로 나타났다.

전기 마야와 관련해 한순간이라도 존재했던 수많은 관념들은 최근 수년간 새로운 증거의 등장과 함께 수정되고 있다. 한때, 마야인들은 평화로운 사람들이었고, 평민들은 단조로운 화전농 형태의 원예에 종사하며 분산된 정착지에서 생활했다. 반면 사제계급은 시간에의 집착에 사로잡혀 의례를 수행하며 텅 빈 의례 중심지에서 거주했다고 생각하기도 했다. 하지만 1960년대와 1970년대의 고고학 현지조사와 1970년대부터 현재까지 계속되고 있는 상형문자 판독 작업은 이러한 관념을 현저히 변화시켰다.

이제 우리는 마야 도시들이 세계 역사에 알려진 다른 고대 국가들과 마찬가지로 정치지도층의 통치하에 있었고, 정치지도층은 협잡으로 가득한 왕궁에서 교류하며 때로는 전투 행위에 관여했었음을, 그리고 이 도시들은 복잡한 생존과 사치의 경제로 유지되었음을 알고 있다. 저지대에는 많은 인구가 있었고, 수많은 지역에 인구가 밀집되어 있었다. 농업은 화전 농법에 제한되지 않았고, 수로를 통한 습지 밭, 계단식 농법, 수목재배법, 텃밭이 사용됐다. 한때 텅 빈 의례 공간으로 여겨졌던 마야 중심지가 사실 다양한 기능을 담당한 진정한 도심지들이었다는 것도 밝혀졌다(글상자 1.4). 농촌의 풍광은 시가지와 촌락으로 채워졌고, 농민과 공예가들은 여분의 상품을 생산해 지방의 시장에서 교환하거나, 아니면 권력자에게 공물로 바쳤다.

최근 더 많은 마야의 문자 체계를 판독하게 되면서 고전기 마야 저지대에서 일어난 사건들에 대한 이해가 현저히 향상되었다(11장 참조). 조각 문자(inscription)는 주로 석주에서 발견되지만, 스투코 겉면, 출입구 위의 나무나 돌로 만든 린텔(출입구나 창 등 개구부 위에 가로놓여 벽을 지탱하는 수평재—옮긴이), 계단, 도자기 등에서도 발견된다. 조각 문자들은 마야 통치자들의 왕조사, 중심지 간의 그리고 중심지 내부에서 형성된 정치적 연합, 전투 행위, 의례적 삶에 관한 정보를 제공한다. 금석학자인 시몬 마틴과 니콜라이 그루베가 저술한 『마야의 왕들과 여왕들의 연대기』(*Chronicle of the Maya Kings and Queens*, 2000)와 같은 최근 출판물들은 이들 정보를 종합해서 관심 있는 대중이 접할 수 있도록 했다.

마야 저지대의 광대한 지역을 가로지르는 도시들은 공통된 문화를 공유하지만, 이 지역은 단 한 번도 정치적으로 통일되었던 적이 없다. 그 대신, 여러 개의 지역국가가 마야 저지대 내에 존재했으며, 각 지역은 수도와 수도에 종속된 수많은 소규모 도시, 시가지, 촌락들로 구성되었다. 중심지들은 서로 전쟁을 벌이거나 연합체를 결성하거나 양자택일의 선택을 했기 때문에, 각 지역의 구성 형태는 유동적이었다. 두 초대형 국가인 티칼과 칼라크물은 연합체들의 남부 연결망 통제권을 두고 경쟁했는데, 남부 연결망은 지리적으로 항상 연속적이지는 않았다. 고전기 마야의 지역국가들은 전투, 국정운영기술, 교환에서의 성쇠에 따라 지속적으로 확장되거나 수축되는 과정에 있었다.

아직도 완전히는 이해되지 않은 이유들로 인해, 남부 저지대의 고전기 마야 문명은 서기 800년에서 900년 사이에 붕괴했다. 불가사의하게 사라진 마야 문명이라는 대중적인 이미지가 완전히 정확한 것은 아니며, 마야인들은 붕괴 후부터 지금까지 남부 저지대의 일부 지역에서 계속 살아왔다. 하지만 후기형성기와 고전기에 사회를 한데 통합하는 역할을 했던 국가 기관들은 서기 800년 무렵 대부분의 도시들에서 무용지물이 되었다. 붕괴가 임박했음을 보여 주는 최초의 증거는 남부 저지대 서부 지역의 유적지들에서 건설 활동이 중단된 것이다. 우수마신타 강을 따라 자리한 유적지들에서는 서기 840년 이후 더 이상 장기산법날짜가 기록되지 않았다(글상자 1.5 참조).

수년간 고고학자들은 고전기 마야 문명의 붕괴 원인을 파악하지 못했다. 하지만 어떠한 단일한 요인으로도 붕괴를 설명할 수 없다는 것, 대신 여러 가지 관련된 요인들이 지도층 기관들의 실패로 이어졌다는 것, 그리고 어떤 요인이 더 중요성을 지녔는가는 다양한 지리적 지역에서 상이한 방식으로 나타났다는 점에 이들은 대체적으로 동의한다. 일부 정치조직체들에 인구와 생태적 압력이 가해진 것은 분명하다. 저지대의 급속한 인구 증가는 인구를 유지하기 위해 훨씬 더 많은 식량이 필요했음을 의미한다. 취약한 열대성 생태계에 보다 집약적인 형태의 농업을 실행하게 되면서 이미 허약해진 생태 균형에 균열이 왔을 것이고, 코판과 같은 지역에서는 토양의 양분 고갈로 이어졌을 것이다. 코판의 유골에서 나온 증거에 의하면, 후기고전기 인구는 영양부족과 기타 만성병으로 고통을 받았다. 후기고전기의 대규모 인구를 환경이 무기한 부양할 수는 없었던 것이다.

남부 도시들이 방치되던 시기에 해당하는 서기 760년에서 910년 사이 일련의 가뭄이 반복적으로 나타났고, '마야의 대가뭄설' 주창자들은 가뭄이 마야 저지대의 취약한 일대에 최후의 붕괴 요인이 됐을 것이라고 주장한다. 하지만 이러한 설명이 마야 전 지역에 보편적으로 적용될 수는 없다. 남부 저지대에 비해 건조하기로 악명 높은 북부 유카탄의 고고학 유적지에서는 가뭄에도 인구가 감소하지 않았기 때문이다. 일부 지역에서는 지하수 취수 전략과 강우량의 차이에 따라 지방민들이 가뭄 피해로부터 안전할 수 있었을 것이다.

전투 행위도 고전기 마야 붕괴의 또 다른 중요한 원인이다. 현재까지 발견된 증거에 의하면 후기고전기 우수마신타, 페텍바툰, 파시온 등의 지역에서 마야 정치조직체들 간의 전투는 정치조직체의 기능을 손상시킬 정도로 증가했다. 그렇지만 페텍바툰 지역에서 수행된 환경적 영향과 인간 생태에 관한 광범위한 연구는 전투 행위가 도시 붕괴와 방치의 원인으로 작용할 만큼 중요한 요인은 아니었음을 보여 준다.

지도층 인구가 상당수 증가했고, 이는 조직측면의 변화로 이어졌을 것이다. 약칠란, 코판, 팔렌케 등 수많은 유적지에 존재하는 후기 기념비들에서 발견된 예술작품과 문자는 강력한 혈족, 전쟁의 수장, 왕비들에 경의를 표하는데, 이들은 마야의 왕들만을 위해 존재했던 왕조의 초기 기록에서는 대체적으로 누락된 인물들이다. 더 나아가 코판 유적지에서는 귀족들이 자신을 위한 기념물을 스스로 세웠다. 후기 마야의 왕들은 일정 수준의 포용력을 보일 것이 요구되었는데, 이는 나중에 북부 마야 저지대 치첸이차 등의 유적지에서 이들 왕조를 계승하게 될 협의회 기관들의 전조로 작용했을 것이다. 남부 고전기의 '붕괴'가 일어나기 수십 년 전부터 귀족들은 신성한 왕위라는 제도에 분명히 도전하고 있었다.

9세기에 발생했던 붕괴 상황에 외부 압력이 더해졌다. 푸툰의 외부인들이나 타바스코 지역 촌탈-마야인들이 마야 저지대를 침입했고, 이것이 마야 붕괴의 주된 요인이었다고 생각되기도 했다. 세이발 유적지를 비롯한 일부 유적지의 서부 저지대에서 외부인 침입의 증거는 분명하다. 하지만 침입 당시 침입자들은 이미 마야 사회가 불안정한 상태에 있었음을 발견했다. 즉, 침입자들은 마야 사회가 쇠퇴하는 주된 원인으로 작용하기 보다는 단순히 당시 상황을 이용해 이득을 취했던 것으로 보인다. 이 요인들이 결합해 남부 저지대 고전기 마야 사회의 붕괴로 이어진 측면이 있지만, 이 요인들이 결합한 정확한 방식은 지역별로 차이를 보였을 것이다.

남부 저지대에서 고전기 마야 문명이 붕괴했다는 것이 그 지역에서 어느 누구도 살지 않게 되었다는 의미는 아니다. 사망률이 증가하고, 지도층을 비롯해 더 많은 사람들이 카리브 해안이나 유카탄 북부 근방으로 피신함에 따라 외부로의 이주가 증가했고, 이는 극단적인 인구 감소로 이어졌다. 하지만 인구의 일부는 남았고, 남은 이들은 방치된 도시보다는 농촌에서 사는 편을 선택했다. 탈고전기에 접어들자 마야 사회 중 한 곳이 번성했는다. 새로운 마야 정착지는 비록 규모가 작았고 전면적으로 재조직되었지만, 페텐 중부 호수 지역과 벨리즈 북동부에 위치한 석호 지대 주변에 주거지역을 형성해 생존했다. 보다 북쪽으로 유카탄 반도에 자리한 치첸이차, 욱스말, 에즈나, 사일, 라브나 등의 마야 중심지들은 남쪽 지역의 쇠퇴가 있고 나서도 한 세기 이상 더 번성했다.

여기에서는 고전기 마야 도시들 가운데 가장 규모가 크고, 가장 심도 깊게 연구되었던 티칼, 팔렌케, 코판 세 도시를 간략하게 살펴봄으로써 고전기 마야 문화를 보다 완전히 재구성하고, 더 나아가 마야 도시들 간에 존재하던 유사점과 차이점을 보여 주고자 한다. 이어지는 논의에서 언급되는 고전기 왕조들의 특정 호칭과 사건들은 마틴과 그루베의 저서 『마야의 왕들과 여왕들의 연대기』(Martin and Grube 2000)를 참조했다.

티칼 | 티칼은 가장 큰 마야 중심지로 거주지 면적은 23제곱킬로미터이며, 총 3천 개 이상의 구조물들이 분포했던 것으로 파악된다. 수년간 수많은 고고학자들이 이곳을 심층적으로 연구했다(그림 1.11). 과테말라 페텐 밀림에 위치한 티칼의 인구는 후기고전기 번성기에는 5만 명에 달했다. 수많은 석주와 건물들에 새겨진 조각 문자를 통해 금석학자들은 티칼의 정치사와 왕조사를 제법 상세하게 재구성할 수 있었다. 서기 378년부터 중심지가 궁극적인 멸망에 이르기까지 단일 왕조가 지속적으로 통치했으며, 통치자들 다수의 이름과 그들 생애에서 중요한 사건들의 일부가 알려져 있다.

후기형성기에 이르자 티칼은 중요한 지역 중심지를 이미 개발하고 있었다. 새로운 왕조의 건립에 테오티우아칸이 관여하게 되면서, 티칼은 초기고전기 중부 저지대의 지배적인 중심지로 부상한다. 그림문헌 기록에 의하면, 378년 1월 31일에 군 외교관 시야 칵(Siyaj K'ak, '불이 태어나다'를 의미하며, 연기를 내뿜는 개구리라는 별명으로 불렸다──옮긴이)이 티칼에 도착하는데, 같은 날 예전의 왕 착톡 이착(Chak Tok Ich'aak, '위대한 발톱' 또는 '위대한 재규어 발톱'이라는 뜻──옮긴이)이 사망했다. 금석학자들은 이를 우연의 일치로 보지 않는다. 1년 이상 경과한 후 시야 칵에 의해 즉위하게 되는 약 눈 아인 1세(Yax Nuun Ayiin I)는 테오티우아칸의 통치자로 추정되는 신비로운 인물인 창 던지는 올빼미(Spearthrower Owl)가 임명한 후손이다. 그림문헌 자료에 의하면, 이 소년 왕은 시야 칵의 감독을 받았다. 그림에서 약 눈 아인은 테오티우아칸의 의복을 입고 있으며, 그의 무덤에 바쳐진 공물에는 테오티우아칸의 신화적 형상들이 그려진

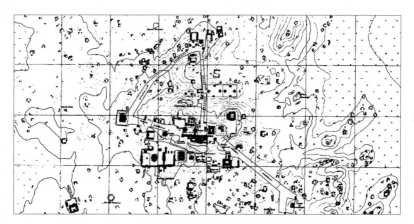

그림 1.11 과테말라 티칼의 고전기 마야 도시의 중심부. 출처: 펜실베이니아대학, 대학 박물관.

용기들이 포함되어 있었다. 티칼 왕조의 계보에 테오티우아칸이 개입했을 가능성이 있음에도 불구하고, 새로운 왕조와 연합했던 지방의 마야 혈족들은 이 상황을 활용해 번영했다. 약 눈 아인의 아들인 시야 찬 카윌 2세 (Siyaj Chan K'awiil II)는 화려한 31번 석주에 그려져 있는데, 전통적인 마야 의상을 입은 모습으로 스스로를 묘사하고 있으며, 창 던지는 올빼미에게 경의를 표하면서 그의 아버지를 테오티우아칸인으로 묘사한다. 티칼의 귀족들은 테오티우아탄의 요소를 흡수해서 자신들 건국신화의 중요한 부분으로 만들었으며, 지방의 막강한 가문들은 이 왕조와 혼인관계를 맺었던 것으로 보인다. 외부의 후손을 왕위에 세우는 것은 고대 복잡사회들에서 보편적으로 발견되는 문화상호적 전략이다. 외부의 후계자 계보와 지방의 강력한 계보들은 서로 혼합하는 과정에서 두 가지 원천의 사회적 권력을 행사했으며, 통치자가 되기를 열망하는 이들은 스스로를 정당화하기 위해 이렇게 형성된 사회적 권력을 활용했다.

　　테오티우아칸의 상징들이 뒤이어 등장하는 수많은 마야 유적지들의 예술작품에서 발견되며, 이는 건국신화와의 연관성 하에 나타나거나 왕가전쟁을 위한 장치의 일환으로 나타난다. 구체적으로는 풍선모양 머리 장식, 창 발사기, 정사각형 방패, 틀랄록(멕시코 비의 신)의 고리테 두른 눈을 한 형상, 전쟁 뱀 머리의 모자이크 장식들이 있다.

서기 4세기 티칼의 중추가 되는 사건들은 고전기 마야의 신화적 역사라는 영역의 일부가 되며, 그 뒤를 잇는 왕조들을 정당화하기 위해 정기적으로 재활용되었다. 창 던지는 올빼미와 그의 사절이 왕정에 개입하면서 생겨난 기회들은 마야 세계에서 티칼이 두 개의 핵심적인 초강력 권력들 가운데 하나로서 명성을 얻을 수 있게 했다.

서기 562년에 금성의 운동 주기에 맞춰 발발한 '별의 전쟁'에서 티칼이 공격을 받게 되면서 티칼의 고전기 단절기가 시작된다. 벨리즈 마야 산맥에 자리를 잡은 대규모 유적지 카라콜에 당시 상황이 기록되어 있다. 카라콜은 티칼과 경쟁하던 도시 칼라크물의 비호를 받고 활동했던 것으로 보인다. 이후 130년 동안(서기 692년까지) 티칼에서는 어떠한 기념물도 기록된 바가 없고, 주변부의 도시들도 유사한 침체를 겪었다. 하지만 칼라크물은 티칼의 멸망으로 생겨난 진공 상태에서 권력을 잡을 수 있었다. 단절기에 대한 새로운 정보에 의하면, 티칼이 완전히 무기력해진 것은 아니었다. 다른 면에서는 잠잠하던 단절기 왕들의 화려한 매장지들은 도시에서 귀족의 기능과 왕조의 계승이 지속적으로 이루어졌음을 의미한다. 서기 657년에 칼라크물은 티칼을 다시 공격했고, 이번에는 티칼의 다른 경쟁지들을 후원했다.

하사우 찬 카윌 1세(Jasaw Chan K'awiil I, 서기 682년~734년)는 티칼의 단절기에 종지부를 찍었고, 서기 695년 칼라크물을 물리치면서 도시의 번영을 되찾았다. 그는 도시의 유명한 쌍둥이 피라미드 단지와 구기장과 제2사원을 포함하는 거대한 건축 사업들에 착수했고, 중앙 아크로폴리스로 알려진 도시의 거대한 왕궁 구역을 개조했다. 도시에서 정치적 영향력을 지니고 있던 지리적 영역들은 칼라크물 동맹세력들의 연결망으로 인해 여전히 축소된 상태였지만, 그는 티칼이 정치적·경제적 힘을 되찾을 수 있도록 활력을 불어 넣었다.

하사우의 아들, 이킨 찬 카윌(Yik'in Chan K'awiil, 서기 734년 즉위)은 그의 아버지가 매장된 제1사원을 완공하는 사업을 포함해서 도시의 주요 건축 사업들을 지속적으로 추진했다. 그가 몇 년간 통치했는지는 알려지지 않았지만, 그는 군사 영웅이었고, 칼라크물을 포함해 주요 도시들에서 일련의 승리를 거두면서 페텐 지역으로까지 왕국의 지배권을 확대했다. 그는 이름이 알려지지 않은 28대 통치자에게 왕권을 넘겨주었다. 새로운 통치자는 2년(Yax Nuun Ayiin II, 서기 766년~768년)이라는 짧은 시간 왕위에 있었다. 그리고 나서 약 눈 아인 2세(서기 768년 즉위)가 왕권을 이었다. 그는 티칼 최후의 위대한 왕이었지만, 그의 지역적 통제력은 감소하고 있었던 것으로 보인다. 9세기에는 네 명의 왕들이 즉위했는데, 이 기간 남부 저지대의 왕조들은 쇠퇴하고 있었고, 도시의 인구는 외부로 빠져나가고 있었다. 티칼의 마지막 기념물은 서기 869년에 세워졌다.

팔렌케 | 팔렌케는 치아파스의 언덕에 자리 잡고, 걸프 해안 평야로 향해 있는 극적인 자연 환경을 점유했다. 우리가 오늘날 팔렌케 유적지에서 발견한 것들 중 상당 부분은 가장 주목할 만한 두 명의 통치자들이 왕권을 잡았던 시기에 건축되었다. 위대한–태양 방패(Great-Sun Shield)로 알려진 키니치 하납 파칼 1세(K'inich Janaab' Pakal I)와 그의 큰아들, 키니치 칸 발람 2세(K'inich Kan B'alam II)가 이들인데, 칸 발람은 위대한–태양 뱀 재규어(Great-Sun Snake Jaguar)로도 알려져 있다. 유적지에 새겨진 문자들에 의하면 팔렌케 왕조의 역사가 시작된 시점은 서기 431년까지 거슬러 가지만, 파칼과 칸 발람은 7세기의 대부분을 통치했다.

팔렌케는 고전기 마야의 다른 유적지들에 비교해 독특한 건축 양식, 돌과 스투코에 새겨진 아름다운 저부조 조각들이 두드러진다. 고전기 마야의 가장 긴 텍스트들 중 일부가 이 조각들에 포함되어 있다. 팔렌케의 통치자들은 통치자로서 스스로의 위치를 정당화하는 데 각별한 관심을 보였고, 수많은 텍스트들은 창조 신화로부터 왕가 계보의 기원을 찾는 데에 주력하고 있다. 정당성에 중점을 두는 텍스트들은 유적지의 왕조사를 완전히 재구성하도록 했다. 그 결과, 우리는 적어도 한 명의 왕비, 욜 이크날(Yohl Ik'nal, 서기 583년 즉위)이 팔렌케를 통치했음을 알게 되었고, 서기 615년에 당시 20세의 파칼이 왕위에 오르기 전 13년이라는 짧은 기간을 파칼 1세의 어머니인 삭 쿡(Sak K'uk')이 통치했을 가능성도 있음을 알게 되었다.

팔렌케 건축가들은 혁신을 통해 보다 얇은 벽과 넓은 내부 공간을 보유한 방, 그리고 다른 유적지에서 발견되는 작고 어두운 방보다 밝고 환기가 잘 되는 방을 설계하게 되었다. 고전기 마야 대부분의 다른 중심지들과는 달리 팔렌케의 조각가들은 버팀목 없는 석재 기념물이나 석조를 세우지 않았는데, 그들의 작품이 건물 내부에 진열될 수 있었기 때문이다.

팔렌케는 티칼보다 작은 도시였다. 하지만 후기고전기의 특출한 정치적·종교적 중심지였음이 분명하다. 비문의 사원, 파칼을 기리는 장례기념비, 왕궁으로 불리는 건물들의 연결망이 유적지를 압도한다(그림 1.12). 비문의 사원 내부로 깊숙이 들어가면 파칼의 무덤이 있다. 그의 석재관은 크기가 너무나 거대했기 때문에, 피라미드를 건설하기 전에 먼저 설치되어야 했다. 석관 뚜껑에는 파칼이 지하세계로 여행을 떠나는 모습이 정교하게 새겨져 있다(그림 A.9 참조). 사원 꼭대기부터 시작되는 아치형 천장의 좁은 계단을 따라 내려오다 보면 마침내 무덤에 다다르게 된다.

칸 발람은 십자 집단(Group of the Cross)으로 알려진 삼중 사원 구역

그림 1.12 팔렌케 유적, 왕궁 구역은 우측 전경에 있고, 파칼 비문의 사원은 좌측에 보인다. 촬영: 로 버트 M. 로젠스윅.

을 건설했는데, 초자연적 존재들이 그의 통치권 계승을 허가하는 과정을 연대기적으로 보여 주는 매우 아름다운 명판들을 담고 있다(그림 14.3). '귀한 노란 띠를 두른 페커리'(Precious/Yellow Tied Peccary)로 알려진 그의 형제 키니치 칸 호이 치탐 2세(K'inich K'an Joy Chitam II)는 왕궁 보수 공사를 통해 팔렌케의 번영을 더했다. 하지만 결국 그는 토니나 도시의 포로로 잡혀 추정에 의하면 살해되었고, 이처럼 단기간에 걸친 그의 통치는 이렇게 막을 내렸다. 그는 후계자가 없었기 때문에, 새로운 왕가 계통 출신의 네 명의 왕들이 그의 뒤를 이어 팔렌케를 통치했다.

알폰소 모랄레스와 동료들은 십자 집단 후면에 자리한 제18사원과 제19사원에서 최근에 수행한 조사를 통해 주목할 만한 명판들을 발굴해 냈다. 이 명판들은 팔렌케의 왕들이 도시의 신화적 기원들과의 연계를 통해 자신들의 통치권을 지속적으로 위치 지었고, 그 틀을 구성했음을 보여준다. 서기 723년에서 730년 사이에 발생한 사건들을 기념하는 한 명판은 중요한 군사 활동의 묘사를 통해 아칼 모 납 3세(Ahkal Mo' Naab' III, 서기 721년 즉위)의 통치기를 정의하며, 전쟁의 핵심 수장인 착 수츠(Chak Suutz')의 활동들을 그리고 있다. 전쟁의 수장 착 수츠는 팔렌케 중심지 근방의 멋진 왕궁에서 살았다. 착 수츠의 성공을 통해 우리는 고전기 말에 접어들어 왕조의 기록에 귀족들이 포함되기 시작했음을 알 수 있다. 아칼 모 납 3세의 후계자인 키니치 하납 파칼 2세는 제19사원의 매우 인상적인 명판에 묘사되어 있다(그림 1.13). 팔렌케의 마지막 왕은 서기 799년 즉위 했는데, 이 사실은 단 하나의 도자기 용기에만 기록되어 있다. 그는 어떤 기념물도 세우지 않았다. 9세기 초가 되자 도시의 인구는 갑작스레 도시 를 떠났다.

코판 | 마야 지역 남동부 가장자리의 온두라스에 위치한 코판 계곡에서 는 초기형성기에 최초의 거주가 시작되었다. 초기고전기에 코판 유적지 는 마야의 중요한 도시로 성장했다. 오늘날 코판 유적지에서 볼 수 있는 것들의 대부분은 후기고전기에 세워진 외부 건축 단계에 속한다. 해발 2 천 피트 내외의 고지대 계곡에 자리하는 코판은 해안에서 멀리 떨어진 고 지에 세워진 소수의 고전기 마야 중심지들 가운데 하나이다. 코판은 최근 수년간 포괄적인 연구의 대상이었고, 의례 구역과 외딴 곳에 자리한 거주 구역 가운데 일부가 발굴되었다. 금석학자들은 유적지에서 발견된 수많 은 상형문자 텍스트 판독을 통해 중요한 진전을 이루어 왔다.

코판의 비문들을 따르자면, 서기 426년에 통치 왕조가 세워졌다. 코 판의 통치자들은 총 16명으로, 그들 모두 위대한-태양 최초의 케찰 마코 (Great-Sun First Quetzal Macaw)로 알려진 제1대 통치자 키니치 약 쿡 모 (K'inich Yax K'uk Mo')의 후손이라는 점에서 스스로의 정당성을 확보하 려 했다. 주목할 점은 티칼의 약 눈 아인과 마찬가지로 약 쿡 모의 즉위는

그림 1.13 멕시코 국립역사인류학연구소(INAH)가 팔렌케에서 새롭게 발견한 명판으로 키니치 하납 파칼 2세를 묘사하고 있다. 촬영: 로버트 M. 로젠스윅.

테오티우아칸이 초기고전기 마야 왕조 혈통에 개입하면서 궁극적으로 이루어졌을 것으로 추정된다는 것이다. 이와 관련된 주목할 증거가 있다. 그림문헌은 약 쿡 모가 권력을 잡기 위해 외부에서 온 비현지인이었다고 묘사하며, 그는 테오티우아칸 틀랄록의 고리테 두른 눈을 한 모습으로 묘사되곤 한다. 또한, 그를 기리는 최초의 장례 성지(고고학자들이 후날이라고 별명 붙인)는 테오티우아칸 양식의 벽화로 뒤덮인 탈루드 타블레로(수직벽과 경사벽을 번갈아 축조하는 방식 ──옮긴이) 건물이며, 그의 유골의 화학 성분을 분석한 결과는 티칼 지역과의 연계성을 보여 준다. 약 쿡 모의 아내의 무덤으로 추정되는 곳에서 발견된 아름다운 용기에서 그는 테오티우아칸 양식으로 묘사된 것으로 보이며, 아마도 매장 사원 안에 주검으로 놓인 모습을 담은 듯하다. 약 쿡 모 아내 유골의 화학 성분 분석은 그녀가 현지에서 태어났음을 보여 준다. 그의 아들은 아버지의 장례 성지를 마야 양식에 보다 근접하게 재건축했다. 티칼에서처럼, 외부 도시의 후원을 받은 설립자의 후손들은 그들 정당성의 이국적 토대를 이에 상응하는 지방의 권력층으로 신속하게 동화시켰다.

팔렝케나 티칼과 마찬가지로 코판의 후기고전기 왕조들의 세부적 사항들에 대해 우리는 상당한 지식을 보유하고 있다. 7세기 거의 전반에 걸쳐 코판은 제12대 통치자 스모크-이믹스(Smoke-Imix, 연기-해룡으로 직역할 수 있다—옮긴이)의 통치를 받게 된다. 그는 팔렝케의 파칼 1세와 티칼의 하사우 찬 카윌과 동시대의 인물이다. 스모크-이믹스의 통치하에 코판은 영토를 최대한 확장했다. 67년의 통치 기간에 걸쳐 그는 이웃하고 있던 키리구아와 다른 중심지들을 코판의 세력권 안에 포섭한다. 그의 후계자이자 아들인 왁사클라훈 우바 카윌(Waxaklajuun Ub'aah K'awiil, '카윌의 18개 형상들'로 불리기도 했다)은 코판의 의례 중심지를 현재의 모습으로 변형시켰다.

서기 711년부터 736년에 걸쳐 왁사클라훈 우바 카윌은 대광장에 모든 석주들을 세웠고, 도시의 여러 가지 수호신으로 자신의 모습을 형상화하게 했다. 그는 자신을 신성들로 표현함으로써 속세와 초자연적 영역의 중재자로서 자신의 위치를 강조했고, 자신이 변형하는 능력을 지니고 있으며, 살아있는 존재를 대신해 초자연적 실체들과 협상하는 능력을 지녔음을 극적으로 표현했다. 이 석주들은 삼차원적 석재 조각에 새겨진 뛰어난 예술적 성취라는 찬사를 받고 있는데, 이와 같은 특징은 마야 지역의 스투코에 주로 제한되어 나타난다(그림 1.14).

서기 738년, 왁사클라훈 우바 카윌은 코판의 종속 도시였던 키리구아의 통치자에 잡혀 참수당하며 때 이른 종말을 맞게 된다. 그를 참수한 키리구아 통치자를 724년 바로 그 자신이 즉위시켰음을 고려하면, 이는 기만적인 배신 행위였다. 이로 인해 왁사클라훈 우바 카윌의 창조적인 작품들은 끝이 났으며 코판 통치 왕조의 권력이 일시적으로 약화됐다. 그의 후

그림 1.14 온두라스 코판의 고전기 마야 도시에서 발견된 석주 A. 촬영: 마이클 E. 스미스(Michael E. Smith).

계자가 통치하던 기간에는 어떠한 구조물이나 석주도 세워지지 않았다.

하지만 코판 통치자의 죽음은 대부분의 코판 시민들의 일상생활에는 큰 변화를 가져오지 않았다. 더 나아가, 고고학자들은 단절기(서기 738년 ~756년)와 관련한 정치적·경제적 활동들에 있어 어떠한 차이도 감지하지 못했다. 왁사클라훈 우바 카윌 후계자의 아들이 통치하던 기간에 코판의 통치 왕조는 자신들의 힘의 위상을 재정비했지만, 이는 지속되지 못했다. 코판의 제16대이자 마지막에서 두번째 통치자였던 약 파사 찬 요앗(Yax Pasaj Chan Yoaat)은 첫 동이 튼 하늘번개신(First Dawned Sky Lightning God)으로 알려져 있으며, 서기 763년 권좌에 올랐다. 그는 코판에서 야심 찬 건설 사업에 착수했지만, 위기의 시대에 통치를 하게 된다. 약 파사의 통치기간 동안 과도한 인구수는 계곡의 자원이 한계점에 도달하게 했고, 귀족 가문들은 권력을 잡기 위해 통치 가문과 더욱 심한 경쟁을 벌였다. 그의 기념물들은 선조들의 경우와는 차이를 보이는데, 왕과 더불어 귀족들이 왕가의 행동을 공유하고, 존경을 받고, 왕가와 유사한 특권을 누리는 모습이 묘사되어 있기 때문이다.

8세기 후반이 되자 귀족들은 거주 구역에 자신들의 기념비를 세웠고, 이는 왕가에 대한 명백한 도전을 의미했다. 9세기 초, 약 파사가 사망했을 때, 코판에서 왕조의 통치권은 거의 무력해졌다. 서기 822년에 그의 후계자는 자신의 지위를 기념하기 위한 기념물을 새기기 시작했지만 결국 완성되지 못했다. 이후 약 100년 동안 도심지와 도심지에 이웃하고 있는 외진 지역에서 사람들은 여전히 살고 있었지만, 중앙집권적 정치권력과 그 활동들은 모두 끝이 났다.

3) 고전기 사포테카 문명

테오티우아칸과 저지대 마야 문명들은 고전기 시대 가장 대규모의 문명들이었다. 하지만 당시 메소아메리카의 다른 여러 지역들도 대규모 국가 수준의 사회를 유지했다. 오아하카 계곡의 몬테알반 언덕 꼭대기에 있는 도시인 사포테카는 막강한 국가의 수도가 되었다. 석재 기념물에서 유래하는 증거에 의하면, 이들은 이웃하거나 멀리 떨어진 정치조직체들을 예속시키기 위해 때로는 힘을 사용할 필요가 있었다.

몬테알반은 테오티우아칸과 우호적인 관계를 유지한 것으로 보인다. 몬테알반의 석조 기념비에는 테오티우아칸의 '사절'과 사포테카의 지방 권력자들 간의 외교 회담으로 보이는 상황들이 묘사되어 있으며, 사포테카 상인들은 테오티우아칸에서 독자적인 구역을 정해 그 범위 내에서 생활했다. 하지만 서기 600년이 지나 몬테알반은 쇠퇴기를 겪었고, 예속된 시가지들이 성장세에 들어서 몬테알반의 통제에서 벗어나면서 그 영토가 줄어들기 시작했다. 서기 700년이 되자 몬테알반은 계곡에서의 지배적인 위치를 상실하게 되었고, 서기 800년이 되었을 때는 대광장을 포함하는

그림 1.15 상고전기 요새화된 언덕 위 도시였던 멕시코의 소치칼코. 촬영: 멕시코항공사진사.

유적지의 일부 지역을 더 이상 사용하지 않게 되었다. 그럼에도 유적지의 일부 지역과 주변 지역은 탈고전기까지도 계속해서 사용되었다.

4. 상고전기/말고전기와 탈고전기 초반

메소아메리카 고전기 문명들의 쇠락 직후에 이어지는 시대를 중앙멕시코에서는 상고전기(Epiclassic period)로, 그리고 마야 지역에서는 말고전기(Terminal classic)라고 부른다. 그 뒤에 이어지는 탈고전기(Postclassic) 초반은 메소아메리카에서는 이행과 변형의 시기였다. 이 시대들과 결부되는 날짜들은 지역마다 차이가 있고, 이후에 논의될 일부 유적지들에서의 발전은 정확히 특정 시대의 범주 안에서 진행된 것은 아니다. 따라서 우리는 8세기에서 12세기에 이르는 시대 전체를 대상으로 해서 다음의 논의를 전개할 것이다.

그림 1.16 멕시코 상고전기 도시인 카칵스틀라의 벽화에 묘사된 의례화된 전투. 출처: 데브라 나가오(Debra Nagao) 제공.

테오티우아칸의 파멸에서부터 파멸 후 5세기 이상이 지나 아스테카 제국이 비상하기까지에 이르는 중간기간 동안에 메소아메리카 북부에서는 잇따라 나타난 군사 도시들과 국가들이 성쇠를 경험했다. 테오티우아칸이 몰락하자 갑자기 수많은 거대 도시들이 테오티우아칸 제국의 쇠락으로 인해 발생한 정치적·경제적 공백을 채우기 위해 등장했다. 이 도시들 가운데 일부는 고전기의 중요한 유적지들이었지만, 테오티우아칸의 몰락 이후 이어진 상고전기 시대에 일시적인 번성기를 경험했다.

무역과 관념적 측면에서 광범위하게 상호작용하던 범세계주의적 세계 중심지들의 연결망이 멕시코 고지대에서 마야 저지대까지 확산됐다. 테오티우아칸의 잔여 도시(여전히 3만 명의 거주자를 보유한 주요 도시였던) 이외에도, 모렐로스의 소치칼코, 톨루카 계곡의 테오테낭고, 푸에블라–틀락스칼라 지역의 카칵스틀라와 촐룰라에서 인상적인 도심지들이 발견되었다. 이들은 산 위에 세워진 도시들로, 이 도시들의 요새들과 도상학(圖像學)은 당시에 전쟁이 만연했음을 보여 준다(그림 1.15와 1.16).

베라크루스의 엘타힌 유적지와 유카탄의 치첸이차 유적지는 각기 걸프 해안과 유카탄 반도에 위치한 상호교류권역의 교점들이었다. 벨리즈에서는 라마나이 유적지가 두드러지는데, 남부 마야의 붕괴에도 살아남아서 말고전기와 탈고전기 초반의 지역 중심지로서 위치를 유지했기 때문이다. 라마나이는 카리브의 해상무역노선을 통해 상고전기 메소아메리카와 연계하는 방식으로 번성했던 것이 분명하다.

고전기에 걸프 해안에서 명성을 얻었던 중요한 유적지는 엘타힌 중심지이다. 고전기 초반에 엘타힌은 테오티우아칸과 밀접하게 연계되어 있었고, 테오티우아칸이 쇠락하자 마침내 발전의 정점에 이르게 된다. 엘타힌은 구기(球技)를 추종하기로 유명하다. 유적지에는 17개의 구기장이 있었던 것으로 파악되고, 유적지 발굴을 통해 발견된 공예품의 다수는 구기에서 사용되었던 용품들이다(그림 14.4 참조).

1) 유카탄 반도: 치첸이차

후기고전기에서 탈고전기 초반까지, 유카탄 반도 북부의 도시들은 남부 고전기 마야 전통의 상당 부분을 지속적으로 실천했다. 남부의 붕괴로부터 직접적인 영향을 받지 않았던 이들 중심지는 독특한 건축 양식으로 가장 잘 알려져 있다. 푸우크 지역 유적지들에 있는 건물의 벽면은 복잡한 모자이크 양식으로 장식되어 있고, 건물 출입구와 모서리 부분에 착(Chac, 비의 신)의 가면이 그려져 있곤 하다. 욱스말, 사일, 라브나는 푸우크 전통의 가장 정교한 예이다. 이들 중심지는 남부 저지대의 붕괴 후 100년 이내에 쇠락하게 되는데, 쇠락의 이유는 앞서 논의했던 이유들과 대부분 유사할 것이다.

치첸이차는 보다 전통적인 북부 고전기 푸우크 양식 특성뿐만 아니라, 중앙멕시코와 교류했던 흔적을 보여 준다는 점에서 '국제적인', 또는 '범세계주의적인' 양식 특성을 보여 주는 건축적·예술적 요소가 결합된 마야의 독특한 도시이다. 치첸이차의 전통적 구획은 거대 제단 남쪽에 위치한다. 하지만 이와 대조적으로, 거대 제단의 건축물은 국제적인 양식을 보여 주는데, 그 중 주목할 만한 건축물로 4층으로 된 뱀 난간 사원인 '카스티요', 거대한 구기장(메소아메리카에서 가장 거대한 규모 중 하나), 메르카도 화랑-뒤뜰 단지, 전사의 사원을 들 수 있다(그림 1.17). '희생의 세노테'(Cenote of Sacrifice)는 중요한 순례지이며, 돌길(사크베) 하나를 사이에 두고 거대 제단과 대규모 중앙 광장으로 연결되어 있다. 희생의 세노테에서는 공물과 인간 유해가 다수 발견되었다.

거대 제단과 유사한 특성들이 유적지 중심에서 2.5킬로미터 이내에 위치한 핵심 장소들에서도 발견된다. 유적지에는 총 열세 개의 구기장이 있다. 화랑-뒤뜰 구획은 유일하게 이 유적지에서만 발견되는데, 정치조직체의 주요 관료층이 관리하던 핵심적인 행정 관청들이었을 것이다. 도시의 규모는 컸고, 분산되어 있었으며, 적어도 열 개에 이르는 방사상형태 사크베 연결망이 도심지와 그 변두리 집단들을 연결했다. 이와 유사한 방사상형태 사크베 연결망을 지닌 주목할 만한 초기 유적지로는 칼라크물과 카라콜을 들 수 있다.

치첸이차는 웅장하고 찬란한 유적지이다. 치첸이차의 건물들은 마야 역사상 그 어떤 도시보다도 많은 수의 조각된 돌들로 정교하게 장식되어 있다. 절정기 치첸이차는 북부 저지대에 중대한 영향력을 행사하던, 공격적이고 확장주의적인 정치조직체의 심장이었음이 분명하다. 9세기에는 주요 건축 사업들이 급등했다. 하지만 늦어도 서기 1000년이나 1100년에 치첸이차의 권력은 시들게 된다.

중앙멕시코와 유카테카의 토착 역사에 의하면, 치첸이차와 툴라는 직접적인 관련이 있었던 것으로 보인다. 두 유적지 간 현저한 건축적·예술적 유사성 역시 이들의 관련성을 보여 준다. 하지만 두 중심지가 정확히 어떤 속성의 관계를 맺었는가에 대한 이해는 제대로 이루어지지 못하

그림 1.17 전사의 사원. 치첸이차의 거대 제단에서 행해졌던 협의회 모임, 제례, 행진 등에 사용되었던 핵심적인 행정 건축물이다. 촬영: 로버트 M. 로젠스윅.

고 있으며, 여전히 열띤 논쟁의 대상이다. 최근의 연구에 의하면, 두 유적지는 적어도 부분적으로는 동시대에 존재했을 것으로 보인다. 하지만 이 유적지들의 건축물의 시간대를 파악하는 작업은 오랫동안 난관을 겪어 왔고, 이로 인해 두 유적지들에 대한 실증적인 평가는 어려움에 봉착해 있다. 10세기에, 아니면 그 이전에 중앙멕시코에 위치했던 툴라는 테오티우아칸의 몰락 이후 규모가 가장 큰 도심지로 부상했다. 하지만 서기 1150년 무렵에는 이미 버려진 공간이 됐다.

툴라와 치첸이차의 관계를 해석하는 관점 중 하나는 중앙멕시코와 유카테카의 토착 역사에서 유래한다. 이 관점에 의하면, 서기 987년에 케찰코아틀(깃털 달린 뱀)을 숭배하는 툴라 종파의 고위층 사제였던 토필친 케찰코아틀이 테스카틀리포카와 권력 투쟁을 벌인 후 툴라에서 추방되었다. 멀고긴기 미야 신화들은 쿠쿨칸이 마야 도착을 열정적으로 묘사하는데, 유카테카 마야어에서 쿠쿨칸은 케찰코아틀을 의미하는 이름이다. 이런 관점에서 보면, 툴라와 치첸이차의 건축적·예술적 유사성은 톨테카인들이 치첸이차를 직접 방문한 결과이거나, 톨테카인들과 밀접한 교류를 했던 또 다른 마야 집단(일반적으로 걸프 해안 지역의 촌탈-마야인이나 푸툰-마야인으로 가정되는)이 영향력을 행사한 결과로 볼 수 있다. 대안적인 관점도 존재하는데, 치첸이차는 툴라 이전에 건설되었고, 양자가 행사했던 영향력은 앞서 소개한 방식과는 반대 방향으로 전파됐을 것이라는 설명이다.

보다 통합적인 관점이 윌리엄 링글, 조지 베이, 토마스 가야레타에 의해 제기되었는데, 상고전기 메소아메리카의 상호교류적인 지도층이 숭배하던 깃털 달린 뱀 종파와 관련된 추종적 도상(icon)들을 치첸이차가 자신의 예술과 건축에 수용했다는 것이다. 지도층 문화에 이 종파가 확산됨에 따라 종파 중심지들 사이에 장거리 유대관계가 강화되었고, 이러한 연결망을 통해 중요한 무역의 교류가 용이해졌다는 것이다. 도상학적 유사성은 치첸이차와 툴라 사이에서 가장 많이 나타나지만, 일부 동일한 요소들이 앞서 언급한 상고전기/말고전기의 다른 주요 중심지들에서도 발견된다.

치첸이차 구기장의 예술작품을 대상으로 하는 린다 쉘레와 피터 매튜의 최근 연구는 새로운 범세계주의적 양식들이 고전기 전통적 마야 창조 신화의 요소(예컨대, 옥수수 신과 구기 희생 의례, 농업의 비옥함, 세계 나무 엑시스 문디, 고령의 파우아툰/하늘을 떠받치는 신들)와, 이와는 멀리 떨어진 멕시코 유적지들에서도 공유되던 혁신적이고 국제적인 요소(예컨대, 태양 원반, 깃털 달린 뱀, 거인 같은 전사의 형상, 차크 모올 조각상들)를 결합시켰음을 보여 준다. 마야 지역들은 상고전기 국제적 양식의 주요 관념과 상징주의를 수용하는 데 그친 것이 아니라 이들을 혼합했던 것이다. 왕조의 정당화를 위해 외래 요소를 활용하는 것은 치첸이차가 세력을 잡기 훨씬 이전부터 고전기 마야 도시들 어디에서나 행해졌던 관행이다.

치첸이차는 고전기에서 탈고전기로의 제도적 변형의 예시이다. 귀족들은 그 이전부터 왕실의 일에 관여했다. 하지만 치첸이차의 예술품들은 다양하고 막강한 분파들이 메소아메리카 다른 어떤 유적지와는 비교할 수 없을 정도로 깊이 왕실의 일에 관여하고 있었음을 보여 준다. 대(大)구기장의 부조 명판과 벽화들, 전사의 사원에 조각된 수백 개의 기둥과 내부 벽화들(그림 1.17), 그리고 전사, 사제, 포로, 관료 협의회, 상인을 비롯해 다양한 활동가들을 보여 주는 수많은 예술품들은 도시의 다양하고 다종족적인 분파들을 기리는 의미를 지닌다. 외진 곳에 위치한 정교한 왕궁들과 구기장들 다수는 방사상형태의 사크베를 통해 중심지와 연결되어 있으며, 거대한 귀족층의 존재를 시사한다.

이 도시의 행정 제도는 복잡했고, 상이한 정치 분파를 대표하는 지방 권력자, 사제, 전사 집단 협의회들이 관여했다. 링글이 제안하듯이, 동시대 메소아메리카의 주요 도시들과 마찬가지로 치첸이차는 종파 중심지로 기능했을 것이며, 연합 정치조직체들의 통치자들은 이곳에서 제례를 거행하며, 자신들의 통치권을 허가받았을 것이다.

2) 북부 메소아메리카

10세기에 툴라는 테오티우아칸이 몰락한 이래로 가장 큰 도심지로 부상한다. 툴라는 톨테카인들의 고향이었는데, 톨테카인들에 대해서 고고학과 민족역사학은 이견을 보인다. 아스테카 토착 역사에 따르면, 톨테카인들은 현명하고 위대했다. 이들은 독실했고, 유용한 예술품과 공예품을 모두 발명했다. 그들의 수도인 툴라는 귀중한 석재로 건축한 건물로 채워진 장엄한 대도시였다. 톨테카 왕조는 아스테카인들과 탈고전기 다른 집단들의 숭배를 받았다. 탈고전기 아스테카 도시국가들의 통치자들과 믹스테카와 마야의 지도층은 톨테카 왕들로부터 자신들 혈통의 기원과 정당성의 근거를 찾았다.

툴라의 톨테카인들이 뒤이어 나타난 집단들에게 이처럼 칭송받았다는 설명과는 대조적으로, 고고학은 상이한 관점을 제시한다. 툴라는 인상적인 공공 건축물을 일부 보유했다. 하지만 이전의 테오티우아칸의 규모와 위엄에는 비할 바가 아니었고, 수입품들도 훨씬 보잘것없었다. 그렇지만 툴라는 거대하고 중요한 수도였다. 메소아메리카에서 가장 큰 광장들 가운데 하나가 툴라에 위치하며, 공공 건축물은 광장을 중심으로 매우 형식적인 방식으로 배치되어 있다. 거대한 피라미드인 구조물 C는 광장의 동쪽에 위치한다. 북쪽의 구조물 B에는 큰 열주형(列柱形) 복도들이 측면에 배치되어 있는데, 이는 메소아메리카에서는 흔하지 않은 방식이다(이러한 특성은 앞서 언급한 치첸이차와의 건축적 유사성들 중 하나이다). 거대한 구기장들이 광장의 서쪽과 구조물 B의 북쪽에 세워져 있고, 광장의 남단은 여러 왕궁들로 채워져 있다. 툴라의 수많은 저부조 조각들은 전투, 의례, 무역의 상황들을 묘사한다.

아스테카 역사가들은 아스테카의 위대함의 원천으로 툴라를 제시하는 과정에서 툴라의 역할을 과장했다. 하지만 툴라가 탈고전기 메소아메리카 초기의 중요한 도시였다는 사실에는 변함이 없다. 그렇지만 서기 1150년 무렵 어느 시점인가에 툴라는 버려지게 된다.

상고전기/탈고전기 초기에 메소아메리카 북부의 경계지점을 벗어나는 곳에서 알타비스타와 라케마다 무역중심지들이 발전했다. 오늘날 멕시코 사카테카스 주에 위치한 이 유적지들은 광물이 풍부한 지역에 위치하고 있었으며, 광물은 툴라와 같은 메소아메리카 중심지들이 간절히 필요로 하던 자원이었다. 알타비스타와 라케마다는 메소아메리카와 동남아메리카를 북부 경계지점 외부의 귀중한 터키석 광상과 이어 주는 중요한 무역 중개지로 기능했다. 서기 1200년이 되자 상고전기/말고전기와 탈고전기 초기의 수많은 거대 중심지들이 방치되거나 쇠퇴기를 맞고 있었고, 탈고전기 정치조직체들의 등장을 예고하고 있었다(이는 이어지는 2장에서 논의된다).

옥수수

옥수수는 고대 메소아메리카인에게 왜 그렇게 중요했을까? 어째서 옥수수는 현대 메소아메리카에서도 여전히 기본음식일까? 이 질문들에 대한 답은 옥수수의 영양학적 측면 외에도 고대 메소아메리카에 사육 동물이 부족했다는 점에서 찾아진다. 세계 대부분 지역의 전통적 식생활은 고칼로리, 저단백질의 주식 곡물 섭취를 통해 대부분의 열량을 공급받는다. 하지만 이러한 식생활 대부분은 단백질 섭취를 위해 소나 돼지 등 사육 동물에 의존한다. 이와 같은 식이 전략은 사육 동물이 부족한(칠면조와 개만 구할 수 있었던) 메소아메리카에서는 제대로 활용될 수 없었다. 필요한 단백질을 섭취하기 위해 메소아메리카인은 옥수수를 재배했고, 단백질의 적절하고 완전한 공급원이 될 수 있도록 옥수수를 조리하는 방법과 요리로 구성하는 방법을 발전시켰다.

옥수수는 인체가 단백질을 합성하기 위해 필요로 하는 대부분의 필수 아미노산을 고농도로 함유한다. 하지만 옥수수에는 두 가지 아미노산 성분이 결핍되어 있는데, 이 중 한 성분은 화학적으로 결합되어 쉽게 구할 수 없다. 부족한 아미노산을 공급하기 위해 메소아메리카인은 옥수수에는 결핍된 영양분을 고농도로 함유하는 콩을 토르티야(옥수수전병)와 함께 먹거나, 옥수수를 다른 형태로 변형해서 콩과 함께 섭취한다. 메소아메리카인들은 화학적으로 결합된 아미노산을 제거하기 위해 옥수수의 알갱이를 빻기 전에 먼저 알칼리성 용액(보통 탄산칼슘을 함유한 라임 가루를 물에 섞어 만든)에 옥수수를 담근다. 열거한 두 가지 방법은 뿌리 깊게 체화된 문화적 특성으로 맛이 좋은 음식을 만들 수 있게 해주고, 더 나아가 인체가 필요로 하는 적절한 단백질을 옥수수에서 공급받을 수 있게 해준다. 형성기에서 현재까지 메소아메리카의 식단은 보충을 위해 고기나 기타 동물성 단백질을 과도하게 섭취하지 않고도 적절한 단백질을 공급받을 수 있는 얼마 안 되는 진통적인 세계 요리 중 하나이니나.

옥수수의 영양학적 그리고 문화적 중요성을 감안하면, 메소아메리카인이 오래전부터 옥수수를 요리로 완성하기 위해 수많은 다양한 방법을 고안해 냈다는 사실은 놀라울 것이 없다. 점토로 만든 번철에 평평하게 편 옥수수 반죽을 구워서 만드는 토르티야는 고전시대부터 현재까지 옥수수로 만든 가장 애용되는 음식이다. 토르티야는 풍미가 있고 먹기에 좋을 뿐만 아니라 휴대성이라는 장점까지 지니며, 사람들은 토르티야를 미리 만들어 놓고 가지고 다니다가 나중에 밭에서 일을 하다 먹거나, 또는 길을 걸으며 먹을 수 있다. 타말은 거친 옥수수 반죽 덩이를 큰 솥에 쪄서 만들며, 고추나 고기를 내용물로 채우곤 한다. 타말은 토르티야가 발명되기 이전에 옥수수를 섭취하던 주된 방법이었을 것이다. 옥수수를 곱게 빻아 만든 묽은 죽으로 종종 과일이나 설탕으로 맛을 내는 아톨레는 아침식사로 인기가 많고, 굵고 큰 옥수수 알갱이로 만든 수프(옥수수죽)인 포솔레는 일반적인 저녁 식단이다. 또한 옥수숫대에 그대로 조리해 옥수수를 먹기도 하지만, 이 조리법은 알칼리성 용액에 옥수수를 미리 담그지 않고 요리하기 때문에 다른 옥수수 요리의 영양학적 장점을 갖지 못한다.

현대의 전통 행위에 관한 민족지 설명을 통해 잘 기록되어 있는 토르티야 준비 방법은 지난 2천 년간 그다지 변하지 않은 듯하다. 전형적으로 사람들은 옥수수 줄기 그대로 그 열매가 마르도록 내버려 두었다가, 가을이 되면 건조한 옥수수를 수확하고 그 껍질을 제거한다. 그런 다음, 때로는 옥수숫대 그대로, 아니면 건조한 알갱이로 보관한다. 토르티야를 준비하기 위해 점토 재질의 솥에 알칼리 용액을 부어 그 안에 옥수수를 담근 다음, 맷돌이나 메타테(구부러진 빨래판처럼 생긴 맷돌의 일종—옮긴이)로 잘게 간다. 촉촉하게 간 옥수수 가루나 반죽을 손으로 두드려 모양을 내서 점토 번철에서 구운 다음, 바구니에 담거나 천으로 싸서 보관한다. 옥수수를 가는 데 사용된 돌은 메소아메리카 고고학 유적지에서 보편적으로 발견되는 유물이며, 점토 번철은 초기 유적지에서는 부재하지만 후기 유적지에서는 어디에서나 발견된다. 전통적인 음식 준비법은 매우 고된 일이었고, 여섯 명 기준 한 가족이 하루에 먹을 수십 장의 토르티야를 만들기 위해 옥수수를 빻는 데만도 네 시간에서 다섯 시간의 육체노동이 요구된다. 그런 이유로 전통적인 고대 메소아메리카 사회에서 여성의 가사 활동과 일정은 옥수수 제분을 위해 요구되는 노동과 시간에 의해 상당 부분 결정되었다.

메소아메리카의 달력

형성기의 어느 시점인가부터 메소아메리카인들은 세 유형의 독특한 달력을 사용하기 시작했다. 의례력(儀禮曆) 또는 신성력(神聖曆)은 1에서 13까지의 숫자와 개별적인 신성에 해당하는 20개의 날짜 기호를 결합해서 13×20의 260일 주기를 만든다. 특정 날짜에 대한 기호들은 사용 언어에 따라 지역마다 차이가 있었지만, 날짜 기호들의 의미는 메소아메리카 전역에 걸쳐 유사했다. 260일 주기의 신성력은 종교적·예언적 목적으로 사용되었고, 일부 마야 공동체에서는 현재에도 사용되고 있다. 개인의 운명은 의례력에 표현된 출생일과 밀접히 관련된다.

두번째 유형의 메소아메리카 달력은 태양년과 관련된다. 태양력은 20일로 된 18개의 달과 나머지 5일로 된 1개의 달로 되어 있고, 365일이 태양년 1년을 구성한다. 태양력의 각 달에는 인간과 사건에 영향을 미치는 수호신이 개별적으로 정해져 있다.

고대 메소아메리카인은 신성력과 태양력을 모두 참조해서 개별 날짜를 표시했다. 이 방법은 우리의 역법과 사실상 크게 다르지 않은데, 우리도 월요일에서 일요일까지 7개의 날짜 명칭으로 된 주기와 28일에서 31로 된 12개의 달로 이루어진 주기를 결합해서 사용하기 때문이다. 우리가 사용하는 체계에서 특정한 날짜를 표현하는 가장 정확한 방법은 예컨대 '9월 23일 금요일'이라고 말하는 것이다. 이와 유사한 방식으로 유카테카 마야인은 특정 날짜를 예컨대 '3이믹스(imix, 의례력에 따라)' '16작(zac, 태양년에 속하는 1개의 달)'이라고 부를 것이다. 의례 주기와 태양 주기를 합쳐 52년을 한 주기로 하는 역법 순환이라는 세번째 역법

주기가 만들어진다. 역법 순환 배열에 의하면, 의례 주기와 태양 주기로부터 할당되고 결합되어 주어진 특정한 날짜는 예컨대 '3이믹스, 15작'은, 52년마다 한 번씩만 나타난다.

메소아메리카의 기술

메소아메리카인들은 때로는 '석기시대' 기술을 사용했다고 묘사되기도 하는데, 이는 석기의 광범위한 보급과 야금술의 매우 제한되고 뒤늦은 발전에 근거한다. 이러한 묘사가 기술적으로는 정확하다고 해도, 메소아메리카의 기술이 조야했다거나 단순했다는 의미는 아니다. 기술의 두 영역, 즉 도구와 농업을 간략히 살펴보면 고대 메소아메리카의 기술 발전의 독창성과 다양성을 알 수 있다.

금속기를 사용했던 소수의 탈고전기 문화들을 제외하고(1장 후반부 참조), 메소아메리카인들은 자연석에 물리적 타격을 가해서 형태를 만드는 방식에 의존해 칼, 송곳, 스크레이퍼, 도끼, 화살촉, 검 등의 절삭 도구를 만들었다. 이들이 선호한 석재는 화산유리 형태의 흑요석이었다. 프리즈매틱 블레이드(양끝이 나란히 뻗어 있는 좁고 긴 석재 조—옮긴이)로 알려진 주요 도구는 제조가 쉽지 않았고, 고고학자들은 메소아메리카인들이 이 도구를 어떻게 생산했는지 이해하기 위해 수년간 실험을 해야 했다. 프리즈매틱 블레이드의 큰 장점은 날카로움에 있으며, 현미경으로 시험해 본 결과, 프리즈매틱 블레이드의 날은 현대의 외과의가 사용하는 메스보다도 종종 더 날카롭다(손가락에 붙인 붕대만 보고도 흑요석 날을 분석하는 고고학자들을 구별해 낼 수 있을 정도다!). 도구의 날을 만드는 데 요구되는 상당한 기술 때문에 고대 메소아메리카에서 흑요석 다듬기는 특화된 직업이었을 것이다. 흑요석 연구는 도구 기술에 대한 통찰력을 키워 준다는 점에서 그리고 당시 무역 경로의 분석을 위해서 고고학자들에게 유용하다. 흑요석은 고지대 제한된 일부 지역에서만 생기며, 각각의 지질학적 원천은 독자적인 화학 분포나 지문을 가지고 있어 공예품들의 근원지를 추적하는 단서가 된다.

야금술은 남아메리카 안데스 산맥의 신세계에서 처음 개발되었는데, 이곳은 고고학자들에 의해 수천 년의 전통이 밝혀진 지역이다. 이 기술은 남아메리카 문화들과의 접촉을 통해 메소아메리카에 소개되었다. 고전기 시대, 금과 은의 처리 기술은 중앙아메리카의 공예가들에 의해 메소아메리카 남부로 도입되었다. 구리와 청동의 처리 기술은 탈고전기 초반에 남아메리카와의 해상 접촉을 통해 멕시코 서부로 도입됐다. 일단 메소아메리카 문화에 금속처리작업이 도입되자, 그들은 자신의 관심사에 부합하는 새로운 기술을 개발했다. 대부분의 야금술은 명판(名板), 종, 보석과 같은 장식용 사물과 의례용 물건의 제조에 활용되었다. 하지만 멕시코 서부에서는 도끼, 끌, 송곳, 바느질 바늘과 같은 청동 도구 전통이 탈고전기에 발전했고, 이 기술은 스페인 정복 시기에 중앙멕시코로 확산되었다 (Hosler 2003).

고대 메소아메리카에서 가장 인상적인 기술 발전 가운데 일부는 농업 분야에서 이루어졌다. 고전기와 탈고전기에 인구가 성장하고 중앙집권적 국가들이 확대되자, 메소아메리카의 농민들은 새롭고 보다 생산적인 농사법을 고안하며 이와 같은 변화에 대응했다. 관개, 계단식 경지의 조성, 쌓아 올린 밭과 같은 주요 방법들을 통해 단순히 강우량에 의존하는 농업에 비해 농토당 많은 양의 식량을 생산할 수 있었다. 하지만 한편으로 이러한 농작법은 식량 생산량당 투입되는 노동량의 증가를 의미했다. 열거한 방법들을 고안하고 도입하는 과정은 농업 집약화로 알려져 있으며, 인구 증가, 정치적 중앙 집중화, 도시화와 연관된다. 단순한 관개 수로와 댐은 중기형성기에 최초로 사용되었다. 하지만 관개 시설의 보편적인 사용은 고전기에 접어들어서야 비로소 이루어졌다. 스페인 정복 시기에 아스테카인들은 송수로에 수로를 올려 저지대로 물을 끌어가는 능력을 이미 보유하고 있었는데, 이는 공학적으로 까다로운 작업이다.

작물 재배를 위해 늪을 매립하는 방법인 쌓아 올린 밭은 메소아메리카의 기술 가운데 가장 흥미로운 요소 중 하나이다. 쌓아 올린 밭은 형성기 마야 저지대에서 처음으로 고안되었고, 이후 고전기 마야의 높은 인구밀도를 유지하기 위해 광범 위하게 사용되었다. 그후 아스테카인들은 테노치티틀란 수도 주변의 습지 호수에 이 기술을 적용했다(아스테카의 쌓아 올린 밭은 치남파로 알려져 있다). 쌓아 올린 밭은 늪지에서 퇴적물과 유기물을 퍼서 직사각형 모양의 긴 묘상에 쌓아 올려서 만들며, 밭 사이의 수로는 물로 채워지게 배치한다. 쌓아 올린 밭에 심은 작물은 높은 생산성을 보이는데, 수로가 충분한 물을 공급하고 또한 늪지에서 흙이나 유기물을 주기적으로 퍼서 농토에 뿌려 주기 때문에 토양이 비옥함을 유지하기 때문이다. 쌓아 올린 밭은 매우 높은 생산성을 보이는 농사법이지만 마야 붕괴 후 저지대에서는 거의 완전히 폐기되었다.

1970년대 고고학자들이 고대의 쌓아 올린 밭의 잔재를 마야 저지대에서 처음으로 발견하게 되었던 당시, 멕시코시티 바로 남단의 소치밀코의 단 한 장소에서만 이와 같은 농업 체제가 여전히 실천되고 있었다. 스페인 정복 이후로도 아스테카의 쌓아 올린 밭 체제는 지속적으로 활용되었으며, 고고학자들은 이 방법이 어떻게 작동했는지를 파악하기 위한 실마리를 소치밀코에서 찾으려 했다. 하지만 이내 그들은 열대성 저지대 지역의 쌓아 올린 밭이 중앙멕시코 고지대의 체제와는 다소 차이가 있다는 것을 깨달았다. 결국 고고학자들과 농학자들은 마야의 쌓아 올린 밭의 건축과 활용을 연구하기 위해 이와 같은 밭을 직접 재구성하기 시작했다. 이와 유사한 실험적인 쌓아 올린 밭 건설 사업은 페루의 안데스 남부와 볼리비아에서 행해졌는데, 고대 잉카 문명과 티와나코 문명에서도 쌓아 올린 밭을 활용했기 때문이다. 메소아메리카와 안데스 양 지역에서의 현대적 실험은 고대 기술에 대한 실마리를 제공해 주었고, 더 나아가 현대인을 위한 지속 가능한 농경 문화적 방법으로서 쌓아 올린 밭 경작법을 도입하려는 프로그램들로 이어졌다. 이는 고대의 기술이 현대의 경제 발전을 위한 직접적인 추동력을 제공하는 흥미로운 사례이다.

메소아메리카 도시에 대한
변화하는 관점들

40년 전 메소아메리카 연구자들 대부분은 고전기 마야에는 진정한 도시가 없었다고 믿었다. 거대한 건축물을 보유한 유적지들은 사제들만이 거주하는 '텅 빈 의례 중심지'로 생각됐다. 심지어는 고대 문명으로는 유일하게 도심지가 부족했던 이집트 고대 왕국에 빗대어 마야를 언급하기도 했다. 하지만 오늘날 거의 모든 메소아메리카 연구자들은 진정한 도시와 시가지들을 보유한 도시 사회로 마야를 묘사할 것이다. 이러한 관점의 변화는 마야 도시들에서 행해진 고고학 현지조사의 결과이자, 우리가 '도시적'이라는 용어를 정의하는 방식이 달라진 결과이기도 하다.

마야의 유적지들이 사실 진정한 도시들이었음을 보여 주는 데 가장 큰 기여를 한 현지조사는 1950년대 후반과 1960년대 초반에 행해진 펜실베이니아대학의 티칼 프로젝트였다. 티칼 프로젝트 이전에 수행된 마야 유적지 고고학 연구들은 대부분 유적지 중심지에서 발견된 기념비적 건축물들에만 중점을 두었다. 티칼 프로젝트의 중대한 혁신은 지도만들기와 발굴이라는 두 유형의 작업을 체계적으로 조직·수행해서(윌리엄 하빌랜드와 데니스 플레스톤의 지도하에) 유적지 중심지 외부로까지 조사범위를 확대했다는 데 있다. 고고학자들은 피라미드와 왕궁들을 에워싼 밀림이 평민 가옥의 잔재로 이루어진 낮은 언덕들로 채워져 있었음을 알게 되었다. 티칼은 '텅 빈' 중심지가 아니라 사실상 인구 5만 명 이상을 보유한 도시였던 것이다. 티칼에서의 현지조사는 1960년대 메소아메리카와 기타 지역에서의 고고학 연구가 '신전과 무덤'에만 배타적으로 관심을 두던 기존의 성향에서 벗어나서, 평민 가옥과 농촌 지역까지 포괄하며 고대의 사회와 문화에 주안점을 두는 방향으로 전환하게 되는 보다 거시적 변화의 하나의 계기가 되었다.

마야 유적지들의 주거 구획들을 파악하고, 지도로 만들고, 발굴한 이후에도, 일부 학자들은 여전히 이들 정착지가 테오티우아칸이나 테노치티틀란과 같은 '진정한 도시'가 아니었다고 주장했다. 이들의 해석은 매우 밀집된 인구와 복잡한 사회제도를 보유한 거대한 거주지만을 도시로 정의하는 태도에 근거한다. 테오티우아칸(그림 1.10)에 비교해 티칼(그림 1.11)은 분명히 인구 규모가 작았고, 인구밀도는 훨씬 낮았으며, 사회적·경제적 복합성은 훨씬 제한적으로 표출되었다. 하지만 이런 특징들이 티칼이 진정한 도시 거주지가 아니었음을 의미할까?

1970년대, 인류학자를 비롯한 사회과학자들은 도시화의 새로운 기능주의적 정의를 수용했다. 기능주의적 관점에서는 수많은 사람들이 살고 있는 거주지를 도시로 보기 보다는, 배후지를 위해 다양한 기능과 역할을 수행하는 거주지를 도시로 정의한다. 여기에 해당하는 기능은 경제적이거나(제조나 무역중심지로서의 도시), 행정적이고(정부의 중심지로서의 도시), 종교적이거나(중요한 신전들을 배치하기 위한 배경으로서의 도시) 또는 문화적이다(예술이나 교육 중심지로서 도시). 도시화를 이런 관점에서 정의하게 되면서, 상이한 유형의 도시들이 존재하며, 일부는 대규모의 밀집된 인구를 지니고 일부는 그렇지 않다는 관념이 생겨난다.

도시화에 대한 기능주의적 관점으로 고대 메소아메리카를 분석하기 시작하면서 (초기에는 리처드 블랜튼과 조이스 마커스에 의해), 한 가지 '유형' 이상의 고대 메소아메리카 도시가 존재한다는 점이 분명해졌다. 티칼, 팔렌케, 코판, 그리고 다른 거대한 마야의 중심지들은 행정분야와(왕궁들을 통해 알 수 있듯이) 종교분야에서(거대한 신전-피라미드들에서 볼 수 있듯이) 중심적인 기능을 담당하던 도시들이었다. 반면, 테오티우아칸은 행정과 종교 기능도 중요했지만 경제적 기능이 보다 우위에 있던 도심지였던 것이다.

메소아메리카의 도시들은 도시의 규모, 인구밀도, 형식적 도시 계획의 정도, 의례적 공간의 크기, 요새화 존재 여부, 지형적 배경, 가옥의 배치 등에서 엄청난 차이를 보인다(그림 1.10, 1.11, 1.15, 2.9를 비교해 보라). 하지만 이처럼 다양한 도시 형태는 도시 기능의 근본적인 유사성을 은폐하는가? 오늘날 수많은 고고학자들은 메소아메리카 도심지들이 일부 예외를 제외하고 주로 행정과 종교 분야에서 기능을 수행했다고 믿는다. 거의 모든 메소아메리카 도시들은 하나 또는 그 이상의 열린 공공 광장을 중심으로 그 주변에 큰 건물들을 신중하게 배치하는 방식으로 도시의 중심지를 배치해서 이를 중심으로 설계됐다. 가장 일반적인 유형의 중심지 건물은 왕궁 구역과 신전−피라미드들이다. 광장의 중심부, 그리고 다른 구조물과 비교했을 때 신전과 왕궁의 상대적인 규모는 종교와 행정의 우세를 나타내는 지표가 된다.

문헌 기록을 통해 도시 기능의 실마리를 찾을 수 있는 경우(아스테카 도시들의 민족 역사학적 묘사나 고전기 마야 도시들에 새겨진 상형문자의 내용과 같이)에도 행정과 종교가 두드러지며, 앞서 언급한 도시 모델의 정당성을 추가적으로 입증한다. 도심지를 벗어나는 중심지 외부의 공간적 양식들은 상당한 변수를 보여 주지만, 대체로 도시 밀도가 극도로 높지는 않다. 여기에서 예외는 중앙멕시코의 제국주의적 수도였던 테오티우아칸과 테노치티틀란으로, 이 도시들은 경제적 기능의 우위와 매우 대규모로 밀집된 인구를 보유했다. 그럼에도, 이 도시들은 배후지들을 위한 중요한 행정적·종교적 중심지였다. 도시화의 기능주의적 접근은 고대 메소아메리카의 모든 도시적 중심지들에 대해 이처럼 통찰력을 제공해 준다.

글상자 1.5

장기산법 달력

후기형성기의 어느 시점에 이르자 우리가 장기산법이라고 부르는 날짜 계산 체계가 개발되었다. 장기산법 체계는 역법 순환 등의 날짜 계산법보다 훨씬 더 정확한 계산을 가능하게 했는데, 반복되는 순환보다는 단선적인 날짜 계산법이었기 때문이다. 이 체계는 고전기가 시작되기 이전의 비−마야인들(아마도 믹세−소케인들)에 의해 최초로 개발되었다. 그럼에도 고전기 마야인들은 다른 어떤 집단들보다도 장기산법 체계를 널리 활용했다.

장기산법 체계는 수학의 20진법(20을 기초로 하는)을 주된 기준으로 하여, 점진적으로 보다 큰 단위의 시간들로 전개되는 시간 서열에 근거한다. 1에서 20까지의 숫자를 묘사하기 위해 막대기와 점들로 구성된 체계가 활용되는데, 한 개의 점은 숫자 1과 동일하고, 한 개의 막대기는 숫자 5와 동일하다. 막대기와 점을 결합해서 20까지의 숫자를 기록할 수 있었다. 모든 마야 장기산법날짜에는 다음과 같은 시간 단위들을 나타내는 다섯 가지 표기법이 있다.

킨(kin) = 1일

우이날(uinal) = 20일(또는 20킨)

툰(tun) = 360일(또는 18우이날)

카툰(katun) = 7200일(또는 20툰; 대략 20년)

박툰(baktun) = 144000일(또는 20카툰; 대략 400년)

장기산법에서 개별 날짜는 우리의 달력 체계에 의하면 기원전 3114년 영(제로)에 해당하는 신화적 첫째 날부터 시작된 현재의 '거대 주기'(대략 5128 태양년 동안의 시기)가 시작된 이래로 얼마나 많은 킨, 우이날, 툰, 카툰, 박툰이 경과했는지 보여 준다. 장기산법의 날짜 9.15.5.0.0은 마야의 첫째 날 또는 우리의 달력에 따르면 기원전 3114년 이래로 9박툰, 15카툰, 5툰, 0우이날, 0킨이 지났음을 의미한다.

지금까지 알려진 가장 초기의 장기산법날짜는 치아파데코르소 유적지(기원전 36년)와 트레스사포테스 유적지(기원전 31년)에서 발견됐다. 하지만 앞서 언급했듯이, 장기산법 체계를 가장 광범위하게 사용한 사람들은 고전기 마야인들이었다. 여덟번째와 아홉번째 박툰 주기 동안 수백 개의 장기산법날짜들이 석주에 새겨져 있다. 남부 저지대에서 마야의 쇠퇴는 아홉번째 박툰 주기 동안 일어났고, 최후의 장기산법날짜는 토니나 유적지에 기록되어 있으며 그 날짜는 10.4.0.0.0(서기 909년)이다.

읽을거리

Díaz Del Castillo, Bernal 1956 *The Discovery and Conquest of Mexico, 1517-1521*. New York: Grove Press.

Goosen, Gary H. (ed.) 1986 "Symbol and Meaning beyond the Closed Community: Essays in Mesoamerican Ideas". *Studies on Culture and Society*, vol.1. Albany: Institute for Mesoamerican Studies.

Graham, John A. (ed.) 1966 *Ancient Mesoamerica: Selected Readings*. Palo Alto, California: Peek Publications.

Helms, Mary W. 1982 *Middle America: A Culture History of Heartland and Frontier*. New York: University Press of America.

HMAI 1964-1978 *Handbook of Middle American Indians*. vols.1-15. Austin: University of Texas Press.

Kendall, Carl, John Hawkins, and Laurel Bossen (eds.) 1983 *Heritage of Conquest Thirty Years Later*. Albuquerque: University of New Mexico Press.

Sanders, William T., and Barbara J. Price 1968 *Mesoamerica: The Evolution of a Civilization*. New York: Random House.

Wauchope, Robert (ed.) 1962 *Lost Tribes & Sunken Continents: Myth and Method in the Study of American Indians*. Chicago: University of Chicago Press.

West, Robert C., and John P. Augelli 1989 *Middle America: Its Lands and People. Englewood Cliffs*. New Jersey: Prentice Hall.

Wolf, Eric 1959 *Sons of the Shaking Earth: The People of Mexico and Guatemala, Their Land, History, and Culture*. Chicago: University of Chicago Press.

2장 탈고전기 후반의 메소아메리카

로버트 M. 카멕, 제닌 L. 가스코, 마릴린 A. 메이슨, 마이클 E. 스미스

메소아메리카의 탈고전기 후반(서기 1200년~1520년)을 이해하기 위해 우리는 고고학적인 기록 이외에도, 식민시대를 다루는 스페인어 자료를 비롯해, 스페인 도착 이전과 식민시대를 대상으로 하는 토착 자료 등 풍부한 문헌적 증언을 참고할 수 있다. 이 문헌 자료들의 분석과 해석은 '민족역사학'으로 알려져 있다(민족사 자료는 3장과 6장에서 보다 상세히 논의된다). 이 장의 전반부에서는 메소아메리카 여러 지역에서 발견된 고고학적 증거(그림 2.1)를 토대로 탈고전기 후반의 역사적 발전에 주안점을 둔다. 이 장의 후반부에서는 탈고전기 후반의 메소아메리카 세계에 공헌했던 가장 잘 알려지고 중요한 세 집단, 아스테카, 믹스테카, 마야인들을 보다 상세히 살펴본다. 이 논의를 통해 메소아메리카 전체를 규정하는 문화적 특색과 더불어 지역 전반에 존재했던 문화적 변이를 보여 주려 한다.

1. 탈고전기 후반의 역사적 개관

메소아메리카의 탈고전기 후반에는 탈고전기 초반에 시작됐던 일반적인 추세가 지속적으로 이어졌다(1장 참조). 경제에 대한 정치 통제권의 지방

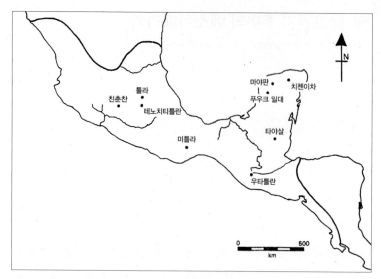

그림 2.1 탈고전기 후반 유적지들의 위치

분권화가 그 중 하나인데, 탈고전기 후반 정치조직체들 간에 시장 체계와 장거리 교환이 확산된 것과 관계있다. 탈고전기 후반 메소아메리카 북부에서는 아스테카 제국과 타라스카 제국이 지배적인 세력으로 부상했고, 마야판의 저지대에 위치한 수도는 마야 저지대 전반에 걸쳐 주된 영향력을 행사했다. 이들 핵심 지대를 제외한 메소아메리카 전역의 후대 고전기 후반 국가들은 대부분 규모가 작았으며, 테오티우아칸이나 몬테알반 등의 거대한 고전기 국가들과는 달리 영토를 확장시키지 못했다. 이와 동시에 소규모 정치조직체들 간의 경계는 점차 상업적·문화적 교환과 상호작용에 노출되어 갔다. 일례로 예술 양식을 들 수 있는데, 메소아메리카 전역에 걸쳐 당시의 예술 양식은 예전과 비교해 상당한 단일성을 보여 준다. 이들은 국제적, 또는 범세계주의적 예술 양식이라는 개념이 생겨나게 했는데, 중앙멕시코, 믹스테카 지역, 마야 지역을 포함해 메소아메리카 수많은 지역의 요소들이 융합된 예술 양식이기 때문이다(Boone and Smith 2003, 3장의 '2. 세계체제로서의 메소아메리카'를 참조하라). 활, 화살, 무명누비갑옷 등의 기술 혁신도 탈고전기 후반 전 지역에서 채택되었다.

이어지는 글에서는 메소아메리카의 일부 주요 지역에서 탈고전기 후반의 역사적 발전이 어떻게 진행되었는지 논의한다.

1) 오아하카

탈고전기 이전의 오아하카 지역은 사포테카 사람들이 거주하고 있던 오아하카 계곡에서 발생한 사건들에 지대한 영향을 받았다. 하지만 탈고전기에 접어들면서, 오아하카 중앙 계곡을 벗어나 오아하카 지역 상당 부분에 걸쳐 거주하고 있던 믹스테카인들이 훨씬 더 막강한 영향력을 행사하기 시작했다(이어지는 믹스테카 개요 부분을 참조하라).

몬테알반이 쇠락하고 나서 오아하카 계곡은 다수의 독립 도시국가들

그림 2.2 왕궁 정면을 장식한 석재 모자이크, 멕시코 미틀라 탈고전기 도시. 촬영: 마릴린 A. 메이슨.

그림 2.3 빈도보넨시스 코덱스에 등장하는 믹스테카 필경사. 출처: Furst 1978: 125.

로 분열했다. 이들 가운데 사아칠라가 매우 존경받았지만(3장 참조), 계곡에 절대적인 통제력을 행사한 도시국가는 없었다. 탈고전기에 몬테알반이 점유했던 지역은 상대적으로 소규모였다. 그렇지만 몬테알반은 인상 깊은 건축물을 보유했고, 영향력 있는 사포테카 왕가를 배출했기 때문에 상당한 정치권력을 행사했다. 마찬가지로 계곡의 동쪽에 자리한 미틀라는 오아하카 계곡에서 가장 잘 알려진 탈고전기 유적지이다.

미틀라에는 초기형성기부터 꾸준히 사람들이 정착해 왔지만, 탈고전기에 들어서 비로소 중심지가 번성할 수 있었다. 이곳에서 가장 중요하고 아름다운 건물 구획들은 후기탈고전기에 접어들어서야 지어지기 시작했다. 16세기 '누에바 에스파냐'에서 가장 주목할 만하고 유명한 건물들 중 두 채를 보유하고 있는 것으로 묘사되는 미틀라는 건물 정면을 장식하는 복잡한 모자이크 베니어 단판으로, 그리고 벽화로 주목받는다(그림 2.2). 사료에 의하면 미틀라는 사포테카의 종교 중심지로 규정되는데, 신탁을 받기 위한 공간이 세워져 순례의 중심이 되었을 뿐만 아니라, 일상의 다양한 사안에 대한 상담도 이루어졌기 때문이다. 미틀라는 경쟁 분파가 논쟁 협상을 벌이고, 정치 통치자가 사포테카 사제로부터 자신의 권위를 승인받는 곳이었을 것이다.

오아하카 계곡의 수많은 유적지는 탈고전기 믹스테카가 행사했던 영향력을 보여 주는 증거이다. 하지만 믹스테카의 영향력이 정확히 어떤 속성이었는지는 여전히 논란의 대상이다. 탈고전기 초반에 믹스테카는 메소아메리카의 보다 중요하고 영향력 있는 세력이 되어 갔고(이어지는 믹스테카 개요를 참조), 특히 예술 양식에서 그랬다. 믹스테카와 사포테카의 역사적 전통에 따르면, 믹스테카와 사포테카 귀족들 간 내혼은 두 집단의 유대를 강화하는 역할을 했다. 집단 간 내혼 관례는 침입적인 믹스테카인이라는 관점보다는, 계곡에서 믹스테카가 차지했던 위상과 영향력을 가장 잘 설명해 줄 것이다. 믹스테카에서 발견된 그림 코덱스들은 탈고전기 왕조 설립 신화와 역사적 사건을 연대기적으로 기록하며, 당시 메소아메리카에 풍부한 토착 사료가 존재했음을 대변한다(그림 2.3, 그림 6.5 참조).

유카탄 | 1200년에서 1441년 무렵에 마야판은 치첸이차에 이어 유카탄 반도의 주요 중심지가 되었다(그림 2.4). 마야판은 두 세기 이상 유카탄을 지배했으며, 마야판의 설립자들은 치첸이차 건축의 일부 특색은 모방하고(열주형 복도, 깃털 달린 뱀 기둥 피라미드, 둥근 건축물), 일부 특색은 제거했다(구기장, 화랑-뒤뜰 단지). 식민시기 토착 자료에 의하면, 마야판의 주군들은 치첸이차를 패배시킨 다음, 배반 행위를 통해 연합체의 연결망을 파괴했고, 일부 초기 마야 전통을 부흥시키겠다고 선포했다. 유적지에 설치된 석주(치첸이차에서는 부재함)와 고전기 예술작품에서나 볼 수 있음 직한 수많은 마야 전통신을 묘사한 마야판의 초상 향로 전통에서 이와 같은 사실을 고고학적으로 확인할 수 있다(그림 2.5).

그림 2.4 마야판 탈고전기 마야 정치 중심지에 세워진 쿠쿨칸 신전. 뱀모양 난간과 네 축의 계단으로 구성된 이 건축물은 정치와 종교 활동의 요지로 기능했으며, 마야의 깃털 달린 뱀 신성에 해당하는 쿠쿨칸을 모신 것으로 추측된다. 촬영: 로버트 M. 로젠스윅.

그림 2.5 이참나 신성을 묘사한 파야판의 탈고전기 마야 초상 향로. 멕시코 국립역사인류학연구소 뮤카탄 센터의 카를로스 페라사 로페(Carlos Peraza Lope)가 유적지 중심지에서 최근 발굴했다. 촬영: 브래들리 러셀(Bradley Russell).

마야판은 치첸이차와는 아주 상이한 방식으로 조직되었다. 치첸이차와 달리 마야판은 인구밀도가 높고, 도심은 고도로 응집되어 있으며(4.5 제곱킬로미터 면적), 영토의 대부분은 주변을 에워싸는 외벽 내부에 자리한다. 탈고전기 수도였던 마야판은 북서부 반도 대부분을 통제했고, 통치자들은 부속지 권력자들의 협의회를 주관했다. 마야판은 마야 저지대의 대부분 지역, 특히 유카탄 반도 동부와 남부, 벨리즈 북부, 과테말라의 페텐 호수 지역과 강력한 정치적·경제적 유대관계를 이어갔다. 치첸이차와 마찬가지로 마야판은 외향적인 정치조직체였고, 멕시코 저지대에서 걸프 해안에 거쳐 군사적·도상학적·무역적인 측면에서 밀접한 관계를 맺었다. 도심지의 회벽미장 예술작품들은 멕시코 신성과 멕시코적 예술 양식을 결합했으며, 국제적 연계가 이루어졌음을 보여 준다. 식민시대 자료에 의하면, 멕시코 용병들이 도시 외벽 내부에 거주하며 도시 통치층이 집권하도록 도운 사례가 적어도 한 번 이상 있었다.

시우 계보 구성원들의 주도로 촉발된 폭력적인 내부 공격으로 마야판은 몰락했으며, 도시는 약탈당하고, 불에 타고, 이내 버려졌다. 다양한 연대기를 참조해 보면, 마야판은 1441년 몰락했는데, 마야판은 반도를 지배할 수 있었던 유카탄 최후의 중심지였다. 그후 이 지역은 결국 무수한 소규모 독립 정치조직체로 분리되었다(3장을 참조하라). 여기에서 가장 많이 알려진 집단들은 걸프 해안과 카리브 해안을 따라 위치했으며, 스페인과 접촉이 있기 전까지 해상 무역에 종사하며 계속 번성할 수 있었다. 치첸이차의 경우처럼, 마야판의 원거리 경제는 해상에 토대를 둔 상업 연결망에 극도로 의존했고, 온두라스에서 걸프 해안까지 유카탄 반도를 순회하는 연결망이 형성되었다. 코수멜 섬은 무역중심지였고, 동시에 의술의 여신이자 여성과 상인의 수호신인 익스 첼을 섬기는 중요한 신전이었다. 본토에서는 툴룸과 산타리타코로살이 분주한 항구 도시였다. 이들 도

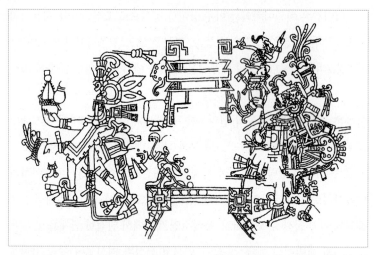

그림 2.6 산타리타 벽화에 그려진 그림 중 일부. 카리브 해 반-주변부에 위치한 벨리즈의 코로살에서 발굴됨. 우측 인물은 고수(鼓手) 맞은편에서 상인(商人) 신성의 머리를 들고 있으며, 자신도 상인 신성의 가면을 쓰고 있다. 출처: Gann 1900: Plate XXXI.

시의 건물은 다채로운 벽화로 장식되어 있으며, 벽화에는 정치나 종교 관련 부처로의 진입을 의미하는 것으로 짐작되는 의례가 묘사되어 있다(그림 2.6).

페텐 중앙의 페텐이차, 약스하, 마칸체 호수 등 호수 지역 일대에서는 고전기 붕괴 이후 남부 저지대에 남아 있던 탈고전기 마야 집단에 대한 심도 깊은 연구가 수행되었다. 이와 유사한 탈고전기 마야 거주지 연구도 이루어졌는데, 벨리즈 북동부의 석호, 라구나데온과 카예코코 유적지, 단 한 번도 붕괴하지 않았던 고전기 중심지인 라마나이 석호 기슭 유적지에서 조사가 행해졌다. 마야판, 코수멜, 툴룸의 북부/동부 유적지, 페텐과 벨리즈의 탈고전기 후반 중심지들의 건축과 공예품에서 정치조직과 공예·건축 양식과 관련한 강한 유사성이 나타났다.

신성 초상 향로와 같은 의례 용품, 그리고 역법(曆法) 의례와 관련된

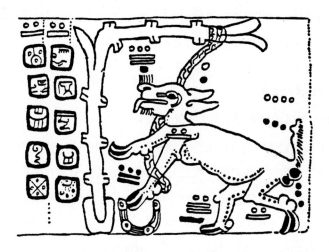

그림 2.7 마드리드 코덱스에 기록된 장면으로, 탈고전기 의례에서 사슴 사냥과 희생 의식이 중요했음을 보여 준다. 출처: Villacorta and Villacorta 1971 : XLIX.

거북이 조각들이 마야판과 배후지의 유적지들에서 공통적으로 발견된다 (그림 2.5~2.7). 동일한 시기에 벨리즈 북동부의 석호와 하천에는 상당한 규모의 인구가 분포되어 있었는데, 충분한 담수, 비옥한 농토, 하천을 통한 카리브 무역 연결망으로의 접근용이성 등 때문이었을 것이다. 이미 붕괴 중에 있던 내륙의 고전기 중심지들로부터 피신한 사람들 중 일부는 이 지역에 정착했을 것이다. 이처럼 남부 수상 지역은 이후 탈고전기, 식민시대, 계급 전쟁의 대규모 이주로 발생한 난민들을 지속적으로 수용한 역사를 지니고 있다(5장과 7장 참조). 유카탄의 연대기를 참고로 하면, 치첸이차에서 발생한 이차 이주민들은 페텐으로 피신했고, 이들은 페텐이차 호수 지역의 섬에 새로운 수도를 건설했다(3장 참조). 이차족은 자신들의 외딴 수도인 타야살(스페인인들이 노페텐이라고 불렀던 곳)을 근거지로 삼았다. 이곳에서 이차족은 식민시대 200년 가까이에 걸쳐 정복자들에 대항했고, 남부 마야 저지대의 반동적인 변경 지대를 지배했다. 4장에서 이들의 이야기를 살펴볼 것이다. 탈고전기 마야인은 이 장 후반에서 저지대 마야인들을 소개하며 보다 상세히 논의할 것이다.

2) 고지대 마야인

과테말라와 치아파스 고지대의 탈고전기는 전투, 이주, 사회적 격변 등으로 인해 불안정한 시기였다. 주요 거주지들은 산마루나 고원과 같이 방어가 가능한 위치에 자리했고 벽으로 둘러싸여 있었다. 탈고전기 후반의 정치조직체들은 직간접적으로 중앙멕시코 문화의 영향을 받고 있었는데, 친족 집단의 호칭을 위해 나우아 용어를 차용하기도 했고, 중앙멕시코 예술 양식의 일정 요소를 수용하거나(익심체와 쿠마르카 벽화 등, 그림 2.8 참조), 판테온(만신전)에 중앙멕시코의 신성을 포함시키기도 했다. 이 고지대 탈고전기 마야 국가들의 통치 왕조 가운데 상당수는 스스로를 톨테카의 후계라고 내세우기도 했다.

　14세기와 15세기, 키체 수도인 쿠마르카(우타틀란으로도 부름)는 접근이 어려운 고원에 위치한 크고, 응집된 도시였다. 이곳은 동쪽으로는 둑길이나 다리를 통해서만, 서쪽으로는 가파른 계단을 통해서만 다다를 수

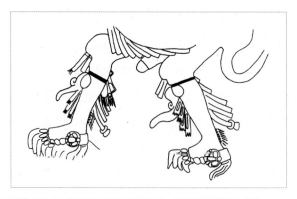

그림 2.8 키체-마야 수도 벽화에 그려진 원숭이 모습. 과테말라 우타틀란. 출처: Carmack 1981.

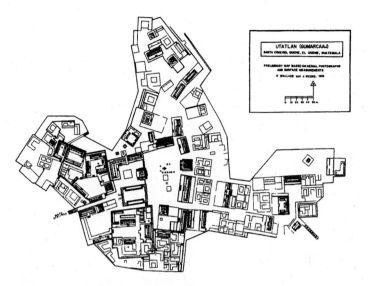

그림 2.9 과테말라 고지대의 탈고전기 키체 수도였던 우타틀란(쿠마르카) 지도. 출처: 메소아메리카 연구소(Institute for Mesoamaeican Studies).

있었다. 유적지는 여러 개의 광장으로 구성되며, 개별 광장에는 사원, 협의회실 또는 행정관, 왕궁 또는 거주용 건물이 경계를 이루고 있는 열린 뜰이 자리하고 있다(그림 2.9). 민족사 연구 자료에 의하면, 키체의 주요 계보들이 다양한 광장 구역을 점유했다. 방어 측면에서는 동등한 이점을 보유했던 인접 고원에는 쿠마르카와 통합했던 계보의 무리들이 거주하던 산마루 중심지들이 자리하고 있었다. 고지대에 자리한 탈고전기 유적지들은 소규모였지만, 군사적인 목적을 위해서라면 쿠마르카 등의 권위를 중심으로 정치적으로 응집할 수 있는 능력을 지녔다. 순환역법 제례 체계는 영토 간 정치적 통합을 용이하게 했다.

스페인인들이 도착하기 수십 년 전부터 키체 왕국은 해체되기 시작했다. 15세기 후반에 접어들자 키체의 패권은 카치켈에 의해 심각한 타격을 받았고, 1400년 후반 카치켈은 독립과 함께 익심체 유적지에 독자적인 수도를 세웠다(3장 참조). 쿠마르카와 마찬가지로 익심체는 방어가 유리한 장소에 자리를 잡았고, 삼 면의 가파른 협곡으로 둘러싸여 있었다. 현재 익심체는 과테말라 고지대에 거주하는 현대 마야인들에게 중요한 상징적 중심지가 되었으며, 이들은 지역 내에 지속적으로 이어져 온 자신들의 유산에 자부심을 가지고 있다(8장 참조).

3) 서부멕시코

서부멕시코의 국가인 타라스카(또는 푸레페차)는 아스테카 제국에 견줄 정도로 광대한 영토를 통치했다. 타라스카 사람들은 미초아칸 파츠쿠아로 호수 기슭의 친춘찬에 자리한 수도를 기반으로 통치했다. 후기탈고전기의 친춘찬은 3만 5천 명의 거주민을 자랑하는 중요한 도시였다. 도시에는 왕의 매장-사원 제단들이 있었고(그림 2.10), 종교 성지, 민간 행정 건물, 창고, 장인들의 작업실, 지도층과 평민과 외부인을 위한 거주지가 자리하고 있었다.

타라스카 영토를 정복하려는 아스테카의 시도는 거센 반발을 가져왔다. 타라스카는 잘 훈련된 군사력을 보유했으며, 변방 지역은 요새로 경계

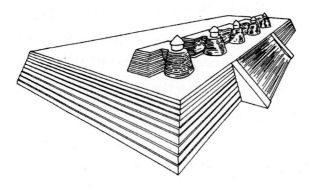

그림 2.10 서부멕시코 타라스카의 수도인 친춘찬의 사원 언덕. 출처: Marquina 1951: 256.

그림 2.11 칼릭스틀라우아카 유적지에 있는 둥근 아스테카 신전. 이런 둥근 신전들은 케찰코아틀의 바람 신의 현현(顯顯)인 에카틀을 기리기 위해 세워졌다. 촬영: 마이클 E. 스미스.

체제를 갖추었다(3장 참조). 멕시코 서부는 구리, 청동, 금 등 현지에서 생산한 금속으로 제작한 물품으로 잘 알려져 있다(글상자 1.3 참조).

4) 아스테카의 부상

이 책에서는 '아스테카인'을 스페인 정복 당시 중앙멕시코 고지대에 거주하며 나우아어를 사용하던 사람으로 규정한다. 뚜렷이 구별되는 아스테카 종족집단이 여럿 있었는데, 멕시카 종족이 가장 잘 알려져 있다. 아스테카 종족집단들은 북부 멕시코에서 유래하며, 12세기와 13세기에 중앙멕시코 고지대를 향해 남쪽으로 이주했다. 학자들은 이들 이주민의 고향으로 알려진 아스틀란이 실제로 존재했었는지, 아니면 신화적 공간인지를 두고 양분되어 있다. 툴라 붕괴 후 나우아어 사용자들이 중앙멕시코에 도착했을 때, 그들은 소도시들을 세웠고, 왕조를 설립했으며, 일련의 도시국가가 발전하게 했다. 스페인 침략 시대에도 이 도시국가들은 줄곧 지배적인 정치 형태로 남아 있었다. 새로운 도시국가는 경제적·정치적으로 성공적이었고, 이주와 자연적 요인으로 인한 급격한 인구 성장을 경험했다. 톨루카 계곡에 자리한 칼릭스틀라우아카는 이 도시국가들 중 하나였다 (그림 2.11).

믹스테카나 고전기 마야 등 메소아메리카의 다른 도시국가 체제들과 마찬가지로 아스테카의 정치조직체들은 때로는 평화롭고 때로는 공격적인 관행을 병행하며 교류했다. 15세기 초반에 접어들어 일부 아스테카 정치조직체는 정복된 도시국가들의 연결망으로 구성된 소규모 제국들을 설립하는 데 성공했다. 그 예로, 멕시코 동쪽 계곡 아콜우아 종족집단의 수도인 텍스코코, 서쪽 계곡 테파네카의 수도인 아스카포찰코, 모렐로스 틀라위카의 선두 도시인 콰우나우악 등이 있다.

15세기 말 지배적 정치조직체가 되었던 멕시카는 본래 테파네카 왕의 속국이었다. 그들은 정복 전쟁에서 용병으로 일하는 방식으로 테파네카인에게 조공을 바쳤다. 1428년에 멕시카인들은 아콜우아를 비롯한 여러 집단과 연합해 테파네카 제국을 전복시켰고, 테노치티틀란(멕시코의 수도), 텍스코코(아콜우아의 수도), 틀라코판(반체제적인 테파네카 정치조직체의 수도)의 세 정치조직체로 구성된 연합체를 구성했다. 오늘날 아스테카 제국으로 알려진 이 '삼중 연합'은 1428년 이후 군사적 확장을 위해 체계적인 작전에 돌입했다. 통합 군대는 먼저 멕시코 계곡 지역을 정복했고, 그다음 메소아메리카의 더 광대한 지역을 통합하려 했다. 1519년 코르테스와 스페인 정복군이 멕시코에 도착했을 때, 아스테카 제국은 메소아메리카의 상당 지역을 지배하고 있었고, 아직 정복되지 않은 지역은 무역이나 다른 기관을 통해 아스테카의 영향을 받고 있었다. 이어지는 아스테카 개요에서 아스테카 사회에 대한 보다 상세한 논의가 이루어질 것이다. 1519년 당시 메소아메리카 조직에 대한 보다 상세한 논의는 이 책 3장의 주제로 다루어지고 있다.

2. 탈고전기 후반 메소아메리카 세 종족의 개요

이제 탈고전기 후반 세 종족의 사회적·문화적 특색을 보다 상세히 살펴보자. 메소아메리카의 이들 세 집단에 대한 정보는 주로 토착어와 스페인어로 된 문헌 자료를 통해 얻어졌다. 아스테카와 믹스테카의 경우, 토착 문헌 자료는 그림으로 된 수많은 코덱스 이외에도 토착 언어(토착민들이 스페인 수사들에게 배운 라틴 문자를 활용해서 기입)와 스페인어로 기록된 문서를 포함한다. 마야인들도 유사한 문서를 작성했지만, 이들은 부가적 정보를 담고 있는 그림문헌도 제작했다. 스페인인들이 이 집단들을 묘사한 경우, 이 문서는 대부분 스페인 선교사들에 의해 작성되었다. 중앙멕시코의 베르나르디노 데 사아군(서론과 그림 A.9 참조)과 유카탄의 디에고 데 란다가 그 사례이다. 하지만 정복자들이나 이후 행정 관료들에 의해 작성된 수많은 스페인어 자료도 풍부한 정보를 제공한다(6장은 이들 문헌 자료와 그 삽화를 상세히 기술한다). 이들 세 집단을 비롯해 메소아메리카의 다른 종족집단이 점유했던 유적지에 대한 고고학적 연구도 다음 설명의 토대가 되는 정보의 부가적 출처로 활용되었다.

지면상의 이유로 이들 메소아메리카 세 집단, 아스테카, 믹스테카, 마야의 복잡한 사회와 문화를 특징짓는 수많은 특색들 가운데 일부를 추려내어 논의할 필요가 있다. 여기에서 우리는 경제, 정치, 종교라는 세 가지 주제에 집중할 것이다. 이들 주제는 어떤 문화에 있어서도 이해를 위해 특히 결정적인 항목이라고 보편적으로 인식되고 있기 때문이다. 아스테카, 믹스테카, 마야, 그리고 그 외의 메소아메리카 종족들의 다른 주제에 관한 정보를 얻고자 하는 독자는 이 장의 끝에 열거된 추천 도서를 참고할 수 있을 것이다.

1) 중앙멕시코의 아스테카인

앞서 살펴본 대로 아스테카는 고전기 강력한 테오티우아칸인들과 특히 탈고전기 초기 톨테카인들까지 포함한 보다 초기의 중앙멕시코 문명의 계승자들이다. 아스테카인들은 대부분 자신들 왕가의 계보와 종교적 신앙이 톨테카에서 유래한 것이라고 주장했다. 하지만 이와 관련해서 학자들은 그들의 문화유산이 톨테카 시대보다 훨씬 이전으로 거슬러 갈 것이라고 추정해 왔다. 아스테카 역사의 초기 단계(서기 1200년~1325년 무렵)는 메소아메리카화된 아스테카인들의 북쪽에서 중앙멕시코 계곡으로의 이주로 일정 정도 특징지어진다. 주변 메소아메리카인들이 미친 영향력과 서로 간의 경쟁으로 고무되어 있던 아스테카인들은 멕시코 분지, 틀락스칼라, 촐룰라, 모렐로스, 톨루카 등에 새롭게 움트기 시작하는 도시국가들을 건설하기 시작했다(Smith 2003: 34-37).

아스테카 역사의 그다음 단계(서기 1325년~1519년 무렵)에 접어들자, 아스테카인들은 막강한 도시국가와 일부 지역에서는 제국들을 건설할 수 있었다. 예를 들어 멕시카인들은 테노치티틀란 섬에 도시국가를 건설했고, 1372년 독자적인 최초의 '톨테카' 통치자(틀라토아니)를 임명했다. 1428년 멕시카 국가는 강력한 연방 제국 형성을 위해 텍스코코와 틀라코판 국가들과 연합했다. 그 이후, 목테수마 1세와 악사야카틀 등의 의욕적인 통치자들을 선두로 멕시카는 연방체에서 지배력을 갖게 되며, 중앙멕시코 너머로 제국의 통제력을 확장시켰다. 목테수마 2세는 강경한 엘리트주의 통치자였으며, 1519년 스페인인들이 마침내 테노치티틀란에 도착하던 당시 제국에 통제력을 행사하고 있었다(Smith 2003: 37~55).

다음에서 소개하는 문화적 특색은 대부분 이 당시, 즉 아스테카 역사의 마지막 단계와 관계가 있으며, 특히 멕시카를 중심으로 하는 역사 해석과 관계가 있다.

아스테카의 경제 | 아스테카인들은 대체로 '석기시대'에 속하는 기술을 활용했지만, 물질적 측면에서 그들의 생산 능력은 실로 놀라울 정도였다. 그들은 테노치티틀란에 거주하는 대략 20만 명의 인구와 중앙분지에 거주하는 100만 명 이상의 인구를 부양할 식량을 공급했다. 또한 분지의 수많은 도시에 기념비적 구조물을 세웠다. 글상자 2.1에 기술된 것처럼, 테노치티틀란의 석조와 모타르(시멘트와 모래를 물로 반죽한 것) 건축물에는 수천 개의 공공 건물과 제방, 둑길, 수로, 도수관으로 구성된 거대한 수력 시설, 중앙 호수 지역을 에워싸고 있는 언덕에 배치된 확장된 관개수로 체계 등이 설치되어 있다(그림 2.12).

아스테카인들은 또한 수 세기에 걸쳐 메소아메리카에서 축적된 식량 생산 발전의 계승자였다(그림 1.1, 글상자 1.1, 1.3 참조). 그들이 생산할 수

그림 2.12 멕시코 중앙분지의 지도로 아스테카의 수도 테노치티틀란을 견고하게 보강하는 제방과 둑길 체계를 확인할 수 있다. 출처: Conrad and Demarest 1984: 12.

있었던 수많은 재배종으로는 옥수수, 콩, 호박, 고추, 치아, 아마란스, 용설란 등이 있다. 개와 칠면조 사육 및 야생동물 사냥으로 고기를 공급받았지만, 평민들의 식생활은 현저히 채식으로 구성되었고, 옥수수와 콩이 특히 중요한 식량 공급원이었다. 산기슭 언덕을 따라 화전 농업(tlacolol, 틀라콜롤)이 이루어졌고, 평지나 하천 유역에는 농업용수 공급을 위한 복잡한 관개 체계가 설치되었으며, 산비탈에서는 계단식 농업이 수행되었다. 이 중 특히 생산성이 높았던 농경 방식은 호수정원(치남파)인데, 대규모 호수들의 남부 기슭 상당 부분을 채우기 시작했다. 치남파를 활용해 1년에 일곱 번까지 재배가 가능했고, 이렇게 생산한 작물로 테노치티틀란의 기본 식량 소비량의 절반 이상을 공급한 것으로 보인다. 식량 소비량에 필요한 나머지 절반은 아스테카 제국의 속지에서 공급하는 공물로 채웠을 것이다. 농업과 더불어 배후지의 야생동물 사냥과 호수 지역 물고기와 이동성 물새 사냥이 결합되었다. 아스테카인들은 메뚜기, 유충, 어란, 도마뱀, 꿀, '수생 곤충 알로 생긴 거품 같은 녹색 생물', 스피루리나 조류도 수집했다. 인신공희 희생자들의 인육도 섭취했는데, 이는 대부분 지배 계층의 소비에 한정된다.

아스테카의 농업 체계는 고도로 발전된 공예품 제조업을 가능하게 했다. 깃털 장식품 제조, 야금술, 회화, 보석 세공 등 가장 복잡한 제조 작업은 길드와 유사한 조직에 소속된 장인들이 담당했고, 이들은 특별 거주 지구에서 공동생활을 했다. 일급 장인은 귀족 계층이 사용할 정교한 장식품과 물품을 제작했을 뿐만 아니라, 화려한 장식과 세련된 건축 양식을 지닌 건물을 건축했고, 이들에 의해 건축된 건물들은 중앙분지 도시들에 독특하면서도 범세계주의적인 기운을 불어넣었다.

아스테카 사회에서 통치 계급은 물품 생산과 생산수단 관리에 상당한 통제력을 행사했다. 통치 계급은 분지와 여타 지역 생산자들에게 잉여 농작물의 헌납을 요구했다. 게다가 기념비적 공공재 설립을 위해 평민들의 노동력을 착취했으며, 제국의 속국 거주민들에게는 대량의 원자재와 공예품을 착취해, 이를 축적했다. 토지, 원자재, 노동력 등 주요 생산수단에 대한 아스테카 통치 계급의 통제는 중앙분지에서 특히 현저히 나타났다. 반면, 지방에서는 지방의 통치자들이나 생산자가 생산수단에 대해 훨씬 강력한 통제력을 보유했다(글상자 2.2 참조).

조공 체제는 상업시장과 더불어 아스테카의 교환 경제를 지배했다. 도시 근방의 호수정원에서 경작하는 농민들을 포함해 상품 생산자 대부분은 중앙 시장에서 필수품을 구입했다. 보다 외진 곳에 거주하는 공물 납부자는 각 지방과 지역의 시장에서 식량, 원자재를 비롯한 다양한 필수품을 구입했다. 아스테카의 전문 상인들은 지역 시장과 원거리 항구에서 매우 다양한 물품을 교환했으며, 거래가 아닌 생계를 위한 물품은 지방 시장에서 구입했던 것으로 보인다. 통치 계급이 항상 일정한 제한을 가했지만, 토지권, 노예, 운반인, 사치품 등은 모두 시장에서 어느 정도 거래되었다.

공물의 주요 수혜자는 귀족(pipiltin, 피필틴)이었다. 이들의 신분은 부계나 모계, 아니면 양쪽 모두를 통해 세습되었다. 그렇지만 공물에 대한 권리의 일부는 행정 관료들에게 귀속되기도 했고, 일부는 거래의 대상이 되기도 했다(즉 사유 재산으로 습득되었다). 토지, 공물, 노동력의 상당 비중은 왕과 고위 관리들이 귀족에게 주는 하사품이었고, 전쟁을 비롯해 국가 공무에서 높은 공을 세운 평민(quauhpipiltin, 콰우피필틴)에게 수여하는 하사품인 경우도 있었다. 공물의 납부자는 시가지와 변두리 구역(calpulli, 칼풀리) 하층민의 대부분을 차지했던 세습 평민(macehualtin, 마세왈틴)이었다. 그들은 '자유인 신분의' 공예가와 농민이었고, 사제와 귀족 가문, 그리고 때로는 사유지 지주까지 포함된 공무 수행자들의 요구에 종속되어 있었다. 일부 평민들은 특정 토지 구획에 긴밀히 엮여 있어서, 토지가 양도될 때 소작인으로 함께 거래되기도 했다. 아스테카 사회 연구자들은 스페인과 접촉하기 이전 적어도 수십 년간 자유인 신분과 소작인 신분 평민들의 구분이 분명하지 않았다고 분석해 왔다. 귀족 계층은 칼풀리 구역을 포함해 실질적으로 모든 대지를 통제했고, 평민 구역과 촌락 내부의 사회 조직에도 직접적인 권한을 행사했다.

자유인 신분 평민은 자신을 노예(tlacotin, 틀라코틴)로 팔 수 있었다. 하지만 범죄로 적발되거나, 전투에서 포로로 잡히면 노예 신세가 되기도 했다. 노예제가 드물지 않았고, 중앙멕시코에서는 노예 매매가 성황을 이루기도 했다. 노예는 조공을 바치지 않았지만, 그들의 노동력과 생계는 지주의 직접적인 통제를 받았다. 평민과 귀족이 노예를 소유할 수 있었다. 심지어 노예도 다른 노예를 소유할 수 있었다. 노예들은 신분과는 무관하게 혼인하고, 출산할 수 있었다. 짐꾼(tlameme, 틀라메메)은 상업화된 세계에서 역용동물을 대신해 실로 없어서는 안 될 존재였다. 짐꾼은 때로는 고용된 일꾼이었지만, 다수는 혹독한 노동을 강요받은 노예나 소작인 평민이었다.

전문 상인(pochteca, 포츠테카)과 공예가(tolteca, 톨테카)도 공물 지불과 납부의 의무를 지녔다. 하지만 이들은 생계용품이나 육체노동보다는 상품이나 서비스를 제공하도록 요구받았다. 그들은 귀족 계급 바로 아래 단계까지 신분 상승이 가능했고, 그 경우 사유 재산을 소유하거나, 부를 축적하고, 고급 의복을 입거나, 인신공양과 같은 의례를 수행할 수 있었다. 그렇지만 통치 계급은 전문 상인들을 주의 깊게 관리했고, 공식적인 자리에서 상인들은 귀족들에게 겸손과 순종을 보여야 했다.

아스테카의 정치 | 아스테카의 기본적인 정치 단위는 도시국가(altepetl, 알테페틀)였다. 새롭게 등장한 제국들은 도시국가가 거대하게 확장된 형

태였다고 볼 수 있다. 아스테카 연구자들에 의하면, 멕시코 중앙분지에 만 50여 개의 도시국가가 존재했었고, 제국의 통치권인 분지를 벗어나면 450여 개의 도시국가가 있었을 것으로 추정된다(Smith 2003: 148). 개별 도시국가의 중심에는 정치권력의 상징인 왕궁이 건축되었고, 왕궁을 따라 신전과 시장이 건축되었다. 도심지는 칼풀리로 구분되었는데, 이곳 주민들은 왕궁과 공공사업을 위해 노동력과 서비스를 제공해야 했다. 중심지 외부에는 국가에 종속된 농촌 촌락들이 있었는데, 이곳에 분산되어 있는 사람들도 국가통치자들에게 조공을 바쳐야 했다.

도시국가들의 관계는 다차원적이었는데, 통치자들과 그 외 귀족 계급 구성원들 간 혼례 교환, 대규모 무역, 제례 절차를 위한 방문, 외교 등이 이루어졌다. 도시국가들이 이처럼 다양한 관계를 맺고 있었음에도 불구하고, 도시국가들 간 전투 행위 역시 고질적으로 발생했다. 전투의 주된 목표는 패배한 국가로부터 공물을 징수하고, 인신공양에 바칠 전사들을 포획하는 것이었다(포로를 획득한 전사들은 지도부의 독수리나 재규어 군사 직위를 얻었다). 아스테카 제국의 최고통치자와 제국에 소속된 도시국가의 통치자들에게는 틀라토아니(tlatoani, 복수로는 tlatoque)라는 호칭이 주어졌다. 틀라토아니는 왕궁에서 국가의 업무를 다스리는 데 주로 종사했으며, 이런 점에서 세속적 면모를 지녔다. 틀라토아니의 높은 권위를 나타내는 주요 상징물 중 하나는 갈대 매트나 재규어 가죽을 씌운 옥좌였다. 틀라토아니는 의례와 관련해 수많은 의무를 수행해야 했다. 특히 통치자들의 수호신이자 자신이 핵심적인 대변인 역할을 해야 했던 테스카틀리포카(tezcatlipoca)와 관련해서 막중한 의무를 지녔다. 하지만 종교 신학과 대부분의 일상적인 의례는 거의 전속 사제의 책임이었다.

틀라토아니는 그 어떤 군사 지도자보다도 상위에 있었다. 즉위 후 그의 첫번째 임무는 군사작전 수행이었는데, 죄수를 포획해 군사적 용맹함을 증명하기 위해서였다. 게다가 그는 군사들에 의해 대부분 지배되고 있는 정부를 책임져야 했다. 국가 서열상 가장 상층은 군사적 성격을 지녔고, 특히 그가 최고 통치자로 '선발'되기 전에 소속돼 있었던 4인 사령관 협의회가 그랬다. 국가의 다른 업무를 담당하는 관리들은 그 규모는 훨씬 컸지만 명성은 훨씬 낮은 협의회에 참여했고, 이들은 틀라토아니와 그의 사령관들의 지휘를 받았다.

틀라토아니는 중요한 경제적·군사적·의례적 기능을 수행해야 할 뿐만 아니라, 잘 조직된 아스테카 법 체계의 최고 중재자 역할도 맡았다(Offner 1983). 아스테카 사회의 칼풀리를 비롯한 개별 행정구역이나 공동체 단위에서는 일종의 관습법에 근거한 사법 절차가 행해졌다. 하지만 이들은 보다 상위의 국가 기관에 의해 항상 통제받았고, 국가 기관은 사법 절차가 집중되고 위계적인 법률 구조에 상응하도록 관리하고, 감독했다. 아스테카의 틀라토아니는 거의 절대적인 사법 권력을 행사했는데, 궁극적인 승인을 내리는 사법관 역할을 수행했다는 사실 이외에도 하위직 사법관을 임명하고 법률을 개정하는 권한을 지녔기 때문이다.

아스테카와 스페인어 자료에 의하면, 텍스코코의 아스테카 사법 위계는 가장 상부에 틀라토아니를 두고 있었고, 그 아래 두 명의 고위 사법관이 있어 최고 통치자와 함께 최고 협의회를 구성했다. 이렇게 구성된 협의회는 10~12일 간격과 80일 간격으로 모였다. 협의회의 하부 조직으로 열두 명의 사법관이 있었고, 그들은 여섯 개의 국가 단위 행정구역에서 활동했다. 국가 차원의 사법관들은 법률 전문가들로 구성되었고, 국가의 경제적 후원을 받았다(그리고 세밀한 감시를 받았다). 법적 위계 구조 하부에는 수많은 지방 사법관이 있었으며, 이들은 모두 보다 상위 정치 관리들의 통제를 받았다(그림 2.13).

아스테카의 절차적이고 실증적인 법률들은 복잡하고 잘 발전되어 있

그림 2.13 키나친 지도(Mapa Quinatzin)에 묘사된 텍스코코 국가 도시의 사법관과 정치적 위계도 그림. 출처: Evans 2001: 237-273.

었으며, 풍부하고 미묘한 나우아 어휘로 표현되어 있었다. 이들은 국가 지도자에 의해 제정되었다는 정당성을 지니고 있었다. 따라서 법률 그 자체가 권위를 지님과 동시에 위험성도 지닌다고 간주되었으며, 이런 연유로 지혜롭고도 그리고 신중하게 적용되어야 한다고 여겨졌다. 게다가 아스테카의 법률 체계는 매우 세속적이었고 친족 집단의 개입에서 상대적으로 자유로웠으며, 증거가 불충분한 사건에서는 판결을 내리기 위해 심지어 '합리적인 사람'이라는 개념을 적용하기도 했다. 수많은 전문적인 사법관 이외에도 다수의 관료들, 예컨대 서기, '변호사', 특수 경찰 등이 법률 체계에 참여했다. 재판은 신속하고 확실했으며 엄정했다. 유죄 판결을 받은 이들에게는 정교한 일련의 처벌이 가해질 수 있었다(글상자 2.3은 텍스코코 법률 체계에서 간통 판결이 내려지는 과정을 묘사한다).

스페인의 침입이 있기 수년 전에 아스테카 제국에는 중요한 정치적 변화가 일어나고 있었다. 예를 들어, 강력한 멕시카 국가에서 틀라토아니의 선발은 왕조 계보 관리들로 구성된 소규모 집단의 권한에 놓이게 되었다. 이전의 멕시카 역사에서 틀라토아니 선발에는 텍스코코와 틀라코판 통치자들의 승인뿐만 아니라 연방 제국의 권위하에 있는 다른 도시국가 통치자들의 승인이 요구됐다. 그런데 서기 1503년에 목테수마 2세가 다른 통치자들의 참여 없이 최고 틀라토아니(huehuetlatoani, 우에우에틀라토아니)로 선발된 것이다. 그는 따라서 아스테카의 '새롭고, 보다 고도의 정치적·사회적 통제와 통합의 시작'을 상징하는 '군주'가 된 것이다(Smith 2003: 157). 수천 명에 달할 정도로 대폭 확장된 관료제가 생겨났고, 관료직에는 거의 배타적으로 귀족 계급만이 참여할 수 있었다. 확장된 관료제를 유지하고, 지방의 시장에서 제국주의 중심지 통치자들이 요구하는 전략 상품을 차질 없이 공급할 수 있게 하기 위해 아스테카 제국에 종속된 도시국가들에 대한 통제력이 강화되었다. 이와 같은 정치 '개혁'의 일환으로 중앙분지 외부의 종속 도시국가들은 '공물 관구들'로 조직되어 공물 징수를 향상시키겠다는 의지를 분명하게 드러내었다. 1519년에는 유사한 형태의 관구가 총 55개 조직되었다(Berdan et al. 1996). 게다가 아스테카의 군사력으로는 전투에서 패배시키지 못했던 다른 제국들(특히 타라스카와 틀락스칼라인들)의 위협에 대응해서, 이들 경쟁국가와의 국경 지대에 '속국'들이 세워졌다. 속국은 공물 납부의 의무가 없는 대신 적국의 국민들과 '저강도' 전투 행위를 벌이거나, 분쟁 중인 국경 지대에 주둔한 아스테카 수비대에 인력을 제공하는 등의 의무를 지녔다.

아스테카의 종교 | 일부 학자들은 메소아메리카의 고대 종교 전통에 신흥 도시국가와 제국들의 확장주의 전략을 이데올로기적으로 접목함에 따

라 아스테카의 정치 경제가 효율적일 수 있었다고 주장한다(Conrad and Demarest 1984). 이러한 이데올로기는 이츠코아틀이나 틀라카엘렐과 같은 제국의 초기 지도자들에 의해 생산되었다. 이들은 1428년 고대의 책들을 불태워 버렸는데, 과거의 기억을 지우고, 새롭게 중앙멕시코의 신화와 의례 및 역사를 구성하기 위해서였다. 그들은 총체적인 종교 체계를 '합리화'했고, 새로운 정치 질서에 보다 부합할 수 있게 했다. 이처럼 종교 재생산 작업은 보다 권위주의적인 새 지도자들의 권위와 공물 징수권을 정당화하는 것을 주된 목적으로 했지만, 아스테카의 종교는 그 과정에서 자생적인 생명력을 얻게 되었고, 향후 제국뿐만 아니라 메소아메리카 전체의 발전에 영향을 미쳤다.

콜럼버스 도착 이전부터 식민시대 초기까지 중앙멕시코에 거주하던 나우아어 사용자들이 작성한 그림문헌은 아스테카의 신앙과 실전과 관련된 풍부한 정보를 제공한다(6장과 그림 6.2~6.4 참조).

아스테카 종교의 중추가 되는 존재는 멕시카의 영웅신 위칠로포츠틀리이다. 위칠로포츠틀리('왼쪽의 벌새')는 테스카틀리포카('연기 나는 거울')나 토나티우('빛을 내며 나아가는 사람', 태양) 등 고대 메소아메리카의 전쟁신과 사냥신에 혼합되어, 전쟁과 인신공양의 수호신으로서 우주의 중심에 놓이게 되었다. 따라서 위칠로포츠틀리는 희생 제물의 피를 공급해 태양의 생명을 유지해야 하는 아스테카인들의 책임을 상징했다. 이 의례는 우주멸망의 위협에 맞서 우주를 보전하기 위해 아스테카인들이 쉴 새 없이 전쟁포로를 확보하고, 이들을 신에게 제물로 바쳐야 한다는 의미를 담고 있었다. 1428년부터 스페인인들과 접촉한 1519년에 이르기까지 이토록 강력한 관념은 새롭게 제작된 책에 표현되었고, 예술작품에 새겨지거나 묘사되었으며, 상류층 학교인 칼메칵에서 교육되었다.

태양의 투쟁이라는 신화는 아스테카인들이 메소아메리카의 수많은 다른 국가들과는 현저하게 구별되는 종교적 성향을 (적어도 초기에는) 갖게 했는데, 무엇보다도 아스테카의 공격적인 군사 확장을 정당화하기 위해 조작된 종교 이데올로기였기 때문이다. 공물 징수 경쟁에서 다른 국가를 제압하는 것과 같은 정치경제적 목표가 이데올로기적 목표와 결합되었고, 아스테카 전사는 신께 바칠 희생 제물을 획득한다는 우주적 사명을 받았다. 사실 아스테카 종교는 모든 측면에서 지배 계급의 이익에 부합했는데, 제국주의적 정책과 신성한 우주관이 완전히 통합되었기 때문이다. 주요 행사, 예를 들어 중요한 정복 사업이나 최고위 정치 관료직 승계와 같은 행사가 있을 때면, 우주의 신성한 덮개를 씌우고, 통치자는 신성의 의복을 입고, 무희들은 우주의 법칙에 따라 시계 반대 방향으로 움직였다. 정치적으로 중요한 날짜는 보편적인 시간 주기와 동일시되었다. 물론 아스테카의 종교적 사안은 정치적인 것과는 별도로 표현되었지만, 신화와 의례의 모든 면에서 국가의 이익이 필연적으로 반영되었다.

아스테카 신화에서 창조는 순환적인 과정이며, 개별 과정을 구성하는 일련의 시대나 '태양들'은 모두 파괴되며 끝이 난다(그림 2.14). 가장 최근의 태양은 지진으로 파멸될 것이었다. 오메테욱틀리('2번 남성')와 오메시우아틀(Omecihuatl)('2번 여성')로 구성된 한 쌍의 이원적인(남성-여성) 창조자가 동서남북 사방위와 관련된 활동적인 네 신성을 만들며 창조를 시작했다고 하는데, 테스카틀리포카(북), 시페 토텍(동), 케찰코아틀(서), 위칠로포츠틀리(남)가 이들 신성이다. 이 신성들은 인간과 세계의 다른 요소들을 창조했다. 테오티우아칸에서 농포투성이의 하위신(나나우아친)이 불 속에 뛰어들고, 잇따라 오만하고 부유한 신(테씨스테카틀)이 뛰어들자 이들은 해와 달로 하늘로 떠올랐고, 이와 더불어 인신공양이 시작됐다. 다른 신들은 이들을 위해 스스로를 희생물로 바쳤고, 바람의 신 에카틀이 강한 바람을 불어 넣었다. 그러자 이들은 궤도를 따라 움직이게 되었다.

멕시코의 역사학자 미겔 레온-포르티야는 이와 같은 유형의 신화가 기존의 신화와 혼합되어 생산되었다고 주장하는데, 원래는 톨테카의 사제-통치자였던 토필친 케찰코아틀이 가지고 있던 관념에 아스테카의 사제에 해당하는 현인(틀라마티니메)들이 새로운 관념을 덧붙이며 이러한 신화가 만들어졌다는 것이다(León-Portilla 1963). 아스테카의 현인들은 세계의 기원을 정할 수 있었고, 이원론적인 균형 잡기를 통해 세계를 안정화시키고, 시간의 흐름에 따른 세계의 순환적 변형을 결정할 수 있었다. 더 나아가 그들은 세계가 네 가지 기본 요소, 구체적으로 땅, 바람, 불, 물로 구성되며, 이 네 가지 요소는 네 등분된 공간에 나눠져 있다고 생각했다(그리고 각 공간은 네 방위와 연관되어 있다). 그들에게 있어 세계는 평화로운 곳이 아니라, 다양하고 강력한 신성한 세력들이 서로 우위를 점하기 위해 끊임없이 투쟁하는 곳이었다.

그림 2.14 아스테카 달력의 중심적인 요소. 태양신과 세계의 순환적인 창조 및 1427년 아스테카인들의 지배를 의미한다. 출처: Townsend 1979: 64.

앞서 언급했듯이 아스테카 종교의 '형이상학적' 요소는 단지 현자들의 철학적 사색만을 모아 놓은 것이 아니라, 강경파 군사 통치자들이 진작시켰던 실용적 관념과 관련 깊다. 이런 관점에서 볼 때, 예를 들어 추상적인 창조적 권력과 결부된 보편주의는 당시 메소아메리카를 보편적으로 지배하려는 제국주의적 의지가 고도로 상징화되어 표현된 것으로 해석할 수 있다. 여러 개의 태양이나 우주적 시대들을 폭력적으로 파괴해서 재건하는 작업, 특히 변변치 않은 외양의 신이 불에 뛰어들어 다섯번째 태양이 생겨나게 하고, 결국 태양의 생명을 유지하기 위해 피로 공양하는 의무가 시작되었다는 신화는 아스테카인의 역사를 상징적인 방식으로 제시하며, 미천한 북쪽 출신 방랑자로 시작해 군사적 대업을 이루기 위해 쉬지 않고 싸워야 했던 초기 아스테카인들의 모습을 반영한다. 더 나아가 무수한 신성을 비롯한 다양한 세력들이 우위를 점하기 위해 경쟁했다는 우주관은 종족집단, 도시국가, 제국들이 서로 투쟁하던 당시 중앙멕시코의 실제 세계와 일관된다는 점에 주목해야 한다.

세계를 사방위로 나누는 우주론적 관점은 고대 메소아메리카의 특징적인 경향이다(14장 참조). 아스테카 전문가인 리처드 타운센드의 해석처럼, 아스테카인은 사분위된 우주라는 사상에 근거해 메소아메리카 세계의 일반적인 틀을 만들었고, 제국과 세계의 관계를 설정했다(Townsend 1993). 온기와 생식력과 관련된 우주론적 동(東) 분위는 제국에서 가장 성공을 거두고 있던 동쪽 지방의 행정단위들과 연계되었다(그림 6.4). 북(北) 분위와 서(西) 분위는 우주론적으로 냉기, 죽음, 지하세계와 관련되며, 아스테카인의 적, 특히 증오의 대상이던 서쪽의 타라스카인, 골칫덩어리였던 북쪽의 치치메카인들과 연계되었다. 우주론적으로 지구(틀랄테쿠틀리)는 거대한 바다를 떠다니는 악어 등짝이며, 생명을 불어넣는 악어의 심장이 세계의 바로 중심이라고 생각했다. 이렇게 보면, 아스테카인들이 그들의 영광스러운 수도 테노치티틀란을 파충류 같은 지구의 '심장'이자 중심으로 여겼다는 점은 놀라울 것이 없다. 세계를 열세 단계의 천상계와 아홉 단계의 지하계로 구분한 아스테카의 우주관은 보다 일반적인 관점에서 해석하면, 고도로 분화되어 있던 아스테카 제국과 메소아메리카 세계의 속성을 상징적으로 표현한 것으로 볼 수 있다.

물론 아스테카 사회는 제국주의적 속성으로만은 설명될 수 없는 다양한 속성을 지녔고, 아스테카 종교의 신들을 모아 놓은 복잡한 신전은 고도로 다원화된 사회에 현존하는 다채로운 집단과 범주들을 상징적으로 표현한 것이 분명하다. 예를 들어, 위칠로포츠틀리 신성은 전사들의 수호신이었고, 매우 군사화된 통치 계급과 군사 단위들을 재현했다. 이미 설명했듯이, 이 신성은 아스테카인들이 몰두했던 군사 행동 수행, 공물 징수, 인신공양 의례, 이 세 가지 사안의 핵심적인 근거로 작용했다. 고대 메소아메리카로부터 전승된 아스테카 전쟁 신성들로는 위칠로포츠틀리 이외에도 토나티우(태양을 의미하며 위칠로포츠틀리의 한 측면이기도 했다), 믹스코아틀(은하수의 신), 테스카틀리포카(전능하고 모든 것을 꿰뚫어 보는 전사이자 밤의 마법사)가 있다.

아스테카의 비의 신성인 틀랄록은 대부분 평민으로 구성된 농민들의 수호신이었다. 틀랄록의 배우자인 찰치우틀리쿠에는 비취색 치마를 두른 여자로 형상화되었다. 틀랄록의 시중을 드는 아이들은 작은 물뿌리개들, 즉 틀랄로케로 알려져 있다. 틀랄록의 영역은 동쪽의 낙원에 위치하는데, 산꼭대기 위에 떠 있다고 한다. 틀랄록은 고리로 테가 둘러진 눈을 하고, 위턱의 이빨을 드러내고 으르렁대는 모습으로 묘사되는데, 이는 고대 메소아메리카의 대부분의 종교 전통에 현존하던 비의 신들과 틀랄록을 연결시키는 상징들이다(글상자 6.2 참조). 테노치티틀란의 중앙 신전에서 틀랄록은 위칠로포츠틀리와 상석을 함께 차지하는데, 통치 계급과 평민 계급의 절대적이고도 불평등한 관계를 정당화하려는 의도였던 것으로 보인다. 이들 신성이 한데 모여 아스테카인들의 선언적 주장, 즉 그들이 귀족과 평민, 전투와 농업, 삶과 죽음, 문명과 야만 간의 우주적 균형을 달성했다는 주장을 상징적으로 표현한다.

작은 체구의 아이들이 비의 신성에 제물로 바쳐졌는데, 그들의 눈물방울과 비, 아이들의 작은 체격과 아주 작은 틀랄로케 물뿌리개의 주술적 관계 때문이다. 아스테카 종교에서 인간과 식물의 생식력은 보편적으로 평민과 여성에 밀접히 연관되었다. 아스테카인의 선조 '어머니'들과 '할머니'들은 대지, 출산, 치유의 수호여신들(테테오 이난, 토씨, 코아틀리쿠에, 소치케찰)이었다. 붉은 신성 시페 토텍은 봄에 식생층이 재생하는 것을 재현했으며, 생식력을 의미하는 여신들에 비교해 그는 남성적이고 전투적이었다. 시페를 기리기 위해 제물로 바쳐진 희생자들의 피부 가죽을 벗겨냈고, 제례를 올릴 때 이들 희생자들의 가죽을 덮어썼다(시페 신성의 요피친코 기원과 관련된 내용은 글상자 3.2에 기술되어 있다).

'깃털 달린 뱀' 신성인 케찰코아틀은 사제들의 수호신이었다(그림 2.15). 아스테카인들에게 이 신성은 고대 톨테카인들의 전설적 사제-통치자였던 토필친 케찰코아틀과 동일한 존재로 식별됐다. 아스테카 사료에 의하면, 9세기에 토필친은 동쪽 해안을 향해 중앙멕시코를 떠났고, 이후 그곳에서 죽어 금성(샛별)으로 신격화되었거나, 아니면 돌아올 기약을 남긴 채 대양으로 항해를 떠났다. 아스테카 통치자들은 계보적으로 토필친을 대신하고 있다고 주장했으며, 이렇게 정당성을 확보했다. 사제들의 수호신 케찰코아틀은 사제들을 통해 전수된 톨테카에 대한 풍부한 지혜와 지식 및 예술품을 상징했다. "그는 멕시카가 '문명'이라고 규정했던 모든 것을 구현했다."(Berdan 1982: 130) 아스테카인들은 일반적으로 케찰코아틀을 새의 부리가 달린 가면을 쓰고, 원뿔 모양 머리 두건을 두르고, 조

그림 2.15 아스테카의 케찰코아틀 신성, '깃털 달린 뱀'. 출처: Nowotny 1974, folio 22.

개껍데기로 장식된 의복을 입은 모습으로 묘사했다. 아스테카의 바람과 비의 신성인 에카틀은 케찰코아틀의 또 다른 측면이었다. 테노치티틀란의 에카틀 신전은 둘둘 만 뱀처럼 원통형 모양이었다.

전문 공예가와 상인들에게도 수호신성이 있었는데, 이들의 신성은 전통적으로 이들 두 '중급' 직업들과 관련된 특정한 상징들을 지녔다. 상인들의 가장 중요한 수호신성인 야카테쿠틀리는 여행자로 묘사되었고, 일반적으로 지팡이를 짚고 배낭을 맨 모습으로 그려졌다. 야카테쿠틀리는 긴 코를 가지고 있는데, 무역차 떠난 여정이 예상보다 길어져도 계속 전진하는 모습을 상징한다. 일부 아스테카 현인들은 게으른 창조 신성에서 벗어나 더욱더 추상적이고 보편적인 창조적 힘을 형상화하려 했던 것이 분명하다. 이는 이원론적 힘으로, 남성성과 여성성을 모두 지니고, 때로는 창조자 한 쌍과 연관되기도 하고, 때로는 모든 자연적 힘과 인간적 힘의 원천인 테스카틀리포카와 연관되기도 했다. 민족사학자인 H. B. 니콜슨이 설명하듯이, "선두적 종교 사상가들을 형상화하는 작업에서, 모든 신성들은 이 근본적이고 신성한 힘의 단지 일부 측면에 불과한 것으로 여겨졌을 것이다"(Nicholson 1971: 411). 이처럼 무소부재하고 추상적인 창조적 힘을 통해 우리는 다시 종교와 정치 이데올로기라는 주제로 돌아오게 된다. 비록 일부 학자들은 이러한 추상화는 아스테카 종교에 기독교 사상을 투영한 결과에 불과하다고 주장하지만, 만질 수 없어도 사회적으로는 매우 실제적인 메소아메리카 세계에서 '보편적' 제국을 건설하려는 아스테카인들의 꿈을 토착적이고 종교적으로 표현한 것으로 볼 수도 있다.

2) 남부 멕시코의 믹스테카인

오늘날 믹스테카인들은 멕시코의 오아하카주 서부 지역의 믹스테카라는 지역에서 거주한다(그림 2.16). '믹스테카'라는 용어는 '구름자리 사람들'을 의미하는 나우아어이다. 믹스테카인들은 자신들을 타이 뉴사위, 또는 '비자리 사람들'이라고 부른다(Terraciano 2001: 1). 믹스테카 지역은 지리적·경제적으로 다양하며, 남쪽의 뜨겁고 습한 해안 지대(믹스테카데라코스타, 또는 뉴데위)에서 반건조하고 지형적으로 다양한 믹스테카바하(뉴이녜)로, 그리고 차가운 고지대 계곡과 믹스테카알타(뉴 사위 뉴우)의 험준한 산맥으로 뻗어 있다. 탈고전기 믹스테카인들 특히 믹스테카알타 거주민들은 문화적으로 번성했고, 메소아메리카 곳곳에서 이들의 영향력을 확인할 수 있었다.

탈고전기 믹스테카 공예가들은 뛰어난 그림문자 문헌으로 명성이 높았고(그림 2.3, 6.5 참조), 화려하고 다채로운 도자기와 뛰어난 금속작업과 보석세공기술로 유명했다. 믹스테카 공예가들은 믹스테카-푸에블라 양식으로 불리는 예술 양식의 창조에 있어 일정 부분 역할을 담당하곤 했다.

이는 앞서 언급했던 탈고전기 국제적 예술 양식과 관련이 있으며, 코덱스, 다색의 도자기, 벽화 등에서 발견된다. 이 예술 양식은 메소아메리카 광범위한 지역에 걸쳐 수용되었고, "이 광대한 지역 통치자들의 권위를 입증하기 위한 공통된 표현 양식으로 기능했다"(Byland and Pohl 1994: 6).

탈고전기는 믹스테카 지역이 전체 인구수라는 측면에서, 그리고 거주지역의 숫자라는 측면에서 새롭게 기록을 갱신하는 시기였다. 탈고전기 믹스테카 사회에 대해 우리가 보유하고 있는 증거는 코덱스와 기타 문헌에서 상당 부분 비롯된다. 하지만 믹스테카 유적지, 특히 노칙스틀란 계곡과 틀란통고 및 할테펙에서의 고고학 연구도 고대 믹스테카인들을 이해하기 위한 결정적 자료를 제공했다.

그림 2.16 믹스테카 지역 지도. 믹스테카알타, 믹스테카바하, 믹스테카데라코스타.

믹스테카의 경제 ┃ 믹스테카의 농업은 옥수수, 콩, 호박 재배에 기반을 두고 있었다. 여기에 지방에서의 다양한 작물 재배와 야생동물 사냥 및 야생식물 수집이 병행되었다. 비옥한 고지대 계곡에서 농업 생산은 충적토 하천 평야를 따라 이루어지거나, 지표유수로 관개수를 댄 계단식 언덕에서 이루어졌다. 도자기, 마노스(손으로 돌리는 맷돌의 위짝──옮긴이), 메타테(맷돌의 아래짝──옮긴이), 깔개, 바구니, 석기, 직물과 같은 수많은 가정용 기본 용품 제작을 위해 필요한 재료가 믹스테카 지역 전반에 균등하게 분포되어 있지 않았기 때문에, 이러한 용품 중 상당수는 특정 지역에서만 제작될 수 있었다. 하지만 공동체 간, 지역 간 무역이 잘 발달되어 있어, 믹스테카 공동체들은 전반적으로 광범위한 종류의 물품을 구할 수 있었다.

고도로 분화된 믹스테카 사회는 메소아메리카에서 가장 분화된 사회라고 볼 수 있을 것이다. 사회적 구분이 엄수되었고, 경제·정치조직과 관념에 반영되었다. 믹스테카인들은 귀족과 평민 두 종류의 세습적 사회 계층으로 나누어졌고, 두 계층은 또다시 두 가지 이상의 세부적 분류 체계를 지니고 있다. 귀족 계층에는 통치 계급(yaa tnuhu, 야 투후)과 하위귀족층(tay toho, 타이 토호)이 있었다. 평민에는 자유로운 평민(nanday tay nuu, 난다이 타이 누; tay yucu, 타이 유쿠; 또는 tay sicaquai, 타이 시카콰이), 농노나 시종이었던 무토지 소작농(tay situndayu, 타이 시툰다이우), 노예가 있었다. 노예는 전쟁 포로나, 공물로 지불된 이들, 거래로 구매한 이들, 또는 출생부터 노예 신분이었던 이들로 구성되었다. 자유로운 평민은 귀족에게 공물과 서비스를 제공하는 대가로 생산성이 낮은 토지에 접근할 권리를 수여받았다. 무토지 소작농과 노예는 귀족의 직접적인 통제를 받았다.

믹스테카는 경직된 사회적 분류 체계를 가지고 있었으며, 사회적 이동성은 사실상 부재했고, 계급 내혼이 만연했다. 고위층 왕가에서는 근친혼이 드문 일이 아니었고, 통치 가문 남자가 한 명 이상의 동일한 생물학적 부모에게서 태어난 남매와 결혼하거나, 여자 조카, 교차사촌, 평행사촌과 혼인하는 사례가 매우 많았다. 통치 귀족은 생산력이 높은 농업 토지와 그 외의 자원들을 통제했고, 지배권 내에 있는 평민들에게 공물과 노동력을 요구했으며, 종교 활동을 감독했고, 공예품의 제작을 통제했으며, 그밖에 수많은 특권을 향유했다. 이처럼 통치자들이 완전한 권위를 행사했고, 좀처럼 권력을 양도하지 않았기 때문에, 믹스테카인들은 아스테카인들처럼 행정적 관료 체제를 발전시킬 수 없었다.

믹스테카인들은 매우 양질의 금, 은, 석재 물품과 다색채의 도자기와 회화 코덱스로 명성이 있다. 아스테카 공예가들이 길드와 유사한 집단의 구성원이 돼서 특별 거주 구획에서 공동으로 생활하고 작업했던 공예 생산 조직 방식과는 대조적으로, 믹스테카 공예가들은 왕실 가문의 구성원이었고, 이들은 왕실에서 생활하고 작업했다. 믹스테카의 무역 조직 역시 아스테카의 무역 체계와는 대조되는데, 앞서 언급했듯이 아스테카 체계에서는 전문적인 상인 계급(pochteca, 포츠테카)이 장거리 상업 교환에 관여했다. 하지만 믹스테카에서는 전문 상인 계급이 부재했다. 대신 통치자를 위해 하위귀족층 구성원들이 무역에 참여했고, 그들은 물품 생산에 필요한 원자재 구입을 위해 장거리를 여행했다. 터키석이나 금이 왕실로 유입되면 왕실의 공예가들이 정교한 석재와 금속 제품을 제조했다. 왕실의 구성원이자 고도의 기술을 갖춘 공예가들은 다색의 도자기와 회화 코덱스도 제작했다.

믹스테카의 정치 | 탈고전기 믹스테카의 명성은 믹스테카 통치 왕조와 톨테카, 또는 여타 중앙멕시코 정치조직체들과의 관계를 통해 달성되곤 했다. 탈고전기 초기에 톨테카의 권력이 약화되었고, 이에 따른 권력 공백 상태를 메우기 위해 이들 왕조가 개입했을 것이다. 탈고전기 믹스테카의

주요 왕조들은 자신이 톨테카나 중앙멕시코의 후손이라고 주장했다. 믹스테카 코덱스는 권위의 상징이었던 코에 다는 장식품을 받기 위해 왕조 창시자들이 툴라나 중앙멕시코 중심지로 여행하는 모습을 묘사한다(글상자 2.4 참조).

탈고전기 믹스테카 사회는 경쟁구도의 수많은 소규모 도시국가(왕국들) 또는 족장사회(믹스테카어로 ñuu)로 분열되어 있었고, 세습적 통치자가 이들 사회를 지배했다. 국가나 족장사회보다 상층단계의 중앙집권적 정치조직은 없었다. 하지만 왕국 간 연합관계를 통한 연방체가 구성되었고, 연방체는 상호이익을 위해 협조했다. 왕실 가문들은 선물 교환과 연회 및 혼례를 중심으로 복잡한 연결망을 형성했고, 이렇게 연합관계를 유지했다. 일반적으로 믹스테카 정치조직체의 영토 규모는 하루만에 전 지역에 도보로 닿을 만큼 작았다. 전형적으로 이 영토의 중앙에는 왕궁과 통치자 가족이 거주하던 왕궁 부속 건물이 배치되어 있었고, 주변에는 하위 귀족층이 통치하고 평민이 거주하는 관할 공동체와 농토가 늘어서 있었다.

일부 탈고전기 믹스테카 주요 도시국가와 족장사회는 노칙스틀란 계곡, 테포스콜룰라, 테후판, 코익스틀라우아카, 틸란통고 등에 중심지를 두고 있었다(그림 2.16). 믹스테카바하에 대한 체계적인 조사는 아직 이루어지지 못했다. 하지만 테펙시와 테코막스틀라우아카와 같은 유적지에서 발굴된 증거에 의하면, 믹스테카바하 거주지는 믹스테카알타 사례와 유사했던 것으로 보인다. 믹스테카데라코스타에서 가장 잘 알려진 중심지는 투투테펙이다. 하지만 믹스테카바하처럼 이 지역에 대한 조사도 아직은 충분히 진행되지 못했다.

후기탈고전기에 믹스테카인들은 오아하카 계곡의 사포테카 영토로 확장하기 시작했다. 이러한 영토 확장이 순전히 군사 정복의 결과로 보이지는 않는다. 오아하카 계곡에서 믹스테카인들의 존재는 믹스테카 왕실과 사포테카 왕실의 전략적 혼인 동맹에 상당 부분 근거했다. 사포테카 왕가와 혼인한 믹스테카 신랑신부들은 믹스테카 공예가가 생산한 도자기와 금속 제품과 같은 정교하게 세공된 다양한 물품을 들여왔고, 동시에 믹스테카의 농노나 하인(앞서 언급했듯이 타이 시툰다유로 불렸다)을 데려왔다. 몬테알반(7번무덤)과 사칠라(1번무덤과 2번무덤)에 놓인 왕실 무덤에서는 믹스테카 공예술을 보여 주는 탁월한 여러 사례가 발견되었다. 이들 무덤에는 믹스테카 양식의 아름다운 금은 장신구와 도자기 및 골재 조각품이 채워졌다.

믹스테카가 오아하카 계곡에서 행사했던 영향력은 오아하카 계곡의 미틀라 유적지(그림 2.2)에서 좀더 분명히 확인할 수 있다. 미틀라는 본래 초기형성기에 세워진 사포테카의 근본적인 중심지였다. 하지만 후기탈고전기에는 사포테카와 믹스테카 귀족을 위한 종교 중심지로 변했다.

15세기 후반 아스테카 제국이 영토를 확장하며 믹스테카와 사포테카의 수많은 중심지가 정복당했다. 결국 이들 중심지는 매년 아스테카에 공물을 상납해야 했고, 믹스테카 공예가들은 테노치티틀란으로 이주해, 그곳에서 아스테카 권력자를 위한 물품 제작에 집중해야 했다.

현재까지 남아 있는 믹스테카 코덱스들은 믹스테카 왕가의 기원과 역사에 관한 많은 정보를 제공하며, 전략적인 연맹, 영웅과 악당, 전쟁, 정치음모, 비극 등 서사적 기록을 담고 있다(글상자 2.4와 6장 참조). 코덱스에 기록된 믹스테카의 역사와 고고학 현장 자료를 종합적으로 분석한 연구 결과에 의하면, 코덱스에 기술된 사건들 중 다수가 고고학적 기록에서 발견된 변화에 부합함을 알 수 있다. 이에 근거해 일부 학자들은 믹스테카 코덱스가 신화적 사건을 기록한 것이 아니라 역사적 사건을 기록했다고 결론짓는다. 물론 코덱스의 주요 주제는 왕실의 역사에 집중되어 있기 때문에, 믹스테카 역사에 대한 포괄적인 정보를 제공할 수 없다. 하지만 코덱스는 역사적으로 중요한 사건과 인물을 기록하고, 또한 믹스테카 사람들이 자신들의 역사를 어떻게 해석하는 가를 엿보게 해준다.

믹스테카의 코덱스는 사슴 가죽을 길게 조각내서 만들었다. 여기에 하얀 젯소(석고가루)를 두껍게 바르고, 색을 칠한 다음, '접이식사본' (screenfold)으로 제작하기 위해 아코디언처럼 접어서 보관한다(메소아메리카의 다른 지역에서 발견된 코덱스는 아마테 무화과나무 껍질이나 용설란 섬유와 같은 재료로 만들어 졌으며, 둘둘 말려 있거나, 펴진 채 보관되었다는 점을 주목하라). 접이식사본은 보관과 운반이 용이하며, 서사적 그림이 그려진 지면을 쉽게 펼 수 있게 한다. 코덱스는 공연가가 왕실에서 연극과 춤과 노래로 이야기를 재현하기 위한 참고 자료로 활용되었을 것이다.

믹스테카의 문서는 아스테카의 문서와 마찬가지로 재현하는 대상을 모방한 형상을 사용했다는 점에서 회화적이다. 믹스테카의 우주 생성론을 다루는 비엔나 코덱스를 제외하면, 믹스테카 코덱스는 왕실 가문의 기원과 업적 및 성취를 기록하는데, 이는 왕실 가문들에 있어 계보사가 지닌 중요성을 보여 준다. 권위에 대한 왕실 가문의 권리는 분명히 혈통에 근거했다(글상자 2.4 참조). 믹스테카의 주요 코덱스 이외에 식민시대의 회화 문서가 보존되어 있는데, 지도, 티로(둘둘 만 종이에 그림을 그린 것), 리엔소(편평한 큰 천에 그림을 그린 것)가 여기에 해당한다(이 주제는 6장에서 자세히 언급된다).

믹스테카의 종교 | 믹스테카의 신앙 체계는 초자연적 세계와 자연적 세계가 불가분하게 연결되어 있다는 관념을 기반으로 한다. 동굴, 산, 강과 천체 등 자연적 특색을 숭배했고, 해, 바람, 비, 번개, 구름, 불, 특정 동물과 같은 자연적 대상에 영적인 존재나 신성으로서 초자연적 정체성을 부여했다.

믹스테카의 영적 신성을 모아 놓은 만신전에는 강력한 자연적 힘이나 장소와 결부된 영혼들과 조상의 영혼들이 모여져 있었다. 믹스테카어로 '성스러운 존재'를 의미하는 단어는 뉴후(ñuhu)였는데, 식민시대 스페인인들은 이를 '우상'이라고 번역했다. 이는 수많은 영적 존재가 돌, 옥, 흑요석 등으로 된 형상으로 표현되었음을 반영한다. 이들 신성에는 나우아의 틀랄록, 마야의 착을 믹스테카 방식으로 재현한 비의 신 자우이, 시톤 또는 시톤도조라 불리던 상인들의 신이 포함된다. 믹스테카의 수많은 공동체에는 남자들을 위한 남성 신성과 여자들을 위한 여성 신성이 존재했던 것으로 보인다. 더 나아가 특정 마을이나 지역과 결부된 무수한 지방 신성들이 있었다.

통치가 조상들의 영혼도 믹스테카 신앙 체계에서 중요한 비중을 차지했다. 왕실 궁전과 민간 중심지와 결부된 신전과 성지들, 그리고 인간 중심지에서 떨어져 있는 동굴이나 산꼭대기와 같이 영적인 의미가 깃든 자연적인 공간이 성스러운 장소로 여겨졌다. 이렇게 외진 장소에서 믹스테카 왕조 설립자들이 나무나 돌과 같은 자연물로부터 기적적으로 발현했다고 여기곤 했다. 신성한 조상의 미라 더미가 인근 동굴에 보관되기도 했고, 조상을 기리기 위해 왕실 가문과 수행원들이 정기적으로 성지 순례를 떠나고는 했다.

인간은 자연과 영적 세계를 존경해야 한다고 생각했으며, 인간과 자연과 초자연적 힘의 균형을 적절히 유지하기 위해 의례, 제물 봉양, 공희와 같이 필요한 절차들을 수행해야 했다. 적절한 의례 행위는 가정이나 공동체에서 수행되었다.

믹스테카의 창조 신화는 인간과 자연 세계의 연관성을 반영한다. 믹스테카의 조상은 땅, 지하세계, 개울 또는 나무뿌리에서 나타났다(이어서 기술되는 비엔나 코덱스에 관한 설명을 참조하라). 메소아메리카의 다른 집단과는 대조적으로 믹스테카의 기원에 관한 이야기에는 다층적 인간 창조, 순환적 창조, 기존 세계의 파괴 등의 내용이 포함되지 않는다. 이어지는 비엔나 코덱스에 담긴 기원 신화는 믹스테카의 초자연적·자연적·문화적 특색의 발생 과정을 설명한다.

의례와 제례는 천상계에서 시작해 그 무엇보다 먼저 존재했다. 태고의 한 쌍이었던 1번사슴 왕과 1번사슴 여왕은 일련의 의례를 수행했는데, 이러한 의례의 정점은 수많은 자연적이고 문화적인 특색의 창조였다. 다른 존재들이 계속해서 공양을 드린 결과, 믹스테카 문화의 영웅인 9번바람 신(믹스테카에서는 아스테카의 케찰코아틀-에카틀에 해당)이 태어났다 (그림 6.5). 9번바람 신은 이후 믹스테카 통치자들이 착용하게 될 왕실 의상과 지팡이 등 정치적 권위를 상징하는 복장과 장구를 처음으로 사용하기 시작했다. 그는 200개 이상의 마을과 촌락이 생겨나게 했으며, 이렇게 생겨난 곳의 상당수는 이후 믹스테카 역사에서 중요한 비중을 갖게 된다. 그는 중요한 영적 존재를 창조했고, 나무로 최초의 인간을 만들었으며, 이렇게 창조된 인간들에는 특정 혈통의 조상들이 포함되어 있다. 9번바람 신과 그가 창조한 인간들은 계속해서 공양을 드렸고, 그 결과 추가적인 인간과 자연적 특색 및 신성들, 성스러운 건축물, 의례 행위들이 생겨났다. 9번바람 신이 일을 완수하자, 마침내 해가 떠올랐다. 비엔나의 후반부에서는 믹스테카 세계가 조직되고, 정치 단위가 설립되고, 건국 의례가 수행된다. 이들 내용의 기술은 이어지는 왕조의 권위에 정당성을 부여할 초석이 된다(Boone 2000: 89-96).

메소아메리카의 여타 종족들과 마찬가지로 믹스테카인들은 260일 주기의 의례력과 365일 주기의 태양력을 사용했다. 260일 의례력의 경우에 믹스테카인들은 아스테카인들과 동일한 20개의 날짜 기호에 의존했다. 다시 말해 날짜의 순서뿐만 아니라 이름도 동일했다. 아스테카 달력과 믹스테카 달력에는 또 다른 유사성이 있다. 탈고전기에 믹스테카인들과 아스테카인들은 토끼, 갈대, 부싯돌, 집으로 구성된 네 가지 연도 명칭 가운데 하나를 선택해 개별 연도를 불렀다(365일 태양력 기준). 이 명칭들은 지나간 해의 마지막 날이나 새해 첫 날을 의미했다. 연도는 13년을 주기로 한데 묶였고, 따라서 모든 연도가 개별 연도 명칭과 더불어 1에서 13 사이의 한 숫자와 함께 표기되었다. 연도에 명칭을 붙이는 방법은 예를 들어 1번토끼, 2번갈대, 3번부싯돌, 4번집, 5번토끼, 6번갈대, 7번부싯돌 등의 순서로 이루어졌을 것이다. 이처럼 1에서 13 사이의 숫자와 네 가지의 연도 명칭을 결합하는 방식은 52년 주기 또는 역법 순환(글상자 1.2)을 구성하는 방법 중 하나였다. 역법 전문가들은 누락 없이 달력을 기록했고, 천문 주기에 관한 전문적 지식을 보유했다. 그들은 신성한 권력을 지녔고, 통치 가문에 조언했다.

종교 전문가(naha nine, 나하 니네; 또는 tay saque, 타이 사케)는 통치 귀족의 직접적 권한에 있었다. 그들은 연회, 공희, 제물 공양, 혼례, 장례, 다산 의례, 종교 훈련 등 다양한 활동을 감독했다. 7세 정도 된 소년들이 형식적인 종교 훈련에 입문했다. 이 소년들은 귀족과 평민 계층에서 모집되기도 했고, 때로는 귀족 계급에서만 모집되기도 했다.

탈고전기 믹스테카 사회는 이처럼 탈고전기 메소아메리카에서 중요한 역할을 담당했다. 믹스테카의 공예가들은 매우 존경받았고, 믹스테카의 공예품(금, 은, 흑요석 보석 제품과 장신구, 다채로운 도자기 등)은 메소아메리카 전역의 지도층이 매우 탐내던 것들이었다. 소위 믹스테카-푸에블라 예술 양식은 메소아메리카의 국제적 예술 양식과 관련되어 있으며, 믹스테카 예술가들의 영향을 받았고, 탈고전기 메소아메리카의 많은 지역에서 선호되었다. 믹스테카와 메소아메리카의 다양한 집단들 간에는 이처럼 뚜렷한 연계성이 존재했다. 그럼에도 믹스테카 사회는 여러 가지 측면에서 독특하기도 했다. 그들의 정치, 경제, 사회 체계는 왕실 가문의 최고 권위에 근거했고, 왕실 가문의 정치적 정당성과 초자연적 기원은 믹스테카의 유명한 코덱스들에 기록되었다.

3) 저지대 마야인

스페인 도착 당시, 유카탄 반도, 벨리즈, 과테말라의 마야 저지대는 분화된 도시국가들로 구성된 거대한 영토였다. 스페인과 접촉하기 약 70년 전(서기 1511년)까지만 해도 이 지역은 이와는 다른 구조로 구성되어 있었다. 주요 수도인 마야판은 유카탄 북서부의 집권적 정치조직체들을 보유하고 있었고, 이들은 연합체 형식의 협의회(물 테팔)와 제왕의 통제를 받았다. 북서부 반도 외부에서 마야판은 마야 지역 전반에 걸쳐 보다 느슨하게 조직된 자치 국가들에 세력을 확대했으며, 광범위한 무역 연결망의 유지, 종교 개종, 군사력 행사, 정치적 연합 구축 등 다양한 방식으로 영향력을 지속했다. 마야판은 페텐 호수 지대를 따라 자리하고 있는 걸프 해안과 카리브 해안 마을들과 지속적인 관계를 유지했다. 마야판의 권세가 약화된 이후에도 이들 소도시 가운데 다수는 계속 번성했는데, 해상 상업 경제가 번창함에 따라 이들 소도시가 보다 광범위한 세계인 중앙멕시코와 온두라스와의 교환 체계에 지속적으로 참여할 수 있었다는 점을 그 요인으로 제시할 수 있다. 서기 1441년이 되자 마야판은 몰락했으며, 핵심적인 귀족 가문들이 분파 간 분열한 결과였다.

역사학자 매튜 레스톨은 서기 1441년(마야판 이후)부터 1542년(스페인과 접촉한 연도)까지의 시기를 "분절된 세기"라고 부른다(Restall 1997). 스페인과 접촉하던 시기에 작성된 풍부한 자료는 당시 마야 사회를 이해하기 위한 중요한 정보를 제공한다. 에캅, 캄페체, 참포톤 등의 도시에 스페인인들이 처음 도착했을 때 이들의 방문은 현지인들의 적대적 반응을 가져왔고, 북부 반도는 1542년까지 패배하지 않고 계속 저항했다. 궁극적으로 스페인이 북부 마야 영역에 통제력을 갖게 된 요인은 마야판 출신 경쟁 분파들인 시우파와 코콤파의 정치적 배반 행위에서 비롯되었다. 이들이 바로 한 세기 전에 마야판 연맹을 무너뜨렸던 분파들이다.

이후 155년 이상에 걸쳐, 벨리즈와 페텐 남부 마야 집단들은 정기적인, 그리고 때로는 단편적인 반란 행위를 통해 스페인인들에 저항했다. 스페인 부대가 페텐이차 호수로 향하는 길을 만들고, 이차의 반항적인 섬 정치조직체를 정복한 다음에서야 스페인의 정복 사업이 완성되었다. 주목할 점은 지방과 지역적 규모의 원주민 반란 운동이 오늘날까지도 주기적으로 마야 지역에서 발생하고 있다는 것이다. 이어지는 내용에서는 탈고전기와 식민시대 초기 저지대 마야인들의 주요 특색을 살펴본다.

마야의 경제 | 스페인 접촉 시기 마야 사회는 건기와 우기의 연간 주기에 따라 행해지는 화전 농업(밀파 농법)에 의존했으며, 오늘날에도 화전 농법은 촌락 농사의 기반이 되고 있다. 우기가 시작되는 5월 말에서 6월에 옥수수, 콩, 호박, 후추 등의 작물을 심는다. 마야인들의 집터에 있는 가내 텃밭에는 과일나무와 기타 작물을 재배하며, 여기에서 가축도 기른다. 야생동물과 야생조류 사냥도 중요한 보충원이 된다(그림 2.7).

반도에서는 해안과 내륙 소도시들 간에 생필품 무역이 활발히 이루어졌으며, 무역을 통해 물고기와 소금을 사냥감과 과일로 교환했다. 마야 저지대에 걸쳐 수출용 특정 품목에 특화해서 생산하기도 했는데, 보편적인 것은 아니었다. 저지대의 상이한 생태 환경에 위치한 정치조직체들은 꿀, 밀랍, 목재 카누(그리고 기타 목재 제품들), 카카오, 코팔(향료), 면직물을 교환했다.

대규모 카카오 밭은 농수 공급이 수월하고 비옥한 동부와 남부 저지대에 형성되었다. 북서부 반도에서 카카오 재배는 보다 소량으로 이루어졌는데, 적당한 수분과 토양의 깊이가 확보되는 세노테(땅이 꺼져 지하수나 빗물이 고인 함몰공——옮긴이)를 비롯한 습한 함몰지대에서 재배되었다. 북부의 자체적 생산만으로는 마야판과 같은 중심지들의 수요를 충족시키기에 부족했고, 따라서 남부 정치조직체들과의 무역과 이들이 제공하는 공물로 상당량을 충족했다. 시장교환에서는 카카오를 현물 통화로 사용했다. 카카오 콩알을 단위에 따라 계산했는데, 이때 사용된 단위로는 콘틀레(콩 400알), 시키필레(콩 1800알), 카르가(콩 2400알) 등이 있었다. 스페인 주화 1레알은 콩 200알(0.5 콘틀레)의 가치가 있었다. 다른 형태의 통화로는 구리 종과 구리 도끼, 붉은색 돌 또는 조개 구슬(칸), 보석용 원석 등이 있었다.

탈고전기 교환 경제는 복잡했고, 선물교환, 공물 징수, 장거리 무역, 시장 교환이 이루어졌다. 탈고전기 지방권력가와 사제들은 무수한 연회와 제례를 후원했으며, 이렇게 열린 수많은 행사에서 주최자와 내빈은 선물을 교환했다. 마야판은 속국에 과도한 공물을 요구하지 않았으며, 적정한 분량의 옥수수, 칠면조, 면직물로 만든 망토, 소금, 꿀, 물고기 등 기본적인 물품만을 요구했다. 마야판 도시국가들은 군사적 목적의 노동력 제공 등을 요구받았고, 뒤를 이은 지방통치자들도 유사한 관습을 이어 갔을 가능성이 크다.

고전기에도 중요한 역할을 담당했던 시장 교환은 스페인 도착 이전 300년에 걸쳐 규모와 중요성 측면에서 더욱 확대되었다. 장거리 무역 탐험은 대부분 귀족들의 몫이었다. 하지만 보다 하위 계층의 상인들이 각 지방과 지역의 필요에 따라 복무했다. 일부 거주지역은 시장 소도시로 특화된 기능을 수행했다(대표적으로 차우아카, 코닐, 에캅이 있다). 모든 주요 중심지에서 정기적인 지역 장터가 열렸을 것이며, 데이비드 프레이델과 제레미 사브로프가 코수멜 섬에서 기록한 바와 같이 장터의 시기는 순례 행렬이 몰리는 연간 주요 행사나 종교 행사들과 조율하여 정해졌을 것이다.

장거리 상인들은 정기적으로 방문하는 소도시에 대리인, 후원집단, 편의시설 등을 확보해 두었다. 짐을 가득 실은 25피트 길이의 무역용 대형 카누들이 시칼란코의 걸프 해안 항만에서 온두라스 만까지 항해했다. 온두라스, 킨타나루, 멕시코, 베라크루스의 주요 무역 유적지에서 창고 시설이 일부 기록되었다. 마야 지역은 장거리 무역 관계로 연결되어 있었고, 시칼란코 걸프 해안 항만을 통해 아스테카인을 포함한 중앙멕시코 사람들에게까지 연결되었다. 마야 저지대의 수출품목으로는 소금, 카카오, 밀랍, 꿀, 코치닐(연지 벌레를 건조해서 추출한 동물성 색소), 아치오테, 인디고, 목화, 노예 등이 있었다. 이 품목들은 모두 부식되어 현재 고고학 유적지에서는 찾아볼 수 없으며, 수출품 목록은 사료를 통해서만 얻을 수 있다. 마야인들은 토끼털로 만든 다채로운 실(투추미틀)과 손으로 짠 옷과 장신구들을 받았을 것이며, 그 대가로 카카오 통화를 지불했을 것이다.

먼 곳에서 들여온 물품은 마야 지도층과 평민 가정의 일상적 활동에 사용되었을 것이며, 이는 시장 교환의 중요성을 보여 준다. 시장 교환의 전례는 이미 고전기 시대에도 알려진 바 있다. 예를 들어, 말고전기에 유카탄 북부에서 제작된 도자기는 모든 사회 계급이 널리 활용했으며, 화산재를 섞어 농도를 맞추었다. 가장 인접한 화산들은 과테말라의 마야 고지대에 위치하는데, 도자기 제작자와 사용자들의 취향에 근거해 지역 간 중요한 의존 관계가 형성되었던 것이 분명하다. 농도를 조절하기 위해 화산재를 사용하지 않고도 각 지방에서 대체 물질을 확보할 수 있었음에도 불구하고 화산추출물에 의존했다는 점에 주목할 필요가 있다. 화산추출물을 섞어 제조한 물품은 장거리 경제 관계를 파악하기 위한 매우 적절한 근거가 되는데, 이들 물품이 내구성이 있고 근원지가 제한되어 있어 출처 식별이 용이하기 때문이다. 석기 생산에 필요한 화산 유리 형태의 수입산 흑요석 분량은 장거리 무역 의존성을 보여 주는 또 다른 지표이다. 고전기 주요 중심지였던 티칼과 마야판에는 다량의 흑요석이 있었지만, 탈고전기 벨리즈 평민 유적지에는 이에 비해 훨씬 많은 양의 흑요석이 있었다.

무역이 중요했지만 지방의 경제도 매우 발달했으며, 거주지들은 기본적 욕구 충족과 관련해 상당한 자립도를 달성했다. 이러한 전략은 현명했고, 정치조직체들의 분쟁으로 인해 무역에 지장이 생길 경우에 대비하는 효과적인 예방 수단이 되었다. 농민들은 마야인 마을을 에워싸는 농토에서 일했다. 마야판에서 발견된 대규모 석기 제조 작업장들을 조사해 보면, 지방의 공예생산이 상대적으로 큰 도시였던 마야판의 수요를 충족시키는 데 주력해 이루어졌음을 알 수 있다. 고기는 충분했던 것으로 보이는데, 마야판 등의 유적지에서 발견되는 다량의 사슴, 칠면조, 페커리(야생돼지), 개의 흔적이나 코수멜 섬 유적지의 풍부한 물고기 흔적에서 확인할 수 있다. 사슴이나 페커리와 같은 야생동물 확보를 위해 사냥이 가장 보편적으로 활용되었지만, 마야판에서 사슴은 포획 후 사육되었다. 메소아메리카인들은 탈고전기 훨씬 이전부터 개와 칠면조를 사육했으며, 개를 식용으로 섭취한 정도는 지역에 따라 현저히 차이를 보인다. 일반적으로 이 동물들도 의례의 제물로 사용되었다.

자급의 노력이 기울여졌다. 하지만 자원의 분배는 불균등했고, 그 정도에 따라 각 공동체의 자급성취도에 한계가 있었다. 정치조직체 내부 거주지들은 원자재 공급을 위해 서로 의존하기도 했다. 예를 들어 마야판에서 부싯돌 깨는 일에 종사하는 사람들은 외부에서 큰 옥수 자갈을 들여왔는데, 도시 근방에서는 어떤 노두(露頭)도 구할 수 없었기 때문이다. 내륙지역에서 조개 장신구를 제작하는 공예가들은 바다 조개를 구하기 위해 해안 지역에 의존했다.

마야 저지대 사람들의 가족과 공동체의 토지 소유권은 기록으로 남아 있다. 마야판과 코수멜 유적지들은(그리고 보다 초기의 유적지들도 마찬가지로) 가구 택지를 구분하는 외벽의 미로들로 분리되어 있다. 더 나아가 코수멜 섬을 사례로 프리델과 사브로프가 주장한 바와 같이, 특정 사회집단에 귀속된 농토의 영역을 표시하기 위한 외벽도 기록되어 있다(Freudek abd Sabloff 1984). 귀족들은 높은 가치를 지니는 과수원을 보유했고, 특히 카카오나 식용 과일을 재배했다. 소도시에는 일부 공동 토지가 있었다. 하지만 랄프 로이스가 언급한 대로, 시설 개선이 이루어진 토지들(예를 들어 과수원 등)은 사유지였을 것이다(Roys 1957).

마야의 정치 ǀ 매튜 레스톨의 민족사적 연구에 의하면, 마야에서 사회적·정치적 연합의 가장 주된 단위는 공동체를 의미하는 '카'였다(Restall 1997). 카는 시가지와 시가지에 귀속된 농토, 통치의 정치적 단위, 구성원의 사회적 정체성의 중심지를 의미했다. 정체성의 근거가 되는 두 가지 주요 단위가 더 있었는데, 첫째는 사회 계급이고, 둘째는 치발이라고 불렸던 외혼 확대가족(또는 혈통) 집단이다. 치발은 카 내부의 정치사회적 하부단위였고, 경제 조직의 근간이었다. 연합체를 형성한 특정 치발 집단들은 혼인을 통해 동맹관계를 유지하고는 했으며, 이런 방식으로 세대를 초월해 지속되는 사회 계급을 유지할 수 있었다.

마야의 사회 계급은 귀족(알메엔), 평민(마세우알), 노예, 이렇게 핵심적인 세 계급으로 나눌 수 있으며, 개별 범주 안에 일련의 사회적 지위가 존재했다. 레스톨은 식민시대에 존재하던 네 단계의 사회적 지위에 대해 밝히고 있는데, 알메에놉과 마세우알롭 내부에 존재하는 네 단계 지위이다(이러한 사회적 지위는 스페인 접촉 이전에도 존재했을 것이다). 귀족은 사회구성원의 25퍼센트 정도에 해당했다. 여자 노예(무나츠)와 남자 노예

(펜탁)는 유카테카 마야 사회의 일반적인 존재였다. 노예 강탈을 위해 전투가 벌어졌고, 전투에서 강탈한 노예들의 일부는 제물로 바쳐졌고, 일부는 다시 노예가 되었다. 노예는 지방의 경제에서 활용되었고, 중앙멕시코로 수출되기도 했다.

민족사학자 로이스는 16세기에 존재했던 열여섯 개의 마야 정치조직체를 밝혀냈고, 여기에 덧붙여 그랜트 존스는 벨리즈 중부와 북동부에 한 개의 추가적인 마야 정치조직체가 있었다고 밝혔다(그림 2.17). 마야 용어로 이 정치조직체들을 쿠츠카발이라고 불렀으며, 이는 소도시의 지리적 관할구역을 의미했다. 이들의 조직 구성은 다소 상이했다. 일부 정치조직체는 세 단계의 정치적 위계 체계를 지녔는데, 알라츠 우이닉이라고 불렸던 군주가 통치권을 지녔고, 그는 정치중심지에서 거주하며 바탑이라고 불렸던 2급 관료들을 관리하고 감독했다. 이보다 중앙집권화의 강도가 약했던 정치조직체에서는 알라츠 우이닉이 부재했고, 바탑 관료들이 최고 권위를 지녔다. 내륙에 위치한 인구밀도가 낮고 조직 구성이 느슨했던 지역에서는 바탑이 통치하지 않았다. 정치조직체들 사이에 서열이 있었던 것으로 보이는데, 예를 들어 알칸 정치조직체(캄페체 내륙)의 군주는 군사 원정을 통해 체투말 정치조직체(킨타나루와 벨리즈 해안 남부)로부터 공물을 징수했다.

정치 통치자들 이외에도 특화된 관직으로는 올폽(축제와 행정 업무 담당 관리), 칼루악(대영주들을 위해 자원을 확보하는 공급자), 나콤(전쟁지도자), 아 킨(고위 사제), 아 카눕(연설자), 프폴롬 욕(상인)이 있었다. 평민에는 공예가, 농민, 자유로운 노동자, 노예 등 다양한 직업군이 있었다. 2급 관료 계급인 아 쿨렐과 아 쿠츠 캅은 특정 시가지들의 인근 분과(쿠츠틸)들을 책임졌고, 바리오의 공물 납부 의무, 군사적 업무, 제례와 관련된 운영 사항을 조율했다.

쿠츠틸이라는 용어는 속국의 사회집단과 그들 소유의 토지를 지칭한 것으로 보인다. 세르히오 케사다는 쿠츠틸을 세금징수 단위로 본다(Quezada 1993). 스페인 통치기에는 핵심적인 인물들이 스페인어로는 카빌도로 알려진 시가지 협의회로 흡수되었다. 레스톨은 이 시가지 협의회들이 스페인 접촉 이전의 과두제적(소수에게 권력이 집중된) 공동체 통치 논리에 의해 지배되었다고 보며, 따라서 스페인 본토의 카빌도와는 매우 상이한 유형이었다고 주장한다(Restall 1997). 카빌도보다 상위 관직으로

그림 2.17 스페인 정복 당시 유카탄의 마야 정치조직체들과 책에서 언급한 탈고전기 주요 마야 유적지들의 위치. 출처: Roys 1962: 24; Jones 1989: Map 2.

바탑이 임명되었고, 소도시 통치를 위임받았다. 가장 큰 시가지 카빌도들에는 약 50명의 관리들(종교관리를 포함)이 소속되어 있었다.

식민시대 공동체 내부의 핵심 분파들은 부계 성을 따라 구성된 집단들이거나 또는 사회 계급에 따른 집단들로 보이며, 지정학적 구획이나 바리오 분과들과의 관련성은 거의 없어 보인다. 이는 스페인 도착 이전부터 식민시대로 넘어오며 진행된 변화의 결과로 보이는데, 수많은 연구에서 확인할 수 있듯 소도시는 본래 네 개 분과로 사등분되어 고안되었고, 소도시로 진입하는 네 개의 주요 입구를 석재 구조물로 표시했었기 때문이다. 성벽이 에워싸고 있던 도시 마야판에는 사실상 열두 개의 출입구가 있었는데(열두 개의 출입구 중 열한 개가 동시에 사용되고 있었던 것으로 보인다), 이 중 세 개 방위 출입구의 수호자로 치발 계보 집단들이 임명되었다.

이런 점에서 볼 때, 스페인 접촉 이전 마야 도시들의 고고학적 유물에서 사등분과 관련된 조직 구성의 흔적을 찾아내려는 노력들은 성공적이지 못했다. 이러한 분리 체계는 정치적 분파나 거주 구획의 형성이라는 측면보다는 의례적이고 우주론적인 목적을 위해 보다 중요한 의미를 지녔던 것으로 보인다. 고고학적인 조사를 통해 근린생활권을 식별하기 위해서는, 인접한 가택 울타리 벽과 천연우물(세노테) 또는 도로(삭베)를 공유하는 주거지 무리들을 살펴보는 방법이 있다. 또한 평민들의 근린생활권에 분산되어 있는 외딴 행정 건축물이나 의례 건축물은 아 쿠츠 캅과 같은 바리오 행정관리가 존재했었던 흔적으로 볼 수도 있다.

정치 관리는 사제협의회와 권력을 공유했다. 사제협의회는 의례에서 담당하는 책임에 따라 위계적으로 조직되고 특화되었다. 민족역사학자 그랜트 존스는 페텐 호수 지역의 쌍두통치 제도를 기록하고 있는데, 세속적 권력자와 고위 사제들이 공동으로 정치 영토를 통치했던 제도이다(Jones 1999). 이 제도는 광범위한 지역에 걸쳐 시행된 것으로 보이며, 적어도 치첸이차 유적지까지 거슬러 가는 유구한 전통을 지녔을 것으로 추정된다. 메소아메리카 전역에 걸쳐, 상고전기와 탈고전기 정치 관료들은 사제 관료들로부터 관직 제의(祭衣)를 건네받았고, 정치인과 종교인 협의회가 주요 도시의 업무를 집행했다.

이러한 제도는 복잡하면서도 상호보완적인 권력 공유 체제를 만들어 냈다. 마야 지역에 있어 이와 같은 제도는, 세속적·종교적 권위가 왕이라는 단일한 관직을 중심으로 집중되는 고전기 신성 왕조 제도와는 차별되는 변화를 의미한다. 탈고전기에 정치와 종교는 완전히 분리된 영역이 아니었다. 정치 관리들은 의례적이고 신화적인 근거로부터 정당성을 확보했고, 의례에 참여했다. 반대로 사제들은 정치 사안에 꾸준히 관여했으며, 사실상 마야판의 몰락은 아 수판 시우라는 한 고위 사제의 행동들로 촉발되었던 것으로 보인다. 더 나아가 아 수판 시우는 자신의 정치적 영향력에 근거해 후대-마야판 정치조직체인 아 킨 첼 건립에 협조할 수 있었을 것이다. 사제직과 통치직이 결합된 쌍두통치 제도가 후기 마야 정치조직체에서 만연했던 이유는 부분적으로는 귀족 계급의 성장에 근거하며, 통합적이고 복잡하며 계서화된 제도를 통해 보다 강력한 지역 통합을 이루려는 시도들과도 관련 있을 것이다.

2급 정치 관료들 중 일부는 역법주기에 따라 순환근무를 했으며, 이는 브루스 러브가 파리 코덱스를 토대로 기록한 '카툰 권력자들'의 승계 과정에 묘사되어 있다(Love 1994). 역법주기에 따른 관료 배치는 지방의 정치조직체들에 소속되어 있는 관리들이 정부에 참여할 부가적인 기회가 되었다. 툴룸과 산타리타코로살 벽화에 그려진 장면들은 초자연적 모사자(模寫者)들과 상호작용하는 인간 연기자들의 모습을 보여 주는데, 공동체 관직에 순환적으로나 영구적으로 취임하는 상황을 묘사한 것으로 보인다. 산타리타 벽화에 등장하는 인물들은 1년(툰) 단위와 관련되어 있다

(글상자 1.5 참조). 란다 주교는 유카탄이 13분과로 분화되어 설계되었으며, 이는 256년의 13카툰 주기에 해당한다고 주장했다. 그는 또한 공동체들이 석조 기념물을 세우고 의례(우상, 사제, 분할 간격과 관련된 예언들이 동원된)를 후원하는 방식으로 이와 같은 역법적 분리를 교대로 기렸다고 설명한다. 최근에 프루던스 라이스는 순환 근무 관습은 전고전기 마야에서 기원하며, 고전기 마야 왕국들이 유동적인 정치 중심지들을 구축할 수 있게 했을 것이라고 주장했다(Rice 2004).

마야의 종교 | 탈고전기 마야의 종교는 고전기 마야의 종교와 마찬가지로 다양한 의미를 갖는 신성들을 모아 둔 만신전을 중심으로 전개되었다. 개별 신성은 특정한 유형의 행동과 관련되었고, 신화와 우주론에서 각자 특정한 방식으로 해석되었다. 현재까지 남아 있는 네 권의 마야 코텍스는 이 신성들을 이해하기 위한 중요한 자료이다. 이 네 권의 책에는 신성들이 복잡한 일련의 역법적·천문학적 행사와 관련된 의례를 수행하는 모습이 묘사되어 있으며, 구체적으로 신년 제례, 20년의 카툰 구간, 다양한 연감, 행성 주기들과 관련된다(그림 6.6). 번개의 신(카윌), 비의 신(착), 옥수수의 신, 노인 신(파우아툰)과 같은 주요 신들은 마야 역사상 보다 초기에 등장했고, 고전기 예술품에 폭넓게 나타났다. 탈고전기 만신전에서 가장 두드러지는 신성은 이참나인데, 주술과 사제 활동의 신이다(그림 2.5). 상인들의 신(엑 추아)도 대중적인 존재였다. 덧붙여, 탈고전기에는 두 여성 신성이 있었는데, 출산과 상인순례와 관련된 노파 익스 첼과 이보다는 연하의 여성 신성이다. 특정 신성과의 연관성을 찾기 힘들 일부 조상(彫像)들은 관습화된 가족 수호신이나 신성화된 조상들을 묘사했을 것이다.

　　마야판의 정교하게 조각된 조상들은 귀족 가문을 위해 일하는 숙련된 공예가들이 일부 주형(鑄型)을 뜨고, 일부 윤곽을 잡은 다음, 손으로 색

칠했다. 신성들은 복잡한 두건을 두르고, 조개와 녹옥 장신구로 장식하고, 정교하게 짠 수놓은 옷을 입고 있다. 조상 향로는 탈고전기 저지대 유적지 어디에서나 발견되는데, 이러한 전통의 핵심 지역인 마야판에서 거리가 멀어질수록 크기, 다양성, 수량, 복합성이 줄어들었다.

마야판에 국한된 마야 지역에서는 중앙멕시코에서 유래하는 외부 신성들을 재현한 모습이 발견되기도 했다. 마야판 유적지에서 시페 토텍은 가장 일반적으로 볼 수 있는 외부 신성으로, 공희와 농작물의 소생과 관련된다. 이 신성은 일련의 마야 전통 신과 연계되어 발견되었다. 마야판, 툴룸, 산타리타코로살의 벽화들(그림 2.6)은 당시 메소아메리카 전반에서 활용된 국제적 양식에 따라 그려졌지만, 이들만의 특정한 수많은 요소(예를 들어, 도자기의 형태, 특정 신성들, 파충류 입모양의 문, 역법 상형문자)는 마야 지역의 지방색을 드러낸다.

마야판을 비롯한 탈고전기 도시들에 있어 가장 중요한 창립 신성은 쿠쿨칸이다. 이 신은 중앙멕시코 신화의 깃털 달린 뱀 영웅인 케찰코아틀에 비견된다. 두 지역 간 밀접한 연계성은 마야판에서 발견되는 (중앙멕시코 양식의) 새부리를 한 인간 조상에서 발견된다. 케찰코아틀과 쿠쿨칸에서 동일하게 확인할 수 있는 한 가지 측면은 바람과 관련된 에카틀로 알려진 새부리를 한 신인동형이었다. 깃털 달린 뱀과 에카틀에 관련된 건축물에는 원형사원, 뱀장식 난간이 있는 사등분 계단사원, 뱀장식 기둥사원들이 있으며, 모두 마야판에서 발견된다.

마야의 신화에 의하면, 쿠쿨칸은 새로운 왕조와 성전 중심지들(마야판을 포함해서)을 설립하려 여러 차례 마야판에 왔다. 그는 영웅 사제로서 지방의 귀족들에게 의례 지식의 중요한 측면들을 가르쳤다. 실제로 마야판 유적지에 위치한 한 신전 벽화에는 뱀의 입이 네 개가 모여 소형 스투코(치장벽토) 신전의 틀을 형성하고 있는 모습이 묘사되어 있다. 이러한 모습은 이 정치조직체에 '네 개 분과'가 연합되어 있음을 선포하는 창립 신화로 해석될 수 있다. 쿠쿨칸을 위해 건축된 사등분 뱀장식 난간 사원들도 치첸이차와 마야판과 같은 중심지의 정치적 권위의 우주론적 기반을 표현한다.

종교 행사와 관련된 의례에는 (귀나 혀의) 피 뽑기(放血), 인신공양 또는 동물공양, 수렵 또는 전투 행위, 향 피우기, 선물교환과 귀중품 봉헌, 축제행사의 수호신이었던 특정 신성의 조상 제조 등이 있었다. 스페인 식민시대에는 노예나 전쟁 포로를, 또는 사회적 자산이 거의 없었던 사람들을 공양하는 관습이 보편적으로 행해졌다. 마야판의 주요 기념 건축물 근처나 특별 수갱매장 신전들에서 발견되는 거대한 무덤은 스페인 도착 이전의 공희 관습과 분쟁을 시사한다. 이 도시의 거대한 묘지들은 제물로 바쳐진 신체가 일반적으로 절단되어 토막이 나 있음을 보여 주며, 죽은 자들의 수호신을 묘사한 조상 향로도 부서진 채로 시체와 함께 매장되었다.

1950년대 이후 학자들은 고전기에서 탈고전기로 이행하는 과정에서 마야판의 종교가 변화했다는 주장을 뒷받침하는 다양한 가정들을 지속적으로 제기했다. 하지만 고고학적인 증거는 이와 대조적인 사실을 보여 준다. 카네기재단이 마야판에서 수행한 고고학 조사로 의례와 행정 및 지도층의 내부적 사안에 사용되었던 수많은 조상 향로가 발굴되었다. 조사에 참여한 연구자들은 마야 종교가 가정에서의 숭배 수준으로 '퇴보했다'고 추론했으며, 이는 예술품과 조상들이 귀족이라는 특정 사회집단에 과도하게 집중되어 있었던 고대기 왕국들의 상황과 대조된다. 하지만 후속 조사를 통해, 사실 마야판의 조형들이 지도층의 특성을 집중적으로 재현하고 있다는 점이 밝혀졌고, 또한 상당수의 조형들이 중앙 광장의 구조물에서 발견되며, 일부는 인근 귀족 왕궁이나 또는 외진 행정 복합건물에서 발견된다는 점도 알려지게 되었다. 툴룸 유적지의 조형들도 권력층의 건축물에 집중되어 있었다. 라구나데온과 카예코코와 같은 벨리즈 북동부 거주지에서 조형들은 내적인 상황과는 동떨어진 특별 성지들에 유기되어 있었다. 이러한 사실을 고려해 보면, 예전부터 그래 왔듯이 탈고전기 마야의 사제와 권력자들도 의례 지식과 물질적 자원을 통제했다는 것을 알 수 있다. 하지만 평민들은 보다 기본적인 종교 개념을 수용했고, 형성기 때부터 그들의 선조가 그랬듯이, 보다 단순한 물질적 재현을 통해 가정 단위에서 중요한 행사를 기념해 왔다.

스페인 접촉 시기의 마야 사회는 위계적이고 복잡한 경제적·정치적·종교적·사회적 기관들로 구성되어 있었다. 이전과 마찬가지로 사회 계급에 따른 독자적인 구분이 이루어졌고, 지방 귀족들은 평민들과 자신들을 구별해 줄 의례 지식과 사치품 교환을 통제하기 위해 서로 경쟁했다. 예전(치첸이차 이전)에 비해 탈고전기와 16세기 초기에는 과두제적 사회구조가 더욱 발달했고, 다양한 사제와 정치 관리 및 협의회들은 최고 통치자인 바타빌롭, 또는 알라츠 우이니콥의 통치권을 지지했다.

무역은 광범위하게 진행되었고, 잘 발달했으며, 번창하는 지역 시장들에서 잉여분의 교환을 위한 기회를 제공했다. 하지만 평민은 그들만의 식량 공급원을 형성해서 기본적인 필요를 충족하려고 노력했다. 중앙멕시코와의 지역 간 접촉을 통해 기본용품과 사치품의 장거리 교역이 상당 수준 이루어졌다. 이처럼 밀접한 교류는 마야 중심지들의 관념적 영역에 반영되었다. 마야판의 예술품이 국제적 양식(중앙멕시코에서 성행하던)을 활용하고, 더 나아가서 멕시코의 특정 신성들을 수용한 데서 외부의 영향력을 확인할 수 있다. 마야 저지대 사람들은 탈고전기 메소아메리카의 상업과 정보 교환이라는 보다 광범위한 세계에 통합되었다(여기에서 말하는 보다 광범위한 메소아메리카 세계는 이어지는 3장에서 논의된다).

3. 스페인 접촉 이전 메소아메리카의 발전 개요

1장과 2장에서 살펴본 대로, 메소아메리카 문명은 수많은 다양한 사람들이 1천 년 이상에 걸쳐 경험했던 변화를 통해 형성되었다. 아래 제시된 발전 목록은 메소아메리카 역사의 흐름을 형성했던 주요 특징을 보여 준다.

첫째, 옥수수 재배는 메소아메리카 문명의 등장을 위한 안정된 농업적·영양학적 기반을 제공했다.

둘째, 정착 촌락 생활의 등장과 초기 종교 개념의 확산은 형성기 시대 메소아메리카 문화의 융합을 가져왔다.

셋째, 문자, 도시, 사회분화, 강력한 왕으로 특징지어지는 국가수준 사회의 발전은 고전기 시대 진정으로 복잡한 문명의 발전을 예고했다.

마지막으로, 탈고전기 시대는 이러한 사회의 정치적·경제적 발전이 지속되는 시기였고, 특히 시장과 상업 세력이 지배적인 기관으로 부상하게 되는 소규모 정치조직체(도시국가)의 등장을 목격했다.

1519년 코르테스와 스페인 정복자들이 도착했을 당시, 메소아메리카는 독특한 문화적 전통을 구성하고 있었다. 이러한 문화적 유산은 식민시대, 민족국가시대, 현대에 이르기까지 이 지역의 역사적 발전을 형성하는 지속적인 원천이었다. 하지만 식민시대 이후의 발전 과정을 논의하기 이전에 탈고전기(스페인 접촉 시기) 메소아메리카 세계를 탐구할 필요가 있으며, 특히 스페인 침략 시대에 메소아메리카가 어떻게 조직되어 있었고, 어떻게 세계체제에 편입되게 되었는가를 살펴볼 필요가 있다. 이것이 이어지는 3장의 주제이다.

멕시카의 수도 테노치티틀란

아스테카 제국의 수도 테노치티틀란은 서기 1325년 텍스코코 호수의 습지대 섬에 세워졌다. 아스테카 역사에 의하면, 방랑하던 멕시카인들은 그들의 신 위칠로포츠틀리의 계시를 받고 도시의 위치를 선택하게 되었다고 하는데, 독수리가 선인장에 앉아 뱀을 잡아먹고 있을 것이라는 계시였다(이 형상은 현재 멕시코의 국가적 상징이다). 멕시코 계곡의 인구 밀집 지역에 자리한 테노치티틀란 섬은 그 지리적 위치상 상업적 기회 확보에 훌륭한 이점을 제공했고, 도시는 번성하고 성장했다. 테노치티틀란은 1428년 아스테카 연방 제국이 형성된 이후 제국의 수도가 되었다. 1519년에 도시의 면적은 13제곱킬로미터에 달했고, 20만 명에 육박하는 인구를 자랑했다. 하지만 스페인 침략 이후, 테노치티틀란은 대부분의 지역이 파괴되었고, 식민지 도시인 멕시코시티가 폐허 위에 세워졌다.

테노치티틀란에는 분주하게 오고가는 카누로 채워진 수많은 수로가 교차하고 있었다. 제방을 설치해 도시 주변의 담수와 텍스코코 호수의 염수를 분리했고, 이를 통해 외곽에서 치남파, 즉 '쌓아 올린 밭'을 경작할 수 있게 했다(글상자 1.3 참조). 도시 거주자는 귀족과 평민으로 나누어졌고, 이들은 공예가, 상인, 관료, 농민, 사제 등 다양한 직업의 종사자들이었다. 테노치티틀란보다 규모가 작은 쌍둥이 도시인 틀라텔롤코의 거대한 상업지역에는 매일 6만 명 이상의 유동인구가 있었다. 정치적·종교적 활동은 신성 구역에 집중되어 행해졌다. 큰 벽으로 둘러싸인 신성 구역은 신전과 왕궁, 그리고 '템플로 마요르'와 같은 민간 건물들로 빼곡하게 들어서 있었다(템플로 마요르는 신전−피라미드로 아스테카 제국과 우주관의 상징적 중심이 되었다). 신성 구역은 도시 나머지 구역의 핵을 형성했고, 거리, 수로, 건물들은 신성 구역에 상응하는 격자형의 통일된 양식으로 설계되었다.

테노치티틀란의 통치자들은 도시를 설계하는 과정에서 예전 메소아메리카의 도시 계획 전통에 의존했지만, 이들은 혁신을 감행하는 것도 주저하지 않았다. 테노치티틀란의 거대한 규모, 밀집된 인구, 엄격한 격자형 배치와 같은 특징은 테오티우아칸의 초기 제국 수도들의, 그리고 그 정도는 약하지만 툴라 수도들의 특성을 반영한다. 아스테카인들은 테오티우아칸 초기 유적지에서는 발견할 수 없는, 보다 오래된 메소아메리카 도시 전통을 참조하기도 했는데, 거대한 피라미드와 성지들이 지배하는 중앙 의례 구역을 중심으로 건축된 신성 도시 설계에서 이러한 사실을 확인할 수 있다. 이런 점에서 테노치티틀란은 테오티우아칸보다는 티칼, 몬테알반, 소치칼코의 거대한 유적지들과 더욱 유사하다(글상자 1.4 참조). 테노치티틀란은 면적, 규모, 시장과 상업의 중요성이라는 측면에서 초기 메소아메리카의 다른 도시들보다 우월했다. 테노치티틀란의 상인들은 예전 상인들보다 더 멀리까지 여행했고, 더 많은 수의 외부 도시와 더 다양한 품목의 상품을 거래했으며, 테노치티틀란과 틀라텔롤코의 시장은 그 수나 규모 면에서 메소아메리카의 다른 도시들을 능가했다. 템플로 마요르는 규모 면에서는 테오티우아칸의 태양의 피라미드에 미치지 못했지만, 초기 신전-피라미드에 비교해 훨씬 더 정교하게 장식되어 있었고, 화려한 제물의 수는 몇 배 이상에 달했다. 템플로 마요르의 건축물과 제물의 풍요로움은 테노치티틀란의 부유함과 번영을 반영하며, 이러한 부유함과 번영은 상업 활동을 통해, 그리고 정복된 지역에서 지불된 공물을 통해 지속될 수 있었다.

오늘날 테노치티틀란은 멕시코시티 아래에 매장되어 있다. 최근 수십 년간, 고고학자들은 멕시코시티의 지하도로 체계 확장과 더불어 수많은 발굴을 할 수 있었다. 현재까지 가장 주목할 만한 고고학적 발견은 1978년에서 1988년 사이 멕시코시티 도심에서 템플로 마요르를 발굴한 것이다. 템플로 마요르와 그 품격 있는 박물관은 연중 방문객에게 공개되며, 1519년 테노치티틀란의 웅장함을 생생히 증언한다.

고고학과 메소아메리카의 농민

메소아메리카를 비롯한 복잡한 사회를 연구하는 고고학자들이 도시와 도심지에 대부분의 관심을 할애해 왔다는 사실은 사실 자연스러운 현상이다. 이 지역들은 가장 큰 고고학적 유적지인 동시에 가장 인상적인 건축 유물을 보유하고 있으며, 그런 점에서 고대 사회의 복합성을 보여 주기에 가장 완벽한 증거가 되기 때문이다. 그럼에도, 지난 20년 동안, 고대 도시의 배후지였던 농촌으로 관심을 돌리는 고고학자의 수는 대폭 증가했다. 농촌에서 고고학 현지조사는 두 가지 유형으로 진행된다. 먼저 지역 거주유형 조사를 들 수 있다. 지역 거주유형 조사는 고든 윌리와 윌리엄 샌더스의 주도로 수행되었던 초기 프로젝트들에 이어 1960년대와 1970년대에 일반화되었으며, 풍광을 가로지르는 농촌 유적지들의 숫자와 규모 및 위치에 대한 정보를 제공했다. 보다 최근에는 데이비드 웹스터와 마이클 E. 스미스와 같은 고고학자들이 마야와 아스테카 배후지의 농촌 가옥을 발굴해 농촌에서의 삶에 관한 보다 상세한 자료를 제시했다.

고대 메소아메리카 사회를 보다 완전히 이해하기 위해 농민과 농촌에 대한 이 같은 고고학적 관심의 증대는 중요하다. 농민들은 농촌에서 농작에 관여하는 사람들로 보다 대규모 국가단위 사회의 구성원이다. 전형적으로 그들은 도시 지도층과 국가 기관에 노동력과 식량 및 다양한 생산품을 공급한다. 세계 곳곳에서 수행된 연구 결과에 따르면, 일부 고대 국가에서 농민은 극심한 착취에 시달렸고, 자유를 박탈당했으며, 힘겹고 단조로운 삶을 살았던 반면, 일부 국가에서 농민은 경제적으로 풍요로웠고, 자신의 삶과 운명에 상당한 통제력을 행사했다. 고고학적인 메소아메리카 농민 연구는 농민 가옥과 공동체의 상태를 기록하여, 고대 메소아메리카 사회를 보다 완전하게 해석하는 데 기여하고자 한다.

테오티우아칸과 아스테카의 비교 연구는 메소아메리카 농민들 내부에 존재하던 차이를 보여 준다. 도시 거주지로서 테오티우아칸과 테노치티틀란은 수많은 특징을 공유했다. 하지만 총체적 사회로서 양자는 정치적으로나 경제적으로 매우 상이했고, 이러한 차이는 고전기와 탈고전기 후반 농촌 거주지의 속성에 영향을 미쳤다. 테오티우아칸은 강력한 정치조직체였으며, 통치자들은 도시과 농촌의 속민을 모두 지배했다. 고전기 초기에 수많은 농촌 주민이 강제로 도시로 이주해야 했으며, 배후지에는 분산된 소수의 농촌 촌락만이 남겨졌다. 이 중 한 촌락의 발굴은 농민들이 근근이 생계를 이어 갔고, 도시의 양식을 모방해서 공예품과 건축물을 생산했음을 보여 준다. 농업 생산 이외의 경제활동이 존재했었다는 증거는 거의 없다. 이들은 독립적인 경제적 자원이나 기회를 거의 갖지 못한 빈곤한 농민이었다.

아스테카 시대의 농촌 환경은 매우 달랐다. 고고학적 조사로 더 많은 수의 농촌 유적지를 발견할 수 있었고, 거의 연속적으로 마을과 촌락이 분포되어 있는 곳도 있었다. 테오티우아칸에 비교해서 아스테카의 도시국가는 평민을 지배하거나 착취할 정도의 권력을 보유하지 못했고, 시장 체제가 성장함에 따라 아스테카의 농촌 주민은 상품과 교환의 기회에 보다 쉽게 접근할 수 있었다. 모렐로스의 두 농촌 유적지에서 수행된 발굴에 의하면, 농촌의 경제는 번성했고, 농촌 가옥에서는 흑요석, 외국의 도자기, 청동 도구와 같이 수많은 이국적 물품이 발견되었다. 계단식 농경을 통한 옥수수와 기타 작물 재배 이외에도 농민들은 목화를 재배했고, 목화로 실을 잣고 옷으로 짜서 공물로 바치거나(귀족과 도시국가에), 시장에서 교환했다(아스테카인들에게 직물은 일종의 현금으로 통용되었다). 이 농민들은 돌로 바닥을 만든 작은 아도비(점토와 짚을 섞어 건조 후 벽돌로 사용) 집에서 살았지만(그림 2.18), 아스테카 중앙멕시코의 상업화된 도시국가 경제 체제에서 경제적인 풍요를 향유했다.

아스테카 농민을 파악하는 작업은 아스테카 사회를 보다 완전히 재구성하기 위해 중요할 뿐만 아니라, 스페인 정복 이후 진행되었던 변화의 속성을 이해하기 위해서도 중요하다. 아스테카의 도시는 스페인인늘에 의해 파괴되었고, 국가와 제국은 해체되었으며, 아스테카의 귀족 집단은 스페인 식민 체제로 흡수되었다

그림 2.18 멕시코 탈고전기 후대의 카필코 마을에서 발굴된 아스테카 농민의 가옥 유물. 촬영: 마이클 E. 스미스.

(4장과 5장 참조). 이와 동시에 농촌의 농민은 메소아메리카 문화 전통의 보고(寶庫)로 남겨졌다. 농민들은 귀족에게 조공을 바치고 국가의 법에 순종하는 데 익숙해졌다. 국가와 제국의 맥락에서 고령의 농민들이 터득한 생존 전략은 이후 공물과 법이 농민의 삶을 통제하는 기관으로 작용하던 스페인 통치 체제에서도 유용하게 작동했다. 사실 스페인의 정복은 농촌의 수많은 아스테카인들의 삶에 있어서 단지 최소한의 영향을 미쳤을 뿐이었고, 기존의 권력자 집단이 또 다른 집단으로 대체된 것에 불과했다. 고대 메소아메리카에서 농민들의 생활 방식은 오랜 역사를 지닌다. 고고학적 연구는 예전에는 간과되었던 메소아메리카 농촌 주민이 이제는 우리의 시야권에 들어오게 했다.

간통 행위에 대한
아스테카 법률의 적용

아스테카는 형법을 상당히 강조했는데, 사회질서 유지에 필수적이었기 때문이다. 오프너의 상세한 분석에 의하면, 간통은 중대한 범죄로 여겨졌고 대부분 사형 판결로 끝이 났다(Offner 1983: 260ff). 간통 사례에서 사법관은 피고가 평민인가 지주인가, 증거는 직접적인가 간접적인가, 간통을 시작한 사람이 남자인가 여자인가, 간통을 범한 이가 군인인가 아니면 민간인인가 등의 요소를 고려한다.

실제 적용되는 처벌은 이들 요소에 따라 달라진다. 군인을 제외하고 유죄 판결을 받은 이들은 모두 처벌을 받으며, 돌팔매, 교살, 화형, 돌로 머리 부수기 등의 처벌 방식은 관련된 사건이 얼마나 불명예스러운 것인가에 따라 결정된다. 군인의 경우, 처벌은 실제 전쟁의 최전선에 보내지는 방식이었다.

8번사슴 왕의 이야기와 그의 유산

8번사슴 왕은 믹스테카의 위대한 지도자였다. 권력 획득, 종말, 사후 유산에 이르기까지 그의 일생이 소우체-누탈 코덱스, 콜롬비노 코덱스, 벡커1번 코덱스 등 믹스테카 회화기록물에 묘사되어 있다. 8번사슴 왕의 영웅담은 사랑, 전쟁, 야망, 정치 음모에 관한 이야기로 채워져 있다. 하지만 이런 극적 요소 이외에도, 그의 영웅담은 믹스테카의 결정적인 역사적 순간에 어떠한 정치적 변동이 일어났고, 정치적 정당성을 확보하기 위해 어떠한 전략들을 수립했는가를 엿볼 수 있게 한다.

8번사슴이라는 이름은 260일 주기 신성력 기준 그의 출생일에 근거한다. 그는 서기 1063년에 태어났고, 전형적으로 사슴 머리와 여덟 개의 점으로 묘사된다. 8번사슴은 틸란통고 왕의 조언자였던 고위 사제에게서 태어났다. 그의 성장기에 믹스테카알타의 틸란통고와 할테펙을 비롯한 주변부 믹스테카 왕국들은 폭력적인 왕실 투쟁에 연루되어 있었으며, 틸란통고의 왕좌를 두고 상이한 분파들이 다투고 있었다. 이러한 혼란한 와중에 8번사슴은 투투테펙의 해안 중심지로 파병됐고, 그곳에서 그는 부대를 이끌고 투투테펙 영역을 확보하고 세력을 확장했다. 수년 후에도 분파 간 싸움이 계속되고 틸란통고 왕좌를 계승할 적계 후계자였던 어린 왕자가 죽음(아마도 살해된 것으로 보이는)을 맞이하며, 8번사슴은 그를 틸란통코의 왕좌로 이끌게 될 행보를 시작하게 된다. 틸란통고 왕국을 통치할 적법한 권한을 부여받지 못한 탈취자로서 그가 취한 전략 중 하나는 자신의 통치권을 정당화해 줄 외부 세력에 호소하는 것이었다.

촐룰라와 틀락스칼라 등 믹스테카알타 북부 중심지에 거주하던 나우아어 사용집단('톨테카-치치메카'로 불리기도 했다)의 고위급 지도자들(이들은 종종 혈통 지도자였다)은 코를 뚫는 의례를 수행했고, 이 의례로 독특한 터키옥 코 장식을 달았다. 코 장식은 그들의 고위직 신분을 나타냈고, 혈통이나 왕실 소유물의 수장을 의미하는 테쿠틀리라는 칭호로 불릴 것을 상징했다. 믹스테카의 코덱스는 8번사슴이 톨테카와 치치메카 중심지를 여행하며 코를 뚫고, 테쿠틀리 호칭을 하사받는 과정을 묘사한다. 또한 8번사슴 왕이 독특한 코 장식을 하고 새로운 지위와 그가 추구하던 정당성을 부여받게 된 모습을 그리고 있다. 마침내 8번사슴은 믹스테카 여러 왕실 가문의 지지를 받을 수 있었고, 이내 틸란통고 왕으로 직위한다.

8번사슴이 권력을 잡은 후에도 경쟁관계 왕조들은 틸란통고의 권좌를 두고 경쟁했고, 얼마 지나지 않아 8번사슴 왕의 형제가 '붉고 흰 더미'라는 곳의 왕인 11번바람의 아들들에 의해 살해되었다. 형제의 죽음을 복수하기 위해 8번사슴은 붉고 흰 더미 국가를 파괴했다. 전투 중 11번바람 왕과 그의 아내 6번원숭이(하칼테카 왕조)를 살해했지만 그들의 자손들은 살려 주었다. 자신의 입지를 강화하기 위해 8번사슴 왕은 11번바람의 딸 중 한 명과 혼인했고, 이렇게 자신의 왕조와 붉고 흰 더미 국가와의 관계를 성립했다. 이후 12년간 8번사슴 왕은 왕국을 통치했지만, 왕실의 분쟁은 끝나지 않았다. 1115년, 11번바람 왕과 6번원숭이 여왕의 아들인 4번바람 왕은 8번사슴 왕을 살해함으로써 부모의 죽음에 대한 복수를 한다. 이후 4번바람 왕은 8번사슴 왕의 딸과 결혼했고, 결과적으로 8번사슴 왕의 유산을 지속해 갔다.

400년 이상이 경과하고 스페인인들이 믹스테카알타에 도착했을 당시, 사실상 모든 믹스테카 왕실 가문들은 8번사슴 왕, 11번바람 왕 또는 6번원숭이 여왕의 후손으로 스스로를 내세웠다(8번사슴 왕에 대한 보다 상세한 내용은 바이랜드와 폴의 1994년 저작을 참조하라).

읽을거리

Berdan, Frances F. 1985 *The Aztecs of Central Mexico: An Imperial Society*. New York: Holt, Rinehart and Winston.

Berdan, Frances F., Richard E. Blanton, Elizabeth H. Boone, Mary G. Hodge, and Michael E. Smith 1996 *Aztec Imperial Strategies*. Washington, D.C.: Dumbarton Oaks.

Boone, Elizabeth Hill 2000 *Stories in Red and Black: Pictorial Histories of the Aztec and Mixtec*. Austin: University of Texas Press.

Byland, Bruce E., and John M. D. Pohl 1994 *In the Realm of 8 Deer: The Archaeology of the Mixtec Codices*. Norman: University of Oklahoma Press.

Carrasco, David, Lindsay Jones, and Scott Sessions (eds.) 2000 *Mesoamerica's Classic Heritage: From Teotihuacan to the Aztecs*. Boulder: University of Colorado Press.

Evans, Susan Toby 2004 *Ancient Mexico and Central America*. New York: Thames and Hudson.

Jones, Grant D. 1999 *The Conquest of the Last Maya Kingdom*. Stanford: Stanford University Press.

Landa, Friar Diego De 1941 *Landa's Relaciones de las Casas de YUCATÁN*. trans. Alfred Tozzer. Papers of the Peabody Museum of Archaeology and Ethnology 18. Cambridge: Harvard University Press.

Love, Bruce 1994 *The Paris Codex: Handbook for a Maya Priest*. Austin: University of Texas Press.

Masson, Marilyn A. 2000 *In the Realm of Nachan Kan: Postclassic Maya Archaeology at Laguna de On, Belize*. Boulder: University of Colorado Press.

Miller, Mary Ellen 2001 *The Art of Mesoamerica: From Olmec to Aztec*. Third Edition. World of Art. New York: Thames and Hudson.

Restall, Matthew 1997 *The Maya World: Yucatec Culture and Society, 1550-1850*. Stanford: Stanford University Press.

Smith, Michael E. 2003 *The Aztecs. Second Edition*. Oxford: Blackwell Publishers.

Smith, Michael E., and Frances F. Berdan (eds.) 2003 *The Postclassic Mesoamerican World*. Salt Lake City: University of Utah Press.

Smith, Michael E. and Marilyn A. Masson 2000 *Ancient Civilizations of Mesoamerica: A Reader*. Malden, Massachesetts: Blackwell Press.

Spores, Ronald 1984 *The Mixtecs in Ancient and Colonial Times*. Norman: University of Oklahoma Press.

Taube, Karl A. 1992. *The Major Gods of Yucatan*. Studies in Pre-Columbian Art and Archaeology No. 32. Washington, D.C.: Dumbarton Oaks.

Townsend, Richard F. 1993 *The Aztecs*. London: Thames and Hudson.

Weaver, Muriel Portes 1993 *The Aztecs, Maya, and Their Predecessors. Archaeology of Mesoamerica*. New York: Academic Press.

3장 스페인 접촉 시기의 메소아메리카

로버트 M. 카멕

스페인 정복자들과 맞서게 된 16세기 메소아메리카는 극도로 복잡한 세계였다. 이는 앞서 1장과 2장에서 살펴본 기나긴 발전의 결과였다. 이 장에서는 당시 메소아메리카가 얼마나 상호적으로 연계된 사회였는지를, 다시 말해 개별 사회가 공간적으로 아무리 서로 분리되어 있었더라도 하나의 사회 단위에서 발생한 사건이 다른 사회 단위들에 어떠한 영향을 미쳤는가를 살펴볼 것이다. 상호연계성에 주안점을 두는 접근 방식은 메소아메리카의 복합성을 보다 단순화할 수 있게 할 것이다. 더 나아가, 스페인 접촉 이후 수 세기에 걸쳐 진행되었던 문화적 해체에 맞서 지역민들이 응집력과 통합을 기반으로 어떻게 저항했는지를 명확하게 드러낼 것이다. 이 장의 전반부에서는 스페인 접촉 시기 메소아메리카의 사회적·문화적 복합성을 살펴본다. 후반부에서는 세계체제라는 관점에서 탈고전기 후반 메소아메리카를 분석한다.

스페인 접촉 시기 메소아메리카의 재건에 대한 논의는 주로 고고학과 민족역사학(문헌) 연구 결과에 근거한다. 두 학문은 매우 상이한 정보를 제공하기도 한다. 그럼에도 메소아메리카인들을 보다 총체적이고 완전히 이해하기 위해서는 두 학문을 상호보완적으로 활용하는 것이 필요하다. 또한, 고고학과 민족역사학은 앞선 1장과 2장의 논의와 이제 이어질 3장의 논의를 이어 주는 중요한 연결 고리가 된다. 이 장에서 언급하는 고고학 연구 결과들, 특히 스페인 접촉 당시 번성하고 있던 메소아메리카 정착지 유물에 관련해 참조하는 자료 가운데 상당 부분은 앞 장(2장)에서 이미 인용하고 논의한 바 있다.

이 장은 스페인어로 작성된 두 가지 유형의 문헌 자료에 가장 많은 비중을 두고 활용하고 있는데, 메소아메리카의 최초 탐험가, 정복자, 식민통치자가 작성한 자료, 그리고 메소아메리카인들이 작성한 자료이다(후자는 6장에서 상세하게 논의된다). 여기에 추가적인 연구 자료들을 참조했는데, 메소아메리카 토착민 후손들이 지난 5세기에 걸쳐 힘겨운 '식민화'를 겪으면서도 어떻게 언어적·문화적으로 독자적인 특색을 성공적으로 지켜 왔는가를 주제로 하는 연구들을 주로 참고했다. 이제 스페인인들과 접촉하기 직전 메소아메리카는 어떤 모습이었는가를 살펴보자.

1. 메소아메리카 세계의 사회문화적 복합성

접촉 당시(후기탈고전기) 메소아메리카 세계는 사회적·문화적 다양성으로 특징지어진다. 앞서 2장에서 우리는 메소아메리카의 다양한 지역과 고고학적 유적지 및 사람들을 묘사했다. 이를 토대로 이어지는 내용에서는 메소아메리카의 복합성을 매우 광범위한 맥락에서 기술하려 한다.

1) 도시국가와 제국

대부분의 학자들은 접촉 당시 메소아메리카의 기본적인 건물구획으로 시가지, 도시, 그리고 이에 부속된 농촌공동체를 제시한다. 농촌공동체는 대체적으로 부계혈통의 친족 집단으로 구성되었고, 이들 공동체가 모여 농민 평민층을 형성했다. 통치 지배층과 이들을 보조하는 관리들은 정치적 세력권이었던 도심지에 거주하며 농촌 평민에게 권력을 행사했다. 학자들은 이와 같은 메소아메리카 사회단위를 족장사회로 또는 국가로 간주할 수 있는지를 두고 긴 논쟁을 벌였다. 하지만 고대 메소아메리카 정치집단을 일종의 연속체로 설명하기 위해 족장사회나 국가를 일종의 모형으로 이해해야 한다는 것, 그리고 개별 정치조직체를 족장사회나 국가로 규정할 만한 특정한 속성이란 애초에 없다는 것이 이제는 명확해 보인다. 따라서 정치단위 내부의 다양한 권위체에 비교해 통치집단의 권위가 얼마나 우위를 점하는가에 따라 메소아메리카의 개별 정치단위를 연속체의 양극단인 족장사회와 국가, 이들 사이의 어딘가로 배치할 수 있을 것이다.

접촉 당시 메소아메리카의 수많은 정치단위는 연속체의 한 극단인 족장사회와 근접한 특성을 지녔으며, 친족관계 특히 혈연관계가 지배적 원리로 작동했다. 하지만 수백 개로 추정되는 대다수의 정치단위는 연속체의 또 다른 극단인 국가에 해당했고, 이 경우 군사적인, 공식적으로 집권적인 권력 관계가 우세했다. 이와 같은 정치단위를 학자들은 일반적으로 '도시국가'라고 부른다. 개별 도시국가에는 '왕실' 혈통이 임명한 통치자나 공동 통치자들이 있었고, 이들은 정치 중심지나 부속된 농촌공동체에 최고 권위를 행사했다. 멕시코 계곡에만도 최소 50개의 도시국가가 존재했고, 각 도시국가의 최고 통치자는 틀라토아니('말하는 자'를 의미하며, 복수형은 틀라토케)라는 호칭으로 불렸다. 과테말라 고지대의 경우, 약 30개의 도시국가가 번성했고, 이곳의 최고 통치자들은 아흐팝('멍석의 사람', '고문관')이라는 호칭으로 불렸다.

하지만 메소아메리카가 동등하고 자율적인 수많은 도시국가들로만 이루어진 건 아니었다. 전 지역에서 제국주의적 국가(제국)들은 독립적인 지위를 누리던 족장사회와 도시국가들, 그리고 심지어 상대 제국들을 종속시키기 위해 정복도 서슴지 않았다. 멕시카 제국, 또는 아스테카 제국이 이 중 가장 잘 알려져 있는데, 접촉 당시 메소아메리카에는 10개에서 20개에 이르는 제국주의 국가가 있었다고 추정된다. 이들 다수는 스페인인들이 도착하기 약 300년 전에 붕괴했던 중앙멕시코의 전설적 톨테카 제국을 건국 모델로 삼았다(톨테카 제국에 대한 자세한 설명은 1장을 참고하라). 후속적으로 등장한 여러 국가들이 '아류' 톨테카 도시국가나 제국이 되었고, 사제-통치자였던 케찰코아틀과 같은 과거의 위대한 톨테카 지도자들의 이름을 빌려 메소아메리카를 문명화하겠다는 사명의 일환으로 정복과 공물 징수를 일삼았다. 톨테카와의 관련성을 주장하던 제국주의적 통치자들 가운데 적어도 일부는 메소아메리카 변방에 놓인 소규모 도시국가나 심지어 족장사회들을 지배하던 사실상 약탈자에 지나지 않았다. 처음에 이들 신참내기 통치자들은 생존을 위해 영토를 확장했다. 하지만 주변부 정치집단들의 정치적 전통과 보다 '문명화'된 메소아메리카의 정치적 전통, 이들 양자에서 유래하는 관념들을 혼합하는 과정에서 이 통치자들은 점차 정교한 군사적·정치적 포부를 지니게 되었다.

아스테카와 같은 제국주의적 국가들은 메소아메리카 전역에 걸쳐 세력을 행사했고, 그들의 직접적인 통제권에서 벗어난 정치단위들에까지 상당할 정도로 영향력을 행사했다. 이들의 공격적인 행동으로 일종의 종속 관계가 형성되었고, 그 결과 형성된 불평등한 관계는 스페인 접촉 당시 메소아메리카를 규정하는 특징이 되었다(이어지는 메소아메리카의 세계체제 논의를 참고하라).

2) 종족집단

메소아메리카는 종종 단일한 '문화영역'으로 묘사된다. 문화영역이라는 범주는 지역 주민들이 공유한다고 추정되는 긴 목록의 일련의 문화적 '특성들'로 규정된다. 실제로 메소아메리카인들은 광범위한 문화 양식을 공유했다. 하지만 지역 내부에 상당한 문화적 다양성도 존재했음을 강조할 필요가 있다(사회적·언어적 다양성은 11장에서도 논의된다).

메소아메리카의 문화적 다양성은 지역 전반에서 발견되는 믿을 수 없을 정도로 복잡한 종족적 조합에서 상당 부분 표출되었다. 메소아메리카의 종족집단(ethnic groups, 이어지는 논의에서는 종족집단을 '민족' [peoples]으로 지칭하기도 할 것이다)은 언어를 근거로 정의되곤 한다. 그렇지만 다른 기준들도 중요한 참고 요인이 되는데, 가령 직업(예컨대 상인 집단이나 공예가 집단), 생활양식(시골풍의 또는 문명화된), 출신(상이한 혈통 계보), 종교 숭배(동일한 수호신성), 역사적 기원(공통된 신성한 고향으로부터의 이주) 등이 그 기준이 된다. 메소아메리카 전역에 수천 개의 종족 '민족'이 존재했고, 이들은 지역 사회의 삶에 전면적인 영향을 미쳤다.

메소아메리카에서 다수의 도시국가는 종족집단으로부터 비롯되었다. 종족적 소속보다 정치적 관계가 우위를 차지하게 된 후 한참이 지나서도 개별 집단의 특정 언어와 신성 및 세계관은 지속적인 영향력을 행사했다. 일부 사례를 검토해 보면, 중앙멕시코의 도시국가들은 대부분 '치치메카' 집단에 의해 조직되었는데, 치치메카라는 용어는 '북쪽 출신 유목민'들을 의미하므로 종족적 함의를 지닌다. 아스테카와 치치메카 집단 중 일부는 나우아어를 말했지만, 오토미어나 타라스카어와 같은 상이한 언어를 사용하는 집단도 있었다. 이와 대조적으로 과테말라 고지대의 마야 도시국가들을 구성했던 종족집단들은 일반적으로 아마크라고 불렸는데, '동쪽'에 있는 공통된 고향 출신이라는 점이 이들을 정의하는 기준이다. 마야의 아마크 집단은 다양한 언어를 말했다. 하지만 이들은 단일한 계보 체계에 소속되어 공통된 정체성을 공유했고, 이러한 계보 체계를 통해 크고 작은 규모의 친족 집단들로 통합되어 있었다.

메소아메리카에서 대부분의 도시국가와 모든 제국주의 국가들은 다종족적이었다. 따라서 내부의 종족적이고 문화적인 차이에 비교해 국가의 종교와 이데올로기가 얼마나 지배적인 영향력을 행사했는가라는 문제가 제기된다. 학자들은 아스테카 제국을 포함해 메소아메리카 국가들은 그들의 고유한 신과 특정한 문화적 실천을 다른 민족들에게 적극적으로 강요하지는 않았다고 설명한다. 하지만 최근의 연구에 의하면, 통치권을 지닌 종족집단들은 보다 광범위한 맥락의 제국주의적 이익을 대변하는 종교 이데올로기를 대중화하기 위해, 그들의 특정한 수호신성 숭배 의식을 재구성하여 전파하는 경향이 있었다. 메소아메리카 전역에서 전쟁과 인신공희를 강조하는 이데올로기가(비록 개별 이데올로기는 매우 상이한 특색을 지녔지만) 국가 주도로 널리 전파되었다. 또한 변방의 종족집단들은 문화적으로 이질적인 민족으로 여겨져 일반적으로 분리된 채로 남아 있었지만, 보다 대규모 국가의 중심지에 존재하던 종족 관념과 상징들은 제국의 지배문화에 동화되는 사례가 잦았다.

3) 지역적 연결망

메소아메리카의 종족과 정치조직에 근거하는 문화적 차별성(또는 변이)을 넘어서는, 보다 광범위한 사회문화적 차이는 지역적 중요성을 지녔다. 지역 연결망은 문화적 표현이 확장된 형태로 나타나게 했고, 문헌에서는 이를 '문명'으로 부르기도 한다. 고고학자들은 특히 지역적 다양성에 주목했고, 스페인과 접촉하기 훨씬 전부터 메소아메리카에 지역적 다양성이 존재했음을 보여 주었다. 개별 지역 연결망은 독자적인 언어와 문화적 특색을 지니며, 이와 같은 속성은 지역 연결망을 지배했던 강력한 정치조직체들에 의해 권장되고 확산되었다. 사포테카인들이 그 원형적인 사례인데, 그들은 멕시코 계곡에서 몬테알반을, 그리고 이후에는 근접 소도시들을 세웠고, 그 과정에서 스페인 접촉 당시 오아하카 지역 민족에 의해 계승되었던 사회문화적 지역 연결망을 확산시켰다.

메소아메리카에서 가장 중요한 지역 연결망들과 이에 해당하는 문화는 다음의 지리적 지역과 관련되어 있었다. 구체적으로는, 과테말라 고지대, 유카탄 저지대, 중앙아메리카 하부, 베라크루스-타바스코 남부, 오아하카, 중앙멕시코, 중앙베라크루스, 멕시코 북동부, 게레로, 멕시코 서부, 멕시코 북서부이다(이들 지역의 지리적 특징은 서론의 생태학에 관한 설명을 참고하라). 이어지는 글에서는 개별 지리적 지역의 민족들이 보다 광범위한 메소아메리카의 세계체제에서 어떠한 위치를 차지했는가를 살펴보면서, 개별 지역의 사회문화적 특색을 검토할 것이다.

요약하면, 스페인 접촉 당시 메소아메리카는 무수한 도시국가, 제국, 종족집단, 지역 연결망 등의 극도로 다양한 조직으로 구성되어 있었다.

2. 세계체제로서의 메소아메리카

여기에서는 앞서 언급한 사회정치적 다양성에도 불구하고 메소아메리카를 한데 묶어 주었던 통합성을 기술하려고 한다. 사회정치적 다양성과 복합성을 단순화하여 이해하기 위한 한 방편으로 학자들은 세계체제라는 관점을 적용한다. 세계체제론은 임마누엘 월러스틴이 유럽의 역사적 발전을 설명하기 위해 이론화했다(Wallerstein 1976). 그는 구세계 사회가 '세계체제'라고 알려진 거대한 사회 간 연결망에 수천 년 동안 편입되어 있었다고 가정한다. 15세기와 16세기에 유럽은 '근대적' 세계체제로 형성되는 과정에 있었고, 지금까지도 지구상 전 지역에서 그 여파가 느껴지고 있다. 유럽인들이 메소아메리카에 도착하면서 진정한 '세계들'의 충돌이 일어나게 되었는데, 무엇보다도 유럽인에 의해 메소아메리카가 '발견'

되던 당시의 메소아메리카도 이미 자체적인 세계체제를 형성하고 있었기 때문이다.

유럽인들과 접촉하던 당시의 메소아메리카를 세계체제로 접근하기 위해서는 무엇보다도, 메소아메리카를 구성하던 사회들 가운데 일부는 다른 사회들에 지배적인 권력을 행사했고, 그 결과 다양한 사회 단위들은 통합적이면서 동시에 분화된 세계를 형성했다는 점을 인식해야 한다. 더 나아가, 메소아메리카 지역은 어떠한 단일한 국가의 정치적 통제를 받지 않았으며, 오히려 경쟁적인 정치적·경제적 (사회) 단위들이 공존하던 상황이었음을 이해해야 한다. 접촉 당시 메소아메리카에서 가장 막강한 국가는 아스테카 제국이었다. 하지만 아스테카는 메소아메리카 세계의 절반에도 미치지 못하는 영토를 통치했다. 게다가, 앞서 언급했던 대로, 강력히고 독립적인 제국들이 아스테카인들과 공존하고 있었다. 접촉 당시 메소아메리카는 경제적 유대를 통해 중요한 방식으로 서로 연계되어 있었다. 따라서 아스테카인들이 스스로를 모든 '문명화된' 세계(적어도 그들의 인지 범위 내에서는)의 통치자로 내세우곤 했지만, 그럼에도 당시의 메소아메리카는 '세계 제국'이라기보다는 '세계경제'에 가깝다.

메소아메리카 연구자들은 중앙멕시코가 가장 영향력 있는 지역이었고, 세계체제라는 맥락에서 볼 때 지배적 중심부였다는 사실을 인식한다. 하지만 앞서 살펴본 대로, 서부멕시코, 오아하카, 유카탄, 과테말라에 또 다른 **중심부 지역**들이 존재했다. 중심부 지역 근방에는 중심부의 사회적 지배를 받은 **주변부 지역**들이 위치했으며, 멕시코 북서부, 멕시코 북동부, 중앙아메리카 남동부가 여기에 해당한다. 메소아메리카 세계체제의 핵심적인 **반(半)-주변부 지역**들은 무역과 여타 상업 활동에 특화되어 있는 지역과 주로 연계되어 있다. 이들 소위 반-주변부 지역은 불평등한 중심부 단위와 주변부 단위를 매개하는 역할을 하며, 메소아메리카 세계를 공통된 경제 체제로 이어 주었다. 접촉 당시 메소아메리카에서 가장 중요한 반-주변부 단위는 멕시코 남부 걸프 해안에 위치한 시칼란코였을 것으로 보인다. 하지만, 멕시코 북서부에 그리고 중앙아메리카 카리브와 태평양 연안에도 중요한 다른 반-주변부 단위들이 존재했었다(그림 3.1).

메소아메리카 세계체제에서 중심부, 주변부, 반-주변부들의 관계는 면직물 옷, 옥 조각, 카카오 콩, 동물 가죽, 희귀한 열대 조류 깃털, 금 장신구 등 사치품의 유입에 의해 상당 부분 결정되었던 것으로 보인다. 중심부 국가들에게 있어 '귀중품'은 생명줄과도 같았는데, 이 물품들로 통치자의 권위를 정당화했으며, 왕실의 중추가 되는 전사 집단과 사회 간 연결망을 지배했던 국가 관료들에게 보상을 할 수 있었기 때문이다. 중심부 사회는 주변부 민족에게 귀중품들을 바치도록 압박을 가했다. 이 같이 불평등한 교환 과정을 가능하게 하기 위해 제례를 통한 선물 교환, 반-주변부 지역에서의 중개 무역, 군사적 협박, 정복, 공물 할당 등의 원리가 적용되었다.

메소아메리카 세계체제의 분화된 관계를 지탱해 주었던 중심부와 주변부 사회들의 물품 교환은 다음과 같이 요약될 수 있다.

고대 메소아메리카에서 강력한 중심부 국가들이 성장한 결과로 무역이 널리 촉진되었다. 또한 많은 곳에서 세계체제 영역에서의 생산과 교환을 중심으로 우선순위의 재조정이 이루어졌다. …… 강력한 중심부 국가들이 발전했고, 그 결과 이들은 권력 핵심 집단에게 보상하기 위해 필요한 사치품의 생산을 증진시켜야 했다. 수요가 증가하자, 신생 중심국들이 정복한 영토를 넘어서 그 외부로까지 그 여파가 퍼져 나갔다. 광범위한 지역에 걸쳐 생산 전략이 변하게 되었고, 결과적으로 더 많은 지방 집단들이 메소아메리카 세계경제에 주변부로 편입되게 되었다(Blanton and Feinman 1984: 678).

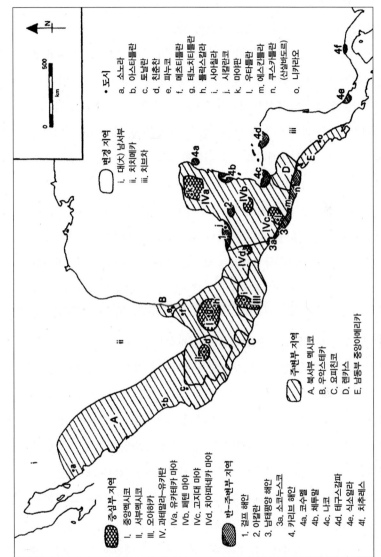

그림 3.1 메소아메리카 세계체제의 중심부, 주변부, 반-주변부 지역.

메소아메리카의 중심부 국가들은 주변부 민족의 귀중품만 아니라 노동력까지 강탈했다. 중심부 지역에서 대부분의 평민은 대량으로 생산할 수 있는 작물, 특히 옥수수, 콩, 아마란스와 같은 '곡물' 생산에 특화해야 했다. 귀중품 수요가 증가함에 따라 주변부 민족은 귀중품이나 무역을 통해 원하는 재화로 교환할 수 있는 품목의 생산을 늘리도록 강요받았다. 특히 면직물 옷에 대한 중심부 사회의 수요는 엄청났고(중앙멕시코로만 매년 300만 벌 이상의 면직물 옷이 유입된 것으로 추정된다), 이는 노동집약적인 목화 재배, 실 잣기, 뜨개질과 같은 활동의 상당 부분이 중심부에서 주변부로 이전되었음을 의미했다.

스페인 접촉 시대에 메소아메리카 세계체제의 영토권 내에 존재하던 사회는 규모나 발전 단계와 관련 없이, 모두 중심부, 주변부, 또는 반-주변부로서 교환 연결망에 통합되었던 것으로 보인다. 일단 메소아메리카의 권역을 벗어나면 **변경** 민족들이 존재했고, 그들은 보다 단순한 수백 개, 또는 수천 개의 소규모 사회적 연결망으로 분리되어 있었다. 변경 지역의 사회들 가운데 극히 소수는 단순한 무리(세계체제론의 용어를 빌리자면 '소체제')로 볼 수 있을 만큼 규모가 작고 단절되어 있었다. 하지만 다수는 부족 단계로 조직되어 있었고(일부는 족장사회 단계였다), 정치적으로 허약했다. 메소아메리카인들이 변경 민족에 대해 가지고 있었던 경제적인, 또는 정치적인 이해관계는 일반적으로 제한되어 있었다. 이와 같이 제한된 이해관계의 원인은 변경 민족이 단지 소량의 사치품을 보유하고 있었다는 사실에, 또한 변경 민족의 분절적 사회 연결망으로 인해 이들의 정복과 통합이 어려웠다는 점에 일부 근거한다.

그럼에도, 메소아메리카 북쪽과 남쪽의 변경 민족들은 메소아메리카 세계의 영향을 받았다. 또한 그들은 일정 정도 영향력을 행사했다. 하지만 메소아메리카인들과 변경 민족들의 관계는 체계적이지도 않고, 분명하지도 않았다. 메소아메리카 북쪽 변경은 유토-아스테카어족(코라, 위촐, 피만, 마요) 언어 사용자들로 주로 구성되어 있었는데, 메소아메리카인들에게는 치치메카인으로 널리 알려져 있었다. 남쪽 변경 민족은 치브차어족(파야, 수무, 우에타르, 탈라만카, 보루카, 구아이미) 언어를 주로 말했다. 메소아메리카인들이 이들 치브차 민족을 지칭하기 위해 사용했던 특정 용어가 있는지는 알려져 있지 않다. 하지만 이들을 문화적으로 이국적이고, 사회적으로는 후진적인 존재로 여긴 것이 분명하다.

스페인 접촉 이전의 메소아메리카에 대해 우리가 제시한 세계체제론적 접근은 세계체제론의 이론적 틀을 매우 단순화해 적용한 경우에 해당하며, 다른 학자들은 보다 상세한 해석을 제시해 왔다. 예를 들어, 스미스와 베르단은 세계체제의 주요 지역들은 단순화된 중심부, 반-주변부, 주변부의 단위를 넘어서 보다 복잡한 사회경제적 단위로 세분될 수 있다고 주장한다(Smith and Berdan 2003). 그들은 예를 들어 보다 세분화된 세계체제 단위로 "부유한 생산 지역", "자원 추출 지역", "교환 회로", "양식화된 지역", "특화되지 않은 접촉 주변부 지역" 등을 제시한다. 하지만 이 장에서는 메소아메리카의 세계체제를 소개하려는 목적을 가지고 있으므로, 세 가지 주요 구조적 단위인 중심부, 반-주변부, 주변부로 우리는 논의를 한정할 것이다. 그럼 이제 중심부 국가들을 살펴보자.

1) 메소아메리카 중심부

스페인 접촉 시기, 메소아메리카 세계체제에서 가장 강력하고 영향력 있는 중심부 단위는 분명히 아스테카 제국이었다. 하지만 당시 메소아메리카에는 군사적·경제적·문화적 지배권을 차지하기 위해 아스테카 제국과 경쟁하던 다른 중심부 국가들이 존재했다. 아스테카와 마찬가지로 이 정치조직체들은 제국주의적 성향을 지닌 국가들로 조직되었다. 따라서 이들은 메소아메리카 지역 전역의 풍경에 작은 점처럼 산재되어 있던 수백 개의 허약한 도시국가들과 족장사회들을 정복하면서도(주변부로 만들면서도) 인접한 강력한 국가들의 공격을 막아 낼 수 있었다.

중심부 국가들의 경쟁은 치열했고 가장 복잡한 사회 간 연결망을 형성되게 했다. 이들 사회 간 연결망은 메소아메리카의 네 개의 특정한 지리적 세부 지역들로 분산되었는데, 여기에서는 네 개의 세부 지역을 '중심부 지역'이라고 부를 것이다. 중심부 지역 가운데 가장 강력한 곳은 중앙멕시코였다. 중앙멕시코는 메소아메리카에서 농업적으로 가장 비옥하고, 교류에 방해가 될 만한 물리적 제약들이 없었던, 다시 말해 생태적으로 풍요로운 멕시코 분지를 근간으로 세워졌다. 다수의 지역 거주자들은 나우아어(아스테카)를 사용했고, 언어적 동질성은 이 지역의 상호적 연결망을 구성하는 수많은 국가들 간의 교류를 용이하게 했다.

그 외 세 개의 중심부 지역들은 중앙멕시코 만큼 풍요롭지는 못했지만 그럼에도 여전히 유리한 생태 조건을 보유했다. 서부멕시코의 중심부 지역은 고지대 파츠쿠아로 호수 분지와 저지대 발사스 하천 체계 사이에 형성된 '공생' 관계에 강력한 생태적 토대를 두고 있었다. 타라스카어(푸레페차어)가 전반적으로 사용되었고, 그 덕분에 타라스카 제국은 지역에서의 완전한 지배권을 보다 수월하게 유지할 수 있었다. 오아하카 중심부 지역도 생태적 다양성을 지녔는데, 고지대(믹스테카알타), 대규모 고지대 하천 계곡(오아하카 계곡), 두 개의 중요한 저지대 평야(오아하카 태평양 연안과 테우안테펙 지협), 이 지역들의 경제적 통합에 근거해 세워졌다. 오아하카에서는 믹스테카어와 사포테카어가 널리 사용되었다. 이 두 언어는 역사적 연관성에 있어서는 다소 거리를 보이지만 그럼에도 접촉 당시 오아하카 지역 전반에 걸쳐 상호교류가 가능할 수 있도록 최소한의 기반을 제공했다.

마야 중심부 지역은 중앙아메리카 북부 지역에 위치했고, 과테말라에서 유카탄으로 뻗어 있었다. 이 지역도 생태적으로 다양한 세부구역이었고, 남부 고지대 하천 분지(고지대 과테말라와 치아파스), 호수와 열대 저지대의 중앙 구역(페텐), 북부 저지대 평야(유카탄, 캄페체, 킨타나루)로 구성되었다. 사실상 이 지역민들은 모두 마야어족에 속하는 언어들을 말했고, 더 나아가 이 언어들은 수많은 차이에도 불구하고 충분히 공통적인 특색을 보유했으며, 마야 중심부 지역의 수많은 국가들이 제한적이지만 결정적인 상호교류를 유지할 수 있게 했다.

이제 메소아메리카의 네 개의 주요 중심부 지역을 개별적으로 살펴보자(그림 3.1의 지도 참조).

중앙멕시코 중심부 지역 | 중앙멕시코 중심부 지역은 멕시코, 텍스코코, 틀라코판 국가의 연합체로 구성된 연맹 제국의 지배를 받았다(그림 3.1, 1장과 2장 참조). 멕시코 국가는 자신에 소속되었던 두 개의 연방 국가에 지배권을 확보했고, 인구 20만에 이르던 테노치티틀란은 제국의 수도가 되었다. 아스테카 제국은 분지 내의 50여 개의 도시국가(altepetl, 알테페틀)를 통치했다. 종속된 도시국가(예를 들어 쿨루아칸[Culhuacan], 우엑소틀라[Huexotla], 아스카포찰코[Azcapotzalco])는 제국의 기관들과 이익뿐만 아니라 부채까지 상당 부분 공유했다. 이들 도시국가는 공물 납부의 책임을 지고 있었지만, 이들을 중앙멕시코 지역의 중심부 단위로 간주하는 것이 적절하다. 스페인인들과 접촉할 당시, 분지 거주민들 대부분은 제국의 언어인 나우아어를 사용했다.

아스테카 제국은 38개의 공물 납부 구획으로 분할되어 관리되었던, 분지 외부의 250여 개 이상의 도시국가들을 추가적으로 통치했다(Hodge and Smith 1994). 공물 구획은 대부분 멕시코 분지 근방에 자리했지만, 요알테펙(Yoaltepec, 게레로 해안), 코익스틀라우아칸(Coixtlahuacan, 오아하카 고지대), 소코누스코(Xoconusco, 치아파스 연안) 등 일부는 제국의 중심부로부터 먼 곳에 위치했다. 이들 공물 구획의 통용어(링구아 프랑카)는 나우아어였다. 하지만 대다수는 오토미어, 마사테카어, 마틀라신카어, 토토나카어, 믹스테카어, 사포테카어 등과 같이 메소아메리카에 존재하던 상이한 언어를 사용했다. 그 외에도 중앙분지의 외부에 위치한 100개 남짓의 도시국가들이 '부속국가'로서 아스테카의 정치적·군사적 통제를 받았는데, 이들 도시국가는 행정구획으로 조직되는 과정에 있었던 것으로 보인다. 일부 부속국가는 제국에 공물을 납부했다. 하지만 제국주의를 위한 부속국가의 주된 역할은 제국의 주된 군사적 경쟁자들에 대항해서 완충제가 되는 것이었다. 부속국가의 민족들은 행정구획에서와 마찬가지로 언어적인 다양성을 보였다. 아스테카 제국과의 관계에 있어, 그리고 중앙멕시코 중심부 지역 전반과 관련해서 이들 형식적 행정구획과 부속국가는 주변부적 단위로 간주될 수 있다.

아스테카 제국을 구성하는 국가들 간에는 상당한 경쟁관계가 형성되었고, 이는 전쟁으로 표출되기도 했다. 하지만 중앙멕시코 중심부 지역에서 가장 첨예한 분쟁은 아스테카 제국과 분지 주변에 자리한, 정치적 독립을 유지했던 일련의 국가들 사이에 발생했다. 아스테카 제국에게 있어 가장 중요한 경쟁상대는 틀락스칼라, 우에호친코, 메츠티틀란이었다. 이들 국가는 아스테카와 기본적인 제국주의적·문화적 특색을 공유했다(예컨대 유사한 기원 신화, 신성들, 역법 체계 등을 보유했다). 그럼에도 이들은 아스테카 제국과, 그리고 자신들 간에 장기적인 전투 상황에 있었다. 또한 가자 자신의 수호신성들에게 제물로 바칠 포로를 구하기 위해 의례적인 전투('꽃의 전쟁')를 벌였다. 중앙멕시코 중심부 지역의 이들 적대적인 국가의 통치자들은 서로의 중요한 의례에 참석했고, 이를 통해 지도층을 위한 선물과 그 외의 부담금(prestation)을 교환했다. 국가 간 혼인도 이루어 졌다. 하지만 일반적으로 지도층은 제국의 영역 내에서 혼인한 것으로 보인다.

우에호친코, 틀락스칼라, 메츠티틀란은 아스테카 제국의 중심부에 매우 인접한 산악지역에 자리했다. 이곳에는 상대적으로 자연 자원이 부족했다. 하지만 이들은 동쪽의 풍요로운 해안 저지대의 자원을 확보하기 위해 아스테카 제국이 반드시 거쳐야 하는 경로를 가로막고 있었다. 틀락스칼라는 전통적으로 걸프 해안의 민족들과 활발한 무역 활동을 해왔는데, 아스테카는 이 무역 경로를 통제하려는 의지를 가졌던 것이 분명해 보인다.

아스테카의 군대는 수차례에 걸쳐 이들 세 국가를 침략했고, 때로는 연맹국과의 연합을 통해 침략했다. 하지만 아스테카의 군대는 결코 이들 국가에 대한 군사적 지배에 성공할 수 없었다(아스테카는 스페인 접촉 직전에 우에호친코를 점령한 것으로 보인다). 실패의 원인은 이들 국가가 보유한 산악 요새의 방어적 속성에 일부 근거하지만, 이들 세 국가가 내부적으로 매우 군사화되고, 통합되어 있었으며, 정치적 독립을 위한 확고한 의지를 지녔던 점과도 관련 있다. 세 국가 모두 맹렬한 용병 전사를 보유했는데, 특히 과거에 아스테카 전사들로 인해 고향을 등졌던 오토미 종족집단과 찰카 종족집단이 여기에 포함되어 있었다. 우에호친코와 틀락스칼라 사람들은 아스테카의 언어인 나우아어를 말했던 반면, 메츠티틀란인들은 오토미어를 주 언어로 사용했던 것으로 보인다.

아스테카인들은 적대적인 이 국가들을 대상으로 전면전을 벌일 계획이었던 것으로 보이며, 이 경우 소요될 비용은 설령 전쟁의 결과로 공물을 획득한다 하더라도 결국 아스테카의 손해로 남았을 것으로 보인다. 결국 아스테카는 이 국가들을 대상으로 일종의 저강도의, 고도로 의례화된 전투를 벌이는 전략으로 점차 전환한 것으로 보이는데, 구체적으로 이들 국가보다 취약한 이웃 국가들을 점령하여 결국 이들 세 국가를 고립시키려는 것이다. 그럼에도 이들 세 국가와 아스테카 제국은 극도의 경쟁관계를 형성했고, 이와 같은 경쟁구도는 메소아메리카 세계체제의 전반적 분위기를 좌우했다.

서부멕시코 중심부 지역 | 중앙멕시코와 마찬가지로 서부멕시코는 타라스카 제국이라는 단일한 제국이 지배했다. 하지만 서부멕시코 중심부 지역의 제국에게는 어떠한 심각한 경쟁 국가도 존재하지 않았다는 점에서 차이가 있다. 타라스카 제국의 권역은 현재 멕시코의 미초아칸 주와 대략적으로 일치하는데, 산, 고원, 하천 분지, 발사스와 레르마–산티아고 하천 체계로 둘러싸인 해안 평야로 구성된 거대한 영토이다. 고지대 파츠쿠아로 호수 분지에 위치한, 약 3만 5천 명에 불과한 인구를 보유했던 친춘찬이 제국의 수도였다.

본래 타라스카 제국은 파츠쿠아로 분지에 자리한 80여 개 도시국가들의 정치적·군사적 연합을 통해 형성되었다. 이 연합체는 점차 분지에 인접한 70여 개의 도시국가들을 추가로 점령하며 확장해 갔고, 궁극적으로 보다 원거리에 위치한 수많은 기타 정치집단들을 통제하게 되었다. 타라스카 제국은 아스테카 제국보다도 집권적이고 통합적이었으며, 종속된 도시국가에는 자율권이 거의 없었다. 제국은 네 개의 행정 구역으로 분리되었고, 지방 행적 조직보다는 이들 네 개 행정 구역의 지도자들이 지방의 개별 단위를 직접 통치했다. 그럼에도 제국의 국경을 따라 자리했던 부속국가들, 특히 동쪽 국경의 부속국가들 가운데 일부는 독자적인 지도자를 가질 수 있었다. 타라스카 제국은 이들 부속국가를 속국이라기보다는 연합국으로 간주했고, 군사적 복무나 포로 노예 및 인신공희 희생자를 제공하는 방식으로 공납 의무를 수행하게 했다. 이들 부속국가를 포함해서 네 개의 행정 구역은 공물 납부의 기본 단위였고, 서부멕시코 중심부 지역의 주변부에서 중요한 부분을 차지했다.

타라스카의 언어와 문화는 파츠쿠아로와 주변 분지에서 지배적인 영향력을 행사했고, 제국의 민족들은 대부분 쉽게 동화되었다. 제국이 보유했던 강력한 종족적 특성은 파츠쿠아로 분지가 지녔던 상대적으로 제한적인 생태적 토대에 대한 제국 심장부의 반응이었을 것이며, 따라서 훨씬 더 광대한 지역의 자원을 문화적 동화를 통해 확보하려는 필요에서 비롯되었을 것이다. 강력한 동화에도 불구하고 제국 내에는 일종의 종족적 '분리'도 어느 정도 존재했다. 중심부 지역 내부의 이질적이고 고립된 일부 종족들(예컨대 쿠이틀라테카나 나우아틀 집단)은 공예품 생산, 무역, 염탐 등과 같은 방식으로 특별 복무를 수행했다. 제국의 국경에 위치한 부속국가들은 다종족적인 경향이 있었으며, 주로 오토미, 마사우아, 마틀라신카, 나우아 집단으로 구성되었다.

서부멕시코 지역에서는 경쟁과 분쟁이 거의 없었으며, 특히 중앙멕시코와 비교했을 때 더욱 그랬다. 타라스카 제국에게는 지역 내의 어떠한 주된 경쟁자도 없었고, 고도의 중앙집권적 정치 체계로 내부의 분쟁을 최소한으로 억제했다. 제국의 북쪽이나 동쪽으로는 강력한 국가가 부재했고, 나우아어 사용국가인 코카, 테쿠엑세, 카스칸, 사칼루타와 같은 소규모 도시국가들(현재 멕시코의 할리스코, 콜리마, 게레로 주에 위치했던)만이 타라스카 제국의 침범을 제지할 수 있었다.

타라스카의 주된 경쟁 상대는 아스테카였다. 아스테카와의 치열한 외적 경쟁은 서부멕시코 중심부 지역에 존재했던 상대적으로 내적인 응집력을 설명해 준다. 막강하고 수적으로 우세한 아스테카인들과 성공적으로 경쟁하기 위해서 타라스카인들은 통합된 제국이 필요했다. 타라스카인들의 제국은 메소아메리카에서 가장 군사화된 국가들 중 하나가 되었다. 더 나아가 타라스카인들은 아스테카와의 수많은 전쟁에서 자신들을 지켜 내는 것 이상의 성과를 거두었다. 남쪽과 서쪽에 아스테카의 행정 구획과 그 부속국가들과 인접한 지점에 타라스카인들은 요새를 세웠고, 부속국가를 조직해 아스테카의 침입에 맞섰다. 타라스카 통치자들이 테노치티틀란에서 열리는 아스테카의 제례에 참석하기도 했고, 반대로 아스테카 지도자들이 타라스카의 제례에 참석하기도 했다. 하지만 이들 두 강대국의 비군사적 접촉은 최소한의 수준에 머물렀다. 우리가 아는 바로는 이들 왕실 가문 간의 혼인은 이루어진 적이 없었고, 직접 무역은 사실상 부재했다(하지만 중개자를 통한 무역이 상당히 번성했다). 두 제국의 장거리 상인들은 각자 제국의 권역을 넘을 수 없었고, 왕실의 호위를 받는 사절단조차도 서로의 영토를 방문할 때면 신변의 위험을 감수해야 했다.

이런 점에서 서부멕시코 중심 지역은 메소아메리카 세계체제에서 특별한 경우에 속한다. 그곳의 제국주의적 국가는 군사적으로 막강했음에도 경쟁상대인 아스테카 제국에 비해 내부지향적이었다. 타라스카인들은 아스테카와 인접한 이웃 국가들을 제외한 그 외의 메소아메리카 지역에는 제한적인 관심만을 보였던 것 같다. 타라스카인들은 탁월한 품질의 금속 제품을 생산했고, 이는 메소아메리카의 광대한 지역에 걸쳐 거래된 것으로 보인다(일부는 태평양 해안을 따라 뱃길로 운반되었을 것이다). 하지만 실질적으로 그들은 무역에서는 그다지 명성이 없었다. 타라스카의 문화는 메소아메리카 '세계' 문화의 특징 가운데 상당 부분을 공유한다. 그렇지만 다른 제국주의 국가들에 비교하면 국지적인 성향을 보였다. 타라스카의 종교 신앙과 예술 양식은 메소아메리카 다른 지역과는 매우 구별된다. 더 나아가 놀랍게도 타라스카에는 문자 체계가 없었다.

오아하카 중심부 지역 | 현재 멕시코의 오아하카 주 일대에 위치한 중심부 지역에는 지배적인 제국주의 국가가 부재했다는 점에서 중앙멕시코나 서부멕시코 중심부 지역과 극적으로 대조된다. 이 지역은 50여 개의 소규모 왕국이나 도시국가들로 나누어져 있었고, 이들 간의 영토적인 경계와 정치적인 연합은 지속적으로 변했다. 이 국가들은 믹스테카 고지대와 오아하카 계곡에 대략 비슷한 비율로 집중적으로 분산되어 있었다. 고지대에서는 믹스테카어 사용자가 압도적으로 많았고, 오아하카 계곡에서는 대체로 사포테카어를 말했지만, 계곡 거주자들 가운데 소수는 믹스테카어를 사용했다. 믹스테카인들은 동부 저지대와 해안 저지대에 위치한 도시국가들을 추가적으로 통제했고, 연맹으로 흡수하기도 했다. 이는 사포테카인들이 테우안테펙 지협 저지대에 위치한 정치조직체들을 통제, 흡수했던 방식과 유사하다. 오아하카 중심부 지역에는 믹스테카어나 사포테카어가 아닌 언어, 예를 들어 초초어, 치난테카어, 믹세어, 소케어, 차티노어, 아무스고어를 사용하는 종족집단들도 있었다. 이들은 대체적으로 중심부 국가들의 직접적인 통치에서 벗어나 있었고, 중심부 지역의 오아하카 믹스테카 도시국가나 사포테카 도시국가들의 주변부를 구성했다.

믹스테카 고지대 내부에 위치한 틸론통고, 얀위틀란, 할테페카 등의 도시국가에서 통치자들은 고대로부터 혈통을 계승했다고 여겨졌고, 특히 명예로운 존재로 여겨졌다. 심지어 지역 내 수많은 국가들의 통치자들은 앞서 언급한 도시국가 통치자들로부터 자신들의 왕실계보를 추적하기도 했다. 믹스테카의 코덱스는 8번사슴 '호랑이 발톱' 통치자를 특별히 기술하는데, 그는 틸란통고의 왕좌를 차지하고, 지역의 수많은 소도시와 집단들을 정복했으며, 해안에 투투테페카라는 중요한 왕국을 세웠다. 이후에 그는 9번집이라고 불리는 경쟁관계의 혈통에 의해 살해되었다. 공통된 왕조 혈통을 지니고, 유사한 장례 의례(미라로 처리한 과거 통치자들을 중심으로 구성되었던 장례 의례)를 수행했다는 점에서 믹스테카 국가들은 상당한 문화적 통일성을 지닐 수 있었고, 다양한 통치가문의 광범위한 상호 혼인 관습은 이러한 통합성을 더욱 강화시켰다. 하지만 유대관계에도 불구하고 믹스테카 국가들 간의 전투는 광범위하게 발생했다.

오아하카 계곡의 수많은 사포테카 국가들은 지역 연합 도시국가들 가운데 사아칠라가 가장 명예롭고 강력한 국가라고 인식했다. 사아칠라 통치자들은 계곡의 여러 정치조직체들로부터 공물을 징수했고, 지방 주민들을 관리할 지역 지도부를 임명하는 방식으로 행정구획을 세우기도 했다. 틸론통고의 사례에서 나타나듯이 믹스테카 지역에서 사아칠라의 명성은 보다 제한되어 있었으며, 군사적 지배보다는 문화적 측면에 주로 관련되었던 것으로 보인다. 사아칠라 국가와 사포테카의 여타 도시국가들은 역사적 존재인 몬테알반 사포테카의 정치 체계를 승계했을 것이며, 때문에 정치와 종교가 특히 밀접하게 혼합될 수 있었을 것이다.

고고학적 증거에 따르면, 고지대 믹스테카 국가들은 다수의 사포테카 계곡 민족들을 지배했고, 자신들의 주변부로 배속시켰다(1장과 2장 참조). 예를 들어, 얀위틀란의 믹스테카 왕국 혈통의 왕조 구성원들은 사아칠라 국가의 왕조 혈통과의 혼례를 통해 사아칠라 국가에 대한 일정 정도의 통제력을 확보할 수 있었다. 반면 산악 고지대의 믹스테카 국가들은 사포테카의 도시국가들을 정복했고, 통치권을 행사하거나 연맹으로 흡수했다. 믹스테카의 도자기, 금속품, 조각, 채색된 조상들은 특히 몬테알반(7번 무덤)이나 사아칠라를 비롯한 오아하카 계곡의 수많은 유적지에서 발견되었다. 이와 같이 고지대 믹스테카의 국가와 계곡 사포테카의 국가들은 군사적 위협과 정치적 연맹 등이 복잡하게 혼재된 관계를 맺고 있었던 것으로 보인다. 그리고 결과적으로 이 중심부 지역의 믹스테카 문화와 사포테카 문화의 창조적 결합으로 나타나게 된 것이다.

오아하카 중심부 지역은 메소아메리카 세계체제 내 세 개의 다른 중심부 지역에 소속된 국가들과의 관계를 통한 일종의 연결망을 형성했다. 믹스테카의 왕들은 톨테카 통치 계보의 후손임을 주장했고, 이와 유사한 주장을 하던 중앙멕시코 도시국가의 통치자들과 정치적 유대를 유지했다. 아스테카 전사들은 믹스테카와 사포테카의 수많은 국가를 정복했고, 코익스틀라우아카와 코욜라판의 공물 징수 구획으로 조직했다. 아스테카인들은 계곡의 곽사카카(Guaxacac, 여기에서 오아하카라는 이름이 유래한다)에 주둔지를 세웠고, 믹스테카와 사포테카의 주요 왕국의 통치 가문들과 혼인관계를 맺었으며, 지역 내 통치 계급이 나우아어를 통용어(링구아 프랑카)로 사용하게 했다. 그럼에도 오아하카 지역에서 아스테카 제국의 통제력은 약했고, 스페인 접촉 당시 이 지역에서는 아스테카의 통치에 반발하는 반란운동(믹스테가 도시국가와 사포테카 도시국가들이 개별적으로 또는 연합을 통해 조직했던)이 광범위하게 전개되었다.

오아하카 중심부 지역은 공예가들로 유명했다. 이들 공예가는 메소아메리카의 소위 '국제적'인 예술 전통에 따라 작업했으며, 메소아메리카에서 가장 탁월하고 가장 널리 유통되었던 일부 귀중품을 제작했다(그림 2.3). 중앙멕시코 중심부 지역의 다양한 도시에는 믹스테카 공예가들을 위한 특별 구역이 세워졌고, 이들은 공예품의 제작 외에도 아스테카 공예가들에게 자신들의 기술을 전수했다. 게다가 오아하카의 다색 도자기, 금속제, 골제 조각품 등은 광범위한 메소아메리카의 세계체제 전역으로 널리 보급되었다.

마야 중심부 지역 | 최남단의 중심부 지역은 다양한 도시국가와 제국들로 구성되었고, 현재의 과테말라와 유카탄 반도 일대를 점유했다. 중앙멕시코 지역과 마찬가지로 마야 국가들은 메소아메리카의 광범위한 지역에

걸쳐(마야의 경우 특히 중앙아메리카 북부에서) 강력한 영향력을 행사했다. 마야 지역의 중심부와 주변부 전반에서 거주민들의 언어와 문화에는 압도적으로 마야적인 특성이 발견된다. 마야 지역을 규정하는 또 다른 특징은 고지대와 저지대 중심부 국가들 간에 정치적·경제적으로 중요한 교환이 이루어졌음에도, 국가 간 상호연계는 상대적으로 약했다는 점이다.

대체적으로 마야 중심부 국가들은 남부 고지대(현재의 치아파스와 과테말라), 중앙 호수와 열대 저지대(페텐과 벨리즈), 북부 저지대(캄페체, 유카탄, 킨타나루)로 구성된 세 개의 지리적 지역에 분산되어 있다. 이들 지역에서 30가지가 넘는 마야어가 사용되었고, 이들 언어 가운데 다수는 남부 저지대에서 사용되었다(예컨대, 초칠어, 하칼테카어, 맘어, 익실어, 키체어, 칵치켈어, 포코맘어). 중앙 호수 지역과 북부 저지대에서 구술된 언어는 그 수가 더 적었고, 언어 간 유사성이 더 강했다(라칸돈어, 촐어, 모판어, 이차어, 촌탈어, 유카테카어). 대부분의 중심부 국가들은 다양한 마야 언어 사용자들을 통합했고, 어떤 경우에는 마야어를 사용하지 않는 이들까지 통합했다.

남부 고지대 마야 중심부 국가들의 정치조직은 상당한 논쟁의 대상이 되어 왔다. 일부 학자들은 이들 국가를 중앙집권적 국가가 아니라, 혈통과 보다 거대한 분파의 연합체로 보았다. 하지만 역사적으로 이 지역에서 가장 중요한 정치조직체였던 키체 정치조직체에 대한 상세한 연구에 따르면, 이들의 정치조직은 중앙멕시코나 메소아메리카의 중심부 지역에 존재했던 도시국가나 제국들의 경우와 유사성을 보인다(Carmack 1981).

키체-마야 국가는 약 1만에서 1만 5천 명의 인구를 보유한 쿠마르카(Q'umarkaaj, 우타틀란[Utatlan]으로도 알려져 있음) 수도에 중심을 두었다. 정복을 통해서 키체는 주변의 마야와 비-마야 도시국가들을 제국으로 편입시킨 다음, 30여 개의 공물 징수 구획으로 조직했다. 또한 키체 제국은 칵치켈과 추투힐 등 남부 고지대의 마야 중심부 국가들과 군사적·경제적인 경쟁을 했다.

고지대 마야의 제국주의 국가들은 전투, 무역, 공격적 외교를 통해 허약한 수많은 도시국가와 족장사회를 자신들의 주변부로 배속시켰다. 주변부 민족들은 대부분 마야어 사용자였고, 서쪽으로는 초칠어, 첼탈어, 맘어 사용자였고, 북쪽과 동쪽으로는 익실어와 포코맘어 사용자였다. 남쪽의 주변부 민족들은 대부분 비-마야 언어인 피필어(나우아어)와 신카어 사용자였다. 망게어를 사용하는 치아파네카 집단은 이 중심부 지역에서는 유일한 비-마야어 사용 국가였다. 치아파네카는 치아파데코르소 근방에 위치한 수도를 중심으로 서쪽으로는 소케어 집단을 지배했고, 동쪽으로는 초칠-마야어 집단에 군사적 압력을 행사했다.

남부 고지대에 비교해 중앙 호수 지역과 북부 저지대 지역의 중심부 국가들은 그 수가 적었고, 이곳에 거주하는 마야인들 다수는 보다 거대한 지역의 주변부나 반-주변부에 속했다. 중앙 호수 지역에서 유일한 중심부 국가는 이차-마야(Itza-Maya)였을 것이며, 수도인 타흐이차(Taj Itza)는 페텐 호수 지역 내의 섬에 세워졌다. 이차의 통치자들은 호수 주변의 본토에 거주하는 분산된 농경 집단에게 공물을 징수했다. 이차의 언어는 유카테카-마야어와 매우 유사했고, 이들 두 언어 사용 집단들은 폭넓은 무역 교류를 했다(벨리즈의 모판 마야인들[Mopan Mayas]을 중개자로 활용하면서 말이다). 보다 세력이 약했던 촐어와 라칸돈어 사용 집단들은 이차 국가 주변의 영토에서 생활했다. 그들은 이차의 전쟁 협박과 실질적인 군사 충돌로 이차의 주변부로 전락했던 것이 분명해 보인다.

유카탄 북부 저지대 사람들은 대부분 강력한 마야판 '제국'에 종속되기도 했으며, 반도 북부 일대에 위치한 인구 1만 1천 정도의 소규모 도시에 주로 거주했다. 하지만 스페인 접촉 당시 마야판 국가는 소규모의 정치조직체들로 해체되었다. 독립조직체들 가운데 약 16개(예컨대, 마니, 소투타, 찬포톤)는 소규모 중심부 국가로 조직화할 수 있었고, 권력과 공물을 두고 경쟁했다. 그들은 차칸, 치킨첼, 우아이밀 '행정구획'에 자리했던 보다 단순하게 조직된 정치집단들을 자신들의 주변부로 종속시킨 것으로 보인다.

남부 고지대와 북부 저지대 마야 중심부 국가들의 교류는 대부분 무역의 형태로 이루어졌으며, 육로나 뱃길로 물품을 이송했던 특화된 상인들이 담당하는 장거리 무역이 특히 중요한 비중을 차지했다. 고지대의 옥, 흑요석, 숫돌, 금속, 케찰새 깃털이 저지대의 직물, 도자기, 노예, 꿀, 카카오와 교환되었다. 고지대와 저지대의 관계가 지속되는 데에는 어려움이 있었는데, 페텐의 우거진 열대 밀림과 그 주변 지역을 거치는 여행길이 매우 험난했다는 점이 부분적인 이유이다. 이차는 마야 중심부 지역의 남부 고지대와 북부 저지대의 중개자 역할을 하는 데 그다지 내켜하지 않았던 것 같다. 그럼에도 두 지역에서는 직접적인 접촉이 이루어지기도 했는데, 고지대 중심부 지역 국가들의 통치자들이 타바스코와 유카탄 지역의 '마야-톨테카' 지도자들과 계보적인 관련성을 지녔다고 주장했고, 권위를 강화하기 위해 주기적으로 이들 지역에 사절단을 보냈던 것이다.

남부 고지대와 북부 저지대 마야 국가들은 오아하카 중심부 지역, 중앙멕시코 중심부 지역과 광범위한 품목을 거래했으며, 무역의 대부분은 외부 장거리 상인들의 중개로 이루어졌다. 마야와 아스테카의 상인들은 과테말라와 타바스코 해안의 특별 시장으로 여행했고, 그곳에서 매우 형식적인 조건에 근거해 물품을 교환했다. 아스테카와 키체는 소코누스코 지역의 통제권을 확보하기 위해 분투했기 때문에, 이들 간에는 소규모 접전들이 발발했을 것이다. 결국 아스테카 제국과 키체 제국 사이에는 상당한 군사적 긴장감이 감돌고 있었으며, 양국의 왕실 가문들은 혼인관계를 통해 이러한 긴장을 완화하려 했을 것이다. 과테말라-유카탄 지역 남동부의 마야 중심부 국가들과 주변부 민족들은 마야 상인의 후원하에 직접 거래를 했다. 더 나아가 마야 국가들도 남동부 주변부 민족들에게 군사적·정치적으로 상당한 압력을 행사할 수 있었을 것이다.

2) 메소아메리카의 반-주변부

중심부와 주변부의 불평등한 관계에서 매개체 역할을 하는 사회들이 반-주변부를 구성한다. 세계체제론에서 반-주변부 단위는 혁신적으로 사회 제도를 발전시키는 경향이 있는데, 그 부분적인 원인으로는 중심부와 주변부 민족들의 문화 유형에 반-주변부가 스스로 동화되기 때문이다. 메소아메리카 세계체제에서 외부인들 간의 무역을 주선하고 증진시키는 데 특화되어 있는 사회를 핵심적 반-주변부 단위로 볼 수 있다. 공개 무역이 행해지는 지역은 "무역항만"이라고 불리곤 하는데, 보다 적합한 명칭으로 "국제무역중심지"라 불리기도 한다(Smith and Berdan 2003: 12). 메소아메리카 무역중심지에서는 이국적인 종교 의식의 번성이 빈번했고, 거리와 관계없이 순례의 발길이 이어졌다. 메소아메리카 반-주변부에서 무역과 종교는 특히 순조롭게 공존했다.

  메소아메리카 반-주변부 지역들은 핵심적 중심부로부터 대부분 멀리 떨어져 있었고, 일부는 상이한 중심부 지역들의 경계지점에 위치하기도 했다. 또한 대부분은 거대한 주변부 지역의 인근에 위치했다. 예를 들어, 멕시코 걸프 해안 남부의 유명한 국제무역중심지는 서쪽으로는 아스테카의 국경에 인접했고, 동쪽으로는 마야 중심부 국가들의 국경에 인접해 있었다. 이와는 대조적으로 카사스그란데스 무역중심지(1350년에 해체됨)는 메소아메리카 북쪽 일대의 중심부 지역에서 멀리 떨어져 있었지만, 지역 내 중요한 비중을 차지하던 주변부 민족들의 인근에 자리했다.

카사스그란데스의 기념비적 건축물로는 작업장, 창고, 대규모 시장, 아파트 단지, 구기장 등이 있었다. 그림을 그려 넣은 도자기, 구리 장신구, 이국적 깃털 등 지방의 생산물은 원거리 무역상들을 끌어모았고, 무역상들은 메소아메리카 중심부 지역에서 높은 수요를 보였던 터키석이나 기타 귀중석과 같은 사치품을 카사스그란데스로 가지고 왔다. 카사스그란데스에서는 케찰코아틀 신성을 기리는 의식이 행해졌던 것이 분명하며, 이와 같은 방식으로 '성스러운 도시'가 되게 했을 것이다.

　일부 반-주변부 사회는 중심부 지역 내부에 존재했을 것이며, 강력한 중심부 국가들에 둘러싸여 쉽게 정치적 독립을 유지할 수는 없었을 것이다. 이 경우 대부분은 제국으로 편입되었을 것이며, 중심부와 주변부를 매개하는 능력을 상실하거나 이에 버금가는 극단적인 변화를 겪었을 것이다. 예를 들어, 틀라텔롤코는 아스테카 제국의 권역 내에 존재했음에도 상당 수준의 독립을 유지하던 상업 도시국가였지만, 1473년에 결국 아스테카에게 완전한 통치권을 내어 주고 말았다.

　이어지는 글에서는 메소아메리카의 주요 반-주변부 지역들과 각 지역의 무역중심지를 살펴볼 것이다(그림 3.1의 지도 참조).

걸프 해안 | 현재 멕시코 타바스코 주 일대는 메소아메리카에서 가장 규모가 크고, 가장 중요했던 반-주변부 지역이 위치했던 곳이다. 이 국제무역지대는 교통 요지에 자리 잡았는데, 특히 그리할바 강, 우수마신타 강, 칸델라리아 강을 비롯한 무수한 석호가 있어 카누를 이용한 이동이 매우 용이했다. 서쪽 코아차코알코에서 시작해 동쪽 시칼란코에서 참포톤(캄페체)에 걸쳐 일련의 소규모 도시국가들이 형성되었고, 이들은 무역중심지 기능을 했다. 중앙멕시코의 아스테카인, 고지대 치아파스와 과테말라 출신의 초칠-마야인과 키체-마야인, 아칼란의 촌탈-마야인, 반도의 유카

테카-마야인들과 같이 전 방위에서 외부상인들이 방문했다. 걸프 해안의 상인들은 '푸툰'이라고 불렸는데, 시칼란코 근방의 중심지역에 위치한 주요 무역항만 중 하나였던 푸툰찬 민족으로부터 유래했던 것으로 보인다.

걸프 해안에서 수행된 무역 가운데 상당 부분은 무역중심지 통치 관료들의 중재를 통한 상인들 간의 형식적인 교환으로 이루어졌다. 이들 상인들은 적대적인 중심부 국가들의 이익을 대변했는데, 일반적으로 제조품(옷, 도자기, 금장신구, 귀중석 보석)과 고가의 천연물(깃털, 옥, 가죽, 소금, 노예)을 교환했다. 이 일대에는 정기적인 시장이 들어섰고, 보다 '공개적' 교환 거래도 상당 정도 이루어졌다. 지방민들은 다량의 카카오콩 생산으로 제법 수익을 남겼다. 또한 카누를 타고 유카탄과 카리브 해를 따라 장거리 이동을 하며 상품 교환을 했다.

국제무역중심지들은 정치적으로 독립적이었고, 전쟁과 정복보다는 무역에 보다 치중했다. 지배 계급은 정치협의회로 조직된 상인들로 구성되었다. 여자들도 높은 직위에 오를 수 있었지만, 행정적인 업무는 그들의 남자 친척들이 대행했다고 한다. 외부 상인들은 무역 소도시에 주거 구획을 세웠고, 정치적 사안에 분명한 영향력을 행사했다. 특히 시칼란코에 거주하는 아스테카 상인들이 그러했는데, 그들은 통치 협의회에 복무하며 지역에 주둔하던 동족 전사들의 호위를 받았던 것으로 보인다. 그럼에도 정치적 중립은 무역중심지의 주된 특징이었고, 중립이 유지되지 않고서는 막강한 경쟁 국가의 상인들 사이에서 무역이 불가능했을 것이다.

걸프 해안 민족들 대다수는 촌탈-마야어를 사용했고, 이는 지역 내 거래에 참여했던 상인과 관료들의 주요 상업언어이기도 했다. 그렇지만 상인 계급은 대체적으로 나우아어도 사용했으며, 무역중심지에는 나우아어와 피필어 사용자들도 거주했다. 이들 여덟 개의 소도시(가장 큰 곳은 시마탄이었다)에서 거주민의 다수는 나우아어 원어민이었다.

걸프 해안 민족들은 특히 부유하고, 범세계주의적이며, 외부인들에게 친절하다는 평가를 받았다. 상인 계급은 정교한 예술작품을 보유했고, 그림이 그려진 코덱스, 도자기, 보석, 벽화, 조각상 등의 예술작품은 모두 당시 메소아메리카의 '국제적' 예술 양식을 따랐다. 그들의 종교에 대해서는 알려진 바가 거의 없는데, 단지 유카테카-마야인의 종교와 많은 유사성을 보인다고 알려졌을 뿐이다.

글상자 3.1은 시칼란코와 많은 점에서 유사했던 아칼란 반-주변부 무역 지대를 서술하고 있다.

남부 태평양 연안 | 소코누스코 남쪽으로 전개되는 태평양 연안은 일련의 무역중심지들이 자리하고 있는 길게 늘어진 지대이다. 유감스럽게도 접촉 당시 이 지역에 대해서 우리는 거의 아는 바가 없다. 더 나아가, 일부 학자들은 이 일대에 진정한 의미의 국제무역중심지가 과연 존재했었는가에 의구심을 보인다. 소코누스코 자체(멕시코 치아파스 해안 일대의 소코누스코)는 중립적 무역 지대였고, 적대적 관계에 있던 아스테카와 키체-마야 제국 출신 상인들도 공개무역에 참여할 수 있었다. 스페인인들의 도착이 있기 50년 정도 이전에 키체인들과 아스테카인들은 소코누스코 지역에 대한 정치적 통제권을 두고 충돌하기 시작했다. 키체인들이 일부 동쪽 소도시들을 정복했지만(아유틀라, 타파출라, 마사탄), 결국 아스테카인들이 소코누스코 지역 전체를 통제하게 되었다. 아스테카의 사료에 근거하면, 아스테카의 정복은 틀라텔롤코 도시국가 출신의 장거리 상인들에 의해 이루어졌다고 하는데, 이들은 예전에 소코누스코 토착민들의 공격을 받은 바 있다.

소코누스코는 아스테카 제국의 공물 납부 구획으로 귀속되었음에도 불구하고 계속해서 무역지대 기능을 했던 것으로 보인다. 아스테카 상인들은 아스테카의 정치적 통제력에도 불구하고 그곳에서 무역 거래를 했고, 이는 오아하카, 치아파스, 과테말라 상인들에게도 마찬가지였다. 아스테카 상인들은 태평양 연안을 따라 더 남단으로 무역원정을 떠나기 위해 소코누스코 무역지대를 기지로 활용하기도 했다.

소코누스코인들은 많은 양의 카카오를 생산했고, 적극적으로 무역에 관여했다. 그 지역의 고고학 유물에 의하면, 소코누스코 사회는 중심부 지역 사회에 비해 분화가 심하지 않았고, 정치적으로 중앙집권적이었다. 그들은 국가보다는 족장사회로 조직되었던 것으로 보인다. 거주자들 대부분은 믹세-소케어를 사용했으며, 망게어와 피필어를 사용하는 소수집단들도 존재했다. 스페인 접촉 당시 소코누스코 지대의 통용어는 나우아어였다.

소코누스코와 마찬가지로 과테말라 서부 해안의 수치테페케스(Suchitepequez)는 카카오를 생산하는 무역지역이었다. 아스테카 상인들은 물품 거래 이외에도 제국을 위한 염탐을 위해 그곳까지 여행했다. 아스테카 상인들에게 수치테페케스의 특별 무역중심지들이 필요했던 이유는 북쪽 마야 중심지 국가들의 고지대 수도에서 그들은 환영받지 못했기 때문이다. 하지만 소코누스코에서 상황은 정반대였다. 해안 무역중심지들은 수치테페케스에서 키체의 통치권에 복종해야 했지만, 그럼에도 무역을 위한 아스테카와 그 외 외국 상인들의 방문은 허용되었다. 키체는 영토 내에 나우아인들을 대상으로 하는 식민구역을 설치했는데, 긴 시간에 걸쳐 지역 내에 축적되었던 무역 연결망을 보다 효율적으로 이용하려는 의도였음이 분명하다.

문헌 자료에 의하면 아스테카와 마야의 장거리 상인들은 보다 남단으로 향하는 여정에서 과테말라 해안 중심지에 위치했던 에스퀸틀라를 경유했다. 과테말라 동부, 엘살바도르, 니카라과 태평양 연안을 따라 추가적인 무역중심지들이 있었다. 하지만 유감스럽게도 우리가 보유하고 있는 사료에는 이들 중심지들의 위치나 정치조직 형태에 대한 세부적 사항이 기록되어 있지 않다.

카리브 연안 | 유카탄 반도와 중앙아메리카 지협의 카리브 연안을 따라 일련의 무역중심지들이 자리하고 있었다. 이들은 또 다른 중요한 메소아메리카 반-주변부 지역을 구성했다. 카리브 무역중심지들은 전략적인 위치에 세워졌는데, 지방의 자원을 착취하고, 메소아메리카 중심부 지역과 거대한 남동부 주변부를, 그리고 더 나아가 중앙아메리카 하부의 국경과 매개해 주려는 의도였다. 이렇게 형성된 연결망을 따라 금과 같은 귀중품이 파나마에서 유카탄을 지나 메소아메리카 전역으로 유통되었다.

유카탄 반도 카리브 해안선에서 약간 벗어나 있는 코수멜 섬은 스페인 접촉 당시 소규모 무역중심지로 조직되어 있었다. 섬의 곳곳에는 특수 토대가 설치되어, 홍수가 발생해도 무역 물품이 침수되지 않고 안전하게 보관될 수 있게 했다. 또한 물가의 가장자리에서 중앙 시가지까지 둑길이 길게 세워져 있어, 공식적인 무역 활동의 기반이 되었을 것으로 보인다. 이 중앙 시가지는 유명한 익스 첼 여신의 성지였던 것으로 보이며, 종교순례의 발길이 이어졌다.

코수멜 섬의 유적지를 발굴하는 고고학자들은 섬의 거주자들의 실용적 측면에 주목한다. 거주자들은 거대한 사원이나 성지, 또는 왕실 대신 창고나 돌길, 또는 소박한 거주지 등에 투자했다. 익스 첼 의식에서도 실용적인 측면을 찾아볼 수 있는데, 그들의 우상은 '말하는' 존재였고, 무역 지향적인 코수멜 거주자들의 변화하는 필요를 충족시켜 줄 수 있는 유연한 교훈을 제시해 준다고 믿었던 것이다. 국제무역중심지라면 의례 그랬듯이, 대부분의 코수멜인들은 처음 방문한 스페인인들에게 우호적이었고, 그들과 무역 거래를 하려 했다. 그들은 심지어 '추천서'를 요구하며 다음에 방문하는 스페인인들이 상업적 이익을 가져다주리라 기대하기까지 했다!

카리브 해안선을 따라 더 남쪽으로 가다 보면 체투말과 니토라는 잘 알려진 두 무역중심지들이 있었다. 이들은 주요 하천 체계를 통해 내륙으로부터 물품을 들여오고, 카리브 해로의 접근을 용이하게 하려는 전략적인 고려에 따라 세워졌다. 또한 카카오 생산지이기도 했다. 체투말 유적지에는 메소아메리카의 국제적 예술 양식을 지방적으로 표현한 벽화가 그려졌고, 벽화에는 상인들의 신 익차우아가 신성들 사이에 두드러지게 표현되고 있다(그림 2.6). 글상자 3.1에서 언급했듯이, 니토 무역중심지에는 아칼란과 그 외 지역 출신의 상인들과 대리인들이 거주했다.

중앙아메리카 해안을 따라 위치한 국제무역지대들 가운데 가장 큰 규모의, 가장 중요했던 곳은 현재 온두라스의 울루아 강 계곡에서 발견되었다. 울루아는 여러 측면에서 걸프 해안 지대와 유사했다. 특히 대개 카누로 여행하고, 카카오가 아주 많이 생산되었다는 점에서 그러하다. 이 일대에서 가장 중요한 무역중심지들 중 하나는 울루아 삼각주 바로 남단의 차멜레콘 계곡의 나코에 위치했다. 나코는 유카탄에서 북쪽으로, 과테말라 고지대에서 서쪽으로, 그리고 중앙아메리카 무역중심지에서 더 남쪽으로 향하는 무역상들을 위한 교차로 역할을 했다. 나코는 내륙 항만이었으며, 육로와 해로를 통해 흑요석, 금, 옥, 카카오콩, 깃털 등의 물품을 유입했다. 나코의 평민층 인구는 촐-마야어나 초르티-마야어를 말했던 것으로 보이며, 두 언어 모두 걸프 해안과 아칼란에서 사용된 촌탈-마야어 계통에 가깝다. 나코를 연구하는 고고학자들은 나우아어 사용자나 나우아어의 영향을 받은 마야인 집단들이 나코 무역 도시를 통치했다고 본다(그림 3.2).

중앙아메리카 카리브 연안을 따라 울루아 지대 남쪽으로는 또 다른 무역중심지들이 있었다. 그 중에 파파예카는 온두라스 동부 테구스갈파 지역에 있었던 것으로 보이며, 아갈타 계곡 금광 인근에 세워졌다. 파파예카 통치자들은 아스테카 언어였던 피필어와 유사한 언어를 말했고, 아스테카 상인들과 '금을 비롯한 귀중품'을 직거래한 것으로 보인다. 현재 코스타리카 식소알라 계곡의 카리브 해안을 따라 더 남쪽으로 가다 보면 나우어 사용자들의 또 다른 무역중심지가 있었는데, 칩찬어 사용자들에게 이 지역은 시구아스('외국인')로 알려졌다. 시구아스의 통치자는 이스톨린이라는 아스테카 이름으로 불렸고, '멕시카-치치메카' 사람이라고 알려졌다. 시구아스는 식소알라 하천부지에서 채굴한 금을 아스테카인들에게 제공했는데, 이러한 거래는 아스테카 상인들에 의해 직접 이루어지거나, 해상수송을 하는 푸툰 상인들에 의해 간접적으로 이루어졌다.

마지막으로 놈브레데디오스(현재 파나마 운하가 카리브 해로 유입되는 지점) 근방에 거주했던 집단에 대한 약간의 정보가 발견되었다. 스페인 정

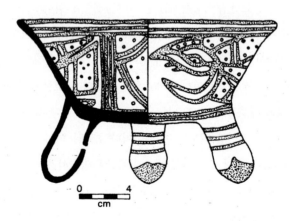

그림 3.2 나코에서 발굴된 그림이 그려진 도자기 그릇, 중앙아메리카 북부의 온두라스. 출처: Wonderley 1987: 310.

복자들에 의하면 스페인과 접촉하기 전에 이 집단은 온두라스 지역에서 카누를 타고 이동해 왔으며, 이동의 목적은 중심지를 식민지화하기 위해서였다. 그들은 파나마의 다른 토착민들과는 상이한 언어를 말했고, '추추레스'라고 불렸다. 추추레스는 무역상으로서 촌탈어나 나우아어를 사용했던 것으로 보인다. 만일 이와 같은 추측이 사실이라면, 그들은 메소아메리카 세계체제에서 활동하는 반-주변부 사람들 가운데 최남단의 전초항만을 형성한 셈이 된다.

3) 메소아메리카 주변부

메소아메리카 주변부 사람들은 메소아메리카 세계의 경제적·정치적·문화적 삶에 적극적으로 참여했다. 하지만 그들의 참여는 약자로서, 그리고 송속된 처지에서 이루어졌다. 군사적 침략, 정복의 위협, 강제적 정치 연합, 불평등한 제례와 시장 교환 등에 의해 주변부 민족들은 메소아메리카 중심부 국가에 굴종해야 했다. 스페인인들에게 깊은 인상을 남겼던 강력한 제국과 왕국들은 수많은 주변부 민족 없이는 지속적인 기능이 불가능했는데, 복잡한 메소아메리카의 중심부 지역을 지탱해 준 노동력, 천연물, 공회 제물 등이 수많은 주변부 민족들로부터 제공되었기 때문이다.

　앞서 살펴본 대로, 수많은 주변부 민족들은 종속 구획으로 제국주의 국가에 편입되었다. 이 경우, 주변부 민족은 공물 납부의 의무라는 방식으로 직접적인 착취를 당했고, 주변부화되었다. 메소아메리카 주변부 민족들 가운데는 다양한 수준의 정치적 독립을 유지한 경우도 있었지만, 여전히 간접적이고 더욱 교묘하게 중심부의 지배를 받았다. 그들은 대부분 중심부 국가들로부터 수그러들 줄 모르는 군사적인 압력을 받았고, 경제적 교환을 통해 착취당했다. 주변부 민족들은 행정구획에 속했든, 또는 종속 사회였든 관계없이 중심부의 '간섭'으로 인해 정치적으로 허약하고, 경제적으로 착취당하고, 메소아메리카인들의 기준에 따르면 문화적으로 '후진적'인 상태에 남겨져야 했다.

앞서 언급했듯이, 변경 지역은 메소아메리카 세계체제 외부에 해당했던 멕시코 북부와 중앙아메리카 남부에 주로 거주했던 민족들로 구성되었기 때문에, 메소아메리카 주변부와 소위 변경 지역은 구별될 필요가 있다. 변경 지역 민족들은 정치적으로, 경제적으로 메소아메리카 세계로부터 영향을 받았다. 하지만 그들은 메소아메리카에 의한 구조적인 변형을 겪지는 않았다. 그럼에도 변경 민족들은 주변부 민족들과 전쟁을 벌이거나, 새로운 사상과 실천을 전파하는 방식으로 메소아메리카의 발전에 영향을 미칠 수 있었다. 아스테카인들은 원래는 변경 민족들이었고, 이후 북서부멕시코 주변부로 통합되었으며, 그다음 중앙멕시코로 이주해서 중심부 국가가 되었고, 마침내 메소아메리카 중심부의 지배적인 제국주의 국가로 전환했다(1장과 2장 참조).

이제 북서부멕시코에서 시작해서 메소아메리카 세계체제에서 가장 중요한 주변부 지역들을 일부 살펴볼 것이다(그림 3.1의 지도 참조).

북서부멕시코 주변부 | 북서부멕시코는 메소아메리카 중심부 민족들에게 중요성을 지녔던 자원을 풍부하게 보유한 곳이었는데, 특히 구리, 금, 은, 터키석과 기타 귀중석, 목화, 조개, 물새, 소금, 페요테 선인장과 기타 사막의 식물상과 동물상이 있었다. 높은 가치를 지닌 천연물은 북서부 주변부 민족들에 의해 추출되어 처리과정을 거쳤고, 메소아메리카 중심부 지역에서 제조한 물품과 교환되었다. 천연물은 태평양 연안과 시에라마드레 산맥의 동쪽 측면에 주로 집중되어 있었다.

스페인 접촉 당시 천연물을 추출하고 처리하는 민족들은 산맥의 동쪽보다는 해안가에 더 많이 집중되어 있었다. 일반적으로 그들은 족장사회에서 도시국가로 이행하는 단계에 있었던 정치조직체로 조직되어 있었고, 메소아메리카의 수많은 문화적 특색을 공유했다. 그들이 중심부 지역과 가장 밀접한 유대관계를 형성한 곳은 서부멕시코와 타라스카 제국이었을 것이다. 아스테카 제국과 중앙멕시코의 다른 중심부 국가들과의 무역은 연안을 따라 타라스카인들의 부분적인 제지를 받았던 것으로 보이지만, 시에라마드레 경로를 통해서는 차질 없이 지속적으로 무역 거래가 이루어졌다.

북서부 지역의 가장 강력한 도시국가들은 현재 멕시코의 할리스코 주, 콜리마 주, 나야릿 주에 해당하는 남부 지역에 있었다. 그곳의 사람들은 대부분 나우아어와 관련된 언어를 사용했다. 토날란(과달라하라)과 카스칸 등의 도시국가들은 상대적으로 규모가 컸고, 매우 군사적이었다. 그들은 수천 명의 전사를 싸움터에 동원할 수 있었고, 1만 명에 이르는 거주민이 점유하는 도시적인 시가지를 건설했을 것이다. 그들은 메소아메리카의 여러 가지 '선진적' 특색을 공유했는데, 몇 가지 예를 들자면 구리괭이, 흑요석날의 검, 시장, 석재 공공 건물과 가옥 등이 있었다. 만신전에는 메소아메리카에서 친숙하게 볼 수 있는 신성들이 놓여 있으며, 의례에서는 인신공희와 식인풍습(카니발리즘)이 행해졌다.

이들 도시국가는 남쪽의 타라스카 제국으로부터 군사적·경제적으로 강한 압력을 받았으며, 이들에게 발견된 메소아메리카적인 특색 가운데 상당 부분은 타라스카의 개입에 대한 반응으로 나타난 것으로 보인다. 타라스카인들은 특히 목화, 금속(금, 은 구리), 소금, 꿀, 카카오 등 이 지역에서 생산되는 희귀품마저 고갈시켰던 것이 분명하다. 따라서 북서부 주변부 남쪽 일대는 타라스카 중심부 국가의 직접적인 지배를 받았다고 보아야 한다.

보다 북쪽에 자리한 차메틀라, 아스타틀란, 쿨리아칸 등의 도시국가들은 코라어와 카히타어를 사용하는 민족들이었고, 두 언어 모두 나우아어와 가까운 계통의 언어이다. 그들이 타라스카인들과 직접 접촉하는 경우는 제한되어 있었을 것이다. 따라서 그들은 메소아메리카의 다른 중심부 지역들의 간접적인 영향하에 있었을 것이다. 그들은 중앙멕시코 중심부 사회와 무역 거래를 했으며, 이는 지역의 고고학 유적지에서 발견되는 다채로운 도자기, 구리와 금 장신구들이 중앙멕시코의 예술 양식에 따라 제작되었다는 점으로 알 수 있다. 이들 정치조직체는 남쪽과 비교해 규모가 작았다. 하지만 일부 군사단위체들은 수천 명의 전사들을 보유했던 것으로 보인다. 이 지역의 정치 통치자들은 가마(litter, 사람이 들고 이동하는 침대 ——옮긴이) 위에서 태어났고 높은(귀족의) 지위를 향유했다.

일반적으로 이 지역 북쪽 일대의 주변부 민족들은 남쪽 일대 주변부 민족들과 유사한 종류의 물품을 메소아메리카 세계에 공급했다. 물품을 제공하는 대신 그들은 제조품을 받았고, 그 과정에서 메소아메리카의 문화적 특색에 동화되었다. 이 지역에서 발견된 메소아메리카 후반의 국제적 예술 양식에 따라 제작된 공예품과, 신성이나 인신공희에 대한 복잡한 종교적 관념들은 메소아메리카의 전형적 특성을 보여 준다(그림 3.3). 하지만 북부 민족들이 석재 건축물이나 조각 기념물을 제작하지 못했다는 점을 주목할 필요가 있다.

한때 학자들은 북서부 메소아메리카와 비-메소아메리카 변경의 경계가 시날로아의 리오푸에르테를 따라 형성되었다고 생각했다. 하지만 최근의 역사적·고고학적 자료는 메소아메리카 주변부가 현재 소노라의 주요 하천 계곡들로까지 확장되었음을 보여 준다. 오파타어를 사용하는 소노라 거주민들은 북부 주변부의 다른 정치조직체들과 유사한 방식으로, 족장사회에서 도시국가로의 이행기에 있는 조직을 구성했다. 그들은 메소아메리카 북서부 주변부 민족들과 오늘날 북미 남서부에 해당하는 지

그림 3.3 멕시코 시날로아에서 발굴된 전형적인 메소아메리카 양식에 따라 그려진 도자기 그릇. 출처: Kelley 1986: 87.

역의 변경 민족들을 이어 주는 중요한 연결 고리가 되었던 것이 분명하다.

일부 고고학자들은 북서부 주변부가 한때는 북미 남서부까지 확장되었다고 주장한다. 또한 북미 남서부의 호호캄 집단이나 아나사시 집단과 같이 복잡한 사회의 민족들이 메소아메리카에 터키석과 면직물 옷을 수출했다고 주장한다. 그 과정에서 이들 북서부 민족들은 메소아메리카의 특색을 선별적으로 취했고, 이와 같은 방식으로 세계체제의 주변부 단위가 되었다고 주장한다. 스페인 접촉 당시 북서부 주변부와 거대한 남서부 지역은 순조롭게 무역하고 있었다. 하지만 메소아메리카의 관점에서 본다면 변경 관계로 간주할 정도로 산발적인 수준의 교환에 머물렀다.

우악스테카 | 우악스테카 민족은 메소아메리카 북동부에서 특별한 주변부를 형성했다. 우악스테카 북쪽 일대와 남쪽 일대에는 나우아어 사용자들이 거주했지만, 이 지역 거주민들 대부분은 마야어족의 먼 계통 언어인 우악스테카어를 말했다. 마야어 사용자들이 남쪽의 자매어로부터 그토록

멀리 떨어진 곳에서 거주했다는 점은 놀랍다. 하지만 일부 학자들은 한때 우악스테카인들이 멕시코 동쪽 해안 전역에 거주했고, 지리적으로는 남쪽의 마야 지역과 접하고 있었다고 본다.

우악스테카인들은 특정한 '고대적' 문화 특색을 보여 주는데, 이는 메소아메리카 세계체제로의 진입이 상대적으로 뒤늦게 이루어졌음을 시사한다. 아스테카와 같은 중심부 민족들은 우악스테카인들을 이국적인 존재로 여겼다. 우악스테카인들은 머리에 다채로운 색을 칠하고, 줄로 치아를 갈거나, 일종의 원뿔 모양 두건을 두르거나, 샤머니즘적이고 주술적인 행위를 숭배하는 등의 특징을 보였다(그림 3.4).

더 나아가, 메소아메리카의 잘 알려진 신들은 우악스테카인들에 의해 고대적인 방식으로 관념화되었다. 예를 들어, 아스테카에서 육욕(sen-

그림 3.4 우악스테카의 신체 한 면에 문신을 새긴 벌거벗은 남성 조각상. 그림: 엘런 세사스키(Ellen Cesarski).

suality)의 여신인 틀라솔테오틀은 우악스테카인들에게는 태초의 어머니이자 다산 여신이었다. 고대 메소아메리카 신화에는 우악스테카인들이 언급되고 있는데, 바다를 건너 파누코의 우악스테카 항만에 정주한 사람들이 멕시코에 거주하게 되는 대목을 묘사하는 신화에서이다. 신화의 역사적 근거에 대한 논의와는 별개로, 메소아메리카인들에게 우악스테카인들은 자신들 문명의 머나먼 과거의 잔재와 같이 인식되었음을 의미한다.

메소아메리카를 세계체제로 본다면, 우악스테카인들은 전형적인 주변부 민족이었다. 그들은 다소 고립된 지역에 거주했고, 문명화된 세계로부터 벗어난 치치메카 변경 민족들과 밀접한 교류를 했기 때문이다. 하지만 우악스테카 지역은 중심부 사회에서 탐낼 만한 이국적인 자원을 풍부히 보유하고 있었고, 특히 고무, 수피로 만든 옷, 거북이 등딱지, 동물 가죽, 깃털, 조개껍질 등이 풍부했다. 우악스테카는 정치적으로 취약했고, 중앙집권적 국가들로 통합되기보다는 무수한 소규모 족장사회들로 분화되었다. 그럼에도 메스치틀란 국경 지대에는 규모가 큰 정치조직체들이 있었고, 우악스테카는 이 중심부 국가와 연합하기도 했다. 우악스테카의 공공 건축물은 정치적인 상황을 반영했는데, 상대적으로 규모가 작았으며, 그다지 두드러질 점이 없었다. 하지만 예외적으로 메츠티틀란 지역의 남쪽 국경을 따라 소수의 보다 대규모의 잘 방어된 유적지들이 있었다. 우악스테카인들은 문자 체계를 갖지 못했던 것으로 알려져 있다.

아스테카 제국의 등장 이전부터 우악스테카인들은 중앙멕시코 도시국가들에 의해 상당한 직접적인 착취를 당했다. 아스테카인들은 목테수마 1세(서기 1440년~1468년) 통치기에 처음으로 우악스테카인들을 공격했다고 하는데, 우악스테카인들이 그 지역에서 무역교류를 하던 상인들을 죽인 데 대한 보복이었다. 우악스테카인들은 이 전쟁에서 승리하기 위해 주술 의식에 과도하게 의존했던 것으로 보인다. 하지만 결국 전쟁에서

패했고, 수많은 남자와 여자, 그리고 아이들이 승리에 취한 아스테카 전사들에 의해 살해되었다. 우악스테카 족장들이 아스테카 제국에 많은 공물을 바칠 것을 약속한 후에야 살해가 중단되었다. 우악스테카와 아스테카의 전쟁은 여러 차례에 걸쳐 계속되었는데, 수많은 우악스테카 정치집단들이 독립적으로 남아 있었고, 그렇지 않은 경우에는 제국의 통치에 반발했던 점과 관계가 있다. 아스테카인들에게 전쟁은 전리품, 노예, 희생 제물을 구할 수 있는 기회였다. 다른 주변부 민족들처럼 우악스테카인들은 경멸적인 방식으로 묘사되었고, 아스테카인들은 그들을 불쾌한 술주정뱅이에 성적으로 문란한 자들이라고 불렀다.

글상자 3.2와 글상자 3.3이 묘사하는 요페와 렌카인들은 앞에서 서술한 우악스테카인들 그리고 북서부 민족들과 유사한 방식으로 중심부 핵심 지역과 관계를 맺었던 주변부 민족들이라고 볼 수 있다.

중앙아메리카 남동쪽 주변부 | 메소아메리카 남동쪽 주변부는 과테말라 동부 일대에서 코스타리카 니코야 반도까지 이어지는 태평양 연안 지역을 점유하는 일련의 족장사회와 도시국가들로 구성되었다. 이 지역의 북쪽 지대는 오늘날의 과테말라와 엘살바도르에 해당하며, 나우아어와 밀접하게 관련된 언어인 피필어 사용 집단이 주로 점유했다. 니카라과 해안과 니코야 해안을 따라 펼쳐진 남부 일대는 초로테가어 사용자 집단과 숩티아바어 사용자 집단 그리고 피필어 사용자 집단(나카라오)이 점유했다. 이 세 개의 언어와 가장 가까운 계통의 언어 사용자들은 메소아메리카 중심부 지역의 북단에 살고 있었다.

남동부 민족과 메소아메리카의 관계와 관련해서는 상당한 혼란이 존재했다. 남동부 민족은 메소아메리카와 관련해서 '완충제', '변경', 또는 '중간' 민족과 같이 다양한 방식으로 언급되어 왔다. 하지만 자료에 의하면, 태평양 연안을 따라 니코야 반도 남쪽에 걸쳐 거주하던 민족들은 메소아메리카 세계체제에 주변부 민족들로 통합되었다. 그들은 메소아메리카 중심부 국가들로부터 정치적·경제적인 압력을 받았고, 메소아메리카의 수많은 전형적인 특징을 공유했다. 특히 그들은 메소아메리카 세계에 면화, 카카오, 깃털, 동물 가죽, 염료, 금 등의 천연물과 제조되지 않은 물품을 제공하도록 요구받았다.

정치적으로 남동쪽 주변부 민족들은 대부분 도시국가와 향상된 족장 사회로 조직되었다. 이들 정치조직체들은 보다 강력한 중심부 국가들과의 관계에서 권력과 지위를 차지하기 위해 끊임없는 분쟁을 했다. 가장 큰 도시국가들은 피필인들에게서 발견되며, 에스킨틀라, 미타, 이살코, 쿠스카틀란 등에 위치했다. 남동쪽 주변부의 다른 민족들에 비해 피필 도시국가들은 이웃한 마야의 중심부 국가들과 보다 직접적으로 교류했고, 그 결과 중심부와 유사한 특색으로 동화되었다. 이들 피필 집단들의 남쪽에 위치한 정치조직체들은 규모가 작았고, 학자들은 이들을 족장사회라고 묘사하기도 했다. 대표적으로 니카라과 태평양 해안과 코스타리카의 니코야 반도를 따라 자리한 초로테가 집단과 니카라오 집단이 있다.

대체적으로 남동쪽 정치조직체들은 귀족 신분의 통치자의 지배를 받았다. 통치자는 일정 기간 복무하도록 선발된 노인들로 구성된 정치협의회의 고문과 동의를 거쳐야 했다. 통치자들과 협의회는 전시에 사람들을 통솔할 전쟁 족장을 선발했다. 이처럼 정부는 다소 분권화된 형태를 지녔고, 이는 보다 집권적으로 조직된 메소아메리카의 중심부 국가들과는 차별되는 모습이었다. 남동쪽 핵심 시가지들은 중심부 지역들의 경우에 비교해서 규모가 작았고, 응집력이 낮았다. 건축적인 차이도 존재했는데, 남동쪽의 공공 건물은 대부분 돌보다는 흙으로 지어졌다는 사실에서도 차이를 찾아볼 수 있다.

일부 학자들은 니카라오인과 초로테가인들이 외부적으로 북쪽의 메소아메리카인들보다는 남쪽의 메소아메리카 외부 민족들과 주로 관계를 맺어 왔다고 주장해 왔다. 이 이론은 특히 초로테가인들과 관련해서 제기되었는데, 그들은 정치적으로 니카라오인들보다 약했고, 스페인인들에 의하면 "조야하고, 여자들 치맛바람에 휘둘리는" 사람들로 묘사되었다 (Chapman 1960: 86). 그렇지만 초로테가인들의 문화적 관념과 실천은 완전히 메소아메리카적이었고, 그들은 무역, 정치연합, 전투를 통해 메소아메리카의 다양한 민족들과 적극적으로 관계를 형성했다. 요약하자면 그들은 메소아메리카 남동쪽 주변부의 일부를 구성한 것이다.

니카라오인들은 분명히 메소아메리카 세계체제에 연관되어 있었다. 그들의 문화적 특색 중 상당 부분은, 예를 들어 260일 역법 체계, 신성들의 정교한 만신전, 의례적인 인신공희 등은 아스테카인들의 것과 사실상 동일했다. 니카라오인들과 보다 광범위한 메소아메리카 세계의 중심부 단위들 간에 지속적인 상호교류가 없었다면 메소아메리카 다른 지역과의 문화적 유사성은 사실상 불가능했을 것이다. 스페인 정복자들이 받은 지도들을 검토해 보아도 동일한 결론을 내릴 수 있는데, 지도에는 아스테카와 푸툰 상인들이 무역 교류를 위해 '니카라과'에 이르기까지 여행했던 경로들이 그려져 있다. 사실상 니카라오인들은 잘 발달된 시장들을 보유했고, 그곳에서 카카오 통화를 비롯한 메소아메리카에서 가장 중요한 귀중품이 유통되었다. 니카라오인들은 메소아메리카 중심부 국가의 상인들과 거래했고, 태평양 연안을 따라 위치한 국제무역중심지에서 무역이 이루어졌을 가능성이 가장 높다.

앞서 살펴본 바와 같이, 니카라오와 초로테가 사회들은 보다 북쪽에 자리한 피필 도시국가들보다 정치적으로 세력이 약했다. 그렇지만 그들이 족장사회로 또는 국가로(또는 그 중간의 이행단계 형태로) 조직되었는가의 여부와는 별개로, 니카라오와 초로테가 사회는 안정적인 공물 체계와 상비 전사 인력을 보유했다. 더 나아가, 중심부 국가들의 경우처럼 최고위층 공공 관직을 맡기 위해서는 귀족이라는 지위가 요구되었다.

피필 동쪽에 위치한 중앙아메리카 하부의 카리브 방면(온두라스, 니카라과, 코스타리카, 파나마)에 자리 잡은 초로테가와 니카라오 정치조직체들은 메소아메리카 세계체제의 외부에 속하는 민족들로 구성되었다. 메소아메리카의 관점에서 보면, 그들은 남동쪽 변방에 해당했다. 이들은 대부분 칩찬어를 말했고, 자신들만의 소규모 사회 연결망으로 서로 맺어졌다. 정치조직은 일반적으로 부족이나 종족사회의 형태를 지녔고, 대개 친족(혈통) 관계로 조직되었다. 엘리트 지도자들은 금과 귀중품을 교환하며 지역 전역을 여행했다. 메소아메리카의 변방인으로서, 그들은 메소아메리카에 약간의 영향력을 행사했다. 예를 들어, 코카잎을 씹는 니카라오의 관습은 칩찬 변방인들에게서 차용된 것으로 보인다. 그럼에도, 문화적인 영향력은 대부분 메소아메리카에서 중앙아메리카 지협의 칩찬 세계를 구성하는 사람들에게로 전해졌을 것이며, 그 반대의 경우는 흔하지 않았을 것이다.

3. 메소아메리카 세계에 대한 고찰

우리는 스페인 접촉 당시 메소아메리카 세계를 특징짓는 사회문화적 다양성에 대해 정의하며 이 장을 시작했다. 이 장에서는 세계체제 관점을 도입해, 메소아메리카 세계가 그 마지막 단계에서 정치경제적 연결망을 형성했고, 이를 통해 내부의 구성 요소들을 통합했으며, 궁극적으로 보다 광범위하게 공유된 문화, 즉 문명을 형성하기 위한 연결망을 제공했음을 보여 주려 했다.

이와 같은 설명에 근거해 다음과 같은 결론을 내릴 수 있을 것이다. 즉, 고도의 사회문화적 다양성에도 불구하고(또는 이와 같은 다양성 때문에), 메소아메리카인들은 스페인 접촉 당시 통합된 세계체제를 정말로 설립했다는 것이다. 따라서 우리는 다음과 같이 메소아메리카를 구분했다. (1)중심부 지역: 강력한 국가들이 약한 정치조직체들을 착취했고, 매우 경쟁적인 방식으로 교류했다. (2)주변부 지역: 착취당하는 민족들로 구성되었고, 착취는 제국주의적 통치하에 직접적인 방식으로, 또는 다양한 형태의 지배를 통해 간접적인 방식으로 이루어졌다. (3)반-주변부 무역 지역: 적대적인 중심부 국가들과 중심부/주변부 민족들이 경제적인 교환을 통해 서로 적극적으로 관여했다. 아스테카 제국의 광범위한 패권주의 권력에도 불구하고, 메소아메리카 세계체제에는 기타 강력한 제국들을 포함해 수많은 독립 국가들이 있었다.

그렇다면 메소아메리카 세계체제는 월러스틴의 용어를 빌리자면, '세계제국'보다는 '세계경제'에 가깝다. 가장 광범위하게 볼 때, 체제를 이어 주는 관계는 무역, 선물 교환, 강제 생산, 시장 통제 등 경제적인 것이었다. 하지만 우리가 논의했듯이, 정치적인 관계도 외부로 확장되었으며, 메소아메리카 지역의 다양한 민족들을 한데 묶는 역할을 했다. 도시국가와 제국들은 권력과 상대적인 경제적 우위를 두고 끊임없이 분쟁했다. 개별 도시국가들에 해당하는(또한 중심부, 주변부, 반-주변부 단위에 해당하는) 문화적 유형이 존재했다. 그럼에도 세계체제의 경제적·정치적 차원과 관련해서 보다 메소아메리카 전역에 걸쳐 문화('문명')가 나타난 정도를 가늠하는 것은 더욱 어렵다.

메소아메리카의 사례가 세계체제 모형에 합리적으로 부응한다는 주장을 내세우려면, 그 전에 몇 가지 주의할 점을 언급해야 한다. 특히 우리가 극도로 광범위한 세계체제 범주들을 사용하고 있다는 점을 주의할 필요가 있다. 예를 들어, '중심부'와 같은 개념은 거대한 아스테카 제국에서부터 보다 소규모의 믹스테카 고지대 도시국가들에 이르기까지 매우 이질적인 정치집단들을 한데 논의한다는 것을 의미한다. 이들 사회를 한데 묶어, 고대 메소아메리카의 사회적 삶의 상당 부분을 규정했던 보다 큰 지역적 연결망의 구성물로 볼 경우, 우리는 많은 시사점을 찾게 된다. 하지만 개별 사회에 존재하는 차이들 역시 고대 메소아메리카의 사회적 삶을 이해하기 위해 중요하다는 것을 부정할 수 없다. 이와 관련해서, 우리는 2장에서 메소아메리카의 세 개의 종족들에 대한 특징들을 언급하며 이와 같은 차이들을 일정 부분 논의한 바 있다. '주변부'는 이보다 더 광범위한 개념인데, 그 이유는 우리는 이 용어를 통해 매우 상이한 정치조직에 속한 민족들(부족과 종족사회에서 도시국가에 이르기까지), 그리고 메소아메리카 전체와 매우 다양한 관계를 맺은 민족들(제국의 구획들에서부터 중앙아메리카 렌카인들과 같이 대체적으로 독립적인 민족에 이르기까지)을 모두 포함시켰기 때문이다.

메소아메리카에 대한 우리의 설명은 지나치게 경제적·정치적 관계에 치중되어 있으며, 문화적 특색을 간과하고 있다는 비판이 제기될 수 있다. 그렇지만 우리의 접근은 분명 문화를 배제하지 않는다. 그보다는 정치적·경제적 관계에 초점을 맞추는 과정에서 메소아메리카의 다양한 문화를 분석하기 위한 본질적인 맥락을 제공했다고 보아야 한다. 더 나아가, 메소아메리카 세계체제의 가장 광범위한 단계에서조차, 우리는 가장 폭넓은 세계체제 맥락에서만 이해될 수 있는 문화적 표현들을 발견하기를 기대할 것이다.

아스테카의 사례는 범-메소아메리카적 문화 또는 문명이라는 주제와 특히 연관성이 있다. 그 이유는 아스테카의 특정 지식인들이(그리고 아마도 다른 메소아메리카 중심부 사회들의 지식인들도 포함해서) 메소아메리카의 다양한 종교들을 특징짓는 신성들의 복잡한 만신전을 넘어서는 고도로 추상적이고 보이지 않는 힘에 대한 관념을 만들어 냈기 때문이다. 보편적으로 성스러운 상징을 창조하기 위한 첫번째 단계를 거치며, 메소아메리카인들은 일종의 문화적 '합리화' 작업을 했을 것이다. 그리고 이러한 작업은 메소아메리카를 통일된 세계체제로 이어 주는 매우 합리적인 경제적·정치적 관계에 의해 일정 정도 고취되었을 것이다.

문화적 합리화라는 주제는 메소아메리카 세계가 유럽을 중심부로 하여 등장했던 근대적 세계체제와 그토록 폭력적인 방식으로 충돌하면서, 그 시기 어디로 향하게 되었는가의 문제로 연결된다. 구세계의 역사에서, 메소아메리카와 유사한 유형의 고대 세계경제들은 세계제국들로 변형되고는 했다. 이와 같은 과정은 강력한 국가들이 핵심 지역의 상이한 세력을 모두 점령하고, 이렇게 지역 전체의 연결망을 총괄하는 정치권력을 확보하는 과정에서 성취되었다. 분명 아스테카 제국의 통치자들은 보다 거대한 메소아메리카 세계에 대한 패권적 통제권을 보유할 수 있다는 가능성을 인식하고 있었을 것이다. 그리고 때로는 이미 그러한 권력을 손에 넣었다고 으스대기도 했다.

하지만 우리가 살펴본 대로, 아스테카인들은 보편적인 제국을 건설하는 데 실패했고, 사실상 그럴 가능성은 거의 없었음을 시사하는 충분한 증거가 있다. 결국, 중앙멕시코에서 가장 가까운 이웃 국가들조차 아스테카 제국으로부터 정치적 독립을 유지할 수 있었고, 과테말라의 키체-마야와 같이 원거리에 위치한 제국의 세력들은 마야 고지대 중심부 지역에서 아스테카의 지배를 막아 내는 것 이상의 성취를 거두었다. 아스테카 제국의 행정구획으로 이미 편입되었던 오아하카 지역 도시국가들과 같은 정치집단들도 정치적 독립을 되찾기 위해 군사적 수단을 동원해 지속적으로 위협했다. 더 나아가, 보다 거시적인 경제적 맥락에서 볼 때, 반-주변부 무역 지역들을 종속시키는 것이 더욱 치명적인 손실을 가져온다는 점을 아스테카인들이 깨닫기 시작했음을 시사하는 증거도 있다. 소코누스코 무역항만의 군사적 탈취는 이러한 교훈을 얻게 되는 계기였을 것이다.

따라서 메소아메리카는 다가오는 수년간 세계경제로 남아 있을 운명이었고, 정치적·사회적으로는 무수한 종족 정체성, 도시국가, 지역 연결망들로 분리되어 있을 처지였던 것으로 보인다. 물론 메소아메리카 세계체제의 개별 정치조직체들과 지역 연결망들의 상대적인 위상에는 불가피한 변화가 있었을 것이다. 새로운 중심부 국가들이 생겨났고, 오래된 국가들은 주변부나 반-주변부 위치로 전락했으며, 이전의 변방인들이 주변부로 편입되었을 것이다. 하지만 안타까운 점은, 구체적으로 어떤 변동이 일어났는지 우리가 절대 알 수 없을지도 모른다는 점이다. 대신 우리는 믿을 수 없을 정도로 생기 넘치는 세계가 남긴, 멕시코와 중앙아메리카 국가들의 시간의 통로를 따라 울려 퍼져 왔던 유산에 대해 고찰하도록 남겨졌을 뿐이다.

아칼란의 무역중심지

아칼란('카누의 장소')은 무역으로 특화된 독립 도시국가로 현재 멕시코 캄페체에 해당하는 칸델라리아 강 지류를 따라 자리했다. 아칼란의 수도 이참카나카는 약 1만 명의 인구를 보유한 상업 소도시였다. 이참카나카는 진정한 의미의 항만이 되기에는 지나치게 내륙에 위치해 있었다. 하지만 푸툰인이었던 그곳의 상인들은 핵심적인 무역 경로를 연결하기 위해 멀리까지, 광범위한 지역에 걸쳐 여행했다. 무역을 위해 아칼란 상인들은 카누를 타고 정기적으로 걸프 해안으로 이동했으며, 걸프 해안에서 출발해 유카탄 반도 일대와 더 멀리에 위치한 국제무역중심지들까지 방문했던 것으로 보인다. 그들은 북쪽으로 유카테카-마야인들과, 남쪽으로 카리브 연안의 소규모 니토 무역중심지와 무역을 위해 도보로 이동하기도 했다. 아칼란인들은 니토에 상업대행자를 주둔시켰고, 거주구획을 확보했다.

아칼란 도시국가는 독립적인 상인 계급이 통치했다. 최고 통치자 역시 선두적인 상인이었으며, 이참카나카의 네 개 행정구획의 이익을 대변했던 상인협회의 지시에 따라야 했다. 상인 계급은 카카오, 면직물 옷, 염료, 몸에 칠하는 화장품, 송진 등 운송이 가능한 무역 물품의 생산을 관리했다.

아칼란인들의 모국어는 촌탈-마야어였다. 하지만, 수많은 통치 계급 구성원들은 나우아어 이름을 지녔고, 나우아어를 사용했다. 스페인인들은 아칼란인들이 주변 지역민들에 비해 보다 균형있고 세련됐다고 주장했다. 이참카나카 통치자의 수호신성은 쿠쿨찬(촌탈의 케찰코아틀에 해당)이었다. 도시 4개 행정구획의 수호신성들은 아칼란의 만신전에서도 잘 전시되어 있는데, 카카오와 상인들의 수호신인 익차우아, 뜨개질, 출산, 여성의 수호여신인 익스 첼, 사냥꾼의 수호신인 타바이, 정체가 확인되지 않은 수호신인 캅타닐캅이다. 수호여신 익스 첼은 특히 중요한 비중을 차지했고, 아칼란인들은 그녀를 기리기 위해 특별히 훈육된 처녀들을 제물로 바쳤다.

요피친코(Yopitzinco)

요피친코는 오늘날 게레로 주로 알려진 지역에 위치한 고립된 산악지역으로 여러 가지 면에서 우악스테카 주변부 지역과 유사했다. 게레로는 메소아메리카를 통틀어 언어적으로 가장 큰 다양성을 지닌 지역이었을 것이며, 나우아어, 타라스카어, 틀라파네카어, 쿠이틀라테카어 사용집단을 비롯해 이제는 소멸된 언어 사용자들이 거주했다. 요피친코의 거주자들인 요페인들은 틀라파네카어를 말했다. 다른 틀라파네카 언어 사용자들을 포함해 요피친코의 이웃들은 대부분 아스테카나 타라스카인에 의해 정복되었다. 정복된 이들 중 일부는 제국에 정기적으로 공물을 지급했고, 일부는 두 적대적인 제국들 사이에 세워진 군사 주둔지에 인력을 제공했다. 아스테카인들은 중앙멕시코 출신의 9천 가구가 거주하고 있던 게레로 북부 구획 중 한 곳을 식민지로 만들었다.

메소아메리카 관점에서 볼 때, 요피친코 거주민들은 다소 투박한 민족이었다. 산의 사람들이었던 그들은 수렵의 용맹함으로, 뛰어난 활과 화살 사용능력으로 유명했다. 혼인관계를 맺기 전에는 남자와 여자 모두 옷을 입지 않았다. 그들은 사나운 전사로 알려졌고, 포로의 머리를 잘라 가죽을 벗겨 냈다. 정치적으로 요페인들은 중앙집권적 국가들보다는 느슨한 종족사회 또는 '부족'으로 조직되었고, 도심지는 전혀 없었다. 요페인들은 동쪽 태양과 식물의 재생을 상징하는 붉은 신을 의미하는 시페토텍의 민족으로 알려졌다. 시페를 기리는 검투 의례가 행해졌고, 의례가 행해지는 동안 희생 동물과 인간 제물의 가죽을 벗겨 붉은 칠을 한 의례 전문가들에게 입혔다. 시페토텍은 스페인 접촉 당시 메소아메리카 전역에서 중요한 신성이었고, 특히 아스테카 제왕들이 숭배했다. 요페 민족은 시페 신성과의 밀접한 연관성 때문에 특별한 종교적인 위상을 점했다.

요피친코 지역은 메소아메리카 중심부 민족들을 혹하게 할 만한 천연물을 그다지 보유하지 못했고, 단지 이 지역의 새규어, 사사, 늑대의 생가죽이 보다 광범위한 교환망을 통해 유통되었다. 요페인들은 메소아메리카 세계체제의 주변부에 단지 미약하게만 통합되었는데, 그 이유 중 하나는 지역에 자원이 희귀했기 때문이었다. 문화적으로 그들은 메소아메리카의 다른 민족들과 동일한 특색을 거의 지니지 않았다. 그럼에도 앞서 언급했듯이 그들은 종교적으로 중요한 사상과 실천을 고안해 냈고, 중심부 국가들은 제국주의적 목적으로 이러한 종교 사상과 행위를 점유해 활용했다. 또한 요페친코는 중앙멕시코와 서부멕시코의 보다 막강한 사회들을 위한 노예와 희생 제물의 원천이었다.

전략적으로 아스테카와 타라스카의 국경을 따라 위치했던 요페인들은 이들 두 제국주의적 세력에 의해 정치적으로 조종당했다. 특히 아스테카인들은 정기적으로 요페 족장들을 초대해서 테노치티틀란의 유혈이 낭자한 가장 인상적인 공희 제례를 목격하게 했고, 그들의 소박한 손님들에게 값비싼 선물 공세를 하기도 했다. 그 기저에 깔린 정치적 의도는 방문객들에게 분명하게 전달되었을 것이다. 아스테카인들에게 반대해 봐야 소용이 없다는 것이고, 따라서 타라스카에 반대하는 입장에 함께 서야한다는 것이다. 다른 주변부 민족들에 대해서처럼 아스테카인들은 종족적 편견에 근거해서 요페인들을 묘사했는데, 그들을 훈련되지 않은 야만인들이라고 불렀고, '오토미 같거나 그보다 더 심한 종족!'이라고 불렀다.

글상자 3.3

렌카인들(Lencas)

장기간에 걸쳐 학자들은 온두라스 남서부와 엘살바도르 동부의 렌카인들이 메소아메리카에서 상대적으로 점유했던 위치와 관련해 논쟁을 벌였다. 어떤 학자들은 그들이 메소아메리카 세계의 일부였다고 생각하며, 일부 학자들은 그들이 메소아메리카의 완충제나 변경이었다고 생각한다. 하지만, 그들이 문화적으로 완전히 상이한 세계의 민족이었다고 생각하는 학자들도 있다. 렌카의 언어는 메소아메리카의 주요 계통 언어들과 일부 특색을 공유하지만, 가시적인 어떤 유전적인 관련성도 없는 것으로 보인다. 그럼에도 렌카인들은 메소아메리카의 과테말라-유카탄 중심부 지역 출신의 마야인들과 오랫동안 교류한 역사를 가지고 있고, 스페인 접촉 당시 그들은 메소아메리카 세계와 중요한 문화적 특색을 공유했다(예컨대, 도시국가, 18개의 달로 구성된 365일 태양력, 높은 사원 언덕 등). 세계체제 관점에서 보면 렌카인들은 우악스테카인과 요페인과 유사한 방식으로 메소아메리카에서 상대적으로 독립적인 주변부 지역을 형성했다고 볼 수 있다.

정치적으로 렌카인들은 족장사회와 소규모 도시국가들로 조직되었고, 개별 정치 단위는 단일한 하천 계곡에 세력을 지녔다. 정치통치자, 고위 사제, 족장 사법관과 기타 관료들이 렌카의 통치 계급을 이루었고, 이들은 친족관계와 혼인을 통해 내부적으로 통합되어 있었다. 그럼에도 다양한 정치조직체들은 전투 행위를 벌였고, 토지 소유, 공물, 노예 확보를 위한 분쟁이 끊이지 않았다. 하지만 일부 지역에서는 특정 기간을 정해 그 기간 중의 전투를 금지시켰다. 수많은 경우에, 렌카에서 정치구획의 분리는 방언에 따른 구분과 일치했고, 개별 방언은 일정한 종족적 동질성을 부여했다. 예를 들어, 스페인 접촉시기에 카레(Care) 방언은 그라시아스아디오스를 중심으로 말해졌고, 콜로(Colo) 방언은 아갈텍 계곡에서, 포톤(Poton) 방언은 엘살바도르 동부와 니카라과 북부에서 말해졌다. 문헌 자료에 언급된 이들 방언과 기타 '언어들'은 동일한 렌카 언어에서 파생된 것으로 보인다.

렌카인들은 메소아메리카 전역의 주변부 민족들과 전형적으로 결부되는 특색을 공유했다. 그들은 정치적으로 분산되어 있었고, 권력은 제한되었으며, 족장사회와 국가 단계의 이행기적 발전 단계에 있었다. 고고학자들은 렌카의 기념비적 공공 건축물들이 군사적 방어시설을 제외하고는 상대적으로 규모가 작고 소수였으며, 대부분 석재보다는 아도비로 지어졌음을 보여 주었다. 수많은 렌카인들은 히카케, 페체, 수무 민족과 같은 메소아메리카 외부 부족민들과 인접한 고립된 산악 지대에 거주했다.

렌카의 영토에는 메소아메리카 세계의 긴심을 끌민한 지원이 상대적으로 부족했고, 다만 약간의 꿀과 카카오를 생산했다. 스페인 접촉 당시 50만 명 이상에 달했을 정도로 렌카인들은 수적으로 많았기 때문에, 이웃한 마야와 피필 중심부 국가들에게 그들은 노예의 중요한 공급지였다. 온두라스 북동부에서 렌카인들은 중요한 금과 광물 광상들을 보유한 전략적인 영토를 점유했다.

유감스럽게도 우리는 렌카인들이 메소아메리카의 세계체제에 주변부로 편입되게 된 과정에 대한 정보를 거의 가지고 있지 않다. 그들은 이웃한 마야와 피필 도시국가들에 대항해 불리한 전쟁을 벌이고 있었던 것으로 보인다. 렌카인들이 나코와 태평양 연안 등의 중심지 무역항만에서 반-주변부 사람들과 무역 거래를 했다는 것은 분명하다. 렌카인들은 필요한 소금과 제조품 등의 물품으로 교환하기 위해 상품을 만들어야 했으므로, 노동력을 집중해서 다량의 꿀, 동물 가죽, 뜨개옷 등을 생산했을 것이다. 렌카인들에 대한 보다 직접적인 착취는 올란초와 아갈타 광산 지역에서 발생했는데, 나우아어를 사용하는 지배자들의 명령에 따라 금과 기타 귀중 금속 추출을 위해 착취당했다.

읽을거리

Byland, Bruce E., and John M. D. Pohl 1994 *In the Realm of 8 Deer: The Archaeology of the Mixtec Codices*. Norman: University of Oklahoma Press.

Carmack, Robert M. 1981 *The Quiché Mayas of Utatlan: The Evolution of a Highland Guatemala Kingdom*. Norman: University of Oklahoma Press.

Evans, Susan Toby 2004 *Ancient Mexico and Central America: Archaeology and Cultural History*. London: Thames and Hudson.

Flannery, Kent V., and Joyce Marcus 1983 *The Cloud People: Divergent Evolution of the Zapotec and Mixtec Civilizations*. New York: Academic Press.

Fowler, William R. Jr. 1989 *The Cultural Evolution of Ancient Nahua Civilization:*

The Pipil-Nicarao of Central America. Norman: University of Oklahoma Press.

Hodge, Mary G., and Michael E. Smith (eds.) 1994 *Economies and Polities in the Aztec Realm*. Albany: Institute for Mesoamerican Studies.

Newson, Linda 1986 *The Cost of Conquest: Indian Decine in Honduras under Spanish Rule*. Boulder: Westview Press.

Pollard, Helen P. 1993 *Tariacuri's Legacy: The Prehispanic Tarascan State*. Norman: University of Oklahoma Press.

Scholes, Frances V., and Ralph L. Roys 1968 *The Maya Chontal Indians of Acalan-Tixchel: A Contribution to the History and Ethnography of the Yucatan Peninsula*. Norman: University of Oklahoma Press.

Smith, Michael E., and Berdan, Frances F. (eds.) 2003 *The Postclassic Mesoamerican World*. Salt Lake City: University of Utah Press.

Townsend, Richard F. 1993 *The Aztecs*. London: Thames and Hudson.

Voorhies, Barbara (ed.) 1989 *Ancient Trade and Tribute: Economies of the Soconusco Region of Mesoamerica*. Salt Lake City: University of Utah Press.

4장 메소아메리카와 스페인 : 정복

루이스 M. 버카트, 제닌 L. 가스코

3세기에 걸쳐 메소아메리카인들은 스페인이 통치하는 거대한 식민제국에 속해 있었다. 스페인의 지배는 메소아메리카 원주민들의 문화와 역사에 극도의 변화를 가져왔다. 폭력과 착취와 더불어 구세계의 전염병은 수백만 명의 목숨을 앗아 갔고, 신기술과 새로운 종류의 동식물의 도입은 지방의 경제적·생태적 적응 양식에 지대한 영향을 미쳤으며, 새로운 사회적·종교적 관습이 강요되었다. 더 나아가 스페인의 통치는 사회과학에 있어서 새로운 범주의 사람들이 등장했음을 의미했다. 즉, 스페인인, 기타 유럽인, 노예로 끌려온 아프리카인, 유럽 출신과 아프리카 출신 그리고 원주민이 가능한 모든 방식을 통해 혼합됨에 따라 다양한 범주의 사람들이 생겨난 것이다. 이와 같은 격변을 견뎌 낸 토착민들은 결국 새로운 사회의 위계질서에서 외국인과 외국인 후손들이 권력을 장악하고, 자신들은 하위 집단으로 전락하게 되는 현실에 직면했다.

이 장에서는 스페인 침략의 역사적 개관을 살펴보고, 앞서 기술했듯이 높은 인구밀도에, 사회적으로 복잡하고, 고도로 군사화되었던 메소아메리카 세계를 유럽의 작은 한 나라가 어떻게 통치하게 되었는가를 설명하려 한다(그림 4.1). 이 장은 특히 분쟁 관계에 있던 양쪽 측의 신념과 동

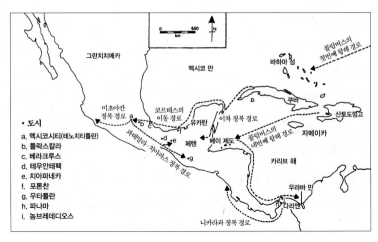

그림 4.1 스페인이 메소아메리카 세계를 정복한 주요 경로.

기에 주목한다. 먼저 식민주의 기획의 발단이 되었고, 이후 그 과정에 영
향을 미쳤던 스페인의 역사적 사건들을 살펴보자.

1. 스페인 제국주의의 기원

스페인 제국주의는 무어인에게서 스페인을 되찾기 위한 기독교 세력의
'국토 수복'(스페인어로 레콩키스타) 운동에서 유래했다. 무어인들은 북아
프리카 혈통의 이슬람교도들인데, 그들의 아랍계 조상이나 베르베르족
조상은 서기 711년과 718년에 걸쳐 이베리아 반도 대부분의 지역을 정복
했다. 스페인의 무어인 통치자들은 범세계주의적이고 다종족적인 사회를
다스렸다. 또한 그들은 유대인들과 기독교 신도들에게 종교적 자유를 일
정 정도 관용하고 허용했다. 그렇지만 수많은 스페인 기독교 신도들은 외
국에서 온 이들 불신자들의 통치를 결코 용납할 수 없었다. 따라서 독립적
인 기독교 신도 무리들은 스페인 북부 산악 지대를 근거지로 해서 무어인

의 통치에 대항했다.

본래 하나로 연합되어 있던 이슬람 국가는 9세기에 접어들자 경쟁관계의 수많은 소규모 왕국들로 분열되었다. 북부를 중심으로 결성되었던 기독교 군대는 그 결과 분파별 대응을 통해 이슬람 적군에 맞설 수 있었다. 서기 850년부터 1250년에 걸쳐 힘의 균형에 점진적인 변화가 생겨났고, 마침내 스페인 남부의 부유한 산악 요새인 그라나다만이 무어인 왕국으로는 유일하게 살아남게 되었다. 그 외 반도의 서부에서는 포르투갈의 기독교 왕국들이, 북부와 중부에서는 카스티야 왕국이, 그리고 북동부에서는 아라곤 왕국이 지배했다.

기독교 신자들에게 무어인들과의 분쟁은 성전을 의미했다. 이슬람 종교는 사악한 것으로, 그리고 이슬람적인 삶의 방식은 죄악으로 여겨졌다. 스페인 군인들은 스페인의 수호성인인 성 야고보가 정복을 허가했으며, 심지어 흰 말을 타고 그들 앞에 자주 나타나 그들을 전투로 이끌었다고 믿었다. 종교적 신앙과 군사적 열의는 분리될 수 없었으며, 또한 정치적이고 경제적인 야심과 거의 구별되지 않았다. 그리스도의 군인들은 패배한 무어인들로부터 부와 재물을 약탈해서 승리의 물질적 성과물로 향유해야 한다고 생각했다. 그리고 이는 정당한 보상일 뿐이었다.

수 세기에 걸친 국토 수복 운동이 끝나자 스페인의 기독교 사회는 군사적 업적을 미화하는 데 주력했다. 귀족층은 조상 대대로 계승되는 특정 영토와의 연계가 부족했기 때문에 고도의 유동성을 지녔다. 따라서 농경지보다는 소유한 가축의 무리에 따라 부를 측정했다. 영토를 정복한 기사들은 새로운 지주가 되었고, 군사업무에 복역한 대가로 자신의 영토에 소속된 속민들의 공물과 노동력에 대한 권리를 부여받았다. 농민층에서 징집된 군인들은 새로운 영토의 토지 구획 중 일부를 할당받았고, 유럽에서 전면적으로 농노제가 성행하던 것과는 대조적으로 이들은 전면적인 토지 소유권을 행사했다. 기독교 왕들은 추가적인 토지정복을 위해 귀족들의 군사적 기량에 의존했고, 따라서 귀족들을 만족시켜야 한다는 필요 때문에 왕의 권력은 항상 제한적이었다. 그 결과 군주의 중앙 권력과 봉건적 영주들의 지방적 이익 사이에 지속적인 긴장관계가 형성되었다.

흑사병과 기독교 왕국들의 파벌 싸움으로 얼룩진 기나긴 공백이 끝나고 1455년이 되자 카스티야의 헨리 6세의 통치하에 국토 수복 사업이 재개되었다. 1469년에 헨리 왕의 이복남매이자 후계자였던 당시 18세의 이사벨라는 카스티야보다는 위세가 훨씬 약했던 아라곤 왕국의 왕위 계승자였던 17세의 페르디난드와 혼례한다. 카스티야의 내전과 같은 극심한 정치적 혼란을 겪은 다음, 이 부부는 연합 스페인의 강력한 통치자로 부상했다. 그들은 양대 왕국의 귀족층뿐만 아니라 교황의 영향력을 제한하는 데에도 성공했다. 독실한 기독교 신자였던 이 부부는 국가적 통합을 증진시키기 위한 효과적인 수단으로 종교를 활용했다. 스페인 기독교 신자, 점차 증가하고 있던 유대교 개종인(콘베르소), 기독교로 전향한 무어인(모리스코)들의 종교적 순응성을 강화하기 위해 스페인 종교 재판을 제도화했고, 그 결과 수천 명이 이단자로 처형당했다. 이사벨라와 페르디난드 부부의 친밀한 협력자이자, 프란시스코회 주교였고, 또한 이사벨라의 고해신부였던 프란시스코 히메네스 데 시스네로스는 종교 교단 특히 프란시스코회 교단의 정통성과 엄격함의 기준을 강화했고, 모든 이들의 종교적 신앙을 재활성화하려 했다. 시스네로스는 1495년 톨레도의 대주교로, 그리고 1507년에는 총재판관으로 임명되었다. 그는 왕과 왕비를 제외하고는 스페인에서 가장 강력한 권위를 지녔다. 1504년 이사벨라 왕비가 사망했을 때, 그리고 1516년 페르디난드 왕의 사망 당시 그는 두 차례에 걸쳐 카스티야를 섭정했다.

이사벨라와 페르디난드는 인문학을 장려했고, 학문의 후원자로 국제적인 명성을 얻었다. 그들의 후원을 받았던 학자들 가운데 안토니오 데 네브리하를 들 수 있는데, 개종한 학자였던 그는 1492년에 라틴어나 그리스어와 대조되는 최초의 최신 구어 문법책을 출판했다. 네브리하의 저서 『카스티야 언어 문법』(*Gramática de la lengua castellana*)은 카스티야의 스페인어 방언을 기존의 고대 언어들에게만 제한적으로 주어졌던 특권적 위치로까지 격상시켰고, 스페인 전반과 그 외의 지역에까지 카스티야의 우월성을 정당화하는 데 기여했다. 이와 관련해서 흥미로운 일화가 있는데, 처음 책을 받고 이사벨라 왕비가 그 책의 목적을 물었을 때 아빌라의 주교는 네브리하를 대신해 "언어는 제국을 이루기 위한 완벽한 도구입니다"라고 답변했다고 한다.

이 표현은 적절했고, 1492년이 되자 스페인은 세계에서 가장 강력한 국가가 되기 위한 작업에 돌입했다. 그해 초반에 이사벨라와 페르디난드는 국토 수복 사업을 거의 마무리 짓는 단계에 있었다. 1월 2일, 스페인의 기독교 군대는 그라나다로 승리의 행진을 했다. 마침내 무어인들의 변경까지 정복한 극도로 군사적이고 귀족주의적인 스페인 사회는 이제는 내부의 경제적 발전이라는 목적에 관심을 돌렸을 것이다. 도시는 이미 중산층 상인과 기업가들이 통제하고 있었고, 특정 제품 특히 모직과 가죽 생산은 산업화 단계에 있었다. 하지만 1492년 새로운 사건들이 발생하며 국가는 예상치 못한 단계로 접어들게 된다.

1492년 3월 30일에 이사벨라와 페르디난드는 4개월의 기한을 주고, 기한 내에 유대인들을 모두 스페인에서 추방하도록 칙령을 내린다. 1499년에는 이슬람교도들의 개종을 강제하기 위한 운동이 시작되었고, 1502년에는 추방 포고령이 내려졌다. 그라나다가 몰락하기 전까지 스페인의 유대인들은 유럽의 그 어느 곳에서보다 더욱 순조롭게 지내고 있었다. 스페인 기독교 신자들은 유대인이나 이슬람교도들이 기독교 땅에서 추방된다면 그들은 무어인의 땅에서 환영을 받게 될 것이고, 그 경우 그들의 기술과 자산은 결국 무어인 통치자들의 세력을 강화하는 데 쓰일 것이라는 점을 알고 있었다. 하지만 그라나다가 정복되자 더 이상 그들을 받아 줄 피난처가 존재하지 않게 되었다. 특히 국토 수복 사업의 완수로 종교적 열정이 고조되어 있는 상황에서 스페인의 통치자들은 모든 이들에게 자신들의 종교를 강요하기로 결심했다.

12만 명에서 15만 명의 스페인 유대인들이 스페인을 떠났다. 오늘날의 세파르디 유대인들은 이들 망명자들에게서 유래한다. 하지만 무어인들 대다수가 그랬던 것처럼 수천 명의 유대인들은 집이나 재산을 버리고 떠나는 대신 명목상으로라도 기독교로 개종하기로 선택했다. 개종한 유대인 후손들은 적어도 일부 유대교 관습을 비밀리에 지켜 갔고, 유대교 관습 또는 그렇게 추정되는 관례를 실천한다는 이유로 종교 재판에 처할 위험에 항상 노출되어 있었다. 일부 유대교 개종자들은 프란시스코회 등의 기독교 수도회에 매료되었는데, 그들의 학문적·예언적·신비주의적 전통과 양립할 수 있는 여지가 있었기 때문이다. 개종자 가문의 학자들은 스페인 대학들이 16세기에 개화기를 맞게 되는 데 중대한 기여를 했다.

스페인 유대인들 대다수가 망명을 선택하자 스페인의 경제는 엄청난 비용을 치르게 된다. 유대인 상인과 금융업자들이 중산층을 지배해 왔기 때문에, 그들이 보유했던 기술과 무역 연결망의 부재로 스페인 상업이 파탄에 이르게 됐다. 유대인 무역상을 대체한 것은 신분상승을 꿈꾸는 스페인 기독교 신자들이 아니라 외국인들이었다. 이들 외국인 상인들은 무역 이익을 스페인 외부로 유출시켰고, 한때 번성기와 산업화를 경험하던 상업 체계는 수 세기에 걸친 침체기로 접어들었다.

1492년 8월 3일, 크리스투퍼 콜럼버스라는 이름의 제노바 선원이 이사벨라와 페르디난드의 후원을 받아 항해를 시작했다. 항해의 목적은 아시아에 이르는 서쪽 경로를 발견하고, 여정 중에 미개척지를 발견할 경우 스페인의 주권영역으로 포섭하는 것이었다. 스페인 통치자들에게 있어 아시아로의 서쪽 경로를 발견하고, 통제권을 행사한다는 것은 비단과 향신료 등의 물품에서 무역을 활성화할 수 있음을 의미했다. 또한 동시에 미지의 땅에 존재할 부에 접근권을 확보한다는 의미였다.

하지만 그들의 관심사가 경제적인 측면에만 한정된 것은 아니었다. 콜럼버스와 스페인의 후원자들은 세계적 차원의 종교적 십자군을 기획하고 있었다. 그들은 스페인이 아시아에 이르는 경로를 통제할 경우, 스페인의 국경 너머까지 이슬람교 탄압을 수행할 수 있으리라고 기대했다. 터키 오토만 제국의 성지(Holy Lands)에 기독교의 통제력을 확보하려 했지만 결국 수포로 돌아갔던 중세의 십자군 전쟁을 스페인의 지도력으로, 그리고 서구 무역으로 창출될 새로운 부를 기반으로 다시 시작하려 했던 것이다. 서쪽 경로를 활용할 수 있다면, 기독교 군대는 동쪽 경로를 통할 경우 대치해야 할 터키의 가공할 방어 세력에 맞서지 않고도 사실상 후방을 통해 터키인을 비롯한 그 외의 이슬람교도들까지 기습 공격할 수 있게 되는 것이다. 더 나아가 아시아의 비-이슬람교도들까지도 기독교로 개종시킬 계산이었다. 개종 사업은 신의 뜻에 부합한다는 의미 외에도 부가적인 중요성을 지녔는데, 서쪽 경로를 통해 진군해 가는 과정에서 수백만 명에 이를 새로운 개종자들을 기독교 군대에 포섭한다면, 궁극적으로 그리스도 추종자들과 무함마드 추종자들 간 최후의 전투에 돌입할 여지도 있었던 것이다.

이러한 기대에도 불구하고 10월 12일에 콜럼버스와 탐험대는 카리브의 한 섬에 도달하게 된다. 그 섬은 거대한 두 대륙에 인접한 수많은 섬들 가운데 하나로 밝혀졌다. 아시아에 이르는 새로운 경로를 확보하는 대신, 이사벨라와 페르디난드는 탐험, 침략, 정복이라는 거대한 사업을 주관할 상황에 놓이게 되었고, 콜럼버스가 '인도'(Indies)라고 착각했던 영토들은 이제 강압적으로 스페인의 식민지로 변하게 된다.

2. 스페인의 식민 사업이 시작되다

스페인의 통치자들은 신이 자신들에게 비-기독교인을 지배하고, 그들에게 그리스도의 가르침을 전파할 권리를 부여했다고 믿었다. 콜럼버스가 스페인의 국기를 달고 항해하던 와중에 '새로운' 땅을 발견하게 되었다는 사실은 이와 같은 신의 섭리를 보여 주기에 충분한 증거라 여겨졌다. 스페인 출신의 교황 알렉산더 6세는 스페인의 주장을 한층 정당화시켰는데, 그는 1493년 교황교서를 발표하고, 스페인에게 서쪽과 남쪽으로 탐험을 할 권리와 그 과정에서 기독교 통치권에 속하지 않은 영토가 있을 경우 영토소유권을 주장할 권리가 있음을 선포했다.

교황의 조치는 당시 대서양 동부 연안과 아프리카 해안 지대를 탐사하던 포르투갈의 이익에 반하는 것이었다. 결국 같은 해 1493년에 스페인과 포르투갈은 세계의 미개척지 탐험권과 정복권을 서로 나누어 갖기로 합의하고, 토르데시야스 조약을 맺어, 이미 포르투갈이 권리를 주장하던 베르데곶(카보베르데)의 서쪽으로 370리그(약 3마일에 해당──옮긴이)의 거리를 두고 대서양을 관통하는 경계선을 설정했다. 그리고 경계선을 중심으로 스페인은 서쪽 지역 전체를, 포르투갈은 동쪽 지역 전체를 통치하기로 합의하게 된다. 스페인은 애초 아메리카 대륙 전역을 소유하려 했지만 예기치 못하게 동쪽의 거대한 브라질을 포르투갈에게 통째로 넘겨주게 된 것이다.

일단 아메리카 대륙에 대한 스페인의 영토권이 형식적으로 보장되면서, 스페인이 아메리카 대륙을 침략하고 정복하는 것은 화평 조치로 법적인 인정을 받게 되었다. 스페인의 통치를 거부한 토착민은 합법적 통치자에 대항하는 반역자로 간주되었고, 폭력적인 보복과 억압이 가해졌다. 스페인의 지배에 순순히 복종한 토착민 집단은 결국 스페인 속민이 되어 이에 따른 의무를 수행해야 했다. 이처럼 '화평 신화'는 스페인의 침략을 합리화했으며, 적법한 치국책이라는 미명으로 가해진 만행을 은폐하는 역할을 했다.

국토 수복 사업으로 스페인은 이슬람교 침입자들의 후손들로부터 강탈당했던 기독교 영토를 되찾았다. 반면, 아메리카 정복은 스페인에 대해 들어 본 적도 없거니와 스페인에 어떤 위협도 가하지 않았던 사람들을 억압하는 공격적 군사 작전이었다. 그럼에도 수많은 스페인인들은 아메리카 침략을 무어인에 대한 투쟁의 논리적 연장이라고 생각했고, 본질적으로 그들 전사의 성인 성 야고보가 지도하는 군사 작전과 동일시했다. 새로운 변경이 개척되며 군인에 대한 수요가 새롭게 창출되었고, 귀족층 자제들은 정복에 협조한 대가로 영토와 속민들에 대한 통치권을 얻을 수 있었다. 스페인은 이미 유대인과 이슬람교도를 추방시켰으므로, 새로운 영토는 순전히 기독교만의 것이어야 했다. 사실상 아메리카 토착민의 개종 사업은 아시아 개종 사업과 근본적으로 상통했고, 교회는 이슬람교의 위협에 대항해 더욱 막강해질 것이었다.

더 나아가, 아메리카에서 유입되는 부로 스페인의 경제 침체를 일시적으로 막을 수 있으리라는 기대도 있었다. 비록 꿈꾸던 황금 도시들을 찾지는 못했지만, 스페인 식민지는 스페인을 풍요롭게 해줄 금과 은을 비롯한 귀금속을 대량 보유하고 있었다. 하지만 아메리카의 은을 유럽 시장에 대량 유입하자, 마치 현대 국가가 추가적 통화 발행으로 경제 문제를 상쇄하려 했을 경우 초래하게 될 상황과 유사한 결과가 발생했다. 즉, 인플레이션을 유발해 스페인의 장기적 경제 침체를 심화시킨 것이다.

수백만 파운드의 은이 스페인으로 유입됐다. 하지만 스페인에게 신세계 식민지는 사실상 전혀 수익성이 없었다. 유럽 북부 강대국들이 성공적인 상업적·산업적 기업들의 발굴에 주력했던 반면, 합스부르크가가 통치하는 스페인은 유럽 전역에서 고비용의 군사작전을 벌이는 데에 부와 열정을 쏟아부었다. 네덜란드, 영국, 프랑스는 교황이 스페인과 포르투갈에게 신세계를 사실상 넘겨주었다는 사실에 불만을 가지고 있었고, 상업과 금융을 통제하고 노골적인 해적 행위를 벌여 아메리카의 부를 확보하려 했다. 결국, 스페인 왕실의 금고는 신세계의 은이 궁극적으로 북유럽 상인들과 금융업자들의 차지가 되기 위한 중간 경로에 불과했던 것이다.

콜럼버스 항해라는 전례를 따라 카리브 연안의 섬들이 스페인의 초기 주력지역이 되었다. 특히 현재는 아이티와 도미니카 공화국이 점유하고 있는 히스파니올라 섬이 부각되었고, 1496년 이곳에는 산토도밍고 거주지가 세워졌다. 토착 거주민들은 수많은 소규모 정치조직체로 분열되어 어떠한 상비군이나 조직화된 방어 세력도 보유하지 못했고, 따라서 스페인의 침략에 대항할 준비가 되어 있지 않았다.

스페인 통치자들은 성공적인 정복자들에게 토착민들의 물품과 그들의 노동에 대한 공물 징수권을 부여했다. 국토 수복 당시에도 활용되었던 이 보상 체계를 엔코미엔다라고 불렀으며, 엔코미엔다 교부금에 소유권을 지닌 자들을 엔코멘데로라고 불렀다. 엔코멘데로는 식민시대 귀족층을 구성했고, 그들의 이해관계는 초기부터 스페인 왕실과 교회와 충돌을 일으켰다. 엔코멘데로들은 개별적으로 할당된 토착민들의 종교적 교화를 관리할 공식적인 책임을 지고 있었지만 책임 방기가 빈번하게 일어났고, 결국 통치자들과의 갈등의 근원이 되었다.

초기 식민자들은 금을 찾는 데 혈안이 되어 있었기 때문에, 식민지 사회의 장기적 통합은 간과되기 마련이었다. 금 사광상(placer deposit)을 일부 보유한 섬들과 그 지역의 토착민들은 새로운 지주들의 배를 채워 주기 위해 금광에서 강제 노동을 해야 했다. 질병으로 이미 인구의 상당수가 줄어든 상황에서 토착민들은 강제 노동과 그 외의 착취 행위, 폭력, 강간, 살인 등으로 생존을 더욱 위협받는 상황에 직면했다. 설상가상으로 그들은 농업, 수렵, 어업 등에서 활동이 중단되었기 때문에 영양상의 위기에 시달리고 있었다.

이들 일련의 문제로 토착민들은 유럽인 침입자들과 아프리카 흑인노예들이 아메리카에 무의식적으로 도입하게 된 구세계의 전염병에 더욱더 취약한 상태가 된다. 토착민들은 이들 세균성·바이러스성 인자들에 한 번도 노출된 적이 없었고, 따라서 관련 질병에 대항할 자연적 면역력을 보유하지 못했다. 새로운 병이 처음 퍼질 때마다 전체의 3분의 1에 해당하는 인구가 사망했고, 아동과 노인뿐만 아니라 건강한 성인까지 예외 없이 심각한 증세에 시달려야 했다. 잔혹한 행위, 착취, 질병 등이 결합되며, 콜럼버스가 처음 섬에 도착한 지 불과 30년 이내에 매우 소수의 토착민들만이 살아남게 됐다(글상자 4.1은 유럽인들과의 접촉이 메소아메리카인들에게 가져온 인구학적 결과를 보다 상세하게 서술한다).

스페인의 식민통치를 받던 토착민들의 지위에는 내재적인 문제가 있었다. 처음 원주민은 공공연하게 잠재적인 노예 취급을 받았고, 심지어 콜럼버스는 최초로 원주민을 노예로 삼기도 했다. 하지만 이사벨라 여왕의 명령으로 토착민들은 이내 스페인 왕실의 시민으로 선포되었고, 이에 합당한 법적 지위를 보장받아야 했다. 그렇지만 왕실이 속민에게 세금을 부과할 권리를 지닌다는 점에서, 그리고 왕실은 정복자들에게 어떠한 방식으로든 보상을 해야 했다는 이유에서 이들 새로운 속민에게 공물을 징수하는 것이 합당하다고 간주되었다. 과도한 공물 납부의 의무는 사실상의 노예제를 의미했다. 불법적인 노예무역이 성황을 이루었고, 사실상 노예제는 스페인에 저항하거나 식인풍습을 행한다고 의심되는 자들에 대응하는 합법적 대응방안으로 오랫동안 활용되었다. 식인풍습이라는 거짓된 명분으로 노예 확보를 위한 기습 공격을 정당화하기도 했다. 스페인인들이 정당한 방식으로 어떠한 유형의, 그리고 어떠한 강도의 노동을 원주민에게 요구할 수 있는가는 주된 논쟁의 대상이었다.

다음으로 중요한 사안은 기독교 복음 전도였다. 스페인의 통합과 스페인 제국주의의 정당화를 위해 종교적 열정은 매우 중요했다. 이런 맥락에서 왕실에게, 특히 독실한 신자인 이사벨라 여왕에게 있어 원주민 개종이 가장 중요한 과제였다. 어떻게 원주민들에게 신앙심을 갖게 할 것인가? 그들이 완전한 기독교 신자가 될 수 있을까? 왕실과 식민주의자들의 물질적 필요와 욕구가 토착민들의 영적인 요구와 조화를 이룰 수 있을까? 하지만 섬 지역 토착민 인구의 급속한 감소로 인하여 이들 질문은 미처 논의되지도 못한 채, 이미 돌이킬 수 없는 상황으로 치닫게 되었다.

1504년 이사벨라 여왕의 타계로 스페인은 또다시 파벌주의와 불안정의 시대를 맞게 된다. 왕실에서 잇달아 여러 사람이 죽음을 맞자, 결국 이사벨라 여왕과 페르디난드 왕의 딸인 후아나가 카스티야의 왕좌를 계승했다. 후아나는 부르고뉴의 펠리페 대공과 혼인했다. 그는 유럽의 권세 있는 가문인 합스부르크 왕가의 소속이었고 그의 아버지 막시밀리안은 중앙유럽의 중세 국가들의 연합체인 신성로마제국의 통치자였다. 전통적으로 연합체 소속 국가의 왕자들은 자신들의 소위 '황제'를 선출했다.

페르디난드 왕은 죽은 아내의 통치권을 잃지 않으려 했다. 하지만 스페인의 수많은 귀족들은 페르디난드 왕에 맞서기 위해, 그리고 합스부르크 왕가가 네덜란드에 보유하고 있던 재물을 자신들의 무역 거래에 끌어들이기 위해 펠리페 대공과 연합했다. 지면상의 이유로 여기에서 상세히 소개할 수는 없지만, 이 과정에서 매우 복잡한 논쟁들이 생겨났다. 그리고 그 여파로 1506년에 펠리페 대공이 결국 사망하게 되었고, 후아나는 정신 이상 판정을 받게 된다. 1516년에 페르디난드가 사망하자 스페인 왕실의 왕권은 네덜란드 겐트에 머물던 펠리페와 후아나의 장남인 어린 카를로 스에게 넘어갔다.

카를로스는 1500년에 태어나 네덜란드에서 자랐다. 그는 스페인어 를 할 줄 몰랐다. 또한 플랑드르의 고문들과 함께 1517년 왕의 신분으로 스페인을 방문하기 전까지 그는 어머니의 모국을 단 한 번도 방문한 적이 없었다. 2년 후 카를로스의 할아버지인 막시밀리안이 사망하자, 카를로스 는 뒤를 이어 신성로마제국의 황제로 선발된다. 이 사건으로 스페인은 종 교개혁의 일환으로 발생할 종교 전쟁으로 이내 분열의 소용돌이에 휩싸 이게 될 유럽의 다른 지역들과 더욱더 명운을 함께 하게 된다. 르네상스를 수용했던 카를로스는 폐쇄적이고 보수적인 스페인 사회를 유럽 전역의 인문주의적 영향력에 개방했다. 하지만 사실상 외국인이었던 인물이 왕 좌에 즉위하는 상황에 스페인인 모두가 찬성한 것은 아니었다. 결국 카를 로스는 1522년까지 강력한 왕권을 확보하지 못했다.

1520년 무렵이 되자 카리브 섬의 제한된 금 보유량은 거의 고갈 상태 에 이르렀다. 금의 고갈 이외에도 금 추출을 위한 토착 노동력의 부족에 시달리던 스페인은 새로운 사업에 착수해야 했다. 토착민 인구가 감소하 자 아프리카인을 대상으로 하는 노예 거래가 만연했다. 강제 노동의 새로 운 근원지로 아프리카가 부상함에 따라, 가축 방목과 농업에 기반을 둔 경 제가 발전하기 시작했다. 최초 엔코멘데로들의 후손인 스페인 정착민들 은 토지를 소유한 상류층이 되었다. 이들은 아프리카계 노예와 자유로운 신분의 아프리카계 임금노동자, 그리고 아프리카계와 유럽계 혼혈인 몰 라토 임금노동자들로 구성된 거대한 속민 인구의 노동에 의지해서 살아 가는 소규모 엘리트 집단이었다.

반면 일부 스페인인들은 카리브 섬 식민지가 제공할 수 있는 점차 제한되어 가는 선택폭에 안주하길 거부했고, 새로운 기회를 잡기 위해 거대하고 정복되지 않은 본토로 시선을 돌렸다. 콜럼버스는 1502년에 네번째 항해를 했고, 그 과정에서 온두라스 해안을 항해하던 마야의 엘리트 상인과 그의 수행단을 만나게 되었으며, 화려한 물품을 싣고 거대한 대양을 향하던 그들의 카누를 목격하게 됐다(이 책의 서론을 참조하라). 이 사건을 계기로 스페인인들은 섬의 토착민과 비교해 본토에는 보다 복잡한 사회와 보다 정교한 물품을 보유한 사람들이 존재함을 알게 됐다.

스페인의 본토 정복과 점유는 중앙멕시코와 파나마를 기점으로 전개되었다. 중앙멕시코로부터 진출한 스페인 세력에 의해 메소아메리카 지역 대부분이 스페인의 통제에 놓이게 되었다. 하지만 스페인인들은 중앙멕시코에서 아스테카인들과 전투를 벌이기 전부터 다리엔과 파나마 지협에 이미 시가지들을 세워 놓은 상태였다.

스페인의 본토 점유는 1510년 산타마리아데안티구아델다리엔(현재의 콜롬비아 지역에 위치) 도시 설립과 함께 시작됐다. 산타마리아의 설립자인 바스코 뉴네스 데 발보아가 태평양을 처음 보고 나서 6년이 경과한 시점인 1519년에 파나마 지협의 태평양 연안 방면으로 파나마의 새로운 정착지가 세워졌다. 새로운 정착지는 카리브의 항구인 놈브레 데 디오스 근방에 자리 잡았다. 스페인인들은 토착민을 가혹하게 대했다. 페드로 아리아스 데 아빌라(페드라리아스) 총독의 잔혹한 지휘하에 스페인인들은 금과 노예를 위해 토착 거주지들을 습격했고, 이내 원주민 인구는 사실상 전멸했다.

스페인의 니카라과, 코스타리카, 온두라스 진격은 주로 파나마에 주둔한 세력들에 의해 수행됐다. 이 지역의 토착민들도 정복자들의 강압적인 처우로 고통을 받았다. 중앙아메리카 하부 전역의 원주민들은 식민통치가 시작되고 수십 년 내에 노예로 포획되고 거래됐다. 하지만 니카라과에서만큼 노예 거래가 성황을 이룬 곳은 없었다. 수만 명의 니카라과 원주민들이 노예로 포획되었고, 대부분은 페루로 이송되거나 또는 이송 중에 사망했다. 결국 원주민을 대상으로 하는 노예 거래는 1542년에 공식적으로 금지되었다. 그렇지만 이후 수년간 원주민은 여전히 노예로 거래됐다. 1550년 무렵이 되자 원주민 노예무역이 거의 사라져 갔는데, 그 원인은 스페인인들이 그들의 행동이 초래할 법적 대가에 대해 우려하기 시작해서가 아니라 원주민이 거의 남지 않았기 때문이었다.

　　노예무역이 사라지기 시작하고 스페인이 파나마 지협과 중앙아메리카의 다른 중남부 지역에 대한 통제를 확고하게 함에 따라, 파나마에 자리한 카리브와 태평양의 항구 도시들은 스페인, 누에바 에스파냐, 카리브와 페루, 그 외의 태평양 연안 남아메리카 지역을 오고가는 사람과 상품의 이동에서 중심지로 기능하게 되었다.

3. 원주민의 권리 논쟁

스페인의 통치가 카리브에 초래한 처참한 결과에 근거해 당대의 일부 관찰자들은 스페인이 이들 대지를 통치할 권리를 지니는가에 의문을 제기했다. 신의 복음을 동시대 인류에게 전파하겠다는 사명을 지닌 기독교 신자들이 그토록 고통과 착취가 만연한 상태에서 자신들의 존재를 어떻게 정당화할 수 있었는가? 1511년에 안토니오 데 몬테시노스라는 도미니크 수도회 사제는 히스파니올라의 스페인 식민자들에게 유명한 설교를 했다. 그는 다음과 같이 질문했다. "이들 원주민들은 인간이 아닙니까? 그들에게는 이성적인 영혼이 없습니까? 당신들은 자신을 사랑하는 것처럼 그들을 사랑할 의무를 지니고 있지 않습니까?" 엔코멘데로들은 감히 사제가 자신들을 비난한다는 사실에 격노했다. 이렇게 원주민 인권 운동이 시작되었다.

사제와 힘없는 이들이 연합했고, 이는 20세기 후반 해방신학 운동의 전조가 되었다. 이들이 주도한 운동은 기독교의 종교 용어들을 차용했고, 원주민을 무력한 희생자로 보는 온정주의적 관점을 담는 경향이 있었다. 그럼에도 몬테시노스와 동조자들의 주장은 원주민의 인권과 생존을 고민하는 이들에게 수 세기에 걸쳐 호소력을 지녔다.

몬테시노의 관점에 동조하게 된 가장 영향력 있는 인물은 스페인의 탐험가에서 도미니크 수도회의 사제로 전향한 바르톨로메 데 라스 카사스였다. 라스 카사스는 아메리카에서 수행되는 스페인의 모든 사업을 부당하고 불법적인 것으로 규정하게 된다. 그는 메소아메리카의 토착민들 사이에서 선교사로 그리고 치아파스의 최고 주교로 활동하게 됐지만(5장 참조), 동시에 그는 스페인 식민주의의 잔혹한 결과를 비판하는 글들을 스페인에서 발표했고, 이러한 활동으로 가장 잘 알려져 있다. 스페인에서 그는 도미니크 수도회의 사제이자 스페인에서 가장 잘 알려진 신학자 중 한 명인 프란시스코 데 비토리아와 협력하게 됐다. 비토리아는 아메리카 대륙에 단 한 번도 방문한 적이 없었다. 하지만 그는 원주민 인권이라는 대의를 위해 고전 철학과 중세 신학에 걸친 방대한 지식을, 그리고 논리와 수사학 방면에서 그의 기량을 제공했다. 그는 원주민은 문명화된 사람들이며 그들의 영토에 대한 완전한 권리를 지닌다고 결론 내렸다. 그들은 비이성적이거나 정신적인 결함이 있는 존재가 아니었다. 스페인인들의 심기를 건드렸던 신세계의 관습들이 구세계 문명에 부재했던 것이 아니며, 더 나아가 이들 관습이 아무리 놀랍게 느껴진다고 해도 그것이 침략과 정복의 근거가 될 수는 없다는 것이다.

라스 카사스의 저술은 비토리아의 신중한 추론을 넘어서서 스페인의 잔혹함을 논쟁적이고 선정적으로 묘사했다. 「인디오 파괴에 대한 짧은 보고서」라는 제목의 논문은 유럽에서 여러 언어들로 번역되어 출판되었고, 스페인 지배의 부당함을 고발하는 소위 '검은 전설'이 생겨나는 데 일조했다(그림 4.2). 유럽의 독자들에게 이 논문은 머나먼 식민지들에 대한 묘사로 읽히기보다는, 결국 자신들에게도 닥칠 수 있는 운명에 대한 경고로 다가왔다. 특히 스페인을 넘어서 합스부르크와 신성로마제국의 땅까지 통제하는 데 그치지 않고 통치 영역을 더욱 확대하려는 카를로스 5세의 의도를 고려해 볼 때 더욱 그랬다. 이런 점에서 라스 카사스의 글은 유럽 전역에서 반-스페인(개신교 영토에서는 반-가톨릭) 정서가 생겨나게 하는 데 일조했다.

그림 4.2 라스 카사스의 「인디오 파괴에 대한 짧은 보고서」에 수록된 삽화(브라운대학, 존 카터 브라운 도서관 소장).

라스 카사스는 기독교가 원주민에게 유익할 것이라는 신념에 대해서는 의심하지 않았다. 하지만 그는 원주민에게 기독교 신앙을 전파하는 유일한 합리적인 방법은 평화로운 접촉을 통해서이고, 폭력적인 정복은 어떤 방식으로든 합리화될 수 없다고 주장했다. 『전 인류를 진정한 종교로 이끄는 유일한 방법에 관해서』(*De unico vocationis modo omnium gentium ad veram religionem*, 1537)라는 그의 책에서 그는 선교사들이 원주민의 영토에 들어갈 때 군인을 동반하지 않고 무기를 착용하지 않아야 한다고 제안했다. 만일 원주민들이 선교사를 환영하고 설교를 허용한다면, 원주민들은 다른 누구와 마찬가지로 지적이고 이성적인 존재로서 기독교가 자신들의 숭배 형태보다 진정으로 우월하다는 점을 이내 인정하게 될 것이다. 만일 그들이 인정하지 않더라도 그냥 내버려 두어야 한다. 이 경우 사제들은 평화롭게 원주민들의 영토를 떠나야 하며, 차후의 시도에서는 성공을 거두기를 기원해야 한다는 것이다.

카를로스 5세는 라스 카사스와 비토리아의 주장을 못마땅하게 여겼다. 그는 일련의 신학자들을 소집했고, 카사스와 비토리아가 제기한 사안과 관련해 찬반 양쪽의 입장을 제시하도록 명했다. 이것이 1550년과 1551년 스페인의 바야돌리드에서 벌어진 유명한 논쟁의 기원이다. 라스 카사스는 식민주의에 반대하는 입장을 대변했다. 그의 반대자는 후안 히네스 데 세풀베다였는데, 그는 저명한 신학자이자 역사학자였다. 세풀베다는 고대 그리스 철학자인 아리스토텔레스의 자연 노예 이론에 근거해 주장을 전개했다. 그는 원주민은 본래 야수와 같은 비이성적인 존재로 태어났기 때문에 유럽인보다 열등하다고 주장했다. 그에 따르면 유럽인은 원주민을 정복하고 노예로 삼을 권리를 지니며, 원주민은 종속을 통해 보다 우월한 행동 규범들을 전수받게 되고, 따라서 원주민의 종속은 사실상 원주민을 이롭게 한다는 것이다. 이에 반해 라스 카사스는 원주민은 완전히 이

성적인 존재이고, 다른 그 누구와 비교해서도 동등한 또는 우월한 능력을 보유하고 있다고 맞섰다. 논쟁의 심판자들은 그들의 결정에 관한 어떠한 기록도 남겨 두지 않았다. 따라서 우리는 논쟁의 승자가 누구였는지 알지 못한다.

친-원주민 운동은 유럽에 반향을 일으켰지만, 식민지들에서 토착민의 삶을 향상시키는 데에는 거의 기여하지 못했다. 라스 카사스와 그의 협력자들은 스페인의 공식적인 정책과 관련해서 일정 정도의 영향을 미쳤다. 하지만 식민통치가 남긴 폐해를 완화시키려는 이들의 노력은 궁극적으로 집행 권한을 가진 식민주의자들에 의해 간과되기 마련이었다. 정복이 정당화되는가의 논쟁은 모두 말장난에 지나지 않았다. 바야돌리드 논쟁이 벌어질 시점에 메소아메리카의 거의 전 지역은 이미 스페인의 통제를 받고 있었고, 정복자들이 짐을 싸서 고국으로 돌아갈 방법은 전혀 없었다. 프란시스코회의 사제들은 라스 카사스가 토착민들과 함께 살며 그들 곁에서 스페인 정복자들에 대항해 원주민들을 대변하고 그들을 돕는 대신에 철학적인 논쟁에 몰두하고 있다고 비난했다.

일부 학자들은 라스 카사스와 협력자들의 친-원주민 운동이 간접적으로 아프리카 노예제를 활성화했다고 주장했다. 그들의 노력이 원주민 노예제를 불법화하는 데 기여했기 때문이다(실제로는 그렇지 않더라도 법적인 측면에서 본다면 말이다). 노예를 소유하고자 했던 스페인 식민주의자들은 다른 곳으로 눈을 돌려야 했다. 포르투갈의 무역 상인들이 노예로 매매하던 아프리카계 사람들은 이들 식민주의자들에게 강제 노동의 편리한 근원지가 되었다.

라스 카사스와 비토리아는 아프리카계 사람들을 노예로 삼는 데에 어떠한 내재적인 문제도 발견하지 못했다. 심지어 비토리아는 자신도 아프리카계 노예를 소유하고자 한다고 시인하기도 했다. 원주민 노예제에 반대하는 친-원주민 운동의 가장 효과적인 주장은 인간 평등에 대한 믿음에 근거한 것이 아니었으며, 오히려 법적인 원리들에 근거했다. 스페인이 원주민에 대한 관할권을 갖는다면, 스페인은 관할권 내의 거주민들을 노예로 삼을 수 없었다. 스페인의 왕이 자기 국가의 시민을 임의적으로 노예로 삼을 수 없는 것과 같은 맥락이었다. 하지만 아프리카에서 스페인은 어떠한 영토도 소유하고 있지 않았고, 따라서 관할권을 행사하지 않았다. 포르투갈이 토착민을 어떻게 대우했는지는, 그 방식이 호의적이었든 잔인했든, 스페인에게는 관심 밖의 사안이었다. 아프리카계 사람들은 스페인이 인정하는 법적 권리를 지니지 못했던 것이다. 따라서 아프리카계 사람들이 불행히도 신세계에 노예로 끌려간다고 해도, 그리고 그곳에서 부당한 처우를 당하더라도 그들에게는 이에 항의할 법적인 근거가 없었다.

원주민의 권리를 주창하는 운동이 스페인 식민지의 토착민에게 실질적으로 가져온 이득은 단지 제한적이었고, 아프리카계 사람들의 정당한 처우를 위해서는 그 어떤 기여도 하지 못했다. 하지만 유럽의 지적 조류에는 장기적인 영향을 미쳤다. 라스 카사스와 협력자들은 그들의 주장을 보다 효과적으로 대변하기 위해 토착 문화의 유형을 기술하고 분석하려 했고, 이는 다른 문화를 체계적으로 설명하려는 최초의 시도 중 하나였다. 이들 문화 유형은 그 실천 배경이 되는 사회와 연관지어 접근할 때 타당성을 지닌다는 주장은 문화 상대주의의 초기적 형태에 해당했다. 또한 모든 특정한 문화적 특성은 그것이 의미를 부여받게 되는 문화의 나머지 요소들과 관련하여 이해되어야 한다는 사고를 담고 있다.

포괄적인 의미에서, 아메리카의 존재를 배우게 됨에 따라 유럽인들은 자신들이 인간 본성에 대해 전통적으로 지녀 왔던 수많은 가정들에 의문을 갖게 되었다. '신세계'의 존재는 세계가 세 개의 대륙, 즉 유럽, 아프리카, 아시아로 구성되어 있다는 사고방식을 극단적으로 변화시켰다. 모든 것을 성경과 중세 학자들의 누적된 성찰에 근거해 설명하던 신학은 당시 쏟아져 나오는 새로운 지식들을 전통적인 사고 범주로 축소시키기 위해 고전해야 했다.

토착 문화에 대한 설명은 매우 왜곡되기 마련이었고, 원주민 관습은 칭송의 또는 비방의 대상이 되었다. 그럼에도 토착 문화의 전달은 유럽인들이 자신들의 문화와 사회 구조를 새로운 방식으로 사고하게 하는 자극제가 되었다. 자신들의 문화유형이 임의적일 수도, 그리고 변화할 수도 있다고 상상할 수 있게 되었다. 아메리카의 토착 문명의 업적은 칭송을 받았다. 동시에 토착민들은 유럽의 삶을 규정하던 일부 제약으로부터 자유로울 수 있다는 이유에서(적어도 추측에 의하면) 시기를 받았다. 유럽의 관습에 대한 비판은 토착 아메리카와의 비교를 통해 표현됐다. 예를 들어 미셸 드 몽테뉴의 「카니발리즘에 대하여」(Des Cannibales, 1580)라는 산문은 브라질 토착민들에 대한 부정확한 인식에 근거하고 있지만, 그럼에도 작가가 살고 있던 16세기 프랑스 사회에 대한 탁월한 풍자를 보여 준다. 그 무엇보다도 아메리카와 아메리카 토착민의 존재 자체는 유럽의 사고가 중세를 벗어나 근대로 진입하도록 기여했다.

유럽의 논평자들이 아메리카의 업적과 타락을 보여 주기 위해 가장 즐겨 인용했던 사례는 다름 아닌 아스테카의 문명, 즉 그 정교한 예술품과 웅변술, 중앙집권적 국가와 화려한 왕실 생활, 피비린내 나는 인신공희와 식인풍습이었다. 라스 카사스와 세풀베다 모두 아스테카의 민족지적 자료에 근거해 토착 문화를 찬성하거나 반대하기 위한 그들의 주장을 펼쳤다. 아스테카의 인신공희와 식인풍습을 정당화해야 하는 필요성은 라스 카사스가 논쟁의 과정에서 가장 곤란을 겪었던 부분이었을 것이다. 그는 희생자의 수가 지나치게 부풀려졌다고 주장했고(세풀베다는 그 수가 연간 2만 명에 달했다고 주장했다), 이들 관습이 없었더라면 스페인이 처음 도착했을 당시 이 일대는 인구 과밀에 시달렸을 것이라고 주장했다. 라스 카사스는 희생자의 숫자가 실제로는 100명 이하 또는 심지어 50명 이하였을 것이라고 주장했다. 따라서 한 세기에 걸친 전체 희생자들의 숫자는 스페인인들이 정복을 시작한 이래로 매년 그들의 소중한 '탐욕의 신'을 위해 희생물로 삼았던 토착민들의 수와 비교해서 오히려 적은 숫자였다는 것이다.

4. 아스테카인 탄압 작전

이제 아스테카인을 탄압하기 위한 스페인의 작전을 살펴보자. 에르난 코르테스가 멕시코의 수도 테노치티틀란에서 승리를 거두자 스페인은 이미 공물 납부 제국으로 조직되어 있던 메소아메리카의 거대한 영역에 군사적인 통제권까지 보유하게 되었다. 이 이야기는 유럽 식민주의 확장에 관한 거대하고 역동적인 대서사를 구성하게 되었고, 전설이 되기 위해 필요한 요소들로 신속하게 각색되었다. 코르테스는 군사 영웅으로 그려졌고, 토착민들은 숙명론적인 종교 신앙에 사로잡혀 무기력해진 나머지 효과적으로 저항하지 못했다고 묘사됐다. 일부 토착 자료들은 목테수마 제왕에게서 패배의 원인을 찾고 있으며, 스페인 도착 이전부터 다양한 초자연적인 징조가 있었다고 주장한다.

일반적으로 잘못 이해되고 있는 점이 있는데, 아스테카인들이 저항하지 못했던 이유가 그들이 코르테스를 예언한 시간에 맞춰 돌아온 케찰코아틀 신이라고 착각했기 때문이라는 설명이다. 사실상 이 전설은 정복 이후에 생겨났다. 이 전설은 스페인인들이 메소아메리카인들보다 더 현명했고 보다 이성적이었으며, 메소아메리카인들은 종교적인 신앙에 눈이 멀어 상황을 제대로 판단하지도, 더 나아가 적절하게 대응하지도 못했다고 가정한다. 하지만 아스테카인들은 저항을 했고, 아스테카인을 비롯해 동시대 메소아메리카인들은 코르테스나 스페인인들을 신으로 생각하지 않았다. 스페인인들은 원주민들이 저항했다는 사실을 부정함으로써, 소수의 현명한 백인들이 거대한 아스테카 제국을 무너트렸다는 주장을 마치 기정 사실인 양 포장할 수 있었다. 하지만 사실상 아스테카인들은 동시대 메소아메리카인들의 군사 도발로 인하여 군사적으로 이미 소진된 상태였고, 이를 주도하고 조직한 이들은 다름 아닌 스페인인들이었다. 토착민의 관점에서 볼 때, 정복이 징조와 예언으로 이미 예정되어 있었다는 설명은 정복 이후 그들의 패배를 정당화시키는 역할을 한다. 이 이야기는 다양한 내용으로 전해지며, 특히 스페인의 관점과 토착민의 관점에 따라 상이하게 기술되고, 각기 수많은 모순을 담고 있다. 따라서 실제 무슨 일이 벌어졌는지 단일하고 '정확하게' 설명하는 것은 불가능하다.

에르난 코르테스는 근방의 본토를 탐험하기 위해 1519년 2월에 식민 영토 쿠바를 떠났다. 코르테스가 스페인 서쪽의 엑스트레마두라를 떠나 카리브에 도착한 것은 1504년이었다. 그는 쿠바 통제를 위한 작전에 참가했고, 쿠바 최초의 식민 총독인 디에고 벨라스케스의 비서관으로 근무했다. 1519년의 탐사는 대부분 코르테스의 개인 자금으로 충당되었고, 11척의 배, 500명 이상의 일꾼, 16마리의 말, 카누 몇 척으로 이루어졌다. 그의 탐험대가 처음 상륙한 곳은 유카탄 반도 동쪽 해안 근방의 코수멜 섬이었다. 이곳에서 코르테스는 8년 전 난파한 배에서 살아남은 스페인인 헤로니모 데 아길라르를 발견했다. 구조된 후 본토에서 지방 마야인들에게 잡혀 있던 아길라르는 그 사이 유카테카 마야어를 배웠고, 의사소통을 할 수 있었다. 코르테스 일행에 합류한 후, 그는 탐사를 위한 통역을 맡게 되다. 조난 사고의 또 다른 스페인 생존자는 곤살로 데 게레로였다. 하지만 게레로는 마야인 여성과 결혼했고, 마야인으로 살고 있었다. 아길라르와 달리

게레로는 그의 동포들과 합류하는 데 관심이 없었고, 대신 스페인 침략자들에 맞서 싸우는 편을 선택했으며, 전해지는 바에 의하면 마야인들 편에서 싸우다가 죽었다고 한다.

유카탄 반도의 서쪽 방면을 항해한 후, 코르테스 탐험대는 오늘날의 멕시코 타바스코 주(州)에 위치하는 그리할바 강 입구 근방의 포톤찬에 도착했다. 초기에는 적대감을 보였지만 이내 지방 지도자들은 코르테스에게 선물과 여러 명의 젊은 여자들을 제공했다. 이들 젊은 여자들 가운데 나우아어를 모국어로 사용하는 여성이 있었다. 그녀는 어머니와 계부에 의해 타바스코의 원주민들에게 노예로 팔렸고, 타바스코 원주민들에게서 지방의 마야어를 습득했다. 그녀는 기독교 이름 마리나로, 또는 나우아어로 말린친라고 불렸다(그녀는 종종 말린체 또는 라 말린체로 불린다). 말린친과 아길라르는 코르테스 일행을 위해 마야어에서 나우아어로, 그리고 나우아어에서 스페인어로(반대로도 마찬가지 방식으로) 통역을 했다. 동향인들에게 소외당했던 말린친은 스페인인들에게 자신의 운명을 맡겼고, 특히 빠른 속도로 스페인어를 습득하며 코르테스를 위해 매우 중요한 조력자 역할을 했다(글상자 4.2).

1519년 4월 19일 성(聖) 금요일에 코르테스는 오늘날의 베라크루스 도시에 해당하는 지역 근방에 상륙했다. 이곳에서 그는 아스테카의 통치자인 목테수마의 대변인들을 처음으로 만났다. 1550년대에 작성된 그리고 당시에 존재하던 일부 전설들의 영향을 반영하는 현지 기술지에 의하면, 목테수마의 사절들은 코르테스에게 선물들을 주었는데, 아스테카에서 가장 중요한 삼위 신성인 케찰코아틀, 테스카틀리포카, 틀랄록(이들 신성에 대한 3장의 설명을 참조)의 완전한 의복들이 포함되어 있다고 한다. 의복에는 금과 깃털로 만든 두건, 터키석 가면, 옥과 금과 조가비로 만든 장식품들이 포함되어 있었다(그림 4.3). 목테수마는 선물 교환을 통해서 자신의 부를 과시하는 동시에 이방인들과의 사회적인 관계를 성립하려 했을 것이다. 나우아어 자료에 의하면 목테수마 왕의 사신들은 코르테스에게 케찰코아틀의 의복을 입혔다고 한다. 하지만 스페인인들이 실제로 이를 허용했을 가능성은 거의 없다. 무엇이 사실이든 간에 연달아 코르테스가 취한 행동은 현명하고 사제적인 케찰코아틀이라는 관념으로부터 완전히 어긋나는 것이었다. 코르테스는 풍요로운 선물로 답례하는 대신에 목테수마의 사신들에 족쇄를 채웠고, 이들에게 스페인 권총의 위력을 보여주는 것으로 대응했다.

사절단이 목테수마에게 돌아갔을 때, 그들은 스페인인들이 보유한 무기, 화약, 말 그리고 그들의 외모를 다음과 같이 묘사했다.

그림 4.3 목테수마 사절단이 코르테스에게 선물을 전하는 모습. 코르테스의 왼쪽에 그의 나우아어 통역사 말린친이 서 있다. 플로렌틴 코덱스. 출처: Sahagún 1979: 12: folio 8v.

[스페인인들의 —인용자] 명령에 권총이 발사됐습니다. 마치 천둥소리가 나는 듯 했고, 사람들은 실제로 기절을 했으며, 귀가 먹는 것 같았습니다. 권총이 발사되자 그 안에서 공 같은 것이 튀어나왔고, 화염이 주위를 감싸며 타올랐습니다. 만일 그들이 언덕을 향해 쏘았다면, 언덕이 무너져 산산조각 날 것 같았습니다. 나무는 먼지로 변해 버렸고, 마치 누군가가 마술을 부린 것처럼 흔적도 없이 사라질 것 같았습니다.

그들의 전쟁 장비는 모두 무쇠로 만들어졌습니다. 그들은 무쇠로 의복을 만들어 몸에 걸쳤고, 머리에도 무쇠를 썼으며, 무쇠로 만든 검에, 무쇠로 만든 활을 가지고 있었고, 방패와 창도 무쇠로 만들었습니다.

그들이 타고 다니는 사슴들은 지붕에 닿을 만큼 컸습니다. 그들이 동물의 몸을 모두 감싸서 얼굴만 볼 수 있었는데 매우 하얀 색이었습니다. 그 얼굴은 석회석의 색깔을 띠고 있었고, 털은 불그스름한 노란색이었고, 일부는 검은색 털을 가지고 있었습니다. 그들은 턱수염을 길게 길렀고, 턱수염도 불그스름한 노란색이었습니다(Lockhart 1993: 80).

목테수마는 더 많은 사절들을 보냈고, 마법사들은 그들의 주문이 이방인들에게는 효력이 없다는 것을 발견하게 되었다.

스페인인들이 어떤 사람들인지 토착민들이 궁금해 하고 있던 사이, 스페인인들은 정작 내부의 불화에 정신이 팔려 있었다. 코르테스 일행 중 수많은 이들은 아스테카의 수도까지 계속해서 전진하기를 바라고 있었다. 하지만 또 다른 수많은 이들은 코르테스가 이미 명령에 넘어서는 행동을 하고 있다고 느꼈기 때문에 불만을 품고 있었으며, 일부는 병에 걸린 상태이기도 했다. 코르테스는 스페인이 새로 세운 도시인 라비야리카데라베라크루스('진정한 십자가의 부유한 도시'라는 의미이며, 오늘날의 베라크루스에 해당함)의 지도자라고 스스로 선언했다. 따라서 더 이상 쿠바의 총독인 벨라스케스의 통제를 받지 않으며, 대신 자신은 스페인 왕의 직접적인 소관하에 있다는 의미였다. 베라크루스에 새롭게 조직된 카빌도(도시협의회)는 코르테스가 왕실의 후원을 받을 수 있도록 영향력을 행사하기 위해 스페인에 사절단을 보냈고, 이와 동시에 벨라스케스는 본토에서 새로운 권력을 확보하여 코르테스를 제약하기 위한 노력을 계속했다. 코르테스 일행 중 일부가 쿠바로 돌아가겠다고 으름장을 놓는 상황에서 코르테스는 대담한 행동을 단행했다. 그는 일행 중 두 명을 처단하고, 그들의 배들을 침몰시켰다.

내륙으로 향하기 전에 코르테스는 토착민 집단과 최초의 동맹관계를 맺었는데, 아스테카의 지배에 환멸을 느끼고 있던 셈포알라 시가지에 거주하고 있던 토토나카인들이었다. 1519년 8월에 탐험대는 테노치티틀란을 향해 여행을 시작했고, 토토나카인들로 구성된 거대한 일행을 동반했다. 2주 내에 코르테스 일행은 단 한 번도 아스테카의 지배에 굴한 적이 없었던 강력한 독립 국가인 틀락스칼라에 이르게 됐다(서문 참조). 틀락스칼라인들은 코르테스와 협력하기로 결정을 내렸고, 그에게 수천 명의 군사들을 제공했다(그림 4.4). 이에 일행은 촐룰라로 이동했고, 처음에는 환영을 받았다. 하지만 이내 촐룰라인들이 매복을 계획하고 있다는 것이 밝혀졌다. 그렇지만 스페인인들은 촐룰라의 지도자들을 포로로 포획하는 데 성공했고, 수천 명의 촐룰라 전사들이 살해당했다고 한다. 결국 촐룰라인들은 스페인 왕에게 충성하기로 결정하게 됐다.

아스테카를 향한 적대감은 다양한 원주민 정치조직체들이 코르테스와 협력하게 되는 가장 중요한 이유였다. 그들은 스페인의 무기와 전술에 놀라움을 느꼈고, 자신들의 적에 맞서기 위해 잠재적인 힘이 되리라고 기대했다. 코르테스는 이들과 협력하는 과정에서 궁극적인 승리를 위한 여정을 시작했다. 스페인인들로 구성된 그의 소규모 일행으로는 멕시코를

그림 4.4 틀락스칼라의 핵심적인 네 명의 지도자들 가운데 두 명이 코르테스와 연합할 것을 선언하는 모습. 얼굴 앞에 그려진 소용돌이무늬는 연설을 의미한다. 플로렌틴 코덱스. 출처: Sahagún 1979: 12: folio 21v.

정복할 가망이 없었다. 대신 그는 아스테카의 전통적인 적들과 아스테카의 권력자들에게 공물을 납부하는 데에 이력이 나 있었던 속국들이 공동으로 반란할 수 있도록 이를 조직하고 관할하는 전략을 선택했다.

1519년 11월이 되자 코르테스 일행은 약 350명의 스페인인들과 수천 명의 틀락스칼라 전사들로 구성되어 있었다. 그들은 이제 테노치티틀란으로 향하는 여정의 마지막 단계에 있었다. 그들 일행이 도시에 도착하자 목테수마는 더욱 화려한 선물을 보냈다. 하지만 스페인인들은 이에 보답할 상응하는 귀중품을 전혀 갖지 못하고 있다는 사실에 수치심을 느끼는 대신, 오히려 더 많은 것을 받기만을 바랐다. 한 토착 자료는 당시 스페인인들이 금속품들을 받고 어떻게 반응했는가를 다음과 같이 묘사한다.

그들은 [스페인인들에게 — 인용자] 금으로 만든 깃발과 진귀한 깃털로 만든 깃발들, 그리고 금속 목걸이들을 주었다.

그들이 이들 물건을 건넸을 때, 스페인인들은 웃고, 즐거워하고, 매우 행복해하는 것처럼 보였다. 그들은 원숭이처럼 금을 움켜쥐었다. 마치 그들의 심장이 편안하게 쉴 수 있게 되고, 생기를 되찾고, 활력을 얻은 듯했다. 그들은 금을 열망했고, 게걸스럽게 찾아 헤맸으며, 굶주려 있었고, 돼지처럼 갈망했기 때문이다. 그들은 금제 깃발들을 들어 올렸고, 이리저리 흔들어 댔으며, 서로 과시했다. 그들은 와글와글 지껄이는 것 같았고, 서로 횡설수설하는 것 같았다(Lockhart 1993: 96, 98).

코르테스의 일행이었던 베르날 디아스 델 카스티요는 당시의 경험을 이후에 장문으로 기록했다. 그는 동료들과 함께 처음 멕시코 분지를 보았을 때, 마치 기사도를 다루는 스페인의 유명한 모험담에나 등장할 만한 곳처럼 보인다고 생각했다.

물 위에 지어진 그토록 많은 도시와 마을들, 육지 위의 거대한 시가지들, 멕시코를 향해 일직선으로 평평하게 뻗은 둑길을 보았을 때, 우리는 감탄했다. 이 모든 광경은 아마디스의 전설에 등장하는 수중에 솟아오른 거대한 탑, 사원, 건물들을 떠올리게 했다. 군인들 중 일부는 지금 우리가 목격한 것이 꿈이 아닌지 물을 정도였다(Díaz del Castillo 1956: 190-191).

마침내 1519년 11월 8일에 코르테스 일행은 테노치티틀란의 거대한 도시에 입성했고, 목테수마와 대면했다(그림 4.5). 목테수마는 스페인인들을 환영했고, 귀빈으로 대접했으며, 그의 아버지인 악사야카틀이 사용하던 황궁에 머물게 했다. 이 만남에서 그가 극도로 두려움을 느꼈다고 묘사하는 후대의 설명과는 달리, 당시 그가 불안감을 느꼈으리라고 짐작할 근거는 없다. 그의 명령 한 마디만으로도 그의 군대는 스페인인들과 틀락스칼라인들을 정복하고, 모조리 도시에서 쫓아낼 수 있었기 때문이다.

일부 설명에 의하면 코르테스는 기꺼이 그곳에 머무는 것처럼 가장하면서, 재빨리 목테수마의 죄수를 포획했고, 그를 스페인인들의 진영에 투입했다고 한다. 이러한 설명의 진위 여부와 관계없이, 스페인인들과 동맹군의 존재는 침략자와 손님 그 중간 지점에 해당했으며, 그들의 존재는

그림 4.5 목테수마와 코르테스의 첫번째 만남. 토착민 예술가의 이 그림에는 코스테스의 나우아어 통역가인 말린신의 핵심적인 역할이 강조되어 있다. 플로렌틴 코텍스. 출처. Sahagun 1979: 12. folio 26r.

수개월간 용인되었다. 하지만 1520년 4월에 상황이 돌변하게 되는데, 벨라스케스 총독이 보낸 열여덟 척의 선박들이 걸프 해안에 상륙했다는 사실이 알려진 것이다. 이들의 지도자 판필로 데 나르바에스는 코르테스를 체포해서 쿠바로 이송하여 재판정에 세우라는 명령을 받았다. 대책으로 코르테스는 때로는 뇌물을 동원해서, 때로는 군사적 공격을 통해서 나르바에스와 그의 일행을 자신의 진영에 끌어들이고자 시도했다. 주로 무력 공격은 나르바에스 일행이 잠들어 있을 때 코르테스의 주도로 감행되었다. 결국 나르바에스가 포획되었고, 그의 부대는 코르테스에게 항복했으며, 코르테스 세력의 증대로 이어졌다.

그 사이 테노치티틀란은 코르테스가 위임한 페드로 데 알바라도가 지도하고 있었다. 하지만 그는 점차 통제력을 잃고 있었다. 알바라도는 애초에 자신이 제례를 허용했음에도 불구하고, 실제로 위칠로포츠틀리를 경배하는 아스테카의 전통 축제가 열리고 있고, 특히 축제에서 인신공회가 행해진다는 사실을 알게 되자 격노했다. 알바라도는 무방비상태의 참가자들을 공격하도록 명령했고, 수백 명의 멕시카 사람들이 학살당했다. 이에 반발하는 스페인인들이 있을 경우, 그들을 대상으로 하는 보복 행위가 이어졌다. 그들이 숙박하고 있는 왕궁을 불태우려는 시도도 있었고, 여러 명의 스페인인들이 목숨을 잃었다. 바로 이 시점에 코르테스와 수천 명의 틀락스카라 전사들을 포함하는 수행단이 테노치티틀란으로 돌아왔다. 멕시카 사람들은 수행단이 알바라도 부대에 합류하도록 허용했지만, 그럼에도 스페인인들의 주둔지에 대한 공격은 계속되었다.

긴장감이 고조되는 와중에, 목테수마가 스페인인들과 협력하는 점을 오랫동안 못마땅하게 여기던 멕시카의 통치 지도층은 목테수마를 왕좌에서 끌어내리고 대신 그의 형제인 쿠이틀라왁을 후계자로 세우기로 결정한다. 6월 말에 목테수마는 살해된다. 스페인어 자료에 의하면 그는 부하들에게 돌팔매질당해 죽었다고 한다. 반면 토착 자료들은 그가 스페인인들에 의해 살해당했다고 주장한다. 상황은 스페인인들에게 암울하게 전개되었고, 결국 코르테스는 퇴각을 결정했다(그림 4.6).

스페인인들이 퇴각하던 밤은 일반적으로 1520년 6월 30일로 알려져 있다. 이 날은 '슬픈 밤'(noche triste)으로 불리는데, 분쟁이 양측에 막대한 수의 사망자를 초래했기 때문이다. 스페인인들과 틀락스카라 동맹군이 둑길을 통해 테노치티틀란 섬에서 피신하려고 시도하자 아스텍 군사는 그들을 공격했다. 수많은 이들이 사망했고, 수많은 이들이 호수에서 익사했으며, 일부는 목테수마의 금고에서 훔친 금의 무게를 이기지 못하고 가라앉았다. 그 과정에서 살아남은 자들만이 안전하게 틀락스칼라로 돌아갈 수 있었다.

그림 4.6 '슬픈 밤'. 스페인인들이 틀락스칼라 동맹군과 함께 도시로부터의 퇴각을 시작하는 모습. 사원 위에 서 있는 남성과 수로에서 불을 뿜는 여성은 경각심을 사극한나. 플로렌틴 코넥스. 출서: Sahagún 1979: 12: folio 42v.

이후 수개월에 걸쳐 코르테스는 수차례의 습격을 감행하고, 새로운 동맹군 세력을 확보했으며, 멕시코 분지 동쪽에서 그의 입지를 확고하게 다졌다. 그들의 세력을 강화하기 위해 수백 명의 스페인 군인들이 자메이카와 쿠바에서 도착했고, 베라크루스로 향하는 경로를 따라 세워진 주둔군이 남쪽 통로의 통제력을 확보했다. 12월 말에 접어들자 코르테스와 그의 부대들은 테노치티틀란을 공격하기 위한 최후 점검에 나섰다. 이 무렵 코르테스는 700명 이상의 스페인 군인과 약 7만 5천 명 이상의 틀락스칼라 동맹 군사, 그리고 86마리의 말과 15개의 대포를 보유하고 있었다.

그 사이, 테노치티틀란의 사람들은 아마도 처음으로 구세계의 전염병인 천연두를 접하게 된 것으로 보인다(그림 4.7). 1520년에도 이 전염병이 퍼져 있었는지는 확실하지 않다. 코르테스와 다른 정복자들은 이와 관련해 아무런 언급도 하고 있지 않다. 다음 해 스페인의 통제가 확실해질 때까지 전염병이 퍼지지 않았을 가능성도 있다. 그렇지만 토착민들의 주요 정복사와 기타 토착 문헌들, 그리고 1541년 스페인의 한 사제가 작성한 중요한 연대기에 의하면 1520년 슬픈 밤의 퇴각과 코르테스의 최후의 군사 작전 사이에 걸친 수개월 동안에 천연두가 발병한 것으로 보인다. 전염병의 확산은 인구 감소뿐만 아니라 전염병의 심각한 폐해를 처음으로 겪게 된 생존자들의 사기를 저하시키는 결과를 가져왔을 것이다. 토착 연대기는 병의 진행 단계를 다음과 같이 묘사한다.

그들은 더 이상 걸을 수 없었고, 집의 침상에 누워, 움직이지도, 꼼짝도 할 수 없었다. 그들은 자세를 바꿀 수도 없었고, 옆으로 몸을 뻗지도, 고개를 숙이지도, 머리를 들어 올리지도 못했다. 미동이라도 하려면 크게 소리를 질렀다. 온통 농포로 뒤덮인 사람들을 보는 것은 엄청난 침통함을 느끼게 했다. 매우 많은 사람들이 농포로 죽었고, 수많은 사람들이 굶어 죽

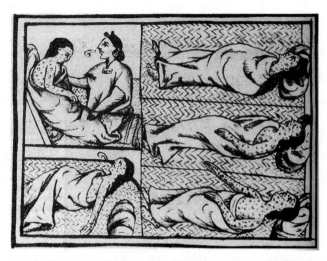

그림 4.7 천연두 발병. 의사로 보이는 여성이 병든 남성을 위로하고 있으며, 다른 환자들은 침상 자리에 무력하게 누워 있다. 플로렌틴 코덱스. 출처: Sahagún 1979: 12: folio 53v.

었으며, 기아가 엄습했고, 더 이상 아무도 다른 사람을 돌보지 않았다.

농포가 듬성듬성 생긴 사람들도 있었다. 이 경우 그들은 심하게 고통을 받지 않았고 많은 사람들이 죽지 않고 생존했다. 하지만 흉터가 남아 얼굴이 망가졌고, 얼굴과 코가 뭉그러졌다. 어떤 사람들은 눈을 잃거나 장님이 됐다(Lockhart 1993: 182).

인용한 내용에는 천연두에 걸렸을 때 겪게 되는 고통이 정확하게 묘사되어 있다. 병이 가장 심한 이들, 즉 수많은 커다란 농포가 생긴 이들은 움직일 수 없다. 만일 가족 전체가 또는 이웃 전체가 병에 걸릴 경우, 환자를 돌볼 사람이 하나도 남지 않게 되며, 결국 사람들은 병균으로 죽을 뿐만 아니라 갈증과 기아로 죽게 된다. 상대적으로 농포가 많이 생기지 않은 사람들은 생존을 할 수도 있지만, 곰보가 되거나, 또는 실명했다.

멕시카의 새로운 통치자인 쿠이틀라왁도 슬픈 밤과 스페인의 최후의 공격 사이에 해당하는 기간에 사망했다. 그는 천연두로 사망했다고 추정된다. 하지만 이를 명확히 언급하는 자료는 없다. 콰우테목이 쿠이틀라왁의 뒤를 이었는데, 그는 목테수마의 조카로 뛰어난 전쟁 기량을 보유해 권좌에 오르게 되었다. 콰우테목은 코르테스와 그의 동맹군에 대항하는 용맹한 저항을 지휘했다. 코르테스는 테노치티틀란을 최종적으로 공격하기 위해 먼저 호숫가의 거주지들을 진압하는 전략을 택했고, 이 전략으로 테노치티틀란을 효과적으로 고립시켰다. 이와 같은 봉쇄작전을 통해 담수와 식량이 섬 도시로 유입되는 것을 차단했다. 사람들은 호수의 소금물을 마셔야 했고, 음식이 동이 나면 마시그라스(볏과의 여러살이풀―옮긴이)나 벌레 등을 섭취하며 허기를 달랬다. 최종 습격은 호수와 육지 양측에서 진행된 공동 작전을 통해 행해졌다. 둑길을 따라 도보로 테노치티틀란에 접근한 스페인 군사와 틀락스칼라 군사들을 보조하기 위해 범선 열세 척이 동원됐다. 범선은 스페인인들의 지휘로 제작되고, 분해되었으며, 이후 텍스코코 호숫가에서 재조립되었다(그림 4.8).

테노치티틀란 최후의 전투는 거의 3개월 동안 지속되었다. 스페인인들과 토착민들의 전술적인 차이 이외에도, 스페인인들이 동원한 말, 큰 개, 대포, 총(너무나 투박하고 부정확해서 상대적으로 적은 숫자의 사상자를 초래했다) 등은 기습 효과를 가져왔고, 스페인인들이 전투 초기부터 토착 집단들에게 우위를 점할 수 있게 했다. 토착적인 전투의 목적은 적을 사살하거나 해를 가하는 것이 아니라, 적군을 온전한 상태로 생포해서 포로로 끌고 가는 것이었다. 토착 병사들은 적군에 최대한의 사상자를 만드는 것보다는 일대일 전투를 통해 개개인의 기량을 최대한으로 보여 주는 데 주력했다. 이와 대조적으로 스페인 측 병사들은 폐쇄되어 뚫기 어려운 단일한 부대로 전투에 임했으며, 적군과 심지어 무방비 상태의 민간인들을 무차별적으로 학살하고 상처를 입혔다. 개방된 전투지에서 소규모의 스페

그림 4.8 테노치티틀란 포위. 스페인 병사들이 배에서 공격하고, 멕시카 군사들은 카누와 도시의 성벽 그리고 지붕 위에서 반격하고 있다. 플로렌틴 코덱스. 출처: Sahagún 1979: 12: folio 56r.

인인들은 훨씬 거대한 규모의 토착민 부대를 정복할 수 있었다.

하지만 섬 도시를 정복하는 것은 훨씬 거대한 도전을 의미했다. 좁은 길에서 스페인 병사들은 방어를 위해 대열을 좁힐 만한 공간을 확보할 수 없었다. 말이 발을 디딜 공간이 부족했다. 대포의 조종뿐만 아니라 길과 수로와 건물이 서로 뒤엉켜 있어 표적을 제대로 찾는 것조차 어려웠다. 멕시카 전사들은 고립된 스페인 군인과 협력 군인들을 게릴라전으로 공격한 다음, 익숙한 골목들로 사라졌다(그림 4.9). 그들은 또한 대포의 탄알을 피하는 방법과, 흑요석 칼날 검으로 말을 죽이는 방법을 금세 익혔다. 포로가 된 스페인인들과 심지어 말들은 거대한 피라미드 위에 제물로 바쳐졌고, 스페인인들의 사기를 저하시키기 위해 이들 제물의 머리가 진열대에 놓여졌다.

테노치티틀란을 정복하기 위해 코르테스와 동맹군은 사실상 도시를 완전히 무너트려야 했다. 그들은 조금씩 전진했고, 자유롭게 움직일 수 있도록, 그리고 개방된 전투지로 적을 유인해 내기 위해서 건물을 부수고 수로를 채워 지면을 평평하게 만들었다. 도시의 방어자들은 식량과 담수의 부족으로 쇠약해진 상태였음에도 불구하고 견딜 수 있는 마지막 순간까지 저항했다. 하지만 그들은 점차 후퇴를 면할 수 없었다. 토착 달력에 의하면 뱀 한 마리의 날에 해당하는 1521년 8월 13일에 콰우테목은 마침내 코르테스에게 항복했다. 헐벗고 굶주린 이들이 도시에서 달아나고 있는 와중에 스페인인들은 귀중품을 건지기 위해 도망치는 이들의 몸을 수색했고, 여자들을 강간했다. 승리자로서 코르테스가 처음으로 한 행동은 남아 있는 금을 모조리 그에게 가져오도록 요구한 것이다.

수도가 포위되자, 아스테카 제국의 사실상 모든 영토는 이제 실질적

그림 4.9 거리에서의 전투. 멕시카 전사들이 말에서 내려 스페인 병사를 죽이고 있다. 플로렌틴 코덱스. 출처: Sahagún 1979: 12: folio 58r.

으로 스페인의 통치를 받게 되었다. 멕시카의 통치에서 벗어나기 위해 코르테스에 협력했던 토착민들은 예전보다 더 막중한 요구를 하는 권력자들에게 종속되게 된다.

5. 미초아칸의 정복

아스테카 제국이 스페인의 통제권에 확실히 들어오게 되자, 스페인인들은 메소아메리카 전역으로 영향력을 확장하기 시작했다. 오늘날 미초아칸 주에 속하는 멕시코 분지의 서쪽과 북쪽으로는 강력한 타라스카 국가(또는 푸레페차 국가로도 알려짐)가 있었다. 파츠쿠아로 호수에 있는 친춘찬 수도를 기점으로 타라스카인들은 독립된 정치조직체를 유지해 왔으며, 자신들의 영토에 침입하려는 아스테카인들의 일체의 시도에 성공적으로 저항해 왔다(1장과 2장 참조).

타라스카인들과 스페인인들 사이에 어떠한 공식적인 접촉이 있기도 전에 천연두는 미초아칸을 강타했다. 타라스카의 통치자이자 카손씨(Cazonci, 타라스카의 최고지도자——옮긴이)였던 수안과는 최초의 희생자 중 한 명이었다. 그의 뒤를 이어 그의 아들 가운데 한 명인 친치차 탄가초안이 권좌에 올랐다. 새로운 카손씨로서 이 젊은 통치자는 스페인인들에게 어떻게 대응할 것인가라는 어려운 결정에 직면했다. 스페인인들과 타라스카인들의 최초의 대면은 테노치티틀란이 몰락하기 이전인 1521년 2월에 이루어졌다. 대면이 있고 1년 후에 코르테스가 파견한 크리스토발 데 올리드가 지역 탐방을 위해 방문했다. 비록 올리드가 궁극적으로 이 지역을 진압하는 데에는 실패했지만, 타라스카인들과 스페인인들의 초기 접촉은 호의적으로 이루어졌다. 1525년에 카손씨가 기독교로 개종하면서 형식적으로 스페인의 지배를 수용했고, 미초아칸으로 수사들을 보내 줄 것을 요청했다. 카손씨는 평화적으로 스페인의 통치를 수용함으로써 일정 정도의 자율성을 보장받을 수 있으리라고 기대했을 것이다. 하지만 이런 기대는 실현되지 않았다.

1528년에 누뇨 데 구스만이 식민지의 최고 통치 기관인 멕시코의 아우디엔시아(Audiencia, 고등사법재판소)의 의장직에 오르게 되는데, 그는 누에바 에스파냐에서 가장 잔혹하고 탐욕스러운 통치자 중 한 명으로 악명을 높이게 된다. 처음부터 그는 더 많은 금과 은을 요구하며 카손씨를 압박했고, 보석금을 요구하며 멕시코시티에 카손씨를 한 차례 이상 감금하기도 했다. 한때는 금과 은의 무한 보고로 여겨졌음에 틀림없을 곳에서 금과 은이 동이 나고 있었다. 1529년과 1530년에 구스만은 미초아칸에서 스페인의 통제를 확보하기 위해 스페인인들과 원주민 연합군으로 구성된 대규모 원정대를 조직했다.

구스만의 원정대는 멕시코시티에서 친춘찬으로 빠른 속도로 진전하며, 지나는 곳을 약탈하고, 마을을 불태우고, 희생자들을 고문했다. 타라스카의 수도에 도착한 지 얼마 지나지 않아 구스만은 카손씨를 포로로 잡아들였고, 그에게 수많은 죄목을 적용했다. 가장 심각한 죄목은 그가 엔코미엔다 제도를 방해하고, 수많은 스페인인들의 살해를 명령했다는 것이었다. 구스만의 고문에 시달리던 카손씨는 유죄를 인정했다. 판결은 냉혹했다. 그는 말에 매달려 마을을 통과해야 했고, 화형대에서 화형을 당했다. 카손씨의 죽음으로 위대한 타라스카 왕국은 막을 내렸다.

6. 마야 지역

마야 지역에는 거대한 영토를 지배하는 어떠한 단일한 집단도 존재하지 않았다. 따라서 스페인인들은 중앙멕시코와는 매우 상이한 상황에 직면하게 되었다(3장 참조). 마야 지역에는 수많은 소규모 정치조직체들이 있었으며 그들은 서로 잦은 전쟁을 벌였다. 스페인인들은 이곳에서 보다 연장전에 들어가게 되었다. 각 지역을 하나씩 순서대로 종속시키는 일련의 작전들을 쓰지 않고서는 마야 지역에서 통제력을 확보한다는 것 자체가 불가능했다. 이 작전에 175년 이상이 소요됐다.

치아파스에서 마야인들과의 최초의 접촉은 1522년 무렵에 이루어졌을 것이다. 하지만 1524년에 접어들 때까지 루이스 마르틴이 지휘하는 스페인인들의 소규모 집단은 초칠-마야인들, 그리고 이들과 이웃한 비-마야인 치아파네카인들을 통제하는 데 주력했다. 스페인인들은 일정 정도의 군사적인 성공을 거두는 듯했다. 하지만 지역 내에 스페인 공동체를 세우는 데 실패함으로써 어떠한 군사적 성공도 무의미해졌다.

이 지역에서 확정적인 정복은 1527년과 1528년에 행해진 디에고 마사리에고스의 군사작전을 통해 달성되었고, 소케인, 치아파네카인, 초칠인, 첼탈-마야인들이 정복되었다. 1535년에 스페인의 도시인 시우다드레알(오늘날의 산크리스토발데라스카사스에 해당)이 치아파스에 세워졌고, 수년 내에 외곽 지역도 모두 스페인의 통제를 받게 됐다.

코르테스가 중앙멕시코에 도착하기 수년 전에 유카탄 반도에서는 스페인인들과 마야인들 간의 초기 접촉이 수차례에 걸쳐 이루어졌다. 그렇지만 1547년까지 유카탄 반도는 스페인의 통제를 받지 않았다. 현지인들은 초기 탐사대들에 대해 적대적이었고, 스페인인들은 현지에 지속적으로 주둔하는 데 성공하지 못했다. 1527년 프란시스코 데 몬테호 이 알바레스의 지휘로 최초의 정복자들이 집단적으로 도착하기 이전에 일련의 전염병이 반도를 강타했음을 보여 주는 증거들이 있다. 처음 몬테호와 그의 일행은 평화롭게 지역에 주둔할 수 있었지만, 수개월 이내에 상당한 반대에 봉착하게 되었다. 2년 후 몬테호는 새로 보급품을 받아 오기 위해, 그리고 보다 많은 인력을 모집하기 위해 떠났다.

몬테호의 두번째 작전은 1531년에서 1534년 사이에 행해졌다. 이번 작전에서 그는 반도의 서쪽 해안을 보다 집중적으로 공략했다. 이 작전은 초기에는 일부 성공을 거두었지만 결국 실패로 끝나게 된다. 작전이 끝나 갈 무렵 탐사대는 페루에서 귀금속이 발견되었다는 소식을 접하게 되었다. 이제 유카탄에는 금이 없다는 것이 명확해진 것이다. 결국 몬테호의 일행 대부분은 그를 버리고 페루로 떠났고, 마야인들의 공격에 노출된 몬테호는 퇴각해야 했다.

유카탄을 '진정시키기' 위한 마지막 작전은 1540년부터 1547년까지 몬테호의 아들인 프란시스코 데 몬테호 이 레온에 의해 이루어졌다. 1545년 무렵이 되자 유카탄 반도는 대부분 스페인의 통제를 받게 되었다. 하지만 이후 2년간 여러 차례의 폭동이 일어났다. 폭동이 진정된 후에도 스페인이 완전한 통제력을 행사한 것은 아니었다. 수많은 원주민들은 페텐에 이르기 위해 남쪽으로 달아났고, 페텐의 마야인들은 이후 150년 동안 스페인의 지배에 성공적으로 저항했다.

과테말라에서는 1520년에 천연두가 휩쓸고 지나간 후 스페인의 침입이 이루어졌다. 3년 후인 1523년 12월에 페드로 데 알바라도는 코르테스의 위임을 받고 400명의 스페인 군인과 수백 명의 틀락스칼라 전사를 이끌고 남쪽의 과테말라로 향했다. 과테말라로 향하는 도중에 알바라도의 부대는 오아하카의 믹스테카인들과 테우안테펙의 사포테카인들, 그리고 소코누스코의 믹세-소케인들을 성공적으로 정복했다.

중앙멕시코에서처럼 과테말라에서도 키체인들이 통치하는 강력하고 팽창주의적인 국가가 존재했으며, 이로 인해 대립 구도가 형성되어 있었다. 이와 같은 상황은 스페인인들에게 유리하게 작용했다. 키체-마야인들은 영토 확장의 과정에서 무수한 적을 만들어 냈다. 1523년이 되자 그들의 세력이 약해졌고, 잠시라도 그들에게 정복된 적이 있었던 수많은 집단은 키체-마야인들의 패배를 확실히 다지기 위해 스페인인들에 기꺼이 합류했다.

1524년 초반에 태평양 산록지대와 과테말라 서부의 고지대에서 벌어졌던 일련의 전투를 통해 알바라도는 키체 전사들과 처음으로 접하게 되었다. 셀라후(오늘날의 케찰테낭고) 근방에서 교전이 있었는데, 그 와중에 키체의 지도자인 테쿰이 살해됐다(그림 4.10). 키체의 문헌『익스킨-네하이브 집의 권리들』(*Títulos de la Casa Ixquin-Nehaib*, 1550~1560)의 한

그림 4.10 키체-마야인들의 지도자였던 테쿰이 스페인인들에 의해 살해되었던 장소인 케찰테낭고 성록. 출서. "Lienzo de Tlaxcala", Guatemala, CA. Dirección General de Cartografía(DGC), Editorial del Ejército, 1963.

단락에는 테쿰과 알바라도의 전투 장면이 생생하면서도 상세하게 묘사되어 있다. 키체인들의 관점에서 기록된 이 자료는 두 사람의 만남을 신화적인 방식으로 그려 내고 있다. 알바라도를 공격할 때 테쿰은 용맹한 독수리로 변화한다. 그리고 그는 죽어서 눈부신 케찰새로 변하는데, 그 아름다움은 알바라도는 놀라게 한다. 비록 패배했지만 토착 영웅은 여전히 칭송을 받는 것이다(글상자 4.3은 키체인들의 관점에서 테쿰의 죽음을 묘사한 단락 전문을 담고 있다).

전투에서 패배한 후, 키체인들은 스페인인들에게 자신들의 수도인 쿠마르카흐 또는 우타틀란으로도 알려진 수도로 함께 돌아가자고 권했다. 제안을 수락하고 수도에 일단 도착하자, 알바라도는 자신들이 함정에 빠졌음을 깨달았다. 이에 알바라도와 일행은 여러 명의 키체 권력자를 포로로 삼은 다음, 수도에서 빠져나왔다. 그다음 알바라도는 우타틀란 주변 지역을 통제하기 위해 싸웠고, 우타틀란을 불태웠다. 이 과정에서 스페인인들은 키체인의 적인 칵치켈-마야인들의 도움을 받았다.

키체인을 모두 정복한 다음, 알바라도는 1524년 7월 25일에 익심체의 칵치켈 도시에 과테말라 최초의 스페인 도시를 세웠다. 처음 칵치켈인들은 스페인인들을 환영했다. 하지만 알바라도의 요구 사항이 점차 증가하자, 칵치켈인들은 반란을 일으켰다. 스페인인들에 대항한 사실상의 광범위한 반란은 1526년에 발생했다. 과테말라 고지대의 마야 집단들이 하나씩 차례대로 스페인 침입자들에 의해 정복됐다. 수년 내에 추투힐, 맘, 포코맘, 초르티를 비롯한 마야 민족들이 모두 스페인의 통제를 받게 됐다.

스페인인들과 유카탄 반도 마야인들의 첫 접촉이 이루어지고 약 200년에 걸치는 시간이 흐르는 동안, 페텐의 무성한 우림은 반도 북부에서의 스페인의 통치를 피해 도망친 마야인들에게 피신처가 되었다. 사실상 유카탄 북부에서 페텐에 이르는 지역에 거주하는 마야인들의 이주는 스페인인들의 도착이 있기 훨씬 이전에 시작되었다(1장과 2장 참조). 토착 사료에 의하면, 이차인들은 치첸이차와 마야판의 몰락 이후 페텐 호수 지역으로 피신한 집단들 가운데 하나였다. 무성한 우림으로 이주한 다음, 그들은 오늘날 플로레스의 현대적 도시가 놓인 섬에 노페텐이라는 수도를 세웠다. 16세기에 이차 정치조직체는 네 개의 영토를 기반으로 결성된 집단들의 연맹으로 구성되었고, 이 중 가장 강력한 집단은 카넥 계보의 통제를 받고 있었다.

16세기에 스페인인들은 페텐에는 거의 관심을 보이지 않았지만, 그럼에도 수차례에 걸쳐 이차인들에 대한 통치권을 확보하려는 시도가 있었다. 이러한 시도는 1697년까지도 성공을 거두지 못했다. 이와 관련해서 이차의 최후의 정복에 관한 매혹적인 이야기를 살펴볼 필요가 있다.

마야의 예언들이 이차의 정복에 미친 영향력은 수년간 관심을 끌어왔다. 마야의 순환론적인 역사관에 의하면, 특정한 사건들은 역법 주기에 따라 특정한 시간에 반복되도록 예정되어 있다. 1697년은 이러한 특정한 시간, 즉 정치적인 붕괴가 예정된 시간이라고 오랫동안 생각되어 왔다. 이와 같은 관점에서 볼 때, 1697년의 정복은 피할 수 없는 숙명으로 여겨졌고, 이차인들은 스페인인들에게 저항하려는 그 어떤 시도도 무의미하다고 생각했으며, 따라서 순순히 항복을 했다는 것이다. 하지만 민족역사학자인 그랜트 존스는 최근의 연구를 통해 이러한 역사 해석에 의문을 제기하고 있다. 사실상 상황은 더욱 복잡했다는 것이다.

존스는 이차인들이 예언과 순환론적인 역사관에 영향을 받았다는 사실을 부정하지 않는다. 하지만 1697년의 사건들의 경우에 그는 스페인인들 특히 프란시스코 수도회의 특정 사제가 이차인들의 평화적 항복을 유도해 내기 위해 마야인들의 신앙을 이용했다고 주장한다. 잇따른 사건들을 살펴보면, 기존에 제기된 설명과는 달리 이들 노력이 사실은 수포로 돌아갔었던 것을 분명히 알 수 있다.

이차인들은 용감하게 싸웠고, 스페인인들은 엄청난 숫자의 원주민을 학살한 다음에야 도시를 점령할 수 있었다. 한 보고서에 의하면, 스페인인들이 "너무나 많은 사람을 죽였기 때문에, 원주민들의 시체가 모여 마치 호수에 떠 있는 하나의 섬처럼 보였다".

이차인들이 스페인인들에게 평화롭게 항복하지 않았다면, 이들 일련의 사건에서 예언은 어떤 역할을 담당했을까? 존스는 연방체 내부에서의 투쟁으로 인해, 카넥(통치층 계보의 지배자)이 우위를 점하던 기존의 권력 관계에 균열이 생겼다고 본다. 이차인들에게 1697년은 예언으로 정치적 붕괴가 예견된 해로 간주되었다. 하지만 예언은 지방 지배 왕조의 변화를 의미하는 것으로 해석되었지, 스페인 통치에 순응하는 것으로 해석되지는 않았다. 카넥의 계보가 256년 이상 이차를 통치했고, 이는 하나의 완결된 순환 주기를 구성했으며, 경쟁 계보에서는 지배권의 변화를 추구했다. 카넥은 스페인인들이 자신이 총독으로서 권력을 유지할 수 있도록 도와주리라는 기대에서 항복한 것으로 보인다. 하지만 그의 가장 강력한 경쟁자들이 효과적으로 권력을 잡았고, 그들은 다름 아닌 스페인 군대에 대항해 싸우던 이들이었다. 따라서 평화로운 항복을 유도하기 위해 수십 년에 걸쳐 신중한 협상들이 이루어졌음에도 불구하고, 메소아메리카 최후의 독립 왕국은 결국 폭력적인 최후를 맞이하게 되었다. 연합체를 구성하려던 카넥의 꿈은 산산조각이 났고, 그는 과테말라시티에서 포로 신세로 끝나게 되었다.

유럽 접촉의 인구학적 결과

접촉 이전 원주민 인구는 멕시코에서만도 2710만 명에 달했다. 하지만 스페인의 통치가 시작된 첫 세기에 대략 120만 명의 인구가 감소했고, 이후 점차 반등하기 시작했다(대략적인 수치에 대해서는 이 책의 서론을 참조하라). 정복 당시의 전투 행위는 수많은 원주민들의 죽음에 직접적인 원인이 되었다. 정복 직후 수년간 노예제도뿐만 아니라 광산 등의 사업에서 가해진 가혹 행위로 수많은 원주민이 사망했다. '경기'를 위해서 또는 공포 상태를 유지하기 위해서 무작위로 고문과 살인을 저질렀고, 이로 인해 더 많은 사람들이 죽었다. 하지만 수적인 면에서만 본다면, 사망자 대부분은 예전에는 알려지지 않았던 전염병이 아메리카 대륙에 퍼지며 발생했다. 가장 치명적이었던 병으로 천연두, 홍역, 티푸스, 가래톳 흑사병(bubonic plague), 황열, 말라리아 등이 있었다. 수많은 지역에서 토착민들은 스페인 침략자에 대항하기 이전에 이미 역병에 걸려 쇠약해진 상태였다.

혼혈(메스티사헤) 역시 토착민의 인구 구성에 영향을 미쳤다. 메스티소(혼혈인)는 스페인인도 아니고, 원주민도 아니었다. 그들은 스페인인과 원주민 사이(대부분 스페인 출신의 아버지와 원주민 어머니의 결합)에서 생겨난 2세들이었다. 인디언과 아프리카인의 결합도 이루어졌고, 이들의 자녀 역시 토착민이 아닌 혼합 인종으로 분류되었다. 그 결과 원주민 사망률이 상대적으로 낮은 지역일지라도 혼혈이 활발하게 진행될 경우, 원주민의 인구는 감소했다.

식민 메소아메리카의 인구학적 유형은 지역에 따라 높은 다양성을 보였다. 일반적으로 저지대의 인구 감소비율이 고지대 인구에 비해 높게 나타났는데, 그 원인은 아직 명확히 밝혀지지 않았다. 식민 메소아메리카의 수많은 지역에서 이러한 유형이 지속되면서 장기적 영향을 가져오게 되었고, 오늘날 원주민 인구는 전형적으로 저지대보다는 고지대에 집중되어 있다. 동일한 맥락에서 오아하카, 치아파스, 과테말라 고지대에서는 여전히 원주민이 인구의 대다수를 치지한다.

스페인 정복 직전과 직후에 걸치는 수년간의 높은 사망률의 결과는 실로 막대했다. 접촉 이후 50년에서 75년에 걸쳐 수많은 지역에서 원주민 인구의 90퍼센트에서 95퍼센트가 사망하기도 했고, 그렇게 토착민들의 삶은 전면적으로 파괴됐다. 공동체에는 마땅한 지도자가 남지 않았고, 아이들은 고아가 되었으며, 고아가 된 아이들 중 일부는 그들을 돌볼 가까운 친척조차 남지 않게 되었고, 때로는 가족 모두가 사망하기도 했다.

스페인인들은 역병은 신이 계획한 벌이라고 설명하기 마련이었다. 정복 이전의 토착민들의 관행, 예를 들어 잘못된 신들을 섬기고, 인간을 제물로 삼고, 일부다처제를 행했기 때문에 응징을 받는 것이라는 설명이었다. 하지만 일부 온정주의적 사제들은 토착민들을 잘못 다룬 대가를 이제 스페인인들이 치르고 있다고 주장했다. 기독교 세례를 받은 원주민들은 천국으로 가겠지만, 탐욕스러운 식민주의자들은 결국 착취할 토착 인구를 잃게 되었다는 것이다.

메소아메리카인들이 질병을 어떻게 받아들였는지는 아직 분명히 알 수가 없다. 하지만 특히 극심했던 전염병이 휩쓸고 간 직후인 1570년대 후반에 스페인 국왕 펠리페 2세가 식민지의 모든 공동체를 대상으로 실행하게 했던 설문에서 토착민들의 견해를 일부 엿볼 수 있다. 건강에 관한 질문과 관련해서, 수많은 원주민 거주지의 노인들은 스페인 정복 이후 삶의 방식이 변화했다는 사실에서 높은 사망률의 원인을 찾았다. 사람들은 더 이상 조상들의 엄격한 생활 태도를 준수하지 않았다. 그들은 고기를 지나치게 많이 먹었고, 옷을 지나치게 두툼하게 입었고, 너무 일찍 결혼했다. 이들 행동은 사람들을 약하게 만들었고, 쉽게 질병에 노출되게 했다. 설문에 참가한 노인은 스페인인들을 간접적으로 비난하고 있는데, 스페인인들이 양, 돼지, 양모(따듯한 옷과 이불을 만드는데 사용) 등의 가축과 셔츠, 코트 등의 새로운 의복을 도입했기 때문이다. 이와 마찬가지로 가톨릭 사제들에 대한 비판도 엿볼 수 있는데, 그들은 혼전 성관계를 방지하기 위해 메소아메리카인늘이 십대 중반에 결혼을 하도록 장려했기 때문이다. 조상들의 삶의 방식은 보다 엄격했고 고결한 것이었다. '조상의 죄'에 대한 대가로 원주민들이 벌을 받고 있다는 스페인인들의 생각과는 대조적으로, 원주민들은 스페인적인 삶의 방식을 수용했다는 점에서 자신들의 몰락의 원인을 찾고 있었다.

일부 토착 문헌은 전염병과 전염병이 인구에 미친 영향에 대해 특히 생생하게 묘사하고 있다. 19세기 유카탄 반도 마야인의 책 『추마옐의 칠람 발람』(*Chilam Balam de Chumayel*)은 다음과 같이 적고 있다.

> 그때는 병이란 없었다;
>
> 그때는 뼈가 아픈 사람이 없었다;
>
> 그때는 고열로 시달리는 사람이 없었다;
>
> 그때는 농포열[천연두]에 걸린 사람이 없었다;
>
> 그때는 가슴이 타는 듯한 사람이 없었다;
>
> 그때는 복통을 앓는 사람이 없었다;
>
> 그때는 폐결핵에 걸린 사람이 없었다;
>
> 그때는 두통을 호소하는 사람이 없었다;
>
> 그때는 인류가 올바른 길을 걷고 있었다;
>
> 외국인들은 모든 것을 뒤바꾸어 놓았다
>
> 그들이 이곳에 도착했을 때
>
> 그들은 치욕적인 것들을 가지고 왔다
>
> 그들이 이곳에 왔을 때(Roys 1933: 22).

마찬가지로 『칵치켈 족의 연대기』(*Anales de los Cakchiqueles*)는 1519년 창궐했던 전염병을 다음과 같이 생생하게 묘사하고 있다.

> 25년째 되던 해[1519년 — 인용자] 흑사병이 번지기 시작하며 모든 일이 벌어졌다! 처음 사람들은 기침으로 앓아눕기 시작했고, 코피를 흘리고, 방광염에 걸렸다. 당시 사망자들의 수는 정말 끔찍했다. …… 흑사병이 기승을 부리자 서서히

무거운 그림자와 칠흑 같은 밤이 우리의 부모와 조부모, 그리고 마침내 우리 모두를 뒤덮어 갔다. …… 시체가 썩는 악취는 실로 고약했다. 우리 부모와 조부모가 병마에 항복하자, 사람들은 절반이 밭으로 도망쳤다. 개와 독수리는 시체를 먹어 치웠다. 끔찍할 정도로 사람들이 죽어 갔다. 당신의 조부모가 죽었고, 더불어 왕의 아들과 그의 형제와 친족들도 죽었다. 아, 우리는 그렇게 고아가 됐다! 우리는 어릴 때 그렇게 된 것이다. 우리 모두가 그랬다. 우리는 죽기 위해 태어난 것이다 (Recinos 1980: 119-120)!

글상자 4.2

라 말린체

오늘날 라 말린체는 민속적 인물이다. 한편으로 그녀는 동족의 배신자이자 스페인 침입자들의 창녀로, 백인 코르테스의 정력과 권력을 갈망하는 아름답지만 사악한 여자로 그려져 경멸의 대상이 된다. 하지만 다른 한편으로 그녀는 코르테스와 동등한 위치에 있었던 인물이자 메스티소 국가인 멕시코의 최초의 어머니로 미화되기도 한다. 이러한 대조적인 형상들 외에 실제 우리는 그녀에 대해 어떤 점을 알고 있을까?

라 말린체는 타바스코 해안의 촌탈-마야인들과 함께 거주하던 토착 나우아어 사용자였다. 그녀의 어머니와 계부가 그녀를 마야인들에게 주었거나 팔아넘겼다고 한다(또는 납치되어 노예가 됐을 가능성도 있다). 그녀의 원래 이름은 기록으로 전해지지 않는다. 그녀는 기독교 신자로 세례를 받은 최초의 메소아메리카인들 가운데 한 명이며, 1519년 스페인인들이 촌탈인들과 교류하던 시기에 코르테스의 동반자였던 사제 바르톨로메 데 올메도에게 세례를 받았다. 그녀에게는 기독교의 세례명 마리나(Marina)라는 스페인 이름이 붙여졌다. 나우아어에는 'R'에 해당하는 발음이 없기 때문에 나우아어 사용자들은 스페인 단어를 발음할 때 이 소리를 'L'로 바꾸었다. '친'(tzin)이라는 접미사는 존경과 애착을 나타낸다. 따라서 말린친(Malintzin)은 '경애하는 마리나' 또는 '친애하는 마리나'를 의미한다. '말린체'(Malinche)라는 이름은 이러한 경애심을 담은 명칭을 스페인어로 잘못 발음한 데서 유래한다.

촌탈–마야인들이 코르테스 일행에게 그녀를 내어 주었을 당시 그녀의 나이에 대해서 우리는 정확히 알지 못하지만, 아직 10대였을 것으로 짐작된다. 처음 그녀는 탐험대의 지도자 중 한 명인 알론소 에르난데스 데 푸에르토카레로의 시종이자 정부로 할당되었다. 하지만 몇 주 후 코르테스는 마야어와 나우아어를 말할 줄 아는 통역인으로서 그녀의 유용성에 주목하게 되고 그녀를 되찾아 왔다. 그녀는 빠른 속도로 스페인어를 습득했고, 코르테스가 나우아어를 사용하는 적이나 동맹자들과 협상하고 소통하는 과정에서 필수적인 존재가 되었다.

코르테스를 위해 복무하는 과정에서 그녀는 자신의 '인종'이나 '동족'을 배신하지 않았다. 이 책의 독자들은 이제 알게 되었을 테지만, 메소아메리카의 토착민들은 수많은 다양한 종족적·언어적 집단들에 속했고, 그들의 동맹과 전투의 양태는 계속해서 변화했다. 나우아어 사용 민족들은 수많은 민족들로 나누어져 있었고, 일부는 아스테카와 철저한 적대 관계에 있었다. 말린친은 나우아어 토착 사용자였지만 아스테카인이 아니었기 때문에, 그녀에게는 테노치티틀란의 멕시카 국가에 충성심을 느낄 어떤 이유도 없었다. 오히려 그녀는 아스테카인들에게 공물을 납부하면서 코르테스와 동맹관계를 맺어 공물 납부의 의무에서 벗어나려고 했던 지방민들에게 동질감을 느꼈을 가능성이 더 크다. 그녀를 비롯해 코르테스를 지지했던 수천 명의 토착민들은 스페인 식민통치의 실체가 어떠할지 짐작하지 못했다. 노예가 된 이후, 그녀는 스페인인들과 그들의 동맹군 사이에서 자신이 결정적인 역할을 담당한다는 사실에 고무되었을 것이다. 하지만 그녀가 복수를 꾀한 것은 아니었다.

말린친은 코르테스의 연인이 되었다. 테노치티틀란이 몰락하고 10개월이 지난 1522년에 그녀는 코르테스와의 사이에서 아들을 낳았고, 코르테스 아버지를 따라 마르틴이라고 이름 붙였다(시기상으로 보아 그가 최초로 태어난 메스티소 아이는 아니었던 것이 분명하다). 마르틴의 출생 시기로 짐작해 볼 때, 그들은 승리가 확정되기까지 성관계를 맺지 않았던 것으로 보이며, 임신과 출산으로 말린친이 코르테스의 작전에 합류하는 데에 지장이 생길 것을 우려했던 것으로 판단된다. 코르테스가 말린친과 강제로 관계를 맺게 되었는지, 아니면 그녀의 자발적인 의사에 의한 것인지는 알 수 없지만 그녀가 관계를 거부하기는 어려웠을 것이다.

코르테스는 쿠바에 아내를 두고 있었는데, 그녀는 마르틴이 태어나고 몇 개월 후에 멕시코로 왔지만 도착 후 수개월 내에 사망했다. 부인이 사망한 후에도 코르테스는 말린친과 혼인하지 않았으며, 멕시코의 정복자로서 보다 엘리트 계층과의 재혼을 꿈꾸었다. 하지만 코르테스는 멕시코시티에서 말린친과 가정을 꾸렸고, 1524년 온두라스 탐험에 그녀를 통역인으로 동반했다. 탐험의 초반에 그녀는 또 다른 스페인인인 후안 하라미요와 결혼했다. 1526년 온두라스에서 돌아왔을 당시 그녀는 하라미요와의 사이에 마리아라는 세례명을 지니게 될 딸을 임신하고 있었다. 1527년 말린친은 사망했고, 사망 원인은 밝혀지지 않았다.

마르틴이 6세가 되었을 때 그는 아버지인 코르테스와 스페인으로 여행했고, 교황에게 간청해 합법적인 메스티소 아이로 인정받았다(다시 말해 그의 아버지의 법적인 아들로 인정받았다). 그의 아버지가 상류층 출신의 아내를 새로 맞아 멕시코로 돌아갔을 때, 그는 스페인에 남았다. 그는 성 야고보 기사단에서 기사 작위를 받았고, 스페인 귀족 출신 여자와 결혼했으며, 중년에는 멕시코로 돌아갔다. 멕시코에서 그는 스페인의 총독을 몰아내고, 코르테스의 아들이자 그의 배다른 형제와 그의 두번째 아내를 대신 권력에 앉히려는 음모에 연루됐다. 마르틴은 고문을 당했고 멕시코에서 추방당해 다시 스페인에 돌아와 군대에 복귀하게 되었다.

마리아는 그녀의 아버지인 하라미요와 그의 스페인 출신의 두번째 아내 사이에서 자랐다. 하라미요가 죽자 그는 아내에게 엔코미엔다(5장 참조)를 유산으로 남겼는데, 이는 그가 말린친과 결혼할 때 코르테스가 하사한 것이었다. 그 당시 마리아는 스페인인과 결혼한 상태였고, 유산 상속권을 인정받기 위해 수년에 걸쳐 법적인 소송을 감행했고, 마침내 일부 권리를 인정받았다. 그녀는 1563년 사망했다(Karttunen 1994; Restall 2003).

테쿰의 죽음

다음의 글은 키체-마야어 원본의 스페인어 번역본에 근거하고 있다.

······ 대장[테쿰]은 수많은 지역에서 수많은 사람들을 데리고 왔다. 1만여 명에 이르는 원주민들은 모두 활과 화살, 투석기, 창을 비롯한 여러 가지 무기로 무장을 하고 나타났다. 도시를 떠나기 전, 대장 테쿰은 족장들에게 용기와 기백을 내보였다. 그는 날개를 달고 날았고, 그의 두 팔과 두 발은 깃털로 뒤덮였다. 그는 왕관을 쓰고, 가슴과 이마와 등에 거울처럼 보이는 매우 커다란 에메랄드를 달았다. 그는 매우 용맹해 보였다. 대장은 독수리처럼 날았다. 그는 위대한 귀족이자, 위대한 마술사였다.

······ [몇 시간에 걸친 전투가 끝나고] 스페인인들은 수많은 원주민을 죽였다. 사망자의 수는 셀 수 없을 정도였다. 스페인인들은 단 한 명도 죽지 않았다. 대장 테쿰이 데려온 원주민들만 죽었고, 온통 원주민의 피로 낭자했다. ······ 그때 대장 테쿰이 날아올랐다. 그는 인공적인 깃털이 아니라 몸에서 자라난 깃털로 뒤덮인 독수리의 모양을 하고 있었다. 그는 몸에서 솟아난 날개를 달고 있었다. 그는 세 개의 왕관을 쓰고 있었는데, 하나는 금으로, 하나는 진주로, 그리고 하나는 다이아몬드와 에메랄드로 된 왕관이었다.

대장 테쿰은 말을 타고 나타난 투나디우[알바라도]를 죽이려 했다. 그는 아델란타도 알바라도 대신 말을 내리쳤고, 말의 머리를 창으로 절단했다. 창은 철이 아니라 빛나는 돌로 되어 있었는데, 대장이 거기에 주문을 걸어 놓았다. 그가 죽인 것이 아델란타도가 아니라 말이라는 것을 발견하자 그는 다시 머리 위로 날아들었다. …… 그러자 아델란다도는 창을 들고 그를 기다렸고, 창으로 대장 테쿰을 꿰찔렀다. ……

…… [대장 테쿰은] 케찰새의 털과 매우 아름다운 깃털로 뒤덮인 채 나타났다. 바로 이런 이유로 이 도시는 케찰테낭고['케찰의 요새']라고 불리게 됐는데, 바로 여기에서 대장 테쿰이 죽음을 맞이했기 때문이다. 전투에서 승리한 즉시 아델란타도는 자신의 군인들을 소집했고, 케찰 원주민의 아름다움을 목격하게 했다. 아델란타도는 자신이 정복했던 그 어떤 도시에서도, 멕시코에서도, 또는 틀락스칼라에서도, 그토록 화려하고 장엄하며 그토록 아름다운 케찰새 깃털로 덮인 인물을 본 적이 없었다고 말했다. ……

남은 원주민들은 스페인인들이 그들의 대장을 죽이는 것을 목격하고 모두 달아났다. 아델란타도 돈 페드로 데 알바라도는 테쿰의 병사들이 달아나는 것을 보고 당장 그들을 죽이라고 명했고, 스페인 병사들은 원주민들을 쫓아가 모두 죽였다. 너무도 많은 원주민이 죽었고, 피로 강을 이루었다. …… 물은 온통 피로 물들었고, 그날의 거대한 학살로 낮에도 온통 핏빛을 띠고 있었다(Recinos 1984 : 89-94).

읽을거리

Clendinnen, Inga 1987 *Ambivalent Conquests: Maya and Spaniard in Yucatan, 1517-1570*. Cambridge: Cambridge University Press.

Columbus, Christopher 1989 *The Diario of Christopher Columbus's First Voyage to America, 1492-1493*. Ed. and trans. Oliver Dunn, and James E. Kelley, Jr. Norman: University of Oklahoma Press.

Cortés, Hernán 1986 *Letters from Mexico*. Ed. and trans. Anthony Pagden. New Haven: Yale University Press.

Díaz del Castillo, Bernal 1956 *The Discovery and Conquest of Mexico*. Ed. and trans. A. P. Maudslay. New York: Farrar, Straus and Giroux.

Gibson, Charles 1966 *Spain in America*. New York: Harper and Row.

Hanke, Lewis 1949 *The Spanish Struggle for Justice in the Conquest of America*. Philadelphiaz: University of Pennsylvania Press.

Jones, Grant 1998 *The Conquest of the Last Maya Kingdom*. Stanford: Stanford University Press.

Las Casas, Bartolomé de 1992 *The Devastation of the Indies: A Brief Account. Edited by Bill Donovan*. trans. Herma Briffault. Baltimore: Johns Hopkins University Press.

León-Portilla, Miguel 1992 *The Broken Spears: The Aztec Account of the Conquest of Mexico*. Boston: Beacon Press.

Lockhart, James (ed. and trans.) 1993 *We People Here: Nahuatl Accounts of the Conquest of Mexico*. Berkeley: University of California Press.

Restall, Matthew 1998 *Maya Conquistador*. Boston: Beacon Press.

Restall, Matthew 2003 *Seven Myths of the Spanish Conquest*. Oxford University Press.

Schwartz, Stuart (ed.) 2000 *Victors and Vanquished: Spanish and Nahua Views of the Conquest of Mexico*. Boston: Bedford/St. Martin's.

Warren, J. Benedict 1985 *The Conquest of Michoacán: The Spanish Domination of the Tarascan Kingdom in Western Mexico, 1521-1530*. Norman: University of Oklahoma Press.

5장 메소아메리카의 식민시대

루이스 M. 버카트, 제닌 L. 가스코

16세기에 진행된 정복과 인구학적 붕괴가 초래한 정신적 외상에도 불구하고 메소아메리카의 토착민들은 살아남았다. 인구 감소는 궁극적으로 진정세에 들어섰고, 식민시대가 끝나갈 무렵에도 그들은 여전히 지역 거주자 가운데 대다수를 차지했다.

3세기에 걸쳐 스페인의 통치를 받았던 메소아메리카인들은 전형적인 식민지 속민의 운명에 처했다. 체제는 그들을 빈곤에 내몰았고, 토착민들의 자원과 생산능력은 침입자들과 그들의 후손의 부를 불리는 데 사용되었다. 그렇지만 스페인은 간접 통치를 지향하기도 했으며, 토착민들은 식민주의자가 정한 범위 한에서 자신들과 관련된 사안을 스스로 결정할 수 있었다.

이 장에서는 스페인이 메소아메리카의 영토를 어떻게 통치하고, 관리했는가를 먼저 살펴본다. 그리고 토착민에게 직접적인 영향을 미쳤던 식민지 기관들, 특히 가톨릭 성당의 역할을 논의한다. 마지막으로 식민지 사회의 전반적인 구조를 대략적으로 살펴본 다음, 식민통치에 맞서 살아남은 토착 공동체들의 생활 방식을 집중적으로 분석한다.

1. 식민 체제

스페인 국왕은 스페인과 부속된 영토 전반의 경제, 정치, 종교를 비롯한 모든 측면에서 최고 통치자의 위상을 지녔다. 인도(콜럼버스가 라틴아메리카를 인도로 착각함에 따라 식민지 라틴아메리카는 한동안 인도라 불렸다──옮긴이)에서 창출된 모든 부의 일정 비율이 왕실에 귀속되었다. 국왕과 그의 고문들이 궁극적인 정치권력을 행사했고, 그들은 고위층 식민지 관료의 임명을 전적으로 주관했다. 더 나아가서, 국왕은 교황으로부터 배타적 특권을 부여받았다. 이는 스페인 국왕의 지배권역 내에서 기독교와 관련해 발생하는 일체의 사안에 대해서 국왕이 전적인 통치권을 갖는다는 의미이다. 이처럼 스페인 국왕은 막대한 권력을 보유했으며, 식민통치는 제국 전반에 엄청난 부를 축적하게 했다. 그럼에도 스페인의 '황금시대'는 막을 내리고 있었다.

제국의 통치와 이윤 창출을 위한 왕실의 기본적인 전략은 스페인과 식민지를 오가는 재화와 사람들의 이동을 철저하게 독점하여 통제하는 것이었다. 이상적인 상황에서 식민지는 천연자원의 제공지이자, 동시에 스페인에서 제조되는 재화를 판매할 시장으로서 손색이 없을 것이었다. 1503년에 무역관(Casa de Contratación)이 설치되었고, 그 역할은 인도로 향하는 모든 선박과 상인에게 허가증을 발급하고, 수출입을 관리하는 것이었다.

스페인이 메소아메리카에서 식민통치를 시작한 후 수년간은 승리의 전리품을 차지하기 위한 권력 투쟁으로 얼룩졌다. 왕실은 자신들의 권력을 위협할 귀족층이 식민지에서 형성되는 것을 두려워했고, 직접적인 통제력의 확보가 가능한 고도로 중앙집권적인 식민 정부를 만들고자 적극적으로 개입했다. 하지만 스페인의 점령이 시작되자 신세계의 귀금속과 원주민 노동력 등 막대한 자원을 통제하기 위해 수많은 당파들 간에 치열한 경쟁이 시작되었다. 왕실과 정복자, 왕실이 임명한 관료와 식민주의자, 성직자와 식민주의자들 간에 강한 적대감이 형성되었다. 이와 더불어, '원주민은 인간으로 대우받아야 하는가? 원주민을 노예로 삼을 수 있는가?' 등 토착민의 지위를 두고 논란이 벌어졌다. 원주민을 보호하기 위해 일련의 법률이 도입되었고, 이는 식민주의자들의 격앙된 반응을 초래했다.

그 중 가장 주목할 사례로 1542년과 1543년에 도입하려 했던 신(新)법령을 들 수 있는데, 이 법령은 도미니크 수도회의 활동가였던 바르톨로메 데 라스 카사르(4장 참조)의 영향력이 상당 부분 반영되었던 일련의 법조항들로 구성되어 있었다. 신법령의 의도는 토착민들에게 가해지는 특정한 학대 행위들을 금지시키려는 것이었다. 또한 엔코미엔다 제도를 규제하고, 궁극적으로 폐지하고자 하는 왕실의 새로운 의지가 법령의 핵심에 있었다.

앞서 우리는 엔코미엔다 제도가 중세 스페인에서 유래했고, 이후 카리브에 도입되어 카리브 토착민들의 몰락에 적어도 일정 정도 역할을 했음을 살펴보았다. 다른 지역에서처럼 메소아메리카 본토에서 엔코미엔다는 국왕에게 복무했던 스페인인들에게(초기에는 정복자들에게) 특정 원주민 집단의 공물과 노동력을 '하사'하거나 위탁하여 보상하는 제도였으며, 일반적으로 이들 원주민 집단은 특정 지역에서 선정되었다. 원주민의 재화와 노동력을 받는 대가로 엔코멘데로(엔코미엔다 소유자)들은 원주민을 기독교로 개종시키는 책임을 맡았다. 하지만 엔코미엔다 제도가 카리브에 도입되며 참혹한 결과가 초래되었고, 그 제도를 본토에 도입할 경우 어떠한 이점이 있을 것인가를 두고 열띤 논쟁이 벌어졌다. 원치저으로 국왕은 제도 자체에 반대하는 입장이었지만, 정복 과정에서 정복자들이 수행했던 공로를 보상하기 위해 마지못해 엔코미엔다를 허용했다.

일부 엔코미엔다는 최상위층 원주민들에게 할당되기도 했는데, 이들의 사회적 지위를 고려하고, 또한 스페인의 통치에 위협을 가할 수 있는 이들을 회유하기 위해서였다. 예를 들어, 이사벨 데 목테수마는 틀라코판(또는 타쿠바로도 불림)의 중요한 도시를 엔코미엔다로 하사받았다. 그녀는 아스테카의 제왕 목테수마와 그의 본처 사이에 태어난 장녀이다. 일부 기록에 의하면, 그녀는 콰우테목의 미망인이었다고 한다. 그녀는 세 명의 스페인인들을 남편으로 맞이했었다. 그 중 마지막 남편은 자신의 아내가 장인의 왕좌를 이을 적법한 계승자였다는 점을 근거로 들어 그들의 후손이 엔코미엔다를 상속받을 수 있도록 장시간에 걸쳐 노력을 했지만, 결국 실패로 끝나게 되었다.

신법령은 원주민의 노예화를 금지했고, 엔코멘데로가 원주민에게 지불받을 수 있는 공물을 규제했으며, 특히 새로운 엔코미엔다의 허가를 금지하고 기존 엔코미엔다의 상속을 금지했다. 식민지 전역에 걸쳐 신법령은 스페인 식민주의자들의 격렬한 반발을 야기했다. 페루에서 법령의 도입은 부왕의 살해와 내전으로 이어졌다. 새로운 엔코미엔다의 설립을 금지하고 엔코미엔다의 상속을 금지한다는 신법령 조항은 누에바 에스파냐에서는 단순히 적용조차 되지 않았다.

수년간 불안정이 계속된 이후, 스페인 정부 조직에 기반을 둔 통치 기관들이 자리를 잡았다. 16세기의 스페인은 교회와 국가의 분리를 인정하지 않았다. 스페인 정부와 스페인 식민지 정부는 민간업무, 사법, 군사, 재정, 교회업무의 5개 분파로 구성되었다. 정부 내의 5개 분파들이 항상 동일한 단위들을 관할한 것은 아니었다. 국왕과 이하 일부 관료들의 권력은 광범위한 영역에서 행사되었고, 종종 다양한 분야에서 중첩되었다. 이 중 민간업무와 교회업무를 간략히 살펴보겠다.

스페인 왕실은 원주민 협의회의 협조를 받아 아메리카의 식민지들을

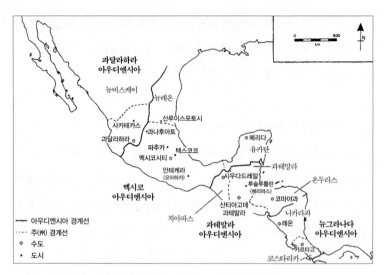

그림 5.1 16세기 메소아메리카에 설치된 스페인의 주요 식민 관할권. 출처: Cline 1972: 25.

통치했으며, 원주민 협의회는 신세계에서 스페인의 재산을 감독하는 책임을 지녔다. 식민지에서 왕실의 권력은 부왕들에게 위임되었다. 1540년대 무렵에 아메리카에는 두 명의 부왕이 있었는데, 누에바 에스파냐와 페루에 각각 배치되었다. 부왕령에는 아우디엔시아라고 불리는 보다 소규모의 관할구역들이 있었으며, 국왕이 위임한 심의관(오이도르) 무리가 통치했다. 아우디엔시아는 1527년 멕시코, 1543년 과테말라, 1548년 과달라하라에 설치되었고(그림 5.1), 메소아메리카의 상이한 지역들이 이들 아우디엔시아의 관할권 안에 있었다.

　　이보다 소규모 정치 단위로 왕국(reino)과 주(provincia)가 있었고 총독들이 통치했다. 더 작은 단위로는 치안령(corregimiento)과 시(alcaldía mayor)가 있었으며, 총독에 종속된 치안관(corregidor)과 시장(alcalde mayor)들이 통치했다. 특수한 범주의 치안관으로 분류되는 원주민 치안관(corregidor de indios)은 원주민 도시의 관리를 담당했다. 마지막으로 스페인 지방 정부와 원주민 지방 정부는 카빌도(cabildo)라고 불리는 관료 집단이나 도시협의회가 통치했다. 위계적인 질서를 구성하는 이들 관료 이외에도 왕실은 시찰관(visitador)을 정기적으로 임명하여, 식민지를 시찰하고 그 결과를 직접 왕에게 보고하도록 했다. 또한 왕은 관련된 이들은 누구든지 임기 중인 관리들의 행실에 대해 증언할 수 있도록 보장하는 조사 프로그램(residendia)을 만들었고, 이를 통해 식민지 관리들의 업무 실적을 보고받았다.

18세기에 스페인 왕권이 합스부르크 왕조에서 프랑스의 부르봉 왕조로 넘어갔고, 이와 함께 스페인과 식민지 행정 조직에 전면적인 개편이 이루어졌다. 부르봉 왕조의 카를로스 3세 왕이 식민지에 감독관 제도를 도입했던 것을 그 사례로 들 수 있는데, 이 제도는 왕실의 지배 강화를 목적으로 하며, 프랑스에서 처음 시작되었다. 개편의 결과로 새로운 관할권역들이 형성되었고, 이들 중 상당수는 기존의 권역과 중복되거나 기존의 것들을 대체했다. 유사한 방식으로 감독관이라는 새로운 직위가 총독, 시장, 치안관의 업무를 대체하게 되었다. 감독관 제도를 도입한 목적은 스페인이 보다 직접적으로 식민지 관리들을 통제하기 위해서였다. 감독관이 되기 위해서는 반드시 스페인에서 출생한 자들이어야 했으며, 그들은 스페인에 있는 관리들에게 업무를 직접 보고했다.

스페인 식민지의 교회 업무는 로마 가톨릭 교회에 소속된 두 집단이 담당했는데, 교황에서 교구 주교들에 이르기까지 교회의 위계질서에 소속된 세속 성직자(세상에 구속되지 않고 산다는 의미에서) 집단과, 탁발 수도회(프란시스코 수도회, 도미니크 수도회, 아우구스티누스 수도회, 메르세드 수도회와 같이 기부금과 구호금으로 사는 이들)와 예수회 수사들로 구성된 일반 성직자(교단의 원칙에 따라 산다는 의미에서) 집단이다.

식민시대 전반에 걸쳐 멕시코 대주교가 지도하는 멕시코의 대주교

관구에 메소아메리카의 모든 지역이 속하게 되었다. 하지만 1745년에 새로운 대주교가 과테말라에 부임했고, 이와 함께 새로운 대주교 관구가 설립되면서 이곳에서 메소아메리카 남부의 일부 지역을 관할하게 되었다. 메소아메리카에서 주교 관구 구역으로는 과달라하라, 미초아칸, 멕시코, 틀락스칼라, 안테케라(오아하카), 치아파, 유카탄, 베라파스, 트루히요, 레온이 있었으며, 해당 구역의 주교가 관리했다. 주교 관구는 보다 소규모 단위인 교구들로 구분되었고, 교구 사제들이 관리했다.

일반 성직자들은 원주민 공동체에 기독교를 전파한다는 특정한 사명을 지니고 스페인 식민지로 향했다. 성직자들은 신세계에 도착해 주로 원주민들과 생활했으며, 토착 언어를 배웠고, 선교, 교육, 의료 활동 등을 통해 토착민에게 복무했다. 일반 성직자들의 본래의 계획은 원주민 개종이 완성되면 스페인 본국으로 돌아가는 것이었다. 하지만 1767년에 스페인 식민지와 스페인 본토에서 추방되었던 예수회 수도자들을 제외하고 나머지 성직자들은 식민시대 전반에 걸쳐, 그리고 더 나아가 신식민지(공화국) 시대와 현대에 이르기까지 계속해서 식민지에 남게 되었다.

1571년에 종교 범죄를 심사하고 처벌하기 위해 종교 재판소가 멕시코시티에 세워졌다. 토착민들은 재판소의 기소에서 면제됐다. 재판소가 설치되기 이전인 1530년대와 1540년대에 멕시코와 유카탄의 주교들은 종교 재판과 유사한 절차를 행했는데, 지나치게 가혹한 측면이 있었던 것으로 보이며, 원주민들은 고문을 받거나 처형당했다. 1571년에 접어들자 원주민에게 스페인 기독교 신자들과 동일한 기준을 적용하는 것에 문제가 있다는 의견이 팽배해졌는데, 가톨릭 신앙이 원주민에게 전파된 시기가 짧았다는 이유에서였다. 토착민의 기소 면제 정책은 식민시대가 끝나고 재판소가 폐지될 때까지 계속 효력을 지녔다.

유대교 출신의 스페인인들은 식민지로의 이주를 통해 일정 정도 종교의 자유를 보장받으리라고 기대했겠지만, 결국 또다시 지속적인 감시와 의혹을 받는 처지가 됐다. 멕시코 최초의 출판사들을 일부 경영했던 프랑스의 인쇄업자들과 같이 개신교가 보편적으로 확산된 유럽 국가들 출신의 이주민들도 의혹의 대상이 됐다. 원주민보다도 기독교 교리에 훨씬 생소했을 아프리카 출신 이주민들과 혼혈인들도 심문의 대상이 됐다. 참회와 교정 의식, 또는 재판을 통한 이단자 처형(auto de fé, 직역하면 '신앙의 행위'——옮긴이)이 누에바 에스파냐의 공적인 삶을 특징지었고, 종교 범죄 판결을 받은 이들은 종종 화형에 처해졌다.

2. 토착민에 영향을 미친 민간 종교 기관

스페인인에게 있어 식민지의 부는 비단 귀금속이나 재화에만 국한되지 않았으며, 거대한 원주민 인구 자체도 귀중한 자원이었다. 따라서 스페인인들이 도입했던 수많은 제도는 스페인 식민주의자들이 토착 노동력을 활용할 수 있도록 고안되었다. 원주민 노동력으로(또는 기타 어떤 수단을 통해서든) 창출된 모든 부는 궁극적으로 스페인 국왕에게 이득을 가져다주었는데, 원주민으로부터 창출된 것은 무엇이든 그 5분의 1이 왕에게 귀속되어야 했기 때문이다.

왕실은 원주민의 처우와 관련된 공식 규정을 제정하는 과정에서 한편으로는 원주민의 복지를 증진시킨다는 책임감과 또 다른 한편으로는 식민지에서 재원을 창출한다는 궁극적인 욕망 사이에서 갈등했다. 원주민의 입장에서는 불운하게도, 왕실의 정책이 명백하게 원주민의 이익을 옹호할 때조차도 지방의 관리들은 이에 노골적인 적대감을 드러내지는 못해도 무관심으로 일관했고, 결국 이들 정책은 방치되기 마련이었다. 왕실 관리들이 법률 시행과 관련해 보였던 비협조적인 태도는 '복종하지만 실행은 하지 않는다'(obedezco pero no cumplo)라는 말에서 잘 드러난다. 다시 말해, 왕의 권위는 인정하지만 그의 명령을 따르는 것은 거부한다는 것이다. 코르테스가 카를로스 5세의 명령, 특히 중앙멕시코에서 엔코미엔다 배분을 금지할 것을 명시적으로 담고 있던 명령을 받았을 때, 그는 이 말을 내뱉었다고 한다. 식민지 메소아메리카에서 이런 감정을 표출한 사람은 코르테스가 처음이었을지 모른다. 하지만 분명한 것은 그가 마지막은 아니었다는 것이다.

엔코미엔다 제도는 원주민에게 직접적인 경제적 영향을 미쳤던 가장 초기의 스페인 기관들 중 하나이다. 초기의 스페인인들에게 있어 엔코미엔다는 부를 창출하는 중요한 원천이었고, 토착 공동체들은 소속된 엔코미엔다에 막대한 재화를 공급했다. 예를 들어, 과테말라의 고산 도시인 우에우에테난고에 속했던 한 엔코미엔다에서는 1530년과 1531년에 걸쳐 다음 품목의 재화를 징수했다(Kramer, Lovell, and Lutz 1991: 274).

긴 면직물 800필

허리에 두르는 옷 400벌

재킷 400벌

블라우스 400벌

치마 400벌

신발 400켤레

갈대 돗자리 400개

뜨개 돗자리 400개

수량이 표시되지 않은 옥수수, 콩, 고추, 소금

꿀이 담긴 큰 항아리 108~126개

칠면조 2268마리

왕실은 엔코미엔다 제도를 폐지하기 위해 지속적인 시도를 했지만, 거의 실패로 끝났다. 하지만 왕실은 일부 지역에서 엔코미엔다를 폐지하는 데 성공하기도 했다. 하지만 이 경우에도, 원주민 도시나 주가 왕실의 실질적인 엔코미엔다로 전락하게 됐다. 어떤 지역에서는 스페인인들이 수 세대에 걸쳐 엔코미엔타를 상속했고, 이는 18세기까지 계속됐다.

1550년대에 원주민 노예제가 폐지됐다. 원주민 노예제의 폐지는 엔코멘데로들이 그들 소유 원주민들에게 노동력 제공을 요구하지 못하게 하는 것을 골자로 하는 새로운 정책(하지만 재화의 징수는 여전히 허용됨)의 도입과 더불어 왕실을 심각한 딜레마에 빠지게 했다. 문제는 다양한 식민 사업에 필요한 노동력을 어디에서 공급받을 것인가였다. 해결 방안으로 레파르티미엔토(repartimiento, 직역하면 '할당'──옮긴이) 제도가 도입됐다. 레파르티미엔토는 스페인인들이 토착민을 착취할 수 있도록 새로운 수단을 제공했으며, 본질적으로 강제 노동 제도였다. 레파르티미엔토 제도가 실시되자, 원주민 공동체들은 건물과 도로의 건설과 보수, 농업, 광업, 운반 등의 공공사업 부문에 부역해야 했다. 법적으로 레파르티미엔토 노동자들은 보수를 받아야 했다. 하지만 이 제도는 손쉽게 남용되었고, 스페인 관리들과 그 지인들은 사적인 목적을 위해 노동 징집제를 활용했고, 원주민의 임금을 가로채는 다양한 방법을 고안했다.

노동력의 레파르티미엔토는 재화의 레파르티미엔토로 변형됐고, 원주민들은 스페인의 악랄한 관리들로부터 터무니없이 비싼 가격에 재화를 구입해야 했다. 이들 재화 가운데 일부는 원자재와 같이 토착민들이 공물용 재화 생산을 위해 실제로 필요로 했던 품목인 경우도 있었지만, 스페인산 신발과 같이 원주민에게는 필요하지도 않고 더 나아가 원하지도 않았던 품목인 경우가 다반사였다. 예를 들어, 공물로 직물을 납부해야 했던 원주민 공동체는 직물 생산을 위해 필요한 면화와 울을 비싼 가격에 구입하도록 강요받았을 것이다. 또 다른 일반적인 형태의 재화 레파르티미엔토는 완성품을 구입할 권리를 갖는 조건으로 스페인인들이 원주민 직공들에게 천연재(천연 면화 등)를 제공한 다음, 완성품에 대해서 시장가보다 훨씬 낮은 수준의 거래 가격을 책정하는 방식이었다.

가장 파괴적인 결과를 초래했던 또 다른 스페인 식민 제도들로는 콘그레가시온(congregación, 직역하면 '집중'——옮긴이) 또는 레두시온(reducción, 직역하면 '축소'——옮긴이) 프로그램이 있었다. 이는 강제 이주 프로그램으로 16세기에 누에바 에스파냐 전역으로 도입되었다. 이들 프로그램은 성직자들이 기존의 분산되어 있는 토착민들을 보다 효율적으로 '문명화'할 수 있도록 돕기 위해서 고안되었으며, 행동 통제가 용이한 새롭고 밀집된 마을로 토착민 인구를 강제 이주시켰다.

원주민 공동체는 소속된 엔코멘데로에게 재화와 노동력을 제공했고, 레파르티미엔토에 노동력을 제공했으며, 이와는 별도의 식민 공납 제도를 통해 세금을 납부했다. 왕의 속민이었던 원주민들은 해마다 직접 왕실에, 또는 소속된 엔코멘데로에게 공물을 납부해야 했다. 엔코멘데로가 공물을 징수할 경우, 이 중 일정 비율이 왕에게 귀속되었다. 초기의 공물은 재화의 형태로 납부되었지만, 점차 화폐가 재화를 대체해 갔다. 18세기 중반에 이르자 재화 형태의 공물 납부가 법적으로 금지되었다.

2장과 3장에서 우리는 스페인 접촉 당시에 아스테카 제국과 같이 팽창주의 세력이 정복하고 있던 지역에서는 이미 공물 징수 관행이 있었음을 언급했다. 사실상 가장 초기의 식민지 공물 사정 제도들 가운데 일부는 기존의 아스테카 공물 징수 자료에 토대를 두었을 것이다. 하지만 궁극적으로 스페인의 공물 징수는 스페인 이전의 경우에 비해 훨씬 더 파괴적인 결과를 가져왔다. 인구 감소로 징수 대상이 되는 원주민들의 수가 점차 줄어들었지만, 공물 납부액 감축은 인구 감소에 비해 훨씬 소폭으로 이루어졌다. 식민시대 자료에는 토착 공동체들이 공물 납부 의무를 면책시켜 줄 것을 요구하는 수많은 사례가 기록되어 있는데, 그 주된 이유는 이들 공동체에 더 이상 어떤 자원도 남지 않게 되어서였다.

원주민에게 강요되었던 수많은 착취 정책 외에도 식민지 메소아메리카에서 시행되었던 스페인의 수많은 경제 사업들 역시 토착민의 삶에 영향을 미쳤다. 토착민 사회에 가장 큰 영향을 미친 사업들로는 광산업, 아시엔다(hacienda, 대농장제도), 직물 공장(obraje, 오브라헤) 등이 있었다.

식민 초기부터 스페인인들은 금과 은을 손에 넣으려는 열망에 사로잡혀 있었다. 16세기 중반에 이르자 메소아메리카의 여러 지역에서, 특히 사카테카스, 과나후아토, 산루이스포토시, 파추카 일대의 북부 지역에서 거대한 은광들이 채굴되고 있었다. 광산과 관련해 왕실과 식민주의자들은 한마음이었고, 광산 채굴의 생산성을 높이기 위해서 일체의 제약도 가하지 않았다. 은 생산량의 5분의 1이 왕에게 귀속되었음에도 은 채굴은 광산 투자자들에게 많은 부를 가져다주었고, 그 외에도 광산 투자자들은 채굴 현장에 식량과 기타 필수품을 공급하여 이득을 얻었다. 광산 노동력은 대부분 원주민 인구로 구성되었는데, 처음에는 레파르티미엔토 노동 형태로, 이후에는 임금노동 형태로 이루어졌다. 임금 수준은 양호한 편이었지만, 작업 환경은 매우 위험했다. 수많은 토착민들은 광산의 유해한 환경에서 혹사당하는 과정에서 목숨을 잃었다.

메소아메리카의 여러 지역에서 엔코미엔다가 점차적으로 폐지되어 갔고, 스페인은 아시엔다라고 불리는 토지의 명시적인 소유권 제도를 통해 대규모 토지에 대한 접근권을 확보해 갔다. 북부와 같이 상대적으로 낮은 인구밀도를 보유한 지역의 아시엔다는 대규모 토지를 보유했고, 주로 축산업이 성행했다. 이 외의 지역에서 아시엔다는 보다 소규모 토지에 기반을 두었고, 축산업과 농업으로 분화되었다. 수많은 지역에서 아시엔다가 확산됐고, 이와 더불어 스페인이 기존의 원주민 토지를 통제함에 따라 토착민 공동체가 파괴되어 갔다. 이론적으로는 스페인인들이 원주민 토지를 보유하는 것은 공식적인 정책에 따라 금지되어 있었다. 하지만 사실상 스페인인들은 다양한 수단을 통해 원주민 토지를 소유할 수 있었다. 원주민 지도자들이 공동체의 재산을 스페인인들에게 매각하기도 했다. 한편 유휴지라고 판단될 경우, 왕실은 재원 확보를 위해 이들 토지를 매각하기도 했다. 토착 인구의 인구학적 붕괴로 많은 지역에서 낮은 인구밀도를 보였다. 인구밀도가 낮은 지대는 비록 토착민 공동체가 수렵과 기타 활동을 위해 사용하고 있더라도 유휴지로 간주될 수 있었고, 합법적으로 스페인인들에게 거래될 수 있었다.

아시엔다의 노동력은 공동체를 이탈한 원주민 노동자들로 채워지곤 했다. 일종의 채무 노예 관계가 형성되고는 했는데, 노동자들이 임금을 선불로 지불받은 다음에 그 빚을 모두 갚을 때까지 아시엔다에 머물러야 했기 때문이다. 하지만 소작 제도도 존재했다. 이 경우, 노동자들은 아시엔다의 일정 구획을 할당받는 조건으로 농장 소유주에게 그들이 생산한 농작물의 일부를 제공했고, 추가로 노동력을 제공했다. 토착민들은 공물 납부에 필요한 금액을 채우기 위해 때로는 일시적으로 공동체를 이탈해 아시엔다에서 일하며 현금을 벌기도 했다.

오브라헤는 직물 공장이었는데, 누에바 에스파냐 내부에서 소비될 거친 천으로 만들어진 옷을 제작했다. 보다 촘촘한 천은 수입에 의존했다. 오브라헤는 주로 중앙멕시코의 도시들에 세워졌고, 그 외 지역에서는 그다지 영향을 미치지 못했다. 오브라헤의 노동력은 대부분 공동체를 이탈한 원주민들로 채워졌다. 작업 여건은 건강에 해로웠고, 토착 노동자들은 혹독한 처우에 시달렸다(그림 5.2).

그림 5.2 오브라헤에서 작업하는 원주민 직물 노동자들. 토착 예술가가 그린 이 그림은 오수나 코덱스에 수록되어 있으며, 멕시코시티의 스페인과 토착민 정부에 관한 보고서로서 1565년에 작성되었다. 출처: Orozco 1947: 258.

3. 복음 전도 : 쟁점과 함의

식민지 메소아메리카 원주민의 삶에 가장 큰 영향을 미쳤던 식민지 기관은 가톨릭 교회였다. 대부분의 스페인 식민주의자들은 원주민 노동력으로 부를 축적할 수 있다는 사실에 만족했고, 원주민들이 평화롭게 행동하면서 기독교에 복종한다는 최소한의 증거만 찾아도 충분하다고 생각했다. 하지만 교회에 관련된 사람들은 혼례 대상의 선택이나 성적 욕구의 표출과 같이 토착민 삶에서 가장 내밀한 측면에까지 식민권력을 행사하려고 했다.

메소아메리카의 기독교 복음 전도와 관련해 많은 책들이 집필됐다. 최근의 학자들은 다수가 공통적으로 동의해 왔던 전제들, 특히 메소아메리카가 기독교 선교사들에 의해 '영적으로 정복'되었다는 관념에 문제를 제기하고 있으며, 토착민들이 기독교를 자신들만의 방식으로 이해하기 위해 적극적인 역할을 담당했다고 본다. 선교 방법론에 대해서는 이미 기존의 여러 연구에서 언급된 바 있으며, 여기에서는 상세하게 논의하지 않을 것이다. 그 대신, 식민 메소아메리카의 복음 전도와 관련해 보다 광범위한 정치적·사회적 쟁점들을 논의하겠다.

멕시코에서 스페인의 통치가 시작되고 초반 수십 년간 탁발 수도회의 선교 수도사들은 어마어마한 영향력과 명예를 누렸다. 그 당시 스페인에서 히메네스 데 시스네로가 시작했던 개혁의 여파로 종교 교단은 우수한 교육을 받은 이들로 채워졌고, 그들은 자신의 서약과 의무에 진지하게 임했다. 그들은 왕의 신임을 받았으며, 왕은 카리브에서 겪었던 재앙과도 같았던 식민주의화의 경험을 다시는 반복하지 않겠다는 확고한 결심을 가지고 있었다. 대체적으로 토착민들은 이 수도사들을 호의적으로 받아들였다. 야만인들에 의해 순교당하는 상상을 했던 소수의 수도사들은 토착민들이 보여 준 품위와 너그러움에 사실상 실망하기도 했다(그림 5.3).

이들 선교사들은 스페인 식민주의의 단순한 도구에 불과했으며, 메소아메리카인들을 순종적인 식민지 속민으로 변화시키는 역할을 했을 뿐이라고 보아야 할까? 아니면, 그들은 기독교 복음 전파를 통해 토착민들을 이롭게 할 수 있으리라고 진정으로 믿었던 것일까? 스페인 정복자들의 금에 대한 탐욕과 자신들의 신을 찬미하려는 그들의 열망을 분리할 수 없는 것과 마찬가지로, 앞서 제기한 두 속성을 분리하는 것이 우리에게는 의미가 있을지 모른다. 하지만 사실상 16세기 사람들은 이런 방식으로 사고하지 않았음을 이해할 필요가 있다. 대부분의 선교사들은 토착민들이 정복을 통해 기독교를 접하게 될 수 있다면, 그리고 그들이 기독교를 접하게 되는 만큼 스페인의 '정복'은 그 해악에도 불구하고 정당화될 수 있다고 믿었다.

그림 5.3 식민지의 기독교 예술품. 토착민 화가가 그린 마르틴 데 발렌시아 수사의 초상화로서, 발렌시아 수사는 누에바 에스파냐에서 프란시스코 수도회의 최초의 공식적인 선교사업의 지도자였다. 1580년대 후반에 제작된 것으로 추정되며, 멕시코시티 남동부의 틀랄마날코에 위치한 프란시스코 수도원에 보관되어 있다(사진 저자 제공).

　수많은 수도사들이 원칙적으로 스페인의 통치를 지지했고, 군사적 수단을 통한 정복을 용인했다. 하지만 그들은 다수의 스페인인들에 의해 이 영토가 사실상 식민지로 전락하는 상황에는 반대했다. 그들은 스페인 식민주의자들을 모범적인 기독교 신자로 여기지 않았으며, 스페인 통치자들의 비도덕적인 영향력으로부터 토착민들을 보호할 수 있다고 기대했다. 수도사들은 누에바 에스파냐가 압도적으로 원주민 사회로 남아 있기를 바랐으며, 수도사들에 의해 원주민 사회가 기독교로 개종되어 스페인 국왕이 임명한 부왕의 통치를 받기를 희망했다. 이와 같은 의도에서 수도사들은 스페인에서 통용되던 십일조 세금이나 교구와 같은 제도를 누에바 에스파냐에 도입하려던 귀족층 거주민이나 세속 성직자들에 대항해

누에바 에스파냐 부왕들의 편에 서곤 했다. 수많은 토착민들이 수도사들의 입장에 동조했고, 한편으로는 지방의 스페인인들이 자행했던 학대 행위와 특정한 정책들에 반발했으며, 다른 한편으로는 비록 먼 곳에 있지만 잠재적으로 자애롭다고 여겨졌던 국왕에로의 충성을 다짐했다.

다수의 수도사들에게 만연했던 이러한 태도는 도미니크 수도회의 바르톨로메 데 라스 카사스와 그의 일부 동료들이 취했던 보다 극단적인 입장과 대조적이었다. 4장에서 언급했듯이, 라스 카사스는 기독교 복음의 전도라는 목적이 폭력적인 정복이라는 수단을 정당화시킬 수 없다고 믿었다. 선교사들은 군대에 의한 침략이라는 외적 도움을 받지 않고서 자신들의 사명을 수행해야 한다고 본 것이다. 라스 카사스는 카를로스 5세를 설득했고, 과테말라의 당시 미정복 상태였던 투술루틀란 지역에서 자신의 계획을 실행하도록 허가받았다. 1540년대에 라스 카사스를 비롯한 도미니크 수도회의 일부 수도사들은 군사적 개입 없이 그 지역을 스페인의 통제력에 들게 하는 데 성공했고, 그 지역 원주민들에게 기독교를 전파했다. 도미니크회 수도사들의 업적을 기리기 위해 카를로스 왕은 이곳의 이름을 '전쟁의 땅'을 의미하는 투술루틀란에서 '진정한 평화'를 의미하는 베라파스로 바꾸었다. 국왕은 도미니크회 수도사들이 이 지역에서 전면적인 행정권을 보유할 수 있게 했고, 이후 300년간 베라파스는 보다 거대한 규모의 식민구획 안에서 공존하는 신정주의 소국가로 남아 있었다.

베라파스는 종교 교단과 토착민 공동체들 간의 연합이라는 식민 메소아메리카 전역에 걸쳐 나타났던 하나의 경향이 극단적으로 표출된 사례였다. 이는 스페인인들의 원주민 탄압이라는 단순한 측면보다 훨씬 복잡했던 식민지역 정치 상황을 드러낸다. 수도사와 원주민을 이어 주는 관계는 친족 용어로 설명되고는 했으며, 수도사들은 순진무구하지만 종종 잘못된 길로 빠져드는 원주민 아이들을 보살피는 엄격하면서도 자애로운 아버지로 묘사되었다. 이들 용어는 수도사와 원주민이 맺고 있던 관계의 상호의존적인 속성을 사실상 모호해지게 했다. 원주민들은 수도사들을 먹이고 입혔으며, 그들에게 수도원과 교회를 지어 주었다. 또한 수도사들에게 권력 기반을 제공해서 이들이 다양한 정치적 모의를 꾀할 수 있도록 후원했다. 예를 들어 세속 성직자들이 원주민에게 십일조를 거두는 행위를 금지시키도록 수도사들이 활동할 수 있게 도왔고, 이는 수도사와 원주민 양자 모두의 이익이 되었다.

수도사들은 귀족 출신 원주민들이 스스로의 이익을 대변하여 왕실과 협의회에 탄원서를 올릴 수 있도록 읽기와 쓰기를 가르쳤고, 수사학 형태에 통달하도록 지도했다. 토착민 귀족은 때로는 더 많은 수사를 보내 줄 것을 요구하기 위해서, 또는 공동체에서 수사들이 떠나지 않도록 탄원을 올리기도 했다. 따라서 원주민 귀족이 이들 기술을 습득하는 것이 수도사들에게도 이득이었다. 수도사들은 평민들이 유럽에서 도입한 새로운 도구와 기술을 활용할 수 있도록 훈련시켰고, 이러한 산업을 독점하고자 했던 스페인 수공업자들로부터 불만을 샀다. 수도사들은 식민 정부에 대응해 주창자이자 해석자 역할을 했다. 하지만 그들도 때로는 자신의 의견을 강요하기 위해 신체적 체벌을 가했고, 때로는 경제적인 착취나 성적인 착취를 범하기도 했다. 하지만 그 빈도는 세속 성직자를 비롯한 여타 스페인인들의 경우보다 훨씬 낮았다. 이런 점을 감안해 보다면, 토착민들이 유럽에서 이주한 다양한 집단들 가운데 수도자 집단을 가장 가까운 친구로 받아들이고 그들의 존재를 환영했다는 점에 놀라울 것이 없다.

하지만 개종은 어떻게 진행되고 있었을까? 원주민들은 기독교 신자가 되었을까? 아마도 여기에 대한 최선의 답변은 '그렇다'와 '그렇지 않다' 모두가 될 것이다. 원주민들은 그들의 영토가 스페인의 통치를 받게 된 직후 수십 년 이내에 거의 모두 세례를 받았다. 그들은 기독교 예배에

그림 5.4 오아하카의 산페드로 이 산파블로테포스콜룰라 마을에 있는 가톨릭 교회. 지역에 거주하던 도미니크 수도회 수사들이 현재는 부분적으로 폐허가 된 아치형의 거대하고 개방된 예배당에서 마을 토착민들에게 미사를 집전했다(사진 저자 제공).

참가했고, 궁극적으로는 더 이상 조상의 신을 섬기지 않는 기독교 신자라고 스스로를 간주하게 됐다. 더 나아가 기독교 교회가 공동체의 종교적 삶의 중심이었던 오래된 사원들을 대체하게 되었다(그림 5.4). 또한 원주민들은 그리스도와 동정녀 마리아를 비롯해 다양한 성인들과 같은 가톨릭 기독교의 신성한 존재들을 성심껏 모셨다.

그렇지만 개인의 영적인 위기에 대응하기 위해 의식적·의도적으로 하나의 완전한 신앙 체계를 다른 것으로 대체하는 행위를 개종이라고 정의한다면 원주민들은 개종을 경험하지 않았다. 메소아메리카에서 지방의 지도자들은 원주민 공동체의 사안에 대해 통제했고, 따라서 토착 공동체의 사회적 구조는 대체적으로 온전하게 유지될 수 있었다. 이와 같은 상황은 메소아메리카인들이 스페인 통치로의 이행을 자신들의 삶에 있어 외상적인 위기로 받아들이지 않을 수 있도록 했을 것이다. 전통 종교는 개별화되고 개인적인 신앙이라는 차원보다는 집단적인 공동체 의례와 의식이라는 차원이 더 강하다. 기독교 역시 이제는 공동체의 정체성과 관련된 집단적인 공식 사업이 되었을 것이며, 수호신성보다는 수호성인에 주안점을 두게 되었다.

　토착민들은 기독교가 자신들의 문화와 양립할 수 있다고 보았다. 수도사들이 원주민에게 원주민의 언어로 설교했던 것도 한몫을 했다. 수도사들은 토착민의 도움을 받아 토착 언어로 수많은 책과 원고를 집필했다 (그림 5.5). 이렇게 토착 언어로 옮기는 과정에서 기독교의 개념이 미묘하게 변질되었고, 원주민들의 사고방식에 보다 유사하게 제시되었다. 예를 들어, 나우아어에서 틀라틀라콜리(tlahtlacolli)는 기독교의 '죄'라는 개념을 전달하기 위해 사용되었다. 하지만 나우아어에서 이 단어는 보다 광범위한 개념으로서 '잘못', '범죄', 또는 '파괴'를 의미하고, 일체의 사회적·자연적인 질서에 영향을 미치는 분열과 쇠퇴의 보편적 과정을 의미한다. 따라서 '죄'를 틀라틀라콜리로 번역함에 따라 기독교의 개인적·도덕적 책임이라는 관념이 약화되었고, 개인적인 행동을 보다 광범위한 과정과 연관시켜 이와 같은 행동이 반드시 악한 것으로 간주되지 않게 했다(이 주제는 6장과 14장에서 다시 논의된다). 토착민들은 또한 문화 전반과 명확하게 분리되어 정의될 수 있는 실체로서의 '종교' 또는 '신앙'이라는 개념을 갖고 있지 않았고, 따라서 포기하고 감수해야 한다는 것의 의미를 이해하지 못했다. 사제들은 때로는 그 수가 너무나 적었고 때로는 토착 언어에 너무나 미숙하기도 했다. 따라서 이들은 기독교의 신학적·철학적 원리를 모두가 이해 가능한 방식으로 설명할 재간이 없었고, 종교적 가르침은 대부분 가장 기초적인 단계에 머물렀다.

　토착민들에게 기독교는 주로 일련의 실천사항으로 보였고, 이들 사

그림 5.5 스페인어와 나우아어로 쓰여진 1565년의 고해지침서 첫 페이지. 목판화에는 원주민 아이들의 수행을 받는 프란시스코 수사의 모습이 그려져 있다(브라운대학, 존 카터 브라운 도서관 소장). 출처: Molina 1565.

항 가운데 다수가 기도, 헌납, 행렬, 재현극, 금식, 신성한 형상의 활용 등과 같이 자신들의 전통적 행위와 유사했다. 토착민들은 이처럼 표현적인, 그리고 종종 집단적인 행동에 주목했고, 때로는 강한 열정을 가지고 임했다. 기독교로의 이행은 기존의 신앙 행위의 범주 안에서 새로운 행위를 추가하거나, 또는 기존의 행위를 대체하는 방식으로 전개되었다. 원주민들이 기존에 섬기던 수천 가지의 토착신들에 기독교의 신이 추가되어 이제 원주민들은 수천 가지의 신들과 한 가지의 신을 더 갖게 되었다며 통탄하던 사제들은 앞서 언급한 원주민 개종 과정의 한 측면을 제대로 인식했던 것이다. 시간이 경과하면서 새로운 기도, 새로운 형상, 새로운 노래, 새로운 속죄 행위, 새로운 축제들이 도입되었고, 오래된 행위는 상당 부분 방기되었다. 하지만 새로운 신앙이 오래된 신앙을 갑작스럽고 전면적으로 대체하는 과정은 절대 일어나지 않았다.

기독교가 영적인 자극을 주는 새로운 신앙으로 인식되지 않았다는 점을 고려한다면, 원주민들이 어떤 연유에서 그들의 전통적인 헌신 행위와 관련한 변화를 수용하게 되었는지 의아해질 것이다. 앞서 우리는 수도사들의 존재와 후원이 토착 공동체들을 이롭게 했음을 살펴보았다. 이에 덧붙여 다른 요인들도 고려될 수 있다. 스페인인들은 자신들의 신의 도움으로 군사적인 성공을 거두었다고 생각했으며, 이는 토착민들이 전투에서 승리를 거두었을 때 그랬던 것과 마찬가지였다. 따라서 정복 그 자체는 기독교 경배의 효력을 보여 주는 강력한 보증서와 같았다. 새로운 신이 오래된 신들보다 강력하다는 사실이 명백했고, 수많은 사람들은 그들의 오래된 신성들이 더 이상 섬길 가치가 없는 악마에 불과하다는 기독교의 관점을 수용하게 되었다(그림 5.6).

또 다른 중요한 요소는 원주민 지도자들과 관련한 스페인의 정책이었다. 토착 귀족은 높은 지위와 위상을 유지하면서 도시와 마을 단위의 정부 직책을 맡도록 허용됐다. 하지만 스페인의 관리들은 토착 귀족보다는 기독교 경배에 헌신적인 지방 통치자들을 지지했으며, 이들과 협력하고자 했다. 기독교를 수용하지 못한 귀족들은 수도자 학교 출신의 청년들, 특히 읽고 쓰는 법을 아는 데다 스페인어도 제법 구사하는 젊은이들이 자신들보다도 먼저 스페인 관리들의 호의를 사는 것을 목격했다. 게다가 이 신출내기들은 귀족도 아니었던 것이다! 곧 한 세대가 지나기 전에 원주민 귀족층이 교회로 들어오게 되었고, 평민들은 자신들 지도자의 전례를 따랐다.

일부 학자들은 메소아메리카인들이 인신공희와 같이 그들 종교의 피비린내 나는 속성을 더 이상 견디지 않아도 된다는 점에서, 그리고 원주민 종교의 잔인한 신들에서 벗어나 보다 자애로운 그리스도와 성인들을 받아들일 수 있게 되어서 안도했다고 주장해 왔다. 이러한 관점도 어느 정도

그림 5.6 원주민 조각가가 새긴 이 양각 판화는 현재는 멕시코 푸에블라 주에 있는 산안드레스칼판의 16세기 예배당을 장식하고 있다. 성 미카엘 대천사가 악마에 승리를 거두는 모습을 묘사한다. 수사들은 이 판화를 통해 원주민들에게 토착 신들은 본래 악마였다고 설명했다(사진 저자 제공).

일리가 있을 것이다. 하지만 그 정도를 가늠하기는 어렵다. 예를 들어, 인신공희는 전쟁 의식과 가장 밀접하게 관련되어 있었고, 이는 스페인의 통치로 오래된 적들이 평화로운 이웃으로 변하게 되면서 더 이상 쓸모가 없어졌다. 수많은 오래된 신들은 상대적으로 자비로운 신들로서 물, 음식, 건강, 아이들의 제공자였다. 토착 공동체와 새로운 기독교 수호성인 간의 관계는 일종의 계약적 속성을 지녔고, 이는 여전히 마찬가지이다. 이 계약 관계에 있어서 공동체는 수호성인의 보호와 후원을 받는 대신 그를 섬기며, 적절한 지불 없이는 어떠한 보상도 주어지지 않는다.

하지만 한 가지는 보다 분명히 말할 수 있다. 토착민들이 더욱더 빈곤으로 내몰리고 억압을 받게 됨에 따라, 토착 종교와는 달리 빈곤을 가치 있는 것으로 보고 후세에서 보다 편안한 삶을 약속하는 기독교의 가르침이 원주민들에게 더욱 의미 있는 것으로 다가왔다는 것이다. 원주민 기독교는 빈민의 종교로 발전했고, 나사렛의 그리스도가 식민지의 보다 초기 정권에서의 현상유지에 반발하며 했던 말들은 이제는 원주민들이 저항하기 위한 유용한 도구로 이용되었다.

마찬가지로 동정녀 마리아의 자애롭고, 온화하기 그지없는, 모성적인 면모는 토착 종교에는 없었던 새로운 모습이었지만, 마치 변호사가 식민지 법정에서 세속적인 분쟁을 해결해 주듯이 원주민의 상황을 천상에서 대변해 줄 수 있는 존재로 인식되었고, 높은 지위에 올라 이러한 영향력을 행사할 수 있는 사람을 친구처럼 삼고자 열망했던 사람들에게 공감을 얻었다. 또한 그녀에게 헌신함으로써 사람들은 그들의 초기 종교를 특징짓던 자연에 근거한 상징주의(빛, 꽃, 새)와 일정 정도의 젠더 보완성을 유지할 수 있었다(메소아메리카의 여성관은 12장에 서술된다). 식민시대를 거치며 과달루페의 성모가 동정녀의 또 다른 재현 방식으로 제시되었고, 헌신의 주된 대상이 되었다. 글상자 5.1은 식민지에서 과달루페 헌신이 생겨난 역사적 과정을 기술하고 있다.

선교 수도사들은 처음에는 원주민의 열정적인 기독교 경배 수용에 환희를 느꼈다. 하지만 이내 이러한 숭배가 결국 피상적인 개종에 불과하다고 인식하게 되었고, 환멸감에 빠져들었다. 그들에게 원주민의 경배는 기독교 아니면 이교 둘 중 하나를 의미했고, 원주민들은 진정한 개종을 하거나 아니면 악마에 노예 상태로 사로잡혀 있다고 여겼다. 그들은 원주민이 신심을 다해 기독교를 섬기면서도 사제들에게는 우상숭배로 보였던 자신들만의 독자적인 기독교적 행위를 계속해서 혼합해 실천하는 것을 이해할 수 없었다. 그들은 이교도라고 명명된 토착 행위가 기독교의 형상에 결부되며 새로운 의미를 부여받게 되는 것과 마찬가지로, 기독교 봉헌이 다양한 문화적 맥락에 수용되며 어느 정도로 토착적 속성을 지니게 되는지를 이해할 수 없었다. 그들은 원주민의 영성이 사적인 기도나 성찰보다는 정교한 의례를 통해 형성되는 집단적 경험과 더 밀접하게 관련되어 있음을 이해하지 못했다.

수도사들은 그들이 토착 종교에서 발견한 단점을 원주민의 단점이라고 치부했다. 그들은 원주민이 나약하고, 육욕에 빠져 있고, 유아적이며, 내적인 의미보다는 외양에 집착한다고 생각했고, 원주민의 인성에는 영적 차원이 결핍되어 있다고 결론 내렸다. 하지만 이 수도사들이 사실상 가장 확고한 원주민 옹호자였고, 이들은 원주민을 야수와 동일시하곤 하던 식민지의 대다수 유럽인들보다 훨씬 편견이 적었다는 점을 상기해 보라.

수도사들이 원주민에게 가지고 있던 관점은 수많은 교육받은 도시 유럽인들이 하층민들에게, 특히 시골 농민들에게 보였던 태도와 유사하다. 이런 방식으로 그들은 원주민을 친근한 범주로 포함시킬 수 있었다. 그리고 수도사들은 유럽 고국의 교육받지 못한 농민을 상대할 때 할 것처럼 원주민에 대해 말하고, 설교하고, 그들과 교류하는 전략을 취했다. 이는 어떤 의미에서 수도사들에게 토착민과 자신들을 분리시키고 있던 거대한 문화적 차이를 부정할 수 있게 했다.

수도사들의 태도는 또 다른 중요한 함의를 가졌다. 원주민이 영적으로 열등하다는 믿음은 사제직에서 그들을 배제시키는 정책을 정당화했다. 아주 드문 경우를 제외하고, 식민지 메소아메리카에서 원주민 남자는 사제가 될 수 없었다. 일부 원주민 여성은 수녀처럼 살겠다는 선택을 하기도 했고, 심지어 하녀로서나 스페인 명문가 딸의 동행자로서 수녀원에 입회하기도 했다. 하지만 원주민 여성이 수녀가 되는 경우는 극히 드물었다. 원주민을 종교 직책에서 배제하는 정책은 식민지의 현상 유지 강화에 기여했고, 유럽인에 비해 원주민이 종속적이고 열등한 위치에 머물도록 했다(똑같은 배제 정책이 메스티소와 물라토에게도 적용되었다).

4. 식민지 사회

식민 메소아메리카의 사회 구조는 종족과 인종 범주들의 위계질서에 근거했다. 스페인의 국토 수복으로 스페인인들은 기독교 신자가 아닌 이들에게 더욱 편협해졌으며, 불관용이 만연한 결과 순혈주의(limpieza de sangre) 정책이 생겨났다. 스페인에서는 누구든 자신이 순수한 기독교 혈통의 후손이고 자신에게 그 어떤 유대교나 무어인의 피도 섞이지 않았음을 보여 줄 수 없다면, 그는 귀족이 될 수 없었을 뿐만 아니라 수많은 다양한 행동에 참가하는 것조차 금지되었다.

신세계에서 이러한 불관용은 혼합 종족 계통 출신자에 대한 법적 차별로 해석되었고, 누구나 해당될 만큼 광범위한 출신 배경들을 포괄하기 위한 복잡한 분류법이 개발되었다. 식민시대를 거치며 수많은 범주가 생겨났고, 그 수는 아마도 수백 개에 이르렀을 것이다. 이처럼 상이한 범주들은 카스타(casta, 카스트)로 불렸다(그림 5.7). 피부색은 궁극적으로 개인의 지위를 결정하는 중요한 의미를 가졌고, 피부색이 밝을수록 신분 상승의 가능성이 더 많았다.

그럼에도 이와 같은 차별이 생물학적 또는 유전적 속성에 근거한 '인종' 개념보다는 법적 분류에 기반하고 있었음을 지적할 필요가 있다. 식민지 토지의 지주로서 스페인인은 최고의 법적 특권을 향유했다. 원주민 역시 토지의 본래 거주자로서의 특권을 비롯한 일부 법적 권리를 요구할 수 있었다. 아프리카 노예에게는 그 어떤 법적 권리도 인정되지 않았다. 하지만 아프리카 출신의 또는 부분적으로 아프리카 혈통이 섞인 자유민은 식민지 시민으로서의 일부 법적 지위를 누렸다. 혼합 혈통의 후손들의 지위를 결정하는 것은 법적으로 어려운 문제였다. 피부색의 밝기가 사회적 위상과 어느 정도 일치했기 때문에, 피부색은 개개인을 사회적·법적 위계질서에 배치하기 위한 편의적인 지표가 되었다.

역사학자 마그누스 모르네르는 카스타를 여섯 개의 광범위한 범주로 구분했는데, 반도 출신 스페인인, 크레올, 메스티소, 물라토/삼보/자유로운 흑인, 노예, 원주민이 이들 범주이다. 카스타 위계에서 최상층은 스페인에서 태어난 순수 혈통 스페인인들이 차지했다. 이베리아 반도에서 태어났다는 이유로 '반도인'이라고 불렸던 이 집단은 민간 부문에서든 종교 분야에서든 항상 최상위층을 구성했고, 공동체에서 가장 명망이 높았다.

크레올은 반도의 스페인인과 동일한 조상에서 유래했지만 신세계에서 태어났다는 이유로 반도인보다 낮은 지위에 머물러야 했다. 2인자로서 이들의 지위는 아메리카의 기후와 일반적인 환경이 몸에 해로우며, 그곳에서 태어난 사람은 그 부모가 유럽인일지라도 선천적으로 열등하게 태어난다는 유럽인들의 믿음을 반영했다. 그리고 이 믿음은 스페인 국왕의 권력을 유지하는 데 일조했는데, 왕은 개인적으로 친분이 있고 신뢰하는 이들을 계속해서 행정관리로 임명할 수 있었기 때문이다. 그 결과, 소수의 크레올만이 교회와 정부의 최고위층에 이를 수 있었다. 2인자라는 신분에도 불구하고 크레올은 식민지 사회에서 특권적인 지위를 향유했으며, 식민지 귀족층의 지위를 차지했고 특히 지방에서 더 그랬다.

사회적 지위라는 측면에서 메스티소는 크레올보다 훨씬 낮은 계층에 속했으며, 스페인인과 원주민 사이에서 태어난 이들을 지칭했다. 메스티소는 대부분 스페인인 아버지와 원주민 어머니에게서 태어났다. 스페인인들의 탐험과 침략이 활발하던 시기에 스페인 남자들은 원주민 여자들을 연인으로 두거나 때로는 아내로(특히 여자가 원주민 귀족 가문 출신일 경우) 삼기도 했다. 하지만 처음부터 메스티소는 차별받았다. 그들은 엔코미엔다를 소유할 수 없었고, 정부의 특정 직위를 가질 수 없었다. 또한 일반적으로 메스티소는 사제가 될 수도 없었다. 비록 메스티소들 가운데 일부

그림 5.7 18세기 누에바 에스파냐에 존재하던 일련의 상이한 카스타들, 또는 사회적·종족적 범주들을 그린 연작 그림 가운데 일부. 첫번째 그림은 스페인 남자와 원주민 여성 사이에서 메스티소 아이가 태어나는 상황이며, 두번째 그림은 스페인 남자와 흑인 여성 사이에서 물라토 아이가 태어나는 상황이고, 세번째 그림은 아프리카 남자와 원주민 여성 사이에서 삼바이고(삼보 또는 잠보) 아이가 태어나는 상황이나. 출지. O'Crouley 1972.

는, 특히 그들이 유명한 정복자 가문 출신일 경우에는 식민지 사회에서 안락한 지위를 차지했지만, 대부분은 가난하고 교육받지 못했다.

물라토는 스페인인과 아프리카계 사람에게 태어난 자손으로서 식민지 사회에서 메스티소보다 낮은 위치를 차지했다. 다양한 법률적 이유로 물라토는 자유로운 아프리카 사람이나 소위 삼보, 즉 아프리카 사람과 원주민의 후손과 동일한 지위를 차지했다.

사회에서 가장 하층을 차지한 집단은 아프리카 노예였다. 노예의 거래는 17세기 중반이 지나자 점진적으로 축소되었다. 하지만 아프리카 노예 소유제는 1820년 누에바 에스파냐가 스페인에게서 독립할 때까지 법적으로 유지되었다. 식민지 전역에 걸쳐 스페인인들과 크레올 가정은 대부분 아프리카 노예를 소유했다. 또한 상당수의 노예들은 해안 대농장과 광산에서 노동자로 착취당했다.

식민지 위계질서에서 원주민의 위치는 다소 논란의 여지가 있다. 일정 장소와 일정 기간에 원주민은 노예보다도 열악한 대접을 받기도 했다. 예를 들어 원주민은 죽을 때까지 광산에서 노동하기도 했는데, 노예 소유자들이 노예에 대해서는 자신의 투자대상으로 간주하고 이를 보호하기 위해 적어도 목숨은 지킬 수 있게 보호했던 반면, 원주민의 생명에 대해서는 아무런 가치도 없다고 여겼기 때문이다. 하지만 대체적으로 원주민보다는 흑인 노예의 지위가 훨씬 낮았다. 실제로 원주민 귀족들은 그들 집에 아프리카 노예를 부리기도 했다.

원주민의 사회적 지위는 낮았고, 조금이라도 스페인 혈통이 섞인 이들은 원주민을 멸시했지만, 그럼에도 원주민은 식민지 다른 거주자들이 갖지 못했던 일정한 법적 권리와 보호를 받았다. 예를 들어 원주민은 독자적 공동체를 가질 수 있었고, 토지에 대한 집단적 소유권을 유지할 수 있었으며, 종교적 범죄와 관련된 기소에서 면제되었다. 원주민은 왕실에 공물을 납부할 의무를 지녔더라도, 다른 이들과는 달리 교회의 십일조나 기타 세금을 납부할 의무가 없었다. 식민지에서 원주민은 특수한 위치를 차지했다. 원주민은 사실상 교회와 왕실의 보호를 받는 피후견인이었고, 이에 따라 부도덕한 식민주의자들로부터 어느 정도 보호받을 수 있었다.

이처럼 원주민은 모두 단일한 법적 범주에 속했지만, 토착 사회 내부에서는 내적으로 복잡하게 구분되어 있었다. 스페인인들은 그들 스스로가 위계적 사회에서 왔기 때문에 토착 귀족의 존재를 신속하게 인지했다. 특히 식민시대 초기에 스페인인들은 식민지 정책을 도입하기 위해 과도하게 토착 엘리트에게 의존했다. 스페인인들과 협력한 대가로 토착 귀족층 구성원들은 특정한 특권을 누릴 수 있었고, 이를 통해 자신들을 평민들로부터 구분시켰다. 그들은 문장(coat of arms)을 하사받았고, 스페인 의복을 입고 총기를 소유하고 말을 탈 수 있도록 허가받았다.

5. 공동체 생활

식민통치하에서 메소아메리카 지역은 문화적 다양성을 유지했으며, 토착민들은 여러 가지 언어를 사용하며 광범위한 지역의 관습들을 따랐다. 교회와 식민통치기관은 유사한 방식으로 모든 토착 공동체에 영향을 미쳤지만, 이들 공동체는 이들 기관의 영향력에 일부는 수용하고, 일부는 새롭게 변형시키고, 또 일부는 거부하는 등 매우 상이한 방식으로 대응했다.

식민 메소아메리카에 거주하던 원주민의 삶에 대해 우리는 지난 수십 년 동안 상당한 지식을 축적할 수 있었는데, 이는 원주민들이 그들만의 언어로 작성한 문헌을 선구적으로 연구해서 얻어 낸 결과이다. 이들 자료에는 역사적 연대기, 도시 협의회 기록, 유언장, 판매 영수증, 법정 증거물 등이 포함된다. 가장 많은 수의 문헌이 나우아어로 기록되어 있지만 다른 언어들로도 여러 가지 중요한 보고서가 기록되어 있다(토착 언어 문헌에 대한 보다 폭넓은 논의는 6장을 참조하라).

역사학자 낸시 패리스는 식민통치하의 원주민의 삶을 "생존을 위한 집단적인 기획"이라고 묘사했다(Farriss 1984). 이 구절은 두 가지 사안에 주목하게 한다는 점에서 유용하다. 첫째, 토착 마을에 남아 있던 대부분 원주민의 삶은 통합적 실체로서의 공동체를 중심으로 형성되고 있었다. 토지는 대체적으로 공동체 전체가 공동으로 소유하거나 또는 공동체를 구성하는 피후견인이 공동으로 소유했다. 정부 관리들은 공동체에 의해 선발되었고, 그들은 개인의 명예나 경제적인 이익을 위해서가 아니라 공동체의 이익을 위해 직위를 활용하도록 요구되었다. 가장 중요한 종교 행사들도 공동체의 권한이었다.

하지만 원주민의 삶에서 공동체가 지녔던 가장 중요한 측면은 개개인이 특정 공동체에 대한 소속을 근거로 자신의 정체성을 찾았다는 사실일 것이다. 공동체라는 개념은 매우 강했다. 다시 말해, 공동체라는 '사고'가 고도로 발달했으며, 이는 강력한 유대감과 결부되어 있었다. 공동체와 같은 사회적·영토적 단위는 정복 이전부터 깊숙이 뿌리내려 있었고, 이를 나우아인은 알테페틀(altepetl)이라고 불렀고, 유카테카 마야인은 카(cah)라고 불렀으며, 믹스테카인은 시나 야(sina yya)라고 불렀다. 영어로는 '도시국가'로 불리는 경우도 빈번했지만, 전통적인 공동체가 매우 크거나 매우 도시화된 경우는 흔하지 않았다. 이보다 중요한 속성은 특정한 토지 구획에 대해 조상 대대로 물려받은 권리를 공유하는 한 집단의 사람들이라는 관념이었고, 그들은 이 토지에 정착해서 지속적인 공동체로 점유했다. 이렇게 사람들은 특정 지역과 연관되어 있는 정체성을 공유했다. 이들 대부분은 공동체 내부에서 혼인관계를 맺었다. 사람들은 스스로를 원주민, 나우아인, 아스테카인으로 생각하기보다는 자신들의 출신 공동체의 이름에 따라 테포스콜룰란인, 틀라파네카인, 판티테카인 등으로 간주했다.

두번째로 주목할 점은 이들 공동체가 생존을 위한 투쟁을 하고 있었다는 사실이다. 스페인의 식민화는 인구 수준 이외에도 토착민의 삶에 관련된 모든 측면에서 파괴적인 결과를 가져왔다. 정치 제도가 개편되었고, 토착민들은 그들의 공동체를 넘어서는 그 어떤 권력도 갖지 못하게 되었다. 토착민들로부터 부를 짜내서 스페인인들에게 넘겨주기 위해 경제가 전면적으로 재조정되었다. 유럽인의 세계관과 로마 가톨릭은 비록 토착 신앙 체계를 완전히 대체하지는 못했지만 이미 전반에 걸쳐 깊숙이 침입해 있었다. 생존을 위해 토착민들은 그들 생활 방식과 관련해 엄청난 변화와 적응을 해야 했고, 자기방어와 상호후원을 위한 복잡한 전략을 세워야 했다. 물론 토착민들의 이러한 대응이 토착 공동체에서의 삶이 항상 조화로웠고, 구성원 모두가 공동의 이익을 위해 협력했다는 것을 의미하지는 않는다. 권력과 자원을 놓고 개개인, 친족 집단, 또는 정치 파벌들 간에 벌어지는 공동체 내부의 분쟁은 보편적인 현상이었다.

하지만 토착 공동체는 식민시대에서 살아남았고, 많은 경우 현재까지 살아남아 유지되고 있다. 이러한 성공은 부분적으로 원주민의 집단적인 성향에 기인할 것이다. 마을 거주자들은 서로 협조하고 외부 세력에 대항해 단일한 전선을 구축하면서, 공동체가 생존할 수 있게 기여했다. 하지만 공동체가 지닌 강력한 소속성은 공동의 문제를 해결하기 위해 경계를 넘어, 그리고 보다 광범위한 연합체를 형성해 대응하려는 움직임에 장애 요소가 되는 경향이 있었다.

1) 공동체 정부

식민권력은 무니시피오(municipio)라고 불리는 지방 도시 단위로 토착 공동체를 귀속시켰다. 각 지방 정부에서 가장 큰 거주지는 카베세라

(cabecera), 즉 대표 공동체로 지정되었고, 그 외 공동체들은 대표 공동체에 귀속되었다. 행정적 목적을 위해 대표 공동체의 정부 관리들이 귀속된 마을에 대한 관할권을 행사했다. 그 대신 공물 납부와 법적 분쟁을 비롯한 여러 사안이 귀속된 마을을 거쳐 대표 공동체로 전달되었고, 그다음에는 스페인이 통제하는 보다 상위 단계의 행정 기관으로 넘어갔다. 스페인 관리들이 공동체 조직을 각 마을의 규모에 따라 형성된 위계질서를 통해 이해했던 반면, 토착민들은 이와는 다른 관점을 지녔다는 점이 흥미롭다. 원주민에게 개별 마을은 본질적으로 동등하고 독립적인 성격의 조직이었다. 대표 공동체는 행정적 편의를 위해 특정 권리와 의무를 지녔지만, 원주민에게 있어 이러한 차이가 대표 공동체의 내재적인 우월성을 의미하는 것은 아니었다.

식민지 행정은 토착 공동체를 식민지 구조 안에 통합시켰고, 이를 통해 토착 공동체가 생존할 수 있게 했다. 스페인 통치자들이 공동체를 생존할 수 있게 했으며, 공동체의 존재 자체가 식민지의 간접 통치라는 원칙을 용이하게 했기 때문에 그랬다고 주장하는 사람들도 있을 것이다. 스페인 권력자들에게 있어 토착 공동체가 그들 지방의 개별 사안을 스스로 해결하게 하는 편이 토착 사회 전 단계에 완전히 새로운 사회적·정치적 조직을 도입하는 것보다는 훨씬 쉬웠던 것은 사실이다. 더 나아가 원주민은 계급이나 종족 구분에 따라 광범위하게 연합하기보다는 소속된 지방 공동체에 근거하여 행동했기 때문에, 이는 스페인의 '분할 정복' 정책에 부합했다.

하지만 이에 대한 다른 방식의 설명도 가능하다. 토착민들은 그들 공동체가 완전히 해체되는 것을 용인하지 않았을 것이다. 스페인인들은 지속적인 반란과 봉기에 맞서야 했을 것이며, 결국 메소아메리카에서 전면 퇴출되었을 가능성도 있다. 따라서 절충할 수 있는 체계가 개발되었다. 토착민들은 정복 당시 존재했던 지역 내 상호공동체적 통합 양식을 포기했으며, 이는 본질적으로 지방 간 연합보다 취약했으며 식민 정책에 의해 신속하게 침식되었다. 스페인들은 대신 개별 공동체의 위상을 공동 재산에의 권리를 소유한 자치적인 통치 단위로 인정했다. 만일 그러지 않았더라면 식민지도 존재하지 않았을지 모른다.

식민시대 초반에는 공동체 내부의 정치권력이 전통적인 지배 가문 출신 원주민에게 있었다. 이들은 스페인 정복 이전의 나우아 지역에서는 틀라토케(tlatoque) 후손, 유카탄에서는 알라치 우이닉(halach uinic) 후손, 믹스테카에서는 야 트누후(ya tnuhu) 후손과 그 외 고위층 귀족 가문 구성원들로 구성되었다. 스페인들은 이들 지도자를 일컬어 카시케(cacique)라 불렀는데, 이는 '추장'을 의미하는 단어로 서인도 제도의 아라와크 족에서 유래했으며, 스페인들은 식민지 전역의 토착 공동체 지도자들에 이 용어를 사용했다. 정복 이후 수십 년 이내에 스페인들은 스페인의 소도시 정부 모델에 근거하는 공동체 정부 체제를 식민지에 이식시켰다.

16세기 중반에 이르자 카빌도라 불리는 지방 정부 협의회가 토착 공동체를 관리하게 되었다(그림 5.8). 카빌도는 위계적인 여러 직위로 구성되었다. 공동체 구성원들이 이들 직위에 선출되었고, 일반적으로 1년 단위 계약직이었다. 이론적으로 공동체에서 공물을 납부하는 남자라면, 다시 말해 기혼이나 사별한 남자는 누구나 직위를 맡을 권리가 있었고, 카빌도 선거에서 투표할 권리를 지녔다. 하지만 전통적인 지배 가문이 공동체의 고위 관직을 독점하기 마련이었다. 마찬가지로 엘리트 출신들이 선거를 조작하는 사례가 빈번했고, 이미 관직을 맡고 있는 이들의 투표권을 제한하거나 또는 귀족 출신에게만 투표를 허용하는 식으로 선거조작이 이루어지기도 했다.

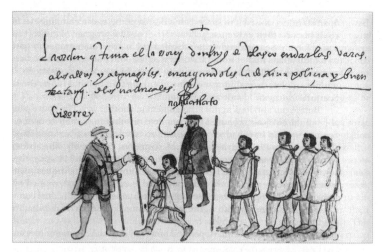

그림 5.8 1551년부터 1564년까지 누에바 에스파냐의 부왕이었던 루이스 데 벨라스코가 멕시코 시티의 원주민 카빌도 구성원들에게 직위봉을 수여하며 지도력에 대한 조언을 주는 모습. 출처: Orozco 1947: 98.

카빌도에서 가장 고명한 직위는 총독(gobernador)이었다. 그다음으로 한두 명의 시장(alcalde)이 있었고, 그리고 두 명에서 네 명 사이의 시의원(regidor)이 있었다. 그 밑으로 다양한 명칭을 지닌 여러 명의 하층 관리들이 있었고, 이들은 공증인, 순경, 경찰관, 교도소 관리인, 교회 집사, 공물 수금원, 배달원 등으로 근무했다. 지방 정부 건물은 교회와 인접한 곳이나 교회를 마주한 마을의 중앙 광장에 세워졌고, 그 안에는 카빌도 사무실과 교도소가 설치되었다.

처음에는 세습 통치자의 전통적 직위와 총독의 새로운 직위가 병행해서 존재했고, 지도권에는 그 어떤 갑작스런 변화도 없었다. 하지만 카빌두 체제가 자리를 잡아 감에 따라 정치 구조에 변화가 생겼다. 총독은 그의 권력을 다른 관리들과 나눠 가져야 했다. 카빌도 관리들은 매년 선거로 선출되어야 했고, 지방 사제와 스페인 출신 치안관(코레히도르)이나 엔코멘데로들이 카빌도 관리의 임명에 반대할 수 있었기 때문에, 직위를 유지하고자 한다면 식민지 행정 기관과 협력해야 했다. 정복 이전 통치자들과는 달리 식민지 총독이라는 직위는 임시직이기 마련이었다. 하지만 수년간 직위를 유지하는 사람들도 있었다. 예를 들어, 저명한 나우아어 학자였던 안토니오 발레리아노는 라틴어를 구사했고, 16세기 나우아 문학의 위대한 작품들을 집필하는 데 참여하기도 했다(6장 참조). 그는 고향 마을인 아스카포찰코의 총독으로 8년간 근무했고, 그후 23년간 멕시코시티의 원주민 총독으로 근무했으며, 건강이 쇠약해질 때까지 관직에 있었다. 발레리아노는 평민 출신이었지만 멕시코시티의 전통 왕가 여성과 결혼했는데, 그 덕택에 이와 같은 정치적 이력을 가질 수 있었다.

법률적으로 카빌도 관리는 공동체 출신 원주민으로 구성돼야 했다. 그렇지만 전형적으로 지방의 메소아메리카 귀족 여성과 스페인 남성 사이에 태어났던 메스티소들이 관직에 선출되기도 했는데, 그 주된 이유는 원주민 가운데 일부는 스페인 세계와 원주민 세계 양자에서 활동할 수 있다는 점에서 메스티소들의 능력을 높이 평가했기 때문이었다. 공동체로 이주해 온 이방인들이 적극적인 정치활동을 근거로 관직을 얻기도 했는데, 이와 같은 사실은 이들 직위 찬탈자에 불만을 가지고 있던 지방민들이 법정에 제기했던 분쟁관련 문서들에서 확인된다.

카빌도 구성원은 공동체 내부에서 발생하는 모든 사안에 대해 관할권을 가졌다. 그들은 범죄자를 투옥시킬 수 있었고, 세금과 벌금을 부과할 수 있었으며, 어려운 처지에 놓인 가정에 공동체 토지를 할당할 수도 있었고, 자금 마련을 위해 공동체의 토지를 대여해 줄 수도 있었으며, 개별 상인이나 수공업자가 공동체에서 거래할 수 있도록 허가해 주기도 했다. 그들은 도로 건설, 마을 회관이나 교회 유지 사업, 종교 축제 후원 등의 사업을 위해 공동체 자원을 분배하기도 했다. 원주민이 아니지만 마을에 거주하고자 할 경우에는 허가를 받기 위해 카빌도에 청원서를 제출해야 했고, 거절당하는 사례도 빈번했다. 카빌도 관리들은 공물 징수를 비롯해 레파르티미엔토 제도가 요구하는 노동력을 징집하기 위해 남성 지방민들을 파견하는 등 불쾌한 업무도 해야 했다. 글상자 5.2는 카빌도의 업무 집행 사례이다.

법적 분쟁이 공동체의 경계를 벗어날 때는, 예를 들어 스페인 출신 목장주가 공동체 토지에서 방목을 한다거나, 다른 마을의 사람이 공동체 소유 관개 수로에서 물을 퍼내 사용하는 등의 상황이 발생할 경우, 이들 사례는 스페인의 식민 행정 기관이 관리하는 원주민 법원으로 넘겨졌다. 원주민들은 이들 법정이 그들 분쟁에 적법한 중재자라고 여겼고, 그들의 소송은 때로는 스페인 피고를 상대로 하더라도 자주 승소하고는 했다. 원주민들은 소송에 대단히 능하다는 명성을 이내 얻게 됐으며, 사소한 피해에도 법원으로 달려갈 준비가 되어 있었다.

2) 사회 구조와 가족

식민시대를 통틀어 귀족과 평민이라는 토착 사회의 기본적인 구분은 계속 유지되었고, 식민 정부가 귀족들에게 속민을 통치하고 공물을 징수할 권리를 갖도록 허용하면서 더욱 강화되었다. 귀족과 평민의 빈부 격차는 점차 줄어들었지만, 토착 사회에서 귀족과 평민 간의 지위 격차는 식민시대 전반에 걸쳐 계속해서 중요성을 지녔다. 귀족층이 스페인인들에게 자원통제력을 내줌에 따라, 그리고 원주민이 아닌 자들이 공동체 토지를 착복하는 경우가 증가함에 따라 자신들의 부가 줄어드는 상황에 직면했다. 또한 고위층 여성이 스페인인과 결혼하는 경우가 증가하고, 그들의 자녀가 점차 지배 문화에 동화되면서 일부 부유한 귀족층이 주류 사회로 편입되게 되었다. 그렇지만 식민지 메소아메리카의 많은 지역에서 귀족과 평민 간의 현저한 위계 격차는 계속되었다(그림 5.9).

식민통치의 또 다른 장기적 영향력은 전통적인 가족 제도의 붕괴였으며, 그 대신 교회와 정부의 장려로 핵가족 제도가 자리 잡게 되었다. 이 과정은 지역별로 상이한 비율로 진행되었으며, 현재까지도 농촌에서는 확대 가족과 친족 조직의 일부 속성이 지속되고 있다.

식민권력은 원주민을 소규모 핵가족 단위로 분할할 경우, 감시와 통제가 수월해질 것이라고 믿었다. 고령자에게 주어지는 권리는 그들의 성인 자녀가 부모의 영향력에서 벗어나게 된다면 감소할 것이라고 믿었다. 또한 공물 납부와 노동 징집 수준이 공동체에 거주하는 남성 가구주의 수에 따라 결정되기 때문에, 젊은 원주민 남성이 결혼해서 그들만의 가구를 구성한다면 이는 스페인인들에게 이득이 될 것이었다. 젊은이들의 혼전 성관계를 금지하려 했던 사제들 역시 젊은이들에게 10대 중반에 결혼할 것을, 특히 소녀들은 이보다 더 빨리 결혼할 것을 종용했다. 교회가 혼례 의식을 관장하고 배우자 선택에 새로운 제한을 적용하면서, 친족 내에서 고령자의 권위는 더욱 축소되었다(그림 5.10).

식민주의는 젠더 관계에도 영향을 미쳤다. 남성 주도의 핵가족 제도는 확대 친족 집단의 구성원으로 토착민 여성들이 전통적으로 향유했던 자율성을 일정 정도 감소시켰다. 아내와 남편의 나이 차이가 더욱 벌어졌고, 몇 살 터울의 남편과 따로 가족을 꾸리게 된 14세 또는 15세의 어린 소녀들은 동갑의 남편과 결혼해서 지원군이 되어 주는 친척들의 연결망에 둘러싸여 살고 있는 20세 여성에게 발견할 수 있을 권력 기반을 갖지 못했다. 여러 세대를 거치며 힘의 균형은 다소 남성 지배에 유리하게 변화되었다. 그렇지만 토착 공동체에서 젠더 관계는 스페인인이나 메스티소의 사회와 비교해서는 보다 평등하게 유지되는 경향이 있었다.

젠더 관계에서 권력의 이행은 인류학자 수잔 켈로그가 분석한 중앙

그림 5.9 1774년 제작된 이 그림들은 토착 엘리트 계층이었던 원주민 카시케(위)와 평민들의 의상 (아래)의 차이점을 보여 준다. 출처: O'Crouley 1972.

멕시코의 나우아 문헌에서도 확인된다. 16세기의 기록에서 나우아 여성들은 식민지 법정에서 매우 적극적인 역할을 담당했는데, 그녀들은 소송에서 원고로 활동하고, 스스로 증인이 되었다. 나우아 여성들은 유언을 통해 남편 측 혈통 관계와는 무관한 형제자매나 사촌 등 다양한 가족 구성원에게 재산권을 넘겨주었다. 하지만 17세기에 접어들자 여성은 좀처럼 자신의 권리를 위해 소송을 제기하지 않았으며, 대신 법원에서는 남편이나 아버지가 그녀들을 대변했다. 유언에서도 변화가 발견되는데, 여성들은 광범위한 친족 관계보다는 핵가족 관계를 우선시하는 스페인의 관행에 따라 재산의 거의 전부를 남편이나 자식들에게 물려주었다.

세례에서 원주민 아이들은 모두 스페인식의 이름을 받았다. 이때의 이름은 언제나 가톨릭 성인을 따라 지어졌다. 어떤 이름은 특히 인기가 많

그림 5.10 1565년에 제작된 이 목판화는 프란시스코회의 한 사제가 원주민의 결혼식을 주재하는 모습을 묘사하고 있다. 신랑은 식민시대 양식의 튜닉 위에 원주민 양식의 망토를 매듭지어 둘렀고, 신부는 스페인 성복 선우로 나우아 여성들이 쌀겨 입년 스타일의 실고 열닝안 블라우스와 치마를 입었다(브라운대학, 존 카터 브라운 도서관 소장). 출처: Molina 1565: folio 57r.

아서, 작은 마을에 여러 명의 아나, 이사벨, 후안, 페드로가 있곤 했다. 그 외에 토착민이 사용했던 이름들은 해당 지역에서 스페인이 지녔던 영향력의 단계와 정도의 차이를 반영한다. 토착 이름이 개인의 성으로 사용되었고, 일부는 가족의 성으로 굳어지기도 했다. 이들 토착 이름은 조상으로부터 전수되었거나 정복 이전의 전통적인 이름에서 유래하기도 했다. 예를 들어, 정복 이전 나우아인들은 그들의 딸을 태어난 순서에 따라 부르곤 했는데, 장녀는 티아카판, 중간은 틀라코, 막내는 소코라고 불렀고, 외동딸은 모셀이라 불렀다. 식민지 기록을 보면 마리아 티아카판, 바바라 틀라코, 아나 소코, 앙헬리나 모셀 등의 이름들이 등장한다. 전통 달력의 날짜 기호에 유래하는 이름도 있었는데, 마르틴 오셀로틀(마르틴 재규어) 등이 그 예이다. 토착 귀족 가운데는 전통 군주를 따라 성을 붙이는 경우도 있었다. 일반적으로 스페인 권력의 중심지에서 멀어질수록 원주민 이름이 유지되는 경우가 더 많았다.

역사학자인 제임스 록하트는 토착민들이 스페인인들의 성을 따를 때면, 이때 따르는 성은 그들의 사회적 지위와 관련되기 마련이었다고 설명한다. 고위층 귀족 가문은 스페인의 귀족과 관련된 이름을 따르곤 했는데, 가령 멘도사, 벨라스코, 피멘텔이 그 예이다. 귀족층은 또한 '돈'(여성의 경우는 '도냐')이라는 스페인의 경칭을 사용하곤 했으며, 자신의 이름에 이 호칭을 덧붙이곤 했다. 예를 들어, 돈 디에고 데 멘도사는 1549년부터 1562년까지 틀라텔롤코의 토착 통치자의 이름이었다. 이보다 다소 명성이 낮은 이름은 가톨릭 종교에서 유래하는 스페인 성이었는데, 가령 데 라 크루스('십자가의') 또는 산 미겔이 이에 해당한다. 보다 미천한 신분 사람들이나 보다 작은 마을의 귀족들(예를 들어 글상자 5.2에서 논의했던 카빌두 구성원)은 자신의 성으로 전형적인 성자의 이름을 사용했는데(성스러움을 의미하는 '산' 또는 '산타'는 붙이지 않고), 그 결과 그들은 아나 후아나 또는 페드로 마르틴과 같이 두 개의 성을 갖게 되었다. 이들 종류의 성이 가족의 성으로 이어지는 경우는 드물었다.

토착 메소아메리카인들에게 엄청난 인기를 갖게 된 유럽의 제도 중 하나는 유럽의 대부모 관행이었다. 일반적인 교회의 관행에 따르면, 세례식에서 아이는 아이의 종교적인 교육에의 책임과 필요하다면 물질적인 필요까지 그 부모와 나누어 질 것을 약속하는 또 다른 한 부부의 후원을 받게 된다. 메소아메리카인들은 이 제도를 수용했고, 이처럼 의례로 맺어진 친족의 유대관계는 아이와 대부모의 관계보다는 점차 두 성인 부부들의 관계에 더욱 중점을 두게 되었다. 따라서 이 관행을 대부모 관계 (compadrazgo, 콤파드라스고), 또는 '공동부모 관계'(co-parenthood)라고 칭한다. 이렇게 맺어진 성인들은 서로를 대부모(compadre, 콤파드레) 또는 '공동부모'(coparents) 또는 '공동아버지'(cofathers)와 '공동어머니'(comothers)라고 불렀다.

이 제도가 토착민들에게 유용한 것으로 수용된 이유를 이해하기는 어렵지 않다. 전염병이 계속 창궐하면서 수많은 사람들이 배우자를 잃거나 고아가 되었다. 남자들은 레파르티미엔토 의무 때문에, 아니면 임금노동을 위해 장기간 집을 떠나 있기 마련이었고, 광산 같이 위험한 작업을 하던 중 일부는 목숨을 잃거나 불구가 되었다. 양부모 관계는 가족들이 상호생존할 수 있도록 서로를 보조하는 장치가 되었다. 부모들은 그들 중 하나가 아니면 둘 다 죽더라도 공동부모가 자식들을 돌보아 주리라고 기대할 수 있었다. 이 제도는 사람들에게 보다 확고한 경제적인 안정을 부여하기도 했다. 만일 가족 전체가 결핍한 상황에 내몰리게 된다면, 그들의 공동부모가 어떤 것이 되었든 보유한 자원을 나누어 줄 수 있을 것이다. 더나아가 공동부모는 아이들이 배우자를 찾아 혼인을 치를 때 이에 필요한 비용을 함께 부담했다.

많은 공동부모를 확보하고, 밀접한 관계를 유지하는 것이 가족에게 이익이 되었다. 아이의 세례식에 후원해 줄 한 쌍의 공동부모를 확보하는 데서 그치지 않고, 아이가 일생에서 겪게 될 그 외의 중요한 의식들, 특히 견진성사와 혼례를 후원해 줄 추가적인 공동부모들을 확보하는 관행이 생겨났다. 부모들은 다양한 방식으로 이 제도를 활용할 수 있었는데, 소규모의 의례적 친족과의 유대관계를 강화하는 데 주력하거나(예를 들어, 동일한 부부를 여러 아이들의 후원자로 삼는 식), 되도록 많은 부부들을 후원자로 끌어들여 보다 확대된 유대관계를 형성하는 방식이 있었다. 또한 유사한 사회경제적 지위에 속한 사람들과 동맹관계를 형성해 동일한 집단과의 결속을 다지는 쪽을 택하거나, 지방 귀족이나 부유한 비-원주민들과 같이 상류층 사람들을 자신들 집단에 끌어들이는 편을 택할 수도 있었다. 후자의 경우는 경제적 이점을 지녔는데, 대부를 받거나 피후견 아이의 구직을 위해 이 부유한 부부의 도움을 받을 수도 있었기 때문이다. 상류층 부부에게 있어서는 후견인이 되어 줄 요청을 받는 것은 그들의 명성을 높이는 길이었다.

어떤 면에서 보면, 토착민들은 교회가 승인한 의례적 친족 관계를 활용해 보다 전통적인 유형의 확대 친족 유대관계의 붕괴에 따르는 손실을 보완했다고 볼 수 있다. 양부모 관계는 상당한 형식성과 존중을 특징으로 하며, 따라서 정복 이전에 일종의 예술적 형태로까지 발전했던 정중한 행동과 형식적인 언술이라는 관행이 계속 유지될 수 있는 맥락을 제공했다.

3) 경제

식민시대 메소아메리카 전역에서 토착 공동체 구성원들이 관여했던 경제 활동에는 엄청난 다양성이 발견되는데, 이는 스페인 침략 당시 존재하던 전통적인 차이와 스페인의 개입이 지방에 미친 다양한 영향력을 모두 반영한다. 다양성의 한 극단에는 일반적으로 보다 단절된 고지대 공동체가 존재했으며, 콜럼버스 이전 시대의 과거로부터 그다지 달라지지 않은 생계형 농업이 거주자들 대부분의 지배적인 활동으로 자리 잡고 있었다. 다양성의 다른 극단에는 스페인 인구가 밀집된 곳의 근방에 위치하거나, 스페인의 식민 사업이 지방 경제를 지배하게 된 지역에 위치했던 이유로 경제활동에 변형이 이루어진 공동체들이 있었다. 이 경우, 새로운 농작물과 기술 도입은 임금노동에 의존하는 외래적인 노동 윤리와 맞물려 전통적인 경제 관계를 전면적으로 파괴했다. 물론 대부분의 토착 공동체들은 이양극단의 중간 지점쯤에 해당했다.

식민시대 전반에 걸쳐 옥수수를 비롯한 토착 농작물에 의존하는 전통적인 농업 체제가 수많은 공동체에서 지배적이었다. 하지만 유럽의 과일과 채소가 도입되고 토착민들이 이들 작물을 기꺼이 수용하면서, 전통적인 농업 체제가 빠른 속도로 대체되어 갔다. 이와 유사하게, 유럽의 가축, 특히 닭, 돼지, 염소 등이 단기간에 원주민 가정에 도입되었다. 일부 지역에서는 유럽의 단순한 농업 기술, 가령 소를 이용한 경작법 등이 토착 농업에 필수적인 부분으로 자리 잡게 되었다.

레파르티미엔토 강제 노동 제도는 원주민 공동체에 분명히 파괴적인 영향력을 지녔지만, 본질적으로 노동세라는 개념은 메소아메리카의 원주민들에게 이질적인 것이 아니었다. 콜럼버스 이전 시대에도 공동체들은 공물 납부와 더불어 지배 권력에게 노동력을 제공해야 했는데, 이는 지역의 자본가에게든, 또는 강력한 아스테카 제국이나 키체 제국에 대해서든 마찬가지였다. 하지만 스페인인들이 통치하면서 강제 노동의 강도가 더욱 세졌던 것으로 보이며, 그 부담 역시 증가했던 것으로 보인다. 이는 잠재적 노동력의 규모를 급격히 감소시켰던 일종의 재앙과도 같았던 인구 감소를 고려하면 더욱 그러하다. 레파르티미엔토 제도의 축소는 진정으로 새로운 형태의 경제적 관계였던 임금노동을 위한 길을 열었다.

당시 메소아메리카 대부분의 토착민에게 돈을 위해 노동력을 판다는 생각은 처음에는 분명 낯설었을 것이다. 식민시대가 막을 내릴 시점에 원주민들 가운데 몇 명이나 임금노동 제도에 관여하고 있었는지는 알 수가 없다. 하지만 분명한 것은 상당수가 한번쯤은 다른 이를 위해 강제적으로 노동력을 제공해야 했다는 사실이다. 자신의 생계뿐만 아니라 가족 부양을 위해 충분한 식량을 생산해야 했던 이들은 18세기에 접어들면서 이러한 상황 자체가 어려워지고 있다는 사실을 깨달았다. 18세기 중반에 이르자 200년 이상 자신들이 생산한 물품으로 공물을 납부하던 공동체들이 이제는 현금으로 공물을 지불하도록 요구되었다. 동시에 토지에 대한 압력이 증가했는데, 이는 원주민(비-원주민을 포함해서) 인구의 증가와 더 나아가서 원주민 토지에 대한 스페인인들의 탈취 사례가 증가했기 때문이었다. 이 같은 압력에 직면해 수많은 원주민이 수지를 맞추기 위해 지방의 아시엔다, 설탕 대농장, 직물 공장 등 스페인의 식민 사업으로 발길을 돌려야 했다.

4) 종교

원주민 교구는 스페인에서 보편적으로 사용되는 용어인 파로키아(parroquia, 천주교 교회)보다는 독트리나(doctrinas, 교회구)로 불렸다. 그 이유는 스페인인들은 여전히 토착민이 신앙을 주입받는 단계에 있으며, 아직 스페인 기독교 신자들과 온전하게 비교될 수준이 아니라고 생각했기 때문이다. 일반적으로 대규모 토착 공동체에서만 사제가 거주했다. 소규모 공동체에는 다른 마을에 거주하는 사제가 이따금 방문했다. 이렇게 방문한 사제들은 미사를 집전하고, 신생아에게 세례를 주었으며, 혼례와 고해성사를 주관했다. 토착민들은 사제들이 그들의 책임을 방기하고 소규모 마을에 방문하길 꺼린다고 불평하곤 했으며, 성사를 주관하는 대가로 과도한 금액을 요구하거나 사람들을 때리거나 여자들을 추행하는 등 부정한 행동을 한다고 비난하곤 했다. 토착 교구민의 언어에 능숙한 사제는 항상 부족했다.

토착민들은 자신들의 종교적 삶에 상당한 통제력을 행사할 수 있었다. 공동체 구성원들은 여러 가지 일상적 업무를 담당했고, 공동체의 축제를 주관했다. 가장 중요한 종교 관리는 회계원(fiscal)이었고, 사제의 보조나 대리인 역할을 했다. 회계원은 아이들에게 교리를 가르치거나, 모두 미사에 참석했는지 확인하거나, 세례·혼인·장례를 기록하는 등 지방의 여러 안건을 감독했다. 이들 교구 기록부는 당시의 인구 구성, 가족 구조, 호칭법 등에 대한 중요한 정보를 제공한다.

그 외의 종교 관리로 성당관리인이 있었는데, 교회 건물과 장식의 관리를 담당했다. 성가대 지휘자(maestro de coro)는 음악 연주를 담당했다(그림 5.11). 음악은 토착 경배 의식에서 매우 필수적인 요소를 구성했고, 이 직위는 상당한 사회적 위상을 의미했다. 성가대 지휘자와 노래와 악기를 담당하는 성가대원들은 모두 특별한 특권을 누리기도 했는데, 가령 공물 납부 의무의 면제나 임금을 수령할 권리 등이었다. 하지만 이들이 받았던 임금은 스페인인들 교회에서 성가대원들이 받았던 임금에 비하면 아주 적은 액수에 불과했다. 나우아어 사용권이 아닌 지역에서도 나우아 용어인 테오판 틀라카(teopan tlaca, 교회 사람)로 불리곤 하던 하층 관리들이 매장할 시체를 관리하거나, 무덤을 파거나, 교회 땅을 청소하거나, 깨끗한 꽃과 기타 장식품을 제공했다. 임금노동을 위해 이들 관리가 공동체에서 떠나야 할 상황이 되면, 이처럼 다양한 종교적 책임의 수행에 차질이 빚어지곤 했다.

토착민의 종교적 삶에서 가장 중요했던 제도는 코프라디아(cofradía)

그림 5.11 플로렌틴 코덱스에 수록된 이 토착 그림은 노래를 연습하고 있는 두 명의 나우아족 성가대원을 묘사한다. 토착민 성가대는 교회 행사에서는 라틴어 성가를 불렀으며, 종교 축제에서는 북이나 기타 전통 악기에 맞추어 토착 언어로 된 노래를 불렀다. 출처: Sahagún 1979: 10: folio 19r.

였는데, 이는 평신도 단체에 해당했다. 대부모 관계와 마찬가지로 코프라디아도 유럽에서 유래하는 제도이며, 토착민들은 이를 수용해 그들의 목적에 맞게 변형시켰다. 코프라디아는 자발적인 조직이었는데, 다시 말해 구성원들은 스스로의 선택에 따라 가입했다. 개별 코프라디아는 가톨릭 신앙의 특정한 측면에 헌신했으며, 이에 관련된 공식 행사를 담당했다. 마을에는 동정녀 마리아와 관련해 하나 이상의 평신도 단체들이 있기도 했고, 이들 단체는 각각 그녀의 다양한 형태(가령 성모 승천, 로자리오 묵주, 원죄 없는 잉태 등)에 따라 구성되었다. 마찬가지로 어떤 단체는 연옥의 영혼에 헌신했고, 어떤 단체는 그리스도의 수난에 헌신했으며, 성체에 헌신하는 단체도 있었고, 성 프란치스코나 그 외의 성인들에게 헌신하는 단체도 있었다. 소규모 마을에는 단지 두세 개 정도의 평신도 단체가 있기도 했다. 하지만 보다 대규모 마을에는 수십 개의 단체가 있었고, 도시의 경우에는 개별 마을 교회들에 속해 있는 여러 개의 단체를 보유하기도 했다.

평신도 단체 회원들은 공동체 기금 확보를 위해 매년 일정 금액을 봉헌했다. 공동체 기금은 구성원이 사망했을 경우 장례 비용으로 사용하거나(이는 전염병이 만연했던 당시 결코 사소한 문제가 아니었다), 망자의 영혼을 달래기 위한 미사 비용을 대기 위해서, 그리고 그 집단이 후원하는 종교 축제에 필요한 초, 꽃, 의상을 비롯한 여러 용구를 구입하는 데 사용했다. 회원들은 지방의 교회에 모신 신성한 형상을 돌보는 일도 했다. 그들은 화려한 제의와 축제 기간에 교회에서 형상을 운반할 때 사용할 행렬 교단을 제작했다. 일반적인 의미에서 그들은 상호조력단체로 활동하면서 빈곤층이나 고아들을 돌봤다.

코프라디아는 가톨릭 교회에 의해 형식적으로 제도화되었고 교회의 감독을 받았다. 토착민들 스스로 그들의 단체를 결성할 수는 없었다. 하지만 이들 단체는 지방 차원에서 활동하면서 공동체 구성원들이 원할 경우에는 얼마든지 종교 행사를 조직할 수 있게 했다. 이들 단체가 지녔던 집단적인 성향은 토착민들이 공동의 목적을 위해 헌신하는 집단을 중심으로 결집할 수 있게 했고, 따라서 의심의 여지없이 토착민들에게 긍정적으로 다가갔다. 이들 단체는 소외된 외국인에 불과했던 사제의 권위를 각 지방 집단의 권위로 상쇄할 수 있게 했다. 이 집단들은 독자적인 기금을 관리했고, 제례의 권리와 의무는 이들의 공식적인 지위로 인정받았다. 코프라디아 단체는 특히 여성에게 중요한 의미를 지녔는데, 사제들은 여성이 회계원이나 성가대 지휘자와 같은 직위를 맡는 것을 금지했기 때문이었다. 여성은 단체 내에서 지도적인 역할을 담당할 수 있었고, 일부 단체는 여성만을 위해 결성되기도 했다. 따라서 여성은 종교 행사에 적극적으로 참여하는 동시에 공동체에서 명성을 얻을 수 있었다.

가톨릭 성인은 공동체의 후원자이자 보호자로 간주되었다. 마을 수호성인의 이름은 각 마을의 전통적인 명칭과 결합되어 혼합적인 지명이 되었다. 산 미겔 토쿠이얀, 또는 산 안드레스 칼판 등이 그 예이다. 마을 정체성은 그 거주자들에게는 성인의 정체성과 결부되어 인식되었는데, 이는 글상자 5.2에서 수호성인이 마을 공동 재산의 소유자로 인식되는 점에서도 확인할 수 있다. 공동체 수호성인을 중심으로 종교적 헌신이 이루어지게 된 배경에는 비록 동정녀 마리아나 그리스도에 대한 봉헌이 널리 확대되었더라도 공동체가 여전히 가장 중요한 단위였던 상황이 한몫을 했다(그림 5.12).

토착민들은 기독교 경배와 그들의 전통 사이에서 그 어떤 필연적인 모순도 감지하지 못했다. 따라서 그들은 본질적으로 원주민의 전통에 가까운 수많은 행위와 기독교 경배 행위를 병행해서 실천할 수 있었고, 기독교적 요소와 토착적 요소를 자유롭게 결합할 수 있었다. 이러한 행위는 원주민들이 배운 기초적 형태의 기독교에서는 제대로 언급되지 않았던 사안들과 관련해서 더욱 중요성을 지녔는데, 주로 개인, 가족, 집단의 생존과 관련된 경우였다. 이들 사안은 출생과 관련된 의례, 광범위한 치유 기법, 농업과 수렵을 비롯한 다양한 생계 활동에서 성공을 기원하기 위한 의식들을 통해 다루어졌다. 치료사, 산파, 기후 주술사(바람, 비, 우박 등에 통제력을 가지고 있다고 여겨졌던 사람)들은 명망이 높았고, 비공식적인 종교적 권위자의 역할을 담당했다.

가톨릭 사제들의 관점에서 본다면, 이들 미신은 악마의 소행에 해당하는 것이었다. 하지만 원주민 수행자들은 자신들이 직접 목격한 신이나 성인이 그들에게 힘을 주었다고 주장했다. 그들은 주문에 기독교 기도문 문구를 활용했다. 또한 병자가 특정한 성인을 노하게 해서 병에 걸렸다고 주장하는 등 가톨릭의 초자연성과 관련지어 불운을 설명하기도 했다. 동시에 그들은 정복 이전의 신성들을 불러냈으며, 일종의 비밀 언어를 사용해 이 신성들의 정체를 모호하게 하는 복잡한 은유를 만들어 냈다. 또한 초자연적 지식을 탐구하기 위해 페요테(선인장의 일종으로 환각제를 추출할 수 있다——옮긴이)나 환각을 일으키는 버섯과 같은 심인성 물질을 사용하기도 했다. 수행자들은 고대의 사원에서 제의를 올렸고, 일부 지역에서는 260일로 구성된 고대의 의례력을 계속 사용하기도 했다. 원주민이 아닌 이들 중 다수가 수행자들이 마녀나 마술사로서 진정한 주술력을 보유하고 있다고 생각했고, 주문이나 묘약이 필요할 때면 그들을 찾아와 적절한 보상을 하고 원하는 것을 얻어 갔다.

그림 5.12 처음으로 나우아어로 출판된 과달루페 성모 발현에 대한 책자(Luis Lasso de la Vega, *Hvei Tlamahviçoltica*, 1649)의 표지. 제목에는 다음의 문구가 적혀 있다. "경이롭게도 천상의 귀인이시자 우리의 소중한 이미니인 성모마리아가 이곳 테페야칵이라는 멕시코의 위대한 도시 변방에 그 모습을 보이셨다."(브라운대학, 존 카터 브라운 도서관 소장)

개별 가구 단위에서 종교적 헌신은 가족의 제단을 중심으로 이루어졌는데, 이러한 제단은 나우아어로 산토칼리(santocalli, 성인의 집)라고 불렸다. 여기에서 또다시 기독교 경배가 비-기독교 관습과 혼합되었다. 성인의 형상, 십자가에 못 박힌 예수상, 로자리오 묵주를 비롯해 상이한 종교물품들이 거래되었고, 신성하게 다루어졌다. 하지만 제단에서 성인들의 형상은 고대 신성들의 형상과 뒤섞여 있었는데, 이 형상들은 조상 대대로 물려 내려왔거나 또는 어딘가에서 누군가가 발견한 것들이었다. 누군가가 자신의 집터에서 우연히 발견한 이상한 모양의 돌까지도 신성한 실재의 발현으로서 제단에 함께 놓였다. 이들 제단에 음식, 꽃, 향료를 함께 놓았고, 제단의 주변 공간을 깨끗하게 청소했다.

토착민의 종교적 삶에서 한 가지 더 언급할 필요가 있는 측면은 의례에서 알코올의 사용이다. 이는 민감한 주제인데, '술에 취한 원주민'이라는 고정관념이 아메리카 전역에 깊숙이 박혀 있기 때문이며, 토착민은 게으르고 폭력적이라는 편견을 조장할 수 있기 때문이다. 하지만 이 주제가 잘못 접근되거나 오해를 사기 십상이라는 이유로 중요한 쟁점을 간과할 수는 없다.

식민시대에 스페인인들은 토착 공동체 구성원들이 공공장소에서 무질서한 음주 행위를 벌이는 것을 목격하고 경악을 표하곤 했다. 사제들은 설교와 체벌을 통해 이런 행동을 억제하려고 했다. 하지만 그들의 노력이 행동 교정으로 이어지는 경우는 거의 없었으며, 공공장소에서의 음주는 토착 종교 축제의 통합적인 부분이 되어 가고 있었다. 종교 제례의 공동체적 경험은 집단적인 음주를 통해 표출, 증진되었다. 동료들과 술을 나누어 마시는 것은 공동체적 유대를 강화했으며, 술에 취한 상태는 비의례적인 삶의 세속적인 단계를 초월하는 상태에 이르게 해서, 일시적으로나마 스스로의 통제를 벗어나 신성한 힘에 사로잡히는 상태를 경험하게 해준다.

가톨릭 형상들, 특히 동정녀 마리아의 특정한 형상들은 용설란과 연관되게 되었고, 용설란을 발효해 제조한 풀케는 가장 중요한 토착주(酒)였다.

스페인인들도 상당량의 알코올을 섭취했다. 하지만 그들은 매일같이 술을 마셔도 절대 자기통제력을 잃지 않는, 다시 말해 '술기운을 이겨' 낼 수 있는 유형을 높이 평가했다. 원주민은 독립적이고, 이성적이며, 스스로 결정하고, 스스로 통제하는 개인이라는 유럽인들의 이상적 인간상을 공유하지 않았다. 이보다는 개인의 정체성에 대한 감각을 변화시키고 해체시키는 알코올의 속성을 탐구하려 했고, '적당하게' 사적인 장소에서 술을 마시기보다는 특별한 일이 있을 때 공적인 장소에서, 유쾌하게 술을 마시기를 선택했다. 실질적 알코올 섭취량보다는 알코올 섭취 방식에서의 차이 때문에 '술에 취한 원주민'이라는 관념이 생겨났을 것이다.

알코올이 억압받은 이들에게 일정 정도의 위안을 가져다주고, 일상적인 고난에서 어느 정도 도피할 수 있게 해준다고 가정할 수도 있다. 더 나아가서 원주민들의 음주에 대한 스페인인들의 태도를 고려해 볼 때, 이들의 음주 행위는 식민주의에 대한 일종의 저항이었다고 생각해 볼 여지도 있다. 즉 음주를 통해 원주민들은 스페인인들의 규칙에 복종하기를 거부하고, 스페인인들이 기대하는 방식으로 행동하기를 거부하는 것이다. 심하게 만취하거나 숙취 때문에 스페인 주인들이 시키는 만큼 일하지 못했던 사람들은, 따지고 본다면 자신이 착취당하는 상황에 협조하기를 거부한 셈이다.

하지만 불행히도 이는 토착민들의 생명과 건강에 대가를 초래했다. 풀케와 같은 전통적인 주류는 알코올의 농도가 낮았고, 비타민 함유가 풍부했다. 그렇지만 스페인인들은 알코올 농도가 훨씬 높고, 영양가는 거의 없거나 전혀 없는 와인과 독한 주류를 도입하기 시작했다. 또한 그들은 증류 기법을 도입했고, 용설란주를 훨씬 강한 메스칼주나 테킬라로 변형시켰다. 이처럼 독주 구입이 수월해진 상황에서, 정복 이전과 같은 음주에 대한 사회적 통제가 부재한 상황에서, 그리고 식민통치로 고난에 직면하게 되면서 토착민들은 손쉽게 알코올에 중독되어 갔다. 알코올 섭취는 때로는 그들의 동료 원주민, 특히 여성에 대한 공격적인 행동으로 이어졌다. 공동체는 더 이상 항상 평화로운 장소가 아니었다.

공동체에 남아 있던 토착민들은 공물과 노동력에 대한 요구가 날로 과도해지는 반면 자원은 날로 감소하는 상황에 직면하곤 했다. 또한 그들을 부당하게 다루는 관리들도 있었다. 하지만 원주민들은 이웃의 가난을 함께 짊어지더라도 적어도 함께 생존할 수 있도록 다양한 후원 조직을 활용했다. 공동체 내부에서의 감정적인 유대는 혼인, 의례적 친족 관계, 집단적 종교 생활 등을 통해 강화되었고, 이렇게 다져진 유대관계는 지배 문화에 동화할 것을 강요하는 압력에 대항해 원주민들 스스로가 자신을 방어할 수 있도록 하는 강력한 심리적 보강재가 되었다.

식민지 법제도 안에서 토착 공동체에게 허용된 법적인 보호 장치, 특히 공동 토지에 대한 권리는 비록 이들 권리를 지키기 위해 원주민들이 법정까지 가야 하는 사례가 빈번했지만, 그럼에도 그들에게 일정 정도의 경제적 안정감을 제공했다. 공동체 이탈자들은 원주민 계열, 아프리카 계열, 스페인 계열 후손들이 혼합되어 구성된 급격히 성장하는 거대한 스페인어 사용자 무리에 융합되었고, 그들 자녀는 원주민 문화와 스스로를 동일시하지 않게 되거나, 토착 언어를 사용하지 않게 되었다. 식민시대가 끝나자 수많은 토착 마을들이 그들의 원주민적 속성을 점차 잃어 갔고, 지배적인 메스티소(라디노) 사회에 섞이게 되었으며, 이러한 현상은 현재까지 지속되고 있다. 하지만 오늘날 원주민들이 거주하고 있는 곳이 시민시대 원주민 선조들은 이러한 집단적 공동체를 이루고 살았으며, 앞서 언급했던 집단적인 생존 전략을 취했었다는 사실에는 변함이 없다.

6. 토착민 반란

스페인 식민통치에 대한 토착민들의 반응은 전혀 수동적이지 않았다. 앞서 이번 장의 상당 부분에 걸쳐 살펴보았듯이 스페인의 지배에 원주민은 창조적인 방식으로 대응했다. 그들은 스페인 이전에 존재하던 자신들만의 독자적인 유산을 활용했으며, 스페인의 제도를 그들의 필요에 맞게 적응시켰다. 하지만 식민시대 전반에 걸쳐, 그리고 현재까지도, 메소아메리카의 수많은 지역에서 토착 집단들은 그들의 상황이 더 이상 견딜 수 없는 지경에 이르면 공공연히 권위에 대항했다. 다음에서는 식민시대에 일어났던 토착 반란 사례들 가운데 극히 일부를 제시할 것이다.

4장에서 우리는 페텐의 이차-마야인들이 17세기 말까지 스페인의 통치에 효과적으로 저항했다는 사실을 언급했다. 이차의 동쪽과 북동쪽 영토는 오늘날의 벨리즈 중부와 북부를 구성하는 지역이며, 여기에서도 스페인인들은 마야인들의 강력한 저항에 직면했다. 이 지역은 1540년대 초반에 처음으로 스페인의 통제를 받게 되었지만, 1546년과 1547년 유카탄 반도 전반에서 조직된 광범위한 반란에 지방의 마야인들이 참여하게 되었다. 하지만 스페인인들에게는 지역 내 통제력을 유지하려는 확고한 의지가 있었고, 따라서 반란적인 마야인들을 레두시온 거주지에 이주시켰다. 1630년대에 접어들어 또다시 일련의 반란 운동이 일어났고, 1638년에는 티푸 원주민들이 주도한 중요한 봉기로 이어지면서 정점에 이르렀다. 이후 40년 동안 스페인 세력은 마야 공동체에서 퇴각했고, 사실상 모든 지역이 스페인의 통제로부터 벗어났다. 스페인인들은 1670년대 후반이 되자 다시 이 지역에 대한 통제력을 갖게 되었다. 하지만 스페인이 이차를 정복하면서 여러 가지 이유로 마야 인구 대부분이 페텐이차 호수로 이주하게 되었고, 결국 모든 지역이 영국의 통제를 받게 되었다.

1660년 테우안테펙(오아하카) 마을에서 권력을 남용하던 스페인 출신 시장이 성난 사포테카 주민들의 돌에 맞아 죽었다. 반란 참가자들은 지방 정부의 건물을 불태웠고, 스페인의 무기를 강탈했다. 테우안테펙에 원주민 정부가 세워지고, 폭동은 다른 마을, 예를 들어 인근의 네하파와 고지대 마을인 익스테페히와 비야알타로까지 확대되었다. 폭동을 지지하던 원주민 수는 20개 마을에 걸쳐 1만 명에 달했을 것이다. 반란 지도자들은 부왕에게 보내는 서한에서 자신들이 왕에게 계속 충성하겠지만 가혹한 대우, 과도한 공물, 레파르티미엔토 요구에는 복종하지 않겠다는 뜻을 전했다. 폭동은 1년 이내에 폭력적으로 진압되었고, 지도자들은 사형에 처해지고 사지가 잘려 공동체 내부의 중요한 장소에 전시되었다.

사제들은 원주민들이 기독교에 반란을 일으키고, 결국 그들의 이교도적인 삶으로 돌아갈 것이라는 생각에 항상 두려움을 가지고 있었다. 하지만 종교 봉기가 발생했을 때 봉기 참가자들은 그들 조상의 토착 숭배를 부흥시키려 하기보다는, 그들만의 사제가 이끄는 독자적인 유형의 기독교를 형성하고자 했다. 이 운동은 특히 권력을 남용하는 태만한 사제들에 대한 저항으로 시작되기도 했다. 기독교에 원주민의 얼굴을 씌우고자 하는 욕망은 초기 선교 교회가 사제직에 원주민을 편입시키기를 거부했던 상황에 뿌리를 두고 있다.

식민시대 종교 반란에서 가장 잘 알려진 사례는 1712년 치아파스 고지대에서 일어난 소위 첼탈-마야 봉기일 것이다. 이 봉기는 거의 2세기에 걸쳐 자행되던 스페인인들의 경제적 착취, 그리고 일부 스페인 성직자들을 경악하게 한 토착 기독교의 발전으로부터 유래했던 수년 전부터 시작된 일련의 사건들이 그 정점에 다다르면서 발발했다. 1706년을 기점으로 고지대의 여러 공동체에 거주하는 초칠 원주민과 첼탈 원주민들에게 동정녀 마리아가 발현했다. 동정녀는 개별적인 발현을 통해 원주민을 돕겠다고 제안했고, 이에 그녀의 형상을 중심으로 의식이 생겨났다. 동정녀의 발현은 스페인의 탁발 수사와 사제들이 스페인 가톨릭에서 벗어나는 그 어떤 일탈에 대해서도 일체의 관용을 허용하려 하지 않던 시기에 일어났다. 동정녀 의식에 대한 교회의 반응은 신속하면서도 단호했다. 교회 관리들은 동정녀를 위해 세워진 회당을 파괴했고, 동정녀의 형상을 제거했으며, 동정녀를 신봉하는 원주민들을 처벌했다. 글상자 5.3은 이 봉기에 대해 보다 상세하게 설명하고 있다.

식민시대 메소아메리카에서는 그 외에도 수많은 원주민 반란이 있었다. 이 중 매우 장기간에 걸쳐 성공을 거둔 경우는 없으며, 광범위한 지지를 얻지 못한 경우도 많았다. 스페인인들은 무기를 통제하고 있었기 때문에 항상 유리한 위치를 차지했고, 반란자들은 항상 가혹한 처벌을 받았다.

동정녀 과달루페

민간의 설명에 따르면, 과달루페 숭배 의식은 1531년에 후안 디에고라는 나우아의 평민 앞에 동정녀가 여러 차례 모습을 드러내면서 시작되었다고 한다. 디에고가 멕시코시티 북부 호숫가의 테페야칵 언덕을 걷고 있을 때 그녀는 나우아어로 그에게 말을 걸었고, 당시 교황이었던 프란시스코 수도회의 후안 데 수마라가 수사에게 가서 바로 그 장소에 그녀를 위한 사원을 세우라는 말을 전하도록 했다. 주교는 후안 디에고의 말을 믿지 않았고, 동정녀의 존재를 증명할 증거를 가져오라고 했다. 이에 그녀는 후안 디에고에게 언덕에 핀 꽃을 그의 망토에 담아 가져가라고 했다. 후안 디에고는 꽃을 들고 주교를 다시 찾아갔고, 그 앞에서 망토를 흔들어 보였다. 그러자 동정녀의 형상이 디에고의 옷에 기적적으로 새겨졌다. 수마라가는 바로 무릎을 꿇었고, 이내 그 형상을 보관하기 위한 새로운 사원을 세우게 했다. 전통에 따르면, 이 옷에 나타난 형상은 오늘날 멕시코시티의 거대한 도심지 북쪽에 놓여 있는 테페야칵의 바실리카에서 경배되고 있는 형상과 동일하다고 한다.

하지만 과달루페 의식의 기원을 두고 오랫동안 논쟁이 있어 왔는데, 주된 이유는 16세기 문헌에서 후안 디에고의 이야기를 뒷받침할 만한 자료를 찾지 못했기 때문이다. 스페인의 동정녀 마리아를 섬기기 위한 장소로서 분명히 사원은 과달루페 동정녀를 섬기는 스페인인들에 의해 세워졌지만, 그 기원과 관련된 구체적인 날짜는 밝혀지지 않았다. 스페인 사원에 보관된 형상은 어린 그리스도를 안은 성모마리아 상이다. 멕시코에서 처음 만들어진 형상 역시 이러한 조각상을 재현한 것이었을 테고, 나중에야 오늘날의 직물 형상으로 대체되었을 것이다. 스페인의 과달루페와는 대조적으로 이 형상은 원죄 없는 잉태의 동정녀를 묘사하는데, 그녀는 초승달 앞에서 빛에 둘러싸여 마치 기도를 하듯 손을 모으고 홀로 서 있다. 멕시코 사원은 1550년대에 들어서 유명해지기 시작했고, 상당수 스페인인들이 경배를 위해 도시에서 몰려들기 시작했다. 한 문헌에 따르면 이 스페인인들이 섬기던 의식 형상은 당시의 토착 예술가가 칠한 것이라고 한다. 양식상으로 보면, 의식 형상은 16세기 중후반 토착 예술가들의 작품과 밀접하게 닮아 있는데, 스페인에서 수입한 목판화에 상당 부분 근거하고 있었다. 이 예술가들은 직물에 종교 형상을 그리기도 했다. 16세기 후반과 17세기 초반에 토착민들은 이 형상이 다양한 병과 상처를 기적적으로 치유해 주었다고 주장했다.

또 다른 영향력 있는 설명에 따르면, 과달루페 사원이 위치한 장소는 본래 '토난친'이라는 아스테카의 어머니 신을 섬기던 곳이었고, 따라서 토난친 신과 동정녀 신이 혼합되었다는 것이다. 하지만 이 역시 입증이 불가능하다. 토난친은 어떤 특정한 신의 이름이 아니며, 기독교로 개종한 나우아인들이 동정녀 마리아를 부르기 위해 사용한 경칭('우리의 친애하는 어머니')에 가깝다. 하지만 정복 이전의 사원이 이곳에 남아 있었을 가능성은 있다. 식민지의 회당이나 교회가 정복 이전 사원들의 폐허 위에 또는 그 근방에 세워지는 경우가 빈번했기 때문이다.

후안 디에고의 이야기는 1648년에 스페인어로 처음 출판되었고, 그 이듬해에 나우아어로 출판되었다. 두 작품 모두 크레올(신세계 출신 스페인인) 사제들이 집필했으며, 나우아 출판본의 저자인 루이스 라소 데 라 베가는 일정 정도 나우아어 원어민의 도움을 받았을 것이다. 이야기의 기본적인 구성은 기적적인 형상에 관한 유럽의 전설들과 상당한 유사성을 지닌다. 분명히 이처럼 기본적인 전설 구술 양식이 멕시코의 맥락에 맞게 각색되었을 것이며, 수많은 이들이 다양한 기적의 근원이라고 여기던 기존의 형상에 맞게 수정되었을 것이다.

과달루페 사원이 설립 즉시 토착민들의 종교적 헌신의 중심지가 되었을 것이라는 일반적인 믿음에도 불구하고, 사료에 의하면 17세기 후반에 사제들이 토착 공동체에 이 의식을 전파하기 전까지 원주민들의 참여는 제한적이었던 것으로 보인다. 록하트가 지적하듯이, 이 당시까지 원주민들은 자신의 공동체와 관련 없는 사안에 주안점을 두는, 그리고 토착 구역 외부에 사원을 가지고 있는 성인을 기념하는 데에는 별다른 관심이 없었을 것이다. 토착민들은 동정녀 숭배에 열성적으로 참여했지만, 자신들 종교 단체가 섬기고 자신들 교회에 세울 형상은 그들 지방의 독자적인 존재이기를 선호했다.

그렇지만 17세기 후반과 18세기에 접어들며 오래된 공동체의 경계가 약화되기 시작했고, 수많은 원주민이 토착 언어 이외에도 스페인어를 습득하게 됐으며, 다수는 임금노동자로 일하면서 공동체를 벗어나 장기간 외부에서 체류하게 되었다. 고향으로부터 멀리 떨어져 지내며, 원주민들은 스페인인들과 그리고 다른 공동체 출신 원주민들과 개인적인 접촉을 하게 되었다. 사제들은 과달루페 신앙을 받아들이도록 장려했고, 이내 그들은 수도에 근거지를 둔 보다 거대한 식민지 사회를 재현하는 의식에, 그리고 지방 종족집단의 일원으로서가 아니라 개인으로서 그리고 원주민으로서 참가하게 되는 의식에 동질감을 느낄 수 있게 되었다.

멕시코가 독립을 위해 투쟁하던 시기, 과달루페 의식은 국가 정체성의 핵심으로서 기능하기 시작했다. 오늘날 과달루페 동정녀는 메스티소 또는 원주민 여성인 '갈색 피부'(morena) 동정녀로 그려진다. 그녀가 미천한 신분의 원주민에게 발현했다는 이야기는 국가적인 중요한 신화가 되었고, 신성한 뜻에 의거해 스페인과 원주민 문화를 혼합하여 가톨릭과 메스티소 국가로 전개되는 과정을 상징한다. 교황의 교서에 따라 과달루페는 멕시코의 여왕이자 성녀로 지정되었고, 아메리카의 여제가 되었다. 2002년 요한 바오로 2세는 후안 디에고를 성인으로 공표했다(이 의식에 관해서는 14장을 참조하라).

글상자 5.2

1583년, 산미겔토쿠이얀에서
아나가 새로운 집터를 갖게 되다

토지 이전에 관해 나우아어로 이례적일 정도로 상세하게 기록하고 있는 한 보고서가 발견되었는데, 이 문서는 식민지 마을 정부의 작동 과정을 통찰력 있게 보여 주고 있다. 문헌이 발견된 곳은 산미겔토쿠이얀으로, 멕시코시티 동부의 텍스코코라는 보다 대규모의 도시 근방에 자리한 호숫가 공동체이다. 마을 공증인이 작성한 이 보고서는 스페인 관리들을 대상으로 하기보다는 지방에서 사용될 목적으로 기록되었으며, 따라서 독자가 보고서에 언급되는 인물들의 신상을 알고 있다고 가정한다.

보고서는 아나라는 이름의 여성에 대해 기록하고 있는데, 그녀는 남편 후안, 그리고 동일한 이름의 어린 아들과 함께 한 달간 그녀의 오빠인 후안 미겔의 집에 머물고 있었다. 후안 미겔은 마을협의회(카빌도)의 회원이다. 그들은 홍수로 거주지를 잃은 것으로 보이며, 그녀 오빠의 집은 고지대에 자리 잡고 있다고 기록돼 있다. 아나는 남편과 함께 새로운 집을 짓기 위해 협의회에 땅 한 구획을 내어주도록 탄원하기로 마음 먹는다. 후안 미겔은 마을협의회에서 네 명의 구성원들을 확보하기 위해 분주히 다니며, 이렇게 말한다. "동생아, 걱정하지 말거라. 내가 가서 바로 그들을 모을 테니까, 너는 토르티야를 한두 장 준비하고 있으렴. 네가 걱정할 일은 아무것도 없어. 그들이 오면 대접하려고 풀케도 담가 두었단다."
후안 미겔은 협의회 사람들과 함께 돌아왔고, 아나는 그들에게 간식을 대접한다. 준비한 음식을 먹고 나자 그녀는 모인 이들에게 마을 공동체의 땅에서 일부 구획을 내어 줄 것을 부탁하는데, 그녀는 공동체의 땅이 마을의 수호신에 속한 것이라고 설명한다. 관례에 따라 정중한 언어를 사용하며, 그녀는 스스로를 매우 낮추어 다음과 같이 말했다. "하찮은 일로 여러분을 모셨습니다. 저희의 요청은 우리의 귀하신 수호성인 산 미겔(수호성인 미카엘의 스페인어 이름—옮긴이)의 땅에서 아주 일부 구역을 사용하려는 것입니다. 저희는 그곳에 작은 오두막을 만들려고 합니다. 저희는 아이들도 많지 않고 단지 어린 후안이 유일한 아들입니다. 가능할까요?"

협의회 사람들은 그녀의 탄원을 들어주기로 했고, 모두 적당한 땅을 찾기 위해 즉시 나섰다. 아나가 한 구획을 선택하자, 그 구획의 면적을 쟀다. 그 이후의 과정은 다음과 같이 기록되어 있다.

그러자 아나가 말했다. "정말 고맙습니다. 여러분의 관대함에 감사드립니다."

그러자 통치자들이 말했다. "바로 시작합시다. 돌을 사용하는 문제로 걱정하지 마십시오. 석재를 신속하게 구해서 토대부터 만듭시다."

그러자 아나가 말했다. "일단 집에 함께 가셔서 풀케를 조금 더 대접했으면 합니다."

그러자 통치자들이 말했다. "우리가 더 바랄 것이 무엇이 있겠습니까? 충분히 대접받았습니다." 그리고 토지를 받았을 때, 아나가 흐느꼈고, 그녀의 남편도 흐느꼈다.

그러자 아나가 말했다. "촛불을 태우겠습니다. 우리의 아버지인 소중한 수호성인 산 미겔을 위해 계속해서 향을 피우겠습니다. 그분의 땅에 집을 짓게 될 테니까요."

그러자 후안 미겔이 말했다. "소중한 아버지를 대신해서 감사드립니다. 항상 이렇게 있을 수 있기를 기원합니다."

다섯 명 통치자들의 말이 모두 끝나자, 그들은 모두 서로 껴안았다.

공증인과 협의회 사람들 다섯 명이 서류에 서명했다. 여섯 명은 모두 산 미겔과 같이 단순한 스페인 성인의 이름을 따서 붙인 성을 가지고 있었지만, 그들 모두 스스로를 '돈'(don)이라는 경칭으로 불렀다.

이 이야기에는 원주민의 관점이 담겨 있다. 결과를 단순하게 요약하기보다는, 공증인은 전 과정에 걸쳐 관계자들의 대화(또는 공증인이 들은 대화)를 세심하게 기록하고 있다. 이런 문체는 토착민의 삶에서 구술 표현이 지니는 지속적인 중요성을 반영한다. 문헌 자료는 비인칭의 산문체이며, 구술어를 대체하기 위해서가 아니라 사람들의 말을 그대로 기록하기 위해 존재한다.

공적인 삶의 행위는 고도로 제례화되어 있다. 사람들은 단순히 대화하기보다는 사소한 언술에서도 형식적인 연설을 제공했다. 관계자들은 업무를 보기 전에 음식과 음료를 나눈다. 그들은 존경심을 가지고 서로를 대한다. 탄원이 받아들여진 이들은 겸손함과 감사함을 보여 주는 의례적인 과정으로 흐느낀다. 업무가 종료되면 관계자들은 모두 서로 포옹한다.

종교 신앙은 이와 같은 경제적 거래와 밀접하게 연관되어 있다. 토지는 수호성인 미카엘 대천사에게 '속해 있다'. 아나는 종교적인 서약을 이행하듯이 성인에게 봉헌할 것을 약속하며, 그녀의 오빠는 협의회 구성원들의 상징적 아버지로서의 산미겔의 존재를 상기시킨다.

마지막으로, 우리는 토착민 여성이 그녀와 그녀 가족의 이익을 위해 지방의 정치 사안에서 어떻게 독립적으로 행동하고, 협상하고 있는지 볼 수 있다. 협의회 구성원의 자매로서 아나는 관리들과의 '인맥'을 가지고 있는 것이 사실이다. 하지만 그녀의 오빠가 그녀를 위해 대변자가 되어 주기를 바라는 대신, 그녀는 스스로를 위해 행동한다. 그녀의 남편은 곁에서 지켜보며, 그녀가 말하게 한다. 그녀는 무엇을 해야 하고, 무엇을 말해야 하는지 판단력을 갖고 있다. '작은 오두막'을 지을 땅을 요청하면서, 그녀는 스스로 구획을 선택할 수 있었고, 돌로 토대를 쌓은 튼튼한 집을 약속받았다(Lockhart 1991 : 66-74 재인용).

글상자 5.3

1712년, 치아파스에서 발생했던 첼탈 봉기

1712년 5월의 어느 날, 칸쿡 마을의 첼탈-마야인인 13세 소녀 마리아 로페스는 마을의 변두리를 따라 걷고 있던 중에 동정녀 마리아의 발현을 목격하게 됐다. 마리아의 아버지 아구스틴 로페스는 당시의 만남에 대해 이렇게 묘사했다. 동정녀가 소녀에게 말했다. "마리아야, 너는 나의 딸이다." 마리아가 대답했다. "네, 성모여, 당신은 나의 어머니이십니다." 그러자 동정녀는 그녀에게 말했다. "딸아, 여기에 십자가를 세우고 땅에 표시를 해라. 이곳에 사원을 지어 내가 너희와 함께 살 수 있게 해라, 그것이 내가 원하는 바이다." 마리아가 남편과 부모에게 그녀가 겪은 일을 말하자, 그녀의 어머니는 마을 사람들에게 가서 기적을 전하도록 격려했고, 그녀의 아버지는 동정녀가 지성한 위치에 십자가를 세웠다. 마을 토착 지도자들의 도움을 받아 마을 사람들 모두가 그곳에 작은 회당을 짓기 위해 일했다. 동정녀는 마리아를 계속 방문했고, 회당의 밀실에서 그녀에게 나타났다.

마리아의 발현 목격 사례는 유럽의 일반적인 양상을 따르고 있다. 동정녀 마리아나 또 다른 성인이 마을 외곽에서 숭배자 앞에 나타나 발현한 위치에 회당을 세울 것을 요구하며, 이때 숭배자는 양치기 소년이나 어린 소녀인 경우가 많다. 하지만 18세기 치아파스 각 지방의 스페인 성직자들이 원주민 소녀의 개인적인 종교 체험의 진정성을 인정할 가능성은 거의 없었다. 6월에 칸쿡을 관할하는 도미니크 수도회의 수사인 시몬 데 라라가 이 사건을 듣게 되었고, 조사를 위해 방문했다. 그는 새로운 의식을 악마의 소행이라고 비난했고, 마리아와 그녀의 아버지에게 각각 40대의 채찍질을 형벌로 내렸다. 하지만 그는 마을 사람들을 격노하게 했을 회당을 부시는 일은 감히 하지 못했다.

6월 후반에 칸쿡의 시민 16명이 치아파스의 주교를 만나기 위해 방문했다. 그들은 주교에게 기적에 대해 전했고, 회당을 유지할 수 있도록 허가를 내려 줄 것을, 그리고 미사를 집전할 사제를 파견해 줄 것을 요청했다. 주교는 이들을 치아파스 수도인 시우다드레알의 감옥에 수감했고, 만일 마을 사람들이 자발적으로 회당을 부수지 않는다면 군대를 보내서 사원을 불태우겠다고 선포했다. 종교 권위자들이 그다음으로 한 일은 칸쿡 마을 관리들 일부를 투옥시키고, 보다 순종적인 관리들로 대체한 것이었다.

그 사이 다른 토착 마을 사람들이 회당에 봉헌을 하기 위해, 그리고 동정녀의 신탁을 마리아에게서 전해 듣기 위해 칸쿡으로 몰려들고 있었다. 마리아의 아버지는 의식 지도자들로 구성된 대표단을 결성했다. 이들 중에는 다른 마을 출신도 있었고, 종교 관직을 맡은 이도 있었으며, 스페인 사제와 부정적인 경험을 했던 이들도 있었다. 산페드로체날료 마을에서 온 세바스티안 고메스라는 이름의 한 초칠인이 성 베드로의 작은 조상을 가지고 왔다. 고메스는 자신이 천국에 다녀온 적이 있으며, 동정녀 마리아, 예수 그리스도, 성 베드로 이렇게 성 삼위일체와 대화한 적이 있다고 했다. 성 베드로가 그에게 읽고 쓸 수 있는 원주민들을 사제로 임명할 권한을 주었고, 원주민들은 이제 스페인의 통치에서 자유로운 존재로 더 이상 공물을 지불하지 않아도 된다고 했다고 주장했다. 처음에는 분명히 가톨릭 교회라는 틀 안에서 지방 차원의 공동체 종교 부흥 운동으로 시작되었던 것들이 권력자들의 억압적인 대처로 인해서 점차 교회와 스페인 식민 정부에 대항하는 반역으로 확대되고 있었다. 그의 생명이 위험할 수 있다는 경고에 시몬 데 라라 수사는 마을에서 도망쳤다.

투옥되었던 칸쿡의 관리들이 탈옥해서 집으로 돌아왔으며, 그들 대신 임명되었던 이들을 쫓아냈다. 마을 사람들은 교회에 놓아 두었던 종교 형상들을 가지고 와서 새로운 회당에 설치했다. 고메스는 미사와 세례식을 모방한 제례를 활용하며 원주민 교황 역할을 맡았고, 반동적인 사제들을 임명하기 시작했다. 마리아를 포함해 새롭게 임명된 사제들은 이전 교회에서 가지고 온 사제 의복을 입었다. 마리아는 동정녀 칸델라리아를 따라(칸델라리아는 성모마리아 정화의 축일인 성촉절[Candlemas]의 스페인 이름이다) 마리아 데 라 칸델라리아로 불리게 되었다. 칸쿡은 시우다드레알칸쿡으로 개명되었는데, 마을이 스페인 도시인 시우다드레알을 대신해서 지역의 정치적 중심지가 되었음을 상징하기 위해서였다.

8월 초, 의식을 거행하는 지도자들이 첼탈-마야어로 쓰인 서한을 지역 내 다른 공동체 지도자들에게 보냈다. 다음은 서한의 일부를 인용한 것이다.

> 나, 동정녀 로사리오의 성모는 당신들에게 칸쿡에 올 것을 명한다. 당신들 교회에서 은, 장식품, 종, 금고, 북, 단체의 책과 돈을 모두 가지고 와라. 그곳에는 이제 신도 없고, 왕도 없기 때문이다.

서한에는 "가장 신성한 십자가의 동정녀 마리아"라고 서명되어 있다.

의식의 지도자들이 동정녀 마리아의 명령이라는 형태로 전쟁을 선포했다는 것은 어떻게 정치 반란이 계속해서 종교적 용어로 해석되었는지를 보여 준다. 반란의 선 과정에서 참가자들은 가톨릭 교회의 제례 양식과 제도적 구조에 따랐다. 반란 사제들은 미사와 세례 및 혼례를 주관했고, 공동체는 행렬과 기타 관습적인 실천을 통해 가톨릭 축제를 기렸다. 반란자들은 신성하다고 배워 왔던 사물, 행동, 단어들과 그들의 운동을 연관시키는 방식으로 그들의 운동을 정당화하려 했고, 동시에 스페인 통치로부터의 독립을 선언하는 방식으로 이들 상징에 대한 권위자들의 통제력을 박탈했다. 권력을 탈환하려는 시도는 의식의 정신적 지도자였던 마리아 로페스의 역할에서 생생히 드러나는데, 원주민 소녀는 식민지 교회와 정부를 통제했던 스페인의 성인 남성과 대조되기 때문이다. 동시에 의식은 초자연에 대한 마야의 오래된 신앙에 근거하는데, 예를 들어 군사 지도자로 선발된 일부 남자들은 강력한 나구알(nagual, 동물로 변신할 수 있는 마술적 능력 ─옮긴이)을 보유한 샤먼이자 영적인 수호자로 간주되었다.

봉기를 위해 총 20개의 토착 마을 주민들이 칸쿡에 합류했다. 이 중 13개 마을은 칸쿡의 첼탈–마야어를 공유했고, 5개 마을은 초칠어를, 그리고 2개 마을은 촐어를 사용했다. 초칠어 마을 가운데 산타마르타와 산페드로체날료가 포함되었는데, 이 마을들은 불과 수년 전 마을의 기적에 근거해 생겨났던 종교 의식이 가톨릭 교회에 의해 무시당하고, 강제로 억압당했던 경험을 했다.

첼탈–마야어 공동체들 가운데 일부는 여전히 스페인 국왕에 대한 충성을 지키고 있었다. 하지만 봉기에서 첼탈어 사용자들의 비중이 압도적으로 높았기 때문에, 이 운동은 종종 첼탈 봉기로 불린다. 봉기는 비–원주민 공동체들을 공격하고, 사제와 군인들을 살해하며 시작됐다. 일부 여성들은 칸쿡으로 끌려가서 강제로 마야 남성들과 결혼해야 했다. 마리아를 통해 동정녀는 미래에는 스페인인들과 토착민들 사이에 그 어떤 차별도 없을 것이라고 선언했다. 반란자들은 봉기에 참여하기를 거부하는 원주민 마을들도 공격했다. 어느 시점인가에 스페인 방어자들은 자신들이 6천 명에 이르는 마야인 군대와 맞섰다고 주장했지만, 이 수치는 과장됐을 가능성이 높다.

스페인인과 혼혈인종 및 토착민들로 구성된 군대가 궁극적으로 봉기를 봉쇄했다. 과테말라 고등사법재판소(아우디엔시아) 의장인 토리비오 데 코시오가 작전

감독을 위해 1712년 9월 시우다드레알에 도착했다. 그가 11월에 사면 조치를 발표하자 반란에 참여했던 수많은 마을들이 무기를 내려놓았고, 나머지 마을들은 스페인이 주도하는 군대에 의해 강제로 점령되었다. 1713년 2월이 되자 최후까지 남았던 반란 군사들이 대의를 버렸다. 그러자 코시오는 포로로 잡힌 수십 명의 반란 지도자들을 처형했고, 더 많은 숫자의 포로들을 태형에 처하게 했다. 나머지는 추방당하거나 향후 관직에 오르는 것이 금지되었다. 모든 마을에서 새로운 관리들이 임명됐다. 칸쿡은 파괴되었고, 거주자들은 새로운 곳에 강제 이주당했다.

코시오는 일련의 칙령을 선포해 향후의 폭력을 예방하려 했다. 토착 지도자들은 어떠한 새로운 기적을 발표하는 것도, 또는 화약을 구입하는 것도 금지되었다. 치아파스 고지대의 경제 상황 역시 고려되었다. 칙령 중 여러 조항들이 원주민에 대한 경제적 착취를 제한하거나, 규제를 강화하기 위해 제정되었다. 예를 들어, 일부 마을에서 부과되는 레파르티미엔토 노동 징집 강도를 완화시키고, 가축 농장주들이 원주민들에게 정당한 가격에 고기를 판매하도록 요구했다. 하지만 이들 조치와 개혁을 위한 후속적인 시도는 그다지 효과가 없었다. 종족 관계는 여전히 양극화되어 있었고, 토착 인구는 빈곤 상태에 있었다.

봉기가 끝나 갈 무렵에 마리아 로페스는 칸쿡에서 도망쳤다. 그녀와 그녀 가족 구성원들은 봉기에 참여했던 마을인 야할론 인근에서 숨어 지냈다. 그들은 그곳에 3년 동안 숨어 있으면서 필요한 식량을 스스로 재배했고, 그들의 존재는 여전히 반란 의식에 충성했던 소수의 야할론 주민들에게만 알려졌다. 마리아는 그녀의 아버지가 지은 작은 회당에서 매일같이 계속해서 동정녀와 교류했다. 1716년 초에 그녀는 첫 임신으로 생긴 합병증으로 사망했다. 그녀가 사망하고 2주 후에 그들의 은신처가 발견됐다. 마리아의 아버지와 다른 두 명의 가족은 체포되어 처형당했고, 이들이 최후로 처형당한 반란자들이었다. 천국을 방문했다고 주장하던 원주민들의 반란 교황이었던 세바스티안 고메스는 끝까지 발견되지 않았다 (Goonor 1992: 122-150; Drioker 1991: 59-69).

읽을거리

Burkhart, Louise M. 1989 *The Slippery Earth: Nahua-Christian Moral Dialogue in Sixteenth-Century Mexico*. Tucson: University of Arizona Press.

Chance, John K. 1989 *Conquest of the Sierra: Spaniards and Indians in Colonial Oaxaca*. Norman: University of Oklahoma Press.

Cline, S. L. 1986 *Colonial Culhuacan, 1580-1600: A Social History of an Aztec Town*. Albuquerque: University of New Mexico Press.

Farriss, Nancy M. 1984 *Maya Society under Colonial Rule: The Collective Enterprise of Survival*. Princeton: Princeton University Press.

Gosner, Kevin 1992 *Soldiers of the Virgin: The Moral Economy of a Colonial Maya Rebellion*. Tucson: University of Arizona Press.

Gruzinski, Serge 1989 *Man-Gods in the Mexican Highlands: Indian Power and Colonial Society, 1520-1800*. trans. Eileen Corrigan. Stanford: Stanford University Press.

Hill, Robert M. 1992 *Colonial Cakchiquels*. Fort Worth, Texas: Harcourt.

Jones, Grant D. 1989 *Maya Resistance to Spanish Rule: Time and History on a Colonial Frontier*. Albuquerque: University of New Mexico Press.

Kellogg, Susan 1995 *Law and the Transformation of Aztec Culture, 1500-1700*. Norman: University of Oklahoma Press.

Lewis, Laura A. 2003 *Hall of Mirrors: Power, Witchcraft, and Caste in Colonial Mexico*. Durham, North Carolina: Duke University Press.

Lockhart, James 1992 *The Nahuas After the Conquest: A Social and Cultural History of the Indians of Central Mexico, Sixteenth through Eighteenth Centuries*. Stanford: Stanford University Press.

Lovell, W. George 1985 *Conquest and Survival in Colonial Guatemala: A Historical Geography of the Cuchumatán Highlands, 1500-1821*. Montreal and Kingston: McGill-Queen' University Press.

Patch, Robert 1993 *Maya and Spaniard in Yucatan, 1648-1812*. Stanford: Stanford University Press.

Poole, Stafford 1995 *Our Lady Guadalupe: The Origins and Sources of a Mexican National Symbol, 1531-1797*. Tucson: University of Arizona Press.

Restall, Matthew 1997 *The Maya World: Yucatec Culture and Society, 1550-1850*. Stanford: Stanford University Press.

Sousa, Lisa, C. M. Stafford Poole, and James Lockhart (ed. and trans.) 1998 *The Story of Guadalupe: Luis Laso de la Vega's Hueitlamauicoltica of 1649*. Stanford: Stanford University Press.

Spores, Ronald 1984 *The Mixtecs in Ancient and Colonial Times*. Norman: University of Oklahoma Press.

Taylor, William B. 1979 *Drinking, Homicide, and Re-bellion in Colonial Mexican Villages*. Stanford: Stanford University Press.

Terraciano, Kevin 2004 *The Mixtecs of Colonial Oaxaca: Nudzahui History, Sixteenth Through Eighteenth Centuries*. Stanford: Stanford University Press.

6장 식민시대 메소아메리카의 원주민 문학

루이스 M. 버카트

스페인의 식민통치를 받았던 메소아메리카인들은 그들만의 언어로 작성한 방대한 양의 문헌을 생산했다. 우리는 앞 장에서 정복과 식민시대를 논의하기 위해 이들 문헌을 일부 참고했다. 이들 문헌 자료의 방대함과 다양성 그리고 역사와 문화에 대해 이들 문헌의 저자들이 제공하는 통찰력을 보다 충분히 인지하기 위해 이 장에서는 식민시대 토착 문헌의 장르를 살펴볼 것이다.

읽고 쓰는 능력은 메소아메리카인들이 그들을 정복했던 유럽인들과 공유했던 특성이다. 이와 같은 상호적인 인지는 아메리카에서 스페인인들의 경험을 주제로 초기 유럽인들이 집필했던 책들에 등장하는 하나의 일화로 잘 소개되어 있다. 귀환한 스페인인들과의 면담을 통해 그들의 이야기를 책으로 출판했던 피터 마터 앙기에라는 코랄레스라는 이름의 스페인인이 전한 이야기를 다음과 같이 적고 있다. 1514년 무렵에 코랄레스는 메소아메리카의 내륙에서 온 한 남자를 파나마에서 만났다.

코랄레스는 책을 읽고 있었다. 한 토착민이 환희에 차서 뛰어왔고, 그는 통역인의 도움을 받아 이렇게 외쳤다. 이 책은 어때요? 당신도 책을 가지고 있군요. 당신도 부재하는 것들과 소통하기 위해서 상형기호를 사용하나요? 이 말을 한 다음 그는 책을 보여 주기를 요청했다. 그는 책에서 친근한 문자를 보게 되리라고 기대했지만, 이내 다른 문자가 적혀 있음을 발견하게 되었다(León-Portilla 1992: 317).

토착민의 "당신도 책을 가지고 있군요"라는 발언은 그 자신의 문화를 문헌적인 것으로 해석하고 있다는 점을 보여 주며, 이 같은 사실에 그가 중요한 의미를 부여하고 있음을 드러낸다. 그와 스페인 남자는 그들을 둘러싸고 있던 파나마 토착민들과는 달리 책의 속성과 가치를 이해하고 있었다.

쓰기는 여전히 엘리트 집단에 한정되어 있었고, 구술 행위에 밀접하게 연관되어 있었다. 하지만 로마글자의 알파벳이 도입되면서 메소아메리카의 읽고 쓰는 능력에 변화가 생길 것이었다. 알파벳 쓰기는 전통적인 상형문자 체계보다 미학적인 가치는 떨어졌지만, 구술 문자를 기록하기에는 보다 효율적인 방법이었다. 토착민 학생들에게 알파벳을 가르쳤던 탁발 수사들은 음조나 모음의 길이와 같은 특성들을 생략하곤 했지만, 그럼에도 토착 언어의 소리에 최대한 가깝게 알파벳을 적용했다. 토착민들은 책, 문서, 필사(scribe), 그림이나 잉크, 종이에 동일한 단어들을 사용했고, 상형문자를 쓰거나 알파벳을 사용하거나 관계없이, 그리고 토착 제지이든 유럽의 제지이든 관계없이 쓰기가 활용됐다. 식민주의자들이 도입한 유럽의 다른 문화적 측면과 마찬가지로 메소아메리카인들은 알파벳 쓰기를 받아들여 그들만의 것으로 만들었고, 그들의 필요에 맞게 적용했으며, 그들의 생존을 위한 도구로 활용했다.

식민지 문헌을 검토하기 전에, 현재까지 전해지는 콜럼버스 이전의 문학 작품을 간략히 살펴보자.

1. 콜럼버스 이전 시대의 문학

메소아메리카의 열대성 환경에서는 종이를 폐기하거나 묻으면 금방 부패하기 때문에, 종이로 제작된 문헌 중 극히 일부만이 탈고전기를 지나고도 보존됐다. 이보다 더 이전 시대에 제작되었던 것으로 현재까지 보전된 경우는 보다 견고한 재질, 예를 들어 돌, 토기, 뼈, 조개, 동굴의 벽, 묘비, 건물 등에 새겨진 것들이다. 이 중 가장 많은 기록물이 고전기 마야인들에게서 발견되었다. 고전기 마야인들의 문헌은 주로 역사적 정보를 담고 있는데, 특히 통치자들의 계보와 공적을 다루고 있다. 지도층 명사에 이토록 큰 비중을 두게 되면서, '이것은 통치자 누구누구의 초콜릿 컵이다' 등의 문구를 통해 그들의 개인적인 영향력을 기록했다. 이와 같은 기록물을 문학 작품으로 간주하는 데는 무리가 있다. 하지만 마야인의 문헌 가운데 일부는 수백 가지의 상형문자를 담고 있다. 예를 들어, 온두라스 고대 도시인 코판에 세워진 상형문자 계단은 아메리카 대륙에서 가장 긴 석조 비문으로, 약 1300개의 상형문자가 새겨져 있다.

마야의 필경사들은 기록물의 주인공들을 수백만 년에 이르는 거대한 우주적 구조 안에 배치했다. 기록물들은 실제 마야 지도자들의 행위를 원시 신성들에 연결시키고, 이를 달과 별, 행성의 움직임과 관련짓는다. 통치자들은 자신이 신성의 후손이며, 신성과 동일한 날짜에 출생했다고 주장한다. 그들은 고인이 된 부모와 그 외의 조상들 역시 신성이 되었다고 주장한다. 이와 동시에 왕위 계승이나 후계자 지명과 같은 실제의 역사적 사건들이 정확한 역사적 날짜와 함께 기록된다. 이처럼 인간 통치자들을 미화하는 것은 분명히 정치적인 선전으로 작용했다. 하지만 이들 기록물은 인간의 역사를 신화적인 용어로 해석하는 고대 마야인들의 우주관과 역사의식을 보여 준다. 그림 6.1은 이들 기록물 가운데 하나의 사례이다.

그림 6.1 기원전 722년 고대 도시 팔렌케에 새겨진 이 고전기 마야의 양각 조각물은 팔렌케의 통치자 칸술이 신성으로 변형되어 신격화된 모습을 묘사한다. 칸술은 천국에서 그의 아버지와 어머니와 합류하기 위해 춤을 추며 지하세계에서 벗어나고 있다. 출처: 덤바턴 오크스 연구소(Dumbarton Oaks Research Library and Collections, Washington, D.C.).

    정복 이전의 메소아메리카로부터 15권의 책들만이, 아니 이 책들의 일부분만이 전해진 것으로 알려져 있다. 스페인이 메소아메리카를 침입한 지 얼마 지나지 않아 이 책들은 대부분 유럽으로 이송되었고, 진기한 물건으로 보관되었다. 그리고 개인 소유물로 보관되던 이 책들은 마침내 영국, 프랑스, 독일, 오스트리아, 이탈리아의 도서관에 보관되게 되었다.

    일반적으로 이 책들은 코덱스(codex)라고 불린다. '코덱스'라는 용어는 본래 여러 장의 종이를 같은 면으로 해서 한꺼번에 철한 원고를 의미했다. 하지만 19세기 후반 이후 메소아메리카의 학자들은 원주민의 예술 양식에 따라 제작된 그림문헌(또는 문자와 그림의 결합)을 지칭하기 위해 이 용어를 사용해 왔다. 식민시대 초기의 그림문헌이 이 분류에 속한다. 개별 코덱스는 발견된 위치, 발견한 사람이나 이전의 소유자, 원래 보관되어 있던 장소 등에 근거해서 이름 붙여졌다.

코덱스는 일종의 무화과나무 껍질이나 사슴 가죽으로 만든 제지로 제작됐다. 종이나 가죽의 양면에 석고 가루나 회반죽을 한 층 덧발랐다. 이 과정을 거쳐 그림을 그려 넣을 수 있는 부드럽고 하얀 표면을 만들었다. 개별 코덱스는 여러 장의 종이와 수많은 가죽 조각을 한데 붙여서 만든 한 장의 긴 직사각형 모양의 조각으로 구성된다. 이 조각을 '티라'라고 부르는데, 양면에 색칠이 되어 있다. 이를 두루마리처럼 말거나, 보다 일반적으로는 아코디언 방식으로 접어서 접이식사본(screenfold)으로 알려진 형태의 책으로 만든다. 책을 보호하기 위해 나무나 가죽으로 표지를 만들었다.

정복 이전에 제작된 열다섯 권의 코덱스는 그 양식과 제작된 지역에 따라서 세 가지 유형의 집단으로 나누어진다. 첫번째 집단으로 보르히아(Borgia)를 들 수 있는데, 다섯 권의 코덱스가 이에 속한다. 다섯 권 가운데 가장 방대하게 그리고 가장 아름답게 제작된 보르히아 코덱스의 이름을 따라 이렇게 부른다. 이들 코덱스는 중앙멕시코에서 유래하는데, 아마도 멕시코시티 남부와 동부 지역에서 유래했을 것이며, 나우아어 사용 지역에서 제작됐을 가능성이 매우 크다. 이들 코덱스가 제작되었던 시점은 스페인 침략 바로 직전으로 거슬러 간다. 이들은 모두 의례와 예언에 관련된 특성을 지닌 접이식 코덱스이다. 주된 내용으로 260일 주기의 의례력, 예언 시에 사용법, 상이한 날짜들과 관련된 신성들과 종교 의식들을 다루고 있다(그림 6.2). 다른 역법 주기들도 제시하고 있는데, 특히 케찰코아틀 신성과 연관된 금성 주기를 재현하고 있다.

이 집단에 속한 코덱스 가운데 라우드(Laud) 코덱스는 혼인을 준비하는 남녀를 위한 조언을 담고 있는 25개의 연속된 그림으로 구성되어 있다(그림 6.3). 각각의 그림에는 한 명의 남자와 한 명의 여자가 등장하며, 서로 다른 특징과 자세 및 몸짓을 하고 있고, 상이한 물건들이 함께 그려

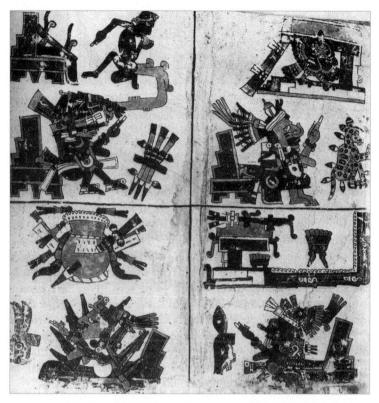

그림 6.2 보르히아 코덱스의 접이식사본인 이 장에서는 260일 달력의 20개 날짜 상징들 가운데 4개의 날짜 상징들과 연관된 신성들이 묘사되어 있다. 출처: Nowotny 1976: folio 12.

져 있다. 예언자는 결혼을 앞둔 신랑신부의 출생일 날짜에 해당하는 숫자 상징들을 260일 의례력에 따라 합산할 것이다. 이렇게 합산한 숫자는 2에서 26 사이에 해당할 것이다. 이 과정이 끝나면, 예비신랑과 신부는 코덱스에서 자신들의 숫자에 해당하는 그림을 찾기 위해 조언을 구할 것이며, 그들의 향후 전망을 예측할 수 있게 될 것이다. 그림의 모호한 속성을 고려하면, 예언자는 상징의 해석에 예비신랑과 신부와 그들 가족에 대한 자신의 지식을 결합해서 매우 다양한 예측을 제시할 수 있게 된다.

그림 6.3 라우드 코덱스의 혼인점 도해표. 출처: Burland 1966: folio 11.

보르히아 집단에는 또한 페헤르바리-마예르(Fejérváry-Mayer) 코덱스가 있는데, 그 첫 장에는 당시 메소아메리카인들이 인식하고 있던 세계지도가 그려져 있다(그림 6.4). 여기에서 공간은 사방위를 의미하는 사분면으로 나누어져 있다. 중앙에 해당하는 공간에는 불의 신성이 자리하고 있다. 불의 신성은 우주의 중심인 세계의 축(axis mundi)에 서 있는데, 이는 메소아메리카에서 집의 중심부에 화로가 설치되는 것과 같은 원리이다. 네 기기 방향의 사분면에는 제각기 한 쌍의 남성과 여성 신성, 하늘을 지탱하는 신성한 세계의 나무 한 그루, 천국을 재현하는 신성한 새 한 마리가 그려져 있다. 사분면이 접하는 곳에 여러 그루의 나무가 추가적으로 그려져 있다. 그리고 주변부를 따라서 260일 의례력의 날짜 상징들이 배치되어 있다. 20개의 상징들 가운데 다섯 개는 개별적인 네 가지 방위와 연관되어 있으며, 260개의 작은 원들은 여기에 집계된 개별적인 날짜를 의미한다. 이런 방식으로 단일한 창조관에 의해 시간과 공간 그리고 역사와 지리가 결합되었다.

오늘날까지 보존되어 있는 코텍스 가운데 두번째 집단은 현재 멕시코의 오아하카 주(洲)에서 발생했던 믹스테카 문명으로부터 유래한다. 총 여섯 권의 코텍스가 이에 속하는데, 그 숫자들 가운데 하나를 따라 누탈

그림 6.4 페헤르바리-마예르 코텍스(Codex Fejérváry-Mayer)의 권두 삽화로 260일 의례력에서 지면 배열과 공간 분배를 묘사하고 있다. 출처: Burland 1971.

(Nuttall) 그룹이라고 불린다. 여섯 권 가운데 두 권인 누탈 코덱스와 비엔나(Vienna) 코덱스는 에르난 코르테스가 카를로스 5세에게 보냈다고 한다. 다른 두 권은 콜롬비노(Colombino) 코덱스와 벡케르(Becker) 코덱스 1번인데, 이들은 토지 권리로 인한 법정 분쟁에서 증거로 사용되기 전까지 믹스테카인들의 소유물이었다. 콜롬비노 코덱스는 1717년에 그리고 벡케르 코덱스는 1852년에 증거로 사용되었다. 또 다른 코덱스인 셀덴(Selden) 코덱스는 식민시대 초반인 대략 1560년까지도 계속 그 내용이 추가되었다.

믹스테카의 코덱스에는 계보학적이고 역사적인 내용이 압도적인 부분을 차지한다. 이들 코덱스는 믹스테카 지역의 특정 마을과 도시들의 통치 왕조 역사를 다루고 있으며, 성별에 관계없이 다양한 통치자들의 공적을 다루고 있다. 하지만 여기에는 수많은 신화와 의례적 요소가 내포된다. 역사적 인물들은 종교 의식에 참여하고, 사제와 예언자에게 자문을 구하는 모습으로 묘사된다. 왕조의 신화적 기원도 재현되는데, 예를 들어 계보학적 창시자가 나무나 땅에서 출생하는 모습과 같이 말이다. 하지만 비엔나 코덱스는 이와 같은 유형으로부터 벗어나 있다는 점에서 예외적이다. 비엔나 코덱스는 한편으로는 계보학적이지만, 또 한편으로는 신화학 특히 9번바람 신성의 이야기에 상당 부분을 할애하고 있다. 9번바람 신성은 나우아인들이 케찰코아틀이라고 불렀던 신을 믹스테카 방식으로 변형한 것이다(그림 6.5).

세번째 집단은 마야 지역에서 유래하는 네 권의 코덱스로 구성되어 있다. 먼저 마드리드(Madrid) 코덱스가 있는데, 이 코덱스는 두 부분으로 이루어져 있으며, 각기 예전에는 개별적인 원고를 구성했던 것으로 보인다. 이 집단에는 1971년 개인 소장품에서 발견되었던 그롤리에(Grolier) 코덱스도 포함된다. 들리는 바에 의하면 밀매꾼들이 건식 동굴에서 발굴

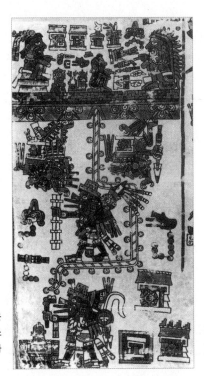

그림 6.5 비엔나 코덱스에 수록된 이 장면은 아스테카 신성인 케찰코아틀에 해당하는 믹스테카의 9번바람 신성에 관한 이야기를 묘사하고 있다. 출처: Adelhofer 1963: folio 48c.

했다고도 하며, 위조품에 불과하다고 생각하는 학자들도 있다. 마야 코덱스들은 보르히아 집단의 경우처럼 의례적이고 예언적인 내용을 담고 있다. 가장 완결성 있고 유명한 것은 드레스덴(Dresden) 코덱스인데, 총 39쪽으로 구성되었고, 제작 시기는 13세기로 추정된다(그림 6.6). 드레스덴 코덱스는 월식과 일식 그리고 금성과 화성의 주기에 따른 복잡하고도 극히 정교한 천문학적 계산으로 특히 잘 알려져 있다.

스페인 식민 체제에서 자행된 억압 정책들이 아니었다면 콜럼버스 이전 시대의 수천 권의 책들이 보전되었을 것이다. 식민시대 권력자들은 특이한 그림과 낯선 문자에 악마의 손길이 작용하고 있다고 생각했고, 수많은 토착 책을 압수해 불태웠다. 일부 문헌에 의거해 수행되었던 종교 의

그림 6.6 드레스덴 코덱스. 동쪽에서 금성 샛별이 뜨고 있다. 하단부에는 복수심의 별에 희생 제물로 바쳐질 옥수수 신성이 그려져 있으며, 이 시기 흉작이 예상됐던 것으로 보인다. 출처: Deckert 1975: folio 48.

식도 억압을 받았다. 결국 아무도 이런 의식을 행하지 않게 되었고, 이와 함께 압수당한 문헌들을 다시 제작할 동기가 사라지게 되었다. 토착민들이 고대의 책들을 보유하고자 할 경우 그들은 책을 감추어야 했으며, 숨겨진 책은 부패하거나 결국 기억에서 사라지곤 했다. 그렇지만 일부 장소에서 예언서들은 그 책을 참고하던 샤먼들과 더불어 보존되기도 했다.

2. 식민시대 코덱스

토착민들은 식민시대 특히 16세기에도 그림문헌을 계속 제작했다. 하지만 이 전통과 관련해 네 가지 주요한 변화가 나타났다. 첫째, 의례와 예언에 관련된 코덱스는 특히 '우상숭배'의 실태 파악과 근절을 목적으로 토착 종교에 관한 민족지적 정보를 찾고 있던 유럽인들의 의뢰에 의한 경우가 아니면 제작이 중단되었다. 따라서 이 유형의 코덱스는 콜럼버스 이전의 유형과 유사성을 지니지만, 완전히 상이한 맥락에서 기능했다. 둘째, 그림문헌에도 알파벳이 사용되기 시작했다. 알파벳 문자는 처음에는 그림문자를 보완하는 역할을 했지만 점차 이를 대체하게 됐다. 셋째, 토착 예술가들은 유럽 예술의 관행을 일부 수용했다. 이들은 유럽 예술가들과는 쉽게 구별되는 재현 양식을 유지하면서도, 원근법, 풍경, 입체감을 그들 그림에 도입했다. 넷째, 완전히 새로운 장르의 그림문헌이 유럽인들의 후원으로 창조되었다.

종교적인 문헌은 대부분 억압을 받거나 또는 제작된다고 하더라도 토착 의례와 토착 성직자들과 더불어 은폐되어 있어야 했지만, 오래전부터 사용되었던 상이한 종류의 문헌에 대한 수요는 계속 존재했다. 이들 문서는 스페인인뿐만 아니라 토착민에게도 상당량의 유용한 정보를 기록하고 있었기 때문에, 스페인 식민 정부는 종교 문헌 제작 전통을 유지시키는 데 관용을 보였고, 때로는 장려하기도 했다. 스페인인들은 토착 문헌이 왕조의 계보와 제국의 조직 및 지방의 역사를 정확하게 재현하고 있다는 사실을 인식한 것이다.

이처럼 토착민들이 스스로 활용하기 위한 목적으로 지속적으로 제작했던 비의례적 문서들 가운데 가장 방대한 양을 구성하던 장르는 특정 공동체의 역사를 기록한 역사물일 것이다. 이 장르의 문헌은 특정 집단의 기원(종종 신화적인), 현재 거주지로의 이주, 공동체 설립 및 통치자의 죽음과 후계 계승, 전쟁, 사원 봉헌, 농작물 경작 실패, 혜성, 지진 등과 같이 주목할 만한 역사적 사건들을 기록하고 있다.

메수아메리카의 상당 지역에 걸쳐 각 지방의 역사적 계보와 관련된 문헌은 1년 단위로 제작된다. 개별 연도를 의미하는 역년 상징이 가장자리를 따라 그려져 있고, 그 주변에 필경사는 해당 연도에 발생한 의미 있는 사건(들)을 그린다. 예를 들어, 중앙멕시코의 문헌에서 통치자가 착석해 있고 그의 이름이 그림문자로 새겨진 경우, 이는 새로운 왕의 즉위를 의미한다. 똑같은 이름의 그림문자가 새겨진 흰색 천으로 시체가 싸여 있는 그림은 통치자가 사망한 해에 그려졌다. 전투에서 패배한 마을의 이름을 붙인 사원이 불타는 그림을 그려 군사적 승리를 표현했다. 연기 나는 별로 혜성을 묘사했고, 한 구획의 땅위에 '이동'을 의미하는 역법 상징인 올린(ollin)을 그려 지진을 재현했다. 특정 연도에 어떠한 주목할 사건도 발생하지 않았을 경우에는 공백으로 남겨질 것이다. 알파벳 문자로 적힌 설명구가 그림이 나타내는 정보를 설명하거나, 또는 부가적인 정보를 제공하기도 했다.

이들 연도별 기록물의 가장 두드러진 특징은 스페인 식민통치로의 이행을 사실 그대로 기술하는 방식이다. 연도별 사건들은 정복이전부터 식민시대까지 단절 없이 꾸준히 기록된다. 유일한 차이가 있다면, 스페인인의 도착, 가톨릭 수사가 주관하는 세례, 부왕과 주교 및 지방 토착 총독들의 죽음과 계승, 전염병, 교회 설립 등과 같이 예전에는 상상조차 할 수 없었던 사건들이 비중 있게 다루어지기 시작했다는 것이다. 필경사들은 초기 연보 기록물을 단순 복사한 다음, 전통적인 사건을 다루는 이 기록물에 최근의 사건들을 그대로 덧붙였다. 다른 사례에서도 확인할 수 있듯이, 이와 같은 관행은 토착민들 대부분이 스페인의 정복으로 그들 자신의 정체성과 역사의식이 종말을 맞이하거나 변형될 것이라고 생각하지 않았음을 의미한다(그림 6.7).

지도는 식민시대 권력자들이 수용했던 또 다른 장르의 그림문헌이다. 토착 지도에는 공동체 배치도, 변방 지역과 이웃 공동체의 위치가 그려져 있다. 예술가들은 지방의 교회를 개별 마을이나 이웃 마을의 상징적

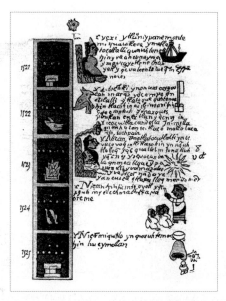

그림 6.7 아우빈 코덱스는 서기 1168년부터 1608년에 이르는 멕시코의 역사를 매년 연대순으로 기록하고 있다. 여기 실린 면에는 1521년부터 1525년까지 발생했던 사건들이 기록되어 있는데, 콰우테목의 멕시코 통치자 직위 승계, 스페인들에 의한 도시 점령, 코르테스의 활동, 일식, 1524년 프란시스코회 수사들의 도착, 콰우테목의 죽음 등이다. 출처: Dibble 1963: 87.

중심지로 강조했으며, 정복 이전의 문헌들이 공간의 재현을 통해 역사적 정보를 기록한 것과 마찬가지로 역사적 사실이나 왕조에 관련된 일부 정보를 지도에 포함시켰다. 이들 지도는 영토나 천연자원 접근권과 관련된 법적 분쟁에서 사용할 목적으로 제작되거나, 또는 정부 주도 측량 사업의 일환으로 제작되었다(그림 6.8).

가장 널리 연구된 식민시대 코덱스는 토착 문화와 역사를 좀더 알고자 했던 유럽인들을 위해 제작된 것들이다. 이들 코덱스는 콜럼버스 이전의 전통뿐만 아니라, 토착민들이 식민통치에 대응하는 법을 터득해 가면서 점차 일상생활에서 그리고 그들의 과거를 해석하는 데 있어 어떻게 적응해 갔는가를 보여 준다.

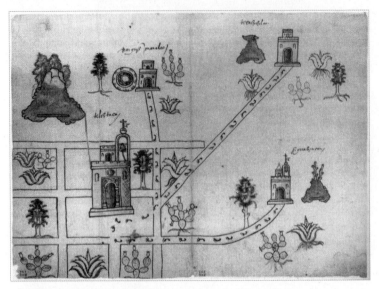

그림 6.8 1581년 왕실 조사 사업의 일환으로 토착민 예술가가 제작한 테틀리스타카 나우아 마을 지도. 각 마을의 교회는 테틀리스타카와 세 개의 식민 공동체를 재현하고 있으며, 이들 공동체의 이름이 알파벳 문자와 그림문자로 기록되어 있다. 발자국을 그려 넣어 주변 마을에서 마을 중앙 광장으로 오는 길을 표시하고 있다. 지방의 식물에 뿌리까지 그려서 토착 양식으로 묘사하고 있다(그림 12.15를 참조하라). 출처: 텍사스대학 오스틴캠퍼스, 중앙도서관, 벤슨 라틴아메리카 콜렉션(Benson Latin American Collection, General Libraries, University of Texas at Austin [JGI xxv-12]).

이들 '민족지적' 코덱스는 거의 전부 중앙멕시코의 나우아어 사용 지역에서 유래했으며, 대부분 멕시코시티와 그 주변에 위치한다. 이 지역은 메소아메리카에서 비교적 초기에, 그리고 보다 전면적으로 정복과 개종이 이루어진 곳이다. 아스테카 정치조직체의 중심지이자 스페인 식민통치의 중심부를 구성하던 이 지역은 수많은 예술가들의 고향이었고, 더 나아가 이들의 예술품 제작을 의뢰했던 스페인 사제들과 관리들이 머물던 곳이기도 했다. 여기에서 수사, 토착 예술가, 사본가들은 긴밀하게 작업할 수 있었고, 특히 프란시스코회 수사들이 설립한 대학과 학교들에서 활발한 협동 작업이 이루어졌다. 그 결과, 17세기 중반과 후반에 이르자 그림

문헌 제작이 번성하게 됐다.

이들 코덱스는 대부분 260일 의례력, 1년 365일 단위(20일로 구성된 18개의 '달'로 구분되는), 역년 측정법과 같은 역법에 의거해 조직되었고, 때로는 이들 요소가 한데 결합되기도 했다. 개별 역법 기간과 관련된 신성과 제례들이 강조되었고, 비-역법 의례나 그 외의 토착 문화에 대한 부가적 정보가 제공되기도 했다. 토착 예술가들이 그린 그림에는 일반적으로 스페인어로 적힌 주석을 달아 추가적인 설명을 제공했다. 수많은 역법서가 존재했는데, 이들 간에는 서로 연관성이 있었다. 이들 역법서는 이제는 사라진 원형들로부터 유래했는데, 1533년 민족지 연구를 시작했던 프란시스코회 수사인 안드레스 데 올모스의 작품으로부터 궁극적으로 비롯되었다. 글상자 6.1은 식민시대에 제작된 이들 역법 코덱스의 한 사례를 다루고 있다.

멘도사(Mendoza) 코덱스는 식민지에 최초로 파견된 부왕이 1540년대 초반에 제작을 의뢰한 것으로 보이며, 가장 아름답고, 가장 풍부한 정보를 담고 있는 식민지 코덱스들에 속한다(그림 6.9). 숙련된 예술가가 삽화를 그리고, 사제가 스페인어로 주석을 단 이 코덱스는 3부로 구성되어 있다. 1부와 2부는 콜럼버스 이전 시대의 양식을 따르고 있으며, 초기 문헌들을 참고로 한다. 1부에서는 멕시카 통치자들과 그들의 정복의 역사를 담고 있고, 2부는 이 통치자들이 그들의 속지에서 개별적으로 요구했던 공물이 모두 기록된 목록이다. 이와 같은 정보는 새로운 영토에서 어떠한 부를 얻어 낼 수 있을지에 관심이 쏠려 있었던 스페인인들에게 분명히 가치 있었다.

3부는 앞의 내용과는 구별되는 특이성을 지닌다. 여기에서는 멕시카(아스테카)인들의 삶을 다루고 있는데, 구체적으로 출산에서 혼인까지 남녀 아이들의 양육(그림 6.10), 청년층을 위한 다양한 직업들, 군사직과 사

그림 6.9 멘도사 코덱스의 권두 삽화. 중심부의 그림은 텍스코코 호수의 한 섬에 자리한 멕시카(아스테카)의 수도인 테노치티틀란의 설립을 다루고 있다. 하단부에는 멕시카인들이 초기에 거두었던 군사적 승리를 묘사한 두 장면이 삽입되어 있다. 출처: Berdan and Anawalt 1992: folio 2r.

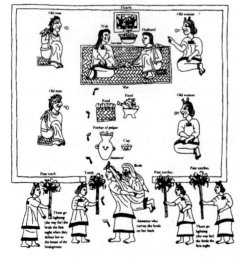

그림 6.10 결혼식을 묘사하고 있는데, 신랑신부가 신랑 집에서 새 멍석을 깔고 앉아 있다. 이들의 혼인을 상징하기 위해 신랑신부의 옷이 매듭지어 있으며, 옆에서 연로한 남자들과 여자들이 훈계를 두고 있다. 아래 부분에는 여의사가 신랑의 집으로 신부를 들어 옮기고 있으며, 다른 여자들이 횃불을 들고 길을 밝히고 있다. 멘도사 코덱스. 출처: Berdan and Anawalt 1992: folio 61r.

제직의 다양한 직위, 전투의 수행, 법정과 왕실 운영 등을 다루고 있다. 이처럼 그림으로 구성된 민족지학 문헌을 제작하기 위해 어떤 의미에서 예술가는 자신의 문화에서 벗어나서 그것을 분석적으로 바라보고, 자신이 속한 곳의 사람들과 이제는 자신들을 통치하게 된 외국인들 사이에서 해석자의 역할을 해야 했다. 이들 예술가가 그린 토착 사회의 자화상은 당시 유럽인들의 존경심을 자아낼 정도로 질서 정연하고, 훈육되고, 위계적인 사회를 재현한다. 문헌은 향수를 담고 있으며, 정복 이전에 존재했던 사회의 질서를 다소 이상적으로 회상한다. 이는 스페인 독자들에게 토착 사회의 정당성을 설득해 내려는 시도이기도 하다. 멘도사 코덱스는 카를로스 5세 왕에게 보내졌는데, 프랑스 해적들이 스페인 선박을 공격하는 바람에 프랑스로 옮겨졌으며, 결국 옥스퍼드대학의 보들리언 도서관에 보관되게 되었다.

16세기 민족지 문헌 가운데 가장 위대한 작품은 베르나르디노 데 사아군이라는 이름의 프란시스코회 수사가 집필한 것이다. 1540년대부터 1580년대까지 사아군과 수많은 원주민 학생들, 그리고 기타 협조자들은 일련의 민족지 연구물을 제작했다. 이들 연구물은 그림 자료와 문헌 자료를 병합했으며, 문헌 자료는 스페인어가 아닌 나우아어로 작성되었다. 집필진은 의학, 예언, 수사학, 고대 제례 등 다양한 분야의 전문가들과 면담했다. 사아군의 목적은 토착 문화에 관한 백과사전을 제작하는 것이었으며, 이를 통해 사제들이 '이교도'를 근절할 수 있도록 돕고, 확장된 어휘 목록을 제작하며, 토착민의 지식에 관한 유익하고(그의 관점에서 볼 때는) 유용한 보고서를 만드는 것이었다. 멘도사 코덱스를 그렸던 예술가와 마찬가지로 토착민 협조자들은 빠르게 변화하는 그들의 문화를 질서 정연하고, 존중할 만한 방식으로 재현하고자 했다.

이들 작업의 정점을 이루는 작품은 플로렌틴(Florentine) 코덱스로 알려진 문헌이다. 플로렌틴 코덱스는 1577년에 완성되었고, 현재 이탈리아 플로렌스(이탈리아명으로 피렌체)의 라우렌치아나(Laurentian) 박물관에 보관되어 있다. 이 코덱스는 모두 나우아어로 작성된 12권의 책으로 구성되어 있으며, 스페인어 문서가 첨부되어 나우아어를 요약하고, 설명한다. 주로 그림보다는 문자로 작성되었지만, 토착 예술가들이 그린 작은 그림들이 문헌 전체에 걸쳐 삽입되어 작품 전체로 통합되어 있다. 플로렌틴 코덱스는 아메리카에서 발견된 토착 언어 문헌 가운데 분량이 가장 길고,

그림 0.11 힌 싱인 기졍이 홀신을 축히히기 위헤 진치를 열고 있다. 여자 손님들이 꽃과 담배를 선물로 받고, 타말과 칠면조 요리를 즐기고 있으며, 태어난 아이를 위해 춤을 추고 있다. 플로렌틴 코덱스. 출처: Sahagún 1979: 4: folio 69v.

그림 6.12 아스테카 귀족들이 파치시(인도 주사위 놀이)와 유사한 게임인 파톨리(patolli)를 하는 모습. 검정콩을 경기말로 사용하고 있으며, 경기자들은 옥, 금, 깃털 등의 장식품을 걸고 승부를 겨뤘다. 플로렌틴 코덱스. 출처: Sahagún 1979: 8: folio 19r.

전문적인 인류학자들이 양성되기 이전에 작성된 문헌들 가운데 토착 아메리카의 문화를 가장 완벽하게 묘사한 작품이다(그림 6.11과 그림 6.12).

또 다른 독특한 식민지 문헌은 바디아누스(Badianus) 코덱스 또는 크루스-바디아노(Cruz-Badiano)이다. 약초 치료법을 다루고 있는 이 코덱스는 다양한 병에 대한 치료법을 설명하고, 약물 제작에 사용되는 식물들을 그리고 있다. 바디아누스 코덱스는 1552년 틀라텔롤코의 프란시스코회대학에서 제작되었으며, 마르틴 데 라 크루스라는 이름의 토착 의사가 그의 의학 지식(이미 유럽의 영향을 받았음을 보여 주는)에 근거해 나우아어로 작성했다. 이후 나우아어로 작성된 문서를 같은 대학의 나우아 학

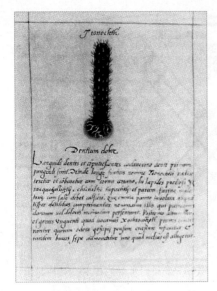

그림 6.13 바디아누스 코덱스에 실린 치통 치료에 쓰이는 선인장. 출처: Emmart 1940: folio 17v.

생인 후안 바디아노가 라틴어로 번역했다. 완결판에는 라틴어 번역본만이 포함되어 있다. 이 코덱스에는 신원 미상의 토착민 예술가가 그린 184개의 식물 삽화가 포함되어 있다. 이 문헌은 카를로스 5세 왕에게 선물로 바치기 위해 스페인으로 보내졌고, 1929년 바티칸 도서관에서 발견되었다(그림 6.13)

3. 구술 문학의 식민 사본

식민시대 그림문자나 구술 전통에 따라서, 또는 이 두 가지 형태가 결합되어 전승되었던 수많은 문학 작품들은 알파벳 문자를 사용해서 사본(transcription)으로 작성되었다. 그 결과 우리는 스페인 통치 시기와 그 이전의 토착민들의 경험을 반영하는 방대한 양의 구술 예술작품들을 접할 수 있다. 이들 문학 작품 가운데 상당수는 스페인 침략 이전에 통용되던 것들과 매우 유사할 것이다. 하지만 이들 문헌이 식민시대에 접어들어 사본으로 옮겨졌다는 점을 고려해 본다면, 필경사들이 그들이 살고 있던 시대적 경험에 비추어 문헌의 내용을 변경했을 가능성을 배제할 수 없다. 더 나아가서 콜럼버스 이전 시대에 독자적이거나 정확한 양식이 단일하게 존재했을 것이라 가정하지 않아야 하며, 당시의 문학 작품들은 모두 시간의 경과와 더불어 발전하고 변화했을 것이며 다양한 양식에 따라 제작되었을 것이다.

웅변, 시, 노래, 신화를 포섭하는 풍요로운 이 문학적 보물들 가운데 우리는 지역과 장르 및 제작 맥락에서 서로 상이한 세 개의 작품을 선별했다. 이들 작품을 간단히 기술한 다음, 일부 구절을 발췌해 우리말로 옮겨 볼 것이다.

토착민들은 스스로 활용할 목적으로 토착 문학 작품을 알파벳으로 옮겨 적은 다음, 자신들의 공동체에 보관하기도 했다. 우리가 첫번째로 제시할 작품인 『포폴 부』(*Popol Wuj*)는 직역하면 '돗자리의 책'이나 '조언서'를 의미하며, 과테말라 고지대의 키체-마야인들의 책이었다. 메소아메리카에서 가장 중요한 신화적 문헌인 이 신성한 책은 토착 문서와 구술 전통을 근거로 1554년부터 1558년 사이에 키체 귀족들에 의해 작성되었다. 책에 기술된 바에 의하면, 원작자들은 원본이 존재하는 동안에 그리고 원본을 판독할 능력을 아직 보유하고 있는 동안에 이 이야기를 보존하고자 했다. 하지만 그들이 "이제는 기독교 왕국에서" 살고 있으며 더 이상 전통적인 의례의 맥락에서 이 문헌을 실천할 수 없었기 때문에, 그들은 스페인인들에게 이 책을 감춰야 했다. 18세기 초반, 키체인들과 작업하던 한 수사가 이 문헌의 사본을 제작했다. 이 사본은 현재까지 전해지는 유일한 형태의 문헌으로 최종적으로는 시카고 뉴베리 도서관에 보관되어 있다.

『포폴 부』는 세계의 역사를 기술한 책이며, 지구가 창조된 순간부터 스페인 식민시대 초기 수십 년간에 이르기까지 키체인들의 역사를 기록한다. 태초에는 하늘과 원시의 바다만이 존재했다.

아직 단 한 사람도 없었다. 동물, 새, 물고기, 게, 나무, 바위, 도랑, 협곡, 풀밭, 숲 그 어떤 것도 없었다. 그곳에는 단지 하늘만이 있었고, 땅의 형태는 불분명했다. 하늘 밑에는 바다만이 한데로 모여 있었고, 그 외에 한데 모여 있는 것은 아무것도 없었다. 모든 것이 평화로웠고, 그 어떤 것도 미동조차 하지 않았다. 모든 것이 하늘 아래 정지된 상태로 놓여 있었다.
단 하나 정지되지 않은 것이 있었는데, 물이 한데 모여 잔잔한 바다를 이루었고, 그것이 유일하게 한데 모인 것이었다.
그곳에 그저 놓여 있는 것이 아닌 것은, 밤이 되면 어둠 속에서 나직한 소리를 내며 잔물결을 일으켰다(Tedlock 1996:64).

하늘의 심장과 깃털 달린 뱀을 비롯한 여러 신들이 원시의 바다에 모여 대화했다.

"파종과 여명은 어떤 방식으로 할까요? 누가 제공자와 양육자가 될 것입니까?"
"이런 식으로 합시다. 한번 생각해 보세요, 이 물은 제거되어야 합니다. 땅이 스스로의 표면과 토대를 형성해 낼 수 있도록 물을 비워야 합니다. 그러면 씨앗을 뿌리게 될 것이고, 하늘과 바다의 동이 트게 될 겁니다. 하지만 우리가 설계하고 창조해 낸 것들이 칭송받을 그 어떤 고조된 날도, 그 어떤 밝은 날도, 인간을 설계해 만들어 낼 때까지는 오지 않을 겁니다"라고 신들이 말했다.
그러자 땅이 솟아올랐다. 땅이 솟아오르게 한 유일한 것은 그들의 말이었다. 땅이 형성되자 신들은 이를 '지구'라고 명명했다. 그것은 갑자기 솟아올랐고, 이제 막 형태를 갖추고 펼쳐지는 구름이나 안개와 같았다. 그러자 물에서 산이 분리되었고, 동시에 거대한 산들이 나타났다. 신들의 재주와 탁월함만으로 산과 평야가 생겨났고, 그 즉시 삼나무와 소나무숲이 그 표면에 자라났다(Tedlock 1996: 65-66).

신들은 인간을 창조해서 자신들의 창조물을 감사히 여기고, 역법의 날에 따라 규율 있는 삶을 영위하고, 자신들에게 기도를 올리게 하려 했다. 먼저 그들은 동물을 창조했다. 하지만 동물들은 정처 없이 떠돌았고, 정교한 말을 할 수 없었다. 다시 두 차례에 걸친 시도를 했는데, 한 번은 나무를 사용하고, 또 한 번은 진흙을 사용했다. 하지만 두 차례의 시도에서 신들은 염두에 두던 종류의 존재를 창조해 내는 데에 모두 실패했다.

이제 책은 본래 분리된 신화로 보이는 이야기로 빗나간다. 이 신화는 기적적으로 잉태된 한 쌍의 쌍둥이 형제가 지하세계의 난폭한 권력자들과 죽음과 병의 신들 및 기타 원시적인 괴물들을 무찌르는 과정을 서술한다. 이들 존재는 지구가 인간에게 안전한 곳이 될 수 있도록 미리 파괴되어야 했고, 저지되어야 했다. 이야기가 정점에 다다르자 쌍둥이 형제는 방랑하는 곡예사로 분장한 다음, 지하세계 권력자들의 법정에 등장한다. 형제는 춤을 추고 요술을 부리면서, 동물과 인간을 제물로 바친 다음, 다시 그들을 살려 냈다. 흥분한 지하세계 권력자들은 자신들도 제물로 바친 다음 다시 소생시켜 달라고 졸라댔다. 형제는 애원대로 그들을 죽였지만, 다시 태어나지는 못하게 했다!

이야기는 다시 인간을 창조하려고 애쓰는 신들에게로 돌아간다. 신들은 네번째 시도에서 성공을 거둔다. 그들은 여성신이 갈은 하얗고 노란 옥수수와, 그 여성신이 손을 헹군 물을 섞어 반죽을 만들었고, 이것으로 인간을 만들었다. 반죽으로 형태를 갖춘 네 명의 남자들 몸에 여성신의 피부 기름이 섞여 지방으로 변했다. 이 네 명의 남자들은 아래와 같이 기도하며 창조주들에게 감사해 했다. 기도문은 다양한 대응 구조로 되어 있는데, 동일하거나 유사한 생각들이 두 가지 또는 그 이상의 방식들로 표현된다. 키체인을 비롯한 메소아메리카인들에게 있어, 이와 같이 시적 기술을 습득하는 것은 훌륭한 문학적 양식을 보유했다는 의미였다.

> 이제 진정으로,
> 두 번 감사드리고, 세 번 감사드립니다.
> 우리가 생겨날 수 있게 해주셔서,
> 우리의 입을, 우리의 얼굴을 주셔서,
> 우리가 말하고, 우리가 듣고,
> 우리가 놀라워하고, 우리가 움직이게 하고,
> 우리의 지식이 훌륭하여,
> 우리가 먼 것과 가까운 것을 이해하게 하고,
> 우리가 하늘 아래와 땅 위에서,
> 위대한 것과 작은 것을 보게 해주셔서,
> 우리가 생겨나게 해주셔서,
> 우리가, 우리의 조모가, 우리의 조부가
> 만들어지고 모양을 갖추게 해주셔서,
> 당신들에게 감사드립니다(Tedlock 1996: 147).

옥수수로 만들어진 매우 정교한 이 남자들은 신들의 의도보다 너욱 우월한 존재였는데, 세계에 있는 모든 것을 볼 수도 그리고 알 수도 있었기 때문이다. 그들은 신들과 너무나 유사했고, 그들을 조부모라고 부른다는 점에서 지나친 친근감까지 보였다! 신들은 따라서 인간의 시야를 둔하게 해서, 그들이 단지 가까이에 있는 것만 볼 수 있게 했다. 이에 대한 보상으로 신들은 신붓감으로 네 명의 여자들을 만들어 주었고, 이에 남자들은 다시 행복해졌다.

이들 네 쌍의 부부는 키체인들의 조상이 되었다. 『포폴 부』의 나머지 부분은 책 전체의 대략 반 정도 분량에 해당하며, 키체인들의 이주, 전쟁, 정착, 통치 계보들을 다루고 있다. 신화는 점진적으로 역사로 이어지며, 마침내 16세기 중반까지 우리를 이끈다.

다른 수많은 작품들은 유럽인들의 의뢰로 작성되었으며, 이 경우 문헌들은 원주민들의 소유가 되지 못했다. 이 유형의 계약 가운데 일부는 협조적인 분위기에서 성립되었으며, 사아군 사업이 그 사례이다. 수도사들은 토착민들에게 평판이 좋았고, 토착 연구자들과 자문위원들은 여러 개의 조를 이루어 함께 문헌을 제작했다. 하지만 이런 환경에서도 토착민 자문 위원들은 그들 전통 문화의 상당 부분이, 특히 종교적 신앙과 관련된 사안이 스페인 사제들의 관점에서는 이교도적이거나 비도덕적인 것으로 간주된다는 점을 인식하고 있었다.

사아군의 플로렌틴 코텍스의 제6권은 나우아인들이 우에우에틀라톨리(huehuehtlahtolli), 즉 '고대의 말들' 또는 '선조들의 말씀'이라고 부르는 구술 문학 장르에 속하는 나우아 연설문 모음집을 수록하고 있다. 이는 특별한 행사에서 있었던 형식적인 연설들을 기록한 것이다. 연설문들은 도덕 철학, 종교적 가르침, 은유와 대응 구조와 같은 시적 기법들로 채워져 있다. 연설문들은 1547년 무렵 멕시코시티 북부의 틀라텔롤코에서 처음으로 필사된 것으로 보인다.

일련의 연설문이 출생과 관련되어 있으며, 특히 여성의 삶을 이해하기 위한 통로로서 의미가 있다. 다음 문구는 산파가 신생아에게 전하는 연설의 일부를 발췌한 것인데, 사랑하는 가족 품에 오게 된 것을 환영하고, 세상에서 삶의 고난과 덧없음에 대해 말하고 있다.

> 너는 이 세상에 왔구나, 나의 어린 것아, 나의 사랑하는 소년아, 나의 사랑하는 청년아.
>
> (만일 여자아이일 경우 그녀는 이렇게 말했다. "나의 사랑하는 소녀야, 나의 어린 것아, 고귀한 숙녀야.")
>
> 너는 녹초가 되었구나, 너는 지쳤구나.
>
> 너의 아버지, 너의 신, 틀로케 나우아케, 사람들의 창조주, 사람들의 조물주가 너를 보냈다.
>
> 너는 땅에 다다랐고
>
> 이곳에서 너의 친척, 너의 친족들은 고난에 시달리고, 고통을 견디며,
>
> 이곳은 뜨겁고, 차갑고, 바람이 거세다.
>
> 이곳은 갈증의 장소이고, 배고픔의 장소이고,
>
> 즐거움이 없는 장소이고, 기쁨이 없는 장소이고,
>
> 수난의 장소이고, 피로의 장소이고, 고뇌의 장소이다.
>
> 아 나의 어린 것아, 아마도, 짧은 시간, 너는 태양처럼 빛날 것이다!
>
> 우연히도 너는 우리의 보답, 우리의 보상인 것일까?
>
> 우연히도 너는 너의 조부들, 너의 조모들, 너의 친족들, 너의 혈통 사람들의,
>
> 머리 위에서 얼굴을 들여다보게 될까,
>
> 그리고 우연히도 그들은 너의 머리 위에서 너의 얼굴을 들여다보게 될까?
>
> ……
>
> 여기에 너를 기다리던 너의 조부들, 너의 조모들이 있다.

여기에, 그들의 손에, 네가 왔다.

한숨 쉬지 말거라, 비탄에 빠지지 말거라.

……

틀로케 나우아케가, 너의 어머니가, 너의 아버지가, 너의 조물주가 너를 치장하게, 너를 위해 줄 수 있게 해라!

그리고 부모인 우리들, 아마도 우리들이 너를 가질 자격이 있다고 생각하게 될까?

아마도 너는 작아서 조물주가 너를 불러내서는, 네게 소리칠 수도 있을 것이다.

아마도 너는 우리 눈앞에서 단지 스쳐 지나갈 수도 있을 것이다.

아마도 우리는 너를 아주 잠시만 보게 될지도 모르겠다.

우리가 하느님의 말을 기다리게 해다오, 나의 사랑하는 아이야(Sullivan 1980: 46-47).

글상자 6.2는 이들 연설문에 수록된 문구들 가운데에는 비의 신 틀랄록에게 바치는 기도문을 소개하고 있다.

에르난도 루이스 데 알라르콘은 악마와 결탁하고 있다는 혐의를 받은 나우아 종교 행위자들과 토착민들을 성별에 관계없이 체포하고 처벌했다. 그는 이 전문가들이 치유와 예언의 의식에서 사용했던 수많은 노래를 받아 적을 정도로 나우아어를 충분히 이해하고 있었다. 그 결과 비록 불운한 상황에서 얻어졌지만, 그 가치를 가늠할 수 없을 정도로 귀중한 나우아어 의례 시들이 수집되었다.

노래는 정교한 은유로 특징지어지는 전문화된 어휘들을 사용한다. 행위자들은 의례에 포함된 다양한 현상들을 의인화했다. 예를 들어 그들은 환자의 상처나 병에, 처방된 약물에, 불과 의례에 쓰이는 향료와 담배에, 치료사 자신의 손가락과 발가락에 정체성을 부여했다. 그들은 당면한 상황과 연관성이 있는 신화적인 전례에 호소했고, 따라서 웅장한 용어로 상황을 해석했으며, 당면한 문제와 관련된 신화의 신성한 힘을 불러냈다.

의례적 치료의 가장 단순한 형태들 가운데 하나는 마리아 살로메라는 이름의 여성이 눈병을 고치기 위해 사용했던 과정으로 다음과 같다. 먼저 그녀는 고통에 대해 언급하고, 그것을 일련의 뱀들로 비유하며, 따라서 환자의 감각에 구체적인 형태를 부과한다. 그다음 그녀는 눈을 씻기 위해 사용하려는 물을 가지고 뱀을 위협한다. '옥-치마를 두른 것'은 물의 여성 신성을 의미하는 나우아어이다. 이 과정에서 물은 초자연적인 힘을 가진 것으로 다루어진다.

자, 이제 모두 앞으로 나오거라,

뱀 1,

뱀 2,

뱀 3,

뱀 4:

왜 너희들은 해를 끼치느냐,

마법에 걸린 거울,

마법에 걸린 눈?

누워라, 내가 모르는 곳에,

너희들의 몸을 옮겨라, 내가 모르는 곳으로,

하지만 너희들이 내 말을 따르지 않으면,

나는 옥-치마를 두른 것을 부를 것이다.

옥-블라우스를 입은 것:

그녀가 너희들을 쫓아낼 것이니까,

그녀가 너희들을 흩어지게 할 것이니까,

평야에서,

그녀는 너희들을 흩어지게 할 것이다(Coe and Whittaker 1982: 234).

부러진 뼈를 고치는 주술에서 마르틴 데 루나라는 이름의 치료사는 스스로 케찰코아틀 신의 역할을 수행한다. 16세기에 기록된 신화에 따르면, 이 신은 현재 창세기의 인간을 창조하기 위해서 지하세계의 신으로부터 하나 또는 그 이상의 뼈를 훔쳤다. 신화의 한 설명에 따르면, 메추라기가 달아나는 신을 깜짝 놀라게 했고, 그는 넘어지면서 뼈가 부러졌다. 주술은 이 사건을 언급하는 것으로 보인다.

나는 사제이다,

나는 깃털을 단 뱀이다,

나는 망자의 땅에 간다,

나는 저승에 간다,

나는 망자의 아홉 개의 땅에 간다;

그곳에서 나는 낚아챌 것이다.

망자의 땅의 뼈를 말이다.

그들은 죄를 지었다.

사제들은,

먼지-새들은 말이다;

그들은 무언가를 흩트려 놓았다,

그들은 무언가를 부러트렸다,

하지만 이제 우리가 그것을 붙일 것이다,

우리가 그것을 치료할 것이다(Coe and Whittaker 1982: 268-269).

치료사는 환자의 부러진 뼈를 신들이 손에 넣으려고 다투던, 그리고 그로부터 인간이 생겨났던 원시의 뼈와 동일시한다. 루이스 데 알라르콘은 이러한 노래들이 미신적인 터무니없는 생각과 악마의 현혹이 결합된 것이라고 치부했다. 하지만 이와 같은 상징주의가 사람들의 마음에 작용해서 치유력을 가져올 수 있다는 사실이 이제는 인식되고 있다. 적어도 이들 치료사들은 환자의 사기를 북돋았고, 이는 회복에 기여했다.

4. 토착민 역사가와 메스티소 역사가

우리는 앞에서 연력 측정에 따른 연대기의 기록자들이 초기에는 그들의 그림문헌을 보충하기 위해 알파벳 문자를 사용하다가, 이후에 점차 알파벳 문자로 문헌을 대체하게 됐다는 사실을 살펴보았다. 하지만 일부 토착민 역사가들은 그들의 역사를 일련의 분리된 삽화들로 보기보다는 보다 연속적인 서사와 연관해서 해석하기 시작했으며, 이는 고대 그리스와 로마 시대에 확립되었던 양식을 따르던 유럽 역사가들의 경우와 유사하다. 이와 같은 새로운 역사의식의 발전에는 유럽을 모범으로 삼아 교육을 받았던, 특히 프란시스코회와 예수회 기관에서 교육을 받았던 토착민들이 결정적인 역할을 했다. 라틴어를 읽고 쓸 수 있었던 이 토착민들은 교육받은 유럽인들과 동일한 고전 자료들을 읽었다.

일부 토착민 학자들은 오래된 그림문자 연대기를 사람들의 이야기를 전하는 토착 역사물로 변형시키기 시작했다. 그림문자 기록물이나 구세계 양식과 마찬가지로 이 역사물들은 정치와 전투 행위에 초점을 두었고, 과거 위인들의 영광스러운 행위를 서술했다. 그들은 또한 토착민들이 특별한 관심을 보였던 종류의 쟁점들에 대해 성찰했는데, 구체적으로 귀족 계보의 설립과 그들 왕조의 역사, 특별한 호칭의 허가와 세습, 신성들의 가호, 사원들의 건축 등이 이에 해당됐다.

토착민 작가들은 과거에 관한 정보를 보존하려는 열망에 이끌렸고, 더 나아가 현재에서 정당성을 찾고자 했다. 이들은 조상과 그들의 공동체를 대표해 이 역할을 담당했다. 그들은 때로는 다른 집단을 인신공회와 같은 행위에 근거해 폄하하거나 비난하려 했다. 그들 가운데 일부는 스페인어로 기록했고, 토착민이 아니더라도 그들의 이야기를 읽기를 바라는 의도를 명확하게 드러냈다. 그들은 유럽인들이 이해하고 존중할 수 있는 방식으로 자신들의 역사를 제시했다.

토착 언어로 가장 다작의 기록물을 남긴 역사학자는 돈 도밍고 데 산 안톤 무뇬 치말파인 쾨우틀레우아니친이라는 인상적인 이름을 가진 나우아인이다. 그의 저작으로는 8권의 역사 연대기와 일기 및 무수한 단편들이 있으며, 단일 작가의 저작으로는 식민지 메소아메리카의 토착 언어 문헌 가운데 가장 방대한 분량을 기록한다. 그의 작품들은 대부분 1600년에서 1620년 사이로 거슬러 간다. 치말파인은 1579년에 멕시코 분지의 남동부에 자리한 찰코 아마케메칸(현재 후아레스의 아메카메카)에서 태어났다. 그는 멕시코시티에서 성인 시절을 보냈고, 작은 교회의 집사 또는 성물 안치소 관리인으로 일했었다. 그의 작품은 보다 오래된 문서들과 친척과 지인들과의 면담을 토대로 한다.

치말파인의 역사물은 12세기에서 1620년대에 이르는 시대를 담고 있다. 다른 토착민 역사가들처럼 그는 과거의 이 시기를 분리될 수 없는 연속된 연도들로서 접근하며, 코르테스 도착 이후의 역사는 그 이전 시대와 질적으로 차이가 없다고 본다. 그의 이야기는 그의 고향과 인접한 공동체들을 중심으로 한다. 하지만 그럼에도 그의 이야기는 멕시카(15세기 중반 찰코를 정복했던), 스페인 정복, 식민지 수도에서 일어난 사건들에 대한 포괄적인 정보를 담고 있다. 그의 저술 가운데 일부는 연대기의 형태로 구성되어 있다.

토착민 귀족 여성과 스페인 남성에게서 태어난 혼혈계통 사람들이 그들의 모계에 따라 귀속된 토착 공동체들의 역사를 기록한 사례도 일부 존재한다. 돈 페르난도 데 알바 익스틀릴소치틀의 아버지와 모계 조부는 스페인인이었지만, 그는 그의 어머니의 계통에 따라 텍스코코의 통치자로서 코르테스를 지지했던 익스틀릴소치틀의 후손이었으며, 15세기 텍스코코의 장수한 통치자이자 테노치티틀란(텍스코코에 관해서는 3장 참조)의 멕시카 통치자들의 중요한 협력자였던 네사우알코요틀의 후손이었다. 그의 가족은 방대한 양의 토착 역사 원고들을 수집하고 있었고, 이를 토대로 돈 페르난도는 17세기 초반에 스페인어로 여러 가지 연대기 작품들을 작성했다. 그가 텍스코코를 칭송하고, 침입한 스페인인들과 텍스코코인들이 맺었던 동맹관계를 강조했다는 점에는 놀라울 것이 없다. 그는 구약성서의 다윗이나 솔로몬의 계보에 따라 네사우알코요틀을 찬미하기도 하는데, 네사우알코요틀은 거의 초인간적인 창설자, 시인, 철학자, 법률 제공자, 심판관, 예언자로 묘사되고 있으며, 심지어는 유일신을 섬긴 것으로 묘사된다. 그 외의 중요한 메스티소 역사학자들로는 1576년에서 1595년 사이에 틀락스칼라의 역사를 기술했던 디에고 무뇨스 카마르고와 1582년에 텍스코코 역사를 서술한 후안 바우티스타 포마르가 있다.

특히 흥미로운 역사 문헌 장르는 식민시대 후반에 나타났고, 18세기에 많은 인기를 얻었다. 이들 문헌은 『원시적 소유권』(*Títulos primordiales*)으로 알려졌고, 공동체의 설립과 역사 및 본래의 경계에 관해 설명한다. 여기에는 그림이 포함되기도 하며, 이 그림들은 콜럼버스 이전 양식은 아니지만 토착 양식으로 그려져 있다. 일부는 특히 거칠고 울퉁불퉁한 종이로 제작되었다. 그림과 거친 종이는 이들 문헌이 고대의 것처럼 보이게 하려는 의도로 사용됐다(그림 6.14).

그림 6.14 산타마리아테텔판이라고 불리는 한 나우아 마을에서 발견된 『원시적 소유권』의 한 쪽 면으로, 18세기에 작성된 이 문헌은 토지 분쟁에서 마을의 소유권을 주장하기 위해 사용되었다. 네 명의 남자들은 공동체를 설립한 조상들로 보인다(브라운대학, 존 카터 브라운 도서관 소장).

본질적으로 이들 문헌은 후기 식민시대에 수많은 공동체가 역사적 전통을 상실해 감에 따라 이를 되찾으려는 시도에서 비롯되었다. 이들 문헌이 고대의 것처럼 보이게 한 이유는 식민시대 초기부터 토착민 공동체가 이 기록들을 계속해서 보전해 왔다는 인상을 주기 위해서이다. 하지만 이들 문헌에 담겨진 정보는 부정확한 날짜, 연대기에서 벗어난 사건과 신화적인 사건들, 그리고 문헌에 묘사된 방식으로는 일어날 수 없었던 사건들로 구성되어 있다. 저자들은 스페인인들에게 공동체가 훌륭한 것으로 보이게 하려고 노력했다. 따라서 그들은 조상들이 스페인 침입자들과 협력했고, 수도사들을 환영했고, 즉시 세례를 받았다고 기록한다. 또한 코르테스나 초기 스페인 부왕과 같은 권위자들이 공동체에게 특정 토지에 대한 지속적인 권리를 부여했다고 전했다.

예를 들어, 1690년대 산후안차풀테펙 마을에서 성립되었지만 1523년으로 '소급 적용'되었던 믹스테카 소유권을 설명하는 구절에서 스페인인들의 도착이 어떻게 묘사되고 있는지 살펴보자:

우리의 주인 코르테스가 한 무리의 백인들과 함께 처음 도착했을 때, 그는 우리 마을 뉴 차유(ñuu chayu)에 왔다. 그다음, 그는 우리를 만나 이름을 붙여 주려 했다. 그는 우리의 야(yaa, 통치자)를 맞이했고, 그에게 돈 디에고 코르테스 드사위 유치라는 이름을 붙여 주었다.
…… 첫번째로 통치자(yaa) 돈 디에고 코르테스가 세례를 받았고, 두번째로 모든 귀족들이 세례를 받았고, 세번째로 모든 평민들이 세례를 받았다. ……
…… 그다음 우리는 위대한 백인들과 함께 평화롭게 살았고, 우리는 그들이 큰 교회를 지을 수 있도록 장소를 제공했다(Sousa and Terraciano 2003: 371).

이 문헌들은 식민시대 후반에 토착민들이 그들의 역사를 어떻게 보았는지를 엿보게 해주는 훌륭한 자료이다. 이들 자료는 식민시대 사람들이 스페인 정복을 어떻게 자신들의 역사로 흡수시켰고, 이를 외상이나 위기로 기억하기보다는 그들 자신의 공동체 정체성과 재산권을 확보하려는 목적으로 활용했음을 보여 준다.

『원시적 소유권』은 다수의 공동체들이 인구 증가로 인해 심각한 자원 부족 사태에 시달리게 되면서 많은 인기를 끌었다. 식민시대 초기의 인구학적 붕괴로, 한때 이 공동체들에 속했던 토지들이 스페인인들에 의해 점유되었다. 하지만 마침내 인구 수준이 반등하게 되었고, 이에 따라 토착 공동체들은 더 많은 토지를 극심하게 필요로 하게 되었다. 이들 공동체들은 대부분 토지 소유권 회복에 도움이 될 만한 인증된 초기의 문서들을 보유하고 있지 않았다. 토지 회복을 위한 공동체들의 주장을 뒷받침하기 위해 원시적 소유권들이 법정에 제출되기도 했다. 하지만 스페인 출신의 피고들과 재판관들은 문헌에서 발견되는 부정확한 사실 관계를 근거로 토착민들의 요구를 손쉽게 기각할 수 있었다.

식민시대 전반에 걸쳐 유카탄 반도의 마야인들은 토착 역법 체계를 중심으로 역사책과 예언서들을 지속적으로 작성했다. 이렇게 제작된 책들 가운데 일부는 『칠람 발람의 서(書)』(Libros de Chilam Balam)로 알려졌고, 식민시대가 막을 내린 직후 사본으로 전사되어 전해지고 있다. '칠람 발람'은 재규어의 사제, 또는 대변인을 의미하며, 이는 이 책이 재현하고자 하는 말들을 전달하는 마야의 공식 예언자를 지칭한다. 이 책들은 매우 전문화된 형태의 시적 언어로 서술되어 있고, 풍부한 예언과 다양한 연설 형태들을 담고 있으며, 이와 같은 문체로 인해 학자들은 이 책을 해석하는 데 상당한 곤란을 겪고 있다.

『칠람 발람의 서』는 카툰(katun) 역법에 근거한다. 1카툰은 20툰(tun)에 해당하거나 360일로 구성된 '연도들'에 해당하며, 따라서 1카툰은 7200일이나 우리의 365일로 구성된 연도들의 20개에서 100일을 감한 것에 해당한다. 13카툰은 1마이(may), 260툰, 또는 256해에서 160일을 감한 것과 같다. 마야인들은 마이 내부의 개별 카분들이 특정한 종류의 사건들로 특징지어진다고 믿었다. 이들의 역법을 우리의 역법과 비교해 보면, 각 세기의 20년마다 침략과 관련되고, 30년마다 질병과, 40년마다 번영과, 50년마다 통치권의 변화와 관련이 있는 식으로 상상할 수 있다.

다른 집단들이 작성했던 보다 직설적인 연대기들과 더불어 마야의 책들은 스페인의 침입을 역사에서 의미 있는 단절로 간주하지 않는다. 스페인인들의 등장은 다른 토착 집단들의 침략과 동일한 방식으로 기록되며, 때로는 이와 같은 분쟁들과 혼동되거나 혼재되어 제시되고, 이 모든 사건들이 특정한 카툰 동안에 일어났다고 기억되었다. 하지만 스페인의 침략으로 인한 수난은 『추마엘의 칠람 발람』에 매우 생생하게 회고된다.

> 우리의 고난은 이렇게 시작되었다. 그로 인해 공물 납부가 시작되었고, 십일조 납부가 시작되었고, 폭력적인 재물 강탈이 시작되었고, 폭력적인 강간이 시작되었고, 폭력적으로 사람들을 짓밟기 시작했고, 폭력적인 약탈이 시작되었고, 강제적인 부채가 시작되었고, 잘못된 증언으로 인한 부채가 시작되었고, 강제적으로 머리털을 잡아 뽑기 시작했고, 고문이 시작되었고, 폭력적인 약탈이 시작되었다. 그 사건을 유래로 해서 소년들과 카(cah, 토착마을)의 젊은이들은 바타봅(batabob, 마야 지방 정부 권력자들), 교사들, 공중 기소자들[fiscalbo ─ 인용자]을 위해, 그리고 스페인인들과 사제들을 위해 일하게 되었고, 반면 가난한 이들은 극심한 고통을 겪게 됐다(Restall 1998: 135).

5. 인도-기독교 문학

식민시대에는 가톨릭 교회에서 활용할 목적으로 엄청난 양의 문헌 자료가 작성되었다. 이와 같은 자료에는 토착민에게 가톨릭 교리를 가르치기 위해 제작한 교리 문답식 교재와 토착민들이 스스로 활용할 수 있게 하기 위한 기도문과 노래와 같은 신앙서적들이 포함된다. 이들 가운데 일부는 출판되었으며, 아메리카 대륙에서 최초로 출판된 작품으로는 1539년에 발행된 나우아어 교리서를 들 수 있다.

이들 기독교 문헌 대부분의 저자는 사제들이다. 하지만 실제 사용되는 토착 언어에 매우 유창했던 저자들도 토착민 보조자와 해석자들에게 광범위하게 의존했기 때문에, 현재 우리에게 남겨진 문헌들은 사실상 토착민들과 비-토착민들이 다양한 수준에서 함께 집필에 참여했던 공동 저작물로 볼 수 있다. 일부 사례에서는 토착 양식과 심상이 매우 압도적으로 나타나며, 따라서 이들 문헌을 토착 문학으로 간주할 수 있을 것이다. 글상자 6.3은 매우 토착적인 양식을 따르는 노래 두 편을 발췌해서 설명하고 있다.

기독교 설교는 종종 토착 문화에 관한 지식에 근거했으며, 때로는 기독교가 우월하다는 것을 주장하기 위한 의도로 토착 문화를 모욕하기 위해서, 때로는 기독교 가르침을 더욱 호소력 있게 전달하려는 목적에서 활용되었다. 예를 들어, 베르나르디노 데 사아군과 그의 나우아 학생들은 독실한 성녀 클레어를 그의 민족지 작품에 묘사되었던 토착 귀족 여성들에 비교했다.

귀족 여성들은 장식된 블라우스, 메추라기(quail) 블라우스, 코요테 털 블라우스, 다양하고 귀중한 블라우스들을 매우 높이 평가한다. 하지만 신이 총애하는 성녀 클레어는 그저 털 셔츠라고 불린 옴이 오른 외투를 걸쳤다.

…… 그들 죄 많은 여자들은 스스로 단장하고, 붉은 색깔 가루를 얼굴에 칠하고, 노란 황토(ochre)를 얼굴에 칠하고, 코치닐(연지벌레로 만든 염료)를 치아에 칠한다. 하지만 신의 총애를 받는 성녀 클레어는 얼굴을 숙이고 돌아다녔다(Burkhart 1989: 139).

프란시스코회 수도사인 후안 바우티스타는 사아군과 마찬가지로 나우아 조수들과 밀접하게 작업했다. 그는 토착적인 병렬 구조를 활용해 동정녀 마리아에게 헌신하도록 장려했고, 성모마리아 대축일(the Feast of the Conception)을 기리는 다음 글에서 꽃과 정원과 성모마리아의 연관성을 강조한다.

그리고 이제 당신은 알 것입니다. 오, 나의 소중한 아이들이여, 화원이, 꽃으로 만개한 울타리가, 우리의 신의 위안처가, 그의 휴양처가, 실제로는 그녀라는 것을, 소중한 귀부인, 성모마리아라는 것을, 바로 오늘 우리가 그녀의 축제를 기린다는 것을 말입니다. 그녀는 진정으로 우리의 옹호자이고, 진정으로 우리를 달래 주는 존재입니다. 바로 그녀가 우리의 주인이신 신의 화원입니다. 신의 화원에 매우 좋은, 매우 경이로운 수많은 꽃이 한데 모여 있는 것처럼 귀부인 성모마리아의 존재도 그렇습니다. 많은 것들이 누군가를 훌륭하게 하고, 그 누군가가 그녀와, 성령의 은혜와 선물들과 한데 모여 있게 합니다. 신성한 달콤함과 좋은 삶을 의미하는 신성한 향기가 그녀 곁에 함께 있습니다. 신은 그들이 그녀 곁에 있게 했고, 그들은 그녀와 함께 자랐고, 그래서 사람들이 그녀를 거울로, 측량대로 삼게 했습니다(Burkhart 2001: 15).

협동 작업을 통해 생겨난 또 다른 장르로 극작품을 들 수 있다. 토착민 배우들은 기독교를 주제로 연극을 했고, 사제들과 다른 토착 조교들이 그 극본을 창작하거나 번역했다. 극작품은 단순한 성경의 이야기부터 스페인의 연극적인 '황금시대'(Siglo de Oro, 16~17세기 스페인 문학의 전성기를 일컫는 말——옮긴이) 작품들에 토대를 둔 3막의 광상극(extravaganza), 또는 후안 디에고와 과달루페 성모의 이야기를 대상으로 했다. 토착민 배우들을 통해 예수 수난극이 재현되었고, 이는 기독교의 핵심적 시사에 생명력을 부여했다. 교훈극에서 죄인들은 예수 그리스도의 심판을 받고 악마에 의해 지옥으로 던져지는 모습으로 묘사되었고, 이는 수도사들의 도덕적인 가르침을 강화하게 했다. 예를 들어, 악마의 형상은 다음과 같이 말하며 사람들에게 기독교의 도덕적 규제를 무시하도록 유혹한다.

현재를 위해 즐겨 봐. 벌써 늙은이가 된 거야? 노인이 돼서 고해하고, 스스로를 채찍질하면 돼. 젊음을 향락하고 다니면서, 쾌락에 대해 말하고 즐길 궁리만 하는 무수한 젊은이들이 보이지 않아? "우리가 노인이 되면 그때 멈출 거야, 그때 우리는 영적인 활동에 전념할 거야"라고 그들이 말하잖아(Sell and Burkhart 2004: 275).

무대에서는 적절한 삶을 사는 사람에게 동정녀 마리아가 사후에 진정한 도움을 줄 것이라고 확신하게 한다.

성모마리아 당신, 예수 그리스도여, 나의 친애하는 영예로운 외아들이여, 불로 죄를 정화하는, 연옥에서 고통받는 당신의 피조물들을 위해서 나는 당신에게 간청합니다. 오, 나의 친애하는 영예로운 아이여, 그들을 가엾게 여기소서, 그들에게 자비를 보여 주소서. 그들이 아직 세속에 살아 있을 때, 나의 흐느낌과 눈물과 슬픔을 보소서. 오, 나의 친애하는 영예로운 아이여, 그들은 한 번도 당신을 잊은 적이 없습니다, 그들은 당신의 수난으로 당신이 그들을 구원했다는 것을 기억하며 항상 당신을 따랐습니다. **예수 그리스도** 오, 불멸의 동정녀, 오, 나의 친애하는 어머니, 당신의 충복들을 위해서 울지 마세요, 그들이 세상에 살아 있는 동안 그들은 항상 나를 신뢰했고, 나에게 의지했으니까요. 나의 보호로 그들은 지켜질 것이고, 도움을 받을 것이고, 구원될 것입니다, 그들은 나의 친애하는 아버지, 하느님을 섬겼습니다. 그들이 내게 울부짖을 때, 그들의 심장이 고민으로 가득 찼을 때, 그들이 분별을 잃고 엄청난 고통과 역경에 시달릴 때, 나는 그들의 말을, 그들의 기도를 들을 것입니다. 나는, 그들을 위로하고, 그들에게 명성을, 영예를, 환희를 줄 것입니다. 그들은 언제나 만족하며 살 것입니다, 그리고 나는 그들에게 나의 희열[영광—인용자]을 보여 줄 것입니다(Sell and Burkhart 2004: 179-181).

콜럼버스 이전의 종교 의례들은 의상과 역할극을 활용했으며, 고도로 극적인 특징을 지녔다. 하지만 각본과 '배우들'을 갖춘 무대에서 재현되는 실체라는 의미에서의 '연극'은 아니었으며, 반대로 분장한 배우들이 그들이 재현하는 신성들로 실제로 변한다고 생각되었던 신성하고도 의례적인 실체로서의 '연극'이었다. 따라서 식민시대 종교극은 식민지의 복음 전도와 토착적인 행위 전통이 혼합된 산물이었고, 이런 의미에서 아메리카 대륙에서 최초의 진정한 연극이었다. 식민지에서 극본은 그 숫자가 제한되어 있었으며, 설교가 압도적으로 더 많았다. 하지만 식민지 극본들은 토착 공동체들이 소중하게 여기던 종교적 행위들의 유형을 엿볼 수 있게 한다. 현재 우리가 보유한 극본들 가운데 일부는 원래 16세기나 17세기에 작성되었고, 이것이 18세기에 전사되어 사본으로 기록되었다는 점을 고려하면 일부 극작품들이 여러 세대에 걸쳐 전해졌음을 알 수 있다.

6. 시민 또는 공증 문학

필경사 또는 공증인은 식민시대 전반에 걸쳐 토착 마을의 정부 기관에 소속되어 있던 일반적인 직위였다. 이 필경사들을 비롯해 학식이 있는 개인들이 작성한 각 지방의 그리고 각 지방 정부의 업무를 기록한 문헌들은 식민지 토착 공동체가 영위하던 일상생활의 수많은 세부사항을 다루고 있는 토착 언어 문서들이 집대성된 것이다. 이 문헌들에는 유언장, 마을회의 기록, 토지 허가 기록, 청원서와 서한, 그리고 1684년 한 믹스테카 남자가 그의 아내를 살해한 다음 그의 아내의 몸에 남겨 두었던 짧은 편지와 같이 다양한 장르의 문건들이 포함되어 있다. 편지에서 그는 그의 아내가 마을 교회의 성물 안치소 관리인과 불륜 관계를 맺었다고 비난했다(Terraciano 1998). 이 문헌들이 제공하는 정보가 얼마나 풍부한지 보여 주기 위해서는 이 중 일부 문건을 검토할 필요가 있다. 앞 장에 실린 글상자 5.2에서 우리는 특히 상세하게 기록된 토지 허가 문서를 제시했다. 여기에서는 그 외의 장르들 가운데 일부를 발췌해서 제시하겠다.

연지벌레(코치닐)는 붉은색 염료를 만들기 위해 메소아메리카인들이 활용하는 일종의 선인장에 기생하는 곤충이다. 식민시대에 유럽인들은 그림과 화장품 제조를 위해 이 염료를 필요로 했고, 그 결과 높은 이윤을 창출하는 수출 산업이 형성되었다. 하지만 1553년에 틀락스칼라 마을협의회는 지방의 식료품 공급과 도덕적 측면에서 이 산업에 미치는 부정적인 영향력을 논의하기 위해 모였다. 공증인들은 이들의 토론을 기록했다.

모든 사람들이 연지벌레 선인장을 돌보는 일만 합니다. 더 이상 옥수수와 다른 식용 작물 재배를 돌보지 않습니다. 한때는 틀락스칼라에서 옥수수, 고추, 콩 등을 비롯해서 사람들이 필요로 하는 것들이 비싸지 않았습니다. 이것(방기) 때문에 카빌도 회원들은 모든 식품이 비싸지고 있다고 생각했습니다. 연지벌레 선인장 주인들은 이제 옥수수와 고추 등을 구입합니다. 그들은 돈, 카카오 콩, 옷을 구하기 위해 필요한 연지벌레에만 그저 정신이 팔려 있습니다. 그들은 더 이상 밭을 경작하고 싶어 하지 않고, 그저 게을리 방기합니다. 이 때문에, 수많은 밭이 잡초로 무성해지고 있고, 정말로 기아가 임박했습니다. 연지벌레 선인장이 사람들을 게을러지게 하고 있기 때문에, 이제 상황은 더 이상 예전 같지 않습니다. 그리고 우리의 신에 반하는 과도한 죄악이 범해지고 있습니다. 연지 벌레 주인들은 일요일과 축일에도 연지벌레 돌보는 일에 전념합니다. 더 이상 그들은 신성한 교회가 우리에게 명하는 대로 미사를 드리기 위해 교회에 가지 않습니다. 그들은 그저 그들을 자랑스럽게 느끼게 해줄 생계 수단과 카카오를 구하는 데에만 관심이 있습니다. 그리고 이후 그들은 풀케를 사고 술에 취합니다. …… 그리고 예전에 그는 누군가에게 속해 있었지만, 이제는 그의 주인도, 그의 고용주도 존경하지 않습니다. 이제는 그에게 금과 카카오가 있다고 주변 사람들이 생각하기 때문입니다. 이는 연지벌레 주인들이 스스로를 자랑스럽게 여기게, 의기양양하게 합니다. 따라서 이제 그들은 부로 스스로를 평가하고 있음이 분명합니다 (Lockhart, Berdan, and Anderson 1986: 81).

마을협의회 회원들은 주민들이 소유할 수 있는 연지벌레 생산 식물의 수를 제한해 줄 것을 요청하기로 결정했다. 지방의 사제가 약탈자로 밝혀짐에 따라 공동체들도 위기에 처하게 됐다. 이와 같은 상황은 1611년에 사카테카 북동쪽의 할로스토티틀란에서 발생했는데, 이 마을의 재정 관리인이었던 후안 빈센테가 프란시스코 무뇨스라는 사제의 해임을 요청했다. 다음은 그가 묘사하는 사제가 저지른 남용들 중 일부 사례이다.

세 번이나 그는 저를 구타했고 때려눕혔습니다. 그리고 저는 기절했습니다. 그는 교회에서, 성물 안치소에서 저의 지팡이를 산산조각으로 부쉈습니다. …… 그리고 저는 그에게 말했습니다. 사제님, 왜 저를 때리십니까? 왜 제 지팡이를 산산조각 내셨습니까? 그러자 그가 말했습니다. 그래, 나는 너를 때렸고 너의 지팡이를 부쉈다, 그리고 나는 너의 머리통을 깨트릴 거다.

…… 한번은 성물 안치소 관리인인 여덟 살 소년이 있었습니다. 그는 소년을 아주 혹독하게 채찍질했습니다. 그는 소년의 피부를 상당 부분 벗겼고, 소년은 기절했습니다. 그는 일주일간 침대에 누워 있었습니다. 정신을 차리자 소년은 달아났습니다.

…… 한번은 제 딸 카탈리나 후아나가 청소를 하려고 저녁에 교회에 갔습니다. 교회에서 사제가 제 딸을 붙잡았고, 겁탈하려 했습니다. 그녀는 그렇게 하지 못하도록 저항했고, 교회 안에서 그는 내 딸을 때렸습니다.

…… 그리고 그는 우리에게 신성한 말을, 설교를 가르치지 않습니다. 그저 우리를 미워하고 쉬지 않고 우리를 학대합니다. 교황 대리(vicar-general)께서 그에게 "평민들을 위로하시오, 그들은 당신의 아이들이기 때문이오"라고 적어 보내자, 그는 그 편지를 읽자마자 말했습니다. "내가 왜 그들을 위로하고 달래야 해? 그들은 악마의 아이들이야, 그리고 나는 그들을 학대할 거야."(Anderson, Berdan, and Lockhart 1976: 167-173)

비록 우리는 이 사태의 결말을 알지 못하지만, 이 문헌을 보며 토착민들이 학대에 대응해 스스로를 방어하기 위해 어떻게 문서를 활용했는지 알 수 있다. 유언장 역시 풍부한 정보를 제공한다. 사람들이 누구에게 그들의 재산을 남겼는지를 살펴봄으로써 우리는 가족 구조, 세습, 이름 짓기 관습 등을 배운다. 사람들이 어떤 재화와 토지를 소유했는지 살펴볼 수 있고, 그들의 계급과 성별의 차이를 포함해 경제적 지위에 관해 배운다. 또한 기독교 신앙에 관한 그들의 선언을 읽고, 그들이 교회에 무엇을 남겼는지를 알 수 있고, 그들의 종교를 배울 수 있다. 다음은 유언장으로, 1765년에 익실의 유카테카-마야 마을에서 안토니아 칸테라는 이름을 가진 한 여성이 임종에 남긴 것이다.

아버지이신 신, 아들이신 신, 성령이신 신의 이름으로, 삼위이신 하나의 진정하고 전능하신 신의 이름으로, 나의 유서에 담긴 나의 최후의 발언서는, 나, 안토니아 칸테가 마르틴 칸테의 딸이자 베르나르디나 칸체의 자식으로서 작성한 것이며, 여기에 모인 익실의 카[토착 마을—인용자] 거주자들 모두에게 공개될 것입니다. 비록 이 세상에서 나의 삶은 끝나지만, 나는 신성한 교회에 묻히기를 희망합니다. 마찬가지로 나는 우리의 신성한 지도자이신 사제님께 간청합니다. 나의 영혼을 위해 그의 말이 담긴 미사를 주관해 주시길, 그가 미사에서 기도를 올려 주시고, 그 기도로 연옥의 수난을 겪고 있을 나의 영혼을 도와주시길 간청합니다. 그 비용으로 헤루살렘에게 토민(은화 단위) 여섯 개와 토민 두 개를 사례해 주시길 바랍니다. 마찬가지로 나의 어린 아이 후안 카눌에게 궤짝(chest) 한 짝을 주시길 바랍니다. 마찬가지로 침대 하나는 이제 페드로 카눌의 소유입니다. 마찬가지로 셔츠 한 벌과 실 한 자는 나의 남편 루카스 쿠오우에게 상속합니다. 벌들이 담긴 벌집 한 통은 후아나 카눌에게, 벌들이 담긴 벌집 한 통은 홀리아나 카눌에게, 한 통은 비비아나 카눌에게, 한 통은 마리아 카눌에게, 한 통은 마르타 카눌에게, 한 통은 페드로 카눌에게 주시길 바랍니다. 이것은 사실이며, 나의 유언장의 마지막 발언입니다 (Restall 1995: 31).

그녀는 미사를 관전하기 위한 지방의 귀족 한 명을 지명했고, 이후에 사제는 그가 미사를 집전했다고 적었다. 우리는 안토니아의 유언장에서 그녀가 미사와 시신 매장과 관련해 로마 가톨릭의 관습들을 따랐음을 알 수 있다. 그리고 그녀가 최근에 사별을 했고 재혼을 했으며, 8 이를 포함해서 그녀의 일곱 명의 자녀들이 그녀의 남편과 다른 성을 따르고 있었고, 그녀가 양봉으로 돈을 벌었고(익실 사람들의 일부가 오늘날에도 그렇듯이),

그녀가 그녀의 간소한 재산을 남편과 두 아들과 다섯 딸들에게 공평하게 나눠 주려고 노력했음을 알 수 있다.

식민시대가 끝나자 지방의 토착 언어 기록 전통은 이 전통이 생겨나게 했던 행정적인 구조와 더불어 메소아메리카 대부분의 지역에서 완전히 사라졌다. 따라서 예외적인 소수를 제외하고, 자신들의 언어를 읽고 쓸 수 있었던 토착민들은 20세기에 이르기까지 메소아메리카에서 사라졌다. 사람들의 말이 기록되지는 않았지만 그들의 연설과 행위 전통은 구두로 전해졌고, 20세기에 인류학자와 민속학자 및 언어학자들이 등장하면서 문헌 기록으로 다시 등장하게 된다(11장과 13장 참조).

보르보니쿠스(Borbonicus) 코덱스

보르보니쿠스 코덱스는 식민시대 가장 초기에 제작되었던 작품들에 속하며, 콜럼버스 도착 이전에 제작되었다고 생각된 적도 있었다. 유럽의 도서들과 마찬가지로 식민지 코덱스는 대부분 왼쪽 가장자리 부분에 제본처리가 되었지만, 보르보니쿠스는 접이식사본(screenfold) 양식을 고수한다. 1부는 260일력으로 순수한 콜럼버스 이전 양식으로 그려졌다. 하지만 상징물이 그려진 자리 옆에 빈 공간을 남겨 두어, 스페인어로 주석을 기입할 수 있게 했다는 점에서 예외적이다 (그림 6.15).

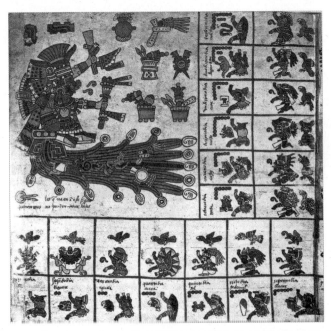

그림 6.15 보르보니쿠스 코덱스. 260일 의례력에 수록된 페이지. '옥-치마를 두른 그녀'로 불리는 물의 여신 찰치우틀리쿠에가 갈대의 첫째 날로 시작되는 13일에 이르는 기간을 통솔하고 있다. 출처: Nowotny 1974: folio 5.

그림 6.16 보르보니쿠스 코덱스. 새로운 불의 제례를 묘사하고 있는데, 아스테카 도시 근방에 세워진 사원에 설치된 불을 52년마다 모두 끄고, 새롭게 점화하는 의식이다. 그림 안의 네 명의 사제가 불을 점화하기 위해 나무를 가져오고 있다. 하단부의 두 명의 사제는 사원 계단에 서 있고, 상단부의 두 명의 사제는 공중에 떠 있는 것으로 보인다. 제작자는 풍경 배치와 원근법과 관련해 유럽적인 양식을 제한적으로만 수용하고 있다. 출처: Nowotny 1974: folio 34.

후반부는 365일력의 각 달에 행하는 제례, 그리고 52년마다 거행되는 새로운 불의 제례(New Fire Ceremony)를 묘사하고 있다. 이러한 내용은 콜럼버스 이전 시대의 코덱스에서는 일반적으로 포함되지 않았기 때문에, 유사한 문헌과 관련된 일반적인 양식은 거의 없었다. 넓은 배경 위로 여러 개의 그림이 넓게 펼쳐져 있고, 배경은 상당 부분 공백으로 남겨져 있다. 이러한 그림 배치는 콜럼버스 이전 시대 문헌에서 각 장에 그림들이 매우 밀집되어 고르게 배치되었던 것과 대조를 이룬다. 화가는 자신의 관점을 보여 주기 위해 잠정적이지만 그다지 성공적이지 않은 시도를 하고 있다(그림 6.16). 접이식사본 뒷면은 공백으로 남아 있으며, 따라서 토착민들의 실제 사용을 위해 제작된 것은 아니었던 것으로 보인다.

비의 신 틀랄록에게 바치는 기도문

다음의 발췌문은 생명을 주는 비를 기다리며 쇠약해져 가는 지구를 묘사한다. '신들의 손위 자매'는 옥수수로, 비의 신들의 자매이다. '가까운 곳의 그, 근방의 그'는 중요한 신성인 테스카틀리포카이다. 문서가 전사(轉寫)될 때까지, 이 호칭은 기독교 신에게도 적용되었다. 틀랄테쿠틀리는 땅의 신성이다.

그리고 이곳에서 그것은 진실이며,

오늘날 농작물은 고통받고 있으며,

신들의 손위 자매는 질질 끌려가고 있다.

농작물은 이미 먼지로 덮여 있고,

이미 거미줄로 싸여 있고,

이미 고통받고 있으며, 이미 녹초가 되었다.

그리고 이곳에 꼬리들이, 날개들[평민들]이,

속민들이 있고,

이미 그들은 말라 죽고 있으며,

그들의 눈꺼풀이 부풀어 오르고, 그들의 입술이 바싹 타고,

그들은 뼈만 앙상하고, 그들은 등이 굽었고,

그들은 여위었다,

꼬리들은, 날개들은.

그들은 얇은 입술에, 창백한 목구멍을 하고 있다.

핼쑥한 눈꺼풀을 하고 작은 아이들이 돌아다니고,

작은 아기들,

아장아장 걷는 그들, 기어 다니는 그들,

흙과 질그릇 조각을 쌓는 그들,

땅의 표면에 앉는 그들,

나무판자 위에 눕는 그들,

요람지에 눕는 그들이다.

그리고 이미 모든 사람이 고뇌, 고갈을 알고;

이미 모든 사람이 번민을 본다.

그리고 남겨진 사람은 아무도 없으며,

이미 모든 작은 피조물들이 고통받고 있기 때문이다.

열대의 새, 쾌활한 노랑부리저어새,

그들은 그저 날개를 질질 끌고 있으며,

그들은 넘어지고, 그들은 머리를 박고 떨어지고,

그들은 부리를 열고 닫는다.

그리고 동물들은, 네 개의 발을 가진 것들은,

가까운 곳의 그의, 근방의 그의,

그들은 그저 여기저기 헤매고 다니며,

그들은 그저 우리 앞에서 일어서고,

부질없이 그들은 땅의 표면을 핥는다.

그리고 이미 그들은 물을 찾아 미쳐 버렸고,

이미 갈증으로 죽어 가고 있고,

이미 말라 죽고 있고,

이미 파괴되고 있다.

이미 속민들과 동물들이 말라 죽고 있다.

그리고 이곳에는 우리의 어머니이고, 우리의 아버지인,

틀랄테쿠틀리가 있다.

이미 그녀의 가슴은 건조하며,

싹트는 것에게, 싹이 트고 있는 것에게,

속민을 유지하고, 속민의 생명이 될 것에게,

더 이상 그녀는 영양분을 줄 수도, 더 이상 그녀는 먹을 것을 줄 수도 없고,

더 이상 그녀는 젖을 먹일 것도 남지 않았다.

그리고 생명인 것은,

더 이상은 없다,

그것은 사라졌고, 그것은 말라 죽었다(Sahagún 1950-1982: VI: 35-36; Louis M. Burkhart 번역).

연설문의 마지막은 비의 신들에게 보내는 최후의 간청으로 되어 있으며, 다음과 같다.

오, 주인이시여, 오, 고귀한 귀족이시여, 오, 선물의 제공자시여,

당신의 심장이 그것을 내어 주시길, 당신의 심장이 제 역할을 하기를,

당신이 땅을,

그리고 그 안에 사는 모든 것을,

땅의 표면을 떠도는 모든 것을,

달래 주시길.

나는 당신에게 부르고, 나는 당신에게 울부짖습니다,

당신은 사방위를 점유하고 있고,

당신은 녹색의 것들이며, 당신은 선물들의 제공자들이며,

당신은 산들의, 당신은 동굴들의 제공자들입니다!

당신이 당신을 이곳에 데리고 오기를,

당신이 오기를, 당신이 속민들을 위로하러 오기를,

당신이 땅위의 물을 머금은 것들에게 오기를 간청합니다!

땅, 동물, 풀, 줄기.

그들이 보고 있기 때문에, 그들이 울부짖고 있기 때문입니다.

그들 모두 당신만 믿고 있기 때문입니다.

당신이 서두르시길, 오, 신들이시여, 오, 우리의 지배자들이여! (Sahagún 1950-

1982: VI, 40: Louis M. Burkhart 번역과 수정).

반복과 정교한 심상 및 절망적인 어조는 아름답고 감동적인 시를 창조하기 위한 미학적인 목적에 부합하는 데에 그치지 않는다. 이러한 문헌은 틀랄록의 관심을 끌고, 그에게 비를 내리도록 강제하는 힘을 지닐 것이다.

글상자 6.3

나우아어 기독교 노래들

16세기 후반에 전사된 나우아 노래 수집본은 압도적으로 기독교를 주제로 다루는 노래들을 여러 편 수록하고 있다. 의심할 여지없이 이 노래들은 토착민들을 저자로 한다. 다음은 돈 프란시스코 플라시도라는 이름의 나우아 귀족이 1553년에 작사한 크리스마스 캐럴의 시작 구절이다.

그에게 기도하게 하소서! 당신의 신성한 터키석 보석들과, 당신의 연민과, 오, 당신 아이들을 보여 주소서! 옥 보석들이, 금 보석들이, 당신의 로사리오 묵주들이 있게 하소서! 이것들로 우리가 지금 베들레헴에 계신 그를, 세계의 구원자를 즐겁게 할 수 있게 하소서! 우리에게 가게 하소서! 어서요! 서두르소서! 우리가, 오, 우리의 자손들이, 오, 우리의 형제들이 기다림의 장소에서 떠날 수 있게 하소서! 붉은색 튀긴 옥수수 꽃들이 흩어지고, 그곳에 신의 연민이 세상에 전해집니다!
길가에 자리한 케찰새 깃털의 집에, 당신이 그리고 당신의 소녀가, 성모마리아가 있습니다. 바로 그곳에 당신은 신의 아들이 탄생하게 했습니다. 다양한 보석들로 그에게 기도하게 하소서!
마치 당신이 보석으로 둘러싸인 것처럼, 당신은 그서 환희에 차 있습니다. 이

제 그가, 신의 아이가, 다양한 보석이 당신 품에 있습니다! (Bierhorst 1985: 254;
Louis M. Burkhart 번역과 수정).

베르나르디노 데 사아군과 그의 네 명의 나우아 조수들은 기독교 축제들을 위한
일련의 나우아 노래들을 창작했고, 이는 1583년에 수도사의 이름으로 출판되었
다. 상당수의 작품에서 수도사는 토착 저자들의 문학적 기술과 창조성에 기대어
뒷짐 지고 있는 듯 보인다. 부활절 아침을 위한 노래는 토착 종류의 꽃과 나무와
새가 군집하고 있는 아름다운 정원의 심상을 떠올리게 한다.

당신 녹색-옥수수 꽃, 당신 심장의 꽃, 당신 카카오 꽃, 당신 붉은색의 항아리꽃:
그늘진 나이테의 잎이 돋아나게 하세요, 가지를 보내 주세요! 당신은 싹이 움트는
당신의 공간에 도착했어요.
당신 케이폭 나무, 당신 삼나무, 당신 전나무, 당신 소나무들이여, 왜 아직도 슬픈
모습으로 서 있나요? 이제 때가 됐어요, 이제 당신의 꽃을, 당신의 잎사귀를 새롭
게 다시 피울 순간이 왔어요, 당신이 가지를 보내 줄, 당신이 꽃을 피울 시간이 됐
어요! 당신 꾀꼬리, 당신 푸른색 콩새, 당신 입내새, 당신 벌새, 어디 갔어요? 어디
에 들어간 거죠? 당신들 모든 다양한 노랑부리저어새들이여, 당신 다양한 열대새
들이여, 오세요! 날게 하세요, 펼쳐지게 하세요, 날개를 펄럭이게 하세요! 당신의
말이 울려 퍼지게 하세요! 지저귀게 하세요, 당신의 노래들이 종처럼 울리게 하세
요! (Sahagún 1993: 108; Louis M. Burkhart 번역).

노래의 후반에서 이 신성한 장소는 교회의 뜰로 밝혀진다. 꽃들은 여성의 숭배를
의미하며, 나무들은 남성의 숭배를, 새들은 위에서 빙빙 돌며 떠돌고 있는 천사
들을 재현한다.

읽을거리

Anderson, Arthur J. O., Frances Berdan, and James Lockhart (eds. and trans.) 1976 *Beyond the Codices: The Nahua View of Colonial Mexico*. Berkeley: University of California Press.

Bierhorst, John (ed. and trans.) 1992 *History and Mythology of the Aztecs: The Codex Chimalpopoca*. Tucson: University of Arizona Press.

Burkhart, Louise M. 1996 *Holy Wednesday: A Nahua Drama from Early Colonial Mexico*. Philadelphia: University of Pennsylvania Press.

Carmack, Robert M. 1973 *Quichean Civilization. The Ethnohistoric, Ethnographic, and Archaeological Sources*. Berkeley: University of California Press.

Coe, Michael D., and Gordon Whittaker (eds. and trans.) 1982 *Aztec Sorcerers in Seventeenth Century Mexico: The Treatise on Superstitions by Hernando Ruiz de Alarcón*. Albany: Institute for Mesoamerican Studies.

Edmonson, Munro (ed. and trans.) 1982 *The Ancient Future of the Itza: The Book of Chilam Balam of Tizimin*. Austin: University of Texas Press.

Haskett, Robert 2005 *Visions of Paradise: Primordial Titles and Mesoamerican History in Cuernavaca*. Norman: University of Oklahoma Press.

Karttunen, Frances, and James Lockhart (eds. and trans.) 1987 *The Art of Nahuatl Speech: The Bancroft Dialogues*. Nahuatl Studies Series, 2. Los Angeles: UCLA Latin American Center.

Kellogg, Susan, and Matthew Restall (eds.) 1998 *Dead Giveaways: Indigenous Testaments of Colonial Mesoamerica and the Andes*. Salt Lake City: University of Utah Press.

León-Portilla, Miguel 1969 *Pre-Columbian Literatures of Mexico*. Norman: University of Oklahoma Press.

Recinos, Adrián, Dionisio José Chonay, and Delia Goetz (eds. and trans.) 1953 *The Annals of the Cakchiquels and Title of the Lords of Totonicapán*. Norman: University of Oklahoma Press.

Restall, Matthew 1998 *Maya Conquistador*. Boston: Beacon Press.

Roys, Ralph L. 1967 *The Book of Chilam Balam of Chumayel*. Norman: University of Oklahoma Press.

Sahagún, Bernardino de 1950-1982 *Florentine Codex*. ed. and trans. Arthur J. O. Anderson, and Charles E. Dibble. 12 vols. Santa Fe and Salt Lake City: School of American Research and University of Utah.

Sell, Barry D., and Louise M. Burkhart (eds.) 2004 *Nahuatl Theater*. vol.1: Death and Life in Colonial Nahua Mexico. Norman: University of Oklahoma Press.

Smith, Mary Elizabeth 1973 *Picture Writing from Ancient Southern Mexico: Mixtec Place Signs and Maps*. Norman: University of Oklahoma Press.

Tedlock, Dennis (ed. and trans.) 1996 *Popol Vuh: The Mayan Book of the Dawn of Life*. New York: Simon and Schuster.

Wood, Stephanie 2003 *Transcending Conquest: Nahua Views of Spanish Colonial Mexico*. Norman: University of Oklahoma Press.

7장 신식민시대의 메소아메리카인

로버트 M. 카멕, 게리 H. 고센

독립에서 근대 초기에 이르기까지 메소아메리카 원주민들의 신식민지 역사를 종합적으로 분석하고자 한다면, 이와 같은 시도는 반드시 신중하게 계획되고 평가된 것이어야 한다. 이 시대의 시작은 현재 우리가 알고 있는 메소아메리카의 독립 국가들이 설립될 수 있게 했던 국가적 수준의 정치적 사건들로 명확하게 특징지어지는 것이 사실이다. 하지만 이 시대가 끝나는 시점(1910년에서 1940년에 이르는 상징적인 멕시코 혁명으로 대표되는 극단적 단절)은 모든 지역에서 동시에, 또는 동일한 방식으로, 또는 동일한 규모로 일어나지 않았다.

예를 들어, 과테말라에서는 20세기 중반의 혁명적 사건들이 발생함에 따라 19세기의 전형적으로 신식민지적인 정치적·사회적 사회 구조가 종결된 것으로 보인다. 따라서 이 장에서는 지역 전반에 걸쳐 유사한 방식으로 전개됐지만 결정적으로 상이한 연대기에 따라서, 그리고 국가별로 상이한 특징을 지녔던 후기식민지 질서에 대응하는 19세기와 20세기의 사회적·정치적 적응 과정을 살펴본다. 이 장 전반에 걸쳐 우리는 개별 국가들에 근거하기보다는 지역 전반에 걸쳐 일반적 추세와 유형을 검토할 것이다.

이 책을 아우르는 주제에 부합할 수 있도록 우리는 고대 메소아메리카를 계승하는 생물학적·문화적 후손들에 주안점을 둘 것이다. 앞서 살펴보았듯이 메소아메리카의 일관성 있는 사회 체제는 스페인의 식민통치로 인해 수백 개로 산산조각 났다. 식민시대 메소아메리카의 원주민들은 고립된 농촌 공동체로 격리되었고, 그곳에서 지역적·국가적 단위의 토착 지도권을 박탈당했으며, 식민지 지배 계급에 의해 극심한 착취를 당했다. 신식민시대에 등장한 새로운 크레올과 메스티소 지도자들, 그리고 그들 상당수가 주창하던 자유주의 개혁은 메소아메리카 원주민들에게 스페인 식민통치자들에 버금가는 착취를 초래했다. 소위 자유주의자로 불리던 이 집단들은 실제로는 스페인인들보다도 토착 문화에 더욱 비호의적이었다.

따라서 신식민시대 메소아메리카 토착민에 관한 우리의 이야기는 영광이나 승리의 무용담이 될 수 없다. 그럼에도 불구하고 우리는 메소아메리카의 문화적 전통이 줄곧 중요한 보유고가 되었고, 이를 토대로 지역 내 토착민들은 멕시코와 중앙아메리카의 독립 국가들 내부에서 종족적으로 서로 차별화되는 집단들로서 생존하기 위해 계속해서 투쟁할 수 있었음을 보여 줄 것이다. 또한 메소아메리카인들이 지역의 중요한 사회운동들에 구체적인 방식으로, 그리고 일반적으로 알려진 것보다 훨씬 더 많은 기여를 했음을 알려 주고자 한다.

1. 19세기의 사회사 : 독립에서 독재까지

1) 스페인으로부터의 단절

1810년에서 1825년 사이에 멕시코와 중앙아메리카에서는 도미노와 같은 연쇄적인 사건들을 통해 근대 국가들이 등장하게 되었고, 이 사건들 가운데 다수는 유럽에서 폭력적으로 시작되어 머나먼 반향과 같이 아메리카에 도달했다. 18세기 후반에 접어들며 신성로마제국이라는 천년왕국의 환상이 그 생명을 다하게 된다. 보편적인 로마 가톨릭 기독교 왕국을 설립하기 위해 국왕이 정치적·종교적 권위를 행사할 것을 의미하는 국왕의 신성권이라는 관념이 사라지고 있었다. 이에 따라 18세기 후반에 이르자 프랑스와 스페인은 북유럽의, 특히 영국으로 대변되는 신교도 국가들의 경제적·정치적 세력 확장에 시달리게 되었고, 동쪽의 러시아 왕국과 오토만 왕국으로부터 위협받게 되었다. 스페인계 아메리카인 크레올 지도자들과 지식인들은 1776년을 필두로 시작된 미국의 독립 운동에도 상당한 관심을 기울이고 있었다.

외부의 정치적·경제적 세력들과 더불어 계몽주의 사상이 세속 국가권력에서 개인과 집단이 권리와 자유를 행사한다는 관념을 주창하며 인기를 끌기 시작했고, 이들 요인이 결합되며 18세기 유럽의 정치 질서에 폭력적인 종말을 가져오게 된다. 1789년 프랑스 혁명과 잇따라 나폴레옹 전쟁이 대륙을 휩쓸게 되면서 이미 휘청대고 있던 스페인 부르봉 왕조는 1807년에 마침내 몰락하게 된다. 카를로스 4세의 양위(讓位), 나폴레옹의 군사점령과 패배, 1817년 매우 쇠약해진 스페인 페르난도 7세의 왕정복고 등은 스페인에 10년에 걸쳐 완전한 정치적 공백기를 초래했고, 이와 같은 상황에서 아메리카의 거대한 스페인 왕국들은 유럽과 철저히 단절하기 위해 스스로를 조직할 수 있었다.

미국 혁명과 프랑스 혁명 이데올로기는 라틴아메리카의 독립 운동(1810~1825)에서 의식을 일깨우기 위한 모범이 되었다. 하지만 라틴아메리카 역사에서 '민족주의 시기'는 특히 이투르비데의 멕시코-중앙아메리카 제국(1822~1823)과 시몬 볼리바르의 그란 콜롬비아 연맹(1819~1830)으로 대표되는 초기의 범-국가적 실험들로 특징지어졌음을 주목해야 한다. 비록 이 실험들은 실패했지만 통일이라는 이데올로기는 계속 남아 있었고, 특히 1823년부터 1839년까지 지속된 중앙아메리카 연맹에서 볼 수 있듯이 통일이 달성될 수 없게 된 시점에도 통일 이데올로기는 잔존했다(그림 7.1).

멕시코와 중앙아메리카의 민족주의는 스페인 제왕의 권위가 사라진 지역에서 스스로를 위한 안식처를 형성하려는 크레올들의 노력과 긴밀한 관련이 있었다. 스페인이 떠나자 권력을 손에 쥐게 된 크레올들은 자연스럽게 권력을 유지하려고 모색했다. 그들은 자신들이 스페인 식민 질서의 법정 추정 상속인이 되는 것이 이치에 맞는(적어도 스스로에게, 그리고 유럽과 미국에게 있어서) 국가를 형성했고, 이를 통해 목적을 달성했다. 크레올들이 주도권을 확보함에 따라 근대 메소아메리카 지역의 지도가 효과적으로 형성되었다.

멕시코 식민지 부왕령(viceroyalty)이 자리하던 곳은 새로운 지배 국가로 변모했다. 하지만 과테말라 총독령(Captaincy General of Guatemala)은 어쩔 수 없이 과테말라, 온두라스, 엘살바도르, 니카라과, 코스타리카의 소규모 국가들로 분할되었다.

19세기 초기 1분기에 메소아메리카에서 근대 국가들의 정치적 정체성이 형성되었다면, 본질적인 종족 구성은 국가로서 그들의 존재를 훨씬 앞서는 것이었다. 식민시대부터 멕시코는 누에바 에스파냐의 원형적인 메스티소 중심지로 부각되었다. 북부에서는 스페인 정착지들이 혼합되지 않은 상태로 중요한 생활권을 구성하고 있었고, 중부와 남부 및 서부의 상당 지역에 걸쳐 원주민과 메스티소 공동체들이 서로 효과적으로 분리된 상태로 존재하고 있었다. 특히 유카탄, 치아파스, 오아하카 등 멕시카 국가들에는 수천 개의 원주민 종족 촌락과 마을들이 존재했다. 유사한 인구학적 유형이 과테말라에도 적용되었다. 과테말라의 북서부 고지대와 중앙 고지대에는 원주민 인구가 압도적으로 많았고, 대규모 마을과 도시들

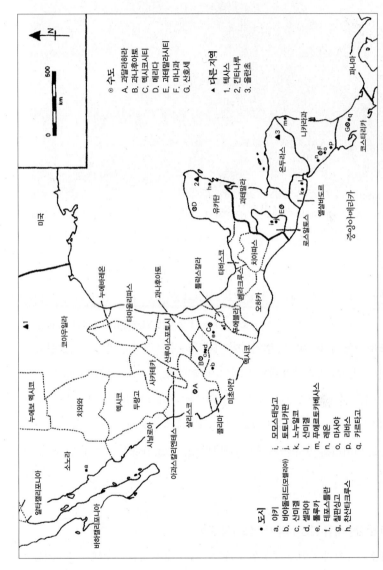

그림 7.1 독립 직후 멕시코와 중앙아메리카의 정치 구획들. 출처: Tamayo 1981: 365.

그림 7.2 19세기 과테말라 플랜테이션 농장에서 커피콩을 말리기 위해 바닥에 골고루 펴는 모습. 출처: Burns 1986: 118.

에는 메스티소와 크레올 인구가 많았다(그림 7.2).

태평양과 카리브에 인접한 과테말라는 원주민과 메스티소의 혼합 구조를 보였다. 1800년에 접어들어 과테말라 총독령의 관할 구역이었던 누에바 에스파냐의 식민지 남부 지역(엘살바도르, 온두라스, 니카라과, 코스타리카)은 본질적으로 메스티소적인 속성을 지니게 되었고, 이는 현재까지 지속된다. 예외가 있다면, 혼성적인 아프리카계 아메리카인들이 온두라스와 니카라과 및 코스타리카 동쪽 해안을 따라 상당수 분포해 있다는 점이다.

2) 중앙주의와 연맹주의 사이에서의 갈등

메소아메리카 지역의 새로운 국가들에서 한때 형성되었던 행정 중심지들은 효과적인 영토적·정치적 주권을 대체로 향유하지 못했다. 그 원인으로는 인구학적인 요소도 작용했다. 이 지역의 새로운 국가들 대부분은 일련의 비연속적인 핵심 거주 구역들을 보유하고 있었고, 이 구역들은 거대한 배후지들로 분리되어 있었다. 이처럼 비연속적이고, 응집된 거주 유형은 정치적으로 다양한 방식으로 지역주의가 표출되게 했는데, 그 이유는 권위 체계가 사실상 국가적이기보다는 지방적 색채를 지니고 있었기 때문이었다. 따라서 새로운 국가는 어떤 점에서는 허구에 가까웠다. 중앙 정부는 의사소통이나 운송 체계를 보유하지 못했으며, 국가의 권위를 효율적으로 행사하기 위해 필요한 정치적 통제력도 보유하지 못했다.

따라서 지역주의는 국정운영 모델로서 연방주의라는 중요한 추세와 연관되어 있었다. 하지만 강력한 크레올 엘리트들은 오래된 수도 도시와 각 주의 수도에 거주했다. 토지와 군대 및 교회의 이해관계로 구성된 이들 구(舊)귀족층은 친족 유대와 상호 이해관계로 맺어져 있었다. 국가와 주의 수도들을 근거지로 하는 그들의 권력 기반은 정치적으로 중앙 권력을 선호했는데, 이러한 유형의 권력은 보수적이고, 친교권주의적이며, 대규모 토지 소유제의 이해관계에 호의적인 성향을 지녔기 때문이다. 중앙주의적 요소들은 정치적으로도 보수적인 형태로 표출되었으며, 권력과 전통이 현명함을 가져다주기 때문에 이 두 세력이 통치해야 한다는 견해를 고수했다.

군대와의 연합은 중앙집권적 정치 전략에서 중요한 부분을 차지했는데, 군사적 억압은 보수주의자들의 통치권 강화를 위한 효과적인 방법이었기 때문이다. 보다 자유주의적인 '연방주의자들'은 중앙주의적 관점에 회의적이었다. 이들은 일반적으로 미국식 모델을 따랐는데, 이는 지역적 기반에 근거해 합의가 형성되고, 중앙 정부가 정책 형성 단위라기보다는 보다 관료적이고 제례적인 단위가 되는 체제이다. 연방주의는 자기이익을 개인주의적·지역주의적으로 표출하는 것을 중요시한다는 점에서 정치적으로 자유주의적인 경향이 있었다. 연방주의 정치 형태는 토지 소유

귀족층 가운에 하층에 속하는 사회적·경제적 분파들이 정치적인 표현을 할 권리, 토지와 교육을 획득할 권리, '사회 진보'에 일반적으로 참여할 권리를 지닌다는 것을 의미했다.

연방주의와 자유주의는 멕시코의 베니토 후아레스 대통령 직위 기간(1854~1862; 1867~1872, 그림 7.3)과 과테말라의 후스토 루피노 바리오스 대통령 직위 기간(1873~1885, 그림 7.4)과 전형적으로 가장 밀접하게 관련되어 있다. 또한 이 지도자들은 세속 국가를 선호하고, 가톨릭 교회의 법적·경제적 권력 감소를 선호하는 경향이 있었다. 멕시코의 보수파 엘리트들은 자유주의 개혁에 매우 강한 반감을 드러냈고, 외국의 지원을 필사적으로 구했다. 그리고 그 결과 프랑스는 독자적인 이유를 내세워 오스트리아의 막시밀리안 대공을 앞세워 멕시코에 짧고도 불운한 군주를 세우게 되었다(1867~1872).

연방주의 모델과 중앙주의 모델 사이에서의 갈등은 19세기 멕시코에서 코스타리카에 이르는 지역 전반의 정치적 삶을 결정하는 핵심적인 쟁점이 되었고, 신식민지 메소아메리카의 주된 특성 가운데 하나였다. 이러한 유형의 갈등으로 가령 후아레스와 바리오스 시대와 같이 자유주의적·연방주의적 모델이 중앙 정부로부터 지역 정부로 경제적·정치적 권위를 분산시키도록 유도했던 자유주의적 '개혁'의 시기가 도래하기도 했다. 중앙주의 시기에 중앙주의와 연방주의가 서로 갈등하게 되면서 도심지와 도심지의 항구 도시 접근권을 강조하는 경향으로 이어지기도 했다. 배후지에 대한 관심은 그 경제적 효율성에 국한되어 있었고, 이는 배후지가 국가의 문화적·정치적 삶에 단 한 번도 완전히 통합되지 못하게 되는 결과로 이어졌다.

도시와 시골의 사회적·경제적 관계는 더욱더 일방적인 관계로 변해 갔다. 시골의 부가 도시와 외국으로 유입되었고, 위상과 특권 및 발전에

그림 7.3 멕시코의 위대한 자
유주의 개혁자였던 베니토 후아
레스의 초상화. 출처: Magner
1968.

그림 7.4 과테말라의 자유주의
통치자였던 후스토 루피노 바리
오스의 초상. 출처 미상.

있어 우선순위가 도시로 집중되었다. 이와 같은 현상은 멕시코의 중앙주의자였던 안토니오 로페스 데 산타 아나 대통령의 장기간 통치 기간에 해당했던 1848년에 멕시코가 영토의 절반을 미국에 빼앗기게 된 사건과도 상당한 관련이 있었다. 미국 히스패닉 남서부의 기원을 이해하기 위해서는, 산타 아나와 그의 보수주의자 지지자들이 경제적·인구학적 이유로 멕시코의 극북부와 그 지역 거주자들을 국가적 이익과는 무관한 것으로 간주했던 사실을 인식할 필요가 있다. 그들에게 있어 우선순위는 도시 배후지에 있었고, 특히 멕시코 중앙분지의 농업, 목축업, 광물 자원에 있었다.

메소아메리카 지역에서 중앙주의와 연방주의라는 양극단은 국가적 삶의 다른 측면들과도 관련되어 있었다. 중앙주의 모델은 이미 지배적인 도심 지역과 대규모의 자본집약적이고 노동집약적인 농업 생산에 적합한 지역을 경제적으로 발전시키고, 더 나아가 이들 지역에 적합한 상업적 하부시설(통신과 교통)을 세우는 데 주안점을 두었다. 연방주의 모델은 보다 광범위한 사회 부문의 정치적·사회적 참여를 확대하는 데 중점을 두었다. 하지만 중앙주의와 연방주의는 모두 경제 성장과 응용과학을 통한 진보의 '실증적' 의제에 헌신한다는 점에서 일치했다. 두 모델 모두 국가의 수도와 주를 주된 단위로 해서 크레올 체제가 국가적 삶을 지배할 수 있도록 새로운 기회를 제공했다. 농촌과 도시의 빈민들은 대부분 메스티소와 원주민이라는 종족적 배경을 가지고 있었으며, 신식민지 체계에서 그들은 식민시대 후반의 수년 동안 겪었던 것보다도 경제적·사회적으로 더욱 극심하게 주변인의 처지에 내몰리게 되었다.

새로운 국가들은 일반적으로 그 구성에 있어 프랑스와 미국의 모델을 따랐지만, 그 정치적 전통에 있어서는 강력한 민주주의적 특징을 지니지 못했다. 그들은 오히려 사적이고 권위주의적이었으며, 강력한 군사적 하부구조가 형성되어 독자적인 정치적 체제를 갖추게 되는 경우도 빈번했다. 장기 집권 독재자였던 과테말라의 라파엘 카레라(1844~1865)와 멕시코의 포르피리오 디아스(1872~1910)가 그 사례이다. 이와 같은 체제의 근원은 보다 구시대의 식민사회 구조에서 쉽게 찾아볼 수 있으며, 강력한 하부구조는 새로운 크레올 카우디요('강력한 지도자')에 의해 사실상 점유되었다. 식민 체제와 독립 이후 식민 체제의 유산인 자유주의적·보수주의적 신식민지 구조에서 군대는 항상 정치권력의 재량에 놓여 있었고, 정치권력의 통치권을 보호하고 보증하기 위해 복무했다.

이처럼 군사력과 결탁한 권위주의적이고 사적인 통치권이라는 전통은 한 명의 개인, 즉 카우디요의 카리스마적 지도력에 근거했다. 일반적으로 군대의 후원은 상호호혜적인 편의 제공을 통해 이루어졌다. 메스티소들은 군사적 경력을 통해 사회적·경제적으로 신분 상승을 꾀할 기회를 부여받았고, 이는 군대가 카우디요를 순종적으로 지지하게 되는 주된 동기로 작용했다. 이는 야심찬 메스티소들이 상대적으로 진입이 불가능한 크레올 귀족 정치의 사회 연결망으로 비집고 들어가기 위한, 그리고 새로운 전문가 계급이 되기 위한 유일한 성공 비법이 되기도 했다. 크레올 집단은 그들의 정치적·경제적 권력의 입지를 확고히 다지기 위해 군대를 필요로 했다. 이를 위해 크레올 집단은 비용을 치러야 했고, 구체적으로 군대에 각종 특권을 허가했으며, 상당한 수준의 보수를 제공했을 뿐만 아니라 상호 혼인을 통해 군 지도층이 자신들의 가족 연결망에 진입할 수 있게 보장해야 했다. 신분 상승을 지향하던 메스티소 군대 관리들은 이와 같은 방식으로 크레올 지도층과 경제적·정치적·사회적으로 연합했다. 지방의 맥락에서 카우디요는 카시케로 나타났으며, 이는 공동체 단위에서 형성된 비민주적이고 권위주의적 통치자의 소규모 유형에 해당한다(카시케로 알려진 식민시대의 토착 엘리트 계층과 혼동하지 않도록 주의하라).

사적인 지방 권력을 대변하는 카시케 체제가 메스티소 공동체와 원주민 공동체들을 특징지었고, 원주민 공동체에서 카시케 체제는 식민시대 제왕을 위해 중간 매개자, 노동력 공급자, 공물 징수자로 근무하는 대신 특권과 공물 체계 면제권을 향유했던 구시대 원주민 지도층 가문의 후손들이 포함되어 있었다. 카우디요 제도로 지역과 국가 단위에서 그랬던 것과 유사한 방식으로, 소규모 강자가 독식하는 봉토 제도가 발전하게 되면서 각 지방에서는 카시케를 통해 대부, 법적 조력, 혼인 주선, 일자리 제공, 필사 업무 등과 같은 특혜가 제공되었고, 이를 매개로 하는 호혜주의가 사회 체제 전반의 촉진제로 작용했다.

카우디요와 카시케는 콤파드라스고(대부모) 제도를 통해 그들의 하급자들과 의례적인 친족 관계를 맺기도 했으며, 세례식에서 피보호자 자녀의 대부, 후원자, 보호자가 되었다. 그 대가로 피보호자는 지방의 여러 사안에서 후원자가 특권과 완전한 정치권력을 유지할 수 있도록 절대적인 충성을 보여야 했다. 이와 같은 식민지주의적 방식의 지방 정치권력은 종종 비공식적인 성격을 지녔지만, 그럼에도 국가 정치의 흥망성쇠에, 더 나아가 지방의 안정성을 보장하기 위한 효과적인 방법으로 드러났다.

3) 실증주의와 발전을 위한 초기의 시도

독립 운동의 지적 세계와 잇따른 국가적 의제와 우선순위의 형성은 프랑스 실증주의로부터 강력한 영향을 받았다. 프랑스의 실증주의는 과학과 이성을 통한 필연적인 진보와 근대화라는 이상을 강조했던 세계관이었으며, 동시에 정책틀로 작용했다. 일반적인 사회 진화라는 이상을 밀접히 따르던 이들 모델은 유럽에서 발생한 것이었고, 모방의 대상이 되었다. 라틴아메리카는 권력, 진보, 번영의 세계적 위계질서에서 '뒤쳐져' 있었고, 따라서 '따라잡아'야 한다고 생각되었다. 멕시코와 중앙아메리카의 크레올들의 관점에서 볼 때, 이러한 이상적 가치들을 획득하기 위해서는 그들의 후진적 지역의 경제 발전이 가장 절실했다. 따라서 19세기 이 지역의 정부들은 자유주의 정부이거나 보수주의 정부이거나 관계없이 핵심적인 정책으로 자본주의 발전을 수용했고, 그 규제를 최소화했다. 경제 발전이 야기할 것들은 그것이 도시 발전이든, 수출 시장을 위한 생산의 증가이든, '문명화'이든 모두 좋은 것이라고 여겨졌다. 이는 숙련된 기술자를 양성하기 위한 교육과 이들 집단의 사회적 유입의 확대가 바람직하다는 인식의 확대를 의미했다. 하지만 그 정도는 '진보'가 구시대 크레올 지도층의 특권에 기여하는 한도 내에서만 허용되어야 했다.

구시대 크레올 지도층은 경제 발전과 근대화를 위한 열망으로부터 직간접적으로 혜택을 누렸지만, 이와는 대조적으로 메스티소와 원주민 빈민은 가장 큰 손실을 겪게 되었다. 이들이 인구의 압도적인 다수를 차지함에도 불구하고, 권력 구조는 이들의 존재를 점차 완전히 배제하게 되었다. 반면 새롭게 등장한 사회집단인 시엔티피코(científico, '과학자' 또는 '기술자')들은 놀라운 성공을 거두었다. 일부 사례에서 그들의 성공은 구시대 크레올 지도층의 특권을 능가하는 수준이었다. 19세기 후반에 접어들자 북미와 영국계 회사들이 철도와 전신 시설을 전적으로 소유하게 되는 사례가 드물지 않게 발생했다.

과테말라에서 커피 생산이 대량 확산되면서 거대한 규모의 토지가 그 영향권에 놓이게 되었는데, 이 토지들은 새로 정착한 독일 이주민들의 소유였다. 북미의 회사와 개인들은 멕시코 철도 하부시설과 유카탄의 용설란(일반적으로 에네켄으로 알려짐 ──옮긴이) 대농장을 대부분 통제했다. 심지어 코스타리카는 북미 공학자로 고지대와 대서양 항구 도시인 리몬을 연결하는 철도를 건설했던 마이너 키스에게 철도에 대한 거의 완전한 경제적 통제력을 허용하기까지 했다. 그들은 누구의 편이었을까? 그들이 장래의 소작인들과 대농장 노동자들의 편이 아니었던 것은 분명하다.

자유주의와 실증주의 이데올로기는 사회 진보와 경제 발전을 명목으로 내세우면서, 농촌의 수백만에 이르는 메스티소와 원주민 빈민들을 추방했다. 그들의 전통적인 토지 기반이 침식되었고, 이는 공동 재산의 사유화와 현금화를 위한 공동 재산의 처분을 장려했던 정부 정책들로 촉진되었다. 수출을 위한 생산에 열광하게 되면서 원주민과 메스티소 농민들의 소규모 토지 소유가 잠식되었고, 이들 소유의 토지를 노골적으로 착복하도록 조장하는 정부의 정책들이 시행되었다. 지금까지는 변방으로 간주되었던 토지가 갑자기 미국의 수출 시장에 커피, 용설란, 바나나, 쇠고기를 생산하려는 목적으로 중요성을 지니게 되었다. 농촌 빈민은 생계 수단을 박탈당하게 되었고, 수백만 명이 대규모 소 방목장과 상업 농업 농장에 배속되었다. 이는 본질적으로 식민지적 부채 노역 체제로의 귀환을 의미했다. 집과 음식 및 긴급한 현금을 확보하기 위해 이 노동자들은 빚을 지게 되었고, 임금으로는 상환이 불가능한 지경에 이르렀다. 회사에 부속된 상점은 농노제의 대행 기관이 되었다.

이러한 위협을 견디고 살아남은 밑동이 잘리고 빈곤에 내몰린 원주민 공동체들이 따라서 의무적인 계약 관계를 제외한 일련의 사안에 있어서 국가 기관들과의 접촉을 줄이거나 회피했다는 점은 놀라울 것이 없다. 특히 과테말라와 멕시코에서는 스페인 국왕의 방침에 따라 식민시대에 발전했던 시민·종교 공동체 조직들이 새롭게 중요성을 지니게 되었고, 이들은 지방과 종족에 따라 고도로 고립된 속성을 지녔다. 원주민 공동체를 식민지 사회에 통합하고자 설립되었던 제도들이 신식민지 후기독립시대에는 국가적인 삶에서 이들 공동체의 참여를 배제시키도록 조장하는 기제로 작용했다는 모순에 주목할 필요가 있다.

그럼에도 학자들은 소위 '닫힌 공동체'(closed corporate)라는 개념에 주목해 왔다. 원주민 공동체는 식민시대에 한 번도 완전히 닫힌 적이 없었던 사회 조직 형태였고, 19세기의 격동기에는 폐쇄성이 더욱 감소했다. 설령 닫힌 공동체가 존재했다 하더라도, 멕시코의 포르피리오 디아스와 같은 자유주의 독재자들이 추진하는 극적인 정치적·경제적 변화들로부터 닫힌 공동체를 방패 삼아 원주민들이 그 안에서 고립되어 생존할 가능성은 급속도로 사라지고 있었다.

추방된 농촌 사람들은 이미 원주민 공동체 구역으로부터 벗어난 상태였고, 그들의 주된 선택은 도시로의 이주였다. 이는 침식당한 그들의 공동체로부터 직접 이주하는 형태로, 또는 아시엔다와 농장을 경유해 간접적으로 이주하는 방식으로 이루어졌다. 수많은 농촌 사람들이 도시, 특히 주요 도시와 각 주의 수도로 피신했으며, 이 도시들은 중앙주의자 정부와 연방주의자 정부의 우선순위를 차지했던 경제적 '진보'의 진정한 수혜자였다. 도시와 도시 주변에서는 육체노동과 서비스 분야에서의 고용을 위한 실질적인(그리고 때로는 허구적인) 공급원을 찾을 수 있었다. 따라서 신식민지의 실증주의와 자유주의의 수확물 가운데 하나는 농촌과 도시의 새로운 프롤레타리아트(무산계급) 집단의 형성이었다.

따라서 멕시코와 중앙아메리카의 도시들이 엘리트로 구성된 핵심 지역과 근교, 그리고 노동 계층과 빈민으로 구성된 바리오(빈민촌——옮긴이)가 현재의 모자이크 형태로 결합되게 된 것은 이 시기에서 들어서였다. 또한 멕시코를 미국의 시장에 연결시키기 위해 미국이 계획적으로 건설했던 새로운 교통 연결망으로 인해서 미국은 도시와 농촌의 빈민들, 특히 멕시코 빈민들에게 인기 있는 행선지가 되었다.

그들은 대개 미국 남부, 서부, 남서부에서 성장하고 있던 상업 농업 경제 부문에서 일자리를 구했다. 거대하게 확장되고 있던 미국의 철도 연결망 역시 멕시코 노동자들에게 고용의 기회를 제공했으며, 덴버, 시카고, 필라델피아, 캔자스시티 등에서 상당한 규모의 멕시코계 미국인들의 공동체들이 형성되었다. 따라서 우리가 이 장에서 논의하고 있는 사건들이 수많은 미국 도시들에, 그리고 오늘날 선벨트로 알려진 광대한 지대의 인구학에 상당히 직접적인 영향을 미치게 되었던 것이 분명하다.

실증주의의 물결을 따라, 그리고 수출을 위한 농업 생산이 확산되고 그 결과 경제가 성장하게 되면서 멕시코와 중앙아메리카에 외국 자본이 대폭 유입되었다. 외국인들이나 새로운 부유층 이주민들이 생산 단위(소방목장, 용설란, 바나나, 목화, 커피 농장들)를 비롯해 가공과 운송 시설을 전면 통제하는 사례가 빈번하게 발생했다. 중앙주의이건 연방주의이건, 보수주의이건 자유주의이건 관계없이 정부는 이러한 현상을 무해한 것으로 방관하는 경향이 있었다. 그 이유가 무엇이었을까? 외국의 통제력은 진보를 위한 경제적 변화를 위해, 그리고 상업적 하부시설(철도, 발전소, 전신체계 등)을 확보하기 위해 치러야 하는 작은 대가로 보였기 때문이다. 물론 반어적인 사실은 당시 형성되었던 외국의 통제권이 현재까지도 이 지역의 대부분에 여전히 적용되고 있다는 것이다. 이와 같은 발전 방식은 대륙이 산업 제품과 기술력의 생산을 위한 자급 능력을 확보하지 못하면서도, 산업적인 체제를 갖춘 유럽과 미국에 섬유, 식품, 고기, 광물을 제공하도록 유도했다.

2. 메소아메리카인들과 독립 운동

멕시코와 중앙아메리카의 독립 운동을 주도한 세력은 원주민 농민과 다수의 메스티소 집단에 대한 정치적 통제력을 보유하려는 크레올들이었다. 크레올들은 원주민 농민과 메스티소들을 통제하지 못할 경우, 그들이 식민주의 통치에 반란을 일으킬 것이며, 진정한 혁명적인 변화를 야기하게 될 것이라는 두려움을 가지고 있었다. 이는 그들의 관점에서 볼 때는 정당한 두려움이었는데, 독립의 시점에 메소아메리카 지역에는 200만 명 이상의 메스티소들과 거의 500만 명에 이르는 원주민들이 살고 있었던 반면, 크레올들의 숫자는 12만 명 정도에 그쳤기 때문이다. 이제 살펴보겠 지만, 실제로 멕시코 독립 직전에 수천 명의 원주민과 메스티소들은 부유 층과 빈민층 간의 계급 전쟁으로 비화할 수 있을 정도로 폭발력을 지녔던 주요 봉기들에 참여했었고, 거의 비슷한 시기에 중앙아메리카에서도 이 와 유사하지만 보다 소규모의 봉기들이 발생했었기 때문이다.

1) 이달고와 멕시코 독립 운동

멕시코 독립 운동의 위대한 영웅은 미겔 이달고 신부였다. 매년 9월 15일 이 되면 멕시코 대통령은 대통령궁 발코니에 서서 "멕시코인들이며, 멕 시코여, 영원하라"라는 이달고의 전설적인 외침을 반복하고, 그때마다 이 달고의 이름은 되살아난다. 1810년 9월에 바히오(중앙분지 북쪽)의 돌로 레스 교구의 사제였던 이달고는 스페인 왕실의 프랑스인 강탈자들에 대 항하여 반란을 일으키도록, 그리고 독립을 위해 싸우도록 그의 추종자 들을 선동했다. 이달고 신부는 크레올이었고(그의 아버지는 스페인인이었 다), 독립을 위한 그의 외침은 지배 세력인 반도인들(스페인인들, 가추피네 [gachupine]로도 알려짐)에 대항해 대체 세력이 되기 위한 크레올 집단의 대중적인 활동 계획의 일환이었다.

1810년 바로 그날 이달고를 추종하던 그의 무리들, 그리고 이후 수개 월 동안 그의 대의에 동조하던 수만 명의 사람들은 대부분 원주민과 메스 티소로 구성되어 있었다. 그들은 훨씬 더 극단적인 목적을 내세웠는데, 공 물, 강제 노동, 차별, 무토지 상태, 정치적 예속을 끝장내자는 것이었다(그 림 7.5, 다음 설명에서 언급되는 장소들은 그림 7.1을 참조하라). 여러 가지 방 식에서 그들의 목표는 글상자 7.1에서 설명하고 있는 당시의 스페인에서

그림 7.5 미겔 이달고와 그의 추종자 집단을 묘사한 후안 오고르만(Juan O'Gorman)의 벽화. 출처:미주기구, 콜럼버스 기념 도서관(Organization of American States, Columbus Memorial Library).

형성되고 있었던 자유주의 헌법과 일관성을 가진다.

이달고는 동정녀 과달루페의 형상이 새겨진 깃발을 흔들며 수백 명의 반란군을 이끌고 돌로레스를 점령했다. 이어 그의 크레올 군사령관이었던 이그나시오 아옌데의 고향인 산미겔을 쟁탈한 다음, 신속하게 셀라야 마을까지 손에 넣었다. 당시 이달고는 '아메리카의 총사령관'이라는 직함을 얻게 되었고, 그가 이끄는 세력은 2만 5천 명을 넘어섰다. 이달고의 부대는 과나후아토의 부유한 광산 중심지로 진군했다. 이에 과나후아토에 거주하던 스페인인들은 마을 곡물창고로까지 피신했으며, 마을은 이달고의 성난 무리에 습격당하고 황폐화되었다. 그 과정에서 적어도 반란군 가운데 2천 명 이상의 사망자가 발생했으며, 그 앙갚음으로 반란군은 곡물창고에서 발견한 400명에서 600명에 이르는 남자들과 여자들 그리고 아이들을 난도질해 살해했다. 이달고의 냉혹한 전사들은 마을을 약탈했고, 가치가 있는 물건들은 모조리 강탈했다. 그리고 얼마 지나지 않아 이달고의 무리는 바야돌리드(나중에 모렐리아로 불리게 된다)를 점령했으며, 당시 가담자의 수는 8만 명에 이르렀다.

세력이 확대됨에 따라 마침내 이달고는 스페인 식민 체제의 수도이자 본거지였던 멕시코시티로 반란군 병력을 보냈다. 반란군은 톨루카와 멕시코시티 사이에 위치한 산악 지대에서 스페인 파견부대와 맞서게 되었고, 이들은 비록 소규모이지만 군사적인 훈련을 받은 병력이었다. 이 전투에서 스페인 파견군은 반란군 측에 2천 명에서 4천 명에 이르는 매우 많은 사망자를 초래하게 했다. 결국 이달고는 수도로 진군하지 않기로 결심하게 됐으며, 대신 반란 세력을 이끌고 과달라하라로 향했다. 도시는 전투 없이 점령되었고, 반란에 합류한 이들은 도시에 거주하던 수백 명의 가추피네들을 조용히 처형했다. 뒤이어 반란 세력은 인근 원주민 공동체와 크레올 아시엔다에서 수천 명의 새로운 전사들을 모집했다.

반란 세력의 과달라하라 점령이 있고 나자 상황은 점차 이달고 측에 불리한 방향으로 전개되기 시작했다. 대부분의 크레올들은 이달고의 운동을 '카스트(caste) 전쟁'으로 간주하기 시작했는데, 다시 말해 원주민과 가난한 메스티소가 한편이 되어 사활을 걸고 백인과 다투는 전쟁으로 생각했다. 이에 크레올들은 스페인인들의 편에 섰으며, 이들 중에는 본래 이달고의 운동에 참여했던 이들도 포함되어 있었다. 잔혹한 펠릭스 카예하 장군의 지도하에 스페인 세력은 과나후아토를 탈환했고, 반란군의 취지에 동조한 혐의를 받은 이들을 모조리 처형했다. 그다음 스페인 세력은 과달라하라로 진군했다. 이에 이달고는 자신의 거대한 추종자 세력을 전부 동원해서 과달라하라를 방어하기로 결정한다. 반란군과 스페인 부대는 풀이 무성하게 덮인 도시 외곽의 평야에서 전투를 벌였고, 그 와중에 스페인의 포탄이 이달고의 탄약차 한 대를 가격했다. 탄약차가 폭발하면서 수많은 반란 전사들이 목숨을 잃었고, 평야는 이내 불길에 휩싸였다. 이달고는 후퇴해야 했으며, 1천 명 이상의 전사들의 목숨을 내어 주어야 했을 뿐만 아니라 과달라하라에 대한 통제권을 포기해야 했다.

반란 세력은 북쪽으로 피신했다. 여기에서 군사령관 아옌데는 이달고로부터 군사 통제권을 빼앗았고, 미국 방면 국경에 배치되어 있던 아군에게 도움을 청하기 시작했다. 하지만 얼마 지나지 않아 이달고와 아옌데는 이전의 반란군 중령에게 배신을 당하게 되며, 스페인 세력이 짜둔 함정에 걸려들게 된다. 이 두 지도자들은 과달루페 성모 바한(Our Lady of Guadalupe Baján)이라고 불리는 작고 황량한 마을에서 생포된다. 이달고는 치와와로 이송된 다음, 심문을 당하고 사제직을 박탈당했으며, 1811년 7월에 처형됐다. 이달고는 다른 반란 지도자들과 함께 참수형을 당했고, 그의 머리는 과나후아토의 곡물창고 지붕의 네 모퉁이 가운데 한 곳에 매달린 철장에 담겨 전시되었다. 독립이라는 이념은 여전히 매우 생생하게 남아 있었지만, '카스트 전쟁'의 주된 위협은 당분간 제거되었다.

당시 이달고의 반란은 일반적으로 원주민 봉기로 간주되었고, 이것이 크레올들이 그토록 신속하게 운동에 등을 돌렸던 이유 중 하나였다. 원주민들, 즉 '인디오'(indio)들을 지칭하기 위해 사용되었던 용어는 매우 모호했으며(사실 멕시코에서 이 용어는 여전히 모호하다), 이와 같은 명칭에는 빈민, 최하층 계급, 농촌의 메스티소들이 포함되었다. 실제로 이달고의 남루한 '군대'는 원주민뿐만 아니라 메스티소, 물라토, 농촌의 메스티소들을 포함했다. 그렇지만, 바히오와 멕시코 서부의 수만 명의 원주민들이 이달고의 지도하에 무장했다는 점은 주목할 필요가 있다. 우리는 이들 원주민의 종족적 정체성에 대해서는 거의 알지 못한다. 하지만 그들 내부분은 나우아어와 오토미어 사용자들이었던 것으로 보인다. 운동에 반대하는 세력들은 이달고 원주민들을 '치치메카인들'이라고 부르며, 멕시코 중앙지대와 남부 지대의 문명화된 원주민들과는 매우 상이한 야생의 미개인들이었다고 주장했다. 하지만 이보다는 그들이 비록 북서부 주변부 지역에 한정되지만 한때 스페인 정복 이전 메소아메리카 세계의 일부를 구성했던 원시적 집단들의 후손이라는 설명이 보다 설득력이 있을 것이다(이 주변부 지역에 대한 정보는 3장을 참조하라).

멕시코 중부와 남부 지역에 위치한 바히오 남쪽 지역의 토착민들은 이달고의 무기를 들라는 요청을 대부분 거부했다. 역사학자 존 투티노는 이들의 거부가 이달고 세력이 멕시코시티를 점령하는 데 실패했던 주된 원인으로 작용했다고 주장한다(Tutino 1986). 수도로 행군하던 반란 세력은 톨루카나 모렐로스 등의 도시를 경유했지만, 이 지역의 원주민들로부터 전사를 공급받지 못했고, 그 어떤 보급품도 지원받지 못했다. 이 지역 원주민들은 전통적인 공동체 조직을 보유하고 있었고, 인접한 아시엔다들과 안정적인 공생관계를 이어 갔다. 이곳에서 원주민들은 아시엔다의 운영에 필요한 노동력의 상당 부분을 제공했고, 그 대신 아시엔다는 원주민들의 지방 자율권과 일정한 한계하에 공동체 토지를 보장했다. 따라서 원주민들이 수도 근방에 위치할수록 그들은 강력한 농민 공동체와 전통적인 메소아메리카 문화를 유지할 수 있었다. 따라서 그들은 이달고에 동조했던 바히오와 과달라하라의 원주민들과는 극단적으로 대조적인 모습을 보였다. 반면 후자는 그들의 공동체를 붕괴시키고, 건강한 신체를 가진 이들을 프롤레타리아로 전락시킬 뿐만 아니라 전통적인 메소아메리카 문화를 파괴하는 저항할 수 없을 정도로 강력한 상업적인 세력들에 종속되어 있었다. 이와 같은 연유에서 이들은 이달고의 운동에 매료되었고, 설령 운동에 참여한다고 해도 멕시코 분지 근방에 거주하던 원주민 공동체와 비교해 이들이 잃을 것은 훨씬 적었다.

이달고를 따르던 북부와 서부 지역의 수천 명의 원주민들은 그를 카리스마적인 종교 지도자로 여겼고, 그가 그들의 억눌린 사회적 상황을 대변하고 있다고 생각했다(이달고는 글상자 7.1에서 소개한 스페인어 헌법 선언문을 초칠어로 번역한 치아파스의 수도사와 다를 바가 없었다). 이미 언급한 대로, 이달고는 원주민들에게 매우 중요한 의미를 지녔던 과달루페 성모를 운동의 핵심적인 상징물로 채택하는 방식으로 원주민들의 종교적 성향을 수용했다. 또한 보다 실질적으로 이달고는 돌로레스의 주교로서 원주민을 돕기 위한 일련의 '개발' 사업들을 시행했던 것으로 널리 존경을 받았다. 원주민들이 자율적으로 운영했던 이 사업들 가운데에는 상업적인 도자기 제조, 누에 양식, 와인 생산을 위한 포도 재배, 기름 생산을 위한 올리브 재배 등이 있었다.

이달고는 그의 운동을 '국토 수복'이라고 불렀고, 스페인 정복자들이 원주민들에게 가했던 악행들을 비록 일부이지만 되갚는다는 의미가 있다고 주장했다. 그리고 이러한 주장은 바히오 원주민들의 심금을 울렸다. 그는 많은 이들이 증오하던 공물 납부 제도를 폐지하고, 원주민에게 토지를 반환(이달고의 원주민들은 전쟁 중에 스페인인들에게서 빼앗은 재산을 소유할 권리가 허용되었다)해야 한다는 주장에 호의적인 입장을 보였다. 이달고는 혁명적이지 않았으며, 우리는 그의 운동이 얼마나 원주민을 위한 것이었는가를 과장하지 않도록 주의해야 한다. 하지만 원주민들은 그가 그들의 편에 있다고 믿었고, 충직한 또는 심지어 광신적인 추종자가 되었다.

멕시코에서 이달고의 독립 운동은 그의 사후에도 다른 이들에 의해, 특히 미초아칸 지역의 또 다른 교구 사제인 호세 마리아 모렐로스에 의해 계속 수행되었다. 모렐로스를 추종하는 이들은 원주민보다는 주로 메스티소와 물라토들로 구성되었으며, 주로 미초아칸과 게레로 지지대 지역에 위치한 아시엔다들에서 일하던 일용직 노동자들이 중심이 되었다. 사실 모렐로스는 그의 추종자들에게 '인디오'라는 용어를 사용하지 못하도록 금지시켰는데, 그 용어가 식민지 카스트 제도를 지속시키는 데 한몫 했다고 생각했기 때문이었다. 그럼에도 오아하카를 점령하고 약탈하는 과정에서 그는 믹스테카 원주민들의 강력한 지지를 받았다(Reina Aoyama 2004: 96ff). 모렐로스는 멕시코가 그 토착적인 메소아메리카의 선조를 숭배하게 되기를, 그리고 그 안에서 토착민들이 정당한 위치를 차지할 수 있게 되기를 꿈꿨다. 이러한 맥락에서 모렐로스는 1813년 칠판싱고(게레로)에서 전개되었던 반란 세력의 입헌회의에서 다음의 성명서를 발표했다.

목테수마, 카카마친, 콰우테목, 시코텐카틀, 칼손친의 영혼들이여! 8월의 이 의회를 자랑스럽게 지켜봐 주시고, 당신들의 자손이 당신들을 모욕한 이들을 응징하기 위해 회합한 이 행복한 순간을 경축해 주십시오! 1521년 8월 12일 이래로 이제 1813년 9월 8일이 다가옵니다! 그 첫째 날 멕시코의 테노치티틀란에서 우리를 노예로 예속하는 사슬이 조여졌습니다; 이제 그 둘째 날 칠판싱고에서 그 사슬은 영원히 끊어질 것입니다. ······ 그렇게 우리는 멕시코 제국을 되찾을 것입니다(Cumberland 1968: 125)!

모렐로스의 전사들은 이달고의 무리보다 훨씬 규모가 작았고, 스페인인들과 그들의 크레올 협조자들에게 한 번도 심각한 위협을 가한 적은 없었다. 이달고와 마찬가지로 모렐로스는 멕시코시티로 진군을 시도했지만, 그 역시 중앙분지 인근 지역의 원주민 농민들로부터 지지를 획득하는데 실패했다. 100년 후에는 멕시코 혁명의 중심지가 될 현재의 모렐로스 주(독립 영웅 모렐로스를 따라 이름 지어진)에서조차, 나우아어 원주민들은 자신들의 공동체에 남기를 선택했고, 독립 세력들의 폭동에 대체로 동조하지 않았다. 모렐로스는 1815년 스페인인들에게 생포되어 처형당했다.

모렐로스가 처형당하자 이제 멕시코의 독립 운동은 보다 보수적인 크레올 지도자들의 손에 넘어가게 되었다. 그들은 이달고와 모렐로스와 같은 '혁명적' 반란자들을 두려워했을 뿐만 아니라, 스페인의 자유주의 개혁가들까지 두려워했다. 이 크레올들은 독립을 위한 그들의 보다 온건한 계획에 원주민과 메스티소를 위한 사회 정의가 포함될 것이라며 남아 있는 반란군 지도자들을 설득했다. 크레올 출신의 군부 관리였던 아구스틴 데 이투르비데의 지도하에 크레올들은 1821년 9월에 마침내 멕시코시티를 손에 넣게 되었고, 이에 대해 스페인인들은 기껏해야 명목뿐인 반대를 했다. 이제 멕시코는 '스페인계 아메리카인들'의 수중에 있었고, 그 일부를 구성하던 보수주의자들은 이달고와 모렐로스 그리고 그들의 원주민과 메스티소 추종자들이 그토록 힘겹게 폐지하려고 싸웠던 바로 그 식민지 체계를 되살리려는 노력을 하게 된다.

2) 중앙아메리카의 독립 운동

중앙아메리카에서 독립 운동은 멕시코와 비교해 보다 외부적인 요인들에 대한 대응으로 발생했으며, 그 어떤 대규모의 내전도 초래하지 않았다. 하지만 멕시코의 경우처럼 이 운동들을 주도한 세력은 보수주의 크레올들이었다. 이들 보수주의 세력 중 일부는 스페인에서 유래했던 자유주의 정책에 대한 반발로서 운동에 참가했으며, 일부는 이투르비데가 중앙아메리카를 제국주의화하는 데에 고무되어 참가했다. 이들 크레올 세력은 1821년 9월 15일 과테말라에서 독립을 선언했고, 이투르비데의 압력을 받아 5개월 후 멕시코 '제국'에 의한 합병을 수용했다. 하지만 중앙아메리카 남부 주들에 집중되어 있던 자유주의 크레올과 메스티소 세력들은 과테말라가 정치적 지배권을 행사하는 데 강력하게 반발했고, 따라서 이들은 보수주의 크레올 세력의 결정에 반대했다. 그렇지만 반란적인 살바도르인들은 궁극적으로 이투르비데의 군대에 편입되게 되었다.

이 당시 멕시코에서 발생했던 사건들이 또다시 중앙아메리카의 운명을 결정하게 되었는데, 멕시코 제국이 몰락함에 따라 1823년 7월에 중앙아메리카인들이 두번째로 독립을 선포하게 된 것이다(이번에 치아파스는 멕시코에 남겠다고 결정한다). 그 결과, 크레올과 메스티소 자유주의자들의 지도하에 중앙아메리카 국가 연합이 결성되었다. 비록 중앙아메리카에서는 이달고 방식의 그 어떤 대규모 국가 운동도 발발하지 않았지만, 독립이 선포되기 전까지 수많은 소규모의 원주민 반란이 있었다. 그리고 그 반란들은 간접적으로 파열을 일으켰고, 이는 종국에는 독립을 성취하는 데 기여했다. 이 봉기들은 스페인 체제의 허약함을 보여 줄 뿐만 아니라, 그 지역 크레올들에게 만일 그들이 상황을 장악하지 못할 경우 대중적인 '혁명'이 잇따를 수 있다는 사실을 인식하게 했다. 한 학자의 말을 인용하자면, "중앙아메리카의 독립은 단지 크레올의 업적이었다고 말하곤 한다. 하지만 라디노와 원주민이 운동의 다양한 단계에 참여했던 만큼, 그리고 그들의 참여로 인해 크레올이 독립을 위한 외침을 수용하게 되었던 만큼, 이 말은 사실이 아니다"(Jonas 1974: 119).

독립 이전의 10여 년에 걸쳐 원주민 봉기는 공물 납부라는 쟁점에 집중되어 있었다. 공물 납부는 1811년 스페인의 자유주의 의회에 의해 폐지되었지만, 1814년에 다시 도입되었고, 1820년에 또다시 폐지되었다. 1811년 이후에 수많은 원주민 공동체들은 공물 납부를 거부했고, 공물 납부를 강제하려는 스페인인들과 왕실 관리들에 폭력적으로 저항했다. 공물 납부 제도를 재도입하려는 시도에 저항하는 반란이 이 기간 과테말라 고지대 전역에서 풍토병처럼 퍼져 나갔고, 반란은 엘살바도르와 니카라과에까지 확산됐다.

니카라과에서 원주민들의 반란은 특히 그 지역 스페인의 통치권에 위협적인 존재가 되었다. 1811년과 1812년 사이에 반란 세력은 무려 1만

2천 명 이상에 달했고, 이들은 대부분 레온, 마사야, 리바스, 니카라과 출신의 수브티아바와 피필 원주민들이었다. 이 반란자들은 당시 통치 세력이었던 스페인인들과 크레올들로부터 지방 정부의 지배권을 일시적이나마 빼앗았다. 반란군 지도자에는 여러 명의 사제들이 포함되어 있었고, 이들은 광범위하지만 개별적으로는 약화되어 있었던 세력들 간의 동맹관계를 형성했다. 반란군들은 스스로 무장했고, 공물 납부, 강제 노동, 노예제와 같이 증오의 대상이었던 식민지 관행들을 종결시킬 것을 요구했다. 하지만 1811년에 각 지방의 크레올 협력자들이 스페인 측으로 변절을 했고, 반란군 진압을 위해 올란초(온두라스), 산미겔(엘살바도르), 카르타고(코스타리카)에서 파견된 스페인 군대에 협조함에 따라 반란 세력의 운동은 거의 전멸하게 되었다. 그럼에도 수브티아바 원주민 사제였던 토마스 루이스가 이끄는 니카라과 반란 세력은 과테말라에서 소위 벨렌 '음모'(1813)에 참여했으며, 이는 투옥된 동료들을 석방시키고, 국가적 단위의 군사 봉기를 일으키고, 독립을 선포하기 위한 의도로 계획되었다.

아타나시오 출 반란 | 독립 시대 중앙아메리카의 반란 가운데 아타나시오 출 반란은 학자들로부터 가장 많은 주목을 받아 왔을 것이다. 이 반란은 스페인으로부터 독립하기 직전에 과테말라 토토니카판의 아타나시오 출이라는 이름의 원주민 지도자에 의해 시작되었다. 글상자 7.2는 봉기의 세부사항을 담고 있으며, 출 반란과 관련해서 언급되는 장소들의 위치는 그림 7.1의 지도에서 확인할 수 있다.

중앙아메리카의 독립 운동에 관한 학자들의 논의에서 출 반란은 대체적으로 평가 절하되어 왔다. 일부 학자들은 그 반란이 스페인으로부터의 독립과는 하등 관련이 없으며, 단지 스페인과 그 크레올 협조자들의 남용에 대항하는 그저 또 다른 '식민 봉기'에 지나지 않는다고 주장해 왔다.

심지어 봉기의 토착적인 특색들까지 부인하는 경우도 있는데, 아타나시오 출은 지역 내의 파면당한 스페인 권력자를 대체하는 역할을 담당했을 뿐이고, 가톨릭 성인의 왕관을 씀으로써 스페인 왕에 대한 그의 강한 충성심을 드러냈다는 주장도 제기되었다(McCreery 1989). 또한 반란은 토토니카판 지역에 한정되었고, 따라서 원주민들을 상대적으로 폐쇄적이고 고립된 공동체로 몰아넣었던 식민지 체제의 산물로 보아야 한다는 의견도 있다. 이들 의견은 모두 중요한 시사점을 제기하는데, 출과 그의 추종자들이 스페인의 제도로부터 상당한 영향을 받았고, 그들은 스페인 왕실에 지속적으로 존경심을 표명했으며, 실제로 장기간 운동을 끌어가기 위해 필요한 폭넓은 지지를 확보해 내지 못했다는 점을 인정해야 한다.

반면, 과테말라 출신의 역사학자인 다니엘 콘트레라스는 1821년의 보다 대규모 독립 운동의 일부로서 출 반란을 이해해야 한다고 주장한다. 결국 원주민들은 스페인 체제의 압박에서 해방되기 위해 그들만의 독자적인 방식으로 투쟁하고 있었고, 따라서 보다 대규모의 운동이 성공할 수 있도록 각자의 '낱알들'을 더하는 역할을 했다는 것이다(Contreras 1951). 그는 당시 크레올 관리들이 출 반란을 단순한 지방의 봉기로 보지 않았고, 일반적인 폭동으로 격화될 잠재력을 지닌 계획적이고도 진정한 음모로 간주했다는 점을 지적한다. 또한 크레올 관리들은 현대의 일부 학자들이 간과하는 경향이 있는 사실을 이해하고 있었는데, 원주민들은 식민지 통치에서 벗어나려는 열망을 한 번도 버렸던 적이 없으며, 따라서 엄밀히 말해 자치적이지는 않지만 그럼에도 그들을 지배했던 스페인인들이나 크레올들 또는 메스티소들과는 문화적으로 구별되는 부분적으로 축소된 원주민 '국가'를 통해 독자적인 영역을 구축해 왔다는 사실 말이다. 콘트레라스의 관점에서 볼 때, 원주민 반란은 그 본래의 속성이 해방 운동으로 해석되기보다는, 지나치게 '카스트 전쟁'이나 인종적 반목으로 간주되는 경향이 있다는 것이다. 콘트레라스는 다음과 같은 결론을 제시한다.

…… 정치적·경제적·사회적 체제의 변화를 목표로 설정한다는 점에서
크레올 집단과 원주민 집단이 유사성을 공유하고 있었음을 부인할 수는
없다. 따라서 중앙아메리카의 독립이라는 우리의 정치적 해방이 역사적
으로 어떻게 전개되어 왔는가를 완전하게 이해하고자 한다면, 우리는 원
주민의 반란을 잊어서는 안 된다(Contreras 1951:69).

일부 학자들은 부정하지만, 그리고 심지어 스페인 사법관들 앞에서
증언하던 아타나시오 출조차도 부정했었지만(당시 상황을 고려해 보면 그
가 왕실 식민 체제 앞에서 반정부를 조직하려 했다는 혐의를 부인했다는 것은
이해할 만하다!), 출 반란은 당시 중앙아메리카의 여타 반란들과 마찬가지
로 과거 메소아메리카의 문화적 세계에 의해 고무된 측면이 있었다. 출 반
란은 스페인 정복이 있고 300년이 지난 후에도 구시대의 키체-마야 왕국
을 부흥시키겠다는 사상이 서부 고지대 원주민들 사이에서 매우 팽배했
음을 보여 주며, 이는 다른 공동체의 원주민들이 아타나시오 출을 '왕'으
로 널리 수용했다는 점에서 증명된다. 더 나아가서, 독립 이후에도 이들은
그들만의 토착 '왕'을 세우기 위한 투쟁을 계속했다. 아타나시오 출은 멕
시코 독립 운동의 예언자적 지도자들이 지녔던 전형적인 특징을 모두 재
현한 인물은 아니었다. 그럼에도 그의 마야 왕조 계보는 여전히 숭배의 대
상이 되었고, 그에게 엄청난 정당성을 확보해 주었음이 분명하다. 또한 출
의 즉위식 행사에 수많은 스페인적인 요소가 가미되어 있었지만, 토토니
카판에서 진행되었던 행렬, 즉위식, 의례적 언어에 결합되어 있던 보다 심
오한 의미들은 대부분 지극히 키체-마야적인 것들이었고, 따라서 메소아
메리카의 유산이었음을 우리는 확신할 수 있다.

3. 보수주의와 자유주의 통치하의 메소아메리카 원주민

독립 운동과 스페인 통치의 붕괴에 이어 멕시코와 중앙아메리카에서 전개되었던 심오한 변화들은 남아 있는 메소아메리카인들의 사회적 삶과 문화에 중대한 영향을 미쳤다. 문제는 메소아메리카의 원주민들이 독립 이후, 신식민지 시대의 격동적인 상황으로 인해 실제로 어떠한 영향을 받게 되었는가이다. 우리가 이제 논의할 것처럼, 크레올들의 통치하에서 원주민들의 상황은 매우 억압적인 상태에 머물러 있었고, 자유주의 정책들이 주기적으로 도입되면서 그들의 상황은 점차 더욱 악화되었다.

1) 종족국가적 정체성 만들기

원주민과 메스티소 속민들의 개별적인 지지에 근거해 개인의 권력 강화를 추구하던 크레올 카우디요들은 독립 이후 서로 팽팽히 맞섰고, 이들의 투쟁은 메스티소들에게, 그리고 그 정도는 덜했지만 원주민들에게 일종의 정치 '학교'가 되었다. 메스티소들은 지역의 권력에 친숙해지기 위해, 그리고 정치 통치권의 최고 직위를 차지하기 위해 특히 독립 이후 매우 혼란스러웠던 상황을 이용했다. 궁극적으로 메스티소 계통의 카우디요들이 국가적 단위의 권력을 획득했는데, 멕시코의 베니토 후아레스와 포르피리오 디아스, 그리고 과테말라의 라파엘 카레라가 그 주된 사례이다.

인류학자 에릭 울프는 『흔들리는 대지의 자식들』(*Sons of the Shaking Earth*, 1959)이라는 그의 고전적인 저서에서 독립 이후 원주민들에 비교해서 메스티소들이 상대적으로 많은 권력을 잡았던 배경은 생존을 위한 그들의 투쟁에서 두 종족집단을 이끌었던 대조적인 문화 체제와 관련이 있다고 지적한다. 메스티소의 문화는 실업가적 기술을 강조했으며, 권력과 자기향상을 위한 노력을 강조했다. 반면 원주민 문화는 메소아메리카의 전통적인 원칙에 근거하는 측면이 강했고, 어떤 면에서는 메스티소 체제와 변증법적인 관계에 있었다. 예를 들어, 메스티소들과 비교해서 원주민들은 변화에 덜 개방적이었고, 위험을 감수하기를 꺼렸으며, 사회적으로 야심이 덜했고, 개인주의적이기보다는 집단주의적인 목표에 이끌리는 성향이 있었고, 스페인어에 훨씬 서툴렀다. 이와 같은 차이들은 기나긴 신식민지 시대를 걸쳐 크레올의 억압에 맞서 두 종족집단이 투쟁하는 과정에서 원주민들에 비교해 메스티소들이 비교 우위를 확보하는 배경으로 작용했다는 것이다.

메스티소와 메소아메리카 토착민들의 차이는 물론 그들의 개별적인 사회 계급이 차지하던 위치에 근거하는 측면도 있었다. 메스티소들은 공통적으로 사회적인 소외와 배제를 공유했고, 따라서 멕시코와 중앙아메리카 사회 내부의 주변부적 하층 계급 신분을 형성했다. 그들은 하급 관리, 소규모 목장 노동자, 하위 사제, 하층민 장인, 소규모 상인, 불완전한 고용 상태의 영세민, 가축 도둑, 도시의 도둑 등과 같이 사회적인 명성이 낮은 광범위한 직업군에서 활동했다. 크레올이 지배하는 세계에서 메소아메리카의 원주민들 역시 공통적으로 사회적인 소외를 공유했다. 하지만 보다 열등한 토착 카스트의 일원으로서 그들에게 있어서 하층 신분은 종족적인 용어로, 그리고 때로는 법적인 용어로 보다 명확하게 정의되었다. 원주민들은 메스티소들보다 경제적으로 내부적인 분화가 심하지 않았고, 대부분 농민 경작자나 아시엔다의 날품팔이 노동자로서 일했다.

원주민 공동체들은 언어와 관습에서의 차이 때문에 공통된 계급이나 종족을 근거로 하는 보다 대규모의 정치집단으로 연합하는 데 어려움을 지녔다. 메소아메리카 원주민들은 단지 일부 경우에 있어서만 그레올 체제에 집단적으로 도전할 수 있었다. 이제 언급하게 될 것처럼 신식민주의 토착주의 운동들을 통해서 말이다.

신식민주의 사회에서 메스티소와 원주민을 문화적으로 별개의 집단으로 정의한다는 것은 이들 두 집단 모두가 새롭게 등장하는 멕시코와 중앙아메리카 국가들의 상징으로 기능하기 위한 그 적법한 후보자가 될 수 있도록 한다는 이론적인 의미를 지닌다. 멕시코에서는 독립 이후 초기 수년간 소수의 계몽된 크레올들이 새로운 국가의 핵심적인 정체성으로서 메소아메리카 토착민들을 종족적 상징으로 내세울 것을 제안했다. 심지어 한 크레올 지도자는 목테수마의 후손이 새로운 멕시코 제국의 왕위에 오르는 제왕이 되어야 한다고 제안했으며, 그다음 제왕은 '백인들' 가운데 한 명을 부인으로 삼아서 인종들을 한데 결속시켜야 한다고 주장했다. 이와 같은 제안이 보편적이었던 것은 아니었다. 그리고 익히 예상할 수 있겠지만, 스페인 백인과 크레올 백인들이 지배적인 종족 정체성으로 등장했다. 예를 들어 에르난 코르테스는 멕시코 국가의 진정한 창립자로 찬양과 환영을 받았다.

그후, 상류 계층으로의 지향성이 강한 메스티소들이 멕시코 크레올들의 지도력에 도전하기 시작했고, 이에 크레올 통치자들은 국가의 종족적인 백인 정체성을 유지하기 위한 수단으로(그리고 크레올의 정치적 통제력을 유지하기 위해) 유럽인들(특히 프랑스인들)과 북미인들의 이주민 대거 유입이라는 발상을 고안해 내게 되었다. 이 정책에 관해 현대의 한 멕시코 학자는 다음과 같이 언급했다. "…… 우리의 크레올 해방자들이 멕시코를 위한 원주민(정체성)을 받아들이는 대신 우리를 북미인들이나 영국인들에게 내어 주려고 했다는 것은 상상할 수도 없는 일로 보인다." (Aguirre 1983: 328) 그럼에도 메스티소들은 결국 부정될 수 없었고, 포르피리오 디아스 독재 정권에서 그들은 크레올 백인들을 대신해 국가적 인종(raza)으로 거듭나기 시작했다. 하지만 디아스의 자유주의적 실증주의와 일관된 방식으로 종족성은 인종적인 영역이 아니라 문화적인 측면으로 다루어지게 되었다. 멕시코의 메스티소는 백인의 진보주의적인 특성과 원주민의 투쟁 기질을 결합했다고 평가되었다.

　신식민주의 시대 전반을 통틀어 중앙아메리카에서는 백인 크레올의 형상에 근거한 국가적 정체성이 지배적인 위치를 차지했으며, 심지어 메스티소들(또는 일반적으로 '라디노들')조차 새롭게 싹트는 국가적인 문화에서 자신들이 종족적으로 인정받기 어렵다는 것을 깨달았다. 원주민 종족성은 완전히 무시되었고, 중앙아메리카의 토착민들은 그들의 고국에서 이방인이 되어야 하는 애처로운 상황에 놓이게 되었다.

2) 자유주의 개혁이 메소아메리카 원주민들에게 미친 영향

이미 스페인으로부터 독립을 획득하기 전부터, 다시 말해 식민시대 후반의 부르봉 개혁을 기점으로 해서 19세기 전반과 20세기 초반에 이르기까지 메소아메리카의 원주민들은 크레올들과 특히 메스티소들의 자유주의 분파로부터 보다 광범위한 식민주의 사회와 이어지는 국가 사회에 동화되도록 압력을 받아 왔다. 원주민 공동체를 '개혁'하고자 하는 자유주의자들은 원주민들에게 스페인어를 채택하게 하고, 정통 가톨릭교를 실천하게 하고, 임금노동에 종사하게 하며, 토착적인 실천과 신앙을 서구적인 방식으로 대체시키도록 강제하는 데에 특히 주력했다.

　이와 대조적으로, 보수적인 크레올들은 원주민들을 열등한 '카스트'로 유지시킴으로써 자신들에게 이득이 올 것이라고 믿었고, 따라서 토착민들의 사회적 상태를 변형시키려는 일련의 개혁에 반대하는 경향이 있었다. 이러한 차이는 어째서 대부분의 메소아메리카 원주민들이 자유주의적 '연방주의'보다 보수주의적 '중앙주의'를 선호했는지를 설명하는 데 도움이 된다. 보수주의적 크레올들은 원주민들이 열등한 카스트와 같은 식민적인 신분에 머물러 있기를 원했다. 원주민들이 재화와 용역의 형태로 공물을 납부하는 한, 보수주의자들은 그들이 원하는 방식대로 농촌 공동체를 조직하도록 내버려 두는 데에 대체적으로 만족했다. 멕시코 작가 옥타비오 파스가 지적하는 대로, 독립 이후 멕시코에서 보수주의적 카우디요들은 구시대 스페인 질서의 계승자였고, 원주민들을 다루기 위해 그들은 실제로 스페인의 식민지 법률을 활용했다(Paz 1961). 이는 무엇보다도 원주민들이 크레올들이나 메스티소들과는 법적으로 구별된다는 것을 의미했으며, 그 결과 사회에서 확고하지만 열등한 위치를 점유하게 될 것을 의미했다.

19세기의 자유주의적 개혁 사업들은 중앙아메리카보다는 멕시코에서 강력하게 시행되었으며, 특히 19세기 중반 이후의 50년에 걸쳐 강세를 보였다. 중추가 되었던 멕시코의 자유주의적 인물은 베니토 후아레스로서, 그는 오아하카 출신의 사포테카 원주민이었다(글상자 7.3은 후아레스의 원주민 계보와 멕시코 원주민들에 대한 그의 태도를 논의하고 있다). 후아레스는 멕시코에서 보다 정의로운 사회, 법과 멕시코의 모든 국민을 위한 평등한 권리에 근거하는 사회를 세우고자 시도했다. 그는 미국의 멕시코 영토 침입에 용감하게 저항했고, 1857년의 계몽적인 국가 헌법 제정을 위한 노력의 선두에 섰으며, 보수주의자들이 배후에 있었던 막시밀리안 군주제를 전복시키기 위한 군사적 투쟁을 지휘했다.

후아레스의 계승자였던 포르피리오 디아스(그림 7.6)는 자유주의적 통치를 더욱 강화했고, 멕시코에 질서를 가져왔으며, 국가 통합을 상당히 증대시켰다. 그럼에도 파스가 설명하듯이, 자유주의 개혁의 이면에 자리 잡았던 정치 철학은 근본적으로 멕시코의 원주민 역사를 부정했고, 따라서 필연적으로 빈약하고 공허했다. "과거로 다시 회귀했으며, 이제는 진보와 과학 그리고 공화국 법률이라는 덫으로 치장하고 있었다. ······ 이는 우리의 진정한 본성을 담고 있지 않을 뿐만 아니라 사실상 그것을 질식

그림 7.6 포르피리오 디아스. 그는 멕시코의 메스티소 출신 카우디요이자 자유주의 독재자였다. 출처: Magner 1968.

시키고 옭아매던 사법적이고 문화적인 형태들의 주입에 불과했다."(Paz 1961: 133)

멕시코의 원주민들이 계속 되풀이되는 자유주의 개혁들에 부정적으로 대응했다는 사실은 놀라울 것이 없다. 그들 중 다수가 막시밀리안의 제국주의 통치를 지지했다. 자유주의 시대에 원주민들의 반란은 전염병처럼 확대됐으며, 이 중 일부는 메소아메리카의 후손임을 주장하던 카우디요들이 주도했다. 이 반란들은 개혁 정책의 억압적인 영향력에 대한 폭력적인 거부로서 이해되어야 하며, 따라서 진정한 해방 운동으로 간주될 수 있을 것이다. 반란을 일으켰던 원주민들은 공동체 자치, 토지권 보존, 문화적 보존과 같은 숭고한 목적에 고무되었다. 크레올들은 원주민들의 반란이 자신들의 장기적인 목표에 얼마나 극단적인 영향을 미칠 수 있는가를 깨닫기 시작했고, 이는 보수주의자 분파들과 자유주의 분파들을 공통된 대의로 모이게 하는 계기가 되었다. 그 결과 원주민 동화라는 자유주의 정책이 힘을 얻게 되었다.

자유주의 개혁은 중앙아메리카에서 유사한 결과를 가져왔다. 하지만 이 지역에서 토착민들의 반란은 그 규모가 훨씬 작았고, 시기상으로 뒤늦게 발생했다. 이 중 가장 중요한 봉기가 과테말라에서 발생했는데, 메스티소 출신 카우디요인 라파엘 카레라가 자유주의자들에 대항하는 거대한 운동을 조직한 것이다. 그는 동쪽 방면의 가난한 메스티소들 외에도 서쪽 고지대의 마야 원주민 수만 명의 지지를 받았다(그림 7.7). 과테말라에서 카레라의 반란은 30년 동안의 보수주의자의 통치로 이어지게 되었고, 결과적으로 원주민들로부터 상대적인 평화를 이끌어 냈다. 19세기 후반에 들어서서 카우디요인 후스토 루피노 바리오스가 자유주의자들이 과테말라에서 통치권을 되찾을 수 있게 했으며, 이로 인해 또다시 광범위한 토착민 반란이 발생하게 되었다. 그리고 이는 엘살바도르와 니카라과에서 유사한 분쟁들로 이어졌다.

바리오스와 그 외 중앙아메리카 지역의 독재자들이 도입했던 극단

그림 7.7 라파엘 카레라. 과테말라의 보수주의 독재자. 출처 미상.

적인 자유주의 정책들은 지역 내에 독립국의 지위를 확립한다는 의미에서 수많은 사람들의 환영을 받았다. 하지만 메소아메리카 원주민들의 관점에서 볼 때, 이 사업들은 억압적이었고, 헛된 시도에 불과했다. 멕시코에서처럼 중앙아메리카의 자유주의 정권들은 지역에 생겨나고 있던 신흥 자본주의 사업체들(커피와 바나나 농장들)을 위한 값싼 노동력 확보를 위해 원주민들과 하층 계급 메스티소들에 대해 과도한 권력을 행사했다.

모모스테낭고의 마야 공동체에서 자유주의 통치 이후 등장한 보수주의 통치 | 당시 신식민지 역사의 단계에서 자유주의 개혁이 멕시코와 중앙아메리카의 지방 원주민 공동체들에 어떠한 영향력을 미쳤는가를 이해하기 위해 19세기 과테말라의 한 토착 공동체의 사례를 분석해 보는 것이 도움이 될 것이다. 산티아고 모모스테낭고라는 이 공동체는 과테말라 식민 총독령의 관할 구역에 속해 스페인 통치를 받았던 700여 개 원주민 공동체들 가운데 하나이다. 모모스테낭고 주민들이 식민지 권력자들에 대해 특히 과도한 공물 납부의 의무를 지고 있었던 것은 아니었다. 그렇지만 그 지역 마야 원주민들은 공물 납부가 바람직하지 않은 부담을 주고 있다고 여겼고, 식민시대 후반에 접어들며 이들은 전면적인 반란에 돌입했다.

　독립이 선포된 후, 모모스테낭고 원주민들은 메스티소 카우티요인 라파엘 카레라를 선두로 집결했다. 1840년대에 그들은 카레라가 공화국의 대통령직에 오를 수 있도록 도왔으며, 이후 그가 대통령직에서 독재적인 통제력을 행사할 수 있도록 협조했다. 모모스테낭고 사람들은 카레라를 그들의 개인적인 후원자로 여겼고, 피후견 관계를 맺은 전사이자 공물 납부자로서 충성스럽게 그를 섬겼다. 그 대신 보수주의자 카레라는 모모스테낭고 사람들이 상당한 정치적·경제적 자치를 향유할 수 있도록 허용했다. 카레라 집권기 모모스테낭고 원주민들의 사회적 상황들은 그 당시로 거슬러 가는 일련의 법정 사례들에서 분명하게 드러나며, 이 사례들에 대한 기록은 해당 공동체의 공문서 보관소에 현재 보관되어 있다 (Carmack 1995).

예를 들어 법원 기록들을 참고해 보면, 1860년대 후반에도 고대 키체-마야 유형의 농촌 씨족(clan)과 관구(district)들이 온전히 유지되고 있었음을 확인할 수 있다. 토착적인 관습법이 모모스테낭고에서 여전히 작동하고 있었고, 공동체 원주민들의 전 부문에 걸쳐 존중되고 있었다. 크레올이나 메스티소(법원 기록은 '라디노'라고 언급)들이 이미 지방 정부와 지역의 권력자들로 자리 잡았음에도 불구하고, 모모스테낭고 원주민들은 이처럼 독자적인 문화 전통을 재건할 수 있었다. 식민시대에 그랬던 것처럼 중요한 법정 사건에는 원주민 특별판사들이 배치되었고, 원주민들과 관련해 스페인의 식민지 법령이 여전히 적용되었다. 보수적인 관념들과 일관되게 원주민 판사들은 토착민들을 매우 온정주의적인 태도로 대했다. 예를 들어 한 판사는 원주민들은 '무지하고, 복음을 배워본 적이 없기' 때문에 특별대우를 받을 권리가 있다고 말했다.

1870년대 과테말라는 카우디요였던 후스토 루피노 바리오스가 주도하는 자유주의 개혁에 휩싸이게 되었고, 그 결과 모모스테낭고의 원주민들은 그들이 보유하던 최상급 농지의 거의 절반가량을 잃게 되었다. 이 사건은 수백 명의 모모스테낭고 사람들이 태평양 연안의 새로운 커피 농장에서 강제 노역에 내몰리게 되는 계기가 되었다. 자유주의를 신봉하는 크레올과 메스티소 권력자들은 이제 모모스테낭고의 사실상 모든 활동을 관할하게 되었으며, 카레라스 시절 공동체가 향유했던 자치는 극단적으로 감소했다. 1876년 모모스테낭고 원주민들은 자유주의 권력에 대항해 봉기했고, 원주민으로서의 전통적인 특권을 보존하기 위한 힘겨운 유격전을 벌였다. 자유주의 군대는 토착 반란군을 무자비하게 진압했고, 여러 명의 반란군 지도자들을 처형한 다음, 협조자들의 집을 모조리 불태웠다. 그리고 이제 모모스테낭고 원주민들은 잇따르는 자유주의 독재자들의 숨막힐 듯한 통제에 수년간 시달렸다.

1899년 2월의 어느 날 이른 아침에 공동체에서 발생했던 한 살인 사건은 억압적인 자유주의 체제에서 모모스테낭고 원주민들이 처했던 사회적 상황을 극명하게 드러냈다(그림 7.8). 티모테오라는 이름의 원주민이 그의 매제의 집에 머물며 여동생을 위한 철야 장례에 참석하고 있었을 때, 페르민이라는 이름의 원주민 의용군 중령이 순찰대 군인 한 무리를 이끌고 집에 들어왔다. 그는 티모테오를 감싸 안더니 그의 심장에 칼을 꽂았다. 몇 시간이 경과하고 중령 페르민은 메스티소 시장(알칼데)에 의해 구금되었다. 평화의 판사 역할을 하며, 시장은 '전문가'가 시체를 검사하게 했고, 칼로 찌르는 장면을 목격한 수많은 사람들의 증언을 모았으며, 토토니카판(아타나시오 출의 출신 공동체) 지역 수도에 있는 일심 법원에 사건을 의뢰하고, 죄인을 후송했다. 티모테오의 아버지는 살인자를 기소하기 위해 고도로 숙련되고 교육받은 변호사를 고용했던 반면, 중령 페르민의 변호는 교육받은 지방의 원주민이 담당했다. 소송 절차는 8개월 동안 지속되었고, 페르민의 유죄로 끝났다. 그는 티모테오를 살해한 혐의로 10년 징역형이 선고되었고, 상소심 항소 절차가 거부되었다. 하지만 2년이 채 지나지 않아서 자유주의자 대통령 마누엘 에스트라다 카브레라가 페르민을 사면했고, 그는 1904년에 석방되었다.

이 사건은 극적인 사건들에 개입되어 있던 원주민들이 대부분 지방 의용군 조직의 활동적인 참여자였음을 보여 주었다. 페르민 중령과 그의 원주민 순찰대 대원들 위에도, 티모테오, 그의 매제들, 지방의 원주민 '변호사' 역시 민병들이었다. 사건에 주로 관여되었던 원주민들은 모두 라디노(메스티소)적인 방식에 상당히 동화되어 있었던 것으로 보인다. 그들은 모두 스페인어를 사용했고, 상업에 활동적으로 관여했고, 사법 체제에 익숙했으며, 친족 관계보다는 교우 관계에 더욱 의존했다. 공공장소에서 칼을 휘두르는 방식의 범죄가 행해졌던 것조차도 원주민 방식이라기보다는 메스티소 방식이었는데, 농촌 지역이었던 모모스테낭고에서 키체 원주민들은 보편적으로 살인을 주술 행위로 해석했기 때문이었다. 전통적이고 토착적인 동기가 범죄의 동기가 된 것도 아니었으며, 여성을 두고 벌어진 질투심이나 개인적 체면이 손상된 데 대한 앙갚음과 같은 보다 전형적으로 메스티소적인 동기가 원인이 되었다. 법원의 기록 역시 이 사건에서 권위자들이 적용했던 법이 더 이상 원주민과 메스티소 사이에 법적인 구분을 두고 있지 않음을 보여 준다. 사실상 원고 측 원주민 변호인은 '도덕적' 사항들을 고려하는 것이 적절하지 않으며, 단지 법적인 사항들만을 고려하는 편이 '[자유주의──원저자] 도덕 법률'에 적합하다는 논조의 주장을

그림 7.8 1968년 모모스테낭고 중심지에서 지방 경찰과 군인들이 행진하고 있다(사진 저자 제공).

세련되게 전개했다. 또한 일부 원주민들, 예를 들어 페르민 중령, 의병대 대장, 희생자의 법정 변호인으로 활동했던 교육받은 원주민들이 자유주의적 체제의 활동적인 참여자들이었다는 점도 분명하게 확인할 수 있다.

과테말라에서 자유주의 개혁은 모모스테낭고와 같은 원주민 공동체들에 중대한 변화를 야기했다. 원주민들은 그들의 생각, 언어, 관습, 사회적 위치와 관련해 변화를 경험했다. 그들 대다수는 크레올과 메스티소 권력자들의 정치적인 통제에 종속되었고, 강제 부역을 당했던 커피 농장이나 소 방목장들에서 극심한 경제적 학대에 시달렸다. 자유주의가 모모스테낭고를 비롯한 중앙아메리카 공동체들에서와 유사한 방식으로 멕시코 원주민 공동체에 영향을 미쳤다는 점은 글상자 7.4에 요약된 멕시코 테포스틀란의 사례에서 드러난다(테포스틀란의 위치는 그림 7.1 참조).

4. 메소아메리카의 원주민 토착주의 운동

메소아메리카 원주민들은 멕시코와 중앙아메리카의 보수주의자들에 의해, 그리고 이보다 더 심각한 수준으로 자유주의자 통치자들에 의해 착취당했다. 이와 동시에 미국과 유럽의 세력들은 메소아메리카 원주민들을 주변부로 전락시키고 있었다. 독립 이후의 이처럼 열악한 상황에 대항해서 수백만 명의 메소아메리카 원주민들은 극단적으로 저항했다. 문헌 자료를 접할 수 없었던 가난하고 주변부화된 원주민들은 그럼에도 당시의 상황을 매우 명확하게 파악하고 있었다. 그들은 매우 이성적 논리에 근거해 토착적인 종족성을 지키고자 했고, 자신들의 강등된 사회적 상황에 저항하는 거대하고도 강경한 운동을 벌이기 위해서 국가와 지역 내 사건들(1846년부터 1848년까지 치러졌던 미국과 멕시코 전쟁 등)에서 발견되는 '빈틈'을 활용했다.

멕시코와 중앙아메리카에서는 토착 메소아메리카 공동체들이 주축이 되는 수백 건의 반란 운동들이 발발했다. 전형적으로 이들 운동은 각 지방의 국가권력 대리인들을 구체적인 비판의 대상으로 설정했고, 장기간에 걸친 경제적·정치적 불만 사항들을 담고 있었다. 거의 언제나 이 운동들은 종교적·정치적 자율을 요구했고, 개별적인 토착적 종족 정체성을 인정해 줄 것을 요구했다. 이 운동들 가운데 소수는 국가적인 공황 상태를 야기하기도 했다. 멕시코가 미국에 그 북부 영토의 상당 부분을 내어 주게 되었던 시기에, 유카탄에서 마야 원주민들이 국가 통치에 반대하여 일으켰던 반란을 그 예로 들 수 있다('유카탄 카스트 전쟁'에 관한 이어지는 설명을 참조하라). 특히 해당 지역의 원주민들이 인구의 대다수를 차지했던 경우, 한 공동체 원주민들의 봉기가 지역 내 다른 공동체 원주민들의 참여로 이어지는 경우가 보편적이며, 이들은 크레올과 메스티소 억압자들에 대항하여 무기를 들곤 했다. 원주민들은 토착 분리주의라는 명목으로 메소아메리카의 상징물들을 동원해서 이러한 투쟁을 정당화하곤 했고, 이런 맥락에서 '토착주의' 운동으로 이들 반란을 논의하곤 한다.

토착 운동은 대부분 국가의 군사력 동원을 통해 폭력적으로 진압됐으며, 이달고와 모렐로스가 지도했던 독립 운동들이 그 사례이다. 그럼에도 일부는 보다 장기간에 걸쳐 지속되기도 했다. 이들 토착 운동은 특히 농촌공동체에 거주하던 원주민들, 그리고 더 나아가서 크레올 통치계층의 하인으로서 국가의 경제적·정치적 삶에 참여하기 시작했던 공동체 외부의 수많은 원주민들과 같이 숨겨진 '대다수'의 원주민들에게서 확인할 수 있는 특정 지역들의 현실을 신랄하게 전달했다.

19세기와 20세기 초반 발생했던 멕시코와 중앙아메리카의 토착주의 운동은 단지 전통을 카타르시스적으로(억압받고 있던 것을 공감적인 환경에서 표출한다는 의미에서 ——옮긴이) 표현한 데 그친 것이 아니었다. 이들 운동은 자유주의 개혁가들이 강요한 사회적 변화에 대응해 원주민들이 그들의 사회적·문화적 전통들을 변형시키고, 이를 변화에 적용하기 위한 근거를 제공했다. 시간이 경과함에 따라 이 운동들은 영토적 측면에서 확장되는 경향이 있었고, 동시에 크레올-메스티소의 지배 문화로부터 더 많은 요소를 흡수하는 경향이 있었다. 이는 토착 운동의 모순으로 나타났는데, 다시 말해 이들 운동은 메소아메리카 원주민들이 그들의 문화적 유산을 보존하도록 기여했던 동시에, 원주민들을 보다 대규모의 정치적 조직들로 결합시켜 결과적으로 그들이 크레올과 메스티소 문화를 보다 많이 수용하게 했기 때문이다.

우리가 지금 사용하고 있는 용어상으로 토착주의 운동은 혁명운동이 아니다. 운동의 주창자들은 카리스마적 지도자들을 선두로 지방의 친족과 마을 집단들의 참여를 유도했으며, 이는 급진적 근대주의자들의 지도력을 중심으로 농민이나 프롤레타리아트로 구성된 거대 계급들이 중심적인 세력으로 연합하는 혁명운동들과는 대비된다. 하지만 우리는 프란츠 파농(1968)과 같은 학자들과 의견을 같이하며, 토착 운동이 착취당한 토착민들의 희망과 연대 그리고 정치화를 이끌어 냈고, 이를 통해 이후 혁명을 위한 발판이 되었을 수 있다고 본다. 이어지는 장에서 살펴보겠지만, 토착주의 운동에서 혁명운동으로의 이행은 20세기 멕시코와 중앙아메리카의 상황과 정확하게 일치한다는 점에 주목할 필요가 있다.

이제 독립 이후 메소아메리카 원주민들이 주도했던 원형적인 토착주의 운동의 사례들을 살펴보자. 먼저 메소아메리카 지역에서 가장 성공적이었던 토착주의 운동으로 평가받는 멕시코 유카탄의 카스트 전쟁을 살펴볼 것이다. 그다음 중앙아메리카의 중요한 토착주의 운동이었던 엘살바도르의 노누알카 반란을 간략히 검토할 것이다.

1) 유카탄의 카스트 전쟁

넬슨 리드는 그의 고전적 연구『유카탄의 카스트 전쟁』(*The Caste War of Yucatán*, 1964)에서 19세기 초중반 유카탄의 상황을 묘사하고 있다. 이 지역은 당시 멕시코와 중앙아메리카의 전형적인 원주민 지역에 속했다. 독립 이후, 유카탄의 크레올 카우디요들은 지역의 권력을 두고 서로 경쟁했고, 개인적인 분쟁을 자유주의와 보수주의 이상 간의 다툼이라고 합리화했다. 특히 캄페체 도시의 카우디요들과 메리다 수도의 카우디요들 사이에 경쟁이 치열했다. 상당수의 마야 원주민들이 카우디요 군대에 군인으로 모집되었고, 메스티소들과 같은 편을 이루고 현장에서 전투를 비롯한 크레올의 여러 관행들을 훈련받았다.

자유주의 카우디요들은 유카탄 반도 서부의 농장 농업, 특히 용설란 농장을 확대하기 위해, 그리고 동부 지역의 설탕 농장을 확대하기 위해 강한 압력을 가하기 시작했다. 반도에 거주하는 대규모 마야 원주민 인구는 자유주의 개혁의 비호하에 토지와 노동력을 착취당했다. 수천 명의 마야인들이 날품팔이 노동자(부채 노동자)로 농장에 갇히는 신세가 되었다. 수천 명이 킨타나루 국경 지대로 피신했고, 그곳에서 독립적인 농민 공동체를 설립했다. 이들 이주민들은 우이테(loincloth, 허리에 두르는 옷)로 알려지게 되었다. 가톨릭 교회도 자유주의자들의 억압을 받았으며, 이는 마야인들에 대한 크레올 통치자들의 통제력을 약화시켰고, 결과적으로 마야인들이 전통적인 마야 종교 관습을 실천할 수 있는 보다 많은 자유를 향유할 여지를 제공했다.

19세기 중반인 1850년경, 동쪽 국경 지역에서 10만 명 이상의 우이테들이 마침내 자유주의 통치에 대항하는 봉기를 일으켰다. 원주민이 한편이 되고, 크레올과 메스티소 연합 세력이 반대편이 된 '카스트 전쟁'이 이어졌다. 마야인들의 목표는 더 이상 용인할 수 없을 정도로 억압적이 되었던 통치 체제로부터 해방되는 것이었다. 마야 반란자들은 유카탄의 거대한 지역을 멕시코의 통제로부터 해방시키는 데 성공했다. 하지만 결국 그들은 킨타나루까지 퇴각해야 했고, 그곳에서 '십자가의 제국'이라고 불렸던 독립 '국가'를 설립했다. 독립적인 마야 '제국'은 50년 이상 생존했다. 마야인의 전쟁과 정치조직을 결집하는 상징은 위필(토착 면직물 '옷')에 짜넣은 일련의 신성한 십자가였다. 그들은 찬산타크루스의 신성한 연못(세노테) 근처에서 이 십자가들이 갑자기 나타났다고 주장했다. 그들은 십자가들이 카리스마적인 운동 지도자들에게 말을 하고, 백인에 대항해서 어떻게 전쟁을 벌여야 하는지 지시해 준다고 믿었다.

운동은 매우 토착주의적인 이념을 전달했다. 마야인들은 스페인인들에 의한, 그리고 이어서 반도 크레올들에 의한 수 세기에 걸친 지배를 견뎌 내면서 그 외중에도 그들의 정체성과 문화를 보존하고자 투쟁했었고, 이제 이를 다시 파괴하려고 하는 자유주의적 시도에 거부하기 위해 결집했다. 반란적인 '십자가의 국민'이 창조한 이 사회는 환상적으로 혼합주의적인 곳이었고, 스페인 정복 이전의 마야인들과 유사한 문화적 특색을 놀라울 정도로 많이 보유하고 있었다. 정치적인 지도력이 예언적 통치자(타티츠)에게 주어졌으며, 그는 말하는 우상들(십자가들)의 지시를 전해 듣는 것으로 알려졌다. 마야 사회는 영주, 평민, 노예(노예는 백인 포로들이었다)의 고대적 구분에 따라 분화되었고, 정치 의례 중심지가 중앙에 있고 그 주변에 수많은 소규모 농촌 마을들이 배치된 전통적인 마야 방식의 분산형 주거 양식에 따라 도시가 설립되었다(그림 7.9).

크레올 세계에서 전해진 중요한 문화적 특색들이 반란 사회의 제도 내로 유입되었다. 예를 들어, 크레올 방식의 군사 기업들이 사회 체계의 중요한 단위가 되었다. 크레올 사회에서 찾아볼 수 있을 법한 서기들이나 성직 관리들이 공공 행정을 담당했고, 십자가가 처음 나타난 곳에는 스페

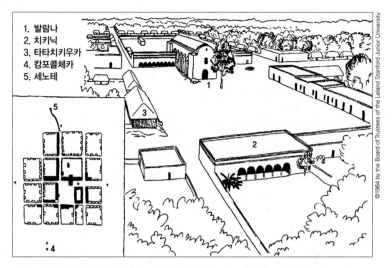

1. 발람나
2. 치키닉
3. 타타치키우카
4. 캄포콜체카
5. 세노테

그림 7.9 유카탄 마야 반란자들의 수도였던 찬산타크루스의 도시 배치도 그림. 출처: Reed 1964.

인 양식의 대성당이 세워졌다. 교회 안에서 마야 사제들은 성인들에게 봉헌하기 위한 미사와 의례를 주기적으로 거행했다.

십자가의 제국을 벗어난 유카탄의 크레올와 메스티소 지역에서는 용설란 농업이 대폭 확대되었고, 반란에 참여하지 않았던 마야인들은 부채 노동자로서 자유주의 체제에 더욱 깊숙이 편입되었다. 마침내 멕시코에서는 포르피리오 디아스가 권력을 잡았고, 중앙 정부는 충성적인 군사 지도자들을 유카탄의 주지사로 임명해 유카탄 카우디요들의 투쟁에 대한 통제력을 확보했다. 19세기 말, 주지사 가운데 한 명이었던 브라보 장군이 마야 제국의 불운한 전사들을 패배시켰고, 킨타나루를 멕시코의 영토로 재통합시켰다. 비록 전투에서 패배했지만 마야의 반란자들은 50년에 걸친 투쟁의 결과로 그들의 중요한 정치적 주장을 전달하는 데 성공했다. 마야인들은 그들의 삶의 방식을 파괴하려는 멕시코 권력자들의 일체의 시도에도 불구하고 마야인으로서 생존해 내기로 결심했다는 의지 말이다.

유카탄 카스트 전쟁에 관한 최근 연구에서 테리 러글리는 유카탄과 멕시코 다른 지역들 간의 주된 차이점을 지적하고 있는데, 유카탄에서는 자유주의 정치인들이 한편이 되고, 또 다른 한편으로 가톨릭 사제와 영주들이 특히 밀접한 관계를 맺고 있었다는 것이다(Rugeley 1996). 자유주의자들이 마야인들에게 교회의 세금 체제를 다시 부과했을 때, 원주민 반란자들은 "스페인 가톨릭 체제와의 관계를 완전히 청산할 기회를 잡게 되었다"(Rugeley 1996: 182). 멕시코 북부의 이달고 독립 반란과 더불어 유카탄 크레올들의 분열은 권력의 공백 상태를 야기했다. 이들은 농민과 날품팔이 원주민들, 그리고 메스티소들을 궁지로 몰아넣었고, 결국 이들 자유주의자들은 하층 계급이 국가 정부와 완전히 단절하도록 준비를 시켰던 것이다. " …… 분리주의 폭동을 시작했던 지도자들은 이내 보다 새롭고도 보다 급진적인 운동에 휘말리게 되는 상황에 직면했다."(Rugeley 1996: 184) 유카탄의 마야 원주민들은 이달고의 오토미 원주민 추종자들과 마찬가지로 비전통적인 사회적 수단을 수용할 정도로 크레올 사회에 동화되어 있었다. 하지만 그들은 과도한 크레올의 통제로부터 자유로울 수 있을 만큼, 그리고 무기와 피난처를 구할 수 있을 만큼 충분히 국경 지대에 인접해 있었던 것이다.

그 외에 멕시코에서 발생했던 토착주의 운동을 살펴보려면, 글상자 7.5의 야키 반란을 참고하라.

2) 중앙아메리카의 피필 운동

엘살바도르 노누알코의 피필 원주민들이 주동했던 반란 운동은 독립 이후 수년 만에 발생했으며, 신식민지 시대 중앙아메리카에서 등장했던 토착주의 운동의 특색을 잘 보여 준다(다음 설명에 언급되는 장소들은 그림 7.1의 지도를 참조하라).

노누알코는 스페인 정복 이전 시대 메소아메리카 남동부 변방에 속했던 중요한 주였다. 현재 산살바도르 남동쪽의 중앙 산록지대 계곡에 위치한 노누알코는 태평양 해안의 히킬리스코 만에 정치적 영향력을 행사했었을 것이다. 당시 노누알코의 인구에는 5천 명 이상의 피필 원주민(나우아어 사용자)들을 비롯해 렌카인들이 일부 포함되어 있었을 것이다(피필어와 렌카어에 대해서는 11장을 참조하라). 노누알코인들은 옥수수, 콩, 고추를 생산했고, 해안의 속민들로부터 생선, 소금, 목화를 징수했으며, 물물교환을 통해 카카오, 꿀, 흑요석과 같은 품목들을 구했다.

스페인 침략 당시 노누알코 사람들은 현재의 산살바도르 근방에 수도를 보유했던 쿠스카틀란의 피필 도시국가에 종속된 상태였던 것으로 보인다. 노누알코인들은 쿠스카틀란 통치자들에게 생선을 포함해 여러 종류의 식품과 면직물 옷을 공물로 납부했던 것으로 보인다.

스페인 정복 이후, 노누알코인들은 산티아고, 산페드로, 산후안노누알코 등 보다 밀집된 여러 개의 공동체들에 집중적으로 거주했고, 스페인 출신의 엔코멘데로들에게 공물을 납부해야 했다. 카카오 콩은 16세기 노누알코인들이 스페인인들에게 바쳤던 공물 가운데 주요 품목이었다. 남색 염료 제작에 사용되는 식물인 인디고는 지역의 중요한 상업 작물이었고, 이내 카카오를 대체했다. 이와 더불어 노누알코 원주민들은 스페인인들과 크레올들이 소유했던 인디고 농장에서 부역하도록 강요받았다. 이 인디고 농장들은 공동체의 토지를 잠식하고, 노동력을 고갈시켰으며, 이는 노누알코 공동체 삶의 파괴로 이어졌다.

식민시대 후반에 접어들자 이들 세 개의 노누알코 공동체들에서의 인구가 이미 4천 명을 넘어서게 되었고, 이들 가운데 약 700명은 메스티소들이었다. 이 공동체들은 적어도 아홉 개의 인디고 농장과 설탕 농장들로 둘러싸여 있었다. 원주민과 농장 간의 관계에는 긴장감이 감돌았다. 그리고 1789년, 노누알코인들은 인디고 농장의 저임금에 반대하여 봉기를 일으켰다. 그렇지만 봉기는 스페인 권력자들에 의해 신속하게 진압되었다. 1812년과 1814년 사이에 노누알코인들이 다시 반란을 일으켰다. 이 반란의 첫번째 동기는 스페인 왕실의 공물 재부과 정책에 대한 반대였고, 두번째 동기는 엘살바도르가 과테말라와 단교할 수 있도록 돕기 위해 조직되었던 크레올 의병군에 노누알코인들을 강제 징집하는 정책에 반대하기 위해서였다.

외부로부터의 수많은 혼란에도 불구하고 노누알코 공동체들은 놀라울 만큼 훌륭하게 식민시대에서 살아남았으며, 수많은 전통적인 제도를 합리적으로 보존하면서 독립 이후의 자유주의 개혁에 맞섰다. 스페인어가 공식 용어로 지정되었지만, 여전히 피필어가 광범위하게 사용되고 있었다. 고대 친족 관계에 근거한 행정구획(칼풀리)들로 구성된 사회 체제가 공동체 내부의 기본 원리로 여전히 작동했으며, 일부 구획에는 200명 이상의 구성원들이 소속되어 있었다. 토착 지도력이 여전히 제 기능을 하고 있었고, 이는 고대 귀족과 평민이라는 위계적 구분이 계속해서 유지되었던 사실에 일정 정도 근거했다. 인디고 농장 때문에 토지를 일부 몰수당했지만, 그럼에도 공동체 토지의 상당 부분이 유지되었다. 무역이 번창했고, 노누알코 사람들은 '부유한' 원주민으로 간주되었다.

1830년대에 접어들어 엘살바도르에서는 자유주의자들이 수년간 권력을 잡게 되었다. 원주민들은 인디고 농장을 옹호하는 자유주의자들의 정책을 매우 억압적인 것으로 간주했다. 살바도르 주는 내전이 발발할 위기에 놓였고, 자유주의 크레올들과 보수주의 크레올들이 서로 충돌하고 있었다. 원주민들은 그들의 이익과 상관없는 편에 서서 싸우도록 강요되었다. 따라서 1833년 노누알코인들은 지방의 크레올 권력자들과 농장 소유주들에 대항하는 반란을 일으키게 되었다. 산티아고노누알코의 평민 출신으로서 인디고 농장에서 날품팔이 노동자로 일했던 아타나시오 아퀴노라는 피필 원주민이 이 반란 운동을 지휘했다. 아퀴노가 피필의 전통적인 직함을 채택하고, 피필의 전통 의상을 고수함에 따라 봉기는 초반부터 강력한 토착주의적 특색을 지니게 되었다. 그는 원주민에 대한 크레올의 지배를 종식시킬 것을 외치며 주변 공동체의 원주민들과 수많은 메스티소들을 동원했다. 반란자들은 신속하게 반란이 시작되었던 지역을 비롯해 산비센테 인근에 위치한 주요 크레올 마을들과 농장들을 제압했다.

아퀴노 부대는 이내 3천 명에 달하는 전사들을 보유하게 되었고, 반란 진압을 위해 정부가 파병했던 여러 부대들을 손쉽게 무찔렀다. 아퀴노는 노누알코 영토에 자유와 자율을 선포하면서, '해방세력의 총사령관'이라는 직함을 스스로에게 부여했다. 그는 크레올 권력자들의 자리에 원주민들을 세웠고, 인근의 독립적인 영토에서 발생하는 사안들을 관리하기 위해 엄격한 법규를 제정했다(예를 들어, 도둑은 그 손을 자른다와 같은 규정을 말이다!). 일반적으로 학자들은 아퀴노 반란군이 원하기만 했다면 살바도르의 수도까지도 점령할 수 있었을 것이라고 분석한다. 하지만 아퀴노는 노누알코 지역을 벗어나는 지역에까지 통제력을 확장하려고 시도하지 않았으며, 심지어 그의 운동에 동조했던 서부 지역 원주민 공동체들에 대해서도 통제력을 확보하려 하지 않았다. 심지어 과테말라 고지대의 마야 원주민 위원회도 범-원주민 연합의 가능성을 타진하기 위해 아퀴노와 협상하고자 했지만, 아퀴노의 정치적 입장은 지역적이기보다는 확실히 지방적이었던 것이 분명해 보인다.

살바도르의 크레올들과 대부분의 메스티소들은 아퀴노와 그의 원주민 '테러리스트들'에 대해 극도의 두려움을 느꼈다. 그들은 과테말라의 군인들로 부대를 재정비하고 강화했으며, 5천 명의 세력을 확보해 노누알코로 진군했다. 이렇게 결성된 부대는 반란군을 신속하게 진압했고, 아퀴노를 체포했다. 반란 세력은 4개월 이상을 버티지 못했다. 아퀴노는 투옥되었고, 형식적인 재판을 거친 후 처형되었다. 멕시코의 이달고 신부와 마찬가지로 그는 참수형을 당했고, 그의 잘린 머리는 철장에 담긴 채 모두가 볼 수 있도록 돌출된 언덕 꼭대기에 매달렸다.

아타나시오 아퀴노는 특히 카리스마적인 지도자였다. 그는 철저히 종교적이었으며, 성인의 모습을 담은 메달들을 목에 걸고 있었다. 그의 기독교 신앙은 토착 '미신들'에 밀접하게 연관되어 있었다. 그는 극도로 용감한 전사였고, 동시에 뛰어난 기수였다. 그는 전투 중 그가 씹는 비밀 마약(코카로 짐작됨)으로 자신의 용맹함이 배가된다고 주장했다. 12년 전의 아타나시오 출, 그리고 이후 유카탄의 카스트 전쟁 지도자들과 마찬가지로, 아퀴노는 스스로 즉위한 '왕'이었다(이를 위해 성요셉의 왕관을 사용했다). 아퀴노가 반려동물(nagual)에 대한 고대 메소아메리카의 관념을 믿었고 그의 반려동물은 호랑이(ocelot)였다는 일부 증거가 있다. 그는 호랑이의 가죽을 안장으로 사용했고, 감옥에 투옥되었을 때는 자신을 '발톱 또는 이빨 빠진 호랑이'라고 칭했다. 권좌에 올랐을 때 아퀴노는 토착 문화와 스페인의 문화적 요소들을 통합해 자신을 인격화했고, 결과적으로 원형적인 토착 예언자가 될 수 있었다.

아퀴노가 죽자 노누알코는 잠잠해졌다. 19세기 중반에 이르자 커피가 인디고를 대체해 엘살바도르의 주요 수출 작물이 되었다. 1879년에 자유주의자들은 커피 농장 소유주들이 원주민 공동체의 토지를 추가적으로 소유할 수 있게 하는 법률을 통과시켰다. 나누알코 지역은 대부분 커피 생산 지대에 속하지 않았다. 그럼에도 토착 거주민들은 새로운 법률로 타격을 받았고, 1885년 광범위하게 발생했던 원주민 봉기에 가담했다. 하지만 토착민 반란은 이제 그 중심지를 서부 이살코 지역으로 옮기게 되었고, 이 지역은 1932년 격렬한 원주민 분쟁에 휘말리게 된다(8장 참조).

5. 미국의 개입과 근대의 전조

멕시코와 중앙아메리카에 대한 미국의 개입은 기나긴 역사를 지니며, 식민시대가 끝나기 수십 년 전부터 시작되어 20세기까지 지속되었다. 이미 1786년에 토머스 제퍼슨 미 전대통령은 이 지역과 관련해 미국의 공식 입장을 다음과 같이 표현했다. "우리 연방국은 아메리카 전 대륙의 모든 이들, 북쪽과 남쪽의 모든 이들이 살아갈 보금자리로 간주되어야 합니다." (Cockcroft 1983: 49) 18세기 후반, 미국의 상인들과 밀수업자들은 멕시코와 중앙아메리카에서 높은 이윤으로 물건을 판매하기 위해 스페인의 무역독점권을 무효화시켰다. 미국 상인 대표들이 이 지역 주요 무역항에 모습을 드러내기 시작했고, 미국 정치기관들은 식민지들에게 스페인의 통제에서 벗어날 것을 종용하며 군사작전에 관여했다.

멕시코와 중앙아메리카가 독립을 획득하자 미국의(영국을 비롯한 유럽 국가들과 더불어) 상인들은 영국과 그 외 국가 출신의 상인들을 배제하고 자신들이 무역 독점권을 확보하기 위해 공격적인 전술을 폈다. 즉각적으로 정치 개입도 증가했다. 멕시코에 부임한 최초의 미국 대사관은 멕시코인들을 '무지하고 방탕한' 사람들이라고 일컬으며, 그들에게 정부 운영 방법을 가르치려 했다. 독립 이후 결성된 중앙아메리카 연맹은 미국의 모델에 근거하고 있었으며, 한두 차례씩 엘살바도르, 온두라스, 니카라과 등을 미국 연합에 가입시켜 줄 것을 간청하기도 했다.

1823년 먼로 대통령은 먼로선언을 통해 유럽 강대국들이 메소아메리카로부터 거리를 둘 것을 요구했다. 그럼에도 19세기 멕시코와 중앙아메리카는 유럽의 주요 세력들, 특히 영국에 의한 반복적인 침략에 시달렸다. 그 외의 주요 침략자는 미국이었다. 1845년 텍사스가 미국에 합병되었고, 1846년 미국은 독립전쟁 당시에 빌려 준 차관을 회수한다는 명목으로 멕시코를 침략했다. 미국의 군대는 약 5만 명의 멕시코인들의 생명을 앗아 가며 멕시코시티를 점령했고, 멕시코 정부에게 영토의 거의 절반을 내어 주도록 강요했다(과달루페 '조항').

중앙아메리카에서는 캘리포니아 출신의 불법침입자였던 윌리엄 워커가 1855년 니카라과를 침략했고, 미국의 공식적인 승인을 받아 그곳을 2년 동안 노예 국가로 통치했다. 1861년 미국이 남북전쟁에 정신이 팔려 있는 동안 스페인이 멕시코를 침입했고, 1862년에는 다시 프랑스가 침입했다. 베니토 후아레스의 민족주의 세력들에 의해 1867년 프랑스 세력이 철수하게 될 때까지, 프랑스는 멕시코를 점령했었다. 미국 남북전쟁의 퇴역군인들은 후아레스를 도왔고, 후아레스는 새로운 멕시코 정부를 미국이 인정하는 데 대한 답례로 미국에 중요한 이권을 내어 주었다.

하지만 미국에게 가장 중요한 이권을 내어 주었던 이들은 1870년대 이후 멕시코와 중앙아메리카에서 집권했던 자유주의 독재자들이었다. 포르피리오 디아스는 미국 시민들이 멕시코에서 재산을 소유하는 것을 합법으로 만들었고, 더 나아가서 미국 기업들이 멕시코 전 영토를 횡단하는 주요 철로 건설의 계약을 성사시킬 수 있도록 직접 관여하기도 했다. 디아스의 개방적인 경제 정책에 힘입어 미국 투자자들은 단기간에 멕시코의 광산, 석유 산업, 수출 농업을 지배하게 되었다. 멕시코의 학교 교재들까지도 미국인들이 집필했고, 미국의 애플턴 출판사에서 출판했다(Cockcroft 1983: 88).

디아스는 그 자신도 일정 정도 원주민 혈통이었지만 메소아메리카 지역의 소위 자유주의 독재자들과 마찬가지로 메소아메리카 토착민들에게 호의적인 입장을 취하지 않았다. 글상자 7.6에서 묘사하고 있듯이 디아스는 그 자신의 사회적 페르소나(인격적 실체)를 형성했던 것과 동일한 방식으로, 다시 말해 메스티사헤(인종적·문화적 혼합)를 통해 원주민을 국가 사회로 동화시킬 필요가 있다고 믿었다.

중앙아메리카에서 미국은 각 정부의 사안에 거의 마음 내키는 대로 개입했다. 예를 들어, 1906년에 미국은 과테말라의 독재자에게 중앙아메리카 다른 국가들과 벌이던 전쟁을 끝내도록 강요했고, 1909년에 니카라과의 독재자가 미국의 권력에 도전하려고 하자 그를 관직에서 사임하게 종용했으며, 1912년에 바나나 사업과 관련된 이권을 보호하기 위해서 온두라스의 대리 대통령을 임명했고, 1917년에는 미국계 바나나 회사와 석유 회사들에 대한 특별 허가권 승인을 거부하던 코스타리카 대통령을 사면하게 했다. 미국의 이와 같은 개입의 직접적인 결과로 중앙아메리카 국가들은 '바나나 공화국'으로 알려지게 되었다(La Feber 1983).

19세기 자유주의자들은 외국 투자자들에게 문호를 개방했고, 20세기 초반에 그 후계자들은 미국과 그 외 해외 강국들이 중앙아메리카 국가들의 정치경제 사안을 사실상 실질적으로 통제하도록 허용했다. 중앙아메리카에서 미국의 투자는 광산, 석유, 농업에 주로 집중되어 있었으며, 수출 생산 특히 미국 시장을 겨냥한 수출이 주가 되었다. 하지만 해외투자에는 최신 기술이 대량 투입되었고, 특히 철로, 선박, 관개 시설, 건축 부분에서 기계와 장비의 활용 및 하부시설 개선이 진행되었다. 멕시코 북부에서는 아나콘다 등 미국 회사들의 참여로 광산 개발이 활발히 진행되었고, 1911년 멕시코는 세계에서 두번째로 큰 은 생산국이 되었다.

멕시코의 석유 생산은 미국과 영국의 회사들이 지배했다(그림 7.10). 1921년에 멕시코는 세계 원유 공급량의 거의 4분의 1을 생산하게 됐고, 그 중 70퍼센트는 미국의 소유였다. 1911년을 기준으로 멕시코에서 규모가 가장 큰 80개의 산업들은 거의 모두 미국의 소유였고, 그 중 다수가 농업에 특화되어 있었다. 예를 들어, 미국계 회사들은 사탕수수 생산에 있어서 세계에서 가장 생산성이 높은 지역이었던 모렐로스의 설탕 농장과 고 이윤을 창출하던 유카탄의 용설란 농장들 대부분을 소유했고, 경영했다. 대부분 광업과 농업 생산 운용을 통해 외국인들은 멕시코의 총 지표 면적 가운데 거의 20퍼센트에 이르는 지대에 대한 권리를 보유하게 되었다. 더 나아가서 20세기 초 멕시코는 미국 투자자들이 건설하고 통제하던 거대한 철도 연결망을 통해 미국 시장과 연결되게 되었다.

중앙아메리카에서는 커피가 주요 수출 품목으로 부상했다. 1917년에 커피는 지역의 총 수출 소득의 50퍼센트를 차지하게 되었으며, 외국 투자자들은 커피의 생산, 제조, 운송 과정을 더욱 독점하게 되었다(그림 7.11). 멕시코와 마찬가지로 중앙아메리카의 광업 역시 외국 자본이 소유하고 경영했으며, 예외가 있다면 채굴량이 많지 않았던 푸에르토카

그림 7.10 20세기에 접어들 당시 멕시코 베라크루스의 유전. 출처 미상.

베사스 근방의 니카라과 금광이었다. 유나이티드푸르트사(United Fruit Company, UFCO) 사례는 중앙아메리카의 경제에서 미국이 행사하던 통제력을 가장 명확하게 드러낸다. 미국의 바나나 수출업체로서 19세기 말에 설립되었던 UFCO는 중앙아메리카의 바나나 생산을 독점하게 되었다. 미국이 배타적인 소유권을 보유하고 있었고, 이윤의 상당 부분이 보스턴에 위치한 본사로 송금되었음에도 불구하고, UFCO는 중앙아메리카 지역의 경제적·정치적 사안에 엄청난 영향력을 행사했다.

정치적인 측면에서도 중앙아메리카 국가들은 외국 세력들이 배후에서 조종하는 독재자들의 지배를 받았다. 포퓰리즘의 선전문구를 동원해 독재자들에게 강한 아버지의 이미지를 부여했으며, 이는 빈곤층을 제재하는 데 활용되었다. 하지만 동시에 독재자들은 대규모 군대와 농촌을 대상으로 하는 매우 강압적인 경찰력을 조직했고, 현상 유지에 필요할 경우 이들을 투입시켰다. 어떤 이는 1910년 무렵 멕시코의 디아스 정권을 "국가라기보다는 회사 매점에 가깝다"라고 묘사하기도 했다. 디아스 정권은 멕시코를 외국 투자자들에게 안전한 장소로 만들었고, 미국을 비롯한 세계 각국의 투자자들은 막대한 이익을 차지할 수 있었다.

멕시코의 매점 관리인으로서 디아스가 수행했던 역할은 중앙아메리카의 독재자들, 가령 과테말라의 마누엘 에스트라다 카브레라(1898~1920)와 호르헤 우비코(1931~1944), 엘살바도르의 막시밀리아노 에르난데스(1931~1944), 온두라스의 티부르시오 카리아스 안디노(1931~1948), 니카라과의 아나스타시오 소모사 가르시아(1936~1956)를 비롯해 코스타리카의 다소 보다 민주적이었던 클레토 곤살레스와 리카르도 히메네스(1906~1936) 등의 경우에서도 동일한 방식으로 수행되었다.

독재주의 통치가 정치 '매점'의 최상단에 평화와 조화가 지배했다는 의미는 아니며, 앞서 살펴본 것처럼 미국은 메소아메리카 지역이 구미에

그림 7.11 19세기 과테말라에서 태평양 해안가 농장에서 항구로 커피를 운송하기 위해 사용되었던 수레들. 출처: Burns 1986: 126.

맞는 방식으로 발전하게 하기 위해 수많은 상황에 개입했다. 정치적 문제들 가운데 일부는 외국 투자자들의 지배에 반대하던 지방의 자본주의자들로부터 비롯되었고, 일부는 제조업과 농업의 이해관계가 충돌함에 따라 발생했으며, 일부는 독재주의 체제로 인해 권력으로부터 배제되었던 중간 계층 지식인들과 전문가들로부터 초래되었다. 독재자들이 더 이상 외국 세력들에게 유용성을 지니지 못할 정도까지 권좌에 남아 있는 경우가 빈번했으며, 이런 경우 외국 세력들은 주저 없이 그들을 파면시키기 위해 협상했다. 예를 들어 멕시코에서 미국은 1911년 디아스가 권좌에서 물러나도록 협조했고, 부유한 크레올인 프란시스코 마데로가 그 자리를 대체하도록 배후에서 조종했다. 하지만 이 시도가 실패로 끝나자, 미국은 영국 경쟁자들의 지지를 받던 빅토리아노 데 라 우에르타를 파면시키기 위해 1914년 베라크루스에 해군을 상륙시켰다.

　20세기 초반의 30년 동안 중앙아메리카에서 미국의 정치적 개입은 더욱 노골적으로 진행되었다. 이는 1903년 파나마에서 일찌감치 시작되

있는데, 시어도어 루스벨트 대통령을 배후로 하는 미군은 파나마의 콜롬비아로부터의 정치적 분리, 두 대양을 잇는 운하의 건설(운하는 1914년 완성되었다), 미국의 운하 소유권 허가 등을 두고 직접 협상에 참여했다. 이보다 더욱 터무니없는 미국의 개입이 니카라과에서 벌어졌는데, 미 해군이 1925년에서 1927년까지 단기간을 제외하고 1912년부터 1933년까지 줄곧 니카라과를 점령한 것이다.

20세기 초반에 미국이 지배하는 자본주의는 멕시코와 중앙아메리카에 극적인 경제 발전을 안겨 주었지만, 일반 서민들의 복지 향상에는 실패했다. 수십만 명의 농민들이 임금노동자로 내몰렸고, 이들 가운데 상당수는 부채 탕감을 위해 일했으며, 거의 모두가 저임금노동에 시달렸다. 농민 출신 노동자들은 대부분 유색인들로서 메소아메리카의 원주민, 메스티소, 흑인들이었다. 그들은 자신들을 종속 상태로 몰아넣은 경제적 착취에, 그리고 대내외 자본가들이 드러내는 인종차별에 극도로 분개했다. 예를 들어, 미국은 자국 기업가들이 향유하던 과대한 이윤이 창출되는 근원이었던 원주민들을 비롯한 착취당하는 이들의 곤경에는 아무 관심이 없는 듯했다. 더 나아가서 미국은 이들 농촌 집단(일부는 농민이었고 일부는 프롤레타리아트였던)이 폭발하기만을 기다리고 있던 불씨가 되고 있음을 인정하지 않았다.

신흥 도시의 제조업 분야에서 직업을 구하기 위해 대부분 농촌에서 이주했던 산업 노동자들조차도 극심한 경제적 착취와 인종차별에 시달렸다. 멕시코에서 그들 중 다수는 광업과 직물 제조업에 종사했으며, 1910년 무렵에 그들은 이미 경제활동 인구의 15퍼센트 정도를 차지했다. 도시 지식인들의 영향을 받은 노동자들은 급진적으로 변해 갔고, 디아스 정권 후반기에 접어들자 그들은 수십 차례의 불법 파업에 관여했다.

중앙아메리카의 경제에서 도시 노동자들이 차지하는 비율은 보다 소규모였으며, 1920년대에는 전체 노동력의 10퍼센트 정도를 차지했다. 하지만 그들은 중앙아메리카의 정권들로부터 심한 탄압을 받았다. 1920년대가 되자 도시 노동자들은 급진적인 노조를 결성해 비허가 파업을 벌였고, 1930년대 중앙아메리카에서 가장 급진적인 영역이 되었던 UFCO의 바나나 농장 출신 농촌 노동자들이 파업의 대열에 이내 합류했다.

되돌아 생각해 보면, 미국의 강력한 영향을 받았던 메소아메리카 지역의 사회들은 19세기 토착주의 운동보다 더욱 급진적으로 전개될 혁명적 행동들을 향해 이미 20세기 초반부터 나아가고 있었던 것으로 보인다. '개혁'과 대조적으로 '혁명'은 사회적으로 지배당한 계급들이 이를 통해 그들을 억압하고 있던 속박을 끊어 버리고, 그 과정에서 통치 계급들을 몰아내려고 하는 폭력적인 행동들을 일컫는다. 개혁의 경우 변화가 위로부터(상위 계급이 주도하여) 시작된다면, 혁명에서 변화는 아래로부터(하위 계급이 주도권을 쥐고) 시작된다. 메소아메리카 지역에서 현대는 1910년 멕시코의 시골에서 화산처럼 분출한 20세기 최초의 '사회주의적' 혁명으로 시작되었다. 이는 현대의 메소아메리카 토착민들을 살펴보는 다음 장에서 논의할 것이다.

나폴레옹, 거대한 뿔이 달린 뱀

나폴레옹 점령기에 스페인에서 전개되었던 일련의 변화는 누에바 에스파냐와 중앙아메리카의 스페인 식민지에 중요한 반향을 야기했다. 그 중 제헌의회(cortes)의 형성과 스페인과 아메리카의 스페인 식민지에 모두 적용 가능하도록 고안된 헌법의 제정을 들 수 있다. 1812년 비준된 헌법은 완전히 자유주의적인 문헌이었으며, 구체적으로 국민에게 '주권'을 허용하고, 정부 기관들 간의 권력을 분리시키고, 귀족층의 특권을 박탈하고, 메소아메리카 토착민을 포함해 외국 식민지의 모든 이들에게 경제적·사회적 복지를 장려한다는 내용을 담고 있다.

같은 해에 아메리카 식민지로 선언문이 전달되었는데, 이 선언문은 헌법이 필요한 이유를 명시하고, 특히 페르디난드 7세의 체포와 망명 소식과 더불어 나폴레옹의 기만적인 스페인 침입과 고압적인 통치를 비판하고 있었다. 인류학자 로버트 로플린에 따르면, 멕시코와 중앙아메리카의 수많은 크레올들에게 헌법과 이 선언문은 정치적 영감의 근원이 되었다(Laughlin 2003: 191). 특히 로플린은 아메리카 식민지에서 스페인의 권위를 지속시키기 위해 원주민의 지지들 확보하려는 시도의 일환으로 선언문이 메소아메리카의 여러 개의 토착 언어로 번역되었다는 사실에 주목했다. 이들 번역본 가운데에는 과테말라 치아파스 주에서 사용된 초칠-마야어로 옮겨진 것도 있었다. 단 한 명의 초칠 원주민도 선언문의 초칠어 번역본을 읽지 않았을 가능성이 많다. 하지만 로플린은 나폴레옹, 페르디난드, 신헌법과 관련해 어떠한 사항이 법규로 전달되었는지 밝혀내기 위해 번역본 사본들을 보존하고 분석했다.

로플린은 선언문의 초칠어 번역자는 스페인 수도사였음이 분명하다고 결론 내린다. 무엇보다 번역본에 나타난 초칠어의 문법적 표현이 토착 언어 사용자의 것으로 보이지 않는다는 점이 근거로 제시된다. 또한 본래 스페인어 성명서와는 달리 초칠어 번역본에는 송교와 가톨릭 교회에 관한 수많은 언급이 이구이진다는 짐도 로플린의 주장을 뒷받침한다. 그럼에도 스페인 수도사는 치아파스의 초칠-마야인들이 선언문을 제대로 이해할 수 있도록 하기 위해 무수한 초칠 용어와 은유들을 활용했다. 가장 주목할 점은 스페인어 선언문에서는 나폴레옹이 '폭군'으로 묘사되는 반면에 초칠어 번역본에서 그는 '거대한 뿔이 달린 뱀', '재규어', '점화된 불', '천둥번개', '회오리바람'으로 언급된다는 것이다.

거대한 뿔이 달린 뱀을 언급한 것은 의심할 여지없이 요한계시록의 형상들에 근거한 것이었다. 하지만 로플린이 지적하는 것처럼, 고대 메소아메리카에서 그것은 '땅 중심부의 신'을 의미하는 핵심적인 상징이기도 했다. 실제로 로플린이 초칠 설화들을 기록했던 치아파스 시나칸탄의 한 촌락에서는, "뿔이 달린 뱀들이 지하세계에서 나타났을 때, 그들은 그 뿔로 협곡을 파서 지진을 일으켰다고 믿어지고 있다"(Laughlin 2003: 160). 초칠어 번역본은 본래의 스페인어 선언문보다 원주민에게 훨씬 온정주의적인 태도를 보였으며, 줄곧 스페인인과 크레올을 원주민의 '아버지, 연장자 형제'라고 언급했다. 대조적으로 본래의 스페인어 선언문은 원주민을 '아메리카에 거주하는 인류의 아름다운 구성원'이라고 언급했다. 비록 결국 원주민에 대한 크레올의 보다 온정주의적인 사고가 만연하게 되었지만, 선언문을 번역한 사제가 표현했던 방식의 자유주의적 사고는 이후 수년간 독립 운동에 영감을 제공했다. 로플린이 지적하는 것처럼(Laughlin 2003: 191), 이런 이유로 치아파스 초칠인들과 같은 일부 원주민 집단은 계속해서 그들의 역사적 운명을 익티 보콜(ik'ti' vokol), 다시 말해 '고통과 수난'으로 인식하게 되었다.

글상자 7.2

아타나시오 출 반란

당시 과테말라에서 발발했던 수많은 토착 봉기들과 마찬가지로 출 봉기의 직접적인 동기는 공물 납부 거부에서 비롯되었으며, 산미겔토토니카판의 키체-마야 원주민들이 주도했다. 공동체의 원주민 시장(알칼데)이었던 아타나시오 출은 왕실에 바치도록 지정되었던 공물 수금 요구를 이미 1816년부터 거부했었고, 이후 수년간 주지사로 복무하면서 추가적인 납부 의무로부터 원주민들을 면제시켜 줄 것을 요구하는 공식 문서들을 입수하기 위해 직접 식민지 수도(산티아고데과테말라)를 방문하기도 했다. 토토니카판에서 아타나시오는 카시케로 간주되었고, 이러한 위상은 그가 해당 공동체 원주민들에게 특히 막강한 정당성을 가질 수 있도록 했다. 더 나아가 그는 스페인 정복 이전 시대에 토토니카판 주를 통치하도록 키체 제국 수도에서 파견되었던 왕실 관리들의 직계 후손이기도 했다.

1820년에 접어들자 토토니카판 지역의 더 많은 원주민들이 공물의 추가적 징수에 반대하는 반란을 일으켰다. 아타나시오 출은 평민 신분의 토토니카판 원주민이었던 루카스 아길라르의 보조를 받아 저항의 구심점이 되었다. 산프란시스코 엘알토, 치키물라, 모모스테낭고 등 인근 지역 원주민 공동체 지도자들이 공물 납부를 폐지하기 위해서, 그리고 필요하다면 지역 내 스페인 관리들을 해임시키기 위해 출의 노력에 합세했다. 7월 5일, 출과 그의 추종자들은 지역을 총괄하던 스페인 관리(알칼데 마요르)를 해임시켰고, 지방의 토착민 권력자들을 협박하고 면직시킨 다음, 지역 정부를 차지했다. 행진과 춤 그리고 음악이 수반된 의례가 정성들여 거행되었고, 여기에서 출은 깃털 달린 차양 아래에서 '키체의 왕'으로 즉위했고, 아길라는 '대통령'으로 임명되었다. 출은 성 요셉의 조각상에서 가져온 왕관을 썼고, 스페인 양식의 바지와 신발 및 검으로 의복을 갖추었다. 그의 아내 펠리파는 왕비로 임명되었고, 성녀 세실리아의 왕관을 썼다. 인근 마을 원주민들은 출에게 전갈을 보내어 수천 명의 키체-마야 원주민들이 아타나시오의 왕관을 진지하게 받아들이고 있다고 명확한 입장을 표명했으며, '우리의 주군'(Our Lord), '폐하'(Your Grace) 등의 경칭을 사용하기 시작했다.

아타나시오 출이 키체 원주민들의 왕으로 통치한 시기는 길지 않았다. 스페인 인들은 고지대 스페인 마을의 군인들 1천 명 이상을 소집해서 군대를 조직했고, 출의 즉위식이 있고 나서 거의 정확하게 1개월 후에 토토니카판으로 진군했다. 마을은 별다른 저항 없이 점령되었다. 다만 인근 공동체의 반란자들이 토토니카판으로 이어지는 길 위의 산에 자리를 틀고 투석기, 돌, 마체테(날이 넓고 큰 칼—옮긴이)로 스페인 군대를 공격했다. 스페인 군인들은 토토니카판의 수많은 집들을 약탈했고, 수십 명의 원주민들을 채찍질하고 위협했다. 출과 아길라르를 비롯한 토착민 지도자들은 케찰테낭고에 죄수로 이송되었고, 그곳에서 폭동 교사 혐의로 심문받았다. 비록 유죄 판결을 받았지만 출과 키체의 다른 지도자들은 7개월 후에 사면을 받았다.

글상자 7.3

베니토 후아레스,
멕시코의 가장 위대한 원주민 영웅

베니토 후아레스는 오아하카의 조그만 마을의 귀족 후손의 사포테카 원주민 가문에서 태어났다. 소년 시절 후아레스는 사포테카어만을 구사할 수 있었고, 그의 삼촌의 양떼를 돌보는 양치기로 일했다. 12세 무렵에 그는 스페인어를 배웠고, 보다 나은 미래를 찾기 위해 오아하카 시로 이주했다. 그곳에서 그는 철학과 신학을 공부했고, 궁극적으로는 예술과학원(Institute of Arts and Sciences)에 진학해 법학을 전공했다. 마침내 그는 예술과학원의 소장이 되었고, 시 협의회의 회원이 되었다. 그는 37세에 크레올 출신 여성과 결혼했고, 그녀와의 사이에 둔 아이들은 메스티소로 인식됐다.

그의 지혜와 법 지식 덕분에 후아레스는 오아하카의 주지사로 임명되었으며, 법률 원칙에 근거해 통치함에 따라 상당한 적법성을 확보했다. 당시 그는 교회와 밀접한 관계를 유지했지만, 이후 자유주의 정책들을 시행함에 따라 성직자들과 그들의 보수적인 지지자들로부터 격렬한 반대를 불러일으켰다. 한 역사학자에 따르면, 법률주의와 진지한 처신과는 달리 "그는 사포테카의 우상, 돌 같이 항상 검은 프록코트를 걸친 차분한 신을 닮았다"(Krauze 1997: 164). 주지사 후아레스는 산타 아나 대통령에 반대했고(그는 대통령의 오아하카 방문을 금지시켰다), 이로 인해 그는 국가적인 위상을 갖게 되었으며, 특히 대통령이 그를 뉴올리언스로 추방시키자 그의 위상은 더욱 높아졌다. 그가 자유주의 헌법의 작성에서 중요한 역할을 담당하고, 헌법 개혁에 반대하는 보수주의자들에 대항하는 내전에서 자유주의적 세력의 지휘권을 맡게 됨에 따라 그의 명성은 더욱더 높아졌다. 1861년 후아레스는 멕시코 공화국의 대통령이 되었다.

후아레스의 기나긴 정치 행보에서 그는 원주민들을 직접적으로 지지하는 정책들을 펴지 않기로 선택했다. 사실상 그는 나야릿, 야키 계곡, 유카탄, 치아파스 등에서 원주민 반란군들의 저항에 부딪치곤 했다. 심지어 수많은 원주민들은 후아레스보다는 강제로 즉위한 막시밀리안 황제를 후원하기도 했다. 다른 자유주의자들과 마찬가지로 후아레스는 메스티소가 멕시코의 미래라고 믿었고, 그들이 국가 권력에 닿을 수 있도록 문을 열었다. 그럼에도 법률, 헌법, 개혁의 자유주의적 이상들을 지지하는 데 있어서 그는 '선조의 본능적인 지식'을 적용하기로 평판이 나 있었다. 더 나아가서, 그의 "가장 내밀하고도 종교적인 갈망은 …… 성직자들, 무지, 노예 상태, '무감각한 가난'으로부터 원주민들, 다시 말해 '우리의 형제들'을 해방시키는 것이었다"(Krause 1997: 204)는 주장도 있다.

글상자 7.4
멕시코의 테포스틀란과 자유주의 개혁

멕시코의 테포스틀란 지역을 대상으로 한 인류학자 오스카 루이스의 고전적 저서인 『멕시코 마을의 삶』(*Life in a Mexican Village*, 1963)은 신식민시대 자유주의 시기 원주민 공동체의 사회사를 간략하면서도 통찰력 있게 제시한다.

스페인 정복 이전 시대에 테포스틀란은 아스테키 주들에 속했던 도시국가였으며, 주로 종이, 라임, 면직물 옷, 칠면조 등의 형태로 공물을 납부했다. 식민시대에 테포스틀란은 쿠에르나바카에 거주하던 스페인 주지사들의 지배를 받았다. 공물은 옥수수와 현금의 형태로, 또는 탁스코 광산이나 인근 설탕 아시엔다에서의 힘겨운 부역의 형태로 지불되기도 했다. 스페인 정복 이전 시대 통치 계급의 후손이었던 카시케들을 포함하여 상당수의 지방 관리들 역시 공물 징수를 통해 혜택을 누렸다.

독립 선포 이후 평민들의 상황은 더욱 악화되었다. 카시케, 교회, 아시엔다들은 지역 내 토지 소유에 대한 독점적 소유권을 강화했고, 당시 교회가 요구했던 '십일조'는 식민시대 테포스틀란 사람들이 지불했던 금액을 이미 넘어섰다. 지방의 카시케 원주민들은 크레올 통치 세력과 협력했고, 지방민에 대한 부와 권력을 강화했다. 테포스틀란 사람들은 대부분 빈곤한 농민으로 전락했고, 애처로울 정도의 저임금을 얻기 위해 농장에서 날품팔이 노동자로서 비상근 노동을 해야 했다. 베니토 후아레스의 자유주의 개혁은 공동체를 분열시켰고, 거주민들 대부분은 토지를 빼앗겼던 보수주의 교회의 편에 섰다. 하지만 소수는 자유주의 정부의 편에 섰고, 멕시코에서 막시밀리안과 프랑스인들을 몰아내기 위한 전쟁에서 용감하게 싸웠던 군대의 구성원이 되었다.

그럼에도 계속된 자유주의 통치로 카시케들은 더욱 강력해졌으며, 이와 대조적으로 테포스틀란 원주민 농민들은 더욱 가난해졌다. 원주민들의 반란 행위가 일상적으로 발발했다. 하지만 반란자들은 대부분 즉각 포위되어 투옥되거나 공동체에서 추방되었고, 아니면 군대로 끌려갔다. 포르피리오 디아스의 시대에 접어들자 테포스틀란 원주민들 대다수가 무토지 상태에 놓이게 되었다. 그들은 공동체 토지의 사용이 금지되었고, 인근 설탕 농장에서 부채를 진 날품팔이 노동자로 일할 수밖에 없었다. 이 날품팔이 노동자들은 계층 간 고도로 분화된 사회의 최하층에 속했고, 지역 내에서 보다 상류층에 속했던 메스티소와 크레올들뿐만 아니라 지방의 카시케 통치자들에 의해 착취당했다. 종교세를 징수하는 오래된 관습이 다시 도입되었고, 종교 제례와 축제의 일정을 담고 있는 정교한 역법 체제에 강제적으로 참여해야 했다. 그 결과, 더 빈곤해진 수많은 테포스틀란 사람들이 교회에 보다 비판적인 태도를 갖게 되었고, 이후 발발했던 멕시코 혁명과 관련해 등장했던 강력한 반-기독교 사상들의 명확한 전조가 되었다.

디아스 시대를 기억하는 한 농민이 루이스에게 디아스 정권 시대에 원주민들이 어떤 삶을 살았는지 전달하고 있는데, 이어지는 그의 회고는 해방 시대에 테포스틀란의 상황을 생생하게 전달한다(Lewis 1963: 95).

> 정말 부족했던 것은 일자리였습니다. 특히 힘든 기간이었던 1월부터 5월, 그리고 8월에서 9월 사이에 우리 가운데 체력적으로 가장 강했던 이들은 …… 모렐로스 주에 있는 설탕 농장에 일하러 갔습니다. 농장 주인들은 가추피네(스페인인)들이었습니다. 그들은 원주민들을 발로 차고, 모욕하면서, 학대했습니다. 이 농장들은 또한 인근 마을들의 토지를 빼앗았습니다. 이곳의 부유층 사람들은 그들의 토지에서 양질의 작물을 생산했습니다. 하지만 가난한 사람들에게는 토지가 없었습니다. 가난한 사람들은 고추와 소금 그리고 약간의 콩을 먹었습니다. 고기는 기껏해야 한 달에 한 번 먹을 수 있었습니다. …… 카시케들이 지방 정부를 지배하고 있었습니다. 카시케였던 빈센테 오르테가가 수년간 권력을 쥐고 있었고, 그의 대부모(콤파드라스고, 의례적 친족 관계)였던 국가 권력자들의 후원을 받았습니다. 정당이나 반대 세력 결성은 금지됐습니다. …… 그의 통치에 반대하는 자가 있다면, 누가 됐든 킨타나루 감옥에 감금됐을 겁니다.

이처럼 테포스틀란 원주민들은 멕시코의 자유주의 정권에 의해 극심한 착취를 당했고, 그 과정에서 그들은 세속화되었으며, 그들의 문화적 이념들과 실천을 상실하게 되었다.

야키 반란

멕시코 소노라의 야키 원주민들은 외부 통치에 저항하는 반란 행위와 관련해 기나긴 역사를 자랑한다(지금 논의되는 시대에 야키 원주민들이 거주하던 지역의 위치는 그림 7.1의 지도를 참조하라). 야키 강기슭을 점유하고 있던 야키 원주민들은 스페인 정복 이전 시대에 메소아메리카의 북서부 주변부를 구성했다. 그들은 스페인인들의 침략에 맹렬하게 저항했고, 17세기 초반 예수회 자유주의 선교사들의 권위에 이들이 자발적으로 순응하기 전까지 식민권력은 그들을 통제하지 못했다. 120년 동안 야키 원주민들은 예수회가 조직한 시범 마을들에서 평화롭게 거주했고, 그들의 토착 권력자들이 마을을 통치했다. 하지만 스페인인, 크레올, 메스티소 광부, 목장 노동자들이 그들 영토에 침입하는 사례가 점차 늘어나기 시작했고, 마침내 1740년에 야키 원주민들은 인근의 마요 원주민들과 합세하여 스페인인들에 저항하는 폭력적이고 유혈 낭자한 봉기에 가담했다. 이후에 멕시코에서 예수회 수도사들이 추방을 당하고 나자(1767년), 야키 원주민들은 북서부 지역 전반에 걸쳐 광범위하게 분산되게 되었고, 이런 방식으로 스페인의 통제를 효과적으로 벗어났다. 결과적으로 그들은 멕시코 독립 운동의 편에 서지도 않았고, 직접적으로 관여하지도 않았다.

19세기를 통틀어 그리고 20세기 초반까지 야키 원주민에 대한 크레올의 자유주의 정책은 그들이 멕시코 사회로 동화되기를 요구하는 것이었다. 자유주의자들은 비옥한 하류 지대에 외부인들이 접근할 수 있게 하려 했고, 인접한 광산과 소아시엔다에 야키 원주민들을 노동력으로 제공하고자 했다. 하지만 야키 원주민들은 이러한 정책에 단 한 번도 동의하지 않았고, 그들을 지배하려는 일체의 시도에 반복적으로 저항했다. 야키 정체성, 언어, 종교, 정체 체제의 보존이라는 목적은 외부인에 대항하는 야키인들의 멈추지 않는 투쟁의 기반이 되는 토착주의적 열망을 부여했다.

독립 이후 최초의 주요한 야키 반란은 1828년에 일어났으며, 이는 멕시코 자유주의자들이 야키 원주민들을 지방, 지역, 국가의 권력자들에게 종속되게 하려고 시도함에 따라, 그리고 그들의 토지를 개별적인 구획들로 분리하여 통제하려고 시도함에 따라 이에 대한 반발로 조직되었다. 매우 카리스마적인 야키 지도자였던 '총사령관' 후안 반데라스가 반란을 지휘했고, 그는 이달고 신부, 과달루페 성모, 목테수마의 이름을 걸고 토착 세력을 결집했다. 반데라스는 멕시코의 백인들을 지역에서 몰아내기 위해서 북서쪽의 모든 토착 집단들을 연합하려고 했다. 멕시코의 크레올과 메스티소들은 반란을 '인종 전쟁'으로 받아들였다. 반데라스와 그의 세력은 자유주의자들이 야키 국가에서 개혁을 수행하지 못하도록 효과적으로 저지했으며, 소노라 전역을 돌아다니며 거주지 내의 백인 정착민들을 위협했다. 하지만 야키의 조직적인 군사 행동은 1833년 반데라스가 체포되고 처형되면서 끝났다.

이후 수십 년 동안 멕시코의 자유주의 정권들은 야키 원주민에 대한 정치적 통제력을 확보하려 지속적으로 시도했지만, 야키의 조직적인 의용군이 이러한 일체의 시도에 계속 저항했다. 그럼에도 이 지역은 결국 멕시코의 광산, 아시엔다, 방목장들로 둘러싸이게 되었고, 야키 원주민들은 점차 그들의 공동체에서 밀려나 임금노동(하지만 부채노동은 아니었다)에 종사하게 되었다. 1873년, 카헤메라는 이름의 새로운 카리스마적 지도자가 야키 원주민들 사이에서 등장했고, 다시 한 번 전면적인 반란을 이끌어 냈다.

예전에 국가 의용군에서 복무했던 카헤메는 훌륭한 조직자였고, 야키인들이 공동체를 재건하고 보다 자립적이 될 수 있도록 기여했다. 카헤메의 지도로 야키 원주민들은 그들 본래의 영토를 규정하는 근거가 되었던 하천 계곡에 대한 정치적·영토적 통제력을 되찾았다. 그들은 고대의 공동체적 토지 보유 체계, 의례력, 정부의 협의회 형태를 되찾기 위해 전면적으로 토착주의적인 전략을 채택했다. 이와 같은 실천들은 사실상 그 다수가 식민시대에서 비롯되었다. 하지만 본래 예수회 선교사들은 야키 원주민들이 스페인적 요소와 토착적인 요소를 혼합할 수 있게 허용했고, 따라서 부흥 운동의 방식들은 지역의 스페인 정복 이전 문화들에 일정 정도 뿌리를 내리고 있었다.

포르피리오 디아스 정권은 야키 원주민들의 자치권 요구를 전면 거부했다. 디아스 정권은 사실 이 지역에서 중요한 상업적인 사업을 수행할 계획이었다. 멕시코 파병부대가 1879년을 기점으로 야키 원주민에 대한 군사 작전을 시작했고, 이들 부대는 1887년 마침내 카헤메를 체포하고 처형했다. 야키 원주민들은 그 이후에 도 1903년에 이를 때까지 유격전을 통해 투쟁을 계속했다. 디아스는 야키 문제에 관한 최후의 해결책을 제시하게 되었다. 수천 명의 야키 남자, 여자, 아이들을 유카탄을 비롯한 멕시코 남부의 선택된 지역들로 대량 이송하는 것이었다. 수많은 야키 원주민들이 북서부 도시들과 애리조나 투손 근방의 망명 공동체들로 달아났다. 그 사이 메스티소 식민주의자들이 야키 본토를 차지해 정착하게 되었고, 이들은 거대 규모의 관개 시설이 갖추어진 상업 농업을 위해 준비했다. 주목할 만한 저항을 벌였던 야키인들은 비록 자유주의 권력에 한 번도 굴복한 적이 없었지만, 자유주의자들은 야키 원주민들의 하천 계곡에의 통제력을 결국 손에 넣게 되었다.

글상자 7.6
포르피리오 디아스와 멕시코 원주민

멕시코의 역사학자 엔리케 크라우세는 1910년 멕시코의 독립 100주년 행사와 포르피리오 디아스 대통령의 80세 생일을 묘사하는 장면으로 그의 책 『멕시코, 권력의 일대기』(*Mexico, Biography of Power*, 1997)를 시작한다. 전 세계의 방문객들이 멕시코에 평화를 가져왔고, 집권기에 유례없는 경제적 발전을 이룩했으며, 과거 멕시코의 내정에 개입했던 전 세계 세력들(특히 스페인, 프랑스, 미국)과 화해했던 인물에게 존경을 표하기 위해 쇄신의 도시인 멕시코시티로 몰려들었다. 디아스는 독립 이후 자유주의 근대화를 찬양했던 것과는 대조적으로 멕시코의 식민지 과거에 부정적인 태도를 지니고 있었고, 이를 반영하기 위해 파세오데 라 레포르마 거리(멕시코시티를 가로지르는 중심가로 '개혁의 거리'로 직역할 수 있다―옮긴이)에 대대적인 보수 사업을 지시했다. 스페인 정복자나 식민시대 통치자들에게 헌정되었던 기념물들을 치우고 그 자리에 이달고, 후아레스, 디아스와 같은 자유주의 영웅들의 웅장한 기념비를 세우게 했다. 이 가운데는 다른 '자유주의' 영웅들과 마찬가지로 외부의 멕시코 침입자들에 대항해 투쟁했던 아스테카의 지도자 콰우테목을 기리는 기념비도 있었다.

디아스 대통령은 '전형적인 메스티소'였다. 그의 어머니는 믹스테카 원주민이었고, 아버지는 노동 계급 크레올이었다. 디아스는 오아하카 테우안테펙의 매우 전투적인 믹세인들과 사포테카인들 사이에서 자유주의자들의 군사 지도자로 복무하며 원주민과의 연계성을 새롭게 되살렸다. 하지만 정부 수반의 자리에 오르자 그는 원주민의 유산을 버렸고, 국가 통합의 수단으로 메스티소 정체성을 내세우는 자유주의 정신을 수용했다. 멕시코의 최고 카우디요로서 원주민과 관련된 그의 정책은 극도로 냉혹했다. 그는 원주민들은 일반적으로 '유순하고 불만이 없으며', 따라서 지금까지 멕시코가 이룩한 사회적·경제적 진보에 그들이 기여한 바는 아주 미미할 뿐이라고 주장했다. 불순하고 감사할 줄 모르는 원주민들, 가령 야키인들과 마야인들은 호되게 다루어졌다. 1902년에 디아스는 야키 국가에 8천 명의 군사를 보냈다. 파견된 군대에 의해 야키 여성들과 아이들이 학살당했으며, 남자들은 사실상 노예로 남쪽에 추방당했다. 그 직후 파견 부대는 유카탄으로 향했으며, 반란적인 크루솝 마야인들을 '진압'했다. 크루솝 마야인들 가운데 다수가 오아하카의 깊은 협곡('죽음의 계곡')으로 추방당했고, 추방된 마야인들은 야키인들과 마찬가지로 노예 노동에 시달렸다.

디아스가 그의 원주민 정체성을 버리고 원주민에게 문화적 동화를 강요했지만, 크라우세는 디아스라는 인물 그 자체와 그의 행동에서 여전히 메소아메리카의 유산과 그 영향력을 발견할 수 있다고 수상한다. 오아하카에서 디아스를 방문했던 프랑스 출신의 사제 브라쇠르 드 부르부르는 디아스의 외양을 이렇게 묘사한다. "그는 내가 여행 중 …… 만났던 사람들 가운데 가장 잘생긴 전형적인 원주민의 모습이었다"(Krauze 1997: 208). 그는 더 나아가 디아스가 스페인어로 스스로를 표현하는 방식과 억양은 "마치 그의 타고난 원주민적 속성에서 비롯되는 것처럼 보였다"(Krauze 1997: 210)라고 기록한다. 하지만 무엇보다도 그의 통치 방식은 과거 메소아메리카 통치자들의 사례와 유사했는데, 예를 들어 보호자적인 아버지로서의 모습, 신적인 권력을 소유한 듯한 분위기, '명령'과 권위에의 호소 등이 그러했다(아스테카 언어에는 약 열여덟 가지의 명령형 어법이 존재했다). 하지만 메스티소로서 디아스의 정치적 행동들은 스페인 식민통치의 유산을 반영하기도 하는데, 구체적으로 카우디요의 특성과 "18세기 [스페인—인용자] 제왕들의 정책과 유사한 새로운 형태의 '문명화된 전제정치'" 등이 그 사례이다(Krauze 1997: 218).

디아스는 1910년의 100주년 기념행사를 그의 통치권의 정점이자 멕시코 역사의 전성기라고 생각했다. 신식민시대에 발생했던 수많은 전쟁과 반란들을 경험하며 그는 멕시코에 임박하고 있는 사회적 갈등이 폭발할 징조를 예감했을 것이다. 그리고 그는 "실제로 멕시코의 원주민들이 (그리고 훨씬 대규모의 메스티소 농민들이) 폭력적인 행동을 취할 그 어떤 여지도 없을 정도로 분산되지는 않았다"(Krauze 1997: 220)는 사실을 가장 분명히 알고 있었을 것이다. 이러한 전조에도 불구하고, 1910년 디아스는 여덟번째로 다시 대통령으로 선출되었다.

그렇지만 멕시코 혁명이 같은 해에 발생했고, 그다음 해 디아스는 프랑스 파리로 망명을 떠났다. 이후 1915년에 그는 사망했고 그의 유골은 프랑스에 묻혔으며, 사랑하는 고국으로 다시는 돌아오지 못했다.

읽을거리

Carmack, Robert M. 1995 *Rebels of Highland Guatemala. The Quiche-Mayas of Momostenango*. Norman, Oklahoma: University of Oklahoma Press.

Joseph, Gilbert M., and Timothy J. Henderson (eds.) 2002 *The Mexico Reader: History, Culture, Politics*. Durham, North Carolina: Duke University Press.

Katz, Friedrich (ed.) 1988 *Riot, Rebellion, and Revolution: Rural Social Conflict in Mexico*. Princeton: Princeton University Press.

La Feber, Walter 1983 *Inevitable Revolutions: The United States in Central America*. New York: W. W. Norton.

Laughlin, Robert M. 2003 *Beware the Great Horned Serpent. Chiapas under the Threat of Napoleon*. Albany: Institute for Mesoamerican Studies.

Lewis, Oscar 1963 *Life in a Mexican Village: Tepoztlán Restudied*. Urbana: University of Illinois Press.

McCreery, David J. 1989 "Atanasio Tzul, Lucas Aguilar, and the Indian Kingdom of Totonicapán". *The Human Tradition in Latin America: The Nineteenth Century*, edited by J. Ewell, and W. H. Beezley. pp.39-58. Wilmington, Delaware: SR Books.

Paz, Octavio 1961 *The Labyrinth of Solitude*. New York: Grove Press.

Reed, Nelson 1964 *The Caste War of Yucatan*. Stanford: Stanford University Press.

Smith, Carol A. (ed.) 1990 *Guatemalan Indians and the State: 1540-1988*. Austin: University of Texas Press.

현대의 메소아메리카

8장 현대의 메소아메리카 토착민

로버트 M. 카멕

전 세계적으로 20세기는 19세기와 20세기 초반의 자본주의가 뿌린 씨앗들의 수확물을 거둬들이는 시기였으며, 자유주의 개혁은 이에 근거해 스스로를 정당화했다. 다른 지역의 토착민들과 마찬가지로 멕시코와 중앙아메리카의 메소아메리카 토착민들도 여기에서 예외는 아니었다. 신식민주의 시대의 자유주의 사업은 보다 정교하고 신중하게 계획된 현대의 '발전' 전략으로 전개되었다. 반면, 잔존하는 구시대적 방식의 자유주의와 새로운 발전주의 개혁이 수반하는 불의에 대항해 광범위한 반대 세력이 형성되었고, 이는 지역 전반에 걸쳐 '혁명들'로 이어졌다.

20세기 멕시코와 중앙아메리카의 혁명주의자들과 발전주의 대리인들은 그들에게 남겨진 문화적 전통의 보존과 관련해 적어도 말로는 동의를 표했다. 그렇지만 근대적 민족국가의 창조라는 목표에 치중하는 과정에서 메소아메리카 토착민들은 그들의 고려대상에서 배제되고는 했다. 근대적 세계의 대리인들로부터 후원을 받은 '원주민주의'(indigenist) 사업들조차도 대체로 메소아메리카 토착민들을 최하층 소수집단으로 동화시킬 의도로 고안되었다. 이런 상황에서 원주민들이 그들 문화유산의 손실에 저항했다는 사실은 놀라울 것이 없다.

20세기에 혁명이란 근대화로 향하기 위한 하나의 공통된 길이었으며, 또 다른 길은 발전이었다. 멕시코의 작가 옥타비오 파스는 두 가지 종류의 혁명이 있다고 보았는데, 한 가지는 영국과 프랑스처럼 발전 **때문에** 발생하는 혁명이고, 또 다른 한 가지는 러시아와 중국처럼 발전의 **부재로** 발생하는 혁명이라고 분석했다(Paz 1985). 변화에 대한 발전주의적 접근은 혁명주의적 접근보다 더욱 점진적이었으며, 더욱 보수적인 경향이 있었다. 발전주의적 접근은 혁명에 수반되는 대부분의 폭력을 회피할 수 있을 것이다. 하지만 여기에는 대가가 따르며, 특히 분열을 야기하는 사회 불평등과 만연한 빈곤을 초래한다.

멕시코와 중앙아메리카에서 혁명과 발전을 통해 근대화를 이루려는 시도들이 이 장의 주된 논의점이다. 우리는 이 역사적 사건들에 메소아메리카 토착민들이 어떻게 반응했고, 어떻게 참여했는가를 살펴보는 데 주안점을 둘 것이다. 이어지는 초반부에서는 멕시코와 중앙아메리카의 혁명운동들을 살펴본다. 두번째 부분에서는 이 지역에서 혁명주의적 행동을 이끌어 낸 발전주의 개혁을 설명할 것이다. 마지막 부분에서는 '다문화적인' 국가 사회를 창조하기 위한 메소아메리카 토착민들의 최근의 시도를 논의할 것이다. 이 종족적·국가적 운동들에는 신자유주의의 경제적·정치적 사업들이 그 주된 맥락으로 작용했으며, 이 사업들은 원주민들의 이해관계와 상충하곤 했다.

1. 메소아메리카의 토착민과 멕시코와 중앙아메리카의 혁명

이 장에서 우리가 정의하는 방식의 '혁명'은 최하층 계급들이 기존의 권력자들을 몰아내고, 억압적인 사회 조건을 급진적으로 변형시키기 위해 시도하는 일련의 폭력적인 운동을 의미한다. 20세기의 혁명, 특히 러시아,

중국, 베트남의 사례를 대상으로 하는 비교 연구들은 혁명을 주도하는 사회 세력과 주요 참가자들을 보다 심도 깊게 설명했다. 인류학자 에릭 울프는 혁명의 세 가지 특징을 제시하는데(Wolf 1969), 이는 20세기 메소아메리카 원주민들이 그들 고국에서 벌이고 있는 폭력적인 봉기들을 이해하기 위한 유용한 관점을 제공한다.

에릭 울프에 의하면, 무엇보다도 혁명은 거대한 농민층이 자본주의 세력에 의해 부정적인 영향을 받게 되는 사회에서 발생하는 경향이 있다. 자본주의 세력은 구시대 영주와 농민 간 형성되었던 유대관계를 단절시키고, 농민들을 근대화시키고 자유로운 상태로 전환하게 해서, 그들이 혁명적인 행동에 참여할 수 있게 한다. 두번째는 중간 계층 급진주의자들의 역할과 관련이 있는데, 주로 교사, 군부, 관리, 상인, 관료 계층으로 구성된 이 집단은 사회적 지위 향상을 시도하지만 장벽에 부딪히게 되고 이로 인해 좌절을 겪게 됨에 따라 혁명에서 중추적인 지도자로 변모하게 된다. 이 지도자들과 이들을 추종하는 도시 거주민들이 농촌의 반동적인 농민들과 만나게 되고, 이들이 합세하여 일반적으로 '사회주의' 기치를 내건 투쟁을 벌이게 된다. 혁명의 세번째 특징은 외세에 지나치게 의존적인 정권들의 붕괴와 관련이 있다. 이 정권들은 정당성이 부족하기 때문에, 내부의 확고한 반대에 봉착하게 되면 쉽게 붕괴하게 된다. 정권의 붕괴는 정치적 공백으로 이어지며, 이 상황에서 혁명주의자들은 틈새를 파고들려 한다.

이후 내용에서 우리는 울프가 주목하는 혁명의 세 가지 조건이 20세기 멕시코와 중앙아메리카 지역에 일관되게 형성되었음을 확인할 수 있다. 더 나아가 메소아메리카의 토착 농민들은 때로는 화약을, 그리고 때로는 지도력을 제공했으며, 이는 지역의 혁명적 폭발로 이어졌다(그림 8.1).

그럼 먼저 멕시코 혁명을 살펴본 다음, 중앙아메리카의 혁명, 특히 과테말라와 니카라과의 혁명을 살펴볼 것이다.

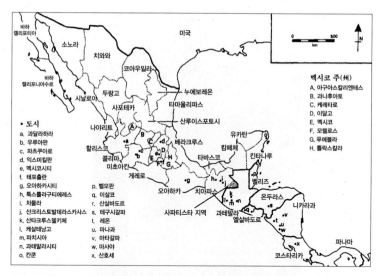

그림 8.1 현대 멕시코와 중앙아메리카의 지도. 본문에서 언급된 장소들이 표시되어 있다.

1) 멕시코 혁명

멕시코에서 혁명은 1910년 대통령 선거에서 보수주의 개혁가 프란시스코 마데로가 독재자였던 포르피리오 디아스에 경쟁상대로 출마하면서 처음 발발했다. 통치 계급 내의 상이한 파벌들 간에 분쟁이 생기기 시작했고, 이는 디아스 정권의 붕괴로 이어졌으며, 또 다른 보수주의자였던 빅토리아노 데 라 우에르타가 마데로를 대체하게 되었다. 궁극적으로 이 사건들은 북쪽에서는 판초 비야(그림 8.2)의 지휘하에, 그리고 남쪽에서는 에밀리아노 사파타(그림 8.3)의 지휘하에 조직된 진정한 혁명 세력들의 등장으로 이어졌다. 이와 더불어 베누스티아노 카란사와 알바로 오브레곤이 이들보다 다소 온건한 두 혁명 세력들을 지휘했다. 1914년에 이 다양한 분파들이 정권을 차지하게 됐지만, 이내 서로 분쟁하기 시작했다. 그러다 카란사 분파와 오브레곤 분파가 연맹을 결성했다. 이들은 1920년에 군대를 통합하여 마침내 수년간 지속되던 비야와 사파타와의 혹독한 전투

그림 8.2 판초 비야, 멕시코 북부 혁명 세력들의 지도자. 출처: 컬버 픽쳐스(Culver Pictures).

를 마무리하고 승리를 차지했다(그림 8.4의 지도에는 혁명 세력들의 충돌과 관련해 언급되는 장소들이 표시되어 있다).

앞서 언급했던 20세기 세계 혁명들의 발생 조건들은 멕시코 혁명의 발발에도 일정 정도 기여했다. 특히 멕시코 혁명의 초기 단계에서 농민 출신의 원주민들이 원동력을 제공했으며, 이들 가운데 대다수가 사파타의 지휘하에 결집했다. 일반적으로 이 농민들은 자신들의 토지에서 강제 추방당했으며, 자본주의 기업들, 특히 사파타 추종자들의 경우에는 설탕 농장에서 복무하도록 강요받았다. 비야가 지휘한 세력들은 보다 '프롤레타리아트화'(임금노동에 종사)되었고, 참가자들 가운데 다수가 농민과 전혀 관련 없는 목동, 광부, 농장의 이주노동자들이었다. 사파타, 비야, 카란사, 오브레곤 이 모든 세력들의 수많은 사령관들에게서 확인할 수 있듯이, 혁명의 지도자들은 대부분 중간 계층에 속했다. 비야는 하급 계층 출신이었

그림 8.3 에밀리아노 사파타, 멕시코 남부의 혁명적인 농민 세력들을 지도했다. 출처: 미주기구, 콜럼버스 기념 도서관.

던 반면, 혁명보다는 개혁주의 운동을 지향했던 카란사와 오브레곤은 지주층에 강력한 유대관계를 맺고 있었다.

 멕시코 혁명이 외세에 의존적이었던 디아스 정권의 취약함으로 인해 촉진되었고, 미국과 영국이 그의 계승자를 임명하기 위해 벌였던 서투른 시도들(처음에는 마데로를, 그다음에는 우에르타를, 그리고 마지막으로 카란사를 계승자로 내세움)로 인해 더욱 가속화되었다는 사실은 분명하다. 중심부에서 권위가 붕괴함에 따라 혁명주의자들이 급습할 수 있었던 공백이 생겨났으며, 이와 더불어 외세의 개입은 운동에 강력한 반-외국인, 친-민족주의 성향을 가미시켰다. 독립적인 '혁명적' 국가로서의 멕시코라는 이상은 이후 들어선 정부에 수년간 정치적 정당성을 부여했다.

 메소아메리카의 원주민들은 멕시코 혁명에 적극적으로 참가했다. 하지만 그들의 참여가 전 지역에서 균등한 강도로 이루어진 것은 아니었다.

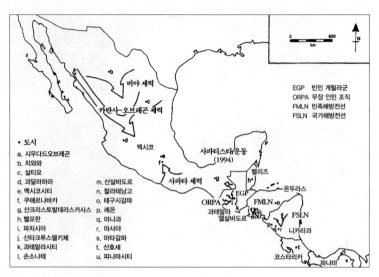

그림 8.4 멕시코와 중앙아메리카 혁명운동들이 발생했던 장소와 지역들.

또한 혁명에 중요한 영향을 미쳤음에도 불구하고, 그들은 혁명의 결과를 결정짓는 데 핵심적인 역할을 담당하지는 못했다. 디아스 집권 시기 농촌 지역에서는 아시엔다와 농장이 확장되었고, 이와 같은 변화는 혁명 전야 멕시코 토착민들의 삶에 상당한 영향을 미쳤다. 북부 지역에서 토착민들은 그들이 보유했던 가장 양질의 토지를 대부분 빼앗겼고, 결국 대규모 재배지의 날품팔이 노동자 신세로 전락했다. 공동체가 파괴되었고, 토착적인 정체성이 상실되었다. 이에 비해 중부와 남부의 토착민들은 비교적 온전히 그들의 공동체와 토착 문화를 보존할 수 있었다. 하지만 이들 지역에서도 상업 대농장들은 토착 공동체들에게 토지와 노동자들을 내어 주도록 강력한 압력을 행사하곤 했다.

멕시코 혁명 초기에 사파티스타(사파타주의자) 분파는 메소아메리카 농민 공동체들의 후원을 받았던 주요 수혜 집단이었다. 이와 대조적으로 비야 분파는 주로 농촌 프롤레타리아트들의 지지를 받았다. 의심할 여지없이 그들 대부분이 토착 계보에서 유래했지만, 이미 그들은 '인종적으로', 그리고 문화적으로 메스티소들과 정체성을 공유하고 있었다. 카란사와 오브레곤의 보다 온건한 헌법주의 분파는 아시엔다 날품팔이 노동자, 중간 계층 농민, 그리고 무엇보다도 도시 노동자들의 지지를 받았다. 이런 점에서 혁명 세력들 가운데 사파티스타 분파가 가장 급진적이었고, 원주민 유산의 계승을 가장 강조했다는 사실은 우연이 아니다. 사파타 자신이 메스티소 출신이었으며, 메소아메리카의 수많은 사람들이 그의 운동에 합류하지 못했다는 사실에도 불구하고, 사파타 분파는 당시 메소아메리카 토착민들의 이해관계를 대변하는 유일한 혁명 집단이 되었다.

1917년 헌법이 표방한 급진적 사회 변화의 상당 부분이 라사로 카르데나스 대통령에 의해 수행되었다. 카르데나스는 혁명 후반기에 등장한 지도자로서, 원주민과 메스티소 빈민층의 광범위한 지지를 받았다. 카르데나스는 그의 전임자들보다는 훨씬 온건한 방식이었지만 교회 권력을 축소시켰고, 외국계 기업들(특히 미국 회사들)이 운영하고 있던 유전들을 몰수했으며, 대통령을 중심으로 권력을 집중시켰다. 하지만 사회 변화를 위해 그가 수행했던 가장 급진적인 정책은 공격적인 농지개혁을 통해 농민과 농촌 프롤레타리아트들에게 토지를 재분배한 것이었다. 토지는 '에히도'라는 국가 소유물의 형태로 마을로 이전되었고, 무토지 농민들은 이에 대한 사용 권한을 법적으로 양도받았다. 1940년 카르데나스의 임기 말기에 접어들자, 약 1만 5천 개 마을에서 약 200만 명이 토지를 받게 되었고, 이들이 생산을 통제하는 토지가 멕시코 전체 경작지의 50퍼센트 정도에 달하게 되었다. 이제 농민들은 그토록 오랫동안 힘겹게 투쟁했던 토지를 되찾은 듯 보였고, 이들 가운데에는 수천 명의 원주민 가족들이 포함되어 있었다(글상자 8.1은 카르데나스가 멕시코 원주민들에 대해 지녔던 태도와 활동을 설명하고 있다).

모렐로스의 사파티스타 혁명 세력 | 사파타 추종자들이 멕시코 전역으로 흩어졌지만, 운동의 핵심 지역은 모렐로스 주였다. 혁명 전야의 모렐로스 사회는 '문명화된 사람들'과 '마세우알들', 즉 메스티소와 원주민들로 나뉘어 여전히 철저히 분열되어 있었다. 그 당시 대부분의 원주민들은 스페인어를 사용했지만, 연장자들은 나우아어를 사용했고, 일부 공동체에서 나우아어는 여전히 일상적인 언어였다(1910년 모렐로스 주의 전체 인구 가운데 약 9퍼센트가 토착어를 사용했다). 의상은 사회적 지위를 나타내는 중요한 징표였으며, 원주민 남성들은 브리치(허리에 두르는 천)를 두르고 성긴 올의 면 셔츠를 입었고, 원주민 여성들은 몸에 두르는 치마와 위필(블라우스)을 입었다. 원주민 마을들은 독자적인 전통을 고수했고, 이는 성인을 기리는 정교한 의례에서 음식, 음료, 노래 등으로 표현되었다. 의례가 치러질 때면 무수한 대부모(허구적 친족) 관계가 작동했고, 마찬가지로 사실상 혈통에 따른 대가족 관계가 원주민 사회 내부의 본질적인 관계를 구성했다.

메스티소와 원주민 사이에 새로운 형태의 경제적 장벽이 생겨나고 있었는데, 이는 전통적인 것에 비해서는 경직성이 덜했지만 사실상 동일한 속성을 지녔다. 대토지 소유자, 정부 관리, 상인, 전문가들은 모두 문명화된 집단이라고 간주됐던 반면, 밀파(화전으로 개간한 경작지로 주로 옥수수밭—옮긴이) 농민들과 농장에 비정규직으로 고용된 날품팔이 노동자들은 미개한 원주민으로 여겨졌다. 농장에 거주하며 근속하는 날품팔이 노동자들은 원주민들과 구분되었고, 이들에게 '작은 크레올들'이라는 명칭이 붙여졌다. 중간 단계에 속한 농민들과 대금업자들은 대부분 메스티소들이었지만, 소수의 원주민들 역시 이러한 경제활동에 참여했다. 사회 계층 간의 이동을 통해, 이론적으로 원주민들은 '문명화'될 수 있었다. 경제적으로 보다 빈곤한 원주민들의 조롱거리가 되곤 했지만, 부유한 원주민들이 브리치보다는 양복바지를 입고, 농촌 마을에서 시가지 중심지로 이동하는 것이 사실상 드문 일이 아니었다.

모렐로스에서 사파티스타 운동은 원주민 공동체들과 친밀한 관계를 맺고 있었던 중간 계층의 메스티소들이 주도했다. 사파타 가족은 상인들과 경마 조련사들로 구성되어 있었던 반면, 그 외의 혁명 지도자들은 목장 노동자, 수공예품 장인, 가게 주인들로 구성되었고, 개신교 전도사도 한 명 있었다. 사파티스타 부대는 한때는 그 규모가 4만 명 이상에 이르기까지 했으며, 주요 구성원들은 공동체 토지를 경작하던 원주민 농민들이었다. 이들은 또한 대규모 설탕 농장에서 비정규직 날품팔이 노동자로 일하기도 했다(그림 8.5). 대체로 같은 공동체에 소속된 젊은 원주민 남자들(때로는 여자들)이 집단적으로 동일한 혁명군 무리로 합류했으며, 이후 이들 가운데 일부는 다른 무리로 이동하기도 했다. 불본 모렐로스의 상류층 메스티소들은 시종일관 사파티스타들에 반대했다. 사실 이들은 처음에는 사파티스타들을 조금이라도 이해하려고 노력했다. 하지만 시간이 경과함에 따라, 메스티소 엘리트 구성원들은 모렐로스를 단념하도록 강요받았

그림 8.5 사파티스타 혁명군이 멕시코 연방주인 밀파알타에서 연방군 부대와 진투를 벌이고 있다.
출처: Horcasitas 1972.

고, 가져갈 수 있는 만큼만의 재산을 가지고 떠나도록 허용되었다. 전투가 진행되는 동안 중간 계급의 메스티소들은 부유한 엘리트와 반란적인 공동체들을 이어 주는 매개자로 활동했지만, 개인적으로 그들 대부분은 혁명에 반대했다. 농장의 근속 노동자들은 그들의 고용주와 등을 지기에는 지나치게 현실 타협적이었고, 대부분이 혁명적 대의를 지지하지 않았다.

사파티스타들은 추상적 이데올로기로부터 강한 동기를 부여받지는 않았다. 초기의 봉기는 매우 현실적인 사안과 관련되어 있었고, 탐욕스러운 농장 소유자에 대항해서, 그리고 농민들이 토지로 생계를 이어가는 것을 또는 그들이 공동체 자치를 유지하는 것을 불가능하게 만들었던 정부 관리들에 반발해서 일어났다. 초기의 전투는 디아스를 권좌에서 물러나게 하는 데 일조했고, 광범위한 정치적 사안이 전개되도록 영향을 미쳤다. 하지만 여러 차례의 중요한 승리를 거두었음에도 불구하고, 사파티스타들은 일반적으로 모렐로스에 은둔하며, 처음 반란에서 주장했던 토지와 정치 개혁을 지역 내에 도입하는 데 만족했다. 이는 사파티스타 운동이 농민에 기반하고 있음을 반영하며, 그 목표들이 제한적이지만 실용주의적인 성격을 지녔음을 보여 준다. 이후, 친-디아스와 이어지는 친-카란사 헌법주의자 군대들은 반란 활동을 근거로 들어 사파티스타들에 잔인하게 보복한다. 수천 명의 성인 남녀와 어린이들이 살해당했고, 또 다른 수천 명은 도시나 먼 곳으로 추방당했다. 원주민 공동체들이 샅샅이 수색당했고, 약탈당했으며, 불태워졌다. 가축이 도살당했고, 밭이 파괴되었다. 사파티스타들은 이동해서 다시 전투를 벌였으며, 이번에도 현실적인 이유가 명백한 동기가 되었다. 즉, 정부 세력에 의해 몰살당할 상황에 직면해 그들 자신의 목숨과 집을 지켜 내려는 것이었다.

사파티스타 운동은 그 토착주의적 성격으로 멕시코에 널리 알려지게 되었다. 이들은 과달루페 성모를 명시적인 상징으로 사용했고, 전투 깃발에 그 형상을 걸고, 창이 넓은 모자에 그 형상을 꿰매어 붙였다. 과달루페는 이들에게 원주민 정체성의 보존, 그리고 토착민과 토지의 침범할 수 없는 관계를 상징했다. 운동에 반대하는 측에서는 운동의 토착주의적 특징을 이용해 새로운 '카스트 전쟁'과 남쪽 '야만인들'의 수도 침입이라는 망령을 불러일으켰다.

하지만 사파티스타 토착주의는 매우 보편적인 속성을 지녔는데, 이는 운동의 지도 세력이 메스티소들이었고, 근대화 세력의 영향을 강하게 받았던 메소아메리카 토착민들이 주된 지지층이었다는 점에서 예측 가능했다. 토착주의적 특성을 감지해 낼 수 있다면 이는 상당 부분 명시적이기보다는 암묵적인 방식을 통해서였다. 예를 들어 토착적인 문화적 특성은 사파티스타들이 조상의 토지와 자급자족적 생활 기반을 박탈당한 데 대해 도덕적 모욕감을 느꼈다는 사실에서, 공동체의 소유물과 정치적 자치를 회복하려 확고한 노력을 기울였다는 점에서, 공동체 복무와 카시케 지도자와의 개인적인 유대에 근거해서 군사적 권위를 정당화했다는 사실에서, 종교 의례와 정치 행동을 통합한 데서(사파타는 마을 토지의 일부를 별도로 지정해 성인을 기리는 의례에 활용할 수 있도록 하였다), 유격전 형태의 전투 행위에서, 전투가 항상 밀파의 생산 주기와 공동체 생활에 밀접하게 관련되어 있었다는 점에서, 그리고 의사 결정 과정에서 토론과 동의를 활용했던 방식에서 드러났다.

1919년 4월에 사파타가 암살되자, 효과적인 혁명 세력으로서의 운동도 막을 내렸다. 모렐로스 농민들이 아버지의 형상으로서 사파타에 과도하게 의존했던 점도 운동의 또 다른 토착주의적 특성으로 간주되어야 한다. 어찌되었든 사파티스타들은 패배했고, 그들의 기나긴 유혈 투쟁을 위해 보여 줄 수 있는 것은 거의 남지 않은 듯했다. 대부분의 농장 소유자들은 멕시코시티의 헌법주의 권력자들의 도움으로 토지와 특권을 회복할 수 있었다. 마을 사람들은 무토지 상태로 남겨졌고, 그들의 공동체는 황폐해졌으며, 전쟁과 강제 이주의 결과 인구는 절반으로 줄어들었다. 원주민들은 그들의 토착적인 정체성과 삶의 방식을 고수하기 위해 싸울 의지가 있음을 보여 주었다. 하지만 메스티소 지도자들하에 메스티소 적들에 대항해서 전투를 벌이는 과정에서 이들을 동화시키려는 강력한 세력들이 폭발적으로 터져 나왔다. 1930년대에 카르데나스 대통령이 모렐로스의 빈곤한 농민들에게 토지를 되돌려 주었지만 남아 있던 메소아메리카의 토착적 문화 요소들이 추가적으로 변형되는 것을 막기에는 이미 늦은 상태였다.

오아하카의 경우에서 볼 수 있듯이, 멕시코에서 대규모 원주민 인구를 보유했던 다른 주들에서는 사파티스타 운동에 대해 매우 상이한 반응을 보였다(글상자 8.2를 참조하라).

2) 중앙아메리카의 혁명

멕시코의 상황이 마침내 진정되기 시작하자 곧 중앙아메리카에서도 일부 혁명운동들이 발발했지만 모두 좌절당했다(예를 들어 니카라과의 산디노 반란을 들 수 있다. 그림 8.6 참조). 중앙아메리카의 전면적인 혁명들은 멕시코보다 반세기 후에야 발발했다. 20세기 초반에 중앙아메리카는 앞서 언급했던 혁명의 세 가지의 특징들이 멕시코에 비해 완전히 갖추어져 있지 않은 상태였던 것이 분명해 보인다. 특히 자본주의 세력은 보다 지방화된 형태로 원주민 농민 공동체에 침투해 있었고, 비교적 보편적이지 않았다. 중간 계급인 라디노(메스티소) 지도자들은 멕시코와 비교했을 때 도시 노동자 계급 사이에서 훨씬 소규모의 추종자들을 보유했다. 당시 중앙아메리카에는 분명히 부패하고 종속적인 정권들이 범람하고 있었으며, 독재자의 뒤를 이어 새로운 독재자가 권좌에 오르며 상당한 혼란과 불안정의

그림 8.6
아우구스토 산디노, 니카라과의 반란자. 출처: 베트만
아카이브, 코비스(Bettman Archive, Corbis).

시기를 야기했다. 하지만 대체적으로 미국의 도움을 받았던 군사 카우디
요들은 중앙아메리카의 이와 같은 정치적 공백을 채울 수 있었으며, 따라
서 멕시코보다 효과적으로 '질서'를 회복했다.

1960년대와 1970년대에 접어들자 중앙아메리카에 혁명을 위한 조
건들이 상당히 증가하게 되었고, 만개한 혁명주의적 활동들이 발생했다.
멕시코의 경우와 마찬가지로 중앙아메리카에서도 원주민 농민들이 혁명
적 사건들에서 주된 역할을 담당했으며, 이들은 중간 계급 맑스주의 급진
주의자들과 그 지지층을 구성했던 도시 노동자 계급의 중재를 받았다. 미
국의 노골적인 정치 개입과 더불어 광범위한 정당성을 확보하지 못했던
부패한 군사 정권들은 이들 혁명적 활동을 앞당기는 요인들이었다. 소련
을 배후로 삼은 카스트로의 쿠바는 '라틴아메리카 방식'의 사회주의 혁명
모델을 제시했고, 중앙아메리카 혁명주의 세력에 군사적·경제적 원조를
제공하며 혁명 공식에 새로운 요소를 부여했다.

중앙아메리카의 혁명운동들은 세부사항에 있어서 서로 상이했으며, 메소아메리카 토착민들이 개별 운동에 참여했던 정도에서도 차이가 있었다. 과테말라의 경우, 1970년대 중반부터 시작되었던 혁명의 단계에서 원주민들의 참여는 보편적이었고 극도로 중요했다. 이와 대조적으로 엘살바도르와 니카라과의 현대 혁명들은 상대적으로 원주민과 관련성이 많지 않았고(특히 엘살바도르의 경우), 투쟁을 위한 직접적인 참여자로서 또는 고무적인 존재로서 원주민들은 그다지 중요한 위치를 차지하지 않았다. 이와 같은 차이점은 메소아메리카 토착민들의 존재나 부재 여부가 중앙아메리카 혁명들의 결과에 의미 있는 차이를 초래했는가의 질문으로 이어진다. 예를 들어, 메소아메리카 토착민들의 참여가 만연했던 과테말라의 혁명은 원주민 참여가 제한적이었던 엘살바도르와 니카라과 혁명들과 차이를 지녔는가? 과테말라 혁명은 다른 두 국가의 혁명들에 비교해 가장 많은 인명 피해를 가져왔고(전체 사망자 수는 엘살바도르와 니카라과 혁명들에 비교해 두 배에 이르렀을 것이다), 가장 오래 지속되었다는 준엄한 사실에서도 알 수 있듯이, 이 질문에 대한 답은 단연코 '그렇다'이다.

과테말라에서의 장기적이고 극도로 폭력적이었던 전투는 부분적으로는 국가 정부 세력의 인종주의적인 '민족 청소' 정책에 기인했다. 더 나아가서 과테말라 혁명군들이 수용했던 이데올로기는 엘살바도르와 니카라과의 경우에 비교해서 더욱 독특했고, 맑스주의에 경도된 정도가 약했다는 사실을 주목해야 한다. 과테말라의 반란자들은 원주민이 사회의 중요한 요소를 구성하고 있다는 상황을 수용해야 했고, 이는 토착주의 이념을 혁명 사업에 통합시키려는 진지한 시도로 이어졌다.

중앙아메리카의 혁명전쟁들은 1970년대와 1900년대의 정치 발전을 지배했고, 현재까지도 지속적인 영향력을 행사하고 있다(Spence 2004). 이와 같은 상황은 전쟁이 이 국가들에 초래한 재앙을 고려해 보면 이해가 가능하다(특히 과테말라, 엘살바도르, 니카라과의 경우). 수만 명이 목숨을 잃었고, 경제는 황폐화되었으며, 빈부 격차가 증가했고, 외부 세력과 비정부기구들(NGO)에 대한 의존도가 극적으로 증가했다.

평화 협정은 과테말라에서는 1996년에, 엘살바도르에서는 1992년에, 니카라과에서는 자유선거와 더불어 1990년에 완결되었다. 평화 협정은 중앙아메리카의 혁명전쟁들을 종결시켰고, 지역의 발전 유형을 변형시키는 데 있어 중요한 역할을 수행했다. 협정들로 일련의 긍정적인 발전주의적 변화를 모색하기 위한 초석이 마련되었고, 이들 변화는 지난 약 15년 동안 불균등한 방식으로 점진적으로 진행되어 왔다. 가장 주목할 만한 업적은 중앙아메리카의 모든 국가에서 군부 독재 정권이 붕괴하게 되었고, 다양한 민주 정권들이 들어섰다는 사실이다.

과테말라, 엘살바도르, 니카라과에서 혁명군들이 정당을 조직(과테말라의 URNG, 엘살바도르의 FMLN, 니카라과의 FSLN)했고, 이제 이 정당들은 선거와 정부 입법기관에 참여하고 있다. 이들 세 국가에서는 군의 세력이 상당히 감축되기도 했다(이들 중 과테말라의 군 세력이 가장 강하게 남아 있다). 보수주의 정당들이 최근의 정치적 상황을 지배해 왔지만, 그들은 보다 자유주의적이고 심지어 급진적인 정당들로부터 강력한 도전을 받아 왔다(가장 강력한 급진주의 정당은 니카라과의 산디니스타당인 FSLN이다).

이제 중앙아메리카의 두 주요한 혁명운동들인 과테말라 혁명운동과 니카라과 혁명운동에서 메소아메리카 토착민들이 담당했던 역할을 보다 상세히 살펴보자.

과테말라 혁명 | 여러 가지 측면에서 과테말라 혁명은 미국의 조정에 따라 1954년 적법한 정권이 전복당했던 사건, 그리고 이후 미국을 배후 세력으로 삼아 장기 집권했던 잇따른 부패한 군사 정권들의 유산이라고 평

가할 수 있다. 과테말라 군부는 사실상 국가를 점령했고, 외국과 지방의 자본가 및 군 내부 장교들의 이익을 위해 복무했으며, 개개인의 부를 더욱 획득하는 데에 정치적 직위를 이용했다. 국가가 더욱 억압적으로 변모하자 중하위 계급들의 반대가 격렬해졌다. 1960년대에 젊은 군대 관리들 한 무리가 지휘관들로부터 이탈했고, 동쪽 지대에서 혁명 유격부대를 결성했다. 그들은 무산계급화된 메스티소 농민들과 합류했고, 이 연합을 통해 국가 전역에 이르는 광범위한 지지를 얻게 되었다.

군사 정부는 과테말라에 지속적인 공포 상태를 형성했고, 그 결과 그들이 획득할 수도 있었을 적법성을 상실했으며, 더 나아가 상류 계급 구성원들까지 포함해 사회의 모든 분파로부터 불만을 자아냈다. 1970년대 후반에 접어들자 또다시 게릴라 전쟁이 발발했고, 이번엔 마야 원주민들 대다수가 거주하고 있던 서부의 고지대에서였다. 대부분의 게릴라 지도자들은 예전에 동쪽에서 발발했던 운동과 연계된 도시의 맑스주의자들이었다. 하지만 그들은 이제 수천 명의 원주민 군인들과 합세하게 되었고, 원주민 공동체의 수백만 명에 이르는 동조자들로부터 도움을 받게 되었다.

과테말라에서 가장 중요한 두 개의 게릴라 조직들(빈민 게릴라 군대[Ejército Guerrillero de los Pobres, EGP]와 무장 조직[Organización Revolucionaria del Pueblo en Armas, ORPA])이 원주민 지역 한가운데에 세워졌고, 상당수의 게릴라 군인의 보급과 군사작전 실행과 관련한 시민들의 도움은 대부분 원주민 집단에서 제공되었다. 1980년 무렵 게릴라 활동이 정점에 이르자 수천 명의 원주민 군인들이 반란군 세력에 합류했고, 25만 명에 이르는 민간 원주민들이 다양한 도움을 제공했다. 게다가 대(對) 게릴라 전쟁에서 살해당했던 민간인들은 대부분 원주민들(내전 기간을 통틀어 20만 명 이상이 살해된 것으로 추정)이었고, 과테말라 내부(대략 100만 명으로 추정)와 외국(멕시코에서만 약 20만 명으로 추정)으로의 피난민들 역시 대부분 원주민들이었다(Jonas 2000: 24).

　게릴라 지도자들은 대부분 도시의 중간 계급 라디노였고, 이들은 원주민의 존재가 과테말라 혁명의 주요 요인이라는 사실을 인식했다. 한 게릴라 대변인의 기록에 따르면, 과테말라 혁명은 '유일'한 혁명이었는데, 그 이유는 원주민들이 스페인 정복 이전의 고도로 발달된 토착 문화의 계승자이기 때문이며, 취약하게 발전한 식민지 자본주의에 직면해서 그들은 토착적인 수많은 조직적·문화적 양식들을 재구성할 수 있었기 때문이다. 이 게릴라 지도자가 계속 설명하기를, 따라서 계급 전투에 관한 정통 맑스주의 혁명 이데올로기는 혁명에는 부적절한 모델인데, 그 이유는 "'종족적 민족주의'는 그 어떤 혁명적 변화라도 가능하기 위해서 필요한 가장 본질적인 요소들 중 하나"이기 때문이다.

　과테말라 군부가 조직했던 게릴라 진압 세력들은 혁명에서 원주민이 차지하는 중요성을 이해했을 뿐만 아니라 이를 과장했다. 게릴라에 대항해서 싸우던 군대 관리들에 의하면, 군대가 직면한 가장 중요한 과제는 원주민들의 '세계관'을 송두리째 근절하고, 이를 근대적인 '범세계주의적' 관점으로 대체하는 것이었다. 1980년 중반에 접어들어 군대는 과테말라 원주민들의 사고와 행동을 변형시키기 위해 원주민 지역에 민간 순찰대, 시범 마을, 발전 축들을 세우기 시작했다. 군대의 매우 억압적인 이 장치들은 과테말라의 정치 기관들이 원주민들에게 부여했던 중요성과 당시 혁명전쟁에서 원주민들 개입이 차지했던 중요성을 보여 주는 구체적인 증거이다.

　학자들은 원주민으로서의 정체성이 가장 강했던 농민들이 과테말라의 혁명주의적 활동의 바로 중심을 차지했으며, 그들이 어느 편에 서는가가 전쟁의 최종적인 결과에 결정적인 요인으로 작용했을 것이라고 지적한다. 당시 500만 명 이상에 이르는 과테말라 원주민들 가운데 대다수는 마야인들이었다. 그들은 마야어를 사용했고, 과거 메소아메리카 전통의 문화적 계승자였다. 하지만 사회적 지위에 있어 그들은 고도로 다분화되었으며, 이렇게 계층화된 사회에서 마야인들은 혁명투쟁에 상이한 방식으로 대응했다. 다양한 분파를 구성하는 개개인 모두가 과테말라 원주민들로 규정되지만, 그들은 서로 다른 강도로 마야의 문화적 전통 요소를 보유하고 있었고, 혁명주의적 행동에 상이한 형태의 '친화성'을 보여 주는 경향이 있었다.

마야인들로 구성된 가장 대규모의 사회 분파는 단단히 통합된 공동체에 거주하던 농민들이었다. 그들은 전통적인 토착 문화를 고수하는 경향이 있었고, 여러 면에서 혁명 이데올로기와 충돌했다. 그들에게 있어 적은 국가적이기보다는 지방적인 차원에서 설정되었고, 이웃하고 있는 계보나 촌락 또는 마을들로 규정되기 마련이었다. 더 나아가서 단선적이기보다는 주기적인 시간 개념과 관련해 사회 변화가 인식되었다. 따라서 이들 분파의 '전통적' 원주민들이 혁명 사상을 수용하지 않으려 했다는 사실은 수긍이 가며, 그들은 사실상 거의 예외 없이 게릴라 운동에 참여하지 않았다.

다른 분파의 원주민들은 혁명주의적 행동에 보다 적합해 보이는 방식의 마야 문화를 따르고 있었다. 예를 들어 게릴라 조직에서 원주민 지도력은 대부분 훨씬 소규모의 도시화되고 교육받은 마야 원주민들에 의해 제공되었다는 점은 잘 알려져 있다. 익실어를 사용하는 마야 원주민이었던 파블로 세토를 한 사례로 들 수 있는데, 그는 1970년대에 산타크루스델키체에서 고등학교를 다녔고, 이후에 EGP 게릴라 부대의 지도자가 되었다 게릴라에 참여하기 전에 산타크루스에 머물며, 세토는 그들의 마야 뿌리를 되찾고자 하는 마을 원주민들과 연구 모임을 조직했다. 어려운 처지에 놓여 있던 원주민들의 필요에 부합하는 토착적 요소를 찾기 위해 인류학자들이 그의 모임에 초청되었다. 세토는 농민 통합 위원회(Comité de Unidad Campesina, CUC)의 지도자가 되었다. CUC는 대부분 원주민, 라디노 빈민 농민, 노동자들로 구성된 정치조직이었다. 설립 초기 CUC는 농촌 노동자와 농민들의 일반적인 사회적 조건을 향상시키기 위해 그들을 조직하고 교육시키는 데 주력했다. 하지만 군대와 암살대의 가혹한 공격에 시달리게 되면서 조직은 지하로 숨게 되었고, 게릴라 운동에 합류하게 되었다.

세토를 비롯한 원주민 지도자들은 고대 마야 문화의 잔재들이 혁명을 위한 강력한 상징이 될 것임을 인식했다. 마야 상징주의의 중요한 근원 가운데 하나로 『포폴 부』를 들 수 있는데, 이는 키체-마야인들의 '성경'에 해당했다(『포폴 부』에 관한 논의는 이 책의 3장과 13장, 그리고 14장을 참조하라). 예를 들어 『포폴 부』는 태양이 되기를 요구하는 탐욕스럽고 거만한 한 거대한 마코앵무새의 이야기를 담고 있다. 미천한 신분의 고아 쌍둥이에 의해 새가 높은 횟대에서 떨어졌고, 그들은 바람총 탄알로 새에 상처를 내서 죽음에 이르도록 냈다. 새롭게 등장한 혁명의 토착주의적 이데올로기가 이 이야기에 투영되었고, 자기 권력에 취한 새는 부를 쫓는 과테말라의 군부 통치자들을 은유적으로 상징하게 되었으며, 오만한 새의 콧대를 납작하게 한 고아들은 군부에 맞서 투쟁하는 가난한 원주민들을 상징하게 되었다. 이와 같은 종류의 비유는 과테말라의 교육받은 마야인들과 마야 농민 모두에게 동기를 부여하며 엄청난 영향력을 행사했다.

과테말라 혁명에서 도시의 교육받은 원주민들보다도 더 중요한 역할을 담당했던 집단은 무산계급화된 농촌 마야인들이었을 것이다. 제프리 페이지에 의하면, 베트남 혁명에서와 같이 과테말라의 반란자들은 신병 모집에 있어 마야 원주민들이 "아시엔다에서 이주노동 재배지로 내몰렸던, 그리고 원주민에서 프롤레타리아트로" 이미 변질되었던 농촌 지역에서 가장 큰 성공을 거두었다(Peige 1983). 이들 무산계급화된 원주민들에게 동기로 작용했을 혁명적 사고들 가운데 일부는 강력한 메소아메리카의 문화 전통으로부터 유래했다. 이는 한 키체-마야인 게릴라 지도자의 독백에서 명백하게 드러나는데, 그는 「산이 진동할 때」라는 제목의 과테말라에 관한 다큐멘터리 영화에 등장했다.

> 과테말라는 전쟁 중이다. 전쟁으로 이끈 그 길은 400년 이상이 됐다. 스페인인들이 침입해 원주민 문화를 없애려 하자, 우리 조상들은 산속으로 피신하게 되었다. 그렇게 그들은 우리의 관습을 지켜 냈다. 우리는 옥수수를 재배했고, 우리의 숫자는 증가했다. 우리는 모든 길에는 오고 감이 있고, 떠남과 돌아옴이 있다고 말한다. 이제 우리는 산을 떠나서 마을과 도시로 돌아오고 있다. 우리는 권리를 되찾으려고 하고 있다. 하지만 우리는 이 길을 혼자 여행하지 않는다. 모든 사람들, 원주민과 원주민이 아닌 사람들 모두가 함께 가지 않는다면 돌아올 수 없다. 우리 모두가 함께 새로운 과테말라를 만들 것이다. 우리 모두가 함께 우리의 권리를 되찾을 것이다. 길이 돌아오고 있다. 우리는 함께 승리할 것이다.

이 지도자와 그의 연설이 향하고 있는 사람들은 최근 과테말라의 커피와 설탕 및 목화 농장들에 임금노동자로 내몰리게 된 수십만 명의 마야 농민들을 대표했다. 그의 유려한 문장에서 우리는 최근까지 그들이 겪었던 난관과 고대 메소아메리카 전통을 향한 추억의 반향을 듣는다. 특히 원주민의 역사를 '길'로 비유한 대목에서 우리는 『포폴 부』를 떠올리게 되며, 수많은 함정과 속임수에도 불구하고 인생이라는 여정을 고대와 근대의 마야인들 모두가 밟고 지나갔던 위험한 "녹색 길, 녹색 경로"라고 언급했던 『포폴 부』의 한 기도문을 상기하게 된다(글상자 8.3은 과테말라 혁명에서 마야 원주민의 역할과 관련해 노벨평화상 수상자인 리고베르타 멘추가 했던 증언에 대해 논의하고 있다).

니카라과 혁명 | 니카라과에서 혁명의 본질적인 동기는 매우 부패하고 미국에 의존적이었던 아나스타시오 소모사 데바일레 정권에서 비롯되었다. 소모사는 개인의 이득을 위해 정부를 이용했고, 그뿐만 아니라 친척들과 측근들은 재산과 사업체 보유를 통해 막대한 부를 축적했다. 소모사 정권은 니카라과 사회의 주요 분파들에게 정당성을 충분히 획득하지 못했고, 자본가들조차도 그가 국가의 상업적 사안에 사적으로 개입하는 데 반발했다. 그의 정치적 통제력은 매우 부패한 국가 수비대와 미국 정부의 무한한 후원으로 유지되었다. 니카라과의 국가 수비대는 소모사로부터 직접적인 통제를 받는 7천 명의 강력한 군대와 정치 세력으로 이루어졌다 (일반적으로 그의 아들들이 가장 높은 통솔권을 지닌 직위를 차지했다).

국가 수비대는 니카라과인들을 단속하기 위해 공포와 공갈을 활용했고, 그 결과 수비대원들은 국민들로부터 엄청난 원성을 샀다. 국가 수비대 외에도 소모사 정권에 반대하는 움직임이 혁명적으로 폭발하도록 촉진한 요인들로 1972년의 파괴적인 지진(소모사는 이 당시 유입되었던 외국 원조를 개인적으로 유용했다는 비판을 받았다), 1974년 소모사의 부정 재선출, 1978년 그를 주도적으로 비판했던 신문 편집장 페드로 호아킨 차모로의 암살(소모사가 초모로 암살에 관여했다고 보는 견해가 일반적이다) 등을 들 수 있다.

소모사 정권에 대항하는 혁명주의적 운동은 1961년 마타갈파 고지대 출신으로 중간 계급에 속했던 급진주의자들 한 무리가 산디니스타 국가해방전선(Frente Sandinista de Liberación Nacional, FSLN)을 설립하며 시작되었다. 쿠바 혁명 모델에 따라 소규모 혁명군 무리는 국가 수비대를 대상으로 게릴라전 방식의 공격에 돌입했고, 점차 니카라과의 대규모 농촌 노동자들과 농민들의 참여를 얻어 냈다. 1970년대에 접어들어 FSLN은 그들의 대의에 동조하는 수천 명의 중간 계급 청년들과 도시 노동자들을 확보하게 되었고, 정권에 반대하는 대담한 군사적 공격에 착수할 수 있었다. 예를 들어 1978년 반란자들은 국가 공관을 점령했고, 일련의 급진적인 요구에 소모사가 응하도록 만들었다. 마침내 FSLN 세력은 니카라과의 주요 도시들을 모두 공격하기 시작했고, 이에 앞서 거의 언제나 지방 차원의 폭동이 일어났다(그림 8.7).

　FSLN 혁명군은 1978년에 코스타리카로부터의 마지막 공격에 착수했고, 1979년 7월 산디니스타 부대가 수도 마나과를 점령하면서 소모사는 마이애미로 도피했다. 승리를 거둔 산디니스타들은 민간 기업과 시민의 자유가 모두 존중받을 수 있는 사회주의 국가를 건설하고자 했다. 하지만 그들의 모든 행보는 미국의 반대에 봉착했다. 미국은 니카라과에 대한 모든 원조를 중단했으며, 산디니스타에 동조하지 않는 국가 수비대원들과 콘트라스로 알려졌던 니카라과 농민들을 중심으로 반혁명 집단을 조직했다.

　멕시코와 코스타리카를 비롯한 여러 국가들의 중재로 1988년에 산디니스타들과 콘트라스(Contras)들은 마침내 휴전에 돌입했다. 1989년에 새로 선거가 치러졌고, 니카라과 반대당(Unión Nicaragüense Opositora, UNO)의 후보 비올레타 차모로(1978년 암살되었던 신문 편집장의 아내)가 총 투표수 가운데 60퍼센트에 육박하는 표를 획득해 FSLN의 다니엘 오르테가를 이기고 당선되었다. 차모로 대통령은 산디니스타들이 군대 통제력을 보유할 수 있도록 허용했고, 30년간 지속된 내전의 종결로 니카라과에는 일정 정도의 화해가 이루어지기 시작했다.

　오늘날 니카라과에서 원주민으로 간주되는 사람들은 대부분 미스퀴

토, 수무, 카리브 해의 라마, 스페인 정복 이전 메소아메리카 세계의 외부에 거주했던 부족민들의 후계자들이다. 총인구의 약 4퍼센트에 해당하는 이들 해안 지역 원주민들은 코스타리카와 파나마에 거주하는 탈라만카 원주민이나 쿠나 원주민들처럼 상대적으로 고립된 소규모의 토착민 집단을 구성한다. 니카라과에서 이 토착 집단들은 소모사 정권에 반대하는 혁명전쟁에서 그 어떤 역할도 맡지 않았으며, 이후 산디니스타 정부가 새롭게 등장한 사회주의 사회에 그들을 통합하려 하자 이에 맹렬히 저항했다. 원주민들을 혁명 대열에 합류시키기 위해 산디니스타들이 설립한 조직인 미수라사타(MISURASATA, 미스키토-수무-라마-산디니스타의 줄임말)는 스테드만 파고스 등의 원주민 지도자들에 의해 흡수되었고, 그들은 국가통합보다는 원주민의 자기결정권을 목표로 삼았다. 미수라사타가 콘트라스와 가까워지는 기미를 보이자 산디니스타 정부는 그 조직을 반혁명 세력으로 선언했고, 해안 마을에서 멀리 떨어진 내륙으로 원주민들을 재정착시키기 시작했다. 이와 같은 조치는 원주민들을 정부로부터 더 멀어지게 했고, 산디니스타들은 뒤늦게 친선 조치들을 취했음에도 불구하고 다시는 원주민들의 신뢰를 얻을 수 없었다.

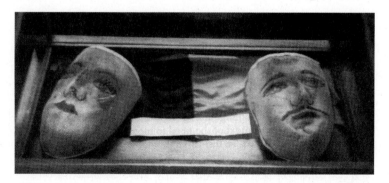

그림 8.7 1978년 니카라과 마사야의 모님보에서 발발했던 반란 사태에서 산디니스타 전사들이 착용한 가면들(사진 저자 제공).

태평양 연안에 위치했던 니카라과의 토착민 인구는 산디니스타 혁명이 발생한 무렵에 이르자 거의 눈에 띄지 않는 존재가 되었다. 국가의 전체 인구 가운데 20퍼센트는 원주민의 생물학적 특성과 메소아메리카의 문화유산의 흔적을 보유하고 있었을 것이다. 하지만 그들은 일반적으로 원주민이 아니라 메스티소로 간주되었다. 니카라과 혁명군은 1920년대 후반 아우구스토 산디노가 미 해군의 점령에 반대하여 반란을 일으켰던 당시 이 원주민들은 이미 그들의 공동체 토지와 국가적 정체성을 상실한 상태였다고 결론 내렸다. 메스티소 농민으로 변화하는 과정에서 원주민들은 그들의 원주민 조상보다 더 거대한 혁명적 '의식'을 갖게 되었다고 인식되었다.

산디니스타 해방군의 이데올로기에 따르면, 원주민 정체성은 식민주의의 자취이자 사회주의 국가 형성에 있어 장애물이었다. 권력을 획득하자 산디니스타 정부는 농민, 노동자, 여성, 흑인, 아시아와 아프리카 그리고 라틴아메리카의 억압받는 이들의 해방을 요구하는 프로그램을 만들어 냈지만, 여기에 그들의 메소아메리카 토착민들은 포함되어 있지 않았다. 그들은 정책 성명서에서 카리브 해의 비-메소아메리카 원주민 집단들을 언급했지만, 그들을 국가적 삶에 통합시켜야 한다는 맥락에서만 언급한 것이었다.

사회적으로 외면당하고 있었지만 여전히 스스로를 메소아메리카 토착민이라고 여기는 사람들이 1970년대에도 수천 명에 달했고, 그들은 마나과, 마사야, 그라나다, 레온 등의 도시와 근방의 공동체들에 거주하고 있었다. 그들은 그 지역에서 예전에 사용되었던 메소아메리카의 언어들(피필어, 초코데기어, 수브디아바어)을 더 이상 구사할 수 없었지만, 수공예, 정치조직, 의례에서 특정한 전통적인 문화적 관행들을 재구성해 냈다. 그들은 소모사 정권에 대항하는 일련의 반란에서 선두에 섰으며, 이렇게 극적인 방식으로 당시 진행되던 혁명투쟁에서 놀라울 정도로 자신들만의 역할을 수행해 냈다. 이 중 가장 극적인 봉기는 1978년 마사야에서 발생했는데, 살해당한 신문 편집장 페드로 호아킨 차모로를 기리기 위해 모님보(마사야의 빈민촌) 원주민 공동체의 후원으로 치러졌던 장례식에 국가 수비대가 저지하고 나선 것이 주된 배경이었다. 2천 명 이상의 모님보 '원주민들'은 돌과 봉화로 수비대를 공격했고, 이후 몇 주 동안 이들은 거리에 바리케이드를 치고 수비대의 공격을 차단했다. 국가 수비대는 마침내 중장비 무기와 투하 폭탄을 동원해 대규모 공격에 돌입했다. 마침내 격렬한 싸움이 끝나고 모님보가 수비대에 의해 점령되었고, 전투로 양측에 수백 명의 사망자가 발생했다.

디리암바 원주민들과 레온의 수브티아바 공동체 원주민들이 주도했던 유사한 반란들 역시 맹렬한 싸움과 수많은 민간인 희생자들을 초래한 후에야 진압되었다. 니카라과 혁명 연구자들은 이 반란들이, 특히 모님보 반란이 혁명의 궁극적인 성공을 위한 상징적인 중요성을 지닌다는 점에 동의한다. 주목할 점은 더 이상 식별 가능한 존재로 인식되지 않았던 메소아메리카 토착민들이 이 반란들의 선두에 섰다는 사실이다.

모님보와 수브티아바 봉기들에서 극히 제한적으로만 참여했던 산디니스타의 메스티소 게릴라 전사들은 혁명투쟁에서 원주민들의 역할을 찬양했다. 그 결과 토착주의적 요소들이 혁명 이데올로기에 처음으로 반영되기 시작했다. 새롭게 설립된 문화부는 고고학적 유물의 보존과 토착 음식과 공예품의 장려를 통해 국가의 원주민 근원을 재발견하려 했다. 토르티야와 타말 등 옥수수로 만든 메소아메리카 음식이 밀로 제조한 식품의 대체물로 제시되었고, 스페인 정복 이전 양식의 도자기와 가는 줄무늬 박 세공품 생산이 정부에 의해 장려되었다. 그럼에도 메소아메리카 토착민들이 니카라과의 국가 문화에 기여했던 바를 인식하기 위한 시도들은 여전히 미약했으며, 산디노와 혁명의 영웅들과 사건들을 중심으로 세워진 풍요로운 상징주의와 설화들에 비교해 볼 때 이 시도들은 무색해진다. 혁명 정부에서 니카라과는 철저히 메스티소의 사회로 남았으며, 고대 메소아메리카 전통의 뿌리들은 대부분 그 진가를 인정받지 못하고 있다.

2. 멕시코와 중앙아메리카에서의 발전과 메소아메리카 토착민

우리가 사용하는 개념으로서의 '발전'은 계획된 변화로 구성되며, 특히 정부와 이에 협력하는 자본가들에 의해 수행된 경제적 조치들의 결과로 나타나는 변화로 이루어진다. 여기에서 보게 될 것처럼, 근대화에 대한 발전주의적 접근은 세계 그 어느 곳에서 그랬던 것처럼 멕시코와 중앙아메리카 지역에서도 널리 적용되었으며, 그 비용은 상당했다. 지역 내 원주민들을 대상으로 하여 특정하게 적용되었던 발전주의적 의제는 '인디헤니스모'(indigenismo, 원주민주의)로 알려져 있다. 메소아메리카 토착민들에게 적용되었던 인디헤니스모는 '원주민'으로서보다는 '시민'으로서 원주민들을 국가 사회의 경제적·정치적·문화적 삶에 완전히 통합시키고자 하는 동화 사업이었다.

1) 멕시코에서의 발전

옥타비오 파스에 따르면 멕시코 혁명은 발전의 부족으로 일어났다. 실제로 멕시코 혁명으로 막대하고도 중요한 변화들이 일어난 이후에도, 1940년을 기준으로 멕시코 농민의 60퍼센트로 추정되는 인구가 여전히 자급자족에 필요한 충분한 토지를 보유하지 못했으며, 전체 경작지의 50퍼센트가 대규모 토지 소유자(라티푼디스타)들의 통제를 받았다. 헌법에 의하면 산업 소유권의 대부분이 멕시코인들에게 있어야 했음에도 불구하고 산업은 여전히 외국인들에 의해 지배당했다.

제도혁명당(Partido Revolucionario Institucional, PRI)의 지도하에 멕시코는 성공적인 결과를 가져온 대규모 발전주의 사업들에 착수했고, 이는 '멕시코의 기적'으로 알려지게 되었다. 공공복지에서 경제 발전으로 목표가 이행했고, 1950년대와 1960년대에 멕시코의 경제 성장률은 연간 6퍼센트를 넘어섰다. 농민들이 공장에서 일하기 위해 도시로, 특히 멕시코시티로 몰려들면서 도시화가 급속히 이루어졌다. 1960년에 접어들자, 도시 노동자들과 중간 계급이 국가 총인구의 40퍼센트를 차지했다. 멕시코는 근대화되고 있었고, 물질 소비로 진보를 측정하는 새로운 사고방식이 계급 분쟁을 통한 사회적 평등이라는 초기의 혁명적 목표를 대체하고 있었다.

1940년 이후의 변화들은 정치적 영역에서도 이루어지고 있었다. 카르데나스가 추진하기 시작했던 급진적인 정책에 따라, 통치 정당과 그 행정 기관인 멕시코 국가는 보다 권위주의적이고, 부패하고, 억압적인 특성들을 지니게 되었다. 파스가 묘사하듯이, 국가 체제는 권력의 진정한 '피라미드'가 되었다. 본질적으로 PRI가 선택하고, 임명하는 멕시코의 대통령들이 입법부와 사법부 기관들을 철저히 지배했다. 당과 군대의 결속력이 강화됐고, 군대가 보다 전문화되고 그 정치 활동이 약화된 이후에도 국가와 국가의 '제도적 혁명' 정책에 대한 반대를 통제하기 위해, 필요하다면 테러를 동원해서라도 강력한 군대와 경찰 및 준군사 단위들이 조직되었다. 실제로 1958년 멕시코시티에서 발발했던 대규모 파업은 군대에 의해 무자비하게 진압당했고, 1968년 틀라텔롤코 광장에 모였던 40만 명의 반정부 시위대들에 안보군은 잔혹하게 총구를 겨누었으며, 약 300명에 이르는, 아니 그 이상의 사망자가 발생하게 했다(그림 8.8).

멕시코 혁명은 표면상으로는 원주민들을 위해 치러졌다. 비록 특정하게 원주민들을 위해 고안된 것은 아니었지만, 농지개혁은 과거 원주민 공동체들이 자유주의자들에게 빼앗았던 토지를 마침내 되찾게 해주었다고 여겨졌다. 하지만 1940년대 이후 멕시코는 급진적 변화에서 전환해 경제 발전과 근대적 민족국가 형성으로 나아가기 시작했다. 동시에 원주민들이 뒤처지고 있다는 것이 분명해졌다. 멕시코의 수많은 고립된 지역에서는 계속해서 혁명 이전의 조건들이 만연해 있었다. 다시 말해 원주민들은 공동체에 둘러싸여 시간의 경과와 더불어 전통적인 메소아메리카의 언어와 문화를 재구성하고 있었으며, 동시에 그들은 주변의 메스티소들과 크레올 토지 소유자들과 상인들로부터 여전히 착취당하고 있었다. 더 나아가서 원주민들과 농촌의 메스티소들은 지방의 카스트 제도와 같은 불평등으로 인해 사회적으로 계속해서 격리되었다. 멕시코 인류학자들은 이와 같은 원주민 지역을 '망명지'라고 부르며, 원주민들이 식민적인 조건을 지속시킴으로써 혁명이 진전되는 것을 거부했다고 주장했다. 멕시코가 근대적 민족국가 건설이라는 목표를 달성하고자 한다면 망명지를 변화시키는 것이 불가피했다.

근대 멕시코의 발전은 산업화, 정치 개혁, 국가 정체성의 형성을 통해 달성될 것이었다. 마누엘 가미오와 알폰소 카소 등의 멕시코 인류학자들은 근대적인 멕시코의 설립은 공통된 국가적 문화를 요구한다고 주장했으며, 이는 공통된 언어, 종족 정체성, 일련의 관습 등에 의존한다고 보았다. 민족주의의 발전은 상이한 인종, 종족집단, 언어, 관습들을 통일된 '멕시코' 국민으로 혼합(메스티사헤)하는 '동화'의 과정을 통해 달성될 것이었다. 이는 망명지가 해체되고, 그곳의 원주민들이 국가적 삶으로 통합되는 것을 의미했다.

멕시코에서 등장한 '인디헤니스모' 정책은 1940년 멕시코 파츠쿠아로에서 개최된 제1차 인터-아메리칸 인디헤니스트 회의에서 카르데나스

그림 8.8 1968년 멕시코 틀라텔롤코의 세 문화 광장 근처에서 시위대가 멕시코 군대에 대치하고 있다. 출처: 베트만 아카이브, 코비스.

대통령에 의해 공식적으로 선언되었다. 인디헤니스모 사업은 이후 알폰소 카소의 지도로 국가원주민기관(Instituto Nacional Indigenista, INI)이 설립되면서 제도화되었다. 카소는 멕시코가 "거대한 멕시코 공동체에 원주민 문화를 통합하는 것 이외에는 다른 선택의 여지가 없다"고 주장했다 (García Moray Medina 1983: 179). 지적인 측면에서 원주민 발전 사업을 주도했던 이들은 대부분 학생들과 원주민 문화 주창자들이었고, 그들은 멕시코 원주민에 대한 인식을 향상시키기 위해 부단히 일했다. 그들은 원주민 통합과 이로 인한 원주민의 발전이 통제된 동화(원주민 대리인들의 중재를 통해 원주민과 메스티소 문화의 요소들을 선택적으로 혼합하는 과정)를 통해 달성될 수 있다고 믿었다. 그럼에도 인디헤니스타(원주민주의자)들의 일차적인 목표는 원주민들이 근대적인 멕시코의 사고와 제두를 채택하게 하는 것이었다.

인디헤니스타들은 1951년 치아파스 고지대에 세워진 첼탈-초칠 마야 센터를 기점으로 해서 멕시코의 주요 망명지에 조정 센터들을 설립했다. 치아파스 센터의 초기 소장으로 곤살로 아기레가 부임됐다. 치아파스 고지대와 같은 망명지의 사회적 특징과 특히 지방의 메소아메리카 원주민들과 지배적인 메스티소들 사이에 존재하던 극도로 불평등한 관계를 조사하기 위해 아기레는 자신의 위치를 활용했다. 인디헤니스타들은 교육, 보건, 농업, 공동체 발전 분야에서 원주민의 필요에 부응하는 사업을 고안하기도 했다. 원주민의 특정한 사회적·문화적 상황을 적절하게 고려하면서도 정당하고 포괄적인 방식으로 원주민의 근대화가 이루어질 수 있다는 전례가 세워졌다. 이어지는 수년간, 그 외의 토착 집단들, 예컨대 오아하카의 믹스테카인, 사포테카인, 믹세인, 유카탄의 마야인, 멕시코 중부과 서부의 마사테카인과 틀라파네카인, 이달고의 오토미인, 멕시코 북부의 타라우마라인들을 대상으로 조정 센터들이 세워졌다.

하지만 이와 동일한 시기에 멕시코의 원주민들은 국가원주민기관의 부속 센터들에서 비롯되는 것보다 더 강력한 발전주의 세력들에게 영향을 받고 있었다는 사실에 주목해야 한다. 예를 들어 대부분의 망명지에 농산업체가 자리를 잡았고, 이는 원주민 공동체의 토지와 그 외 자원의 몰수로 이어졌다. 동시에 멕시코 정부는 국가 전반에 걸쳐 정치를 근대화하기 위한 강경한 시도에 돌입했으며, 토착 공동체에 제도혁명당 지부를 설립하고 원주민들의 지방 통치 체제와 같은 전통적인 정치 구조를 개혁했다. 가톨릭과 개신교 교회도 원주민 근대화를 위한 적극적 대행자 역할을 수행했는데, 이들은 점차 세속화되어 가는 멕시코 사회에 보다 부합하는 교리 체제로 전통적인 토착 신앙과 실천을 대체하기 위해 원주민의 개종을 시도했다.

1970년대에 접어들자, 이제 국가원주민기관의 소장으로 부임했던 아기레는 인디헤니스트 사업의 주요 목표들이 달성되고 있다고 주장할 수 있었다. 원주민들은 대체로 '멕시칸화되었고', 1970년의 인구조사에서는 인구의 10퍼센트 정도만이 이제 원주민으로 분류될 수 있다고 나타났다. 더 나아가서, 원주민들은 대체로 '기독교화되었으며', 이 과정의 정점은 최초의 스페인 선교사들의 도착과 더불어 수 세기 전부터 시작되었다. 아기레는 이 중 가장 중요한 점은 원주민들이 인종적인 또는 종족적인 편견에 시달리지 않고서도 국가적 삶에 통합되고 있다는 사실이라고 주장했다. 인디헤니스모 덕분에 원주민들은 멕시코에서 종족적 '소수집단', 다시 말해서 분리된 국가적 지위를 추구하는 문화적 집단이 되는 처지에서 벗어나게 되었다는 것이다. 루이스 에체바리아 정권(1970~1976)에서 인디헤니스트 사업은 더욱 확장되었고, 추가적인 이중 언어를 사용하는 수천 명의 교사와 발선 대리인늘이 망명지로 배치되었다.

멕시코 인디헤니스트 사업과 관련한 아기레의 낙관적 평가에도 불구하고 이 사업은 두 진영으로부터 심각한 공격을 받았다. 이 중 한 측은 당사자였던 원주민들이었고, 다른 한 측은 그 근원에 놓인 동화라는 목표를 비판하는 학자들이었다. 원주민들의 경우 그들은 토착 정체성을 고수하는 데 예상보다 훨씬 큰 관심을 보였으며, 자신들을 멕시코 국가에 통합시키기 위해 고안된 사업의 특정한 측면들에 저항했다. 1970년 멕시코에서 적어도 300만 명 이상이 여전히 자신이 원주민임을 주장하고 있었고, 그 가운데 거의 3분의 1은 국가 전반보다는 전통적 공동체를 자신의 준거 집단으로 삼았다. 원주민들은 외부로부터 부과되는 변화에 무관심한 태도를 보이거나, 또는 이를 주의 깊게 감시하는 방식으로 인디헤니스트 사업에 저항했다.

1970년대와 1980년대의 저항은 폭력적인 형태를 띠기도 했으며 농촌의 수십만 명에 이르는 원주민들이 자본가들에게 빼앗겼던 토지를 되찾기 위해 급진적 농민 운동에 참여했다. 이달고, 게레로, 오아하카, 치아파스 등에서 게릴라 전투가 발발했고, 수백 명의 아니 수천 명의 오토미인, 우아스테카인, 타라스카인, 사포테카인, 마야인들이 정부와 민간 안보 세력에 의해 고문당하고 살해당했다. 소노라에서 야키인과 마요인들이 토지를 점령했던 경우와 같이 일부 사례에서는 정부가 원주민들의 요구 가운데 일부를 수용하기도 했지만, 정부는 일반적으로 원주민과의 교전에 극도로 가혹하게 대응했다.

인디헤니스모에 대한 학계의 비판은 학문적 논쟁에서 기대할 수 있는 강도를 훨씬 넘어서는 신랄함을 지니게 되었다. 이로 인해 인류학자들과 멕시코의 기타 사회과학자들이 적대적이고 대립된 두 진영으로 분열되어졌다. 인디헤니스트 사업과 그 외에 원주민의 '발전'을 목표로 하는 사업을 옹호하는 학자들은 다시 활기를 띠게 된 혁명 활동을 통해 급진적 변화를 추구하는 이들과 맞섰다. 멕시코 인디헤니스모를 반대하는 진영에는 원주민 역사와 문화를 연구하는 저명한 학자들이 포함되어 있었다. 그들은 인디헤니스타들이 지나치게 문화적인 방식으로 원주민을 규정한다고 주장했다. 이들에 따르면 원주민을 과도하게 문화적인 측면으로만 규정하는 태도는 다음의 두 가지 이유로 문제가 되는데, 첫째, 이는 원주민 문화에 비해 멕시코의 국가 문화가 보다 진보적인 진화 단계를 재현한다는 잘못된 가정을 담고 있기 때문이며, 둘째, 원주민 문화에 초점을 둠으로써 원주민들이 농촌 프롤레타리아트로서 착취당하고 있는 계급적 현상황으로부터 관심을 돌리게 한다는 것이다. 이런 맥락에서 인디헤니스트 사업이 사실상 원주민들에게 파괴적인 영향력을 가져왔으며, 그 이유는 '그들의 착취를 근대화'했기 때문으로, 다시 말해 자본주의 착취자들에게 원주민을 보다 접근 가능한 존재로 만들었다는 것이다.

비판적 학자들은 더 나아가서 원주민이 더 이상 멕시코의 메스티소 농민과 농촌 프롤레타리아트 집단과 문화적으로 구별될 수 없다고 지적한다. 근본적으로 이 집단들은 모두 문화적으로 서구적이며, 점차 더욱 미국의 영향력에 종속되어 가고 있다는 것이다. 원주민들은 멕시코 민족국가에 극도로 의존하는 상태이고, 멕시코 민족국가는 미국을 비롯한 자본주의 국가들에 의존적이었기 때문에, 오늘날까지도 멕시코 학자들 사이에서 '원주민 문제'는 상당한 논쟁의 소지를 내포하고 있는 것이다. 멕시코에서 본래 혁명투쟁을 야기했던 문제, 즉 외세에의 종속으로부터 해방(국가 주권)이라는 문제가 다시 한번 근본적인 쟁점으로 부각된다. 하지만 아기레가 주장하듯이 외부 세력에 대한 멕시코의 종속이라는 문제가 해결된다고 하더라도 안타깝게도 이와 같은 해결책으로는 소위 원주민 문제를 제거할 수 없는데, 그 이유는 원주민들은 자기결정권을 가진 문화적으로 독자적인 집단으로서 인식될 것을 끊임없이 요구해 왔기 때문이다(이와 관련해 이어지는 내용에서 보다 상세하게 논의하고 있다).

역사학자 알렉산더 도슨은 인디헤니스트 사업의 주요 결과들 가운데 하나로 '역량이 향상된 원주민들'의 등장을 들고 있는데, 이는 국가 기관과 지방 공동체 사이에서 중개 역할을 하는 이중 언어와 이중 문화를 보유한 원주민들을 의미한다(Dawson 2004). 시간이 경과함에 따라 교육받은 이 원주민들은 인디헤니스트 사업이 지방의 토착 전통과 이해관계에 보다 부응하게 만들 수 있었고, 이는 장기적으로 원주민 공동체와 국가 간에 보다 다원주의적인 관계가 형성되게 하는 데 기여했다. 하지만 이 원주민 지도자들 가운데 다수가 지방의 권력을 차지하게 되었고, 점차 개인적인 이익을 추구하는 '카시케'(지방권력자)로 변질되어 갔다.

멕시코에서 인디헤니스트 발전 사업이 거둔 성공과 보다 의미 있는 수많은 실패는 이달고 주의 메스키탈 계곡에 거주하던 오토미인들의 사례에서 분명히 드러난다.

메스키탈 오토미 인디헤니스트 사업 | 메스키탈은 멕시코시티 근방에 위치한다. 1930년대부터 이 지역은 멕시코의 토착 민족들을 어떻게 근대화하고 '다시 지켜 낼' 것인지와 관련해 혁명 이후의 정부에서 시행된 이론들의 시험장이 되었다.

거대한 메스키탈 계곡은 3천 제곱마일 이상의 영토를 점유하고 있으며, 해발 5천 피트에서 1만 피트에 이르는 고도에 자리 잡고 있다. 툴라 강 인근의 관개 농업이 가능한 소규모 지대를 제외하면, 계곡은 대부분 건조하고 상대적으로 불모지에 가깝다. 오토미 원주민들은 계곡 하층부를 가로질러 분산되어 있거나, 산지의 소규모 마을들에 흩어져 있었다. 약 3만 6천 명의 오토미인들이 거주하고 있던 네 개의 공동체에 사업의 초점이 맞추어졌고, 거주자들 대부분이 오토미어의 단일 언어 사용자들이었다. 그들은 생계 농업에 종사했고, 일상적으로 섭취하는 풀케라는 음료를 만들기 위해 사용되는 용설란, 성긴 옷(아야테)을 짜기 위한 섬유, 지붕을 이는 짚을 짜기 위한 나뭇잎 재배에 극도로 의존했다(그림 8.9). 인디헤니스트 관리들은 그들을 "아스테카 제국이 설립된 이래로 노예 상태로 전락하고 낙담한 불쌍한 인종"이라고 언급했다(Dawson 2004: 129).

멕시코 혁명전쟁 동안 오토미 원주민들은 메스키탈 계곡의 다른 농민들과 함께 사파티스타 세력과 비야 세력에 합류했었다. 그들의 투쟁은 관개 시설을 갖춘 계곡의 대규모 농장들을 소유한 지주들을 대상으로 했으며, 이들은 오토미 토지를 점거하여 이를 생산적인 농지로 전환시켰다. 설상가상으로 1900년에 디아스 정권은 메스키탈 계곡의 지주들이 관개 시설에 사용할 수 있도록 하기 위해 멕시코시티의 하수를 계곡으로 전환시켰다. 메스키탈 혁명군들은 지주들을 몰아내는 데 성공했으며, 사파타와 비야의 도움을 받아 토지 일부를 에히도 부지 형태로 되찾았다(토지를 부유한 지주들에게 돌려주려는 카란사의 노력에도 불구하고 말이다). 하지만

그림 8.9 메스키탈 지역에서 재배하는 용설란(사진 저자 제공).

메스티소 카시케들과 그들의 무장 경비원들이 에히도를 통제하기 위해 분투함에 따라 오토미 원주민들의 토지를 되찾기 위한 투쟁은 계속되었다. 멕시코의 다른 지역과 마찬가지로 가장 막강한 카시케들이 에히도의 '위원' 직위를 맡았고, 자신들과 피후견인들을 위해 대규모의 가장 비옥한 토지를 강탈했다. 오토미 원주민들의 재앙과도 같은 역사는 그들이 멕시코 혁명 이후 전형적인 원주민 집단의 대표적 사례가 되게 했다.

수년에 걸쳐 계곡을 개발하기 위한 멕시코 정부의 주요 투자 사업들, 예를 들어 협동조합, 신용은행, 학교 등의 설립과 관개 사업, 직물 실습과 기타 수공업 사업 및 소 방목장 개설 사업이 시작되었다. 1952년 이 지역의 인디헤니스트 사업은 메스키탈 계곡 원주민 유산 사업(Patrimonio Indígena del Valle del Mezquital, PIVM)이라는 명칭을 얻게 되었고, 멕시코의 다른 원주민 지역들에 위치한 국가원주민기관의 조정 단체들에 따라 개편되었다. 우수한 시설을 갖춘 PIVM 본부가 익스미킬판의 시가지에 세워졌다. 당시 미국에 근거지를 두었던 여름언어학교(Summer Institute of Linguistics, SIL)가 메스키탈의 오토미인들을 대상으로 활동을 개시하면서, 1960년에는 익스미킬판에 본부를 설립했다. SIL에 소속된 선교사들은 성경을 오토미어로 번역했고, 최초로 오토미인들에게 개신교를 소개했다.

하지만 이 모든 노력에도 불구하고, 오토미인들에게 기대되었던 발전은 이루어지지 않았다. 대부분의 자금은 '지방 관리, 카시케, 실업가, 메스티소들의 주머니'로 흘러들어 갔다(Dawson 2004: 133). 토지, 가축, 관개 농장, 심지어 학교들은 메스키탈 계곡의 메스티소들에 의해 독점됐다. 최근 수년간 메스키탈 계곡에 마침내 일련의 극적인 사회 변화가 이루어지게 되었지만, 이 과정에서 인디헤니스트 발전 사업의 역할은 단지 제한적이었다. 오토미인 사회의 변화는 대부분 운송과 상업 농업의 발전에서 유래했다. 정교한 고속도로 체계가 설립되면서 결국 오토미인들의 지리적 고립이 끝났고, 그들은 포토시 광산, 멕시코시티, 텍사스와 캘리포니아 농장 등에서 일자리를 구할 수 있게 되었다. 이와 마찬가지로, 관개 시설을 갖춘 대규모 채소밭들이 계곡에 들어서면서 원주민들이 농장 노동자로 일할 수 있도록 노동 기회들을 제공했다. 이들 변화로 인해 대부분의 오토미인들은 농민에서 임금노동자로 변형되게 되었다.

사회학자 로저 바르트라를 비롯해 일부 멕시코 학자들은 메스키탈 계곡에서 증가하고 있는 자본주의화와 이 과정이 오토미인들과 하층 계급 메스티소들에게 미치는 영향을 기록해 왔다. 그들은 오토미인들이 극도로 무상계급화되어, 멕시코 사회의 경제 구조에 강력하게 통합되고 있음을 발견했다. 그 과정에서 원주민들은 토착 오토미 문화의 마지막 흔적들을 잃게 되었고, 더 이상 착취당한 메스티소 하층 계급과 구별될 수 없는 상황에 이르렀다고 주장한다. 농촌 자본가들과 정부대리인들이 원주민 노동자들과 더욱 직접적으로 접촉하게 되면서, 오토미인들이 일부 속해 있던 카시케 중간매개자들의 입지 역시 사라지기 시작했다. 이 과정은 토착 문화에서의 이행을 의미하기도 하는데, 그 이유는 비록 카시케들이 원주민들을 착취했음에도 불구하고, 그들은 정통적인 토착 전통의 증진을 통해 자신의 권위를 획득하는 '민중주의자'(포퓰리스트)로서 이와 같이 행동했기 때문이다. 역설적으로 원주민 문화는 인디헤니스타로서 원주민을 찬양하고 그 문화의 보존을 주창하면서도 동시에 그 문화의 파괴를 가져왔던 자본주의 착취자들의 마음 속에서만 살아 있었다는 의견도 있다. 바르트라는 다음과 같이 설명한다.

…… (자본가는) 원주민의 사회적 소멸에 기여한 다음, 문화적 실체의 단계로 그를 소생시킨다; 대중선동가는 문화적 원주민이 주빈 신분으로 정문으로 사회에 들어간다고 주장한다. 하지만 실제의 원주민은 프롤레타리아트로서 자신의 문화를 도둑맞은 다음, 사회에 통합되기 위해 하인들의 문을 통해 들어간다(Bartra 1982:93).

바르트라는 메스키탈의 오토미인들과 같은 원주민들의 가장 일반적인 사회적 상황을 정확하게 묘사한다. 하지만 두 가지 주의 사항이 언급되어야 한다. 첫째, 바르트라와 그 옹호자들은 멕시코의 모든 원주민들이 메스키탈의 오토미인들과 마찬가지로 '무산계급적인' 상황에 처해 있다고 주장하는 듯하다. 하지만 이 장의 이어지는 내용에서 보게 되겠지만, 이러한 주장은 정확하지 않다. 둘째, 토착 문화의 상실이라고 언급되는 부분이 지나치게 단호하게 언급되고 있으며, 오토미인들을 비롯해 메소아메리카 원주민들이 그들의 전통적인 토착 문화와 정체성을 복원하기 위해 기울이는 노력에 적절히 주목하지 못하고 있다. 오토미인들에 관한 인류학적 연구들은 공동체 연대와 문화적 유형의 상실에도 불구하고, 가족과 사회적 연결망의 단계에서 토착 문화의 중요한 요소들이 지속되고 있음을 기록한다.

오토미인들은 자신들이 처한 위태로운 사회적 상황을 고통스럽게 의식하게 되었고, 점차 개신교와 현대 문화의 다른 형태들을 수용하는 이들이 늘어나기 시작했다. 그럼에도 그들은 풍요롭고 매혹적인 메소아메리카의 문화유산을 잊지 않았다. 이는 한 메스키탈 원주민이 오토미 동료를 위해 오토미어로 작성한 다음의 글에서 잘 드러난다.

나의 형제여! 너는 세상에 혼자가 아니다. 너에게는 수백 년 동안 너의 진정한 친구들이었던 사람들이 있다. 너는 분명히 이렇게 물을 것이다, "그들이 누구인가". 형제여, 그럼 나는 너에게 말해야 한다. 그들은 네가 걷는 땅이고, 네가 숨 쉬는 공기이고, 네가 보고 걷고 일할 수 있게 해주는, 그리하여 네가 세상에서 행복하게 살 수 있게 해주는 빛을 주는 태양이라고 …… 시골 마을에서 너에게 노래해 주는 새들은 너의 친구들이며, 땅 위와 지하를 어슬렁거리는 동물들도 마찬가지이다. 별들은 너의 친구들이고, 달과 암흑도 그렇다. ……

그렇다면 너의 적들은 누구인가? …… 너에게 존경한다고 말하면서도 매일같이 너의 노동력을 착취하는 자들이 너의 적들이다. 네가 젊을 때면 그들은 너를 존경하지만, 네가 나이가 들어 더 이상 그들을 위해 일할 수 없게 되면 그들은 너를 알지 못한다고 말한다. 그들은 네가 기울인 노력에 합당한 만큼이 아니라 그들이 원하는 만큼만 지불한다. 네가 그들에게 무언가를 팔 때마다 그들은 네게 똑같이 한다. 네가 무언가 부탁할 상황에 처할 때, 그들을 화나게 하지 않도록 주의해라. 왜냐하면 누군가 맘에 들지 않는 말을 할 때면, 그들은 폭력적이 되기 때문이다. 그들이 너에게 지불하는 것은 너의 가족을 부양하기 위해서 충분하지 않다. 굶주림이라는 급여가 그들이 네게 제공하는 것이며, 그들은 아무것도 줄 것이 남아 있지 않다고 말하면서 언제나 우는 소리를 한다(Bernard and Salinas Pedraza 1989: 602-604).

2) 중앙아메리카의 발전

중앙아메리카 국가들은 1940년대 이후 발전을 통해 근대화를 이룩하려 시도했다는 점에서 멕시코와 유사하다. 하지만 그들은 주요한 혁명적 변화를 아직 경험하지 않았다는 점에서 초기부터 서로 차이를 지니고 있었다. 이런 점에서 그들은 혁명이 발전의 부재라기보다는 (불완전한) 발전의 결과로 발생한다는 파스의 혁명 모델에 일정 정도 보다 부합한다고 볼 수 있다. 성장과 경제 발전은 1940년대부터 중앙아메리카 모든 국가들에서 주요 목표로 설정되었고, 진보를 위한 동맹(Alliance for Progress, 케네디 미 대통령이 제창하고 미국과 라틴아메리카 20여 개의 국가들이 결성한 10개년 발전 계획 ——옮긴이)과 중앙아메리카 공동 시장(Central American Common Market, CACM) 설립으로 더욱 강조되었다. 그럼에도 20세기 중반에 이르자 중앙아메리카에서 지속적인 발전 개혁을 제도화하기 위한 진지한 노력은 단지 두 국가들, 과테말라(1944년~1954년)와 코스타리카(1948년 이후)에서만 이루어졌다.

과테말라에서 발전을 통해 근대화를 이룩하려는 주된 노력은 1944년에 시작되었다. 학생, 전문가, 상인, 신흥 도시 중간 계급 출신의 젊은 군사 관리들이 독재자 호르헤 우비코에게서 권력을 빼앗아 그들만의 개혁주의 정부를 구성했던 것이다. 이후 10년간, 개혁주의자들은 과테말라를 19세기의 전형적인 종속적이고, 인종주의적인 국가에서 발전하는 자본주의 국가로 변화시키고자 시도했다. 후안 호세 아레발로 대통령과 하코보 아르벤스 대통령 집권기에 과테말라 정부는 미국의 헤게모니, 대규모 토지 소유자들의 토지 통제권, 기독교가 서민들의 의식에 행사하는 지배력에 도전했다.

경제 발전을 위해 상당한 노력이 기울여졌고, 강제 노동이 폐지됐으며, 정당 노동에 관한 규약이 제정되었고, 1952년에는 토지 개혁이 제도화되었다. 토지 개혁을 통해 정부는 가장 규모가 큰 농장들의 소유주들로부터 100만 에이커에 이르는 토지를 몰수했고, 이를 10만 명의 무토지 농민 가족들에게 돌려주었다. 새롭게 등장한 진보적인 원주민 지도자들이 전통적인 카시케와 장년층에 충돌하게 되면서 원주민 공동체들은 개혁의 강력한 영향을 받게 되었다. 이와 동시에 농민 연합과 농지 협의회들은 원주민 공동체의 내적인, 그리고 상호적인 질서를 관장하는 전통적인 권력자들에 반대를 제기했다. 이처럼 과테말라 시골에서는 발전을 통한 근대화가 진척되기 시작하고 있었다.

정부와 정부의 근대화 개혁들은 과거 독제 체제로부터 혜택을 누리던 외국인들과 라디노 집단들로부터의 격렬한 반대에 봉착했다. 구체적으로 주로 유나이티드푸르트사(UFCO) 소유주들로 구성된 대토지 소유자들은 50만 에이커에 이르는 부지를 잃게 되었고, 구세대 군 관리들은 농촌 지역에서 그들의 영향력이 잠식당하는 데 반발했으며, 교회는 공산주의 세력이 정부를 위협하고 있다고 여겼다. 또한 미 국방부는 과테말라에 대한 지배권이 약화되고 있다는 두려움을 가지고 있었고, 따라서 과테말라 지도자들을 공산주의 세력이라고 비난했다.

사실상 원주민들은 전혀 개입되지 않았던 불법적인 행동을 통해서 미국 중앙정보부(CIA)는 과테말라 군인들과 용병들의 반정부 비밀 부대를 조직, 훈련, 지휘하여 1954년 쿠데타로 이끌었고, 쿠데타 무리는 아르벤스 정부를 전복시켰다. 쿠데타로 과테말라의 발전과 개혁이 완전히 중

그림 8.10 1948년 코스타리카 봉기에서 페페 피게레스를 추종하던 이들. 출처: Acuña 1991.

단된 것은 아니었다. 하지만 이어지는 수년간은 억압적인 군사 통치로 특징지어졌으며, 이와 더불어 소수에게 더 많은 부가 축적되었고, 반면 대부분의 원주민과 하층 라디노들은 더욱 극심한 가난에 시달리게 되었다.

코스타리카에서 1940년대와 1950년대에 발전주의 개혁을 통해 근대화를 이루고자 하는 시도는 과테말라의 경우에 비해 소극적으로 나타났으며, 이들 역시 국가 내부에서 자신들을 원주민으로 규정하는 소수 공동체들의 참여를 이끌어 내는 데 실패했다. 그럼에도 글상자 8.4에서 논의되고 있듯이, 코스타리카의 발전주의 개혁은 과테말라의 사례에 비교해서 보다 현실적이었고, 보다 장기간에 걸쳐 지속되었다(그림 8.10참조).

중앙아메리카에서 인디헤니스트 사업의 전개 | 중앙아메리카 대부분의 국가들은 1940년 멕시코에서 개최된 제1차 인터아메리칸 인디헤니스트 회의에서 체결한 협의사항들을 비준했고, 이에 따라 각 국가에 자체적인 인디헤니스트 기관들을 설립했다. 하지만 이와 같은 기관들이 상당한 역

할을 했던 곳은 과테말라가 유일했고, 심지어 과테말라에서도 멕시코와 비교해 보면 이들 기관의 영향력은 극히 약했다. 예를 들어 앞서 언급한 대로 과테말라에서 발생했던 1944년과 1954년의 주요 혁명들은 매우 인디헤니스트적이지는 않았으며, 멕시코에서와 마찬가지로 원주민 공동체들은 진보에 장애가 되는 존재로 간주되었고, 따라서 보다 광범위한 '라디노'(메스티소) 문화에 동화될 필요가 있다고 생각되었다.

과테말라 혁명 정부에 이어 1954년 이후 등장한 군사 정권은 본질적으로 원주민을 배격하는 속성을 지녔다. 멕시코 인디헤니스타의 경우 문화적으로 민감성을 지닌 공동체 발전 사업들을 통해 원주민을 국가의 삶에 통합시키려 했던 반면에, 과테말라 군사 정권은 가능한 신속하게 토착 문화를 전멸하고 이를 라디노 문화로 대체('라디노화'로 알려진 과정)하고자 했다. 원주민 문제와 관련해 과테말라의 접근은 응징을 동반한 동화였다. 원주민에 대한 정부의 방침은 민족주의적 사고에 근거하기보다는, 원주민을 국가 수출 산업에 값싸고 쉽게 이용 가능한 노동력으로 제공하는 동시에 잠재적으로 반-체제적 속성을 지닌 원주민과 라디노 노동 계급에 엄격한 통제력을 유지하는 것을 주요 내용으로 했다.

과테말라 원주민들은 극도로 강력한 근대화 세력들에 종속되어 있기도 했는데, 주로 이들 세력은 매우 착취적인 자본주의 농장과 공격적인 종교 지도자들, 특히 '가톨릭 행동' 프로그램이 주창하는 사회적 복음에 고취된 개혁 성향의 사제들로 구성됐다. 이 두 집단들은 상호보완적으로 기능했는데, 농장은 원주민들을 무산계급으로 전락하게 했고, 이 상황에서 교회는 새로운 사회적 상황에 대해 원주민들이 집단적으로 합리화하도록 보조했다. 1970년대에 접어들자 원주민 가운데 20퍼센트 이상이 농민 조합과 노동 조직에 가담했고, 이들 가운데 다수가 교회의 후원을 받고 있었다. 대규모 시가지와 도시 근방에 거주하던 원주민들은 수공예, 특히 직물 제조와 상업에 종사하며, 농장에서의 임금노동을 대체할 대안을 찾았다.

　이와 같은 변화에도 불구하고 멕시코와 마찬가지로 과테말라 원주민들은 그들 공동체가 붕괴되고, 마야인으로서 문화적 정체성을 상실하게 되는 상황에 대응해 강력히 저항했다. 원주민이 계급이 아닌 문화적 방식으로 정의되어야 하는가라는 멕시코에서 있었던 논쟁이 유사한 방식으로 과테말라 학자와 정치 지도자들 가운데에서 쟁점으로 부각되었다. 하지만 멕시코에 비교해 과테말라에서는 이해관계가 훨씬 첨예하게 얽혀 있었는데, 원주민은 문화적으로 구별되기 때문에 '특별' 대우가 필요하다고 주장한 입장에는 우파 암살단 대원들이 포함되어 있었던 반면에, 원주민이 라디노 무산계급과 사회적으로 동등한 위치에 있다고 주장한 입장에는 좌파 게릴라 조직원들이 속해 있었기 때문이었다. 하지만 사실상 원주민들은 문화적으로 독특한 동시에 무산계급화되어 있었다. 이는 1970년대와 1980년대의 유혈 혁명전쟁에서 원주민들이 토착 문화의 의제들을 단념하지 않은 상태로 반란 세력에 합류했던 사실에서 확인할 수 있다. 과테말라에서도 멕시코 방식의 보다 단호한 인디헤니스트 사업이 시행되었다면 내전을 막을 수 있었을까라는 질문은 여전히 의문형으로 남아 있다. 하지만 이와 같은 사업의 부재가 반란적인 원주민들과 이에 반대하는 군사 세력, 이 두 집단 모두 강경한 입장을 취하게 만들었으며, 따라서 내전에서 원주민들이 사활이 걸린 잔혹한 투쟁에 뛰어들게 하는 데 일조한 것은 분명하다.

　엘살바도르, 온두라스, 니카라과에서 원주민 기관들은 국가 발전 과정에서 원주민들에게 도움을 제공하지 못했으며, 그들을 국가에 통합되게 하지도 못했다. 심지어 니카라과에서 국가의 인디헤니스티 기관은 원주민 공동체의 토지와 문화 손실을 초래하는 데 일정 역할을 하기까지 했다. 코스타리카에서는 1970년대까지 인디헤니스트 조직을 설립하기 위한 그 어떤 진지한 시도도 이루어지지 않았으며, 정부는 1970년대에 이르러서야 원주민국가위원회(Comisión Nacional de Asuntos Indígenas, CONAI)를 설립하고, 원주민 토지 보호법을 선포했으며, 원주민 영토에 자율적인 통치권을 부여했다. 불행히도 CONAI는 효과가 없는 것으로 드러났고, 원주민 보호 지역을 침입한 수천 명의 '백인들'은 반복적으로 원주민 보호법을 위반했다.

1970년대에 접어들자 중앙아메리카 지역에는 자본가들이 주도하는 일련의 발전주의 개혁으로 인해 앞서 언급했던 급진적 혁명을 촉진시킨 사회적 조건들이 형성되게 되었다. 비록 원주민 공동체들은 혜택을 거의 공유하지 못했지만, 멕시코와 유사하게 초기에 중앙아메리카 국가들에서 자본주의 발전은 총체적인 성장과 번영을 가져왔다. 1950년부터 1980년까지 30년 동안 이 지역의 국민총생산은 연간 6퍼센트라는 경이로운 수치를 기록했다. 성장세는 특히 수출용 상업 농업에서 두드러졌으며, 커피, 목화, 바나나, 설탕, 쇠고기가 다섯 가지 주요 생산품이었다. 제조품 생산의 성장 비율도 이와 거의 유사하게 높았지만 대부분의 제품은 중앙아메리카 공동 시장(Central American Common Market, CACM)으로 유통되었다. 하지만 온두라스의 CACM 탈퇴와 1970년대 후반에 접어들며 진행된 지역 공동 시장의 잇따른 해체는 1980년대에 들어 중앙아메리카 국가들이 경험하기 시작했던 마이너스 성장과 극심한 경제 문제들을 알리는 신호였다.

앞서 기술했던 중앙아메리카의 혁명전쟁들은 1970년대와 1980년대의 정치 발전을 지배했다. 혁명군에게 보여 준 원주민들의 상대적으로 강력한 지지는 중앙아메리카에서 번성하는 듯 보였던 경제 발전에서 그들이 일반적으로 혜택을 받지 못했음을 명확하게 보여 주는 지표였다. 또한 원주민들이 내전에 참여하게 되면서 이는 반전과 관련해 상당한 대가를 초래했으며, 그 여파는 분명히 아직까지도 계속되고 있다(Spence 2004). 이는 전쟁이 이 국가들의 경제적·정치적·문화적 삶에 얼마나 막심한 재앙을 초래했는지 고려해 보면 충분히 이해할 수 있는 결과이다(특히 과테말라, 엘살바도르, 니카라과의 경우에 그러하다). 일련의 평화 협정은 중앙아메리카에서 전쟁을 종결시켰고, 마침내 지역 내 원주민들에게 혜택을 제공해 줄 수 있을 발전적 변형이 시작될 것임을 약속했다.

3. 멕시코와 중앙아메리카에서 진행된 종족·민족적 운동

앞으로 소개할 일련의 종족·민족적 운동은 대부분 1990년대와 2000년대 초반에 일어났다. 따라서 이들은 앞서 기술한 멕시코와 중앙아메리카의 혁명주의적 단계와 발전주의 단계 이후에 전개된 상황이다. 이 운동들은 특히 최근의 신자유주의 경제·정치 정책, 세계화의 확대, 생태 문제, 문화를 권력의 기반으로 강조하는 '포스트모던적' 사고로부터 촉진되었다.

   멕시코에서 신자유주의 정책은 1990년대의 경제적·정치적 발전을 지배하게 되었다. 카를로스 살리나스 데 고타리(1988~1994)를 비롯해 멕시코 대통령들은 이전의 국가 중심적 발전 모델을 본질적으로 폐기했다. 그들은 은행업 부분을 사유화하고, 석유 수출의 시장가치를 향상시키기 위해 석유수출국기구(OPEC)의 카르텔에 가입했으며, 관세와 무역에 관한 일반협정(GATT)에 참여하고, 외국 회사가 멕시코에서 다시 한번 자유롭게 활동할 수 있도록 허용(미국과의 국경 지대를 따라 위치한 마킬라도라 공장들을 포함하여)하는 등 시장을 '자유화'했다. 특히 멕시코는 1994년 1월부터 발효된 미국과 캐나다와 체결한 북미자유무역협정(NAFTA)에 1992년에 가입했고, 이는 신자유주의 정책이 심화되는 결정적인 계기가 되었다.

멕시코는 이내 급속한 경제 성장세를 회복하게 되었고, 20세기에 접어들어 세계에서 여덟번째 규모의 국민총생산을 달성했다. 하지만 멕시코 농촌 지역의 원주민과 메스티소들의 상황은 그다지 향상하지 못했으며, 그 원인은 "사유지에 대한 소유권을 주장하는 농민들에게 토지를 재분배하는 정부의 책임"(Hamnett 1999: 285)을 무효화한 일련의 헌법 개혁과 일정 정도 관련이 있다. 게레로와 오아하카(테우안테펙) 등 대규모 원주민 인구를 보유한 주들에서 폭력적인 반정부 반란들이 발발했다. 이 혁명들은 1994년 치아파스에서 시작된 보다 치명적인 사파티스타 민족해방군(Ejército Zapatista de Liberación Nacional, EZLN) 반란과 1996년 게레로에서 발발한 민중혁명군(Ejército Popular Revolucionario, EPR) 저항 운동의 '원형'이었다는 주장이 제기되어 왔다(이 운동들, 특히 사파티스타 운동에 관해서는 10장의 상세한 설명을 참조하라).

이 반란들에 대응하기 위해 멕시코 제도혁명당(PRI)은 소수당들이 보다 공정한 근거에 따라 선거에서 경쟁하도록 허용하며 선거 제도를 개방하기 시작했지만, 여전히 PRI는 국가 기관에 대해 사실상 완전한 통제력을 지속적으로 행사했다. PRI에 대한 반대가 증가함에 따라, 당의 영향력은 극도로 감소했다. 당이 권력을 잃게 된 데는 멕시코 남부 일대의 '원주민 문제' 대응에 실패했던 것이 주요 원인으로 작용했다.

정권 중반기에 치러진 1997년 총선에서 PRI는 당시 야당이었던 민주주의혁명당(Partido Revolucionario Democrático, PRD)과 국가행동당(Partido Acción Nacional, PAN)에 하원 의원직의 대다수를 넘겨주게 되었다. PRD의 대중적인 후보였던 콰우테목 카르데나스(라사로 카르데나스의 아들)는 원주민을 비롯한 농촌 거주민들이 처한 문제를 해소하겠다는 공약을 내세우며 매우 중요한 직위인 멕시코시티 시장직에 선출되었다. 더 나아가서, 멕시코 남부 주들에서는 여러 명의 PRI 주지사가 그들 관할

지역 내부의 불안정한 상황 때문에 임기를 마치기도 전에 사임해야 했다. 마침내 PRI는 2000년 대선에서 처음으로 패배했고, PAN의 보수주의자 후보였던 빈센테 폭스가 43퍼센트의 득표를 거두며 승리했다. 하지만 PRI 전임자들과 마찬가지로 폭스는 소위 '원주민 문제'를 해결할 수 없었다.

중앙아메리카에서 1990년대에 체결된 평화 협정들은 지난 15년 동안 중앙아메리카 전역에서 불균등하고도 점진적으로 진행되었던 일련의 신자유주의적 변화를 위한 초석이 되었다. 과거 온건한 발전주의적 정책들은 멕시코와 유사한 공격적인 신자유주의 사업들로 대체되었다. 경제적 측면에서는 국가 산업의 사유화, 사회적 비용의 감축, 다국적 기업의 투자 유치, 사유지의 안정화(농지개혁은 우선권에서 밀려났다)가 강조되었다. 멕시코의 주도로 중앙아메리카 국가들은 미국과 독자적인 자유무역 협정(Central American Free Trade Agreement, CAFTA) 체결을 앞두고 있다(CAFTA는 2003년부터 본격적으로 협의되기 시작했고, 미국과 중미 5개 국가 및 도미니카 공화국이 참가한 가운데 2007년에 발효되었다──옮긴이).

중앙아메리카에서 신자유주의 사업들이 가져온 한 가지 결과는 내전 이후 최초로 개별 국가들의 1인당 국민총생산이 증가하기 시작했다는 것이다(Spence 2004). 예를 들어, 과테말라에서 1인당 증가율은 1.4퍼센트, 엘살바도르는 2.4퍼센트, 코스타리카는 2.8퍼센트를 기록했다(니카라과에서만 1인당 성장률이 마이너스 1퍼센트 이하로 뒤지고 있다). 전후 시대 중앙아메리카 빈곤율이 총체적으로 감소했음에도 불구하고, 여전히 과테말라의 75퍼센트, 살바도르의 36퍼센트, 니카라과의 50퍼센트가 빈곤 상태에서 생활하고 있다(코스타리카에서의 비율은 18퍼센트이다). 또한 멕시코에서처럼, 원주민과 빈곤한 라디노들 대부분은 경제적 번영의 혜택을 그다지 받지 못해 왔다.

중앙아메리카의 가장 주목할 만한 정치적 성과는 모든 국가들에서 군부 독재 정권이 축출되고 다양한 민주정권이 등장하게 되었다는 데 있다(1990년대 이전부터 진정한 민주정권을 보유했던 국가는 코스타리카가 유일하다). 일부 원주민들을 포함하여 내전에서 싸웠던 혁명 세력들은 정당을 조직했고, 이제 조직적으로 선거에 참가한다. 예를 들어 2003년 과테말라 대선에서 좌파당인 과테말라 민족혁명연합(Unidad Revolucionaria Nacional Guatemalteca, URNG)의 부통령 후보는 파블로 세토였으며, 그는 원주민의 대의를 변론하기 위해 혁명에 뛰어들었던 우리가 앞서 논의했던 바로 그 마야 원주민이었다(이 장 앞부분의 과테말라 혁명에 관한 내용을 참조하라). 그 외에도 마야 원주민인 리고베르토 케메가 비록 선거가 치러지기 전에 탈퇴했지만 대통령직 후보로 출마할 것을 선언했었다.

이처럼 멕시코와 중앙아메리카에서 최근의 신자유주의적 발전에 대응해 조직된 운동들에서 메소아메리카 토착민들은 중요한 비중을 차지했다. 원주민들의 참여는 때로는 폭력적인 방식으로 전개되기도 했지만(특히 멕시코), 대체로 보다 평화로운 방식으로 원주민들의 권리와 그들의 종족·민족적 정체성을 옹호하고 확장하는 역할을 했다. 이어지는 내용에서는 메소아메리카 토착민들이 관여했던 멕시코와 중앙아메리카의 복잡한 종족·민족적 정체성 운동들을 살펴볼 것이다. 보다 단순화해서 설명한다면, 이들 다양한 종족·민족적 토착주의는 사회지리학적 범주에 따라 다음의 세 가지 유형으로 분류된다.

1. 지방의 종족성: 지역 내에 수천 가지 유형으로 존재하는 메소아메리카의 지속적인 지방(공동체) 단위 문화적 정체성들.
2. 패권적 민족주의: 메소아메리카 토착민들이 국가 민족주의의 형성에 미쳐 왔던 영향력에 주안점을 둔 주권 민족국가의 문화적 정체성들.
3. 다문화주의: 지역의 종족·문화적 정체성들을 강조하고, 이를 보다 광

범위한 국가 조직 내에서 자율적인 '민족'의 지위로 격상시키려는 메소아메리카 토착민들의 움직임으로 점차 증가하는 추세에 있음.

여기에서는 언급하지 않겠지만 네번째 유형은 '초국가주의'로 불릴 수 있을 것이다. 이는 타 국가로 이주한 다음 그곳에서 원주민 정체성과 관련해 새로운 관념을 갖게 되고, 마침내 고향 공동체와 고국으로 돌아오는 메소아메리카 토착민들이 형성한 종족·민족적 문화 정체성을 일컫는다. 초국가주의는 「메소아메리카의 초국가주의와 정체경제」라는 제목의 다음 장에서 논의될 것이다.

1) 지방의 종족성

지방 또는 공동체 단위(아기레가 "교구적"이라고 지칭했던)의 송속성은 스페인 식민지화 초반부터 메소아메리카 토착민들의 종족성을 지배해 왔다. 원주민들이 스페인의, 그리고 이후 크레올과 메스티소의 문화적 특색들을 자신들의 정교한 메소아메리카 문화에 적응시키는 복잡한 과정은 수많은 인류학적 연구의 주제였다. 이처럼 지속적인 지방 단위의 원주민 정체성은 메소아메리카 문화가 스페인 '정복'으로 인해 파괴되었다는 일부 학자들의 주장에, 그리고 멕시코와 중앙아메리카에서 새롭게 부상했던 민족국가 정체성에 원주민들이 흡수되었다는 일부 학자들의 주장에 의문을 제기한다. 최근에 역사학자 매튜 레스톨은 "정복이 토착 아메리카 세계를 공백으로 남게 했다"는 생각은 스페인 침입과 메소아메리카 식민화와 관련해 유포된 수많은 신화들 가운데 하나에 불과하다고 주장했다(Restall 2003). 레스톨에 따르면, 그 대신 "토착 문화들은 외부의 간섭에 대응해 회복력, 적응력, 지속적인 생명력, 다양성을 보여 왔다"(Restall 2003: xviii).

지방 문화의 이와 같은 회복력은 멕시코와 중앙아메리카의 수천 개에 이르는 원주민 공동체들에서 지속되어 왔으며, 오늘날까지도 2천만 명에 이르는 메소아메리카 토착민들의 종족·정체성에 주된 원천이 되었다. 멕시코 치아파스의 고산지대에 거주하는 차물라 원주민 공동체는 이러한 회복력을 보여 주는 대표적인 사례이다.

차물라, 메소아메리카의 지방 단위 정체성을 보여 주는 사례 | 초칠-마야어를 사용하는 차물라 원주민들은 멕시코의 전형적으로 '폐쇄적인', 전통적 원주민 공동체로 오랫동안 잘 알려져 있었다(그림 8.11). 그들은 외부인들이 그들 공동체의 거주지를 차지하는 것을 완강히 금지해 왔으며, 일반적으로 수용된 전통적인 마야 유산으로부터 벗어날 만한 신앙이나 관습으로부터 스스로를 신중하게 지켜 왔다. 문화적 전통에서 일탈한다고 여겨지는 많은 수의 공동체 구성원들이 공동체에서 실제로 제명되었다. 차물라 원주민들은 스스로를 '진정한 민족'이라고 여기며, 멕시코 공동체들 가운데 "현대 멕시코와 치아파스의 보다 거대한 메스티소 세계 내부에서 '원주민'이 되기로 선택한"(Gossen 1999: 6) 아마도 가장 잘 알려진 사례가 되었다.

차물라인들의 역사는 외부의 문화적 영향력에 대한 반대로 특징지어지며, 이는 오랫동안 그들이 원주민 공동체로서 정체성을 고수할 수 있도록 강력한 정당성을 부여해 왔다. 차물라 공동체는 멕시코 혁명에 보수적인 입장을 취했다는 점에서 치아파스 주의 상황과 유사했다(글상자 8.2에서 논의하는 오아하카 원주민 사례를 참조하라). 차물라 원주민들은 북쪽으로부터 사파티스타 혁명군들이 선도하던 급진적 변화(사파티스타 혁명에 관한 이 장 앞부분의 설명을 참조)에 대항하여 지주들의 편에 섰던 하신토 페레스 '파하리토'라는 이름의 카시케의 지도하에 싸웠다. 이후에 카란사

그림 8.11 차물라 원주민들이 물건을 이고 산크리스토발데라스카사스의 시장과 성지로 향하는 모습. 출처: Pozas 1962.

가 집권해 차물라 반역자들을 추방하고 카시케 파하리토를 생포해 처형함에 따라, 차물라인들은 파하리토를 지지했던 사실로 인하여 큰 대가를 치르게 되었다.

카르데나스가 집권하자 멕시코 정부는 차물라 공동체의 전통적인 정치적·문화적 삶에 침입하기 시작했다. 차물라의 오래된 공민종교의 위계 질서가 제도혁명당의 후원으로 혁명 사업에 보다 친화적인 새로운 지방 정부 권력자들로 대체되었다. 차물라의 공동체 토지(에히도)가 공식적인 인정을 받았고, 외부 착취자들로부터 원주민을 보호한다는 취지로 원주민부처(Department of Indian Affairs)와 원주민 노동조합이 설립되었다.

이후 수년간에 걸쳐 치아파스에 인디헤니스트 발전 사업들이 도입됨에 따라 차물라인들은 변화에의 보다 강한 압력을 받게 되었다. 인근 도시인 산크리스토발데라스카사스에 국가원주민기관(INI)의 조정단체가 설치되었고, 보다 근대적인 경제적·사회적 세력들에 공동체를 개방시키기 위해 고안된 보건, 교육, 복지 부문 사업들이 개시되었다.

1980년대에 접어들자 차물라의 인구는 5만 명 이상으로 증가했고(현재는 10만 명 이상에 이른다), 그들은 지방 정부의 영토를 가로지르는 잘 분할된 촌락들에 분산되어 있다. 경제활동인구의 92퍼센트는 여전히 농업에 종사한다. 그들은 옥수수밭과 콩밭을 경작하며, 소규모 구획에서 돼지, 소, 닭과 같은 소수의 가축을 사육한다. 대체적으로 차물라인들은 가족 부양에 필요한 충분한 식량을 생산하지 못하며, 따라서 대다수가 건설 현장이나 해안가 농장에서 임금노동자로 일하며 부족한 자원을 확보해야 한다. 그 외에 경제적 생존을 위한 두 가지 주요 전략은 채소나 과일 등의 상업 작물을 재배하거나, 생계 작물과 상업 작물 생산을 위해 저지대 토지를 임대하는 것이다. 작은 차물라 마을 중심지에 거주하는 일부 가정들은 전적으로 상업에 종사하며, 그들 가운데 일부는 상품 운송을 위해 트럭을 구매한다. 이들의 거래 품목 가운데 가장 높은 이윤을 창출하는 상품들 중에는 지방에서 생산하는 '밀주'(pox)가 있다.

차물라 공동체는 1980년대와 1990년대 자유주의와 신자유주의 발전의 결과로 점차 분화되었다. 상업 활동에 종사하는 원주민들(밀주 거래인, 상품작물 생산자)과 임금노동에 종사하는 원주민들 간에는 근본적인 차이가 존재한다. 차물라인 가운데 궁극적으로 약 30퍼센트가 전면적인 임금노동자가 되었지만, 나머지 대다수는 원주민 농업과 임금노동을 오가는 이행기적인 사회적 위치에 놓여 있다.

초기의 차물라 상인과 상업 농민 계층은 애초부터 개발주의 사업을 개인의 이득에 맞게 활용할 수 있었던, 그리고 이후에 확장되어 갔던 치아파스의 자본주의 경제 질서를 활용할 능력을 보유했던 원주민들로 구성되었다. 상업 농민들은 국가원주민기관을 비롯해 다양한 개발 대행 기관들로부터 신용대출, 거름, 씨앗, 관개 기술 등을 보조받았다. 이들 상인 집단은 혁명 정부 초기의 협력자들이었다. 그들은 공동체에서 소매업을 하는 데 필요한 트럭과 허가증을 구매하기 위한 신용대출을 얻기 위해 정치적 지위를 활용했다. 상업화된 일부 차물라 원주민들, 특히 상인들은 '진보적인' 카시케 엘리트 집단이 되었다. 그들은 주요 정치·종교 기관들에 통제권을 확보했고, 개인적인 이익을 위해 공동체의 삶을 조정했다. 이들 차물라 엘리트 구성원들 간에는 매우 경쟁적인 관계가 형성됐으며, 이는 공동체 내부에 맹렬한 분파 투쟁들로 이어졌다.

가장 심각한 분파 투쟁은 복음주의 개신교로 개종한 수많은 차물라인들을 중심으로 해서 발생했다. 복음주의자들은 대부분 기존 사회 체제에 불만을 품은 임금노동자들로 구성되었으며, 그들은 차물라 공동체에서 지속적인 경제적·문화적 한계를 느끼고 이에 분개했다. 그들은 각 지방의 상업 부분 엘리트들에게 위협적인 존재가 되었고, 이 엘리트 집단들이 공동체의 초칠-마야 정체성과 문화를 후견하는 데 장애가 되었기 때문에 박해를 받았다. 자신이 복음주의 신도임을 부인하려 하지 않았던 이들은 살해당하거나 공동체에서 추방당했다. 그 가운데 일부는 인접 지역에 독립적인 농업 공동체를 형성했고, 그 가운데 수천 명은 인접한 산크리스토발과 툭스틀라구티에레스 수도의 변경 지역에 정착했다(차물라 카시케들에 의해 자행된 차물라 개신교도 지도자 살해 사건은 Gossen 1992: 211ff를 참조하라).

인류학자 게리 H. 고센은 차물라 문화는 '정통' 메소아메리카 문화가 아니며, 궁극적으로 스페인 정복 이전 메소아메리카 세계에서 유래하는 근본적인 사고, 상징, 실천들이 스페인 식민주의, 가톨릭, 멕시코 혁명주의, 근대의 발전주의 사고와 융합되어 형성된 복잡한 혼합물이라고 지적한다(Gossen 1970; 1999). 이와 같은 문화적 복합성은 멕시코(그리고 중앙 아메리카)의 모든 원주민 공동체를 규정하는 문화에서도 분명히 유사한 방식으로 발견될 것이다. 차물라의 경우, 현대의 후반기에 발견되는 신앙과 실천의 독특한 교착은 원주민 카시케 통치자들과 공동체의 보다 전통적인 농업 분야가 결합되면서 형성된 종합적인 결과물로 보일 것이다. 하지만 종합체로서 차물라 문화에서 주목할 부분은 스페인과 멕시코를 원천으로 하는 수많은 문화적 요소들이 현재의 형태로 통합되었음에도 불구하고, 여기에는 심오하게 메소아메리카적(초칠-마야적)인 문화적 특성들이 상당 부분 보전되고 있다는 점이다.

예를 들어 지방의 차물라 우주론은 순환적 창조라는 메소아메리카적인 사고를 보유하고 있으며, 따라서 개별적인 창조는 좋은 세력과 나쁜 세력 간의 투쟁으로 정의된다. 세계는 차물라에 중심을 두고 천체층의 형태로 위로 확장되어 가며, 개별층은 신성한 힘들의 서식지이다(예를 들어, '우리의 아버지' 태양은 세번째 '하늘'에 있고, '우리의 어머니' 달은 두번째 하늘에 있다). 우주는 아래로는 지하세계로 확장되며, 이 역시 망자들(예를 들어, 세상의 전달자인 성 미카엘)이 머무는 개별층들로 구성된다. 기본적인 사방위는 차물라 세계의 심지어 더욱 근본적인 공간적 구분이 되며, 이에 따라 영토의 구획, 역법 주기, 낮과 밤, 계절, 의례들과 그 외에 공동체에서 의미가 있는 사실상 모든 것이 특정 방위와 관련되어 배치된다(이러한 차물라의 신앙에 관한 보다 상세한 내용은 13장과 14장을 참조하라).

차물라인들은 근대적 사고로 그들의 세계를 대체하려는 외부의 모든 시도들에 대항해서 메소아메리카의 정체성과 문화적 지향성을 유지하기 위해 맹렬히 투쟁해 왔다. 예를 들어 1980년대 후반 로마 가톨릭 교회가 "지방의 종교적 신앙과 실천을 최우선적으로 고려하기 위해"(Gossen 1999: 5) 공동체에 보다 사회적인 성향을 지니는 종교 실천들을 도입하려

하자, 차물라인들은 로마 교회에서 탈퇴해서 정통 가톨릭 교회로 연계를 추구했다! 분명히 대다수의 차물라인들에게 메소아메리카 원주민으로서의 정체성은 기독교인으로서의 정체성보다 훨씬 강했다. 보다 최근 1994년에 급진적인 사파티스타 운동이 치아파스에서 돌발했고, 사파티스타 세력은 치아파스의 수많은 원주민 공동체들을 끌어들였다. 하지만 차물라 공동체는 사파티스타의 민족주의적 의제를 지지하지 않기로 결정했다. 분명히 차물라의 지방 원주민 정체성이 사파티스타들이 후원하는 유형의 '범-원주민' 정체성보다 중요했던 것이다(사파티스타 운동에 관한 보다 상세한 내용은 이어지는 '종족민족주의' 부분과 특히 10장을 참조하라).

중앙아메리카의 토착 메소아메리카 공동체들 | 중앙아메리카에서는 단지 과테말라에만 멕시코 남부의 경우와 유사한 지방 공동체들이 상당수 존재하며, 지방의 메소아메리카 문화는 이 공동체들의 정체성에 지속적인 원천이 되고 있다(과테말라 마야 공동체의 지방 정체성이 지니는 일반적인 속성에 관한 설명은 글상자 8.5를 참조하라).

과테말라 남동부에 위치한 엘살바도르, 온두라스, 니카라과, 코스타리카에서는 단지 소수의 공동체들만이 토착 메소아메리카에의 강력한 귀속의식을 보유하고 있다. 이 가운데에는 엘살바도르 서부의 이살코 공동체와 그 외 소수의 피필 공동체, 온두라스 남서부에 분산되어 있는 100여 개의 렌카 공동체, 니카라과와 코스타리카의 태평양 연안에 자리한 모님보 공동체와 소수의 초로테가 공동체가 있다. 중앙아메리카 남동부 국가들에서 토착 메소아메리카의 지방 문화가 보이는 특성은 니카라과의 도시 마사야에 거주하는 원주민 '빈민촌'(바리오)에 해당하는 모님보 공동체의 사례를 통해 살펴볼 수 있다(중앙아메리카의 혁명과 관련해 이 장의 앞에서 제시한 니카라과 혁명과 모님보에 대한 내용을 참조하라).

2만 명 이상에 이르는 모님보 거주자들의 대다수는 이미 토착 초로 테가어 구사 능력을 상실했음에도 불구하고 스스로를 계속해서 원주민으로 규정한다. 더 나아가서 그들은 직업, 혼인 양태, 종교, 또는 교육과 관련하여 더 이상 다른 하층 계급 거주민들과 주목할 만한 차이를 지니지 않는다. 모님보 거주민들은 더욱더 하층 계급의 구조적 특징을 보유하게 되었고, 과거 그들의 공동체적인 통일성은 점차 계급 위계적인 분화된 변두리 체제로 대체되고 있다고 볼 수도 있을 것이다.

최근에 모님보의 지방 정체성을 연구했던 인류학자 레 필드는 그들의 원주민 정체성이 용해되고 있다고 주장한다(Field 1998). 그에 의하면 모님보의 일부 지도자들은 초로테가 원주민 정체성을 더 이상 유지할 수 없는 '본질주의적' 역사관에 근거해 이해한다(다시 말해, 그들은 자신들의 토착적인 문화 특성들이 시간의 경과에도 불구하고 상대적으로 변하지 않은 상태로 지속되어 왔다고 주장한다). 필드는 모님보와 마사야 다른 지역에서 원주민 정체성은 니카라과인들이 모두 메스티소라는 국가적 신화에 변증법적으로 대응한 결과로 나타났다고 설명한다. 모님보 거주민들의 현재 상황에서 원주민 문화 정체성은 실질적인 함의를 갖는데, 즉 오랫동안 빼앗겼던 원주민 공동체 토지를 되찾고 일반적으로 그들에게 어떠한 혜택도 제공하지 못했던 국가 사업들에 반대할 종족적 근거를 제공한다는 점에서 그러하다.

2) 패권적 민족주의

메소아메리카의 종족·민족적 토착주의의 두번째 유형을 살펴보기 위해, 우리는 지역의 패권적 민족국가(민족주의) 정체성과 문화가 어느 정도로 메소아메리카 토착민들의 영향을 받아 왔는가라는 문제로 넘어갈 것이다. 이와 관련하여 토착 전통에서 유래하여 지역 내 메스티소와 국가 문화에 광범위하게 전파된 수많은 외적 특징들, 예를 들어 메소아메리카의 음식, 언어적 표현, 지리적 위치들의 명칭, 전통적인 예술품과 공예품, 현대의 건축이나 그림 또는 광고를 구성하는 도상적 표현 등을 여기에서 주로 다루지는 않을 것이다. 이보다 우리는 메소아메리카의 복잡한 문화적 주제들(글상자 8.5에서 묘사하는 '문화적 논리'를 포함하여)이 멕시코와 중앙아메리카의 국가적 사고에 그 핵심까지 깊숙이 침투하고 있는지 알고자 한다. 이제 살펴보겠지만, 메소아메리카 토착민들은 중앙아메리카 국가들보다는 멕시코의 민족주의에 훨씬 더 강한 영향력을 행사해 왔다.

메소아메리카가 멕시코의 민족주의에 미친 영향력 | 토착적인 메소아메리카가 민족주의에 미친 영향력이라는 문제는 메소아메리카 지역에서 단지 멕시코에서만 진지하게 논의되었고, 심지어 멕시코에서조차 이 문제와 관련해서 제시되었던 답변들은 매우 논쟁적이었고 강한 논란을 가져왔다. 그럼에도 "오늘날 멕시코인들을 구분짓는 문화적 상징들은 부분적으로는 원주민적 속성을 지닌다"라는 인류학자 곤살로 아기레의 일반론적 주장에 반박할 여지는 없어 보인다. 아기레는 이렇게 상술한다.

> 원주민의 인성과 가치를 흡수하는 것은 국가 문화를 풍요롭게 하는 거스를 수 없는 과정이다. …… 미국이나 아르헨티나와는 달리 …… 멕시코는 원주민의 인성과 가치를 국가 정체성의 상징으로 선택했다. …… 이는 선험적인 선택이었는데, 원주민들은 그들을 차별하거나 부정하지 않는 국가 세계로 통합되었기 때문이며, 만일 그렇지 않았다면 이는 자기 자신을 부정하거나 차별하는 것에 다름없었을 것이다(Aguirre 1983: 207-208).

파스는 널리 알려진 저서 『고독의 미로』(El laberinto de la soledad, 1950; 1959)를 비롯해 그의 여러 글들을 통해서 멕시코 국가 문화를 구성하는 원주민 뿌리에 관한 가장 영향력 있는(그리고 매우 논쟁적인) 해석을 제시했다. 파스의 주장에 의하면, 혁명 이후 멕시코인들은 새로운 국가 문화와 정체성, 또는 그의 용어에 따르자면 "감추어진 집단의식"을 창조해 냈다. 혁명은 마침내 메스티소들이 사회에서 중심적인 위치를 차지하도록 허용했고, 이와 더불어 전통적 원주민 문화와 크레올 문화의 종합을 의미하는 일련의 의식 체계를 제시했다. 이와 같은 종합은 일정 정도는 변증법적 과정에 근거했으며, 크레올적인 것과 원주민적인 것 양자 모두를 부정하는 의미이기도 했다. 따라서 새롭게 형성된 국가 문화는 그것이 크레올에, 또는 원주민에 관련된 것이든 간에 관계없이 메스티소들에게는 이미 정의된 국가 정체성이 부족하다는 인식으로 이어지게 되며, 따라서 고아 또는 서자라는 감정으로 연결된다. 이와 같은 상황이 발생한 이유는 역사적으로 메스티소의 문화적 정체성은 열등감에서, 또는 자랑스러운 역사적 전통이나 체계적으로 형성해 낸 문화라는 이점을 갖지 못한 채 힘겹게 권력을 획득해야 하는 메스티소 계급의 처지에서 유래하는 일종의 '하인으로서의 정신 상태'의 잔여물에서 유래했기 때문이다.

파스는 특히 매년 9월 15일에 멕시코인들이 집단적으로 외치는 "멕시코여 영원하라, 능욕당한 어머니의 아이들아"(Viva México, hijos de la chingada)라는 구호에 주목한다. 이 같이 능욕당한 어머니, 따라서 서자됨에 몰두하는 것은 메소아메리카의 원주민들이나 스페인 크레올들에게서는 찾아볼 수 없는 메스티소들만이 지고 있는 짐의 일부이다. 하지만 멕시코의 숨겨진 의식을 표현하는 내면 깊이에서 공감되는 사고들은 스페인과 메소아메리카의 문화에 뿌리를 두고 있기도 하다. 새롭게 부각된 국가적 상징들 가운데 주요한 것은 콰우테목이라는 인적 존재(persona)로서, 그는 박해당한 목테수마를 계승하고, 그 이후 스페인 정복자들에의 저항을 주도했던 아스테카의 제왕으로 기억된다(4장 참조). 멕시코의 세속적인 만신전(판테온)에서 콰우테목이라는 인적 존재는 오랫동안 고통에 시달리는 메소아메리카의 아들이자, 피 흘리면서도 굴복하지 않았던, 강건한 전사가 되었다. 변증법적으로 콰우테목에 반대되는 상징적 인적 존재는 코르테스로서, 그는 스페인 정복자의 원형이었다. 코르테스라는 인적 존재는 스페인의 '마초', 즉, 권력과 여성 유린을 상징한다(그의 이름을 공개적인 논의에서 언급하는 것이 금지되었지만, 멕시코인들의 영혼에는 언제나 살아 있다). 이와 같은 상징주의에 숨겨진 메시지는 전형적인 멕시코인은 콰우테목과 코르테스 모두에게서 비롯되는 계보를 잇고 있으며, 따라서 원주민 유산과 스페인 유산 이 모두의 계승자라는 것이었다.

전통적인 메소아메리카를 구성하는 성적 이원성이라는 맥락에서, 새롭게 등장하는 메소아메리카의 집단정신(ethos)은 콰우테목과 코르테스에 대응하는 여성적 상징들을 필연적으로 제시하게 했다. 이 중 가장 주된 상징은 원주민들에게 아스테카의 여성 신성에 해당했던 과달루페 성모라는 인적 존재였다. 멕시코의 국가 문화에서 과달루페라는 인적 존재는 가난한 자, 힘없는 자, 고아들의 어머니를 상징하게 되었다. 그녀의 인적 존재는 여성으로서 콰우테목에 해당하게 되었다. 변증법적으로 과달루페에 반대되는 인적 존재는 코르테스와 그의 일행을 위해 통역사로 일했고 코르테스의 정부이기도 했던 마야인, 말린체였다. 말린체의 인적 존재는 유린당한 여성을 의미하는 '칭가다'(강간당한 여자)가 되었고, 멕시코적 방식보다는 외국적인 방식을 선호하는 일체의 배신자들을 상징하게 되었다. 과달루페와 말린체라는 상징적 인적 존재들의 배후에 숨겨져 있는 메시지는 멕시코의 어머니들, 그리고 따라서 그들의 메스티소 자손들은 원주민도 아니고 스페인인도 아니었다는 것인데, 왜냐하면 그들은 고아들의 보호자로부터 또는 강간당한 여성에게서 태어났을 것이기 때문이다 (과달루페와 말린체에 관해서는 이 책의 5장을 참조하라).

멕시코인들이 콰우테목과 과달루페라는 인적 존재들에게게만 영웅의 위치를 부여했으며, 두 존재 모두 메소아메리카의 문화에 뿌리를 두고 있다는 사실을 주목할 필요가 있다. 둘 중 한 경우(콰우테목)는 매수할 수 없는 존재였고, 다른 경우(과달루페)는 동정녀였기 때문에, 파스가 말하듯이 "멕시코인들은 원주민이 되기도 스페인인이 되기도 원하지 않는다. 멕시코인들은 그들의 후손이 되기를 원하지도 않으며, 그들을 부정한다".

파스를 비판하는 이들은 멕시코가 점차 산업화되어 왔고, 그 과정에서 기저에 있는 국가 문화가 점차 소비주의와 중산층의 자본주의적 가치를 지향하게 됨에 따라, 멕시코의 패권적 국가 문화와 정체성이 빠르게 변화하게 되었다고 지적한다. 하지만 최근 멕시코의 이러한 변화를 고려하지 않더라도, 파스의 '숨겨진' 문화 논의는 멕시코와 같은 거대한 국가의 수많은 지역적·종족적·계급적·제도적 문화 변이들을 고려하기에는 지나치게 단순한 개념이며, 따라서 적절한 설명이 될 수 없다는 것이다. 사실상 수많은 멕시코인들은 그들의 국가 문화에 관한 파스의 관점에 동감하지 않을 뿐만 아니라, 이에 대해 강한 적대감을 표시한다.

멕시코 민족주의에 관한 파스의 해석을 비판하는 입장들이 타당성을 지니고 있다고 하더라도, 멕시코의 국가 문화가 비록 변증법적 형태로도 메소아메리카의 중요한 요소들을 그 깊이 새겨 두고 있지 않다면 오히려 놀라울 것이다. 결국 멕시코는 거대하고 복잡한 원생의 문명과 함께 그 역사가 시작되었으며, 거의 500년에 걸쳐 토착민들은 전체 인구의 상당한 비율을 차지해 왔고, 보다 최근에는 수백만 명의 메소아메리카 원주민들이 20세기의 근대화 과정에서 발생한 거대한 사건들에 적극적으로 참여해 왔기 때문이다. 이와 같은 역사적 배경을 고려해 볼 때, 원주민들과 그들의 문화 전통은 멕시코 근대화를 위한 공식에서 필연적인 구성 요인으로 작용했다. 멕시코의 숨겨진 문화라는 파스의 설명은 적어도 메소아메리카의 상징주의가 새롭게 부상하는 민족주의에 영향을 미치게 되는 복잡한 상징적 과정을 제시한다(글상자 8.6은 멕시코시티에 거주하는 중간 계층 민족들에 관한 설명으로, 이들은 스스로를 원주민으로 규정한다는 점에서 동일하지만, 멕시코 민족주의 형성에서 메소아메리카 토착 문화가 어느 정도의 비중을 차지해야 하는가와 관련해서 상이한 관점을 가지고 있다).

메소아메리카가 중앙아메리카 민족주의에 미친 영향력 | 중앙아메리카 국가들의 국가 문화와 정체성에 관한 연구는 멕시코의 경우보다 상대적으로 알려지지 않았으며, 부분적으로 그 원인은 멕시코에 비교해 중앙아메리카 국가들에서의 민족주의는 여전히 불완전한 상태이기 때문이다. 게다가, 과테말라를 예외로 하고 중앙아메리카 국가들의 문화적 정체성에 메소아메리카 문화가 미친 영향력은 상대적으로 약했다.

예를 들어, 역사학자 제프리 굴드는 니카라과에서 현대에 이르기까지 메소아메리카 원주민들의 종족적 지속성을, 다시 말해 '메스티소들'로서 니카라과인들의 종족적 변형 과정을 기록했다. 이러한 변형 과정은 모든 니카라과인들을 종족적으로 메스티소라고 규정했던 지배 계급의 '신화' 창조를 통해 촉진되었다. 그리고 이 신화는 '원주민' 토지, 공동체 조직, 언어, 관습, 정체성 등을 제거하기 위해 고안되었던 정부 사업과 정책들을 정당화하기 위해 활용되었다.

광범위하게 보면, 니카라과에서 원주민들이 국가 민족주의에 행사했던 중요한 영향력을 부정하는 것과 동일한 방식의 작업들이 엘살바도르, 온두라스, 코스타리카에서도 수행되었다. 그럼에도 불구하고 니카라과와 마찬가지로 이 나라들에서 토착민들은 국가의 문화와 정체성에 자신들이 기여했던 바를 뒤늦게 인식하기 시작했으며, 이는 신자유주의와 최근 유행하는 관념인 '다문화주의'의 수용을 통해 진행되고 있다.

과테말라는 중앙아메리카 국가들 가운데 메소아메리카의 민족주의적 구성 요소를 보다 명확하게 발견할 수 있는 경우이며, 분명 그 이유는 과테말라에서 역사적으로 마야인 인구가 큰 규모를 차지해 왔다는 점과 관련이 있다. 그럼에도 과테말라의 국가 문화에 원주민들이 기여했던 구체적 측면들에 대한 인식은 아주 최근까지도 매우 약했다. 멕시코와 대조적으로, 과테말라에서 '라디노'과 '원주민'은 언제나 종족적으로, 그리고 인종적으로 분리되어 있었으며, 원주민들이 국가 문화에 영감이 되었다고 보기에 그들은 너무나 열등한 존재로 인식되어 왔다. 더 나아가서, 이미 살펴보았듯이 동일한 시기의 멕시코에 비하면 과테말라의 1944년과 1954년 개혁들은 토착주의적 상징들을 강력히 앞세우지 않았다(과테말라 발전에 관한 앞의 내용에서 이 개혁들이 논의되고 있다). 1954년 이후 과테말라의 인디헤니스트 사업들은 원주민들에 대한 존경심을 고취하는 데에도, 또는 그들을 성공적으로 국가의 삶에 통합시키는 데에도 실패했다. 1970년대와 1980년대 내전이 발발하면서 정부는 원주민들과 그들 문화를 대량 학살하는 데 몰두했고, 이와 더불어 발전 사업들은 완전히 폐기되었다(과테말라 내전과 원주민들에게 미친 영향에 관해서는 과테말라 혁명에 관한 앞부분을 참조하라).

메소아메리카가 과테말라의 국가 문화에 미친 중요한 영향력은 부인되어 왔지만, 그럼에도 그 영향력은 상당했다. 그럴 수밖에 없었던 이유는 멕시코나 중앙아메리카의 다른 국가들과 비교해서 과테말라 인구의 훨씬 높은 비중이 메소아메리카 원주민들로 구성되어 있기 때문이다. 이 장 초반부터 우리는 과테말라에서 싹트고 있던 국가 문화에 영향력을 행사했던 메소아메리카의 요소들을 주목했었다. 예를 들어, 멕시코와 마찬가지로 과테말라에서 존경받는 이름은 스페인 정복 이전 이 지역의 강력한 마야 왕국을 기리며, 이로부터 직접 유래했다. 국가적 자부심과 정체성을 의미하는 또 다른 가장 강력한 상징들은 위대한 마야 서사시인『포폴 부』에서 유래하며,『포폴 부』는 과테말라의 학생들이 모두 탐독하고, 과테말라의 학자들과 작가들이 끊임없이 연구하고 해석하는 문헌이다.

메소아메리카를 원천으로 해서 이로부터 유래하는 과테말라의 또 다른 가장 영향력 있고 복잡한 국가적 상징들 가운데에는 마야의 역사적 영웅인 테쿰이라는 인적 존재가 있다. 1524년에 그는 스페인 정복자들에 대항하는 키체-마야인 세력을 지휘했다. 역사적 문헌들에 따르면, 테쿰은 스페인 장군 페드로 데 알바라도에 의해 살해당했고(이 역사적 사건에 관해서는 4장을 참조하라), 오늘날 서부 고지대의 수많은 원주민 공동체들이 테쿰이 매장된 장소를 기리고 있으며, 국가 전역에 걸쳐 그의 조각상들이 세워져 있다. 과테말라에서 테쿰이라는 인적 존재는 멕시코의 콰우테목에 버금가며, 굴종하지 않은 용감한 원주민 전사를 상징한다. 이와 유사하게 알바라도는 코르테스에 해당하는 인적 존재로서, 스페인 정복자이자 원주민 여성들과 정치적 주권을 유린한 자이다. 과테말라의 이러한 세속적 만신전은 멕시코의 경우보다 발달되어 있지 못하며, 분명히 훨씬 소수의 사람들에게 공유되고 있지만, 그럼에도 대부분의 과테말라인들에게 다양한 형태로 존재한다. 멕시코에서처럼, 이는 과테말라의 국가적 문화 정체성에 내재되어 있는 심오하지만 '숨겨진' 토착 요소들을 나타낸다.

또한 과테말라와 멕시코의 국가적 상징주의는 라디노('메스티소')에 관한 사고에서, 그리고 국가 내에서 이들이 유래한 과정을 설명하는 방식에서 유사성을 보인다. 파스가 멕시코에 관해 그랬듯이, 과테말라 인디헤니스모의 주요 비판자인 루이스 카르도사 이 아라곤은 라디노에 관한 과테말라에 숨겨진 '집단의식'을 언급한다. 인류학자 리처드 아담스에 의하면, 이 집단의식은 너무나 민감하고 너무나 깊숙이 자리하고 있어서 최근까지도 거의 단 한 번도 공개적으로 논의된 적이 없었다. 멕시코에서보다도 더 심하게, 과테말라의 라디노들은 인종적이고 종족적인 방식으로 정의되며, 스페인인들과 원주민들 사이에서 역사적으로 형성된 불평등, 불안정, 증오를 가로지르는 상징적 다리를 제공하는 듯하다. 카르도사 이 아라곤은 국가 '의식'의 이와 같은 측면을 다음 문구에서 적고 있다.

> 국가는 원주민적이다. 이는 그 거대하고도 예속적인 존재로서 먼저 모습을 드러내는 진실이다. 하지만 아메리카의 다른 곳에서처럼 과테말라에서 사회 전역에 이르는 지도권을 행사하는 존재가 메스티소라는 사실을 우리는 알고 있다. 메스티소는 중간 계급이다. 과테말라 혁명[1944년에서 1954년까지의 혁명을 지칭 —인용자]은 중간 계급의 혁명이다. …… 과테말라인은 그의 원주민 피 때문에, 자기 국가의 원주민적 특징 때문에 얼마나 열등감에 시달리는가! …… 과테말라인은 원주민이 되고 싶어 하지 않으며, 그의 국가도 그렇지 않았기를 바란다(Adams 1991: 147).

앞으로 설명할 것처럼, 마야 원주민들이 과테말라의 국가적 정치와 문화에서 차지하는 위치는 새롭게 부상하는 '다문화주의'에 결부되어 극적으로 변하고 있다.

3) 다문화주의

멕시코와 중앙아메리카에서 우리가 세번째의 종족·민족적 문화 형태로 제시하는 다문화주의는 지역 내 다양한 지방 단위 토착 공동체들을 가로질러 연합하는 확장된 정체성 운동을 지칭한다. 잠재적으로 이 유형의 원주민 운동은 지역에서 민족국가들이 확보한 문화적 패권을 위협하는데,

그림 8.12 노벨평화상 수상자이자 과테말라의 범-마야 운동 지도자였던 리고베르타 멘추를 예술적으로 형상화한 그림(브래들리 러셀).

이 운동을 통해 토착민 지도자들은 소위 주권국가의 민족주의를 벗어나는(또는 이와 병행하는) 정체성들을 보유한 다원주의적 국가 조직을 설립하려 하기 때문이다.

  인류학자 찰스 헤일은 메소아메리카 지역에서 다문화주의는 1990년대부터 시작된 "이례적인 방식의 원주민 동원"에 대한 반응에 해당한다고 설명한다(Hale 2002). 메소아메리카 토착민들은 전통적으로 지방 공동체에 근거해 고립되어 왔던 원주민들을 이어 주는 연쇄의 토대를 마련하는 과정을 통해 원주민 조직을 확장할 수 있었다. 이와 같은 종류의 원주민 동원은 1992년 콜럼버스 발견 500주년 '기념'을 맞아 노벨평화상 수상자였던 리고베르타 멘추(그림 8.12)를 중심으로 개최되었던 유쾌한 집회, 북미자유무역협정을 비판하는 극적인 반대 운동, 원주민 권리와 인권 전반에 관한 국제 협정들에 대한 확고한 지지 등을 통해 나타났고, 가속화되었다.

특히 이 시기 멕시코와 중앙아메리카에서 맹위를 떨치던 신자유주의에 대한 반대 운동에서 메소아메리카 토착민의 동원은 가장 중요했다. 신자유주의의 정치와 경제 정책들은 원주민들이 시장에서 차지하고 있던 위치에 일반적으로 파괴적인 영향을 미쳤으며, 공동체 토지와 국가가 보조하는 복지 사업에 접근할 권리를 축소하고, 정치적 독립성을 침해했으며, 메소아메리카 전통 문화의 손실을 야기했다. 하지만 이미 언급한 것처럼 원주민들은 과도한 신자유주의에 강력하게 대응했고, 그 과정에서 다양한 지역적·국가적 종족 계급들과 정체성을 창조해 왔다. 또한 이 원주민 조직들은 민족국가의 정치적·문화적 패권에도 도전하기 시작했다.

헤일에 의하면, 이와 같은 동원의 과정에서 원주민들은 신자유주의 행위자들이, 그들이 내국인이든 아니면 외국인이든 관계없이, 다문화주의의 타당성을 수용하고, 이에 따라 그들의 의제를 변경하도록 압력을 가해 왔다. 따라서 멕시코 정부와 대부분의 중앙아메리카 정부들을 비롯해 국제기구들은 다음과 같은 구호를 채택해 왔다. "우리는 다종족적이고, 다원언어적인" 형태의 사회를 "지지한다". 하지만 헤일은 '신자유주의적 다문화주의'는 분명한 한계를 내포한다고 경고하며, 원주민들이 신자유주의 의제의 근본적 목표들에 도전할 수 있도록 '역량강화'가 필요하다고 주장한다.

멕시코의 다문화주의 | 최근 수십 년 동안 소위 '원주민 문제'는 멕시코의 정치적 삶에서 핵심 쟁점으로 부상했다. 멕시코의 원주민 인구는 급속도로 성장하고 있으며, 현재 그 숫자는 천만 명을 넘어섰다. 치아파스, 오아하카, 게레로, 푸에블라, 베라크루스 등의 주에서 메소아메리카 토착민

들은 인구의 상당 비율을 차지한다. 예를 들어 치아파스에서 그들은 백만 명 이상에 다다르며, 전체 인구의 거의 3분의 1에 해당한다. 과테말라, 에콰도르, 페루, 볼리비아와 마찬가지로 멕시코는 '유로-아메리카'라기보다는 '인도-아메리카'에 가까우며, '머나먼 역사에서 기원하는 수많은 문화들의 복잡한 혼합체들(분쟁들)'로 구성된 것으로 간주되어야 한다는 사실이 명확해졌다(Hamnett 1999: 22).

멕시코 교외에서 발생하는 반란 운동이 또다시 일반적인 현상으로 자리 잡게 되었는데, 특히 치아파스의 사파티스타 운동, 그리고 게레로와 오아하카의 대중혁명군(ERP) 운동이 명확한 사례이다(Foley 1999). 원주민 반란군들은 멕시코 정부, 특히 살리나스 정부와 세디요 정부가 수용했던(1988~2000) 신자유주의 정책들이 지닌 파괴적 파장에 초점을 두고 있다. 이 정권들은 전 지구적 경쟁에 멕시코 경제를 노출시켰고, 이는 1994년 발효한 북미자유무역협정을 통해 정점에 달했다. 더 나아가 원주민들 대다수를 포함해 가난한 농민들에게 혜택을 제공했던 토지개혁법안과 그 외의 잔존하던 혁명 사업들을 축소시켰다.

멕시코 군대는 분쟁 지역의 우익군사단체에 부분적으로 의존하면서, 이 토착 운동들을 가혹하게 진압했다. 협상이 결렬되고 폭력이 지속되자, 원주민 반란군들은 처음에는 반란에 참여하던 공동체들에서의, 그리고 그다음에는 모든 원주민 영토에서의 정치적 자치를 요구하기 시작했다. 사파티스타 민족해방군과 마르코스 사령관을 선두에 세우고 원주민들은 멕시코 헌법 개정을 요구하기 시작했다. 원주민들의 이 같은 요구가 실현된다면 멕시코는 동질적인 단일한 민족국가에서 "개별 정체성을 지키기 위해 투쟁하는 종족적·언어적으로 구별되는 다양한 공동체들"로 구성된 다문화 국가로 변모할 것이었다(Hamnett 1999: 21). 협상에 다다르기 위한 열띤 노력들, 그리고 정부와 반란 세력들이 도달했던 다양한 합의사항들에도 불구하고 멕시코의 '원주민 문제'에 대한 해결책은 아직 제시되지 못했다(멕시코 사파티스타 운동은 10장에서 보다 상세히 기술된다).

멕시코에서 원주민과 국가가 문화적으로 얼마나 극심하게 분리되어 있는가는 나티비닷 구티에레스가 멕시코 다양한 지역 출신의 고등교육을 받은 원주민들을 대상으로 수행한 연구(Gutierrez 1999)에서 잘 드러난다. 그녀의 연구에서 핵심적인 면접대상자들은 5명의 마야인들(3명은 치아파스 출신, 1명은 유카탄 출신, 1명은 캄페체 출신), 1명의 나우아인, 1명의 사포테카인, 1명의 믹스테카인으로 구성되어 있다. 구티에레스는 특히 이 엘리트 원주민들이 그들의 종족 정체성을 어떻게 규정했는지, 그리고 멕시코 민족주의에 대해 어떤 생각을 가지고 있는지를 분석하려고 했다.

고등교육을 받은 이들 메소아메리카 원주민들의 관점은 두 가지 주제들, 첫째로, 아스테카인들의 테노치티틀란 건국 신화, 둘째로, 스페인 남자인 코르테스와 원주민 여자인 말린체의 결합을 통해 메스티소가 생겨났다는 신화에 관한 면담을 통해서 제시되었다. 응답 내용을 분석해 보면, 이 원주민들은 중심적인 신화를 거부하는 대신 다문화주의적인 관점을 선호하는데, 이는 그들이 소속된 지역의 종족집단들을 향한 강한 충성심과 이 집단들과의 동일시로 표현된다. 이처럼 '근대적인' 원주민들은 국가통합을 위한 상징으로 아스테카인들을 설정하는 데에 거의 아니면 전혀 아는 바가 없거나, 관심 자체가 없었다. 오히려 그들은 개별 종족 '민족'의 기원 설화가 그들에게는 훨씬 더 중요하다고 주장했다. 그들은 국가적 메스티소 정체성이라는 사고에 특히 비판적이었고, 이 같은 사고는 메소아메리카 토착민들을 통제하고 지배하기 위한 최근의 정치적 개입을 통해 고안된 것이라고 간주했다 이처럼 멕시코에서 단일한 메스티소 정체성을 확립하려는 시도에 대해 보편적으로 반대 의견들이 존재하는데, 비판적 시각에서 볼 때 이러한 시도는 다양한 원주민 집단들에 대한 우월성을 주장하고, 이를 행사하기 위한 도구에 불과하기 때문이다.

상대적으로 도시화되고, 교육받은 이 메소아메리카 원주민들은 놀라울 정도로 자신들의 출신 공동체에, 보다 광범위한 언어에, 그리고 종족 '민족들'에 충성심을 유지하고 있었다. 그들은 다문화주의가 멕시코에서 강력한 호소력을 지니며, 아스테카나 메스티소 상징들의 채택을 통해 원주민들을 통합시키려는 시도는 멕시코 전역에 흩어져 있는 천만 명 이상의 메소아메리카 토착민들을 설득할 수도 없고, 더 나아가서 종족적으로 그들을 변형시킬 수도 없다는 점을 분명하게 드러냈다.

멕시코에서 통합된 메스티소 국가 정체성을 창조하려는 장기적인 시도를 원주민들이 거의 보편적으로 거부하게 됨에 따라, 국가는 마침내 '메스티사혜'(인종적·문화적 혼합)라는 낡은 사고를 폐기하고, 그 대신 다양한 메소아메리카의 문학과 언어의 발전을 장려하는 현대적인 형태의 다문화주의를 내세우기 시작하고 있다. 하지만 구티에레스는 메소아메리카 토착 집단들이 자치권을 행사하게 될 가능성은 거의 차단되어있다고 본다(Gutierrez 1999: 204). 다문화주의에 관한 국가와 심지어 교육받은 원주민들의 서투른 이해는 멕시코의 원주민 민족들이 정치적으로 진정한 역량을 보유하게 될 가능성을 배제시킨다(글상자 8.7은 메소아메리카 토착민들이 멕시코의 신자유주의적인 경제·정치 정책들에 대응해서 어떻게 확장된 종족적 '민족'을 창조할 수 있었는지, 멕시코 오아하카의 믹스테카인들의 사례를 중심으로 제시한다).

중앙아메리카의 다문화주의 | 원주민들의 사회적 입지를 향상시키기 위해 원주민을 동원하는 일은 중앙아메리카 모든 국가에서 탄력을 얻고 진행되었다. 중앙아메리카 국가들은 적어도 외적으로나마 "다문화적 모델"을 채택해 왔다(Hale 2002: 509). 그들은 원주민 민족들에게 특별권을 인

정할 것을 요구하는 국제노동기구(ILO)의 국제협약 169조를 비준했고, 원주민 민족들을 보다 적절히 후원하고 수용하기 위해 헌법상의 변화를 단행했다. 그럼에도 중앙아메리카에서 원주민 권리와 다문화적 민족주의라는 쟁점이 정치적 삶의 주된 비중을 차지하는 국가는 과테말라가 유일하다. 실제로 1990년대에 메소아메리카 지역에서 민족주의적 원주민 운동을 추진하는 동력이 형성되는 중심지는 멕시코에서 과테말라로 옮겨간 듯하다.

이 같은 변동의 조짐은 1991년 과테말라의 도시 케찰테낭고 전역에서 개최되었던 원주민들의 회합에서 감지되었다. 원주민들은 회합을 통해 스페인의 아메리카 침략을 규탄했으며, 500년 동안의 '원주민 저항'을 기념했다. 과테말라의 인구 절반 이상이(약 600만 명) 스스로를 마야 원주민으로 규정한다는 사실을 고려해 보면, 과테말라가 메소아메리카 원주민 운동의 주축이 되고 있는 상황을 이해할 수 있다. 전체 인구의 5분의 1에 미치지 못하던 멕시코의 분산된 원주민 '민족들'에 비교해, 과테말라 원주민들은 보다 수월하게 단일 전선을 제시할 수 있었다. 과테말라의 내전 동안에는 원주민으로 밝혀지는 것만으로도 위험에 처했던 상황을 고려해 보면, 현재 과테말라에서 마야인들이 재기에 성공했다는 점은 주목할 만한 일이다.

앞서 언급했던 이완스카의 멕시코 중산 계급 원주민들의 사례와 대조적으로, 과테말라의 원주민 지도자들은 멕시코의 경우에 비교해 문화적으로 더 급진적이고, 단일한 것으로 보인다. 사실상 그들 중 어느 누구도 라디노(메스티소) 국가 문화로의 동화를 실행 가능한 대안이라고 생각하지 않으며, 분리되었지만 동등한 마야 민족이라는 사상에 그들 가운데 다수가 동의한다(비록 공개적인 자리에서 국가 점거를 주장하는 것은 여전히 위험한 일이지만 말이다). 분명히 과테말라 사회 전 분야의 마야 원주민들은 다문화 민족이라는 사상을 더욱 진지하게 고려하고 있다.

과테말라 내전이 진정세에 접어들고 1985년 민간 대통령이 선출되자, 교육받은 마야인들은 이내 국가적 차원의 원주민 조직들을 동원하기 시작했다. 신속히 이 조직들은 전후의 상부 전선들과 연계했는데, 이 중 가장 중요한 조직들 중 하나로 마야조직협의회(Council of Mayan Organizations, COMG)를 들 수 있다. COMG의 초창기 지도자는 데메트리오 코흐티 쿡실이라는 이름의, 스스로를 칵치켈-마야인으로 규정하는 사람이었는데, 그는 당시 과테말라시티에서 교수직을 맡고 있었다. 혁명 전쟁과 관련된 사건들로 고무되어 있었던 코흐티는 과테말라 국가 내부에 자율적인 마야 민족을 창조하려는 야심찬 의제를 제안했다. 코흐티에 따르면, 이는 폭력이나 강압에 의해서가 아니라, 게릴라들과 정부 양자의 정치적 대화와 헌법적인 변화를 통해 달성될 것이었다.

코흐티의 계획은 과테말라의 메스티소 민족 자체를 제거하는 것이 아니었다. 다만 마야인들이 연합하여 자치적인 그들만의 민족을 정립하고, 이를 통해 원주민에 대한 메스티소의 지배를 종식하려는 것이었다. 이 두 민족들 모두가 그들만의 언어, 문화 전통, 가치를 자유롭게 추구할 수 있을 것이며, 새롭고 재구성된 다문화 국가에서는 두 민족들을 한데 묶어 줄 수 있을 종류의 정치적 관계를 자유로운 협상을 통해 형성할 수 있을 것이었다. 코흐티는 그의 계획이 과테말라의 모든 마야 원주민들, 특히 새로운 마야 민족 내부에서 그들의 특정 언어와 관습이 존중될 수 있을 농촌 공동체의 원주민들까지 포함하여 모든 이들에게 혜택을 주기 위해 고안되었다고 주장했다(Cojti 1996). 비록 그와 같은 교육받은 마야인들이 주도권을 갖게 되겠지만, 그럼에도 사회 전 단계의 마야인들이 통합된 독자적인 '의식'을 갖도록 장려될 것이었다.

코흐티의 초기 제안이 있은 후, '범-마야' 운동(자주 언급되는 방식대로)과 관련해 많은 일들이 일어났다. 이 중 특히 중요한 것은 1996년 과테말라 정부와 통합게릴라조직(Unidad Revolucionaria Nacional Guatemalteca, URNG) 간에 체결된 평화 협정이었다. 협정은 원주민들에게 그들 자신의 언어를 사용하고, 그들 자신의 종교와 관습을 실천하며, 정치대표권을 획득하고, 경제활동에 보다 동등하게 참여할 권리들을 명시했다. 이렇게 약정된 권리들은 이후 수년간 단지 일부분만이 지켜졌지만, 그럼에도 이 권리들은 과테말라로 물밀듯이 진입한 수많은 비정부기구들로부터 확고한 지지를 받았을 뿐만 아니라, 과테말라 국민들로부터 상당한 지지를 받았다. 더 나아가서 협정의 가장 큰 중요성은 이후 과테말라의 정당들과 국가 정부가 신자유주의적인 다문화적 의제를 제시하도록 기여했다는 데 있다.

범-마야 운동은 다문화주의와 관련해 앞서 언급한 변화들을 확장시켰고, 또한 반대로 이들 변화에 의해 강화되었다. 범-마야 운동의 가장 중요한 연구자들 가운데 한 명인 인류학자 케이 워런에 따르면, 운동을 주도했던 마야 지식인층은 마야 언어와 우주론에 관한 지식을 기반으로 해서 상당한 "문화 자본"을 확보하고 있었다(Warren 1998). 또한 그들은 마야어 신문, 언어 책, 라디오 방송국과 프로그램, 인터넷과 무선 전화를 통한 소통 등 현대 기술과 미디어를 활용할 수 있었다.

범-마야주의자들의 더욱 확대된 '문화' 권력은 광범위한 반발을 가져왔다. 반대자들 가운데 가장 주목할 이들은 좌파 대중 조직과 모든 라디노들 및 다양한 외국 지식인들이었다. 이들의 비판 중에는 실질적으로 다양하고, 독특한 지역과 지방 단위의 마야 정체성과 문화가 잔재하고 있는 상황에서, 이러한 범-마야 운동이 인위적으로 문화적 통일성을 주장함으로써 다양한 마야의 종족집단들을 분열시키는 결과를 초래할 것이라는 주장도 있었다. 범-마야주의자들은 과테말라의 라디노 문화로 통합되는,

따라서 국가의 공통된 문화 정체성을 형성하기 위한 토대로 작용할 수 있는 수많은 마야의 문화적 요소들을 부정했다는 비판을 받기도 한다(글상자 8.8은 범-마야주의자들에 대한 비판들 가운데 한 관점을 제시하며, 여기에서 비판자는 과테말라의 저널리스트로서 그는 라디노와 기존의 좌파주의를 옹호하는 입장이다).

범-마야 운동에 대한 모질고, 종종 떠들썩한 비판이라는 맥락에서, 우리가 유념해야 할 점은 비판의 상당 부분은 마야인들의 진정한 "집단적 역량 강화"를 저지하고자 하는 신자유주의 주창자들에 의해 제기되고 있다는 사실이다(Hale 2002:523).

라사로 카르데나스와 원주민들

수많은 사람들에게 라사로 카르데나스는 멕시코에서 가장 사랑받았고, 가장 성공적이었던 대통령으로 간주된다. 그는 반란적인 대규모의 타라스카 원주민 종족으로 유명한 미초아칸 주에서 태어나고 자랐다. 카르데나스는 메스티소 중간계층 가문에서 태어났지만, 원주민 후손이었던 이모와 할머니를 무척 따랐다. 청년 시절에 그는 인쇄소에서 일했지만 이내 혁명 세력에 합류했고, 그곳에서 군사 지도자로서 급속히 두드러진 위치에 서게 된다. 그는 처음부터 비야주의자들과 사파타주의자들에 대항해서 싸웠고, 소노라 지역 출신인 플루타르코 엘리아스 카예스 장군의 부하가 된다.

카르데나스는 32세에 미초아칸의 주지사가 되었고, 사회주의 성향의 정책을 수행하기 위해 농업, 정치, 교육 부문에서 대중 집단들을 성공적으로 조직해 냈다. 그는 일련의 농지개혁을 통해, 그리고 가톨릭 사제와 영주들에 대항하는 원주민 투쟁에 공공연히 공감을 표현했던 점에 근거해 타라스카 원주민들의 확고한 지지를 획득하게 된다. 원주민들은 애정을 담아 그를 '타타 라사로'(우리의 아버지 라사로)라고 불렀는데, 이는 식민시대 타라스카 원주민들이 존경받는 가톨릭 수사들을 부르기 위해 사용했던 용어이다.

카르데나스는 카예스에 의해 그 뒤를 이을 대통령으로 지명되었고, 이 덕분에 1934년 선거에서 그의 선출이 자동적으로 보장되었다. 대통령으로서 카르데나스는 급진적인 정책들로 유명해졌다. 그는 노동조합을 지지했고(그는 당선되자 바로 멕시코노동자연맹[Confederación de Trabajadores de México, CTM]으로 알려지게 된 국가가 후원하는 단일한 조직으로 노동자들을 결합시켰다), 1938년에는 우아스테카 지역의 높은 매장량을 보유한 유전들을 몰수했다(이 정책으로 그는 멕시코 국민에게 열띤 성원을 받았다). 하지만 그의 정책 가운데 가장 급진적인 것은 방대한 농지개혁이었다. 그는 상당수가 예전에 혁명의 지도자로 참가하기도 했던 농촌의 대토지 소유자(아센다도)들로부터 막대한 규모의 토지를 몰수했고, 국가 소유의 에히도 형태로 100만 명 이상의 농민들에게 토지를 재분배했다.

역사학자 엔리케 크라우세는 카르데나스가 원주민에게 항상 "진정한 애정"과 "특별한 유대"를 지니고 있었다고 주장한다(Krause 1997: 452). 사실상 농지개혁에서 그의 주요 목표 가운데 하나는 원주민들에게 수 세기 전에 빼앗겼던 토착 토지에 대한 권리를 되찾아 주는 것이었다. 그는 원주민들이 '진보'의 장애물이 아니라고 주장했다. 따라서 가장 중요한 초기의 토지 재분배가 원주민 거주지에서 두 차례에 걸쳐 수행되었으며, 첫번째는 코아우일라의 라라구나 지역에서, 두 번째는 유카탄에서 이루어졌다. 1937년 유카탄의 토지 개혁과 관련해 카르데나스는 다음과 같이 말했다고 한다.

> 우리는 오랜 기간 지체되어 왔던 유카탄의 농지 문제를 완전히 해결하기 위해 나아갈 것입니다. 대부분 용설란 재배지에서 날품팔이 노동자로 일하고 있는 원주민들을 비참한 처지에서 구해 내기 위해 이제 우리는 농지 문제를 종결지어야 합니다 (Krause 1997: 463).

카르데나스는 멕시코 원주민들에게 교육, 보건 서비스, 경제적 향상을 제공하기 위해 최초의 원주민 부서를 설치했다(이 장에서 이어지는 멕시코의 '발전' 부분을 참조하라). 대통령직에서 은퇴한 이후 그는 마침내 미초아칸에 있는 고향 집으로 돌아갔다. 자신의 사람들을 돌보는 '마을 사제'와 같이, 그는 지역의 원주민과 메스티소 서민들을 계속해서 맞이했고, 그들 간의 분쟁을 중재했다.

오아하카의 혁명

모렐로스의 사파티스타들은 멕시코 혁명에서 가장 일관적으로 급진적이었던 메소아메리카 집단이었다. 푸에블라, 틀락스칼라, 게레로와 같은 인근의 주들에서도 수많은 메소아메리카 토착민들이 사파티스타 운동에 합류했다. 하지만 이들 지역에서 메소아메리카 토착민들의 전투성은 산발적인 경향이 있었고, 지방의 보수적인 카디요들의 통제를 받고 있었다. 미초아칸을 비롯한 그 외의 주들에서 메소아메리카 토착민들의 혁명주의적 행동은 전쟁 이후 농지개혁의 일환으로 재분배되었던 토지와 관련된 분쟁에 대체적으로 한정되어 있었다. 메소아메리카 토착민들이 전체 인구 가운데 높은 비율을 차지하던 멕시코 남부 주들에서는 혁명주의적 행동의 존재가 현저하게 약하거나 부재했다. 남부의 토착민들 대부분은 사실상 혁명의 급진 진영에 관련해서 보수적인 입장을 취했다. 오아하카의 사례는 치아파스, 타바스코, 유카탄 등 남부 주들에서 메소아메리카인들이 보여 주었던 보수주의를 반영한다.

멕시코 혁명 전야의 오아하카는 방대한 농민 인구를 보유하고 있었고(오아하카 주 전체 인구의 87퍼센트 정도에 해당), 대부분 사포테카어, 믹스테카어, 쿠이카테카어 등의 원주민 언어를 사용하는 메소아메리카인들이었다. 하지만 1911년 지방에서 분산되어 발발했던 봉기들을 제외하고 오아하카 원주민들은 혁명의 요청에 긍정적으로 반응하지 않았다. 오히려 그들 다수는 국가 주권을 요구하며 급진주의적 변화에 반대했던 보수주의 운동에 참가했다. 주권부대 원주민 소집 체제가 사파티스타 계보에 따라 마을 단위로 설립되었고, 각 단위에 사령관이 배치되었다. 하지만 그들의 대의와 그들이 미친 파장은 완전히 달랐다. 오아하카 사람들이 대항해서 싸워야 했던 카란사의 헌법주의 군대는 사실상 바로 이들 원주민 농민 계층으로부터 군인을 소집할 수 있었다.

로널드 워터베리는 모렐로스의 토착 농민과 오아하카의 토착민이 혁명에 대조적인 반응을 보인 배경이 이들 지역의 철저하게 상이했던 경제적·문화적 조건들에서 비롯된다고 보았다(Waterbury 1975). 오아하카에서 아시엔다와 농장은 모렐로스의 경우보다 훨씬 취약했고 덜 자본주의적이었고, 따라서 오아하카 원주민들은 독자적인 토지, 언어, 관습을 훨씬 더 많이 보유할 수 있었다. 두 지역에 모두 토착 공동체들이 조직되어 있었지만, 모렐로스에 비교해서 오아하카의 공동체들은 내적으로 보다 통합되어 있었다. 모렐로스의 경제적 상황은 원주민들에게 반란 이외에 다른 선택의 여지를 거의 주지 않았다. 더 나아가서, 농장에서 수년간 일했던 경험은 마을 외부와의 관계를 형성하고 관련된 사상을 접하게 했으며, 이는 지역 차원의 운동을 실현 가능하게 만들었다. 이와 대조적으로 오아하카의 원주민들은 자립에 필요한 토지와 자원들을 일반적으로 보유했고, 메소아메리카의 과거로 그 기원이 거슬러 가는 소규모의 문화적 세계들을 다시 구성해냈고, 그 결과 외부로부터 스스로를 단절시켰다. 그들은 혁명에 참여하여 얻게 될 것보다 잃을 것이 더 많았기 때문에, 결국 사파티스타들의 급진적 변화를 향한 요청을 거부했다.

글상자 8.3

리고베르타 멘추,
과테말라 혁명에 관한 마야인의 증언

리고베르타 멘추는 과테말라 고지의 한 키체-마야 원주민 가정에서 태어났다. 젊은 시절 그녀는 가족을 따라 해안가 농장에서 커피 따는 일을 했다. 그후 그녀는 농촌의 원주민과 메스티소 노동자들의 노동 조건을 향상시키기 위해 노동 조직에 합류했다. 그녀의 가족은 결국 게릴라의 대의를 받아들였고, 이로 인해 그녀의 아버지, 어머니, 형제가 목숨을 바치게 되었다. 리고베르타는 과테말라를 떠나 멕시코에 망명함으로써 같은 운명에서 간신히 벗어났다. 이후 프랑스에 망문하여 그녀는 자신의 삶의 이야기를 구술했고(*Me llamo Rigoberta Menchú y así me nació la conciencia*, 1983), 과테말라 원주민들에게 가해졌던 잔학 행위와 마야의 유산을 보존하기 위한 그들의 투쟁을 상세히 밝혔다.

1980년대에 과테말라가 내전의 소용돌이에 휘말리자 리고베르타는 포위당한 과테말라 원주민들의 총 대변인이 되었고, 유엔을 비롯해 국제 모임에서 그들을 위해 증언했다. 1988년 그녀는 과테말라에 돌아가려고 했지만 안보국 관리들에게 체포되어 다시 미국으로 송환되었다. 1992년 리고베르타는 그해의 노벨평화상 수상자로서 당당하게 과테말라에 입국했고, 세계에서 가장 중요한 평화 중재인이라는 그녀를 향한 국제적 갈채 덕분에 마침내 암살 위험에서 보호받게 되었다. 라디노 계층의 적들은 그녀의 외모와 원주민 권리에 대한 그녀의 무한한 옹호를 근거로 끊임없이 그녀를 비방하려 하고 있지만, 리고베르타는 과테말라에서 주도적인 정치적 인물로 남아 있다.

인류학자 데이비드 스톨은 혁명전쟁에서 리고베르타 멘추의 역할을 다루는 그의 도발적인 책에서 그녀가 "스스로를 혼합적인 마야인으로 바꾸어 놓았다"고 주장한다. 다시 말해, 과테말라 국가와 국가의 군 세력들이 마야인들에게 자행했던 대학살을 상징하는 인물이 되었다고 주장한다(Stall 1999). 스톨은 혁명전쟁에 관한 자신의 연구에 근거해서, 멘추가 그녀의 가족에게 일어났던 일과 이에 관련된 사실들, 그리고 그녀의 작은 공동체가 전쟁에 개입하게 된 이유들을 심각하게 왜곡했다는 증거를 제시한다. 스톨은 대부분의 원주민들과 과테말라인들이 오래전부터 급진적 운동을 일반적으로 지지하지 않게 되었음에도 불구하고, 혁명군의 대의를 선동하려 하는 인권 활동가들, 학자들, 좌파주의자들에 의해 멘추가 이용당했다고 주장한다.

스톨은 리고베르타의 증언에 관한 자신의 비판에도 불구하고, 그녀가 과테말라의 마야인들과 수많은 라디노들을 위한 중요한 '국가적 상징'이 되었음을 인정한다. 더 나아가서 스톨에 의하면, "그녀의 이야기는 원주민들을 불운한 희생자로 보는 시각에서 벗어나 자신의 권리를 위해 투쟁하는 존재로 볼 수 있도록 기여했다. 그녀의 승리를 인정하는 것은 마야인들이 스스로를 역사적 행위자로 인식할 수 있게 하는 데 기여한다"(Stall 1999: 283).

글상자 8.4

코스타리카의 피게레스 개혁

코스타리카의 강력한 민중주의 대통령 라파엘 앙헬 칼데론은 1948년까지 수년에 걸쳐 급진적인 농장 노동자들과 보수적인 커피 실업가들(baron) 모두와 동맹을 맺었다. 이처럼 보편적이지 않은 연합을 체결해 칼데론은 노동법 제정, 사회안보 사업, 보편 교육 시행과 같은 중요한 사회 개혁 정책들을 추진할 수 있었다. 하지만 칼데론이 정부 통제력을 확대하기 위한 조치를 취하기 시작하자, 도시 중간 계급 구성원들을 중심으로 정부 반대 세력들이 연합하게 되었다. 칼데론과 그 추종자들이 1948년 선거 결과를 무효화하려고 하자, 중간 계급 커피 농장 노동자였던 호세('페페') 피게스의 선두로 미 국방부와의 연계하에 봉기가 발발했다(그림 8.10).

피게레스가 지휘한 반란군들은 미국의 후원을 받아(미국 정부는 봉기를 반공산주의 운동으로 간주했다) 2개월간의 내전을, 또는 그들의 표현에 따르면 '혁명'을 시작했다. 내전 승리자들은 노동법과 선거법 개정을 포함해 신헌법을 제정했고, 공산당을 불법으로 규정했으며, 은행을 국유화했고, 가장 극단적인 조치로는 군대를 폐지했다. 이들 개혁 운동 지도자들은 이내 국가해방당(Partido Liberación Nacional, PLN)을 조직했고, 새 정당의 대표로 피게레스가 1952년 대통령으로 선출되었다. 1952년 대선 이후 수년 동안 반대당들이 대선에서 승리를 거둔 경우도 있었지만, PLN 개혁가들은 일련의 경제, 정치, 사회복지 개혁들을 통해 정치 권력을 확실하게 장악했다. 그 결과 코스타리카는 거의 30년에 거쳐 상대적으로 평화와 성장 및 번영을 누렸다. 1970년대에 집어들어 코스타리카는 보건, 교육,

경제 복지 등과 같은 대부분의 발전 지표들에서 중앙아메리카의 다른 국가들뿐만 아니라 멕시코보다도 높은 수치를 보이게 되었다. 노벨평화상 수상자였던 오스카 아리아스는 PLN 후보로 2006년 2월 대선에 재출마해 코스타리카의 대통령으로 재임하는 데 성공했다.

과테말라 마야인들의
지방 정체성의 문화적 논리

과테말라 원주민 공동체들에 관해 수많은 고전적인 문화기술지들이 작성되었는데, 이들은 과테말라에 전통적인 마야 기관과 마야인들의 지방 정체성이 지속되고 있음을 강조한다. 테크판의 칵치켈-마야 공동체 정체성을 주제로 하는 인류학자 에드워드 피셔의 최근 연구(Fischer 1999; 2001)는 이 공동체에 관한 그의 발견을 과테말라의 다른 수많은 마야 공동체들로까지 일반화시키고 있다는 점에서 특히 유용하다.

피셔는 마야 문화 해석을 두고 학자들이 두 부류로 나뉘어 논쟁하고 있다고 설명하는데, 한 측에는 현재의 마야 문화를 본래적인 마야 문화의 직접적인 유산으로 보는 경향이 있는 민족지적 '본질주의자들'이 있고, 다른 측에는 현재의 마야 문화를 변화하는 정치적·물질적 조건에 대항하여 나타나는 지속적인 문화적 변형의 일시적 결과로 보는 '구성주의자들'이 있다는 것이다. 그는 만일 우리가 마야의 문화와 정체성이 인간 행위자에 의한 문화적 구성뿐만 아니라 '본질적인' 문화 요소들의 연속체들을 모두 포함하는 근원적인 '문화적 논리'로부터 유래한다고 본다면, 비로소 대립적인 이 두 가지 입장들 간의 차이를 극복하게 될 것이라고 주장한다.

테크판과 같은 마야 공동체들의 문화적 논리는 사고와 행동을 위한 광범위하고도 일반적인 '토대'를 제공한다. 마야의 '논리'는 서구를 비롯해 타 문화들에 의해 쉽게 설명되거나 포섭될 수 없는 문화의 우주론이나 형이상학을 정의한다. 예를 들어 마야의 논리는 다양성 안에서 통일성을 보고, 사회와 우주 사이의 균형을 보며, 균형을 이루기 위한 방법으로서 희생을 보며, 삶의 모든 측면에서 작동하는 순환론적이고 역법적인 재생을 본다. 테크판을 비롯해 과테말라 마야 공동체들의 문화적 논리를 이해하기 위한 기반이 되는 두 가지 마야 용어로 쿡스(k'ux)와 아니마(anima')가 있으며, 각각 '심장'(또는 보다 특정하게 '영혼')과 '활력'으로 대략적으로 번역된다.

아니마(활력)는 태어날 때 주어지는 독특하고 인간적인 힘으로 개념화된다. 이것은 외부의 위협에 영향을 받아 상실될 수 있다. 하지만 이것은 죽음을 견디고 살아남아, "육체에서 이탈한 영혼으로서 하늘과/또는 지상에 살고 있다"(Fischer 1999: 482). 쿡스(심장, 영혼)는 "개개인과 우주에 생기를 불어넣어 주는 우주적 힘이 만나는 지점"이며 마야의 문화적 논리를 이해하기 위해서 특히 중요하다. 이것은 인간과 그 외의 현상들의 본질을 상징하며, 자기정체성을 제공하고, 정상적인 상태를 규정하며, 균형을 가능하게 하고, 재생의 힘을 가지고 있다. 이 두 개념들은 "사회적 상호작용의 결과물인 동시에 개별 행위주체성과 의도성을 위한 토대"를 제공한다(Fischer 1999: 486). 이것들은 사회적 세계와 우주적 세계 사이의 균형을 증진시키기 때문에, 변화가 일어난다고 하더라도 새로운 구성물들이 형성되고 정체성이 유지되는 토대는 남아 있다.

언어적인 차이에도 불구하고 과테말라의 수많은 다른 마야 공동체들에서 이와 유사한 문화적 논리가 작동한다. 칵치켈어를 사용하는 테크판에서와 마찬가지로, 이 공동체들에서 문화적 강조점은 우주의 균형을 찾는 데에 있으며, 이는 인간과 우주적인 세력들의 관계를 관할하는 상징적인 규약을 통해서 달성된다. 다양한 마야 언어들 간에 발견되는 유사한 핵심 용어들이 그 바탕이 되는 문화적 논리의 상징으로 작용한다. 테크판의 칵치켈 용어인 쿡스와 아니마와 밀접한 유사성을 지닌 용어들로서, 맘-마야인들은 '감각'과 '영혼'을 의미히는 니블

(naab'l)과 아니마(aanima)라는 용어들을 가지고 있고, 추투힐-마야의 문화적 논리는 '성숙'(변형)과 '재생'(재활)을 의미하는 할로흐(jaloj)와 켁소흐(k'exoj) 라는 용어들에서 잘 반영된다.

과테말라 마야 공동체들의 지방 문화에 그토록 깊이 새겨져 있는 개념들은 이들 지방 문화가 연속성을 유지할 수 있도록 기여했으며, 이와 동시에 이 개념들이 내포하는 매우 일반적인 의미들은 다양한 문화적 변화가 생겨나게 했다.

글상자 8.6
멕시코시티에서 메소아메리카의 정체성

사회학자 알리치야 이완스카는 저서 『다른 이들의 진실들』(The Truths of Others, 1977)에서 멕시코시티에 거주하는 중간 계급 원주민들이 멕시코 국가 문화와 정체성과 관련해 토착 메소아메리카 전통의 중요성을 보는 관점에서 얼마나 큰 차이를 보이는지 논의한다. 이완스카에 의하면 이들은 관점에 따라 대략적으로 다음 두 집단으로 구분된다.

첫번째 집단은 "현실주의자들"로서 인디헤니스타의 입장을 채택한다. 그들은 원주민 농민들이 멕시코 사회에 통합되어야 한다고 주장하지만, 통합은 상호 동등한 관계에서 그리고 지역 토착 문화를 보존할 수 있는 정도에서만 이루어져야 한다고 주장한다. "멕시코를 원주민화할 것이 아니라, 원주민들을 멕시코화하자" 가 그들의 입장이다. 정부대리인들에게 농촌 원주민들과 멕시코 사회를 매개하는 역할을 수행하게 하기보다는, 정부대리인들과 동등한 교육을 원주민들에게 제공해야 한다고 주장한다는 점에서 그들은 국가원주민기관의 인디헤니스타들과 차이를 보인다. 그들은 카시케나 그 외의 "기생충 같은 사람들"의 속임수와 같이 메소아메리카 토착빈늘이 그늘 ㅇ농체에서 식변하는 특성 분세늘에 대해 비판적이다. 현실주의자 집단은 원주민 전문가들을 조직해 원주민 공동체들을 방문해 필요한 도움을 제공하기도 했다.

두번째 집단은 "이상주의자들"로서 메소아메리카와 멕시코 민족주의라는 쟁점과 관련해 토착주의적 입장을 채택한다. 소위 이상주의자들은 진보적 민족국가로서의 멕시코의 정체성을 형성하는 토대로서 과거 메소아메리카의 문화적 전통을 복원시킬 것을 주장한다. 그들은 메소아메리카의 문화를 찬양하고, 메소아메리카의 영예로운 과거라는 관념에 보다 밀접하게 부응할 수 있도록 토착 역사를 수정하는 경향이 있다

예를 들어 이상주의적 '아스테카인들' 한 무리가 있다고 가정해 보자. 이들은 스페인인들이 과도한 인신공희를 그들의 아스테카 선조들에게 결부시킴으로써 그들 조상들이 오명을 쓰게 했다고 주장한다. 이 무리의 지도자들에 따르면, 아스테카들의 인신공희 관행과 관련한 언급들은 단지 '시적 비유'로 간주되어야 하며, 문자 그대로의 실제 사실로 받아들여져서는 안 된다. 더 나아가서 그들의 주장에 따르면, 아스테카인들은 제국으로 조직된 것이 아니었고, 공동체적 칼풀리 단위에 기반을 둔 진정으로 민주적인 연방으로 조직되었다. 아스테카의 칼풀리는 멕시코의 에히도뿐만 아니라 중국의 코뮌(자율공동체)과 이스라엘의 키부츠(생활공동체)의 모델이 되었다는 주장이다.

이 집단의 목표는 국가의 공식어인 스페인어를 나우아어로 대체하는 것, 멕시코성(Mexicanidad)을 표방하는 극소 정당을 설립해 국가 정부를 통제하는 것, 아스테카 시대를 포함해 원시부터 현재에 이르는 역사적 사건들을 토대로 새로운 국가 제례력을 창조하는 것 등이다.

멕시코시티의 현실주의적 원주민 집단과 이상주의적 원주민 집단이 내포한 차이에도 불구하고, 두 집단은 상당 부분에서 공통점을 지닌다. 이상주의자들은 상대적으로 더 부유하고, 보다 높은 사회적 지위를 향유했으며, 근본적으로 농촌 원주민 공동체들로부터 더욱 동떨어져 있었지만, 그럼에도 두 집단 모두 중간 계급의 위치를 성취했다. 이미 상실한 메소아메리카의 문화적 요소들을 복원한다는 문제와 관련해 이상주의자들이 보다 급진적인 입장을 취하지만, 그럼에도 두 집

단 모두 멕시코의 민족주의라는 맥락 내에서 토착 문화를 보존하려 한다는 측면에서 문화적 다원론자들이다. 또한 두 집단 모두 토착 메소아메리카의 문화 전통에 관한 상당한 지식을 보유한다는 공통점을 지닌다. 비록 그들이 보유한 지식의 상당 정도는 깊은 문화적 믿음이라기보다는 지적 이해에 가깝지만 말이다.

현실주의자들은 자신들이 '원주민'으로 불리기를 고수하는 반면, 이상주의자들은 고대 메소아메리카의 명칭들, 예를 들어 '아스테카인', '마야인', '푸레페차인'(타라스카인)으로 알려지길 원한다. 그럼에도 두 집단 모두 '원주민'이라는 용어는 정복의 결과로 생겨났다고 비난한다. 그들이 1992년 콜럼버스의 '발견' 500주년 기념행사를 강력히 비난하고, 이 기간은 기념이 아니라 애도의 시간이 되어야 한다고 주장했다는 점은 납득할 만하다.

글상자 8.7

멕시코의 믹스테카 종족성

인류학자 마이클 커니는 멕시코 오아하카의 믹스테카 원주민들이 그들만의 거대하게 확장된 종족 '민족'의 건설을 통해, 멕시코에서 진행되고 있던 발전주의적이고 신자유주의적인 세력들에 대응해 온 과정을 묘사한다(Kearney 1996).

커니는 믹스테카 지역에서 원주민들을 "근대화시키고", 그들을 국가적 삶으로 통합하기 위한 시도로서 1960년대 인디헤니스트 개발 사업들이 어떻게 시작되었는지 논의한다. 하지만 발전은 이루어지지 않았고, 그 결과는 "지속적인 환경 파괴와 경제 침체"였다(Kearney 1996: 175).

신자유주의 압력이 증가함에 따라 믹스테카인들은 임금노동의 기회를 찾아 보다 발전된 지역으로 이주하기 시작했다. 상당수의 믹스테카인들은 관개 시설이 구비된 멕시코 북서부와 캘리포니아의 광활한 밭에서 일하는 농장 노동자들로 변모했다(한때는 5만 명에 이르는 믹스테카인들이 캘리포니아의 농장에서 일하고 있었다). 새로운 환경으로 내몰린 믹스테카인들은 만연한 착취와 경제적 불안에 시달렸다. 그들의 독자적인 조합을 결성하거나, 보다 대규모의 농장 노동자 조합에 참여하려는 시도들은 실패로 끝났다. 커니가 설명하듯이, "······ 양측 국경에 있던 믹스테카인들에게 무산계급으로서 강화된 정치적 역량을 갖게 하는 것은, 이들이 농민으로서 역량을 갖추게 하는 것만큼이나 어려운 과제라는 것이 드러났다"(Kearney 1996: 176).

수많은 믹스테카인들이 멕시코시티와 티후아나 등의 도시로 이주하기도 했고, 그곳에서 그들은 비공식 서비스 분야에 종사하는 하층 노동자가 되었다. 그들은 보다 나은 생활 조건을 추구하며 도시 무허가입주자 연합을 조직하려고 시도하기도 했다. 하지만 보다 강력한 멕시코의 메스티소 계급들은 믹스테카인들이 그들이 처한 경제적·사회적 상황을 개선시킬 능력을 제한했다.

믹스테카인들이 권리를 확보하는 데 어려움을 겪었던 주된 이유는 그들이 한 지역에서 다른 지역으로, 또는 국가 간 이동을 감행함에 따라 그들 가족과 사회 구조가 분열되었기 때문이다. 오아하카인들이 지방 공동체들과 멕시코 북부, 캘리포니아의 농장, 더 나아가 멕시코와 미국의 도시들을 지속적으로 오고 가는 맥락에서 이들의 통합을 유지하기란 쉽지 않았다.

농촌의 막사와 도시의 빈민촌에 함께 내던져진 채 원주민이라는 이유로 차별받던 믹스테카인들은 가난한 원주민 또는 하층 계급 노동자라고 규정된 정체성들을 떨쳐 내기 시작했다. 그 대신 그들은 모든 믹스테카 원주민들을 포함하는 확장된 종족 정체성을 공유하는 믹스테카 민족으로 스스로를 규정했다. 새로운 다문화주의가 멕시코에서 기반을 잡아 감에 따라 이에 고무된 믹스테카인들은 오아하카의 다른 토착 아메리카 '민족들', 가령 사포테카인들, 치나테카인들, 믹스테카인들과 신속하게 관계를 정립해 갔다.

커니가 설명하듯이, 종족민족주의는 "소외된 자들, 망명자들, 이산한 자들, 주변부 사람들, 이주민들을 비롯해 다양한 사람들에게 적합한 정체성"이다(Kearney 1996: 180). 물론 멕시코 메소아메리카 토착민들에게 가장 적합하기도 했다.

범-마야 운동에 대한 비판

범-마야 운동에 대한 가장 강력한 비판은 라디노 지식인들로부터 제기되었다. 이들 가운데 저널리스트 마리오 로베르토 모랄레스의 역할이 특히 두드러지는 데, 그는 범-마야 운동을 비판하기 위해 포스트모더니즘의 다양한 '해체주의적' 방법론을 도입하고 있다.

예를 들어 마리오는 범-마야 운동은 (1)변두리의 대다수 마야인들을 대변하지 않는 엘리트들의 조작물이며; (2)국제적인 신자유주의 자본주의와 그 관광 시장, 그리고 보다 간접적으로는 개발 대행 기관들과 학자층의 도구가 되었고; (3)서구 의 방식들을 수용하여 '이종(hybrid) 정체성'을 취하게 된 수많은 마야인들을 배 제하고; (4)과테말라 사회에서 라디노와 원주민들은 실제로 인종이나 종족보다 더 복잡한 계급 관계와 사회 부문들로 차별화되어 왔음에도 불구하고, 라디노와 원주민이라는 대립 구도로 과테말라 사회를 해석한다는 점에서 인종차별적이라 고 주장한다.

하지만 인류학자 케이 워런은 모랄레스를 비롯한 비판자들이 시도하는 해체주의 적 접근은 범-마야 운동이 다루고자 하는 중요한 정치적 실체를 직면하지 못하 고 있다고 지적한다(Warren 1998). 워런의 관점에서 보면, 모랄레스는 "종족 차 별과 빈곤이 맺고 있는 부당한 관계가 눈앞에서 – 물론 지면으로만 – 용해"되게 한다(Warren 1998: 43). 그녀는 모랄레스와 같은 비판가들이 범-마야 엘리트들 에게 제기하는 비판은 마야인들이 과테말라 사회의 중간 계급과 전문직 자리를 두고 라디노들과 경쟁관계를 형성함에 따라, 라디노들이 마야인들에 대해 품게 된 분개심으로부터 상당 부분 비롯되고 있다고 생각한다.

읽을거리

Carmack, Robert M. 1995 *Quiche-Mayan Rebels of Highland Guatemala: A Political Ethnohistory of Momostenango*. Norman: University of Oklahoma Press.

Cumberland, Charles C. 1972 *The Mexican Revolution: The Constitutionalist Years*. Austin: University of Texas Press.

Dawson, Alexander S. 2004 *Indian and Nation in Revolutionary Mexico*. Tucson: University of Arizona Press.

Dunkerley, James 1988 *Power in the Isthmus: A Political History of Modern Central America*. London: Verso.

Gossen, Gary H. (ed.) 1986 *Symbol and Meaning Beyond the Closed Community: Essays in Mesoamerican Ideas*. Studies on Culture and Society, vol.1. Albany: Institute for Mesoamerican Studies.

Gould, Jeffrey L. 1998 *To Die in This Way. Nicaraguan Indians and the Myth of Mestizaje, 1880-1965*. Durham, North Carolina: Duke University Press.

Gutierrez, Natividad 1999 *Nationalist Myths and Ethnic Identities: Indigenous Intellectuals and the Mexican State*. Lincoln: University of Nebraska Press.

Jonas, Susanne 2000 *Of Centaurs and Doves. Guatemala's Peace Process*. Boulder: Westview Press.

Joseph, Gilbert M., and Timothy J. Henderson (eds.) 2002 *The Mexico Reader: History, Culture, Politics*. Durham, North Carolina: Duke University Press.

Kendall, Carl, John Hawkins, and Laurel Bossen 1983 *Heritage of Conquest Thirty Years Later*. Albuquerque: University of New Mexico Press.

Warman, Arturo 1980 *"We Come to Object". The Peasants of Morelos and the National State*. Baltimore: Johns Hopkins University Press.

Warren, Kay 1998 *Indigenous Movements and their Critics: Pan-Maya Activism in Guatemala*. Princeton: Princeton University Press.

9장 메소아메리카의 초국가주의와 정치경제

릴리아나 R. 골딘, 월터 E. 리틀

젊은 마야 여성이 작은 어도비 방에 열린 문가 옆에 놓인 재봉틀에 앉아 있다. 방 안에 빛이 들어오는 출구는 작은 문뿐이다. 그녀는 검은색 스포츠 재킷을 한데 맞추고 있다. 재킷은 최신 유행에 따라 폴리에스테르와 면 혼방의 반짝이는 재질로 제작됐다. 때로는 기존 양식을 모방하고, 때로는 혁신적인 양식을 시도하길 즐기는 그녀의 고용주가 그 옷을 디자인했다. 그는 도시에서 재료를 구입하고, 디자인에 따라 천을 조각낸 다음, 젊은 미혼 남녀를 고용해서 이 조각들을 재봉질해 맞추게 한다. 이 마야 여성은 고용주의 재봉틀을 사용하고 있지만, 고용주의 다른 일꾼들은 각자 그들 집에서 개인적으로 소지한 기구를 사용해 작업한다. 그녀가 재킷을 재봉하는 동안, 그녀의 형제들 가운데 두 명은 아버지와 함께 옥수수밭에서 씨를 심고 있다. 그녀의 손위 자매와 어머니는 몇 시간 거리에 있는 관광지에서 외국인 관광객들에게 수공직물을 팔고 있다. 그녀의 삼촌은 메소아메리카의 다른 마을 출신 사람들과 함께 캘리포니아 로스앤젤레스에서 정원사로 일하고 있다.

이들의 이야기는 오늘날 메소아메리카 지역의 사람들이 생계를 영위하기 위해 행하고 있는 다양하고도 복잡한 활동들의 사례이다. 메소아메리카 토착민들은 생계를 영위하고 가족을 돌보기 위해, 개인적으로 그리고 집단적으로 다양한 경제 전략들을 취한다. 가장 산업화된 부문에서는 외국 시장을 대상으로 제품을 생산하며, 노동집약적인 사업을 통해 가장 발전된 국가들을 대상으로 제품을 조립하고, 고도로 발전된 기술을 요구하는 품목들을 생산한다. 대부분의 산업 중심지는 도심이나 그 인근에 위치한다. 하지만 노동력은 대부분 농촌 지역에서 유입된다. 농촌에서 우리는 다양한 농작물, 식품, 공예품 생산자들을, 그리고 앞서 예로 들었던 과테말라 서부 고지대의 의류 생산자들과 같이 보다 소규모의 노동집약적 산업 종사자들을 찾아볼 수 있다. 점차 증가하고 있는 도시의 원주민 생산자들과 마찬가지로, 농촌의 생산자들도 노동을 위해 미국과 캐나다로 여행하는 초국가적 노동자들로 변해 가고 있다.

이 장에서 우리는 메소아메리카인들이 생계를 영위하는 다양한 방식, 그리고 생산 과정에서 그들이 스스로를 조직하는 방식을 제시할 것이다. 메소아메리카의 경제를 살펴보는 데 있어서 우리의 주안점은 메소아메리카 토착민들이 전 지구적 경제의 일부분을 구성하는 방식을 보여 주는 데 있다. 이 같은 논의에서 경제는 제품과 용역의 생산, 분배, 소비와 관련된 사회의 모든 측면으로 정의된다. 이 맥락에서 사람들이 주어진 품목을 생산하는 과정에서 서로 정립하게 되는 관계들의 종류를 살펴보는 것은 흥미로운 작업이 될 것이다. 이러한 관계들은 해당 사회가 분화된 정도를 나타내는 지표가 된다. 사람들이 경험하는 기술적·사회적·문화적 변화들을 일부 분석하는 작업을 통해 우리는 그들이 살아가는 변화하는 사회의 속성을 이해할 수 있다. 그리고 이를 통한 우리의 궁극적인 목표는 메소아메리카 전역의 상이한 행동 주체, 생산자, 소비자 이들 모두가 분화와 변화라는 공통된 과정을 겪고 있음을 보여 주는 데 있다.

이 책의 주제를 강조하기 위해 우리는 토착적인 원주민들에 중점을 둔다. 그리고 그들이 국가와 전 지구적 경제에 참여하는 과정, 그리고 변화하는 힘겨운 조건에서 생존하기 위해 그들이 고안해 내는 전략에 초점을 맞출 것이다. 메소아메리카의 원주민 집단들은 지역경제에 다양한 방식으로 참여한다. 농업, 가축 사육, 임금노동과 같은 일부 환경에서 그들은 메스티소 집단들과 시장과 기회를 공유한다. 토착민들이 관여하는 활동의 범위는 전통 밀파 농업(이어지는 설명을 참조하라), 항상 특정 형태로 시장에 접근하는 것을 포함하는 준-생계형 활동, 농업과 제조업의 다양한 결합, 소규모 가족 기업에서의 임금노동, 관광업 분야에서의 노동, 보다 대규모 산업 환경에서의 노동 등을 포함한다. 여기에서는 먼저 밀파 농업을 살펴볼 것이다. 이 분야는 메소아메리카인들이 수 세기에 걸쳐 생계를 이어 왔던 전통적인 생계 수단이었다.

1. 전통적 밀파

기원전 2000년부터 서기 2000년까지(사실상 이 책이 출판된 2005년) 밀파 옥수수 생산은 메소아메리카 경제에서 중추적인 분야였다(그림 9.1). 가장 일반적으로 밀파는 이동식, 또는 화전 농법에 따라 경작된다(스페인 정복 이전에 옥수수 생산의 역사에 관해서는 1장을 참조하라). 이동식 농업에서는 건기가 끝날 무렵에 삼림과 잡목을 베어 낸다. 화전 농업에서는 베어 낸 삼림과 초목을 잘린 곳에 그대로 내버려 두는 반면, 과실목과 그 외의 유용한 초목들은 베지 않고 남겨 둔다.

장작을 모아 베어 낸 잡목의 남은 부분에 불을 붙인다. 불타고 남은 재는 토양에 양분을 더해 준다. 우기가 시작될 무렵이면 농민들은 지체 없이 그들의 밭에 씨앗을 뿌린다. 뒤지개를 사용해서 양분이 풍부해진 토양에 구멍을 내고, 여기에 옥수수 씨앗을 몇 개 떨어뜨린다. 이맘때 또는 약

그림 9.1 산타마리아데헤수스의 한 칵치켈-마야 농민이 추수기에 그의 밀파에서 일하는 모습(사진 저자 제공).

간의 시간이 경과한 다음, 그들은 호박과 콩의 씨앗도 뿌린다. 오랫동안 이 같은 결합은 3부작에 근거한 메소아메리카 식생활의, 그리고 지방이나 때로는 먼 곳의 시장에 내다 파는 여분의 식량 생산의 기반이 되어 왔다.

　밀파 농업은 주로 남자들의 영역이며, 여자들이 주로 관여하는 가구 내 제품 생산, 원예 생산, 가축 사육 등의 경제활동으로 보완되기 마련이다. 토마토, 후추, 광범위한 목초와 채소는 정원(안뜰)에서 재배된다. 도자기와 직물 역시 대부분의 가구 내에서 제작된다. 옥수수 잔여분과 함께 원예 생산품, 도자기, 직물 등이 시장으로 옮겨진다. 화덕 주변에서는 옥수수로 토르티야를 만들고, 이런 식으로 가구 내 여성과 남성의 경제활동들이 통합된다. 이 생산품들이 시장에 이르면서 개별 가구는 사실상 보다 광범위한 공동체와 연결되고, 때로는 국가와 국제적 단위로까지 연계된다.

모든 생산이 생계를 위해 이루어지는 것은 아니지만 대부분의 재배와 생산이 생계를 염두로 두고 수행되는 자급적인 메소아메리카의 밀파 가구를 낭만적으로 묘사하기 쉽다. 그렇지만 이는 험난한 경제 유형이며, 성공적인 가구와 성공적이지 못한 가구 간에는 단지 미세한 차이만이 존재한다. 밭이나 가구 내에서 이루어지는 노동은 모두 노동집약적이자 지식집약적이다. 그들의 물질적 필요를 재생산하기 위한, 그리고 생계 충족을 넘어서는 여분을 생산해 내기 위한 습득지식(know-how)을 갖춘 개인들을 이상적인 숫자만큼 보유하기란 종종 쉽지 않은 일이다. 더 나아가서 가구의 구성원들은 그들의 작업 분야와 미기후(微氣候, microclimate)에 충분한 지식을 갖출 필요가 있으며, 동시에 가뭄, 태풍, 지진 등 지역에 자주 영향을 미치는 자연재해들을 예측할 수 있을 필요가 있다.

노동 과정과 자연환경에서 직면하는 이러한 난관들, 스페인의 메소아메리카 침입과 식민지화, 자본주의의 지속적인 영향력(특히 그 전 지구적·초국가적 형태) 등에도 불구하고 메소아메리카인들은 생계형 농업에 실질적으로, 그리고 상징적으로 계속해서 의지해 왔다. 예를 들어 멕시코의 킨타나루 주에 거주하는 유카테카의 마야 농민들은 그들 선조가 수 세기에 걸쳐 해왔던 것과 동일한 방식으로 밀파를 경작하고 있으며(Anderson 2005), 이는 과테말라 알타베라파스 지역의 케치-마야인들의 경우에서도 마찬가지이다. 오아하카 주의 농촌에 거주하는 사포테카인들과 믹스테카인들(Cohen 2004), 그리고 멕시코 우아스테카 지역에 거주하는 나우아인들 역시 밀파 농업을 행하고 있다. 밀파 생산에 관여하지 않는 메소아메리카인들에게도 옥수수와 밀파는 매우 상징적인 의미를 가진다. 안티구아와 과테말라시티 근방에 거주하는 카치켈-마야인들은 훨씬 낮은 빈도로 밀파 농업을 수행한다. 그렇지만 그들은 변두리 지역에서 여전히 소규모의, 보다 상징적인 밀파를 경작한다.

스페인 침입 이후로(이에 관해서는 5장을 참조하라), 밀파에 근거한 농업 체계는 공격을 받았다. 인구가 증가하고, 생태 조건이 변화하고, 전 지구적 경제가 강화됨에 따라 현재는 상대적으로 소수의 메소아메리카 가구들이 전통적인 농업 체제에 관심을 기울이거나, 또는 이를 위해 요구되는 토지를 보유하고 있다. 이와 같은 변화가 어떤 이유로 형성되게 되었는지를 이해하기 위해서는 스페인 식민시대 이후 메소아메리카 경제를 형성해 왔던 생산과 노동 형태들을 염두에 두는 것이 중요하며, 신식민주의 시대와 현대에 걸쳐 지역 내에서 진행되었던 수많은 변화들을 상기하는 것이 중요하다.

2. 식민주의의 경제적 유산

이어지는 내용에서는 지속적인 식민주의의 유산을 살펴보고, 메소아메리카인들이 관여하고 있는 현재의 경제적 실천들을 제시할 것이다.

1) 메소아메리카의 농민들

스페인 식민시대 이후, 지역 인구의 상당 비중이 농민들로 구성되어 왔다. 대체적으로 메소아메리카인들은 대부분 그들의 수요를 위해, 그리고 시장 판매를 위해 농지를 경작하고 작물을 심으며 생계를 영위했다. 메소아메리카에서 밀파 농업은 대부분은 아니더라도 여전히 많은 원주민들에게 경제적인 이데올로기에 가까운 의미를 지니고 있지만, 점차 소수의 사람들이 이를 실천하고 있다. 식민주의의 경제적 유산 가운데 하나는 그들 자신의 생계뿐만 아니라 지배적인 토지 소유자들을 위해(식민시대에는 스페인 왕실과 가톨릭 교회의 재산관리인들을 위해) 밀파에서 작물을 재배하고, 제품을 생산하는 거대한 농민 부문이다. 경제의 세계화가 확산됨에 따라

밀페로(옥수수를 경작하고 옥수수로 생계를 이어가는 사람)들의 숫자뿐만 아니라 전반적인 농민들의 수가 줄어 가고 있다.

농민은 매우 논쟁적인 개념이 되었는데, 그 부분적인 원인은 이 용어가 매우 다양한 사회 부문들을 묘사하기 위해 사용되기 때문이며, 따라서 유용성을 갖기에는 너무나 광범위한 용어이기 때문이다. 일부 학자들은 이 용어의 사용을 완전히 중단하는 편을 선호한다. 현대의 학자들은 농민이라는 개념을 다음의 세 가지 방식으로 간주하는 경향이 있다. 첫째, 엔리케 메이어는 경제의 세계화, 사람과 사고의 초국가적 이동의 증가, 라틴아메리카 정부들의 신자유주의 정책들에도 불구하고 농민들은 계속해서 존재할 것이라고 주장했다(Mayer 2002). 메이어의 연구는 페루의 원주민 농민들을 대상으로 하고 있지만, 그들 역시 유사한 스페인 식민 유산의 영향을 받아 왔으며, 유사한 신자유주의 정책을 직면하고 있다는 점에서 그가 묘사하는 삶들은 메소아메리카의 경우들에 비견할 수 있다.

둘째, 마이클 커니는 '농민'이라는 용어가 현대 메소아메리카의 경제적 삶의 중요한 부문을 적절히 묘사하지 못한다고 주장했다(Kearney 1996). 믹스테카와 사포테카의 초국적 이주민들에 대한 연구를 토대로 그는 기존의 농민들이 이제는 임금노동자가 되었고, 더 이상 가구가 기본적인 생산 단위가 아니라고 주장한다. 마찬가지로 메소아메리카 지역에서, 특히 킨타나루에서 조사한 유진 앤더슨은 대체적으로 커니의 견해에 동의하며, 농민보다는 스페인어 '캄페시노'(농촌 사람들)라는 용어가 보다 적절하다고 주장하는데, 그 이유는 그가 연구해 온 마야인들 가운데 일부는 비록 토지로 생계를 이어 가고 있고, 가구를 단위로 해서 생산 활동이 조직되지만, 그럼에도 그들은 고전적 의미에서의 농민이 아니기 때문이라고 설명한다(Anderson 2005).

셋째, 커피 노동자들과 소규모 커피 경작자들을 연구하는 마크 에

델만은 농민이라는 개념은 정치적 수단으로서 기능하는 용어이기 때문에, 여전히 분석적인 유용성과 사회적인 적절성을 지닌다고 주장한다(Edelman 1999). 수많은 커피 노동자들과 경작자들은 부당한 무역 정책과 초국적인 대규모 커피 회사들에 맞서 자신들의 위치를 확보하기 위해 농민이라는 개념을 중심으로 집결한다.

분명히 농민이라는 개념은 분석 범주로서, 그리고 실질적 분류 용어로서 사용될 경우 논쟁적이다. 가구 단위에 따라 조직되는 생계 농업으로 살아가는 '실제' 농민들의 미래는 끝나 가고 있다. 그렇지만 우리는 '농민'은 계속해서 유용한 분석 개념으로 존재할 것이며, 이 개념은 실제 메소아메리카인들을 정확하게 묘사하고 있다고 본다. 그 가장 일반적이고 모호한 단계에서 '농민'이라는 용어는 보다 대규모의 지배적인 사회들(또는 부문들)과 연계되어 있는 사회들(또는 부문들)을 지칭한다. 농민들은 일반적으로 자본주의 체제라는 맥락에서 논의되지만, 그들은 다른 경제 체제들에서도 마찬가지로 존재한다. 예를 들어 다른 부문들에 의존하고, 노동력을 제공하는 농촌의 거주자들로서 농민들은 한때는 봉건 사회의 주요 구성원이었다. 비록 고립된 농촌 정착지들과 관련되기 마련이지만, 일부 농민들은 보다 소규모의 도심지에서 거주하며 농업과 일정 정도 연계를 유지한다.

대부분의 농민들은 적어도 소규모의 토지 구획을 보유하며, 그 안에는 집과 때로는 안뜰이 있다. 하지만 많은 농민들은 그 어떤 토지도 소유하지 못하고 있다. 그들은 작물 재배를 위해 토지를 임대하고, 집세를 내고 살고 있으며, 가장 가까운 마을과 도시에서 다른 농민들을 위해 임금을 받고 일한다. 일부 농민들은 아시엔다와 농장에서 계절노동을 한다. 이들은 농촌 프롤레타리아트라고 불리곤 한다. 다른 농민들은 상업 활동에 관여한다. 그들은 잉여분을 상업화하고, 매개자 역할을 한다. 일부는 생계를

그림 9.2 멕시코 치아파스의 일용직 노동자들. 촬영: 제프리 제이 폭스(Jeffrey Jay Foxx).

위한 생산에 임금노동을 겸한다. 다른 이들은 물고기를 낚고, 사냥을 하고, 야생 식물을 수집하고, 작물을 재배한다.

　오늘날 이 지역에서 자급을 위한 충분한 땅을 소유하고, 그들이 생산한 농작물로 음식을 만드는 전형적인 농촌 거주자들은 흔하지 않다. 이보다는 농민이라는 개념은 다양한 활동들에 관여하는 사람들을 대표한다. 그들은 시장 체제를 통해 다른 이들과 연결되어 있는 농업 종사자들일 것이다. 만일 이 유형의 사람들이 토지를 소유한다면, 칵치켈-마야인들은 그들을 티코넬(농업가, 또는 농업 종사자를 의미하는 칵치켈어)이라고 부를 것이다. 자신이 경작하는 토지를 소유하지 못한 사람을 그들은 캄페시노라고 부를 것이다. 실제로 농민들은 다른 이들이 농촌 시가지들에서, 또는 국내외 공장들에서 생산한 품목들에 강한 의존도를 지니고 있다. 하지만 봉건적인 체제와 자본주의 체제 양자 모두에서 농민들은 개별 가구 외부에서 생산한 재화들에 의존해 왔다는 사실을 기억하는 것이 중요하다.

학자들은 자본주의 체제가 농촌의 생산자들을 착취한다고 널리 믿는다. 이들은 자본주의 체제가 가족노동과 저비용 및 농민들의 저가 생산품에 의존하고 있다고 간주한다. 그렇다면 우리가 농민들에 대해 논의할 때, 우리는 그들이 관여하고 있는 생산 과정들에 단서를 둘 필요가 있으며, 그들이 그 일부를 구성하는 보다 거대한 사회와 맺고 있는 관계를 구체적으로 밝힐 필요가 있다(그림 9.2). 이 작업이 중요한 이유는 메소아메리카의 다른 경제활동 주체들과 마찬가지로 농민들은 복합적인 방식으로 자본주의, 그리고 보다 거대한 전 지구적 경제의 영향을 받고 동시에 이들과 상호작용하며, 그 방식들이 모두 착취적인 것은 아니기 때문이다

2) 이촌향도

특히 1950년대와 1960년대로 거슬러 가는, 메소아메리카에서 목격할 수 있는 최근의 현상은 농촌에서 도시를 향한 사람들의 이주이다. 도시 인구는 수용 가능성을 훨씬 넘어서는 속도로 증가하고 있다. 사람, 자원, 용역이 하나의 중심 도시로 집중되는 것을 의미하는 도시 '우위성'은 멕시코와 중앙아메리카의 도시들을 포함해 라틴아메리카 대부분 도시들의 특징이다. 도시에 엘리트, 산업, 인구가 집중되며, 중심지는 계급 구분에 따라 공간적으로 분리되며, 도시는 특정한 사회경제적 부문들과 관련해서 지역별로 분명하게 구분된다.

일반적인 인구 증가로 인해 농촌 지역 역시 인구 증가를 경험하고 있다. 하지만 증가율은 도심지들에 비해 낮은 수준이다. 일반적인 이주의 추세로 인해 '비공식' 경제라고 불리는 새로운 경제 부문이 형성되었다. 이 부문은 광범위한 생산품들을 파는 독립적인 상인들로 구성된다. 여기에는 일부 특정 생산품의 독점적인 판매자 역할을 하는 '체인' 상인들, 구두

닭이, 그 경제 행위자가 과거에는 실업 상태로 분류되었던 수많은 다른 직업군 종사자들이 포함되어 있다. 과테말라시티(Camus 2002)와 멕시코시티(Cross 1998)의 정치인들은 이 상인들과 노동자들의 존재에 경악과 함께 상당한 우려를 보여 왔다. 비공식 경제 부문에서 활동하는 상인들과 기타 경제 행위자들은 단지 생계를 위해 일할 뿐이지만, 세금이 부과되는 공식 경제 부문에 속한 사업가들과 정치 관리들은 비공식 노동자들을 문젯거리들로 간주하곤 한다.

비공식 부문의 노동자와 상인들은 공식적으로 허가된 일자리들을 종종 기꺼이 받아들이려 하며, 공식 부문에서 제공하지 않는 유형의 서비스를 도시 거주자들에게 제공하기도 한다. 그 사례로는 위험 구역에서 자동차를 세차하거나 지키는 일, 또는 외진 동네에 시장이 들어서게 하는 일 등을 들 수 있다. 과테말라시티와 멕시코시티와 같은 도시 환경에서 사업주와 정치인들은 거리의 비공식 노동자와 판매자들에게 세금을 부과하고, 이들을 강제로 쫓아내기 위해 경찰과 협조한다. 예를 들어 2004년에 과테말라시티 경찰은 해적판 음악 CD와 할리우드 영화 DVD를 판매하던 비공식 노점상들의 물건을 압수했다. 거리에서 노점상들이 철거됐고, 판매자들 스스로 그들의 활동이 불법임을 시인했다. 하지만 철거 이후 거의 즉시, 그들은 물건을 팔기 위해 다시 거리로 돌아왔다. 그들은 고정 노점을 세우는 대신 배낭에 물건을 넣고 다니며 물건을 팔게 되었다. 다수가 고지대 마야 마을 출신으로 마야어를 사용하는 이들 CD와 DVD 판매상들은 과테말라 전역에서, 그리고 심지어 온두라스, 멕시코, 엘살바도르에서도 찾아볼 수 있다.

경제에서 비공식 부문이 차지하는 중요성은 자주 과소평가되지만, 비공식 부문은 보다 큰 경제의 중요한 부분을 구성한다. 대부분의 이주민들은 토지 부족과 농촌의 일자리 부족으로 인해 도시로 향한다. 소외된 농민으로서 그들에게는 토지가 없고, 고향 마을에서 그들이 일용직 노동자로 근무할 수 있는 기회는 단지 며칠간으로 한정되어 있다. 이 외에 생계를 위해 취할 수 있는 유일한 다른 선택은 아시엔다와 농장에서 한시적으로 노동하는 것, 또는 도시나 외국, 특히 미국으로 이주하는 것이다. 이 장 후반부에서 우리는 이 주제에 관해 다시 언급할 것이다.

3) 토지 상실과 토지 보유

라틴아메리카의 다른 지역들처럼, 메소아메리카에서 토지 분배의 유형은 일반적으로 라티푼디오(대농장)와 미니푼디오(소규모 경작지) 유형으로 나누어진다. 이 지역의 토지 대부분은 단지 소수의 토지 소유자들에게 속해 있다. 소규모 토지 구역은 수천 개의 매우 작은 구획들로 나누어지며, 농촌 인구 대다수가 소유한 토지를 모두 합해도 그 규모는 5에이커(약 6천 평 ——옮긴이)에 미치지 못하기 마련이다. 일반적으로 옥수수, 콩, 호박을 재배하는 이들 소규모 생계형 경작지들은 각 가정에서 한 해 필요한 식량을 모두 생산하기에는 충분하지 못한 규모이며, 따라서 농촌 가정이 기본 농작물의 상당 부분을 구매해야 하는 경우가 빈번하다. 이 같은 상황은 토지 몰수, 인구 증가, 토착 상속법 등 다양한 요인들이 결합되어 발생한다.

대규모 토지 몰수는 유럽인들의 침략 당시부터 시작되어 현재까지 계속되어 왔다. 토지 몰수 가운데 일부는 국가의 법률 제정을 통해 이루어졌으며, 일부는 필요한 현금을 구할 방법이 없었던 농민들이 토지를 판매하는 형태로 이루어졌다. 과테말라에서 토지는 19세기에는 인디고(쪽빛 염료), 카카오, 사탕수수, 연두벌레(붉은색 염료의 재료), 커피 등의 작물 생산에 활용되었으며, 이후 20세기 전반에 걸쳐 목화와 바나나를 비롯한 그 외의 작물 생산에 활용되었다. 19세기 초반에는 새롭게 제정된 법안이 통과함에 따라 공동체 토지 임대가 허용되었고, 공동체들은 '미사용' 토지를 임대하도록 강요받았다.

토지를 매각하는 대가로 돈을 제안받았을 때에도 농민들은 그들 자원에 심각한 손실을 초래할 것이라 여겨 이에 저항했다. 몰수가 계속됨에 따라 현재 일부 무토지 농민들은 목숨을 걸고 토지를 되찾으려는 시도를 계속하고 있다. 멕시코에서 농민들은 적어도 19세기 초반까지는 일부 토지를 유지할 수 있도록 허용받았다(토지 문제에 관한 7장의 논의를 참조하라). 하지만 1910년을 기준으로 대부분의 농촌 가구들(전체의 96퍼센트)은 이미 무토지 상태로 내몰렸고, 아시엔다들이 토지의 대부분을 통제했다. 혁명 전 원주민 공동체 소유지는 주로 멕시코 남부에 위치했으며, 이는 1917년 혁명으로 제도화된 현대의 에히도 사업의 모델이 되었다. 에히도 사업은 아시엔다에게 토지를 몰수해서 농업 공동체에 분배하는 것을 골자로 하며, 구체적인 활동은 두 가지 방식으로 실행되었다. 먼저 개별적인 접근 방식으로서, 각 가정은 경작을 위해 소규모 구획을 할당받았고, 이 토지에 대해 가족 간 상속권을 행사할 수 있었지만 매각권은 갖지 못했다. 다음은 집단적 접근 방식으로서, 공동체가 기본 단위가 되어 토지를 경작했다. 에히도 토지는 대부분 개별적인 접근 방식을 통해 배분되었다(토지 개혁에 관한 8장의 논의를 참조하라).

공동체가 소유한 에히도 토지의 사유화를 허용하는 멕시코 헌법 수정안이 1992년에 통과됐다. 수정안은 에히도 토지의 임대를 허용했는데, 이는 사실상 이전부터 실행되고 있었다. 헌법 수정안은 정부 주도 토지 재분배에 형식적인 종지부를 찍었다. 새로운 규정들은 여러 가지를 함축했으며, 이로 인한 일련의 변화가 초래하게 될 불평등과 관련해 다양한 의문들, 예를 들어, 누가 토지를 팔 것인가? 어떤 부문에 새로운 투자가 이루어질 것인가? 변화로 인해 이주와 토지 집중 현상이 심화될 것인가 등의 질문들이 제기되었다. 전체 경작지의 절반이 이제는 에히도에 속했음에도 불구하고 멕시코에서 대규모 토지 소유지들은 계속 존재했으며, 토지 임대차 계약들로 토지 집중화는 계속해서 농촌 가정에 문제가 되고 있다.

과테말라와 멕시코에서 전체 농촌 인구의 절반을 구성하는 미니푼디오(소규모 경작지 소유자)와 무토지 농민들의 존재는 계속해서 주된 문제가 되고 있다. 미니푼디오 체제가 지속되게 하는 요인으로 토지 상속과 관련한 지방의 관례를 들 수 있는데, 관례에 따라 아이들은 토지와 그 외의 자원들을 모두 동등하게 배분받을 권리를 갖게 되며, 결국 여러 세대가 지날수록 개인당 보유한 토지 규모가 더욱 축소되는 결과로 이어진다. 이는 인구 증가와 더불어 대규모 무토지 농민들의 등장을 가져왔다. 무토지 농민들은 토지를 매입하거나 임대할 만한 충분한 돈을 모을 수 없기 때문에, 마을을 떠나야 하는 상황에 내몰린다. 대부분 지역에서 마을 구성원들은 외부인에게는 토지를 매각하지 않는다는 때로는 암묵적인 규칙을 준수해 왔다. 하지만 최근 기업가적인 농민들이 증가했고, 이들은 자신들이 지불할 수 있는 가격대에 토지를 구매하기 위해 이와 같은 전통적 규칙을 무시하기로 결정했다. 과테말라 서부의 산페드로알모롱가와 같은 마을들이 그 사례이다(글상자 9.1은 이 마을의 경제적 상황을 묘사하고 있다).

멕시코 치아파스에서는 토지 부족으로 농민들이 소작농 체제의 임차 농민으로 전환되는 상황이 진행되고 있다. 임차 농민들은 토지를 임대하고, 수확물의 일부를 지대로 지불한다. 하지만 임대 가능한 토지가 점차 부족해짐에 따라 그들은 생계를 이어 가는 데 더 큰 어려움을 겪고 있다. 최근 수년간, 과테말라의 농업 노동자들이 치아파스의 노동자들을 대체하게 되었는데, 그들은 더 낮은 임금으로도 일하려 하기 때문이다. 이 과테말라 농업 노동자들은 토지나 기타 경제적 기회가 차단된 농촌 지역에서 온다. 필요하면 생계 영위를 위해 그들은 어쩔 수 없이 치아파스로 향한다.

메소아메리카인들 가운데 일부는 범죄 조직을 결성해 무토지 상태와 경제적 어려움에 대응했다. 살바도란 살바트루차스는 가장 악명 높은 조직들 중 하나이며, 엘살바도르에서 태평양 연안의 치아파스에 걸쳐 활동한다. 살바트루차스는 마약 거래, 납치, 절도, 밀수 판매 등 수많은 불법 행위에 관여했다. 하지만 다행스럽게도 메소아메리카인들 대부분은 이들의 전략에 따르지 않는다. 그 대신 그들은 합법적인 노동 기회를 찾아 이주하며, 비공식 활동일지라도 소규모 사업을 시작하려 하고, 조합과 전문 조직을 결성해 보다 유리한 경제적 조건을 창출하고자 노력한다.

요약하면, 메소아메리카 지역 주민들 중 상당수는 농촌 거주민으로 구성된다. 그 중 다수는 토지 손실을 초래한 정책들로 타격을 받아 왔던 농민들이다. 문화적 전통의 상실과 더불어 인구 증가는 토지 자원의 감소를 가속화했다. 접근할 수 있는 토지나 경작지가 감소함에 따라 수많은 농민들이 도시에서의 노동 기회를 찾아 자신들과 그 가족들을 부양하려 시도하고 있고, 이는 이촌향도 현상을 확산시켰다. 또한 과거에 비해 더 많은 무토지 농민들이 외국, 특히 미국으로 이주하고 있다.

3. 전 지구적 경제에서 노동과 생산

이제 우리는 임금노동, 영세상품 생산, 가내 공업, 마킬라도라 산업, 이 네 가지 기본적인 노동 생산 전략을 살펴볼 것이다. 이 생산 전략들은 메소아메리카가 전 지구적 경제와 맺고 있는 보다 광범위한 관계를 드러낸다.

1) 임금노동

임금노동은 한 가지, 또는 그 이상의 재화들의 변형이나 생산을 위해 노동을 교환하고, 그 대신 개인에게 임금을 지불하는 것을 포함한다. 멕시코와 중앙아메리카에 공통된 유형의 농업 임금노동에는 아시엔다와 농장 노동이 있다. 과테말라 태평양 연안 등의 해안 지역으로 계절에 따라 이주하는 이 노동자들의 삶은 매우 고달프다. 개인이나 가족 전체가 수개월 동안 완전히 다른 환경으로 이주함에 따라 수많은 부정적인 결과가 초래되기도 한다. 예를 들어, 고지대 기후에 익숙해진 사람들에게 해안 지대의 강한 열기는 종종 그들이 토착 지역에서는 접하지 못했던 질병에 시달리게 만든다. 또한 자신의 토지를 경작할 수 없고, 생존에 필요한 식품과 기타 재화를 구입해야 하는 상황에서 이주민들은 영양부족에 시달리기도 한다.

일반적으로 농장은 주요 시가지나 재화의 근원이 되는 장소들로부터 멀리 떨어져 있다. 따라서 관례적으로 이주민들이 필요한 모든 물품을 구입할 수 있도록 농장 안에 자체적인 상점이 구비되어 있다. 이주민들은 저임금을 받고 회사의 구내 상점에서 물건을 구입해야 하기 때문에, 이내 빚을 지게 된다. 일단 채무자가 되면 그들은 동일한 고용주를 떠날 수 없거나, 어떤 임금도 받지 못하고 돌아간 채 다음 계절에 돌아와야 하기도 한다. 이 같은 방식으로 이주노동자를 조달하는 체계는 멕시코, 과테말라, 엘살바도르, 그리고 그 외의 중앙아메리카 국가들 전반에 만연해 있으며, '부채 노역'(debt peonage)이라는 독자적인 이름으로 불린다. 일단 빚을 지게 되면 노동자들은 떠날 자유를 잃게 되고, 그들이 더 오랫동안 농장에 머물수록 더 많은 빚을 토지 소유주들에게 지게 된다. 이처럼 어려운 상황은 장시간 노동을 포함하는 극도로 힘든 작업 환경과 결합되며, 이는 목화, 커피콩, 카카오, 과일의 추수든지, 사탕수수 베기든지, 설탕 가공이든지 마찬가지이다(글상자 9.2의 농장 노동에 관한 멘추의 묘사를 참조하라).

고지대 농민들이 농장에서의 노동을 꺼리는 경우가 빈번하다는 사실은 놀라울 것이 없다. 그들은 농장 노동은 최후의 수단이라고 생각한다. 하청업자들은 고지대 마을을 운전하며 해안으로 실어다 줄 트럭을 타라고 사람들을 종용할 것이다. 그들은 임금과 근무 조건을 잘못 알려 주기도 한다. 계약 노동은 엔간체(enganche, 직역하면 '낚기')라 불리기도 하는데, 열악한 노동 조건 때문에 이 유형의 작업에 종사하도록 종용하기 어려운 속성을 반영하는 용어이다.

2) 영세상품 생산

광범위하게 정의해서 영세상품 생산은 이윤 창출을 위해 시장에서 판매하려는 목적으로 농산품이나 공예품을 소규모로 생산하는 것을 의미한다. 이는 생계를 위한 생산에서 시장 판매를 위한 생산으로의 이행과 이에 따른 노동력 집약 현상을 시사한다. 영세상품 생산은 비정기적인 임금노동자를 활용하지만, 자본주의 생산이나 영세 자본주의 생산은 잉여분을 창출하기 위한 영구적 임금노동자를 노동력으로 활용하여 자본을 축적한다. 영세자본주의 생산의 사례로는 멕시코 오아하카 계곡에 위치한 테오티틀란델바예의 플로어 직기(treadle loom) 직물 산업과 과테말라 산프란시스코엘알토의 의류생산센터 등이 있다.

영세상품 생산에는 기술 혁신과 전통적인 노동력의 확장 이 두 요소의 통합이 자주 요구된다. 예를 들어, 과테말라의 토토니카판, 코말라파, 치치카스테낭고, 또는 멕시코 치아파스의 차물라와 산페드로체날로에서 직물(옷, 식탁보, 셔츠, 가방)의 생산은 본래는 생계와 지역 시장에서의 판매를 염두에 두고 행해졌다. 하지만 최근 생산이 강화되고 확장되면서, 비정기적인 임금노동자와 무급 수습생들이 이 분야로 통합되게 되었다. 지방 시장과 국내 시장의 관광객들을 겨냥한 제품 원료의 질 하락, 그리고 생산에 투자되는 시간의 감축이 일어나기도 했다. 앞서 나열한 장소들에서 노동자들은 저렴한 손가방과 옷 제작에 필요한 직물을 대량 생산하기 위해 플로어 직기로 작업하도록 고용된다(역설적으로 관광객들은 전통적인 원주민 의상처럼 보이는 직물을 찾지만, 이러한 제품 생산에 요구되는 현지 가격조차도 지불하지 않으려 한다).

생산의 집약화는 마을 내부와 마을들 간의 분화를 심화시키고, 다양한 문화적 변화를 촉진한다. 앞서 언급한 직물 생산의 경우, 직기 소유자들은 실을 사고, 낮은 일당으로 직물을 짤 노동자들을 고용하며, 이를 통해 그들이 고용한 노동자들보다 몇 배나 많은 이윤을 창출한다. 또한 이와 같은 과정을 거쳐 생산한 제품을 파는 판매자들은 이 고용주들보다 더 많은 돈을 벌기도 한다. 이 모든 과정은 메소아메리카 공동체들의 사회경제적 불평등을 심화시킨다.

이와 유사한 방식으로, 멕시코 오아하카의 벽돌 제조자들(스캇 쿡 등의 학자들이 연구했던 농촌의 영세 산업 노동자들)은 놀라운 물질적 성공을 거두었다. 19세기 이래로 벽돌 제조업은 여러 변화를 겪어 왔다. 벽돌 제조업은 처음에는 단지 소수의 가구들만이 참여했으며, 농민 장인들의 임시적인 활동이었다. 하지만 산업 종사자들은 점차 사업 소유주 집단과 하청 노동자 집단으로 분화되었고, 전일제의 농민 자본주의 산업으로 진화했다. 캐롤 스미스가 연구한 과테말라 산미겔토토니카판 마을의 직공들은 관광객 판매와 수출을 목적으로 직물 생산을 강화하면서 상당히 좋은 성과를 거두고 있다. 토토니카판 직공들은 영세산업의 대체적인 추세와는 달리 소유주와 임금노동자라는 두 집단으로 양분되지 않은 것으로 보인다.

과테말라 서부의 산페드로알모롱가는 채소 생산을 특화하는 마을이며(글상자 9.1 참조), 지역 내 대부분의 마을들과 비교해 보다 양호한 성과를 거두고 있다고 평가된다. 하지만 알모롱가에는 경제적 분화가 심화되어 있다. 마을의 토지 부족 문제 때문에 주민들은 인근 마을에서 토지를 임대하고 거래한다. 그들은 생산 전략을 다각화하여 새로운 시장을 개발하고, 새로운 무역상들과 새로운 토지 및 새로운 현금작물들을 개발한다. 이들은 무역과 채소 생산에 집중하기로 선택했고, 농업과 밀파 생산에 전념하는 농민들보다 평균적으로 더 좋은 성과를 거두고 있다. 상인들 가운데 상당 비중이 농민생산자로 남기보다는 개신교도로 개종하고 있는 것으로 보인다. 이들은 극심한 문화적 변화를 경험하고 있는 알모롱가 마을에서 독특한 집단으로 부상하고 있다(이 같은 생산 유형이 공동체의 삶에 미친 영향에 관해서는 글상자 9.3을 참조하라).

농촌 사회 연구자들에게 있어 자본주의 축적과 자본주의 발전의 가능성이라는 문제는 매우 흥미로운 주제이다. 사회과학자들은 농민들이 자본주의화되는 과정에 있고 따라서 농민이라는 집단이 사라지는 과정에 있는지, 또는 농민이라는 지위가 단지 매우 제한된 변화들(자본주의적 발전으로 이어지지 않을 주변부적 자본 축적을 포함)만을 허용하는 생활 방식인지에 대해 의문을 갖는다. 이들 영세 생산자들은 자본의 보다 거대한 축적, 그리고 노동과 기술의 보다 강력한 집중화를 초래하고 있는가? 또는 그들은 의미 있는 자본 축적이 동반되지 않은 채 보다 높은 생산성과 이윤으로 특징지어지는 시기를 지나 침체의 시기로 이어지는 인구학적 순환을 따르고 있는가?

첫번째 입장은 블라디미르 레닌이 정립하고 맑스주의 또는 탈-농민주의(de-campesinista) 관점으로 알려지게 된 주장을 대략적으로 묘사한다. 이 관점에 따르면 농민들은 점차 산업과 용역을 위한 임금노동자로 변해 가며, 소수는 스스로 자본가가 될 것이다. 두번째 입장은 농민주의(campesinista) 관점으로 알려진 알렉산더 차야노브의 주장을 대략적으로 묘사한다. 이 관점에 따르면, 농민들의 지위는 변화하지만 거의 지속적인 범주로 간주되며, 값싼 식료품을 시장에 공급하는 과정에서 때로는 자본주의 체제에 착취당하고, 때로는 자본주의 세계에서 상대적으로 주변부적인 상태로 남는다.

메소아메리카 농민을 연구하는 이들은 이 두 가지 관점을 모두 뒷받침하는 증거들을 발견해 왔다. 일부 사회과학자들은 체제로서의 영세상품 생산은 제한적이라고 결론 내렸다. 이 같은 생산양식은 낮은 투자 수준 때문에 충분한 자본의 축적을 허용하지 않고, 또한 생산수단(토지, 노동, 자본) 소유자 집단과 전임 프롤레타리아트(임금노동자)로 구성된 소외된 이들의 집단의 두 특정 계급들로 인구가 분리되는 상황은 발생하지 않는다는 것이다. 반면 일부 학자들은 제한된 자원들(소규모 토지 구획 등)을 활용할 수 있는 정규적인 임금노동자와 임시적인 비정규 임금노동자들이 결합되어 존재한다고 본다. 마지막으로 일부 학자들은 평균적인 농민 수공예업자들이나 현금작물을 생산하는 농민들에 비해 상당한 경제적 성공을 거둔 자본주의화된 농민들의 존재에 근거해, 농민 노동자들의 작업장이나 산업에서 자본주의 축적을 이룰 가능성이 존재한다고 주장한다. 이들의 다양한 입장이 언제나 서로 상충하는 것은 아니며, 멕시코와 중앙아메리카 농민들의 향후 발전 방향을 이해하고, 예측하기 위한 다양한 연구가 진행되고 있다.

3) 가내 공업

오늘날 메소아메리카 지역에서 수행되는 다양한 임금 창출 방식들 가운데 가계 노동은 상대적으로 최근의 현상이며, 매우 광범위하게 확산되고 있다. 가계 노동, 또는 가정에서 수행되는 작업은('선대제'라고도 불림) 의류 산업에서 매우 일반적인 생산 방식이지만, 일부 다른 산업들에서도 발견할 수 있다. 이 유형의 산업은 단순하면서도 활용이 용이한 기술(재봉틀, 바늘과 실, 직기)을 요구하는 작업으로 구성된다. 일반적으로 고용주는 개별 부품별로 필요한 원재료와 특정한 조립 지침을 제공한다. 멕시코 오코틀란의 자수 산업의 경우, '하청 노동자들'에게 자수가 놓아진 옷감 조각과 때로는 실이 제공되며, 이 노동자들은 상인들로부터 일시불을 지급받은 후 결과물을 조합해 납품한다.

어떤 경우에는 생산 단가 지불을 위한 조정이 이루어지고, 노동자들에게 현금이 선불로 지급되기도 한다. 또한 가구의 개별 구성원들이 의복의 특정 부분별로, 또는 특정 업무별로 분담하여 일하기도 한다. 예를 들어 쿡은 멕시코 테오티틀란데바예에서 두 종류의 가내 공업 종사자들을 조사했는데, 첫째는 가정에서 자신들이 소유한 직기와 실을 가지고 독립적으로 작업하는 노동자들로 구성되었고 둘째는 직기를 소유하고 있지만 실은 상인들이 제공하는 노동자들로 구성되었다(Cook 2004). 과테말라 테크판의 칵치켈-마야의 한 가족은 농사를 짓고 다른 사람들에게 기술을 전파해 모은 돈으로 기계식 스웨터 직기들을 구입했다. 직기 사용법을 배운 다음 그들은 노동자들을 고용해서 훈련시켰다. 그다음 그들은 시장에서 스웨터를 파는 데 전념했으며, 이 스웨터들은 과테말라시티의 토토니카판과 과테말라의 다른 고지대 마을들을 비롯해 미국, 캐나다, 아일랜드에서 전형적으로 찾아볼 수 있는 형태로 짜여졌다. 직기와 작업장을 소유하고 여기에서 제작한 생산품을 시장에 판매하는 과정을 통해 그들은 부를 확고히 축적할 수 있었다. 그들은 미국 달러로 하루에 몇 달러도 되지 않던 당시의 일당을 지급하고, 판매에 집중함으로써, 저비용을 유지했다. 이 같은 전략의 결과, 그들은 시간과 노력 대비 가장 많은 이윤을 창출할 수 있었다.

상당수가 중간매개자로 활동하고 있는 상인들은 가내 공업 생산을 기회로 활용한다. 한 예로 그들은 노동자들에게 공간이나 기계를 제공할 필요가 없기 때문에 전기세(전기가 들어오는 곳에서는)나 유지비를 절약할 수 있다. 가계 노동자들 대부분은 여성이며, 가내 공업에 종사하며 그들은 어린아이들을 돌보고 다양한 가사 노동을 지속적으로 수행할 수 있다. 가내 공업에서 상인들의 집이나 소유지에 설치된 작업장에서의 노동으로의 이행은 소유주이자 고용인에게는 더 많은 비용의 지출을 초래하기 마련이다. 하지만 이러한 변화는 소유주이자 고용인이 생산 과정에 더 많은 통제력을 행사하게 해주기도 한다. 수많은 노동자들이 원재료를 직접 구입해 삯을 주고 친척이나 외부인들을 고용하기 시작하게 되면서, 결국 상인들의 경쟁상대가 된다. 이 같은 상황은 앞서 언급했던 테크판 가족의 경우 분명히 드러난다. 스웨터 생산을 시작했을 때 그들은 마을에서 이와 같은 사업에 종사하는 유일한 가족이었다. 하지만 수년 내에 일부는 그들이 고용했던 노동자들을 포함하여 다른 가족들이 유사한 산업을 개별 가정에서 수행하게 되었다.

1930년대에 파나하첼이라는 과테말라의 한 마을에서 조사를 수행했던 솔 텍스는 칵치켈-마야 농민들, 방직공들, 상인들에게서 성공적인 경제 전략을 따라 하고 모방하는 관행을 발견했다(Tax 1953). 대중들은 원주민 공동체가 전통적이고, 보수적이고, 변화를 꺼려 한다고 생각하곤 하지만, 텍스에 의하면 파나하첼의 칵치켈-마야인들은 인근 공동체에서 성공적이었던 새로운 작물과 재배 전략을 채택하며, 다른 곳에서 제작한 방직물의 디자인을 모방하며, 관광객들에게 인기를 끌만한 새로운 디자인을 개발해 내고 있었다. 이처럼 메소아메리카의 소규모 사업가들과 수공예업자들은 지속적으로 혁신을 시도해 왔으며, 이성적으로 경제적인 결정을 내려 왔다.

4) 마킬라도라 산업

메소아메리카 지역의 농민들과 도시 거주민들이 토지와 고용 기회의 부족에 시달리는 상황에서 미국을 비롯한 선진국들은 값싼 미숙련 노동의 무한 공급지로 이 지역에 주목하기 시작했으며, 이에 따라 새로운 산업 형태인 마킬라도라로 알려진 수출 제조 공장들이 생겨났다. 마킬라도라는 라틴아메리카와 카리브 해를 비롯해 제3세계 전역으로 확대되었다. 특히 미국 국경 근방의 멕시코 북부 지역에 다수가 형성되었고, 상대적으로 최근에 해당하는 1980년대 중반 이후에는 과테말라에 상당수가 생겨나기 시작했다.

마킬라도라 산업은 이주노동자들에 의존하며, 그들 중 일부는 미국으로의 이주를 꾀하고 있고, 일부는 일자리를 찾아 자국 내에서 이동하고 있다. 공장에서 작업하는 대부분의 노동자들은 여성으로, 전체의 85퍼센트 이상에 이른다. 고용주들은 여성이 보다 온순하고, 시위나 조합 활동에 보다 소극적이라고 가정한다(메소아메리카의 여성 노동력에 관해서는 12장을 참조하라). 사실상 고용주들은 남성 노동자들에 비교해 여성 노동자들은 저임금과 열악한 작업 환경을 수용하는 경향이 있으며, 그들에게 주어진 선택의 폭이 더 좁을 것이라고 가정한다. 선진국에서 제3세계 국가로 제품의 부품이 배송되고, 제3세계 국가의 마킬라 공장들은 이 부품들을 조립해 완제품으로 생산한다. 그다음 완제품은 수출을 위해 다시 송출국가(예를 들어 미국이나 한국)로 배송되며, 최종적으로 송출국가에서 판매가 이루어진다.

제3세계 국가들은 자국의 고용 창출에 기여한다는 이유로 마킬라도라 산업 부문에 외국 투자를 유치하기 위해 열의를 보이기 마련이다. 투자유치를 위해 그들은 잠재적인 제조업자들에게 무제한적인 노동력의 공급 이외에도 세금 면제 등의 형태로 다양한 동기를 제공한다. 노동력은 부분적으로는 농촌 지역에서 유입되지만, 대부분은 인구 과밀 상태인 도심지에서 유입된다. 이 공장들의 작업 환경은 미국이나 다른 선진국들의 기준뿐만 아니라 지방의 기준에 따라 평가해도 열악하기 마련이다. 여성들은 하루 1달러에서 2달러에 이르는 저임금을 받고, 임신 중이거나 수유 중인 상황에서도 초과 근무를 해야 하며, 충분한 휴식이 허용되지 않는다. 조합을 결성하려는 조짐이 보일 때면 회사는 공장 폐쇄로 위협을 가한다. 실제로 공장 폐쇄는 빈번하게 발생하며, 사업주들은 공장을 폐쇄하고 새로운 장소로 이동한다. 요약하자면, 메소아메리카의 토착민들과 메스티소들은 수출 가공 업체들을 통해 고통스럽게 국제경제와 직접적으로 연계되어 있다.

4. 분배와 소비

여기에서는 정기적인 시장과 마케팅 문화에 중점을 두고 분배와 소비를 살펴볼 것이다.

1) 무역과 시장

멕시코와 중앙아메리카를 여행해 본 사람이라면 누구나 지방의 시장에서 판매되는 다채롭고도 방대한 상품들의 잔상을 생생하게 기억하고 있을 것이다. 이 열린 시장들은 지역의 상업적 연결망을 형성하는데, 보다 대규모의 주요 중심지들이 서로 상대적으로 먼 거리를 두고 배치되어 있고, 그 사이에 소규모 시장들이 들어서 있다. 새로운 시장들은 일부는 지역 내 인구 증가에 대한 대응으로, 그리고 일부는 향상된 운송 하부시설에의 대응으로 계속해서 생겨나고 있다. 농촌의 시장은 콜럼버스의 항해가 있기 이전부터 메소아메리카 경제에서 중요한 부분을 차지했고, 식민지 권력자들이 스페인인들에게 보다 용이한 위치에 장터를 세울 것을 원주민들에게 자주 요청함에 따라 시장의 빈도와 숫자가 증가했다(그림 9.3).

스페인 권력자들의 요청과 관련 제도의 시행으로 닫힌 시장을 위한

그림 9.3 과테말라 테크판의 장터. 솔롤라 출신 남성이 양파와 껍질 콩을 판매하고 있으며, 그 옆에는 테크판 마을 출신의 여성이 토르티야를 만드는 데 쓰이는 라임을 판매하고 있다(사진 저자 제공).

건물들이 19세기에 지어지기 시작했다. 스페인인들은 비공개 시장이 보다 위생적이고, '조직되어' 있다고 생각했다. 하지만 원주민들은 이 의견에 동의하지 않았으며, 신선한 공기와 햇볕이 충분히 들어오는 전통적인 열린 시장이 보다 쾌적할 뿐만 아니라, 더욱 깨끗하고, 보다 잘 조직되어 있다고 생각했다. 분명히 집단에 따라 선호하는 조직 유형에는 차이가 있으며, 가장 적합한 형태의 시장에 관한 논쟁은 아직까지도 계속되고 있다. 과테말라, 멕시코, 엘살바도르, 온두라스의 대규모 시가지들에서는 밀폐된 시장이 보다 일반적이며, 이 밀폐된 시장의 건물 외부로 일종의 열린 시장이 늘어서 있기 마련이다. 소규모 마을들은 일반적으로 교회 맞은편의 중앙 광장에 시장을 조직하거나, 특별한 공간을 마련해 시장을 세운다

(이 공간 바닥은 일반적으로 시멘트로 포장되어 있으며, 외벽을 세우지 않은 채 지붕만 올리기도 한다). 지역의 상인들은 생산품을 팔기 위해 이곳으로 온다. 대규모 시장은 보다 큰 반경의 판매자들과 구매자들을 끌어들이는 반면, 소규모 시장은 지방의 소비자들과 판매자들을 유입시킨다.

흥미로운 점은 농촌의 시장은 도시의 시장과는 달리 한 달에 한 번씩 모이는 경향이 있지만(역사적으로 콜럼버스 시대 이래로 그렇게 해왔듯이), 수많은 시장들이 한 주에 2일에서 3일씩 열리는 방식으로 확장되고 있다는 것이다. 일부 시가지에는 매일같이 장이 열리고 있으며, 지금과 같은 추세로 보다 영구적인 수많은 시장들이 들어서고 있다. 이와 관련한 사례로 과테말라 서부의 산프란시스코엘알토 시장을 들 수 있는데, 이는 이 지역에서 가장 큰 시장이다. 이 시장은 매주 금요일마다 열리곤 했으며, 금요일 아침이면 마을의 언덕진 길들을 따라 1만 명 이상의 사람들이 몰려들었다. 1980년에 판매자들은 목요일 저녁 9시나 10시에 산프란시스코에 도착해서 공간을 차지하기 위해 장터에서 잠을 청했다. 1987년에 판매자들은 목요일 이른 아침부터 도착해 광장의 활동을 개시하곤 했다. 1990년에 사람들은 수요일부터 부가적으로 장이 하루 더 서기 시작할 것이라고 예측했다. 상업화가 심화되었고, 특히 전통 직물과 남성 의복 판매가 활성화되기 시작했으며, 산프란시스코는 서부 고지대 지역의 영구적인 시장 중심지가 되고 있다.

수많은 직접 생산자들(과테말라에서는 프로피오라고 불린다)은 장이 설 때마다 소량의 생산품을 가지고 가며, 수많은 중간 거래자들(레가톤이라고 불린다)은 지방 시장에서 지방 생산자들로부터 물품을 구입해 보다 장거리 시장으로 가지고 간다. 이러한 노동 분업은 젠더에 따라 일정 정도의 차이를 보인다. 시장에서 판매하는 직접 생산자들은 대부분 여성이며, 그들은 집 근처의 시장에서 판매하며 이동 거리를 단축시키는 것을 선호한다. 지역의 일부 사람들은 여전히 시장을 오가기 위해 도보로 수 마일을 이동하지만, 이제는 많은 사람들이 버스로 이동한다. 중간 거래자들은 대부분 남성이다. 그들은 장거리 상인이며, 다수가 트럭을 보유해 지역과 국가의 경계를 가로지른다.

중간 거래자들은 전통적으로 행해 온 방식과는 차별되는 새로운 전략들을 실험하고 있다. 예를 들어, 많은 사람들은 거래 품목의 다각화가 위험 비용을 감소시킨다는 이유로 더 이상 전통적인 생산품의 거래를 고수하지 않는다. 판매자들은 심지어 국경을 넘나들며 장거리 시장에 접근할 목표를 세운다. 그다음 그들은 여행 중에 지나치게 될 중간 정착지에서 판매할 물품들을 구매한다. 더 나아가서, 그들은 중간 정착지를 경유할 때마다 각 지방의 특산품을 구입하고, 최종 도착지에서 이 물품들을 판매할 것이다. 지금은 트럭이나 버스를 이용해 행해지는 이 같은 단계별 교역 관행은 콜럼버스 도착 이전 시대에는 도보로, 그리고 식민시대와 신식민시대에는 노새를 이용해서 이미 행해지고 있었다.

2) 마케팅 문화

상호의존적인 시장들의 복잡한 연결망은 상이한 지역의 인구들 간에 형성된 사회적·정치적 관계 체계를 아주 생생하게 반영한다. 상호적인 교역의 밀접성과 강도는 참여자들이 자본주의 체제에 몰입한 정도를 시사한다. 이들의 연결망이 확장되면 이와 더불어 지역 거주민들의 세계도 확장된다. 메소아메리카의 상당 부문에서 스페인어를 단지 제2의 언어로 사용함에도 불구하고(특히 오아하카의 치아파스와 과테말라 서부), 대부분의 시장에서는 스페인어가 표역언어도 사용된다.

시장은 종족적 지식을 획득하는 수단을 제공하며, 이런 점에서 폭력의 시대에도 시장은 평화로운 상호작용을 위한 공간으로 인식되어 왔다.

메소아메리카에서 널리 행해지는 관행인 흥정은 시장을 가격 규제자이 자 가격 결정자로 완전히 수용한다는 의미이다. 연구에 의하면 개별 흥정 행위로 결정되는 최종가격은 사실상 교역 대상자에 따라서 큰 차이를 보 이지 않는다. 그 대신 달라지는 점은 흥정에 걸리는 시간과 흥정의 방식이 다. 흥정에 참가하는 자들이 서로 면식이 거의 없거나, 전혀 없을 때는 높 은 가격에서 흥정이 시작되고, 협상의 과정은 더 오랜 시간에 걸쳐 힘겹게 진행된다. 참가자들이 서로를 알고 있고, 고정적인 관계를 유지하고 있는 경우, 흥정은 훨씬 짧은 시간에 걸쳐, 신속하고도, 우호적으로 이루어진다 (이 경우 판매하려는 가격은 예상되는 판매가에 훨씬 근접하다). 흥정은 따라 서 보다 유연한 경제적 관계로 이어지는 사회적 식별 의식이 된다.

3) 소비 유형

농민 직공, 소규모 농업 생산자, 영세 산업 생산자들이 생산하는 상품의 분배와 소비 유형을 검토해 보면 이들이 자본주의에 필수 불가결한 요소 를 구성한다는 것을 알 수 있다. 심지어 어떤 이들은 자본주의가 이 같은 생산 형태에 극심하게 의존한다고 말할 것이다.

중앙아메리카의 상이한 지역들에서 집중적으로 생산되는 과일과 채 소는 북미 가정의 식탁에 오른다. 이 생산품들의 제공은 때로는 해안가 농 장의 대규모 토지 소유자들을 위해 일하는 수천 명의 계절 이주노동자들 이 기울인 노력의 직접적인 산물이며, 때로는 소규모 농민들과 중간 거래 인들의 노력이 결합된 결과이다. 이 과일과 채소의 가격은 공급, 그리고 국내외 수요가 결합된 세계 시장에 의해 결정된다(글상자 9.4는 제1세계와 제3세계가 얼마나 밀접하게 관련되어 있는가를 보여 준다).

세계 시장을 겨냥한 공예 생산, 특히 여행객을 대상으로 한 판매는 미 국으로의 이주로 인한 상당한 인구 손실(여전히 높은 비율의)을 상쇄시키기도 한다. 공예품 생산은 해안가 농장으로 이주하곤 하던 농민들이 그들의 마을에 머물 수 있게 해주곤 했으며, 과테말라의 수많은 마야 공동체들에 거주하는 사람들이 그 사례이다.

멕시코와 과테말라에서는 공예품 수출의 조율과 관리를 위해 협동조합들이 조직되어 왔다(그림 9.4). 멕시코 정부는 원재료의 구매와 공예품의 판매를 위해 조합들을 지원해 왔다. 조합 참여를 통해 수많은 메소아메리카 토착민들은 삶의 수준을 상당 정도 향상시켜 왔다. 예를 들어 과테말라의 여성 조합들은 일부 여성들(이들 가운데 다수는 최근 수년간의 정치 폭력으로 미망인이 되었다)에게 생산품을 상업화할 수 있도록 향상된 기술을 제공해 왔다. 하지만 이 같은 활동들은 일정 단계에 이르면 해외 시장에 대한 위험한 수준의 의존도로 이어질 수도 있다(12장의 젠더에 관한 사례들을 참조하라). 또한, 다른 지역의 제3세계 국가들과의 경쟁으로 일부 노동자들이 일자리를 잃게 될 수도 있으며, 아시아의 공장 노동자가 토착 문형의 수제품을 산업화할 수도 있다. 더 나아가 관광업과 수공예 생산품 수출에 참여하는 과정에서 토착민들은 수많은 부당한 상황을 더욱 분명히 의식하게 되었다(국제 관광업에 마야인들이 어떻게 참여하는가에 대한 논의는 글상자 9.5를 참조하라). 특히 판매자들은 지역 내 도시들과 다른 국가들로 판매된 상품에 부당한 가격을 책정해 생산자들에게 지불하는 금액을 극도로 초과하는 이윤을 창출하기도 한다. 수공업자들이 영세 자본주의 작업장 사업주들이나 선대제 상인들로부터 착취당한다는 느낌을 토로하는 경우가 빈번하다 (그림 9.5).

5. 초국적 세계에서 메소아메리카

이제 점차 현대 세계로 통합되고 있는 보다 광범위한 맥락에서의 메소아

그림 9.4 미국 수출을 위한 목걸이 제작. 사진 속의 여성은 과테말라 UPAVIM 협동조합의 회원이며, 이 단체는 수출 시장을 겨냥해 수공예품을 생산한다(사진 저자 제공).

그림 9.5 과테말라 안티구아의 관광시장. 산타카타리나팔로포 출신의 행상인이 엘살바도르 관광객들에게 기념품을 판매하고 있다(사진 저자 제공).

메리카 경제에 대해 논의해 보자. 우리의 주안점은 더욱더 메소아메리카 인들의 삶의 일부가 되고 있는 초국적 경제 상황이다.

1) 초국적인 메소아메리카의 사람들

초국적 과정은 경제적·정치적·문화적 연결망과 전 세계에 걸친 사람과 자본 및 사고의 이동을 포함하며, 이러한 이동은 세계의 다양한 지역들이 항상 연결되고 변형되게 하는 일종의 망과 유사한 관계성을 통해 이루어 진다.

초국적 관계들은 복합적인 방식으로 계급 구조와 종족 정체성 및 가 구와 공동체들에 영향을 미친다. 메소아메리카의 사람들은 커피, 목화와 같은 전통 생산품, 그리고 딸기, 메론, 새롭게 고안된 예술품과 수공예품 과 같은 비전통 생산품의 생산과 수출을 통해 세계로 연결되게 되었다. 그 들은 또한 개발 국가의 소비자들이 구입하는 셔츠와 원피스와 같은 의류 품의 노동집약적인 생산을 통해, 그리고 메소아메리카의 제품, 용역, 문화 적 재현 등을 구매하는 관광객들의 지속적인 흐름을 통해 서로 연결되어 있다. 재화의 생산과 수출, 그리고 사람들의 일시적이거나 영구적인 이동 은 공동체와 개인들을 변화시키고 있으며, 복합적이고 변형된 정체성을 창조한다.

메소아메리카에서 초국가주의의 특별한 사례는 멕시코 치아파스에 서 발생했던 사파티스타 원주민이 중심이 된 사회운동이다. 사파티스타 들은 빈곤과 원주민 집단의 주변부화 종식을 포함해 주요 사회적·경제 적 요구들을 광범위하게 제시했다. 이 운동은 1994년 북미자유무역협정 (NAFTA)의 체결과 동시에 널리 알려졌다(사파티스타 운동에 대한 상세한 논의는 10장을 참조하라). 사파티스타들이 정의를 주장하기 위해 미디어를 사용하기 시작하자, 국제 공동체는 방패 역할을 했고, 때로는 그들이 곤경에 처했을 때 후원자 역할을 담당했다. 하지만 미디어가 이 운동에 대해, 그리고 멕시코 원주민 집단들의 투쟁에 대해 더 이상 많은 관심을 쏟지 않게 되면서, 사파티스타 운동의 영향력은 감소했다. 준 내쉬는 미디어를 "뉴스 리포터들의 제3의 부대"라고 언급했다(Nash 1997). 미디어는 봉기를 고립된 지역의 반란으로서가 아닌 적법한 초국적 운동으로 간주하며, 차이를 만들어 냈다. 사파티스타들이 그들의 투쟁을 표현하고 그들의 전략을 제시하기 위해 인터넷과 뉴스 미디어를 사용했을 때, 그들은 적절히 대변되지 못했던 집단들의 전 지구적 풍경으로의 궁극적 통합을 상징하고 있었다.

2) 미국으로의 이주

메소아메리카의 농촌이나 도시에서 일시적이거나 영구적으로 미국에 거주하는 친척이나 친구를 지니지 않은 사람을 발견하기란 쉽지 않다. 많은 이들에게 있어 미국으로의 여행은 그들이 일생 동안 달성하고자 하는 목표와 꿈의 일부이다. 이주를 감행하거나 감행하려는 성향이 강한 사람들의 일반적 특성을 제시하기는 어렵다. 연구는 다양한 결과들을 제시해 왔다. 일부 학자들은 부족한 토지 자원과 고향에서의 빈곤한 상황이 사람들로 하여금 떠나게 하는 동기로 작용하지만, 이주하는 경향이 있는 사람들은 완전한 무토지 상태 또는 자원이 완전히 박탈당한 상태의 사람들보다는 중간 계층인 경우가 빈번하다고 지적한다.

이주와 관련된 개별 사례는 메소아메리카의 사회경제 전 부문에 걸쳐 있으며, 여기에는 가장 부유하고 가장 고등의 교육을 받은 사람들이 포함되어 있다. 농업 토지의 분배와 질은 분명히 결정적인 역할을 한다. 하지만 척박한 토지를 보유한 지역 이외에도 집약적인 상업적 농업 생산이 이루어지는 지역에서도 이주민들은 미국으로 향한다. 경쟁이 증가하고,

농지 수입이 감소하면, 농장들은 국내외적 이동을 통해 다각화하는 경향이 있다. 도시 출신의 이주민들도 있다. 이들은 일시적인 이주 전략을 채택하는 농촌 노동자들보다 안정된 조건으로 미국 도시에 정착하는 경향이 있다.

젠더 역시 복잡한 경향을 지닌다. 남성은 실질적으로 모든 집단들 가운데 가장 먼저 이주하는 집단이며, 시간이 경과함에 따라 여성과 아이들이 그 뒤를 따른다. 이 같은 유형은 정치적인 동기의 이주민들과는 다소 상이한데, 예를 들어 고국의 매우 억압적인 상황에서 벗어나 멕시코와 미국에서 은신처를 찾기 위해 가족 구성원 전체가 이주하는 경향이 있는 살바도르 사람들과 과테말라 사람들이다. 최근의 연구들에 의하면, 멕시코 출신 여성 이주민들 가운데 더 많은 비중이 초기 이주민들에 비해 연령대가 낮고, 보다 높은 교육 수준을 보유했다고 한다. 하지만 일부 연구들은 이주 인구의 구성상에 어떠한 변화도 없었다고 보고한다.

이주민들의 출신과 관련해, 1980년대 초반의 이주민들은 대부분 멕시코 출신인 경향이 있었지만, 최근에는 엘살바도르, 과테말라, 온두라스의 라티노 이주민들이 중요한 비중을 차지하는 추세이다. 이 같은 추세는 미국의 수많은 도시들에서, 그리고 워싱턴, 텍사스, 플로리다, 뉴욕, 중서부 주들의 농촌 지역에서 보도되었다. 공산주의 세계에서 유래하는 이주민들과는 달리 과테말라와 엘살바도르 출신의 이주민들 다수는 미국 정부에 의해 정치적 망명이나 난민으로서의 지위를 거부당했으며, 불법 신분으로 미국에 체류했다.

미국으로의 이주의 상당 비중이 그 성격상 비밀스럽게 진행되기 때문에, 이주의 흐름과 관련해 구체적인 현황을 파악하기는 어렵다. 멕시코 한 국가가 미국에 체류하는 전체 미등록 이주민들 가운데 가장 높은 비중의 이주민들을 송출했다. 하지만 이주의 상당 부분은 송출국가들보다는 미국에 의해 유인되었다는 점에 주목하는 것이 중요하다. 미국 남서부 경작자들은 값싸고 의존할 만한 노동력을 확보하기 위해 19세기와 20세기 초반에 걸쳐 멕시코 농업 노동자들에게 이주의 동기를 부여해 왔다. 이 경우 이주는 빈번히 묘사되는 것처럼 보다 나은 삶을 추구하는 개인들에 의해서 비롯되었을 뿐만 아니라, 북미 사람들이라면 극히 소수만이 수용할 수준의 환경에서 저임금을 받고 고된 작업을 수행할 노동력을 확보하고자 노력하던 북미 사람들에 의해 시작되었다.

이주노동자의 유입은 1942년 미국 정부에서 브라세로 프로그램을 제도화하면서 부활했다. 이 프로그램은 이주민들에게 임시 서류를 제공해 국경을 넘고 제한된 기간 동안 일하게 해주는 임시 노동자 프로그램이었다. 이 프로그램은 1964년 폐지되었지만, 그 이래로 임시 노동을 허용하기 위한 여러 가지의 협정들이 제도화되었다. 2006년 현재, 조지 부시 대통령 행정부는 이주민들이 3년간 체류할 수 있도록 허용하는 새로운 임시 허가 프로그램을 제안하고 있다. 만일 채택되면, 이 임시 노동 협정은 노동자들과 그 가족들에게 지속적인 결과를 가져올 수 있고, 아이들의 안정성과 교육에 영향을 미칠 것이며, 보다 위험하고도 은밀한 이주의 움직임을 야기할 수도 있을 것이다. 우리가 보기에 미국에는 이주민들을 위한 일이 없기 때문에 미국은 그들을 원하지 않는다는 일부의 관념은 잘못된 것이다. 왜냐하면 단지 남부에 국한하지 않는 미국의 경작자들은 임시적인 직업을 취할 의향이 있는 이주민들의 활용 가능성을 촉진하기 위한 이민 대책들이 통과할 수 있도록 압력을 가하기 때문이다.

메소아메리카 지역 출신 이주민들의 교육적 배경은 혼재되어 있다. 모든 이주민들 가운데 대략 25퍼센트는 미국에서 더 나은 삶을 갖기를 기대하는 전문직 종사자들이다. 멕시코는 전 세계 다른 국가들에 비해서는 낮은 수치이지만 여전히 높은 숫자의 전문직 종사자들을 보낸다. 하지만 멕시코와 중앙아메리카 출신의 이주민들 대부분은 육체노동자들이다. 수백만 명의 중앙아메리카 사람들과 멕시코 사람들이 서류 구비 여부와 관계없이 미국으로 이주해 왔다. 그들은 고용이나 자유의 가능성에 이끌렸으며, 고국의 불확실한 경제 상황과 정치적 박해 등으로 내몰렸다. 또한 그들 대부분은 노동의 새로운 국제적 분업을 통해 국제 자본을 위한 노동력의 원천을 형성해 내고 있는 세계경제의 재편 과정에 의해 촉진되었다. 생산지의 가난한 국가로의 이동과 동일한 속성의 과정을 통해 이주의 물결이 형성되어 왔고, 전 세계에 걸쳐 새로운 종족적 소수집단들을 배출해왔다. 현재 이 이주민들은 새로운 고향땅에서 그들만의 공간을 주장하기위해 투쟁하고 있다(글상자 9.6 참조).

3) 초국적 고향

메소아메리카의 토착 집단들은 시간의 경과에 따라 자발적인 이주와 강제적인 이주의 상황을 모두 경험해 왔다. 오랫동안 그들은 새로운 지역에서 생존하기 위한 전략들을 개발하는 데 익숙해지게 되었고, 새로운 환경에 적응하기 위해서 국경 내부와 외부로부터 혁신을 수용해 왔다. 새로운 배경에서 생존하기 위해 전통적인 연결망을 효율적으로 활용하는 것은 이들에게는 일반적인 일이다. 1980년대 초반 과테말라 내전 동안 멕시코의 난민촌에서 들려온 호소력 있는 증언들은 이들이 취했던 일부 전략들을 입증한다. 난민들은 고향을 떠나는 데서 오는 고통과 스트레스에 맞서야 했을 뿐만 아니라, 그들의 출신 공동체들에 재편입하는 데 어려움을 겪었다. 수많은 이주민들은 다시는 고향으로 돌아오지 않았고, 그들은 새로운 고국에서 새로운 연결망들을 형성했다.

　미국에서의 삶은 일반적으로 메소아메리카 이주민들에게는 쉽지 않았다. 그들은 일터와 일상에서의 차별과 착취 이외에도 그들을 대상으로 하는 범죄로 인해 어려움과 외로움을 겪어 왔고, 지금도 겪고 있다. 그럼에도 수많은 이들이 강한 지방 공동체를 창조하고 공유할 수 있었으며, 이웃들로부터 큰 존경을 받았다. 미국 전역의 이주민들은 주거, 교육, 보건과 같은 기본적 필요들을 충족시키기 위해 일하는 과정에서 새로운 유형의 사회적 불평등과 편견을 상대해야 한다는 것을 발견하게 되었다. 그들은 다양한 구호 조직이나 자선 단체와 맺고 있는 동맹관계, 보다 광범위한 경제에서 차지하는 위치, 미국의 제도적 관행들에 대한 이해 정도에 따라 상이한 정도의 불평등에 시달리게 된다. 새로운 공동체를 형성하는 과정에서 이주민들은 그들의 출신 공동체와 고국과의 초국적 연계를 강화하기도 한다.

4) 현금과 문화의 송금

미국으로의 이주는 이주민들의 현금 송금을 통해 송출 공동체들의 조건을 향상시킬 수 있도록 기여했다. 메소아메리카인들은 이주민들의 송금에 의존하며, 그들 고국의 경제는 송금을 통한 상당한 자금의 유입에 의지한다. 멕시코의 추정에 의하면 미국에 거주하는 이주민들이 연간 멕시코에 보내는 금액은 20억에서 60억 달러에 달한다. 여러 국가들에서 송금은 국가 경제 전체에서 지배적인 비중을 차지한다고 간주된다. 고향으로 송금되는 돈은 가족의 기본 지출, 공동체 발전, 이주민 자녀들의 교육 지원, 새로운 집의 건설 등에 기여한다.

　미국의 이주민들은 송금 이외에도 가족과 공동체의 의무를 빈번히 수행하기 위해 여행을 하면서, 국경을 가로지르며 역할을 수행한다. 이런 방식으로 이주민들은 토착 공동체의 변형에 기여하고, 그 과정에서 그들은 출신 마을의 새로운 명망인 집단을 형성한다. 순환적인 이주민이나 일시적인 귀환자들은 송출 공동체의 그다지 조용하지 않은 삶에 또 다른 새로운 문젯거리를 만들며, 극적인 요소들을 더한다. 초국적 연계의 영향력은 현금의 송금을 넘어서서 여기에서 묘사할 수 있는 것보다 더 거대하다. 예를 들어 문화적 선호가 서서히 변하고 있으며, 새로운 음식, 음악, 여행 유형, 착복 양식들이 자리 잡고 있다. 새로운 가치, 사업 관행, 경제적 이데올로기들이 이 같은 거대한 이산의 맥락에서 생겨나고 있고, 작동한다.

이 과정은 단순히 메소아메리카의 '미국화'가 아니다. 오히려 이 과정은 이주민들이 세계체제에서 그들이 점유하는 위치를, 그리고 개별적이고 집단적인 단계에서의 종속을 보다 명확하게 의식하는 것을 의미한다. 수많은 새로운 사고들이 송출 공동체의 다른 구성원들에게 소통되고 있으며, 여기에는 새로운 형태의 저항이 포함된다. 더 나아가서, '외부'에 사는 떠나간 이들과 '내부'에 남은 이들 사이에 위계가 형성되고 있다. 이데올로기의 변화는 정치관, 젠더 관계, 젠더 성향, 인종과 종족 정체성 형성에까지 진행되고 있다. 초국적 연계가 이산(離散)에 전면적으로 침투하면서 사회적·문화적·경제적 '송금'의 복합적인 망이 메소아메리카를 변형시키고 있다.

5) 개발과 저개발

고대 메소아메리카에 해당하는 지리적 지역은 라틴아메리카의 다른 국가들만큼, 또는 종종 그들보다 더, 저개발의 영향으로 고통받아 왔다. 비교 통계 자료에 의하면, 과테말라와 엘살바도르 등의 국가들은 저개발 지표와 관련해서 앞자리를 두고 다투고 있다(멕시코와 중앙아메리카의 다른 국가들이 그 뒤를 바짝 추격한다). 멕시코와 코스타리카와 같은 국가들은 이 지역에서 전반적으로 더 높은 생활수준을 지닌다. 하지만 그들은 농민과 도시 비공식 부문 모두에게 고통을 주고 있는 불평등한 분배 유형을 여전히 보유하고 있다.

이 지역 저개발의 근원을 설명하려는 대부분의 시도는 수출 농업 개발 모델이 인구의 가장 큰 부문에 해로운 결과를 가져왔다고 설명한다. 식민시대의 상업 농업은 소수 엘리트에게 비옥한 토지들이 집중되도록 했다. 이것이 농촌 인구를 빈곤으로 내몬 가장 중요한 요인이었고, 이는 토지 개혁과 에히도 체제의 도입으로도 토지 불평등을 해소하지 못했던 멕시코에서도 해당된다. 토지는 지방의 소비를 위한 식량 작물 대신 수출 작물 재배에 사용되어 왔으며, 수출 작물 전용 토지의 비율이 여전히 증가하고 있다. 이러한 방식의 토지 활용으로 중앙아메리카와 멕시코의 수많은 집단들은 전통적으로 생산하던 식품을 이제는 수입해야 한다. 게다가 시장의 국제화는 가격 조정으로 이어졌고, 이는 불균등한 무역 수지를 가져왔다. 일부 분석가들은 소수 수출 품목 집중은 투자를 위한 더 많은 자금들을 형성할 것이며 '비교 우위'를 창출할 것이라고 생각했지만, 실제로 이 개발 전략은 해로운 결과를 초래해 왔다. 농업 수출 가격이 하락한 반면, 지역 주민들이 수입해야 하는 제조품의 가격은 상승했고, 불균등한 교역 위치를 점하게 되었다.

제조품의 높은 가격은 농업 생산품 가격의 심한 불안정과 결합되어 수출 다변화의 필요성을 가져왔다. 쇠고기와 같은 비전통 품목의 수출이 확산되면서, 코스타리카와 온두라스 등의 국가에 존재하는 거대한 양질의 토지는 모두 이에 점유됐다. 토지 부족은 부족한 자원을 두고 서로 경쟁하는 분화된 농업 인구로 이어졌다. 이와 관련된 가장 명확한 사례가 특히 엘살바도르, 과테말라, 온두라스에서의 심각한 수준의 영양실조이다.

수출 농업은 인구 성장과 결합되어 환경 악화에 상당한 역할을 했다. 토양은 생산 강화, 비료와 농약의 과도한 사용으로 고갈되고 있다. 산림벌채로 삼림지대가 목화나 그 외의 수출 작물 또는 건축용 목재의 생산지로 전환되면서 추가적인 부식이 일어나고 있다. 이 모든 요인들의 결과, 농촌에서 무토지와 실업이 증가해 왔다. 일부는 도시로 이주해 도시의 하층 부문의 일부가 되고 있는 반면, 앞서 기술했던 경제적 전략에 의존하는 사람들도 있다. 실제로 대부분의 공동체 개발 대안들은 일종의 토지 개혁의 필요성을 시사한다. 코스타리카와 온두라스는 과테말라와 엘살바도르와 비교해서 다소 공정한 토지 분배 프로그램을 보유하고 있다. 멕시코에서는 일부 조치들이 취해졌지만 상황은 전혀 해결되지 않고 있다.

토지 개혁이 불가능한 상황에서는, 의사 결정과 우선순위 설정 과정에서 공동체 구성원들의 높은 참여가 허용되는 개발 사업들이 가장 성공적인 성과를 거둔 것으로 나타났다. 더 나아가서, 문화적으로 실행 가능한 제안에 예민하게 반응하고, 지방의 필요뿐만 아니라 이에 대처하기 위한 문화적으로 의미 있는 수단에 신경을 쏟아 왔던 사업들 역시 유망한 결과를 가져왔다. 차물라 사람들의 치아파스 고지대에서 열대우림 지역으로의 재배치 사업이 그 사례이다. 차물라에서 이주한 사람들은 그들의 고지대 생활 방식의 일부를 유지했고, 이 중 보다 적절한 새로운 방식들을 저지대에 도입했다. 목표는 경제적·생태적·사회적 관점에서 실행 가능하면서도 이주 집단들의 소외를 방지할 수 있는 적응 형태를 달성하는 것이다.

지방 개발 대행자들과 국제 개발 대행자들의 경험 사례들은 공동체 구성원들의 필요와 참여를 침해할 경우에 다음의 두 가지 주요 결과가 반복적으로 나타난다는 것을 보여 준다. 한편으로, 사람들에게 의미 있다고 여겨지지 않는 사업들은 농촌 주민들에게도 타당한 대안이 되지 못한다. 다른 한편으로, 관리 체계의 의사 결정에 공동체가 관여하는 상황에서조차 대행자들이 잘못되게도 공동체의 동질성을 가정한다면, 혜택은 지방의 엘리트들에게만 돌아가기 마련이다. 따라서 보다 광범위한 측면에서 저개발을 먼저 초래했던 불균등한 기제가 동일한 방식으로 발전에의 노력을 중단시키게 되는 것이다.

6. 메소아메리카의 경제와 변화

경제과 문화의 상호작용이 지역에 영향력을 행사해 왔으므로, 이제 이들의 상호작용을 간략히 요약하며 이 장을 마무리하려고 한다. 특정하게 우리는 다음과 같은 질문들을 다룰 것이다. 우리가 앞서 서술했던 광범위한 경제적·기술적 변화라는 맥락에서 사람들의 관점은 어떠한 영향을 받아 왔는가? 사람들의 사적인, 가정에서의, 사회적인 삶들은 수많은 다른 변화들과 더불어 변화하는가?

메소아메리카인들은 콜럼버스 이전 시대부터 기본적인 문화적 가정들을 공유해 왔다(2장 참조). 이와 같은 전통적인 메소아메리카의 특징 중 하나는 땅과의 긴밀한 연계이며, 땅은 사람들이 이와 함께 심층적인 상징적·의례적 연관성을 정립하는 위대한 부양자로 인식된다. 따라서 전통적인 사람은 자원을 위해 땅에 깊이 의존하며, 선택의 여지가 주어질 때 다른 자원보다는 땅을 택할 사람으로 식별된다. 전통적인 원주민은 자신의 아이들이 가까이에 머물면서 땅을 상속받고 계속 땅을 일구기를 바란다.

이상적인 의미에서의 메소아메리카인은 자원의 활용이 가능할 때 이를 자신의 공동체에 투자하기를 선호하는 사람이며, 이 같은 행위는 공동체 축제와 민간이나 종교적 단체(코프라디아)에 참여하며 이루어지곤 한다. 음식, 주류, 의례에서의 춤을 위한 의상, 의례용품, 성인들을 관리하는 일 등에의 투자는 사회적 지위를 향상시키는 데 기여하고, 이를 통해 보상이 이루어진다. 따라서 일정 정도의 축적을 시도할 여지가 생기는데, 이와 같은 행위가 명성이라는 문화적 가치를 통해 이루어진다면 말이다. 만일 다른 방식으로 '자본'을 축적한다면, 방탕한 삶이나 부의 과시와 더불어 빈축을 산다. 이러한 세계관에서 강조점은 공동체의 가치, 연대, 너그러움에 맞추어진다. 욕심과 개인적 야심은 경멸의 대상이다.

전통적 신앙과 삶에 대한 태도, 특히 경제와 관련된 삶의 측면들에 대한 태도가 사람들이 서로 나누는 이야기들에서 표현되며, 이 이야기들은 오래된 민간 서사뿐만 아니라, 특정한 방식으로 행동하는 사람들에게 일어난다고 간주되는 실제 사건들의 서술 등을 포함한다. 종종 이 많은 이야기들이 제시하는 교훈은 다른 이들보다 더 많은 물질적 수단을 갖고자 하는 야심, 욕심, 욕망이 부정적인 가치들이며, 모두의 비난을 받아야 한다는 것이다. 이런 것들은 '시기심'을 야기하기 때문에 사회에 유해한 것으로 인식된다. 시기심은 해로운 감정이라고 이해되며, 과시적 소비에 의해 형성되기도 하고, 전통적인 관점에 따르면 질병과 심지어 죽음으로 이어질 수 있다(메소아메리카 구술 문학에 관한 폭넓은 설명은 13장을 참조하라).

보편적인 메소아메리카의 경제적 이데올로기에서 물론 변화와 혁신이라는 관점을 찾아볼 여지는 있다. 농업 기술은 일부만 변할 수도 있지만, 비료는 황무지에 반가운 첨가물이 될 수 있고, 지대나 소작의 수용이 필요해질 수도 있다. 전통적인 토착 세계관은 전혀 정적이지 않지만, 보수적이다. 삶의 양식과 경제적 실천에서 극단적인 변화를 경험했던 사람들과의 대화는 여기에서 기술한 쟁점들과 관련해 흥미로운 인식을 보여 준다. 메소아메리카 토착민들 사이의 경제 이데올로기에서의 변화는 더 많은 사람들이 그들의 입장을 상이하게 정의하고 있음을 드러낸다. 이행기에 있는 한 부문이 일부 전통적인 가정에 서서히 의문을 제기하고 있다.

생산을 강화하고, 생산 활동을 다각화하며, 상업적 실천을 확장시켰던 영세상품 생산자들과 영세 자본주의 생산자들은 매우 상이한 세계관을 제시하기 시작했다. 이들은 더 많은 땅보다는 더 많은 돈을 벌어들이기를 훨씬 선호한다는 것을 보여 준다. 그들은 아이들이 성인이 되면 마을을 떠나 새로운 시장과 새로운 지평을 발견할 것이라고 기대한다. 그들은 새로운 경제적 탐험을 시도하고, 위험을 감수하려 한다. 어떤 사람들은 일정 정도의 재분배가 포함된다면 축적은 열심히 추구해야 할 무언가라고 생각한다. 요약하면, 메소아메리카의 많은 사람들은 부유해지는 것이 열망의 대상이 될 만하다고 생각하지만, 그럼에도 욕심스럽지 않고 너그러운 태도를 유지하는 것 역시 중요하다고 생각한다. 이런 맥락에서 스스로를 호혜적 공동체 의무의 수호자로 제시함으로써 메소아메리카인들은 시기심과 관련된 전통적인 비난으로부터 스스로를 보호하려 하는 한편 새로운 이데올로기적 틀로의 이행을 도모한다.

연구 결과들은 새로운 경제 이데올로기를 수용하는 토착민들은 경제적 지위가 상대적으로 높은 경향이 있다는 것을 보여 준다. 그들 중 다수는 상업적인 활동(과테말라 서부의 경우)이나 영세 산업 생산(멕시코 오아하카의 경우)에 깊이 관여하고 있다. 그들은 경제활동 방식을 비롯해서 주변 세상을 인식하고 평가하는 방식에서도 변화를 겪고 있을 것이다. 경제적 변화는 그 외의 관련된 문화적 변화를 동반한다. 이와 함께 보다 대규모 자본주의 사회의 세계관이 친근해질 뿐만 아니라, 부분적으로 채택되기도 한다. 토착민들은 경제활동의 변형을 통해 스스로를 변형시키고, 이에 수반되는 외적인 변화들에 적응한다. 이 과정에서 그들은 행위 주체가 되며, 보다 거대한 경제 체제의 핵심적인 연결 고리가 된다.

이 외에도 메소아메리카 민족들의 거대한 부문들과 지역에 거주하는 비-원주민들 사이에서 일어나고 있는 흥미로운 현상은 가톨릭에서 개신교로의 높은 비율의 개종이다. 이는 20세기 사람들이 경험하고 있는 가장 주목할 만한 문화적 변화들 가운데 하나일 것이다. 메소아메리카 지역에서 개신교의 도입은 자본주의 개발과 성장을 도모하려는 멕시코와 중앙아메리카 정부들의 이해관계, 그리고 외국 투자를 유치하고 선진국들의 사고와 양식을 도입하면 개발이 잇따를 것이라는 그들의 확신과 관련되어 있다.

막스 베버가 자본주의 성장에 관한 이론을 상술한 이래로 학자들은 개신교와 경제 향상의 관련 가능성을 지적해 왔다. 자본주의 시장(또는 보다 높은 경제적 지위로 이어지는 기술 혁신들)과 밀접히 관련된 특정 활동들에 노출되는 것과 새로운 종교적 신앙을 포함하는 새로운 사고에의 개방성 사이에는 관련성이 있는 것으로 보인다. 개신교의 사고들(메소아메리카에서 수용된 방식으로)은 일반적으로 새로운 직업들과 새로운 경제적 실천들에 부합하는 것으로 보이며, 변화를 정당화하고 고무하는 정교한 개념적 틀을 제공한다. 예를 들어, 일반적으로 개신교도들은 열심히 일하고 그 결과 더 많은 부를 얻는 것이 좋은 것이라고 주장한다. 그들은 경쟁이 개인적인 그리고 사회적인 수준에서의 복지와 성장을 촉진시킨다고 강조한다. 더 나아가서 그들은 과음과 며칠에 걸쳐 경제적 의무에서 단절되어 있어야 하는 장기간의 의례 행사들보다는, '가치 있고' 건설적인 행위들, 가령 경제적 생산이나 건전한 기분 전환에 시간을 투자하는 것이 중요하다고 강조하는 경향이 있다.

개신교 자체가 변화를 창출해 내고 있는 것은 아니다. 하지만 개신교는 일반적인 경제적 변화를 수용하는 데 필요한 설명적이고 후원적인 틀을 제공하고 있다.

자본주의 세계 시장에 멕시코와 중앙아메리카 국가들이 참여하면서, 지방의 문화에 심원한 영향력을 행사해 왔다. 앞서 언급했듯이, 예를 들어 메소아메리카인들이 새로운 경제활동에 참여하면서 미국의 개신교가 유입되었고, 이는 그들의 세계관에 영향을 미쳤다. 종교와 생산의 영향력이 결합되면서 새로운 정치적 제휴 관계가 형성된다. 토착 노동자들과 비토착 노동자들은 새로운 연합을 형성하고, 새로운 문제와 계급 제휴 관계에 비추어 기존의 부문들을 재정립한다. 종족성 역시 이 새로운 틀 안에서 재구성된다. 사람들이 상이한 경제활동에 관여하게 되고 상이한 방식으로

서로 관계를 맺게 되면서, 그들은 또한 스스로를 재정의한다. 전통적 가부장 구조를 상쇄하는 여성의 새로운 자율성 역시 새로운 시장이 그들에게 제공한 가능성과 관련이 된다. 새로운 젠더 관계가 형성됨에 따라 새로운 가족 동력이 생겨나고, 여성과 남성은 새롭게 등장하는 노동 분업의 일부가 된다. 마지막으로, 토착민들의 생산품이 전 세계에 걸쳐 판매되고 구매됨에 따라, 비록 그 과정에서 변형된다고 하더라도 그들 문화의 일부 역시 전파된다.

영세농산품 생산:
'중앙아메리카의 정원',
산페드로알모롱가의 키체-마야 마을에 관한 사례연구

알모롱가 사람들은 과테말라 서부 지역(특히 케찰테낭고와 토토니카판 주변) 시장 체제의 중심구역에 형성된 대부분의 시장에서 채소를 판매한다. 이들을 찾아내기는 매우 쉽다. 여자들은 아주 밝은 색상의 옷을 입고 우아한 머리장식을 달고 있다. 남자들은 주변 사람들보다 옷을 더 잘 차려입고, 좋은 트럭과 지프차를 몬다고 한다. 케찰테낭고에서 5킬로미터 거리(1983년에 포장도로가 깔렸다)의 마을 입구에 걸린 표지에는 '알모롱가, 중앙아메리카의 정원'(La Huerta de Centroamérica)이라는 문구가 적혀 있다. 현재 알모롱가 사람들은 성공한 상인들이며, 과테말라, 멕시코, 중앙아메리카 전역에서 채소를 판매한다. 그들은 시장과 생산품을 다각화했고, 그들의 수많은 이웃들보다 번영을 누리게 되었다.

현재 수많은 과테말라 농민들은 빈곤과 영양실조에 시달린다. 사실상 알모롱가 사람들은 매우 소규모의 토지를 보유하고 있고, 그들이 보유한 전체 경작지의 86퍼센트가 1만사나(manzana, 약 2에이커) 미만이다. 게다가 한 사람의 아이들이 동등한 비율로 토지를 분배받도록 규정하는 과테말라의 상속법이 다른 마을과 마찬가지로 알모롱가에서도 적용되며, 이는 비옥한 일부 토지가 생계나 상업적 목적의 경작에 충분히 활용되지 못하게 하는 상황을 초래하고 있다. 알모롱가의 상황은 과테말라의 일반적인 농촌 지역 상황과 유사하다. 1979년 농업 통계 조사에 따르면, 이 지역은 국가 전체 경작지의 40퍼센트를 보유하고 있으며, 이는 전체 토지 가운데 19퍼센트에 해당한다. 하지만 고지대 인구는 전반적으로 증가했으며, 알모롱가에서도 지난 100년간 인구가 4배로 증가했다.

다른 공동체들에서 자본주의화를 비롯한 최근의 변화는 농촌 인구의 부산계급화를 가져왔다. 하지만 알모롱가 사람들은 케찰테낭고의 대규모 시장과의 인접성을 활용하는 동시에 비전통적인 작물 재배를 시도하고, 무역을 특화하는 전략을 통해 토지를 활용하기로 선택했다. 현재 알모롱가에는 공동체 토지가 없으며, 하나의 예외적인 사례를 제외하고는 과거에도 공동체 토지가 존재했던 적이 없다. 하지만 알모롱가의 사람들은 하나의 예외적인 사례의 존재조차도 단호하게 부정하며, 알모롱가는 항상 사유 재산을 소유해 왔고, 토지 공유라는 사고 자체가 알모롱가에게는 완전히 낯선 것이라고 생각한다. 오로지 단 한 명의 노인만이 지나가는 말로 마을의 가장 큰 경작지(대략 9에이커)가 한때는 공동체의 소유였을 것이며, 결국 메스티소 가족 소유의 포트레로(또는 방목지)가 되었을 것이라고 언급했다. 이 가족은 1쿠에르다(cuerda)에서 2쿠에르다 규모의 아주 작은 구획들로 이 땅을 원주민들에게 다시 팔도록 강요받았다. 하지만 이 땅을 되찾은 후에도 알모롱가에서 경작 가능한 평지의 전체 규모는 2제곱킬로미터(6십만 5천 평——옮긴이) 미만이었다. 토지 부족에 직면해 알모롱가 사람들은 케살테낭고, 살카하, 산크리스토발토니카판, 산마르코스의 토지를 매입하는 방식으로 대응했다. 알모롱가 사람들은 지방의 현지인들이 지불할 수 없는 금액을 제시할 수 있었고, 현금 확보 필요성이 외부인에게 토지 매각을 금지하는 공동체의 오래된 규율을 압도했다.

알모롱가의 노년층은 1930년대 우비코 정권 당시 판아메리카 고속도로 건설 사업을 생생하게 기억하는데, 대부분이 건설 현장에서 강제로 노동해야 했기 때문이다. 농장에서의 강제 노동(1934년 폐지됨)은 부랑자 관련법으로 대체되었고, 이 법은 무토지 농민들이 농장에서 1년에 100일 동안 일해야 한다고 명시했다. 그 당시 알모롱가 농민들은 채소 재배 기법을 또다시 실험하고 있었고, 여기에는 과거에 재배했었을 수많은 새로운 종류의 작물들이 포함되었을 것이다.

알모롱가에서의 삶을 기록한 알려진 최초의 자료들 중에는 푸엔테스와 구스만(Guzmán 1969)의 보고서가 있다. 보고서에 따르면, 17세기 말 알모롱가 사람들은 매우 근면하고, 헌신적으로 곡물, 가축, 채소 등을 생산했다. 1763년에 알모롱가 사람들은 태평양 연안에서 빵, 돼지, 카카오를 기래했으며, 거의 같은 시기 그들은 옥수수, 밀, 양모, 콩을 생산했다. 18세기 말에 접어들어 알모롱가 사람들은 돼지고기, 목재, 야생 약초 등을 거래했고, 채소도 재배했다고 한다. 그들이 17세기에 이미 채소를 재배했다는 대목은 특히 흥미로운데, 오늘날 사람들은 그들의 증조부모들이 이러한 작물들을 재배했다는 기억을 갖고 있지 않으며, 우리가 보유한 자료들도 그들이 실제로 어떤 종류의 채소를 재배했는지 명확하게 밝히고 있지 않기 때문이다. 현재 알모롱가 사람들은 채소의 생산이 지난 50년에 걸쳐 전개되었던 새로운 활동이라고 말한다.

20세기 초반 알모롱가의 주요 활동은 밀파 농업, 꽃 재배와 판매, 의약품용 야생식물을 해안가에 판매하는 것 등이었다. 1925년 무렵의 주요 활동은 동물의 사료로 쓰이는 알팔파(다년생 초본)와 귀리 재배였다고 전해진다. 코반과 카브리칸의 사람들은 해안 지역을 방문하는 길에 동물을 싣고 오고는 했다.

알모롱가 사람들은 채소가 그들의 땅에서 매우 잘 자란다는 사실을 '우연히' 발견했다고 하며, 일부는 계시적인 꿈을 통해서, 그리고 어떤 이는 누군가가 부엌에서 양파가 저절로 싹이 트는 데서 이를 발견했다고 말한다. 그들은 과테말라의 솔롤라, 엘살바도르, 멕시코의 오아하카에서 씨앗을 가지고 왔다. 오늘날 과테말라의 당근 전체 생산량 가운데 36퍼센트, 사탕무의 42퍼센트, 양배추의 89퍼센트, 양파의 29퍼센트가 알모롱가에서 생산된다. 그들은 어떠한 지속적인 중요 작물도 보유하고 있지 않으며, 알팔파보다는 채소 재배를 선호하는데 그 이유는 "알팔파는 본래 우리들의 것이 아니며, 메스티소 토지 소유자들로부터 비롯됐다"고 보기 때문이다.

알모롱가 사람들은 농장에서 임금노동을 하기 위해 이동하는 대신 그들을 위해 일할 사람들을 고지대 마을에서 고용한다는 점을 자랑스럽게 강조한다(일꾼들은 나우알라나 솔롤라 도의 마을들에서 온다). 알모롱가 사람들은 일꾼들에게 일반적인 수준보다 높은 임금을 지불한다고 설명한다. 수많은 이웃들과 달리 알모롱가 사람들은 불과 100년에 미치지 못하는 기간에 적어도 두 번은 그들의 생산 활동과 기술에 변덕을 가져왔고, 그 결과 국내외 시장의 주요 분야들을 공략했다.

1960년대 이후 과테말라 서부 전역으로 화학비료의 사용이 확산되었고, 알모롱가 사람들은 이를 기꺼이 수용했다. 화학비료는 수확량 증가를 가져왔지만, 남용으로 이어졌고 마을 환경과 건강에 분명 유해한 결과를 초래했다. 이에 알모롱가 사람들은 보다 건강 친화적인 새로운 방식을 실험했고, 현금 작물 특화와 새로운 기술 개발에 성공했으며, 아티틀란 호숫가 지역 주민들과만 채소에 대한 독점권을 공유했다. 원주민들은 알모롱가 사람들이 생산하는 종류의 채소를 좀처럼 소비하지 않기 때문에 새로운 시장을 개척해야 했으며, 보다 지급 능력이 있는 메스티소 시장을 대상으로 생산을 집중해 과테말라의 제한된 수요에 대응했다.

알모롱가 사람들은 그들의 경제적 성공이 노력의 결실이라고 설명한다. 그들은 오전 4시 또는 5시부터 오후 6시 또는 7시까지 열심히 일한다. 다른 곳의 사람들은 물을 대지도, 그렇다고 비료를 뿌리지도 않는 반면에, 그들은 다수가 오전 5시에 이미 밭에 물을 대고 있다고 말한다. 인접한 마을 사람들은 알모롱가 사람들이 열심히 일한다는 점을 인정한다. 하지만 다수는 알모롱가 사람들이 초자연적 원천을 통해 돈을 벌었기 때문에 부유해질 수 있었다고 말한다. 알모롱가 사람들은 그들의 성공을 마을의 좋은 기후 조건에서 찾기도 한다.

더 나아가서 수많은 알모롱가 사람들은 그들의 성공이 복음 전도의 영향이며, 그들이 음주나 여성 편력과 같은 악행들보다는 일에 몰두할 수 있는 이유가 그들의 종교 때문이라고 설명한다.

새로운 시장을 탐색하고 생산을 다각화하는 과정에서 알모롱가 사람들은 새로운 세계관을 채택해 왔다. 관념적인 측면에서의 변화는 더 많은 사람들이 새로운 종교를 수용할 수 있도록 해주었고, 동시에 경제적 대안들을 모색하도록 해주었다. 그 결과, 비전통 작물의 생산이 시작되었다. 또한 알모롱가 사람들이 인근 마을 노동자들을 고용함에 따라 마을 내부와 지역 차원에서의 자본 축적과 경제적 다변화가 진행되었다. 사람들은 알모롱가 사람들이 경쟁력을 보유하고, 개인주의적이며, 이윤 생산과 자본 축적에 관심이 있다고 언급한다. 하지만 주변 마을들과의 경제적 차이, 그리고 이웃들이 노골적으로 내보이는 적대감은 한겹 까기라는 문제와 결부되어 알모롱가 사람들이 채택한 생산 전략의 한계라는 문제로 제기되고 있다.

과테말라 목화 농장에서
노동과 삶의 조건

"나는 8세 무렵부터 10세 무렵이 될 때까지 우리가 커피 농장에서 작업했다는 것을 기억한다. 그다음 나는 해안가로 더 내려와 매우 뜨거운 곳에 자리했던 목화 농장에서 작업했다. 목화 농장에서 일한 첫날 밤, 나는 한밤중에 잠에서 깨서 촛불을 켰다. 나는 내 형제자매들의 얼굴이 모기로 뒤덮여 있는 것을 발견했다. 나는 내 얼굴을 만져 보았고, 내 얼굴 역시 마찬가지였다. 어디에나 모기가 있었고, 사람들의 입속에도 있었다. 모기를 보는 것만으로도, 그리고 물리는 상상을 하는 것만으로도 나는 몸을 긁어야 했다. 이것이 우리의 세계였다. 나는 언제나 그런 식일 것이라고 예감했고, 언제나 똑같을 것이라고 느꼈다. 단 한 번도 달라진 적은 없었다."

"대리 고용인들은 알티플라노에서 사람들을 데리고 왔다. 농장 감독들이 농장에 머물렀다. 일꾼 한 무리가 도착하고 다른 무리가 떠나면 감독들은 명령을 내리기 시작한다. 여기에서는 그들이 담당자이다. 예를 들어 당신이 일을 하다 잠시 휴식을 취한다면, 그는 당신에게 와서 이렇게 모욕한다. '계속 일해, 그러라고 너에게 돈을 준 거니까'라고 말이다. 그들은 행동이 굼뜬 일꾼들을 처벌하기도 한다. 우리는 때로는 일한 날짜에 따라서 지불받기도 하고, 때로는 작업량에 따라 지불받기도 한다. 일당으로 일할 때 우리는 최악의 대우를 받는다. 상급 노동자가 당신 앞에 버티고 서서 당신이 얼마나 열심히 일하는지 매순간 감시한다. 어떤 때는 당신이 작업한 양에 따라 지불받기도 한다. 하루의 정해진 작업량을 끝내지 못하면 당신은 다음 날까지 계속 일해야 한다. 그렇지만 적어도 당신은 감시하는 사람 없이 잠시나마 휴식을 취할 수 있다. 당신이 일당에 따라 일을 하든, 또는 일감으로 일을 하든 작업은 여전히 고되다."

"우리가 마을에 온 화물차를 타기 전에 고용 계약자는 한 달간 우리가 농장에서 필요하게 될 물건들, 예를 들어 그릇과 컵 등의 물건들을 모두 제공하겠다고 말한다. 일꾼들은 식사 시간에 토르티야를 받아올 수 있도록 배낭에 그릇, 컵, 물병 등을 챙겨 온다. 작업에 참여하지 않는 아이들은 돈도, 음식도 얻지 못한다. 그들은 그릇이 필요 없다. 그들은 부모의 음식을 나누어 먹는다. 지불받는 어린아이들 역시 그들 몫의 토르티야를 위해 그릇을 준비한다. 우리는 무료로 토르티야와 콩을 받지만, 썩은 것들이기 마련이다. 음식의 종류가 바뀔 때도 있다. 우리는 두 달에 한 번씩 계란을 배급받지만, 이 경우 우리의 임금에서 삭감된다. 새로운 음식이 나올 때면 언제나 그 비용이 임금에서 삭감된다."(Menchú 1984: 22-23)

글상자 9.3

치아파스 아마테낭고델바예의 첼탈-마야 마을에서 영세상품 생산

치아파스 아마테낭고델바예에서는 여성들이 도자기 생산에 집중함에 따라 내적인 분화로 이어지고 있다. 준 내쉬에 따르면, 이와 더불어 여성이 독립적으로 그리고 자족적으로 변화함에 따라 남성들과 여성들 간의 관계 역시 분쟁적인 방식으로 변화하고 있다(Nash 2001). 이와 같은 경제 발전을 겪는 과정에서 남성들과 여성들은 가구 내 자신들의 역할을 재규정해 왔다. 양 집단 모두 가구의 생계를 위해 항상 기여해 왔다. 하지만 생산의 집중화와 일정 정도의 경제적 분화로 인해 남성들과 여성들이 기여하는 노동의 속성이 변화해 왔다. 한 예를 들자면, 개별 상품들의 생산에 소비되는 시간이 전반적으로 증가했디.

남성뿐만 아니라 여성도 노동을 통해 현금을 구할 수 있게 되면서 가구 내부의 권력 관계에, 그리고 남성과 여성의 권력 관계 전반에 변화가 생겨났다. 여성들은 이제 그들이 생산하는 공예품을 소비해 줄 시장이 확장됨에 따라 자본을 창출할 수 있게 되었다. 이렇게 창출된 자본은 그들에게 더 많은 권력을 가져다주며, 예전과 달리 생산과 가구 소비에 관련된 사안들에 의사결정권을 갖게 되었다. 남성들의 활동은 예전과 유사한 수준의 또는 때로는 예전보다 더 낮은 수준의 보수를 제공하며, 따라서 젠더 상호 간 역동 관계에 영향을 미치고 있다.

앞서 언급했던 것처럼 생산의 다변화는 농촌 가정에서 새로운 것이 아니다. 그렇지만 생산의 집중화, 유급 용역(임시적인 임금노동)의 통합, 상이한 분업 등으로 인해 경제적 과정의 속성 역시 변화해 왔다. 예를 들어, 상이한 수준에서 상업화가 진행되고 이와 더불어 생계 농업에 한 가지 이상의 수공예 생산을 결합하는 것은 이제는 자본주의화를 위한 일반적인 전략으로 간주된다.

글상자 9.4
뉴욕과 아티틀란의 경제적 연계

뉴욕의 여성이 쇼핑센터에 가서 과테말라 아티틀란 호수에서 제작한 바지나 멕시코에서 만든 블라우스를 구매할 때, 그녀는 농민 가정 내부에서 비롯된 특정한 필요와 미적 맥락으로부터 시작되는 연계의 고리에 매듭을 짓는 것이다. 하지만 블라우스와 바지는 활용성, 형태, 의도, (빈번히) 재질과 관련해 극심한 변형을 겪어 왔다.

직공, 수놓는 사람, 의복 제작자는 외국의 취향과 필요에 부합하기 위해 생산품을 변형시켜 왔다. 본래는 남성용 셔츠를 만드는 데 사용되었던 직물이 이제는 남성용과 여성용 바지 제작에 사용된다. 본래 손으로 수를 놓고 특별한 제례적 상황에 입었던 블라우스가 이제는 종종 기계로 수놓아져서 비공식적인 상황에

바지와 함께 착용된다. 옷의 질은 구매자들의 요구와 경제적 상황에 따라 하락하곤 한다. 농민 공예품 시장은 생산의 양식, 차원, 속성에 있어 변화를 겪어 왔다. 지역을 방문하는 관광객들은 현대 사회에서 해당 지역 생산자들의 사회적 배태성(embeddedness)을 생생하게 드러낸다. 세계경제에의 높은 몰입을 생생히 보여 주는 관광업은 실제로 공예 상품 생산을 촉진시켜 왔다. 이제는 '왜 벽에 여성용 블라우스를 걸어 두려 하는 거지?', '당신 나라에서는 남자들이 여자들의 옷을 입는 게 적절한가요?' 등의 질문을 던지는 농민들은 소수이다. 그 대신 그들은 이국적인 수제품 시장에서 경쟁하기 위해 낮은 비용을 유지하면서도 생산을 늘리는 방법을 모색할 것이다.

그러므로 이제 토착 공예품들은 산업 생산을 포함하는 동일한 국제적 노동 분업의 일부를 구성하며, 그 제조품은 보다 대규모의 산업 생산이 내포하는 수많은 편향성과 결함들을 공유한다. 그 중 한 사례는 여성들이 점차 보다 고강도의 저임금 작업의 대부분을 담당하게 되는 젠더에 의한 국제 노동 분업이다.

글상자 9.5
관광객을 대상으로 하는 원주민의 생산

메소아메리카 전역에서 관광산업은 지방과 국가 경제의 중요한 요소가 되었다. 수년간 관광업은 전통적인 농장 농업(커피, 설탕 수수, 목화), 보다 최근의 비전통 농작물(브로콜리와 깍지 완두) 생산, 옷과 전자제품을 조립하는 마킬라도라 산업에 비교해 더 많은 수익을 창출해 왔다. 관광업으로 가장 많은 경제적 이득을 보는 사람들은 상당한 편차를 두고 나뉜다. 멕시코와 과테말라에서 관광객들은 콜럼버스 이전의 고고학 유적지에 매료되며, 지방 주민들이 감당할 수 없는 수준의 고급스러운 국제 체인 호텔과 식당에서 숙식하며 대부분의 돈을 소비한다. 이 같은 관행은 관광입제들로부터 세금을 징수하는 정부, 국제 체인 호텔, 관광객에게 주로 서비스를 제공하는 지방의 엘리트들에게 막대한 양의 수익을 가져다준다. 원주민 수공업자들과 판매자들은 수공예품을 시장에서 팔면서 관광산업에서 틈새시장을 형성했다. 그들의 생산품은 대부분 수 세기에 걸쳐 전해 내려온 문형을 참조로 해서 제작된다. 오아하카, 치아파스, 과테말라 고지대의 방직공들은 전통적인 문형을 재생산하면서도 관광객들의 변화하는 취향을 만족시킬 수 있는 새로운 생산품들을 계속해서 개발해 왔다. 상대적으로 소수의 원주민 수공업자들과 상인들만이 자동차와 같은 품목을 구매할 정도로 돈을 벌며, 대다수는 일반적인 수준의 생계를 이어가는 데 그친다. 이렇게 벌어들인 수입으로 그들은 농업에 종사하는 대부분의 이웃들보다 경제적인 안정을 누린다.

거의 100년 동안 과테말라의 산안토니오아구아스칼리엔테스 마을과 인근의 산타카타리나바라호나 마을의 직공–판매자들은 새로운 직물들을 창조해 왔으며, 시장에서 이 직물들을 관광객에게 팔기 위한 성공적인 전략을 고안해 왔다. 예를 들어, 직물 생산에 종사하는 한 가족은 관광객들이 그들 집에 직접 방문해 직조하는 과정을 볼 수 있도록 하기 위해 정부의 관광업 기관과 보다 큰 규모의 관광업체들과 협상을 했다. 또 한 가족은 안티구아와 과테말라시티에 있는 스페인어 학교들을 방문해서 학생들을 그들의 집으로 초청했고, 이들에게 직조를 가르쳐 주고, 토르티야를 만드는 일에 참여하게 했으며, 구운 감자와 고추를 넣어 끓인 페피안을 대접했다. 이 가족들의 여성 구성원들은 자신들이 직접 짠 직물을 구입할 고객을 모으기 위해 직조와 특별한 음식 같은 전통적인 관습들에 의존한다.

이들 공동체의 주민들은 이 두 가족의 성공 사례를 모방했다. 그 외에도 이들 공동체 주민들은 산안토니오 광장에 자리 잡은 스페인 콜로니얼 양식의 아름다운 시장에서 직물을 판매한다. 시장과 광장은 1998년부터 2003년에 걸쳐 지방 정부에 의해 완전히 개조되었는데, 그 이유는 보다 매력적인 시가지 중심지로 더 많은 외국인 관광객을 유치할 수 있으리라는 점을 당시 시장이 알고 있었기 때문이다. 이 마을들의 직공–판매자들 가운데 다수는 인근의 안티구아로 여행했으며, 그곳의 시장과 거리에서, 그리고 소규모 마야 수공예품 전문매장(부티크)에서 직물을 판매했다. 소수는 제품 판매를 위해 온두라스, 엘살바도르, 파나마, 멕시코, 미국으로 향했다.

대부분 여성으로 구성된 이 상인들은 지방 현지인과 관광객이 전통적이라고 인식하는 새로운 직물 문형을 상당한 자율성을 가지고 개발해 낸다. 누군가는 이와 같은 지속적인 혁신을 냉소적으로 바라볼 수도 있는데, 관광객을 대상으로 제작된 의상과 직물의 양식들이 시간의 경과에 따라 계속 변하기 때문이다. 따라서 직물의 문형을 변형시키는 관례는 그 대상이 관광객들이든지, 또는 지방의 칵치켈 소비자들이든지 관계없이 직물 수집자들에게는 낙담할 일이 된다. 하지만 이 관례는 여성 직물 생산자들이 추세에 따라 국내외 소비자들에게 호소할 수 있는 방법을 모색할 창조적인 역량을 보유했다는 의미이다. 이 여성 생산자들은 외국의 소비층을 보유하고 있으며, 때로는 고향 마을과 외국을 오가며 여행을 하기도 하지만, 그들의 생산양식은 가구 생산이다. 그들은 집안에서 직조하며, 직물 판매와 관광객들을 만족시키기 위한 새로운 전략들을 모색한다. 여성들이 이러한 경제활동을 수행하는 동안 그들의 아들과 남편은 소규모 밀파를 돌보거나, 비전통 작물을 재배한다. 또 다른 가족 구성원들은 마킬라도라 공장에서 일하거나, 목수나 교사를 비롯한 그 외의 업종에 종사한다. 고용의 다양화에도 불구하고 많은 이들이 농업이나 가내 생산양식을 여전히 고수한다. 소수의 가정들이 농업만으로 자급자족하고 있지만, 밀파 생산과 옥수수의 소비는 '전형적인' 직물들의 생산과 더불어 지속적으로 그들의 식생활과 정체성의 중요한 부분을 형성한다.

글상자 9.6
초국적 배경에서 원주민 의례 기념하기

에스키풀라스의 그리스도 기념행사에서 행렬은 깊고 친근한 향내가 풍기는 교회로 진행한다. 아름답게 세겨진 흑인 그리스도는 전통적인 마야 의복을 입은 남자들의 어깨 위에 얹힌 채로 전통적인 방식에 따라 옮겨진다. 우아한 옷을 입은 아이들이 초, 향, 과테말라의 국가적 상징인 케찰새의 형상을 옮긴다. 약 500명에 이르는 모든 청중은 스페인어로 친근한 노래들을 부른다.

사제는 강한 강세가 섞인 스페인어를 말한다. 1월 15일에 거행되기 때문에 아직 날씨가 매우 차다. 땅에는 눈이 남아 있다. 뉴욕시 퀸스의 전형적인 겨울밤이다. 참가자들 가운데 극히 소수만이 마야 원주민들이다. 그들은 토착 의복을 걸치고 있지는 않다. 그 대신 전통적인 마야 의복을 걸치고 행사에 참여하는 이들은 비-마야인들, 다시 말해 라디노(메스티소)들이다.

교회에는 미국에 거주하는 수천 명의 과테말라 사람들 중 일부가 모여 있다. 그들은 1950년대 이후로 상이한 시간대에 걸쳐 이주해 왔다. 일부는 1980년대의 과테말라 내전 기간에 도착했다. 그들은 전통적인 축일들을 지속적으로 기념해 왔고, 마야 정체성의 상징을 그들의 국가 정체성의 일부로 주창하고, 그들 모두가 그리워하는 삶의 요소들을 의례와 관련된 상황에서는 거의 예외 없이 재생산한다. 교회 의식에는 음식, 마림바 음악, 춤이 수반된다. 이 행사는 해마다 과테말라의 수호성인을 기념하기 위해 북쪽 그들의 새로운 집에서 열리는 연례행사 가운데 하나일 뿐이다(앞서 묘사한 의례의 묘사는 골딘이 뉴욕 퀸스에서 행한 현지조사자료에 근거한다).

읽을거리

Annis, Sheldon 1987 *God and Production in a Guatemalan Town*. Austin: University of Texas Press.

Brockett, Charles D. 1990 *Land, Power and Poverty: Agrarian Transformations and Political Conflict in Central America*. Boulder: Westview Press.

Cambranes, Julio C. 1985 *Coffee and Peasants in Guatemala*. South Woodstock, Vermont: CIRMA.

Cancian, Frank 1965 *Economics and Prestige in a Mayan Community: The Religious Cargo System in Zinacantan*. Stanford: Stanford University Press.

Chibnik, Michael 2003 *Crafting Tradition: The Making and Marketing of Oaxacan Wood Carvings*. Austin: University of Texas Press.

Cohen, Jeffrey H. 1999 *Cooperation and Community: Economy and Society in Oaxaca*. Austin: University of Texas Press.

Collier, George 1989 "Changing Inequality in Zinacantán: The Generations of 1918 and 1942". *Ethnographic Encounters in Southern Mesoamerica: Essays in Honor of Evon Zartman Vogt Jr.*. edited by V. R. Bricker, and G. H. Gossen. pp.111-123. Studies on Culture and Society vol.3. Albany: Institute for Mesoamerican Studies.

Cook, Scott 2004 *Understanding Commodity Cultures. Explorations in Economic Anthropology with Case Studies from Mexico*. Lanham, Maryland: Rowman & Littlefield Publishing, Inc.

Cook, Scott, and Leigh Binford 1990 *Obliging Need: Rural Petty Industry in Mexican Capitalism*. Austin: University of Texas Press.

Ehlers, Tracy Bachrach 1990 *Silent Looms: Women and Production in a Guatemalan Town*. Boulder: Westview Press.

Goldin, Liliana R. (ed.) 1999 *Identities on the Move: Transnational Processes in North America and the Caribbean Basin*. Austin: University of Texas Press.

Little, Walter E. 2004 *Mayas in the Marketplace: Tourism, Globalization, and Cultural Identity*. Austin: University of Texas Press.

Little, Walter E. (ed.) 2005 "Maya Livelihood in Guatemala's Global Economy". *Special Issue Latin American Perspectives 32(5)*. London: Sage Publications.

Nash, June (ed.) 1993 *Crafts in Global Markets: Artisan Production in Middle*

America. Albany: State University of New York Press.

Smith, Carol (ed.) 1990 *Guatemalan Indians and the State, 1540 to 1988*. Austin: University of Texas Press.

Wasserstrom, Robert 1983 *Class and Society in Central Chiapas*. Berkeley: University of California Press.

10장 마야 사파티스타 운동

게리 H. 고센

독자들은 우리가 멕시코 치아파스 주에서 발생한, 불과 10여 년 전(이 글이 쓰인 2006년 기준——옮긴이)인 1994년 1월 1일에야 세상에 알려지게 된 지방의 원주민 사회정치 운동에 한 장을 완전히 할애하기로 한 점에 의아해 할 것이다. 그날 자정, 사파티스타 민족해방군(EZLN)을 구성하는 수천 명의 무장한 마야인들과 수많은 비-원주민 협력자들은 며칠 동안 치아파스의 네 개 주요 시가지들을 점령했다. 멕시코 정부에게 이 사건은 정치적으로 매우 당혹스러운 일이었는데, 1994년 1월 1일은 우연찮게 북미자유무역협정(NAFTA)이 발효되는 일자와 정확하게 일치했기 때문이다. 미국 의회는 협정 승인 조건으로 멕시코에게 엄청난 양보를 요구했고, 사파티스타들은 이 모든 상황이 멕시코의 농촌 빈민들, 무엇보다 원주민들의 이익에 반한다고 생각했다. 수일 내에 멕시코의 군대는 도심지에서 사파티스타들을 몰아냈고, 반란자들에게 승리를 선포했다. 그럼에도 오늘날(2006년 1월)까지 사파티스타들은 치아파스 주 100여 개의 무니시피오(지방 정부) 가운데 30여 개 이상에서 실질적인 정치적 통제권을 행사하고 있다(무니시피오는 미국의 카운티에 해당하며, 주 정부의 하급 행정단위이다. 이 장에서는 읍구[township] 또는 무니시피오로 지칭한다).

오늘날 EZLN 구성원들과 추종자들은 단지 수십만 명에 불과하며, 군사적 세력으로서 그들은 무기력하다. 실제로 매우 최근까지도 그들은 협상 전략으로서 폭력을 사용하기를 거부해 왔다. 그렇지만 그들은 정치적으로, 상징적으로 멕시코 국가가 무시할 수 없는 실체로 존재하며, 멕시코의 정치 계급 그 자체에 대한 정교하고도 잘 조직된 도전을 의미한다. 그들에게 '정치 계급'은 현재의 전반적인 정치 체제를 의미하며, 지방, 주, 국가 단위 정치인들을 아우르는 좌파에서 우파에 이르는 이데올로기적 입장들을 포괄한다. 그들은 멕시코 민족이 아니라 그들의 표현에 따르면 정당성이 없는 멕시코 국가에 대항해서 전쟁을 벌이고 있다. 수많은 정치 분석가들은 지난 70년 이상 집권당으로 기능해 왔던 제도혁명당(PRI)이 2000년 대선에서 패배하게 된 상황은 사파티스타 반란과, 그리고 반란 세력이 제기한 공공 정책 사안들을 해결하지 못했던 멕시코 정부의 명백한 무능력과 결정적으로 연관되어 있다고 믿는다. 당시 선거의 승리자이자 전직 대통령이었던 중도우파 국민행동당(PAN) 출신의 빈센테 폭스는 낙관적 전망을 가능하게 할 근거를 그다지 제시하지 못했다. 사실상 국민행동당은 1996년 2월 정부 대표들이 승인했던 사파티스타들과의 산안드레스 평화 협정문의 본래 문구를 수정하기 위해 국회에서 표를 동원했으며, 이는 실질적으로 평화 협상을 파기하기 위함이었다(이 장의 저자들은 도입부 작성 과정에서 도움과 비평적인 논평을 제시해 주었던 던컨 얼에게 감사의 말을 전한다).

1. 사파티스타, 새로운 종류의 전쟁을 시작하다

사파티스타들은 초기 봉기 직후 단독 휴전을 선언했고, 이를 준수해 왔다. 더 나아가 최근 그들은 국가 정치 과정에 참여할 의도를 밝혀 왔다. 실제로 2006년 1월 1일(그들이 운동을 시작한 지 12년째 되던 해), 그들은 6개월 일정으로 멕시코의 31개 주들을 모두 대상을 하는 공식 순회 방문을 시작했으며, 그 목적은 국가 정치를 재구성하고, 2006년 7월 2일에 치러지는 대선에 영향력을 행사하는 것이었다. 2006년 1월 1일을 기점으로 그들은 새로운 좌파 연합과 함께 '멕시코를 근본적으로 뒤엎을 것'이라고 공식적으로 선포했다. 우리는 그들이 3개의 주요 국가 정당들(중도파인 PRI, 우파인 PAN, 좌파인 민주혁명당 PRD)의 후보자들을 모두 반대한다는 것과 멕시코 정치 계급 전반의 실패와 그들이 농촌과 도시 빈민들에게 중요한 사안들에 심지어 귀를 기울이지도 못했다는 점을 비판하려고 결심했다는 것을 알고 있다. 현재 시점에서 국가 쟁점들에 관한 그들의 실질적인 입장은 그들의 공식적인 성명과 과거 그들이 실제로 행했던 실천들에 근거해 추론할 수 있을 것이다. 전달하려는 바는 단순하다. 그들은 민중을 듣고 민중에게 응답할 것을, 다시 말해 상향식 접근방법을 통해 대의권과 국정 관리 체계를 정립할 것을 요구한다. 사파티스모(Zapatismo, 사파타주의)와 지도부는 상호 간, 그리고 '시민사회'(국내외의 협력자들과 잠재적 협력자들을 포괄) 협력자들과 어떠한 사안들이 언급되어야 하는가에 관해 지속적인 대화를 하고 있다. 그 과정에는 어떠한 고정된 강령도 이데올로기도 없다. 사파티스모와 그 지도부는 그들이 선호하는 경청과 응답의 변증법적 과정을 통해 반란의 초기부터 사실상 진화해 왔으며, 따라서 내부의 그리고 시민사회와의 대화의 과정에서 여성의 권리, 젊은이들의 참여, 노동 조직과 농민 조직들의 역할, 에히도 조직들의 역할, 알코올의 활용, 지속 가능하고 이윤을 창출하는 농업 실천의 장려와 같이 초기에는 중요하지 않았지만 현재는 중심적인 비중을 차지하게 된 사안들이 전면에 부상하게 되었고, 이는 급진적 민주주의라고 불리게 되었다(Earle and Simonelli 2005; Harvey 1998; Nash 1997).

그렇다면 이것은 어떠한 종류의 전쟁인가? 사파티스타들은 '우리의 말은 우리의 무기이다'라고, 급진적 민주주의가 그들의 신조라고, 그들의 적은 라틴아메리카 전역에 걸쳐 신자유주의로 알려진 전 지구적 자유 시장 자본주의라고 공개적으로 명시해 왔다. 이 같은 수사적 전투가 어떻게 작동하는가? 어떻게 추상적인 경제, 정치 이데올로기와 전투를 벌일 수 있는가? 450년에 걸쳐 원주민들이 권력과 대의권에서 배제되어 온 다종족 사회에서 대의민주주의가 어떻게 작동할 수 있는가? 사파티스타들은 어떠한 이데올로기도 거부한다. 하지만 그들은 그들의 대변인, 마르코스 부대변인을 통해 주목할 만한 탈근대적 정책 성명을 제시해 왔다. 다음의 시적인 구조로 서술된 구절은 이러한 정책의 본질을 내포한다.

사파티스모는 이데올로기가 아니며,
교리의 대가로 매수된 것이 아니다.
그것은 …… 직관이다.
그것은 매우 개방적이고, 유연해서
모든 장소에서 실제로 일어난다.
사파티스모는 문제를 제기한다.
"나를 배제시켜 왔던 것은 무엇인가?"
"나를 고립시켜 왔던 것은 무엇인가?"
…… 각 장소마다 대답은 상이하다.
사파티스모는 단지 문제를 진술하며
대답은 복수형임을,
대답은 포괄적임을 명시한다(Marcos 2001: 440).

이처럼 난해한 진술을 해석하는 일환으로, 우리는 사파티스타들이 새로운 종류의 전쟁을 벌이고 있다는 것을, 치아파스 남동부 밀림과 고지대에 위치한 그들의 고향 공동체에서 지방의 통치 체계와 정치적 선출권을 급진적으로 재조직하기 시작했다는 것을, 그리고 인터넷과 잘 조직된 외교부대 및 수천 명의 원주민들과 비-원주민 협력자들을 통해 국가의 정치영역과 세계무대로 뻗어 나가고 있다는 것을 알고 있다.

따라서 우리는 메소아메리카의 토착민들이 유용한 행위자들이고 그들의 문화적 논리가 노력을 통해 펼쳐지고 이해되는 매혹적인 탈근대의 사회정치 운동을 접하고 있는 것이다. 사파티스모는 그들 스스로 그렇게 재현되기를 원하듯이 진행 중인 일이며, 동시에 마찬가지로 그들이 재현하고자 하는 대로 전 세계 민중민주주의 운동의 귀감이다. 최근 라틴아메리카의 정치가 좌파로 전향하고 있는 추세에서(이어지는 내용을 참조), 사파티스타의 협의에 의한 민주주의와 공공 정책 형태들은 브라질, 우루과이, 아르헨티나의 거리에서부터 베네수엘라와 볼리비아의 입법회의에 이르기까지 널리 회자되고 있다. 치아파스 지방의 현실에서 배태된 사파티스모는 현재 라틴아메리카 정치에 형성력을 지니는 매우 영향력 있는 발언으로 드러났다. 이 책에 본 장을 포함하게 된 우리의 선택은 사파티스모의 중요성에 관한 저자들의 학자적 판단으로 이해되어야 하며, 동시에 이 책의 독자들이 앞서 제시했던 정보들을 통해 현재 상황의 복합성을 이해할 수 있도록 하려는 것이다. 우리는 이 운동의 대의, 전략, 장기 목표들을 통해 메소아메리카 토착민들이 어떻게 우리 시대의 거대한 일부 정치적·경제적 쟁점들에 대응하고 기여하는지를 이해할 수 있을 것이라고 믿는다. 우리는 또한 마야 사파티스타 운동의 이해를 통해 세계화의 세력들(자유 무역, 빠르고 공개된 통신, 민주주의화, 토머스 프리드먼이 "평평한 세계"라고 불렀던 전 지구적 자본주의의 불가피성에 대한 인식을 의미하는 이성적 믿음 등)이 멕시코와 라틴아메리카에 어떻게, 그리고 왜 일부 예기치 못한 결과들을 초래하고 있는가를 이해하게 해 줄 것이다. 실제로 마야의 사파티스타 운동은 제3세계의 사람들(구시대 유럽의 식민사회들에 거주하는 원주민들)이 전 세계에 걸쳐 진행되고 있는 탈냉전 시대에 어떻게 대응하는가를 이해하기 위한 보편적인 통찰력을 일부 제시한다.

2. 운동이 발생하게 된 맥락

1) 현재 세계의 맥락

1980년대 후반과 1990년대 초반은 서구에 도취감을 안겨 주었다. 우리는 냉전에서 승리했다. 공산주의의 몰락, 소련의 해체, 베를린 장벽의 붕괴, 동유럽에서 민주주의 사회들의 등장 등 이 모든 일은 서구에게 영광스러운 종결을 거두었다는 느낌을 안겨 주었고, 이는 선과 악의 서사시적 분쟁에서 대의민주주의와 자본주의가 마침내 승리를 거두었음을 함축하는 프랜시스 후쿠야마의 유명한 "역사의 종언"(Fukuyama 1992)에 해당한다. 하지만 발칸 반도, 스리랑카, 티모르에서 뒤이어 발생한 내전들은 이 같은 인상을 빠르게 떨쳐 버리게 했다. 냉전의 종식이 동서분쟁으로 오랫동안 억압되어 있었던 종족적 선언과 자기결정권의 억눌린 열망을 사실상 분출되게 했다는 사실이 자명해졌다. 실제로 냉전의 종식은 식민주의 시대의 종말을 특징지었고, 유럽의 패권과 소비에트 대 서구라는 동일한 주제의 두 가지 변이들이 영원히 해체되었다. 그리고 그 대신 권력을 향한 새로운 참가자들과 새로운 열망이 놀라운 방식으로 조합되어 이를 대체하게 되었다. 이 참가자들 가운데는 멕시코와 중앙아메리카의 마야인이 속해 있었다.

한편으로는 후쿠야마가 주장하는 세계경제 체제와 정치 체제의 균일화, 그리고 또 다른 한편으로는 전 세계에 걸친 새로운 종족운동의 부흥과 발칸화(여러 개의 작은 나라나 지역들로 분화되는 현상——옮긴이)가 일어나는 예기치 못한 역설에 직면하게 되었으며, 이는 사람들의 자유로운 이동을 금지하기 위해 세워졌던 철의 장막과 같은 장벽들이 사라지며 명확하게 대두되었다. 냉전의 종식으로 사람들은 경제적 기회와 동일한 성향의 종족적 동향인들의 공동체들을 찾아 자유롭게 이동할 수 있게 되었고, 이와 더불어 전례 없는 이주와 이민 행렬이 나타나게 되었다.

새로운 종족적 선언(그리고 정치적·종교적 근본주의를 향한 현 세계의 추세에서 그 극단적인 표현)을 이해하기 위해 필수적인 부분은 월드와이드 웹과 인터넷을 통한 통신의 유례없는 용이함과 신속성 및 정보의 교류이다. 새로운 기술은 세계화를 용이하게 하는 동시에(예를 들어, 국제적인 사업 처리라든지 외교적 교류를 거의 즉각적으로 행할 수 있게 하는 등) 그것을 방해한다(예를 들어, 알카에다 테러 연결망의 비밀스러운 유지 등). 마야 사파티스타 운동의 논의에 있어서 웹은 운동의 자금 조달, 유지, 공공 통신, 심지어 그 생존에 절대적으로 중심적인 역할을 담당했다.

40년 전, 사파티스타들이 1994년 1월 1일에 착수한 것과 같은 반란이 멕시코 군대에 의해 잔혹하게 진압되었다. 그들을 지지했던 촌락들은 모조리 불에 타고 파괴되었으며, 사파타의 충복들은 살해당했다. 사건의 전말이나 유혈사태는 통제되거나 '미화'되었을 것이고, 사망자는 '실종자'로 둔갑되었다. 하지만 사파티스타들의 경우에 대해 멕시코 국가는 동일한 선택을 할 수 없었으며, 그 이유는 1994년 1월 1일 자정으로부터 몇 시간 지나지 않아 운동의 사명과 군사적 운용의 상세한 세부사항들이 세계 전역으로 알려졌기 때문이었다(상세한 내용은 8장을 참조하라). 정부는 더 이상 1968년 틀라텔롤코 대학살에서 그랬던 것처럼 반대자들을 억압할 수 없게 됐다. 또한 멕시코 국가와 전쟁을 벌이고 있는 이들 반란 집단이 즉각적인 원거리통신과 여론이 그들을 보호하고 그들의 정치적 입장을 신장시킬 것이라는 확신을 가지고 국가 전역을 가로지르는 고강도 공공 순회방문을 시작함에 따라 이 같은 상황은 현재도 계속되고 있다.

2) 현재 라틴아메리카의 맥락

현재 라틴아메리카 정치의 관찰자라면 2006년을 기준으로 남아메리카 대륙의 절반 이상이 면밀한 감시를 거친 자유선거를 통해, 전 지구적 자본주의의 바로 근간이 되는 자유무역과 공공시장에 일반적이고 전면적으로 반대하는 정부 관리를 선출하며 좌파로 이행해 왔음을 인식할 것이다. 아르헨티나, 우루과이, 브라질, 베네수엘라, 볼리비아에서 현재 정권을 잡고 있는 새 정부들은 국가가 도시와 농촌 빈민으로 구성된 광범위한 부문의 복지를 보장하는 역할을 담당하도록 하는 공공 정책들을 모두 선호한다. 1970년대와 1980년대, 이 국가들은 미국이 통제하는 국제통화기금(IMF)의 압력을 받고 있었고, 예산 조정을 위한 긴축재정 조치들을 실행하고, 국가 소유 시설과 산업을 사유화했으며, 국가가 제공하는 보조금과 경제 프로그램을 극단적으로 감축하는 등 자유무역과 공공 시장을 수용할 '공평한 경쟁의 장'을 창조하기 위해 IMF가 권장하는 처방을 일반적으로 따랐다.

신자유주의의 황금기는 국내총생산 증대와 외국 투자 활성화라는 그들이 내세운 목표를 달성했다. 하지만 IMF가 부과한 정책들이 가져온 외견상의 경제 복지와 경제적 안정은 민중들의 실체를 반영하지 않았다. 새로운 부는 백인과 메스티소 엘리트와 외국 투자자에게 유입되었고, 도시와 농촌의 빈민(볼리비아의 경우 사실상 국가 원주민 대다수의 거의 전부)을 예전보다 더 열악한 상황에 처하게 했다. 이 같은 상황은 결국 미국과 유럽이 후원하는 긴축재정 조치를 거부하게 했던 대중 선거 반란으로 이어졌고, 불이익을 받는 부문을 위해 국가가 후원하는 사회적·경제적 프로그램들을 재정립하도록 장려했다. 그들은 또한 외국 투자자들이 이 국가들에서 경제적으로 보다 특혜를 받으며 활동하는 것을 재평가하도록 했다.

3) 멕시코의 맥락

앞서 논의한 배경은 동일한 시기(1970년도부터 현재까지)에 멕시코에서 진행되었던 과정을 이해하도록 도와줄 것이다. 지루한 세부사항을 언급하지 않고도(상세한 내용은 8장 참조), 주요 사항들이 다음에 간략하게 제시될 수 있을 것이다.

첫째, IMF가 부과하는 긴축재정 조치가 실행됨에 따라 외국 투자가 치솟았다. 석유수출국기구(OPEC)가 후원했던 석유파동(1979~1980)과 석유 시장가격의 막대한 급등은 멕시코 정부 관리들에게 그들이 베네수엘라와 더불어 신세계에서 이토록 귀중한 자원의 가장 막대한 보유고를 소유하고 있다는 사실에 주목하게 했고, 아프리카, 러시아 또는 중동의 생산자들과 비교해서 그들이 세계에서 가장 큰 시장인 미국에 수천 마일이나 가까이 있다는 사실에 관심을 갖게 했다. 비장의 카드를 손에 쥐고, 그리고 IMF의 격려하에 1980년대 초반에 멕시코는 석유를 담보로 수십억 달러를 차관했다. 몇 년 지나지 않아 석유가격의 거품이 빠지면서 멕시코는 엄청난 외채 위기에 직면하게 되었고, 1995년 미국의 지원으로 긴급구제차관을 받게 되었다. 부채에 빠져들게 하는 추동력과 부채 탕감의 어려움, 이 모두는 외국의 재정적·정치적 개입에 의해 가속화되었다.

둘째, 1970년대와 1980년대 대규모 외국 투자 유치를 위한 초기 조건을 형성하는 조건으로, 그리고 1994년 이전에 미국 의회의 승인을 받은 NAFTA를 체결하는 조건으로, 그리고 1995년 미국으로부터 긴급구제차관을 제공받는 조건으로, 멕시코는 수많은 국영 산업들, 시설들, 금융기관들을 사유화해야 했다. 마야 사파티스타 운동의 가장 중요한 배경으로서,

멕시코는 수십만 명의 무토지 농민들이 생존을 위해 국가가 제공하는 잉여분의 부지와 몰수 토지를 에히도의 형태로 양도받아 경영할 수 있게 했었던 1930년대 시작된 매우 성공적인 농지개혁 프로그램을 폐기하도록 강요받았다(8장 참조). 에히도로 제공된 부지들은 양도할 수 없는 것이었고(다시 말해 판매가 금지되었다), 단지 가족 상속인들에게만 세습될 수 있었다. 이 프로그램은 미국의회가 NAFTA를 승인하는 조건으로 폐지되었고, 더 나아가 그들의 토지를 민간 시장에 매도하도록 권장하기까지 했다. 결과는 어땠는가? 일부가 토지 매매를 통해 불로소득을 취했지만, 대부분의 농민들에게는 절망과 외부로의 이주만이 유일한 선택으로 남았다.

셋째, 농산품 생산에 대한 국가의 보조금, 신용대출, 시장가격 통제 등이 사라지게 되었다. 물론 이 정책은 미국 상품의 판매를 위해 멕시코 시장을 개방하는 것을 목표로 했다. 이 정책은 더 이상 그들의 생산품에 대한 시장가격을 보장받을 수도 없었고, 그들이 생산하지 않는 주요 식료품을 보조금을 통해 보다 저렴한 가격에 구매할 수도 없게 된 주변부적 농업 생산자들을 몰아내는 '이성적' 효과를 가져왔다. 농촌의 빈곤화는 사회적 불안정을 가져왔고, 더 나아가 변방지역들(라칸돈 밀림이나 사파티스모의 요람 등)과 도시로의 이주를, 그리고 멕시코가 더 이상 제공할 수 없는 것을 찾아 수백만 명이 미국으로 이주하게 되는 결과를 초래했다.

넷째, 이 정책들로 '새로운 부'가 창출되었지만, 국가 후원의 사회적·경제적 편의 사업들을 통해 도시와 농촌의 빈민에게 부가 재분배되기보다는 산업, 운송, 하부시설, 농업 관련 산업에 투자되었다. 이 같은 방식의 투자는 모두 도시나 멕시코 중부와 북부의 선진 집약농업 생산 지역에 거주하는 소수의 엘리트들에게 돌아가는 경향이 있었다. 일반저료 저하 효과(trickle-down effect)는 멕시코의 원주민 공동체들 대다수가 자리 잡고 있는 농업에 토대를 둔 가난한 남부 지역에는 도달하지 않았다. 우리가 지금 논의하고 있는 수십 년 동안 진행되었던 이 정책들은 막대한 실업과 빈곤 및 인구 이동으로 이어졌다.

마지막으로, 세계 시장에서 커피와 옥수수 등의 생산품들이 그들의 '자연적인' 수출 가격에 도달함에 따라 소규모 생산자들은 경쟁을 할 수 없게 되었고, 결국 소규모 생산자들은 농장을 일체 매각하거나, 최저임금보다 훨씬 낮은 비용을 지불하며 과테말라나 살바도르 난민들을 '스캐브'(scab, 배신자나 동맹파업을 파괴하는 자를 의미 ──옮긴이) 농장 노동력으로 고용했다. 1970년대에는 안정된 계절노동 고용에 의존했던 수천 명의 치아파스 원주민들은 1980년대 초반이 되자 실업에 내몰렸다. 설상가상으로 정부는 실업자들과 무토지 농민들이 은신처로 택하려 했던 새로운 에히도 부지 허가권의 희망과 약속을 철회했다. 이와 같은 상황은 사회 불안정, 농촌의 실업, 치아파스 고지대로부터의 집단탈출의 주된 원인이 되었고, 이는 마야 사파티스타들이 형성되는 요인이 되었다.

앞서 제시한 멕시코 국가의 신자유주의 수용으로 인한 부정적 효과들의 목록은, 예측과 다르지 않게, 멕시코 국가에 반대하고 그들이 추구하는 '대안적' 해결책들을 선호하는 사파티스타의 구호를 담은 일반적인 문안의 일부분처럼 보인다. 이 부정적 효과들은 1980년대 치아파스의 독특한 수많은 다른 요인들과 결부되어 사파티스타 운동의 구상을 가능하게 했다.

4) 치아파스의 맥락

20세기의 마지막 20년간은 치아파스에 심원한 변화를 가져왔으며, 일부 변화는 앞서 논의한 쟁점들과 더불어 멕시코의 국가 정책에 의해 촉진되었다. 치아파스는 오아하카와 유카탄과 더불어 대규모의(거의 50퍼센트에 해당) 농촌 원주민 출신 인구를 보유하고 있기 때문에, 멕시코 중부나 북부에 비교해 앞서 논의한 문제들이 이곳에서 보다 심각하게 부각되었다는 점은 놀라울 것이 없다. 또한 신자유주의의 정치적·경제적 문제들로 인한 경제적 기회의 침체에 가장 큰 타격을 받게 된 이들이 마야 출신의 원주민들이었기 때문에, 치아파스에서 이 문제들은 인종적·종족적·계급적 차원을 지니게 되었다는 사실 역시 놀라울 점이 없다. 사실상 치아파스의 모든 마야인들이 실질적으로 인종차별적인 아파르트헤이트 사회(원주민에 비교해 멕시코 국가 문화의 라디노 계승자들이 보다 많은 물질적 복지 이외에도 보다 높은 사회적 위치를 향유하고 있는)에서 살아가고 있음을 예민하게 인식하고 있음에도 불구하고, 구시대에 공동체마다 특수하게 형성되었던 정체성(예를 들어, 초칠의 시나칸테카)과 새로운 '종족적 의식'이 구별되는 지점은 새롭게 나타난 목소리가 범-원주민적이고, 범-마야적이며, 백인들에게 공손함을 표하기보다는 원주민성을 적극적으로 긍정한다는 점에 있다.

치아파스 원주민 종족성의 또 다른 새로운 차원은 마야의 가톨릭 전통주의나 관습주의와 연관될 필요가 없으며, 게다가 빈번히 이와 무관하게 존재한다는 점이다. 그 이유는 분명하다. 수많은 변화의 주체들은 거대한 실업의 고통과 정부 서비스의 감축 및 강제 내부 이주(그들 자신의 전통주의적 동향인들에 의해 고향에서 제명되는 방식으로 행해지기 마련이었던)로 인한 고통을 완화하기 위해 치아파스 지역에 머물러 왔다. 변화를 주창하는 이 마야 원주민들은 멕시코 정부나 주류 가톨릭 교회가 제공할 수 없는 신앙 체계, 사회 서비스, 미래에 대한 희망을 제공하고 있기 때문에, 지지자들을 모으는 과정에서 다양한 정도의 성공을 거두어 왔다. 이러한 중재적 행위자들 가운데에는 수많은 교파의 개신교 복음주의 포교단들이 핵심적이었다. 여기에는 1963년 제2차 바티칸 공의회를 계기로 부각된 해방신학의 틀에서 선교하려는 진보적인 시도들뿐만 아니라, 물론 사파티스타 운동이 포함되어 있다(현대 치아파스의 맥락에서 사파티스타들의 정치적·경제적·종교적 배경에 대한 포괄적인 설명은 이 장 마지막에 소개한 추천 도서 목록을 참조하라).

3. 사파티스타 운동의 일반적인 구조적 주제

사파티스타들이 명확하게 제시했던 미래관의 특정 사항들과 사건들의 연대기를 살펴보기 위해서는, 메소아메리카의 이 특정 운동에서 새롭게 나타나는 일반적인 구조적 주제들을 일부 검토할 필요가 있다.

1) 범-마야적, 범-원주민적 구성층

식민지와 현대 치아파스 역사에서 매우 드문 경우(주목할 만한 사례로 1712년 첼탈 반란, 1867년에서 1870년의 산타로사 전쟁, 1910년에서 1911년의 파하리토 전쟁)에만 치아파스의 원주민 정치, 종교 운동들은 그들의 지지자들이나 군사적 동원과 관련해서 종족적·언어적인 경계들을 가로질렀다(이 과거의 운동들에 관해서는 이 책의 5장과 8장을 참조하라). 그들이 보다 적극적이고 가시적으로 활동하기 위해 이 같은 연합을 꾀했을 경우, 국가는 이 운동들을 신속하게 진압했다. 실제로 스페인 왕정은 원주민을 스페인과 메스티소 공동체에서 격리시키고, 더 나아가 원주민들 사이를 효과적으로 격리시킬 수 있을 행정 기관, 거주 유형, 지방의 시민 조직과 정부 조직들을 만들어 냈다. 이러한 정책들은 지방의 정체성, 언어, 관습, 충성도 등을 장려하는 방식으로 작동했으며, 그 과정에서 국가 정책에 대항하는 범원주민적 반대를 저지하려는 왕실의 목적에 기여했다.

여러 가지 측면에서, 종족적으로 그리고 인구학적으로 고립된 원주민 읍구(township)들은 카시케 제도를 통해 국가의 간접적 통제를 받고 있었으며(7장 참조), 이 거주구들의 구성 형태는 20세기 후반까지, 그리고 현재까지 대부분 온전히 유지되어 왔다. 이 같은 구성 형태는 특히 치아파스 고지대와 과테말라 고지대의 무니시피오(지방 도시)들의 특징이다. 이런 점에서 사파티스타 구호는 멕시코 국가와 더불어 유해한 존재로서 카시케 제도를 공격하는 데에 특히 주력한다.

하지만 사파티스타 운동이 퍼져 나갔던 지역의 인구학적 배치도는 우리가 바로 전에 묘사했던 것과는 다른 양상을 보여 주는데, 이 차이점은 반란의 배경을 이해하기 위해 매우 중요한 부분이다. 치아파스 남동쪽에 위치한 라칸돈 밀림 저지대는 사파티스타의 고향으로서 사실상 그 형성과 관련해서 선구적인 정착 지역이다. 지난 수십 년 동안 수만 명의 유랑민들이 그들이 태어난 원주민 주거지의 가난과 정치적·종교적 핍박을 피해 피신자로서 라칸돈으로 이주했다. 또한 이 지역은 1980년대 과테말라의 정치적 폭력에서 벗어나기 위해 고국을 떠난 수천 명의 과테말라 난민들에게 삶의 터전이 되었다(이 주제와 관련해서는 8장을 참조하라). 이 지역은 따라서 마야의 어떠한 단일한 종족집단이나 언어 집단에 의해 지배되는 사회 질서를 정립하고 있지 않다.

라칸돈 지역은 또한 상당한 종교적 다양성을 보유하고 있으며, 수천 명의 새롭게 개종한 개신교도들과 최근에 귀의한 '진보적' 가톨릭교도들이 존재한다. 지난 20년 동안 이들은 해방신학과 관계를 맺고 있는 세속 전도사들과 사제들의 개종을 위한 집요한 노력의 대상이었다. 산크리스토발 주교관구의 전직 로마가톨릭 주교였던 사무엘 루이스는 사파티스타들에게는 친근함의 표시로 타틱 사무엘('우리의 친애하는 아버지 사무엘'을 의미)이라고 불리는데, 그 이유는 그는 해방신학의 정신에 근거해 멕시코 국가와 지방의 백인 토지 소유 엘리트들과의 관계에서 확고부동하게 원주민들의 이익을 대변해 왔기 때문이다. 더 나아가 개신교나 해방 가톨릭 교리에 동조하지 않는 '전통주의 마야 가톨릭교도들'이 지역에 거주하며 사파티스타의 의제에 헌신하고 있다.

따라서 대체적으로 마야인들을 주요 구성원으로 하고 있다고 하더라도 EZLN은 사실상 종족적·언어적·종교적 배경과 관련해서 매우 다양한 구성을 보이고 있다. 촐칠어, 첼탈어, 소케어, 촐어, 토홀라발어 사용자들뿐만 아니라 멕시코의 메스티소들과 종족적으로는 '백인'인 멕시코 사람들이 모두 공통된 정치적·사회적 목표를 위해 연합했다. 이런 점에서 사파티스타 운동에서 마야적인 측면은 특정한 마야의 문화적 정체성의 변이들에서 찾아질 것이 아니라, 오히려 보다 보편적인 가치와 행동의 원칙들, 즉 소케인, 촐칠인, 멕시코인, 또는 그 외의 아메리카 토착민들 모두가 공유할 만한 원칙들에서 찾아져야 한다.

마야 사파티스타들의 즉각적인 목적들이 외부 관찰자들에게는 주로 경제적이고, 정치적인 속성을 지닌 것으로 보이겠지만, 우리는 이 기획의 범-마야적 속성이 강력한 탈식민주의의 종족적 자기긍정의 요소를 지니고 있으며, 이는 정치적 행동을 넘어선다고 본다. 잘 조직된 범-마야적 협력은 이제는 현대 과테말라, 치아파스, 유카탄의 수많은 행동 영역으로 확장된다. 이 범-원주민 집단들의 속성은 지적·교육적·종교적 조직들로부터 관광무역을 위해 일하는 수공예품 협회들(예를 들어 직물과 토기 조합)에까지 해당한다. 무수한 작가와 예술가들의 조합이 존재하며, 조합구성원들은 마야어를 사용한 총체적인 문학 작품, 시각 예술품, 행위 예술을 창조하기 위해 작업하고 있으며, 이를 통해 전통적이고 현대적인 마야의 주제를 표현한다. 최근 출판된 빅터 몬테호의 『마야의 지적 르네상스: 정체성, 재현, 지도력』(*Maya Intellecual Renaissance: Identity, Representation, and Leadership*, 2005)은 이 같은 현대적인 마야의 주제들을 종합적으로 분석하고 있다(이 책에 관한 논의는 13장을 참조하라).

2) 사파티스타 기획의 고안된 연대기

1994년 마야 사파티스타 운동이 '뉴스거리'로 부상하기 전까지 국제 미디어들은 일반적으로 그들의 존재를 외면했으며, 이런 점을 고려해 볼 때 마야 사파티스타 운동을 형성하는 실제 사건들의 배경을 다루는 이 도입부가 필요하고도 적절하다고 저자들은 생각한다. 그 당시 미국의 주요 상업, 공공 네트워크들은 EZLN이 치아파스의 마을들을 점령했던 사건이 주목할 가치가 있다고 생각했다. 봉기가 시작된 직후 사건은 심지어 PBS의 대표적인 뉴스 프로그램인 맥닐/레러 뉴스 아워에서 특집으로 다루어지기도 했다. 하지만 그후 지난 10년간 사파티스타의 이야기는 지면에서 사라졌고, 단지 때때로 유럽과 미국에서 보도될 뿐이었다. 당혹스러운 순간도, 그리고 희극적인 순간도 있었는데, 예를 들어 2002년 11월에 스페인 법원의 치안판사인 페르난도 발타사르 가르손에게 보내는 공식 서한에서 EZLN의 대변인 마르코스 부사령관이 바스크의 정치적 자치를 위해 헌신하고 있었던 정당을 불법으로 규정한 점에 근거해 스페인 판사를 "기괴한 어릿광대"라고 부르고, 스페인 총리 이그나시오 아스나르를 "저능아"라고 불렀던 사건이 그 사례이다.

그 뒤에 마르코스는 발타사르 가르손에게 국가가 원주민들의 문화적·정치적 자치를 인정하는 사안을 두고 카나리아제도에서 논쟁을 벌일 것을 요청했으며, 그는 바스크 사람들에 대한 스페인 국가의 탄압을 자국 원주민들의 권리와 문화적 자치를 인식하고 이에 정당한 대우를 하는 데 실패했던 멕시코의 사례에 비견했다. 마르코스가 멕시코 EZLN의 대의와 스페인 바스크의 분리주의 운동을 동등한 사례로 제시했다는 사실은, 그리고 원주민 권리를 다루지 못했다는 근거로 양 국가의 정부들을 비도덕적이고 불명예스러운 존재로 평가했다는 사실은 스페인과 멕시코의 여론을 들끓게 했고, 심지어 멕시코의 한 의회 의원은 그가 멕시코의 명예를 더럽혔다는 이유로 죽음의 결투를 벌이자고 도전하기도 했다.

논쟁도 결투도 결코 현실로 옮겨지지 못했다. 하지만 논쟁은 EZLN 의 신뢰성을 상당 부분 감소시켰다. 실제로 오늘날 스페인에서 사파티스타 운동은 탈냉전 시대의 좌절한 맑스주의자가 내는 실성한 목소리에 불과하다는 비웃음을 널리 사고 있다. 그의 비평가들은 부사령관 마르코스가 표면적으로는 원주민 공동체들을 위해 말하면서도 실제로는 그 자신의 인기를 위해 연기를 하는 복화술사로서 그의 환상들을 탐닉하려고 하고 있다고 말한다. 반면, 포르투갈의 노벨문학상 수상자인 주제 사라마구와 같은 이들은 마르코스와 그가 내세우는 대의가 소수자 인구의 정치권과 문화적 자치의 인정이라는 새천년의 가장 중요한 쟁점을 담고 있다고 믿으며, 정치적이고 문학적인 자질들에 근거해 그를 높이 평가해왔다(부사령관 마르코스의 『우리의 말이 우리의 무기입니다』[*Our Word is Our Weapon*, 2001]에 실린 사라마구의 서문 「고통과 희망의 이름, 치아파스」 [Chiapas, a Name of Pain and Hope]를 참조하라). 이처럼 EZLN과 사파티스타 운동은 다양한 평가를 받고 있다.

우리는 여기에서 제시하는 배경 정보와 다음의 연대기를 통해 독자들이 자신만의 견해를 갖게 되기를 바란다. 우리는 독자들이 사파티스타의 역사적 서술을 검토하는 과정에서 그 기저를 구성하는 '문화적 논리'에의 감식안을 통해 사건들의 사회적·정치적·종교적 그리고 역법적 상징주의에 주목하기를 바란다(이들 용어들의 의미는 글상자 8.5를 참조하라).

사파티스타 반란 초기 특정 사건들의 각본은 고대 메소아메리카의 시간을 혼합적으로 변형한 것이다(글상자 10.1). 사파티스타의 국가 비판은 미리 정해진 각본을 따랐다. 1994년 그레고리력(양력 달력)과 기독교력을 정확하게 따라(그리고 그 효과는 같은 해 1월 1일 NAFTA가 발표됨에 따라 더욱 증대되었다) 사파티스타들은 멕시코 국가, 그 도시들, 그 지도자들, 그 기관들을 겨냥하는 카니발적인 조롱을 시작했다.

태양력과 카니발 주기에 따라 역법적 대본에 근거해 움직임이 정해지는 양태는 이에 수반되는 발전 과정, 즉, 긍정적인(소생) 그리고 부정적인(죽음) 전개로 이어졌다. 긍정적인 측면에서, 1996년 2월 중순 사파티스타들과 멕시코 정부가 체결한 포괄적 평화 협정은 카니발 바로 직전에 이루어졌다. 협정이 체결되었음을 알리는 1996년 2월 15일자 뉴욕타임스의 기사는 같은 해 4일(2월 17일 토요일부터 2월 20일 화요일까지) 동안 치러질 카니발의 의례적 행위들이 있기 전인 목요일에 지면에 나타났다.

부정적인 측면에서, 사파티스타들에 반대하는 원주민들은 1997년 12월 23일 멕시코 정부와 연합하여 잔혹한 악테알 대학살을 자행했다. 악명 높은 이 사건으로 체날료 초칠 촌락에 거주하던 사파티스타 지지자들로 추정되는 43명의 거주민들(그들 거의 모두가 여성들이거나 아이들이었다)이 사파티스타들과 적대 관계에 있는 친정부 초칠-마야인들에 의해 살해당했다. 이 대학살은 동지에 맞추어 발생했으며, 우리는 이것이 우연의 일치라고 생각하지 않는다. 다시 말해서, 동지와 초봄의 교회력적 주기를 중심으로 하는 본질적인 농업의 동력인 죽음과 소생이 고대 마야의 사고뿐만 아니라, 현대 치아파스 역사에서 현대 마야의 행동에 지침이 되고 있는 것으로 보인다. 이 같은 우연에 근거해서 우리는 진기한 의례적 사건들의 연속을 넘어서서 규범적 질서에 대한 유머와 조롱을 담고 있는 카니발이 사파티스타와 친정부 공동체들 내부에 작동하고 있다고 믿는다. 카니발은 역사에서 행동을 위한 일종의 대본이다. 우리는 이 대본을 보지 못하지만, 그것은 존재한다. 사파티스타들과 그들의 적들은 이 같은 대본을 따르고 있는 것으로 보인다.

그리고 이야기는 계속된다. 2001년 5월, 마야의 사파티스타들은 거의 서사시적 규모의 연극 같은 사건을 완수했다. 여기에서 언급하는 사건은 아마도 순례라는 표현이 더 적절할 것이며, 매우 널리 보도되었다. 영어권과 스페인어권 미디어는 락스타의 여행단과 그 수행원에 빗대어 이 여행을 '사파투어'라고 불렀다. 이 사건은 심지어 자체적인 웹사이트 주소를 가지고 전개됐다(Narco News 2001). 여행은 라칸돈 밀림의 외진 곳에 위치한 사파티스타 요새에서 시작되었고, 여행단의 버스와 그 외의 수송기관으로 구성된 행렬대가 멕시코시티까지 전진했으며, 3월 11일 일요일에 멕시코 민족의 상징적인 심장인 소칼로의 거대 광장에서 1만 5천 명의 집회 참가자들을 결집시키며 정점에 달했다(그림 10.1).

멕시코시티의 집회에 이어 오랫동안 기억될 또 다른 사건이 있었는데, 부사령관인 마르코스를 제외한 EZLN의 지도부들이 3월 28일에 멕시코 의회에서 연설을 했던 것이다. 전통적인 원주민 의상과 독특한 방한용 얼굴 가리개를 착용하고(무엇보다도 가면은 멕시코 국가가 그들을 '얼굴 없는' 존재로 간주한다는 그들의 인식을 상징한다), 그들은 여러 시간에 걸쳐

그림 10.1 2001년 멕시코시티 소카로에 군집한 사파티스타 행렬. 출처: 로이터 통신, 코비스.

발언을 했으며, 국회의원들이 원주민 자치를 위한 새로운 헌법적 보장을
승인하도록 설득하려 했다. 폭스 대통령은 이 같은 골자의 제안서를 의회
에 이미 제시했었다. 예측에서 어긋나지 않게 이 같은 요구에 대해 폭스가
소속되어 있었던 보수당인 PAN 이외에도 최근에 집권당에서 물러나야
했던 PRI 내부에서 강력한 반대가 제기되었다. 2001년 5월, 멕시코 의회
는 관련된 입법안을 대폭 수정하고 완화하여 통과시켰고, 사파티스타들
은 이 개정안을 거부했다. 교착 상태는 지금까지 계속되고 있다.

하지만 순례는 일상적인 여행이 아니었으며, 원주민과 국가의 관계
를 논의하기 위한 규칙들 역시 예전과 같지 않다. 실제로 많은 것이 변화
했다. 축제적인 배웅을 받으며 2월 25일 토요일에 얼굴 가리개를 착용한
23명의 사파티스타 사령관들과 부사령관 마르코스로 구성된 대표단은
버스에 올라 산크리스토발데라스카사스를 떠났다. 여정은 11차례에 걸쳐
11개 주의 원주민 공동체들에 들르는 계획을 가지고 있었고, 이 일정에는
미초아칸 주의 누리오에서의 4일간의 방문(3월 1일부터 3월 4일까지)이 포
함되어 있었으며, 누리오에서 개최될 제3회 원주민 의회에 참여해 사파
티스타의 지지를 보일 계획이었다. 그곳에서 수십 개에 이르는 멕시코의
다양한 토착어 공동체들의 대표들은 투표를 통해 사파티스타들을 국가의
1000만에서 1500만 명에 이르는 원주민들의 '공식적인 목소리'로 세웠
다. 이 의회에서 원주민 대표들은 메스티소인 부사령관 마르코스가 원주
민 정치 권위를 지니는 상징적 인물로서 그들의 대변인으로 기능하도록
동의했다. 이 사건은 원주민들이 오랫동안 느꼈던 점을 공식적으로 인정
했다는 것을 의미하며, 다시 말해 그가 진정으로 그들을 위해 말하며, 그
의 카리스마적 지도력이 그들의 축복을 받고 또한 도덕적 권위를 지닌다
는 사실을 인정한 것이다. 이 사건들로 사파티스타들이나 그들의 대변인
부사령관 마르코스가 멕시코의 후미진 곳에서 일어나는 시시한 싸움거리

로 치부될 수 없다는 사실이 명확해졌다. 그들은 10퍼센트 이상의 멕시코 인구를 위하여 말하고 있는 것이다.

세심하게 계획된 이 순례는 영적인 국토 수복을 상징하는 행위로 끝이 났는데, 그 이유는 3월 11일 집회 장소였던 멕시코시티의 소칼로가 고대 아스테카의 수도였던 테노치티틀란의 주요 제례 구역의 폐허 위에 지어졌기 때문이다. 치아파스 마야의 구술 전통은 그들 자신의 정복과 패배가 북쪽에서 유래했다는 것을 명확하게 기억한다. 사파투어 여정(남쪽에서 북쪽으로의)은 그들의 관점에서는 원주민 사안과 대의라는 명목으로 수행된 멕시코의 '국토 수복'에 다름없었다. 다시 말해 그들은 주로 남부와 남동부 원주민들로 구성된 빈민들로부터 시작해서 북쪽과 북서쪽으로, 그리고 마지막으로는 멕시코 메스티소 국가와 그 '신자유주의적' 번영의 상징적 중심지로 이동했다. 소칼로에서의 집회는 최근의 교황의 방문, 1968년 올림픽, 또는 이와 밀접하게 관련되어 있었던 틀라텔롤코 대학살에 버금가는 비중으로 미디어의 관심을 받았다.

또 다른 역설은 미디어에서도 그리고 사파티스타들 자신도 공식적으로 언급한 적이 없었던 사실로서, 2001년 2월 25일이 치아파스가 축제적인 분위기에서 순례를 시작했던 날짜일 뿐만 아니라 카니발의 나흘 중의 첫째 날이었다는 것이다. 마야 기독교 관습에서 이해하는 방식으로 태양력은 따라서 멕시코 원주민들의 목소리를 소생시키고, 이에 대해 멕시코의 국가적 자각이 이어질 수 있도록 하기 위한 카니발 시즌 순례 각본의 중심에 자리 잡고 있었다. 광범위하게 해석했을 때 이는 사파티스타들이 세속적인 순례자들이 아니며, 그들은 국가를 그들의 방식으로 관여시키고 있다는 사실을 의미한다(역사에서 사파티스타 행동에 참고가 되었던 마야의 문화적 논리에 관한 보다 상세한 내용을 알고 싶다면 고센의 1999년 저서를 참조하라).

3) 말들의 향연

사파티스타들과 그의 협력자들은 수사학적 기술로 성과를 거두고 널리 알려졌으며, 그들의 성명들은 빈번하게 조인되었다. 하지만 멕시코 국가와 관련해서 원주민 공동체의 새로운 입장을 가장 잘 요약하고 있는 자료는 1996년 1월 3일부터 1월 8일까지 산크리스토발데라스카사스에서 사파티스타의 후원으로 열렸던 국가원주민포럼에서 유인물 형태로 배포되었던 「제1차 원탁회의 결의안 전문」(Preamble to the Resolutions of Roundtable One)이라는 저자가 불분명한 문서이다. 이 모임은 평범하지 않은 사건이었고, 새로운 원주민의 목소리가 일종의 커밍아웃을 하는 잔치라고 볼 수 있었으며, 포럼 조직자들은 이를 "말의 축제"(Nash 1997; Gossen 1999: 251-253)라고 명명했다. 마침내 유려한 언어로 도전장이 던져진 것이다(글상자 10.2는 유인물 전문 가운데 '자치에 관하여'라는 제목으로 구성되어 있는 내용을 고센의 번역으로 일부 발췌한 것이다).

국가적 차원에서 사파티스타의 의제를 상대적으로 추상적인 입장에서 표명한 이 성명에 대한 보완으로 우리는 지방적 차원에서 이루어진 민주주의에 대한 사파티스타의 입장 표명을 덧붙이려 한다. 멕시코의 '민주주의'와 그 외의 멕시코의 국가적 이념 원칙들과 사파티스타들 자신의 의제 사이에 존재하는 유사신화적 관련성이 1994년 2월 26일자로 사파티스타 민족해방군의 고위급원주민혁명비밀위원회(Clandestine Indigenous Revolutionary Committee High Command)가 발표한 코뮈니케(공식성명서)에 설득력 있게 제시되어 있다. 다음에 제시하는 발췌문은 이 문서의 첫 구절을 구성한다. 우리는 이 문서를 작성한 사람이 누구인지 알지 못하지만, 시적이고 난해한 언어는 현대 마야의 화법을 분명하게 드러내며, 여기에는 아마도 스페인어를 사용하는 공저자들의 낭만적 심상이 혼재된 것으로 보인다. 다음의 발췌문을 독해하는 과정에서 독자들은 사파티스타들이 구상하고, 실제 공동체 관리 체제에서 실행되는 일종의 급진적 민주주의를 감지할 수 있을 것이다. 분명히 이는 공동체의 의지가 개인의 열망과 갈망을 포괄하는 신화적 세계관이다.

EZLN이 밀림의 안개와 어둠 사이로 새어 나오는 단지 그림자에 불과하고, '정의', '자유', '민주주의'라는 단어들이 단지 단어에 불과했을 때; 낮이 밤에게 자리를 내어 주고, 증오와 두려움이 우리의 가슴속에서 자라나기 시작하고, 자포자기밖에는 남지 않은 바로 그 순간에 죽은 우리 선조의 단어들을 지키는 진정한 파수꾼인 우리 공동체의 노인들이 우리에게 간신히 꿈만 전해 줄 수 있었을 때; 출구도, 문도, 내일도 없이 시간이 자꾸 반복되기만 하고, 온통 부당함뿐이었을 때, 진실된 사람들은 그것은 얼굴이 없는 존재이고, 밤과 함께 지나가는 것이고, 밀림에 있는 것이라고 말했고, 그들은 또 이렇게 말했다.

"통치하는 그리고 통치받는 최상의 방법을 추구하고 찾는 것이 선량한 남녀들의 목적이자 의지이며, 다수를 위해서 좋은 것은 모두를 위해서도 좋은 것이다. 하지만 소수의 목소리가 침묵하게 하지 말 것이며, 그들의 생각과 마음이 수많은 이들의 의지와 내부에서 비롯되는 의견이 될 때까지, 더 나아가서 어떠한 외부 세력이 그들을 분열시키거나 그들이 다른 길로 행로를 돌리게 할 수 없을 때까지, 그들이 그들의 장소에 머물며 기다릴 수 있게 하라."

"항상 우리의 길은 수많은 이들의 의지가 통솔권을 지닌 남녀의 마음속에 있게 하는 것이었다. 대다수의 의지는 통솔권을 가진 이가 걸어야 하는 길이다. 만일 그가 사람들의 의지가 지시하는 길로부터 발길을 뗀다면, 통솔권을 가진 이의 마음은 그의 명령에 따르는 다른 이들을 위해 변경되어야 한다. 밀림에서 우리의 힘은 이렇게 태어났다. 진실된 이는 복종하게 하며, 따를 줄 아는 이는 진정한 남녀의 공통된 마음을 통해 이끌어 간다. 또 다른 단어가 멀리에서 생겨나 이 정부에 이름 붙여지게 되었고, 단어들이 여행하기 전부터 수행되었던 우리의 방식에 이것은 '민주주의'라는 이름을 붙여 주었다."(이 문서는 1994년 2월 27일 일요일자 라호르나다 1면에 처음 실렸다. 영어 번역은 Ron Nigh 1994: 12; Marcos and EZLN 1995: 150-151을 참조하라.)

사파티스타 운동의 일반적 연대기와 운동이 주창하는 급진민주주의적인 정치 입장에 관한 설명을 마무리하기 전에, 이 모든 것이 현재의 우리에게 제시하는 궁극적인 측면을 검토할 필요가 있을 것이다. 사파티스타들은 그들의 군사 조직과 군사 전략의 무용함이 분명해졌기 때문에 2003년 8월을 기준으로 이를 폐기하기 시작했다. 그 당시 그들은 국가의 정치적 영역에 참여할 계획을 세우기 시작했다. 그 정점으로 6개월 동안 멕시코 31개 주들을 모두 순회하며, '경청'과 정보 제공 차원의 방문을 통해 '멕시코를 근본적으로 뒤엎으려' 하는 6개월 일정의 계획이 발의되었다. 비록 그들은 2006년 7월 대선에 출마하는 세 명의 주요 대통령 후보들 모두에게 비판적이지만, 그럼에도 그들은 대선 결과에 영향력을 행사하고자 한다.

이 모든 상황이 다소 이해하기 어려운 점이 있는데, 그 이유는 1996년 EZLN과 정부 측 교섭자들이 체결한 산안드레스 평화 협정이 여전히 멕시코 의회의 비준을 받지 못함에 따라, 사파티스타들은 아직도 멕시코 정부와 전쟁 중에 있기 때문이다. 따라서 아마도 면목을 잃지 않기 위해서라도 EZLN은 멕시코 군대와 치아파스에 주둔한 우익무장단체들의 폭력으로부터 사파티스타의 자율적인 마을과 촌락들을 방어할 준비가 되어 있는 비밀 의용군으로 존재한다. 그렇지만 운동의 초점은 이제 말과 수사학의 전쟁으로 바뀌었으며, 현재 사파티스타들이 권력을 잡고 있는 치아 파스의 사실상 자치적인 구역들의 통제를 강화하는 데 중점을 두고 있다.

4. 사파티스타들의 사회적·종족적 구조

사파티스타들의 민중 사회 조직과 지도부의 세부사항들은 공식적으로 발표되지 않았으며, 외부인의 장기간 거주는 억제되는 상황이다. 그럼에 도 사파티스타 자치 구역에서의 일상과 공공의 삶에 관한 대략적인 상 을 조합하는 것은 가능하다. 이 같은 묘사는 공식 성명문, 개인적인 소통 을 통해 작성된 일차 자료, 사파티스타가 통제하는 지역을 방문했던 학 자들이 작성한 소량의 출판물 등을 세심하게 독해하는 작업에 극도로 의 존한다. 영어로 작성된 최근의 현지 보고서로서 가장 포괄적인 자료는 얼과 시모넬리의 저서 『희망의 봉기: 대안적인 개발을 위한 사파티스타 의 여정을 공유하며』(*Uprising of Hope: Sharing the Zapatista Journey to Alternative Development*, 2005)를 들 수 있으며, 여기에서는 이 책을 참고 로 특정 세부사항들을 묘사할 것이다.

1) 종족성과 포용

우리는 사파티스타들의 이질적인 종족 구성에 대해 이미 언급했다. 사파 티스타는 첼탈어, 초칠어, 토호라발어, 소케어, 촐어로 구성된 치아파스 다섯 개의 핵심적 원주민 언어 집단들의 주들로 이루어져 있지만, 운동은 원주민 분리주의나 배외주의(쇼비니즘)를 장려하려는 의도를 지니고 있 지 **않음**을 명시적으로 밝혔다. 실용적인 측면에서 그들은 스페인어를 링 구아프랑카(소통을 위한 제3의 언어)로 승인하며, 공식 선언문 작성을 위 한 주요 언어로 사용한다. 영어는 그들이 인터넷을 통해 국제적으로 높은 관심을 끌고자 함에 따라 불가피한 요소로 인식되고 있다.

　무수한 공식 선언문들에서 사파티스타들은 그들이 그리는 정당한 사회와 좋은 정부는 기존의 국가나 공동체의 삶(그것이 멕시코에서든 아니면 그 외의 곳에서이든 관계없이)에서 대의권과 참여권을 부여받지 못하고 배제되어 왔던 모든 이를 포용한다고 밝혀 왔다. 그들은 정당한 사회는 모두를 감싸 안아야 한다고 주장한다. 정당한 사회는 포용과 대의권을 보장할 뿐만 아니라, **그들의 개별적인 문화 정체성이 존중받고 환영받는 공동체에서 살 수 있는 권리**까지 보장해야 한다고 주장한다. 멕시코와 외국의 참관자들이 공식 행사들에서 따뜻한 환영을 받으며, 벽보 작품은 국제적인, 그리고 종족 간의 연대를 열광적으로 강조한다. 그들은 또한 양성평등에 확고한 의지를 보이며, 공식 행사의 대본에서 누구나 쉽게 이 사실을 확인할 수 있다. EZLN 사령부에서 고위층에 있는 지도자들 가운데 절반 정도가 여성들이며, 일상적으로 그들에게는 공적인 논쟁과 토론 배치에서 남성들과 동일한 시간이 할당된다(그림 10.2).

　포용이라는 이상은 사파티스타들의 상징주의와 실체에 널리 파고들어 있다(글상자 10.3). 그들의 격조 높게 구성된 공식 선언문들을 면밀히 읽다 보면, 그들은 멕시코가 스스로에 대해 표명했던 목표들의 틀 안에서 자신들의 목표들을 지속적으로 배치하고 있다는 사실을 알게 된다. 사파티스타들은 국가가 그 국민 모두를 받아들이겠다는 멕시코의 국가 이념에 단지 그들이 포함되기를 요구하는 것이다. 이것이 적어도 60년 동안 이어져 온 멕시코의 혁명적 수사학의 핵심 내용이었다. 마야의 원주민 반란 운동이 그들이 표명하는 적들의 이데올로기, 종족성, 상징들에 그토록 관대할 수밖에 없는 이유는 멕시코 자신의 이야기와 맺고 있는 이러한 관계 때문일 것이다. 실제로 사파티스타 반란군들의 주창자이자 멕시코 혁명의 최고 영웅인 에밀리아노 사파타는 그 자신이 상대적으로 풍요로

그림 10.2 사파티스타가 후원했던 국가원주민포럼의 포스터. 게리 H. 고센이 소유하고 있던 포스터를 브래들리 러셀이 수정했다.

운 메스티소였으며, 중앙멕시코의 상업적 말 사육자들의 아들이었다. 나우아어는 그에게 제2언어였으며, 그는 존경심과 위엄을 갖추고 원주민을 대했다. 그는 수정주의 역사학자들에 의해 폄하되지 않은 소수의 혁명 영웅들 가운데 한 사람이다(혁명가 에밀리아노 사파타는 8장을 참조하라).

보다 거대한 국가적 목적을 위해 인종과 종족을 초월하는 사파티스타들의 능력을 아는 것은 부사령관 마르코스의 불가해한 역할을 이해하기 위해 유용할 수 있다. 그는 사파타와 마찬가지로 특권층에서 태어났으며, 출신 배경을 거부하고 그에게 있어 보다 거대한 대의들을 위해 전향했다. 그는 1994년 초기부터 사파티스타들을 위한 주목을 받는 카리스마적 주요 대변인이었고, 방대한 분량의 사파티스타 공식 선언문들을 작성했으며, 이와 관련된 문학 문헌들을 저술했다.

이제 그는 멕시코의 원주민들 모두를 위한 대변인의 역할로 격상했다. 심지어 보다 최근에 그는 평등주의적이고 민주적 협의를 강조하는 운동에서 스스로에게 부여된 상징적 권위를 없애려는 노력으로 '부사령관'이라는 호칭을 버리고 '대리인 0번'(Delegado Cero)라는 새로운 호칭을 취했다. 그가 문화적으로 그리고 외형상으로 비-원주민이기 때문에, 사파티스타 운동에서 마르코스의 역할을 둘러싸고 많은 의혹과 반대가 제기되었다. 그는 흰 피부색에 밝은색 눈을 한 유럽인의 용모를 가지고 있다. 멕시코 정부는 반란이 시작된 직후 의기양양하게 다음과 같은 그의 이력을 발표했는데, 그가 사실은 라파엘 세바스티안 기엔 비센테라는 이름의 고등교육을 받은 크레올로, 예수회 교육을 받고 멕시코국립자치대학교(UNAM)에서 철학을 강의하던 좌파로서, 1980년대 초반에 체 게바라 방식의 맑스주의 반란을 선동하기 위해 학교를 떠나 치아파스로 갔다는 것이다. 그는 폭로 사실을 부정하지도 인정하지도 않았으며, 그 자신 마르코스는 1994년 1월 1일, 사파티스타 반란이 시작된 날 태어났다고 말했을 뿐이었다.

마르코스의 발언들과 원주민 동료들이 전하는 풍부한 증언에 근거해 볼 때, 초기 1980년대에 그와 그의 맑스주의자 동료들은 멕시코 국가에 대항해 원주민의 저항을 동원하려던 노력의 일환으로 표준적인 하향식 혁명 수사법을 채택하는 데 점차 한계를 느끼게 되었고, 실제로 좌절을 겪게 되었다. 원주민 연장자들은 이 전략이 구시대의 나쁜 것으로서, 400년 이상 지속되었던 지침을 통한 감시와 착취를 떠올리게 한다고 말했다. 그들은 유럽인들의 의제에 조종당하는 데에 이력이 났다고 말했으며, 의미 있는 사회 변화와 좋은 정부를 위한 열쇠는 사람들 자신이 원하고, 필요로 하는 것을 시작하는 데에 있다고 말했다.

이들의 학습 과정은 산크리스토발 교구 주교인 사무엘 루이스의 뛰어난 지도력의 도움을 받아 활성화되었다. 동시기에 사무엘 루이스 주교는 해방신학 정신을 기치로 당시 대부분 세속 전도사들로 구성되었던 주요 세력들을 동원해 거점 공동체들을 세웠으며, 이 공동체들은 역경에서도 영적인, 그리고 경제적인 힘이 되어 줄 지방 단위의 협력과 협조에 깊이 헌신하게 될 것이다. 수백 개의 이 공동체들은 오늘날에도 활기차게 유지되고 있으며, 오늘날 사파티스타를 구성하는 주요 요소이다(이 점에 관해서는 Kovic 2005를 참조하라). 이 공동체들을 통해, 그리고 종교적 소속이라는 측면에서 보다 전통적인 마야 기독교와 개신교에 가까운 그 외의 공동체들을 통해, 마르코스는 경청하는 방법을 배웠고, 의미 있는 사회 변화라면 그 어떤 것일지라도 위에서 비롯되는 것이 아니라 아래로부터, 즉 상향적인 방식으로 시작되어야 한다는 사실을 깨달았다.

사파티스타 운동은 인간과 초자연적 존재를 모두 포함하는 비-원주민적 협력자들을 환영하며, 이들이 운동의 대의에 필수적인 존재임을 보여 주는 수많은 세부사항을 담고 있다. 반란의 가장 초기 순교자들 가운데는 '라 콜로넬라'(연대장)라고 알려진 백인 수녀 제닌 폴린 아켐볼트 비아소트가 있었다. 그녀는 프랑스에서 태어나 이후 캐나다에서 거주했으며, 1994년 1월 1일 라스마르가리타스라는 마을을 점령하기 위해 원주민 부대를 지휘하던 중에 영웅적으로 사망했다(Mendivil 1994: 10). 현재까지 사파티스타의 웹사이트는 기술자들과 번역자들로 구성된 충실한 관리진에 의해 운영되고 있으며, 그들 가운데 다수가 북미나 유럽 출신이다. 사파티스타 번역자들 가운데 가장 유명한 사람은 라 이를란데사(아일랜드 여성)라는 이름으로 알려졌으며, 아일랜드가 그녀의 국적임을 알 수 있다.

마야 지역에서 발생했던 원주민 운동의 역사에서 자주 볼 수 있듯이, 사파티스타 운동과 관련한 초자연적인 도움도 기록되어 있다. 1994년 4

월 30일, 도밍가 에르난데스라는 이름의 토홀라발 원주민 여성 사파티스타는 기적적인 광선이 그녀를 둘러싸는 것을 경험했다. 광선에서 그녀는 오크나무에 버티고 선 백인 아기 예수의 형상을 발견했다. 로만탄의 아이(이 형상은 발현이 일어난 장소였던 토홀라발 촌락의 이름을 따서 이제 이렇게 불린다)는 말을 했고, 가난한 자들과의 연대를 밝혔으며, 지속적으로 머물 집을 요청했다. 도밍가는 그녀의 뜰에 그를 위한 간소한 사원을 지었다. 방문객, 탄원자, 예지가들은 그를 사파티스타 대의의 수호자로 여겼고, 숭배했으며, 그의 중재를 청하기 위해 찾아왔다. 산크리스토발의 주교 사무엘 루이스는 발현이 일어나고 얼마 지나지 않아 이 기적의 새로운 흔적들을 찾기 위해 대표단을 보냈다(Ross 1995: 7). 새로운 의식은 매우 활기를 띠게 되었으며, 사파티스타들과 친정부 원주민 공동체들 모두 아기 예수의 기적적인 힘이 자신들을 향한 것이라고 주장하고 있다(Furbee 1996).

로만탄 아이의 비-원주민적 종족 정체성은(마찬가지로 순교한 연대장 제닌, 부사령관 마르코스, 상징적으로 기억되는 사파타 이들 모두가 백인이거나 메스티소였다) 사파티스모 사고의 통합적이고 포괄적인 차원을 상기시킨다. 이는 마르코스가 작성한, 널리 알려진 시에서도 간결하게 표현되고 있다. 이 시는 1997년 12월에 치아파스 PRI 소속의 한 정부 관리가 마르코스를 흠집 내기 위해서 그가 게이라는 주장을 하자, 이에 대한 답변으로 작성됐다고 한다. 마르코스의 응답은 사파티스타들이 포용이라는 그들의 목표를 통해 강화하고자 하는 대상이 지니는 전 지구적 속성을 엿보게 해 준다.

그렇소, 마르코스는 게이요,
마르코스는 샌프란시스코에 있는 게이요,
남아프리카의 흑인이요,

유럽의 아시아인이요,

산이시드로의 치카노요,

스페인의 무정부주의자요,

이스라엘의 팔레스타인인이요,

산크리스토발 거리의 마야 원주민이요,

독일의 유대인이요,

폴란드의 집시요,

퀘벡의 모호크족이요,

보스니아의 평화주의자요,

밤 10시에 지하철에 혼자 있는 여성이요,

토지가 없는 농민이요,

빈민촌의 갱단 구성원이요,

실업 상태의 노동자요,

불행한 학생이요,

그리고 물론 산에 있는 사파티스타라오(Marcos 1998: 12).

2) 사파티스타 공동체 조직

이제 우리는 치아파스에 존재하는 사파티스타 자치 공동체들의 민중 정
치조직과 지도부에 관해 알려진 바를 기술할 것이다. 그전에 몇 가지 주의
사항들을 언급할 필요가 있는데, 그 이유는 우리가 일차 자료가 아닌 이차
자료에 의존하고 있기 때문이다. 예를 들어 사파티스타들이 발표한 성명
서에서 그들은 100개 이상의 지방 도시(municipio)에서 30~38개에 이르
는 자치적인 지방 정부(municipality)를 구성했다고 주장하는 반면, 다른
자료들은 해당하는 지방 도시의 숫자를 40개로 제시한다.

이와 같은 불일치는 사파티스타의 자치 지방 도시(municipios

autónomos)가 기존의 공식적인 지방 도시 분류와 반드시 일치하지는 않기 때문에 생겨났을 것이다. 어떤 경우에는 여러 개의 자치 지방 도시가 하나의 공식적인 지방 도시 내에서 발견되기도 한다. 사파티스타들이 권력을 잡고 있는 지방 도시 가운데 대부분은 남동부 저지대, 그리고 중부와 동부의 고지대에서 발견된다. 하지만 이 지역들에서조차 사파티스타 정부는 지방 도시의 단일한 권력기관이 아니다.

사파티스타의 자치 지방 도시는 운동에 헌신하고 있는 촌락들이 상당히 인접해 있는 장소에서 항상 발견할 수 있다. 하지만 일반적인 현실은 평행적인 권위 체계들이 공존하는 방식이며, 인구의 일부는 멕시코 전역에 존재하는 것들과 유사한 정부가 고안한 행정 구조에 참여하며, 동일한 지방 도시 인구의 다른 일부(일반적으로 분리된 촌락이나 정착지에 거주하며 때때로 종교적·종족적 표식에 따라 분리된다)는 사파티스타의 구성원들이다. 평행적인 권력 구조들이 존재하는 경우, 사파티스타들은 교회, 지방 정부, 국가, 또는 연방세 명목의 세금을 납부하지 않으며, 정부가 후원하는 선거에도 참여하지 않는다. 더 나아가서 그들은 학교, 병원, 공공 설비, 도로 건축과 유지 등 정부가 후원하는 사회 서비스를 수용하지 않는다. 그 대신 사파티스타가 스스로에게 부과하는 세제, 외부에서 유입되는 자발적인 비정부 서비스, 치아파스와 멕시코 그리고 해외의 동조적인 비정부 조직들이 보내 오는 기금 등을 통해 형성되는 소득을 기반으로 해서, 정부를 거치지 않고 개별적으로 이들 서비스에 자금이 유통된다.

사파티스타에 소속되는 방식이 적어도 네 단계로 나누어져 있다는 사실은 상황을 더욱 복잡하게 한다. 먼저 EZLN 그 자체로, 이 조직은 초기에는 잘 훈련된 소규모 군대였다. 2003년부터 이 조직은 운동의 핵심부를 이루는 수천 명의 사람들로 구성된 비밀 의용군으로 지정되었다. 전략적인, 그리고 안보상의 이유로 EZLN은 공식적으로 알려진 영구적인 본부를 가지고 있지 않다. 둘째, EZLN 구성원들을 포함하는 수만 명의 사람들이 사파티스타의 고립된 촌락과 마을들에서 거주하며, 운동에 공식적으로 충성을 표명한다. 셋째, 또 다른 수만 명의 사파티스타 동조자들이 인접하지 않은, 마치 독립적인 세포와 같이 기능하는 촌락들에서 거주하며, 운동에 대해 확고하지만 공식적으로 표명되지 않은 지지를 보인다.

이 독립적인 세포와 같은 공동체들은 대부분 고지대에 위치하고 있으며, 이곳에는 사실상 평행적인 지방 정부들이 존재하고 있다. 따라서 안보상의 이유나 종교적으로 비폭력 개입을 선호한다는 이유로 저자세를 유지하는 것은 현명한 선택일 것이다. 이러한 수십 개의 독립적인 세포 조직들은 1980년대와 1990년대에 가톨릭 교회의 해방신학 전통 내에서 활동하던 전도사들이 조직했던 유형의 거점 공동체들이다. 고지대에 위치한 이 같은 유형의 초칠 공동체인 악테알은 1997년 12월 23일 잔혹한 대학살의 희생물이 되었다(앞의 내용을 참조하라). 또 다른 독립적인 세포 조직들은 마야 기독교 전통주의자들과 개신교도들로 구성되어 있다.

사파티스타에 소속되는 마지막 유형의 방식은 운동의 생존을 위해 필수적인 요소를 구성해 왔으며, 국내외의 후원 네트워크이다. 일부는 비정부기구에 속하고, 일부는 독립적인 지원자들로 활동한다. 이 수천 명의 사파티스타 협력자들은 자금 조달 모임에 참여하고, 자발적인 활동가들을 모집하며, 웹사이트를 관리하고, 멕시코, 라틴아메리카, 북아메리카, 유럽 전역에 연락사무소(enlaces civiles)들을 운영한다.

이제는 비밀 의용군으로 기능하는 EZLN 이외에도 일상에서의 삶과 공식적인 사안에 관여하는 기본적인 행정단위를 두 가지 더 들 수 있다. 하나는 보다 지방적인 자치 지방 도시로서 앞서 언급한 바와 같이 30개에서 40개로 나누어 있다. 카라콜(caracol, '소라고둥'을 의미)은 지역 내 일종의 최상급 행정단위이며, 현재 총 다섯 개의 카라콜들이 있다. 카라콜은 훈타 데 부엔 고비에르노(Junta de Buen Gobierno) 또는 좋은 정부 협의회라고 불리는 최고위 통치 협의회이다. 이들 다섯 개의 좋은 정부 협의회들이 사파티스타들의 가장 중요한 결정 및 정책 형성 기관이다. 이제 이 개별 단위들을 각각 논의해 보자.

5. 사파티스타 정치조직

1) 사파티스타 민족해방군(EZLN)

2003년 7월 EZLN은 상비군에서 의용군으로 진화했다. 그 구조는 공식적으로 알려지지 않았지만, 사파티스타의 모든 사회, 행정단위의 핵심적인 특징은 가장 상위 단계로 분류되는 동등체들의 수평적 조직이라는 점이다. EZLN의 경우, 가장 상위 단계는 사령부이다. 지도부의 가장 상위 단계에 상대적으로 많은 숫자의 동등체들을 두는 목적은 합의라는 사파티스타의 이상을 달성하는 동시에, 보편적 의지에 복종하면서 지도한다(일반적으로 스페인어로 mandar obedeciendo라고 표현한다)는 당위를 충족시키기 위해서이다. 2001년 봄에 EZLN이 멕시코 의회에 공식적으로 모습을 나타내던 당시에는 23개의 사령부들이 있었고, 개별 사령부는 성별에 따라 동등한 비율로 구성되어 있었으며, 운동에 관여하던 다양한 언어적·종족적 집단들(초칠인, 첼탈인, 토홀라발인, 촐인, 소케인)은 비례대표제에 따라 참여했다.

　　부사령관 마르코스는 23명의 원주민 지도자들보다 낮은 지위를 갖는다. 하지만 초창기부터 그는 EZLN과 사파티스타 운동의 주요 대변인 역할을 담당했다. EZLN이 자체적인 변화를 겪어 감에 따라(앞의 논의들을 참조하라) 그의 역할도 달라졌고, 현재는 다섯 개의 좋은 정부 협의회들로 구성된 정치조직체 전체의 주요 대변인이 되었다. 더 나아가서 그는 미초아칸 회의(2001년 3월 1일부터 3월 4일까지 개최됨)에서 그랬던 것처럼 멕시코 원주민 전반의 대변인이기도 하다. 이것이 법적으로나 실질적으로 무엇을 의미하는가는 매우 명료하지 않다.

2) 자치 지방 정부

자치 지방 도시는 해당 지역에서 사파티스타에 소속된 수십 개의 주거지들과 촌락들을 관장하는 지방 단위의 행정 조직이다. 여기에 개별 자치 지방 도시를 위한 자치협의회(consejo autónomo)가 있다. 특별히 할당된 건물에 자리 잡은 자치협의회는 소속된 모든 주거지와 촌락들의 대표자들로 구성된 순환식 회합이다. 순환의 주기는 2주로써, 그 의도는 가능한 광범위한 부문에게 이 통치기구에서 일할 기회를 제공하기 위해서이다. 순환의 단기성은 대표들이 집에서 멀리 떨어진 곳에 머물며 일을 손에서 놓아야 하는 시간을 단축시켜 주기도 한다. 지속적인 또는 심지어 한 해를 기준으로 선출되는 대표들도 없으며, 따라서 누구라도 권력이나 영향력을 공고하게 하려는 충동을 최소화해 준다. 이 기구들 전반의 대변인은 개별 순환 주기마다 선출된다.

자치 지방 정부(autonomous municipality)는 그 대표 기관인 자치협의회를 통해서 다양한 일상의 행정적·사법적 사안들을 처리하며, 구체적으로는 분쟁의 판결, 공공사업을 위해 노동력과 자원을 배치, 미시경제의 관리, 외부인 방문의 승인, 잠재적으로 지방에 위협이 될 일과 보안상의 문제에 대해 의용군 대표들의 자문을 구하는 일 등이 이에 속한다. 자치협의회의 가장 중요한 기능 가운데는 지방 공공 서비스(병원, 학교, 도로보수, 공익시설 등)를 운영하고, 재정을 충당하며, 그 인력을 충원하는 것이다. 이 같은 기능들은 일반적으로 지방 정부와 주정부의 영역에 속하지만, 자치 지구에서는 분명히 당연한 것으로 간주될 수는 없는 것들이다.

3) 카라콜과 좋은 정부 협의회

다섯 개의 카라콜들과 각 카라콜에 설치된 좋은 정부 협의회는 사파티스타 통치 구조를 가장 효과적으로 표현한다. 이 지역 중심지들은 좋은 정부 협의회들의 소재지일 뿐만 아니라 수천 명을 수용할 수 있는 규모의, 따라서 주요 공식 행사 유치가 가능한 공공 가건물, 관람석, 방문객 숙소, 의례 공간 등과 같은 시설을 제공한다. 사파티스타들은 이 지역 중심지들에서 멕시코와 외국의 방문객들을 수용하고, 비정부기구를 비롯한 외부 조직들과의 업무를 처리한다.

카라콜에서 정기적인 모임을 갖는 좋은 정부 협의회들은 분쟁의 조정을 비롯해 의사 결정에 관여하는 상위 단계의 권력체이다. 그들은 가장 포괄적인 영역에서, 특히 외부 기관, 정부, 개인들과의 경제적·정치적 업무를 포함한 일련의 사안들에서 협의를 이끌어 낸다. 개별 카라콜은 이에 소속된 자치 지방 정부들을 대표하는 조직으로, 그 성격은 엄격하게 민주적이고, 순환적이다. 다섯 개의 카라콜들을 아우르는 대변인은 개별 카라콜에서 교대로 배출한다.

'아구아스칼리엔테스 신(新)중심지'(Nuevos Centros Aguascalientes, 이어지는 설명을 참조하라)에서 유래하는 이 중심지들은 사파티스타 운동의 역사에서 주요 공식 행사들이 개최되었던 배경이 되어 왔다. 2003년 7월에 카라콜로 새롭게 지정된 이후에도, 이 중심지들은 공공 건축, 기능성, 상징주의를 통해 사파티스타 운동이 지향하는 바를 구현한다. 다섯 개의 카라콜들은 그 지위와 중요성이라는 측면에서 공식적으로 모두 동등하다. 하지만 이 가운데 사파티스타 권력의 상징적 중심지로서 가장 규모가 크고, 가장 명성이 높은 곳은 라칸돈 밀림에 위치한 라레알리다드이다. 외부인들은 이곳을 사파티스타 수도, 성막(tabernacle), 메카 등 다양한 방식으로 묘사해 왔으며, 사파티스타들은 이곳을 '우리들 꿈의 바다의 카라콜들의 어머니 카라콜'(Caracol Madre de los Caracoles del Mar de Nuestros Sueños)이라고 부른다(Earle and Simonelli 2005: 256).

카라콜을 의미하는 소라고둥 상징을 해석하는 방식들은 다양하지만, 이들 모두 어떤 방식으로든 마야의 과거로부터의 언어와 일치성 및 연속성을 언급하고 있다. 던컨 얼은 최근 현지에서 수행한 면담 자료들을 토대로 사파티스타들은 이 고둥을 그들 마야 유산의 일부로 여기며, 시간과 연속성 및 진정한 말인 '단어'(la palabra)의 상징으로 간주한다고 설명한다(Earle and Simonelli 2005: 257). 실제로 사람들은 고둥의 구멍에서 나는 소리에서 과거와 현재 유기물의 고향인 바다의 소리를 듣는다. 더 나아가 소라고둥은 사파티스타의 길고도 느린 협의 과정을 상징하는데, 그 이유는 고둥 내부의 구조적 형태에 따라 유기물의 몸과 생명은 나선형으로 동그랗게 말려 있기 때문이다. 각각의 원은 원래의 위치로 돌아가는데, 이는 모든 의견들이 고려될 것을 확신하면서, 복종하며 지도한다는 이상을 표현한다고 볼 수 있을 것이다. 달팽이나 소라고둥은 느린 동작으로 전진하기 위해 몸을 뻗으면서 동시에 스스로를 방어하기 위해 몸을 수축하는 동물의 능력을 상징한다는 견해도 있다.

카라콜은 예전에는 아구아스칼리엔테스 신중심지로 불렸는데, 이는 멕시코 혁명과 현대 멕시코의 역사에서 거대한 상징적 중요성을 지닌 이름이다(8장을 참조하라). 누구라도 국가 우상으로 간주할 에밀리아노 사파타와 판초 비야를 포함해 여러 명의 혁명 지도자들이 관여했지만 결국 수포로 끝났던 1914년 11월 모임의 멕시코 중부 지역 개최지가 바로 아구아스칼리엔테스였다. 이 모임의 의도는 멕시코 혁명과 새롭게 등장하던 혁명 국가의 미래를 설계하는 것이었다. 하지만 모임은 실패했고, 지도자들은 각자의 길을 떠났으며, 수년간 유혈내전이 지속되었다.

1994년 7월에 마야의 사파티스타들은 보다 희망찬 기대를 품고 아구아스칼리엔테스의 이름과 기억 및 당시의 의도를 되살려 냈다. 사파티스타가 통제하는 영토이자, '수도' 카라콜인 라레알리다드가 현재 자리하고 있는 곳인 라칸돈 밀림에 급하게 임시 기둥과 덮개를 올려 원형 회의장을 세우고, 이곳에서 제1차 전국민주의회의라고 불리는 혁명적 정치 회합인 신(新)아구아스칼리엔테스 포럼을 개최했다. 사파티스타 지도부는 의도적으로 도발적인 조치도 취했는데, 당시 집권당이었던 PRI의 정치 제도를 반대하던 PRD(중도좌파 성향의 주요 국가 정당) 대표들을 초대한 것이다. 그들은 또한 일련의 국내외 미디어 대표들을 초대해서 향후 주지사 선거와 대선에서 PRI와 그들의 소위 신자유주의 정책이 패배할 것임을 주창하는 정치 집회를 목격할 수 있게 했다. PRD 대표들을 비롯해 포럼 참가자들은 모두 주최자였던 사파티스타들의 정치 의제를 지지했던 것으로 보인다(그림 10.2는 이 행사을 기념하기 위해 제작되었던 포스터이다).

포럼을 특징짓던 낙관주의는 실패했다. 하지만 포럼은 멕시코의 정치 과정, 경제, 내부 안정에 대해 명백한 위협을 제기했고, 이는 국제적인 동요를 가져왔다. PRI의 대통령 후보였던 에르네스토 세디요가 1994년 8월 22일 대선에서 승리했다. 하지만 그의 당선 직후, 미국, 세계은행, IMF는 당시 외채 위기에서 벗어나기 위한 긴급구제의 일환으로 멕시코가 지급받기로 예정되어 있던 수십억 달러의 브리지론(자금이 급히 필요할 때 단기차금 등에 의해 필요한 자금을 일시적으로 조달하는 것 ——옮긴이)을 조달받을 가치가 있을 만큼 충분한 '통제력'을 보유하고 있음을 증명해 보일 것을 요구했다. 사파티스타의 위협을 통제하고 있다는 '증거'로서 1995년 2월 9일 멕시코 군대는 사파티스타에 소속된 주거지들을 파괴하기 위한 초토화 작전에 착수했다. 이 작전에는 1994년 아구아스칼리엔테스 포럼 장소의 점유와 완전한 파괴가 포함되어 있었다. 남은 것은 역사이다. EZLN은 이에 굴하지 않고 반란 2주년이었던 1996년 1월에 라레알리다드 중심지(마찬가지로 아구아스칼리엔테스라고 알려져 있는 라가루차, 오벤티크, 모렐리아의 세 지역 중심지들도 추가로 포함하여)에 아구아스칼리엔테스 중심지를 다시 세우고, 이를 기념했다.

이렇게 세워진 지역 중심지들이 현재는 모두 다섯 곳이 있으며, 이들은 카라콜이라는 새로운 명칭을 얻게 됐다. 우리는 이 소박한 중심지들이 사파티스타들의 혁신적인 계획과 고안과 관련해서 어떤 의미를 지니는가에 주목하려 한다. 카라콜들은 모두 야심찬 결과물이다. 그들은 전통적 재료(흙무더기, 토대, 통나무 건물 등)와 현대적 재료(덮개로 사용하는 플라스틱 합판 등)를 모두 사용하는 거대한 규모의 시설로 고안되었다. 이 시설들의 대부분을 산업화 이전의 기술, 다시 말해 삽과 곡괭이를 사용해 건설했으며, 이 시설들은 그 형태와 기능 면에서 고대 마야의 의식 중심지를 상기시킨다. 따라서 이 자체가 정치적 진술이다.

치아파스 고지대에 위치한 오벤티크의 카라콜은 현대적인 도구를 전혀 사용하지 않고 건설되었으며, 어떤 기계도, 전동기가 달린 어떤 운송 수단도, PEMEX(멕시코 국영 석유회사로서 멕시코 정부가 석유의 생산, 분배, 판매를 독점하고 통제한다)에서 공급하는 그 어떤 석유 생산품도 사용하지 않았다. 이 같은 방식으로 사파티스타들은 현재와 과거의 멕시코 정부들의 특기였던 포섭(co-optation) 전략, 즉 한 무리의 메르세데스 트럭과 일제 굴착기 등을 구매하게 해서, 정부가 빠른 구매 효과를 누리게 할 기회 자체를 차단했다.

게다가 카라콜들은 기존의 지방 도심지들로부터 명백히 벗어나는 곳에 위치하고 있다. 이는 역사적으로 지방의 원주민 엘리트들이 '지방 통제력'을 보장해 주는 대가로 스페인과 멕시코 통치 권력들로부터 특혜와 선물을 받는 방식으로 그들의 동향인들을 착취해 왔던 공간인 식민시대와 현대의 카시케 통치 근거지들로부터 스스로를 상징적으로 분리시키려는 가시적인 노력을 반영한다. 우리는 독자들이 최근의 역사적 기억과 관련해 카라콜들이 구현하는 모든 것들을 이해하기를, 또한 "우리 모두가 자유로울 때에만 멕시코 스스로가 진정으로 자유로워지는" 순간에, 사파티스타들이 멕시코의 모든 구성원들에게 구상하는 새로운 사회와 급진적 민주주의를 위한 상징으로서 어떤 의미를 갖는지 이해하기를 기대한다.

6. 사파티스타 운동의 광범위한 의미

현대 메소아메리카의 역사에서 사파티스타 운동을 '배치'하려는 시도는 무책임하고도, 성급할 것이다. 하지만 우리는 현대 라틴아메리카 역사에서 이에 비견되는 사건들을 제시하려고 하는데, 그 이유는 원주민의 수가 인구의 대다수를 차지하는 국가들인 볼리비아와 과테말라에서 치러진 최근의 자유선거에서 원주민들이 보여 준 높은 가시성을 고려해 보았을 때, 우리는 사파티스타 운동을 사례연구의 대상으로서 보다 진지하게 간주할 필요가 있다고 느끼게 되었기 때문이다. 특히 소련과 미국이 자국의 이익을 위해 '전 지구적 안보'라는 명목을 내세워 그들의 피보호 국가들을 균질화하고자 하는 의지를 더 이상 실행할 수 없는 탈냉전 세계에서 급진적 민주주의가 무엇을 의미하는가를 살펴보기 위한 사례로 연구될 필요가 있다고 생각하기 때문이다. 결국 핵심은 사실상 다종족 국가들에서 포용이 무엇을 의미할 수 있는가의 문제이다.

사파티스타들은 지난 수년 동안, 이 장에서 우리가 살펴보려 했던 언어와 실천을 통해, 현대 멕시코에서 원주민들의 공정한 공간을 그들이 어떻게 바라보고 있는가를 제시해 왔다. 국가적 맥락이 변화한다면 분명 포용의 의미 역시 변화할 것임을 그들은 신중하게 명시하고 있지만, 멕시코와 관련해 그들의 주된 요지는 다음과 같은 것으로 보인다.

그들은 다른 비-원주민 멕시코인들과 동등하게 멕시코 국가에 관여하고
자 한다.

그들은 스스로가 일등시민이라는 사실을 깨달았기 때문에, 그들은 국가
를 더 이상 적의 범주에 두고 개탄하지 않는다.

그들은 국가가 멕시코의 다른 사람들에게 그렇듯이 그들에게도 속한다
는 것을 알고 있기 때문에, 더 이상 국가와의 관계에서 중립성을 가장하
려 하지 않는다.

그들은 국가의 하위주체들(즉 지방의 정치 우두머리들)과 실용적인 거래
를 하는 것을 거부하며, 그 이유는 과거 이런 거래들은 전형적으로 다수
를 희생해서 소수(다시 말해, 원주민 엘리트들)에게 부를 가져다주었기 때
문이다.

그들은 단일한 원주민 문제라는 명목으로 수행되는 지방의 저항이 다음
의 두 가지 이유로 무의미함을 깨닫는다. 첫째, 원주민 정체성과 대의들
은 복수형으로 존재하며, 단일하거나 균질적이지 않다. 둘째, 신자유주
의 멕시코 국가는 '법의 규칙에서 예외'가 된다는 이유로 단일한 소수집
단의 호소를 억압하기 위해 민주주의(다수의 의지)를 악용하는 데 능숙
하기 때문이다. 이러한 이유로 그들은 그들만의 급진적 민주주의 모델을
제시하며, 이는 단일한 정부 기구 안에 수많은 이들의 의지를 통합하는
것이다. 이것이 그들이 국가가 인정하기를 바라는 실제적인 자치이다.

우리는 사파티스타의 뛰어난 예술작품을 언급하며 결론을 내리려 한
다(그림 10.3). 「조국을 위하여」(Por la patria)라는 제목의 세리그래프(실
크스크린 날염의 색채화——옮긴이)인 이 작품은 디오니시오(모든 사파티스
타들과 마찬가지로 성을 쓰지 않는다)가 제작했다. 게리 H. 고센(이 책의 공
저자 가운데 한 명——옮긴이)이 오아하카의 예술품 판매상으로부터 원품

을 구하게 되었는데, 이 판매상은 그의 가게에 비치했던 아스테카 석재 조각품 한 점과 교환하는 조건으로 예술가로부터 이 작품을 받았다. 작가의 서명이 담긴 이 작품의 인쇄본이 멕시코 전역에서 판매되고 있으며, 작품에 담긴 그림은 사파티스타 벽보 예술의 대중적인 주제가 되기도 했다.

작품은 여러 가지 이례적인 속성들을 지니고 있는데, 이 중 하나는 작품의 유사 익명성이다. 이러한 포괄적인 소유권 또는 익명성은 사파티스타들이 사실상 그들의 모든 공식 성명에서 착용했던 그들의 특징적인 방한용 얼굴 가리개의 의미와 관련된 양식이다(사파티스타들이 방한용 얼굴 가리개를 착용한 이유는 멕시코 국가가 그들을 '얼굴 없는' 원주민이라는 멸시적인 형상으로 취급하는 데 대해 조롱하기 위해서라고 한다). 그림은 밀림의 환상을 묘사하며, 가브리엘 가르시아 마르케스의 소설 『백년 동안의 고독』(*Cien años de soledad*, 1967)의 배경이 되는 허구적인 마을인 마콘도와 거의 유사한 방식으로 재현되어 있다.

밀림의 기운을 배경으로 등장하는 중심인물은 혼합적인 신체적 특색들을 지닌 사파티스타의 한 반란군으로서, 원주민, 유럽, 아시아를 출생배경으로 하는 메스티소에게서 발견될 만한 특색들이다. 중성적인 이 인물에게서는 남성적 특징(손)과 여성적 특징(눈)이 과장되어 나타난다. 흔들림 없이 우리를 응시하면서, 그 또는 그녀는 봉우리가 벌어진 토착의 밀림 잎사귀로 만든 원주민의 지휘봉(총이 아닌)을 자랑스럽게 들고 있다. 주변의 배경 역시 밀림의 초목이며, 특징적인 사파티스타의 가리개(주인공이 두르고 있는) 역시 밀림에서 나는 초목으로 만들어졌다. 가리개를 구성하는 붉은 브로멜리아드 잎은 주인공 게릴라의 왼손에서 시작해 하얀 배경에 그려진 독수리와 뱀과 노팔 선인장의 유명한 상징으로 표시된 펼쳐진 멕시코 국기의 붉은 천으로 이어진다. 삼색 깃발에서 녹색 부분은 주인공의 지휘봉에서 솟아 나온 밀림의 잎사귀로 구성되어 있다.

그림 10.3 운동의 원주민과 민족주의적 목표들을 상징하는 사파티스타가 그린 세리그래프(게리 H. 고센 제공).

이 작품은 그 자체적으로 호소력이 있지만, 그럼에도 우리는 멕시코의 국가 이념에 유기적으로 통합되고자 하는 사파티스타들의 바람과 더불어 멕시코 국가와 사파티스타 운동의 자생적인 근원들이 그림에 한데 어울려 묘사되고 있다는 점을 주목한다. 멕시코 국기에 나타난 세 가지 색깔들로만 구성되어, 사파티스타를 포괄하는 이 인물은 멕시코 민족을 구현하는 자연적인 것, 주술적인 것, 정치적인 것, 사회적인 것, 영웅적인 것들 간의 연계성을 구현하는 것으로 보인다.

마야 역법 의례와
사파티스타 역사의 유사점들

NAFTA가 발효되던 바로 그 시간, 그 날짜였던 1994년 1월 1일 자정을 기점으로 마야 사파티스타 반란군들은 치아파스 고지대의 네 개의 중요한 라티노 마을들을 며칠 동안 점거했으며, 여기에는 16세기 이래로 고지대에서 스페인의 정치적·문화적·경제적 존재의 실질적이고 상징적인 중심지였던 산크리스토발데라스카라스라는 구식민지 마을이 포함되어 있었다. 며칠이 지나지 않아 사파티스타들은 치아파스의 전직 주지사였던 압살론 카스테야노스 도밍게스 장군을 납치했다. 사파티스타들이 국가 정치에서 특히나 적대적인 세력으로 간주했던 이 전직 주지사는 신자유주의, 국가, 군대, 구시대 라디노의 과두정치의 혐오스러운 상징이었다. 그는 고위층 군대 관료였고, 미사용 토지를 에히도 허가권의 형대로 양도받고자 호소하던 원주민들에 대한 반응으로 부유한 라디노 토지 소유자들의 편에 지속적으로 섰다. 나흘 동안 진행되었던 카니발이 끝난 직후였던 2월 16일 재의 수요일에 '선의'의 표시로 카스테야노스는 어떠한 해도 입지 않은 채(한 달 이상 원주민 식사인 콩과 토르티야로 끼니를 해결한 이후 그의 허리는 눈에 띄게 줄어들었다) 풀려났다. 그의 생포와 석방은 신중하게 조율된 그리고 정확한 시간 엄수에 따라 행해졌던 하나의 농담이었다!

휴전으로 이끌었던 일련의 평화 협정은 사순절의 첫째 주인 2월 21일 월요일에 산크리스토발에서 시작되었다. 국제 미디어가 주목한 이 사건의 거대한 드라마가 산크리스토발 대성당에서 거행되고 있는 동안, 성당 밖에 몰려 있던 거대한 구경꾼들의 무리에서 눈에 띄는 존재들은 원숭이 의상을 입고 있었던 차물라의 광대들(산후안차물라라는 마야 공동체에서 행해지는 카니발의 중심적인 연희자들)이었다. 원숭이 광대들은 사파티스타를 반대하던 그들 마을 정부의 허가를 받지 못했던 것으로 보였고, 그들은 사파티스타의 대의에 대한 명백한 지지의 목소리를 보냈다. 다시 말해서 그들은 그들 공동체의 '규칙'을 따르지 않았다. 이 모든 상황은 무엇을 의미하는가?

이 같은 상황은 역사학자들과 인류학자들이 빈번하게 주목했던 대로 역사에서 마야의 행동이 역법에 의한 일정에 따른다는 주장, 즉 신성하고 세속적인 모든 것이 반복적인 실현의 주기들에 따라 우주론적으로 예정되어 있다는 관점을 부분적으로 상기시킨다. 이 중 역사적으로 가장 유명한 사례는 1697년 3월 13일 타야살이라는 페텐이차의 마야 마을이 스페인의 권위자들에게 항복했던 사건으로, 이 시기는 봄의 씨 뿌리기 시기가 끝나고 20개의 모호한('모호한'이라는 표현을 사용하는 이유는 5일이 계산되지 않았기 때문이다) 태양년들로 구성된 마야력의 단위(20일로 구성된 18달은 360일에 해당)인 카툰이 시작되는 시점이다. 이 주기는 마야의 단기계산법에 의한 달력을 형성하는 다른 의례 주기들의 사이에 있으며, 예언자들은 이 기간 동안 정복과 전환이 '일어나야' 한다고 말했다(마야의 역법 체계에 관해서는 1장과 14장을 참조하라).

보다 최근의 연구에 의하면 17세기 여러 카툰 주기들을 두고 마야의 예언 행위와 정치 공작이 보다 장기적이고 논쟁적으로 이루어졌고, 이는 보다 폭력적인 최후의 공격에 관한 것이었다. 하지만 스페인의 승리는 궁극적으로 예언에 따라 봄의 씨 뿌리는 시기에 일어났다. 다시 말해서, 이 사건은 카툰이 시작되는 카니발에 즈음해서 발생했다. 이것이 메소아메리카에서 소위 '정복'이 완성되는 시기였고, 이는 마야뿐만 아니라 스페인의 관점에서도 예정된 시기에 따른 것이었다.

글상자 10.2

1996년 사파티스타 원주민포럼 전문

"우리는 멕시코의 본래 거주자들이다. 우리는 우리들 자신의 전제에 따라 우리가 누구인지를 결정할 권리를 행사해 왔으며 앞으로도 그럴 것이다. 우리는 우리들 자신의 문화와 우리들 자신의 공통된 의제의 계승자들이다. 정복당한 사람들로서 우리들의 모든 손실에도 불구하고 우리는 한때 우리의 것이었던 토지와의 유기적 관계를 계속해서 유지하고 있다. 새로운 지역으로 이주하기 위해 우리의 본래의 고향을 떠나야 하는 경우들도 생기지만, 그럼에도 우리는 우리 조상의 토지와 맺고 있는 유대를 느끼고 있다.

우리가 '자치'라고 부르는 것은 우리 자신들과 우리 고향을 이어 주는 연결성이다. 우리가 언제나 그래 왔듯이 계속해서 우리는 서로 다르면서도 공통된 원주민 정체성의 형제애로 연결되어 있는 자랑스럽고도 명예로운 공동체들로서 존재할 것이라는 사실을 모두가 알 게 한다는 대의로 깃발을 든다. 이것을 인식하는 것이 우리의 모든 권리와 자유를 향유할 수 있게 해줄 기본적인 전제이다.

심원한 의미에서 우리는 스스로를 멕시코 사람으로 간주한다. 멕시코 국가의 설립자들과 그들의 뒤를 따르는 모든 정부들이 우리의 존재를 무시해 왔지만 그럼에도 이 사실에는 변화가 없다. 심지어 멕시코의 수많은 남자들과 여자들이 우월감을 가지고 무시하며 우리를 대해 왔으며, 사실상 우리의 존재를 외면해 왔지만, 그럼에도 이것은 사실이다. 이 사실로 인해서, 지금 우리가 한 집단으로서 우리의 존재를 재확인하고 있기 때문에, 우리의 독자적인 정체성을 인정받으려는 현재의 투쟁이 우리의 동지들인 멕시코 사람들과 싸움을 시작하려는 것이 아님을, 그리고 원주민으로서 우리의 독자적인 정체성만큼이나 우리 자신의 일부로 생각하는 국가로부터 분리하려고 하는 것이 아님을 알리고자 한다. 원주민 정체성을 인정받기를 요구하는 행동을 통해, 우리는 멕시코의 모든 남자들과 여자들의 보다 근본적인 통합을 이루어 내는 일에 기여하고자 하며, 이 같은 통합은 현대 멕시코를 구성하는 종족 공동체들의 진정한 다양성을 인정하는 것이다. 이것이 멕시코의 모든 남자들과 여자들 사이에서 조화가 이루어지기 위한 근본적인 조건이다. 우리 자신의 정체성을 회복하려는 우리의 노력이 어떠한 방식으로도 국가 주권에 도전하는 일이 되어서는 안 된다.

우리는 모두가 우리에게 자치를 허용해 줄 것을 요구하는 것이 아니다. 우리는 항상 그것을 가져 왔으며, 지금 이 순간도 자치를 가지고 있다. 아무도 우리 자신이 될 능력을, 우리 자신의 세계관에 의해 사고하고 행동할 능력을 우리에게 '부여'할 수 없다. 하지만 우리는 스페인 식민시대에도 그리고 독립 이후의 멕시코 국가에서도 자유롭게 한 집단으로서 독자적인 정체성을 행사할 수 있는 자유를 받지 못했다. 기나긴 저항의 투쟁을 통해, 우리는 항상 멕시코 국가 대표들과 멕시코 국가 기관들의 억압적인 존재에 대항해서 우리의 정체성을 표현해야 했다. 이제 더 이상은 안 된다! 우리는 충분히 겪었다. 우리는 더 이상 차별의 대상이 되지 않겠다. 우리는 더 이상 멕시코의 다른 남자들과 여자들에게 그런 것처럼, 마찬가지로 우리에게도 속해 있는 고향땅에서 완전한 참여를 배제당하면서 살지 않겠다. 우리의 손으로, 우리의 노동으로, 우리의 노력으로 건설한 고향땅에서 말이다. 우리는 계속해서 우리 자신이 될 수 있는 완전한 자유를 향유하고자 한다. 우리는 이것을 가능하게 할 조건을 만들고자 한다. 우리는 우리 모두가 자유로울 때에만 멕시코도 진정으로 자유로울 것이라고 믿는다.

최근 우리의 투쟁 과정에서[1994년 1월의 사파티스타 운동 이후——인용자], 우리는 우리의 자유를 행사할 수많은 사회적 공간을 만드는 데 성공했다. 우리들 중 일부는 우리의 지방 공동체들에서 우리의 종족적 정체성을 표현할 수 있었다. 우리는 이들 공동체들의 지방 통제력을 복구했고, 그곳에서, 단지 그곳에서만 자유롭게 우리 자신으로 존재할 수 있다고 느낀다. 우리들 중 일부는 무니시피오[지방 도시——인용자] 전체를 식민시대 우리를 분열시키고, 통제하기 위해 부과되었던 억압적인 정치 단위들로부터 벗어나 진정으로 우리에게 속한 공간, 자치를 위한 열망을 자유롭게 추구할 수 있는 공간으로 변형시키는 데에 성공했다. 마지막으로 우리들 중 일부는 그 규모 면에서는 지역적이지만, 다양한 종족적 원주민 공동체 전반으로까지 확산될 수 있는 자치의 공간들을 확보하는 데에 성공했다. 우리는 이 성과들을 '사실상의 자율적 실체들'이라고 본다. 그들의 법적 토대는 원주민 법과 관습이며, 이제 우리는 멕시코 헌법이 승인하는 실질적으로 자치적인 지위를 얻기 위해 싸우려고 한다.

우리는 우리의 성과를 확장하고, 강화하며, 공고히 다지는 일에 헌신하고 있다. 우리는 원주민 공동체의 구성원으로서 우리의 노력에 더불어, 이미 우리를 인정하고 이 투쟁에서 우리와 한편에 선 수많은 다른 멕시코 동지들의 노력을 가세해, 우리가 헌신한 바를 달성하려고 한다. 우리는 우리가 이미 달성한 것들을 보다 강력하게 하기 위해, 그리고 더 나아가서 아직 부족한 부분을 이루기 위해, 우리 스스로를 조직화할 것이다. 우리는 지방과 지방 도시, 그리고 국가적 단계에서 우리의 노력을 강화하려 한다.

우리는 주저하지 않고 이 투쟁을 계속하려 한다. 우리는 이 투쟁을 통해 우리의 저항이 해방이 될 수 있다고 확신한다. 우리는 이 목표들을 달성하기 위해 필요한 모든 것을 할 준비가 되어 있다. 우리는 더 이상 변화를 위해 그저 기다리고만 있을 여유가 없다. 그렇지만 우리는 평화와 조화 속에서 이 모든 것들을 이루고자 한다. 이 의제를 통해 우리는 우리의 '사실상의 자치 공간들'을 '법적인 자치 공간들'로 인식되도록 하려 한다.

우리는 법률에 호소한다. 멕시코 사람들 모두의 삶을 관할하는 대헌장(마그나 카르타)인 1917년 헌법은 국민들이 그들 자신만의 정부 형태를 선택할 권리를 부여했다. 우리는 멕시코의 모든 남녀들이 멕시코 국가가 항상 그래 왔던 것처럼, 그리고 현재도 그런 것처럼 다종족 사회임을 인정하는 새로운 대헌장을 향유할 수 있는 방식으로 이 나라를 재건하기 위해 이 문서(특히 헌법 39조)의 권위에 호소한다."

글상자 10.3

포용이라는 사파티스타의 이상

언젠가는 유명해질 한 논평에서 마리안 페레스 추라는 한 차물라의 초칠 원주민이 마야 사파티스타 반란 초기 몇 주간에 대해 느낀 바를 다음과 같이 기록했다.

산크리스토발을 점령하고 처음 2주가량은 어떤 칵슬란(라디노 또는 비-원주민)도 공공장소에 얼굴을 내밀지 않았고, 어떤 경찰관도, 어떤 주차요원도, 어떤 세금징 수원도 나타나지 않았다. 단 한 명도 없었다. 그들은 사라졌다! 그들은 사파티스 타들에게 그토록 겁에 질려 있었기 때문에 숨어 버렸다. 하지만 사파티스타 군대 가 떠났고, 다시 돌아오지 않을 것이라고 그들이 확신한 순간, 아! 그 즉시 주차요 원들이 다시 나타나 번호판을 떼어 내고 있었고, 지방 정부의 경찰들은 술에 취한 사람들에게 몽둥이찜질을 하고 있었으며, 시장의 징수원들은 길거리 구석에서 토 마토와 리몬을 팔려고 하는 가난한 여자들을 쫓아다니고 있었다. 사파티스타들이 가고 나자, 갑자기 그들은 다시 두려움이 없어졌다. 하지만 사파티스타들이 여기 에 있었을 때, 그들은 창문을 가리고, 침대에 숨어, 두려움에 떨고 있었다. 그들은 너무나 겁에 질려서, 아내와 관계도 맺지 못할 정도였다.

이것이 무엇을 의미하는지 아는가? 그들은 원주민들을 두려워했다. 사파티스타 들은 원주민들이었기 때문이다. 우리들 다른 원주민들이 그것을 깨달았을 때, 우 리는 우리 역시 더욱 강해지는 느낌이 들었다. 사파티스타들처럼 말이다. 산크리 스토발의 카슬라네틱(kaslanetik)들은 우리가 스페인어를 정확하게 말하지 않는다 는 이유만으로 우리를 혹사했다. 하지만 이제 모든 것이 바뀌기 시작했다(Peres Tzu 1996: 126-127).

읽을거리

Collier, George A. in collaboration with Elizabeth Quaratiello 1999 *Basta! Land and the Zapatista Rebellion in Chiapas*. Revised edition(original 1994). Oakland: Food First Books.

Earle, Duncan, and Jeanne Simonelli 2005 *Uprising of Hope: Sharing the Zapatista Journey to Alternative Development. Walnut Creek*, California: AltaMira Press.

Higgins, Nicholas P. 2004 *Understanding the Chiapas Rebellion: Modernist Visions and the Invisible Indian*. Austin: University of Texas Press.

Marcos, Subcomandante, and EZLN 1995 *Shadows of Tender Fury: The Letters and Communiqués of Subcomandante Marcos and the Zapatista Army of National Liberation*. trans. Frank Bardacke, Leslie López, and the Watsonville, California, Human Rights Committee. Introduction by John Ross. New York: Monthly Review Press.

Marcos, Subcomandante, and EZLN 2001 *Our Word Is Our Weapon: Selected Writings of Subcomandante Insurgente Marcos. Edited by Juana Ponce de León. Foreword by José Saramago*. New York: Seven Stories Press.

Montejo, Victor D. 2005 *Maya Intellectual Renaissance: Identity, Representation, and Leadership*. Austin: University of Texas Press.

Nash, June C. 2001 *Mayan Visions: The Quest for Autonomy in an Age of Globalization*. London: Routledge.

Ross, John 1994 *Rebellion from the Roots: Indian Uprising in Chiapas*. Munroe, Maine: Common Courage Press.

Ross, John 1995 "The EZLN, A History: Miracles, Coyunturas, Communiqués". *Introduction to Subcomandante Marcos and EZLN, Shadows of Tender Fury: Letters and Communiqués of Subcomandante Marcos and the Ejército Zapatista de Liberación Nacional*. New York: Monthly Review Press.

Rus, Jan, Rosalva Aída Hernández Castillo, and Shannan L. Mattiace (eds.) 2003 *Mayan Lives, Mayan Utopias: The Indigenous Peoples of Chiapas and the Zapatista Rebellion*. Lanham, Maryland: Rowman and Littlefield Publishers.

Stephen, Lynn 2002 *Zapata Lives! Histories and Cultural Politics in Southern*

Mexico. Berkeley: University of California Press.

Watanabe, John M., and Edward F. Fischer (eds.) 2004 *Pluralizing Ethnography: Comparison and Representation in Maya Cultures, Histories, and Identities*. Santa Fe: School of American Research Press, and Oxford: James Currey.

Womack, John Jr. 1999 *Rebellion in Chiapas: An Historical Reader*. New York: New Press.

4부

메소아메리카의 문화적 특성

11장 메소아메리카의 언어와 언어들

존 S. 저스티슨, 조지 A. 브로드웰

현대의 메소아메리카는 거대한 언어적 다양성을 보유한 지역이다. 스페인어가 지역에서 지배적인 언어이지만, 약 100개의 토착 아메리카 언어들이 개별 경계들 내에서 여전히 사용되고 있으며, 영어는 벨리즈의 공식언어이다. 이 언어들을 연구하는 것은 메소아메리카인들의 문화, 역사, 관계에 관한 상당한 정보를 제공해 왔다. 메소아메리카의 토착 언어들은 특정한 언어적 특성들을 공유하기도 하는데, 이 특성들은 북쪽과 남쪽의 언어들로부터 그들을 구별해 주고 더 나아가서 메소아메리카인이 된다는 것의 한 측면을 정의할 수 있게 해준다.

1. 메소아메리카 언어의 다양성

메소아메리카의 원주민 언어 목록이 그림 11.1에 제시되어 있다. 이 같은 유형의 목록은 어떤 경우에라도 일정 정도의 주관성을 지니기 마련이다. 두 가지 다른 유형의 말들의 경우 만일 한 유형의 말의 사용자가 다른 유형의 말을 이해한다면 이 두 가지 말들은 동일한 언어로 간주된다. 다시 말해, 두 유형의 말들은 단일한 언어의 **상호의사소통력**을 지닌 방언들이

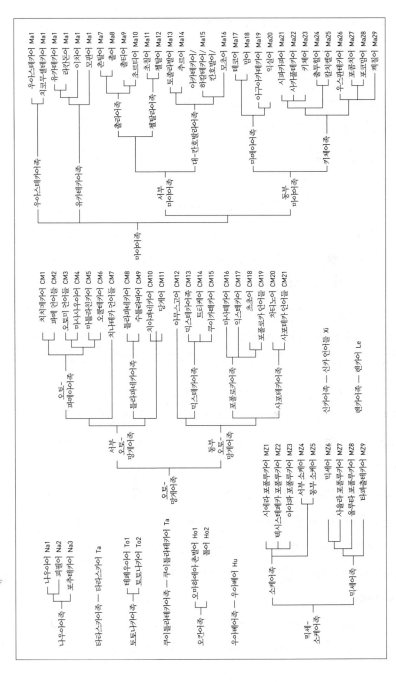

그림 11.1 메소아메리카 언어들의 계보. 언어명에 따른 분류표시는 그림 11.2의 기본 코드도 활용되고 있다. † 는 '사어'(死語)를 의미한다.

다. 만일 두 유형의 말들의 사용자들이 서로를 이해할 수 없다면, 두 언어들은 구별되는 언어들로 간주된다. 이들은 명쾌한 사례이다.

사람들이 서로를 부분적으로 이해하게 될 경우에는 주관적인 요소가 개입된다. 다른 목적을 지닌 사람들은 체계적으로 상이한 판단을 내린다. 예를 들어, 선교사들은 모두가 읽고 이해할 수 있는 성경을 모두에게 제공하기를 원할 것이다. 상이한 언어와 방언들은 그 사용자들이 성경의 단일한 번역본을 충분히 이해할 수 있는가와 관련하여 정의될 것이다. 인류학자들에게는 서로 접촉하고 있는 사람들이(예를 들어 시장에서) 그들 자신만의 언어를 사용하면서도 상대방이 그들을 이해할 수 있도록 만드는 정도를 아는 것이 보다 중요할 것이다. 그림 11.1에 제시된 목록은 이러한 일반적 유형의 관점을 반영한다.

그림 11.1에 제시된 언어들은 **어족**(language families)에 따라 **분류가 되어 있거나**, 이에 따라 한데 묶여 있다. 어족은 상호적 관계성에 근거해 언어들을 한 집단으로 묶은 것이다. 이 유형의 관계성은 역사적이며(공통 조상에서 유래), 언어 변화라는 관념을 포함한다.

모든 언어들은 지속적으로 변화한다. 시간이 경과함에 따라 언어도 상당 정도 변화하며, 그 결과 단일한 언어에서 파생하는 상이한 방언들의 사용자들은 더 이상 서로를 이해할 수 없게 된다. 장기간에 걸친 문헌 기록이 남아 있는 언어의 경우, 그 언어의 현재 사용자들은 약 1천 년 전으로 거슬러 가는 원형어(ancestor language)로 작성된 문헌들을 이해할 수 없겠지만(서기 900년 베어울프 사례), 약 500년 전으로 거슬러 가는 문헌들을 이해하는 데에는 약간의 어려움만을 느낄 것이다(서기 1500년 토머스 모어 사례).

두 언어들이 단일하고 공통된 원형어로부터 유래했다면, 우리는 이들을 공통 언어의 구성원들이라고 본다. 메소아메리카에서 상이한 언어

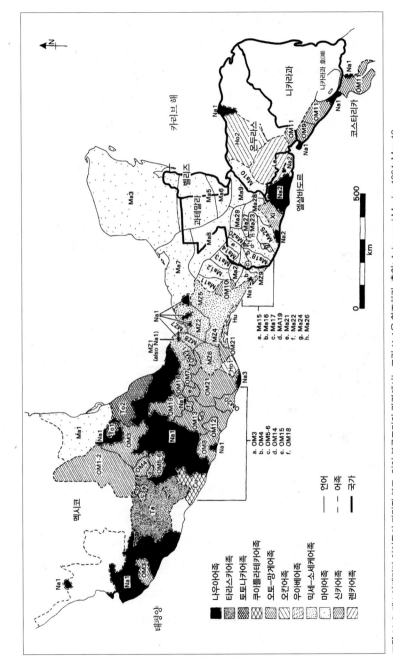

그림 11.2 메소아메리카 언어들의 지리적 분포. 언어 분류표기와 관련해서는 그림 11.1을 참조하라. 출처: Asher and Mosley 1994: Map 13.

들을 발생시킨 원형어들은 더 이상 존재하지 않는다. 하지만 우리는 원형어들로부터 파생한 언어들의 속성을 비교하고, 가정에 근거해 언어의 원형적인 형태를 **재건**해 내는 과정에서 그 속성을 결론 내릴 수 있다.

언어학자들은 이렇게 재구성된 원형어들을 **조어**(protolanguage)라고 부른다. 예를 들어 현대 마야어들을 파생시킨 멸종 언어는 **프로토-마야어**라고 불리며, 사포테카 언어들의 조상은 **프로토-사포테카어**로 불린다. 메소아메리카의 모든 원주민 언어들은 열한 개의 이러한 어족들의 구성원이며, 일부 어족은 여러 언어들을 포함하고, 일부(고립언어)는 단일 언어로 구성된다. 이 단위들이 분포한 지리적 위치와 그들을 구성하는 언어들의 목록이 그림 11.2에 제시된다. 개별 어족을 구성하는 언어들의 숫자와 관련해서 어족들의 규모는 상당한 다양성을 보인다. 오토-망게어 집단이 가장 규모가 크고 다양하며, 적어도 40개의 구별되는 언어들로 구성되어 있다. 쿠이틀라테카어, 우아베어, 타라스아어 어족들은 모두 각자 단일한 언어로 구성되어 있다.

여기에서 제시된 언어 집단들 가운데 두 개는 메소아메리카 외부의 어족들과 관련이 되어 있다. 나우아족은 보다 규모가 큰 어족인 우토-아스테카의 분파이며, 우토-아스테카의 다른 분파들은 보다 북쪽인 멕시코 북서부와 미국 남서부에서 발견된다. 수많은 언어학자들은 오칸이라는 이름의 상당한 언어학적 다양성을 보유한 어족이 존재한다고 보며, 그 구성원들이 희미하게 서로 관계되어 있다고 믿는다. 이 집단에 속하는 대부분의 언어들은 미국 태평양 연안을 따라 위치한다. 오칸이 발생학적으로 유효한 집단이라면, 온두라스의 톨족과 오아하카의 **촌탈족**은 이 어족의 구성원들일 것이다(글상자 11.1은 스페인 침략 이후 메소아메리카에 도착한 메소아메리카 전통의 변방부에 위치하는 한 토착 아메리카 언어의 역사를 기술한다).

메소아메리카의 언어들은 16세기 초반 스페인의 침입이 일어난 직후부터 유럽의 문자로 기술되어 왔다. 그 첫번째 기록은 아메리카 원주민들에게 기독교를 전도하려 했던 프란시스코회 수도사에 의해 이루어졌다. 1930년대에 접어들자 다시 한번 선교사 출신의 언어학자들이 메소아메리카 언어들을 기록하기 위한 최초의 대규모 근대화 사업에 착수했다. 하지만 오늘날 메소아메리카 언어들에 대한 학문적 연구는 대부분 학계의 독립적인 인류학자들과 언어학자들에 의해 수행되고 있다. 상당수의 활동이 개별 언어학자들에 의해 수행되어 왔으며, 이 중 많은 경우가 대규모 연구 사업의 일환으로 진행되었다. 정부와 민간 재단들이 후원하는 이 사업들 가운데 일부는 토착 메소아메리카 언어 사용자들이 언어학자로 훈련받을 수 있도록 상당한 지원과 노력을 기울여 왔다. 오늘날 메소아메리카의 원주민 언어들을 연구하는 언어학자들 중 일부는 실제 이 언어들의 사용자들이다. 이들 모두는 원주민 언어들의 구조와 역사를 이해하는 데 있어 중요한 기여를 해왔다.

일부 언어들은 식민시대와 현대의 문헌 이외에도 스페인 정복 이전에 제작되었던 상형문자 문헌을 보유한다. 수천 개에 이르는 가장 많은 수의 상형문자 문헌이 마야 저지대 지역에서 유래한다. 이 문헌들은 그 숫자가 매우 방대하기 때문에, 마야어들과 마야어 문헌의 역사에 대해, 그리고 이 언어들로 기록된 문화적 실천에 대해 유용한 정보를 제공한다. 이 문헌들은 두 개의 상이한 마야 언어들인 남부의 촐란어와 북부의 유카테카어로 작성된 것으로 보인다. 촐란어가 마야 저지대 대부분 지역에 걸쳐 발견된 문헌들에 사용된 표준어라는 사실이 이제는 일반적으로 수용되고 있다. 유카테카어는 마야 저지대 북부 지역의 언어였으며, 유카테카 어휘와 문법적 특징이 이 지역의 문헌들에서 발견되지만 표준 촐란어의 일부 특징도 발견된다. 일부 학자들은 이 문헌들이 기본적으로 엘리트와 관련된 표준 촐란어로 작성되었다고 믿으며, 지방의 언어학적 형태들이 때때로 엿보인다고 믿는다. 하지만 이 문헌들이 지방의 유카테카어로 작성되었을 가능성 역시 존재하며, 이 경우 사원에 진입하기 위해 유카테카어의 '치7이오토츠'(chi7 y-oto:ch)보다는 촐란의 '티7이오토트'(ti7 y-otot, 문자 그대로 '집의 입구'를 의미)와 같은 '고급문화'의 어휘를 대폭적으로 혼합하여 차용했을 가능성이 있다.

두번째 유형의 상형문자 문헌들은 최근 존 S. 저스티슨과 테런스 카우프만에 의해 판독되었다. 이 문헌들은 고대 올메카인들이 거주하던 지역에서 발견되었지만, 제작 시기는 후기전고전기(Late Preclassic)와 그 이후로 거슬러 간다. 관련된 고고학적 문화, 문자 체계, 비문(inscription) 언어 등은 에피-올메카로 분류되어 왔다. 이 문헌들의 언어는 전(pre)-프로토-소케어로 프로토-소케어(소케 언어들의 조상)보다는 오래되었지만 프로토-믹세-소케어보다는 이후의 것으로 밝혀진 소케어의 한 형태이다. 상형 비문들은 적어도 후기전고전기 시대부터 몬테알반의 오아하카 계곡에서 집중적으로 발견되었으며, 대부분 고전기를 배경으로 하는 다른 유적지들에서도 발견되었다. 일부 역법에서 발견되는 경우를 제외하면, 이 비문들을 마야나 에피-올메카의 것으로 이해하기는 어렵지만, 그들이 실제로 초기 형태의 사포테카어로 기록됐다는 주장을 뒷받침하기 위한 충분한 연구가 이루어지고 있다(고대 메소아메리카에서의 문자에 관한 다음의 설명을 참조하라).

2. 메소아메리카 언어들의 구조

메소아메리카 원주민 언어들은 영어나 스페인어와 같이 우리에게 보다 친숙한 언어들과는 상당히 다른 구조를 가지고 있다. 지역의 상이한 토착 언어들은 그들 사이에서도 상당히 차별화되는 구조를 지닌다. 그렇지만 메소아메리카의 상이한 언어 사용자들 간에 있었던 수많은 상호작용은 관련된 언어들의 구조에 영향을 미쳐 왔으며, 그 과정에서 이 수많은 언어들의 한때는 독특했던 특성들이 상당 정도 수렴되게 되었다. 더 나아가서 메소아메리카 언어들이 공유하는 수많은 특성들이 메소아메리카 북부나 남부의 국경에서 조금이라도 벗어난 지역의 언어들에서는 공유되지 않는다. 여기에서는 이 특성들 중 일부를 논의하려고 한다. 메소아메리카 언어들의 수많은 상이한 특성들이 개별 어족에서만 특수하게 나타나며, 널리 전파되지 않았다. 이 특성들 가운데 일부는 논의할 가치가 있을 정도로 충분히 빈번하게 나타나며, 이 지역 언어와 문화의 독특성을 보여 준다.

　　메소아메리카의 언어들이 가장 고밀도로 수렴된 영역은 문장과 구절의 구조를 관할하는 규칙(**구문론**), 그리고 단어의 의미에 관계되는 규칙(**의미론**)에서이다. 언어에서 사용되는 소리들의 체계(**음운론**)와 단어의 형성에 관계되는 규칙(**형태론**)은 전형적으로 개별 어족마다 상이하다.

1) 음운론

메소아메리카의 언어는 영어나 스페인어 등과 크게 다르지 않게 자음과 모음으로 구성되는 경향이 있다. 하지만 몇 가지 예외는 있다. 예를 들어, 대부분의 서유럽 언어에서 찾아볼 수 있는 모음과는 상이한 모음들이 있다. 다수의 언어에 높은 중설모음(high central vowel)인 ɨ가 있으며, 이는 영어 단어 roses('로지스'로 발음됨)에서 e 발음과 다소 유사하다. 오토미어, 마틀라친카어, 치난테카어 등과 같은 일부 오토-망게어들은 세계의 언어에서는 드물게 나타나는 ɵ, ʉ와 같은 모음을 가지고 있다. 이 모음들은 o와 u 소리를 내기 위한 위치에 혀를 놓고 소리를 만들지만, 입술을 둥글게 하기 보다는 옆으로 길게 열어 소리를 낸다. 이 같은 모음들은 베트남어 등의 언어들에 전형적으로 존재한다.

모음의 길이에 따라, 또는 성문 파열음(glottal stop, 영어 표현 uh-oh
에서 각각의 음절이 시작될 때 내는 소리와 유사)이 수반되는지 여부에 따라
서 또다시 구분이 이루어진다. 장모음과 성문음화(glottalization)가 오토-
망게어, 믹세-소케어, 마야어 등 많은 어족들의 모음에서 나타날 수 있다.
일부 언어는 심지어 더 특이한 방식으로 모음의 유형을 구분하기도 한다.
예를 들어 사포테카어와 토토나카어의 파생어들 가운데는 삐걱삐걱하는
소리와 함께 발음되는지의 여부에 따라서 모음을 구분하는 경우도 있다.

다른 언어들은 중국어의 경우처럼 성조를 구별해서 사용한다. 이 언
어들에서 단어를 발음할 때 내는 고저나 성조는 영어에서 자음과 모음에
해당하는 정도의 의미상 차이를 만든다. 가장 정교한 성조 체계는 오토-
망게 언어들에서 발견되며, 코팔라 트리케어의 경우는 여덟 개의 상이한
성조 구분이 있다. 성조 구분은 유카테카어와 같은 소수의 마야어들에서
도 이루어진다. 성조 구분은 '휘파람 화법'(whistled speech)이라고 불리
는 특수한 의사소통방법을 개발하기 위한 토대가 된다(글상자 11.2 참조).

메소아메리카 언어들의 자음 역시 유럽 언어에서는 친숙하지 않은
독특한 방식으로 구별되기도 한다. 토토나카 언어들과 과테말라의 일부
마야 언어들에는 자음 q가 포함되어 있으며, 이는 k와 다소 유사한 소리
를 내지만 구강의 훨씬 후부에서 발음되어야 한다.

메소아메리카 언어들에서 공통적으로 나타나는 또 다른 자음은 앞에
서 언급했던 성문 파열음이다. 성문 파열음은 초기 식민시대 스페인어에
근거한 철자법을 수용했던 대부분의 원주민 언어들에서는 철자로 전혀
사용되지 않았다(예외는 고전기 나우아어로 작성된 일부 문헌들일 것이며, 철
자 h가 일부 나우아어 방언들의 성문 파열음에 해당하는 소리를 나타내기 위해
사용되었다). 오늘날 실용 철자법에서 성문 파열음은 일반적으로 아포스

트로피(')로 표기되며, 언어학자들은 그것을 아포스트로피, 7, 또는 언어학 부호 ʾ로 표기한다.

그 외의 자음들이 메소아메리카의 일부 어족들에서 사용된다. 나우아와 토토나카의 언어들은 비언어학자들이 일반적으로 tl로 표기하는 자음을 가지고 있다. 이 낱자는 t소리를 낼 때처럼 위턱의 앞니 밑에 혀끝을 단단히 대고 소리를 내지만, 다음 소리로 옮겨갈 때 혀끝을 앞니에 댄 채로 혀의 한쪽 면 사이로 공기를 방출한다. 이 소리는 t나 l과는 구별된다. 식민시대 나우아어의 많은 명사들이 이 tl소리로 끝나며, 이 단어들이 스페인어로 차용될 때 마지막에 오는 tl은 스페인어의 te로 대체되었다. 예를 들어 토마토를 의미하는 나우아어 tomatl은 스페인어로 표기하며 tomate로 바뀌었다. 메소아메리카의 일부 어족들에서 찾아볼 수 있는 수많은 종류의 자음들로는 성문음화 자음들(예컨대 k', t'), 유기음 자음들(예컨대 kʰ, pʰ), 구개음화 자음들(예컨대 kʸ, pʸ)이 있다.

유럽 언어에서는 공통적으로 발견되지만 메소아메리카의 언어에서는 드물게 보이는 특성 가운데 하나는 유성음에 근거하는 자음 간의 대조이다. 유성음은 자음을 만들어 낼 때 성대를 울리는 것을 의미하며, 영어는 유성음에 근거해 여러 가지 자음들을 구별한다. 예를 들어 b는 유성음인 반면 p는 무성음이며, d는 유성음인 반면 t는 무성음이고, g는 유성음인 반면 k는 무성음이다. 수많은 메소아메리카 언어들에서는 이와 같은 한 쌍의 소리들 간의 대조법이 존재하지 않으며, 일반적으로 p와 b는 기본적으로 동일한 소리의 발음변이들로 간주된다.

2) 형태론

모든 언어에서 단어를 형성하는 요소들의 순서는 엄격하게 규정되어 있다. 단어는 일정한 순서에 따라 나타나는 몇 가지 접사들(다시 말해 접두사,

언어	내용
산디오니시오오코테펙사포테카어	Rr-tèh'éh=gá=rám=nì HABITUAL-pick:up=while=they(animal)=it (상용형-줍다=할 때=그들(동물)=그것 ─ 옮긴이) "동물들이 그것을 줍고 있었을 때"
고전 나우아어	Ō-ti-c-āltih-ca-h PAST-we-him-bathe-PLUPERFECT-PLURAL (과거형-우리-그를-씻기다-대과거형-복수형 ─ 옮긴이) "우리가 그를 씻겼다."
초칠어	Stak' ch-a-j-kolta can INCOMPLETIVE-you-I-help (할 수 있다 **불완료형**-너-나-돕다 ─ 옮긴이) "내가 너를 도울 수 있다."

※ 사포테카어에서 = 부호는 접어 앞에 온다. 대체적으로 접어는 다른 형태소들보다 앞에 오는 단어에 결합된다.

표 11.1 메소아메리카의 세 가지 언어들에서 접사를 포함하는 동사들.

접미사, 삽입사)이 어근에 (일반적으로) 첨가되어 구성된다. 한 단어를 구성하는 요소들의 순서는 물론 언어에 따라 달라지지만, 어떠한 언어에 있어서도 고정된 순서의 규칙들이 존재한다.

예를 들어 메소아메리카의 거의 모든 언어들에서 동사는 용언어간(verbal stem)과 동사의 시제양상(tense-aspect)을 지시하는 접사들을 포함한다. 많은 언어들에서 동사는 주제의 인칭과 수를 지시하는(때로는 목적어가 있으면 목적어도 지시하는) 대명사적(pronominal) 접사들(agreement markers, 일치사들)을 포함하기도 한다. 표 11.1은 메소아메리카의 세 가지 언어들에서 접사를 포함하는 동사들을 보여 준다.

대명사와 대명사형 접사에는 수많은 상이한 유형들이 있다. 일반적으로 이들은 인칭 범주를 근거로 하며, 담화 참여자들과 관련해서 정의된다. 일부 언어들은 영어나 스페인어의 경우와는 다소 상이한 대명사적 체계를 가지고 있다. 메소아메리카의 여러 언어들에서 일인칭 복수 대명사

(we)는 상이한 두 가지 형태로 존재한다. 포괄적인 일인칭 복수 대명사는 '우리'(너를 포함하는)를 의미하며, 배타적인 일인칭 복수 대명사는 '우리'(너를 포함하지 않는)를 의미한다. 일부 오토-망게 언어들의 경우에서와 마찬가지로 제삼인칭 대명사들이 사람과 사람 이외의 존재를 구분하기도 한다. 하지만 제삼인칭 대명사들이 성별로 구분되는 경우는 드물다. 다시 말해, '그'와 '그녀'(그리고 종종 '그것')는 모두 동일한 대명사적 접사나 대명사로 지시된다. 존경심에 따라 다른 대명사들을 사용하는 것도 많은 언어들에서 발견된다.

일부 오토-망게 언어들 특히 사포테카어와 믹스테카어의 경우, 제삼인칭 대명사들은 다양한 사회적 범주에 따라 차별화된다. 예를 들어, 산루카스키아비니사포테카어는 (1) 신성한 사람들과 사물들(예컨대 신, 성인, 교회의 조상들, 해, 달) (2) 존경받는 사람들(예컨대 성숙한 공동체 구성원들) (3) 형식적인 사람들(예컨대 부모, 사제, 교사) (4) 동물과 젊은이 (5) 가까이 있거나 눈에 보이는 사람이나 사물 (6) 멀리 있거나 볼 수 없는 사람이나 사물 등의 범주에 따라 상이한 삼인칭 대명사들을 사용한다. 여기에서 산루카스키아비니사포테카어는 여섯 개의 범주를 구별하지만, 이 언어의 대명사들은 성별을 구분하지 않으며, '그'와 '그녀' 사이에는 차이가 없다.

이와 같은 일부 구별들은 화자들로 하여금 그들이 언급하는 사람들의 사회적 지위에 대해 명시적으로 판단할 것을 요구한다는 점에 주목하라. 이 방식을 통해 언어의 문법 구조는 집단의 관계를 형성하는 과정에서 불가피하게 활동적인 요소가 된다. 그 외의 문법적인 구별은 화자들의 문화적 관점이나 인지 성향과 관련이 있다. 예를 들어, 유카테카 마야어의 화자들이 사건을 언급할 때, 그들은 진술에 상황적 설명(evidential)을 덧붙이며, 이는 사건에 대한 그들의 진술이 목격(어떤 감각에 의해서라도)을 동반하는지, 사건에 대해서 듣게 된 것인지, 또는 공동체에서 공유되는 문화적 이해('공통 지식')에 일부 근거하는지를 지시하는 문법적 요소들이다. 이와 같은 문법적 특성은 화자들로 하여금 그들의 지식과 신앙의 원천을 지속적으로, 그리고 잠재의식적으로 검토할 것을 요구한다.

한 가지 일반적이지 않은 대명사 사용법이 메소아메리카에 광범위하게 퍼져 있으며, 이를 언급할 가치가 있다. 이는 언어학자들이 능격(ergative)이라고 부르는 것이다. 영어에서는 동일한 대명사들이 타동사의 주어(He saw him, '그는 그를 보았다')로도 그리고 자동사의 주어(He ran, '그는 달린다')로도 사용된다. 능격 체계는 타동사와 자동사의 주어들을 다르게 취급하는 것으로, 자동사의 주어를 목적어와 한데 묶는다. 영어가 능격 언어라면 우리는 여전히 '그는 그를 보았다'(He saw him)와 같은 문장들을 사용하겠지만, 이 경우 목적격 대명사가 자동사 문장들에서는 주어로 사용될 것이며 '그를 달린다'(Him ran)와 같이 바뀔 것이다. 마야 언어들과 믹세-소케 언어들은 대명사적 접사들에서 이러한 종류의 능격 유형을 보여 준다.

3) 구문론

대부분의 메소아메리카 어족들에서 타동사 문장은 영어나 스페인어와는 상이한 어순에 따라 단어들이 배치된다. 일반적인 타동사 문장은 동사를 주어와 목적어 앞에 배치한다. 다시 말해 영어와 스페인어에서의 주어-동사-목적어 어순보다는 동사-목적어-주어 또는 동사-주어-목적어의 어순을 보인다. 일반적인 자동사 문장에서는 주어 앞에 동사가 오며, 따라서 영어와 스페인어에서의 주어-동사 어순이 아니라 동사-주어의 어순을 보인다.

표 11.2에서 사포테카어와 코팔라트리케어는 동사-주어-목적어의 어순을 보이며, 초칠어는 동사-목적어-주어의 어순을 보인다. 우아베어,

언어	내용
산디오니시오오코테펙사포테카어	Cá-ldì'í bèh'cw ní'=nì'. CONTINUATIVE-lick dog foot=REFLEXIVE (진행형-핥다 개가 발을=재귀—옮긴이) "사람 개가 자기 발을 핥고 있다."
코팔라트리케어	Qui-ranj[5] Mariaa[4] chraa[5]. COMPLETIVE-buy Maria tortilla. (완료형-사다 마리아 토르티야—옮긴이) "마리아는 토르티야를 샀다."
초칠어	7i-s-pet lok'en 7antz ti t'ul-e. COMPLETIVE-it-carry away woman the rabbit-CLITIC (완료형-그것-들고 가다 여자 토끼-접어—옮긴이) "여자가 토끼를 들고 갔다."

표 11.2 메소아메리카의 세 가지 언어들에서의 어순.

오아하카어, 촌탈어, 톨어와 같은 소수의 언어들은 주어-동사-목적어를 지배적인 어순으로 하지만(이차호어와 같은 일부 언어들에서는 스페인의 영향을 받고 몇 세기가 지난 후 주어-동사-목적어를 기본 어순으로 변경했다), 주어-목적어-동사를 주요 어순으로 하는 언어들도 소수 있다. 이는 메소아메리카 지역의 독특한 특징이며, 메소아메리카 북부와 남부의 국경 너머 지역들에서 사용하는 언어들은 대부분 주어-목적어-동사의 어순을 하고 있다.

오늘날 메소아메리카의 언어에서 거의 보편적으로 나타나는 동사-목적어 어순은 장기간에 걸쳐 이 지역에서 진행되었던 고강도의 상호문화 간 교류를 나타내는 특징들 가운데 하나이다. 일부 사례에 있어서 우리는 이처럼 동사가 앞에 오는 어순이 보다 초기의 유형들로부터 변화해서 나타난 것이라는 점을 보여 주는 명확한 증거를 가지고 있다. 예를 들어, 이제는 메소아메리카 언어의 동사-우선 어순을 수용한 나우아어는 우토-아스테카 어족의 최남단 어파이다. 다소 방대하고 다양한 이 어족의 다른 구성언어들은 일반적으로 주어-목적어-동사를 기본 어순으로 하며, 이는 나우아어에서도 아마도 가장 초기의 어순이었을 것이다. 나우아인들은 메소아메리카 세계에 진입한 다음(이 장의 글상자 11.7을 참조) 그들의 어순을 변경한 것으로 보인다. 타라스카어에서 주어-목적어-동사의 어순이 지속된다는 점은 타라스카인들의 관습이 메소아메리카의 다른 민족들로부터 다소 독립적으로 존재했었다는 사실을 보여 주는 한 가지 단면이다.

믹세-소케 어족에서도 유사한 이행이 발견된다. 수십 년 동안 믹세-소케의 모든 언어들은 동사-우선 어순을 가진다고 생각되어 왔다. 하지만 다른 문법적인 특성들은 보다 초기에 이들 언어들이 주어-목적어-동사의 어순을 지니고 있었음을 시사한다. 이러한 보다 초기의 주어-목적어-동사 어순의 단계가 적어도 서기 162년으로 거슬러 갈 것으로 추정되는 소케어로 작성된 에피-올메카의 성형문자 문헌들에서 1990년대 초반에 확인되었다. 뒤이어 수행된 언어학적 현지조사를 통해 소케 언어들 가운데 가장 보수적인 산타마리아치말라파의 소케어가 오늘날까지도 이와 같은 어순을 보유하고 있는 것으로 밝혀졌다. 프로토-소케어 역시 주어-목적어-동사 어순을 가지고 있는 것이 분명하며, 그 이유는 치말라파소케어가 여기에서 파생했기 때문이다. 주어-목적어-동사 어순은 적어도 고전기까지 에피-올메카 지역에서 보존되었다. 그러므로 프로토-소케어가 독자적인 어파들인 소케어와 걸프-소케어로 분리된 이후 개별 소케어들에서 동사-우선 어순들로 변화했을 것이며, 이는 후기고전기에 접어들어서야 진행되었을 것이다(소케어를 사용하던 초기의 메소아메리카인들에 관해서는 1장을 참조하라).

동사-우선이 가장 일반적이거나 기본적인 어순이지만, 특정한 목적들을 위해서 대안적인 어순들이 사용되는 것이 보편적이다. 에피-올메카

언어	내용
산디오니시오오코테펙사포테카어	Zúú béh'cw dèhjts yù'ù. stand dog back house (앉다 개 뒤에 집—옮긴이) "개가 문 뒤에 앉아 있다" dèhjts Juààny back Juan (등 후안—옮긴이) "후안의 등" Gááld-bí-tsùù twenty-with-ten (20-과-10—옮긴이) "삼십"
칵치켈어	ru-tz'i' ri a Xwan his-dog the YOUNGER:MALE Juan (그의-개 어린:남성의 후안—옮긴이) "후안의 개"
고전 나우아어	ōm-pōhualli on-caxtōlli two-twenty and-fifteen (2-20 그리고-15—옮긴이) "오십-오"

표 11.3 메소아메리카 언어들에서 그 외의 문법적인 특성들.

문헌들에서 자동사의 경우, 동사가 묘사하는 행동을 통제하는 주체는 타동사 문장의 경우(주어-목적어-동사)처럼 주어가 보편적으로 앞에 오지만(주어-동사), 반면 행동을 겪게 되는 주체는 일반적으로 동사 뒤에 온다(동사-주어). 보다 일반적으로 동사-우선의 언어들에서 주어를 강조하려고 할 경우에는 문장의 앞으로 주어를 옮기는 것이 보다 보편적이다. 수많은 언어에서 주어, 동사, 목적어의 순서를 어떠한 방식으로 바꾸는 것도 가능하며, 각각의 어순은 다른 개념을 강조한다.

메소아메리카 언어의 문법에서 찾아볼 수 있는 또 다른 특징은 다음과 같이 보다 간략하게 요약할 수 있다. 명사(예를 들어 '개')가 '사람의 개'와 같이 소유격으로 사용될 때, 메소아메리카 언어에서의 전형적인 유형은 '(그의) 개 사람'이라고 말하거나 또는 이보다는 드물게, '사람 (그의) 개'라고 표현한다. 표 11.3의 칵치켈어와 사포테카어의 사례들은 이와 같은 유형을 보여 준다.

메소아메리카의 수많은 언어들에서 기능상으로나 의미상 영어에서의 장소를 나타내는 전치사(예를 들어 '위에'[on], '아래'[under], '안에' [inside])에 해당하는 단어들은 몸의 일부분을 나타내는 단어들과 동일하거나, 이 단어들에 근거한다. 예를 들어, 하나의 단어가 '머리'와 '위에' 모두에 사용될 수 있으며, 또 다른 단어는 '등'과 '뒤에' 모두에 사용될 수도 있다. 이는 일부 언어들에서 위치를 나타내는 전치사가 존재하지 않는다는 의미가 될 수도 있으며, 몸의 일부분을 나타내는 명사가 그 대신 사용될 수 있다는 의미일 수도 있다. 다른 언어들에서는 위치를 나타내는 전치사가 화법(speech)의 독자적인 일부분을 구성하지만, 이 전치사의 상당수가 형태론적으로 몸의 일부분을 나타내는 명사와 동일하다는 것을 의미한다. 표 11.3에 제시된 사포테카어의 사례는 하나의 단어인 dèhjts가 '등'과 '뒤에' 모두를 의미함을 보여 준다.

숫자는 우리가 통상적으로 사용하듯이 10의 제곱들로 구성되는(10, 100, 1000 ……) 십진법으로 셈하기보다는 20을 기초로 하는 20진법이며, 메소아메리카인들은 20의 제곱들로 구성되는(20, 400, 8000 ……) 20진법으로 셈을 한다. 따라서 55와 같은 숫자는 '20의 2에 더하기 15'로 표현된다. 표 11.3에 제시된 사포테카어와 고전 나우아어의 사례들은 20진법 구조를 보여 준다(이 종류의 계산에 관한 보다 상세한 내용은 글상자 11.8을 참조하라).

20진법의 단어들은 전형적으로 다양한 종류의 용기, 묶음, 꾸러미들의 이름이다. 예를 들어 커다란 숫자를 나타내는 원주민들의 표현들이 스페인의 숫자 표현으로 대부분 대체되기 이전까지 '8천'을 나타내는 단어는 많은 수의 카카오 알갱이들을 운반하기 위해 사용되었을 법한 올이 굵은 삼베 자루들(또는 치마들)에서 유래했거나, 또는 이를 위해 사용되고는 했다.

4) 그 외의 전형적인 특징들

이 외에도 **차용 번역**(loan translatoin)으로 알려진 과정을 통한 관용적 표현들이 메소아메리카 언어 전반에서 발견되는 보편적인 특징이다. 이는 관용구적 표현(예컨대 '집의 입구'라는 표현으로 '문'을 의미하는 것)이 문자 그대로 다른 언어로 번역되어 동일한 관용구적 의미를 가지고 사용되는 과정을 의미한다. 더 나아가서 일부 차용 번역은 하나의 의미를 이와 형태론적으로 관련되거나, 아니면 간접적으로 약간이라도 관련되는 다른 의미로 사용하는 것을 포함한다. 이와 같은 차용 번역이 메소아메리카에서 일부 발견되지만, 그 언어의 경계를 넘어서는 경우는 거의 없다. 그 사례로는 '손의 어머니'='엄지손가락', '손의 아이'='손가락'; '테두리'='입'; '신의 배설물' 또는 '태양의 배설물'='금' 또는 '은'; '물 산'='마을'; '사슴 뱀'='왕뱀'; '깨어 있는'='살아 있는'; '큰 별'='금성'; '태양'('날짜')='축제' 등이 있으며, '형태-변환기'(shape-shifter)를 의미하는 다양한 파생어 형태들이 있다. 일부 차용 번역은 메소아메리카의 광범위한 관행이나 신앙을 반영한다. 예를 들어, '날짜'를 의미하는 단어는 종종 '이름'을 의미하는데, 그 이유는 사람들이 그들이 태어난 날의 의례력에 해당하는 날짜에 따라 이름이 지어졌기 때문이다. 원주민 해(年)로 명명된 의례력의 날짜(또는 신)는 그해의 '통치자'라고 일컬어졌다(1장을 참조하라).

이는 메소아메리카 모든 어족들의 전형적인 특징들이며, 스페인 정복 이전 메소아메리카의 경계에서 벗어나 있었던 지역의 언어들에서는 찾아볼 수 없다. 이 특징들은 메소아메리카를 문화적으로 통합시키는 것들의 일부를 구성하는 세계에 관해 말하고 사고하는 방식들을 의미한다. 메소아메리카에서 광범위하게 찾아볼 수 있는 또 다른 특징들은 인접한 지역의 언어들에서도 찾아볼 수 있으며, 그들은 메소아메리카의 특징이 되지만 메소아메리카를 단일한 언어 지역으로 구별하지는 않는다. 예를 들어, 친족 용어들과 몸의 일부를 나타내는 단어들은 통상적으로 소유격이며, 만일 소유격이 아닌 경우에는 특별한 접두사나 접미사가 첨가된다. 지역에서 전형적이지만 지역 외부에서도 발견되는 의미론상의 등가성 (semantic equivalence)은 '손'과 '팔'에 동일한 단어를 사용하는 것이 포함되며, 다시 말해 개념상의 구별은 이루어지지 않는다.

그 외에도 다른 특징들은 메소아메리카의 언어들에서 널리 공유되고 그 경계를 넘어서는 곳에서는 드물거나 부재하지만, 이 특징들은 단 하나의 어족에서는 찾아볼 수 없게 되었다. 마야어가 이에 해당하기 마련이며, 이 어족은 고대 메소아메리카 세계의 남동부 경계로부터 시작되었다.

3. 언어 변이와 변화

1) 토착 언어의 방언

메소아메리카에서 거의 모든 토착 언어들은 한 가지 이상의 형태들로 발생한다. 일부 지역에서는 언어학적 다양성이 너무나 강해서 모든 마을들이 그들만의 방언이나 심지어 그들만의 언어를 가지고 있는 경우도 있다. 이 같은 상황은 예를 들어 과테말라 고지대의 상당 지역에서 발견된다. 그 사례로, 1700년대 후반에 각 마을에서 사용하던 언어들의 목록이 작성된 이래로 우스판텍어는 단지 한 공동체에서만 사용되었고, 칵치켈 지역에 위치하는 개별 마을들은 각자 독자적인 형태의 칵치켈어를 가지고 있다. 유사한 상황이 상당수의 오토-망게 언어들에서 나타나며, 특히 오아하카에서 그러하다. 다른 지역에서 언어적 다양성은 매우 낮다. 예를 들어 유카테카어는 유카탄 반도의 상당 부분에서 사용된다.

방언의 차이들은 사회적 사실이자 언어학적 사실이다. 단일한 언어의 독특한 형태들이 다양한 지역에서 발견될 경우, 한 지역의 사람들은 다른 지역의 사람들을 이해하는 데 어려움을 겪게 될 수도 있다. 하지만 이같은 어려움이 모든 참여자들에게 동등하게 나타나는 것은 아니며, 방언의 상호이해성을 검사해 볼 경우, 예를 들어 방언 A의 사용자들은 방언 B의 사용자들을 방언 B의 사용자들이 방언 A의 사용자들을 이해하는 것보다 수월하게 이해하는 경우가 자주 발생한다. 그렇다면 불균형은 어디에서 유래하는가? 그 원인은 종종 소통의 밀도와 관계되는 것으로 보인다.

다른 모든 상황이 동등할 경우, 소통은 자신이 가장 잘 이해하는 상대를 대상으로 추구된다. 소통의 이러한 구조는 두 가지 효과를 동반한다. 첫째, 언어학적으로 잘 이해하는 방언에서의 변화들보다 제대로 이해하지 못한 방언에서의 변화들이 보다 인지가 힘들고 따라서 채택되는 정도도 낮기 때문에, 가장 유사하지 않은 방언들 간의 유사성이 더욱더 희박해진다. 둘째, 사회적으로 공동체들 사이의 소통의 감소는 그들 간의 사회적 거리를 심화시킨다. 이는 방언 진화 과정에서 발견되는 주요한 경향성이며, 오래된 언어에서 새로운 언어가, 그리고 조어(parent language)에서 어족이 발생하게 되는 원천이다. 이 상황이 발생할 경우, 소통장애(bottleneck) 효과로 인해 가장 밀접하게 관련된 언어들이 서로 인접해서 위치하게 되는 경향을 보이게 되는 것이다. 하나 또는 그 이상의 사회집단들이 그 선조들의 위치로부터 이주하는 경우가 아니라면, 위치의 지정학적 유형은 언어들 간 관계성의 강도와 일관되게 나타난다.

앞에서 논의한 모든 변화들은 사회적·언어학적 거리를 증폭시키는 효과를 초래한다. 하지만 일부 변화들은 사회집단들을 **통합**시키고, 방언들 간의 거리를 **감소**시키는 효과를 가지는데, 하나의 방언 사용자들이 다른 방언 사용자들의 어휘나 화법 유형을 모방할 때 발생하는 변화들의 경우가 이에 해당한다. 모방을 하는 이들은 **차용 방언**(borrowing dialect)의 사용자들이며, 모방의 대상이 되는 이들은 **원천 방언**(source dialect)의 사용자들이다. 결과적으로, 행해지는 모방 가운데 일부는 그 방언의 다른 사용자들에 의해 습득된 유형을 모방 방언의 사용자들이 내적으로 모방하면서 수행될 것이며, 이는 궁극적으로 원천 방언의 모방을 통해 습득된 것이다.

언어들 간이나 방언들 간의, 그리고 사회집단들 간의 차별화는 밀접하게 상호교류하지 않는 분리된 화법 공동체들 사이에서 발생하는 변화의 결과로 가장 빈번하게 발생될 것이다. 하지만 일부 경우에 지속적인 상호작용은 방언들 간의 차별화를 추동하는 데 기여한다. 리안 힌튼은 지방의 주요 고속도로를 따라 인접하고 있는 마을들인 찰카통고와 산미겔의 믹스테카어 사용자들에게서 이 같은 사실을 확인했다(Hinton 1987). 산미겔의 믹스테카인들은 전통적인 지방의 문화에 관여하고 헌신하는 반면, 찰카통고의 믹스테카인들은 인근 촌락의 믹스테카인들과 보다 광범위한 경제적 연결망을 형성하며 근대화와 라디노화(ladinoize)되었다. 따라서 이 두 마을 사이에는 사회적인 차별화가 존재한다. 산미겔과 찰카통고의 방언들은 두 공동체들의 보다 멀리 떨어져 있는 지점들에서 그 유사성이 가장 강한 것으로 나타났으며, 서로 경계에 인접할수록 방언들의 차이가 과장되어 나타났다. 믹스테카어를 사용하는 공동체들은 사회적인 헌신을 드러내기 위해, 그리고 공동체들 간의 사회적인 차이에 주목하게 하기 위해서 언어적인 차이들을 활용하고 있다. 이 집단들의 구성원들 간에 상호작용이 강할수록, 집단의 정체성과 독자성을 강화하기 위해 방언 간의 차이에 근거한 상징주의와 같은 기제의 활용성이 증가한다.

차용의 수렴 과정은 과테말라 고지대에서 사용하는 마야 언어인 케치어(Q'eqchi')를 통해 확인할 수 있다. 케치어는 스페인의 침입 이후로, 그리고 아마도 그 이전부터 확산되어 왔을 것이다. 코반이라는 마을은 주도적인 경제 중심지이다. 일반적으로 케치어 사용자들은 이 마을의 방언을 가장 높게 평가하며, 따라서 **위세 방언**(prestige dialect)에 해당한다. 그 결과, 다른 케치어 방언들을 사용하는 보다 젊은 세대의 언어 사용자들은 코반에서 진행되고 있거나 이미 진행된 변화들 중 일부를 모방하고 있다. 예를 들어, w는 코반에서는 kw로 발음된다. 이러한 변화 역시 일반화되었고, y가 ty에서와 동등한 방식으로 '강화되어' 발음되었다. 비록 이 같은 변화들이 다른 공동체들로 확산되고 있지만 변화들은 매우 최근에 진행되었기 때문에, 코반의 케치어를 사용하는 구세대와 신세대 언어 사용자들은 w와 y를 서로 다르게 발음한다. 그 외의 보다 오래전의 변화들은 코반 전역에 걸쳐 매우 확고하게 자리 잡았으며, 케치어로 광범위하게 확산되었다. 예를 들어 거의 모든 케치어 방언 사용자들은 본래의 장모음들을 단모음화 시켜 왔다.

케치어에서 확인되는 이 변화들은 메소아메리카를 비롯해 세계 전역에서 진행되고 있는 언어 변화의 전형적인 유형에 해당한다. 사회적으로 선호되는 위치를 점하고 있는 공동체는 이웃 공동체들이 차용하는 혁신들의 중심지이다. 전형적으로 이들 이웃 공동체들은 혁신 공동체보다 다소 뒤쳐진다. 변화된 형태는 처음에는 본래의 형태에서 변이해서 함께 존재하지만, 점차 본래의 형태를 대체한다. 이 변화들은 상이한 방언들의 사용자들에 의해서, 그리고 더 나아가서 심지어 상이한 언어들의 사용자들에 의해서 인식되고 모방될 것이다. 상대적으로 우연한 접촉이 어휘 차용을 위한 충분한 계기가 되며, 특히 차용 집단에게 새롭게 도입되는 품목이나 개념에 해당될 경우에 그러하다. 발음이나 문법에서의 변화, 다시 말해 언어의 구조에서의 변화는 원천 언어와 차용 언어 사용자들 간의 밀접한 상호작용을 항상 동반한다.

고대에도 동일한 과정이 진행되었을 것으로 추정된다. 언어학자들이 이 같은 과정의 효과를 감지할 때, 그들은 개입된 언어 사용자들 사이에서 진행되는 상호작용의 증거를 제시하게 되며, 상호작용의 강도와 지속 정도 및 속성에 관련된 증거를 제시하게 된다. 이 장의 뒷부분에서는 문화가 언어에 남긴 흔적을 역사적으로 재건하는 작업을 논의한다.

2) 언어 멸종위기

메소아메리카의 다양한 대부분의 어족들에서 유래하는 언어들에 관해 16세기 초부터 문헌 작업이 일부 이루어져 왔다. 이 문헌들과 이후의 기록을 토대로 우리는 메소아메리카 지역에서 한때나마 사용되었던 일부 언어들이 더 이상 사용되지 않는다는 것을 알고 있다. 오늘날 메소아메리카의 원주민 언어들은 심각한 멸종위기에 직면해 있다. 우리는 또한 언어는 사람들의 문화적 정체성의 매우 중요한 부분을 구성하기 때문에 사람들이 기꺼이 그들의 언어를 포기하는 일은 좀처럼 없다는 사실을, 다시 말해 대규모의, 침략적이고, 위압적인 사회적 과정에 종속되지 않고서는 자진해서 언어를 포기하려 하지 않는다는 사실을 알고 있다.

메소아메리카에서 그토록 많은 언어들이 소멸된 이유는 무엇인가? 이 질문에 대한 부분적인 대답은 민족국가에서 정치적이고 문화적인 자율성을 지니지 못한 소수 언어들은 **항상** 멸종위기에 처해 있다는 것이다. 그 결과, 언어에의 권리를 위한 작업과 전 세계 멸종위기 언어들을 위한 장기적인 전망을 향상시키기 위한 노력이 이제는 수많은 정부와 재단 및 인권 단체들의 우선순위가 되었다.

메소아메리카에서 가장 심각한 멸종위기에 놓인 언어들은 **빈사 언어**

들(moribund)이다. 이 언어들은 사실상 노년층의 사적인 활용 수준으로 제한되어 있다. 그다음으로 심각한 멸종위기에 놓인 언어들은 **퇴화 언어들**(obsolescent) 언어들이다. 이 언어들을 배우는 아이들은 거의 없거나, 전혀 없다. 하지만 성인들은 가족들과 있을 때, 친구들 사이에서, 혼인과 같은 의식에서, 정부가 주관하는 연설 행사에서는 이 언어들을 거의 사용하지 않지만, 정치 집회 등의 민간 행사와 같이 다양한 공적인, 또는 사적인 맥락에서 이 언어들을 활용한다. 가장 위험 정도가 낮은 언어들은 **위기 언어들**(threatened)이다. 모든 아이들이 이 언어들을 배우는 것은 아니며, 외부의 이중 언어 상용주의에 대한 극심한 압박에 대한 반응으로 스페인어가 보다 광범위하게 알려지고 사용되고 있다. 하지만 이 언어들은 사적인 맥락과 공적인 맥락(정부와 법적 맥락을 제외한) 모두에서 활용된다. 이 언어들 중 일부는 퇴화 상태로 향해 가며, 아이들에게 전달되는 정도가 감소하고 있고, 언어가 활용되는 맥락의 범위도 좁아지고 있다. 메소아메리카의 모든 원주민 언어들은 적어도 이런 방식으로 멸종위기에 처해 있다.

언어 멸종위기, 그리고 궁극적으로 언어 손실(language loss)은 **언어 전이**(language shift)라고 불리는 과정을 직접적인 원인으로 해서 발생한다. 하나의 언어 사용자들은 그 언어를 대신해서 다른 언어를 사용하기 시작한다. 전형적으로 이 사용자들은 처음에는 그들의 토착 언어와 스페인어를 모두 사용하던 이중 언어 사용자들이다. 이들은 국가와 주 정부 기관에 관여하기 위해, 그리고 이후에는 국가의 우선순위로 규정되어 강요되고는 했던 지방 외부의 상업적 이해관계에 개입하기 위해 그 유일한 수단으로 이중 언어를 사용하기 시작한다. 이런 점에서 스페인어의 사용은 경제적으로나 사회적으로 보다 이득이 된다. 일부 사례에서 제2언어는 스페인어가 아니라 케치 마야어나 오토미어와 같이 사용이 확산되고 있는 토착 언어이다.

토착 언어의 사용은 전형적으로 전통적인 관습과 기관들과 관련되어 있는 반면, 스페인어의 사용은 메스티소(또는 라디노) 관습과 기관들, 특히 지역 정부 단위의 정치적·경제적 체계의 유입과 관련이 있다. 보다 광범위한 경제 체계에 참여하게 되면서, 지방 경제에서의 생존이나 성공이 스페인어의 활용에 의해 촉진되는 경우가 자주 발생한다. 이는 스페인어를 제2언어로 채택하는 관행이 메소아메리카의 모든 언어권에 걸쳐 널리 보편화되어 있기 때문에, 스페인어가 상이한 원주민 언어 사용자들 사이의 소통을 도와준다는 사실에서 부분적으로 비롯된다. 하지만 이는 토착 언어들이 일반적으로 라디노들의 편견의 대상이 된다는 사실에서도 부분적으로 유래하며, 미국의 사무직 노동자들이 표준어가 아닌 영어 방언들에 오명을 씌우는 것과 유사한 상황이다.

토착 언어의 사용은 국가의 정책에 의해 저지되곤 했다. 멕시코와 중앙아메리카의 교육과 학문은 거의 전적으로 유럽 언어들(대부분 스페인어)로만 수행되어 왔으며, 따라서 토착 언어 사용자들이 그들 자신의 언어로 읽고 쓰는 능력(literacy)을 배양하게 될 기회는 거의 없었다. 또한 학교에서 아이들이 원주민 언어를 사용하는 것이 빈번하게 저지되어 왔다. 게다가 적어도 최근까지 사회적 하부구조의 문제로 인해 메소아메리카에서 상대적으로 소수의 원주민들만이 교육을 받을 기회를 가질 수 있었다.

20세기에 메소아메리카의 수많은 원주민들은 불행하게도 정치적 폭력에 매몰되어 있었고, 납치와 살인의 대상이 되었는데, 부분적으로 그 원인은 그들이 토착 언어를 사용함에 따라 반란적인 존재로 인식되었기 때문이다. 이러한 상황에서 어떤 언어를 사용할 것인가의 선택은 담화가 행해지는 상황의 속성과 담화에 개입하는 사람들이 누구인가에 따라 결정되곤 한다. 메소아메리카에서, 그리고 더 나아가서 세계 전역에서 토착 언어가 사용되는 맥락의 범위가 축소될 가능성이 있다. 일반적인 유형은 토착 언어가 사적인 맥락에서는, 예를 들어, 가족이나 가까운 친구들 사이에서는 선호되는 반면, 스페인어는 공적이고 공동체 위주의 맥락들, 예를 들어 보다 소원한 관계의 지인들이나 외부인들과의 교류에서 선호되는 것이다. 궁극적으로 외국의 언어 이데올로기가 자리를 잡게 될 것이며, 이에 따라 지방의 언어는 형식적이거나 '중요한' 유형의 소통을 위해서는 적절하지 않은 수단으로 간주될 것이다.

언어 손실에 관계되는 또 다른 과정은 바로 앞에서 묘사한 과정의 부산물로 진행된다. 토착 언어가 사회적·경제적 성취를 거두는 데 방해가 된다고 인식하게 되면 부모들은 자녀들에게 스페인어만으로 대화를 하게 될 것이다. 어린이들이 그들이 속한 집단의 토착 언어를 더 이상 배우지 않게 되면, 해당 언어는 빈사 상태에 놓이게 된다. 이 과정은 메소아메리카에서 이중 언어 사용자들의 언어 선택 행위보다도 더 파괴적인 방식으로 언어 손실에 기여하는 것으로 나타난다.

설령 존재한다고 하더라도 매우 소수만의 아이들이 배우는 몇 가지의 토착 언어들이 존재한다. 예를 틀어 믹세-소케 언어들의 경우, 텍시스테펙포폴루카는 100명 가량의 사람들만이 사용하는 언어이며, 이 사용자들은 모두 60세 이상의 노년층이다. 올루타포폴루카어를 유창하게 사용할 수 있는 사람들의 수는 현재는 20명 미만이며, 믹세-소케 영토의 북동부 경계의 걸프-소케어의 아야파네카어의 경우는 10명 미만에 불과하다. 그 외에 보다 드물게 아이들에게 학습이 되는 언어들이 있지만, 이 경우에도 스페인어를 제2언어로 배운 다음에야 학습이 이루어진다. 이 같은 상황은 1950년경 오아하카 촌탈의 저지대에서 보편적이었다.

3) 스페인어가 토착 언어에 미친 영향

앞서 언급한 언어 선택들은 종족 정체성과 빈번하게 관련되어 있다. 이중 언어 사용자들은 일부 맥락에서는 토착 공동체 외부의 사람들과 이런저런 방식으로 동일시하기 위한 의도에서 원주민 언어보다는 스페인어를 사용하기로 선택할 것이다. 부모들이 자녀들에게 스페인어로 말할 경우 이 선택은 특정 종류의 사회적 헌신의 전이를 반영할 수 있으며, 심지어 지방의 원주민 공동체에서 보다 광범위한 지역이나 국가적 단계로 종족 정체성이 전이되는 것을 의미할 수 있다.

그렇지만 종족 정체성이 붕괴될 가능성이 과도하게 과장될 수 있다. 언어와 종족성의 관계는 스페인인들이 대부분의 토착 집단들의 상당한 비중에 대해 그들의 토착 언어들을 대체하기 시작하기 이전인 과거에 보다 밀접했을 수 있다. 하지만 오늘날 언어, 문화, 종족 정체성은 동일시될 수 없다. 앞서 기술한 과정들을 통해 토착 언어들이 대체되면서 스페인어가 이제는 지배적인 언어가 되고, 토착 언어는 한때는 문화적·종족적 집단들과 관련되었던 소수의 구성원들에 의해서 사용되는 상황에 도달했을 수도 있다. 이런 상황에 이르렀다고 해도, 스페인어 단일 언어 사용자들로서 공동체에서 성장했던 이들이 강력한 공동체 정체성을 가질 수 있으며, 공동체의 원주민 언어는 여전히 집단 정체성의 공통되고 통합적인 **상징**으로 기능할 수도 있다. 예를 들어, 2만 6천 명의 사율라 사람들 가운데 단지 소수만이 사율라포폴루카어를 말하지만, 그들 모두가 자신들을 원주민으로 간주하며, 그들이 항상 다른 그 누구와도 달랐다는 사실을 인식하고 있다. 이와 유사하게 과테말라 안티구아 근방의 산루카스 마을에서는 더 이상 칵치켈어를 사용하는 사람이 아무도 없지만, 여성들은 원주민들만이 입는 의상을 여전히 입고 있다. 그렇지만 공동체의 토착 언어가 사라지는 과정에 있을 때, 이 같은 상황은 상당 비중의 인구에게 항상 스트레스의 근원이 된다. 다시 말해, 그들의 삶에서 중요한 무엇인가가 상실되고 있다는 느낌인 것이다.

메소아메리카에 유럽인들이 도착한 이래로 토착 언어들은 사용자의 수나 사회적 위상과 관련해 상당한 어려움을 겪어 왔다. 수많은 언어들이 사라졌고, 메소아메리카의 수백만 명의 원주민 언어 사용자들 가운데 매우 소수만이 토착 언어를 읽고 쓸 수 있게 되었다. 하지만 지난 수십 년 동안, 이 지역의 토착 언어들에 대한 관심이 급증했다. 과테말라에서는 수백만 명의 사람들이 마야 언어들을 말하며, 토착 언어 사용자들과 언어학자들의 노력이 결합된 결과 스페인어와 지방의 마야 언어들(케치어, 키체어, 칵치켈어, 추투힐어, 포코맘어, 맘어를 비롯해 그 외의 언어들)을 병용해서 두개 언어로 교육을 제공하려는 노력이 기울여지고 있다. 이러한 사업은 스페인어와 토착 언어들로 읽고 쓰는 능력을 향상시키는 것을 목적으로 하지만, 여기에는 마야 언어들로 작성된 교재와 독해 자료들의 제작이 요구된다. 이 자료들에서 사용할 수 있도록 과테말라 마야언어원(Academia de Lenguas Mayas de Guatemala)에서 제시하는 표준 철자법이 정부의 공식적인 승인을 받았다. 글상자 11.3은 이에 대응하는 사례로서 현재의 멕시코에서 사포테카어가 어떻게 진흥되고 있는가를 보여 준다.

스페인어는 수많은 메소아메리카 원주민 언어들의 어휘와 음성학에, 그리고 종종 구문론에 영향을 미쳤다. 일부 언어들은 특히 말, 닭, 소총과 같이 스페인의 침입 이후 도입된 물품이나 관념을 표현하기 위해 스페인어 어휘를 상당 정도 차용해 왔다. 예를 들어, 산루카스키아비니사포테카어로 '말'(馬)을 의미하는 단어는 caba'i인데, 이는 스페인어의 caballo에서 차용한 단어이다. 다른 언어들은 스페인어 어휘를 통합하는 데 저항해 왔고, 그 대신 토착 어근과 접사를 사용해 새로운 단어들을 만들어 왔다. 예를 들어, 칵치켈어에서 '말'을 의미하는 단어는 kej로서 본래 '사슴'을 의미했던 단어이다. 마야 언어들에서는 일반적으로 닭이 칠면조를 의미하는 단어로 대체되어 왔고, 반면 칠면조는 이 단어에 수식어구나 접사 등을 덧붙여서 칭해 왔다. 소총은 화살총(blowgun)을 의미하는 단어로 불리거나, 또는 촐어에서 jul-on-ib', 즉 '쏘는 도구'('쏘다, 찌르다'를 의미하는 jul에 근거해서)의 경우처럼 토착 요소로 새로운 단어나 표현을 만들어 부른다. 오늘날 과테말라 마야언어원은 스페인어에서 차용한 일부 단어와 표현들을 마야어에 근거한 단어와 표현들로 대체하도록 진흥하고 있다.

　메소아메리카 언어들의 음성학에 관한 부분에서 우리는 이 언어들의 소리 체계가 스페인어의 경우와 상이하다는 점을 지적했다. 스페인어 단어들이 채택될 때, 원주민 언어들은 이 단어들을 토착화시키곤 한다. 다시 말해, 그들은 스페인어 형태의 발음을 토착 유형에 맞추어 변형시킨다. 초칠어의 빨레(pale)와 올루타포폴룰카어의 빠네(pane)가 그 예로, 이 단어들은 스페인어에서 '사제'를 의미하는 빠드레(padre)에서 유래했다. 이와 같은 변형 작업은 스페인어의 개별 소리들에만 발생하는 것이 아니며, 소리의 배치에도 발생한다. 예를 들어 '계산대, 로자리오 묵주'를 의미하는 쿠엔타스(cuentas)는 요코탄어(촌탈-마야어)와 그 외의 일부 언어들에서는 웬탁스(wentax)로 차용되었다. 스페인어를 제2언어로 채택하는 이중언어 사용이 광범위하게 진행되면서, 보다 최근의 차용에서 이 사례에서만큼 충분히 토착화가 되는 경우는 많지 않다.

　세계 다른 지역의 상황과 마찬가지로 원주민 언어들은 때로는 스페인어 발음을 유지하거나, 또는 상당한 유사성을 유지한 채로 스페인어 단어들을 채택한다. 그 결과, 원주민 언어의 일부 단어들은 단지 스페인어가 해당 언어에 차용되었을 경우에만 발생할 만한 종류의 **차용 음소들**과 음소 배치들(자음군과 같은)을 지니게 된다. 언어 사용자들이 비-토착적인 소리와 소리 유형을 지닌 단어를 사용할 경우, 이는 **히스패니즘**(hispanism, 스페인과 라틴아메리카의 문화적 통합을 지향하는 운동——옮긴이)의 성격을 띠게 된다. 다시 말해 토착화된 형태보다는 히스패닉적인

(스페인과 토착적 요소가 혼합된) 형태를 사용해 해당 주제에 대한 사람들의 태도를 형성하게 되는 것이다. 히스패닉적인 발음은 스페인어와 토착 언어들의 이중 언어 사용이 광범위하게 확산된 지역에서 일반적으로 발견된다.

4. 고대 메소아메리카의 문자

고대 메소아메리카 사회들은 대부분이 일정한 형태의 문자를 보유했다는 점에서 신세계에서 명백하게 독특한 특징을 지녔다. 문자는 멕시코 남동부, 과테말라, 벨리즈의 저지대 마야 언어들의 사용자들, 베라크루스 남부와 치아파스의 소케어 사용자들, 오아하카 계곡의 사포테카 사용자들, 오아하카의 믹스테카 사용자들, 멕시코 계곡의 나우아 사용자들에서 존재했다. 그 외의 메소아메리카 지역(과테말라의 카미날후유와 이사파, 베라크루스의 엘타힌, 모렐로스의 소치칼코 등)에서도 문헌이 발견되었지만, 이 기록물들이 어떠한 언어와 관련되어 있는지는 아직 명확히 밝혀지지 않았다. 이 상형문자 문헌의 내용은 이 책의 1장에서 논의된다. 이어지는 내용에서는 메소아메리카 문자가 언어와 관련될 때 적용되는 일부 원칙들을 간략히 살펴볼 것이다.

1) 언어들이 어떻게 재현되었는가?

메소아메리카의 모든 기록물은 **어표**(logogram)를 사용했으며, 이는 모든 단어들이나 어근들을 재현하는 부호이다. 어표의 사용은 직접적인 묘사를 통해(예를 들어, 사포테카어의 날짜 이름인 노트[Knot]를 표기하기 위해 매듭[knot]을 그리는 식), 관련된 개념의 묘사를 통해(예를 들어 아스테카 날짜 이름인 바람을 표기하기 위해 바람 신의 얼굴을 그리는 식), 또는 추상적인 부호를 사용해 이루어질 수 있다. 이러한 관행은 보다 초기의 메소아메리카 도상학적 체계에서 발견되었던 모든 다른 유형의 재현들에 근원이었을 것이다.

명료한 설명이 이루어진 메소아메리카의 기록물들 역시 **리버스**(rebus, 그림·기호·문자 등을 맞추어 어구를 만드는 수수께끼 그림 ——옮긴이) 재현을 활용했는데, 동일하거나 거의 동일한 발음을 지닌 두 개의 단어들이 동일한 부호로 표기될 수 있지만, 그럼에도 해당 부호는 두 단어들 가운데 단지 한 단어의 배후에 담긴 관념만을 묘사하는 것이다. 고대 저지대 마야 언어들에서 예를 들어 툰(tu:n)은 '연말'(year-ending)을 의미했다. 툰(tu:n)이라는 발음의 또 다른 단어는 원주 모양의 사물을 의미했으며, 기관과 목재로 된 긴 악기들, 가령, 플루트, 트럼펫, 통나무를 베어 만든 북 등을 의미했다. 발음에서의 유사성은 단지 우연의 일치에 불과하지만, 통나무를 베어 만든 북을 묘사하는 부호를 사용해서 처음 단어가 때때로 두 번째 단어와 유사하게 표기되곤 한다.

이와 같은 원칙들을 통해 스페인 정복 이전 아스테카어와 믹스테카어의 모든 문자들을 충분히 설명할 수 있을 것이다. 설화식 도상학(그림문자)의 복잡한 체계 안에서 기능했던 이 재현 원칙들은 관련된 신, 사람, 장소들을 비롯해서 묘사하는 행사에 해당하는 의례력 날짜를 지명했다. 리버스와 어표 철자법은 이러한 종류의 정보를 전달하는 데에는 매우 용이했지만, 언어학적 재현이라는 측면에서 보았을 때는 수많은 문법 접사와 단어들이 재현되지 않고 남겨지기 때문에 아주 모호한 속성을 지녔다(글상자 11.4).

충분히 문헌적인 체계들은 이 같은 문법적 요소들을 재현하는 데 보다 명시적이었으며, 전형적으로 음성 기호들로 구성됐다. 음성 기호들은 단어나 어근보다는 모음이 뒤에 오는 자음(자모 기호)으로 구성된 단순 음절들이나 때로는 자음-모음-자음(자모자 기호)으로 구성된 음절 부호들을 재현했다. 자모 기호는 마야와 에피-올메카 문자에서 상당한 비중을 두고 사용되었으며, 이보다는 낮은 비중으로 몬테알반과 그 근방의 사포테카 문자에서 사용되었다. 판독을 목적으로 할 경우에는 어떠한 경우에도 기본적인 문법 형태소들이 명시적으로 재현되었다고 일단은 가정하는 것이 방법론적으로 중요하다.

프로토-사포테카어 단어들은 거의 배타적으로 자모 음절들로 구성되어 있기 때문에, 자모 기호로 구성된 문자가 이 같은 종류의 음성 문자에 적합했다. 하지만 자모 기호 문자는 대부분 문법적인 요소를 표기하는 데 활용되었고, 문자의 어간을 표기하기 위해서는 단지 드물게만 사용되었다.

촐란어과 유카테카어의 모든 단어들은 자음으로 끝나기 때문에, 모든 단어는 자음으로 끝나는 음절을 적어도 하나 이상 가지고 있다. 음절이 자음으로 끝날 수 있는 구두 언어와 모음이 뒤에 오는 자음(자모 기호)을 사용하는 음성 철자 사이에는 내재적인 구조적 부조화가 존재한다. 모음이 뒤에 오지 않는 자음을 단어가 포함할 때마다, 자음은 사실상 발음되지 않는 모음으로 표기되거나(에피-올메카어의 7i-ki-pi-wʉ에서 pi 기호가 소케어에서는 7i-kip-wʉ, '그가 그를 싸웠다'로 표기되는 사례, 또는 마야 비문의 ka-ka-wa,에서 wa 기호가 마야의 kakaw, '카카오'로 표기되는 사례), 또는 이와 유사하게 자음이 발음은 되지만 표기는 되지 않을 것이다(소케어의 wej-pa, '그가 소리치다'의 j가 에피-올메카어에서 we-pa로 표기되거나, 마야 저지대의 b'uhk에서 h가 마야 비문에서 b'u-ku, '옷들'로 표기되는 것 등이 그 사례이다).

에피-올메카 문자에서는 다소 확고한 규칙이나 관행들이 앞의 대안적인 선택들을 통제했다. 약한 자음들(j, w, y, 7)은 모음 앞에서가 아니면 표기되지 않았던 반면에, 다른 거의 모든 자음들은 모든 맥락에서 표기되었다. 부가적인 모음이 삽입될 경우, 이는 마지막으로 앞에 오는 모음에 맞춰졌다. 마야 문자에서의 관행들은 보다 복잡하고 유연했던 것으로 보인다. 약한 자음들(h, 7)은 자음들 앞에서는 좀처럼 표기되지 않았고, 단어의 끝에 올 경우에는 다양하게 표기되었지만, 음절 끝에 오는 자음들은 특히 합성어의 두번째 요소 앞에서는 거의 표기가 되지 않았던 것으로 보인다. 음절 마지막 자음의 자모 표기에서 발음되지 않는 모음을 선택하는 원칙은 논쟁의 대상이며, 일부 학자들은 모음의 선택이 마지막으로 앞에 오는 모음이 단모음인가 또는 장모음인가(또는 '과중'[heavy] 모음인가)를 나타낸다고 믿는 반면, 다른 학자들은 이 철자법에서의 모음은 관련된 단어에 결합되는 접미사에서 전형적으로 나타나는 것들이라고 믿는다.

한 가지 다소 통상적인 표기법은 어표를 **음성 보어**(phonetic complement)와 결합함으로써 어표 원칙과 음절 원칙을 결합한다. 실제로 어표는 단어를 표기하며, 음절 부호(음성 요소)는 단어의 발음 일부를 지시했다. 예를 들어 '10'을 의미하는 에피-올메카어 단어는 mak이었고 '하늘'은 tzap이었다. '금성 신 10번 하늘'이라는 이름에서 음절 부호 ma는 숫자 10 앞에 놓였으며 이는 10을 의미하는 단어가 ma라는 음절로 시작한다는 것을 의미한다. 음성 요소는 마지막 자음을 표기할 수도 있으며, 앞 단락에서 논의했던 완전히 음성적인 표기에서와 동일한 관행을 따른다. 예를 들어, SKY라는 부호에 pa라는 부호가 따르기도 하는데, 이는 tzap의 마지막 자음과 일치하며, 동시에 tzap의 경우와도 일치하기 위해 추가적인 모음이 선택된 것이다(글상자 11.5).

2) 문자가 어떻게 진화했는가?

문자의 기원은 언어가 어떠한 핵심적인 역할도 수행하지 못했던 상징 체계를, 상징적인 진술의 해석을 위해 언어가 중요한 자원이 되는 체계로 변형시키는 과정이다. 그 선행적인 체계는 음성적 재현을 그다지 활용하지 못했을 것인데, 이를 위해 언어를 핵심적으로 활용해야 하기 때문이다. 메소아메리카에서 어떠한 체계나 체계들이 문자의 등장에 직접적으로 기여했는가를 단정적으로 확인할 수 없다. 하지만 하나의 초기 기호(상징) 체계가 문자와 매우 유사했던 것으로 보이며, 직접적으로 언어와 관련되지는 않으면서도 유사한 비음성적 재현 관행들을 활용했던 것으로 보인다. 이는 초기나 중기형성기로 거슬러 가는 수많은 새김 돌도끼(celts)에 새겨진 올메카 양식 도상들이다.

올메카 양식의 새김 돌도끼들은 대부분 정교한 머리장식을 쓰고 자세를 취하거나, 또는 그들의 사회적 지위나 통치자, 전사 등과 같은 관직을 지시하는 것으로 보이는 다양한 사물들을 쉬고 있는 사람들을 묘사한다(그림 11.3의 우측). 하지만 어떤 경우에는 형상을 재현하기 위해 사용된 세부사항들이 대부분 제거되었고, 특정 범주의 정보만을 전달하는 세부사항들만이 남아 있다(그림 11.3의 좌측). 예를 들어 자세를 취하고 있는 사람을 묘사하는 대신 머리장식(지위나 관직을 나타내는)을 쓴 머리(사람을 나타내는)가 그려져 있으며, 자세는 적절한 자세로 놓인 분리된 손이나 팔 등을 통해 개별적으로 묘사된다. 따라서 그림적인 재현에서 일반적으로 형상에 근거하는 맥락으로부터 초상적인(iconic) 요소를 분리해서, 사회적 범주, 행사, 그리고 아마도 그 외 유형의 정보를 나타내는 상징으로 기능하게 하는 것이다. 이와 같은 상징들 가운데 일부는 조상(status) 상징들에서 자주 관찰되듯이 상대적으로 추상적으로 보이는 반면, 다른 상징들은 개념과 직접적으로 관련된 무엇인가를 묘사하는 것으로 보인다. 예를 들어 무기는 전사의 지위나 전투를 나타낼 것이다. 따라서 일련의 돌도끼 도상은 분리된 상징들을 사용해 후기 메소아메리카 문자의 비-음성

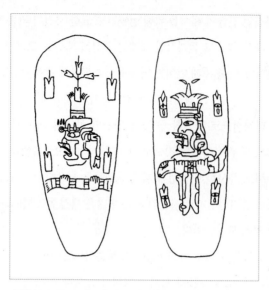

그림 11.3 아로요 페스케로 돌도끼들. 출처 : Nicholson 1976: 41.

관행을 통해 재현되는 종류의 개념들을 표현하지만, 표준적인 돌도끼 도상에서 그 원천은 명확하다. 그러므로 제례 돌도끼들의 도상은 메소아메리카 문자의 선구적인 존재로 간주할 수 있을 것이다.

가장 초기의 문자는 가장 제한된 언어 재현 형태들을 보유한 믹스테카어와 아스테카어 체계들과 유사하다고 생각할 수 있을 것이다. 하지만 이 언어 체계들은 사실상 사포테카어 체계에서 궁극적으로 발전한 것으로 보이며, 이는 원래 보다 문헌적인 전통이었다. 비록 사포테카어 문헌들에서 음절 표기가 사용되었지만, 이들은 리버스를 제외하고 음절이나 그 외의 음성 표기의 흔적을 지니고 있지 않다. 이 초기 문헌들을 판독하는 과정에서 겪게 되는 어려움은 단순한 음성 표기의 부족에서 정확히 기인할 것이다. 하지만 이 문제는 분석을 위해 필요한 언어학적 틀과 더불어 이제야 논의되고 있다.

중기형성기 문자(기원전 900년~기원전 400년)에 대한 우리의 제한된 지식의 결과, 보다 잘 알려진 체계들에서 등장했음에도 가장 초기의 메소아메리카 문자 체계의 속성은 대부분 추정에 근거한다. 일반적으로 음절 표기는 보다 초기의 체계나, 또는 상당한 비중의 비-리버스 음절 표기를 지니지 않은 리버스 재현 체계에서 등장했다고 간주된다. 후기형성기(기원전 400년~서기 200년)에 사포테카 문헌들은 앞서 **형태론**에서 언급했던 것들의 선조에 해당하는 대명사를 포함해 음성 기호를 체계적으로 활용해서 문법적인 요소를 표기했으며, 이를 통해 보다 제한적인 방식이었지만 음성 요소와 아마도 단어들의 음성 표기까지 표현했을 것이다. 해독이 가능한 마야와 에피-올메카의 문헌들이 발견되는 시기인 후기형성기 말에 음절 표기는 이들의 상형문자 체계의 일부였던 것이 분명하다. 하지만 자료를 통해 유추할 수 있는 지난 800년 가량에 거쳐 에피-올메카 문자 체계가 어떠한 의미 있는 방식으로 진화해 왔는지를 알 수는 없다. 그 이유는 결론을 유추해 낼 충분한 자료가 확보되지 않았기 때문일 것이다. 비록 표기 관행과 관련해서 어떠한 식별 가능한 차이도 감지되지 않았지만, 현재 남아 있는 단지 세 개의 에피-올메카 문헌들은 분석을 위해 필요한 문자를 충분히 담고 있다. 하지만 상당 정도 독해가 가능한 여섯 개의 에피-올메카의 문헌들 전반에 걸쳐 음절 기호는 사용된 전체 기호들 가운데 절반 가량에 해당하는 것으로 밝혀졌다.

마야 문자의 경우, 특정한 경향들이 감지될 수 있다. 일부 음절 표기는 가장 초기로 거슬러 가는 문헌들에서 발견된다. 하지만 음절 표기의 양은 제작 시기가 밝혀진 비문들이 발견되었던 지난 600년에서 700년 사이에 점진적으로 증가해 왔다. 마찬가지로 문법적인 접사 사용을 통한 재현의 명시성 역시 이 시기에 점차 증가했던 것이 분명해 보인다. 모호한 어표(logogram) 앞에 음성 보어를 덧붙여, 어떤 단어를 의도했는가를 결정하는 경향이 있다. 예를 들어, '천둥'(마야 저지대에서는 촐란어로 chawuk, 유카테카어로 kawak)의 날(日)을 의미하는 기호가 tu:n('해[年]의 끝')과 ha7b'('해'[年])에도 사용되었으며, 그 뒤에 ni 기호가 따르는 n으로 이 단어가 끝난다는 점에서 tu:n을 해석할 근거를 확보하게 된다. 음성 보어로 어표 표기가 이루어진 이후에야 해당 단어에 대한 충분한 음절 표기가 이루어지는 경향도 있는데, 예를 들어 후기고전기 시대에 저지대 마야어의 tu:n은 때로는 tu-n(i)으로 표기되기도 했다. 따라서 충분한 음절 표기는 보다 초기의 부분적으로는 음절적이고 부분적으로는 어표적인 표기가 일정 정도 일반화되어 나타난 것으로 보인다. 그렇지만 확실한 경향성에도 불구하고, 마야 문자의 발전 과정은 이보다는 훨씬 복잡하다. 일부 단어들은 그 어표 표기가 알려지지 않았으며, 이 단어들의 가장 초기 형태는 음절적으로 표기된다.

5. 언어와 역사

언어학자들은 역사가 그들의 언어에 새겨 놓은 흔적으로부터 메소아메리카의 문화와 역사에 관한 수많은 사실들을 결정한다. 사람들이 상호작용하고 서로의 문화에 영향을 미치면, 그들의 언어들은 이에 따르는 영향을 받게 된다. 이처럼 언어 변경(alteration)이 발생할 때, 영향력을 감지하여 그 언어학적·문화적 원천을 결정하고, 이를 초래한 상호작용의 속성을 재건하는 것은 종종 가능하다. 그 이유는 상이한 유형의 사회적 상호작용은 상이한 유형의 언어학적 변화로 이어지기 때문이다.

1) 어휘를 통해 문화 재구성하기

언어학자들은 언어의 현재 상황을 비교해 메소아메리카 언어의 역사를 결정할 수 있다. 비교 언어학적 작업에는 기본적으로 재구성과 분류의 두 가지 접근법이 존재한다. 언어학자들은 현대의 후손 언어에 잔존하는 선조격 단어와 유형들이 어떠한 상이한 형태로 변화했는가를 비교하고, 이에 근거해 선조격 어휘와 문법 유형을 재구성해 내며, 이는 조상 언어에 대한 가정적 묘사에 해당한다. 앞서 언급한 것처럼 이 조상 언어들은 '원천(프로토) 언어'로 알려져 있다. 원천 언어로 재구성되는 형태들은 별표(*)를 앞에 붙여 해당 형태들이 문헌 기록에서 확인되었기보다는 재구성되었음을 명시한다. 오늘날 수많은 프로토-촐란어와 프로토-유카테카(마야)어의 재구성이 마야의 상형문자 문헌을 통해 입증되었으며, 소케어와 믹세-소케어의 재구성이 에피-올메카 문헌들을 통해 입증되었다.

재구성된 어휘들로부터 문화적 추론을 유추해 낼 수 있다. 예를 들어 옥수수 재배와 관련해 대규모의 용어 집단(옥수수속대, 옥수수밭, 옥수수껍질, 옥수수접기, 사탕옥수수, 토르티야 등)을 재구성해 낼 수 있을 경우, 우리는 고대 언어의 사용자들이 옥수수 농업에 종사하던 사람들이라고 확신할 수 있다. 반면, 후손 언어가 동일한 단어들에서 계승되지 않은 다른 형태로 이 품목들을 지칭한다면, 그들이 옥수수를 재배했을 가능성은 낮아진다. 이와 대조적으로 조리와 보관을 위한 다양한 도자기 용기를 지칭하기 위한 단어들을 프로토-마야어와 프로토-믹세-소케어에서는 재구성할 수 있지만, 프로토-오토-망게어에서는 재구성할 수 없다. 이로부터 우리는 고대의 오토-망게인들이 도자기 용기를 보유하지 않았을 것이며, 그들의 음식을 끓이지 않았을 것이라고 유추한다. 이 같은 유추는 고고학적으로 의미가 있는데, 찜통을 포함해 도자기는 메소아메리카에서 가장 초기의 옥수수 재배지인 오토-망게 지역에서 옥수수 농업이 시작되고 한참이 지난 후에야 발견되기 때문이다.

2) 언어 분류와 이주

언어 분류 역시 문화사에 있어 결정적인 열쇠가 된다. 방언에 관한 내용에서 논의했듯이, 방언들 간에 생겨나는 언어 차이들은 언어의 지리적 분포라는 결과를 가져오며, 가장 밀접하게 관련되는 언어들은 서로 가까이 배치된다. 즉, 지리학이 계통학을 재현하는 것이다. 이로부터 예외적인 경우는 집단들이 그 조상들의 위치에서 벗어나 이동할 때 발생한다. 따라서 분류는 어느 집단들이 이동했고 그들이 어디에서 유래했는가를 인식할 수 있도록 해준다. 사실상, 메소아메리카 언어들의 지리학적 분포는 일반적으로 이 언어들의 계통학적 관계를 밀접하게 따르며, 따라서 이 지역에서는 이와 같은 이주가 상대적으로 드물었던 것이 분명하다.

그럼에도 사람들의 이주에 관한 수많은 분명한 사례들이 밝혀져 왔다. 일부 언어학자들은 오아하카 촌탈인들과 톨인들이 북아메리카 북부에서는 널리 분포되어 있지만 다른 곳에서는 드물게 나타나는 호카 거시어족(macrofamily)의 구성원이라고 믿는다. 이 언어들의 사용자들은 북쪽에서 메소아메리카로 이주했음이 분명하다.

이와 유사한 방식으로, 오토-망게 언어들 가운데 수티아바어, 치아파네카어, 망게어의 세 개 언어들은 그 외 40개 이상의 오토-망게 언어들이 인접해 위치하고 있는 지역 외부에 자리한다. 치아파네카어와 망게어는 오토-망게어에서 계통학적으로 단일한 집단을 형성한다. 아마도 그들은 집단으로 이주해서, 먼저 치아파스에서 머문 다음, 그곳에 남은 이들이 치아파네카인이 되었고, 니카라과까지 계속해서 이주했던 이들은 망게인이 된 것으로 보인다(이들의 이주에 관해서는 2장을 참조하라). 그들은 언어학적으로 그들과 가장 유사한 친족인 틀라파네카인들의 거주지 인근에서 떠났던 것이 분명하다. 사실상 망게인들은 '초로테가인들'(다시 말해 촐루테카인들)이라고 불렸으며, 테런스 카우프만은 그들이 촐룰라의 초기고전기 거주자들이었다고 제안한다. 수티아바어(현재 니카라과에서 사용됨)와 가장 가까운 언어학적 친족은 멕시코 서부의 틀라파네카어이다.

나우아어는 우토-아스테카 어족의 분파이며, 이 어족에서 메소아메리카 세계에 진입한 유일한 언어이다. 이는 지역으로 침입한 결과이며, 그 이전부터 나우아어의 여러 특징들은 메소아메리카의 다른 언어들과의 접촉을 통해 습득된 것으로 알려져 왔다(글상자 11.6). 사실상 나우아어는 메소아메리카 전역의 후미진 지역까지 침투했으며, 오랫동안 존재해 왔던 고대의 언어 집단들 사이에서 생존했다. 이와 같은 유형은 최근 나우아 종족들의 확산을 반영하기도 한다.

스페인 도착 당시에 소케 언어들이 점유하던 지역은 올메카의 심장부 거의 모두를 포함한다(올메카에 관해서는 1장을 참조하라). 소케어는 치아파스 남쪽까지 더욱 확장되었고, 이곳에서 강도 높게 활용되었던 무역 경로들은 올메카의 유적과 태평양 연안의 자원을 연결시켰을 뿐만 아니라 보다 서쪽의 오아하카(상대적으로 뒤늦게 이 지역에 편입된 것으로 보이는)로까지 연결시켰다. 이 지역은 모든 소케어들의 조상 언어로 작성된 에피-올메카 문헌들이 산발적으로 분포되어 있는 지점보다 더 광범위하다. 하지만 이 문헌들은 소케어의 이와 같은 일반적인 분포가 오래전에 이루어졌음을 입증한다. 그 근거는 소케어 하부 집단이 보다 최근에 분포하게 되는 올메카 걸프 저지대 심장부의 북서부와 치아파스 고지대의 치아파데코르소 남부 끝단의 인근에서 이 문헌들이 발견되었다는 데서 찾을 수 있다. 이 지역 일반을 소케어가 점유했음을 보여 주는 보다 추가적인 증거는 믹세-소케어 어휘가 인근 문화에 상당히 차용되었다는 점이며, 이 어휘들은 거의 모두 소케어이다(언어 접촉에 관한 이어지는 논의를 참조하라). 그렇다면 소케어 사용자들은 지역에서 지배적인 문화 세력이었던 셈이며, 이 지역 전역에 걸쳐 올메카 문화의 전달자이자 후손으로서 소케인들을 대체할 명시적인 어떤 집단도 존재하지 않는다는 의미이다.

믹세 언어들은 소케 영토의 반대 지점에서 발견되며, 타파출테카어 (이제는 멸종함)가 그 남동쪽에, 그리고 나머지 믹세 언어들이 그 남서쪽에서 발견된다. 두 개의 믹세 언어들이 베라크루스 남부의 걸프 소케 영토에 해당하는 곳에서 사용되며, 산로렌소의 구시대 올메카 수도와 매우 인접한 사율라와 올루타에서 각기 사용된다. 믹세어 분포의 복합성에도 불구하고 믹세어는 기본적으로 소케어 발화가 이루어지는 주요 지역의 남쪽에 자리한다. 베라크루스 남부로 믹세어가 침투하게 된 것은 믹세어가 상이한 하부 집단들로 분산된 이후를 의미하는 상대적으로 최근의 일로 보이는데, 그 이유는 사율라의 언어가 올루카 언어보다는 다양한 형태의 믹세어와 보다 밀접하게 관련되어 있기 때문이다.

3) 언어 접촉

앞에서 우리는 하나의 언어에서 다른 언어로 언어학적 특성이 전파되는 것은 사회적 상호작용의 결과라는 점에 주목했다. 하나의 언어가 다른 언어에 영향을 미치는 가장 분명한 방식 가운데 하나는 어휘 전파를 통해서이다. 동물과 식물의 명칭은 생태학적 지대에 사람들이 진입하게 되면서 기존에 거주하던 사람들로부터 전파되게 된다. 예를 들어, 토토나카 언어는 중앙 베라크루스 연안의 토착 식물과 동물을 지칭하기 위해 우아스테카어에서 수많은 단어들을 차용했으며, 이 지역에는 현재 수많은 토토나카인들이 거주한다. 이는 토토나카인들이 현재 거주하고 있는 곳에 진입했던 시기에 이 지역은 우아스테카인들에 의해 점령된 상황이었을 것이며, 전자가 후자를 몰아내었을 것이고, 쫓겨난 우아스테카인들이 남부로 이주해서 현재 치코무셀테카인들이 되었을 것임을 시사한다. 또한 우아스테카인들이 이 지역을 수천 년 동안 점령했다는 사실도 알 수 있다. 메소아메리카의 북부와 심지어 메소아메리카의 북쪽에 위치한 외부 지역에 이르기까지 우아스테카어의 어휘는 수많은 언어들에 차용되었으며, 이 같은 과정은 우아스테카어 소리 체계가 그것을 프로토-마야어와 차별화 되게 하는 특징적인 변화들을 겪기 이전인 매우 초기에 진행되었다.

문화적으로 중요한 접촉은 문화적 복합성을 나타내는 어휘의 차용으로 드러난다. 예를 들어, 오아하카 믹세인들의 의례력에서 사용했던 여러 가지의 명칭과 숫자는 소케어 단어들인데, 사실상 믹세어는 의미상 이 차용 용어들에 해당하는 토착 믹세의 비-역법 어휘 용어들을 보유하고 있었다. 이 사례는 오아하카 믹세의 달력이 소케어 사용자들에 의해 강한 영향을 받았다는 사실을 보여 주며, 믹세인들의 의례적 삶의 일부 측면에서 소케인들이 주도적 역할을 담당했음을 보여 준다. 여러 가지 중요한 재배종(cultigen)들을 위한 믹세-소케어의 명칭들이 수많은 메소아메리카 언어들에서 발견되며, 이는 올메카인들이 믹세-소케어를 말했다는 증거로 간주된다(글상자 11.6과 11.7은 스페인 정복 이전 메소아메리카에서 발생한 언어 접촉의 부가적인 사례들을 제시한다).

고고학적 증거에 의하면 스페인 정복 이전 메소아메리카에서는 하나의 문화 집단이 또 다른 집단에 상당한 영향력을 행사했음을 알 수 있다(1장을 참조하라). 하지만 세계의 다른 지역들에 비교하면 총체적으로 메소아메리카 언어 집단들 사이의 어휘 차용은 많지 않은 편이다. 따라서 어떠한 규모의 차용이더라도 이는 해당 언어 사용자들 사이에서 이미 상당한 교류가 진행되었음을 반영한다.

세 가지의 문화 '영역들'은 메소아메리카의 기준에서 보았을 때 거대한 수준의 전파를 보여 준다. 단일한 가장 활동적인 전파 영역은 저지대 마야 문명이었다. 후기전고전기(Late Preclassic)와 고전기에 걸쳐 이 저지대에서 마야 어족의 두 주요 분파가 사용되었는데, 대-첼탈라어(촐란과 첼탄란 언어들로 구성됨)와 유카테카어이다. 이 마야어 분파들은 서로 매우 구별되는 특징을 지녔으며, 우아스테카어만이 보다 미약한 연관성을 지닌다. 하지만 이 두 집단들만이 배타적으로 공유하는 단어들이 120개 이상 존재하며(일부는 이후에 다른 언어들, 특히 케치어에 의해 차용되었다), 그들은 그토록 고대에 존재했음에도 프로토-유카테카어와 프로토-촐란어 또는 프로토-대-첼탈라어로 재구성될 수 있다. 이 단어들은 유카테카인들이 대-첼탈라인들로부터, 그리고 대-첼탈라인들이 유카테카인들로부터 차용했던 것들임이 분명하다.

그 외에 마야 어족에서 광범위하게 발견되는 수많은 단어들 역시 이 분파들 사이에 차용된 것이며, 예를 들어 '목화'(cotton)를 의미하는 촐란어의 *tinäm(또는 대-첼탈라어의 *tinam)이 유카테카어로 차용되었으며, 마찬가지로 '돌; 기념일'을 의미하는 *tu:n, '8천; 스커트'를 의미하는 *pi:k, '칠면조'를 의미하는 *ku:tz, '두꺼비'를 의미하는 *mu:ch, '감싸다'를 의미하는 *tep', '매듭을 풀다'를 의미하는 *til, '흔들다'를 의미하는 *tihti 등도 마찬가지이다. 프로토-유카테카어에서 '땅'을 의미하는 *kab'과 '배우다'를 의미하는 *kan이 프로토-촐란어의 조상 언어로 차용되었다. 이 차용들 가운데 90퍼센트 정도가 대-첼탈라어에서, 또는 보다 이후에는 그들의 촐란 후손 언어들에서 유카테카어로 차용되었다고 보는 것이 가장 적합할 것이다.

테런스 카우프만은 믹세-소케 언어들을 포함해 그 외 두 가지 주된 전파 영역들을 식별해 냈으며, 글상자 11.7에 그 내용이 소개되어 있다.

어휘는 언어학적 전파를 가장 손쉽게 감지할 수 있게 해주는 반영물일 수 있지만, 유일한 반영물은 아니다. 언어 변화와 관련해 앞서 논의했듯이(글상자 11.6을 참조하라), 하나의 언어는 때로는 다른 언어의 문법적 구조를 모방하면서 문법적 변화를 겪게 된다. 이 과정이 발생할 때는 매우 강도 높은 상호작용의 존재가 유추되어야 한다. 이 같은 변화는 원천 집단이 소규모 대상 집단(target group)의 언어로 신속하게 이행할 때, 그리고 통상적으로 소규모 집단이 성공적인 군사엘리트였을 때 발생할 수 있다. 원천 집단은 대상 언어에 대한 불완전한 활용 능력을 획득하면서도, 그 자신의 문법적 유형들을 활용한다. 이런 경우가 아니라면, 문법적인 모방은 두 집단들이 장기간 고강도의 접촉을 할 때 발생하며, 후자가 메소아메리카에서는 보다 보편적인 상황이었을 것이다.

메소아메리카에서 이와 같은 문법적 차용은 수차례에 걸쳐 수많은 장소에서 발생했다. 마야 어족 가운데 대-첼탈라어와 촐란어가 유카테카어에 극도로 영향을 미쳤던 것으로 보이지만, 아마도 유카테카어가 대-첼탈라어와 촐란어의 문법과 음운론에 영향력을 행사해 왔을 것이며, 이 같은 사실은 보다 초기의 b'의 일부 사례들이 성문음화된 p'로 발전했고, '분리 능격성'(split ergativity)으로 알려진 광범위하게 전파된 문법 유형이 발전했다는 점 등에서 확인할 수 있다. 상이한 믹스테카 언어들 사이에서 소리 변화의 확산이 오토-망게어에서 발견된다는 점은 틸란통고의 믹스테카인들이 인근 왕국들에 상당한 영향력을 행사했음을 보여 준다. 나우아어는 메소아메리카 북부에 진입한 이후 우아스테카어, 토토나카어, 북부 믹세-소케어의 영향을 받아 대대적으로 재구성되었다(글상자 11.6을 참조하라).

4) 어휘연대학(Glottochronology)

역사 언어학 연구에서 자주 사용되는 또 다른 접근법은 '어휘연대학'이다. 이는 기본적인 어휘가 상대적으로 지속적인 비율로 상실되고 있다고 가정함으로써, 두 개의 언어들이 공통된 조상을 지닌 이래 경과한 시간을 결정한다. 이 경우, 그들이 사실상 연관되어 있다는 점, 그리고 기본적인 어휘의 목록이 재구성되었다는 점을 알고 있을 것을 전제로 한다. 어휘가 지속적인 비율로 상실된다는 가정은 기껏해야 추정에 불과해 보이지만, 어휘연대학은 두 개나 그 이상의 언어들이 단일한 언어로 존재했었던 시기를 대략적으로나마 추정할 수 있게 해준다. 앞서 논의한 이주의 경우에, 이와 같은 접근법은 사람들이 이 이주 언어들을 말했던 시기의 추정치를 제공해 준다.

마야어와 믹세-소케어의 경우 어휘연대학은 상형문자 자료를 바탕으로 검토되었다. 이 방법에 내재하는 근본적인 가정들이 보편적으로 수용된 것은 아니라는 점을 고려할 때, 어휘연대학적 날짜들이 상형문자의 증거와 얼마나 잘 일치하는가는 주목할 만하다. 메소아메리카에서 어휘연대학은 역사적 연대기의 구성을 위해 신뢰할 만한 지침을 제공하는 듯하다.

6. 마지막 논평

우리가 이 장에서 논의한 언어들은 메소아메리카의 문화 전통에 대한 우리의 이해와 결정적으로 관련되어 있다. 우리가 이 지역의 역사를 이해하고자 시도할 때, 메소아메리카 언어들의 공통적인 속성은 메소아메리카의 상이한 집단들 사이의 장기간에 걸친 상호작용을 지시하며, 상형문자 문헌들은 고대 정치 체계에 관한 통찰력을 제공해 준다(1장을 참조하라). 어휘연대학과 재구성을 통해 우리는 멕시코와 중앙아메리카 고대 사람들의 문화와 이동에 관한 가정들을 세울 수 있다.

원주민 언어들 역시 정복 이전, 식민시대, 현대 메소아메리카의 세계관들을 이해하는 데 중심적인 존재이다. 메소아메리카에서 토착 집단들의 목소리는 토착 언어와 식민 언어로 표현되었지만, 언어의 선택이 중립적이었던 적은 거의 없다. 어떠한 언어나 방언을 선택하는 가의 문제는 식민주의, 공동체, 종족 정체성에 관한 복잡한 메시지를 전달한다.

마지막으로 언어는 메소아메리카인들의 역사, 종교, 꿈을 표현하는 매개 역할을 했을 뿐만 아니라, 그 표현의 내용을 형성하는 과정에서 보수적인 세력으로 기능하기도 했다. 언어는 고대 메소아메리카가 성취했던 것과 현대 세계에서 이 지역 사람들이 전개하고 있는 투쟁과 성취를 이어주는 가장 강력한 연결 고리이다.

가리푸나, 복잡한 역사를 지닌 언어

메소아메리카에서 사용되는 가장 특이한 언어들 가운데 하나는 가리푸나 또는 검은 카리브로 알려진 언어이다. 이 언어는 남아메리카의 아라카완 어족에 속하지만, 현재 벨리즈, 과테말라, 온두라스의 카리브 연안을 따라 사용되고 있다. 유럽인들이 카리브 해에 도착하기 이전에는 두 개의 상이한 어족에 속했던 언어들인 카리브어와 아라와카어가 카리브 제도에서 사용되었다. 아라와카인들은 장기간에 걸쳐 카리브 해 지역에 거주했던 것으로 보이지만, 수많은 아라와카 인구는 카리브어 사용자들에 의해 정복당했다.

이것이 소앤틸리스 제도에 있는 세인트빈센트 섬의 상황이었다. 그전에 거주하던 아라와카어 사용 인구는 카리브어 사용 인구에 의해 대부분 지배됐다. 카리브 정복의 결과, 수많은 아니면 대부분의 아라와카 남자들이 목숨을 잃었지만, 아라와카 여자들은 살아남아 카리브 남자들과 결혼했다. 여자들이 사용하던 아라와카어(현재는 가리푸나어로 불리는)가 살아남았지만, 이 언어를 사용하는 이들은 검은 카리브인들로 불리게 되었다. 남자들은 사춘기에 접어들어서야 카리브어에서 유래하는 일부 대안적인 어휘들을 사용한다.

세인트빈센트에는 소수의 유럽 식민자들과 많은 수의 아프리카 노예들이 거주했다. 탈출한 노예들의 상당수가 섬의 토착 인구와 뒤섞였고, 이 두 집단 사이에 결혼이 행해졌다. 그 결과, 가리푸나 사용자들은 아프리카 혈통과 토착 아메리카 혈통을 모두 지닌다.

세인트빈센트에서 영국에 대항하는 봉기들이 일어난 이후, 1797년 영국 정부는 세인트빈센트에 남아 있는 검은 카리브인들을 모두 섬에서 추방하기로 결정했다. 5080명의 사람들이 세인트빈센트에서 온두라스 해안 근방에 있는 로아탄 섬으로 이송되었다. 현대 가리푸나인들은 세인트빈센트에서 추방당한 사람들의 후손이며, 현재 이 언어의 사용자들은 수만 명에 이른다.

이들의 독특한 역사의 결과로 아프리카와 토착 아메리카의 혼합 혈통 사람들이 사용하는 남아메리카 언어인 가리푸나는 현재 메소아메리카 지역의 특징인 언어 다양성의 일부가 되었다.

글상자 11.2

오아하카의 휘파람 화법

오아하카 고지대의 일부 토착 언어들은 특이한 형태를 지니기도 하는데, 그들은 발화(말하기) 이외에도 휘파람으로 소리를 낸다! 코완은 마사테카의 한 마을에서 있었던 (언어)교환 상황을 관찰하고 다음과 같이 묘사한다(1948) :

> 어느 날 추미는 우리 오두막의 문간에 한가로이 서 있었다. 아이린 플로레스가 오두막 근처에서 일하고 있었다. 소년이 문설주에 기대어 그토록 무심하게 내는 낮고도 무작위한 휘파람 소리에 주의를 기울이는 사람은 아무도 없는 것처럼 보였다. 하지만 갑자기 아이린이 휘파람을 불더니, 마사테카어로 호되게 꾸중을 늘어놓기 시작했다. 소년이 겉으로 보이는 것처럼 그렇게 무심하게, 그리고 아무런 악의 없이 휘파람을 분 것이 아니었던 것이다. 장난기 많은 소년은 사실상 휘파람을 통해 소녀에게 매우 의미 있는 말들을 하고 있었고, 마침내 소녀는 소년의 짓궂은 농담을 견딜 수 없는 지경이 된 것이다(Cowan 1948).

휘파람 화법은 사포테카어, 치난테카어, 마사테카어에서 관찰되었다. 이 언어들에서 휘파람 화법은 모두 언어의 성조 대조에 의존한다. 일반적으로 휘파람의 유형은 구두 언어에서의 성조 유형을 따르며, 사실상 이를 직접적으로 모방한다. 예를 들어, 마사테카의 다음과 같은 (언어)교환에서 1은 고조(high tone)를, 4는 저조(low tone)를, 2와 3은 중간조(intermediate tone)를 나타낸다.

a. Hña'khoa²ai⁴-ni³? "너는 어디에서 왔니?"

b. Ni³.ya²khoa²ai⁴-nia³. "나는 우아우틀라에서 왔어."

이 담화를 휘파람으로 나타낼 경우는 다음과 같다.

a. 1 2 4 3?

b. 3 2 2 4 3.

담화의 구두 형태에서 휘파람의 고저는 해당하는 음절의 성조에 따라 결정된다는 점에 주목하라. 휘파람 화법은 언어 지역으로서 메소아메리카를 특히 흥미롭게 하는 특징들 가운데 하나이다.

글상자 11.3

오늘날 사포테카어의 사용

사포테카어는 멕시코 오아하카에서 중요한 문학적·정치적인 세력으로 부상했다. 오아하카 후치탄에서 지방의 수많은 정치인들이 사포테카어로 선거 연설을 했으며, 사포테카어의 사용은 멕시코 정부에 대항하는 후치탄의 저항의 상징이 되었다. 후치탄 거주자들은 사포테카어로 작성한 구차치 레사(Guchachi Reza, '아가리를 벌린 이구아나'[Slit-open Iguana])라는 정기 간행지를 제작하기도 했으며, 이는 오아하카에서 사포테카어로 읽고 쓸 수 있는 능력이 향상되었음을 반영한다. 가브리엘 로페스 치냐스가 지은 다음의 시는 사포테카어에 대해 현대인들이 지니고 있는 자긍심을 보여 준다.

그들은 말한다 사포테카어가 사라지고 있으며,

이제는 아무도 말하지 않을 것이라고,

그것은 죽었다고 그들은 말한다, 그것은 죽어 가고 있다고

사포테카 언어가.

사포테카 언어는,

악마가 가지고 가 버렸고,

이제 사포테카의 세련된 사람들은

스페인어만을 말한다.

아, 사포테카어여, 사포테카어여!

너를 저버린 이들은

얼마나 너의 어머니들이

열정을 가지고 너를 사랑했는지를 잊는다!

아, 사포테카어여, 사포테카어여!

나에게 삶을 가져다주는 언어여,

나는 네가 태양이 죽음을 맞이하는 순간

죽어 없어질 것임을 안다.

(출처: Cambell 1993: 211. 원본은 Gabriel López Chiñas, ˝El zapoteco˝, ed. Victor

de la Cruz, *La flor de la palabra*, Mexico City: Premia Editora, 1984, pp.68~69 수록.)

글상자 11.4
자민족 중심주의와 문자 체계

일부 단어나 단어의 일부분을 제시하지만 다른 단어나 문법적인 접미사를 제시
하지 않는 부호 체계를 때로는 '연상 기호 장치'(mnemonic devices) 또는 기억 환
기시키기라고 지칭한다. 어떤 이들은 이 체계는 그 언어를 전달하려는 실패한,
아니면 서투른 시도라고 특징지으며, 어떻게 놀랍게도 부적힙힘이 수 세기에 걸

쳐 정정되지 않은 채로, 예를 들어 보다 완전한 음성학적 재현을 활용하지 않은 채로 지속되어 왔는가에 주목한다. 하지만 이 관점들은 이 같은 종류의 상징적 재현의 조직과 목적을 잘못 이해하는 것으로, 재현하고자 하는 것을 보다 명시적으로나 완전하게 제시하는 우리의 언어 체계나 기타 언어 체계의 결여적인 부분에 해당하는 것으로 이 체계를 폄하하는 것이다.

아스테카와 믹스테카의 문자 체계가 구두의 발화 내용을 재현하려는 의도를 지녔던 것으로는 보이지는 않는다. 이 재현 체계에서 '문자'로 언급되는 것은 신, 사람, 장소, 날짜들을 식별하기 위한 수단이었다. 언어는 이와 같은 작업을 위한 자원이었다. 예를 들어, 지칭하는 장소의 명칭을 본래 알고 있었던 사람들은 장소명의 어근에 근거해 충분히 장소를 식별할 수 있었다. 이 체계가 가진 모호함이 단어의 의미가 가진 모호함보다 체계를 더 결함 있는 것으로 만들지는 않으며, 문맥상으로 우리는 단어의 어떤 의미가 가장 적합한지를 이해하며, 고대 믹스테카인들과 아스테카인들 역시 그들의 재현 체계에서 마찬가지 작업을 수행할 수 있었을 것이다. 다시 말해서, 이들은 중요한 정보의 전달을 보조하기 위해 효과적으로 언어를 활용했으며, 담화의 흐름을 정확하게 묘사하는 것은 그들의 목적이 아니었다.

글상자 11.5

에피-올메카 판독

판독은 문자 체계에서 기호의 사용 유형을 설명하는 과정이다. 일반적으로 음성 문자에서 이 작업은 특정한 소리에 해당하는 개별적인 기호, 소리의 배열에 해당하는 기호의 배열을 설명하는 것을 의미한다. 만일 언어가 알려지면, 그 언어의 문법 구조와 어휘는 기록물을 판독하기 위해 활용될 수 있는 중요한 실마리가 된다. 이 같은 과정은 최근 존 S. 저스티슨과 테런스 카우프만이 고대 베라크루스 남부의 상형문자 기록물을 판독하는 데 있어서 주요한 실마리로 작용했다.

지리적·역사적 이유로 대부분의 연구자들은 기록물이 고대의 믹세-소케어를 재현했을 것이라고 인식했다. 이 언어에서 동사는 모두 하나 또는 두 개의 작은 숫자의 접두사(들)와 하나의 작은 숫자의 접미사로 시작하며, 대부분은 자모 음절로 발음되었다. 사실상 가장 통상적인 동사 접두사와 가장 통상적인 명사 접두사는 모두 '7i-'로 발음되었고, 가장 통상적인 동사 접두사는 '-wʉ'였다. 이 원칙은 이 음절들을 재현하는 기호를 인식하는 것을 용이하게 했다. 더 나아가서 이 원칙은 문서의 분석을 시작하고, 명사와 동사를 식별하게 해서 부가적인 명사와 동사 접미사를 분별할 수 있게 했으며, 이는 보다 정교한 분석으로 이어졌다.

어휘 역시 식별될 수 있었다. 역법 진술들을 활용해서 문서에 담긴 여러 단어들, 예를 들어 '낮', '별', '10', '하늘' 등의 의미를 식별하는 것이 가능했다. 예를 들어 '낮'을 의미하는 단어는 두 개의 기호로 표기되었다. 하나는 음절 ja를 재현하는 것이며, 또 다른 하나는 ma를 재현하는 것으로 상정되었다. 이처럼 ma로 독해하는 것은 '별'(matza7)과 '10'(mak)의 표기가 모두 ma로 시작한다는 사실로 확증된다.

이처럼 수많은 음성적 독해와 문법적 식별이 이루어진 상황을 고려해 볼 때, 에피-올메카 문헌들에 대한 보다 완전한 문법적 묘사가 진행되어 왔다고 평가할 수 있다. 그 결과 믹세-소케 어족의 모형을 확증하는 믹세-소케 문법의 수많은 특성들이 인식되었다. 예를 들어, 에피-올메카 문헌들은 주어-목적어-동사 어순을 사용하며, 이 특성은 메소아메리카의 모든 언어들 가운데 단지 믹세-소케어와 타라스카어에서만 재구성될 수 있다. 이 문헌들은 종속절에서 주어와 일치하는 절대격 접두사를 사용하는 대신 능격 접두사를 사용하지만, 주절에서는 표준 능격 유형을 활용한다. 2004년에 테오티우아칸 양식의 석재 가면 뒷면에서 104개의 부호를 사용한 에피-올메카의 또 다른 문헌을 발견했다. 이 문헌은 소케어로 간단히 해석할 수 있다. 이처럼 독자적인 문헌들은 전체 문헌의 판독을 가능하게 하며, 문헌이 소케어로 삭성뇌었는지 여부를 식별할 수 있게 해준다.

나우아어의 메소아메리카화

우토-아스테카 언어들은 수많은 특성들을 공유하는데, 주어-목적어-동사의 어순, (보어)동사-보어-동사의 어근 형태, 동사의 주어를 지시하기 위해 접두사나 접미사를 통한 일치표식(agreement marker)을 사용하는 대신 별도의 단어를 사용하는 것, 명사의 자리를 표시하기 위해 접미사 대신 별도의 단어를 사용하는 것 등이 이에 해당한다. 멕시코 분지로부터 확산되기 전에 나우아어는 메소아메리카 언어들에 완전히 둘러싸여 있었고, 다른 우토-아스테카 어족의 구성언어들 일체로부터 멀리 떨어져 있었다. 나우아어는 아마도 이곳에서 코라와 우이촐 근방의 북쪽으로 이동했을 것이다(그림 11.2의 지도를 참조하라). 코라어와 우이촐어는 서로에게 있어 가장 밀접한 계통의 언어들이며, 따라서 이 두 언어들은 그들의 공통된 조상 언어가 위치한 곳으로부터 멀리 떨어져 있지 않을 것이다. 코라어와 프로토-나우아어의 조상 언어 간의 차용은 이 두 언어들이 이전에 서로 접촉하고 있었음을 보여 준다.

일단 메소아메리카로 전파되자 프로토-나우아의 조상어는 우아스테카어, 토토나카어, 믹세-소케어의 어휘 가운데 상당 부분을 차용했으며, 이는 이 어휘들이 프로토-나우아어를 통해 재구성될 수 있다는 점에서 확증된다. 광범위하게 거래되던 카카오를 제외하고 저지대 초목이나 동물에 관련된 단어들은 이 같은 차용에 포함되지 않으며, 따라서 이러한 차용이 고지대의 맥락에서 발생했던 것이 분명하다. 이런 정황을 고려해 볼 때, 나우아어 사용자들은 그들이 멕시코 분지나 그 근방에 머물던 기간에 이와 같은 외래적 특성들을 채택했을 가능성이 가장 높아 보인다.

이 언어들이 나우아어에 가져온 가장 극적인 효과는 그 문법과 관련해서였다. 본래의 주어-목적어-동사 어순이 메소아메리카의 대부분의 다른 언어들과 마찬가지로 동사-우선의 어순으로 변경되었다. 처소격(locative) 표현들은 메소아메리카의 대부분의 다른 언어들과 마찬가지로(형태론에 관한 앞의 논의를 참조하라) 몸의 일부를 나타내는 용어를 사용해 특정 위치를 나타내며, 이 같은 구조의 세부사항이 특히 믹세-소케어에 차용되었다. 숫자 체계는 20진법(20을 단위로 하는)이 되었다. 이런 점에서 나우아어는 대체적으로 메소아메리카 언어들과 일치한다. 하지만 우리는 나우아어의 체계가 특히 믹세-소케어를 따라 형성되었다는 사실을 알고 있다. 한 가지 사례를 들자면, 믹세-소케어에서 6에서 9까지의 숫자들은 그 앞의 1에서 4까지의 숫자들에 비-숫자적인 요소인 *tujtu를 결합해 구성하는데, 프로토-나우아어의 체계도 구조적으로 이와 유사한 특성을 보여서 숫자 6에서 9는 비-숫자적인 요소인 chikwa에 숫자 1에서 4를 결합해서 구성한다. 수많은 단순한 명사 어근들이 토토나카어에서 발견되는 종류의 은유적인 복합어들로 대체되었다. 독특한 tl 소리(음운론에 관한 앞의 논의를 참조하라)는 본래 나우아어에 존재하지 않았지만 보다 초기의 일부 t 소리를 대체하게 되었으며, 이 같은 소리는 아마도 토토나카어에서 채택되었을 것이다.

프로토-나우아어가 상이한 화법 형태로 확산된 이후, 이 변이들은 지속적으로 메소아메리카의 다른 언어들의 영향을 받게 되었다. 하지만 탈고전기(Postclassic) 또는 상고전기(Epiclassic)까지 나우아어는 메소아메리카의 다른 언어들에 영향력을 거의, 또는 전혀 행사하지 않았다. 언어학자들은 차용단어에 발생한 소리의 변화를 조사하는 작업을 통해, 그리고 차용단어가 현대 언어의 초기 조상 언어로부터 차용되었는지 아니면 개별 단어나 방언들로부터 차용되었는지를 검토하는 작업을 통해 보다 최근의 차용단어와 보다 오래된 차용단어를 구별할 수 있다. 나우아어에서 메소아메리카의 다른 언어들로 차용된 단어들을 검토해 보면, 그들이 최근의 것으로 보이며 오래된 차용단어들과 관련된 속성을 지니지 않는다는 것을 알 수 있다. 이는 나우아어와 그 화법이 고전기나 그 이전에는 영향력이 없었다는 것을 지시한다. 특히 그들이 테오티우아칸에서 주요한 역할을 담당했을 가능성은 거의 없다.

믹세-소케어로부터의 언어학적 전파

약 100여 개의 믹세-소케어 단어들이 메소아메리카 남부의 마야어, 사포테카어, 우아베어로, 그리고 보다 남부의 중앙아메리카 언어들인 친칸어와 톨어로 차용되었으며, 이들 가운데 상당수가 소케어로부터 채택되었을 것이다. 약 90개의 믹세-소케어 단어들은 멕시코 분지와 그 근방에서 특히 토토나카인, 나우아인, 타라스카인, 마틀라친카인들에 의해 차용되었다. 양 지역에서 전개된 이 차용은 대부분 전고전기에 발생했으며, 나머지는 대부분 초기고전기에 이루어졌다.

차용된 어휘들은 모든 의미론적 영역에서 발생했지만, 특히 저지대를 기원으로 하는 재배종에 관한 단어들(예를 들어, 카카오, 파파야, 구아바, 카사바[manioc], 고구마, 박[gourd])과 의례력과 관련된 단어들(예를 들어, 의례력에서 날짜 이름으로 사용되었던 동물과 식물의 명칭들, 숫자나 명수[numeration] 체계에 쓰이는 단어들)이 가장 일반적으로 차용되었다. 남부에서 이루어진 일부 차용은 올메카인이나 에피-올메카인들에 의해 이루어졌다.

믹세-소케어를 북부 집단이 차용하기도 했는데, 이는 믹세-소케 어족의 고향이 걸프 연안이며, 이 어족이 올메카 문명과도 관련이 있다는 점을 고려할 때 의외일 수 있다. 하지만 (1장에서 언급한 대로) 기원전 1200년 무렵 멕시코 분지에는 올메카 이주민들의 소규모 거주지들만이 존재했다. 카우프만은 북부에서 전개된 차용의 지리적 분포는 멕시코 분지 동부의 절반에 해당하는 곳에 걸쳐 그 원천을 찾을 수 있으며, 중앙멕시코에서 테오티우아칸이 행사했던 영향력과 관련 있을 가능성이 있다는 점을 보여 주었다(Kaufman and Justeson 2008).

자릿수 계산과 제로(0)의 발견

메소아메리카의 언어들은 대수학에서 다항식 방정식에 상응하는 표현으로 상급 숫자를 표현한다. 각각의 숫자는 일련의 용어들의 합계이며, 각각 1과 b-1 사이의 정수인 계수(coefficient)로 곱한(20진법에서 b는 20이다) b를 기수로 한 거듭제곱(20진법에서 20)의 단위로 구성된다. 이와 같은 체계에 근거해서 '20의 2개와 15'는 55와 같은 표현이, 또는 '400의 3개와 6'은 1206을 나타내는 표현이 생겨난다. 구두 언어에는 제로(숫자 0)에 해당하는 용어가 없으며, 따라서 1206은 '400의 3개와 제로의 20개 그리고 6'과 같은 방식으로 표현되지 않는다.

후기 전고전기에 에피-올메카인들과 마야인들은 자릿수 표시법 체계를 활용했으며, 이 체계는 다음과 같은 종류의 재현을 효과적으로 함축해서 제시한다. 즉, 계수들은 단위 없이 순서에 따라 나열되며, '20의 2개와 15' 대신 '2개와 15'와 같은 배열이 제시된다. 우리가 아는 한, 이 체계는 날짜를 세는 목적으로만 사용되었으며, 그 활용도에 보다 적합하도록 맞추어졌다. 예측될 만한 400개의 날짜 단위 대신에 360개의 날짜로 구성된 대략적인 해(年)가 사용되었고, 보다 상급의 단위는 이 같은 단위의 해를 20진법으로 곱한 것으로서, 예를 들어 1년(360일), 20년(7200일), 400년(144000일) 등의 단위들이다. 이러한 체계는 특히 '카툰 셈법'(katu:n과 may는 20년 주기를 나타내는 단어들이었다)으로도 알려진 장주기에서 날짜를 기록하기 위해 활용되었으며, 이를 위해 특별히 개발되었을 것이다. 이 체계의 여러 장주기 날짜들이 기원전 36년과 서기 125년 사이의 석재 기념물들에 새겨졌으며, 에피-올메카인들 사이에서 이 관행은 적어도 서기 533년까지 지속되었다.

자릿수 표기법의 구조는 에피-올메카의 숫자 구조와 일관되지만, 마야의 숫자 구조와는 일관되지 않다. 마야인들 사이에서 숫자 55를 표현하는 통상적인 방식은 '3번째 20에서 15'일 것이며 축약된 표현 방식은 '3개의 15'(또는

'15의 3개')이지 실제 체계의 '2개의 15'가 아닐 것이다. 따라서 이 표기법 구조는 에피-올메카인들에게서 유래했을 것이다. 우리는 식민시대에도 살아남아 보존된 유카테카 마야의 『칠람 발람의 서(書)』를 통해, 마야인들이 이 날짜들을 적혀진 그대로 읽었고, 이들 비-마야 유형의 표현이 큰 규모의 시간을 표현하기 위한 형식적 양식으로 고정되었다는 사실을 알게 되었다. 다시 말해 그들은 '8개의 피(pih), 4개의 마이(ma:y), 5개의 합(ha7b') 그리고 17개의 킨(k'in)' (8×400×360+4×20×360+5×360+17일에 해당)과 같이 말했을 것이다. 토착 마야의 표현은 '9번째 피(pih)의 5번째 마이(ma:y)의 6번째 합(ha8b')에 5'일 것이다. 이처럼 구두 언어가 단위를 언급하는 것 자체를 단순히 회피하려고 할 때, 수학자들이 제로 계수를 사용하려 하는 것과 유사한 상황들이 발생한다면 이 체계는 어떻게 대응했을까? 우리는 마야의 초기 기념물인 아바흐 타칼릭 5번 석주(그림 11.4를 참조하라)를 통해서 그 대답을 찾을 수 있다. 이 석주는 비명학자들이라면 8.4.5.0.17로 옮겨 적을 날짜의 신년(서기 125년)에 해당하는 배치를 기록한다. 이 날짜의 자릿수 기록에 적힌 숫자들은 8, 4, 5, 17이다. 20일 단위의 숫자가 기록되었을 위치에는 추가적인 작은 공간만이 남겨져 있다. 이런 점에서 표기법은 숫자의 구두 형태를 축약한 방식이더라도 직접적인 방식으로 남아 있다.

고전기 초기부터 마야인들은 이 날짜들을 보다 완전히 재현하기 시작했으며, 발화에서 사용된 단위와 더불어 이 단위의 계수까지 표현하는 상형문자들을 기록했다. 이 날짜들을 소리 내어 읽기 위해 사용되었던 형식적인 담화에서 날짜들은 잇달아 다섯 개의 병렬 구절을 읊조리기 위해 두 개의 병렬 구절을 나란히 놓는 전형적인 2행 연구(또는 대구[對句]) 구조를 넘어서는 시적인 반복을 활용했다. 예를 들어 '8개의 피(pih)가 있었고; 12개의 마이(may')가 있었으며; 14개의 합 (ha7b')이 있었고; 8개의 위니킬(winikil)이 있었으며; 15개의 킨(k'i:n)이 있었다'와 같이 표현하는 것이다. 이 중 가장 형식에 맞춘 상황들은 카툰이 끝날 때였으며, 이 시기에 마야의 기념물들 대부분은 카툰 종식의례와 연관해서 세워졌다. 하지만 시적인 측면에서 평가하면, 이들은 낭송하기에는 가장 무미건조한 날짜들일 것이며, 예를 들어 '8개의 피(pih)가 있었고; 14개의 마이(ma:y)가 있었다'와 같이 표현될 것이다.

서기 317년 무렵, 마야인들은 시적인 방편을 통해 이 문제를 해결한 것으로 보이며, '8개의 피(pih)가 있었고; 14개의 카툰(katu:n)이 있었고; 합(ha7b')은 없었고; 위니킬(winikil)은 없었고; 킨(k'i:n)은 없었다'라고 표현했을 것이다. '아무것도 없다'를 의미하는 마야어의 어근 미(mih)가 광범위하게 발견되며, 미(mi) 음절을 위한 음성 기호가 마침표와 함께 사용되었으며, 예를 들어 '합(ha7b')은 없었다'로 표기되었다.

후대 고전기의 접이식사본(screenfold)을 근거로 판단해 볼 때, 단순한 자릿수 표기는 역법 사제들이 활용했던 실용 연감들(working almanacs)에서 계속 사용되

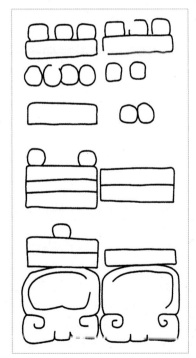

그림 11.4 아바흐 타칼릭 5번 석주에 나타나는 장주기 날짜들. 장주기 숫자들은 8.4.5.(0).17(서기 125년의 년도 배치)와 8.3.2.(0).10이며, 후기의 문헌들에 근거하면 제로가 나타나야 할 위치에 어떤 숫자도 기록되지 않았다. 그 배치에 근거해 존 그라함은 두번째 장주기의 두번째 숫자를 숫자 3으로 재건했다. 출처: Justeson 2001: 988.

었던 것으로 보이며, 음성 부호 mi는 적절한 위치에 배치되어 활용되었다. 이 문서들에서 장주기 날짜들은 산술표, 특히 날짜와 시간 간격이 하나의 숫자에 다른 숫자를 반복적으로 더해서 형성되는 천문표를 맥락으로 해서 활용되었다. 이 단축된 표현들에서 모든 다른 상징은 자릿수 덧셈을 위한 숫자 연산을 활용해서 조정되었다. mi 부호가 이 연산에 통합된다. 이 같은 맥락에서 숫자가 해석된 방식을 고려하면, 이는 수학의 역사에서 최초의 진정한 제로, 즉 최초로 알려진 숫자 0에 해당할 것이다.

여기에서 두 가지에 주목할 필요가 있다. 첫째, 일반적인 믿음과는 대조적으로 자릿수 표기는 제로가 발명된 이후에 개발된 것이 아니며, 오히려 그 정반대이다. 숫자 0은 자릿수 표기가 사용되기 전에는 고대의 수학에서 어떠한 실질적인 목적에도 기능하지 않았다. 둘째, 이 특정한 사례에서 숫자 0은 무엇보다도 시적인 목적을 위해 채택된 언어학적인 관행이었다. 이러한 시적인 도구의 표기를 수학적인 맥락에 끌어들이면서 숫자로서의 재해석이 이루어졌다. 따라서 제로의 개념은 마야인들에 의해 발견된 것이지, '발명'된 것은 아니었다(Justeson 2001).

읽을거리

Bricker, Victoria R. (ed.) 1992 *Handbook of Middle American Indians, Supplement 5: Epigraphy*. Austin: University of Texas Press.

Campbell, Howard, Leigh Binford, Miguel Bartolomé, and Alicia Barabas (eds.) 1993 *Zapotec Struggle: Histories, Politics, and Representations from Juchitán, Oaxaca*. Washington, D.C.: Smithsonian Institutiona.

Campbell, Lyle 1977 *Quichean Linguistic Prehistory. University of California Publications in Linguistics*, 81. Berkeley: University of California Press.

Campbell, Lyle 1979 "Middle American Languages". *The Languages of Native*

America: Historical and Comparative Assessment, edited by Lyle Campbell, and Marianne Mithun. Austin: University of Texas Press.

Campbell, Lyle, Terrence Kaufman, and Thomas C. Smith-Stark 1986 "Mesoamerica as a Linguistic Area". *Language 62: 530-570*.

Cowan, George M. 1948 "Mazateco whistle speech". *Language 24: 280-286*. Reprinted in Dell Hymes, ed., Language in Culture and Society. pp.305-311. New York: Harper & Row, Publishers.

Hill, Jane H., and Kenneth C. Hill 1986 *Speaking Mexicano*. Tucson: University of Arizona Press.

Justeson, John S., and Terrence Kaufman 1993 "A Decipherment of epi-Olmec Hieroglyphic Writing". *Science 271: 1703-1711*.

Kaufman, Terrence 1991 "'Mesoamerican Languages'", *Encyclopaedia Britannica*, vol.22. pp.785-792.

Sakiyama, Osamu, (ed.) 2001 *Lectures on Endangered Languages: 2. From Kyoto Conference 2000-*. 2 vols. Publication C003. kyoto:ELPR.

Súarez, Jorge 1983 *The Mesoamerican Indian Languages*. New York: Cambridge University Press.

Urcid Serrano, Javier 2001 *Zapotec Hieroglypic Writing*. Washington, D.C.: Dumbarton Oaks.

12장 메소아메리카의 여성과 젠더

브렌다 로젠바움, 크리스틴 에버

1992년 10월 16일에 과테말라 출신의 마야 여성인 리고베르타 멘추가 노벨평화상을 수상했다(리고베르타 멘추에 대해서는 글상자 8.3을 참조하라). 멘추의 수상은 메소아메리카의 문화적·사회적·정치적 과정에 여성들이 공헌한 바에 대한 세계적인 주목을 끌었다. 이 수상은 메소아메리카에서 등장한 새로운 여성(원주민과 비-원주민)에게 경의를 표한 것이다.

2001년 3월 28일, 이번에는 멕시코 치아파스 출신의 또 다른 마야 여성이 EZLN(사파티스타 민족해방군)을 대표해서 멕시코 의회에서 연설을 했다. 사령관 에스테르는 의회에서 메소아메리카의 식민화와 세계화의 유산인 빈곤과 인종차별에 대해 말했다. 대부분의 의원들은 원주민 여성이 그들의 의장을 모독한다는 이유로 연설을 듣기를 거부했고, 결국 그녀는 반 이상이 공석이었던 의회를 상대로 말했다. 심지어 수많은 보도기자들도 당일 연설자가 카리스마적인 메스티소 부사령관 마르코스가 아니라 원주민 여성이라는 사실을 알게 되자 서둘러 자리를 떠났다.

멘추와 사령관 에스테르는 21세기 메소아메리카에서 강하되고 있는 여성들의 행동주의에, 그리고 이 지역에서 지속적으로 문제가 되고 있는 빈곤, 인종차별, 남성 우월주의에 주목하게 했다. 최근 여성들의 행동주의는 500년 이상 지속되어 왔던 억압, 착취, 강제적 복음 전도에 그 뿌리를 두고 있다. 이 같은 유산에 직면해서 여성들은 가족과 공동체와 소중한 문화 전통을 유지하는 주된 책임을 지어 왔다. 원주민 남성들이 스페인 사제와 관리들의 중간 매개자로 활동하도록 강요되는 동안, 여성들은 가정의 사적인 영역에서 의미 있는 문화적 전통을 이어 왔다. 원주민 여성들은 전통 음식을 준비했고, 토착 언어를 전파했으며, 세대별로 전수되는 직물 제조, 자수 놓기, 도자기 만들기 등의 기술을 이어 왔다. 이런 맥락에서 여성들은 사제와 관리들의 의혹에 찬 감시로부터 그들 전통의 의미를 숨긴 채로 메소아메리카의 신성한 우주에 일정한 연속성을 보장했다.

여성들의 행동주의는 여성의 활동과 삶을 가사의 영역으로 한정시키려는 가부장적인 국가, 지역, 지방의 문화라는 맥락에서 행해졌다. 여성들, 특히 사회경제적으로 하류층 여성들은 그들의 가족을 부양하기 위해 공식·비공식적 경제에서 항상 열심히 일해 왔다. 하지만 1980년대에 지역에서 시작된 경제 위기는 전례 없는 숫자의 여성들이 노동력으로 참여하도록 해왔다. 여성들은 또한 과테말라, 니카라과, 엘살바도르의 내전에서부터 치아파스의 저강도 전쟁까지 모두 관여해 왔다(이 전쟁들에 관해서는 8장과 10장을 참조하라). 경제와 전쟁에서 여성들의 관여는 그들의 기여가 사회를 변형시키는 데에 필수적이라는 사실을 여성 스스로 인식하도록 도왔다. 또한 참여는 여성들에게 부적절함이라는 느낌을 극복하고, 목소리를 내고, 조직화하며, 지도자가 돼서 자신들의 권리를 옹호하도록 고무적인 역할을 해왔다.

무장 투쟁에 관여하게 되면서 여성들은 가부장적인 질서가 그들에게 부과하는 한계들에 한층 고취된 의식을 갖게 되었다. 비록 그들은 전쟁터와 후원 활동들에서 부차적인 중요성을 지닌 일들을 맡게 되곤 하지만, 그럼에도 여성들은 동등한 참여를 위한 권리를 주장했고, 사파티스타 운동과 같은 특정 맥락에서는 스스로 가장 무거운 책임을 지니는 지위를 수행해 낼 능력이 있다는 점을 증명해 보였다. 멘추와 사령관 에스테르가 전형적으로 제시하는 메소아메리카의 새로운 여성은 지방, 국가, 국제 사회에서 그들이 지니는 가치에 대한 의식과 스스로의 위치를 확보해 왔다.

이 장은 주요한 두 부분들로 구성되어 있다. 첫번째 부분에서는 스페인 정복 이전부터 20세기 중반까지 메소아메리카 사회에서 여성들의 역할을 살펴본다. 우리는 수 세기에 걸쳐 전개되어 온 여성들의 활동적인 경제적·정치적 참여와 이 지역이 독특한 형태를 지닐 수 있도록 하는 토착문화의 생존을 보장하기 위해 여성들이 담당해 왔던 중심적인 역할을 묘사한다. 이와 같은 정보는 이 지역의 인간의 경험에 대한 기록에서 누락되어 왔으며, 연구자들과 독자들은 여성들의 삶이 배타적으로 가사의 영역에서만 전개되어 왔으며, 사회를 향상시키기 위해 한데 모이려는 그들의 노력은 선(先)정치적 실험이었고, 사회에서 그들의 역할은 부차적인 중요성을 지녔다고 가정해 왔다. 최근 여성주의 연구 성과의 성장에 영향을 받아 민족지학자들과 역사학자들은 메소아메리카에서 여성과 젠더를 주제로 하는 그들 분과의 연구에 자리 잡은 유럽중심주의적이고 남성중심적인 가정들을 비판해 왔다.

이 장의 두번째 부분에서는 20세기 후반과 21세기 초반의 중요한 사건과 쟁점들을 검토하며, 가령 경제적 상황과 정치·군사적 위기가 여성과 젠더에 미친 영향, 다양한 국가에서 여성주의 운동의 전개 등을 살펴본다. 종족성과 계급과 마찬가지로 젠더는 현대 메소아메리카 사회의 속성을 형성하며, 체제의 재생산을 보장하기 위한 특정한 통제력을 행사한다. 원주민과 비-원주민의 체제는 서로 상이하지만 남성이 특권이라는 이데올로기와 관행은 이 지역에 깊이 뿌리내리고 있으며, 여성들이 교육과 경제적·사회적 기회에 접근할 권리를 제한한다. 더 나아가서 최근의 경제적 추세(농촌에서의 산업화와 도시 지역에서 마킬라도라의 등장. 9장을 참조하라)는 여성을 대상으로 하는 폭력의 증가 그리고 새로운 형태의 착취와 종속과 밀접하게 관련되어 왔다.

이 장 전체에 걸쳐 상보성(complementarity)과 상호의존성은 여기에서 논의되는 젠더 체계의 지배적인 주제들이다. 또 다른 지배적인 주제는 지배와 억압에 직면한 여성들의 행동주의이다. 이 주제들은 메소아메리카의 여성들을 수동적·자기희생적인 존재로 간주하는 편견에 도전한다.

1. 스페인 정복 이전 메소아메리카의 젠더 체계

스페인인들이 도착하기 이전에 메소아메리카에서는 어떠한 종류의 젠더 체계가 지배적이었는가? 지난 10년 동안 이 지역의 고고학자들과 민족역사학자들은 여성주의 관점에서 코덱스와 고고학적 유물을 해석하려는 노력을 해왔다. 그들의 발견은 젠더 체계가 공간, 시간, 종족집단에 따라 광범위하게 변화했음을 시사한다(Kellogg 2005).

1) 마야의 젠더 체계

고전기와 탈고전기 마야의 심상(imagery)에서 귀족 여성들은 남성들보다 낮은 위치에 놓여 있는 어머니 또는 왕비로 묘사되어 왔다(그림 12.1). 중요한 도시의 통치자들은 보다 하급 도시와 정치적 연합을 형성하기 위해서 그들의 딸이나 자매를 혼인시켰다. 이런 맥락에서 여성들은 매우 중요하게 간주되었다. 비록 부계 후손이 보다 선호되었고, 더 나아가 일부 학자들은 여성이 통치적 지위에 오르는 것이 왕조의 허약함을 나타냈다고 주장함에도 불구하고, 마야의 통치자들은 부계와 모계 양측과의 계통 관계를 통해 정당성을 부여받았다. 귀족 남성들은 종교 영역도 지배했으

그림 12.1 파칼이 팔렌케의 왕으로 즉위하기 위해 그의 어머니 삭쿡으로부터 신성한 왕관을 받고 있다. 삭쿡은 파칼보다 낮은 자리에 앉아 있다. 출처: Schele and Friedel 1990: 227.

며, 여성들은 의례에 참여했지만 종교 관리자로 활동할 수는 없었다. 마야의 공적 예술품은 분명히 남성중심적이었지만, 그럼에도 불구하고 여전히 남성/여성으로 구성된 한 쌍을 반복적으로 제시하며, 따라서 사회의 생존을 위해 양성의 상호의존성이 그 근원에 있음을 강조한다.

마야의 평민들이 생존을 위해 남녀 모두가 본질적인 공헌을 했다는 사실을 고려해 보면 이들 사이에서는 보다 강력한 젠더 상보성이 존재했던 것으로 보인다. 확대 가구에서 살아가면서 남성들은 사냥을 하고, 농사를 지었으며, 여성들은 음식을 준비하고, 직물을 제조하고, 소규모 동물을 기르고, 아이들을 돌봤다. 개별 가구 단위에서는 귀족 여성과 평민 여성모두가 활동적으로 경제에 참여했고, 가구의 소비와 교환을 위한 음식과 직물을 비롯한 기타 생필품들을 공급했다(Joyce 2000).

후기고전기에 접어들면서 도심지가 성장하고, 전투가 격화되었으며, 정치와 전쟁이 배타적으로 마야 남성들에 의해 좌우되게 되었고, 그 결과 귀족들의 권력이 증가하고, 남성 지배권이 강화되었다. 일부 저자들은 이와 같은 변화에도 불구하고 귀족과 평민 여성들의 노동은 여전히 중요한 역할을 했으며, 그들의 노동은 생존뿐만 아니라 시장의 교환과 공물 납부를 위해 필수적이었다고 주장한다.

2) 믹스테카의 젠더 체계

탈고전기 뉴자위인들(Nudzahuis)이나 믹스테카인들 사이에서는 상보성에 근거한 평등주의적 젠더 체계가 지배적이었다(Kellogg 2005). 그들의 심상에서 뉴자위인들은 젠더 위계, 여성의 종속, 군사나 계급 관계 묘사를 위한 젠더화된 형상들을 사용하지 않는다. 그 대신 그들의 심상은 젠더 상보성을 전달한다. 예를 들어 통치권을 의미하는 용어인 유위타유(yuhuitayu)는 갈대 멍석(yahui)와 결혼한 부부(tayu)를 지칭하는 요소들을 결합한 것이며, 이들은 항상 평등하게 멍석에 앉아 있는 모습으로 묘사됐다(그림 12.2).

여성과 남성은 모두 통치자가 될 수 있었다. 여성의 계승은 상대적으로 일반적이었으며, 남편과 아내가 함께 공식적 지위들을 상습받을 경우에는, 각자 물려받은 정치조직체들을 공동으로 통치했다. 통치자가 아니었던 귀족 여성들 역시 정치적·종교적 영역에서 중요한 책임을 맡았다. 예를 들어 여성도 사제가 되었다. 노동 분업에서 귀족 여성은 수공예품의 생산과 교환을 감독했다. 일상생활에서 평민은 귀족 남성과 여성의 정치적 역할의 상보성을 재현했다. 평민 남성과 여성은 각자의 부모로부터 재산을 상속받았고, 각자의 재산을 남성의 권위하에 함께 모으는 대신 자녀들에게 물려줄 수 있었다.

그림 12.2 소우체-누탈 코덱스. 뉴자위 통치자 부부가 갈대 멍석 위에 평등한 방식으로 앉아 있다.
출처: Nuttall 1987: folio 25.

마야인들과 마찬가지로 남성과 여성은 그들의 역할에서도 서로를 보완했다. 믹스테카 남성은 식물을 심고, 재화를 운송하고, 공동체의 노동 사업에 착수했으며, 여성은 실을 잣고, 직물을 짜고, 음식과 음료를 준비하고, 음식과 의례에 필요한 채소를 마련했다. 사적인 공간과 공적인 공간의 각 영역에서 수행되는 노동의 중요성과 관련해서 그 가치가 어떠한 명확한 위계에 따라 평가되지 않았다. 스페인의 침략 이후, 뉴자위 사회의 여성은 점차 기반을 잃어 갔고, 젠더 위계가 보다 확연해졌다.

3) 아스테카의 젠더 체계

중앙멕시코의 멕시카나 아스테카의 젠더 체계는 마야나 뉴자위의 경우와는 상이한 특징을 지녔다. 전자의 젠더 체계에서는 젠더 위계에 젠더 평행주의(남성과 여성이 상이하지만 평행적이고 대등한 역할을 수행)를 결합했다. 이 시기와 관련해 접할 수 있는 수많은 문헌 자료들을 토대로 젠더 체계에 대한 보다 상세한 분석이 가능하다. 하지만 이 문헌들의 저자들은 주로 스페인 사제들이었으며, 그들은 친숙하지 않은 체계를 접하며 자신의 선입견을 투영했다. 이 저자들이 지녔던 편견과 문제를 염두에 두고, 연구자들은 탈고전기와 식민지 아스테카의 남성과 여성의 삶을 드러내기 위해 이 문헌들을 면밀히 조사할 수 있었다(Kellogg 2005).

젠더 평행주의는 친족 구조와 종교적·세속적 이데올로기에 근원을 두고 있었다. 남성과 여성은 계보학적으로, 구조적으로 동등했다. 비록 장남이 형제자매를 대신해서 상속 재산의 관리인 역할을 수행했지만, 자녀들은 부계와 모계 양측으로부터 재산을 상속받았다. 아스테카의 만신전에서 남성 신성과 여성 신성은 동등한 중요성을 지녔고, 신성들은 종종 양성적인 특징을 지녔다. 남성과 여성 모두가 사제직에 오를 수 있었지만, 남성은 이 직위를 평생 유지한 반면 여성은 그렇지 못했다. 더 나아가서 남성은 종교 위계에서 가장 높은 지위를 차지했다.

여성이 재산을 소유하고, 가구 외부에서 생산적인 활동(실 잣기, 직물 제조, 치료, 자수 놓기 등)을 통해 수입을 창출했기 때문에 그들은 배우자로부터 일정 정도의 독립성을 유지했다(그림 12.3). 전투가 그들의 삶의 방식을 지배하기 전까지 아스테카인들은 여성을 나약하고 의존적이거나 또는 무력한 존재로 여기지 않았다. 하지만 결국 용맹함과 기술이 행동의 새로운 기준으로 자리 잡게 되자, 전투에서 패배한 남자들이나 전투지에서 겁쟁이처럼 행동했던 남자들은 여자처럼 군다는 말을 듣게 되었다.

아스테카 여성은 시장에서 물품을 팔기 위해 행상을 다녔을 뿐만 아니라, 남성과 더불어 시장의 관리직을 공유했고, 이와 같은 능력을 통해 생산품의 가격을 관리하고, 공물을 부과했으며, 전쟁 지급품을 준비했다. 여성과 남성은 바리오(구역)에서, 그리고 사원이나 왕궁 부속의 성가당(song houses)에서 지도자와 관리 역할을 수행했다. 비록 가장 상급의 정치적·종교적 직위는 남성에게만 제한되어 있었지만, 그럼에도 아스테카 여성은 권위자로서 중요한 기능을 담당했다.

그림 12.3 플로렌틴 코덱스. 직물 제조(왼쪽)와 같은 가내 활동 이외에도, 멕시카 여성은 시장에서의 판매(오른쪽), 농업과 사제직 의무 수행, 미래에 대한 예언 등 사회에서 다양한 역할을 수행했다. 왼쪽 그림은 '재봉사와 직공과 같은 직업들'이라는 소제목으로 설명되며(출처: Sahagún 1979: 10: folios 22v, 24r), 오른쪽 그림은 '망토를 파는 직업들'이라는 소제목으로 설명되고 있다(출처: Sahagún 1979: 17: folios 44v, 45r).

일부 저자들은 아스테카 사회가 더욱 군사화되고, 제국주의화됨에 따라 여성이 지위를 잃게 되었다고 주장한다(Nash 1978). 사회 계층화가 확산되고, 왕실의 계보가 등장함에 따라, 귀족 여성은 경제적·의례적 활동에 점차 제한을 받게 되었다. 하지만 다른 한편으로 평민 여성의 생산적 역할은 여전히 중요한 부분으로 남아 있었다. 태양과 전쟁의 신성인 위칠로포츠틀리의 지배는 기존의 양성적이고 남성과 여성이 결합된 조상 신성들로 구성된 만신전을 대체했으며, 젠더 체계에서의 변화에 관한 중요한 실마리를 제공한다(2장 참조).

일부 연구들은 아스테카 남성이 부의 새로운 원천인 공물과 정복의 전리품을 통제하기 시작함에 따라, 전쟁이 자동적으로 여성과 가구 및 가내 생산을 주변부로 몰아넣었다고 주장한다. 다른 연구들은 비록 여성이 전투에서 싸우지 않았고, 따라서 지위와 부의 본질적인 근원으로부터 배제되었지만, 고향에서 그들이 수행하는 의례와 활동은 전쟁터에 나간 남성의 운명에 결정적인 영향력을 행사했다고 주장한다(Burkhart 1995). 더 나아가서 전투는 가내 생산과 활동의 가치를 절하하지 않았다. 오히려 집과 여성의 활동은 군사적인 상징성을 지니게 되었다. 예를 들어 분만 행위는 전투 행위에 버금가며, 성공적인 출산은 전사가 포로를 포획하는 것에 해당한다고 간주됐다. 분만 중에 산모가 사망하는 것은 포로로 잡히거나, 죽임을 당하는 것과 동일시됐다. 글상자 12.1은 아스테카 사회에서 여성과 결부된 군사 상징주의의 또 다른 사례를 제시한다.

4) 스페인 정복 이전 메소아메리카의 일반적인 젠더 체계

아스테카뿐만 아니라 그 외의 메소아메리카 문화에서도 귀족 여성과 평민 여성의 지위와 가족 내 영향력은 본질적인 차이에 의해 구별됐다. 달리 구할 방도가 없는 재화와 용역을 부부가 서로에게 제공해야 하는 자급자족 경제 내에서 평민 여성의 생산과 재생산 활동은 매우 높은 가치를 지녔다. 남성과 여성은 모두 혼인을 성인이 되기 위한 첫번째 관문으로 여겼다. 남성에게 혼인은 그들 자신의 부계 전통이 시작되는 것을 의미하기 마련이었다. 하지만 귀족의 경우, 하인과 노예가 가사 노동의 상당 부분을 담당했고, 이들에게는 일부다처제가 일반적이었다. 따라서 주로 여성의 중요성은 통치권을 계승할 적자를 출산하는 것과 결혼을 통해서 정치적 연합을 형성하는 데 있었다.

스페인 정복 이전의 사회들이 젠더 관계와 역할 및 남녀의 상대적 가치를 구조화하는 방식에는 어떠한 단일성도 존재하지 않았다. 앞에서 논의했던 세 집단들은 젠더 위계, 상보성, 평행주의와 관련해 상이한 수준과 유형을 제시한다.

스페인 정복 이전 멕시코의 젠더 체계에서 부가적으로 제시될 측면은 아스테카인들의 종교적 삶에서 동성애가 담당한 중요한 역할과 수많은 메소아메리카인들이 사적인 삶에서 동성애를 용인한 정도와 관련해서이다. 동성애 관계는 수많은 사회에서 정상적인 것으로 간주되었다

(Taylor 1995). 유럽에 의해 식민화되기 이전에 북아메리카 전역에서 그랬던 것처럼, 제3의 성이라는 관념이 메소아메리카에서도 널리 퍼져 있었을 것이다. 제3의 성은 테우안테펙의 이츠무스 사포테카인들의 경우와 마찬가지로 현대 원주민 사회들에서 존재한다(Stephen 2002). 이 사회에서 묵세(muxe)는 분명히 남성으로 보이지만 그럼에도 특정한 여성적 특징을 보이는 남자를 지칭한다. 묵세는 공동체에서 어떠한 특별한 종교적 역할을 담당하지 않지만, 재능을 타고난다고 간주되며, 부모들은 종종 묵세 아들들을 교육시키기로 선택한다(Chiñas 1995).

비록 유럽 접촉 이전과 접촉 당시 이들에게는 동성애와 유연한 젠더 범주들이 존재했지만, 스페인인들이 메소아메리카를 침범했을 당시 스페인인들은 남성 지배권을 받아들이고 여성적인 남성을 경멸한다는 점에서 아스테카인들과 상당 부분을 공유했다. 동성애는 종교 재판의 주된 관심사였다. 이원론적 젠더 체계의 경계에 도전하는 남성을 처형하고, 모든 공동체의 사회적 구조를 파괴하면서, 스페인의 정복과 식민화는 원주민 젠더 체계를 급진적으로 변형시켰다.

2. 식민시대 여성과 젠더

1) 스페인의 정복과 초기 식민시대

성적인 강압은 식민지화 과정의 본질적인 부분이었다(메소아메리카에서 스페인의 식민지화에 대해서는 5장을 참조하라). 스페인 남성은 여성의 신체를 정복해야 하는 대상이자, 정복자로서 그들의 용맹한 행위에 대한 보상으로 활용되어야 하는 대상으로 간주했다. 정복 당시 폭력적인 성적 사건들의 묘사가 광범위하게 발견되는데, 스페인인들에게 남근은 검이 확장된 것을 의미했다는 점을 시사한다. 원주민들은 성관계를 거부(이를 위해 여성들은 목숨을 걸기도 했다)하고, 강간으로 배태된 태아를 유산하거나 자살을 꾀하는 방식으로 성적 학대로부터 최대한 스스로를 방어했다.

성적 폭력은 여성 노동력의 잔혹한 착취와 결합되어 식민시대 전반에 걸쳐 계속 발생했다. 인구학적 위기와 공물과 의복 생산에 대한 스페인의 요구로 인해서 여성 노동의 책임이, 특히 농촌과 비엘리트 여성들에게 부과된 책임이 엄청나게 증가했다(Kellogg 2005). 정복 전쟁에 남성이 불균등한 비율로 참여한 결과, 수많은 여성은 과부가 되거나, 미혼모가 되었다. 여성은 가족을 부양하기 위해 강도 높은 노동을 해야 했고, 배우자나 확대 가족 구성원들의 도움을 받지 못하는 경우가 빈번했다. 반면 이와 동시에 그들은 날로 늘어 가는 스페인의 요구를 충족시키기 위해 현금을 확보해야 했고, 다량의 의복을 직조해야 했다. 관리와 사제 및 부유한 스페인 가정들은 가사 노동을 통해서도 여성을 착취했다. 여기에는 강제적인 성관계와 납치 등의 남용적인 관행들이 포함되기도 했으며, 여성에게 옷과 숙식을 제공하는 조건으로 무급 노동을 강요했으며, 가사 노동의 책임 그 이상을 요구하며 여성들을 고립시키거나, 식민시대 인기 있던 상품인 의복을 판매하기 위해 여성들에게 강제적으로 직조를 강요하기도 했다.

엔코미엔다 소유주들(이에 대한 논의는 4장과 5장을 참조하라)은 한 번에 수개월에 걸치는 머나먼 곳으로의 여행을 떠나는 선원들을 위해 가사 노동과 성적 서비스를 제공할 여성들을 빌려 주는 행위를 하기도 했다. 여성들이 매력이 있을수록 엔코멘데로들은 더 많은 돈을 벌 수 있었다. 식민시대 초기에 엘리트 출신의 원주민 여성은 스페인 법에 의해 나머지 인구에게 부과되는 의무로부터 면제될 수 있었다. 하지만 식민통치 이후 한 세기가 지나자, 엘리트 출신 원주민 여성은 재산과 명예의 상당 부분을 이미 상실하게 되었고, 결국 공물 납부와 귀중품 생산을 위한 노동에 참여할 것을 강요받았다.

2) 식민시대 아스테카 젠더 체계의 변형

17세기에 접어들자, 스페인의 영향을 받은 문화적 개념과 젠더 관행이 중앙멕시코에서 여성의 지위에 극단적인 변형을 가져오게 되었다. 아스테카의 여성은 종교적·정치적 영역에서 권력을 잃게 되었는데, 그 이유는 여성이 직위에 올라 권위를 행사하던 수많은 토착 제도가 파괴되었기 때문이었다. 게다가 여성의 정조와 명예라는 스페인의 이상적 관념들을 부과함에 따라, 여성의 자유에 제약이 가해졌다. 여성은 법정에서 소송을 할 권리와 재산을 소유하고, 관리할 권리를 보유했지만, 스페인의 가부장제도는 그들 삶의 모든 측면에 파고들었고, 점차 그들의 자율성을 제약했다.

정복 이후 초기 50년 동안, 소유물을 지키려는 토착 여성들은 법정에서 강력한 존재였다(글상자 12.1을 참조하라). 하지만 17세기가 되자, 그들이 재산 소송을 제기할 가능성이 대폭 줄어들었고, 여성이 작성한 유언장은 더 이상 16세기에 그랬던 방식대로 소유권 주장을 뒷받침하기 위해 빈번히 활용되지 않았다. 이와 마찬가지로, 여성이 재산을 구매하고, 판매하거나, 상속하는 비율이 극적으로 감소했으며, 이는 여성 지위의 퇴보를 의미했다. 어떻게 이 같은 퇴보가 일어났는가? 스페인인들이 제도화한 가부장적 사회는 아버지와 남편에게 그 아내와 아이에 대한 무제한적인 권위를 부여했다. 스페인인들이 도착하고 나서 2세기가 흐르자, 아스테카 여성의 정체성은 그 배우자들의 정체성에 융합되게 되었고, 여성은 법정에서 권리를 제기하기 위해 배우자나 아버지의 도움을 필요로 하게 되었다.

여전히 아스테카 여성은 그들 가족의 생존에 필수적인 생산 활동에 지속적으로 관여했지만, 가톨릭 교회에서 설교하는 여성의 정결과 밀폐(enclosure)라는 이데올로기는 여성이 권위를 지니는 공적인 직위에 오를 기회를 잠식했다. 이 이데올로기는 남성의 사회적·정치적 영역과 여성의 가내 영역 사이에 뚜렷한 분리를 가져왔다. 2세기 이내에 가부장적 이데올로기와 여성의 정결과 밀폐라는 이데올로기가 종교적·사회적·법적 체계에 미친 영향력은 식민시대 이전의 젠더 평행주의를 남성과 여성 간의 단호한 위계적 관계로 변형시켰다.

3) 스페인인들이 부과한 젠더 체계

여성이 작성한, 또는 특정하게 여성에 관한(이들이 원주민이거나 스페인인이거나 관계없이) 식민시대의 자료는 매우 소수이다. 하지만 이제 연구자들은 식민사회에서 젠더 관계에 관한 정보를 얻기 위해 식민 문헌들(예를 들어, 통계, 고해서, 심문 기록, 기독교나 민간 권위자들에게 제공된 판례들)을 면밀히 검토하고 있다.

새로운 젠더 체계의 주된 특징들은 무엇이었는가? 사제와 스페인 관리들은 모두 가부장제를 인류를 위한 신성한 도안으로 칭송했다. 가정은 이 같은 이상을 구현했으며, 모든 사회관계를 위한 모형으로 기능했다. 남편은 그의 아내, 아이들, 그리고 그 외의 가족 구성원들에게 통제력을 행사했다. 여성과 아이들은 그들이 완전한 복종을 해야 하는 대상인 아버지들의 후견을 받는 항상 부차적인 존재였다. 가부장적 이데올로기는 아버지라는 존재를 권위의 근원으로 규정했다. 그들의 정당성은 가족을 부양하고, 가족의 복지를 보살피는 책임을 완수하는 데 있었다. 남성은 아버지이자 남편으로서 그 아내의 행실을 바로잡기 위해 훈육하고, 심지어 폭력을 행사할 자유를 지녔다. 하지만 남편들이 과도한 권위를 행사하거나, 그들의 가족을 기대치만큼 부양하지 못했을 때, 아내들은 종교적 또는 세속적 권위자들에게 호소할 수 있었다. 여성들은 그들 부모의 집에 돌아가거나, 수녀원으로 피신하기도 했으며, 그곳에서 그들은 안전하다고 느끼며, 구직을 할 수 있었다. 일부 법정 판례들은 정당방위로 보이는 맥락에서 저항하는 여성들을 묘사한다.

스페인인들은 미혼의, 또는 독신인 여성들에게 순결을 본질적인 자질로 간주했다. 가족의 명예는 여성의 섹슈얼리티와 적자의 출생에 밀접하게 관련되어 있었다. 혼전, 또는 혼외 성관계에 관여한 여성과 서자를 낳은 여성은 그녀의 개인적인 명성을 더럽히고, 그녀의 가족에게 불명예를 가져왔다고 여겨졌다. 도덕성의 이중 잣대가 식민지 사회에 만연했다. 간통 관계를 맺은 여성의 명예는 엄청나게 실추되었지만, 그녀의 연인이나 또는 그의 가족은 어떠한 피해도 받지 않았다. 식민통치가 시작되고 2세기 동안, 가족의 명예에 대한 강조와 여성의 미덕과 취약성이라는 개념이 여성을 가정에 격리되게 했다. 수녀원과 은거처(retirement house)는 나이 든 미혼 여성, 과부, 배우자로부터 유기당한 기혼녀들을 위한 보호처가 되었다. 교회는 완전함을 성취하기 위한 길로 금욕을 칭송했고, 동정녀마리아의 모범을 따르는 여성들은 신과 더욱 가까운 존재로 여겨졌다.

반면, 가부장적 이데올로기는 여성의 의지와 명예가 나약한 것이라고 주장했으며, 따라서 남성은 여성이 부정한 관계에 빠져들도록 손쉽게 그들을 설득하거나 강요할 수 있다고 주장했다. 사회는 이 같은 방식으로 여성이 아버지와 그 외의 남성 친척 및 권위자들의 '보호'를 받을 필요가 있다고 합리화를 시켰다. 법원에서 아버지가 다른 남성이 그의 딸에게 서약했던 혼인의 맹세를 지키지 않았다는 이유로 배상을 청구할 경우, 그는 그녀의 행동을 정당화하기 위해 그의 딸의 취약성(예를 들어 다른 남자와 눈이 맞아 도망을 가는 등)을 내세웠다. 이러한 전략은 남자가 그녀와 결혼하도록 강요하려는, 또는 그녀의 명예를 실추시켰다는 이유로 남자에게 지참금을 배상하게 하려는 가족의 목적에 기여했다. 만일 비난을 받는 남자가 여자가 예전에 맺었던 부정한 관계나 미심쩍은 평판을 제기하며 반박할 경우, 여자와 그녀의 가족들은 호소할 방도가 없었으며, 법원은 가부장적 행동 규범에 따른 여성들만을 보호할 것이었다.

간통 관계를 맺은 여성들은 심각한 사회적 범죄를 범했다고 생각되었다. 반면, 남성의 간통은 대수롭지 않게 여겨졌고, 특히 그가 신중한 사람이거나 또는 이로 인해 그의 아내와 가족이 치욕을 겪은 것이 아니라면 더더욱 그러했다. 여성들은 일반적으로 남편들의 혼외관계를 눈감아 주었고, 이에 근거해 이혼이나 별거를 청구할 가능성은 거의 없었다. 여성들은 그들의 배우자에게 경제적·법적으로 의존하고 있었기 때문에, 여성들 대부분은 잘못된 길에 빠져든 배우자를 되돌리려는 시도를 했다.

4) 식민지 멕시코시티에서 여성의 노동

18세기 후반과 19세기 초반에 여성은 멕시코시티 노동력의 3분의 1을 차지했다. 원주민 여성의 46퍼센트와 '카스트'(혼혈) 여성의 36퍼센트가 생산 활동에 관여하고 있었던 반면, 스페인 여성이나 크레올 여성의 경우 단지 13퍼센트만이 노동을 했다. 이는 상이한 사회 계급에 속한 여성들의 대조적인 상황을 보여 준다. 가난한 여성들(대부분 원주민과 카스트)은 여성의 밀폐라는 이상에 따를 수 없었다. 극단적인 빈곤과 높은 사망률이라는 조건에서 살아가던 하층 가정들은 생존을 위해 남편과 아내의 경제적 협력을 필요로 했다. 대부분의 여성들은 가사 노동자로서 일자리를 구할 수 있었지만, 이는 불명예스러운 직업으로 간주되었다. 다른 이들은 신선한 농산품이나 조리된 음식을 구석진 곳의 좌판이나 시장에서 판매하거나, 음식점에서 여급으로 일하거나, 세탁을 해주거나, 뜨개질을 하거나, 실을 팔거나, 다른 사람을 위해 직물을 짜는 등의 일을 했다.

식민시대 초기에 수많은 중산층 여성들은 가게 주인으로 일했다. 이는 육체노동에 비해 보다 명예로운 직업이었는데, 이 가게들이 일반적으로 그들의 집에 붙어 있어서 여성의 밀폐라는 규칙을 준수할 수 있었기 때문이었다. 18세기 후반과 19세기 초반에 여성에게 교육을 도입하는 개혁 정책들이 시행되기 시작하면서, 중산층 여성들을 위한 새로운 가능성이 열렸다. 교육을 추구하던 중산층 여성들은 복지 시설에서 병들거나 유기된 여성들을 돌보도록 훈련을 받았고, 이는 당시 여성들을 위한 평판 좋은 직업이었다. 엘리트 여성들이 혼인보다는 직업을 갖고자 한다면, 그들은 종교 서약을 했다. 그 외의 엘리트 여성들은 그들이 상속한 재산의 관리에 관여했다.

오늘날 여성주의자들은 여성이 가부장적 통제에 직면해 생산적으로 남아 있기 위해, 그리고 사회적인 개입을 유지하기 위해 역사적으로 기울여 온 노력에 주목한다. 하지만 식민지 사회는 일하지 않는 여성들에게 높은 지위를 부여했고, 일하는 여성들에게 낙인을 찍었다. 순전한 필요에 의해 노동에 참여하는 여성들은 불명예스러운 존재로서 여성의 밀폐라는 사회적 원칙을 어겼다고 여겨졌다. 따라서 그들의 정결과 도덕성이 의심받았다. 선택의 여지가 주어진다면, 그들은 가정에 머물며 가부장적 보호를 받는 길을 택했을 것이다.

5) 가부장적 지배에 대한 여성의 반응

스페인 식민지화 초기부터 여성은 식민주의 통치에 저항했다. 일부 경우에 원주민 여성들은 스페인 침입자들에 대항해서 남성들과 함께 전투에서 싸웠다. 아스테카 여성들은 식민지 통치에 대항해 원주민 반란을 주도했는데, 아마도 남성들이 그들 공동체들에서 멀리 떨어진 곳에서 일했기 때문이었을 것이다. 여성들은 종종 식민지 권위자들을 모욕하고, 비방했다. 하지만 교회와 국가가 여성에 대한 통제력을 강화함에 따라 여성이 사회에서 그들의 위치를 협상하는 것이 더욱 어려워졌다.

여성들은 그들에게 허용된 제한된 공간 안에서 어떻게 대응했을까? 그들은 정치적 항의와 전면적인 반란 이외에도, 주술을 실행하고, 최면을 통해 초자연적 존재들과의 직접적인 소통을 추구하고, 때로는 수녀원에 입소하면서 그들의 삶에 대한 일정 정도의 통제력을 되찾으려고 했다. 이 같은 행동들은 식민지 사회의 제약에서 벗어날 여지를 주었다. 하지만 식민지 권위자들은 여성들이 어떠한 권력이라도 행사하는 낌새가 보일 경우, 이를 분열적이고, 부정적이라고 생각했다. 여성들이 그들에게 복종적이고, 순종적일 것을 요구하는 자연적이고, 신성한 질서를 전복하려고 시도할 경우, 그들은 그 파급 결과로 고통을 받았다.

여성들은 부분적으로는 남편이나 연인에게 영향력을 행사하기 위해 주술을 행했다. 배우자에게 유기된 기혼녀, 남편이 혼외정사를 맺고 있는 여성, 학대하는 남편에게 앙갚음을 하려는 여성들은 스스로에게 사랑의 주술을 걸거나, 또는 비밀스러운 지혜를 지닌 여성들의 도움을 활용했다. 이 방식으로 그들은 남편을 되돌리고, 그가 '넋을 잃게' 하고, 다른 여성과의 관계를 끊도록 하려 했다. 원주민 여성과 카스트 여성과 같이 소외된 여성들은 비범한 주술적 능력을 가지고 있다는 평판을 얻었다. 비밀스러운 힘을 조종해서 여성들은 종족 간, 계급 간 연결망을 형성했고, 비밀스러운 혼합물, 제조법, 기도문들을 전파했고, 다른 여성들이 억압적인 상황에 대처할 수 있도록 보조했다(Behar 1989; Few 2002).

스페인 관리들은 주술 행위를 저평가했고, 사소하게 여겼으며, 여성들의 권력의 중요한 원천을 묵살했다. 여성들에게는 다행스럽게도 스페인의 종교 재판소가 사랑의 주술을 미신(무지에 근거한 미망)으로 간주했기 때문에, 주술 행위는 관대하게 다루어졌다. 반면 교회의 가르침이 효력을 발휘하면서 여성들은 여성의 주술적 능력이 사악한 속성을 지닌다는 관념을 내재화하게 되었고, 따라서 이 같은 능력의 고무적인 효과를 거부하게 되었다. 당시의 문헌들에 의하면, 여성들은 사악한 초자연적 존재들과의 계약을 맺는 죄악을 범해 신성한 질서에 도전할 바에는 차라리 학대를 일삼거나, 부정한 남편들을 견디는 편을 택하겠다고 명시적으로 선언했다. 그럼에도 사랑의 주술은 지속됐다.

식민시대에 수많은 수녀들과 평민 여성들은 예수, 동정녀 마리아, 성인들, 악마와 직접적인 소통을 하기 위해 시도했다. 이 여성들은 황홀경이나 최면 상태에 빠지곤 했으며, 이 상태에서 그들은 목소리를 듣거나, 천국, 지옥 또는 연옥을 목격했다. 이 여성들이 수녀원과 같이 통제된 환경에서 살 때 그들은 '신비주의자'로 간주되었다. 고해 신부들은 이 여성들에게 조용한 삶을 살도록 요구했다. 식민주의 이데올로기는 여성이 남성의 영역인 지적 분석보다는 수동적인 명상에 가장 적합하다고 주장했다(Franco 1989). 또한 신비주의적 황홀경은 위험하고도 복잡한 영역과 맞닿아 있었으며, 열정에 사로잡혀 정신 이상의 상황에 빠지기 쉽다고 여겨진 여성들이 접근할 수 있는 범위를 벗어난 것이었다. 하지만 고해 신부들이 가장 두려워한 것은 여성이 영적인 존재와 소통함에 따라 남성의 권위에 직접적인 도전을 한다는 점이었다. 남성 사제들은 인간과 신의 유일한 중재자로 지정되었다. 하지만 여성들의 신비주의적 경험은 그들에게 반박할 수 없는 권위를 부여했다.

수녀원에서 살지 않았지만 신비주의적 경험을 했다고 주장하던 여성들은 그들의 주장을 정당화하는 과정에서 더 많은 어려움을 겪었다. 교회는 그들의 담론을 악마의 현혹이라고 매도했고, 이들이 돈을 벌기 위해, 또는 그 외의 불순한 이유로 황홀경을 경험하거나 목격했다고 말한다고 주장했다. 이 여성들의 다수는 정신병원에서 생을 마감했다. 그 예로, 아나 데 아람부루는 신이 그녀를 선택했다고 주장했다는 이유로 종교 재판소의 판결에 따라 비밀 감옥에 투옥되었다. 보다 중요한 여성 신비주의자로는 유명한 지식인이자 마치스모(이 장 후반부에 논의된다)의 신랄한 비판가였던 소르 후아나가 있다(그녀의 시는 글상자 12.2에 소개되어 있다).

6) 식민시대 멕시코의 치아파스 고지대에서 토착 여성의 역할

스페인 점령이 있고 나서 첫 세기 동안 토착 인구가 대규모 사망했다는 것은 스페인인들이 부과했던 과중한 공물 납부와 노동의 의무를 살아남은 남성과 여성이 감당해야 했다는 의미였다. 스페인의 사제, 식민 관리, 기업가들은 원주민 노동력을 착취하기 위해 경쟁했다. 토착 여성은 레파르티미엔토(repartimiento, 5장을 참조하라) 체제에서 요구하는 실과 직조물을 공급하기 위해 극도로 힘겹게 일했다. 남성은 가축을 이용해 장거리로 필수품을 이송해야 했다. 녹초가 돼서 지속적으로 이동하며, 남성들은 쉽게 병들었고, 어린 나이에 사망했으며, 그들의 아내들은 그들보다 오래 살아남았다. 여성이 가장이 된 가구들이 원주민의 삶에서 공통적인 특징이 되었다.

토착주의 운동과 부흥 운동에서 여성의 참여는 중심적인 비중을 차지했으며, 이는 식민시대 농촌 공동체에서 여성이 담당했던 중요한 역할을 보여 준다. 토착주의 운동을 통해 원주민들은 황폐화된 그들의 공동체에 희망과 구원을 가져오려 했다. 그들은 초자연적 존재들과 연합을 형성하려 했으며, 이를 통해 한편으로는 그들이 전진할 수 있게 해주고, 다른 한편으로는 침입 세력에 대항하는 토착 투쟁을 공고하게 하는 구심점으로 기능하게 하려 했다.

치아파스 고지대에서는 도미니카 로페스라는 이름의 한 젊은 초칠-마야 여성이 옥수수밭에서 동정녀 마리아를 목격했다고 주장했다. 그녀의 주장에 따르면, 동정녀 마리아가 그녀에게 말을 걸었고, 그녀의 형상을 마을로 가지고 가서 그곳에 그녀를 위한 회당을 세우도록 요구했다고 한다(이 사건과 잇따른 반란들에 대한 보다 간략한 설명은 글상자 5.3을 참조하라). 마을 사람들은 그녀가 바라는 대로 했으며, 도미니카와 그녀의 남편은 동정녀를 위한 마요르도모(mayordomo, 관리인)로 임명되었다. 동정녀 마리아는 도미니카와만 소통했다고 한다. 동정녀 마리아가 옥수수와 콩의 풍요로운 수확과 다산을 통해 사람들에게 보상할 것이라고 도미니카는 말했다. 스페인인들은 도미니카의 목격이 토착 공동체들에 가져온 상당한 동요를 전해 듣게 되었고, 마침내 결정적인 행동을 취했다. 그들은 동정녀의 형상을 산크리스토발로 옮긴 다음, 도미니카 로페스와 그녀의 남편을 심문했다.

1712년 6월 심문이 있을 무렵, 칸쿡의 첼탈-마야 마을의 젊은 여성인 마리아 로페스는 동정녀가 그녀에게 나타났으며, 발현한 위치에 그녀를 기리는 회당을 세울 것을 요청했다고 전했다. 인근 마을 산페드로체날료 출신의 원주민 남성 세바스티안 고메스는 토착 사제가 스페인의 사제를 대체하도록 하라고 동정녀가 요구했다고 주장했다. 그녀의 요구에 따라 세바스티안 고메스는 한 무리의 마야 남성들을 사제로 지명했다. 이들 지명된 남성들은 추방된 스페인 사제의 직분을 담당했으며, 마리아 로페스는 마요르도마 마요르(총 관리인)가 되었다.

마리아 로페스는 동정녀 마리아의 형상에 가장 가까이 서는 최고 명예직을 차지했다. 그녀가 사람들에게 동정녀의 전갈을 전달할 때면, 그녀의 서기 역할을 하던 토착 사제 두 명이 그녀 곁을 지켰다.

스페인인들은 이 같은 운동에 위협을 느꼈고, 특히 1712년 8월에 원주민들이 고지대 여러 마을의 스페인 인구를 대량 학살하자 더욱 그랬다. 스페인인들은 반격을 했고, 극심한 전투 끝에 원주민 반란자들을 완패시켰다. 완전한 군사적 패배를 예측했던 반란자들은 식민 세력들을 멈추게 하기 위한 최후의 보루로 초자연적 세력들에 호소했다. 그들은 마녀로 알려진 네 명의 여성들을 강으로 데리고 가서, 초자연적 여성저 힘들에게 저을 파괴하도록 호소하게 했다. 네 명의 여성들은 각각 지진, 번개, 홍수, 바람의 자연적 힘을 재현했다.

이 토착 봉기들이 식민시대 토착 공동체의 젠더와 여성에 관해 어떤 점을 보여 주는가? 일반적으로 보았을 때, 이 봉기들은 당시 심각한 인구 감소가 집단의 생존을 위협하던 시기에 이 공동체들에서 여성이 지닌 중요성을 가늠할 수 있게 해준다. 젊은 원주민 여성들에게 발현했던 신성들은 여성성을 지니고 있었고, 그들은 우리의 어머니인 흐메틱(jme'tik)에 해당했을 것이며, 이는 현대 초칠-마야의 우주론에서 달과 대지를 재현하는 존재로 동정녀와 동일시된다(Rosenbaum 1993). 대지로서 우리의 어머니는 다산을 상징하며, 다시 말해 생명과, 인구와 작물의 소생을 상징한다. 그녀는 굶주림과 절망의 시대에 나타났다고 하며, 원주민들에게 풍요로운 음식과 아이들을 가져다주는 은혜를 베풀었다고 한다. 도미니카 로페스와 이후 마리아 데 라 칸델라리아(마리아 로페스가 동정녀의 대변인이 되었을 때 취했던 이름)는 다산과 희망의 상징으로 해석될 수 있었다. 더 나아가서, 이 같은 의식을 여성적 대지와 연관 짓는 것은 스페인인들을 파괴하기 위해 자연적 힘들을 재현하는 마녀들을 소집하는 데서 확증된다. 오늘날까지 초칠-마야인들은 대지에 이러한 힘들이 존재한다고 믿는다. 여성이 이 운동들을 지도하는 역할을 담당했다는 사실은 식민시대 여성이 원주민 공동체의 종교 조직에서 활동적인 위치에 있었음을 시사한다 (Rosenbaum 1992).

3. 탈식민시대 멕시코의 여성(1821년부터 1940년대까지)

1) 독립 운동에서 여성의 참여

최근까지 학자들은 멕시코와 중앙아메리카의 독립을 위한 투쟁에서 여성의 참여는 소수의 예외적인 여성들로 제한되어 있었다고 제시해 왔다. 하지만 멕시코에서 여성의 보다 광범위한 참여에 관한 연구들은 비록 구체

그림 12.4 멕시코 여성들은 국가의 독립 투쟁에 참여할 것을 호소하는 1812년의 이 선전 문건에 주목했다. 출처: "Personajes de un corrido", *Archivo General de la Nación de Mexico, Operaciones de Guerra*, vol.406, f.195(Catalgue no.2648).

적인 숫자를 제시하기는 어렵지만 여성이 독립 운동에서 활동적인 역할을 담당했다는 사실을 보여 준다.

멕시코시티와 멕시코의 주(州)들에서 여성들은 바구니에 서신, 무기, 지시사항을 담아 한 장소에서 다른 장소로 전달했다. 부유한 여성들은 반란의 대의에 자금을 기부했다. 여성이 독립 운동에서 수행했던 가장 중요한 활동들 가운데 하나는 군인들로 하여금 왕실 부대를 저버리고 반란에 참여하도록 설득하려 했던 것이다. 1812년에 작성된 것으로 추정되는 한 선전 문건은 스페인 부대에 의해 살해당했던 남성 친족들의 복수를 위해 멕시코 여성들에게 무력 투쟁에 가담하도록 요청하고 있다. 이 문건은 군사 모자를 쓰고, 검을 들고 있는 두 여성들의 그림을 담고 있다(그림 12.4).

반란자들은 여성의 참여가 운동의 성공에 핵심적인 기여를 했다고 칭송했지만, 독립 이후 신공화국은 그 정치적 생명을 위해 여성에게 보다 중요한 역할을 허용하지 않았다. 여성은 선거를 하거나, 관직을 맡을 권리를 부여받지 못했다. 오히려 사실상 정반대의 상황이 발생했다. 당시의 책과 신문들은 여성에게 가정과 자녀를 돌보도록 촉구했다.

　19세기 말에 이르자, 더 많은 숫자의 여성이 노동 시장에 참여했다. 담배 공장과 직물 공장에서 여성은 활동적으로 조합에 참여했다. 시간이 경과함에 따라 조합에 가입한 수많은 여성들이 포르피리오 디아스에 반대하는 움직임에 동조했고, 그에 반대하는 다양한 정당과 집단에 가입하려 했다.

2) 멕시코 혁명에서 여성의 참여

멕시코 혁명에서 여성의 참여는 포괄적이었다(그림 12.5). 그들은 인민군과 헌법주의 부대 양측에 참여했다. 토지를 약속받았기 때문에 여성 농민은 압도적으로 혁명을 지지했다. 상당수의 여성이 전장으로 흘러들어 갔다. 그들은 남편을 돕기 위해 남편을 따라 전투 현장에 합류하거나, 아니면 간호사, 첩보원, 무기 보급자, 심지어 전사 등으로 가담했다. 일부 여성들은 선봉에 서기 위해 남자처럼 옷을 입기도 했다. 어떤 여성은 죽은 병사들의 남매, 딸, 미망인들로만 구성된 부대를 지휘했다. 일부 사례에서 여성은 특정한 임무를 달성하기 위해 전투에서 남성 병사들을 지휘하기도 했다. 하지만 1917년의 멕시코 헌법이 여성의 투표권을 거부했을 때, 그들은 놀라움을 금할 수 없었다. 국회의원들은 비록 예외가 있다고 해도 대부분의 여성이 가사 영역에만 제한되어 있었기 때문에, 아직 정치의식을 지니지 못했다고 주장했다. 그들의 주장에 따르면, 여성이 공적인 삶에 참여하는 것은 아무 의미가 없었다.

　1920년대에 여성 집단들이 등장하기 시작했다. 이 가운데 하나는 멕시코 여성주의자 협의회(Consejo Feminista Mexicano)로서, 국가의 사회

그림 12.5 멕시코 여성들은 멕시코 혁명에서 전투, 부상자 간호, 첩보, 병사들에게 음식과 무기 제공 등 다양한 활동을 했다. 출처: Pablos 1987: 8.

경제 구조를 급진적으로 변형시키려는 투쟁에서 여성들, 특히 공장에서 작업하는 여성들을 개입하게 하고자 시도했던 멕시코 공산주의당에 소속되어 있었다. 이 집단의 주요 목표는 여성의 해방이 아니라 부르주아지(유산계급)에 대해 프롤레타리아트(무산계급)가 승리를 거두는 것이었다. 협의회는 여성의 상황을 향상시키려는 여성주의자들의 노력을 묵살했으며, 이들의 추구는 혁명운동을 약화시키는 보수주의자 세력들의 손에 놀아나는 것이라고 주장했다.

또 다른 여성 집단은 집권당인 혁명주의당에 부속되어 있었다. 이 단체의 강령은 여성의 권리를 옹호하고자 했으며, 멕시코 여성의 착취에 대항해서 싸우겠다고 약속했다. 이 집단은 여성이 근무 여건을 향상시키고, 여성을 위한 주간 탁아 시설, 보건소, 공동사택, 법적 자문 시설들을 설치하겠다고 서약했다. 이 두 집단들이 멕시코 여성들의 심장과 마음을 사로

잡으려고 노력함에 따라, 그들은 서로 충돌했다.

1934년 라사로 카르데나스의 집권은 정치적 영역에서 여성을 위한 새로운 가능성의 전망을 가져왔다(카르데나스에 관해서는 8장을 참조하라). 1935년에 여성들은 국가 여성 연맹을 조직했고, 이는 다양한 이데올로기적·종교적·사회적 배경의 멕시코 여성들을 통합한 조직인 '여성 권리를 위한 단일전선'(Frente Único Pro-Derechos de la Mujer, FUPDM)의 탄생을 가져왔다. 카르데나스가 관직에서 떠나고 1940년대 초반 국제적 세력들의 결집과 산업화의 극적인 확장 및 이에 수반되는 사회적 변화에 직면해 여성은 효과적인 사회운동을 재조직하기 위해 힘겨운 시간을 보냈다.

정치적으로 활동적인 여성 단체들은 가장 절실하게 도움을 필요로 하는 인구 부문의 상황을 향상시키기 위해 복무하는 자선 단체들에 주안점을 두기 시작했다. 1947년까지 여성은 투표권자로서, 그리고 공직자로서 지방 정부의 선거에 참여할 권리를 부여받지 못했다. 마침내 1953년 루이스 코르티네스 대통령이 멕시코 헌법을 개정했고, 여성에게 남성과 동등한 완전한 시민권을 보장했다(글상자 12.3은 독립 이후 멕시코 치아파스에서 여성이 지방 단계의 정치활동에 참여하는 사례이다).

3) 1821~1940년, 멕시코 공화국의 농촌 토착 여성 : 치아파스 고지대 사례

독립 이후 원주민들의 삶은 그다지 향상되지 않았다. 사실상 19세기 중반 이후 멕시코와 중앙아메리카의 수출품 생산에 외국인 투자가 유입되면서 원주민에 대한 착취가 심화되었고, 그 결과 원주민들의 경제적 상황은 악화되었다. 더 나아가서, 가톨릭 사제들은 원주민들에게 그들의 토착 신앙과 관행을 포기할 것을 지속적으로 요구했다(글상자 12.3을 참조하라).

멕시코 혁명이 발생하는 동안, 경쟁관계의 분파들은 치아파스 고지대의 원주민들을 소집, 조종, 학대했으며, 그 결과 수천 명의 토착민들이 목숨을 잃었다. 농민에게 토지를 주겠다는 혁명의 약속은 1936년에 카르데나스 정부가 대규모 토지 개혁에 착수하면서 비로소 결실을 맺기 시작했다(8장과 9장을 참조하라). 카르데나스의 시대부터 지금까지 멕시코 정부는 토착 공동체의 정부 구조에 변화를 가하는 방식으로 원주민 인구를 통제하고, 동원하려 해왔다.

법에 의해 개별 공동체는 국가와 국가의 권위자들 앞에서 스스로를 대표할 헌법협의회를 세우도록 요구되었다. 이전에 이 공동체들은 단일 언어를 사용하는 존경받는 연장자들이 주도하는 민간과 종교 조직들('카고 체계')로 통치가 이루어졌지만, 카르데나스 임기 동안 멕시코 정부는 헌법협의회들이 교육받은 이중 언어 사용자들로 구성될 것을 요구했다. 이 조항들은 원주민 공동체의 전통적인 통치 구조에 극적인 변형을 가져왔으며, 메스티소 세력이 공동체 내부로 침투하도록 했다(Rus 1994).

이 같은 정치적 변화들은 여성에게 심각한 타격을 가했는데, 이 여성들은 수 세기에 걸쳐 종교적 카고 관행에 적극적으로 참여해 왔으며, 또한 그녀들의 남편들이 맡고 있던 민간 직위들을 보완하기 위한 중요한 종교적 의무들을 수행해 왔었기 때문이다. 새롭게 생겨난 직위에는 여성을 위한 자리가 없었는데, 그 이유는 첫째, 식민시대 초기부터 멕시코 관리들은 원주민 공동체의 남성 지도자들과 배타적으로 업무를 수행하는 데에 익숙해져 있었으며, 둘째, 치아파스 고지대의 원주민 여성들은 대부분 단일 언어 사용자들이었고, 여전히 그러하기 때문이다. 메스티소 사회와 정부에 관한 여성들의 지식, 그리고 여성들과 이들과의 접촉은 매우 제한적이었다. 심지어 여성이 도시 지역의 정치에 활동적으로 관여했다고 하더라도, 그들이 공적인 직위나 투표권을 얻을 전망은 부재했다.

1940년대 이후, 헌법협의회들이 원주민 공동체에서 새로운 종류의 권력을 상징하게 되었으며, 이들은 완전히 남성 엘리트들로 구성되었고,

매우 세속화되었으며, 인구 대다수보다 훨씬 풍부한 경제적 자원을 보유하고 있었다. 토착 카고 체계에서 통상적이었던 여성의 보완적인 존재는 새로운 협의회에서는 부재했다. 오늘날 여성의 존재는 영적 문제와 관계된 영역, 특히 가톨릭 성인들을 기리는 카니발 축제와 축제들에서만 지속되고 있다(Eber 2000).

4. 현대 메소아메리카의 젠더 관계

1) 마치스모

마치스모(machismo)는 다양한 방식으로 정의되지만, 남성다움은 여성을 통제하거나 지배하는 데 있다는 과도한 남성성의 이상화를 항상 함축하며, 현대 메소아메리카의 젠더 역할과 관계를 지속적으로 형성한다. 이 장에서 우리는 여성의 경험에 주안점을 두지만, 마치스모가 남성들 사이의 권력 관계도 형성한다는 점에 주목하는 것이 중요하다. 예를 들어 여성적인 남성은 남자답게 보이지 않거나 남자답게 행동하지 않는다는 이유로 특히 편견과 폭력에 시달릴 수 있다. 그들은 남성은 활동적이고 지배적이며 독립적이고, 반면 여성은 수동적이고 복종적이며 의존적이어야 한다는 식으로 여성과 남성의 역할에 엄격한 경계를 긋는 데 도전한다(Carrier 1995; Lancaster 1992). 메소아메리카 전역에 걸쳐 남성성과 엄격한 젠더 역할이 강조됨에 따라, 동성애자들은 공적인 장소에서 전통적인 젠더 역할을 수행하는 동시에 그들의 섹슈얼리티를 비밀로 간직해야 하는 어려운 위치에 놓여 있다. 그럼에도 가령 유카탄과 같은 일부 지역에서는 10대와 20대의 젊은 남성들은 동성애 관계를 맺는다는 이유로 배척당하지 않는다(Wilson 1995).

마초(macho)라는 관념의 완고함에도 불구하고 수많은 학자들은 마치스모는 너무나 일반화된 개념이기 때문에 계급, 종족성, 인종 범주들에 따라 나타나는 다양성과 변화를 포괄할 수 없다는 연구 결과들을 제시해 왔다(Navarro 2001). 오늘날 농촌과 도시의 광범위한 사회집단과 종족집단들의 남성들은 예전에는 남성적이지 않다고 간주되었던 활동(예를 들어 육아, 장보기와 청소 등의 가사 노동)에 상당한 시간을 할애한다(Guttman 1998). 그리고 이어서 살펴보겠지만, 여성은 전통적으로 남성만이 담당하던 역할을 점차 수행하고 있다.

대부분의 여성들은 여전히 남성에게 경제적으로 의존하고 있으며, 이들에게는 여전히 직업 훈련과 교육에의 접근이 보다 제한되어 있다. 이같은 상황은 스스로나 자녀를 부양할 방도가 없는 여성들이 그들 배우자의 학대 행위를 용인할 것임을 의미하곤 한다. 여성과 아동을 대상으로 하는 가정 폭력은 이 지역에서 일반적이며, 이는 마치스모의 가장 심각한 결과 가운데 하나로서, 희생자들에게 심리적이고 육체적인 외상을 남기고, 때로는 이들을 죽음으로 몰아간다.

멕시코와 중앙아메리카 사회를 연구하는 이들은 마치스모와 아버지들의 무책임함은 원주민들(특히 전통적인 맥락에서 살아가는 이들)보다는 메스티소들과 라디노들 사이에서 더욱 심각한 문제라고 주장한다. 원주민 남성들은 혼외 관계를 맺고 있더라도, 그들 공동체의 사회 규범이 그들로 하여금 가족에 대해 책임감 있는 행동을 하도록 강조한다는 것이다(Bossen 1984; Eber 2000). 친척과 이웃들은 남성들이 혼외 관계를 맺고 가족을 유기하는 행동을 하는 것을 용인하려 하지 않는다. 원주민 공동체에서도 유기가 발생하지만, 메스티소 인구에 비하면 그다지 보편적이지 않다. 하지만 가정 폭력은 원주민 가정과 비-원주민 가정 모두에서 심각한 문제이다.

2) 여성과 경제학

여성은 그들 국가의 사회경제적 구조에 급진적인 변화를 가져오려는 투쟁에서 중심적인 역할을 수행했는데, 구체적으로는 1970년대 후반부터 1980년대 후반까지 발생했던 과테말라, 엘살바도르, 니카라과의 내전을 들 수 있으며, 1990년대와 21세기 초반의 멕시코 치아파스에서 전개되었던 사파티스타 반란과 잇따른 원주민 자치 운동을 들 수 있다(8~10장을 참조하라).

1980년대에 멕시코와 중앙아메리카는 내전과 더불어 국제적 경기 침체, 외채 위기, 국가에 대한 시장의 궁극적인 승리로 인하여 그 여파에 시달렸다. 국제통화기금(IMF)의 지도하에 메소아메리카 지역의 정부들은 국영산업의 민영화와 농지 정책의 폐기 및 정부 예산 삭감을 포함하는 일련의 구조조정 정책을 단행했다. 지역의 경제 통합은 여성이 상황을 개선할 기회를 일부 제공했지만, 여성과 아동이 대다수를 차지하는 인구의 가장 빈곤한 부문의 상황을 악화시키고 있다. 게다가 멕시코와 중앙아메리카 전역에서 구조조정 정책은 남성에게 특혜를 부여하는 경향이 있었으며(근대화 세력과 마치스모 이데올로기가 결합된 결과), 원주민 사회에서 여성의 권위를 하락시키고, 여성살해(젠더에 근거해 여성을 살해하는 것)를 극적으로 증가시켰다.

3) 원주민 사회의 젠더와 근대화

오아하카와 멕시코의 사포테카 원주민들, 그리고 치아파스와 과테말라의 마야 원주민들을 대상으로 수행된 젠더 연구들은 전통적 공동체에서 생활하는 원주민 인구가 메스티소 인구에서 생활하며 사회경제적으로 그들에 대응하는 계급에 비해 젠더 체계와 관련해 보다 평등한 측면을 보유한다고 평가한다(Ehlers 2000: Stephen 1991). 예를 들어, 치아파스 고지대의 초칠어를 사용하는 차물라인들 사이에서 여성과 남성은 가구 경제에 동등하게 기여한다. 남성들이 밀파를 경작하고 먼 곳에 나가 임금노동을 수행하는 동안, 여성들은 자녀와 가축을 돌보고 판매를 위해 직물을 생산하는 데 수많은 시간을 할애한다(Eber 2000; Rosenbaum 1993). 더 나아가 남편이 집에서 멀리 떨어진 곳으로 일하러 가 있는 동안, 여성들은 밀파 생산의 책임을 맡는다. 여성들의 현금 기여는 그 외에 그들이 제공하는 용역과 더불어 가정의 생존을 위해 필수적이다(Rus 1990).

남편과 아내의 상호의존성은 원주민 공동체에서 그들의 관계를 공고하게 한다. 다시 차물라를 예로 들면, 남성과 여성은 그들이 결혼할 때까지는 성인으로 간주되지 않는다. 남성은 그의 직위가 요구하는 보완적인 의무를 수행할 아내가 있지 않다면 정치적·종교적 직위를 맡을 수 없다. 여성은 민간 직위에서 배제되어 있지만, 종교 카고 체계(코프라디아의 일)에서 남편과 아내의 공동 참여는 그들 사이의 소통과 협력을 증진시키고, 혼인에 의한 유대관계를 강화한다. 차물라인들은 부부가 섬기는 신성들이 그들에게 은혜를 베풀며, 그들의 결혼 생활의 평온을 가져다주고, 그들의 관계를 향상시킨다고 말한다. 이와 같은 방식으로 차물라의 문화는 남편과 아내의 상호의존성을 장려한다(Rosenbaum 1993).

상호의존성은 원주민 사회에서 사회경제적으로 하층 부문들에게 특히 적합성을 지닌다. 보다 고임금을 받는 원주민들 사이에서 배우자 간의 상호의존성은 감소한다. 앞서 언급한 것처럼, 보다 대규모 사회에서 남성 편력은 교육, 신용, 외부 세계와의 접촉에서 남성들이 더 많은 접근을 할 수 있도록 한다. 일부 원주민 남성들은 이러한 특혜로 이익을 취할 수 있다. 여성은 남편이 더 많은 현금을 벌어들일 경우 가게 내에서 영향력을 잃게 된다. 남편에 대한 의존도가 높아질수록, 가계에서 여성의 경제적 가치가 줄어든다.

지난 20년 동안, 현대 자본이 원주민 공동체들에 첨예하게 침투했고, 그 결과 젠더 체계에 급진적인 변형이 이루어졌다. 예를 들어, 과테말라 산페드로사카테페케스의 맘-마야 마을에서 자본주의의 도입은 생활수준의 현저한 향상을 가져왔다. 유사한 과정이 테오티틀란델바예의 사포테카 원주민들 사이에서 수공예 생산이 국제 시장에 진입함에 따라 발생했고, 또한 커피(주요 상업 작물)가 가구 위주 생산 체계를 대체함에 따라 시에라데오아하카의 사포테카인들 사이에서도 유사한 과정이 전개되었다. 상대적으로 보다 평등주의적인 이 세 공동체들에서, 사회 계급과 젠더 분화가 시간이 경과함에 따라 점진적으로 구체화되었고, 여성 지위의 극적인 하락으로 이어졌다.

이 같은 변화가 어떻게 발생했는가? 그들이 향유했던 이점 때문에 남성들은 대출을 받고, 트럭을 사고, 보다 근대화되고 산업화된 생산에 관여하고, 그들의 생산품을 판매하기 위해 국내 시장과 국제 시장에 접근할 수 있었다. 산업용품에 대한 수요가 주로 여성 노동력에 의해 운영되는 가내 공업의 전통적 생산품에 대한 수요를 대체하면서 여성들의 임금은 하락하기 마련이었다. 여성이 전통적 공동체의 정체성과 연속성의 수호자로서 높은 평가를 받는 반면, 빠른 속도로 근대화가 진행되는 사회에서 여성은 후진성과 동일시된다. 이들 사회에서 여성은 임금 창출의 궁극적인 통제력을 지닌 그들의 남편에게 더욱더 종속되고 있다. 이 같은 종속은 여성 권력의 상실을 의미하곤 한다. 그들은 가정의 중요한 결정에서 영향력을 잃게 될 가능성이 있으며, 그들 남편의 외도나 학대를 용인하는 것 이외에는 대안이 없기 마련이다.

유카탄의 마야 원주민 마을인 찬콤은 이와는 대조적인 사례를 제시한다(Re Cruz 1998). 찬콤에서 전통적인 삶의 방식은 남편과 아내의 상호 의존성으로 특징지어지는 밀파 생산을 중심으로 이루어진다. 최근 수십 년 동안, 남성과 여성 모두 일자리를 찾아 칸쿤의 관광 중심지로 이주해 왔다. 칸쿤에서 여성은 가사 노동자로 일하며, 남성은 건설업에서 일한다. 이주민들은 가족을 방문하고, 사업을 보살피고, 공동체와 연결 고리를 유지하기 위해 주기적으로 찬콤에 돌아온다.

이러한 사회적 변형의 결과, 전통주의자들과 이주민들 모두는 마야의 정체성을 구성하는 것이 무엇이며, 올바른 삶의 방식은 무엇인가에 관해 상이한 관점을 갖게 되었다. 전통주의자들은 토지와 공동체의 보존에 관심을 나타내는 반면, 이주민들은 찬콤의 사회적·문화적 삶에 변화를 도입하려 한다. 이 같은 분쟁적인 맥락에서 역설적으로 여성은 전통의 수호자이자 적절한 마야인의 상징으로 인식되면서, 이로 인해 혜택을 누리게 되었다.

1990년대 말에 있었던 선거에서 전통주의자들은 시장으로 여성 후보를 지지했고, 이는 찬콤에서 형식적인 권위자의 직위를 남성이 독점해 왔다는 점을 고려해 볼 때 전례 없는 행동이었다. 여성 후보는 선거 공약으로 반대 집단들을 화해시키겠다고 제안했다. 그녀는 전통적인 여성적 상징들, 그리고 이주한 남편의 부재 시 의사결정자이자 집, 토지, 자녀의 수호자로서 여성이 행사하는 새로운 영향력들에 호소하며 그녀의 공약을 설득력 있게 제시할 수 있었다. 그녀가 선거에서 이기지는 못했지만, 여성 후보자는 찬콤의 지도자로서 여성을 위한 새로운 전망을 제시했다. 그녀의 이야기는 근대화가 젠더 체계에 초래한 다양한 영향력에 대해, 그리고 이어서 우리가 살펴볼 것처럼 근대화 세력의 부정적인 영향력에 저항하기 위해 여성들이 고안한 전략에 주목하게 한다.

4) 경제 위기에 대한 반응

앞서 언급했듯이, 메소아메리카 지역은 1980년대에 철저한 경제 침체를 경험했다(9장을 참조하라). 생활수준의 악화는 불균등한 방식으로 하층 계급을 더욱 심각하게 강타했고, 그 중에서도 여성은 남성보다 더 심한 고통을 받았다. 여러 가지 요인들이 여성의 취약성에 기여했으며, 교육 부족은 가장 중요한 요인들 가운데 하나였다. 상당한 비중의 빈민 여성들은 학교에 진학한 적이 전혀 없거나, 매우 짧은 기간 수학했다. 이에 덧붙여 대가족은 여성이 공식적인 고용을 추구하는 것을 저지시켰고, 재산이나 신용의 접근 부족은 자영업의 가능성을 최소화시켰다. 영양부족은 남성보다 여성들 사이에 두 배 가까이 높은 경향이 있으며, 그들의 전반적인 건강을 위태롭게 한다. 이 같은 요인들은 여성을 저임금, 보험 혜택의 부족, 고용 안정의 부족이나 부재로 특징지어지는 '비공식' 분야로 몰아넣는다. 이 상황은 여성이 남편에게 더욱 의존하게 하고, 그들 남편의 학대를 용인하게 한다.

여성은 이처럼 빈곤의 심화에 어떻게 대응해 왔는가? 엘살바도르의 산살바도르 외곽의 무허가 거주지에서 살고 있는 세 아이의 어머니인 메스티소 미혼모 마르타 산도발의 사례는 수많은 빈민 여성들의 생존 전략을 보여 준다. 육아 비용과 부담을 줄이기 위해 마르타는 그녀의 자매인 마누엘라와 마누엘라의 두 아이들이 그녀와 함께 살기를 요청했다. 수개월 전 마르타는 인근 공장에서 하던 잡역부 일을 잃었고, 새벽마다 여섯 살 아들을 데리고 분주한 도로가에서 신문을 팔러 나갔다. 신문팔이 일을 구하기 전에, 마르타는 비공식 부문의 여러 가지 많은 일들에 뛰어들었지만 모두 수포로 돌아갔다(그림 12.6). 그동안 줄곧 그녀는 자신의 아이들을 돌보아 주는 대가로 이웃에게 돈을 지불했었다.

공동으로 생활하며 자매는 집세와 음식을 분담하고, 함께 식사하고, 서로의 육아를 도와주며, 그들이 보유한 빈약한 자원을 모을 수 있었다. 마르타가 정오에 집에 돌아오면, 마누엘라는 중산층 가정의 옷을 세탁해

그림 12.6 지역을 휩쓸었던 다양한 경제 위기를 겪는 과정에서 여성들은 창의력을 발휘했고, 이는 생존에 결정적인 역할을 했다(사진 저자 제공).

주는 일을 하기 위해 일주일에 세 번씩 출근했다. 이들은 간신히 생계를 이어갈 정도의 돈을 벌었지만, 그럼에도 그들은 농촌 마을에 거주하는 그들의 부모에게 약간이나마 송금을 한다. 자매는 그들의 이웃들 중 일부가 그렇듯이 먹는 것을 줄여야 할 정도는 아니라는 사실에 만족한다. 그들의 거주지에서 가장 가난한 일부 가정들은 쓰레기 더미에서 음식을 찾기 시작했다. 마르타와 마누엘라와 같은 상황에 처한 여성들의 삶에서 가장 힘겨운 한 측면은 어머니로서 그들의 자녀를 돌볼 주된 책임을 진다는 사실이다. 함께 살아가며, 두 여성은 그들의 자원을 공유하고, 그들 자신과 그들 자녀의 복지를 위한 중요한 결정을 함께 내리며, 어머니로서의 부담을 일부 완화시킬 수 있다.

가계 생산을 증대시키는 것은 또 다른 중요한 생존 전략이다(글상자 12.4를 참조하라). 가난한 메스티소 여성들과는 대조적으로, 원주민 여성

그림 12.7 1996년 치아파스 산페드로체날료의 사파티스타 제빵 조합에서 여성들이 빵을 만들고 있다.
촬영: 헤더 싱클레어(Heather Sinclair).

들은 비록 가난하고 형식적인 교육을 받지 못했지만 그럼에도 직조나 도
자기 제조와 같은 공동체의 전통 기술을 어린 나이에 훈련받기 마련이다
(Greenfield 2004). 최근 수십 년 동안 공예가 조합은 수많은 여성들의 경
제 위기에서 살아남기 위한 방법이 되었다. 여성 조합들은 치아파스와 과
테말라의 마야 원주민 지역에서 번성해 왔다. 조합에서의 판매를 통한 수
입은 대부분의 여성에게 비록 충분하지는 않지만, 그 상징적 중요성은 결
코 저평가될 수 없다. 여성들은 미국이나 멕시코의 다른 지역으로 내몰려
일하는 것보다 조합에서 일하는 것이 보다 존엄성을 유지하며 살면서도
자신의 땅에 남고자 하는 그들의 투쟁에 도덕적·물질적 도움을 준다고
말한다(Eber and Rosenbaum 1993; Eber and Tanski 2001, 그림 12.7).

여성은 메소아메리카 전역에서 증가한 수많은 개신교 교회 공동체에
서 가정 폭력과 배우자 유기라는 문제에 관련해 다른 여성들과의 연대와

도움을 찾기도 한다. 개신교 교회를 찾는 여성들은 알코올 중독, 병, 가정 폭력과 빈곤에 대처하는 과정에서 새로운 영적 공동체가 그들에게 어떻게 도움이 되었는지를 토로한다. 일반적으로 근대화는 수많은 원주민 여성들과 빈민 메스티소 여성들에게 전통적인 영적 관습에의 대안을 모색하게 했다. 하지만 여성의 개신교로의 개종을 주제로 하는 연구들은 새로운 교회 공동체에서 여성이 지도력을 행사할 수 있는 역할이 좀처럼 허용되지 않았음을 보여 준다(Robledo Hernández 2003; Rostas 2003).

메소아메리카의 도시나 미국으로의 이주는 빈곤을 완화하고 지역의 무장 분쟁에서 벗어나기 위한 대중적인 전략으로 점차 자리 잡고 있다(9장을 참조하라). 메소아메리카에서 이주가 새로운 현상은 아니지만 최근 수십 년 동안 극적으로 가속화되었다. 수많은 소규모 농민들에게 농장이나 도시로의 이주는 그들 고향 공동체에서의 농업을 보완하는 수단으로 활용되곤 했다. 하지만 점차 이주민들은 그들에게 주어진 유일한 현실적 선택은 미국을 최종 목적지로 해서 북쪽으로의 이주를 계속하는 것임을 깨닫는다.

초국적 이주는 메소아메리카의 수많은 빈곤한 공동체의 젊은 세대들에게 주된 고용원이 되고 있다(이 주제에 관해서 보다 상세한 논의는 9장을 참조하라). 남성이 여성보다 더 많은 숫자로 이주를 하지만, 코테카스알타스의 사포테카 마을과 같은 일부 공동체들에서 여성은 멕시코 북부 주들의 채소와 과일 생산 지대를 향한 계절 이주민의 절반을 구성한다. 엘살바도르 일부 지역에서 여성은 이주민의 3분의 1을 구성한다. 미혼 여성은 자녀가 있는 기혼 여성보다 더 많이 이주한다.

이주의 사회적·경제적 효과는 복합적이다. 송금은 빈곤의 최악의 결과를 완화시켜 줄 수 있지만, 이주민과 남아 있는 그 가족 전체에게 엄청난 사회적·정서적·물리적 비용을 초래하기 마련이다. 메소아메리카 전역에서 이주의 흐름에 합류하는 이주민들은 멕시코와 미국으로 진입하는 국경을 넘는 여행에서 수많은 위험에 직면한다. 여성은 국경을 넘거나 도시에서 일자리를 찾는 과정에서 강간을 당하거나 밀수업자들에게 매춘부로 팔려 갈 위험을 감수한다. 일부 이주민들은 미국에서 먼저 이주했던 동향인들과 공동체를 세우기도 했지만, 이주는 가족, 의미 있는 장소, 조상의 역사, 공동체 전통 등과 맺고 있는 관계를 약화시키는 경향이 있다.

일단 미국에 도착하면, 이주민들은 매우 열심히 일하며, 때로는 동시에 두 개나 세 개의 일을 병행하면서, 북적거리는 환경에서 거주한다. 집에 돌아오면 여성은 일상적인 생존을 위한 책임을 수행하기 위해 더 많은 시간을 일해야 하기 마련이다. 부모 중 한 명, 또는 두 명 모두가 미국에 이주함에 따라 가족은 이주로 분리되고, 자녀들은 송출 공동체의 가족이나 친구들의 보살핌을 받는다. 가족은 상당한 정서적 비용을 지불하고 분리되어 있다. 예를 들어 메소아메리카의 가사 노동자들은 그들의 자녀를 돌보지 못하지만, 그 대신 보다 많은 특권을 지니는 미국 여성들의 재생산 노동을 수행한다(Hondagneu-Sotelo 2001). 이주민들이 방문을 위해 집으로 돌아오는 것은 어렵기 마련이다. 때때로 그들은 수년간 집에 돌아오지 않는다. 남겨진 이들에게 최악의 상황은 이주민들이 외국에서 새로운 가정을 만드는 것이며, 집으로의 송금을 중단하는 것이다.

연구자들은 미국에서 거주하며 일하는 여성들은 보다 역량을 강화하게 되는데, 그 이유는 그들이 남편만큼 소득을 창출하고 가계 경제에 동등하게 기여할 수 있기 때문이라고 설명한다. 또한, 이 사실에 대해서 남성과 여성 이주민들 모두가 인지하고 있다고 보고한다. 더 나아가서 여성은 집 밖에서 일자리를 구하면서 결과적으로 이동성의 자유를 향유한다. 불법 이주민이라는 지위 때문에 가정 폭력의 상황에서 경찰을 부르는 것이 용이하지 않기 마련이지만, 이 같은 선택의 가능성을 인식하는 것만으로도 학대를 일삼는 남성들에게 일정 정도 제재를 가하는 효과가 있는 것으로 보인다(Hirsch 1999).

남편의 이주로 홀로 남은 수많은 여성들도 전통적인 여성의 역할을 넘어서서 남성의 영역, 예를 들어 씨 뿌리기와 추수 등의 일을 담당하게 되면서 스스로의 역량을 강화하게 되었다고 보고한다. 더 나아가서 이주에 관한 연구들은 이주민들 사이의 젠더 개념과 실천의 변형이 송출 공동체에 영향을 미치고 있으며, 젊은 남성과 여성들은 여성을 위한 새로운 가능성이 존재하고, 또한 남성과 여성의 관계를 조직하는 다른 방식이 존재한다는 사실을 깨닫고 있다고 제시한다(Mahler 1999).

5) 지역의 전 지구적 경제로의 통합

다수의 국제적 기업들은 제3세계 국가들의 풍부하고 값싼 노동력 공급을 활용하기 위한 시도의 일환으로서 메소아메리카에 조립 공장(마킬라)을 세웠다(이에 대한 논의는 9장을 참조하라). 멕시코와 중앙아메리카의 산업들은 전통적으로 남성을 고용해 왔지만, 마킬라는 주로 여성 노동자를 고용하며 시작됐다. 이처럼 상이한 고용 전략을 설명하기 위해서는 메소아메리카에 만연한 젠더 이데올로기를 살펴보아야 한다. 남성은 주된 가장으로 간주되며, 따라서 교육과 기술 훈련을 받을 훨씬 많은 기회와 이에 수반해서 혜택과 안전 및 안정성을 보장받는 직업을 접할 기회를 더 많이 접하게 된다. 대조적으로 여성은 주로 주부이자 어머니로서, 그들의 생산성이 필연적이고 적절하게도 이와 같은 역할들로 제한된다고 인식된다. 따라서 그들이 창출하는 소득은 보완적이며, 형식적인 훈련은 불필요하다. 이 지역에서 변화가 이루어져 왔지만 여전히 수많은 부모들은 딸에게 교육을 시키는 것은 낭비라고 주장하며, 그 이유는 미래 그들이 가정 내에서 맡게 되는 역할 때문에 교육은 무용지물이 될 것이라고 설명한다. 이러한 젠더 이데올로기와 이에 수반되는 관행들로 여성은 경제의 비공식, 자영업 부문이나, 또는 공장의 미숙련 노동에 집중되게 된다.

역설적이게도 여성의 '비교 열위'(문화적으로 형성되어 온 순종성과 유순함, 그리고 대안의 부재로 인해 저임금을 감당하려 하는 경향)가 마킬라에서 그들이 가장 선호되는 노동력이 되게 했다. 멕시코의 경제학자인 루르데스 아리스페와 호세피나 아란다는 여성들의 '비교 열위'가 국제 시장의 회사, 자본, 정부에게는 '비교 우위'로 해석되어 왔다고 주장한다(Arizpe and Aranda 1986: 193).

마킬라 근방에 위치한 과테말라 중앙 고지대 마을들에서는 대략 절반 이상의 가구들이 마킬라에서 작업하도록 가구 구성원의 일부를 보낸다. 남성과 여성 모두 이 공장들에서 작업하지만, 16세에서 24세 사이의 여성이 가장 선호되는 인력이다. 마킬라에서의 작업으로 여성은 자영업, 가사 용역, 농장에서의 임금노동을 대체할 대안을 갖게 된다. 여성 노동자들은 마킬라에서의 작업으로 가족에게 현금을 보조할 수 있게 되었고, 이를 통해 보다 강해지고 보다 독립적이 되었다고 느낀다고 말한다. 기혼 여성들은 그들의 현금 수입이 그들 남편에의 의존성을 감소시켰다고 말한다. 젊은 여성들은 그들이 원하는 대로 옷을 입고, 화장을 하고, 무리지어 동료들과 외출을 할 자유를 향유하게 되었다고 보고한다(Goldin 1999).

다른 여성들은 마킬라에서의 작업이 힘들고, 작업을 수행하는 과정에서 수많은 불의와 학대를 경험한다고 보고한다(Pickard 2005). 여성은 고용 조건으로 임신 여부를 검사받아야 하며, 만일 임신을 하거나 또는 조합을 결성하려 한다면 해고되고는 한다. 그들은 긴급 물량을 채우기 위해 밤새 작업해야 하고, 초과 근무 수당을 받지 못하는 경우가 빈번하며, 감독관들은 때로는 그들을 희롱하고, 말로 학대하며, 심지어 줄자나 기타 물건으로 때리기도 한다.

일반적으로 마킬라 노동은 소득을 필요로 하는 젊은 여성을 위한 일시적인 처방책이다. 이와 같이 창출된 고용은 여성의 삶에서 주요한 변화를 가져올 수 있을 장기간의 발전을 위한 조건을 형성하지 않는다. 게다가 이 같은 직업은 남성에게 특혜를 제공하는 기존의 사회적·경제적 구조에 도전하지 않는다. 더 나아가서 마킬라에서 일하기 위해 미국과 멕시코의 국경으로 이주하는 여성들은 노동자들이 요구하는 임금의 수준이 더 낮고, 조합 결성의 가능성이 더 낮은 아시아로 이 공장들이 이전함에 따라 수많은 공장들이 폐쇄되었음을 발견해 왔다.

6) 여성을 대상으로 하는 폭력

세계 전역에서 문제가 되고 있는 여성을 대상으로 하는 폭력은 최근 수년 간 메소아메리카에서 증가해 왔다. 국제적 관심은 멕시코와 미국 국경 지대에 위치한 후아레스 도시에서 발생했던 여성살해에 주안점을 두고 있다. 하지만 과테말라에서 그 숫자는 더 높다(Amnesty International 2005). 어째서 여성을 대상으로 하는 폭력이 증가하고 있는가? 그리고 이 같은 살인은 남성을 대상으로 하는 범죄와 어떻게 다른가?

여성살해(femicide)라는 표현은 민족말살(genocide)과 마찬가지로 특정 인구를 대상으로 하는 것을 의미하며, 이 경우에는 여성이 그 대상이다. 코스타리카의 연구자들은 예를 들어 1999년에 살해되었던 여성들 가운데 56퍼센트가 가정 폭력과 '연정(passional) 문제'(여성살해를 에둘러 표현해 범죄의 심각성을 희석시킨다)의 희생자들임을 보여 주었다(Carcedo and Sagot 2001). 살해당한 남성들 가운데 단지 11퍼센트만이 이 범주에 속한다. 여성들 다수는 그들이 부모를 떠나려 했을 때, 남성의 성적 접근을 거부했을 때, 또는 성적 공격을 당했을 때 살해당했다. 여성살해는 따라서 공격자가 여성의 신체와 그녀의 행동을 통제하려 하면서 발생한다.

여성살해의 원인은 복잡하다. 현상의 기본 원인은 메소아메리카에 지속적으로 존재하는 젠더 불평등에서 찾아져야 한다. 계속해서 여성은 남성이 통제할 권리를 갖는 대상으로 간주된다. 여성을 대상으로 하는 폭력은 지역의 무력 분쟁으로 더욱 악화되었다(8장 참조). 군사 집단과 우익 군사 집단은 강간과 성폭력을 전쟁의 전략으로 활용했으며, 여성은 고문당하고, 공포에 떨며, 잔인하게 살해되고, '실종되었다'(Green 1999).

무장 분쟁의 여파로 폭력이 이들 사회에 강하게 잔존하게 되었다. 폭력은 민간인들이 무기를 구하게 되고, 수천 명이 살인·고문·강간을 범하도록 훈련받고, 인구 전체가 강제로 쫓겨나고, 공동체의 사회 구조가 붕괴하고, 이에 수반해 내부가 당파주의로 얼룩지면서 더욱 심화되었다. 특히 빈곤한 도시 지역에서 분열되고 취약한 공동체들은 젊은이들의 폭력조직이 번성하게 되는 비옥한 토양이 되어 왔다. 폭력조직들은 지역의 인구를 공포로 몰아넣는다. 그들의 전술로 그들은 강간과 성폭력에 의존한다.

연구자들은 세계화로 인해 지역에서 전개되고 있는 변화와 폭력의 관계에도 주목해 왔다. 지난 20년간, 신자유주의 정책은 광범위한 실업, 저고용, 경제의 비공식화의 증가, 빈곤의 총체적 증가, 여성과 아동의 주목할 만한 빈민화를 가져왔다. 이 조건들은 빈곤 가정을 보조하기 위한 정부 사업의 감축과 결합되어 가족과 공동체의 주변부화, 긴장관계, 절망을 가져왔고, 이는 폭력의 순환을 부추겼다. 여성살해와 일반적인 폭력이라는 측면에서 가장 폭력적인 지역은 경제적으로 가장 침체되고 소외된 곳이며, 다시 말해 도시 주변부의 비참함의 지대(misery belt)이다(Goldin and Rosenbaum 2009). 이곳에는 절망적인 구직 상태의 농촌 이주민들이나 비공식 부문에서 일하는 극도로 빈곤한 도시민들이 거주하고 있다.

지역의 여성 집단들은 국가의 구태의연한 법 체계와 사법 체계에 개혁을 요구한다. 그들은 가정 폭력이 범죄로 간주될 것을, 그리고 여성을 대상으로 하는 일체의 범죄를 기소해서 엄중히 처벌할 것을 요구한다(De la Fuente and Chachón 2001). 그럼에도 대부분의 상습범들이 말 그대로 살인을 저지르고도 무사하기 때문에, 면책이 계속해서 심각한 문제로 존재한다. 1996년에 가정 폭력을 막기 위한 법이 과테말라에서 논의되었을 때, 수많은 국회의원들은 그들의 아내를 응징할 권리를 잃게 될 가능성에 반대했고, 제안 법령이 가정의 사생활에 국가가 침해하는 것을 의미한다고 주장했다. 여성 권리 운동과 평화 조약에 관여했던 과테말라의 일부 지도자들은 여성을 대상으로 하는 폭력의 일부는 여성 운동이 달성해 온 성과에 대한 반발로 발생한 것이라고 해석한다. 이 같은 주장은 과테말라와 멕시코 치아파스에서 여성의 권리를 위해 일하던 수많은 개인들이 시달려 온 것으로 보도되는 협박이나 공격들로 확증된다.

7) 사회운동과 무장 분쟁

1960년대 초반에 여성들은 캄페시노(농민) 조직과 가톨릭 교회에 참여하는 과정에서 그들의 가난과 남성에의 종속이 생겨나는 구조적 뿌리를 점차 인식하게 되었다. 제2차 바티칸 공의회(1962~1965)와 1968년 라틴아메리카 주교회의에서 주도한 일련의 개혁을 통해 제도화된 변화들의 결과로, 메소아메리카 전역에서 가톨릭 교회는 가난한 사람들에게 억압의 근원에 관한 의식을 고취시키는 일에 적극적으로 나섰다(Kovic 2005).

지역 전역에서 가톨릭 교회의 사회정의 사업들은 해방신학, '민중 교회', '빈민의 교회', '하느님의 말씀'과 같은 다양한 이름으로 알려졌다. 교회가 빈민을 선택한 것은 젠더 억압보다는 계급 억압과 보다 관련이 있지만, 더 많은 숫자의 여성들이 그들 지방 공동체의 수련회와 성찰 모임 등에 참여하며 젠더 규범을 변화시키기 시작했다. 예를 들어, 멕시코 치아파스에서는 여성관구협조회(Coordinadora Diocesana de Mujeres,

CODIMUJ)의 후원으로 수천 명의 여성들이 지방의 여성 집단들에 참여했다. 이를 통해 여성들은 불평등한 젠더 관계를 비판하고, 지도력과 그 외의 기술을 개발했으며, 더 나아가 여성으로서 그들의 종속이 인종차별의 구조적 세력이나 국가의 신자유주의 경제 정책과 어떻게 관련되는지 탐색했다(Kovic 2003).

이 여성 집단들이 여성의 역량 강화에 초점을 두는 것은 개신교 교회 공동체들이 보다 제한적으로 여성 집단에 정서적·영적·물질적 후원을 제공하는 데 주안점을 두고, 남성 지배는 좀처럼 강력히 비판하지 않는 것과 대비된다(글상자 12.5).

과테말라, 엘살바도르, 니카라과에서 무장투쟁이 돌발했을 때, 수많은 여성들은 반란 세력에 열성적으로 참여했다(8장 참조). 그들 가운데는 가난한 여성 농민들이 포함되어 있었으며, 과테말라의 원주민 여성, 도시의 노동 계급 여성, 중산층의 교육받은 메스티소 여성들도 있었다. 수많은 여성들은 군사 세력이 그들 가족과 공동체에 자행했던 섬뜩한 행동에 대한 반작용으로 반란에 가담했다. 강간을 당하고, 마을이 완전히 초토화되고, 가까운 친척이 납치 살해당하자, 여성들은 군대로부터 그들 스스로와 가족을 보호해야 할 필요성을 느꼈고, 사랑하는 이들의 죽음에 복수하고자 했다.

여성은 다양한 방식으로 '투쟁에 합류'했다. 일부는 전투병으로 전선에 섰고, 일부는 선전물을 제작했고, 일부는 반란군을 위한 지지 세력을 모으기 위해 지방의 라디오 방송국을 점령했고, 신문에 배포할 성명서를 작성했다. 산간 지역과 마을에서 여성은 의사와 간호사로 활동했고, 전투병들에게 음식과 옷과 숙소를 제공했다. 여성은 소식통으로도 일했으며, 하부시설을 지원하고, 반란군들이 그들의 집에서 회합할 수 있도록 하고, 폭발물과 총을 운반했다(Kampwirth 2002).

여성은 내란에서 활동적인 역할을 하기 위해 주된 장애물들을 극복해야 했다. 그들은 먼저 투쟁에 가담할 수 있도록 육아 시설을 세워야 했다. 그들 남편의 저항을 극복하는 것도 쉽지 않았다. 심지어 혁명 세력의 남성들도 혁명에 가담한 여성들이 그들의 자녀와 남편이 필요로 하는 것을 경시한다고 주장했으며, 그들의 아내가 전투에 가담하는 것을 지지하지 않았다. 전장에서는 지도자와 전투병 모두가 여성이 전투에 참여하는 것에 반대했으며, 대신 여성들이 병자를 돌보거나, 요리를 하거나, 또는 남성 전투원을 호위하거나, 임무 수행을 준비하는 등의 일을 하게 했다. 하지만 여성들은 이에 묵묵히 따르지 않았으며, 동등한 참여와 더 많은 책임이 수반되는 일을 요구했다.

수많은 여성 반란자들에 의하면, 여성은 중요한 직위를 맡기 위해서 남성보다 두 배로 일해야 했고, 두 배로 용감해져야 했다. 결국 전투가 격렬해지고 여성이 불가피한 존재가 되자, 남성들은 그들을 전면적으로 전투에 투입해야 할 필요성을 깨달았고, 전 단계에서 여성이 참여할 길을 개방하게 되었다. 니카라과에서 소모사를 몰아내기 위한 투쟁에서, 그리고 엘살바도르에서 게릴라들이 통제하던 일부 지역에서 여성은 반란 세력의 3분의 1가량을 차지했다. 일부 여성은 심지어 지도부에 오르기도 했다.

과테말라에서는 수많은 미망인들과 납치와 실종으로 남편, 아버지, 자녀를 잃은 여성들이 과테말라 미망인들의 전국 조직(Coordinadora Nacional de Viudas de Guatemala, CONAVIGUA)과 상호협력집단(Grupo de Apoyo Mutuo, GAM) 등의 인권조직에 가담했고(그림 12.8), 엘살바도르에서는 '실종자들의 어머니들과 친척들'과 같은 조직에, 온두라스에서는 '투옥되고 실종된 이들의 친척들'과 같은 조직에, 니카라과에서는 '영웅들과 순교자들의 어머니들' 등의 조직에 가담했으며, 이 조직들의 구성원들 가운데 대다수는 처음에는 경제적·정서적 지원을 받기 위해 조직에

그림 12.8 과테말라, 엘살바도르, 니카라과의 수천 명의 여성들처럼 실종된 아들의 사진을 들고 있는 이 여성은 그녀의 국가에서 일어나고 있는 반대 운동에 개인적인 비극의 결과로 참여하게 되었다. 출처: 짐 타이넌, 임팩트 비주얼 (Jim Tynan, Impact Visuals).

가담한 후 점차 집단 내에서 활동하며 일정 정도의 영향력을 얻게 되었다 (글상자 12.6을 참조하라). 그들 중 다수는 문맹의 하층민 신분의 원주민 여성 농민들로 구성되었다. 그들이 겪은 외상과 이 조직들에서의 활동은 모성(motherhood)의 정치화를 가져왔다. 이제 이 여성들은 공식적인 저항을 조직하고, 소중한 이들의 행방을 찾도록 정부를 압박하고, 그들의 죽음이나 실종에 책임이 있는 이들을 처벌하도록 요구한다.

국제 포럼에서 인권 남용을 비난하며 여성들은 그들의 대의에 동조하는 세계 전역의 후원을 이끌어 냈다. 활동주의를 통해서 그들은 국가의 빈곤과 폭력의 뿌리에 대해 보다 심도 깊게 이해하게 되었고, 이제 그들의 자녀가 보다 나은 미래를 꿈꿀 수 있도록 사회를 변형하려 한다. 공포에 시달리던 수천 명의 과테말라 마야 미망인들이 자녀들을 데리고 피신해 왔던 멕시코의 난민 시설들에서도 유사한 의식화 과정과 행동주의가 전개되고 있다.

과테말라, 엘살바도르, 니카라과의 경우와는 대조적으로, 치아파스의 사파티스타 봉기에서 여성은 그들 지방 공동체의 지원 기지에서 처음부터 전투병으로, 그리고 지도부로 참여했다(10장 참조). 1994년 1월에 세계무대로 진출했던 사파티스타 민족해방군에서 여성은 전투 세력의 약 3분의 1을 차지하며, 지지 세력의 55퍼센트에 해당한다. 반란 지도부와 멕시코 정부 대표단의 평화 협상에서 아나 마리아, 라모나, 마리벨 이 세 명의 여성 사령관들은 부사령관 마르코스와 함께 협상 테이블을 차지했다. 보도 기자들은 세계적으로 유명한 마르코스가 손으로 뜬 다채로운 위필을 입은 자그마한 체구의 여성인 라모나에게 지시사항을 전달받는 모습을 목격했다.

지방의 모든 사파티스타 지원 기지와 지역 협의회는 동일한 숫자의 남성 대표와 여성 대표를 보유하도록 구성되어 있다. 사실상 여성들은 대부분 결혼을 했고, 자녀가 있으며, 집 밖에서 무급으로 일할 처지가 아니기 때문에, 지도부 직위를 맡으려는 여성을 찾는 일은 종종 쉽지 않다 (Eber 1999). 따라서 남성들은 여성이 지도부 직위에서 그 역할을 수행할 수 있도록 가사 노동과 육아에 적극적으로 협조하며 그들의 아내를 보조해야 한다. 수많은 공동체에서는 미혼이거나, 이혼을 했거나, 또는 미망인이 된 여성들만이 지도부에서 일한다.

5. 젠더 각성과 현대의 여성 운동

1950년대 이후 메소아메리카에서 여성의 조직화를 위한 노력은 수적인 면과 복합성의 면에서 증가해 왔다. 지방, 주, 국가 단위에서 여성의 조직적 활동은 어머니와 아내로서의 '여성적', 또는 실용적 필요와 공적 영역을 변형시키려는 전략적 목표가 결합되었음을 보여 준다(Stephen 1997).

1950년대 이후로 중앙아메리카에서는 여성 자선 집단과 정치적으로 활동적인 여성 집단들이 등장하기 시작했지만, 1970년대까지 여성 집단들의 수가 매우 많지는 않았다(글상자 12.7을 참조하라). 유엔의 여성 10년 (Decade of Women) 선언으로 국제적 영역에서 여성 집단을 결성하기 위한 추동력이 생겨났다. 전문적인 여성 집단들이 지역에서 번창했고, 지역의 반란 운동을 지원하기 위해 여러 여성 집단들이 등장했다.

1970년대와 1980년대 메소아메리카의 정치 활동가와 반란자들은 계급투쟁이라는 보다 광범위한 혁명의 목표를 위해 여성이 여성 권리에 대한 모색을 부차적인 것으로 접어 두기를 바랐다. 하지만 마치스모와 젠더 차별이 부과하는 한계에 직면하는 과정에서 여성은 다양한 맥락에서 그들의 힘, 권한, 가치를 실현하게 되었고, 사회의 남성 편향성에 도전하게 되었다. 이 과정에서 그들은 계급, 젠더, 문화적 이해관계를 한데 융합하는 독특한 형태의 여성주의를 전개하고 있다.

여러 가지 요인들은 1970년대 이래로 원주민 여성들이 활동주의를 강화하도록 했다. 두 가지 가장 중요한 요인들로 첫째, 빈곤 여성들이 지역의 신자유주의 경제 정책으로 인해 겪었던 고통을 들 수 있으며, 둘째, 치아파스에서 현재 발생하고 있는 저강도 전쟁과 1970년대와 1980년대 내전들로 인해 여성들이 겪어야 했던 인권 남용을 들 수 있다. 그들 공동체에서, 그리고 무장 투쟁의 반란자로서 여성은 다양한 맥락의 새로운 사회 구조들을 한데 엮어 왔으며, 가톨릭 교회의 사회정의 사업, 치아파스 사파치스타의 자치 마을에서 독자적 통치를 통한 실험, 토지권·민주주의·자기결정권을 위한 지역과 국가적 단계의 다종족 원주민 운동의 전개 등이 그 사례이다(Eber and Kovic 2003; Speed, Hernández-Castillo and Stephen 2006).

21세기 초반부터 멕시코 여성주의 운동은 국내외적 정치 상황에 따라 성쇠를 거듭했다. 운동은 지난 25년 동안 상당한 성과를 거두어 왔다. 수백 개의 여성 조직들이 주 단위와 국가 단위에서 활동하며, 정기적으로 개최되는 여성주의 회의와 미디어 캠페인을 통해 여성의 상황에 대한 심층 분석을 장려한다. 멕시코의 여성들은 잡지, 라디오, 텔레비전, 신문에 보도되는 여성주의 토론에 관심을 가지고 지켜보고 있다. 멕시코의 여성주의 조직들은 남성과 여성 모두가 성폭력, 출산, 자발적 임신, 피임법, 동성애, 낙태의 합법화, 성희롱, 가정 폭력 등의 사안에 주목할 것을 요구해 왔다. 대중들이 동성애 권리에 관심을 갖게 하려던 노력이 이룬 성과의 증거로, 1999년 6월 26일, 멕시코시티에서는 1만여 명의 게이, 레즈비언, 양성애자, 지지자들이 도시의 역사적 중심지로 행진했다. 게이와 레즈비언의 조직화가 멕시코 전역에서 확산되었고, 이는 전화와 인터넷 접근이 증가하면서 활성화되었다.

젠더 불평등이라는 사안에 대한 공개적인 논의는 멕시코 모든 사회 계급의 여성들에게 가부장적 지배에 도전할 필요성을 상기시켰다. 수천 명의 여성들, 특히 중산층, 전문직, 조합 가입 여성들과 그 정도는 약하지만 농촌의 여성들은 그들의 신체를 통제할 권리와 고용 시장에서의 평등 및 공적인 영역에서의 의사결정권 확보를 요구하고 있다. 그들은 정당들이 정부 사업에서 체계적으로 여성과 관련된 사안을 다루고, 여성을 정당의 후보로 포함시키도록 압력을 가하고 있다. 상급과 중급의 정치 관직에서 여성, 게이, 레즈비언들의 진출은 여전히 총체적으로 제한되어 있지만, 그들은 국가와 주의 정치 기관에서 자신들의 존재를 점차 확장시키고 있다. 1990년대 후반 이래로 멕시코에서는 공개적으로 자신이 동성애자이거나 양성애자라고 밝힌 남성들이 관광부 장관, 킨타나루 주지사, 쿠바 대사관 등과 같은 정치 요직들을 맡아 왔다(Reding 2000).

사파티스타 운동은 원주민 여성의 조직화와 관련해서 극적인 전개를 재현한다(Hernández Castillo 1997). 메소아메리카 역사의 사회, 혁명운동들 가운데 사파티스타 운동은 여성의 억압을 사회의 중심적 문제로 파악하려 한다는 점에서 두드러진다. 1994년 1월 1일, 봉기를 시작하며, EZLN은 '여성혁명법'을 발표했다(글상자 12.8).

문서에 명시된 권리들은 멕시코와 그 외 지역의 다양한 조직들의 여성들에게 상당한 상징적 중요성을 지닌다. 여기에는 사파티스타 운동 내부에서 여성의 권리에 관한 상세한 내용뿐만 아니라 국가가 임금과 교육과 보건 분야에서 젠더 평등권을 보장할 것을 요구하는 등의 사항들이 포함되어 있다(Hernández Castillo 1994). 하지만 치아파스 젠더 체계의 보수적인 속성을 고려해 볼 때, 가장 진보적인 여성주의 요구는 여성이 그 가족의 규모를 결정할 권리, 그 남편을 선택할 권리, 그들의 의지에 반해 결혼하지 않을 권리를 부여한 것과 관련이 있다. 또한, 알코올 중독과 가정 폭력에 엄중한 처벌을 가할 것을 요청한다.

사파티스타 운동은 전통적으로 공식적인 회합에 참여하지 않는 여성이 공동체 회합과 위원회에 참여하도록 한다는 점에서 독특하다. 여성혁명법은 치아파스 주 전역에 걸쳐 상이한 종족집단의 여성들 사이에서 진행되어 온 무수한 협의의 결과였다. 법률 제정이라는 그들의 첫번째 실험 이래로 사파티스타 여성들은 그들의 집단적인 의사결정 과정을 멕시코 전역의 다양한 시민사회 조직에 소속된 여성들의 지역과 국가 모임들로 전파해 왔다. 이 같은 모임들에서 여성들(서로의 언어를 사용하지 않는 여성들이나 문화적 전통을 알지 못하는 여성들)은 그들의 공통된 문제의식과 원주민 여성으로서의 희망을 결합하기 위한 새로운 방식들을 창조해 내고 있다. 한데 모여 그들은 변화를 위한 요청(가령 그들을 배제하거나 억압하는 그들 문화의 측면을 변화시키려는 요청)을 멕시코 국가원주민운동에 제시하고 있다(Speed, Hernández Castillo and Stephen 2006). 이 과정에서 이 여성들은 종족권과 문화권을 여성권과 통합시키는 새로운 개념의 문화 시민권을 창조하고 있다. 그들은 국가원주민운동의 요구 사항에 여성으로서 그들 자신의 요구를 성공적으로 포함시킴으로써 메소아메리카 역사에서 새로운 지평을 열었다.

일반적으로 메소아메리카의 사회 체계가 젠더라는 측면에서 보다 평등해지도록 하기 위해서는 많은 일들이 이루어져야 한다. 중앙아메리카의 군사 분쟁들 때문에, 그리고 지역 인구 대다수에게 파급력을 미친 파괴적인 빈곤 때문에 젠더 불평등에의 각성은 느린 속도로 진행되어 왔다. 남성들뿐만 아니라 여성들 역시 가부장제가 부과하는 억압적인 조건에 처해, 여성을 해방시키려는 노력을 우선순위로 보지 않았다. 그럼에도 멕시코와 코스타리카에서 광범위한 인구 부문이 상대적으로 안정된 정치 상황과 보다 향상된 경제적 조건을 누리게 됨에 따라, 이는 여성과 남성 모두가 가부장적 이데올로기와 관행을 다시금 생각해 보게 하는 창을 열었다. 기존의 질서에 과감히 도전했던 원주민 여성들인 리고베르타 멘추와 사령관 에스테르의 사례는 의심할 여지없이 앞으로 수년간 메소아메리카 여성들에게 고무적인 존재로 남아 있을 것이다.

아스테카의 여성들과 제례적 청소

청소, 요리, 직조는 중요한 경제적·상징적·종교적 함의를 지닌다. 사제들은 사원을 청소했고, 주부들은 그들의 집을 청소했다. 양쪽 경우에서 그들은 혼돈과 먼지에 대항해, 그들의 주거지를 방어했다. 전사의 아내는 새벽뿐만 아니라 정오, 해질녘, 자정에도 그녀의 집을 정화하고, 태양의 경로를 표시하고, 쓰레질을 해야 했다. 태양의 신성이 전투에서 이 여성의 남편을 보호해 주는 방식으로 그 보상을 해줄 것이라고 기대되었다. 전사의 아내는 특별한 음식을 준비하고, 구운 옥수수를 갈고, 박에 그것을 담아 신성들에게 제물로 바쳤다. 여성은 전투에 임하고 있는 남편, 아들, 아버지를 위한 음식을 바치기 위해 밤에 성전으로 직조기의 북을 들고 갔다. 직조기의 북은 전사들의 무기와 그들이 전투에서 적을 정복할 것이라는 희망을 상징했다. 따라서 남성이 멀리 떨어져 있을 때, 여성은 가내 생산을 통해 가족의 생존을 책임졌다. 더 나아가서 이 같은 행동들은 전투지에서 중요한 결과를 가져왔다. 다음 제시하는 마야 신화 문헌은 제례적 청소에 관한 것이다.

거대한 별이 나타나자, 우리가 말하듯이, 하늘이 끝에서 끝까지 밝-아졌다[-는 본래의 서술 행위에서 모음을 길게 늘이는 것을 의미한다——인용자]. "나는 행로의 청소부이다. 나는 그의 행로를 청소한다. 나는 그를 위해 우리 신의 행로를 청소한다. 그래서 우리의 신이 지나갈 때, 그가 [행로가——인용자] 이미 청소되어 있음을 확인하게 한다."[별이——인용자] 여행한다. 그러자 태양이 나타났다. 태양은 우리가 말하듯이 앞으로 쓸고 간다. 하지만 처음의 그것이 샛별(금성)이라는 것을 너는 안다. 금성은 차물라의 소녀이다. 그녀는 차물라에서 왔다.

차물라의 소녀가 그것에 대해 말했을 때, 그들은 믿지 않았다. "우리는 차물라의 소녀가 얼마ㅏ 흉한지 보게 될 것이다! 그녀는 그녀가 별이라고 밀한다! 그녀가 별이 될 수 있을까? 그녀는 불쾌하고, 못생긴, 검은 차물라이다. 별은 아름답지 않은가? 그것은 광선을 가지고 있다. 별은 아름답고 밝은 붉-은색을 띠고 있다." 여자들은 말했다. 그들은 소녀가 자신이 별이라고 말한다고 그녀를 조롱했다.

그들은 그녀가 별이라고 생각하지 않았다. "당신들이 무슨 말을 하는지 제가 모를 것 같나요? 당신들은 저를 조롱하고 있어요. 그것은 저예요. 제가 행로를 조정하는 사람이에요. 제가 행로를 청소해요. 우리의 신이 사라지면, 대양은 말라 버려요. 우리의 신이 그곳을 지나칠 때, 물고기는 물 밖으로 나와요. 그때 우리의 신은 사라져요. 그래서 우리가 원숭이의 태양[붉은 석양]이라고 부르는 것이 있는 겁니다. 그때가 우리의 신이 대양을 지나치는 순간이에요. 그때가 밤이 되는 순간입니다. 그때가 멀리서도 광선이 보이는 순간입니다. 저는 집의 청소부예요. 저는 행로를 청소해요. 동틀녘 주변이 밝아질 때 저는 다시 걸어요. 저는 세상 밑의 이곳을 청소합니다. 다음 날 동틀녘이 오면, 저는 다시 나타나서 청소를 해요, 왜냐하면 그것이 저의 일이니까요. 그게 제가 하는 일이에요. 저에게는 다른 어떤 일도 없어요. 그게 제 일이에요. 그게 제가 별인 이유예요. 금-성은 동틀녘 일찍 나타난다고 사람들은 말하지만, 그건 저예요. 저는 집을 청소해요. 그의 행로를 [저는 청소해요], 우리 신의 행로를. 그것은 그저 아무나의 행로가 아니에요"라고 그녀가 말했다.

그녀는 쓰레질을 한다. 그녀는 계속 그것을 쓸어 낸다. 그녀가 사라지면, 그때 그녀는 지구의 안쪽에서 다시 여행을 하고 있는 것이다. 그렇게 별은 다음 날 다시 나타난다. 그녀는 그것을 다시 쓸어 낸다. 그녀는 우리의 아래에, 보이는 세상의 아래로 지나간다. 그녀는 갔다가 다음 날 다시 나온다. 똑같은 방식으로 그녀가 나타난다. 이것이 별이 먼저 나타나는, 그렇게 보이는, 이유이다. "그것은 저예요, 저는 우리 신의 행로를 쓸어요." 그녀가 말했다. 신성한 태양의 행로를 말이다. 우리는 그것이 차물라의 소녀라는 것을, 그렇게 보인다는 것을, 스스로 믿지 않았다. "쓸고 가는 그 존재가 무엇인지 내가 한 번이라도 본다면, 그것은 별처럼 보이지 차물라처럼 보이지는 않는다. 나는 그것을 믿지 않는다!"라고 우리는 스스로에게 말했다. 하지만 그 가여운 소녀가 조롱당했을 때, 그녀는 우리가 그녀를 비웃는 것을 들었다. 만일 그렇지 않았다면, 그녀는 듣지 않았을 것이다. 하지만 그녀는 들었고, 그것은 사실이다(Laughlin 1977: 253-254).

소르 후아나 이네스 데 라 크루스

수녀이자, 재능 있는 시인이고, 작가였던 소르 후아나 데 라 크루스는 17세기 멕시코에서 살았다. 그녀는 「당신 남자들이여」라는 이어지는 시에서 분명히 표현되고 있듯이, 여성의 권리를 옹호하는 선구자로서 널리 찬사를 받아 왔다. 소르 후아나는 젊은 여성으로서 결혼을 피하기 위해, 크레올 여성들에게 허용되었던 유일한 대안인 종교 서약을 했다.

> 어리석구나, 당신 남자들이여,
> 부당하게 여성을 흠집 내는 일에 그토록 그리 능하니,
> 당신이 여성의 마음에 심은 잘못들 때문에
> 당신만이 비난을 받아야 함을 보지 못하다니 말이다.
>
> 당신이 다급히 애원해 얻은 후로
> 그녀의 명성을 더럽힐 권리를,
> 당신은 여전히 그녀가 예의 바르게 굴기를 바란다―
> 당신은, 그녀를 달래어 수치를 안겨 주었다.
>
> 당신은 그녀의 저항을 무력화시키고
> 그다음, 고결하게, 포고한다

여성의 경박함이,

당신의 완고함이 아니라, 비난받아야 한다고.

용감한 듯 행세하는 데 있어,

당신의 무분별함은 상을 받아야 한다:

당신은 부기맨(못된 아이를 데려간다는 귀신 ― 옮긴이)을 들먹이게 하는 아이이

며,

당신은 이내 두려움에 뒷걸음질 치며 울음을 터트린다.

믿음을 아랑곳하지 않을 정도로 건방진,

당신은 여성의 뒤꽁무니를 쫓으며

그녀에게 추파를 던질 때 그녀는 타이스(고대 그리스의 여인으로 알렉산더 대왕의

정부였고 이후 이집트 왕의 왕후가 되었음 ― 옮긴이)가 되지만,

그녀가 일단 당신에게 연정을 느끼게 되면 그녀는 루크레티아(고대 로마의 전설적

인 여인으로 로마왕 타르퀴니우스의 아들에게 능욕을 당한 후 복수를 부탁하고 자살

함 ― 옮긴이)가 된다.

순전한 상식의 부재로,

그토록 기묘한 행동이 가능한가

스스로 거울을 덮어 버리고,

그다음 그것이 선명하지 않다고 불평할 정도로?

당신이 호의를 얻거나 경멸을 받거나,

어떤 것도 당신을 만족시킬 수 없다.

당신은 외면당하면 찡얼거린다,

당신은 칭찬을 받으면 조소한다.

당신에게는, 어떤 여자도 점수를 따기를 기대할 수 없다;

어떻게 해도 그녀는 잃을 수밖에는 없다;

당신에게 퇴짜 놓는 그녀는 은혜를 모른다고—

굴복하면, 당신은 그녀를 음란하다고 부른다(Sor Juana 1988; Alan S. Trueblood 번역).

글상자 12.3

쿠스카트 봉기에서 여성들

멕시코 독립 이후 만연했던 절망과 혼란에 대응해서 치아파스 고지대에서는 토착주의 운동이 전개되었다. 어린 차물라 소녀인 아구스티나 고메스 체첩이 벌판에서 양을 방목하는 동안 하늘에서 돌멩이 세 개가 떨어지는 것을 보았다고 주장하면서 1867년 운동이 시작되었다. 차물라에서 사제의 조수로 일하던 페드로 디아스 쿠스카트가 의례의 조직화를 맡았다. 그는 고메스 체첩이 돌멩이들을 낳았고, 따라서 그녀는 '신의 어머니'라고 선언했다. 돌멩이들은 고메스 체첩을 통해 사람들에게 말한다고 알려졌다. 그녀는 차물라 만신전에서 중요한 신성인 성녀 로사(Saint Rose)와 동일시되었다.

디아스 쿠스카트는 전통적인 축제 주기와 코프라디아(종교단체)에 의례를 통합시켰다. 그는 시장을 세워 수많은 사람들을 불러 모았고, 이렇게 모인 사람들은 다시 의례에 소집되었다. 아홉 개의 초칠-마야 마을들이 봉기에 참여함에 따라 운동은 메스티소 권위자들과의 전면적인 대치로 이어졌다. 원주민 군대와 메스티소 군대의 대치로 양측의 수많은 사람들이 사망했다. 1712년의 동정녀 숭배와 마찬가지로 소위 '성녀 로사 전쟁'은 단일하고 독특한 토착 신성의 경배를 통해 그들을 한데 통합시켜 줄 숭배의식을 세우려는 토착민들의 열망을 표현했다.

반란이 불길을 다졌던 돌멩이들은 여성적 대지의 능직물, 동물 또는 돈으로도 징의되는 대지의 부를 나타내는 또 다른 상징으로 해석될 수 있다. 오늘날의 초칠-마야인들은 과거에 사람들이 어떻게 기적적으로 대지로부터 돈을 받았는지에 대해 말한다. 때때로 그들은 돌멩이 밑에서 돈을 발견했다. 문제적인 음주자들의 건강회복을 기원하는 현대의 기도문에서 치료사들은 돈과 돌멩이를 호환적인 존재로 언급한다(Eber 2000: 189).

여성의 참여는 반란을 촉발하는 것을 넘어서서 보다 광범위한 영역에서 이루어졌다. 그들은 메스티소 병사들에 대항해서 그들의 남편들과 더불어 전투에서 싸웠다. 치아파스 고지대의 민속적 전통에 따라, 여성은 그들의 '차가운' 여성 생식기가 메스티소의 총('뜨거운' 남성의 물건)을 '차갑게 할' 것이라는 희망을 가지고 투쟁에 합류하기로 결정했다. 이 같은 설명은 치아파스 고지대의 수많은 원주민 공동체들이 수용하고 있는 현대적 관점, 즉 어성 생식기는 차가운 속성을 가지고 있으며, 대지의 자궁의 한기와 직접적으로 관련되어 있다는 관점을 구체화한다. 이는 또한 남편들과 아내들의 연대, 그리고 불가피한 파괴로 보이는 것으로부터 그들의 사회를 구하려는 최후의 시도에서 남성들과 여성들이 억압자에 대항해 함께 싸우기로 한 결정을 보여 준다.

글상자 12.4

마야 여성들이 가내 생산을 통해 경제 위기를 완화하다.

도밍가 퀘흐는 과테말라 아치-마야 여성으로, 그녀의 가족은 경제 위기로 극심한 타격을 받았다. 그녀 가족에게 현금을 창출하기 위한 중요한 원천이었던 과테말라 커피 농장에서의 계절노동이 대폭 감축됐기 때문이었다. 하지만 도밍가는 메스티소 여성들에 비해 비교 우위를 지녔다. 그녀가 보유한 직물 제조 기술은 경제적으로 힘든 시기에 일정 정도의 보호막이 되었다. 도밍가와 수천 명의, 아

그림 12.9 고대의 실잣기와 직조 기술을 실천하면서 원주민 여성들은 그들 조상의 문화가 지닌 소중한 측면을 보존하는 한편, 가족의 생존에 기여한다(사진 저자 제공).

니 아마도 수백만 명의 원주민 여성들은 직물, 도자기, 목제품을 비롯한 기타 수공예품의 가내 생산을 강화하는 방식으로 경제 위기에 대응했다(그림 12.9). 실제로 과거에 도밍가는 그녀의 가족이 입을 의복 이외에도 판매를 위해 일부 품목을 직조했지만, 이제 그녀는 그녀의 가족이 농장의 계절노동에서 창출하던 수입을 대체하기 위해 관광객을 대상으로 하는 시장에 내다 팔 직물 제조에 수많은 시간을 할애하기 시작했다. 이 같은 전략은 도밍가와 같은 여성들이 위기가 닥칠 때 그들의 경제적 처지를 향상시킬 수 있게 해주었고, 더 나아가 도구, 기술, 작업 시간에 대한 통제력을 유지하면서도 경제적 향상을 도모할 수 있게 했다. 집에서, 또는 집 근처에서 작업하면서 여성들은 생산 활동에 맞추어 가사 노동과 육아를 수행할 수 있다. 수공예품 생산을 강화해서 여성들은 자본주의 부문으로의 전면적인 통합에 저항한다.

젠더 억압에 대한 여성들의 각성

"가톨릭 교회의 어머니회(mothers' clubs)에 참여하기 시작하며, 처음으로 여성이 남성보다 더 힘들게 일한다는 것을 깨달았습니다."

"우리는 남자들보다 먼저 일어나서 옥수수를 갈고, 그들의 아침으로 토르티야와 커피를 만듭니다. 우리는 아이들을 돌보고, 빨래를 하고, 다림질을 하고, 남편의 낡은 옷을 수선하고, 집을 청소하며 종일 일합니다. 우리는 요리에 사용할 땔감을 찾아 산에 오릅니다. 우리는 개울이나 우물에 가서 물을 나릅니다. 우리는 점심을 지어 밭에서 일하는 남자들에게 가져다줍니다. 우리는 때로는 괭이를 들고 밭일을 돕습니다. 우리는 단 일 분도 앉아 있지 않습니다."

"남자들은 낮에 밖에서 일할지도 모르지만, 집에 오면 대체로 아무 일도 하지 않습니다. 그들은 음식이 준비되어 있기를 바라며, 음식을 먹고 나서는 누워서 쉬거나, 또는 술을 마시러 나갑니다. 우리 여자들은 계속 일합니다, 내일 식사를 위한 옥수수와 콩을 요리하고, 아이들을 돌봅니다."

"저는 여자들이 모든 일을 하는 게 옳지 않다고 생각합니다. 아마도 제가 좀더 많은 곳을 다녀 보았고, 다른 방식의 관계를 목격했기 때문일 겁니다. 하지만 저는 두 사람이 가정을 이루어 함께 산다면, 그것은 그들이 서로 사랑하고, 존경하기 때문이라고 생각합니다. 그리고 그것은 그들이 모든 것을 공유해야 한다는 의미입니다."(Alvarado 1989: 15-52)

코나비과(CONAVIGUA)가 생겨난 과정

"열네 살 때부터 저는 청년 가톨릭 신자 모임, 협동조합, 문맹퇴치 모임 등에 참여했습니다. 우리는 여성들이 그들의 경험을 활용하고, 밀파와 괭이와 빗자루를 들도록 가르쳤고, 그들의 현실과 관련해서 읽고, 쓰도록 가르쳤습니다."

"우리의 삶은 1976년의 지진 이후 달라졌습니다. 우리는 도시와 마을을 재건하기 위해 전력을 기울였습니다. 모두가 재건 사업에 참여하면서 우리의 공동체 조직은 점차 강해졌습니다."

"그다음 1979년 폭력이 시작되었습니다. 우리는 해체되었습니다. 우리의 작업은 극도로 어려워졌으며, 수많은 여성들이 실종되고, 수많은 이들이 살해되었습니다. 모두가 공포에 사로잡혔습니다. 모임은 흩어지게 되었습니다. 모두가 박해받았습니다."

"1984년, 제 가족들과 도시에서 살고 있었을 때, 제 남편이 납치됐고, 저는 두 아이들과 남겨졌습니다. 저는 아이들을 데리고 도시에서 매일같이 채소를 팔아야 했습니다. 그때 저는 저처럼 과부 신세였던 다른 자매들을 만날 수 있었습니다. 우리는 서로 도왔고, 함께 직물을 짜기 시작했으며, 이렇게 우리의 일이 시작되었습니다."

"모두 미망인이었던 우리가 이곳 과테말라시티에 있었을 때, 우리는 치말테낭고에 유사한 집단들이 있다는 것을 알게 되었습니다. 전국에 이 같은 집단들이 있었고, 우리는 소통하기 시작했습니다. 그것이 코나비과가 생겨나게 된 과정입니다. 그것은 한 두 명의 여성들이 이루어 낸 일이 아닙니다. 그것은 도움을 찾는, 옥수수를 찾는 수많은 여성들이 이루어 낸 일입니다. 제1차 미망인 회합에는 다양한 집단들로부터 100명의 대표들이 모였습니다. 제가 위원회에 선발된 이유는, 이렇게 모인 100명의 여성들 가운데 스페인어로 읽고, 쓰고, 말할 수 있는 단 세 명의 여성들 가운데 한 사람이었기 때문입니다. 이 회합은 수많은 여성들이 눈을 뜨게 했습니다. 우리의 문제를 공유하는 것은 우리를 강하게 했습니다."

(출처: "Rosalina Tuyuc: Our Lives Changed since the Earthquake", *Siglo Veintiuno*, April 20, 1993; Brenda Rosenbaum 번역.)

현대 중앙아메리카의 여성 조직들

1990년대 초반, 여성 조직들은 반란 운동을 지지하는 것보다 민주주의로의 이행 과정에서 여성을 위한 의제를 제기하는 데 중점을 두게 되었다. 그들은 차별과 여성 권리 침해 등을 처벌하고, 여성을 대상으로 하는 범죄를 조사 기소할 특별 직위와 국가단체 등과 같은 여성을 위한 특별 기관의 설립을 위해 정부에 압력을 가했다. 가정 폭력을 처벌하는 법령들이 여성 조직들의 요구로 제정되었다. 이들 법령이 완전히 실행되지는 않고 있지만, 그 존재는 중요한 승리를 의미한다. 법령의 제정은 공적인 영역과 사적인 영역의 경계를 허물었고, 국가가 가정이라는 벽 내부에서 발생하는 일에 책임을 지도록 강요했다. 재생산의 권리, 성희롱 처벌, 여성을 위한 기회의 평등, 가사 노동자와 마킬라 노동자들을 위한 보호책 등과 관련된 그 외의 중요한 법령들에 관해 여성들이 제시한 제안은 아직 수용되지 않고 있다.

지난 10년 동안, 수많은 여성 조직들은 여성이 정치적 주체가 되도록 돕는 일에 노력을 기울여 왔으며, 이는 중앙아메리카의 민주화 과정에 주된 기여를 했다. 과테말라에서 예를 들어 AMVA(Asociación Mujer Vamos Adelante)는 수백 명의 원주민 여성과 농촌 여성들에게 젠더, 지도력, 정치적 의식에 관한 수련회를 제공했다. 이 여성들이 그들의 마을로 돌아가면, 그들은 지방의 여성 집단을 조직한다. AMVA는 여성이 신원 증명서를 발급받도록 돕는 일부터 시작했으며, 이 과정을 완수하기 위해서 수년이 소요되었고, 이는 여성의 정치 참여를 위한 필수 요소가 되었다(Castillo Godoy 2003).

여성 집단들은 지방 단계에서 주된 영향력을 행사했다. 여성은 공동체 내부와 외부에 그들의 목소리가 들리게 하고 있다. 그들은 제안서를 제출하고, 권위자들에게 책임을 요구하고, 선거에서 투표하고, 후보로 참여하고 있다. 더 나아가서 집단적으로 조직화하는 일은 여성의 역량을 강화해서 그들이 가정의 위태로운 조건을 경감하는 경제적 출구를 모색하도록 했다. 수많은 집단들이 소액 대출을 확보하거나 수공예품 판매를 위한 시장을 찾기 위해 비정부 기구들과 연계해 왔다.

여성혁명법

우리 민족의 해방을 위한 정당한 투쟁에서 EZLN은 여성을 혁명투쟁의 일원으로 하며, 이는 그들의 인종, 교의, 피부색이나 정치적 소속과 관계가 없으며, 단지 그들이 착취당한 사람들의 요청을 공유할 것을, 그리고 그들이 혁명의 법과 규제에 헌신할 것을 요구한다. 더 나아가서 멕시코 여성노동자의 상황을 고려하여, 혁명은 다음의 여성혁명법을 통해 평등과 정의를 위한 여성의 정당한 요구를 지지한다.

1. 여성은 인종, 교의, 피부색, 정치적 소속과 관계없이 그들의 열망과 능력이 지시하는 방식으로 혁명투쟁에 참여할 권리를 갖는다.

2. 여성은 일하고 정당한 임금을 받을 권리를 갖는다.

3. 여성은 그들이 낳아 보살피고자 하는 자녀의 수를 결정할 권리를 갖는다.

4. 여성은 공동체의 일에 참여하고 만일 그들이 자유롭고도 민주적인 방식으로 선출될 경우 권위자의 직위에 오를 권리를 갖는다.

5. 여성과 그 자녀는 건강과 영양과 관련해서 일차적인 보살핌을 받을 권리를 갖는다.

6. 여성은 교육을 받을 권리를 갖는다.

7. 여성은 그 배우자를 선택하고, 강제로 혼인을 맺지 않을 권리를 갖는다.

8. 여성은 그 가족 구성원이나 이방인에 의해 맞거나 육체적으로 학대당하지 않을 것이나. 성폭력과 성폭력 비수른 엄중아게 서빌될 깃이나.

9. 여성은 조직에서 지도자의 위치에 오를 수 있으며, 혁명 무장 세력에서 군사 직함을 맡을 수 있을 것이다.

10. 여성은 혁명의 법과 규제에 명시된 모든 권리와 의무를 갖는다. 여성혁명법은 1994년 1월 1일 EZLN 구성원들에 의해 배포되었다.

(출처: *Zapatistas! Documents of the New Mexican Revolution*, New York, NY: Autonomedia, 1994)

읽을거리

Burkhart, Louise 1995 "Mexica Women on the Home Front: Housework and Religion in Aztec Mexico". *Indian Women in Early Mexico: Identity, Ethnicity and Gender Differentiation*. edited by Susan Schroeder, Stephanie Wood, and Robert Haskett. Norman: University of Oklahoma Press.

Eber, Christine, and Christine Kovic (eds.) 2003 *Women of Chiapas: Making History in Times of Struggle and Hope*. Austin: University of Texas Press.

Green, Linda 1999 *Fear as a Way of Life: Mayan Widows in Rural Guatemala*. New York: Columbia University Press.

Gutmann, Matthew 1998 "The Meanings of Macho: Changing Mexican Male Identities". *Situated Lives: Gender and Culture in Everyday Life*, edited by Louise Lamphere, Helena Ragoné, and Patricia Zavella. pp.223-234. New York: Routledge.

Joyce, Rosemary A. 2000 *Gender and Power in Prehispanic Mesoamerica*. Austin: University of Texas Press.

Kampwirth, Karen 2002 *Women and Guerilla Movement: Nicaraqua, El Salvador, Chiapas, Cuba*. University Park: The Pennsylvania University Press.

Kellog, Susan 2005 *Weaving the Past: A History of Latin America's Indigenous*

Women from the Prehispanic Period to the Present. New York: Oxford University Press.

McLusky, Laura 2001 "Here Our Culture Is Hard". *Stories of Domestic Violence from a Mayan Community in Belize*. Austin: University of Texas Press.

Menchú, Rigoberta 1984 *I, Rigoberta Menchú: An Indian Woman in Guatemala*, edited by Elizabeth Burgos-Debray. London: Verso.

Nash, June 1993 "Maya Household Production in the World Market: The Potters of Amatenango del Valle, Chiapas, Mexico". *Crafts in the World Market: The Impact of Global Exchange on Middle American Artisans*. edited by June Nash. Albany: State University of New York Press.

Past, Ambar, with Xun Okotz, and Xpetra Ernández 2005 *Incantations by Maya Women*. *San Cristóbal de Las Casa*. Mexico: Taller Leñateros.

Speed, Shannon, R. Aida Hernandez Castillo, and Lynn Stephen (eds.) 2006 *Dissident Women: Gender and Cultural Politics in Chiapas*. Austin: University of Texas Press.

13장 최근 메소아메리카 문학에 나타난 원주민의 목소리

게리 H. 고센

1. 19세기의 공백

앞서 6장에서 살펴보았던 뛰어난 문헌 유산과 식민시대 메소아메리카의 구술 작품들에 관한 논평을 고려해 보면, 이와 비교해서 19세기 메소아메리카 토착민들에 의해 작성된, 또는 이들에 관한 진지한 학문적 성과가 상대적으로 취약하다는 사실은 다소 놀랍게 다가올 것이다. 이 사실이 19세기 메소아메리카의 구술 작품들이 소멸 상태에 있었거나, 또는 활력이 없었다는 것을 의미하지는 않는다. 이와는 대조적인 사실을 보여 주는 방대한 증언들이 존재하며, 그 사례로 유카탄 카스트 전쟁(1848년)과 같은 정치 운동에서 구술 전통과 비밀적인 토착 예언서들의 강력한 역할 등을 들수 있다(7장을 참조하라). 또한 20세기에 이루어진 원주민 구술 전통에 대한 뛰어난 문헌 기록화에 근거해 이와 같은 형태의 토착 문학 작품들이 의심의 여지없이 19세기 원주민 공동체들의 공식적·비공식적 삶의 구조에서 번성했으리라고 추론해 낼 수도 있을 것이다. 단지 이들은 메스티소나 크레올 학자들이 해당 주제에 일반적으로 관심이 부족했기 때문에, 또는 원주민들 대부분이 스페인어나 그들의 토착 언어를 읽고 쓰는 능력이 부족했기 때문에 기록으로 보관되지 않았을 뿐이다.

이와 관련해서 우리는 19세기가 정치적·사회적·경제적 영역에서 크레올들이 주도권을 잡았던 시기임을 상기할 필요가 있다. 예술에서도 마찬가지였다. 메소아메리카 지역이 고대나 현대의 원주민 계층에 의해 구성되었다고 예술적으로 재현한다는 것은 새로운 크레올 명장들의 관심을 끌기 어려웠을 뿐만 아니라, 이들 크레올 대가들에게 있어서 그들의 '후진성'을 자신들과 세계 공동체에 확인시키는 일에 불과했다. 당시 예술 활동의 명목은 따라서 유럽과 미국의 문학 양식을 자의식적으로 모방하는 것이 되었다. 19세기 멕시코와 과테말라 문학에서 토착민들은 동시대 미국의 경우와 마찬가지로 정복당한 원시적 세계를 상징하게 되었고, 낭만적으로 귀속되는 미덕('고결한 야만인'이라는 주제)과 과학적이고 역사적으로 귀속되는 악덕과 고통(비이성적인 논리 이전의 사고, 음탕함, 잔인함, 우상숭배 등)에 결부되었다. 결국 이 방식대로라면 19세기 원주민들의 재현은 원주민에 대한 것이 아니었으며, 크레올이 자신과 자신이 아닌 것을 바라보는 관점에 관한 것이었다.

2. 최근 메소아메리카의 예술과 문학에서 재현되는 원주민의 목소리

1) 멕시코

20세기의 시작은 메소아메리카의 구술 작품과 문학에서 원주민 목소리를 기록하고, 이해하고, 재현하는 접근 방식에 있어 정치적이고 방법론적인 변화로 특징지어진다. 이 같은 변화의 정치적 배경은 멕시코를 스스로와 세계 전반에 재정의하려는 시도였던 1910년부터 1918년까지 지속됐던 멕시코 혁명에서 분명히 드러난다. 토지 소유, 노동법, 교회와 국가의 관계, 핵심적인 자연 자원과 산업에서 정부 주도권 등의 영역에서 추진된

그림 13.1 멕시코시티 교육부에 설치된 리베라의 벽화 「참호에서」(En Las trincheras, 1924~1928).

급진적 개혁과 더불어 혁명은 거대한 이데올로기적 변화를 야기했고, 이는 예술, 과학, 문학에 반영되었다. 이 같은 지적인 변형을 통합하는 이념은 멕시코 원주민의 과거와 현재를 국가적 정체성의 정수로 찬양하는 것이었다(8장 참조).

인디헤니스타의 이념이 공공 정책에서 창조적인 예술 작업에 이르기까지 국가적 삶에 침투했다. 카를로스 차베스의 교향곡과 디에고 리베라, 호세 클레멘테 오로스코, 다비드 시케이로스와 같은 위대한 벽화가들이 그 사례이다. 원주민과 농민 예술 양식을 향한 대중과 학계의 관심이 폭발적으로 증가했다. 콜럼버스 이전의 건축과 장식 예술 및 현대적 민중 예술이 정부 건물, 학교, 병원, 소설, 달력 예술, 형식회화 등 다양한 표현 형태들을 위한 모범과 영감이 되었다. 실제로 혁명이 프롤레타리아트에 정치

그림 13.2 같은 곳에 설치된 리베라의 벽화 「망자의 날: 봉헌」(Día de muertos: La ofrenda, 1924).

적 초점을 둠에 따라 시각 예술, 조형 예술, 구술 예술품들을 통해 최적의 표현이 이루어졌고, 이 형태들은 형식적으로 작성된 소책자나 추상적인 공공 정책 선언문들보다 더욱 효과적으로 새로운 혁명적 질서를 전달한다고 생각되었다(그림 13.1, 13.2, 13.3).

　원주민과 농민이라는 주제는 대중과 학계에서 호평을 얻었을 뿐만 아니라, 토착 예술작품의 과학적 수집, 연구, 출판을 후원하기 위해 충분한 공적 자금이 투입되었다. 민족주의와 국가건설이라는 명목으로 고고학과 민족지학 연구와 콜럼버스 이전의 기념비 재건 사업에 거대한 공적 투자가 정당화되었다. 이러한 민족주의적인 노력들은 토착 언어와 구술 문학을 비롯해 토착 언어로 작성된 식민지 문헌에 대한 연구에 지원금을 제공하도록 독려했다. 멕시코의 학자들을 비롯해서 외국의 학자들(인류

그림 13.3 멕시코시티 교육부에 설치된 리베라의 벽화 「유흥: 부자들의 밤」(Orgía: Noche de los ricos, 1928).

학자, 역사학자, 개신교 선교사들을 포함해서)은 원주민 언어에 대한 정교한 지식을 획득했고, 따라서 생생한 현지를 배경으로 상당량의 현대 원주민 예술과 문학 작품들을 기록하고, 문헌으로 보관하게 했다. 20세기 이전에는 어떠한 종류의 구술 기록을 보유하지 못했던 원주민 언어들이 이제 현대적 자료로 필사되고 해석됐다.

　20세기 멕시코에서 전개된 또 다른 중요한 추세는 원주민 언어와 식민시대로 거슬러 가는 상당한 분량의 원주민 문학 작품들에 관한 학술적 연구의 부흥이었다. 이 영역에서 가장 중요한 작업은 식민시대에 제작된 광대한 분량의 나우아이이(아스테가이) 문헌들과 관련이 있었다. 나우아어 문헌 연구는 20세기 초반의 앙헬 가리바이 수사로부터 시작해 현재는 그의 제자들인 미겔 레온-포르티야와 그 외의 수많은 학자들을 통해 지속되며, 멕시코의 주요 대학들에서는 고전과 현대의 나우아 문학에 관한 지속적인 연구 전통이 존재한다. 멕시코대학에서 정규적으로 교육되는 식민시대와 현대의 언어들을 보유한 또 다른 언어 집단들에는 믹스테카와 사포테카(오아하카 계곡)와 유카테카 마야인 집단이 있다.

2) 과테말라

최근까지 과테말라 원주민 문학에 관한 20세기의 연구와 기록은 멕시코에 비교해 일정 정도 뒤쳐져 왔으며, 그 주된 이유 중 하나는 멕시코에서처럼 이 자료들에 관한 수집과 학제적 창조성의 추동력을 제공했던 민중혁명적 배경이 과테말라에서는 뒤늦게 생겨났기 때문이며, 국가적 의제의 일부로 제도화되지 않았기 때문이다. 부분적으로 이와 대등한 혁명이 1944년 과테말라에서 발생했으며, 미국이 지원하는 반혁명운동이 인디헤니스타의 정치적·문화적 사업들을 저지시켰던 1954년까지만 지속되었다(8장을 참조). 하지만 이처럼 짧은 10년 동안 과테말라 정부는 국가의 대다수를 차지하는 원주민 인구에 주안점을 두는 주요 연구 사업들을 후원했으며, 이때부터 지금까지 상당수는 외국인 학자들을 포함하는 인류학자, 언어학자, 민족역사학자들이 상대적으로 자유롭게 이곳에서 연구를 수행해 왔다.

예술 영역과 민중 문화와 제도적 문화에서 원주민 주제는 멕시코에서처럼 인기를 얻지 못해 왔지만, 20세기 중후반은 원주민 언어로 작성된 과테말라의 식민지 민족역사학 문헌에 관한 주된 발견과 연구 성과를 거두어 왔다. 더 나아가서 상당한 분량의 민족지학적 문학과 원주민 구술 전통의 중요한 모음집들 역시 이 시기에 나타났다. 1954년 이후 이러한 학문적 발전에도 불구하고 최근 수년 전까지도 원주민 과거와 현재에 관한 지방 정부와 국가 정부의 관심은 관광업을 증진시키기 위한 원주민 '민

속' 주제들(예를 들어 원주민 축제와 건축 기념물)에 대부분 중점이 맞추어
져 왔다.

반면, 원주민이라는 주제는 초기부터 과테말라 문학에 자리를 잡아
왔으며, 이는 『포폴 부』에서 유래하는 상징적 관념들에 토대를 두는 미겔
앙헬 아스투리아스의 『옥수수 인간』(Hombres de maíz, 1949)에서 입증
된다. 그는 다른 작품들과 더불어 이 작품으로 1967년 노벨문학상을 수상
했다. 가장 최근에는 마야 여성인 리고베르타 멘추가 국가에 여전히 억압
받는 마야 원주민 인구를 위한 사회적·정치적 정의를 증진시키려는 노력
으로 1992년에 노벨평화상을 수상했다. 그녀의 저서, 『나, 리고베르타 멘
추』는 그녀의 삶과 정치의식이 생겨나게 된 과정을 기록한 자서전으로,
이처럼 영예로운 명예를 안겨 준 의사결정 과정에 개입하게 된 주된 증거
이다. 리고베르타 멘추와 그녀의 작품이 국가 정체성을 회복하는 일환으
로 전통적 원주민 주제들을 찬양했다는 점에서가 아니라, 최근의 민간 폭
력의 화마에서 백인들이 주도하는 집권 정부에 의해 비극적으로 희생양
이 된 원주민들을 저자가 생생하게 개인적으로 증언했다는 점에서 국제
적인 명성을 얻게 되었다는 사실은 멕시코와 과테말라의 정치적 차이를
시사한다(멘추에 관한 보다 상세한 내용은 8장의 글상자 8.3을 참조하라).

3) 그 외의 중앙아메리카 국가들

여전히 종족적 구성이 변화하고 있는 벨리즈와 더불어 엘살바도르, 온두
라스, 니카라과, 코스타리카의 20세기 예술에서 독특하게 메소아메리카
의 목소리라고 불릴 만한 성과들이 나오지 않았다는 사실은(도입부에서
기저했던 것처럼) 이 국가들에서 메스티조가 다수를 차지하는 인구학적
구성을 반영한다고 볼 수 있을 것이다. 루벤 다리오와 에르네스토 카르데
날과 같이 니카라과 출신으로 국제적 명성을 얻은 문학 작가들은 극단적

으로 상이한 예술적 이유들로 인해 국가보다는 더 거대한 사안들에 대해 언급해 왔다. 다리오는 모더니즘에 토대를 둔 그의 시를 통해 자의식적이고도 매우 성공적으로 20세기 초반의 유럽적 문학 양식을 모방했으며, 그의 시에서 니카라과의 심성은 빈번하게 나타나지만 그럼에도 그의 시적인 상상력이나 국제적 명성에서 중심적인 부분을 차지하지 않았다.

카르데날의 위대한 시 작품들은 라틴아메리카의 도시빈민과 농촌빈민 모두에게 해당되는 대의로서 해방신학이라는 주제에 밀접히 관련되어 왔다. 그가 살았고, 일했던(궁극적으로 다니엘 오르테가 대통령의 문화부 장관으로 복무) 니카라과라는 환경은 니카라과나 메소아메리카의 실체 그 자체로서 진정으로 의미가 있었다기보다는, 라틴아메리카 어느 곳에서나 자리하고 있을 사회적·정치적 문제들의 상징이 되었다. 이런 의미에서 다리오와 카르데날은 모두 메소아메리카에 속할 뿐만 아니라, 이를 넘어서는 사안과 대의와 주제들에 대해 발언하는 지역의 주된 문학적 목소리들이다(니카라과 원주민들에 대한 묘사는 8장을 참조하라).

3. 메소아메리카의 국민 문학과 토착민의 목소리

20세기 메소아메리카의 국가적 문학 전통에 나타난 원주민의 목소리를 일반화하려고 시도할 때, 근본적으로 미국과 앞서 언급한 이유들로 인해 중앙아메리카의 다른 국가들과는 달리 멕시코와 과테말라는 그 문학적·사회적·생물학적 정체성들이 그들의 원주민 과거와 현재에 심오하게 관련되어 있다는 사실을 염두에 두는 것이 중요하다. 따라서 20세기에 이 두 국가의 작가들이 문학적인 창작물을 통해 국가적 실체와 열망을 재현하려 한다면, 원주민의 신체와 영혼을 언급하는 것이 불가피해진다. 앞서 주목했듯이 멕시코와 과테말라는 모두 20세기에 폭력적인 민간 동란들을 겪었고, 소외된 원주민과 메스티소를 포함해서 대략적으로 모두를 위한 경제적·정치적 정의를 의미하는 '빵과 자유'라는 사안에 중점을 두고 있었다. 19세기가 프랑스와 미국의 외양을 따라 근대 국가를 형성하려는 노력으로 인해 이 국가들의 원주민 문화가 정치적·상징적으로 억압받던 시기였다면, 20세기는 이 추세를 급진적으로 전환시켰고, 현대의 수많은 상징적인 문학 작품들이 이와 같은 변화를 명확히 반영한다.

이 장에서는 이 작품들 중 일부를 간략하게 소개한다. 이 문헌들이 스스로를 분명하게 드러내기를 바란다.

1) 옥타비오 파스(1914~1998)

옥타비오 파스는 멕시코를 근대적 메스티소 국가로서 원주민적인 것과 서구적인 것 모두에 그 뿌리를 두고 있는 존재로 그 단일한 정체성을 정의 내리려고 했던 20세기의 주요한 작가들과 예술가들 가운데 한 명이다. 그는 국가적 시인이자 철학자이자 사회논평가로서 갈채를 받았으며, 더 나아가서 그는 외국에서 주요 외교 직함들을 맡았고, 유럽과 미국에서 방문 교수로 근무했었다. 다음의 발췌문에서 일부가 소개되고 있는 그의 저서 『고독의 미로』는 혁명 후에 발표된 작품이며, 근대 국가로서 멕시코의 미래는 그 원주민 과거와 현재의 지속적인 대화를 요구한다는 논점을 밝힌 유일한 작품은 아니었다. 하지만 의심의 여지없이 이 책은 이 주제를 멕시코 내부와 외부에 표명한 가장 영향력 있는 선언문들 가운데 하나였다.

다음의 발췌문은 '말린체의 아들들'이라는 제목의 장에 수록되어 있다. 파스는 두 국가적 우상들을 다루고 있으며, 이들은 멕시코의 수호성녀인 과달루페의 동정녀와 코르테스의 원주민 정부이자 통역자였던 라 말린체(또는 스페인인들이 부르는 방식으로는 도냐 마리나, 그림 13.4)이다. 말린체는 멕시코인들 대다수에게 양가적으로 수용되고 있으며, 국가의 원

그림 13.4 멕시코시티의 국립예비학교에 설치된 오로스코의 벽화 「코르테스와 말린체」(Cortés y la Malinche, 1926).

주민 과거에 대한 반역자로서, 그리고 멕시코의 이브로서 해석되고 있다 (말린체에 관한 보다 상세한 내용은 5장, 8장, 14장을 참조하라).

동정녀 마리아인 과달루페와는 대조적으로 칭가다(말린체)는 능욕당한 어머니이다. 그녀에게서도 또는 동정녀에게서도 우리는 위대한 여신들 의 보다 어두운 속성들, 예를 들어 아마테라스와 아프로디테의 음탕함, 아르테미스와 아스타르테의 잔인함, 키르케의 사악한 마법이나 칼리의 살육 충동 등의 흔적을 발견하지 못한다. 양자는 모두 수동적인 인물들 이다. 과달루페는 순전한 수용성이며, 그녀가 제공하는 혜택들은 동일한 종류로서, 그녀는 달래고, 잠잠하게 하고, 눈물을 마르게 하고, 열정을 잠 재운다. 칭가다는 심지어 더욱 수동적이다. 그녀의 수동성은 비굴하다.

그녀는 폭력에 저항하지 않고, 뼈와 피와 먼지의 무력한 덩어리이다. 그녀의 오점은 타고난 것이며, 앞서 우리가 언급했듯이 그녀의 성에 있다. 그녀의 수동성은 외부 세계에 노출되어 있으며, 그녀의 정체성을 잃게 한다. 그녀는 칭가다인 것이다. 그녀는 이름을 잃고, 그녀는 아무도 아니며, 그녀는 아무것도 아닌 것으로 사라지며, 그녀는 아무것도 아님이다. 그렇지만 그녀는 여성적 조건의 잔인한 화신이다.

칭가다가 능욕당한 어머니의 재현이라면, 역시 폭력이었던 정복에 그녀를 연관시키는 것이 적합하며, 이는 역사적인 맥락과 더 나아가서 원주민 여성들의 바로 그 육체와 관련해서 그러하다. 이 같은 폭력의 상징이 코르테스의 정부, 도냐 말린체이다. 그녀가 정복자에게 그녀를 자발적으로 내주었다는 것은 사실이다. 하지만 그는 그녀의 유용성이 다하는 순간 바로 그녀를 잊었다. 도냐 마리나는 스페인인들에게 매료되고, 강간당하거나, 유혹에 빠졌던 원주민 여성들을 대표하는 인물이 되었다. 어린 소년이 만일 그의 어머니가 그의 아버지를 찾기 위해 그를 유기한다면 그녀를 용서하지 않을 것처럼, 멕시코인들은 라 말린체를 그녀의 배신 때문에 용서하지 않아 왔다. 그녀는 우리의 폐쇄적이고, 금욕주의적이고, 무감각한 원주민들에게 개방성을, 칭가도를 체현한다. 콰우테목과 도냐 마리나는 따라서 두 적대적이고 보완적인 인물들이다. 젊은 황제('예술의 절정에 있는 유일한 영웅', 희생된 아들의 형상)를 섬기는 우리의 의식에는 놀라울 것이 없으며, 라 말린체를 겨냥하는 저주에도 놀라울 것이 없다. 이것이 최근 신문들이 외국의 영향력에 의해 부패하게 된 이들 모두를 비난하기 위해 사용하기 시작한 경멸적인 형용사 '말린체 같은'(malinchista)의 인기를 설명한다. 말린체 같은 이들은 멕시코가 외부 세계에 스스로를 개방하기를 바라는 이들이며, 라 말린체의 진정한 아들들로서, 칭가다의 화신이다. 다시 한번 우리는 폐쇄성과 개방성의 대립을 보게 된다.

우리가 '멕시코여 영원하라, 칭가다의 아이들아!'(¡Viva México, hijos de la chingada)라고 외칠 때, 우리는 외부 세계와 무엇보다도 과거로부터 차단된 채 살고자 하는 우리의 열망을 표현한다. 멕시코의 상상력과 감각에서 코르테스와 라 말린체가 이상할 정도로 잔존한다는 사실은 그들이 역사적인 인물을 넘어서는 무언가임을 드러내며, 그들은 우리가 아직도 해결하지 못한 은밀한 분쟁의 상징들이다. 우리가 라 말린체(호세 클레멘테 오로스코가 국립예비학교의 그의 벽화에서 표현했던 대로 멕시코의 이브)를 비난할 때, 멕시코인들은 과거와 맺고 있는 그의 고리를 끊고, 그의 근원을 부인하며, 고립과 고독 속에 산다(Paz 1961: 85-87).

2) 리카르도 포사스 아르시니에가(1912~1994)

리카르도 포사스는 수많은 다른 이들과 더불어 1940년대부터 시작해 20세기 후반까지 멕시코의 사회과학에 해일처럼 밀려들게 될 인디헤니스타 주제들에 관한 학문적 관심을 불러일으키는 데 기여했다. 포사스는 사회인류학자로서 원주민 공동체에서 장기적인 현지 조사를 수행했던 최초의 멕시코 메스티소 학자들에 속했다. 차물라의 초칠-마야인들에 대한 포사스의 주요 연구 논문이 1959년 출판되었다. 대부분의 사회과학자들과는 달리 포사스는 문학적 소질을 지녔고, 민족지학적인 보고서에 덧붙여 차물라 초칠인들의 삶을 극도로 대중적이고 민족학적으로 재구성했다. 『후안 페레스 홀로테』(*Juan Pérez Jolote*)라는 제목(영웅의 이름을 따라)의 책이 1952년 스페인어로 처음 출판되었다. 포사스는 이 역사적 인물(산후안 차물라의 특이한 무덤에 매장됨)을 문학적이고 과학적인 매개로 삼아 광범위한 부문의 멕시코 대중에게 원주민적 멕시코 문화를 되살려 내었다. 이 책은 영화로도 제작되어 상당한 성공을 거두었다.

다음 인용 내용은 1962년에 『차물라인 후안』(*Juan the Chamula*)이 라는 제목으로 출판된 영어 번역본에서 발췌했으며, 후안 페레스 홀로테가 멕시코 혁명에 징집되어 10년간 병사로 싸운 후, 그가 태어났던 원주민 마을로 귀향하는 과정이 묘사되어 있다(그림 8.10을 참조하라).

나는 집으로 들어가 아버지에게 인사했다. 하지만 그는 나를 알아보지 못했다. 나는 어떻게 초칠어를 말하는지를 거의 까먹었고, 그는 내가 하는 말들을 이해하지 못했다. 그는 내게 누구인지, 그리고 어디에서 왔는지 물었다.

"저를 아직도 모르시겠어요? 저는 후안이에요!"

"뭐라고? …… 네가 아직 살아 있다니! 하지만 네가 후안이라면, 넌 그동안 어디 있었던 게냐? 나는 너를 찾으러 농장에 두 번이나 갔었는데."

"저는 농장을 떠나서 군인이 되려고 멕시코시티에 갔었어요." 나는 이렇게 말하며 무릎을 꿇었다.

"네가 정말로 군인이 된 거니?"

"네, 아빠."

"세상에나! 그렇지만 너는 어떻게 죽지 않은게냐?"

"신이 저를 지켜 주셨으니까요."

그러자 그는 어머니를 불렀다. "이리 와서 당신 아들 후안을 좀 봐! 이 자식이 살아 돌아왔어!"

어머니가 오자 아버지는 어머니에게 물었다, "이게 누군지 알겠어?"

나는 다시 무릎을 꿇었다. "저예요, 당신 아들 후안이요, 엄마."

어머니는 울기 시작했고, 아버지에게 말했다, "저 애를 보세요, 다 컸어요! 당신이 그렇게 심하게 때리지만 않았어도 이 애가 우리에게서 달아나지 않았을 꺼에요."

아버지는 말했다, "어쨌든 이제 돌아왔으니 그걸로 된 거요. 안으로 들어 갑시다."

그들은 내게 의자를 내주었고, 나는 앉아서 그들을 바라보았다. 나는 우리의 언어를 너무나 많이 잊어버렸기 때문에 대화를 전혀 할 수 없었다. 그들은 내 남동생 마테오와 내 여동생 니콜라사에게 들어와 나를 보라고 했다. "이리 와 봐! 달아났던 후안이야!"

나의 동생들은 내게 인사를 하려고 들어왔지만, 나는 그들과 말할 수 없었다. 내가 할 수 있는 거라곤, 그들을 바라보는 것뿐이었다. 그들은 나를 기억하지 못했다. 왜냐하면 내가 집을 떠날 때 그들은 너무 어렸기 때문이다.

"이 애가 너희들의 형이자 오빠야." 어머니가 그들에게 말했다. "아버지가 계속 때리는 통에 도망을 쳤던 애 말이야."

그러자 나의 여동생이 말했다. "우리는 오빠가 죽었을 게 분명하다고 생각했어."

"아니야, 신 덕분에, 신이 나를 돌보아 주셨어."

내가 사용했던 단어들 중 일부는 초칠어였지만, 나머지는 스페인어였다. 모두가 나를 보며 웃었는데, 내가 우리의 언어로 제대로 말하지 못했기 때문이었다.

그리고 나는 이곳에 머물렀고, 나의 마을에서 다시 살았다. 첫날 밤 나는 아버지가 아궁이 장작에 불씨를 불기 시작할 때 일어났다. 나는 그가 다가와 나를 걷어차 깨울까 두려웠다. 하지만 그는 그러지 않았다. 왜냐하면 나는 이제 어른이 되었기 때문이다! 어머니는 침대에서 일어나 그에게 손을 씻을 물을 떠다 주었다. 그녀도 손을 씻었고, 토르티야를 만들기 위한 반죽을 갈기 시작했다.

우리는 몸을 덥히기 위해 아궁이 주변으로 모두 모였다. 그리고 나는 불꽃을 보았다. 불꽃이 토르티야가 구워지고 있던 코말(토르티야 번철)을 둘러싸는 모습을……. 어머니가 토르티야를 만드는 동안 나는 잊었던 많은 일들을 기억했다. 어머니의 꿈들을, 노인들이 즐겨하던 이야기들을, 그들의 기쁨과 슬픔을.

세 시간이 지나자 하늘이 밝아졌고 산등성이에서 해가 떴다. 어머니는 석토 향화에 석탄을 조금 넣었고, 첫 햇볕을 쬐기 위해 나갔다. 그녀는 코 펄 몇 조각을 화로에 떨어트린 다음 땅에 입맞춤하기 위해 무릎을 꿇었고, 태양이 우리를 보호하고 건강을 주기를 기원했다(Pozas Arciniega 1962: 44~47).

3) 에르밀로 아브레우 고메스(1894~1971)

에르밀로 아브레우 고메스는 소설가, 시인, 신문 기자, 비평가, 학자였고, 교육자로서 멕시코, 미국, 라틴아메리카의 여러 대학에서 강의했다. 그의 저서 『카넥』(Canek, 1940)은 19세기 후반 거대한 유카테카 농장에서 일어났던 상황의 간결하지만 복잡한 모자이크이다(영어 번역본이 글상자 13.1에 발췌됨). 표면상으로 이 책은 오래된 귀족 가문의 병약한 크레올 소년(구이)과 그의 이모와 삼촌의 에네켄 농장에서 날품팔이 노동자로 일하는 마야 소년(하신토 카넥) 사이의 특이하고도 감동적인 우정에 관해 다루고 있지만, 책은 사실상 1761년으로 거슬러 가는 식민지 유카탄의 백인과 원주민의 관계에서 비극적이고 끔찍했던 순간에 관한 생생한 마야인의 기억을 허구적으로 재구성한 것이다.

1761년은 반란의 해였다. 마야인들은 정당하게 분개하며, 스페인 억압자들로부터 그들을 구하기 위해 기넥 왕조의 이치 왕이 곧 귀환할 것이라는 유명한 비밀 서적인 『칠람 발람의 서(書)』에 적혀 있었던 예언이 실현되기를 갈망하며, 백인들을 바다에 몰아넣으려 했다. 이런 이유로 반란 지도자는 하신토 카넥이라는 예언자의 이름을 따르고 있었다. 카넥의 봉기는 진압되었다. 반란의 영웅은 메리다 광장에 공개적으로 끌려와 사지를 절단당하고, 화형당했다. 그때부터 '하신토 카넥'은 유카테카 마야 반란의, 그리고 1848년에 시작해 여러 형태로 19세기 후반까지 지속되었던 유카탄의 유명한 카스트 전쟁으로 다시 꽃피었던 분리주의를 집결시키는 표어가 되었다(유카탄의 카스트 전쟁에 관해서는 7장을 참조하라).

4) 그레고리오 로페스 이 푸엔테스(1897~1966)

그레고리오 로페스 이 푸엔테스는 에르밀로 아브레우 고메스와 마찬가지로 독립 이후 국가 정체성의 평가에서 원주민 주제들에 중심적인 중요성을 부과했던 20세기 초반의 위대한 멕시코 작가 세대에 속한다. 그는 소설가이자 신문 기자였고, 소설 『인디오』(El Indio, 1935)는 1935년 멕시코 최초의 노벨문학상을 그에게 안겨 주었던 작품으로, 그 일부가 다음에 소개되어 있다. 초판과 최근 영어 번역본의 삽화는 디에고 리베라가 담당했다. 이 책은 로페스 이 푸엔테스가 역사적·민족지학적 감각을 보유한 예술가임을 보여 준다. 하지만 이 책 자체는 특정한 장소나 시간을 다루고 있지 않다는 점에서 특이한 면을 지닌다. 허구적으로 묘사되는 사건들은 그 민족지학적 시간과 공간이 "혁명기와 그 이후 어느 시점의, 멕시코 중동부 어딘가"임을 시사한다.

소설은 그 주인공이 한 사람이 아니라 소외된 원주민 멕시코의 집단 정체성이라는 점에서 비극적이고 역설적이다. 여기에 묘사되는 마을은 나우아어를 사용하는 공동체로서, 수백 개의 다른 원주민 공동체들을 상징할 수 있다. 수 세기에 걸쳐 주인공들과 그 조상들은 토지를 갈취하고 노동력을 착취하는 멕시코의 백인들과 메스티소들을 피해 산의 요새로 피신했다. 하지만 이제(소설의 시점에서) 그들은 감추어져 있다고 하는 보물에 대한 지식을 전수할 것을 요구하는 백인들과 메스티소들의 수색으로 인해 인적이 끊긴 곳의 가장자리로까지 내몰렸다. 게다가 백인들과 메스티소들은 진행 중인 혁명과 관련된 공공사업을 위해 원주민들에게 노동력을 요구하기도 했으며, 혁명이 원주민을 '해방시키려는 의도'로 진행되고 있다고 했다.

이어지는 발췌문에서 원주민들은 학대를 일삼던 멕시코인들 중 한 명을 치밀하게 고안한 암석 사태로 살해했으며, 이제 사태를 수습하려 대처하고 있다.

밤새 마을은 흥분으로 들썩였다. 노인들이 협의회에 있는 것이 분명했고, 마을 사람들은 그 주변에 몰려들어, 들쑤신 벌집처럼 윙윙거렸다.

일을 막 마치고 돌아온 남자들은 무슨 일이 벌어졌는지를 들었다. 자신의 밭에서 일을 하던 사람들, 아시엔다에서 하루의 노동을 끝내고 계곡에서 나타난 사람들, 부유한 읍내 사람들 집에서 하인으로 한 주 동안의 일을 막 마친 사람들 모두가 소식을 듣고 그들의 의견을 제시했지만, 그들은 아무런 영향력을 갖지 못했다. 노인 협의회가 결정할 것이었다.

읍내에서 볼 일을 보고 금방 돌아온 원주민들 가운데 한 명이 가장 중요한 정보를 가져왔다. 그는 말을 탄 백인 두 명을 만났는데, 그들 중 한 명은 짐을 실은 노새 한 마리를 끌고 있었고, 다른 한 명은 아무도 타지 않은 말을 끌고 있었다. 도망 중인 보석 사냥꾼들이 바위에 맞은 사람을 협곡 밑바닥에 버려두고(아마도 묻어 두고) 떠났다는 것이 분명했다.

노인들은 오랫동안 생각에 잠겨 있었다. 의심의 여지없이 그 백인은 죽었다. 따라서 그들은 보복을 예상할 수 있었다. 이방인들이 그들에게 보여 주었던 서류는 그들이 영향력 있는 연줄을 가지고 있다는 증거였다. 그리고 그들이 신임장을 얻을 수 있었던 것처럼, 그들은 살인자들을 생포해서 처벌할 명령을 내리도록 할 수 있을 것이다.

우에우에(연장자) 가운데 가장 나이 많은 이가 앉아 있던 돌에서 일어났다. 달은 희미해지는 햇빛을 따라잡는 노란 거울같이 떠올랐다. 노인의 눈이 군중을 훑었다.

빠진 사람이 거의 없었다. 그는 멀리 있는 이들에게 가까이로 오라고 부탁했다. 그들은 첫 달빛에서 모두 같아 보였다. 그들은 같은 피부색을 하고 생김새가 똑같았으며, 마치 한 번에 빚어낸 것 같았고, 이것이 그들이 모인 이유였다.

노인이 말하는 동안 모두가 침묵했다. 그는 마을이 옳았다 하더라도 읍내 사람들은 응징을 할 것이라고 말했다. 예전에 그랬듯이, 백인 남자의 죽음은 전멸과 약탈의 핑계가 될 것이다.

새로운 고난의 주기가 시작되었다고 그는 설명했고, 모든 부족이 함께 맞서야만 살아남을 수 있다고 말했다, 그들이 함께 백인 남자를 처벌했던 것처럼 말이다. 그와 다른 연장자들은 비록 마을의 구성원이고 그 일을 목격했지만, 산 중턱으로 굴러떨어져 죽음을 야기했던 바위를 누가 밀었는지 말할 수 없었다. 더 나아가서, 그는 분노와 격분으로 목소리를 높여, 앙갚음을 한 이를 넘겨주는 것은 부족의 여성들에 대한 모욕일 것이며, 소녀를 수색하려 할 경우 이는 모두에게 능욕일 것이기 때문이라고 말했다. 마찬가지로 그것은 남성들에게도 모욕이 될 것인데, 산의 길잡이로 일하는 젊은이에게 닥칠 불행은 그들 모두에게도 해를 끼칠 것이기 때문이라고 덧붙였다.

연설자는 그의 작전 계획을 간략히 소개하며 끝을 맺었다. 마을을 버리고, 과거 박해받던 시절에 그랬듯이 산속으로 피신하고, 상황이 호의적일 때 저항하고, 원한 때문에 이방인들과 한편이 된 이웃 부족들을 조심하고, 마지막으로 백인들 손에 잡힌 이들은 누구라도 이 명령을, 즉 입을 다물라는 명령을 준수한다. 그것이 그들의 힘이었다!

"어떤 일이 있어도", 그는 그들에게 말했다, "그들이 우리의 은신처를 실
토하게 하려고 발을 태워도, 한마디도 하지 말아야 합니다! 백인들과의
전투에 가담했던 사람들의 이름이 여러분 입에서 나오게 하기 위해 여러
분을 나무에 매달아도, 한마디도 안 됩니다! 우리가 어디에 식량을 두었
는지 말하게 하려고 팔이 부러질 때까지 비틀어도, 한마디도 안 됩니다!"
우에우에는 연설이 끝나자 다른 노인들에게 갔고, 그들은 동의의 표시
로 머리를 끄덕였다. 그의 입에서 연륜이 깊은 말이 나왔기 때문이었다.
군중은 침묵했다. 그리고 침묵 속에서 그들은 흩어졌다(López y Fuentes
1981: 61-64).

5) 미겔 앙헬 아스투리아스(1899~1974)

미겔 앙헬 아스투리아스는 과테말라 출신으로 1967년 노벨문학상을 수
상했다. 20세기 라틴아메리카의 위대한 예술적 목소리들 중 한 명으로 널
리 간주되는 그는 프랑스 대사직을 포함해 그의 국가의 외교 관직에 종
사하기도 했다. 그의 문학적 혁신은 놀라운 것이었다. 실제로 그는 콜롬
비아의 가르시아 마르케스와 카리브 해의 카르펜티에르와 더불어 마술
적 사실주의로 알려진 20세기 라틴아메리카의 위대한 문학 운동을 주도
한 메소아메리카의 목소리로 간주된다. 그의 소설 『대통령 각하』(El Señor
Presidente, 1946)는 라틴아메리카 소설의 완전히 새로운 장르를 열었다
는 평을 받기도 했으며, 군사독재자의 인적 존재를 예술적이고, 정치적으
로 다루고 있다.

그의 작품 가운데 다수가 두 가지 중심 주제에 주안점을 두는데, 원주
민 신화학과 민속학의 주제를 문학적으로 재창조하는 것과 크레올 엘리
트의 경제적·사회적·정치적 특권을 체계적으로 고발하는 것이다. 다음의

발췌문이 수록되어 있는『옥수수 인간』은 이 두 주제를 모두 다루기 위한 본질적으로 서사시적인 틀을 구성한다. 책의 심상은『포폴 부』(이 작품에 대한 논의는 6장을 참조하라)에서 차용되지만, 키체-마야 상징주의의 접촉 시기는 20세기 마야 원주민들이 그들에게 신성하고 경제적인 가치를 지니는 그들의 땅에 대한 권리를 두고 벌이는 사회적·정치적 분쟁을 배경으로 한다. 이처럼 유사-신화적인 서사극의 총체적인 구도는 무자비한 라디노(메스티소) 강탈자들로부터 토지를 되찾으려는 원주민들의 영웅적인 노력에 대한 것이다.

다음 구절은 마야 마을의 종교 의식의 분위기를 자아낸다.

각각의 여자들은 산에서 부는 바람에 날린 머리카락 위로 숄을 쓰기 위해 포르티코(현관 지붕——옮긴이) 아래 멈추어 섰고, 각각의 남자들은 옥수수잎 담배꽁초를 뱉고 차갑게 식은 토르티야같이 생긴 모자를 벗으려고 잠시 멈추었다. 그들은 우박처럼 얼어붙었다. 교회 안에는 불꽃들이 한데 모여 있었다. 종교단체들, 남자들과 여자들, 그리고 머리에 끈을 두른 그들 가운데 가장 연장자들은 작은 양초다발들을 들고 있었고, 손가락 사이에서 땀과 뜨거운 촛농이 흘러내렸다. 100개, 200개의 또 다른 촛불들이 바닥에서 타고 있었고, 사이프러스 나뭇가지와 초레케 꽃잎의 섬에서, 바로 바닥에 고정되어 있었다. 은박지 장식과 봉헌 헌금들이 꽂혀 있는 고귀한 태생의 초부터 양철 화분처럼 생긴 촛대에 담은 값이 덜 나가는 밀랍으로 만든 가장 작은 초에 이르기까지 다양한 크기의 초들이 있었다. 제단에 놓인 초들은 소나무 가지와 파카야 잎사귀로 장식됐다. 이 모든 경배의 중심에는 녹색 칠을 한 다음 소중한 피를 재현하기 위해 붉은 반점들을 그려 넣은 목재 십자가가 세워져 있었고, 역시 피로 얼룩진 하얀 제단보가 십자가의 양팔에 해먹처럼 걸쳐 있었다. 호그플럼 나무껍질 색을 한 사람들은 이 단단한 목재들 앞에서 꼼짝도 하지 않은 채, 거른 재의 속삭임과 함께 그들의 간청을 고난의 신성한 기호에 뿌리 깊게 박는 것 같아 보였다(Asturias 1975: 127).

4. 20세기의 전통적인 원주민 구술 예술

서술, 노래, 시, 의례 언어, 공적 담론 등의 수많은 장르에서 메소아메리카 원주민 문학의 주요 작품들이 수 세기에 걸쳐 알려지고 출판되었다(6장을 참조하라). 메소아메리카는 아메리카 대륙의 어떤 지역보다도 훨씬 일찍부터 토착의 구술 표현 문화를 문헌화했다. 이는 이 문헌들이 대부분 유래하는 문화들(나우아, 믹스테카, 키체-마야, 칵치켈-마야, 유카테카-마야)이 스페인 선교사들과 접촉하기 훨씬 이전부터 문자 체계와 책과 읽고 쓰는 전통을 보유하고 있었다는 사실과 의심의 여지없이 관련되어 있다. 식민시대에 이 문헌들은 선교사들의 후원으로 라틴어 알파벳으로 옮겨지게 되었다. 이 식민 문헌들이 현대에 접어들어 재발견되고, 연구되고 번역되었지만, 그들이 유래하는 문화적·언어적 전통은 초기부터 지속적으로 선교사들이 존재했던 지역, 특히 멕시코의 중앙 계곡, 오아하카 계곡, 과테말라 고지대, 유카탄으로 제한되어 있었다.

고전기 저지대 마야의 수백 개의 상형문자 문헌들의 판독에서 중요한 진전이 이루어지며, 기존에 역사적 문헌들이 지역적으로 제한되어 있던 상황에 주된 추가적인 사항이 생겨났다. 이 책의 11장에서 논의했듯이 이 같은 발전은 마야의 문헌적인 역사적 전통을 드러내며, 치아파스 저지대와 과테말라에서 이에 상응하는 전통은 적어도 서기 1세기로 거슬러 간다. 따라서 적어도 마야 지역에서 연구를 위해 활용할 수 있는 문헌 자료들의 존재는 거의 2천 년이라는 기간에 걸쳐 있다.

20세기는 토착민들의 예술 형태에 대한 우리의 지식을 상당히 확장시킬 수 있는 정치적·과학적 하부구조를 제공해 왔으며, 기존에 잘 알려지지 않았던 지역들까지 포함하게 되었다. 실제로 메소아메리카에 여전히 존재하는 80여 개 이상의 원주민 언어들(2005년을 기준으로 약 1800만 명의 사용자들이 주로 멕시코, 과테말라, 벨리즈에 거주하는 것으로 집계됨) 가운데 다수가 20세기 중반까지도 그들의 현대 구술 작품들에 대한 출판된 어떤 설명 자료도 가지고 있지 않았다. 하지만 이제는 이처럼 표현적이고 영적인 세계의 다양성과 복합성에 대한 많은 사실이 알려져 있다.

구술 전통을 문헌 형태로 기록, 필사, 번역, 해석하는 것이 쉽지 않다는 사실이 독자에게는 놀라움으로 다가올 수도 있을 것이다. 하지만 우리는 표준적 문헌 형태를 보유하고 있지 않은 구두 언어들에 대해 논의하고 있을 뿐만 아니라, 새로운 맥락에서 재창조되고 활용되기 때문에 항상 변화하는 유연한 일련의 예술 형태들까지 논의하고 있다는 점을 고려할 필요가 있다. 또한 성경의 창세기 1장 1절에서 8절까지처럼 어떠한 고정된 문헌이나 때로는 고정된 장르조차도 존재하지 않는다. 우리가 구술 예술이라고 분류할 만한 것에서 말해지는 것은 전통적 지식으로 전달되며, 이는 구술 문화에서 양식화된 언어의 사용을 요구하는 수많은 사회적 배경의 실용적인 지시에 따라서 재창조되기 때문에 존재한다. 다음과 같이 일상생활의 사건들이 그 사례일 것이다. 가령, 아침 기도, 젊은이들이 산길을 걸으며 농담을 주고받기, 친척에게 대부나 호의를 요청하기, 친절한 럼주 음료를 권한 의례 친족을 위해 축배를 들기, 밤에 불가에 둘러앉아 하루의 잡담을 늘어놓으며 과거 유사한 사건들을 무심결에 언급하기, 아이들에게 집에서 너무 멀리 떨어진 곳에서 헤매고 다니면 도깨비가 나타나 잡아가서 타말로 만들어 버린다고 으름장 놓기 등을 예로 들 수 있다.

언어의 특별한 형태들 역시 축제에서 의례적인 행사에 수반되어 나타나며, 예를 들어 길고 신성한 노래, 기도, 의례 언어 등이 있다. 의례가 진행되는 동안 비록 형식적으로 암송되지는 않더라도 신성한 이야기들이 참가자들의 배경 지식에 내재적으로 존재하는 경우도 빈번하며, 이들은 모두의 공통된 지식의 일부라고 가정된다. 따라서 구술 전통을 '서면 문학'으로 기록하고, 구술 전통을 특징짓는 언어와 시의 토착 이론을 탐구하는 것은 필연적으로 다소 인위적인 작업인데, 그 이유는 구술 행위자의 관점에서 구두 단어에 깃든 유용함과 아름다움은 단순히 문화적 경험을 통해 학습되고 인식될 수 있으며, 결코 제한되고 고정된 집적된 지식이 아니기 때문이다.

그럼에도 이 변화하는 예술 형태들을 적절하게 묘사하려는 탐구는 노력의 가치가 있다. 그 이유는 근대의 멕시코와 과테말라 원주민들은 콜럼버스 이전 그들의 선조들과 마찬가지로 극도로 진지하게 언어를 성취하고 균형 있게 활용해 왔기 때문이다. 구두 단어에서의 능숙함은 원주민 공동체에서 지도력과 공적인 업무를 위한 사실상 단일한 가장 중요한 자질로 간주된다. 그 이유는 무엇인가?

과거와 현재의 메소아메리카의 신화적 설명들은 언어 습득과 대화를 인간 조건의 창조에서 의식의 깨어남과 연관 짓는다. 과거와 마찬가지로 현재에도 언어는 그 광범위한 시적·음악적 수식이 더해져서, 인간이 신과 특성을 공유하고, 소통할 수 있게 해주는 신성한 상징으로 기능해 왔다. 실제로 아름답게 수행된 담화와 노래는 인간의 신체가 생산하는 것 중에, 아마도 피를 제외하면, 인간이 신성한 존재들에게 접근할 수 있게 해주고 그들 앞에서 가치를 지니게 해주는 유일한 실체일 것이다.

고대와 현대에 언어, 노래, 시에 관한 나우아의 이론은 식물과 꽃의 비유로 표현되었다. '꽃과 노래'라는 이 이론에 따르면, 꽃은 식물의 가장 아름답고 완전한 성취이며, 씨앗의 생산을 통해 연속성을 보장하는 매개이다. 이와 마찬가지로 노래와 시는 인간의 영혼이 가장 아름답게 실현되는 것으로, 신성들 앞에서 이 '구술적 본질'이 가치를 갖게 해준다. 신성한 존재들이 만족한다면, 인간의 삶은 지속될 수 있다. 유사한 관념이 차물라의 초칠-마야인들 사이에서도 존재한다. 언어에 관한 그들의 거대 이론은 태양-그리스도 신성과 소통하고 이 신성에 대해 소통하기 위해 요구되는 신성한 열이라는 속성과 언어의 고도로 시적이고 음악적인 형태를 연관시킨다.

시적 언어의 신성한 속성에 관한 메소아메리카의 관념은 고도로 양식화된 관례들과 밀접히 연결되어 있으며, 이 같은 관례들을 통해 언어의 숭고한 속성이 획득된다. 세계의 수많은 지역에서처럼, 메소아메리카의 시, 의례 연설, 신성한 설화는 고도로 중복적이다. 더 나아가서 중복성은 2행 연구 시의 변이에서 가장 전형적으로 표현된다. 먼로 S. 에드먼슨은 키체-마야 서술의 이 양식적 유형을 다음과 같이 묘사했다.

키체어를 면밀히 번역한다면 필연적으로 의미론상의 2행 연구가 나타날 것이며, 이는 시로 옮기거나, 산문으로 옮기거나 마찬가지이다. 내가 아는 한 어떤 경우에도, 심지어 노래를 인용하고 있을 때조차도, 키체 문헌은 이처럼 상대적으로 단순한 시적 도구를 운(rhyme)이나, 음절 구분이나, 운율로 수식하지 않는다. 하지만 형태 그 자체는 일종의 '음조조율'(keying)을 가져오는 경향이 있으며, 여기에서 두 개의 연속되는 행은 매우 다양하더라도, 의미상 밀접하게 연관된 핵심 단어들을 공유해야 한다(Edmonson 1971: xii).

2행 연구는 구조상 단지 의미론적일 것이며, 다음의 시나칸테카 초칠 서술을 예로 들 수 있다.

그는 이제 매우 아팠다,

그는 이제 전혀 괜찮지 않았다;

또는 밀접하게 병렬적인 구문이 뒤따를 수도 있다. 시타칸테카 법원 진술서의 다음 구절을 보라.

선생님, 그들은 제 범행이라고 말하는 겁니까?

선생님, 그들은 제 악행이라고 말하는 겁니까?

또는 고정되고 정형화된 2행 연구들로 표현될 수도 있으며, 차물라 초칠 기도문에서 사용되는 다음의 전형적인 기원 문구의 도입부를 보라.

저는 당신의 발 앞에 왔습니다,

저는 당신의 손 앞에 왔습니다,

저의 배우자와 함께,

저의 동반자와 함께.

2행 연구 유형과 다양한 형태의 중복성이 메소아메리카의 모든 구술 예술을 특징짓는 것은 결코 아니라는 점을 주목하는 것이 중요하다. 독자들은 이 장에서 이어지는 사례들을 통해 이 전통들 내부에 존재하는 상이한 언어적 전통들과 상이한 실천자들이 어떠한 경직성이나 절대적인 일관성에 따라서 2행 연구 구조를 따르는 것이 아니라는 사실을 알게 될 것이다. 더 나아가서 메소아메리카의 전통에서 구술 문헌들을 수집하고 필사했던 상이한 학자들은 토착 구술 양식의 유형을 어떻게 서구의 언어로 가장 잘 번역할 수 있는지에 관해 항상 동의하지는 않는다. 하지만 메소아메리카의 구술 문학 양식에는 '중력의 중심'이 있으며, 이는 그 표현적이고 영적인 우주의 수많은 측면과 마찬가지로, 보완성, 이원성, 대립의 경향이 있다.

이어지는 내용에서는 현대 메소아메리카 구술 예술의 세 가지 사례가 제시된다. 첫번째 사례는 멕시코 치아파스의 차물라 초칠의 경우로, 살아 있는 구술 전통의 내용, 구조, 시학을 광범위하게 보여 준다. 두번째 사례는 멕시코 서부의 우이촐의 경우로, 주술사가 구술하는 장문의 교훈적인, 또는 교육적인 문헌을 제시한다. 그 목적은 토착 의례 행위의 의미를 설명하는 것이며, 여기에서는 페요테(선인장의 일종으로 환각제로 사용하기도 한다―옮긴이) 환각 의식을 다룬다. 이 사례에서 우리는 양식화된 언어의 상이한 장르들이 어떻게 일상적인 대화 언어 흐름의 안팎을 자유롭게 드나드는지 보게 될 것이다. 세번째 사례는 중앙멕시코의 나우아어 사용자들의 경우이며, 20세기에 필사된 최초의 중요한 나우아어 문헌들 가운데 하나로 간주되는 것을 인용한다. 저명한 서술자인 도냐 루스 히메네스의 구술을 페르난도 오르카시타스가 필사하고 번역했으며, 멕시코 혁명에 관한 나우아 원주민의 관점을 서술한다.

1) 멕시코 치아파스의 초칠-마야인들

여기에서 소개하는 사례연구는 게리 H. 고센의 연구에서 비롯되었다. 다음에 묘사되는 내용은 산후안차물라라는 메소아메리카 원주민 공동체에서 양식화된 언어 사용의 놀라운 다양성과 일관성과 중요성을 보여 주는 것을 목적으로 한다. 이 공동체는 오늘날 치아파스 고지대에서 발견할 수 있는 초칠-마야어를 사용하는 스무 개의 무니시피오(지방 도시) 가운데 가장 규모가 큰 곳으로, 총인구는 10만 명을 넘어선다(차물라에 관해서는 8장을 참조하라).

문학은 무엇인가? 문학이라는 용어를 문자문화 이전의 구술 전통에 적용하려 할 경우 용어는 빈약해진다. 문자 전통에서 이 용어는 일정 정도 평가적 어감을 지닌다. 문학은 단편 소설, 시, 수필 등과 같이 공인된 장르에서 대표적인 작품들을 지닌다. 구술 전통에서 이 작품들을 문학으로 간주하는 것은 훨씬 더 어려워지는데, 그 전통에서 토착 장르로 간주되는 것이 무엇인가에 관한 토착 관점이 존재한다고 하더라도, 이 작품들을 진지하게 문학으로 간주해서 문화적으로 의미 있는 장르로 분류하고 그 대표적인 사례를 제시하려 하는 우리들에게 그 판단이 궁극적으로 달려 있기 때문이다. 우리는 나무 연기와 웃음을 보여 줄 수 없으며, 재치 있는 성적 재담에서 청자들이 느끼는 즐거움을 적절하게 필사할 수도 없다. 조용한 안개가 낀 산의 진창길에서 한 노인이 그의 아버지가 길에서 대지의 통치자를 만났던 이야기를 초칠어로 당신에게 들려줄 때의 그 복잡한 운율을 우리는 재생산할 수 없다. 따라서 생명 그 자체가 일시적이고, 매우 가변적이며, 다시는 동일할 수 없을 특정한 수행의 맥락과 항상 연관되어 있는 구술 전통을 묘사하는 과정에서 많은 것이 상실된다.

당신이 보거나 듣거나 그 어느 쪽이든지, 당신이 단지 우연한 방문자로서 초칠 공동체에 든다고 해도 당신은 그 공적인 의례적 삶이 지니는 강렬함과 생명력에 감명받지 않을 수 없을 것이다. 물론 대본이나 주석도 없으며, 단지 지식과 선례와 조언자들만이 있을 뿐이다. 행해지는 것(행렬, 노래, 끝나지 않을 것 같아 보이는 기도와 의례 언어의 교환)은 모두 구술 전통에서 수행된다. 마찬가지로, 초칠인들의 가정에서 가사 활동의 일상적인 삶은 가정의 사당에 모신 태양-그리스도와 그 외의 신성들에게 기도를 올리며 시작되고, 불가에 둘러앉아 토르티야와 콩을 먹고 잡담과 농담을 늘어놓으며 마무리된다.

초칠 역사의 서술적 설명들은 대부분 네 단계의 창조주기를 통한 인간의 '진보'에서 진단적 순간으로서 바치콥(batz'i k'op, '진정한 언어' 또는 초칠어)과 예를 들어 기도, 의례 연설, 노래 등의 그 특수한 형태들에 대한 학습을 강조한다. 인간이라는 종으로서 진보하고 있었던 것처럼, 그들이 삶의 주기에 따라 나아갈 때 그들은 초칠어와 함께하는 것이다. 영아는 일반적으로 생후 2년 내에 이름이 주어지고 세례를 받으며, 그때까지는 언어가 없는 문화 이전의 존재인 원숭이(mashetik)로 분류된다. 자아와 개별 존재에 관한 초칠의 이론에 의하면, 인간의 삶은 열의 주기로서, 차가운 태아로 시작해서 개인이 삶의 주기를 이동해 감에 따라 점차 많은 영적인 열을 갖게 된다.

언어 학습과 언어 사용, 특히 재담과 농담 행위에서 정교화가 심화된다는 것은 보다 고도의 사회적 성숙도를 반영하는 것이다. 언어의 숙련된 사용은 성적 성숙도와 부와 같이 열망의 대상이자 열망할 만한 대상인 강력한 열과 동일시된다. 주술사라는 위치와 공적 의례의 삶을 통해 지위와 위상을 획득한 남성과 여성들은 부분적으로는 그들의 언어 능력을 통해 이를 달성한다. 민간과 종교의 직위에 오른 이들과 주술사들에게 요구되는 특화된 언어 능력은 매우 복잡하기 때문에, 공식적이고 비공식적인 도제 제도가 통상적으로 뒤따른다.

민간과 종교의 주요 직위들은 전형적으로 과거 직위 보유자들로 구성되는 의례 조언자(yahvotik)들의 개입을 요구하며, 이 조언자들은 관리들을 동반하고, 이들에게 적절한 의례 행위, 기도, 노래, 의례 절차를 가르쳐 주는 활동을 한다. 주술사가 되고자 희망하는 자들은 소명을 받아야 할 뿐만 아니라 때로는 유급으로 은사를 구해야 하며, 그로부터 기도문과 그 외의 특화된 지식을 배워야 한다. 음악가(현악 공연자, 하프와 기타 연주자)들은 의례의 동반자이자 비공식적 의례 조언자로서 문화적으로 중요한 역할을 담당한다. 명성이 있는 음악가는 수백 가지의 형식적 대구(對句)

들을 포함하는 노래의 반복 진행을 알아야 할 뿐만 아니라, 의례 관리와 그 조수들에게 예법, 전례, 특화된 언어 사용 등을 알려 줄 수 있어야 한다.

특화된 언어 사용이 '공적 업무' 직위에서 성공을 거두기 위한 필수 요소라면, 그것은 또한 무수한 일상적인 사회적 거래의 바탕을 형성하기도 한다. 돈을 빌리기 위해, 호의를 부탁하기 위해, 도움을 요청하기 위해, 럼주를 나누기 위해, 아이의 세례에 의례 친족(compadre, 대부모)을 등록시키기 위해, 심지어 이웃의 집에 방문하기 위해, 이 모든 일에는 형식 언어의 사용이 요구되며, 자발적이고 자유로운 형태보다는 정형화되고 고정된 담화 양식으로 진행된다.

글상자 13.2는 두 명의 대부모들의 우연한 방문을 옮긴 것으로, 로버트 로플린이 시나칸탄에서 기록한 것이다. 글에 등장하는 인물들 간에는 분명 오해가 있었던 것으로 보인다. 방문자는 럼주를 제공하고 말을 건네고 동지애를 나누며 불쾌한 감정들을 누그러트리려고 노력한다. 당황케 할 만큼 많은 과정들과 추상화와 사물들은 콥(k'op)으로 해석될 수 있으며, 이는 구술 전통을 포함해서 거의 모든 형태의 구술 행위를 지칭한다. 콥이라는 용어는 단어, 언어, 논쟁, 전쟁, 주제, 사안, 문제, 논쟁, 법정 사례, 또는 수많은 형태의 구전 설화를 의미할 수 있다.

차물라인들은 언어의 정확한 사용(다시 말해, 그들만의 초칠 방언)이 그들을 인간 이외의 존재들로부터 구분해 줄 뿐만 아니라, 그들의 머나먼 조상들과 현대의 다른 원주민 언어들이나 스페인어를 사용하는 집단들로부터 구별해 준다는 점을 인식한다. 차물라의 서술적 설명에 의하면, 머나먼 과거에는 아무도 말하거나, 노래하거나, 춤을 출 수 없었다. 이런 것들이 태양 창조가가 첫번째와 두번째로 창조했던 실험적인 사람들을 피폐했던 이유에 속한다. 보다 최근의 사람들은 스페인어 사용법을 배웠고, 그러고 나자 모두가 서로를 이해했다. 그다음 국가들과 지방 정부들이 나누

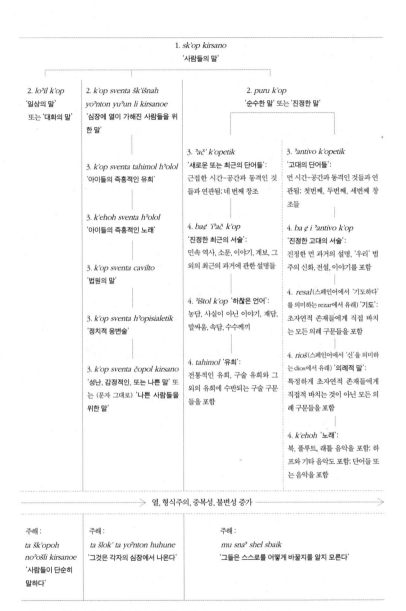

1. sk'op kirsano
'사람들의 말'

2. loʾil k'op
'일상의 말'
또는 '대화의 말'

2. k'op sventa šk'išnah yoʾnton yuʾun li kirsanoe
'심장에 열이 가해진 사람들을 위한 말'

2. puru k'op
'순수한 말' 또는 '진정한 말'

3. k'op sventa tahimol hʾolol
'아이들의 즉흥적인 유희'

3. k'ehoh sventa hʾolol
'아이들의 즉흥적인 노래'

3. k'op sventa cavilto
'법원의 말'

3. k'op sventa hʾopisialetik
'정치적 웅변술'

3. k'op sventa čopol kirsano
'성난, 감정적인, 또는 나쁜 말' 또는 (문자 그대로) '나쁜 사람들을 위한 말'

3. ʾač' k'opetik
'새로운 또는 최근의 단어들':
근접한 시간-공간과 동격인 것들과 연관됨; 네 번째 창조

4. baȼ 'iʾač k'op
'진정한 최근의 서술':
민속 역사, 소문, 이야기, 계보, 그 외의 최근의 과거에 관한 설명들

4. ʾištol k'op '하찮은 언어':
농담, 사실이 아닌 이야기, 재담, 말싸움, 속담, 수수께끼

4. tahimol '유희':
전통적인 유희, 구술 유희와 그 외의 유희에 수반되는 구술 구문들을 포함

3. ʾantivo k'opetik
'고대의 단어들':
먼 시간-공간과 동격인 것들과 연관됨; 첫번째, 두번째, 세번째 창조들

4. ba ȼ i ʾantivo k'op
'진정한 고대의 서술':
진정한 먼 과거의 설명과, '우리' 범주의 신화, 전설, 이야기를 포함

4. resal(스페인어에서 '기도하다'를 의미하는 rezar에서 유래) '기도':
초자연적 존재들에게 직접 바치는 모든 의례 구문들을 포함

4. rioš(스페인어에서 '신'을 의미하는 dios에서 유래) '의례적 말':
특정하게 초자연적 존재들에게 직접적 바치는 것이 아닌 모든 의례 구문들을 포함

4. k'ehoh '노래':
북, 플루트, 래틀 음악을 포함; 하프와 기타 음악도 포함; 단어들 또는 음악을 포함

⟹ 열, 형식주의, 중복성, 불변성 증가 ⟹

주해:
ta šk'opoh noʾošli kirsanoe
'사람들이 단순히 말하다'

주해:
ta šlok' ta yoʾnton huhune
'그것은 각자의 심장에서 나온다'

주해:
mu snaʾ shel sbaik
'그들은 스스로를 어떻게 바꿀지를 알지 모른다'

그림 13.5 차물라 구술 행위의 민속 분류법. 출처: Gossen: 1985: 81.

어졌는데, 그들이 말다툼하기 시작했기 때문이다. 태양 신성은 사람들이 작은 무리를 짓고, 서로 평화롭게 살 수 있게 하려고 언어들을 바꾸었다. 차물라인들은 장기적으로 볼 때 긍정적인 성과를 거두었는데, 그들의 언어인 바치콥('진정한 언어')이 모든 언어들 가운데 최고였기 때문이었다.

콥 분류법은 글상자 13.3과 그림 13.5에서 등장하며, 1년이라는 기간 동안 18세에서 65세에 이르는 여섯 명의 남성 보조원들로부터 여러 차례에 걸쳐 유추되었다. 여기에 내포된 정보는 따라서 다소 자명하다.

다음의 기도문은 차물라 '고대의 단어들'의 위대한 아름다움을 보여주는 좋은 사례이다. 기도문은 산 후안(성 요한)을 담당하는 집사 취임식에서 활용되었다. 산 후안은 공동체의 수호성인이며, 따라서 이 직위는 공동체 구성원들이 맡을 수 있는 수많은 종교 직함들 가운데 가장 명예로운 것들에 속한다. 날짜는 12월 22일이며, 새로 취임하는 관리가 퇴임 집사의 집 앞에 서 있다. 조수는 불을 피운 향로를 뜰의 사당 앞에 가져다 놓는다. 의례 고문과 취임하는 집사(martoma, 스페인어의 마요르도모에서 유래)의 주도로 일행 전원은 다가오는 한 해의 의례직이 성공적이기를 기원하는 기도를 시작한다.

자비를 베푸소서, 신이여.
　　위대한 후안이여,
　　위대한 수호자여.
어떻게 제가 당신의 발 앞에 오게 되었습니까?
　　어떻게 제가 당신의 손 앞에 오게 되었습니까?
저의 배우자와 함께,
　　저의 동반자와 함께.
　　당신의 기타와 함께,

당신의 조롱박 래틀과 함께,

당신의 종, 음악가와 함께,

당신의 종, 귀리죽 쑤는 이와 함께,

당신의 종, 요리사와 함께,

당신의 불꽃과 함께,

당신의 손대포와 함께.

당신의 아이들이 함께 모였습니다,

당신의 자손들이 함께 모였습니다,

당신이 보도록,

당신이 목격하도록.

위대한 산 후안이여,

위대한 수호자여.

이제 당신은 제 발에 옮겨질 것입니다.

이제 당신은 제 손에 맡겨질 것입니다.

이제 제가 당신의 새로운 종입니다;

이제 제가 당신의 새로운 수행원입니다.

저는 당신에게 아버지와 같을 것입니다,

저는 당신에게 어머니와 같을 것입니다.

한 해 동안이 하루 동안과 같을 것입니다.

위대한 산 후안이여,

위대한 수호자여,

당신을 위한 향이 있습니다,

당신을 위한 연기가 있습니다.

저는 당신을 들 것입니다,

저는 당신을 옮길 것입니다,

한 해 동안이 하루 동안과 같을 것입니다.

나의 신이여, 예수여, 당신의 자녀가 함께 모였습니다,

　　당신이 보도록,

　　당신이 목격하도록.

한 사람 혼자서는 당신을 보살필 수 없습니다;

　　한 사람 혼자서는 당신의 의지를 수행할 수 없습니다.

얼마나 좋은 일입니까!

　　얼마나 대단한 일입니까!

당신의 자녀가 함께 모였다니,

　　당신의 자손이 함께 모였다니,

당신을 지키기 위해,

　　당신을 확고히 지키기 위해.

아무것도 우리에게 일어나지 않게 하소서,

　　아무것도 우리를 해하지 않게 하소서.

당신의 꽃 같은 표정이 하얀 광채로 빛나게 하소서,

　　당신의 꽃 같은 얼굴이 부드러운 광명으로 빛나게 하소서.

당신이 우리들을 지켜보도록,

　　당신이 우리를 돌보도록,

　　그리고 당신의 음악가들을.

　　그리고 당신의 포수들을.

　　그리고 당신의 요리사들을.

아무것도 우리에게 일어나지 않게 하소서,

　　아무것도 우리를 해하지 않게 하소서.

위대한 산 후안이여,

　　위대한 수호자여.

이제 당신은 제 발에 옮겨질 것입니다,

　　이제 당신은 제 손에 옮겨질 것입니다,

　　그리고 저의 배우자, 저의 동반자의 것들에;

　　그리고 저의 아버지와 저의 어머니의 것들에;

　　그리고 당신의 자녀, 당신의 자손의 것들에,

당신이 목격하도록,

　　당신이 보도록,

　　한 해 동안이 하루 동안과 같이.

위대한 산 후안이여,

　　위대한 수호자여,

저는 대지 위를 찾습니다,

　　저는 하늘 위를 찾습니다,

권위의 지팡이를 든 자여,

　　권표를 든 라디노여.

천상의 수호자여,

　　영광의 신이여.

우리의 아버지 성 마태여, 우리의 신이여,

　　우리의 아버지 성 마태여, 예수여.

천상의 어머니여,

　　영광의 어머니여.

십자가의 아버지여,

　　수난의 아버지여.

어떻게 당신이 제 발 앞에 오게 되었습니까?

　　어떻게 당신이 제 손에 놓이게 되었습니까?

위대한 산 후안이여,

위대한 수호자여.

한 해 동안이 하루 동안과 같이(Gossen 1985:64, 76-82에서 개작).

2) 멕시코 서부의 우이촐

우이촐은 20세기 후반에는 그 인구가 4만여 명에 달했으며, 나야릿, 할리스코, 두랑고, 사카테카스 주들의 상대적으로 외진 산간 지대에 산다. 콜럼버스 이전 시대에 그들은 메소아메리카 심장 지대의 북서부 변방부에서 살았다. 콜럼버스 이전 시대나 식민시대와 오늘날까지도 산지 거주자와 준유목민으로서 그들은 지역을 오랫동안 특징지어 왔던 중앙집권적 정치, 사회 제도에 전폭적으로 참여하지는 않는다. 그들의 사회, 정치, 경제적 세계는 심장 지대의 것과 항상 다소 분리되는 질서를 보유하며, 특정한 요소들을 공유하지만 그럼에도 항상 그 변방에 남아 있다.

글상자 13.4에 발췌되어 있는 문헌은 우이촐의 과거로 향하는 신성한 여정을 다루고 있으며, 그들은 제례용 페요테 채집을 통해 의례적으로 이를 되살린다. 1970년대에 바바라 마이어홉이 기록한 이 자료는 형식적인 교육용 담화로 이 의례적 실천이 지니는 의미를 아이들에게 해석해 준다. 라몬 메디나 실바라는 이름의 주술사가 구술하는 이 이야기는 우이촐의 전설적 고향인 사막으로의 신성한 순례 여행이 담고 있는 핵심적인 중요성을 반영한다. 작은 무리들로 구성된 우이촐 사람들은 개인적으로 상당한 비용을 부담하며 이 여행에 착수하는데, 그 목적은 신성한 페요테 선인장을 '채집'하고 소비하는 과정에서 기도문과 노래와 환영의 탐구를 통해 과거와 현재의 '그들의 삶을 발견'하기 위해서이다. 그들의 우주론에서 옥수수와 사슴의 상징주의와 밀접하게 관련된 이 신성한 환각제 성분을 통해, 우이촐 사람들은 서로의, 그리고 그들이 조상들과 창조 신성들과 맺고 있는 사회적 유대를 확인한다.

3) 중앙멕시코의 시에라 나우아

다음의 인용문은 20세기에 필사된 최초의 주요한 나우아어 증언들 가운데 하나이다. 멕시코 혁명 시기에 대한 구술 역사적 설명을 페르난도 오르카시타스가 필사하고 번역했다. 저명한 서술자 도냐 루스 히메네스가 구술했으며, 발췌문이 수록된 방대한 문헌은 『밀파알타에서의 삶과 죽음: 디아스와 사파타의 나우아 연대기』(*Life and Death in Milpa Alta: A Nahuatl Chronicle of Díaz and Zapata*)라는 제목으로 1972년 영어 번역본이 출판되었다(초판 『포르피리오 디아스에서 사파타까지』[*De Porfirio Díaz a Zapata*, 1968]는 나우아어와 스페인어로 출판되었다──옮긴이). 이 문헌은 다양한 관점에서 중요한 사건들의 역사적 서술을 들려준다는 점에서 뛰어난 가치를 지닌다.

작은 나우아 마을의 관점에서 목격한 멕시코 혁명은 이 사건에 대한 '인증된' 기록을 그저 공식적인 역사로 보이게 만들 것이다. 특히 루스 히메니스의 설명은 혁명주의자들 대부분에게(그리고 현대 멕시코인 대부분에게) 잔혹한 독재자이자 구질서의 혐오스러운 상징으로 알려진 포르피리오 디아스 대통령(디아스에 관해서는 7장의 글상자 7.6을 참조하라)이 사실상 그녀의 마을에서는 매우 존경 받았음을 보여 준다. 더 나아가서, 멕시코 중부와 남부의 위대한 혁명 지도자였던 에밀리아노 사파타(8장을 참조하라)는 도냐 루스의 연대기에서는 복합적인 평과 함께 등장한다. 그는 잘 생기고 말씨가 세련됐지만, 그럼에도 그는 그녀가 비난할 만 하다고 생각하는 행동과 정책들에 책임이 있다.

혁명과 관련된 최초의 사건들이 어떻게 멕시코시티 남부의 산속에 위치한 밀파알타에 이르게 되었는지 이제 그녀의 설명이 시작된다.

하늘에서는 폭풍우가 몰아칠 것임을 알리는 천둥이 치지 않았다. 우리는 폭풍에 대해서도 사람들의 올빼미 같은 사악함에 대해서도 아무것도 알지 못했다.

어느 날 포격 소리가 테우틀라 언덕과 콰우친 언덕 사이에서 들렸다. 우리는 그 소리가 연방군들이 모렐로스 사람들에 맞서 싸우는 소리라고 들었다. 많은 발포가 있었다. 우리가 이런 소리를 들은 것은 처음이었고, 밀파알타의 모든 것이 진동했다.

모렐로스 사람들은 계속해서 마을을 지나갔고, 들리는 말에 의하면 그들은 소치밀코로 가는 길이라고 한다. 나는 그들이 무슨 이유로 포르피리오 디아스에 반대하는지 모른다.

쿠에르나바카와 테포스틀란의 사람들은 우리 언어를 말했다. 그들은 유일한 농민들이었고, 우리는 연방군들이 그들을 두려워하는 이유를 알지 못했다.

이것이 우리가 혁명에 관해 처음으로 들은 것이었다. 하루는 사파타라는 이름의 위대한 사람이 모렐로스에서 도착했다. 그는 좋은 옷을 입고 있었으며, 양질의 창이 넓은 모자를 쓰고, 스패츠(바지의 일종—옮긴이)를 입고 있었다. 그는 나우아어로 우리에게 말을 한 최초의 위대한 사람이었다. 그의 사람들은 모두 흰색 옷을 입고 있었고, 흰 셔츠와 흰 바지를 입고, 모두 샌들을 신고 있었다. 그들은 모두 우리처럼 조금씩 나우아어를 말했다. 사파타는 나우아어를 말했다. 이들 모두가 밀파알타에 들어왔을 때, 우리는 그들이 말한 것을 이해했다. 각각의 사파티스타들은 그가 가장 섬기는 성인의 사진을 핀으로 모자에 고정시켰고, 그렇게 성인이 그들을 보호해 줄 수 있도록 했다. 각각이 자신의 모자에 성인을 지니고 있었다.

사파타는 그의 일행의 선두에 섰고, 밀파알타 사람들에게 말했다. "이리 와서 나와 함께합시다! 나는 무장했습니다. 나는 나의 동향인들을 데리고 왔습니다. 우리는 우리의 아버지 디아스가 우리를 더 이상 감시하지 않기를 바랍니다. 우리는 우리를 보살필 더 나은 대통령을 원합니다. 먹을 것도, 옷을 살 돈도 부족합니다. 나는 모두가 자신의 토지를 갖기를 바랍니다. 모두가 거기에 씨를 뿌리고, 옥수수와 콩과 다른 곡물들을 추수할 것입니다. 어떻게 생각하십니까? 우리와 함께하시겠소?"

아무도 대답하지 않았다. 며칠이 지났다. 사파타와 에베라르도 곤살레스의 막사들이 마을에 세워졌다. 곤살레스는 마을을 감시하기 위해 밀파알타에 머물라는 지시를 받았다. 사파타 장군은 다음과 같이 환영을 받았다. 마을 사람 모두가 그를 맞이하러 나왔다. 남녀 군중이 손에 꽃을 들고 나왔다. 악대가 역주를 했고, 불꽃을 터트렸다. 그가 들어왔을 때, 악대는 디아나(멕시코의 애국적인 노래)를 연주했다.

몇 달이 지났고, 우리의 아버지 포르피리오 디아스와 후스토 시에라 장관은 혁명에 대해 걱정하지 않았다. 그들의 거대한 열정은 멕시코 국민이었다. 아이들이 네 명만 모이면, 어디서든 그들은 옷을 받았다. 소녀들은 블라우스와 치마를, 소년들은 셔츠와 양복바지를 받았다.

디아스와 시에라는 이렇게 믿었을 것이다. "아버지들과 어머니들은 따라서 자녀에게 어떻게 교육을 제공해야 하는지를 배울 것이다. 그들은 자녀를 학교에 보낼 것이다." 이 위대한 사람들의 희망은 실현되었고, 마을 사람들은 모두 그들에게 복종했다. ……

하루는 사파티스타들이 내려와서 마을 회관과 법원과 여러 채의 집들을 불태웠다. 이 집들 가운데 한 채가 루이스 세비야는 이름의 부유한 사람에게 속해 있었다. 그의 집은 밑바닥까지 타 버렸다. 옥수수와 콩 낟알들이 터지는 소리를 듣는 것만으로 당신의 심장이 터질 정도였다. 그의 가축은 집이 탈 때 모두 죽었다. 다음 날, 사파티스타들이 다시 마을에 왔고, 그들의 말들에게 사료와 물을 가져다주도록 마을 사람들에게 강요했다. 이 모든 일들을 사파티스타들이 저질렀다.

사파타의 일행이 마을에 왔을 때, 그들은 죽이려고 왔다. 그들은 부자들을 죽였는데, 그 이유는 부자들이 내놓지 않으려 할 정도로 큰 돈을 요구했기 때문이었다. 그러고 나서 그들은 부자들을 숲에 데리고 가서 살해했다. 그들은 또한 소녀들을 데리고 갔다. 사람들이 말하기를 그들은 소녀들을 숲에 데리고 가서 강간했다. 이 소녀들은 숲에 영원히 버려졌고, 다시는 그들의 집으로 돌아오지 않았다. 야생동물이 그들을 집어 삼켰는지, 사파티스타들이 그들을 살해하고 그곳에 매장했는지 아무도 알지 못했다(Horcasitas 1972: 125-135; Doña Luz Jiménez 번역).

5. 메소아메리카의 새로운 원주민 문학

메소아메리카의 토착 목소리들이 20세기 후반과 21세기 초반의 국가 문학, 민족 역사학, 인류학적 연구의 일부가 되었을 뿐만 아니라, 이제 원주민 학자와 예술가들이 그들만의 역사적·문학적 문헌을 더욱 적극적으로 생산하고 있다는 사실에 주목해야 한다. 과테말라와 멕시코에서 신세대 원주민 작가들은 1980년대 과테말라의 '마야 문화원'(Academia de Cultura Maya)과 '프란시스코 마로퀸 언어학 연구소'(Instituto Lingüístico Francisco Marroquín)의 설립과 멕시코 치아파스 산크리스토발데라스카사스의 '초칠 작가들의 조합'(Sna Jtz'ibahom) 등의 설립을 통해 두각을 보이게 되었다. 이들을 비롯해 그 외의 유사한 조직들은 토착 언어 문학 작품의 창작과 국내외에서 그들 작품의 구독과 판매를 지원할 뿐만 아니라 토착 언어 활용 능력의 교육을 장려해 왔다.

멕시코와 과테말라의 지방과 중앙 정부들이 이 조직들을 공인했지만, 자금 확보는 여의치 않았다. 그 이유는 이 조직들의 목표가 동화와 스페인어 활용 능력을 장려하는 정부 정책과 일정 측면에서 상충하기 때문이다. 게다가 토착 문화 운동이 부흥하기 이전에 토착 언어 문헌 자료의 제작에 사실상 독점권(대부분 성경과 기타 종교적 문헌의 형태)을 갖고 있던 개신교 선교 조직들로부터 또 다른 반대가 제기되었다. 이런 연유로 새로운 원주민 문화 조직들은 대부분 스스로 자금을 조달해야 했고, 출판물 판매를 통한 자금 창출과 민간 기부에 의존했다. 이 조직들의 출판물들은 저가 보급판으로 제공되며, 일반적으로 원주민 언어와 스페인어의 이중 언어본으로 구성되어 있다. 주제는 전통 민간 설화의 개작에서부터 최근의 역사적 사건에 대한 해석과 포괄적인 전기와 자서전 등에 이른다. 어떤 경우에는, 고대 마야어와 스페인어 식민 문헌들이 현대의 원주민 언어로 번역되고, 해석되기도 한다. 다음의 간략한 발췌문은 '새로운' 원주민의 문학적 창작의 사례를 제시한다.

1) 초칠 작가들의 조합,『1911년의 파하리토와 차물라에 관하여』

『1911년의 파하리토와 차물라에 관하여』(*Sventa pajaro ta Chamula ta 1911=Los pajaritos de Chamula*)는 1991년에 출판되었으며, 산크리스토발데라스카사스의 '초칠 작가들의 조합'(또는 마야 원주민들의 문화, Cultura de los Indios Mayas, A.C.)의 여덟번째 출판물이다. 이 조직은 1970년대 후반에 초칠, 첼탈, 토호라발 원주민 작가 집단들에 의해 설립되었고, 워싱턴 스미스소니안 협회의 로버트 로플린의 지원을 받았다. 초기에는 민간 기부단체들의 후원을 받았지만, 이후 일정 정도 자립하게 되었다. 출판물 총서는 멕시코 정부의 '문화와 예술을 위한 국가 협의회'(Consejo Nacional para la Cultura y las Artes)의 지원을 받는다.

이어서 서문이 소개되고 있는 이 책은 차물라 초칠의 유명한 역사적 인물인 하신토 페레스 치스토트에 관한 구술 사료에서 유래한다. 그는

1910년과 1911년의 폭력적인 정치, 종교 운동의 지도자였다. 보수주의자였던 프란시스코 오로스코 이 히메네스 주교의 후견을 받아, 그와 그 추종자들은 멕시코 혁명 초반의 몇 년간 치아파스 반혁명 세력들의 정치적 주둔지에 산후안차물라라는 마을을 설립하려 했다.

스페인어로 '파하리토'(Pajarito, 그의 초칠어 성 치스토트에 근거해서 '작은 새'를 의미)라고 알려진 이 지도자는 멕시코의 공식적 역사에서는 그다지 좋은 평가를 받지 못했는데, 결국 반혁명 세력으로 멕시코 군대에 의해 처형되었기 때문이다. 하지만 1911년의 이 폭력적인 사건들을 다루는 다음에 소개하는 초칠어 개작 서론 부분은 그를 단순히 반혁명적 '미치광이'로 치부하는 공식 역사보다 그의 삶과 정치적 여정에 대한 보다 복잡한 해석을 제시한다. 루스 히메네스의 나우아어 연대기처럼, 역사적 사건의 재현은 화자가 사건의 흐름에서 어디에 서 있는가에 따라, 그리고 무엇보다도 화자의 지방적 정체성과 소속에 따라 그 재현 방식이 상당 정도 결정된다.

이제 우리가 보게 되겠지만, 한 사람에게 반혁명군은 다른 사람에게 종족 영웅이 된다. 파하리토는 이 이야기에서 원주민들의 종족적 순교자로 등장하며, 그는 혁명군 세력과 반혁명군 세력, 양측에 섞여 있던 이기적이고 교활한 라디노들에 의해 비극적으로 죽었다. 유명한 '파하리토'의 삶과 업적에 관한 이 이야기는 이 잘 알려진 역사적 인물의 또 다른 측면을 제시한다. 우리는 여기에서 이 인물의 모순적이며 모호한 면을 모두 보게 되며, 이는 역사책에 등장하는 그에 관한 공식적인 설명과는 다소 다르다. 이 같은 관점이 기능한 이유는, 멕시코 권위자들에 대항해서 벌였던 파하리토의 불운한 봉기에서 그와 함께 싸웠던 최측근 정치 협력자들 중 한 명이자, 그의 종교주의자 동료였던 사람의 아들이 바로 이 내용을 서술하고 있기 때문이다.

여기에서 전하는 이야기의 기원이 사적인 일화에 근거하기 때문에, 우리는 파하리토의 폭력적인 군사 행동들이 사실상 비-원주민들 간의 다른 정치적 이해들에 의해 조종되었음을 이해할 수 있다. 사실 파하리토가 자신이 싸우는 목표라고 믿었던 것과는 완전히 상반된 것들이 그를 전투지로 몰아넣고 있었다. 이제, 이 사건들로부터 약 95년의 시간이 경과했기 때문에, 우리는 상황들이 잘못된 문제설정과 맥락화로 덮여 왔음을 인식해야 한다. 우리는 이제 우리의 과거에 관한 이 주장들로부터 스스로를 자유롭게 할 위치에 있다. 그 이유는 라디노들이 우리에게, 그리고 우리의 과거에 부과했던 기나긴 인종차별의 전통으로부터 우리가 해방 감을 느끼기 시작했기 때문이다.

파하리토의 민족이 그들이 자행했던 모든 유혈 행위들로부터 정당화되어야 한다고 주장할 수는 없다. 그럼에도 그들이, 아무리 간략하게라도, 라디노의 실력행사에 의해서 사실상 조종당했던 것은 사실이다(Sna Jtz'ibahom 1991:5, Gary H. Gossen 번역).

2) 빅토르 몬테호, 『증언: 한 과테말라 마을의 죽음』

빅토르 몬테호는 과테말라 출신의 하칼테카-마야인으로, 저술한 작품이 스페인어판과 영어판으로 나왔던 신세대 메소아메리카 원주민 작가와 예술가들 가운데 가장 저명한 구성원들에 속한다. 가장 최근의 그의 주요 작품 『마야의 지적 르네상스: 정체성, 재현, 지도력』(*Maya Intellectual Renaissance: Identity, Representation, and Leadership*, 2005)은 그가 일부를 구성하는 마야의 지적 르네상스를 일반적이고 종합적으로 고찰한다. 그는 최근 젊은 독자층을 위해 스페인어판과 영어판으로 『포폴 부』(16세기의 마야 고전)를 개작해서 『포폴 부: 마야의 신성한 책』(*Popol Wub: A*

Sacred book of the Maya, 1999)이라는 제목으로 출판했다. 본질적으로 이야기꾼인 몬테호는 하칼테카의 신성한 이야기를 시적으로 각색한 『카닐, 번개 인간』(*El Kanil, Man of Lightning*, 1982)과 하칼테카 아이들의 이야기를 개작한 『세계를 청소하는 새』(*The Bird Who Cleans the World*, 1991)를 출판하기도 했다.

다음에 발췌되는 내용은 몬테호의 모골이 송연해지는 목격담을 담고 있으며, 1970년대와 1980년대 과테말라의 국가적 삶을 뒤흔들었던, '폭력'으로 알려진 최근에 종결된 내전의 와중에 지방에서 벌어졌던 한 사건을 다루고 있다(이 전쟁에 관해서는 8장을 참조하라). 『증언: 한 과테말라 마을의 죽음』(*Testimony: Death of a Guatemalan Village*, 1987)이라는 제목의 이 중요한 책은 그 예술적인 가치뿐만 아니라 그 정치적 내용 때문에 여기에 소개되고 있다. 이 작품은 메소아메리카의 원주민들이 수 세기 동안 누에바 에스파냐와 이 지역 근대 국가들의 실질적인 하층 계급으로 존재해 왔다는 명확한 사회적·역사적 진실을 반영한다. 『증언』은 1982년 9월 9일 과테말라 군대가 하칼테카 원주민 마을을 대량 학살했던 사건을 몬테호가 목격하고, 기록한 것이다. 이 당시 몬테호가 교사로 근무하던 마을인 찰랄라의 민간 순찰대는 올리브색 작업복을 입고 있던 파견부대를 좌파 게릴라로 오인하고, 총격을 가했다. 이 학살에 몬테호의 가족 구성원들도 포함되어 있었다. 사건은 과테말라 북서부의 수많은 주들이(대부분이 대다수의 마야 인구를 보유하고 있었다) 군대에 의해 점령되어 있던 시기에 발생했다. 군사 세력의 관점에서 볼 때 상황을 정당화할 수 있는 근거는, 지역 거주민 모두가 원주민이었기 때문에 그들 모두가 좌파 반란의 영향을 받고 있었고, 아니면 그들 자체가 게릴라 동조자들이었다는 것이다.

여기에 실리는 내용은 『증언』의 마지막 부분이다.

나는 기지 사령관에게 보고하기 위해 수없이 돌아갔고, 마침내 그는 직위에서 해임되었다. 그를 대체하기 위해 또 다른 중위가 왔고, 그는 그의 자리에 모든 종류의 치명적인 독약을 쌓아 놓았다. 나는 그에게 내 자신을 소개하기를 망설였지만, 음모와 더 큰 위험을 피하기 위해 결국은 소개를 해야 했다. "나는 당신에 대해 아무것도 모르오." 처음에 그는 이렇게 내게 말했고, 나로서는 별 문제가 없었다. 하지만 며칠 후, 나는 그가 나에 대해, 그리고 읍내와 마을에서 나와 관련된 것들에 대해 캐묻고 다닌다는 사실을 알게 되었다.

그다음 번에 내가 사령관에게 보고했을 때, 그는 내게 말했다. "당신은 반드시 여기에서 보고해야 할 거요. 그리고 나에게서 도망갈 생각은 하지 않는 게 좋을 거요, 당신이 내 전임자에게 그랬던 것처럼 내가 속아 넘어가는 일은 없을 테니까. 난 엘키체에서 방금 왔고, 난 게릴라들로 들끓는 마을을 어떻게 청소해야 하는지 알고 있소."

"안심하십시오, 명령에 따르겠습니다."

이 당시 학교의 학기가 끝나 가고 있었다. 나는 내 학생들을 위한 최종 평가를 마쳤고, 학기말 보고서를 작성하고, 종업식을 지도할 준비를 하고 있었다. 10월의 마지막 날들은 한 발짝도 떼지 않으려 하는 병든 당나귀와 같았다. 읍내의 외곽에는 더 많은 시체들이 나타나고 있었고, 기계총의 일제 사격은 매일 밤의 침묵을 깨트렸다. 군대는 마을에 비밀 요원들로 들끓게 했고, 그들은 이웃들에게 불신과 공포를 심어 놓았다. 다시 한번 나는 늦은 밤에 납치를 당할 수 있다는 가능성에 두려움을 느끼기 시작했고, 밤잠을 설치게 됐으며, 밤의 공포에 시달리는 꿈을 꾸었다.

에프라인 리오스 몬트가 집권하면서 남아 있던 인권은 모조리 파괴되었고, 군대가 과테말라인들의 삶의 유일한 조정자가 되었다. 상황이 나날이 악화되면서, 나는 어딘가 다른 곳으로 가서 내 생명을 지켜야 한다고 확신하게 되었고, 그래서 나는 나의 사랑하는 케찰 땅에 평화와 평온이 찾아올 때 돌아오겠다는 확고한 기대를 가지고, 어느 어두운 밤 아내와 아이들과 함께 피신했다(Montejo 1987: 112).

3) 리고베르타 멘추, 『나, 리고베르타 멘추』

과테말라의 키체-마야 여성으로서 1992년 노벨평화상을 수상했던 리고베르타 멘추의 목소리로 이 장을 끝내는 것이 적절할 것이다(멘추에 관해서 보다 상세한 내용은 글상자 8.3을 참조하라). 충분한 자격이 있는 이 영광을 그녀에게 안겨 주었던 신임장들 가운데 주된 것은 그녀의 자서전적 작품 『나, 리고베르타 멘추』(Me llamo Rigoberta Menchú y así me nació la conciencia, 1983)였다. 이 작품에서 그녀는 스페인어(그녀의 제2언어)로의 구술 증언을 통해, 1978년 집권했던 로메오 루카스 가르시아 대통령의 군사 정권하에서 그녀의 가족들(어머니, 아버지, 오빠)이 반정부 활동에 개입했다는 의혹 때문에 과테말라 군대에 의해 잔인하게 살해되는 것을 목격했던 원주민 농촌 여성으로서 그녀의 범상치 않은 삶을 기록한다(독자들은 멘추가 바로 앞에서 인용하고 논의했던 몬테호와 동일한 시대의 동일한 국가적 비극에 대응하고 있었음을 알 수 있을 것이다).

멘추의 증언의 사회적 맥락은 이 책의 다른 장들(8장과 9장)에서 논의되었다. 하지만 현재의 논의를 위해, 20세기 후반의 과테말라가 카스트 사회의 수많은 특성을 보유하고 있음을 상기하는 것이 유용하다. 스페인 정체성을 지닌 소수의 인구('라디노')가 과테말라의 토지와 생산수단의 대부분을 통제하며, 그들은 배후에 서서 마야 원주민 정체성을 지닌 대다수 인구의 정치적 표현과 종족적 주장을 계속해서 억압한다. 비록 그녀는 특정하게 과테말라에서 그녀의 경험을 언급하지만, 그녀는 그녀의 증언을 라틴아메리카의 소외된 원주민 민족들 전체를 대변하는 선언으로 간주한다(대립되는 라디노 관점에 관해서는 글상자 8.8을 참조하라).

　이어지는 『나, 리고베르타 멘추』의 발췌문에서, 저자는 인간 영혼에 관한 마야인들의 관점이 갖는 정치적·종족적 힘을 고찰한다. 이 논의는 메소아메리카의 토착적 종교 신앙과 실천의 주요 특색인 개인적 동체(coessences, 14장에서 논의될 것이다)의 개념과 직접적으로 연관되어 있다. 저자는 동체성이 중요하다는 우리의 주장과 일치하지만, 여기에서 한 걸음 더 나아가서, 원주민 '영혼들'이 자아를 정의하는 내밀한 언어를 제공하며, 이는 원주민 공동체들이 억압과 차별에 시달리는 상황에서도 그들의 정체성을 긍정할 수 있도록 도와준다고 제시한다.

　　모든 아이는 나우알(nahual)을 가지고 태어난다. 나우알은 그림자와 같아서, 그의 보호자적 영혼은 아이와 함께 생을 함께할 것이다. 나우알은 대지, 동물 세계, 태양과 물의 대표자이며, 이런 방식으로 아이는 자연과 소통한다. 나우알은 우리의 제2의 존재이며, 우리에게 매우 중요한 것이다. 우리는 우리의 나우알이 어떨지 그 형상을 그려 낸다. 대체적으로 그 형상은 동물이다. 아이는 만일 동물을 죽이면, 그 동물의 인간 분신이 자신의 나우알을 죽였다는 이유로 아이에게 매우 화를 낼 것이라고 배운다. 모든 동물에게는 대응적인 인간이 있고, 만일 당신이 그에게 해를 가하면, 당신은 동물도 해치게 된다. ……

　　우리 원주민들은 언제나 우리의 정체성을 숨겨 왔으며, 그것을 우리들만의 비밀로 간직해 왔다. 이것이 우리가 차별을 당하는 이유이다. 우리는 우리의 원주민 문화를 보존하고 그것을 우리로부터 빼앗아 가는 것을 막기 위해서 너무나 많은 것을 숨겨야 한다는 것을 알고 있으며, 이러한 이유로 우리는 우리 자신에 대해서 말하는 것이 어렵다는 것을 종종 알게 된다. 따라서 나는 당신에게 나우알에 관해 매우 일반적인 것들만을 말할 수 있다. 나는 당신에게 나의 나우알이 무엇인지를 말할 수 없다. 왜냐하면 그것은 우리의 비밀 중 하나이기 때문이다(Menchú 1984: 18-20).

멘추의 논평과 함께 우리는 어떤 의미에서는 다시 제자리로 왔다. 유럽과 접촉하기 이전에 이미 읽고 쓰는 능력을 지녔던 메소아메리카의 토착민들은 이제 토착 아메리카의 언어들과 서구 언어들 양자에 대한 활용 능력을 통해, 그리고 이 언어들을 통한 예술적·학문적 활동에 근거하여 독립적인 역량을 다시금 강화하고 있다.

『카넥』: 어느 마야 영웅의 역사와 전설

아브레우 고메스의 『카넥』 이야기는 사실상 다층적인 순환적 시간을 배경으로 한다. '카넥'은 콜럼버스 이전 왕조의 호칭이며, 식민시대 초기에 살았던 메시아적 예언자의 이름이었고, 1761년 순교한 영웅의 이름이었으며, 따라서 1761년부터 1900년까지의 마야의 모든 영웅들을 상징하는 표어였고, 소설에서 묘사되는 역사적 현재의 시간대에 살았던 구이의 마야인 친구의 이름이었다. 이 소설은 멕시코 백인에 대한 고발이자 동시에 멕시코가 자신의 원주민 과거와 화해하기를 바라는 요청으로 읽을 수 있다.

다음에 소개되는 구절은 그의 허약한 백인 친구와 마지막 날들을 보내는 카넥의 상냥함을 그리고 있으며, 여러 가지로 해석될 수 있다.

구이가 밭에서 돌아왔을 때, 그는 부러진 옥수숫대처럼 몸을 구부리고 졸린 듯했다. 카넥은 그를 풀밭에 눕혔다. 그는 그 옆에 앉아서 자는 모습을 지켜봤다. 카넥은 자신의 보살핌을 안식 삼아 소년이 쉬고 있다고 느꼈다. 말하지 않고도, 평화롭게 감긴 그의 눈에서, 카넥은 구이의 영혼에 살고 있는 순수를 읽었다.

구이는 잠에 들 수가 없다. 밤은 구중중하고, 남쪽에서 부는 바람이 끈적끈적한 땅을 강타한다. 노란 먼지가 별들을 가리고 있다. 구이는 기침을 멈출 수가 없다. 카넥의 손에 머리를 눕히고, 그는 때로는 미소를 짓는다. 카넥이 그에게 옛날이야기를 들려준다.

깨어나자마자 구이는 물을 찾았다. 그는 밤새 땀을 흘리며 고통에 시달렸다. 카넥이 아침 이슬을 담은 물 주전자를 가져다주었다. 구이는 거의 고통스러운 조바심을 내며 물을 마셨다. 그다음 그는 물었다. "하신토, 이슬 물이 왜 그렇게 좋은 거야?" "왜냐하면 별빛들로 채워져 있으니까, 별빛은 달콤해."

"죽은 아이들이 새가 된다는 게 사실이야, 하신토?"

"나도 몰라, 구이야."

"죽은 아이들이 꽃이 된다는 게 사실이야, 하신토?"

"나도 몰라, 구이야."

"죽은 아이들이 천국에 간다는 게 사실이야, 하신토?"

"나도 몰라, 구이야."

"그러면 죽은 아이들에게 무슨 일이 생기는지 하신토가 내게 말해 줄래?"

"죽은 아이들은 깨어나, 꼬마 구이야."

아침이 되자 구이는 이미 세상을 떠났다. 아무도 그의 임종을 보지 못했다. 그의 해먹 가닥들 사이에서 그는 잠들었다. 그의 창백하고 섬세한 입술 위에 가벼운 미소도 잠들어 있었다. 구석에서, 어떤 소리도 내지 않고, 카넥은 아이처럼 울었다. 차로 이모가 다가와 그의 어깨에 손을 얹고 말했다. "하신토야, 너는 가족이 아니야, 왜 네가 울고 있는 거니?" (Abreu Gómez 1979: 29-30)

글상자 13.2
시나칸탄의 대부모들 사이의 형식적 화법

마르얀 (그가 로민에게 럼주 한 병을 권한다.) 저는 여기 당신에게 방문을 드리고 있습니다. 우리가 가져온 약간의 찬물(럼주 선물을 의례적으로 낮추어 부름)에 조금만 관용을 베풀어 주십시오, 당신은 고통과 고초를 겪었으니까요. 당신은 신의 비천한 천사의 가난한 마음, 낮은 영혼을 격려해 주었습니다.

로민 신이시여, 당신의 숭고한 머리와 심장은 아직도 근심을 하고 있습니까, 나의 아버지, 나의 신이여? 그게 전부여야 했습니다, 나는 아무것도 바라지 않습니다. 나의 아버지여, 나는 아무것도 바라지 않아요. 나의 신이여, 나는 아무것도 바라지 않아요, 나의 신성한 동반자여, 나의 신성한 콤파드레여. 정말 감사합니다. 신이 당신에게 조금이나마 보답을 해주실 것입니다. 그것은 제가 말했던 것이 아니지요, 그렇게 보이지요.

마르얀 이렇게 처음부터, 시작부터 늘 그랬듯이, 아주 작은 관용을 베풀어 주십시오. 신이여, 콤파드레여, 신성한, 작은, 약간의, 관용을 베풀어 주십시오. 저는 태양빛, 우리 신의 그림자[럼주의 또 다른 의례적 지칭]를 가지고 왔습니다. 숭고한 고통에 시달린 것에, 숭고한 고초를 견디어 낸 것에 감사드립니다, 당신은 신의 비천한 천사[화자는 자신을 낮추어 스스로를 이렇게 지칭하고 있다]의 가난한 마음을, 낮은 영혼을 지탱해 주었습니다, 당신은 그렇게, 마찬가지로, 숭고한 남자로, 숭고한 사람으로 평가됩니다.

로민 신이시여, 감사합니다, 그렇다면, 감사합니다. 그들이 말하기를 여전히 작은 것이, 약간이 있다고 합니다. 글쎄요, 여기 보세요, 콤파드레여, 이제 당신이 제게 작은 것을, 약간을 베푼 것이 보입니다, 그렇게 보입니다. 저는 당신의 탁자에서 숭고한 술을 나누었습니다. 작은 것을, 약간을, 나눕시다, 당신이 내게 베푼 것으로 보이는 것을요. 제가 혼자서 괜찮다는 것은, 혼자서 온전하다는 것은 아닙니다. 제가 집 옆에서 마시기 위해 혼자서 가는 일은, 당연히, 없을 것입니다[그가 이것을 단지 럼주를 격식 없이 마시는 기회로 생각하지 않는다는 의미이다—인용자] (Laughlin 1975: 17).

독자는 초칠의 일상생활에서 언어의 형식적 사용이 매우 중요하다는 것을 쉽게 유추할 수 있다. 인간사 영역의 복합성을 약간이라도 이해하는 것은 이 공동체의 활력을 이해하기 위해 불가피하다.

글상자 13.3
차물라 구술 행위의 민속 분류법

'일상 언어'는 단지 사회적 상황의 지시와 발화의 문법성이나 명료함만으로 그 사용이 제한된다. 그것은 완전히 특유하고, 양식이나 형태, 또는 내용에서 주목할 점이 없다고 믿어지며, 그것은 일상의 화법이다. 이 분류법의 왼쪽에서 오른쪽으로 이동함에 따라, 무엇을 말하고(내용) 어떻게 그것을 말하는가(형태)와 관련해서 점차적으로 보다 많은 다양한 종류의 제한이 가해진다(그림 13.5).

중간 범주('심장에 열이 가해진 사람들을 위한 화법')는 '일상 언어'도 아니고 '순수한 단어들'도 아닌 종류의 구술 행위를 포함한다. 그들은 형태(다시 말해, 사람들이 어떻게 말할 것인가)와 관련해서 제한되어 있지만, 내용에 관련되는 한 예측이 불가능하다. 이런 종류의 감정적 화법을 위한 일반적인 차물라의 설명은 수행의 개인별 색다른 속성을 강조한다. 즉 '그것은 사람들 각자의 심장에서 온다'. 이 모든 중간적 형태들('심장에 열이 가해진 사람들을 위한 언어')을 지칭하는 용어는 화자의 상기되고 흥분되었지만 반드시 종교적이지는 않은 태도를 의미한다.

'순수 단어들' 내부에서 시간 관련성이라는 기준은 세속적 형태들(네번째 창조와 관련된 '최근의 단어들')을 의례적·인과관계적으로 더 많은 중요성을 지니는 형태들(첫번째, 두번째, 세번째 창조와 관련된 '고대의 단어들')로부터 구별하는 가장 중요한 요소이다. '최근의 단어들'은 더 차가우며, 그 이유는 그들이 창조, 파괴, 재건의 완전한 4주기의 시대를 지칭하지 않기 때문이다. '고대의 단어들'은 더 뜨거우며, 그 이유는 그들이 시간의 바로 초기로부터 시작되는 사건들과 초자연적 존재들을 지칭하기 때문이다. '고대의 단어들'은 따라서 종교적 거래를 위해 사용되는 신성한 서술과 언어 형태들을 구성한다(그림 13.5를 참조하라).

글상자 13.4
그들의 삶을 발견하기 위한 우이촐의 여정

이어지는 문헌은 다소 복잡한 은유적 언어로 작성되어 있지만, 그럼에도 신성한 여정의 종교적 절박함을 성공적으로 전달한다. 본문에서 '새들'은 실제로 참가하는 순례자들과, 서술을 통해서 대리로, 주술적으로 참가하는 청자들을 가리킨다. 이 문헌은 신성한 서술, 본문의 주해, 의례 언어가 단일한 담론 안에서 함께 이루어지는 방식을 보여 주는 좋은 사례이다.

"보세요." 그는 그들에게 말했다. "이렇게 하는 겁니다. 우리는 이 작은 산 위로 날 겁니다. 우리는 위리쿠타로 여행할 겁니다. 그곳에 성수가 있고, 그곳에 페요테가 있고, 그곳에 우리 아버지가 나타나십니다." 그리고 그곳으로부터 그들은 난다, 벌처럼, 곧장, 그들은 누군가 말하듯이 바람으로 간다, 이렇게. 그들은 한 떼의 비둘기들처럼, 매우 아름답게, 노래하는 멧비둘기들처럼, 그들은 고르게 난다. 당신은 그들이 작은, 아주 예쁜, 벌들처럼 변하는 것을 볼 수 있다. 그들은 언덕에서 언덕으로 계속해서 간다. 마라아카메(주술사)가 그들에게 말하는 대로 그들은 이 장소에서 저 장소로 난다. 마라아카메는 카우유마리와 간다. 카우유마리는 그에게 모든 것을 말한다. 그는 모두를 보호한다. 작은 소녀는 날개를 잃고 있다, 그녀의 아버지나 어머니가 많은 죄를 저질렀기 때문이다. 그들이 날개를 잃고 있으면, 마라아카메는 그것을 다시 달아 준다. 그러고 나서 그녀는 그들 나머지와 난다.

그렇게 그들은 계속 여행한다. 그들이 장소에 이르면, 마라아카메는 가리킨다. 그렇게 그들은 그것을 알게 될 것이다, 어떻게 그때 우리의 할아버지, 우리의 아버지, 우리의 증조부모, 우리의 어머니들이, 그들이 위리쿠타에 갔을 때, 사슴 꼬리형, 막사 크왁시-카우유이마리가, 그곳을 건넜을 때, 그리고 최초의 우이촐 아이들이 그곳에 갔을 때, 그래서 그들이 치유됐던 것을.

그것이 북이 우리의 오두막집에서 말하는 것이다. 그것을 두드릴 때. 그곳에서 아이들이 난다. 마라아카메는 그들을 바람에 인도한다. 그들은 바위들 중 한 곳에 착륙한다. 마치 그들이 바위에, 매우 위험하게, 매달려 있는 것 같다. 마라아카메는 그들에게 말한다. "보렴, 아이들아, 너희들은 이 길들에 익숙하지 않다. 많은 위험들이 있다, 아이들을 잡아먹는, 사람들을 위협하는 수많은 동물들이 있다. 너희는 흩어져서는 안 된다, 너희들은 서로 가까이 붙어 있어야 한다, 너희 모두는."
그리고 아이들은 매우 즐겁고, 매우 행복하다 ……

"마침내." 그는 기도한다. "우리의 어머니, 우리의 아버지들, 위리쿠타에 있는 당신들 모두, 페요테로 먹힌 이들, 우리는 위리쿠타로 가는 중이다." 그는 아이들에게 말한다. "독수리처럼 행동하고 느껴라, 너희들은 너희들의 날개로 그곳에 갈 것이다." 그들은 서로에게 지시를 내린다, 그들은 배운다. 한 사람이 다른 사람에게 말한다. "당신의 촛불을 켜시오." 그러자 그는 대답한다. "네, 아주 잘." 마라아카메는 부싯깃을 가지고 간다, 그는 부싯돌을 가지고 간다, 그는 불꽃을 일게 할 부시를 가지고 간다. 그들은 이 과정을 다섯 번 하고, 그리고 그들은 촛불을 켜고, 그곳에서 경배하고 그들의 길을 계속 간다. 그들은 여행하고 그들이 라스 크루세스(번역하면 십자가들—옮긴이)라고 부르는, 십자가가 있는 곳으로 온다. 그들은 탄성을 지른다. "아, 보세요, 우리는 정말로 멀리까지 왔어요, 네 우리는 멀리까지 왔어요. 그리고 우리가 어떻게 계속 갈 수 있나요?" 그리고 그들은 말한다. "그건요, 우리가 위리쿠타로 가고 있기 때문에요, 페요타가 자라는 곳, 우리의 조상들이 여행했던 곳이요. 우리는 우리의 죄악들을, 모든 것을 없애야 해요 ……."

위리쿠타라고 불리는 곳, 우리의 어머니 페요테가 사는 곳, 그곳에 그들은 도착한다. 그가 북을 두드렸을 때, 그가 신성한 웅덩이들 옆에 섰을 때, 그가 어머니들과 아버지들, 우리의 아버지, 우리의 할아버지, 우리의 조부모에게 말했을 때, 그가 그의 제물을 내려놓았을 때, 그들의 봉헌함이 제자리에 있을 때, 그들의 화살이 제자리에 있을 때, 그들의 소맷동이 제자리에 있을 때, 그들의 샌들이 제자리에 있을 때, 그러면 잘 될 것이다, 그러면 우리는 삶을 갖게 될 것이다.

아이들은 행복하다, 그들 모두는 만족스러워한다. 이제 그들은 은총을 입었기 때문이다. 봉헌이 이루어졌고, 사슴 꼬리 자두가 제자리에 있고, 화살이 남쪽을, 북쪽을, 동쪽을, 위를 향하고 있다. 그는 그들을 내밀고 있다. 사슴의 뿔들이 제자리에 있다, 그 종류에 관계없이. 마라아카메는 말한다. "아, 나의 아버지여, 나의 할

아버지여, 나의 어머니들이여, 이곳에 사는 당신들 모두여, 우리가 당신을 방문하기 위해 도착했습니다, 이곳에 와서 당신을 보기 위해. 우리는 잘 도착했습니다." 그리고 그들이 도착하자, 그들은 무릎을 꿇고, 우리의 아버지, 우리의 할아버지, 우리의 형은 그들을 안는다.

"나의 아이들아, 무엇 때문에 왔니?" 그들이 묻는다. "너는 이토록 멀리까지 왔구나, 왜 그렇게 멀리까지 여행했니?" 그들이 대답한다, "우리는 당신을 방문하려고 왔습니다, 그래서 우리가 모두 알도록, 그래서 우리가 삶을 가질 수 있도록." "그렇구나." 그들이 말한다. "좋다." 그리고 그들은 은총을 내린다. 그리고 그들은 그곳에 십 분밖에 머물지 않는다, 아주 몇 분 동안만, 우리의 아버지, 우리의 할아버지, 그곳의 그들 모두와 말하기 위해서. 그리고 그다음 어머니는 그들에게 은총을 내리고 그리고 그들은 떠난다(Myerhoff 1974: 179-184).

읽을거리

Bierhorst, John 1990 *The Mythology of Mexico and Central America*. New York: William Morrow.

Burns, Allan F. 1983 *An Epoch of Miracles: Oral Literature of the Yucatec Maya*. Austin: University of Texas Press.

Edmonson, Munro S. (ed.) 1985 *Literatures. Supplement to the Handbook of Middle American Indians*, vol.5, general editor Victoria R. Bricker. Austin: University of Texas Press.

Gossen, Gary H. 1974 *Chamulas in the World of the Sun: Time and Space in a Maya Oral Tradition*. Cambridge: Harvard University Press.

Gossen, Gary H. 1993 "On the Human Condition and the Moral Order: A Testimony from the Chamula Tzotzil of Chiapas, Mexico", *South and Meso-American Native Spirituality: From the Cult of the Feathered Serpent to the*

Theology of Liberation. edited by Gary H. Gossen, and Miguel León-Portilla. pp.414-435. New York: Crossroad.

Gossen, Gary H. 2002 *Four Creations: An Epic Story of the Chiapas Mayas*. Norman: University of Oklahoma Press.

Karasik, Carol (ed.), and Robert M. Laughlin (trans.) 1988 *The People of the Bat: Mayan Tales and Dreams from Zinacantán*. Washington, D.C.: Smithsonian Institution Press.

Laughlin, Robert M. 1977 *Of Cabbages and Kings: Tales from Zinacantán. Smithsonian Contributions to Anthropology*. No. 23. Washington, D.C.: Smithsonian Institution Press.

Montejo, Victor 2005 *Maya Intellectual Renaissance: Identity, Representation, and Leadership*. Austin: University of Texas Press.

Paz, Octavio 1961 *The Labyrinth of Solitude: Life and Thought in Mexico*. New York: Grove Press[English translation of the revised Spanish edition, 1959: *El laberinto de la soledad*. Mexico City: Fondo de Cultura Económica].

Taggart, James M. 1983 *Nahuat Myth and Social Structure*. Austin: University of Texas Press.

Tedlock, Dennis 1993 *Breath on the Mirror: Mythic Voices and Visions of the Living Maya*. San Francisco: Harper.

14장 메소아메리카의 종교 전통

게리 H. 고센

1. 고대 세계

적어도 기원전 2000년부터 메소아메리카의 종교 전통들은, 지역 그 자체와 마찬가지로, 독특한 정체성을 전개시키기 시작했다. 마을 단위의 문화를 넘어서 정치적·사회적 통합이 시작되었음을 가장 강력하게 표현하는 초기 고고학적 기록으로 올메카 양식을 들 수 있으며, 초자연적인 대상을 소재로 하고 있다. 올메카 양식은 '아기 얼굴을 한' 인간-재규어라는 소재를 묘사하는 수백 가지의 유물들(기념비적 조각, 새긴 옥으로 된 작은 조각상, 토기, 모자이크 포상[鋪床] 등의 다양한 매개물로 제작됨)에 가장 명확하게 표현되고 있다(그림 14.1).

기원전 1150년 무렵 멕시코 중앙 걸프 연안에서 유래하는 이 독특한 도상은 그리스도 이후의 시대(서력 기원)에 접어들어 멕시코 중부와 동부의 광범위한 영역에 걸쳐 정치적·이데올로기적으로 상당한 영향력을 행사하게 되었던 주요 의식의 우세와 확장에 연관되어 있는 것으로 보인다. 이 도상은 바이바수 시설을 통해 정치 권력과 신성한 조상들을 연결짓고 있는 것으로 보인다. 이 위대한 양식은 너무나 갑작스럽게 등장했고, 게다

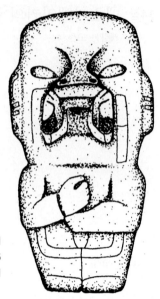

그림 14.1 올메카 양식의 옥 초상 도끼(Kunz Axe). 유래와 날짜는 미상이지만, 멕시코 타바스코 중부에서 기원전 5세기경 제작된 것으로 추정됨. 뉴욕의 미국자연사박물관에 보관된 원물 사진을 토대로 엘런 세서스키가 그림.

가 산로렌소와 라벤타 등의 거대한 의례 유적지에서 이 양식의 존재가 매우 두드러졌기 때문에, 멕시코의 학자 미겔 코바루비아스(서론을 참조하라)는 1950년대에 다음의 가설을 제시했다. 올메카 문명과 이에 관련된 신정국가 기관들이 형성력을 지닌 중심 문화를 구성했으며, 이로부터 메소아메리카 문명의 다양한 표현체들이 잇따라 전개되었다는 것이다(메소아메리카 문명의 발생에 관해서는 1장을 참조하라). 하지만 올메카 문화만이 아니라 유사한 영향력을 행사했던 형성기의 여러 정치조직체들이 메소아메리카 문명에 토대가 되었음을 믿게 하는 더 많은 증거들이 발견되고 있다. 우리가 알고 있는 메소아메리카는 형성기에 공통된 관념과 적응을 통해 거대한 지역적 통합체를 구성한 이래로, 잉여 농업과 미 을 단위의 삶이라는 한 가지 요인에서 비롯되는 그 어떤 단일한 특성만을 지녔던 적이 없다는 사실을 이제 우리는 제법 확신히 단언할 수 있다. 메소아메리카의 문명은 아마도 다른 모든 문명들과 마찬가지로, 보다 거대하고 통합적인 정치조직체들을 형성하기 위한 정치적·경제적 수단들의 **산물이자** 이처럼 거대한 통합 단위들의 존재를 합리화하고 정당화시켜 줄 상징적 형태들의 복잡한 **산물로서** 진화했을 것이다. 막스 베버를 차용한 클리포드 기어츠의 유명한 문구를 빌리자면, 과거와 현재에 걸쳐 메소아메리카인들은 그들이 자아내 온 의미망들에서 살아왔다. 고대 메소아메리카의 이렇게 '창조된' 의미의 우주에서 종교는 분명히 주된 정치적·이데올로기적 힘이었다.

그렇다면, 이제 우리는 삶과 죽음, 안녕과 고통, 풍부함과 가난, 삶의 연속성과 파괴, 도덕적 권위와 부패를 설명하는 매개가 되었던 일부 골격들을 종합해 볼 것이다. 먼저 우리는 인간 거주가 시작됐던 가장 초기 메소아메리카의 영적 전통들을 주어진 정보를 토대로 추측해 보고, 현재까지 지속되고 있는 메소아메리카 종교 전통들의 유형을 추적해 볼 것이다.

1) 샤머니즘의 뿌리

아메리카 대륙의 가장 초기 거주자들은 어부와 수렵채집인으로 대륙에 도착했다. 그들은 소규모 유목민 무리를 지어 생활했다. 그들의 영적인 신앙과 실천은 오늘날 북아메리카 북극 지방의 에스키모들과 아마존의 수렵채집인들 사이에서 지속되고 있는 샤머니즘적 전통들과 유사했을 가능성이 있다. 이 유형의 공동체들이 후기홍적세(Paleo-Indian period, 기원전 40000년~10000년)로 알려진 시기에 멕시코와 중앙아메리카 전역에 걸쳐 분산되어 있었다. 그들의 영적인 삶을 재건하려는 그 어떤 노력도 추측에 근거해야 한다. 그럼에도 메소아메리카를 비롯해 아메리카 대륙에서 행해지는 가내 치료와 점술 관행들에 관한 현대의 문화기술지들은 샤머니즘적 신앙과 초자연적 중재가 영성(spirituality)의 토대를 형성하며, 아메리카의 원주민 문화들은 모두 일정 정도 이에 참여했음을 보여 준다. 따라서 우리는 샤머니즘이 고대 메소아메리카에 존재했었을 것이며, 매우 오래된 기초적인 관행임을 추론할 수 있다.

예를 들어 마야인들에 관한 최근의 책 『마야의 우주: 샤먼의 길을 따라 가는 3천 년』(Maya Cosmos: Three Thousand Years on the Shaman's Path, 1993)의 제목을 생각해 보라. 고대적 형태의 샤머니즘은 고도로 개인주의적이고 실용적인 형태의 영성이었을 것이며, 그 종교적 탐구의 목적은 본질적으로 인간의 복지, 식량의 공급, 건강을 보장하는 것이었다. 이 목표는 동물, 식물, 지리적 특성, 신성들의 영혼들(수렵, 채집, 어획 자원과 인간 운명을 책임지고 있다고 믿어졌던)과의 상호적인 교류를 통하여 달성되었다. 수행자들은 전속 전문가들이나 조직화된 소수집단의 구성원들은 아니었을 것이며, 자신과 가족 구성원들을 위해 몽환적 상태, 환각의 탐구, 해몽 등을 통해 자연계의 영혼들과 소통하려 했던 개인들이었을 것이다.

2) 농업의 등장과 그 초자연적 특권

고대기(기원전 8000년~2000년, 1장을 참조하라)에는 식량과 섬유 배양변종의 재배라는 과정이 완만하게 전개되었다. 하지만 이는 식량 생산 능력을 엄청나게 향상시켰고, 극적인 인구 증가를 초래했으며, 이에 수반해서 정주형 마을 생활이 전개되게 했다. 식량 생산과 관련해 새로운 기술들이 개발되었고, 정주형 삶을 위한 하부구조, 예를 들어 가옥, 설비, 저장 시설, 밭, 물 공급 등을 규제, 방어, 보수하기 위해 보다 복잡한 사회 형태들이 생겨났다. 이 가운데, 새로운 종류의 농업과 조상 숭배 의식들이 등장했다. 농경 관행은 대지의 신성, 물의 신성, 태양과 달의 신성들을 달래고, 이와 더불어 재배 식물에 대한 초자연적 보호를 얻어 내고 그 지속적인 생식력

그림 14.2 '예쁜 아가씨' 양식으로 알려진 틀라틸코의 작은 도자기상. 중앙멕시코에서 유래했으며, 시기는 기원전 약 1200년. 사진 제공: 질레트 그리핀(Gillett G. Griffin).

을 보장받기 위한 의식들을 요구했다. 이 같은 추론을 뒷받침하는 증거로서 학자들은 이 시기 상징적 재현에서 때로는 음부와 가슴이 과장되어 있는 여성을 묘사하는 작은 토기 조각상들이 특히 두드러진다는 점에 주목해 왔다(그림 14.2). 그리고 이 요소는 인간과 농경의 생식력이 지니는 문화적 중요성을 의미하는 것으로 해석되어 왔다.

농업과 정착생활은 재산권과 관련해서 사회적 통제를 요구하기도 했다. 새로운 형태의 사회적 통제에 있어서 가장 전형적인 특징은 영구적인 거주 유형의 기반으로서 친족 집단의 비중이 증가하게 되었고, 조상 전래의 소유물에 대한 권리와 관개용 물 접근권의 근거로서 계보학적 관계가 중요성을 지니게 되었다는 점이다. 이 '목표들'은 토템 의식을 통한 조상 숭배 관행의 등장을 통해 표현되는 것으로 보이며, 이는 '창시자의 기억'

과 해당 사회 집단의 정체성, 재산권, 사회적 지위를 밀접하게 연결시키는 의례적 장치였다.

이 유형들은 이후 등장하는 시민 국가, 왕국, 제국들의 이데올로기적 근간을 형성하게 되었을 것이다.

3) 메소아메리카 신정 국가들의 등장

전고전기 또는 형성기(기원전 2000년~서기 200년)로 알려진 시대에는 수천 개의 마을 문화들을 토대로 사회 통합의 복합적이고 거대한 단위들이 생겨났다. 확장적인 이데올로기적·경제적·정치적 영향력으로 특징지어지는 이 거대한 정치조직체들은 지역의 사안에서 그들의 지배권이 증가하고 있음을 보여 주는 인상적인 행정, 의례 중심지들을 건설했다. 이 도심지들이 진정한 '도시'로 불릴 수 있는가의 여부와는 관계없이, 대규모 피라미드, 사원, 요새, 기념비적 조각 등과 같은 정교한 건축적 특성들과 관련해서 그들은 해당 지역의 '동급 중심지들 중에서 더 거대한' 단위로 발전했음이 분명하다. 이 초기 중심지들은 행정과 무역의 중추가 되었을 뿐만 아니라, 통치가문들의 조상 숭배와 점차 중앙집중화되는 천상, 대지, 비의 신성들에 대한 숭배가 거행되는 장소가 되었다.

이 시기에 라벤타와 산로렌소 등의 초기 주요 중심지들은 그들과 직접적으로 인접한 곳을 넘어서서 보다 거대한 유역에까지 종교적·정치적 영향력을 행사하기 시작했다. 이 제례 중심지들에서 우리가 앞서 주목했던 경향성, 즉 지역 전통들의 복합성의 증대와 통합 추세를 확인할 수 있다. 주요 신성들에게 바치는 숭배의식들의 등장과 그 광범위한 전파가 이를 반영한다. 이와 관련된 한 사례는 유명한 올메카의 '인간-재규어' 형상들이 중앙 걸프 연안과 인근 지대의 도처에 분포되어 있다는 점에서 확인된다. 이 특이한 존재들은 신성한 조상을 재현했던 것으로 추정되며, 이 존재들의 도덕적·정치적 권위를 활용해 올메카의 엘리트는 그들의 전통을 무역과 그 외, 아마도 보다 공세적이었던, 형태의 접촉을 통해 수출했을 것이다. 더 나아가서, 트레스사포테스의 걸프 해안 유적지와 보다 남쪽과 서쪽 유적지들에서 발견된 증거들은 독특한 메소아메리카의 역법 체계(그 신성한 천문학적 주기와 태양 주기가 이후 마야 신정 국가들의 정치적 권위를 보장해 주었던)가 올메카인과 그 외의 형성기 민족들로부터 유래했음을 시사한다.

4) 고전기 메소아메리카의 전통

고전기(서기 200년~900년)는 이 책의 1장에서 서술되고 있다. 여기에서는 이 시기에 메소아메리카 전역에 걸쳐 신정주의 국정 운영 기술이 공고화되었음을 강조하려 한다. 이 기술은 중앙멕시코에서 시작해 온두라스와 아마도 그 남단까지에 걸쳐 수백 가지의 변형된 방식으로 나타났다. 당시 모든 도시국가들은 신중하게 계획된 의례 중심지들에 행정적으로 집중되어 있었으며, 이 중심지들은 기념비적 종교 건축물과 정교한 부속 구조물로 특징지어진다. 세습에 의해 즉위한 신성 왕들이 모든 정치조직체들을 통치했던 것으로 보이며, 이들은 그들의 위엄을 드러내는 건축적·예술적 표현물들에 둘러싸여 살았다. 예술, 과학, 문자가 번성했고, 모두가 중앙집중된, 신성한 왕권을 위해 복무했다. 이 시기 메소아메리카에서 주목할 만한 모든 문화적 성취들(천문학, 수학, 건축, 도시 설계에서부터 역법, 문자, 조각, 벽화, 정교한 다색 토기 예술에 이르기까지)은 중앙집중화되고, 통일된 종교적·정치적 권위 체계를 상징적으로 재현하고, 정당화하는 데 주안점을 두고 있었다고 말해도 과장이 아닐 것이다.

　가능한 범위 내에서 당시 거대한 도심지들의 의미를 해석해 볼 때, 그들의 총체적인 공간적 설계와 주요 구조물들은 다름 아닌 신성한 우주도

(cosmogram)의 표현에 다름없었던 것이 분명해 보인다. 예를 들어, 테오티우아칸은 그 절정기(서기 500년경)에 인구가 15만 명에 달했으며, 따라서 당시 전 세계에서 소수에 불과했던 거대 도시들 가운데 하나로 평가되었다. 테오티우아칸은 신들의 출생지로 기념되었으며, 거의 1천 년 후 아스테카인들이 권력에 오르게 되었을 때, 그들은 가장 큰 경외심을 가지고 테오티우아칸을 기억했다. 다비드 카라스코는 아스테카인들이 그들의 시대에 해당하는 다섯번째의 우주 창조기가 테오티우아칸에서 발생했던 신화적 사건들로부터 비롯된 것으로 간주했음에 주목한다.

> [모든 것이 ─인용자] 아직 어둠 속에 있었을 때, 태양이 보이지 않고 날이 밝지 않았을 때, 신들이 테오티우아칸에 모였다고 한다. 그들은 말했다. …… "누가 책임지고 태양이 돼서, 새벽을 가져올 것인가?"(Sahagún 1952-1982: Book VII: 4)

따라서 고전기의 수많은 도시 중심지들이 신성한 조상들에 헌신하고 있었으며, 그 공간적인 배치가 우주를 모사하고 있었다는 사실은 놀라울 것이 없다. 예를 들어, 제례 중심지들의 중요한 동-서 축은 주요 건축적 특성들에 의해 경계 지어지는 경우가 빈번하며, 이는 중심부의 제례 광장들이 전형적으로 네 구획 도면으로 설계되어 신성한 우주의 기본 방위와 관련되는 네 개 부문을 모사하는 것과 유사하다. 더 나아가서 개별 구조물들은 특정한 신성들과 우주의 구획들에 연관되어 있는 것으로 보인다. 예를 들어, 태양과 달의 신성들에 봉납된 유명한 거대 피라미드들 이외에도, 테오티우아칸은 이후 문화들에서 케찰코아틀(깃털 달린 뱀)로 식별되는 신성에 그 도상이 바쳐진 완성된 사원 건축물을 보유한다. 테오티우아칸의 벽화를 비롯해 그 외의 구조물들은 이 거대한 수도에서 비, 물, 초목에 관

그림 14.3 멕시코 치아파스에 위치한 고전기 마야 도시 팔렌케에 있는 잎장식 십자가 사원 내부에 설치된 중앙평판(tablet). 출처: Freidel 1993: 282.

련되는 초자연적 존재들(특히 물의 여신)도 숭배했음을 시사한다.

신성한 제례 건축물이 고전기 마야의 도시 중심지들도 지배했다. 예를 들어, 팔렌케는 고대 마야 도시들 가운데 가장 잘 연구되고, 가장 면밀하게 이해된 곳으로서, 기품 있는 여러 사원 구조물들을 보유하고 있다(특히 십자가 사원과 잎장식 십자가 사원이 주목할 만하다. 그림 1.10과 그림 14.3을 참조하라), 이 구조물들은 우주의 나무에 봉납되어 있는데, 이 나무의 몸통과 잎사귀에서 옥수수 신성들이 생겨나며, 이 신성들은 다시 신성한 조상들과, 그리고 궁극적으로 태양 신성과 연결된다.

마야의 통치자들은 우주의 생명력 그 자체를 구현했으며, 마키나

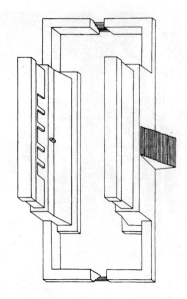

그림 14.4 대문자 'I' 모양의 메소아메리카 구기장의 지면도. 출처: Carmack 1981.

(Mah K'ina, 위대한 태양 지배자) 또는 아아우(Ahau, 지배자)라고 불렸다. 따라서 그들이 통치하던 사원 중심지들은 물론이고 통치자들의 신체도 살아 있는 지상의 우주도를 구성했다.

마야 도시 중심지들의 또 다른 두드러진 특징은 구기장이었는데, 이 건축 형태는 고대 메소아메리카의 거의 모든 곳에 걸쳐 나타났다(그림 14.4). 도시와 마찬가지로 마야 지역에서 구기장은 신성한 우주의 모형이었다. 구기장은 반드시 지면이 움푹 파인 곳에 건축되거나, 종종 대문자 'I' 모양으로 된 움푹 파인 보도를 제공하도록 설계되었다. 재현되는 우주적 공간은 시발바(Xibalba, 지하세계)로, 이곳에서 태양 신성이 어둠과 죽음이 세력들과 전투를 벌이고, 이를 통해 일시적 생명이 솟아난다. 따라서 이곳은 죽음의 장소이자 동시에 재생력의 장소이다. 구기(球技) 그 자체는 우주적 재생 의례로서 행해졌던 것으로 보이며, 그 목적은 태양을 재현하는 무거운 자연 고무공이 새벽녘에 동이 트는 지점을 재현하는 후프(둥근 테)나 다른 구조물을 통과하도록 몰고 가는 것이다. 경기에서 패배하는 측은 그 대가로 굴욕적인 의례를 겪거나 인신공희의 제물로 희생되었다.

따라서 이 시기 메소아메리카 국가들의 사회적·지적·예술적 활력의 상당 부분은 그들의 존재를 결정하고, 보장하는 신성한 우주적 권위를 강조하는 데 집중되어 있었다고 보아도 과장이 아닐 것이다.

5) 탈고전기

'탈고전기'(Postclassic)라는 시대 구분(서기 850년~1521년)은 유럽 중심적인 잘못된 표현인데, 그 이유는 이 명칭은 해당 시기에 예술, 공학, 정치의 질적 측면과 관련해서 총체적인 '퇴보'가 있었다고 함축하기 때문이다. 실제로 마야 지역에서 이 시기의 시작은 저지대 마야인들이 그들의 장주기 역법 체계로 알려진 것들에 기입하기를 중단했던 임의적인 날짜에 근거한다. 이들의 역법 기록에서 발견되는 돌연한 변화는 소위 마야의 '붕괴'와 연관되기도 했으며, 이 시기에 저지대 마야의 주요 도시들 중 다수가 버려지거나, 일부 경우에는 파괴되었던 것으로 보인다. 저지대 마야 엘리트들의 운명에 어떠한 극단적인 변동이 생겨났고, 그 원인이 무엇이었던 간에(상세한 내용은 1장을 참조하라), 삶은 계속되었고, 저지대와 고지대 마야를 포함해 메소아메리카 전 지역에서 잇따라 나타난 문화적 표현들은 풍부하거나, 비범했다. 예를 들어 초기 탈고전기에 저명한 톨테카 문명이 준-신화적 '황금시대' 문화로서 주도권을 행사하기 시작했고, 이어 등장하는 마야와 멕시코를 포함하는 수많은 메소아메리카의 문화들은 톨테카 문명을 존경과 경외심으로 바라보게 된다.

탈고전기는 무수한 국가들이 이해관계 확대를 위해 전투와 정치적 팽창에 몰두하던 시대였지만, 정치 수완과 이데올로기적 정교화로 특징

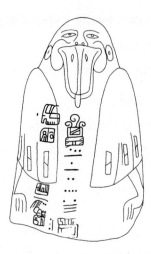

그림 14.5 툭스틀라의 작은 조각상. 도상, 문자, 장주기 날짜들은 모두 에피-올메카 양식으로 기록되어 있다. 유래한 장소는 멕시코 베라크루스의 산안드레스툭스틀라이다. 비문의 날짜는 서기 162년에 해당한다. 조각상의 왼쪽에 세로로 새겨진 네 개의 상형문자들은 "동물 영혼 동반은 강력하다"라고 해석될 수 있다(Justeson and Kaufman 1993: 1703). 출처: Holmes 1907: 691~701.

지어지고, 더 나아가 사회 공학, 무역과 시장 거래, 공공사업, 도시설계 등에서 괄목할 성과를 거두었던 시기임이 분명하다. 물론 이 시기에 아스테카 제국을 비롯해 멕시코와 과테말라의 여러 지역에서 수많은 보다 소규모의 제국주의적 기획들이 등장했고, 공고화되었다(후기탈고전기에 대한 설명은 2장을 참조하라).

이 시기는 이 책에서 특히 중요한데, 그 이유는 접촉 시기에 스페인 관찰자들과 연대기 편자들이 식민지의 누에바 에스파냐를 건설하기 위해서 이 세계를 파괴하는 와중에도 이 세계의 상세한 사항을 실제로 목격하고 기록했으며, 그 결과 이 시기 고대 메소아메리카의 역사가 우리에게 가장 잘 알려지게 되었기 때문이다. 더 나아가서 앞서 6장에서 논의했듯이, 접촉 시기는 고대 메소아메리카 종교에 관한 방대한 문헌화를 가져왔다. 상당 부분이 원주민들에 의해 토착 언어로 작성되었던 이 문헌들은 다시 라틴어 문자로 번역되었으며, 여기에 스페인어 그림과 번역 및 주해가 더해졌다. 원주민의 '자문화기술지'는 비록 의심의 여지없이 편향되어 있지만(이 같은 작업이 왕실의 '후원'을 받았고, 전도 사업의 촉진과 관련된 이유로 사제들의 후견 하에서 행해졌기 때문에), 우리는 이전 시대들에 비교해 16세기 원주민의 종교 사상과 실천에 관해 더 많은 것을 알고 있다고 분명하게 주장할 수 있다.

이와 같은 이유로, 우리는 접촉 시기의 두 종교들(멕시카나 아스테카의 종교와 글상자 14.1의 유카탄 마야 종교)을 구성한 주요 원칙들을 대부분 토착 증언과 문헌 자료들에 근거해서 대략적으로 살펴볼 수 있다.

고대 멕시코에서 인간의 운명 ǀ 베르나르디노 데 사아군의 나우아어를 사용하는 보조원들은 16세기 중반에 그들의 영혼 신앙을 아래와 같이 기록했다.

> 이렇게 전해졌다
> 열세번째 하늘에서
> [하늘들 가운데 최상의 ─ 인용자]
> 우리의 운명이 결정된다고.
> 아이가 잉태될 때,
> 그가 자궁에 들어서게 될 때,
> 그곳에서 그의 운명(tonalli)은 그에게 온다;
> 그것은 이원성의 신에 의해 보내진다(Sahagún 1969: VI: Chapter XXII).

이 문헌에 대한 최근의 평론에서, 역사학자 미겔 레온-포르티야는 다음과 같이 적고 있다.

신성한 존재들이 묘사되는 여러 책에서 우리는 토날리를 의미하는 상형
문자를 발견하기도 하는데, 이는 개별적인 인간의 운명으로서, 주어진
순간과 장소에서, 신들에 의해 주어지게 되는 것이다. 이 토날리, 운명들
은 개별 인간의 삶에서 그 출생부터 죽음에 이르기까지 모든 것을 결정
할 것이다. 토날리는 본질적으로 개인의 이-마세우알(i-macehual), '개
인에게 수여되는 것으로, 개인이 받을 자격이 있는 것'이다. 따라서 지구
상의 모든 사람들에게 토날리는 동질적인 근원이자, 생명의 신성한 원천
의 흔적이다. 이것은 미리 정해진 체계에 무슨 일이 생길 것인지를 결정
하는 실체이다. 이처럼 미리 정해진 계획을 밝혀내고, 그 신성한 원천을
달래는 것은 인간의 조건에 결정적이다(León-Portilla 1993: 46).

이 신앙 체계가 기독교와 접하게 되면서, 그 근본적인 '다름'이 전도
사들과 그 외의 스페인 관찰자들에게 분명하게 드러났다. 최근 호르헤 클
로르 데 알바는 이 같은 차이에 관해 다음과 같이 설명했다.

자아의 핵심에는 자율적인 의지라는 것이 없었는데, 그 이유는 모든 인
간 존재가 우주 전체를 구성하는 세력들을 반영하는 소우주였기 때문이
다. 더 나아가서, 개인적인 의지와 우주를 지배하는 초자연적이고 자연
적인 세력들 사이에는 분명한 경계가 없었다. 결과적으로, 올바른 의도
그 자체보다는, 신들(성인, 영혼, '악마')의 대립적인 영향력을 진정으로
조율한다고 믿어졌던 행동들이 개인의 윤리적 영역을 규정했다. 따라서
의지, 명상, 동기보다는 행동, 수행, 격식이 도덕적이 되고자 분투하던 나
우아 사람들의 주된 관심사였다(Klor de Alva 1993: 183-184).

물론 아스테카의 국가 종교는 이와 같은 토착적인 자아 이론만으로

보여 줄 수 있는 것보다 훨씬 더 복잡했지만, 전체적으로 볼 때 아스테카의 영성은 인간이 개인적·집단적으로 이원성의 신에 의해 주어지는 운명을 확인하고, 이를 달성하는 문제와 근본적으로 관련되어 있었다는 주장이 제기되어 왔다. 이로부터 인간이 생명이라는 선물에 대한 보상으로 달래고, 보답할 필요성이 논리적으로 뒤따르게 된다. 이는 인신공희라는 주제의 바탕이 된다. 아스테카인들은 이와 관련해 많은 주목을 받았지만, 이해는 거의 받지 못했다.

2. 메소아메리카의 영적 세계가 서구를 만나다

16세기 말, 청교도들이 현재 매사추세츠에 해당하는 곳의 바위투성이 해변에 이르기 훨씬 전에, 메소아메리카는 심원한 변형을 겪었다. 누에바 에스파냐(스페인들이 멕시코와 중앙아메리카를 부르던 방식)가 스페인의 신세계 제국의 두 요체들(페루와 더불어) 가운데 하나로서 완전히 설립되었다. 수백 개의 교회들이 고대 멕시코와 마야 사원 성지들의 토대가 되었던 피라미드 유물 언덕들 위에 또는 그 근방에 세워졌다. 사실상 이 유물들이 새로운 식민지 구조물을 위한 건축 자재로 활용되는 경우가 빈번했다. 아스테카의 수도였던 테노치티틀란에 해당했던 중앙 사원의 바로 그 토대 근방에 멕시코의 대성당이 세워졌다. 스페인의 거대한 신세계 운영에 있어 경제적 중심지였던 멕시코시티는 주요 대학, 수많은 학교, 수도회, 병원, 광장, 왕궁들을 보유하고 있었고, 이 모두가 말끔하게 고안된 격자형 설계도에 따라서 배치되었다. 과테말라의 안티구아 역시 질서 정연한 식민지 삶의 르네상스 견본을 닮았으며, 왕실을 위해 아메리카를 복음화하는 사명을 지닌 수많은 교단의 수도회 본부들이 세워졌다. 멕시코와 과테말라의 방대한 구획이 살아남은 원주민 공동체들과 더불어 엔코미엔다로서 군인들과 정복에 복무한 이들에게 양도되었다. 은 광산, 소 방목장, 거대한 재배지들이 교외에 등장했고, 모두 원주민 강제 노동력을 통해 관리되었다(상세한 내용은 4장과 5장을 참조하라).

1) 선교 국가의 실행

이 모든 과정이 메소아메리카 원주민들에게 초래한 비용은 극도로 높았다. 원주민 사원 중심지의 물리적 구조물과 책과 예술작품들은 잿더미와 폐허에 놓이게 되었고, 인구의 90퍼센트 이상이 감소했으며, 1521년에 2700만 명으로 추정되던 인구(이 통계는 일부 학자들에게 논쟁의 대상이 되고 있다)가 1600년에는 120만 명으로 줄어들었다. 유럽이 가져온 질병들에 메소아메리카인들은 면역력을 지니지 못했으며, 이는 강제 노동을 통한 학대 행위와 강제 이주와 더불어 인구학적 대변동의 요인들이었고, 심지어 무자비한 학살보다도 훨씬 더 많은 생명을 앗아 갔다(서론과 4장을 참조하라). 인구학적 감소는 스페인인들에게 실질적인 우려의 대상이 되었는데, 그 이유는 북아메리카의 청교도들과는 달리 그들은 왕실이 아메리카에서 자체적으로 설정한 야심찬 목표들을 달성하기 위해 원주민들의 신체와 영혼이 모두 필요했기 때문이었다.

1542년 공표된 인도법령(Laws of the Indies)은 아메리카의 왕실 대표자들은 모두 선교 사업이라는 책임의 실질적인 집행자라고 특정하게 명시했으며, 이 책임은 정치적·경제적 의제로 구성된 보다 실용적인 목표들로부터 분리될 수 없었다. 따라서 왕실의 모든 관리들은 설득과 훈육을 통해 아메리카의 '영적 정복'을 장려하고 지지할 형식적인 의무를 지고 있었으며, 그 이유는 교황이 '처상의 신'(Sublimus Deus)이라는 표제의 칙서에서 아메리카 원주민들은 법적으로 또는 공정하게 노예화될 수 없는, 교화와 구원을 받을 가치가 있는 영혼을 지닌 인간이라고 선언했기 때문이다. 한편으로는 이 같은 이상과 다른 한편으로는 지방에서의 관행 사이에 분명히 막대한 모순이 존재했지만, 그럼에도 왕실이 '선교 국가'로서의 의무를 수행하는 데 깊은 관심을 가지고 있었던 것이 사실이다. 스페인의 식민 역사에서 이 의도를 아마 가장 잘 상징하고 있는 사건은 1524년 멕시코에 열두 명의 프란시스코회 주교들(대중에게는 '12 사도들'로 알려진)이 의기양양하게 도착했던 일이다. 거대한 국가적 의식이 거행되었고, 그들은 지상의 새로운 예루살렘인 천년왕국의 설계자로서 동료들의 환영을 받았다. 지구상에 그리스도의 귀환을 알리는 이 세속적인 기독교 공동체는 토착민들 다수를 기독교 신도로 개종시키는 업적을 통해 달성될 것이었다.

2) 종교적 혼합주의와 지방의 현실

1531년(여기에서는 차후 세기들에 '정전으로 인정'[canonized]되었던 한 민담을 따르고 있다. 상세한 내용은 5장을 참조하라), 스페인인들이 아스테카의 수도인 테노치티틀란을 파괴하고 겨우 10년이 경과했을 때, 후안 디에고라는 이름의 원주민이 예수의 어머니가 그에게 발현했다고 주장했다. 처음에 교회 권위자들은 동정녀가 원주민 앞에 모습을 드러낸다는 생각 자체를 믿지 않았고, 이를 조롱했다. 후안 디에고는 동정녀가 처음 발현했던 곳으로 돌아가서, 그녀의 도움을 요청했다. 그녀는 그에게 근처 덤불에서 제철이 아님에도 활짝 피어 있던 장미꽃들을 꺾어 망토 안에 말아서 가지고 가라고 (나우아어로) 말했다. 이어지는 구절에서 다비드 카라스코는 이 기적과 그 여파들에 대해 서술하고 있다.

> 그는 들은 대로 했고, 그가 망토를 펼쳤을 때 망토에는 아름다운 색깔의
> 동정녀의 형상이 새겨졌다. 유명한 민담에 의하면, 후안 디에고가 멕시

코의 대주교에게 망토를 가지고 가자, 놀라운 기적이 받아들여졌고, 발현 장소는 새로운 대성당이 세워질 장소로 선택되었다. 오늘날 멕시코에서 가장 큰 바실리카(교황의 인정을 받아 건립한 성당—옮긴이)는 언덕 [테페약—인용자] 하단부에 세워져 있으며, 매일 수천 명의 독실한 신도들이 방문한다. 이들은 유리 상자 안에 보관된 기적적으로 새겨진 형상을 담고 있는 망토를 응시한다(Carrasco 1990: 136).

동정녀가 발현했던 곳이 아스테카인들에게 의미를 지니던 신성한 유적지였다는 사실과 그녀가 원주민에게 모습을 드러내기로 선택했다는 사실은 보다 논의가 필요한 부분들인데, 이들은 스페인 식민 의제의 화용론(pragmatics)과 관련이 있기 때문이다. 기적적인 발현이 민담과 교회의 교리가 서술하는 방식대로 일어났는지 여부와는 무관하게, 그럼에도 이 이야기는 문화적 조우가 일어나는 상황들의 전형적인 현상을 드러낸다. 지배적인 문화와 정복당한 문화 양자 모두는 불가피한 현재를 이해하기 위해 종종 종교를 통해 구현되는 수단을 추구하며(의심의 여지없이 서로 상이한 이유에 근거해서), 이는 기존의 문화적 형태를 새로운 형태와 뒤섞는 방식으로 구성되고, 이를 통해 새로운 정치적 실체를 다룰 수 있는 새로운 종합체를 생성해 낸다(5장을 참조하라). 기독교 자체가 유대교와 확장되는 로마 제국이 조우하는 혼란 속에서 이 같은 방식으로 태어났으며, 그 다채로운 변이들로 '메소아메리카의 기독교'가 태어났다.

어두운 피부색의 성모마리아와 아기 예수의 작은 형상으로 구성된 과달루페 성모에 대한 본래의 또 다른 숭배가 테페약 언덕에서 있었던 사건들보다 훨씬 앞서 존재했으며, 민담에 의하면 그녀는 수 세기 전에 스페인의 신자 앞에 기적적으로 발현했다고 한다. 그녀의 형상은 오늘날 스페인 서부(과달루페 마을)에 안치되어 있으며, 정복이 있기 훨씬 전부터 깊은 숭배를 받아 왔다. 하지만 그녀가 원주민적 특성을 지니고 나우아어를 말하는 예수의 어머니로서 발현했다는 것은 무언가 새로운 사실이었다. 실제로 일부 학자들은 이 두 형상들 사이에 어떠한 역사적인 관련성도 없다는 점에 주목한다. 이 형상의 역사에서 어떠한 모순이나 우연한 일치성들이 발견된다고 하더라도, 멕시코의 과달루페 성모는 멕시코의 수호성녀이자, '아메리카의 여왕'이 되었으며, 오늘날 수천만 명의 사람들이 그녀를 숭배한다. 그녀의 이야기는 정복자와 정복당한 자 모두에게 중요한 요소를 지닌다. 어떤 면에서 그녀는 원주민과 스페인인, 메스티소와 원주민, 스페인인과 메스티소 이들 사이의 긴장관계를 신앙과 헌신의 단일한 공동체로 통합시켰다고 말할 수 있다(동정녀 숭배에 관한 보다 상세한 내용은 글상자 5.1을 참조하라).

과달루페 성모 숭배는 접촉 이후 메소아메리카의 종교에서 혼합적인 요소들을 지니는 수천 개의 '조우라는 주제들' 가운데 하나일 뿐이다. 혼합적이라는 표현을 통해 우리는 역사적으로 구별되는 전통들에서 유래하지만 문화적 조우의 상황에서 재해석되고 변형되는 관념, 신성, 실천들의 속성을 가리킨다. 어떻게 이 무수한 혼합적 형태들이 메소아메리카에서 형성되었는가를 확신을 가지고 이해하는 것은 극도로 어렵다. 신중을 기해야 하는 이유는 여러 가지가 있다.

기독교와 메소아메리카의 영성이 조우하는 과정에 수백 가지의 변이된 형태의 종교적 신앙과 실천들이 개입되었고, 분명히 이 다원성은 아메리카라는 도가니에서 모든 유형의 행동주체들을 특징지어 왔다. 이 변이들은 스페인의 사회경제적 위계질서에 소속된 상이한 종파들과 상이한 위치의 개인들로부터 발생했을 뿐만 아니라, 상이한 개인적 일대기들로부터 유래했다. 동일한 불명료함과 주관성이 유럽인들과 조우했던 원주민들의 종교관을 특징지었다는 점은 의심의 여지가 없다. 기독교 복음화의 대상이 되었던 이 원주민들은 그 출신에 있어 극히 다양했으며, 귀족과 노예, 농민과 무역가, 수공예자와 사제, 이들 모두가 기존의 국가 종교들에 각자 개별적인 뿌리에서부터 상이한 태도와 충성심을 보였다. 실제로 그들이 이전의 '위대한 전통'에 대해 그 어떤 충성심도 보이지 않는 경우가 빈번했다. 따라서 쉽게 분리될 수 있는 새로운 현상(다시 말해 '새로운 메소아메리카의 기독교')을 기대하는 것은 그저 희망 사항에 불과할 뿐이다. 가장 이상적인 경우, 우리는 조우하는 상이한 유형의 행동주체들이 그들의 주관적인 기대와 반응들과 관련하여 진전된 대화를 나누기를 바랄 수 있을 것이다.

종교적 혼합주의라는 개념을 대하는 이 같은 우려들은 우리를 어디로 이끌어 왔는가? 이는 정복에 뒤이어 나타난 메소아메리카의 변형된 종교 질서들을 이해하는 것이 극도로 복잡하다는 인식으로 이어졌다. 무엇보다도 이 지역은 정교하고도 세계주의적인 공간이다. 접촉이 일어나던 당시, 메소아메리카에는 수십 개의 국가 신권정체들이 존재하고 있었으며, 아스테카 제국은 이들 중 단지 하나에 불과했다. 로버트 레드필드의 정의에 따르면, 이 이데올로기적 권력 중심지들은 모두 "거대한 전통들"을 구성했으며, 경제적인 공물 납부자이자 도시 행정 중심지의 속민들로 살 것을 강요당했던 수백만의 다양한 종족적·언어적 배경의 사람들을 통제했던 집권층 엘리트들과 이에 결부된 사제들의 공식적인 이데올로기적 규범을 재현했다는 의미이다. 하지만 신정 국가의 농촌 변두리들을 구성했던 지방의 마을 문화들은 기억과 실천에 관한 농민들의 독자적인 지방적 경험들을 반영했던 종교 관습과 신앙의 전달자였다. 이 지방의 종교들은 레드필드가 "작은 전통들"이라고 불렀던 것에 해당하며, 그 이유는 공식적인 제례적 삶과 관련해서 보다 거대한 국가적 요구에 순응해야 할 때조차도 그들은 고도로 지방적인 영적 활동을 계속해서 수행했기 때문이다. 따라서 접촉 이전의 메소아메리카인들은 도시 중심지에서 유래하는 의무적인 의식에 지속적으로 결부되어 있었으며, 부가적으로 지방의 주술적인, 조상 전래의, 농업적인 숭배 관행들에도 관여했다.

따라서 스페인 선교 국가가 콜럼버스 이전 시대 종교적 실천의 주요 공공 요지들을 전멸시키고 파괴했을 때, 그리고 지방의 엘리트들에게 새로운 기독교 교리를 전파하는 평신도 전도사나 아니면 적어도 지방의 후원자가 되도록 강요했을 때, 그들은 지방의 관행에 따라 매우 다양한 방식으로 그 일들을 수행했다(이 주제에 관해서는 5장을 참조하라). 사실상 기독교는 모두가 입에 발린 말로라도 인정해야 했던 새로운 거대한 전통이 되었다. 천년 동안 그 종교적 실천들이 가정, 계보, 밭, 물웅덩이 등의 의례에 집중되어 있었던 작은 전통들은 이제는 비록 그 지방적인 종교 실천에 기독교 관념을 새롭게 덧씌워야 했지만, 그럼에도 그들만의 생명력을 잃지 않았다.

기독교의 신과 이에 결부된 핵심적인 교리들조차도 새로운 개종자들에게 애초 선교사들이 기대했던 방식대로 도달하지는 못했는데, 그 이유는 기독교 개념들이 정복 이전에 존재했던 복잡하고 다원적인 관념들에 의미론적으로 부가적인 관념들로써 새롭게 융합되었기 때문이다. 예를 들어 식민시대와 심지어 오늘날 메소아메리카 전역의 수천 개의 원주민 공동체들에서 예수 그리스도는 고대 태양신의 다양한 발현 형태들 가운데 하나가 되었다. 이와 유사하게, 동정녀 마리아는 고대 달의 여신과 기타 여성 신성들의 다양한 표현 형태들과 융합되었다. 기독교 성인들 역시 (스페인에서 기독교가 이베리아의 토착 신앙 체계와 조우했을 때 그랬던 것과 마찬가지로) 기독교 이전의 다양한 개념들, 신성들과 관련되게 되었다.

이 같은 혼합 현상을 보여 주는 좋은 사례를 치아파스에서 찾아볼 수 있는데, 이곳에서 현대의 초칠-마야인들은 성 제롬에게 산과 바다에서 사람들의 동물 영혼 동반자들을 돌보아 주도록 의지해 왔다(초칠-마야인들에 대해서는 8장과 13장을 참조하라). 성 제롬을 이런 방식으로 경배하는 것은 그가 양순한 사자와 함께 있는 모습으로 묘사하는 스페인의 대중적인 도상학적 그림과 관련이 있으며, 이 형상은 성인의 삶에 관한 중세의 설화와 관련되어 있다. 하지만 이 스페인 성인이 초칠-마야인들 사이에서 거두고 있는 '성공'은 기독교 순교자로서의 그의 가치보다는 그와 사자 사이의 친화성에 더욱 근거하고 있는 것으로 보인다. 개인들과 일종의 숙명을 공유하는 초자연적 동체(coessence, 특히 동물들)에 대한 신앙은 16세기에조차도 매우 고대적인 메소아메리카의 개념이었으며, 이는 서기 150년 무렵으로 거슬러 가는 그림문자 문헌에 나타난다. 성 제롬을 이 신앙 체계와 연관시키는 것은 따라서 오래되고 복잡한 토착 아메리카의 영적 관념의 상대적으로 최근의 측면이다. 악마와 천사라는 기독교의 개념들이 지방의 신앙과 실천에 동화되면서 유사한 지방적 변형 과정들이 발생했다. 악마는 태양신의 지휘권에 적대적이었던 콜럼버스 이전 시대의 무수한 세력과 존재들에 융합되었다. 현대 메소아메리카의 다양한 지역에서 기독교 천사들은 콜럼버스 이전 시대의 다양한 땅과 비 숭배들로 흡수되어 왔다. 예를 들어 현대 메소아메리카의 수많은 원주민 공동체들에서 천둥과 번개는 천사를 의미하는 스페인어 '앙헬'(ángel)이라는 단어에서 유래하는 용어들로 불리고 있다.

앞에서 열거한 모든 사례들이 기독교화 과정에 종속되었던 수천 개의 마을들로 배가되어 진행되고 있었음을 떠올린다면, 새로운 거대한 전통인 기독교는 단지 그 자체 그 만큼에 지나지 않았음이 분명해진다. 작은 전통들로서 지방의 실천들은 무수한 성이한 방식으로 기독교를 동화시켰고, 최소한의 교리만을 유지한 채로 마을 교회의 원주민 성구관리인(sacristan)들이 일상의 업무들을 담당하는 사례들이 빈번했다. 따라서 일부 교회의 권위자들이 '영적 정복'의 성공을 공식적으로 언급한다고 해도, 수많은 지방의 사제들은 그들이 불리한 조건에 처해 있었다는 것을 스스로 깨닫고 있었다(글상자 14.2를 참조하라).

3) 식민교회의 사회적 조직

깊이 따지고 보면, 스페인은 누에바 에스파냐에 거대하고 통일된 신의 왕국을 달성한다는 목표와 관련해서 매우 불리한 입장에 있었다. 첫째, 왕실은 아메리카의 다른 지역에서 실행했던 정책을 멕시코와 중앙아메리카에서 집행했다. 카스트와 피부색에 근거한 두 개의 '국가들'이 신세계에 세워졌고, 하나는 스페인인들과 그들의 혼혈 자손들을 위한 크레올 국가였고, 또 다른 하나는 원주민들을 위한 원주민 국가였다. 따라서 지방의 조직에서부터 왕실 기관들 앞에서 대표권을 가지는 조직에 이르기까지, 스페인의 신세계 제국에는 사법적·영적·인구학적으로 분리된 두 개의 실체들이 존재했다. 분리되고 불평등한 왕실의 법, 민간과 교회의 규약, 납세 일정들이 스페인 공동체와 원주민 공동체에 적용되었다.

카스트 법에 의거해 꼭두각시 원주민 권위자들은 원주민들이 그들의 공동체에서 생활하고, 공물을 납부하고, 미사에 참여할 것을 권유했으며, 심지어 강요하기도 했다. 영국인들이 인도에서 실시했던 내정 자치(home rule)와 다를 바 없는 체제에서 왕실은 지방의 엘리트들이 왕실 권위자들에 종속된 원주민 속민들로 하여금 그들의 법적인 의무와 공물 납부 의무를 이행하도록 협조한다는 조건하에서 그들이 권력을 보유하는 것을 장려했다. 지방 마을이 왕실의 요구에 온순하고 순응적으로 따르도록 하는 대신에 지방의 카시케(우두머리나 대장)들은 상당한 특권과 세금 특혜를 받았고, 심지어 고등교육의 기회를 제공받기도 했다(이 주제에 관해서는 5장을 참조하라).

기독교 종교 조직과 신앙 및 실천과 관련해서도 이 같이 분리되고 불평등한 제도가 지배적이었다. 수천 개의 원주민 교구들을 관리하기 위해 필요한 성직자들이 부족했기 때문에, 원주민 평신도 선교사들이 오래된 엘리트 계급에서 선발되었으며, 이들은 선교사들에게 교리 훈련을 받았다. 그들은 전형적으로 스페인어로 교육을 받았고, 스페인 성직자가 부재할 경우 원주민 공동체에서 일상적으로 신앙을 유지할 수 있게 복무하도록 기대되었다. 메소아메리카에서는 성구관리인들(sacristanes)과 예배 성가대 교사들(maestros de capilla)로 알려진 이 원주민 교회 대표자들이 담당했던 책임은 일상적인 업무의 보조, 원주민 언어로 기도문과 찬송가 번역, 교회의 지역 대표자들과 신앙의 순수성을 감독하는 책임을 지녔던 종교심판소의 왕실 대표자들을 지방 공동체에 엮어 주는 연결 고리 역할 등이었다. 성구관리인들과 성가대 교사들은 따라서 지방의 원주민 정치 엘리트와 더불어 왕실의 대표자 대리인으로 복무하면서 특권이나 면책과 관련해 일정 정도의 얻을 것이 있었던 사람들이었다. 또한 그들은 교회의 교리와 실천을 지방 관습에 맞게 수정하는 일에 상당히 관여하고 있었다.

식민 역사가 다시 한번 모순적인 의외의 방향(왕실의 지시를 받으면서도 원주민의 제한적 권위를 유지하는 데 기여했다는 점에서)으로 전개되면서, 스페인은 지방의 원주민 공동체들이 민간 행정과 종교적 의식 후원과 관련해서 고도의 정해진 절차에 준해서 자체적으로 조직을 구성할 것을 주장했다(5장을 참조하라). 이 같은 태도는 관료제적 균형을 향한 특정한 르네상스적 욕망을 표출하며, 이는 오늘날 멕시코와 중앙아메리카 전역에 걸쳐 수백 개의 원주민 공동체들에서 유지되고 있는 잘 알려진 민간-종교적 위계질서('카고 체계'로도 알려짐)를 위한 식민시대 원형이었다(카고 체계는 유사한 이유로 19세기 세속 정부들하에서 재해석되고 다시 조직화되었다). 이따금 자리를 지키는 교구 주교(일반적으로 스페인인이나 메스티소)와 신임에 의해 연임하는 평신도 조수(성구관리인과 성가대 교사)의 하위에 오는 종교 조직은 지방 주민들의 신도회로 구성되어 있었으며, 이 조직은 성인들의 형상을 후원하고 유지하며, 성인들의 장비와 의복을 관리하고, 성인들을 기리는 연간 축제에 후원금을 내는 책임을 지도록 임명(때로는 지속적인 임기로, 때로는 교대로)되었다. 예배를 관리하는 신도회 조직은 중세 스페인의 교회에 의해 장려되었고, 반혁명 시대(16세기 중반부터 17세기 중반까지 프로테스탄트 종교개혁에 대한 대응의 일환으로 스페인에서 전개된 일련의 로마 가톨릭 부흥 운동──옮긴이)에는 지방 공동체의 승인된 형태의 봉헌이 지속되게 하는 수단으로서 교회 권위자들 사이에서 더욱 인기를 얻었다. 이 제도는 메소아메리카에서도 활발히 보급되었다. 전형적으로 지도자들은 관리인(mayordomo)과 '기수'(alférez, 旗手)라는 직함을 지녔다. 그들은 공동체 생활을 위한 그들의 기여에 근거해서, 그리고 지방의 건강, 번영, 복지를 가져다주는 특별한 후견자나 보호자로 식별되는 특정 성인들을 후원하는 대가로 명예와 신망을 얻었다. 이 제도는 고도로 지방적인 정체성과 충성심을 유지하는 데 상당히 기여하기도 했다. 이는 왕실이 선호하는 상황이기도 했는데, 그 이유는 원주민 인구를 크레올과 메스티소 인구로부터 분리시켜 주었고 또한 식민지 권위자들에 대항하는 범-원주민적 정치적 유대가 형성되는 것을 저지시켰기 때문이다.

따라서 식민지 메소아메리카 전역에 걸쳐 민간-종교적 위계질서는 상대적 균일성을 보였으며, 이는 물론 부분적으로 그들의 행정 원리였다. 식민 정부는 이 체제에 의거해 원주민에게 세금을 부과하고, 세례를 베풀고, 교의를 주입하고, 효율적이고 획일적인 지방의 권위 체계를 통해 강제 노동과 기타 부역으로 징용할 수 있었다. 그리고 이 체제가 효율적으로 유지될 수 있었던 이유는 순응을 통해서 이익을 취할 수 있었던 원주민 하층 관리들에 의해 통제됐기 때문이었다. 물론 동전의 다른 면에서 본다면, 종교 행사와 축제는 왕실과 교회 권위자들로부터 상대적인 자율성을 가지고 접촉 이전의 신앙과 실천의 요소들을 융합해서 계획하고 수행하는 장이 될 수 있었다. 성인 숭배(현재처럼 식민시대에도 편재했던)가 개별 공동체를 승인된 우상들의 집단적 기념에 동원한다는 목적에 기능했다면, 이처럼 상대적 자율성을 지닌 종교 활동들은 새로운 형태의 원주민 기독교를 원주민 공동체들 간에, 그리고 크레올과 메스티소의 신앙과 실천으로부터 극도로 구별되게 하는 기능을 수행하기도 했다. 오늘날에도 라디노(메스티소)와 원주민 인구가 혼합되어 있는 수많은 메소아메리카의 마을들에서 연중 전례 주기는 양 집단에게 있어 서로 평행적이고, 분리된, 다시 말해 통합되지 않은 행사로 치러지고 있으며, 그렇게 이해되고 있다.

이 조직적 요소들은 식민시대에 전개되고 우리 시대까지 이어지고 있는 원주민 기독교의 지방적 표현들의 놀라운 조합을 설명해 준다. 공식적 성체성사의 강조는 또한 비공식적 신앙과 실천이 콜럼버스 이전의 중요한 내용과 관념들을 얼마나 손쉽게 지속적으로 표현할 수 있는가를 이해할 수 있게 해주며, 그 이유는 밭, 집, 정원, 목초지들은 기독교 전례주기를 거행하기 위해 선호되는 요지들이 아니었기 때문이다. 따라서 스페인 접촉 이전에 개인의 삶의 주기, 가족, 가정의 삶과 관련해 고도로 지방화되었던 의례와 실천은 비교적 수월하고도 무난하게 지속될 수 있었고, 외부에서 주문하던 공식적 봉헌과 성공적으로 공존할 수 있었다. 이는 현대에 수백 가지 형태의 샤머니즘적 치료와 예언 관행들이 지속되는 상황을 설명하는 데 도움이 된다. 조상, 비, 바람, 땅의 신성들과 관련되는 신앙과 실천과 더불어 농업 의례와 다산 의례들은 접촉 이전의 관습이 왕실 권위자들의 감시로부터 상대적으로 분리된 채로 유지될 수 있게 하였다.

따라서 공식적 봉헌의 구조(내용이나 실천은 아닐지라도)에서 나타나는 처방된 통일성뿐만 아니라, 상당 부분이 교회의 감시로부터 신중히 차단된 가정과 개인의 종교적 실천에서 나타나는 상대적으로 자율적인 특이성까지 표현하는 식민시대에 전개된 무수한 혼합적 형태들을 고려하는 것이 도움이 된다. 영적인 신앙과 실천의 공적-내부적 혼합을 나타내는 수많은 표현 형태들은 현재와 마찬가지로 식민지 메소아메리카가 그 언어학적·문화적 조합에서 엄청나게 다양했다는 사실로 더욱 증폭된다.

3. 근대로의 이행

메소아메리카의 다양한 문화 지리(메스티소의, 아메리카 원주민의, 유럽의, 아프리카-아메리카의)가 19세기 초반의 독립 운동 시기에 이미 형성되어 있었다면, 이 문화적·종교적 다양성은 19세기와 20세기에 더욱 복잡해졌다. 이 같은 결과를 초래한 원인들에는 내적인 세력과 외적인 세력이 모두 포함된다.

1) 세속국가에서 지방 공동체들

점차 증가하는 메소아메리카의 종교적 다원주의를 가져오는 추동력은 이 지역의 새로운 국가들이 유럽의 중앙집중화된 정치적·종교적 기관들로부터 분리되어 있다는 점에 상당 부분 유래한다. 이 새로운 국가들은 자체적인 정의에 따라 세속적이고, '진보적'이라고 공언되었다. 프랑스와 미국을 본보기로 설정한 대부분의 국가 헌법은 국교를 법적으로 폐지했다(실제로 항상 그런 것은 아니더라도). 이 사건은 정치권력(한때 교회와 동일시되었던)이 더 이상 원주민 공동체의 영적인 훈육과 보호에 책임을 지지 않는다는 것을 의미했다. 이 같은 근본적인 변화는 공동체의 토지 소유와 대립되는 사적인 소유를 권장했던 '자유주의' 토지 개혁 입법과 결합해서 전통적으로 공동체가 소유하던 토지를 메스티소와 크레올들이 대규모로 잠식하게 했다. 합법적 수단에 의하거나 불법적 수단에 의하거나 관계없이, 원주민 공동체의 토지와 경제적 토대에 대한 이러한 잠식은 원주민 인구의 대규모 이탈을 초래했다.

원주민들이 메스티소와 크레올들이 소유하는 목장과 농장을 위한 이주노동자로 점차 전락함에 따라, 수많은 원주민 공동체가 인구학적·사회적으로 더욱 고립되는 역설적인 상황에 내몰렸다(그들이 불완전하게 소유하고 있는 토지는 주변부 지역에 위치해 있어, 소 방목이나 상업적 농업 및 광업에 바람직하지 않다고 인식되었다). 경제적 상황으로 인해 온 가족이 고향 공동체를 완전히 버리고, 가축 방목장이나 농장에서 부채노예가 되어야 하는 상황들이 빈번하게 발생했다(7장을 참조하라).

이 상황(심지어 오늘날에도 멕시코와 과테말라의 특정 지역에서 사그라지지 않은 채 계속되고 있는)에서 벗어나는 한 가지 경로는 도시로의 대규모 이주였으며, 그곳에 보다 나은 경제적 기회가 존재한다고 인식되었다. 전형적으로 도시로의 이주는 원주민들이 국가의 문화(일반적으로 사회경제적 영역에서 보다 하층의)로 동화되는 결과를 가져왔다(8장을 참조하라). 시가지와 도시의 하층 계급 구성원으로서, 새롭게 동화된 원주민들은 우리 시대의 개신교 복음주의와 로마 가톨릭 평신도 전도 활동에 있어 특히 매력적이고 의욕적인 주체들임이 드러났다. 농촌의 프롤레타리아트와 더불어 최근의 도시 이주민들은 1960년대의 제2차 바티칸 개혁의 여파로 라틴아메리카에서 발전하게 되었던 급진적 로마 가톨릭 운동인 개혁 성향의 해방신학에서 중요한 구성원으로 등장하기도 했다.

2) 토착주의, 재활성화, 분리주의

19세기와 20세기에 종교적 신앙과 실천의 점차 복잡해지는 조합을 가져온 또 다른 내적인 세력은 지방 원주민들의 토착주의 또는 재활성화 활동이었다. 자유주의 세속 정부들이 권력을 잡고 원주민 공동체에 극심한 경제적 어려움을 (때로는 무심코) 부과함에 따라, 지방에서는 여러 가지 유형의 대응이 나타났다. 이미 살펴보았듯이 한 가지 반응은 지방민들이 자신들의 생계 기반이었던 공동체와 사적 토지 소유지로부터 배제됨에 따라 목장, 농장, 도시로 일자리를 찾아 대규모로 이주하는 것이었다. 전형적으로 이는 동화와 '발전'(근대화)으로 이어졌다. 빈도는 더 낮았지만 이와는 대조적인 또 다른 반응은 남겨진, 더욱 소외되어 가는 원주민 공동체들에서 전개된 반동적인 운동이었다.

이 책에서 여러 차례에 걸쳐 논의했던 대로, 왕실 권력과 독립 이후의 세속 정부들은 강력한 지방의 민간-종교적 위계를 보유한 사회적·종족적으로 분리된 원주민 읍구(소위 '닫힌 공동체')들을 의도적으로 만들어 냈고, 권장했다. 사회적 하부구조와 원주민 정체성을 공유한 사람들이 대다수를 구성하는 인구학적 상황은 원주민 마을들이 그들의 억압자로 간주되었던 이들로부터 스스로를 사회적·영적으로 밀폐할 수 있게 했다. 무엇보다도 이런 이유들로 인해서 19세기와 20세기는 원주민 토착주의와 자율성에 초점을 둔 수백 가지의 정교하고 폭력적인 종교 운동들을 목격하게 되었다.

이 운동들 가운데 가장 잘 알려진 사례가 1848년 멕시코 유카탄에서 발생했던 '카스트 전쟁'이었다(이 전쟁에 대한 논의는 7장을 참조하라). 마야의 원주민 공동체들(명백히 유카탄 인구의 대다수를 형성했던)이 주권을 가진 집단으로서 그들의 정체성을 주장하기 위해 두드러진 군사력과 더불어 마야 기독교와 콜럼버스 이전의 혼합적 종교 상징들 및 비밀 예언서들을 동원함에 따라 이 봉기는 국가적인 혼란을 야기했다. 이 운동은 토착민들이 통제하고, 준-기독교적이며, 메소아메리카인들이 고안해 낸 분리주의 대안 종교로서 가장 성공적인 사례로 널리 알려졌다. 실제로 그들은 유카탄에서 메스티소들을 거의 완전히 몰아내기 직전까지 이르렀었다.

카스트 운동과 막연하게 관계되어 있었던 또 다른 운동은 멕시코 치아파스 고지대의 소위 '성녀 로사 전쟁'(War of Saint Rose, 1867~1870)이었다. 이 지역의 초칠-마야 원주민들은 원주민 종교 분리주의에 바치는 의식이라는 명목으로 산크리스토발(치아파스 지역 메스티소들의 무역과 행정 중심지)을 포위 공격했다. 이 의식은 스스로 '신의 어머니'라고 선언했던 여성에 의해 획득되었던 일련의 신성한 형상들을 숭배했으며, 더 나아가서 새로운 원주민 그리스도의 도래에 상징적으로 초점을 맞추었다. 이 운동에 관한 멕시코 측과 원주민 측 설명들은 차물라 초칠인들이 1869년의 성 금요일에 젊은 남성을 십자가에 못 박았고, 새롭게 순교한 원주민 태양-그리스도만이 그들의 충성과 존경을 받을 가치가 있다고 주장했다는 사실을 모두 수긍한다. 국가적 가톨릭의 설립은 멕시코의 정치적 권위가 그러하듯이, 그들에게는 무관한 일로 여겨졌다.

멕시코와 과테말라의 수많은 다른 운동들과 마찬가지로 이 운동은 국가의 군사적 개입에 의해 효과적으로 진압되었지만, 메소아메리카에 경제적 기회, 정치적 표현, 종교적 자유에서 배제된 숨겨진 소수자(원주민 공동체)가 존재한다는 사실을 강력하게 표현했다. 그들은 억압적인 상황에 대해 수동적이거나 태만해지는 대신에 그들의 상황을 인식했으며, 자치를 추구하는 과정에서 원주민의 정치의식을 형성해 냈고, 이는 불가피하게 지방의 종교적 상징들과 연계되었다. 이것이 우리 시대에 명확하게 드러나는 유형이다.

3) 새로운 후견: 인디헤니스모와 외국인들의 선교 활동

간접적인 방식이었지만 종교 다양성의 증가에 기여했던 또 다른 내적 현상은 인디헤니스모(인디헤니스트의 '전개'에 관한 논의는 8장을 참조하라)였다. 국가적 단계의 세속적 정치 개혁 시기들과 전형적으로 관련이 되어(특히 1930년대 이후의 멕시코와 1944년에서 1954년 사이의 과테말라), 인디헤니스모는 오랫동안 간과되어 왔던 원주민 공동체의 교육, 경제, 보건, 사회적 필요들을 다루는 것을 목표로 하는 일련의 공공 정책이다. 원주민들에게 사회적·경제적 기회를 제공하는 것을 표면상의 의제로 하고 있지만, 그 '배후맥락'은 원주민 공동체의 국가 주류 문화에의 동화를 가속화시키는 것을 목표로 한다. 인디헤니스모는 복합적인 결과들을 가져왔으며, 이 중 가장 중요한 것들로 첫째, 예측했던 대로 원주민들이 해당 국가의 농촌과 메스티소 주류로 동화하는 경향, 둘째, 앞서 논의했듯이 이데올로기적·종교적 분리주의가 표출하는 것처럼 동화에 대한 저항, 셋째, 유럽과 미국 선교사들의 활동으로까지 이어진 개방 정책이다.

메소아메리카의 근대 국가들을 포함해 라틴아메리카 국가들의 헌법이 대부분 보장하는 종교적 소속의 자유라는 전제하에 선교 활동이 반드시 용인되어야 한다는 주장이 제기되었다. 따라서 19세기 중반부터, 미국 개신교 전도사들은 메소아메리카 지역, 특히 과테말라에서 사목 활동을 시작했다. 우리 시대에 강화되었던 선교 활동과 더불어 20세기에 인디헤니스모라는 정책틀을 가져왔던 예기치 못한 모순적인 상황에서 정부들은 외국인들의 선교 활동이 전형적으로 인디헤니스모의 목표를 공유한다고 인식했으며, 구체적으로는 스페인어로 읽고 쓰는 능력을 가르치는 것, 보다 나은 보건 서비스를 제공하는 것, 발전과 '진보'를 고취시키는 것, 고립된 공동체들을 국가 문화와 경제에 통합시키는 것 등이 여기에 속한다. 이런 방식으로 국가의 '목표들'은 정부 자체에 약간의 비용만으로, 또는 전혀 비용을 초래하지 않고 달성되었다. 따라서 19세기 중반에 시작되었던 외국인들의 선교 활동은 국가의 목표이기도 했던 '공동체 발전'을 외국의 자본을 통해 도모할 수 있게 해준다고 인식되었기 때문에 용인되어 왔으며, 재정상태가 빈약하던 국가 정부들에 의해 심지어 장려되기도 했다.

한편에서는 농촌과 도시의 발전을 목표로 하는 다양한 정부 정책을 시행하고, 다른 한편에서는 선교 활동을 용인하고 장려하는 정책은 형식적 메소아메리카 세계를 구성하는 근대 국가들의 종교적 구성에 엄청난 영향을 가져왔다. 미국과 유럽의 수십 종류의 개신교 교단들, 모르몬교, 제2차 바티칸 개혁 이후의 가톨릭, 해방신학 내부의 전투적인 '민중의 교회' 주창자들 모두가 20세기 후반에 괄목할 만한 성공을 거두었다. 그들의 신도들이 수백만 명에 이르렀고, 그들 중 그 누구도 가톨릭의 구체제 상태에 충성하고 있다고 단언하기 어렵다. 유럽으로부터 독립할 당시 이미 이례적인 다양성을 보유하고 있었던 메소아메리카의 종교 신앙과 실천은 새로운 복음주의의 성공과 더불어 현대에 더욱 분산되었다. 많은 이들이 추구했고 또한 때로는 그 명목으로 선교 활동이 장려되었던 '국가적 통합'이 항상 달성되었던 것은 아니며, 실제로 개종자들은 국가 문화의 속성 자체를 바꿀 수 있는 권력과 영향력을 획득하기도 한다.

4) 새로운 이주

메소아메리카의 종교적 다원주의가 증가하는 데 기여했던 또 다른 세력은 상당수의 이베리아 반도 외부인들의 지역으로의 이주이며, 이 현상은 19세기 초반에 시작해서 그 비율은 감소하고 있지만 현재까지도 지속되고 있다. 독립 이후 진행되고 있는 새로운 이주는 수많은 새로운 계열의 종교 신앙과 실천의 도입으로 이어졌고, 구체적으로는 서인도 아프리카-카리브 계열의 의식 수행자들, 영국 개신교도들, 아일랜드 가톨릭 신도들, 이탈리아 가톨릭 신도들, 독일 개신교도들과 유대인들과 가톨릭 신도들, 동유럽의 로마 가톨릭 신도들과 유대인들과 정교회 교도들, 중동 유대교도들과 회교도들과 기독교도들, 중국 불교도들, 베트남 가톨릭 신도들, 심지어 북아메리카 키커푸족 원주민 전통주의자들, 그리고 미국과 캐나다의 메논파 교도들의 이주를 들 수 있다. 이들 모두는 경제적 기회를 찾아서, 그리고 일부 경우에는 종교적·정치적 피신을 위해서 찾아왔다. 멕시코시티, 몬테레이, 과달라하라, 과테말라시티, 산호세(코스타리카)와 같은 일부 주요 도시들에는 로마 가톨릭이 아닌 종교를 실천하는 종교 집단들이 수백 개에 이른다. 따라서 도시에서부터 외진 원주민 촌락에 이르기까지, 근대 메소아메리카의 총체적인 특성들에 관한 용이한 일반화가 허용되지 않는다.

앞서 제시한 상황들에 덧붙여 20세기 다른 스페인어 사용권 세계에서 유래하는 정치적 망명의 허가에 있어 멕시코와 코스타리카 등의 국가들이 수행했던 적극적인 역할을 고려해 보다면, 메소아메리카는 이 지역이 재현하는 국가적·종교적 전통들과 관련해서 더욱 국제적인 측면을 보유하기 시작했음을 알 수 있을 것이다. 거의 대부분 해당 국가에서 발생했던 정치적 격변과 관련된 이유로 인해서 수십만 명의 스페인 공화주의자들, 쿠바인들, 칠레인들, 엘살바도르인들, 니카라과인들, 아르헨티나인들 그리고 보다 최근에는 과테말라 원주민들이 멕시코로 망명했다. 코스타리카 역시 그 소규모 인구수에 비해 대규모(수십만 명에 달하는)의 정치적 망명자들을 20세기 후반에 수용했고, 가장 최근에는 니카라과와 엘살바도르 출신의 이주민들을 받아들였다.

따라서 우리 시대의 삶과 믿음의 도가니는 누가 누구인가와 관련해서 극도로 복잡해졌다. 세계의 상당 지역들과 마찬가지로 메소아메리카(천년 동안 거대한 전통들과 작은 전통들의 수많은 변이를 융합해 왔던)는 20세기에도 영성들의 국경 지대가 되고 있으며, 이제는 단지 스페인 이전의 무역 연결망 정도에 그치지 않고 반구와 지구의 상당 부분을 포괄한다.

4. 메소아메리카의 영성에는 공통된 핵심이 존재하는가?

메소아메리카의 영성을 통합하는 특정 주제들에 관해 논의하려 하는 것은 상대적으로 수월하지만, 일반화가 적용되지 않는 수백만의 사람들에 생각이 미치게 된다면 이러한 시도는 예외 없이 혼란에 빠지게 된다. 과달루페의 성모가 멕시코의 수호자로 그리고 정말로 아메리카의 여왕으로 불린다면, 그 신도들과 관련해서 우리는 누구를 지칭하고 있는가? 멕시코의 대략 1100만 명에 달하는 원주민들과 수백만 명의 개신교도들이 과달루페 성모를 그들 신앙의 정수로 '숭배'한다고 말할 수는 없다. 원주민 기독교의 변형된 형태들을 실천하는 메소아메리카의 원주민 공동체들에서는 비록 의무적으로 그녀를 인정하고 존경을 보이지만, 그럼에도 그녀는 보다 중요성이 덜한 위치로 좌천되고는 한다. 수백만 명의 개신교도들, 원주민들, 메스티소들에게 그녀는 중립적이고 세속적인 상징이며, 때로는 심지어 위협적인 이교도의 우상이다. 과테말라와 엘살바도르의 가톨릭 신도들은 신과의 강력한 중재자로서 그녀를 진지하게 여기지 않을 수도 있다. 걸프 해안 주변 지역의 수많은 아프리카-카리브 종교 수행자들은 그녀에 관해 들어본 적이 없다. 이에 더해서, 2005년을 기준으로 치아파스에서는 지난 10년 동안 스페인 회교도 선교사들의 활동의 산물로 여러 공동체들이 마야 이슬람교로 개종했다. 과달루페의 성모와 관련해서, 그들은 그녀를 무시하는 것이 상책인 이교도의 상징으로 간주한다. 그렇다면, 우리는 어떻게 일반화를 할 수 있을까?

이런 모든 점을 고려해 보았음에도, 우리는 이 책의 주안점이 되어 왔던 메소아메리카의 원주민이라는 상대적으로 제한된 부문에 관해 일반화가 가능하다고 여전히 생각한다. 한계를 명확하게 언급하기만 한다면, 우리는 과거와 현재의 메소아메리카 원주민 종교들의 핵심적인 특성을 다음과 같이 요약하는 것이 유용할 것이라고 생각한다. 우리가 여기에서 주장하는 바는 이 영적 관심들은 메소아메리카의 사고에서 극적인 시간적·공간적 지속성을 가지고 있으며, 따라서 이 관념들 중 일부는 메소아메리카 지역에서 발견되는 다른 전통들의 풍조에 영향을 미칠 가능성이 있다는 것이다.

1) 개별적 동체라는 개념

아마도 머나먼 주술적 과거와 관련된, 지역 전반에 걸친 메소아메리카의 영적 전통들은 개별적 개인이 예정된 운명을 지니고 있으며, 이는 잉태의 순간에 주어지는 동체에 의해 표현된다는 관념이다. 때로는 단지 추상적인 '운명'으로 나타나지만, 보다 빈번하게는 신성이나 동물이나 영적 동반자로서 개인에게 구체화되는 동체는 좋을 때나 아플 때나 인간의 삶의 여정을 함께 겪어 가며, 개개인에게 닥칠 것들, 예를 들어 권력이나 부, 질병이나 건강, 단명이나 생명의 완수, 비천함과 영향력 등을 초자연적 세계에서 결정하곤 한다. 이 같은 영적 관념에 관한 문서들이 이제는 (상형문자 문헌들을 토대로) 적어도 서기 150년부터 발견되며, 이 영적 관념은 메소아메리카 고전기 통치자들의 통치권 주장에 토대가 되었던 근본적인 원칙이었다는 주장이 최근 들어 제기되어 왔다(상형문자 문헌에 관해서는 11장을 참조하라).

과거와 현재를 통틀어 멕시코의 중앙 계곡에서는 토날리(tonalli, 이 장 앞부분의 논의를 참고하라)로 알려졌고, 마야 지역에서는 나구알(nagual), 차눌(chanul), 또는 와옐(wayel)로 알려진 개인의 동체는 치료에서와 같이 긍정적이고 치유적인 의례뿐만 아니라 주술에서와 같이 부정적이고 공격적인 거래에서도 강력한 역할을 담당한다(글상자 14.2에 소개된 17세기 과테말라에서 일어난 일에 관한 토머스 게이지의 보고서를 참고하라). 개인의 운명에서 동체와 그 역할은 한때는 역법 계산(출생한 날짜와 관련된 신성들)으로 결정되었던 것으로 보였다. 오늘날 이 신앙 체계는 해몽과 손목의 맥박 측정(피에게 말을 하게 하는), 그리고 점술을 통해서 '발언'하게 되었다. 고대뿐만 아니라 현대에도 동체는 개인의 힘과 운명을 구현하고, 고양시키며, 제한하는데, 그 이유는 이 세력들이 본질적으로 '다른 어딘가에서' 비롯되기 때문이다. 이 관념이 일종의 숙명론의 개념적 토대를 구성하기 때문에, '세상에서 스스로의 길을 개척'하는 개인의 능력에 관한 일정한 회의론과 연관 짓는 것이 불합리한 것은 아니다. 우리는 이 신앙이 오늘날 메소아메리카 지역의 원주민 공동체들에서 강한 영향력을 가지고 있음을 안다. 또한 이는 특히 멕시코와 과테말라 비-원주민들의 세계관의 특정 측면을 특징짓는 것으로 보인다.

2) 신성한 실체로서 주기적 시간

전 역사를 구성하는 네 개나 다섯 개 부분들로 구성된 거대한 창조와 재생의 주기로서의 거시적 형태로 나타나든지, 또는 열의 극미한 주기로서 날짜라는 비유를 통한 미시적 형태로 나타나든지, 아니면 역법 양태나, 천문학적 양태, 의례적 양태로, 또는 구술적 은유와 시의 미세한 어감에서 나타나든지 관계없이, 신성하고 순환적인 태양의 시간은 고대와 현대 메소아메리카의 우주에 강력한 영향력을 지녀 왔다(앞서 제시한 미겔 레온-포르티야의 발췌문을 참조하라). 그 외의 자연적이고 문화적인 주기들(인간의 삶의 주기, 인간의 잉태 주기, 농업 주기, 축제 주기 등)은 인간의 존속을 요구하는 계승에 의한 신성한 시간적 질서에 인류를 배치하는 우주를 창조하기 위해서 하루와 한 해 단위의 태양 주기들로 모두 엮여 있다. 이 체제에서 인간의 의지는 멋대로 변덕을 부리거나 또는 개인적·집단적 성취를 달성하기 위해 자유롭게 혁신을 시도하는 것이 허용되지 않는다. 메소아메리카의 현재와 미래에서 연속성과 변화라는 문제와 관련하여 이데올로기적 전제가 핵심적인 위치를 차지한다는 점이 분명한데, 그 이유는 그 순환적 원칙들과 더불어 이러한 전제는 누적적이고 점진적인 요소를 가지고 있기 때문이다. 하지만 이처럼 점진적이고 단선적인 요소는 이기적으로 실용주의적이거나 또는 인간 의지에 반드시 종속되는 것은 아니다. 그것은 과거의 위치와 이전의 형태들에 관해 성찰하고 되짚어 보는 과정이 없이는 전진할 수 없는 나선이다. 개신교, 맑스주의, 개혁 가톨릭, 발전주의와 같은 경쟁관계의 이데올로기들은 이러한 고대 이데올로기를 인정하고 수용하거나 그렇지 않으면 그 근절을 요구해야 한다. 편안한 공존이 존재할 가능성이 거의 없으며, 그 이유는 새로운 이데올로기들의 다수가 단선적이고, 점진적이며, 세속적이고, 실용주의적이기 때문이다. 오래된 메소아메리카의 시간 질서는 그 순환적 양태와 단선적 양태 모두 성스러움을 속성으로 하며, 고도로 유형화되어 있다.

3) 수직적이고 수평적인 우주의 구조

고대와 근대의 메소아메리카 공동체들은 우주의 공간적 배열에서 하늘, 지상, 지하세계 사이에 일관되게 존재하는 경계를 인지하며, 핵심적인 지적·정치적·종교적 활동으로서 이 영역들 간의 매개를 설정한다. 성공적인 매개를 통해 권력, 지혜, 심지어 개인의 건강과 공동체의 생존이 주어진다. 이 같은 공간적 구조에 있어 어느 정도의 변형이 하부 단위의 분절과 이에 해당하는 중요 방위의 상징주의와 함께 콜럼버스 이전 메소아메리카 전역에 걸쳐, 그리고 현대의 수백 개의 공동체들에서 일어났다. 샤머니즘, 영웅적 서술, 핵심적인 통합 상징들, 신성들 그 자체(특히 태양, 달, 재규어, 바람, 번개, 대지의 신, 뱀, 예수 그리스도, 동정녀 마리아와 성인들, 심지어 개인의 동체들)는 모두 그 힘과 효력을 위해 공간적인 유동성에 의존하며, 이 공간적 유동성은 삼중주의 수직적 우주(하늘, 지상, 지하세계)의 모든 부분이나 일부분에서, 그리고 이와 연관된 사중주의 수평적 우주에서 형성된다. 이러한 공간적·시간적 완전체를 가로지르는 초자연적 힘들의 매개를 통해서 개인은 완전체에 접근할 수 있게 되며, 동시에 완전체에 의해 제한된다.

4) 창조적이고 생명을 유지해 주는 세력으로서 초자연적 전투와 세속적 분쟁

우주의 창조와 초기 단계들에 관한 거대한 신화적 설명에서부터 신성한 서술의 구조와 내용 그리고 일상생활의 배열에 이르기까지 분쟁은 질서의 기원이자 선제(先提) 조건이다. 이 주제는 무수한 조정이 뒤따랐으며, 구체적으로 『포폴 부』(16세기 키체-마야의 서사시, 6장의 논의를 참조하라)에 등장하는 지하세계의 싸움에서부터 일상생활에서 남성적 원칙과 여성적 원칙의 변증법, 그리고 오늘날 지역의 복잡하고 근대적인 사회에서 원주민 종족성의 문제가 그 사례들이다. 창조와 생명 유지의 일부분으로서 분쟁이라는 주제는 일견 독특하다는 인상을 주지 않는다. 이것은 인간 조건의 일부분에 불과한 것이 아닌가?

분쟁이라는 주제를 특수하게 메소아메리카적인 것으로 만드는 요인은 다음의 두 가지이다. 첫째, 분쟁은 신성하게 지정된 것이다. 따라서 그것은 원시적이고, 편재하며, 이론적 설명이 용이하다. 둘째, 분쟁에 관계된 주체들이 동일한 초자연적 존재나 사회 단위, 또는 개인의 이원적 측면들인 경우가 빈번하다. 예를 들어, 열정들(the Passions)은 한 해의 재생을 위한 차물라 초칠-마야 의례에서 태양-그리스도 신성에게 바치는 의식을 후원하는 의례적 인물들이지만 동시에 태양-그리스도 신성을 죽이려는 의도로 거행되는 의례적 전투도 후원한다. 동일한 축제에서 열정들의 의례적 협력자인 원숭이들(the Monkeys)은 신화적 시대의 첫번째 창조가 있기 전에 태양-그리스도를 죽이도록 보조했던 문화 이전의 세력을 재현하는 동시에, 축제의 질서를 유지하고 태양-그리스도 경배의 신성한 상징들을 방어하는 역할을 한다. 물론 이러한 현상은 콜럼버스 이전의 메소아메리카 만신전에 속하는 무수한 신성들의 이원론적 속성을 반영한다(아스테카 우주의 창조 신성인 이원론의 신이 그 사례이다).

이원성과, 이러한 이중적 원칙들 사이에서 수반되는 대화와 분쟁이라는 사안은 실제로 고대와 근대의 마야 세계에서 우주를 창조하는 역동적인 힘이다. 데니스 테드록은 이 같은 관념에 메소아메리카의 특수성이 가미되는 지점은 이러한 역동적 긴장이 신성할 뿐만 아니라 대립적이기보다는 보완적이고, 연속적이기보다는 동시대적이라는 사실에 있다고 지적했다. 메소아메리카의 이원론을 이렇게 해석하는 것은 주기적 시간이라는 원칙들과 쉽게 맞물리는데, 그 이유는 현재 비활성적인 시간적 주기의 요소들은 비록 상이한 규약에 따라서라도 동일한 형식적 방식으로 스스로를 다시 표현하고자 항상 잠재적으로 기다리고 있기 때문이다.

현대 이원론의 유형은 또한 양성적 경칭(예를 들어 '아버지들과 어머니들' 또는 '할머니들과 할아버지들')을 사용해서 조상, 신성, 의례적 인물들을 지칭하는 메소아메리카의 보편적인 관습을 상기시키며, 반영한다. 권력이나 신성, 나이, 명예는 공동체 생활의 공적 영역에서 남성이 여성에 대한 지배권을 행사하고, 가정의 수많은 생활 영역에서는 여성이 남성을 지배하는 일상에서의 방식보다는 상보적인 전체(남성과 여성)를 상기시키는 것으로 보인다. 언제나 그래 왔듯이 이제 메소아메리카 세계에서 공적인 삶과 가정의 삶은 공존하는 것이 분명하다(젠더 논의에 대해서는 12장을 참조하라).

5) 메소아메리카의 종교적 과정과 사회적 변화를 이해하는 실마리로서 상보적인 이원론

남성이 지배하는 공적 영역이 새로운 규약들(새로운 언어, 경제 체제, 정치 권위 체제, 국가 종교)이 되어 왔으며, 따라서 변화의 추세에 신속하게 대응할 수 있고, 심지어 이에 굴복해 왔던 것으로 보이는 반면, 여성이 지배하는 가정의 영역은 현재와 미래의 참조와 안전을 위해 오래된 질서(토착 언어, 농경의례, 치유와 예언 지식, 조상 숭배, 샤머니즘적 지식)를 동시적으로 수호한다고 보는 것이 그럴듯해 보이지 않는가? 이 같은 배열은 메소아메리카의 원주민 공동체를 연구하는 수많은 학자들과 우연한 관찰자들에게 깊은 인상을 남겼던 수수께끼를 이해할 수 있게 해주었다. 그들은 근대적 멕시코와 과테말라의 농민들인 동시에 콜럼버스 이전의 사라진 세계의 그림자에서 살고 있는 것처럼 보였다.

어느 것이 '진정한' 정체성인가? 이 질문은 미결의 문제일 것이며, 분명 메소아메리카의 평균적 농촌 가족의 관심을 끌지 못할 것이다. 그렇지만 학자이자 연구자로서 우리는 우리가 관찰하는 것을 이해하고자 한다. 메소아메리카의 이데올로기는 상보적인 이원성을 쉽게 수용한다는 점에서 이 양쪽의 정체성들(멕시코인이자 원주민, 과테말라인이자 원주민) 모두가 동시적으로 진정한 정체성임이 분명해 보인다. 배후지의 소규모 공동체들이 도시 중심지에서 유래하는 새로운 국가 관념과 종교를 파도가 밀려드는 것처럼 흡수해 왔던 것처럼, 메소아메리카 역사의 성쇠기에 있어서도 늘 그래 왔을 것이다. 공적 부문은 보다 포괄적인 체제의 이데올로기적 요구에 자발적으로 적응하거나 비자발적으로 굴종해 왔던 반면, 사적 부문은 보다 완고하게 저항했다. 메소아메리카의 토착주의 운동과 주요한 혼합주의적 적응의 초기 단계들에서 여성 신성들이 독보적인 중요한 역할을 담당해 왔다는 사실은 이와 무관하지 않다. 과달루페의 성모는 이런 점에서 유용하게 해석될 수 있을 것인데, 그녀는 테페약에서 발현할 것을 선택했으며, 이 언덕은 전해지는 바에 의하면 '우리의 친애하는 어머니'를 일컫는 아스테카의 경칭인 토난친(Tonantzín)에게 봉납된 성전이 안치된 언덕이기 때문이다(글상자 5.1을 참조하라). 새로운 정치적 권위와 새로운 종교들은 실용주의적으로 수용되었지만, 지방적 정체성과 지식의 본래적 형태는 사라지지 않았고, 다소 보수적으로 변형되었다.

6) 일상적인 소통을 위한 매개라는 중립적 역할을 넘어서서 상징적 실체로서 구술되고 표기되는 언어의 이례적인 힘

미국의 위대한 언어학자였던 에드워드 사피어는 언어는 "우리의 영혼을 감싸고 있는 보이지 않는 외피"라고 오래전에 썼다. 그는 물론 언어 전반에 대해 서술하고 있었다. 메소아메리카인들은 그들의 언어들에 비추어 볼 때 사피어의 의견에 동의하겠지만, 이를 좀더 과장된 문구로 표현하려 할 것이다. 지역 전반에 걸쳐 메소아메리카인들은 언어와 대화를 인간 조건의 창조에서 의식의 새벽에 연관시켜 왔다. 과거에 그랬듯이 현재에도 언어는 그 광범위한 수사학적·시적·음악적 기교들이 가미되어 인간에게 신적인 속성을 공유할 수 있게 해주고, 신들과 소통할 수 있게 해주는 신성한 상징으로 기능해 왔던 것이다.

　아름답게 수행된 담화와 노래는 인간의 신체가 생산할 수 있는 것 중 사실상 피를 유일하게 예외로 하고 인간이 신적인 존재들에게 접근할 수 있게 해주고, 그 앞에서 가치 있는 존재가 될 수 있게 해주는 유일한 실체들이다. 아스테카의 언어, 노래, 시 이론은 식물과 꽃에 비유해서 표현되었다. 꽃은 식물이 달성할 수 있는 가장 아름답고 완벽한 성취물이며, 또한 씨앗의 생산을 통해 연속성을 보장하는 매개이다. 꽃은 태양의 변형적인 신성한 힘의 상징이기도 했다. 노래와 시는 인간 영혼의 가장 아름다운 실현체이기도 하며, 인간 영혼의 본질이 신성들 앞에서 가치를 지니게 한다. 신성한 존재들이 만족한다면, 인간의 삶은 지속될 수 있다. 이 관념의 변이된 형태가 차물라 초칠에서도 발견되는데, 그들의 언어에 대한 거대 이론은 언어의 시적이고 음악적인 상위 형태들을 태양-그리스도와의, 그리고 태양-그리스도에 대한 소통을 위해 요구되는 신성한 열의 속성들과 관련시킨다(언어에 관한 초칠의 거대 이론은 13장을 참조하라).

고대 메소아메리카의 문자 체계와 기억법들이 정치적·종교적 중요성을 지니는 최상급의 역법과 왕조의 그리고 천문학적 정보를 기록하기 위해 사용되었다는 사실은 잘 알려져 있다. 책들은 실제로 성직자 계급에 의해 제작, 보존, 활용되었다. 메소아메리카 토착민들은 그림문자와 상형문자 책들에 매우 중요한 영적이고 정치적인 힘을 결부시켰으며, 따라서 스페인 정복자들은 이 책들을 제일 먼저 파괴했고, 특히나 열정적으로 그렇게 했다(메소아메리카 토착 문자는 6장에서 논의된다).

오늘날 메소아메리카의 토착 언어들은 두드러지는 생명력을 보유하고 있을 뿐만 아니라(1500만 명 이상의 메소아메리카의 현대인들이 80개 이상의 토착 언어들을 그들의 제1언어나 유일한 언어로 계속해서 사용하고 있다), 예술 형태로서, 그리고 수동적이자 적극적인 정치적 세력으로서 중요성을 보유하고 있다(13장을 참조하라). 작고한 인류학자 에바 헌트는 메소아메리카 토착 언어들의 보수적 특징이 우리 시대 이 지역의 독특한 상징적 질서에서의 연속성을 설명하는 단일한 최선의 방법일 것이라는 절제된 평을 내렸다.

언어의 문헌 형태가 메소아메리카의 원주민 공동체들에서, 심지어는 그들 자신의 언어들이나 스페인어에 문맹인 경우에도 지속적으로 중요성을 지닌다는 점을 주목할 필요가 있다. 예를 들어 대부분 차칠어 단일 언어 사용자들이며 인구의 90퍼센트 이상이 문맹인 산후안차물라 공동체에서 사냥감 축제의 선포헌장(charter proclamation)은 단지 문헌 형태로만 존재한다. '스페인의 편지'라고 불리는 이 문서는 의례의 순서에 따라 중요한 순간들에 '읽혀진다'(사실상 기억에 의거해 암송된다). 스페인의 편지 그 자체는 정복을 지역적·역사적으로 종합한 것이며, 과테말라와 멕시코시티에서 온 스페인 병사들에 관한 언급이 포함되어 있다. 이것이 적혀 있는 종이는 강력한 의례적 상징이며, 기억의 도구이다. 이와 같은 기능은 고대 메소아메리카에서 활자화된 단어의 역할과 다르지 않다(11장을 참조하라). 이는 또한 라틴어 철자를 활용해서 마야어로 작성된 신성한 『칠람 발람의 서(書)』를 연상시키는데, 이 책은 식민시대와 근대 초기(아마도 오늘날까지도) 전반에 걸쳐 예언서로서 지하적으로 지속되어 왔다.

　문식성(literacy)과 활자화된 단어가 종교적·정치적 권력과 종족적 각성의 상징들로서 우리 시대 메소아메리카에 널리 퍼진 이데올로기 전투에서 상당한 중요성을 지닌다는 사실이 아니었다면 이 모두는 단순한 호기심으로 치부될 수도 있었을 것이다. 새로운 이데올로기의 주된 전달자들(개신교도, 맑스주의 혁명주의자, 해방신학과 연계된 로마 가톨릭의 개혁 성향을 지닌 선교사, 국가 통합과 발전의 주창자)은 문식성의 보장을 통해 일정 형태의 정치적 권리를 약속한다. 이는 2천 년 동안 잘 다져진 오래된 토양이다. 하지만 두 가지 새로운 쟁점들이 제시된다. 첫째, 어떤 경우라도 주안점은 공유된 권리에 관한 것이며, 문식성은 단지 엘리트에게만 권한을 강화해 주기 위해 예정된 것이 아니다. 그리고 물론 두번째 쟁점은 활자화된 단어가 스페인어로, 아니면 토착 언어로 힘을 얻게 될 것인가이다. 관련자들은 이에 동의하지 않는다. 하지만 메소아메리카의 새로운 영적 전투에서 토착 언어로 문식성(그리고 읽을 무언가)을 제공하는 이들에게 승리가 돌아간 것이라고 추측할 좋은 이유가 적어도 존재한다. 이 결말의 가능성이 과테말라와 멕시코의 압도적으로 원주민 지역인 수많은 곳에서 개신교가 최근에 거둔 이례적인 성공을 부분적으로 설명할 것이다.

우리는 수천 년에 걸쳐 메소아메리카의 언어적 다양성과 종족적·정치적·생태학적 경계들을 가로질렀던 영성의 여섯 가지 핵심적 특성들을 제시하며 이 장을 마무리 했다. 이 특징들은 매우 광범위하고 분명 매우 영속적이기 때문에, 종교, 우주론, 그리고 이에 관련된 상징적 구축들이 과거와 현재 메소아메리카의 토착민들을 독특한 문화적 공간('문명')으로 통일시켜 주는 가장 중요한 특성들에 속한다고 주장하는 것은 불합리하지 않다. 이것이 사실일지라도, 우리가 원주민에게서 유래하는 지역의 영성 요소들의 특징이 된다고 묘사했던 핵심적 특성들이 분명히(적어도 스스로에 대한 그들 자신의 정의에 따르면) 적용되지 않는 멕시코인들과 중앙아메리카인들이 수천만 명에 달한다는 사실을 우리는 앞서 지적했다. 하지만 문화적 공간과 개인적 정체성이 반드시 관련되는 것은 아니더라도, 그럼에도 원주민의 과거와 현재가 지역 전반에 걸쳐 삶의 질을 채색한다는 점은 사실이다.

버스와 택시의 앞을 장식하는 작은 성체용기에서부터 호주머니에 들어 있는 동전과 공공 건물에 칠해진 벽화에 이르기까지 멕시코인들은 그들의 원주민 과거로부터의 신성한 상징들을 매일 조우한다. 과테말라의 위대한 문학 고전들인 16세기 키체의『포폴 부』와 미겔 앙헬 아스투리아스에게 노벨문학상을 안겨 주었던 20세기 서사 소설인『옥수수 인간』은 다름 아닌 마야의 영적 관념들의 뿌리이자 가지이다(이 작품들의 인용구들을 보려면 13장을 참조하라). 따라서 영적 전통과 종교적 전통의 영역은 고대 메소아메리카 영토의 경계 내에서 살고 있는 모든 현대인들의 삶과 분리되어 존재하지 않는다.

마야 종교의 원칙들

아스테카의 영성이 우주론적으로 결정되는 운명을 위해 이행하고 감수하는 문제에 주로 몰두하고 있었다면, 마야 종교의 지배적인 주제는 우주적 시간, 그리고 우주적 시간을 구성했던 자연적이고 임의적인 수많은 주기의 신성한 명령에 따라 인간사를 조직하는 데에 있었다. 궁극적으로 신성한 통치력과, 따라서 정치적 질서는 창조자 태양신과 그의 우주론적 만신전에 관련되어 있었다. 따라서 마야 영성의 활력의 상당 부분은 신성화된 시간이라는 사안을 향해 있었다. 레온-포르티야는 마야의 '시간예지'(chronovision)라는 개념을 다음과 같이 설명한다.

적어도 마야 고전기가 처음 기입되었던 시대(서기 300년)부터, 태양의 순환적 속성과 이에 관련된 '날짜' 단위에서 유래하는 추상적인 시간 개념이 마야 문화영역에서 우위를 점해 왔다. 그 증거는 고대의 단어 킨(kinh)에서 유래하며, 그 의미는 상이한 집단들에서도 동일하다. …… 킨은 원시적 실체로서, 신성하고, 무한하다. 개념적으로 볼 때 킨은 여태까지 존재했던 모든 주기들과 모든 우주적 시대들을 포함한다. …… 마야인들이 살던 시간의 우주는 지속적으로 변화하는 단계에 있었으며, 그들은 특정 시기에 동시적으로 발생하는 다양한 신성한 세력들의 영향력과 활동의 총합을 감지할 수 있었다. …… 킨의 속성은 본질적으로 순환적이기 때문에, 현재를 이해하고 미래를 예측하기 위해서는 과거를 이해하는 것이 무엇보다 중요했다. …… 마야인들이 몰두했던 원시적 실체인 시간의 얼굴들은 숭배의 대상이었다. …… 마야의 현자들은 시간예지를 고안해 냈다. 그것은 시간을 그 본질로 하는 총체적 실체에 관한 역사이자, 측정이고, 예측이었기 때문에, 마야의 세계관을 시간예지라고 부르는 것이 보다 적절할 것이다. …… 시간의 원시적 중요성을 간과하는 것은 이 문화의 영혼을 간과하는 것이다(León-Portilla 1968: 62-63, 109-110; Gary H. Gossen 번역).

하지만 마야인들에게 시간 그 자체가 신성은 아니었다는 단서를 이 논의에 덧붙여야 한다. 그럼에도 시간은 매우 복잡한 순환적 모체를 형성했고, 그 안에서 신성들이 활동했으며, 따라서 논리적인 배열에 따라 시간은 신성들을 향한 인간의 속죄의 일정을 결정하기도 했다. 마지막으로 마야의 시간예지는 순환적인 동시에 단선적이었음을 주목해야 한다. 마야인들의 시간예지는 과거에 존재했던 것이 유형화되어 반복될 것이라고 본다는 점에서 순환적이었지만, 마치 직공이 베틀의 날실을 따라 앞뒤로 이동하는 것과 같이 유형을 반복하면서도 앞으로도 나아갈 것이며, 그 과정에서 유형에 변형을 가하게 된다는 점에서 단선적이다.

이 같은 마야의 근본적인 원칙들이 아스테카의 경우와 마찬가지로 강력한 근원적인 힘으로 작용했으며, 이후에 진행되는 기독교 전도화의 과정에서도 활동적으로 작용했다는 사실을 주목할 필요가 있다. 더 나아가서, 수 세기에 걸친 기독교와의 접촉이 고대적 메소아메리카의 관념들을 제거하지 못했고, 비록 그들을 재구성하고, 변형시키기도 했겠지만, 절대 대체하지는 못했다는 사실을 보여 주는 풍부한 증거가 현대에 존재한다.

글상자 14.2

작은 전통에 관한 게이지의 설명

다음에 인용하는 내용은 17세기의 유명한 영국인 여행가이자 가톨릭 선교사였던 토머스 게이지에 의해 작성되었으며, 그는 1640년 무렵에 과테말라 고지대에서 교구 주교로서 생활하고, 복무했다. 여기 소개된 발췌문(1648년에 처음 출판됨)은 죽음을 맞이하고 있는 후안 고메스라는 이름의 한 원주민을 그가 목회하는 동안 발생했던 일련의 기이한 사건들을 기록한다.

소문에 의하면 후안 고메스가 마을의 모든 마법사들 가운데 최고의 마법사이고,

통상적으로 그는 사자의 형상으로 바뀌어 산속을 누비고 다닌다고 그들이 내게 말했다. 그는 다른 부족의 우두머리인 세바스티안 로페스라는 이름의 늙은 원주민과 철천지 원수였다. 이틀 전 그들은 산에서 마주쳤는데, 고메스는 사자의 형상을 하고 있었고 로페스는 호랑이의 형상을 하고 있었다. 그들은 광폭하고 잔인하게 싸웠고, 더 늙고 약했던 고메스카 지치고, 심하게 물어뜯기고, 상처를 입어, 결국 이로 인해 죽었다는 것이다. 그리고 더 나아가서 내가 이 사실을 확실히 믿을 수 있도록 그들이 내게 말하기를, 로페스는 이 때문에 감옥에 갇혔고, 두 부족들이 이 사건으로 서로 승강이를 벌이고 있으며, 고메스의 부족과 친족들은 로페스와 그의 부족과 친족들에게 상당한 금액을 배상할 것을 요구하고 있으며, 그렇지 않으면 이 사건을 스페인 권력자와 권위자들에게 알리겠다고 협박했다고 한다.
……

이 일은 내게 마음속 깊은 충격으로 다가왔는데, 내가 이런 사람들 사이에서 살고 있다는 생각을 하게 되었기 때문이다. 일과 노동으로 벌 모든 것을 교회와 성인들에게, 그리고 제물로 모두 갖다 바치면서도 아직도 사탄의 권유에 그토록 내밀히 관여하고 있는 사람들 말이다. 내가 사람들에게 설교했던 세상이 어떤 도움도 되지 않았다는 사실에 마음이 아팠고, 그 순간부터 나는 나의 모든 열정을 사탄의 치밀함에 대항해서 쏟아부을 것을, 악마와 어떤 식으로든 계약을 한 이들의 영혼에 닥칠 엄청난 위험을 지금껏 내가 해왔던 것보다 더 철저히 보여 주겠다는 결심을 했다. 나는 그들이 그의 유혹을 포기하고 버리도록 할 수 있다고, 그리고 신앙으로 그리스도와 가까이하도록 할 수 있으리라고 기대했다. ……

내가 이런 생각에 잠겨 있는 동안, 마을에서 가장 중요한 위치를 맡고 있던 적어도 스무 명의 사람들이 두 명의 참모들과 판사들 그리고 법원의 모든 관리들과 함께 나를 찾아왔다. 그들은 내가 그날 후안 고메스를 매장하는 것을 중단시켜 줄 것을 요청했다. 그들은 그의 시체를 살펴보고 그의 죽음을 검사하도록 왕실 관리를 부르기로 결정했다. 그리고 그렇게 그들이 더 이상 그 때문에 염려하지 않도록, 그가 화상뇌시 않노톡 하기를 기내냈나. 나는 아무깃도 모르는 듯 행등했지만, 그들에게 그 이유를 물었다. 그러자 그들은 사자와 호랑이의 싸움을 본 목격자들이 마을에 있으며, 맹수들은 이내 자취를 감추었고, 그리고 나서 그들은 후안 고메스와 세바스티안 로페스가 거의 동시에 서로 갈라서는 것을 보았으며, 그리고 즉시 후안 고메스가 상처를 입고 집에 와서 누웠으며, 그 이후로 그는 다시는 침대에서 일어나지 않았고, 그는 죽음을 앞두고 그의 몇몇 친구들에게 세바스티안 로페스가 그를 죽였다고 말했다는 것이다. 이런 이유로 그들은 로페스를 확실한 곳에 구류했다는 것이다. ……

왕실 관리가 파견을 나와 그날 밤 도착했으며, 고메스의 몸을 조사했다. 나는 그와 함께 있었고, 신체가 온통 상처투성이에, 긁히고, 수없이 물어뜯기고, 극심하게 상처 입은 것을 발견했다. 로페스에게 불리한 많은 증거와 의혹이 마을의 원주민들에 의해 제기되었고, 특히 고메스의 친구들에 의해 제기되었으며, 이에 의거해서 그는 과테말라[시티]로 이송되었고, 그곳에서 다시 똑같은 증언들로 심판을 받았으며, 그 스스로 그다지 부인을 하지 않았으며, 그곳에서 교수형에 처해졌다. 교회에 고메스를 위한 무덤이 준비되었지만, 그는 그 안에 매장되지 않았고, 도랑에 그를 위한 다른 무덤을 파서 그 안에 매장되었다(Gage 1958: 275-277).

이 문헌을 검토해 보면, 토머스 게이지는 원주민 공동체의 관점에서 보았을 때 두 막강한 주술사들의 동물 영혼 동반자들 사이의 초자연적 싸움에 해당하는 것이 초래한 비극적 여파를 목격했던 것임이 분명해진다. '사자'와 '호랑이'(과테말라의 토착 동물인 퓨마와 재규어를 부주의하게 영어로 번역한 것으로 보인다)는 고메스와 로페스의 동체들이었고, 따라서 숲에서 벌어진 그 동체들 간의 싸움에는 그들의 몸과 그들에 해당하는 인간들의 몸이 모두 개입된 것이다. 게이지의 서술은 그 자신이나 왕실 관리들 그 누구도 무슨 일이 벌어졌는지 완전히 이해하지 못했지만, 그럼에도 모순적이게도 결국 모든 이들이 로페스가 피고로서 유죄였다는 사실을 믿게 되었다는 점을 암시한다.

읽을거리

Annis, Sheldon 1987 *God and Production in a Guatemalan Town*. Austin: University of Texas Press.

Brown, Lyle C., and William F. Cooper 1980 *Religion in Latin American Life and Literature*. Waco, Texas: Markham Press Fund of Baylor University Press.

Carrasco, Davíd 1990 *The Religions of Mesoamerica: Cosmovision and Ceremonial Centers*. San Francisco: Harper & Row.

Farriss, Nancy M. 1987 "Remembering the Future, Anticipating the Past: History, Time and Cosmology among the Maya of Yucatán". *Comparative Studies in Society and History 29: 566-593*.

Gossen, Gary H. (ed.) 1986 *Symbol and Meaning Beyond the Closed Community: Essays in Mesoamerican Ideas. Studies on Culture and Society*. vol.1. Albany: Institute for Mesoamerican Studies.

Gossen, Gary H., and Miguel León-Portilla (eds.) 1993 *South and Mesoamerican Native Spirituality: From the Cult of the Feathered Serpent to the Theology of Liberation*. vol.4. World Spirituality: An Encyclopedic History of the Religious Quest. New York: Crossroad.

Ingham, John M. 1986 *Mary, Michael and Lucifer: Folk Catholicism in Central Mexico*. Austin: University of Texas Press.

León-Portilla, Miguel 1980 *Native Mesoamerican Spirituality*. New York: Paulist Press.

Mendelson, E. Michael 1967 "Ritual and Mythology". *Social Anthropology, edited by Manning Nash*. pp.392-415. Handbook of Middle American Indians, vol.6, general editor Robert Wauchope. Austin: University of Texas Press.

Myerhoff, Barbara G. 1974 *Peyote Hunt: The Sacred Journey of the Huichol Indians*. Ithaca. New York: Cornell University Press.

Sandstrom, Alan R. 1991 *Corn Is Our Blood: Culture and Ethnic Identity in a Contemporary Aztec Indian Village*. Norman: University of Oklahoma Press.

Stoll, David 1990 *Is Latin America Turning Protestant? The Politics of Evangelical Growth*. Berkeley: University of California Press.

Tedlock, Barbara 1992 *Time and the Highland Maya*, Revised edition.

Albuquerque: University of New Mexico Press.

Vogt, Evon Z. 1993 *Tortillas for the Gods: A Symbolic Analysis of Zinacanteco Rituals*. New Edition. Norman: University of Oklahoma Press.

Watanabe, John 1992 *Maya Saints and Souls in a Changing World*. Austin: University of Texas Press.

옮긴이 해제

이 책은 *The Legacy of Mesoamerica: History and Culture of a Na-tive American Civilization*의 2007년 개정판을 완역한 것이다. 1996년 초판이 발간된 이후 11년만에 개정판을 펴내며 저자들은 그간 메소아메리카 연구 학계에 축적된 성과를 반영하고 메소아메리카 지역에서 새롭게 부각되었던 쟁점과 현상을 논의하기 위해 초판의 내용을 수정·보완했으며, 두 개의 장(세계체제론의 관점에서 메소아메리카 고대 문명을 분석하고 있는 3장과 사파티스타 운동에 관한 10장)을 추가했다.

　　메소아메리카의 역사를 포괄적으로 서술하고 있는 이 책은 기존의 역사서들과는 구분되는 몇 가지 특징들을 지닌다. 먼저 이 책은 메소아메리카 토착민들의 삶과 문화적 전통이라는 관점에서 메소아메리카의 변동을 서술한다. 메소아메리카는 멕시코와 중앙아메리카 일대(코스타리카 북부까지)를 포괄하는 광범위한 지역에 해당하며, 생태계 다양성, 80여 개 이상의 원주민 언어, 수많은 종족 집단과 종족 정체성, 고대와 현대를 가로지르는 찬란한 문화유산 등을 보유한 곳이다. 저자들이 언급하듯이 메소아메리카라는 범주는 다양성과 포괄성으로 특징지어지며, 그 범주가 지리적·문화적으로 정확히 어떻게 규정될 수 있는가라는 문제는 논쟁의 대상이 되어 왔다. 게다가 1만여 년 전까지 거슬러 가는 메소아메리카의 기나긴 인류 역사에서 누가 토착민으로 규정될 수 있는가라는 문제 역시 논란에서 자유로울 수 없다. 이와 관련해 저자들의 입장은 명확하다. 여기에서 메소아메리카란 고유한 역사적·문화적 전통(문명)들로 구별되는 지역이며, 토착민이란 이 문화 전통들의 계승자, 다시 말해 특정한 종족적·지역적·언어적 집단으로 한정되기보다는 광의적 의미에서 기나긴 역사, 특히 15세기 후반 스페인과의 접촉이 이루어지기 이전에 존재하던 문화 전통들을 다양한 방식으로 이어 오고 있는 이들로 규정된다. 특정한 지리적·국가적 단위로 논의를 제한하는 대신 메소아메리카라는 역사적·문화적 범주를 논의의 대상으로 설정함에 따라 이 책은 올메카, 테오티우아칸, 마야, 톨테카, 아스테카 등 고대 문명의 전통이 유기적인 연결망을 통해 상호교류하는 과정에서 형성되었으며, 스페인의 식민 통치, 독립, 근대화에 이어 초국적 정치경제 체제로 편입하는 과정에서 역동적으로 변화해 왔음을 보여 준다. 이 책은 또한 메소아메리카의 문화를 분석하는 데 있어 통합적이고 유기적인 접근법을 모색한다는 점에서 주목할 필요가 있다. 저자들이 언급하듯이 기존의 메소아메리카 연구에서 문화란 본질적으로 균질적인 관념과 의미들로 구성된 체계라고 간주하는 문화사적인 관점과 세계체제나 생태변화 또는 생산양식의 변화 등 거대한 외부적 요인에 대응하는 과정에서 형성되는 결과라고 해석하는 문화진화론적 관점으로 나뉘어 왔다. 저자들은 메소아메리카가 동질적이고 단일한 문화로 특징지어졌던 적은 단 한 번도 없었다고 본다는 점에서 문화진화론적인 입장을 공유하지만, 또 한편으로 메소아메리카에 공존하는 복잡하고도 다양한 문화들은 독자적인 내적 논리와 역사를 공유한다고 본다는 점에서 문화사적 입장을 공유한다. 따라서 이 책의 주된 목적은 메소아메리카의 '변화' 속에서 이어지고 있는 '연속성'을 밝히는 것이다. 그리고 이 작업은 토착민들을 논의의 준거점으로 설정한 저자들의 기획을 통해 매우 효과적으로 수행되고 있다.

이 책에서 주목할 또 다른 특징은 실로 광범위한 분야에 걸쳐 매우 다양한 주제들이 심도 깊은 학문적 성찰뿐만 아니라 풍부하고 실증적인 자료와 사례들을 토대로 논의되고 있다는 점이다. 여기에는 개별 저자들의 다채로운 학문적 관심과 연구 배경이 큰 몫을 한 것으로 보인다. 이 책에는 총 열세 명의 북미 인류학자들이 공동 저자로 참여했다. 공동 편집자로 로버트 M. 카멕, 제닌 L. 가스코, 게리 H. 고센이 참여했다. 로버트 M. 카멕(뉴욕주립대 인류학과 명예교수)은 과테말라 키체-마야 원주민들의 역사와 문화에 관한 선두적인 연구자였고, 제닌 L. 가스코(캘리포니아주립대 인류학과 교수)는 멕시코 치아파스 주 소코누스코 원주민 사회와 메소아메리카 민족역사학 분야의 저명한 학자이며, 게리 H. 고센(뉴욕주립대 인류학과 명예교수)은 1960년대부터 치아파스 주 일대에서 수행해 온 현지조사를 토대로 차물라의 초칠-마야 원주민의 종족성과 사회변동, 메소아메리카의 토착 종교와 상징 및 구술 전통 등에서 중요한 저술을 남겼다. 공저자들 역시 전공분야에 있어 고고학, 민족역사학, 언어인류학, 문화인류학 등 인류학의 전통적인 하위 분과에 고루 걸쳐 있으며, 메소아메리카의 다양한 시대와 지역 전공자들로 구성되어 있다. 이들을 간략히 소개하자면, 민족역사학자인 루이스 M. 버카트(뉴욕주립대 인류학과 교수)는 식민시대 메소아메리카 문학과 나우아 원주민들의 종교와 문헌 전통 및 도상학 분야의 저명한 학자이다. 언어인류학자인 존 S. 저스티슨(뉴욕주립대 인류학과 교수)은 고대 메소아메리카의 상징과 문자 체계, 마야어 상형문자 체계, 에피-올메카 상형문자 해독 연구자이며, 조지 A. 브로드웰(뉴욕주립대 인류학과 교수)은 메소아메리카 원주민 언어의 문법 구조와 의미론 및 구문론을 연구해 왔다. 고고학자들의 참여도 두드러지는데, 마이클 E.

스미스(아리조나주립대 인류학과 교수)는 아스테카의 경제와 사회 구조 연구 및 고대 도시 비교 분석 부문을, 마릴린 A. 메이슨(뉴욕주립대 인류학과 교수)은 후기고전기 마야판의 경제와 사회 구조 부문을, 그리고 로버트 M. 로젠스윅(뉴욕주립대 인류학과 교수)은 소코누스코의 인류 정착과 사회 분화를 연구해 왔다. 이 밖에 문화인류학자인 릴리아나 R. 골딘(뉴욕대 사회복지학과 교수)은 현대 과테말라 마야 원주민 공동체의 경제적·문화적 변동과 생존 전략을 주제로 한 다년간의 현지조사를 토대로 다수의 저서를 집필했고, 브렌다 로젠바움(Mayan Hands 소장)은 마야 원주민 공동체에 관한 저술 활동뿐만 아니라 마야 여성 직공들의 협동조합과 연대해 공정거래를 활성화하는 활동에 주력해 왔다. 월터 E. 리틀(뉴욕주립대 인류학과 교수)은 칵치켈-마야와 키체-마야 공동체의 수공예품 생산을 초국적 관광산업이라는 맥락에서 분석해 왔으며, 크리스틴 에버(뉴멕시코주립대 인류학과 명예교수)는 20년 이상에 걸친 현지조사를 바탕으로 초칠-마야 원주민들의 초국적 공동체, 치아파스 사파티스타 운동과 종족 정체성 및 젠더 관계를 연구해 왔다.

고대에서 현대에 이르기까지 메소아메리카의 복합적인 사회 구성과 문화적 전통을 연구해 왔던 저자들은 공동 저자나 단독 저자로 각 장의 집필에 참여했으며, 이는 이 책의 논의가 다양한 연구방법론, 세밀하고 풍부한 사료와 고고학적 자료 분석, 심층적인 문헌 조사, 생동감 넘치는 문화 기술지적 사례 분석들에 토대를 둘 수 있게 했다. 그 내용을 간략히 살펴보면, 스페인과의 접촉 이전 메소아메리카를 다루고 있는 1부에서는 인간 정착의 기원에서 시작해 올메카, 사포테카, 믹스테카, 테오티우아칸, 마야, 아스테카 등 메소아메리카의 고대 문명들의 정치적·사회적·경제적·종교적 구조를 고고학 유적과 유물, 상형문자, 코덱스 분석을 통해 살펴본다. 스페인과의 접촉 이후부터 20세기 초반의 메소아메리카를 다루고 있는 2부에서는 스페인의 정복, 정복과 관련된 정치적·관념적 변화와 논쟁, 아스테카와 마야 제국 점령, 식민시대 사회 제도와 종교 기관 및 토착민들의 저항, 토착민들의 문학 작품, 독립 운동과 정치 개혁 및 토착주의 운동 등이 논의된다. 현대 메소아메리카를 다루는 3부와 4부에서는 멕시코와 중앙아메리카의 정치개혁과 혁명운동, 인디헤니스모로 대변되는 국가 주도의 발전 전략, 원주민 종족성의 재구성과 원주민 운동의 부상, 초국적 정치경제 체제와 원주민 생존 전략, 사파티스타 운동, 원주민 언어와 문자, 젠더 관념과 젠더 관계, 원주민 문학, 토착적인 종교 전통과 상징 체계 등이 논의된다.

이 책의 번역은 서울대학교 라틴아메리카연구소의 2010년 저역서 지원사업의 일환으로 기획되었다. 때마침 이 책의 번역에 착수하게 되던 해는 역자가 긴 시간 전념해 오던 인류학 박사 논문을 마무리하던 해이기도 했다. 이 책의 번역을 맡게 되며 역자는 메소아메리카라는 풍요로운 세계를 국내에 소개할 수 있는 기회를 얻게 되었다는 사실에 가슴 벅차는 설렘을 느꼈던 기억이 난다. 하지만 이와 동시에 혹시라도 역자의 부족함으로 인해 매끄럽지 못한 번역물을 내놓게 되면 어쩌나 하는 걱정에 사로잡혔던 것도 사실이다. 번역 작업이 지체되어 이제야 성과물을 내놓게 되었다. 이 책의 출판을 앞두고 당시 역자가 느끼던 설렘과 두려움이 비슷한 강도로 다시 다가오지만, 많은 분들의 도움이 있었기에 역자의 부족함을 조금이라도 극복할 수 있었던 것 같다. 무엇보다도 서투른 역자를 위해 번역과 감수 과정에서 많은 조언을 주셨던 서울대학교 라틴아메리카연구소 선생님들께 감사드린다. 그리고 번역이 지체되는 상황에서도 늘 인내심을 가지고 지켜봐 주셨던 우석균 선생님께 감사드린다. 또한 교정과 디자인, 편집 전 단계를 책임지고 이끌어 주신 버팀목 같았던 그린비출판사의 김현정 선생님과 편집관계자분들께 감사드린다. 그리고 이 책이 출판되면 제일 먼저 보여드리고 싶었지만 이제는 고인이 되신 이성형 선생님께 늦었지만 감사하다는 말씀을, 그리고 출판이 늦어져서 죄송하다는 말씀을 드리고 싶다. 마지막으로 라틴아메리카를 사랑하는 인류학자로 살 수 있도록 늘 곁에서 지켜 주시는 부모님께 감사드린다.

2014년 5월

옮긴이 강정원

용어해설

가부장제(patriarchy) 가족 관계에서 아버지가 지배적인 위치를 차지하는 사회 체제.

고대기(Archaic period) 기원전 8000년에서 2000년에 이르는 시기로, 수많은 식물이 재배되었고, 사람들이 보다 정착적인 삶을 영위하기 시작했다.

고전기(Classic period) 서기 200년부터 900년에 이르는 시기이며, 수많은 지역에서 대규모 정치 국가들이 발전했고, 예술이 번성했다.

구기(ball game) 고대 메소아메리카 전역의 정식 경기장에서 치러졌던 고무공을 가지고 하는 경기이며, 주로 의례적인 목적으로 수행되었다.

구문론(syntax) 언어학에서 단어의 배치와 활용에 관한 규칙들.

국가(state) 사회 분화, 전 시간제 직업 전문가, 중앙 권력자들의 권력 독점을 허용하는 정치·경제 기관 등으로 특징지어지는 거대하고 복잡한 사회.

국토 수복(reconquista) 8세기 초반부터 이베리아 반도를 정복했던 북아프리카 이슬람교도인 무어족으로부터 스페인 가톨릭교도들이 반도를 재정복했던 과정.

근대화(modernization) 자본주의 경제 발전을 통해 라틴아메리카 국가들이 유럽이나 미국을 따라잡을 수 있다고 가정하고, 이에 근거해 유럽적인 발전 모델을 모방하는 관행.

나구알(nagual 또는 nahual) 주술적 반려동물이나 인간의 힘, 또는 스스로 주술적 실체로 변형할 수 있는 힘을 지녔다고 믿어지는 개인.

농민(peasant) 보다 거대하고 지배적인 사회에 잉여분을 제공하는 사회나 사회 부문에 속하는 사람으로서, 농업으로 생계의 일정 부분을 영위한다.

농촌 프롤레타리아트(rural proletariat) 전통적인 농촌 농경 지역에서 임금노동에 의존하는 개인들.

독트리나(doctrina) 원주민 공동체들로 구성된 교구 또는 교회 구역.

동화(acculturation) 문화 접촉의 상황에서 종속문화가 지배문화와 유사하게 변화하는 과정.

라디노(ladino) 식민시대의 동화된 원주민 또는 스페인어를 사용하는 원주민을 일컫는 용어이며, 현대에는 비-원주민 메스티소, 또는 유럽 계통이나 혼혈 계통의 후손을 의미한다.

라티푼디오(latifundio) 대규모 농업 재배지나 농장.

레두시온(reducción) 콘그레가시온(congregación)과 동일함.

레파르티미엔토(repartimiento) 식민시대에 원주민 물자와 노동력 및 부를 착취하기 위해 생겨났던 다양한 제도들로, 노동력 징집, 강제 물자 배분, 강제 물품 생산 제도 등이 있다.

마세우알(macehual, 복수형 macehualtin) 평민이나 속민을 의미하는 나우아어.

마에스트로 데 칸토르(maestro de cantor) 예배식이나 교리문답을 지도하는 원주민 관리로서, 성가대 지휘자에 해당한다.

마요르도모(mayordomo) 관리인(간사).

마치스모(machismo) 남성 지배와 남성성에 가치를 두는 이데올로기나 그 관행.

마킬라도라(maquiladora) 수출 제조 공장.

맞춤법(orthography) 언어학에서 소리와 단어를 표현하기 위해 음성 기호를 사용하는 것.

메스티사헤(mestizaje) 생물학적·문화적 혼합을 통해 메스티소 인구가 형성되는 과정.

메스티소(mestizo) 백인, 원주민, 그리고 종종 아프리카 계통의 혼혈인으로서, 식민시대 카스타 제도에서 메스티소는 아프리카 계통 혼혈인을 배제하곤 했다.

멕시카(Mexica) 테노치티틀란을 건립하고 중앙멕시코를 지배하게 된 나우아어 사용 집단으로서, 테노치티틀란의 아스테카인을 의미한다.

모리스코(moriscos) 기독교로 개종한 이슬람교도.

몰수하다(expropriate) 정부가 한때 사유재산이었던 것을 통제하는 경우처럼, 생산재를 통제하는 행위.

물라토(mulatto) 백인과 아프리카 계통, 또는 아프리카-아메리카 계통의 혼혈.

미니푼디오(minifundio) 작은 농촌 재배지나 농경지.

밀파(milpa) 옥수수, 콩, 그리고 종종 고추(칠리)를 심은 토지 구획.

바리오(barrio) 시가지나 도시의 영토 구획.

바히오(Bajío) 과나후아토 주변의 레르마 강 유역에 위치한 고지대 분지로, 역사적으로 농업 생산과 광물로 중요한 지역이다.

반-주변부 지역(semi-periphery zone) 세계체제론에서 중심부 지역과 주변부 지역을 매개하는 지역으로, 무역을 통한 매개가 일반적이다.

방언(dialect) 한 언어 내의 변이.

사육(domestication) 야생 식물이나 동물로부터 특정한 특질을 선택해, 이를 인간이 활용하기에 유리한 형태로 진화시키는 과정.

상호협력집단(Grupo de Apoyo Mutuo, GAM) 1970년대와 1980년대 과테말라에서 발생한 폭력으로 살해당하거나 '실종'된 원주민 남자들의 미망인들에 의해 조직된 과테말라의 인권운동단체.

샤먼(shaman) 초자연적 원천과의 관계를 통해 생성되는 주술적 힘을 보유한 종교 전문가.

석주(stela, 복수형 stelae) 기념비로 세워진 석판으로, 의례나 신화적 사건을 묘사하는 상형문자나 장면들이 새겨져 있는 경우가 많다.

세계체제(world-system) 임마누엘 월러스틴을 비롯한 사회체제론 학자들이 정교화한 이론으로서, 세계체제는 정치적 경계를 넘어서며, 이는 중심부, 반-주변부, 주변부 지역들 간의 불평등한 교환과 국제적 노동 분업으로 특징지어지는 모델이다.

세속적 성직자(secular clergy) 종교 교단에 속하지 않는 가톨릭 사제.

소작(sharecropping) 농민들이 토지를 임대하고, 수확물의 일부를 토지 소유주에게 지불하는 체제.

수사(friar) 프란시스코 수도회나 도미니크 수도회와 같은 가톨릭 교회 교단에 소속된 사람으로서, 사제나 평수사가 임명할 수 있다.

시엔티피코(científicos) 일반적으로 19세기 메소아메리카의 경제적 하부구조를 설계한 엘리트 과학자나 기술자들을 의미하며, 19세기 멕시코의 경우에는 멕시코 포르피리오 디아스 정권에서 고문 역할을 담당했던 지식인, 지주, 은행가 집단들을 지칭함.

시장(alcalde mayor) 시(alcaldía mayor)로 알려진 구역의 행정을 담당하는 스페인 왕실 관리. 그 외의 구역을 담당하는 관리들은 치안관(corregidor)으로 알려져 있다.

신화(myth) 역사적이고 자연적인 현상을 설명하고, 심오한 문화적 가치를 표현하는, 대체적으로 초자연적 힘에 대한 이야기.

실증주의(positivism) 경험적인 사실과 가설 증명을 통하지 않고서는 그 어떤 지식의 획득도 불가능하다고 주장하는 19세기의 철학.

아마란스(amaranth) 작고 검은 씨앗을 담고 있는, 잎사귀가 무성하고 짤막한 식물로서 콜럼버스 이전의 메소아메리카에서 중요한 식량 자원으로 활용되었다.

아스테카(Aztec) 후기탈고전기 중앙멕시코의 나우아어 민족들을 일반적으로 지칭하는 용어로서, 아스틀란(Aztlán)의 사람들을 의미한다.

알라치 우이닉(halach uinic) 소도시나 지역의 통치차를 일컫는 식민시대 이전의 마야 용어로서, 주지사에 해당한다.

알테페틀(altepetl) 시가지나 도시(도시국가)를 지칭하는 나우아어 용어로서, 독자적인 신성, 종교 조직, 민정 기관, 시장, 토지 기반 등을 보유한다.

에네켄(henequen) 용설란의 일종. 밧줄 제작에 쓰이는 섬유를 생산하는 식물.

에스탄시아(estancia) 농장이나 목장으로, 일반적으로 가축을 사육한다.

에토스(ethos) 개별 민족의 특징적인 정신이나 문화적 유형.

에히도(ejido) 공동체 토지로서, 20세기 멕시코에서 대토지 지주들로부터 토지를 몰수해서 이를 농민 공동체에 분배했던 사업.

엔코미엔다(encomienda) 특정한 개인(encomendero, 엔코멘데로)에게 일부 토착민 집단의 물품이나 노동력에 대한 사용권을 허가했던 체제로서, 엔코멘데로는 할당된 토착민들을 기독교로 전도하는 책임을 지녔다.

여성주의(feminism) 여성이 동등한 권리와 기회를 가질 것을 주창하는 운동으로서, 젠더 개념과 성적 차이의 의미를 분석하는 접근 방식.

연대기(chronicle) 역사기록물 또는 연보.

연방주의자(federalist) 19세기 멕시코와 중앙아메리카에서 사회 진보, 세속 국가, 지역의 정치적·경제적 권력자를 지지했던 자유주의 사상가들.

영세상품 생산(petty commodity production) 이윤 창출을 목적으로 시장에 판매하기 위해 농작물이나 수공예품을 소규모로 생산하는 것.

오브라헤(obraje) 주로 방모 방적을 위한 직물 제조 작업장이나 공장으로서, 전형적으로 강제 노동에 의존한다.

옥수수(maize) 메소아메리카의 주식(학명은 Zea mays).

음운론(phonology) 한 언어의 소리 체계.

의미론(semantics) 언어학의 상이한 단어들이나 문법적 구조들의 의미 관계.

20진법(vigesimal) 20을 기수로 한 기수법으로, 고대 메소아메리카의 전형적인 숫자 체계이다.

인디고(indigo) 파란색 염료 제작에 사용되는 식물.

인디헤니스모(indigenismo) 원주민 인구의 교육·경제·보건·사회 부문의 필요를 충족시키기 위한 공공 정책과 기관으로서, 국가 문화에 원주민을 동화시킨다는 목표를 전제로 한다.

인식론(epistemology) 지식에 관한 이론이나 그 이론들의 연구.

일부다처제(polygyny) 한 명의 남자가 두 명이나 그 이상의 아내를 동시에 맞이하는 결혼 유형.

장르(genre) '화법 장르'와 같이 종류나 범주.

장주기(long count) 저지대 고전기 마야인들이 주로 사용했던 날짜 계산법. 개별 날짜는 특정한 박툰(약 400년 주기), 카툰(약 20년 주기), 툰(360일 주기), 우이날(20일 주기), 킨(1일)에 속하는 것으로 정의되며, 260일로 구성된 세속 역법의 특정한 날짜를 포함한다.

전고전기(Preclassic period) 형성기(Formative period)와 동일함.

정착생활(sedentism) 영구적이거나 반-영구적인 정착으로 특징지어지는 삶의 방식.

젠더(gender) 성별에 따라 문화적으로 각인된 행동, 역할, 관계.

조방 농업(extensive agriculture) 비교적 단순한 기술을 활용하는 농작 형태로서, 경작에 대규모 토지가 요구된다. 화전 농업이 이에 속하며, 집약 농업과 대비된다.

족장사회(chiefdom) 사회적 불평등, 전 시간제 직업의 제한적 분화, 세습 권력자인 족장이 지배하는 경제·정치조직들로 특징지어지는 복잡한 사회.

주변부 지역(periphery zone) 사회체제론에서 중심부에 자원을 공급하는 종속된 지역.

중심부 지역(core zone) 세계체제론에서 지배적인 지역을 일컫는 용어이며, 주변부 지역으로부터 사치품과 노동력 등의 자원을 유입했다.

중앙주의자(centralist) 19세기 메소아메리카에서 대도시 소유주, 군내, 가톨릭교회 등 전통적인 권력을 지지했던 이들로서, 중앙 집중적인 정치·경제 권력을 선호했다.

집약 농업(intensive agriculture) 대규모 농작물 생산을 위해 노동집약적 기술을 활용하는 농작 행위로서, 계단식 재배, 관개, 쌓아 올린 밭 기법 등이 이에 속한다. 조방 농업과 대비된다.

치남파(chinampa) '쌓아 올린 밭'을 의미하는 나우아어 용어이며, 늪이나 얕은 호수 바닥의 진흙이나 초목 층에 인공 경작지를 조성하는 극도로 생산적인 경작 기법.

치아(chia) 세이지 식물로서 고대 메소아메리카에서 치아 씨앗은 기름의 원료가 되었고, 음료 제조에 사용되었다.

치안관(corregidor) 스페인 왕실 관리로서 치안령(corregimiento)으로 알려진 구역의 행정을 담당했다. 원주민 치안관은 원주민 구역을 담당했으며, 그 기능 면에서 시장(alcalde mayor)과 유사했다.

치치메카(Chichimec) 멕시코 북부 사막 지역 등에서 유래하는 유목 민족들을 일반적으로 지칭하기 위한 용어로서, 고대 메소아메리카의 종족집단들을 일컫기 위해 사용되었다.

카빌도(cabildo) 도시 협의회와 지방정부 건물.

카스타(castas) 유럽, 아프리카, 토착 아메리카 혈통들과 그 혼합과 관련해서 생물학적인 유산에 근거해 형성된 식민시대의 사회 위계.

카시케(cacique) 식민시대 토착 통치자나 우두머리를 일컫는 아라와크 용어로서, 현대 사회에서는 작은 마을의 정치 지도자를 의미한다.

카우디요(caudillo) 군사나 정치 지도자 또는 독재자.

카카오(cacao) 카카오나무 열매로서 초콜릿의 원료이다.

칼메칵(calmecac) 아스테카 귀족층 자제들을 위한 학교.

칼풀리(calpulli) 아스테카의 영토 단위로서, 도시 내의 마을, 시가지, 또는 동네(바리오)에 해당한다.

쿠나비과(CONAVIGUA) 과테말라 미망인들의 전국 조직(Coordinadora Nacional de Viudas de Guatemala). 과테말라 치말테낭고 출신 미망인들에 의

해 세워진 인권단체로, 과테말라 우익 군사 세력들이 자행한 '학대, 강간, 착취'에 맞서기 위해 1988년에 설립되었다.

코덱스(codex, 복수형 codices) 토착 예술가들이 제작한 식민시대 이전부터 식민시대까지의 상형문자 원고. 코덱스는 지리적 위치, 발견자나 이전의 소유자, 또는 원고가 제작된 장소에 따라 그 제목이 붙여지고는 했다. 정복 이전의 코덱스는 무화과나무 껍질로 만든 종이(아마테)나 사슴가죽에 회반죽을 바른 다음, 여기에 그림을 그려 두루마리처럼 돌돌 말거나, 또는 아코디언처럼 스크린폴드로 접었다. 식민시대의 코덱스는 유럽식 제지에 그림을 그려 넣은 다음, 책의 형태로 묶은 것으로 보인다. 지금까지 발견된 코덱스들은 역사, 종교, 천문학, 경제 분야 등의 정보를 담고 있다.

코프라디아(cofradía, 평신도단체) 기독교 신성의 특정 성인이나 특정한 측면의 의례를 담당하는 종교 단체.

콘그레가시온(congregación) 상이하고 분산된 공동체들의 원주민 인구를 새로운 단일한 공동체로 집중시키는 스페인의 식민 정책.

콘베르소(conversos) 기독교로 개종한 유대인.

콤파드라스고(compadrazgo, 대부모제도) 대부모와 생물학적 부모들 간의 의례적 친족 관계.

크레올(creoles) 신세계에서 태어난 스페인인.

탁발수사(mendicants) 청빈서약에 의거해 기부에 의존하여 생활하는, 프란시스코 수도회, 아우구스티누스 수도회, 도미니크 수도회 등의 가톨릭 종교 교단에 소속된 사람.

탈고전기(Postclassic period) 서기 약 900년부터 스페인 접촉이 있었던 1520년대에 이르는 시기.

토날리(tonalli) 역법에서 제시되는 개인의 운명이나 동체(co-essence), 또는 아스테카 260일 역법의 날짜 기호에 해당한다.

토르데시야스 조약(Tratado de Tordesillas) 스페인과 포르투갈이 1494년에 체결한 조약으로, 스페인이 아메리카 영토의 특정선 서쪽에 있는 모든 영토에 대한 권리를 갖고, 포르투갈은 특정선 동쪽의 모든 영토에 대한 권리를 가지기로 한 협약이다. 아메리카 대륙에서는 브라질만이 이 선의 동쪽에 놓여 있었다.

토착주의 운동(nativistic movement) 토착 집단과 그 카리스마적 예언자이자 지도자가 종교적·정치적 자치와 종족 정체성을 인정받고자 수행하는 운동. 이러한 운동은 만일 무력에 의해 진압될 경우, 폭력적으로 변질되는 경우가 빈번하다.

틀라메네(tlamene) 나우아어에서 유래한 용어로서 원주민 짐꾼을 의미한다. 이들은 일반적으로 티엠플리네(tiempline)를 고용한다.

틀라토아니(tlatoani, 복수형 tlatoque) 소도시나 지역의 통치자를 뜻하는 나우아어 용어이며, 말 그대로 '연설가'를 의미한다.

틀랄록(Tlaloc) 아스테카의 비의 신으로서, 기타 메소아메리카 지역의 비의 신인 착(마야)이나 코시호(사포테카)와 동일하다.

페닌술라레스(peninsulares) 스페인에서 태어나 신세계에서 사는 스페인인.

풀케(pulque) 용설란(maguey, agave, century plant 등으로 불림) 즙을 발효해 만든 메소아메리카의 토착 주류(酒類).

프롤레타리아트(proletariat) 임금노동자.

필리(pilli, 복수형 pipiltin) 나우아어로 귀족을 의미한다.

하위주체(subaltern) 특히 지배 계급과 관련해 일반적으로 열등한 지위에 있는 사람.

해방신학(Liberation Theology) 억압과 착취에 대한 비판이 신학적 실천의 중심이 되는 가톨릭 교회의 한 운동.

형성기(Formative period) 기원전 2000년 무렵부터 서기 200년에 해당하는 시기로, 전고전기에 속한다. 이 시기에 메소아메리카 지역의 사회들은 보다 복잡해졌다.

형태론(morphology) 언어학과 한 언어에서 단어들의 형성 체계.

혼합주의(syncretism) 상이한 전통들에서 유래하는 관념들과 실천들이 문화 접촉 과정을 거쳐 재해석되고 변형되는 것.

홍적세(Pleistocene) 10만 년 전 무렵에 시작해서 1만 년 전 무렵에 끝난, 보다 한랭한 기후의 지질학적 시기.

화전(swidden) 한 구획의 초목을 베어 내고 태워서 토양이 고갈될 때까지 경작하고, 그다음 주기가 시작될 때까지 땅을 놀려 회복되도록 하는 조방 농업 방식의 화전 농업.

회계원(fiscal) 원주민 공동체에서 사제 조수로 일하며 지방 교회의 사안을 관장하던 종교 관리.

후기홍적세(Paleo-Indian period) 아메리카 대륙에 인류가 최초로 도착했던 시기(4만 년에서 2만 년 전)부터 기원전 8000년 무렵에 이르는 시기로서, 이 시기의 인구는 유목민적인 삶을 영위했다.

흑요석(obsidian) 화살촉이나 칼날과 같이 날카로운 도구의 제작에 사용되는 유리 같은 화산석.

참고문헌

Abreu Gómez, Ermilo 1979 *Canek: History and Legend of a Maya Hero.*
translated with an introduction by Mario L. Dávila, and Carter Wilson.
Berkeley: University of California Press(English translation of the original
1940: *Canek.* Mexico City: Ediciones Canek).

Acosta, Jose de 1987 *Historia natural y moral de las Indias.* Historia 16. ed.
José Alcina Franch. Madrid: Crónicas de América.

Acuna, Victor Hugo 1991 *Conflicto y reforma en Costa Rica, 1940-1949.*
Nuestra Historia 17. San Jose. Costa Rica: Universidad Estatal a
Distancia.

Adams, Richard N. 1991 "Strategies of Ethnic Survival in Central America".
Nation-States and Indians in Latin America. eds. Greg Urban, and Joel
Sherzer. Austin: University of Texas Press.

Adelhofer, Otto (ed.) 1963 *Codex Vindobonensis Mexicanus I.* Graz, Austria:
Akademische Druck-und Verlagsanstalt.

Aguirre Beltrán, Gonzalo 1983 "Indigenismo en México: Confrontación de
problemas". *La Quiebra Política de la Antropología Social en México.*
eds. A. Medina, and Carlos Garcia Mora. pp.195-212. Mexico City:
Universidad Nacional Autónoma de México.

Amnesty International 2005 *No Protection, No Justice: Killings of Women
in Guatemala.* Online publication at http://www.amnestyusa.org/
countries/Guatemala.

Anderson, Arthur J. O., Frances Berdan, and James Lockhart (eds. and
trans.) 1976 *Beyond the Codices: The Nahua View of Colonial Mexico.*
Berkeley: University of California Press.

Anderson, E. N. 2005 *Political Ecology in a Yucatec Maya Community.*
Tucson: University of Arizona Press.

Arizpe, Lourdes, and Josefina Aranda 1986 "Women Workers in the

Strawberry Agribusiness in Mexico". *Women's Work, Development and the Division of Labor*. eds. Eleanor Leacock, and Helen I. Safa. pp.174-193. Greenwood, MA: Bergin and Garvey Publisher.

Arsher, R. E., and Mosley, Christopher 1994 *Routledge Atlas of the World's Languages*. 2nd ed. London: Routledge.

Asturias, Miguel Angel 1949 *Men of Maize, trans. Gerald Martin*. New York: Delacorte Press/St. Lawrence(English translation of the original Spanish edition 1949: *Hombres de Maíz*. Buenos Aires: Editorial Losada, S. A.).

———— 1975 *Men of Maize*. trans. Gerald Martin. New York: Delacorte Press/S. Lawrence.

Bartra, Roger 1982 *Campesinado y poder político en México*. Mexico City: Ediciones Era.

Behar, Ruth 1989 "Sexual Witchcraft, Colonialism and Women's Powers: Views from the Mexican Inquisition". *Sexuality and Marriage in Latin America*. ed. Asunción Lavrin. pp.178-206. Lincoln: University of Nebraska Press.

Benjamin, Medea (ed. and trans.) 1989 *Don't Be Afraid Gringo: A Honduran Woman Speaks from the Heart. The Story of Elvia Alvarado*. New York: Harper Collins Publishers.

Berdan, Frances F. 1982 *The Aztecs of Central Mexico: An Imperial Society*. New York: Holt, Rinehart and Winston.

Berdan, Frances F., and Patricia Anawalt (eds.) 1992 *The Codex Mendoza*. vol.4: Pictorial Parallel Image Replicas of Codex Mendoza. Berkeley, CA: University of California Press.

Berdan, Frances F., Richard E. Blanton, Elizabeth H. Boone, Mary G. Hodge, Michael E. Smith, and Emily Umberger 1996 *Aztec Imperial Strategies*. Washington, D.C.: Dumbarton Oaks.

Bernard, H. Russel, and Jesus Salinas Pedraza 1989 *Native Ethnography: A Mexican Indian Describes His Culture*. Newsberry Park, California: Sage Publications.

Bierhorst, John (ed. and trans.) 1985 *Cantares Mexicanos: Songs of the Aztecs*. Stanford: Stanford University Press.

Blanton, Richard E., Gary M. Feinman, Stephen A. Kowalewski, and Linda M. Nicholas 1999 *Ancient Oaxaca: The Monte Albán State: Case Studies in*

Early Societies. New York: Cambridge University Press.

Blanton, Richard E., S. A. Kowalewski, Gary Feinman, and Laura Finsten 1992 *Ancient Mesoamerica: A Comparison of Change in Three Regions.* 2nd ed. New York: Cambridge University Press.

Blanton, Richard, and Gary Feinman 1984 "The Mesoamerican World System". *American Anthropologist.* vol.86. pp.673-682.

Boone, Elizabeth Hill 2000 *Stories in Red and Black: Pictorial Histories of the Aztecs and Mixtecs.* Austin: University of Texas Press.

Bossen, Laurel 1984 *The Redivision of Labor: Women and Economic Choice in Four Guatemalan Communities.* Albany: State University of New York Press.

Brettell, Caroline 2000 "Theorizing Migration in Anthropology the Social Construction of Networks Identities Communities and Globalscapes". *Migration Theory: Talking across Disciplines.* eds. Caroline B. Brettell, and James F. Hollifield. pp.97-136. London: Routledge.

Bricker, Victoria Reifler 1981 *The Indian Christ, The Indian King: The Historical Substrate of Maya Myth and Ritual.* Austin: University of Texas Press.

Burkhart, Louise M. 1989 *The Slippery Earth: Nahua-Christian Moral Dialogue in Sixteenth-Century Mexico.* Tucson: University of Arizona Press.

_____ 1995 "Mexica Women on the Home Front: Housework and Religion in Aztec Mexico". *Indian Women in Early Mexico: Identity, Ethnicity and Gender Differentiation.* eds. Susan Schroeder, Stephanie Woor, and Robert Haskett. pp.25-54. Norman: University of Oklahoma Press.

Burkhart, Louise M. 2001 *Before Guadalupe: The Virgin Mary in Early Colonial Nahuatl Literature.* Albany: Institute for Mesoamerican Studies.

Burland, Cottie Arthur (ed.) 1966 *Codex Laud.* Graz, Austria: Akademische Druck-und Verlagsanstalt.

_____ 1971 *Codex Fejervary-Mayer.* Graz, Austia: Akademische Druck-und Verlagsanstalt.

Burns, Alan 1993 *Maya in Exile: Guatemalans in Florida.* Philadelphia: Temple University Press.

Burns, E. Bradford 1986 *Eadward Muybridge in Guatemala, 1875: The Photographer as Social Recorder.* Berkeley, CA: University of Californial Press.

Byland, Bruce E., and John M. D. Pohl 1994 *In the Realm of 8 Deer: The Archaeology of the Mixtec Codices.* Norman: University of Oklahoma Press.

Campbell, Howard et al. eds. 1993 *Zapotec Struggles: Histories, Politics, and Representations from Juchitán, Oaxaca.* Washington, D.C.: Smithsonian Institution.

Camus, Manuela 2002 *Ser Indígena en Ciudad de Guatemala.* Guatemala City: FLACSO.

Carcedo, Ana y Montserrat Sagot 2001 *Costa Rica, Balance Mortal.* Online publication at Malostratos.org#32.

Carmack, Robert M. 1981 *The Quiche Mayas of Utatlan: The Evolution of a Highland Guatemala Kingdom.* Norman, Oklahoma: University of Oklahoma Press.

———— 1995 *Rebels of Highland Guatemala: The Quiche-Mayas of Momostenango.* Norman: University of Oklahoma Press.

Carrasco, David 1990 *The Religions of Mesoamerica: Cosmovision and Ceremonial Centers.* San Francisco: Harper & Row.

Carrier, Joseph 1995 *De Los Otros: Intimacy and Homosexuality among Mexican Men.* New York: Columbia University Press.

Castillo Godoy, Delia 2003 *Mujeres Excluidas.* Guatemala City: Asociación Mujer Vamos Adelante, Ediciones Papiro SA.

Chapman, Anne M. 1957 "Port of Trade Enclaves in Aztec and Maya Civilization". *Trade and Market in the Early Empires.* eds. Karl Polanyi, M. Conrad Arensberg, and Harry W. Pearson. New York: The Free Press.

———— 1974 *Los Nicaraos y los Chorotega Según las Fuentes históricas.* San Jose: Universidad de Costa Rica.

Chiñas, Beverly 1995 "Isthmus Zapotec Attitudes Toward Sex and Gender Anomalies". *Latin American Male Homosexualities.* ed. Stephen O. Murray. pp.293-302. Albuquerque NM: University of New Mexico Press.

Clark, John E., and Michael Blake 1994 "The Power of Prestige: Competitive Generosity and the Emergence of Rank Societies in Lowland Mesoamerica". *Factional Competition and Political Development in the New World*. eds. E. M. Brumfiel, and J. W. Fox. pp.17-30. Cambridge: Cambridge University Press.

Cline, Howard F. 1972 "Introductory Notes on Territorial Divisions of Middle America". volume ed. Howard F. Cline. *The Handbook of Middle American Indians*. vol.12: Guide to Ethnohistorical Sources. pt.1. general ed. Robert Wauchope. Austin, TX: University of Texas Press.

Cobos Palma, Rafael 2004 "Chichén Itzá: Settlement and Hegemony During the Terminal Classic Period". *The Terminal Classic in the Maya Lowlands: Collapse*. eds. and trans. A. A. Demarest, P. M. Rice, and D. S. Rice. pp.517-544. Boulder: University of Colorado Press.

Cockcroft, James D. 1983 *Mexico, Class Formation, Capital Accumulation, and the State*. New York: Monthly Review Press.

Coe, Michael D., and Gordon Whittaker (eds. and trans.) 1982 *Aztec Sorcerers in Seventeenth Century Mexico: The Treatise on Superstitions by Hernando Ruiz de Alarcón*. Albany: Institute for Mesoamerican Studies.

Cohen, Jeffrey H. 2001 "Transnational Migration in Rural Oaxaca, Mexico: Dependency, Development and the Household". *American Anthropologist*. vol.103(4). pp.954-967.

_____ 2004 *The Culture of Migration in Southern Mexico*. Austin: University of Texas Press.

Cojti Cuxil, Demetrio 1996 "The Politics of Maya Revindication". *Maya Cultural Activism in Guatemala*. eds. Edward F. Fischer, and R. McKenna Brown. Austin: University of Texas Press.

Collier, George A., in collaboration with Elizabeth Quaratiello 1999 *Basta! Land and the Zapatista Rebellion in Chiapas*. Revised edition(Original 1994). Oakland: Food First Books.

Conrad, Geoffrey W., and Arthur A. Demarest 1984 *Religion and Empire: The Dynamics of Aztec and Inca Expansionism*. Cambridge: Cambridge University Press.

Contreras, J. Daniel 1951 *Una Rebelión Indígena en el Partido de Totonicapán en 1820: El Indio y la Independencia.* Guatemala City: Imprenta Universitaria.

Cook, Scott 2004 *Understanding Commodity Cultures: Explorations in Economic Anthropology with Case Studies from Mexico.* Lanham, Maryland: Rowman & Littlefield Publishers, Inc.

Cortés, Hernando 1962 *Five Letters of Cortés to the Emperor.* trans. J. Bayard Morris. New York: W. W. Norton.

Covarrubias, Miguel 1957 *Indian Art of Mexico and Central America.* New York: Alfred A. Knopf.

Cowan, George M. 1948 "Mazateco whistle speech". *Language.* vol.24. pp.280-286(Reprinted in Hymes, Dell [ed.] 1964 *Language in Culture and Society.* pp.305-311. New York: Harper & Row, Publishers).

Cross, John 1998 *Informal Politics: Street Vendors and the State in Mexico City.* Stanford: Stanford University Press.

Cumberland, Charles C. 1968 *Mexico: The Struggle for Modernity.* London: Oxford University Press.

Dawson, Alexander S. 2004 *Indian and Nation in Revolutionary Mexico.* Tucson: University of Arizona Press.

De La Fuente, Nuria y Alma Odette Chachón 2001 *El Feminismo como una opción de vida para las mujeres.* Guatemala: Agrupación de Mujeres Tierra Viva.

Deckert, Helmut (ed.) 1975 *Codex Dresdensis.* Graz, Austria: Akademische Druck-und Verlagsanstalt.

Demarest, Arthur A., Prudence M. Rice, and Don S. Rice 2004 *The Terminal Classic in the Maya Lowlands: Collapse, Transition, and Transformation.* Boulder: University of Colorado Press.

Díaz del Castillo, Bernal 1956 *The Discovery and Conquest of Mexico.* ed. and trans. A. P. Maudslay. New York: Farrar, Straus and Giroux.

Dibble, Charles E. 1963 *Historia de la nacion mexicana.* Madrid, Spain: J. Porrua Turanzas.

Durand, Jorge, and Douglas Massey 1992 "Mexican migration to the U. S.". *LARR.* vol.27(2). pp.3-42.

Earle, Duncan, and Jeanne Simonelli 2005 *Uprising of Hope: Sharing the*

Zapatista Journey to Alternative Development. Walnut Creek, California: AltaMira Press.

Eber, Christine 1999 "Seeking our own food: Indigenous Women's Power and Autonomy in San Pedro Chenalhó, 1980-1998". *Latin American Perspectives.* vol.26(3). pp.6-36.

_____ 2000 *Women and Drinking in a Highland Maya Town: Water of Hope, Water of Sorrow.* Austin: University of Texas Press.

Eber, Christine, and Brenda Rosenbaum 1993 ""That We May Serve Your Hands and Feet": Women Weavers in Highland Chiapas Mexico". *Crafts in the World Market: The Impact of Global Exchange on Middle American Artisans.* ed. June Nash. pp.155-179. Albany: State University of New York Press.

Eber, Christine, and Christine Kovic (eds.) 2003 *Women of Chiapas: Making History in Times of Struggle and Hope.* Austin: University of Texas Press.

Eber, Christine, and Janet Tanski 2001 "Women's Cooperatives in Chiapas, Mexico: Strategies of Survival and Empowerment in Times of Struggle". *Social Development Issues.* vol.24(3). pp.33-40.

Edelman, Marc 1999 *Peasants Against Globalization: Rural Social Movements in Costa Rica.* Stanford: Stanford University Press.

Edmonson, Munro S. 1971 *The Book of Counsel: The Popol Vuh of the Quiché Maya of Guatemala.* Middle American Research Institute Publication 35. New Orleans: Tulane University.

Ehlers, Tracy 2000[1990] *Silent Looms: Women and Production in a Guatemalan Town.* Rev. ed. Austin: University of Texas Press.

Emmart, Emily Walcott (ed. and trans.) 1940 *The Badianus Manuscript, Codex Berberini, Latin 241, Vatican Library: An Aztec Herbal of 1552.* Baltimore, MD: Johns Hopkins Press.

Evans, Susan T. 2001 *Royal Courts of the Ancient Maya.* vol.1: Theory, Comparison and Synthesis. ed. Takeshi Inomata and Stephen Houston. Boulder, Colo.: Westview Press.

Evans, Susan T., and David L. Webster (eds.) 2001 *Archaeology of Ancient Mexico and Central America: An Encyclopedia.* New York: Garland.

Fanon, Frantz 1968 *The Wretched of the Earth. Hamondsworth.* England:

Penguin Publishers.

Farriss, Nancy 1984 *Maya Society under Colonial Rule: The Collective Enterprise of Survival.* Princeton: Princeton University Press.

Few, Martha 2002 *Women who live evil lives: gender, religion, and the politics of power in colonial Guatemala.* Austin: University of Texas Press.

Field, Les W. 1999 *The Grimace of Macho Ratón: Artisans, Identity, and Nation in Late-Twentieth-Century Western Nicaragua.* Durham: Duke University Press.

Fischer, Edward 1999 "Cultural Logic and Maya Identity". *Current Anthropology.* vol.40. pp.473-499.

_____ 2001 *Cultural Logics & Global Economies: Maya Identity in Thought & Practice.* Austin: University of Texas Press.

Flannery, Kent V. (ed.) 1976 *The Early Mesoamerican Village.* New York: Academic Press.

Flores, Juan 2005 "The Diaspora Strikes Back: Reflections on Cultural Remittances". *NACLA.* vol.39(3). pp.21-26.

Foley, Michael W. 1999 *Southern Mexico: Counterinsurgency and Electoral Politics.* United States Institute of Peace, Special Report 43.

Franco, Jean 1989 *Plotting Women: Gender and Representation in Mexico.* New York: Columbia University Press.

Freidel, David A., and Linda Schele 1988 "Kingship in the Late Preclassic Maya Lowlands: The Instruments and Places of Ritual Power". *American Anthropologist.* vol.90. pp.547-567.

Freidel, David, Linda Schele, and Joy Parker 1993 *Maya Cosmos: Three Thousand Years on the Shaman's Path.* New York: William Morrow and Co.

Freyermuth Enciso, Graciela 1995 "Migration, Organization and Identity: The Women's Group Case in San Cristóbal de Las Casas". *Signs.* vol.20. pp.970-995.

_____ 2001 "The Background to Acteal: Maternal Mortality and Birth Control, Silent Genocide?". *The Other Word: Women and Violence in Chiapas before and after Acteal.* ed. Aída Hernández Castillo. pp.57-73. Copenhagen: International Work Group on Indigenous Affairs.

Friedman, Thomas L. 2005. *The World Is Flat: A Brief History of the 21st Century*. New York: Farrar, Straus & Giroux.

Frontera Norte Sur "A Town of Women Migrants". Available on-line at www.nmsu.edu/%7Frontera/. Accessed October 11, 2005.

Fuentes y Guzmán, Francisco 1969[1690] *Recordación Florida*. no.230, 259. Madrid: Biblioteca de Autores Españoles.

Fukuyama, Francis 1992 *The End of History and the Last Man*. New York: Free Press.

Furbee N. Louanna 1996 "The Religion of Politics in Chiapas: Founding a Cult of Community Saints". Unpublished paper presented at the 95th Annual Meeting of the American Anthropological Association, San Francisco, November 23.

Furst, Jill Leslie 1978 *Codex Vindobonensis Mexicanus I: A Commentary, Albany*. New York: Institute for Mesoamerican Studies, SUNY.

Gage, Thomas 1958[1648] *Thomas Gage's Travels in the New World*. edited with an introduction by J. Eric S. Thompson. Norman: University of Oklahoma Press.

Gann, Thomas W. 1900 *Mounds in Northern Honduras. Nineteenth Annual Report of the Bureau of American Ethnology 1897-1898*. pt.2. pp.655-692.

Garcia, Mora, Carl y Medina Andres 1983 *La quiebra política de la antropología social en México*. Mexico City: UNAM.

Gill, Richardson B. 2000 *The Great Maya Droughts: Water, Life, and Death*. Albuquerque: University of New Mexico Press.

Goldín, Liliana R. 1999 "Identities in the (Maquila) Making: Guatemalan Mayas in the World Economy". *Identities on the Move: Transnational Processes in North America and the Caribbean Basin*. ed. Liliana Goldin. pp.151-167. Albany: Institute for Mesoamerican Studies.

Goldín, Liliana, and Brenda Rosenbaum 2009 "Everyday Violence of Exclusion: Women in Precarious Neighborhoods of Guatemala City". *Mayas in Postwar Guatemala: Harvest of Violence Revisited*. eds. Walter Little and Timothy Smith. pp.67-83. Tuscaloosa, Alabama: University of Alabama Press.

Goldín, Liliana, Brenda Rosenbaum, and Samantha Eggleston 2006

"Women's Participation in Non-Government Organizations: Implications for Poverty Reduction in Precarious Settlements of Guatemala City". *City & Society*. vol.18(2). pp.260-287.

Gosner, Kevin 1992 *Soldiers of the Virgin: The Moral Economy of a Colonial Maya Rebellion*. Tucson: University of Arizona Press.

Gossen, Gary H. 1970 *Time and Space in Chamula Oral Tradition*. Unpublished Ph.D. Dissertation, Department of Anthropology, Harvard University.

———— 1985 "Tzotzil Literature". *Literatures*. ed. Munro S. Edmonson. Supplement to the Handbook of Middle American Indians. vol.3. pp.64-106. Austin: University of Texas Press.

———— 1999 *Telling Maya Tales: Tzotzil Identities in Modern Mexico*. London: Routledge.

Gossen, Gary H. (ed.) 1986 *Symbol and Meaning beyond the Closed Community: Essays in Mesoamerican Ideas*. Albany: Institute for Mesoamerican Studies.

Gould, Jeffrey L. 1998 *To Die in This Way: Nicaraguan Indians and the Myth of Mestizaje, 1880-1965*. Durham: Duke University Press.

Grant Wood, Andrew 2000 "Writing Transnationalism: Recent Publications on the US Mexico Borderlands". *LARR*. vol.35(3). pp.251-265.

Green, Linda 1999 *Fear as A Way of Life: Mayan Widows in Rural Guatemala*. New York: Columbia University Press.

Greenfield, Patricia 2004 *Weaving Generations Together: Evolving Creativity in the Maya of Chiapas*. Santa Fe: School of American Research.

Gutierrez, Natividad 1999 *Nationalist Myths and Ethnic Identities: Indigenous Intellectuals and the Mexican State*. Lincoln: University of Nebraska Press.

Gutmann, Matthew C. 1998 "The Meaning of Macho: Changing Mexican Male Identities". *Situated Lives: Gender and Culture in Everyday Life*. eds. Louise Lamphere, Helena Ragoné, and Patricia Zavella. pp.223-234. New York: Routledge.

Hagan, Jaqueline, and Néstor Rodríguez 1992 "Recent Economic Restructuring and Evolving Intergroup Relations in Houston". *Structuring Diversity: Ethnographic Perspectives on the New*

Immigration. ed. Louise Lamphere. pp.145-172. Chicago: University of Chicago Press.

Hale, Charles R. 2002 "Does Multiculturalism Menace? Governance, Cultural Rights and the Politics of Identity in Guatemala". *Journal of Latin American Studies.* vol.23. pp.485-524.

Hammond, Norman 1991 *Cuello: An Early Maya Community in Belize.* Cambridge: Cambridge University Press.

Hamnett, Brian 1999 *A Concise History of Mexico.* Cambridge: Cambridge University Press.

Harvey, Neil 1998 *The Chiapas Rebellion: The Struggle for Land and Democracy.* Durham: Duke University Press.

Hernández Castillo, R. Aída 1994 "Reinventing Tradition". *Akewkon Journal.* vol.18(1). pp.67-70.

―――― 1997 "Between Hope and Adversity: The Struggle of Organized Women in Chiapas Since the Zapatista Uprising". *Journal of Latin American Anthropology.* vol.3(1). pp.102-120.

Hinton, Leanne 1987 "Sound Change on Purpose: A Study of Highland Mixtec". *Variation in Language: NWAV-XV.* eds. Keith Denning, Sharon Inkelas, Faye McNair-Knox, and John Rickford. pp.197-211. Stanford, Calif.: Department of Linguistics, Stanford University.

―――― 1999 "En el Norte la Mujer Manda: Gender, Generation and Geography in a Mexican Transnational Community". *The American Behavioral Scientist.* vol.42(9). pp.1332-1348.

Hirth, Kenneth G. (ed.) 2000 *Archaeological Research at Xochicalco.* vol.1: Ancient Urbanism at Xochicalco: The Evolution and Organization of a Pre-Hispanic Society. vol.2: The Xochicalco Mapping Project. Slat Lake City: University of Utah Press.

Hodge, May G., and Michael E. Smith (eds.) 1994 *Economies and Polities in the Aztec Realm.* Albany: State University of New York, Institute for Mesoamerican Studies.

Holmes, W. H. 1907 "On a Nephrite Statuette from San Andres Tuxtla, Mexico". *American Anthropologist.* vol.9.

Hondagneu-Sotelo, Pierrette 2001 *Doméstica: Immigrant Workers Cleaning and Caring in the Shadows of Affluence.* Berkeley: University of

California Press.

Horcasitas, Fernando (ed. and trans.) 1972 *Life and Death in Milpa Alta: A Nahuatl Chronicle of Díaz and Zapata*. Norman: University of Oklahoma Press(Translation of the original Spanish edition 1968: *De Porfirio Díaz a Zapata. Universidad Nacional Autónoma de México*. Instituto de Investigaciones Históricas, Mexico City).

Hosler, Dorothy 2003 "Metal Production". *The Post-classic Mesoamerican World*. eds. Michael E. Smith, and Frances F. Berdan. pp.159-171. Salt Lake City: University of Utah Press.

Humboldt, Alexander von 1814 *Researches Concerning the Institutions and Monuments of the Ancient Inhabitants of America*. 2vols. London: Longman, Hurst, Rees.

Ingham, John M. 1986 *Mary, Michael and Lucifer: Folk Catholicism in Central Mexico*. Austin: University of Texas Press.

Iwanska, Alicja 1977 *The Truths of Others. Summerset*. New Jersey: Transaction Publishers.

Jonas, Susanne 1974 "Guatemala: Land of Eternal Struggle". *Latin America: The Struggle with Dependency and Beyond*. eds. R. H. Chilcote, and J. C. Edelstein. pp.93-219. New York: John Wiley & Sons.

_____ 2000 *Of Centaurs and Doves: Guatemala's Peace Process*. Boulder: Westview Press.

Jones, Grant D. 1989 *Maya Resistance to Spanish Rule*. Albuquerque: University of New Mexico Press.

_____ 1999 *The Conquest of the Last Maya Kingdom*. Stanford: Stanford University Press.

Joyce, Rosemary A. 2000 *Gender and Power in Prehispanic Mesoamerica*. Austin, TX: University of Texas Press.

Justeson, John 2001 "Pratiche di calculo nell'antica Mesoamerica". *Storia della Scienza*. vol.II. ed. Anthony F. Aveni. pp.976-990. Rome: Istituto della Enciclopedia Italiana, Fondata da Giovanni Treccani.

_____ 2007 "Pratiche di calculo nell'antica Mesoamerica". *Storia della Scienza*. vol.2. Rome: Istituto della Enciclopedia Italiana.

Kampwirth 2002 *Women and Guerrilla Movements: Nicaragua, El Salvador, Chiapas, Cuba*. University Park, Pennsylvania: The Pennsylvania

University Press.

Karttunen, Frances 1994 *Between Worlds: Interpreters, Guides, and Survivors*. New Brunswick, New Jersey: Rutgers University Press.

Kaufman, Terrence 1994 *The prehistory of the Nawa language group from the earliest times to the sixteenth century*. Available online at http://www.albany.edu/pdlma/nawa.pdf.

_____ 2000-2005 *Olmecs, Teotihuacaners, and Toltecs: Language History and Language Contact in Meso-America*. Unpublished manuscript.

Kaufman, Terrence, and John Justeson 2008 "The Epi-Olmec Language and Its Neighbors". *Classic-Period Cultural Currents in Southern and Central Veracruz*. eds. Philip J. Arnold, and Christopher A. Pool. Washington, D.C.: Dumbarton Oaks.

Kearney, Michael 1996 *Reconceptualizing the Peasantry: Anthropology in Global Perspective*. Boulder: Westview Press.

Keen, Benjamin (trans.) 1959 *The Life of the Admiral Christopher Columbus by his son, Ferdinand*. New Brunswick, New Jersey: Rutgers University Press.

Kelley, Charles J. 1986 "The Mobile Merchants of Molino". *Ripples in the Chichimec Sea*. eds. Frances J. Mathien, and Randall H. McGuire. Carbondale, IL: Illinois University Press.

Kellogg, Susan 2005 *Weaving the Past: A History of Latin America's Indigenous Women from the Prehispanic Period to the Present*. New York: Oxford University Press.

Kirchoff, Paul 1943 "Mesoamerica". *Heritage of Conquest*. ed. S. Tax. Glencoe: The Free Press.

Klor de Alva, J. Jorge 1993 "Aztec spirituality and Nahuatized Christianity". *South and Meso-American Native Spirituality: from the Cult of the Feathered Serpent to the Theology of Liberation*. World Spirituality vol.4. eds. Gary H. Gossen, and Miguel Leon-Portilla. pp.173-197. New York: Crossroads Press.

Kovic, Christine 2003 "Demanding Their Dignity as Daughters of God: Catholic Women and Human Rights". *Women of Chiapas: Making History in Times of Struggle and Hope*. eds. Christine Eber, and Christine Kovic. pp.131-148. Austin: University of Texas Press.

_____ 2005 *Maya Voices for Human Rights: Displaced Catholics in Highland Chiapas*. Austin: University of Texas Press.

Kramer, Wendy, W. George Lovell, and Christopher H. Lutz 1991 "Fire in the Mountains: Juan de Espinar and the Indians of Huehuetenango 1525-1560". *Columbian Sequences*. vol.3. ed. David Hurst Thomas. pp.263-282. Washington, D.C.: Smithsonian Institution Press.

Krause, Enrique 1997 *Mexico, Biography of Power. A History of Modern Mexico, 1810-1996*. trans. Hank Heifetz. New York: HarperCollins Publishers.

La Feber, Walter 1983 *Inevitable Revolutions: The United States in Central America*. New York: W. W. Norton.

Lancaster, Roger 1992 *Life Is Hard: Machismo, Danger and the Intimacy of Power in Nicaragua*. Berkeley: University of California Press.

Las Casas, Bartolomé de 1958 *Historiadores de Indias*. vol.1: Apologética historia de Indias. Nueva Biblioteca de Autores Españoles. vol.13. Madrid.

Laughlin, Robert M. 1975 *The Great Tzotzil Dictionary of San Lorenzo Zinacantán. Smithsonian Contributions to Anthropology*. no.19. Washington, D.C.: Smithsonian Institution Press.

_____ 2003 *Beware the Great Horned Serpent!: Chiapas under the Threat of Napoleon*. Albany: Institute for Mesoamerican Studies.

Leon-Portilla, Miguel 1963 *Aztec Thought and Culture: A Study of the Ancient Nahuatl Mind*. Norman: University of Oklahoma Press.

_____ 1968 *Tiempo y realidad en el pensamiento maya. Instituto de Investigaciones Históricas*. México City: Universidad Nacional Autónoma de México(English translation. 1973: *Time and Reality in the Thought of the Maya*. Boston: Beacon Press.)

Leon-Portilla, Miguel 1992 "Have We Really Translated the Mesoamerican 'Ancient Word'?". *On the Translation of Native American Literatures*. ed. Brian Swann. pp.313-338. Washington, D.C.: Smithsonian Institution Press.

_____ 1993 "Those Made Worthy by Divine Sacrifice: The Faith of Ancient Mexico". *South and Meso-American Native Spirituality: From the Cult of the Feathered Serpent to the Theology of Liberation*. eds. Gary H.

Gossen, and Miguel León-Portilla. pp.41-64. New York: Corssroad.

Lewis, Oscar 1963 *Life in a Mexican Village: Tepoztlán Restudied.* Urbana: University of Illinois Press.

Little, Walter E. 2004 *Mayas in the Marketplace: Tourism, Globalization, and Cultural Identity.* Austin: University of Texas Press.

Lockhart, James 1991 *Nahuas and Spaniards: Postconquest Central Mexican History and Philology.* Stanford, California: Stanford University Press.

Lockhart, James (ed. and trans.) 1993 *We People Here: Nahuatl Accounts of the Conquest of Mexico.* Berkeley: University of California Press.

Lockhart, James, Frances Berdan, and Arthur J. O. Anderson (eds. and trans.) 1986 *The Tlaxcalan Actas: A Compendium of the Records of the Cabildo of Tlaxcala (1545-1627).* Salt Lake City: University of Utah Press.

Lohse, Jon C., and Fred Valdez Jr. (eds.) 2004 *Ancient Maya Commoners.* Austin: University of Texas Press.

López y Fuentes, Gregorio 1981 *El Indio.* New York: Frederick Ungar(English translation of the original Spanish edition 1935: *El Indio.* Mexico: Ediciones Botas).

Loucky, James, and Marilyn M. Moors (eds.) 2000 *The Maya Diaspora; Guatemalan Roots, New American Lives.* Philadelphia: Temple University Press.

Love, Bruce 1994 *The Paris Codex: Handbook for a Maya Priest.* Austin: University of Texas Press.

Magner, James A. 1968 *Men of Mexico.* 2nd ed. Salem, NH: Books for Libraries, Ayer Company Publishers.

Mahler, Sara J. 1999 "Engendering Transnational Migration: A case study of Salvadorans". *The American Behavioral Scientist.* vol.42(4). pp.690-719.

Manzanilla, Linda (ed.) 1993 *Anatomía de un Conjunto Residencial Teotihuacano en Oztoyahualco.* 2 vols. Mexico City: Instituto de Investigaciones Antropológicas, Universidad Autónoma de México.

Maralli, Enrico A., and Wayne A. Cornelius 2001 "The Changing Profile of Mexican Migrants to the U.S.: New Evidence from California and Mexico". *LARR.* vol.36(3). pp.105-131.

Marcos, Subcomandante 2001 *Our Word Is Our Weapon: Selected Writings of Subcomandante Insurgente Marcos.* ed. Juana Ponce de León. New York: Seven Stories Press.

———— 1998 "Marcos Is Gay". *Voces Unidas.* vol.7(4). p.12. Albuquerque: Southwest Organizing Project. Reprinted from Michigan Peace Team, 12/97, Lansing, Michigan.

Marcos, Subcomandante, and EZLN 1995 *Shadows of Tender Fury: The Letters and Communiqués of Subcomandante Marcos and the Zapatista Army of National Liberation.* trans. Frank Bardacke, Leslie López, and the Watsonville, California, Human Rights Committee. New York: Monthly Review Press.

Marcus, Joyce, and V. Flannery Kent 1996 *Zapotec Civilization: How Urban Society Evolved in Mexico's Oaxaca Valley.* New York: Thames and Hudson.

Marquina, Ignacio 1951 *Arquitectura prehispanica.* Mexico City, Mexico: Instituto Nacional de Antropologia e Historia.

Martin, Simon, and Nikolai Grube 2000 *Chronicle of the Maya Kings and Queens: Deciphering the Dynasties of the Ancient Maya.* London: Thames and Hudson.

Masson, Marilyn A. 2000 *In the Realm of Nachan Kan: Postclassic Maya Archaeology at Laguna de On, Belize.* Boulder: University Press of Colorado.

Mastache, Alba Guadalupe, Robert H. Cobean, and Dan M. Healan 2002 *Ancient Tollan: Tula and the Toltec Heartland.* Boulder: University Press of Colorado.

Mayer, Enrique 2002 *The Articulated Peasant: Household Economies in the Andes.* Boulder CO: Westview Press.

McAnany, Patricia A. 2004 *K'axob: Ritual, Work, and Family in an Ancient Maya Village.* Los Angeles: Cotsen Institute for Archaeology: University of California, Los Angeles.

McClusky, Laura 2001 *Here Our Culture Is Hard: Stories of Domestic Violence from a Mayan Community in Belize.* Austin: University of Texas Press.

McCreery, David J. 1989 "Atanasio Tzul, Lucas Aguilar, and the Indian Kingdom of Totonicapán". *The Human Tradition in Latin America:*

The Nineteenth Century. eds. J. Ewell, and W. H. Beezley. pp.39-58. Wilmington, Delaware: SR Books.

Melendreras Marroquin, Lleana y Manuel Essau Pérez 2003 *Así Nos Hicimos Ciudadanas*. Guatemala: Asociación Mujer Vamos Adelante, Ediciones Papiro SA.

Meltzer, David J., D. K. Grayson, G. Ardila, A. W. Barker, D. F. Dincauze, C. V. Haynes Jr., F. Mena, L. Nunez, and D. J. Stanford 1997 "On the Pleistocene Antiquity of Monte Verde, Southern Chile". *American Antiquity*. vol.62. pp.659-663.

Meltzer, David J. 2004 "The Peopling of North America". *The Quaternary Period in the United States*. eds. A. R. Gillespie, S. C. Porter, and B. I. Atwater. pp.539-563. New York: Elsevier Science.

Menchú, Rigoberta 1984 *I, Rigoberta Menchú: An Indian Woman in Guatemala*. London: Verso(English translation of the original Spanish edition. 1983: *Me llamo Rigoberta Menchú y así me nació la conciencia*. Barcelona: Editorial Argos Vergara).

Mendevil, Leopoldo 1994 "¡Murió Janine! La monja, cabeza de los "Zapatistas", murió en combate". *¡Alarma!*. vol.143(February 8). pp.10-14.

Molina, Alonso de 1565 *Confessionario mayor, en lengua mexicana y castellana*. Mexico: de Espinosa.

Montejo, Victor D. 1987 *Testimony: Death of a Guatemalan Village*. trans. Victor Perera. Willimantic, Conn.: Curbstone Press.

———— 2005 *Maya Intellectual Renaissance: Identity, Representation, and Leadership*. Austin: University of Texas Press.

Myerhoff, Barbara G. 1974 *Peyote Hunt: The Sacred Journey of the Huichol Indians*. Ithaca: Cornell University Press.

Nash, June C. 1978 "The Aztecs and the Ideology of Male Dominance". *Signs*. vol.4. pp.349-362.

———— 1997 "The Fiesta of the Word: The Zapatista Uprising and Radical Democracy in Mexico". *American Anthropologist*. vol.99(2). pp.261-271.

Nash, June C. 2001 *Mayan Visions: The Quest for Autonomy in an Age of Globalization*. London: Routledge.

National Indigenous Forum 1996 *On Autonomy: Preamble to the Resolutions of Roundtable One.* Unpublished document circulated at the meeting of January 3-8 in San Cristóbal de las Casas, Chiapas, Mexico.

Navarro, Marysa 2001 "Against Marianismo". *Gender's Place: Feminist Anthropologies of Latin America.* eds. Rosario Montoya, Lessie Jo Frazier, and Janise Hurtig. pp.257-272. New York: Palgrave.

Nicholson, H. B. 1971 "Religion in Pre-Hispanic Central Mexico". *Archaeology of Northern Mesoamerica.* pt.1. eds. Gordon F. Ekholm, and Ignacio Bernal. Handbook of Middle American Indians. vol.10. pp.395-446. Robert Wauchope, general editor. Austin: University of Texas Press.

Nigh, Ron 1994 "Zapata Rose in 1994: The Indian Rebellion in Chiapas". *Cultural Survival Quarterly.* vol.18(1). pp.9-13.

Nowotny, Karl Anton (ed.) 1974 *Codex Borbonicus.* Graz, Austria: Akademische Druck-und Verlansanstalt.

———— (ed.) 1976 *Codex Borgia.* Graz, Austria: Akademische Druck-und Verlagsanstalt.

Nuttall, Zelia (ed.) 1987 *Codex Zouche-Nuttall.* Graz, Austria: Akademische Druck-und Verlagsanstalt.

O'Crouley, Pedro Alonso 1972 *A Description of the Kingdom of New Spain.* ed. and trans. Sean Galvin. San Francisco, CA: John Howell Books.

Offner, Jerome A. 1983 *Law and Politics in Aztec Texcoco.* Cambridge: Cambridge University Press.

Orozco, Luis Chávez 1947 *Codice Osuna.* Mexico City, Mexico: Indigenista Interamericano

Pablos, Esperanza Tunon 1987 *Tambien Somos Protagonistas de la Historia de Mexico.* Parte Primera: Del Porfiriato a la Etapa de la Lucha Armada. Mexico City, Mexico: Equipo de Mujeres de Accion Solidaria.

Paige, Jeffrey 1983 "Social Theory and Peasant Revolution in Vietnam and Guatemala". *Theory and Society.* vols.699-737.

Park, Ken (ed.) 2005 *The World Almanac and Book of Facts.* New York: World Almanac.

Paz, Octavio 1961 *The Labyrinth of Solitude: Life and Thought in Mexico.* New York: Grove Press(English translation of the revised Spanish edition 1959: *El laberinto de la sociedad*. Mexico City: Fondo de Cultura Económica).

_____ 1972 *The Other Mexico: Critique of the Pyramid*. New York: Gove Press, Inc.

_____ 1986 *The Labyrinth of Solitude and the Other Mexico*. New York: Grove Press, Inc.

Peres Tzu. 1996 "The First Two Months of the Zapatistas: a Tzotzil Chronicle". *Indigenous Revolts in Chiapas and the Andean Highlands*. eds. Kevin Gosner, and Arij Ouweneel. trans. Jan Rus. Amsterdam: Center for Latin American Research and Documentation.

Pickard, Miguel 2005 "Florida's Story: A Woman of the Maquiladora in San Cristóbal, Chiapas". *Chiapas Today*. Bulletin no.473. August 10th. CIEPAC: San Cristóbal de Las Casas, Chiapas: Mexico. On-line publication at http://www.ciepac.org.

Piña Chan, Roman 1978 "Commerce in the Yucatec Peninsula: The Conquest and Colonial Period". *Mesoamerican Communication Routes and Culture Contacts*. eds. Thomas A. Lee, and Carlos Navarrete, Papers of the New World Archaeological Foundation 40. pp.37-48. Provo, Utah: Brigham Young University.

Pohl, John. M. D. 2003 "Creation Stories, Hero Cults, and Alliance Building: Confederacies of Central and Southern Mexico". *The Postclassic Mesoamerican World*. eds. Michael E. Smith, and Frances F. Berdan. pp.61-66. Salt Lake City: University of Utah Press.

Pollard, Helen Perlstein 1993 *Tariacuri's Legacy: The Prehispanic Tarascan State*. Norman: University of Oklahoma Press.

Pozas Arciniega, Ricardo 1962 *Juan the Chamula: An Ethnological Re-creation of the Life of a Mexican Indian*. Berkeley: University of California Press(English translation of the original Spanish edition 1952: *Juan Pérez Jolote: Biografía de un tzotzil*. Mexico City: Fondo de Cultural Económica).

Prieur, Annick 1998 *Mema's House, Mexico City: On Transvestites, Queens and Machos*. Chicago: University of Chicago Press.

Quezada, Sergio 1993 *Pueblos y Caciques Yucatecos, 1550 1500*. Mexico City: El Colegio de México.

Re Cruz, Alicia 1998 "Maya Women, Gender Dynamics, and Modes of Production". *Sex Roles*. vol.39(7/8). pp.573-587.

Recinos, Adrian 1980 *Memorial de Solola, Anales de los Cakchiqueles*. Mexico City: Fondo de Cultura Económica.

———— 1984 "Título de la Casa Ixcuin-Nehaib, Señora del Territorio de Otzoya". *Crónica Indígenas de Guatemala*. 2nd ed. Guatemala City: Academia de Geografía e Historia de Guatemala.

Reding, Andrew 2000 *Mexico: Update on Treatment of Homosexuals*. QA/MEX/00.001. New York: INS Resource Information Center.

Reed, Nelson 1964 *The Caste War of Yucatan*. Stanford. Calif.: Stanford University Press.

Reina, Aoyama, Leticia 2004 *Historia de los pueblos indígenas de México: Historia indígena de Oaxaca en el siglo XIX*. Mexico City: Centro de Investigaciones y Estudios Superiores en Antropologia Social.

Restall, Matthew 1995 *Life and Death in a Maya Community: The Ixil Testaments of the 1760s*. Lancaster, California: Labyrinthos.

———— 1997 *The Maya World: Yucatec Culture and Society, 1550-1850*. Stanford: Stanford University Press.

———— 1998 *Maya Conquistador*. Boston: Beacon Press.

———— 2001 "The People of the Patio: Ethnohistorical Evidence of Yucatec Maya Royal Courts". *Royal Courts of the Maya*. vol.2: Data and Case Studies. eds. Takeshi Inomata, and Stephen D. Houston. pp.335-390. Boulder: Westview Press.

———— 2003 *Seven Myths of the Spanish Conquest*. Oxford: Oxford University Press. ,

Rice, Prudence M. 2004 *Maya Political Science*. Austin: University of Texas Press.

Ringle, William M. 2004 "On the Political Organization of Chichén Itzá". *Ancient Mesoamerica*. vol.15. pp.167-218.

Ringle, William M., and George J. Bey III 2001 "Post-Classic and Terminal Classic Courts of the Northern Maya Lowlands". *Royal Courts of the Maya*. vol.2: Data and Case Studies. eds. Takeshi Inomata, and Stephen D. Houston. pp.266-307. Boulder: Westview Press.

Ringle, William M., Tomas Gallareta Negron, and George J. Bey III 1998 "The

Return of Quetzalcoatl: Evidence for the Spread of a World Religion during the Epiclassic Period". *Ancient Mesoamerica*. vol.9. pp.183-232.

Robertson, Merle Greene (ed.) 1976 *The Art, Iconography and Dynastic History of Palenque*. pt.III: Proceedings of the Segunda Mesa Redonda de Palenque. Pebble Beach, CA: Robert Louis Stevenson School.

Robledo Hernandez, Gabriella Patricia 2003 "Protestantism and Family Dynamics in an Indigenous Community of Highland Chiapas". *Women of Chiapas: Making History in Times of Struggle and Hope*. eds. Christine Eber, and Christine Kovic. London: Routledge.

Rosenbaum, Brenda 1992 "Mujer, tejido e identidad etnica en Chamula: Un ensayo histórico". *Indumentaria y el tejido mayas a través del tiempo*. eds. Linda Barrios, and Dina Fernández. pp.167-169. Guatemala City: Museo Ixchel.

_____ 1993 *With Our Heads Bowed: The Dynamics of Gender in a Maya Community*. Studies in Culture and Sociology. vol.5. Albany, New York: Institute for Mesoamerican Studies.

Rosenswig, Robert M. 2000 "Some Political Processes of Ranked Societies". *Journal of Anthropological Archaeology*. vol.19. pp.413-460.

Ross, John 1995 "The EZLN, A History: Miracles, Coyunturas, Communiqués". *Introduction, Shadows of Tender Fury: The Letters and Communiqués of Subcomandante Marcos and the Zapatista Army of National Liberation*. New York: Monthly Review Press.

Rostas, Susanna 2003 "Women's Empowerment Through Religious Change in Tenejapa". *Women of Chiapas: Making History in Times of Struggle and Hope*. eds. Christine Eber, and Christine Kovic. pp.171-187. Austin TX: University of Texas Press.

Roys, Ralph L. 1933 *The Book of Chilam Balam of Chumayel*. Publication 438. Washington, D.C.: Carnegie Institution of Washington.

_____ 1957 *The Political Geography of the Yucatan Maya*. Publication 613. Washington, D.C.: Carnegie Institution of Washington.

_____ 1962 "A Review of Historic Sources for Mayapán". *Mayapán, Yucatan, Mexico*. eds. H. E. D. Pollock, R. L. Roys, T. Proskouriakoff, and A. L. Smith. Publication 619. Washington, D.C.: Carnegie Institution of Washington.

Roys, Ralph L. et al. 1962 *Literary Sources for the History of Mayapan, In Mayapan, Yucatan, Mexico*. Publication 619. Washington: Carnegie Institution of Washington.

Rugeley, Terry 1996 *Yucatan's Maya Peasantry & the Origins of the Caste War*. Austin: University of Texas Press.

Rus, Diane 1989 *La crisis económica y la mujer indígena: el caso de Chamula, Chiapas*. San Cristóbal de Las Casas, Chiapas: Instituto de Asesoría Antropológica para la Región Maya.

Rus, Jan 1994 "The Comunidad Revolucionaria Institucional: The Subversion of Native Government in Highland Chiapas, 1936-1968". *Every-day Forms of State Formation and the Negotiation of Rule in Modern Mexico*. eds. Gilbert Joseph, and Daniel Nugent. pp.265-300. Durham: Duke University Press.

Rus, Jan, Rosalva Aída Hernández Castillo, and Shannan L. Mattiace (eds.) 2003 *Mayan Lives, Mayan Utopias: The Indigenous Peoples of Chiapas and the Zapatista Rebellion Lanham*. Maryland: Rowman and Littlefield Publishers.

Sahagún, Bernardino de 1950-1982 *Florentine Codex: General History of the Things of New Spain*. ed. and trans. Arthur J. O. Anderson, and Charles E. Dibble. 12 books. Santa Fe and Salt Lake City: School of American Research and the University of Utah Press.

————— 1993 *Psalmodia Christiana(Christian Psalmody)*. ed. and trans. Arthur J. O. Anderson. Salt Lake City: University of Utah Press.

Sanders, William T., Alba Guadalupe Mastache, and Robert H. Cobean (eds.) 2003 *El urbanismo en mesoamérica/Urbanism in Mesoamerica*. Proyecto Urbanismo de Mesoamérica/The Mesoamerican Urbanism Project. vol.1. University Part: Pennsylvania State University; Mexico City: Instituto Nacional de Antropología e História.

Sanders, William T., Jeffrey R. Parsons, and Robert S. Santley 1979 *The Basin of Mexico: Ecological Processes in the Evolution of a Civilization*. New York: Academic Press.

Sanders, William, and Barbara Price 1968 *Mesoamerica: The Evolution of a Civilization*. New York: Random House.

Sandrom, Alan R. 1991 *Corn Is Our Blood: Cultural and Ethnic Identity in a*

Contemporary Aztec Indian Village. Norman: University of Oklahoma Press.

Saramago, José 2001 "Chiapas, a Name of Pain and Hope". *Foreword to Subcomandante Marcos, Our Word Is Our Weapon: Selected Writings of Subcomandante Insurgente Marcos*. pp.xix-xxii. New York: Seven Stories Press.

Schele, Linda, and David Friedel 1990 *A Forest of Kings*. New York: William Morrow and Co.

Schele, Linda, and Peter Mathews 1998 *The Code of Kings: The Language of Seven Sacred Maya Temples and Tombs*. New York: Simon and Schuster.

Schroeder, Susan, Stephanie Wood, and Robert Haskett (eds.) 1997 *Indian Women of Elderly Mexico*. Norman: University of Oklahoma Press.

Schwartz, Norman B. 1983 "The Second Heritage of Conquest: Some Observations". *Heritage of Conquest, Thirty Years Later*. eds. Carl Kendall, John Hawkins, and Laurel Bossen. Albuquerque: University of New Mexico Press.

Sell, Barry D., and Louise M. Burkhart (eds.) 2004 *Nahuatl Theater*. vol.1: Death and Life in Colonial Nahua Mexico. Norman: University of Oklahoma Press.

Sharer, Robert J., and David C. Grove (eds.) 1989 *Regional Perspectives on the Olmec*. New York: Cambridge University Press.

Smalley, John, and Michael Blake 2003 "Sweet Beginnings: Stalk Sugar and the Domestication of Maize". *Current Anthropology*. vol.44. pp.675-703.

Smith, Michael E. 1996 *The Aztecs*. Oxford: Blackwell.

———— 2003 *The Aztecs*. 2nd ed. Oxford: Blackwell.

Smith Michael E., and Frances F. Berdan (eds.) 2003 *The Postclassic Mesoamerican World*. Salt Lake City: University of Utah Press.

Sna Jtz'ibaham 1991 *Sventa Pajaro ta Chamula ta 1911=Los pajaritos de Chamula*. Publication 8. San Cristóbal de las Casas, Chiapas: Sna Jtz'ibaham.

Sor Juana Inés de la Cruz 1988 *A Sor Juana Anthology*. trans. Alan S. Trueblood. Cambridge, Mass.: Harvard University Press.

Sousa, Lisa, and Kevin Terraciano 2003 "The "Original Conquest" of Oaxaca: Nahua and Mixtec Accounts of the Spanish Conquest". *Ethnohistory*. vol.50. pp.349-400.

Speed, Shannon 2003 "Actions Speak Louder than Words: Indigenous Women and Gendered Resistance in the Wake of Acteal". *Women of Chiapas: Making History in Times of Struggle and Hope*. eds. Christine Eber, and Christine Kovic. pp.47-65. Austin: University of Texas Press.

Speed, Shannon, R. Aida Hernandez Castillo, and Lynn Stephen (eds.) 2006 *Dissident Women: Gender and Cultural Politics in Chiapas*. Austin: University of Texas Press.

Spence, Jack 2004 *War and Peace in Central America: Comparing Transitions toward Democracy and Social Equity in Guatemala, El Salvador, and Nicaragua*. Brookline, Massachusetts: Hemisphere Initiatives.

Spence, Lewis 1908 *The Mythic and Heroic Sagas of the K'ichés of Central America*. London: David Nutt.

_____ 1925 *Atlantis in America*. London: E. Benn.

Stark, Barbara L., and Philip J. Arnold, III (eds.) 1997 *Olmec to Aztec: Settlement Patterns in the Ancient Gulf Lowlands*. Tucson: University of Arizona Press.

Stephen, Lynn 1991 *Zapotec Women*. Austin: University of Texas Press.

_____ 1997 *Women and Social Movements in Latin America: Power From Below*. Austin: University of Texas Press.

_____ 2002 "Sexualities and Genders in Zapotec Oaxaca". *Latin American Perspectives*. vol.29(2). pp.41-59.

Stephens, John L. 1843 *Incidents of Travel in Yucatan*. 2 vols. London: J. Murray.

_____ 1969 *Incidents of Travel in Central America, Chiapas and Yucatan*. 2 vols. New York: Dover Publications.

Steward, Julian 1949 "Cultural Casuality and Law". *American Anthropologist*. vol.51.

Stoll, David 1999 *Rigoberta Menchú and the Story of All Poor Guatemalans*. Boulder: Westview Press.

Sullivan, Thelma 1980 "O Precious Necklace, O Quetzal Feather! Aztec

Pregnancy and Childbirth Orations". *Alcheringa/Ethnopoetics.* vol.4: pp.38-52.

Symonds, Stacey, Ann Cyphers, and Roberto Lunagómez 2002 *Asentamiento prehispánico en San Lorenzo Tenochtitlán.* Serie San Lorenzo. Mexico City: Instituto de Investigaciones Antropológicas, Universidad Nacional Autónoma de México.

Tamayo, Jorge L. 1981 *Geografía Moderna de Mexico.* 2nd ed. Mexico City, Mexico: Editorial Trillas.

Tax, Sol (ed.) 1952 *Heritage of Conquest: The Ethnology of Middle America.* Viking Fund Seminar in Middle American Ethnology. Glencoe: The Free Press.

_____ 1953 *Penny Capitalism: A Guatemalan Indian Economy.* Smithsonian Institute of Social Anthropology. no.16. Washington, D.C.

Taylor, Clark 1995 "Legends, Syncretisms, and Continuing Echoes of Homosexuality from Pre-Columbian and Colonial Mexico". *Latin American Male Homosexualities.* ed. Stephen O. Murray. pp.80-99. Albuquerque: University of New Mexico Press.

Tedlock, Dennis (ed. and trans.) 1996 *Popol Vuh: The Mayan Book of the Dawn of Life.* 2nd ed. New York: Simon and Schuster.

Terraciano, Kevin 1998 "Crime and Culture in Colonial Mexico: The Case of the Mixtec Murder Note". *Ethnohistory.* vol.45. pp.709-745.

_____ 2001 *The Mixtecs of Colonial Oaxaca: Ñudzahui History, Sixteenth through Eighteenth Centuries.* Stanford: Stanford University Press.

Torquemada, Juan de 1943 *Monarquía Indiana.* 3 vols. Mexico: Chávez Hayhoe.

Townsend, Richard F. 1979 *State and Cosmos in the Art of Tenochtitlan.* Washington, D.C.: Dumbarton Oaks.

_____ 1993 *The Aztecs.* London: Thames and Hudson.

Tutino, John 1986 *From Insurrection to Revolution in Mexico: Social Bases of Agrarian Violence, 1750-1940.* Princeton: Princeton University Press.

Van Wey, Leah K., Catherine M. Tucker, and Eileen Diaz McConnel 2005 "Community Organization, Migration and Remittances in Oaxaca". *LARR.* vol.40(1). pp.83-107.

Villacorta, J. Antonio, and Carlos A. Villacorta 1971[1930] *Códices Mayas*. Guatemala: Tipográfía Nacional.

Voorhies, Barbara 2004 *Coastal Collectors in the Holocene: The Chantuto People of Southwest Mexico*. Gainesville: University Press of Florida.

Wallerstein, Immanuel 1976 *The Modern World-System: Capitalist Agriculture and the Origins of the European World-Economy in the Sixteenth Century*. New York: Academic Press.

Warren, Kay 1998 *Indigenous Movements and Their Critics: Pan-Maya Activism in Guatemala*. Princeton: Princeton University Press.

Watanabe, John 2000 "Neither as They Imagined nor as Others Intended: Mayas and Anthropologists in the Highlands of Guatemala Since the 1960s". *Ethnology. Supplement to the Handbook of Mesoamerican Indians*. vol.6. Austin: University of Texas Press.

Waterbury, Ronald 1975 "Non-revolutionary Peasants: Oaxaca Compared to Morelos in the Mexican Revolution". *Comparative Studies in Society and History*. vol.17. pp.410-442.

Wauchope, Robert 1962 *Lost Tribes & Sunken Continents: Myth and Method in the Study of American Indians*. p.37. Chicago, IL: University of Chicago Press.

West, Robert C. 1964 "The Natural Regions of Middle America". *Natural Environment and Early Cultures*. ed. Robert C. West. pp.363-383. Handbook of Middle American Indians. vol.1. Austin: University of Texas Press.

West, Robert C., and John P. Augelli 1989 *Middle America: Its Land and Peoples*. 3rd ed. Englewood Cliffs, New Jersey: Prentice Hall.

Willey, Gordon R. 1966 *Mesoamerica: An Introduction to American Archaeology*. Englewood Cliffs, New Jersey: Prentice Hall, Inc.

Willey, Gordon R. et al. 1964 "The Patterns of Farming Life and Civilizations". *Handbook of Middle American Indians*. vol.1: Natural Environment and Early Culture. eds. Robert C. West, and Robert Wauchope. Austin, Texas: University of Texas Press.

Wilson, Carter 1995 *Hidden in the Blood: A Personal Investigation of AIDS in the Yucatán*. New York: Columbia University Press.

Wilson, Richard 1995 *Maya Resurgence in Guatemala: Q'eqchi' Experiences*.

Norman: University of Oklahoma Press.

Wolf, Eric R. 1959 *Sons of the Shaking Earth*. Chicago: University of Chicago Press.

_____ 1969 *Peasant Wars of the Twentieth Century*. New York: Harper & Row.

Wonderley, Anthony 1987 "Imagery in Household Pottery from 'La Gran Provincia de Naco'". *Interaction on the Southeast Mesoamerican Frontier*. ed. Eugenia J. Robinson. Oxford, England: BAR.

찾아보기